A glória da graça de Deus

J. Richard Denham Jr.

A GLÓRIA DA GRAÇA DE DEUS

Ensaios em honra a J. Richard Denham Jr.

por ocasião dos 58 anos de ministério no Brasil

Franklin Ferreira
Editor

A GLÓRIA DA GRAÇA DE DEUS
Ensaios em Honra a J. Richard Denham Jr.
por ocasião dos 58 anos de ministério no Brasil

•

Primeira Edição em Português
© Editora FIEL 2010
Primeira Reimpressão - 2012

•

Todos os direitos em língua portuguesa reservados por Editora Fiel da Missão Evangélica Literária

PROIBIDA A REPRODUÇÃO DESTE LIVRO POR QUAISQUER MEIOS, SEM A PERMISSÃO ESCRITA DOS EDITORES, SALVO EM BREVES CITAÇÕES, COM INDICAÇÃO DA FONTE.

•

Presidente: James Richard Denham III
Presidente Emérito: James Richard Denham Jr.
Editor: Tiago J. Santos Filho
Editor da obra: Franklin Ferreira
Tradução capítulo 12 e apêndice: Francisco Wellington Ferreira
Revisão: Flávio Ezaledo, Franklin Ferreira, Marilene Paschoal, Tiago. J. Santos Filho e Valdir P. Santos
Capa e Diagramação: Edvânio Silva
ISBN: 978-85-99145-82-1

EDITORA FIEL
Caixa Postal, 1601
CEP 12230-971
São José dos Campos-SP
PABX.: (12) 3919-9999
www.editorafiel.com.br

Sumário

Apresentação - James Richard Denham III..9
Apresentação - Valter Graciano Martins..13
Prefácio - Franklin Ferreira...17
Introdução - Maurício Andrade..21
Colaboradores..27
O casal Denham no Brasil e o ministério da Editora Fiel - Gilson Santos.....31

História..65
1. Quem é realmente reformado? - Valdeci Santos 67
2. O caráter confessional da fé reformada - João Alves dos Santos 93
3. A presença dos reformados franceses no Brasil Colonial - Franklin Ferreira..........115
4. A evangelização no Brasil e a redescoberta da fé reformada - Josafá Vasconcelos......145
5. Por um pacto evangélico: exortação sobre a unidade
   evangélica - Tiago J. Santos Filho..163

Teologia 189
6. *Fides et Scientia*: indo além da discussão de "fatos" - Davi Charles Gomes 191
7. A importância das Escrituras para a Igreja brasileira - Renato Vargens...............209
8. Lutero ainda fala - Augustus Nicodemus Lopes 221
9. A necessidade e a importância da Teologia Sistemática - Hermisten Costa 239
10. Uma introdução à teologia do pacto - Mauro Meister 263
11. O Deus Soberano e o problema do mal em Habacuque - Luiz Sayão....................291
12. A compreensão puritana da intercessão de Cristo - João Serafini 309
13. Os benefícios devocionais dos cinco pontos do calvinismo - Clodoaldo Machado......331
14. O lugar da fé e da obediência na justificação - Heber Campos Júnior 355

Igreja...373
15. O princípio regulador no culto - Paulo Anglada 375
16. Uma perspectiva teológica do ministério pastoral - Paulo Valle........393
17. A centralidade da pregação expositiva - Daniel Deeds......................417

18. O batismo na *Didaquê* - Wilson Porte Jr. 439
19. O ministério pastoral e a catequese nas igrejas confessionais - Juan de Paula 451
20. Aconselhamento bíblico: um ministério essencial na igreja - Flávio Ezaledo 463
21. Crescimento da igreja: com reforma ou com reavivamento?- Heber Campos 479
22. A revitalização da igreja - Leonardo Sahium 493
23. A piedade e a espiritualidade nos comentários
 e sermões de João Calvino sobre os Salmos - Jorge Noda 505

Sociedade 523
24. A filosofia reformada: suas origens e seu lugar na história
 do pensamento protestante - Guilherme Carvalho 525
25. A centralidade da ética na vida cristã - Jorge Max 561
26. Estado e política em João Calvino, na Confissão de Fé de Westminster
 e em Abraham Kuyper - Solano Portela 593
27. O ensino da graça comum na tradição reformada - Fernando de Almeida 619
28. A criação no contexto da fé reformada - Adauto Lourenço 649
29. Os fundamentos teológicos da família cristã - Sillas Campos 661
30. Uma educação integral e transformadora - Paulo César de Oliveira 675

Doxologia - Paixão pela glória de Deus - Franklin Ferreira..693

Apêndice - Uma proposta de Declaração de Fé submetida pela Comissão de
 Teologia da Fraternidade Mundial de Igrejas Reformadas 701

Agradecimentos..727

Apresentação

James Richard Denham III

Há alguns anos, minha esposa Kimberlie e eu vivíamos felizes na pitoresca e histórica cidade de Franklin, Tennessee, vivendo o chamado "American Dream". Éramos abençoados em todos os aspectos, e atribuo essas bênçãos à mão de Deus sobre nós. Vivi uma infância e juventude como bem poucos; viajando pelo mundo e falando outros idiomas. Sim, nasci no Brasil, mas não era nem americano, nem brasileiro. Durante toda a minha vida, tentei entender e saber quem e o que eu era. Para os meus amigos brasileiros, eu era um filho de missionários americanos. Para meus amigos de escola nos Estados Unidos, eu era o rapaz do Brasil que falava português e jogava futebol. Assim, eu não era nem brasileiro, nem americano! Mas, uma coisa eu sabia: Jesus me amou e me concedeu amor para com Ele mesmo. Então, quando Deus me deu uma esposa maravilhosa e uma carreira bem-sucedida, era como se eu não precisasse de mais nada!

No entanto, eu queria! Queria que Deus me usasse! Queria cumprir seus propósitos em minha vida. É como se tudo que eu tinha e ainda podia conquistar não fosse suficiente. Eu desejava que Deus me usasse para fazer grandes coisas para a causa de seu reino. Meus pais tinham sempre insistido em que eu lesse biografias de missionários como George Müller e William Carey. Eu li sobre as grandes coisas que Deus fez. Depois de ler essas biografias e de ouvir histórias contadas por meus pais, não duvidava da capacidade de Deus para fazer qualquer coisa.

Foi então que, em 2002, após um acidente que quase levou a vida de meu pai, percebi que Deus poderia usar-me para ajudar meu pai a continuar, nas gerações seguintes, um ministério que, por décadas, havia sido tão importante para o povo de Deus no Brasil e de língua portuguesa. Enquanto meu pai se recuperava no hospital, me vi convencido de que, mesmo sem saber exatamente como, eu deveria deixar meu trabalho nos Estados Unidos e voltar ao Brasil. Foi um momento crucial na minha vida e de minha família. Muitas mudanças estavam por acontecer... E eu não tinha idéia do que viria pela frente.

Certa manhã, depois de chegarmos ao Brasil, minha esposa estava lutando com o fardo da grande mudança em sua vida. Nesse dia específico, levei esse fardo em oração ao Senhor e saí para o trabalho. Quando cheguei no escritório, achei uma carta escrita à mão, que estava à minha mesa, e, curiosamente fora enviada para Kimberlie. A carta viera do norte do Brasil, de alguém que até hoje não conhecemos. Uma jovem moça sentiu a necessidade de encorajar Kimberlie e agradecer-lhe por sua disposição em deixar o conforto de seu país, seus pais e amigos para dedicar sua vida ao serviço do Senhor no Brasil. Na hora do almoço, apressei-me a chegar em casa e mostrar-lhe a carta. Depois de lê-la, Kimberlie chorou e disse: "Jesus escreveu uma carta para mim!"

Não era o leite para os órfãos da história de George Müller, mas aquela carta era um sinal evidente da parte de Deus, um sinal de como Ele nos ama e cuida de nós. Cresci ouvindo de meus pais histórias a respeito de como Deus os salvara muitas vezes da morte, às mãos de multidões furiosas; ou, como uma anaconda quase os comera enquanto dormiam e como papai matou a besta enorme com um facão.

Em 2007, tive a oportunidade de retornar, com papai, ao interior do Estado do Amazonas. Depois do que teria sido uma viagem de três dias de barco, ou seja, depois de duas horas de vôo, partindo de Manaus, aterrissamos na pequena pista de Manicoré – a cidade onde meus pais começaram seu ministério no Brasil, em 1952. Pude ver, com os próprios olhos, a igreja católica que, naquela época, tinha pendurado uma placa dizendo: "Ó Nossa Senhora de Fátima, livrai-nos da heresia dos protestantes". Também tomamos um barco e viajamos rio acima, para chegarmos ao lugar onde meus pais construíram as instalações que serviam para ensinar o povo e que, eventualmente, se tornariam o local da primeira conferência bíblica realizada naquela área. O lugar havia sido construído como um centro de retiros; era um lugar seguro para eles convidarem pessoas da cidade a aprenderem da Bíblia. Depois de subirmos uma escada alta na ribanceira do rio e andarmos pela floresta, chegamos a uma clareira onde ainda estão, até hoje, aqueles velhos prédios de tijolos de cimento que meus avós e meus pais fizeram à mão. Acho que poucas pessoas sabem que o pastor Ricardo também é pedreiro!

Aquela foi uma experiência emocionante. Eu estava tentando entender a mão de Deus e como Ele opera. Afinal, se eu tivesse de impactar o mundo, será que eu teria vindo a um lugar que, viajando de barco, fica a três dias de Manaus, para começar uma igreja em uma cidade tão distante como Manicoré e, depois, realizar a primeira conferência nesta humilde clareira aberta numa parte da floresta amazônica? Entre pessoas que mal sabiam ler ou escrever? Deixei aquele lugar examinando meu coração e desafiado a pensar mais como Jesus; e, além disso, a apenas confiar e obedecer. O que começou em Manicoré e depois se estendeu para alcançar o mundo de fala portuguesa foi para mim um quadro da mão e do coração de Deus. Sim, sentimo-nos também animados para pregar entre as mesmas pessoas e gerações que haviam-se tornado cristãos por causa dos anos que meus pais ficaram ali. Mas vejo um quadro maior, de como o Senhor os tomou e os conduziu durante toda a sua vida e em como eles seguiram e obedeceram, deixando para trás quaisquer sonhos ou desejos pessoais, seguindo ao chamado de Cristo para a sua vida.

Há mais de meio século atrás, em 29 de dezembro de 1947, em Koon Shan, no sul da China, meu avô, Richard Denham Sr., assentou-se para escrever uma carta para seu filho, Richard Denham Jr., que, na época, estava concluindo a universidade, em Westmont, e se preparava para se tornar um missionário. Suas palavras paternais de conselho ao filho ainda falam com todos nós hoje, enquanto procuramos viver para a glória e o serviço de Deus.

> Querido Ricardo,
> Quando resolvi escrever-lhe esta carta, eu o fiz na esperança que o Senhor mova o seu coração do mesmo modo que Ele moveu o meu, pelas palavras que propus escrever. Esses têm sido dias grandiosos, os que eu e sua mãe estamos vivendo na velha China. E muitas e muitas vezes desejamos que você estivesse aqui conosco. A grandeza das necessidades da China é tão imensa quanto a própria China. E sua principal necessidade é a de uma Pessoa. A Pessoa do Salvador que nós tão bem conhecemos e amamos, o Senhor Jesus.
> As três coisas necessárias a um missionário útil são: doutrina sã, vida santificada e coração ardente. Se essas três coisas não se acham em você no campus de Westmont, também não se acharão em você no campo missionário. E, se um futuro missionário não as possui, é melhor que ele fique em casa até que as obtenha. Assim, ele causará menos dano. O missionário estrangeiro é um homem separado, tendo milhares de olhos a observá-lo e quase sempre lendo cada pensamento dele. Como ele precisa de que Deus mantenha o controle de cada área de sua vida!
> Gosto muito de Westmont, mas estou certo de que nem Westmont, nem qualquer outra faculdade ou seminário pode preparar um missionário para o campo. Aprenda tudo que você puder, meu filho! Depois, eu pedirei a Deus que você esqueça grande parte do que aprendeu! Sua mãe e eu queremos que você pregue como o fizeram aqueles 'homens iletrados e incultos' (At 4.13) nos primeiros dias da igreja. Eliseu tomou para si o manto de Elias. Os poderosos

puritanos vestiram o manto daqueles antigos 'homens iletrados e incultos', desprezando as vestes sacerdotais do 'clero estabelecido e respeitável'. Spurgeon gostava do corte do manto puritano; e D. L. Moody cruzou o oceano até à Inglaterra a fim de medir a si mesmo para usar traje semelhante. As becas e capelos do aprendizado que supostamente qualificam os homens a pregar o evangelho nestes dias são nada mais do que pobres substitutos daqueles simples mantos primitivos. O melhor pregador nativo que temos ouvido na China não saberia o que significa a palavra 'homilética'. O pior [pregador] que temos ouvido é um homem de 'beca e capelo' graduado em um dos seminários da China. Ele pastoreia a maior igreja que já visitamos e está sufocando-a até à morte, com sua educação, gentileza e eficiência, empregando um tipo de oratória chinesa de alto nível. Meu filho, com todo o aprendizado que você está obtendo, aprenda bem este grande fato: Deus usa somente aqueles homens que pregam com simplicidade a sua Palavra e pregam-na sob a unção capacitadora do seu Espírito Santo.

Aonde quer que Deus o conduza, meu filho, e o que quer que ele coloque às suas mãos para realizar, oramos que você o faça com um coração fervoroso, uma mente equilibrada e métodos bíblicos.

Com amor, de um pai que se deleita no fato de que tem um filho embaixador.

J.R.D

Estas palavras, escritas da China, em 1947, enviadas pelo correio através do oceano Pacífico e levadas de barco pelo rio Amazonas, sobreviveram e continuam a desafiar-nos, enquanto preparamos a vida e o coração para o ministério. Peça a Deus que, enquanto você lê este livro e considera o ensino de vidas que Deus está usando na edificação de sua igreja em terras de fala portuguesa, você mantenha os olhos fixos no Senhor e em sua fidelidade. Aprendemos da história que grandes homens de Deus firmaram-se nos passos de outros grandes homens de Deus. Meu amado pai tem servido a Deus com tanto denodo e dedicação ao longo desses quase 60 anos no campo porque firmou-se nos passos e exemplo de seu pai. Nós somos desafiados a fazer o mesmo. Examinemos nosso coração, avaliemos nossos motivos e resolvamos submeter ao controle de Deus cada área de nossa vida.

J. Richard Denham III
Presidente da Editora Fiel

Apresentação

VALTER GRACIANO MARTINS

"O homem que tem muitos amigos sai perdendo; mas há amigo mais chegado que um irmão" (Pv 18.24). "Em todo tempo ama o amigo, e na angústia se faz o irmão" (Pv 17.17). Enquanto o "irmão" do primeiro texto é consanguíneo, o do segundo é "irmão" de crença, de fé, de bandeira. Enquanto no primeiro o realce está no "amigo", no segundo o realce está no "irmão". Ora, quem é o verdadeiro amigo? É aquele que se torna mais chegado que um irmão consanguíneo. Todos têm muitos amigos, porém nem todos têm muitos irmãos. Amigo/irmão pode ser contado nos dedos das mãos, e pode ser que sobrem alguns dedos. O cadinho que depura uma verdadeira amizade é a "angústia", a adversidade, a tribulação, a encruzilhada penosa, a dependência.

Foi assim que nasceu a grande amizade entre mim e o pastor Richard Denham. A "angústia" não era dele, e sim minha. Pois ela nasceu quando eu enfrentava uma terrível encruzilhada existencial. Eu precisava dele, e não ele de mim. Aliás, naquele tempo ele nem mesmo sabia de minha existência. Fui encaminhado a ele com o expresso pedido que me recebesse como cooperador em sua editora. Não era então seu amigo nem um profissional habilitado para tanto. Ele não me recusou diretamente; porém impôs condição, pois intuiu minha inabilidade para o momento. Para mim, condição difícil de aceitar; para ele, era a única lógica. Foi duro, direto, sem rodeios, sem dissimulação; porém cordial, sincero, amoroso. Houve franqueza de lá para cá e de cá para lá. O acerto era impossível naquele momento. Mais tarde descobri que de fato aquele não era o momento de Deus. O de Deus foi prorrogado por mais vinte anos. Nesse ínterim, porém, nossa amizade deitou raízes, subiu como uma haste viçosa, expandiram-se os ramos e produziu-se uma bela fronde e vieram flores e frutos. Ele de lá e eu de cá. O esforço foi mais dele. Por meu natural temperamento e retraimento, se dependesse de mim aquela amizade teria se esvaído já no começo. É como se ele escrevesse meu nome em seu caderninho de amigos pessoais, orando e pensando em mim, convidando-me para suas conferências e me abraçando forte e amorosamente durante nossos poucos e breves encontros. Ele sempre se valia da seguinte expressão: "Eu amo o irmão". E de fato amava!

Esse homem deixou implantado em mim uma múltipla influência. Eu via nele uma fidelidade rara para com a obra do Senhor. Quando mergulhei no mundo de João Calvino, então passei a ver Richard Denham como um Calvino no Brasil. Uma vida inteiramente devotada à obra de Jesus Cristo. Daí seu profundo interesse pelo reformador francês. Outra influência foi sua franqueza firme, porém leal e amorosa. Eu já era um homem franco, porém rude; com ele aprendi a ser franco transpirando afeto e respeito. A franqueza não é o mesmo que desabafo. Ele discordava de mim, e eu, dele. No primeiro minuto, fiquei chocado; com o passar do tempo, fiquei encantado. Desde então, ele passou a ser-me uma figura admirável e grandiosa. Richard Denham representa uma estirpe rara que surge no mundo aqui e ali, sem se proliferar muito – infelizmente!

Quando chegou o tempo de Deus, com encontros esporádicos neste intervalo, ele se manifestou interessado em trabalharmos juntos na elaboração e publicação de Calvino em nosso idioma. Uma vez mais veio à tona a franqueza. Ele apresentou seus planos; e eu lhe disse: "Só me serve assim". De repente, Edições Parakletos deixou de existir, e Editora Fiel assumiu a direção em "fazer João Calvino falar nosso idioma". Ele, porém, me disse: "Eu gostaria que você continuasse traduzindo as obras de João Calvino para nós e fosse um dos conselheiros consultivos da Editora Fiel". Se o Senhor da Igreja me desse viver mil vidas neste mundo, jamais conseguiria compreender um coração e intuição tão imensos e profundos! E assim, de repente, a Editora Fiel passou a fazer por mim o trabalho que jamais eu poderia concretizar, muito embora sempre fosse esse meu sonho. Ela, na pessoa de Richard Denham, doravante passou a concretizar meu sonho de ver "João Calvino falando português". Eu amo o que faço; e jamais o faria sem a fiel parceria de Editora Fiel, na pessoa de Richard Denham. Meu sonho é concretizado através da equipe da Editora Fiel e, particularmente, da graciosa amizade de Richard Denham.

Por que logo eu para apresentar esta obra? Há uma multidão de admiradores desse nobre homem. Há uma numerosa plêiade de leitores das benditas obras desta editora. Ainda que oficiosamente, porém, como representante do presbiterianismo brasileiro, afianço sem medo de erro que no seio do grande arraial presbiteriano brasileiro há também um grande número de admiradores desse *gentleman* e guerreiro do reino de Cristo. Não só admiradores, mas também devedores, porquanto sua literatura tem enchido as igrejas realmente evangélicas de uma sã e bendita literatura. Seria muito difícil encontrar uma biblioteca pastoral que seja totalmente destituída de livros da Editora Fiel. Não só nas prateleiras, mas compendiados e lidos e pesquisados e usados nos púlpitos e para a edificação de vidas. Sim, repito, por que logo eu? É um dos mistérios de Deus! Se perguntar, provavelmente não vão responder. E para que responder? Costumo aceitar o que vem ao meu encontro e me faz sentir que me vem da parte de Deus.

Com toda certeza, esta apresentação não visa a simplesmente endossar este livro que homenageia esse nobre cristão e servo de Jesus Cristo. É, sim, um testemunho de alguém que tem sobejos motivos para se falar dele logo no início desta obra. E certamente este livro será compendiado por milhares de pessoas que já o conhecem e de outros tantos milhares que vão conhecê-lo por meio destas páginas. E fazer parte de seu conteúdo é uma bênção para poucos. Com toda certeza, este livro que homenageia Richard Denham irá edificar uma grande multidão de filhos de Deus e outra grande multidão daqueles que ainda conhecerão a livre graça salvífica de nosso Senhor Jesus Cristo, através desta bela e fidedigna história. Como a vida de Richard Denham tem sido uma bênção para tantos, também este livro terá a mesma trajetória. É o desejo profundo e sincero do menor de todos os filhos e servos de Deus. Juntos, Editora Fiel, fundada por Richard Denham, e eu, ainda faremos João Calvino agigantar-se no Brasil, e tantas outras obras preciosas que já tem editado e que ainda editará com a graça do Senhor da Igreja.

Meu bom amigo e irmão Richard Denham, muito obrigado pela generosidade de me receber em seu numeroso rol de amigos. Que o restante de seu viver terreno seja ainda viçoso e frutífero; pois logo o irmão tomará aquela vereda de todos os santos – o seio de Abraão; o paraíso; a companhia de todos os santos; a Sião celestial; a Jerusalém que desce do céu, cujo Soberano é "o Rei dos reis e Senhor dos senhores".

Goiânia, junho de 2010

VALTER GRACIANO MARTINS
Ministro jubilado da Igreja Presbiteriana do Brasil

Prefácio

Franklin Ferreira

No ambiente acadêmico, um *Festschrift* é um livro homenageando um acadêmico respeitado, publicado por ocasião de uma honrosa aposentadoria ou por ocasião de seu sexagésimo ou setuagésimo aniversário. O termo original alemão pode ser traduzido como "edição comemorativa" ou "publicação honorífica". Esta publicação contém textos de antigos alunos em homenagem ao mestre, variando em tamanho e quantidade de ensaios. Assim sendo, os ensaios publicados em tal livro se relacionam de alguma forma com as contribuições do homenageado em sua área acadêmica. Não raro, importantes personalidades fora do meio acadêmico também são homenageadas com um *Festschrift*. Entre cristãos, um dos exemplos mais famosos é o tributo editado por C. S. Lewis, *Essays Presented to Charles Williams*.[1]

A razão desta edição comemorativa é celebrar os cinqüenta e oito anos de serviço abnegado, perseverante e frutífero à igreja evangélica brasileira por parte de James Richard Denham Jr. Ele chegou ao Brasil com sua esposa, Pearl Armen Denham, em 1952 e tem servido como missionário, plantador de igrejas, pregador, evangelista, conselheiro, editor e estadista do Reino. O pastor Ricardo, como carinhosamente é conhecido, tem

---

1 C. S. Lewis (ed.), *Essays Presented to Charles Williams* (Grand Rapids, MI: Eerdmans, 1966). Publicado originalmente em 1947, este volume contém um prefácio e um ensaio de Lewis, além de contribuições de J. R. R. Tolkien, Dorothy Sayers, Gervase Mathew, A. Owen Barfield e Warren H. Lewis.

servido à igreja evangélica não somente com a publicação de cerca de duzentos títulos, através da Editora Fiel, mas também com a organização de conferências para pastores e líderes, que completa nesse ano de 2010 a sua vigésima sexta edição no Brasil. Isso sem mencionar as conferências para jovens, desde 2003, e seu ministério de distribuição de livros e conferências que ocorrem há mais de uma década em outros países lusófonos, como Portugal, Moçambique e Angola. Por meio deste amplo ministério, este servo de Deus tem sido usado para o desenvolvimento espiritual e intelectual de um incontável número de cristãos. Acima de tudo, a literatura reformada era quase inexistente no Brasil até o surgimento da Editora Fiel. Portanto, o pastor Ricardo é um dos instrumentos da inserção e do solidificar-se da tradição reformada neste país. Logo, ao prestar-lhe esta homenagem, damos glória a Deus que concede dons aos seus servos, "com vistas ao aperfeiçoamento dos santos para o desempenho do seu serviço, para a edificação do corpo de Cristo, até que todos cheguemos à unidade da fé e do pleno conhecimento do Filho de Deus, à perfeita varonilidade, à medida da estatura da plenitude de Cristo" (Ef 4.12-13).

Esta obra, que inclui um capítulo biográfico acompanhado de um caderno de fotos, é dividida em quatro blocos. Estes contêm ensaios nas áreas da história da igreja, teologia, eclesiologia e sociedade, o que dá a dimensão exata dos interesses doutrinários e da influência do pastor Ricardo sobre uma ampla gama de acadêmicos, pastores, educadores e líderes em áreas tão diversas e importantes para a comunidade evangélica. Este volume se encerra com uma doxologia, o que é apropriado a um livro que afirma a força e a relevância da fé reformada no Brasil, cujo alvo principal é a glória e o deleite no Deus trino, Pai, Filho e Espírito Santo.

Os autores, todos eles brasileiros, são amigos, filhos na fé, colegas de ministério e acadêmicos que foram diretamente abençoados pela convivência e profícuo ministério de pastor Ricardo. Como o leitor notará, estes autores espelham a diversidade da tradição reformada no Brasil, que tem alcançado muitas denominações e igrejas independentes nestas terras. Aqui são encontrados escritores já conhecidos, assim como novos e promissores autores, que temos a honra de apresentar à igreja evangélica brasileira. E no amplo mosaico de estudos aqui presentes, o leitor descobrirá uma agenda para recuperarmos a mensagem do evangelho, que trata de Deus, da criação, da queda, da redenção e da restauração, o que produzirá a necessária vitalidade eclesiástica nestes tempos tão conturbados. Como John Leith escreveu, "a tradição reformada não pretende ser a única tradição cristã. Ela afirma, sim, uma forma pela qual a Igreja una, santa, católica e apostólica, tem vivido, anunciando sua fé e vida a cada nova geração. Reivindica ser uma forma autêntica da comunidade cristã, com sua força e também com suas fraquezas e problemas. Deseja ser o povo de Deus em sua plenitude. Na base de tudo isso, a tradição reformada requer aceitação e avaliação crítica".² Deste modo, o leitor é convidado a tratar os diversos temas oferecidos nesta obra como um ponto de partida, interagindo com os mesmos, corrigindo-os à luz das Escrituras, se for o caso, desenvolvendo-os e aplicando-os, para que a igreja evangélica brasileira seja reformada e santificada, para transformar a rica e variada cultura brasileira, trazendo-a para debaixo do senhorio cósmico de Cristo Jesus.

Portanto, um dos alvos desta obra é afirmar a fé reformada como uma força cultural contemporânea no Brasil.³ Para enriquecer ainda mais esse trabalho, ao final foi adicionado o documento "uma proposta de Declaração de Fé submetida pela Comissão de Teologia da Fraternidade Mundial de Igrejas Reformadas", texto inédito divulgado em abril de 2010 por uma comissão do *World Reformed Fellowship*, por ocasião de sua terceira assembléia geral. Reverendo Augustus Nicodemus Lopes, membro do comitê executivo da WRF, escreveu: "A Declaração de Fé da Fraternidade Mundial Reformada nasceu do desejo da Fraternidade de oferecer à nossa geração uma visão bíblica e reformada sobre assuntos cruciais da fé cristã, especialmente aqueles que não foram tratados nas grandes confissões reformadas, mas que têm se constituído um desafio para as igrejas nos dias de hoje. Não pretende ser uma confissão e nem substituir as confissões reformadas. É tão somente uma declaração escrita por teólogos de diferentes países e culturas, todos de linha reformada, sobre estas questões contemporâneas. A versão que publicamos nesta edição ainda tem caráter provisório, pois a Declaração ainda está no processo de revisão e adaptação, devendo ser definitivamente aprovada pela Fraternidade em sua Assembléia Geral, em 2014". Assim, oferecemos aos leitores um documento confessional atual, tratando alguns dos principais dilemas e tensões que a comunidade cristã tem enfrentado nestes tempos.

Num período de tantas mudanças, onde parece que contemplamos os estertores de uma civilização, devemos afirmar nossa confiança quanto ao triunfo da causa de Cristo. Rogamos a Deus para que os esforços e o constante exemplo de vida do pastor Ricardo continuem frutificando nos países de fala portuguesa. Mais ainda, ousadamente suplicamos ao Senhor da glória que a fé bíblica, como sintetizada na tradição reformada e exposta neste volume, restaure as igrejas do nosso país e além. Assim sendo, é oportuno encerrar citando um trecho de uma correspondência do reformador francês João Calvino: "A reforma da igreja é obra de Deus e tão independente de esperanças e opiniões humanas quanto a ressurreição dos mortos ou qualquer milagre dessa espécie. Portanto, no que tange à possibilidade de fazer algo em favor dela, não se pode ficar esperando

---

2 John H. Leith, *A tradição reformada; uma maneira de ser a comunidade cristã* (São Paulo: Pendão Real, 1997), p. 32.
3 Hoje, a renascença da fé reformada, também chamada de neo-calvinismo, é considerada pela conceituada revista *Time* como uma das principais forças de mudança cultural da atualidade. Cf. "O novo calvinismo", em *Blog Fiel*, http://blogfiel.com.br/2009/03/o-novo-calvinismo.html, acessado em 20 de setembro de 2010.

pela boa vontade das pessoas ou pela alteração das circunstâncias da época, mas é preciso irromper por entre o desespero. Deus quer que seu evangelho seja pregado. Vamos obedecer a este mandamento, vamos para onde Ele nos chama! O sucesso não é da nossa conta".[4]

Soli Deo Gloria

FRANKLIN FERREIRA
Ministro da Convenção Batista Brasileira
Editor das Obras de João Calvino / Editora Fiel

---

[4] Escrito a Carlos V, de 1543, CR VI, p. 510seg., citado por Karl Barth, "Reforma é decisão", em Walter Altmann (org.), *Karl Barth: Dádiva & Louvor; artigos selecionados* (São Leopoldo: IEPG & Sinodal, 1996), p. 179-180.

Introdução

Maurício Andrade

O ano era 1995. Pequenos grupos se formavam em frente ao hotel Majestic, na agradável cidade de Águas de Lindóia, interior paulista, enquanto as despedidas iam acontecendo. Era evidente o fluxo de pessoas que convergiam para um ponto específico, bem próximo à entrada principal do hotel, onde um homem de cabelos grisalhos e olhar jovial recebia e cumprimentava os que iam falar com ele. O evento que terminava era a 10ª Conferência Fiel para Pastores e Líderes; o homem era James Richard Denham Jr. – ou pastor Ricardo, como a maioria o conhece.

Aquela era, também, a primeira Conferência Fiel da qual eu participava e havia muitas coisas em minha mente e meu coração. Eu havia tido contato com as doutrinas da graça uns poucos meses antes; e acabava de ouvir, durante uma semana inteira, pregações de John McArthur e Bob Selph – o segundo, autor do livro *Os batistas e a doutrina da eleição*, que me levou a considerar seriamente a natureza, o papel e a importância da Reforma Protestante para a igreja hoje. Havia várias questões a respeito das quais eu queria conversar e, ali, naquele início de tarde de sexta-feira, eu e alguns amigos tivemos chance de falar com o pastor Ricardo pela primeira vez. O olhar intenso revelava um homem de convicções firmes; o porte elegante e sóbrio atestava a prática de esportes durante a juventude – nos anos seguintes encontrei, algumas vezes, pastor Ricardo nadando metodicamente na piscina do hotel, aproveitando uma folga na apertada agenda das conferências; o modo carinhoso e amável demonstrava ser mais do que boa educação: era fruto de verdadeira piedade cristã.

Nunca esqueci a resposta de pastor Ricardo a uma pergunta – ingênua, mas honesta – que fiz naquela ocasião. Eu queria saber a razão de os batistas brasileiros terem se afastado de sua herança reformada a tal ponto de o assunto merecer olhares surpresos quando levantado, tanto em igrejas como em seminários. Sua resposta foi direta e rápida, mas soava como uma simples constatação: "Porque os púlpitos pararam de pregar!" Ele referia-se à sã doutrina, àquele conjunto de verdades que nossos pais na fé pregaram no passado, e que atraíam as pessoas a Jesus, convencidas de sua total dependência dEle, para serem salvas; o evangelho que as multidões ouviam dos lábios de Charles Spurgeon, ou que motivou William Carey – conhecido como o "pai das missões modernas" – só para citar uns poucos batistas. As antigas doutrinas da graça haviam sido trocadas por pregações inicialmente comprometidas com a manutenção do *status quo* denominacional e, posteriormente, por um discurso religioso pragmático, que buscava resultados, que aumentasse o número de membros ou, pelo menos, evitasse o êxodo eclesiástico em direção a comunidades de maior apelo emocional que começavam a surgir em meados da década de 1980. Evidentemente esse quadro não se refere somente aos batistas. Muitas denominações históricas, fossem herdeiras diretas da Reforma ou de movimentos posteriores, como o metodismo, abandonaram suas raízes e se lançaram à busca de relevância – o que, infelizmente, para muitas, era o mesmo que lutar por sobrevivência.

A realidade da igreja brasileira, hoje, revela os desdobramentos do quadro descrito acima, acrescido dos muitos fatores que sempre tomam parte nas transformações de grupos sociais e religiosos. É, portanto, uma situação desafiadora e que deveria despertar em nós um senso de seriedade e zelo dignos de nossos irmãos do século XVI. Não se pode dar uma resposta leviana às tensões que nos rodeiam, sob pena de condenarmos ações do Espírito Santo, por um lado, ou aprovarmos a operação do erro, por outro. E, no entanto, parece que temos diante de nós uma massa evangélica caracterizada pela credulidade e ignorância, e não pela avidez bereana (At 17.11).

Precisamos reviver o *espírito* da Reforma – aquela atitude que caracterizou todo crente autêntico ao longo da história e que se mostrou tão explícita no período da Reforma e em seus herdeiros. Um espírito inquiridor, que cava mais fundo e não teme fazer perguntas; por isso mesmo um espírito de insatisfação que não se contenta com nada menos que a verdade e que só descansará quando encontrá-la. Assim, permita-me sugerir porque penso que precisamos conhecer a tradição reformada e porque um livro como este pode ser uma lufada de ar fresco no ambiente viciado em que se encontra boa parte da igreja brasileira.

Porque necessitamos desesperadamente de um retorno às Escrituras. É incrível a facilidade com que aceitamos outras fontes de autoridade. Chega a ser trágico o modo como epistemologias idolátricas, a experiência pessoal ou o carisma de um líder toma o lugar da revelação. Futuros ministros aprendem a desconfiar da Bíblia nos seminários; nas igrejas a exposição da Escritura é substituída por discursos de auto-ajuda ou palestras motivacionais – isso quando não descamba para algo pior, visando o lucro. O alimento do povo de Deus é a verdade; sem ela a igreja fica enfraquecida. Precisamos resgatar a centralidade da Escritura na pregação e no culto, característica da tradição reformada.

Porque precisamos recuperar o conceito e a prática bíblicos do ministério pastoral. Se o púlpito enfraquece, a igreja enfraquece com ele. Pastores não são animadores de auditório, gurus de auto-ajuda ou especialistas em administração. Pastores são ministros da Palavra. Isso é tão sério que os apóstolos não acharam ser razoável deixar o seu trabalho nem para distribuir comida (At 6.2-4). A igreja precisa se preocupar intensamente com quem ocupa a posição de ministro do evangelho. Seguindo o melhor da tradição reformada nessa área, vamos encontrar homens que reuniam erudição e piedade e que eram imbuídos de uma atitude de serviço. Os cristãos precisam reaprender a se encantar com a exposição fiel da Palavra de Deus – e não com alegações de suposta autoridade espiritual ou projeção nos meios de comunicação.

Porque perdemos nossa capacidade de resposta. Nossa busca por relevância e resultados deriva de nossa falta de conteúdo. A exemplo das religiões e filosofias do início da era cristã, e do cristianismo medieval anterior à Reforma, nossas respostas às questões fundamentais da existência e à angústia humana tornaram-se, ao mesmo tempo, apelativas e vazias. Ao invés de oferecer a Água da Vida, a igreja parece ter pratos e mais pratos de guisado vermelho para negociar com os interessados. Esvaziamos a mensagem de seu conteúdo e agora nos esforçamos para manter nosso "negócio" tentando descobrir o que o freguês deseja. Tentamos ser relevantes, mas não a partir do que a Escritura diz sobre a natureza humana, a cultura e o evangelho. Uma das razões do rápido crescimento da Reforma foi a satisfação encontrada, pelo povo, na exposição bíblica de seus pregadores. As pessoas se viram alimentadas, suas perguntas respondidas. Deus sabe o que os seres humanos realmente precisam. Por que não confiar nEle?

Porque precisamos reaver a essência do próprio Evangelho. Quais são as implicações da encarnação, vida, morte e ressurreição de Jesus? Qual a situação do ser humano diante de seu Criador? Que resposta homens e mulheres devem dar ao se verem frente a frente com a mensagem do Cristo crucificado? Pode parecer bobagem, mas ligue seu televisor, passeie pelos inúmeros programas evangélicos disponíveis e tente anotar quando se fizer menção das questões acima. Você ficará surpreso! Terminará com a sensação de que o grande problema humano, seja ele qual for, nada tem a ver com a ira de Deus e seu santo juízo sobre o pecado. O escândalo da cruz perde todo o seu impacto, enquanto a ferramenta por excelência para se conseguir qualquer coisa é a fé, reinterpretada para significar algum tipo de força de vontade concentrada na ideia de que Deus vai lhe dar aquilo que você quer, mediante, claro, o valor da sua contribuição – o que marca uma irônica volta à prática medieval das indulgências. A igreja não está autorizada a mudar o conteúdo de sua mensagem, seja por que motivo for. O evangelho é o poder de Deus para a salvação (Rm 1.16), e esta é salvação da ira de Deus, que virá (1Ts 1.10). Seja o que for que a igreja faça, ela deixará de ser igreja de Cristo se perder a concepção bíblica do que é o evangelho.

Por que precisamos da tradição reforma? Porque somos essencialmente herdeiros. Essa é nossa condição por excelência. Não nos fizemos a nós mesmos. Não inventamos o evangelho. Não fundamos a igreja. Recebemos essas coisas daqueles que vieram antes de nós e as passaremos, de um jeito ou de outro, aos que nos sucederem. Precisamos da ajuda daqueles que Deus levantou no passado, ao mesmo tempo em que devemos nos apresentar como instrumentos do Senhor para abençoar as gerações vindouras.

O obstáculo. Este livro foi inspirado e idealizado em torno de um desses servos do Senhor. Eu e muitos irmãos e irmãs temos sido abençoados pela convivência e pelo trabalho de pastor Ricardo, sua esposa, irmã Pérola, e o ministério da Editora Fiel. Temos aprendido que a glória do ministério é que seu conteúdo maravilhoso é acondicionado em vasos de barro (2Co 4.7). Isso só serve para nos encorajar mais, pois reconhecemos a bondade e a graça de Deus nas vidas humanas e constatamos que os obstáculos são vencidos por Ele, independentemente de nossos recursos e capacidades. A leitura do livro que você tem em mãos é, necessariamente, provocadora. Ela quer revirar áreas que, talvez, estejam calmas e acomodadas e, por isso mesmo, provavelmente estagnadas. Mas há um obstáculo que se apresenta de imediato, antes mesmo de começar a leitura: preconceito! Deixe-me compartilhar minha própria – e triste – experiência com essa dificuldade.

Em 1986 eu estava no mesmo hotel, acima mencionado, participando de um congresso de outra instituição. A Editora Fiel, cumprindo seu ministério, ofertou a cada participante daquele congresso um livreto, que encontramos colocados sobre os assentos ao chegarmos para mais uma plenária. O livreto, escrito por J. I. Packer, tinha o interessante título *O antigo evangelho*. Tratava-se de um prefácio, escrito por Packer para uma nova edição do livro *A morte da morte na morte de Cristo*, do puritano John Owen. Era tão bom que mereceu uma edição à parte! Mas eu não sabia disso! Não conhecia Packer, muito menos John Owen. E o pior de tudo: o livro tratava da doutrina da expiação limitada, com o agravante de mencionar a doutrina da predestinação! Eu era um pastor recém ordenado e preocupado com a evangelização dos perdidos. Quem, nessa condição, teria tempo para esses assuntos polêmicos? E que, além disso, pareciam trazer imensas dificuldades para a ação evangelística? Por isso, retornando para casa, joguei o livreto numa estante e fui me preocupar com *coisas mais importantes*. Somente muitos anos mais tarde percebi minha leviandade. Eu me considerava um pastor sério, dedicado. Mas não me ocorreu procurar saber quem eram aqueles homens – tanto os autores como os que se preocupavam em difundir aquele tipo de livro. Não pensei na seriedade de alguém ter juntado os vocábulos Deus e predestinação no mesmo parágrafo e eu não ter dado atenção a isso. Afinal, estavam falando do meu Deus e de sua Palavra! A mesma que eu dizia amar, pregar e na qual convidava as pessoas a crer e fundamentar suas vidas. Eu tinha o direito de ser contrário àqueles ensinos – mas somente depois de conhecê-los e refutá-los à luz das Escrituras. Não foi uma atitude da qual eu possa me orgulhar e, francamente, espero que você, meu irmão ou irmã, que está lendo essas linhas, tenha um proceder mais inteligente e, sobretudo, mais digno do nosso Deus. Se você o fizer, os próximos capítulos lhe trarão desafios, crescimento e muitas bênçãos. Eles o farão andar por antigas veredas que, paradoxalmente, se mostrarão rodovias seguras nos dias de hoje. Comece a viagem!

Rio de Janeiro, julho de 2010

MAURICIO ANDRADE
Pastor da Primeira Igreja Batista Bíblica do Rio de Janeiro
Comunhão Batista Bíblica Nacional

Colaboradores

Adauto J. B. Lourenço é Bacharel em Física pela Bob Jones University e Mestre em Física pela Clemson University (especialização em matéria condensada e troca de energia entre superfícies metálicas e gases), nos Estados Unidos. Foi pesquisador no Max Planck Institute na Alemanha e do Oak Ridge National Laboratory nos Estados Unidos e professor da Universidade de Americana, em São Paulo.

Augustus Nicodemus Lopes é ministro da Igreja Presbiteriana do Brasil, Mestre em Novo Testamento pela Potchefstroom University for Christian Higher Education, na África do Sul, e Doutor em Estudos Bíblicos e Hermenêutica pelo Westminster Theological Seminary, nos Estados Unidos. É Chanceler da Universidade Presbiteriana Mackenzie e professor de Novo Testamento no Centro Presbiteriano de Pós-Graduação Andrew Jumper, em São Paulo.

Clodoaldo Ananias Machado é ministro da Convenção Batista Brasileira, pastor da Igreja Batista Parque Industrial, em São José dos Campos, SP. É Bacharel em Teologia pelo Centro de Estudos Teológicos do Vale do Paraíba (CETEVAP).

Daniel Deeds é ministro batista, Bacharel em Teologia pela Hillsdale Free Will Baptist College em Oklahoma, Estados Unidos, e serve atualmente como pastor na Igreja Batista Histórica em Conselheiro Lafaiete, Minas Gerais.

Davi Charles Gomes é ministro da Igreja Presbiteriana do Brasil, Bacharel e Mestre em Teologia pelo Reformed Episcopal Seminary, Doutor em Estudos Históricos e Teológicos com concentração em Apologética pelo Westminster Theological Seminary, nos Estados Unidos, e Diretor do Centro Presbiteriano de Pós-Graduação Andrew Jumper, em São Paulo.

Fernando de Almeida é ministro da Igreja Presbiteriana do Brasil, Bacharel em Teologia e Mestre em Ciências da Religião pela Universidade Presbiteriana Mackenzie e Pós-Graduado em Filosofia na Universidade Católica de Brasília. É pastor da Igreja Presbiteriana Betel, em São Paulo, professor de teologia contemporânea do Centro de Formação Missiológica da Igreja Presbiteriana do Brasil e atua na Universidade Presbiteriana Mackenzie como capelão universitário.

Flávio Ezaledo é pastor da Igreja Batista da Fé em São José dos Campos, SP, e presidente da Associação Brasileira de Aconselhamentos Bíblicos (ABCB). Bacharel em Teologia pelo Seminário Batista Regular de São Paulo, Mestre em Teologia e Exposição Bíblica pelo Seminário Bíblico Palavra da Vida. É professor de teologia do Antigo Testamento, hebraico, exegese do Antigo Testamento e aconselhamento bíblico no Centro de Estudos Teológicos do Vale do Paraíba (CETEVAP).

Francisco Solano Portela Neto é presbítero da Igreja Presbiteriana do Brasil, presidente da Junta de Educação Teológica da IPB, presidente do Conselho Deliberativo da Associação Internacional de Escolas Cristãs (ACSI) e curador da Fundação Educacional Presbiteriana. Fez o Mestrado em Teologia no Biblical Theological Seminary, Hatfield, PA, nos Estados Unidos.

Franklin Ferreira é ministro da Convenção Batista Brasileira, Bacharel em Teologia pela Universidade Presbiteriana Mackenzie e Mestre em Teologia pelo Seminário Teológico Batista do Sul do Brasil, coordena o projeto da Editora Fiel de publicar as obras de João Calvino. É professor nas áreas de Novo Testamento, história da igreja e teologia sistemática no Centro de Estudos Teológicos do Vale do Paraíba (CETEVAP).

Gilson Carlos de Souza Santos é pastor da Igreja Batista da Graça e leciona Filosofia na Escola Cristã Batista Regular, em São José dos Campos, SP. É Bacharel em Teologia pelo Seminário Teológico Batista Fluminense e Licenciado em Geografia e História pela Faculdade de Filosofia de Campos (FAFIC), em Campos dos Goytacazes, RJ.

Guilherme Vilela Ribeiro de Carvalho é obreiro de L'Abri no Brasil e pastor da Igreja Esperança, em Belo Horizonte, Minas Gerais. É Bacharel em Teologia pela Universidade Presbiteriana Mackenzie, Mestre em Teologia com ênfase em Novo Testamento pela Faculdade Teológica Batista de São Paulo e Mestre em Ciências da Religião pela Universidade Metodista de São Paulo. É fundador e presidente da Associação Kuyper para Estudos Trans-disciplinares (AKET).

Heber Carlos de Campos é ministro da Igreja Presbiteriana do Brasil e professor de teologia sistemática no Centro Presbiteriano de Pós-Graduação Andrew Jumper, em São Paulo. Obteve o grau de doutorado (Th.D.) em teologia sistemática no Concordia Theological Seminary, em St. Louis, Missouri, nos Estados Unidos.

Heber Carlos de Campos Júnior é ministro da Igreja Presbiteriana do Brasil, Bacharel em Teologia pelo Seminário Teológico Presbiteriano José Manoel da Conceição, Mestrado em História da Igreja pelo Centro Presbiteriano de Pós-Graduação Andrew Jumper e Doutor em Teologia Histórica pelo Calvin Theological Seminary, em Grand Rapids, Michigan, nos Estados Unidos. É professor no Seminário Presbiteriano do Sul e no Seminário Teológico Presbiteriano José Manoel da Conceição, e professor visitante do Centro Presbiteriano de Pós-Graduação Andrew Jumper, atuando na Universidade Presbiteriana Mackenzie como capelão universitário.

Hermisten Maia Pereira da Costa é ministro da Igreja Presbiteriana do Brasil e Mestre e Doutor em Ciências da Religião. É professor e pesquisador do Programa de Pós-Graduação em Ciências da Religião da Universidade Presbiteriana Mackenzie e professor de teologia sistemática e teologia contemporânea do Seminário Teológico Presbiteriano José Manoel da Conceição.

João Alves dos Santos é ministro da Igreja Presbiteriana Conservadora do Brasil, Bacharel em Teologia pelo Seminário Presbiteriano Conservador, Mestre em Divindade e em Teologia do Antigo Testamento pelo Faith Theological Seminary, nos Estados Unidos, e Mestre em Teologia do Novo Testamento pelo Seminário Presbiteriano José Manoel da Conceição. É professor assistente de Teologia Exegética do Novo Testamento no Centro Presbiteriano de Pós-Graduação Andrew Jumper, em São Paulo.

João Carlos Serafini é pastor da Heritage Reformed Congregation em Franklin Lakes, New Jersey, nos Estados Unidos. É Bacharel em Engenharia Agronômica, pela Faculdade de Agronomia e Zootecnia Manoel Carlos Gonçalves, em Espírito Santo do Pinhal, SP, Mestre em Nutrição Animal pela Clemson University, South Carolina e Mestre em Divindade pelo Puritan Reformed Theological Seminary, nos Estados Unidos.

Jorge Issao Noda é ministro da Igreja Presbiteriana do Brasil, Bacharel em Teologia pelo Seminário Betel Brasileiro e graduado do Instituto Haggai Internacional. É professor de Teologia Bíblica no Seminário Teológico Betel Brasileiro e coordenador de estudos da Fundação Cidade Viva, em João Pessoa, Paraíba.

Jorge Max da Silva é ministro da Convenção Batista Brasileira, Bacharel em Teologia pelo Seminário Teológico Batista do Sul do Brasil, é pastor da Igreja Batista de Constantinópolis em Educandos, em Manaus, Amazonas.

Josafá Vasconcelos é ministro da Igreja Presbiteriana do Brasil, pastor da Igreja Presbiteriana da Herança Reformada em Salvador, na Bahia, foi presidente do Presbitério da Bahia e membro da Comissão de Evangelização da Igreja Presbiteriana do Brasil.

Juan de Paula Santos Siqueira é ministro da Convenção Batista Brasileira, Bacharel em Teologia pela Universidade Presbiteriana Mackenzie e pastor da Igreja Batista Central em Iguaba Grande, RJ.

Leonardo Sahium é ministro da Igreja Presbiteriana do Brasil, Bacharel em Teologia pela Universidade Presbiteriana Mackenzie, Mestre em Teologia pelo Centro Presbiteriano de Pós-Graduação Andrew Jumper e Doutor em Ministério pelo Reformed Theological Seminary. É pastor da Igreja Presbiteriana da Gávea, no Rio de Janeiro.

Luiz Alberto Teixeira Sayão é ministro da Convenção Batista Brasileira, Bacharel em Linguística e em Hebraico e Mestre em Hebraico pela Universidade de São Paulo (USP). É pastor da Igreja Batista Nações Unidas; diretor acadêmico e professor de Teologia Sistemática no Seminário Teológico Servo de Cristo, em São Paulo, e professor visitante do Gordon-Conwell Theological Seminary em Boston, nos Estados Unidos.

Mauro Fernando Meister é ministro da Igreja Presbiteriana do Brasil, Mestre em Teologia Exegética do Antigo Testamento pelo Covenant Theological Seminary, nos Estados Unidos, e Doutor em Línguas Semíticas (hebraico) pela Universidade de Stellenbosch, África do Sul. É coordenador do curso de Mestrado em Divindade do Centro Presbiteriano de Pós-Graduação Andrew Jumper.

Tiago José dos Santos Filho é diácono da Igreja Batista da Graça, em São José dos Campos, SP, Bacharel em Direito pela Universidade do Vale do Paraíba e editor-chefe da Editora Fiel. Atualmente faz seu Mestrado em Divindade no Centro de Pós-Graduação Andrew Jumper da Universidade Presbiteriana Mackenzie.

Paulo César Campos Lopes do Valle é ministro batista, pastor da Igreja Batista de Fé Reformada e professor do departamento de Teologia Exegética do Seminário Teológico Evangélico do Betel Brasileiro, em Volta Redonda, RJ. Bacharel em Teologia pelo Seminário Teológico Batista do Sul do Brasil e Bacharel em Linguística pelo Centro Universitário Geraldo Di Biase.

Paulo César Moraes de Oliveira é Bacharel em Desenho Industrial pela Fundação Armando Álvares Penteado, Mestre em Administração Educacional e Doutor em Educação pela Bob Jones University, nos Estados Unidos. Ministra no departamento de música da Igreja Batista Esperança e é co-fundador e professor do Seminário Batista Esperança, em São Paulo, onde leciona, entre outras matérias, introdução à educação cristã e filosofia da educação.

Paulo Roberto Batista Anglada é ministro da Igreja Presbiteriana do Brasil, pastor da Igreja Presbiteriana Central em Belém do Pará, professor de Novo Testamento e teologia prática na Faculdade Teológica Batista Equatorial e na Faculdade Internacional de Teologia Reformada. Ele é Mestre em Teologia pela Potchefstroom University for Christian Higher Education, na África do Sul, e Doutor em Ministério pelo Westminster Theological Seminary, California, nos Estados Unidos.

Renato Vargens é pastor da Igreja Cristã da Aliança, em Niterói, no Rio de Janeiro, conferencista, escritor e colunista de revistas, jornais e diversos sites protestantes, escrevendo regularmente no blog http://renatovargens.blogspot.com/.

Sillas Larghi Campos é ministro da Convenção Batista Brasileira, pastor da Primeira Igreja Batista de Tupã, SP, formado pelo San Diego Christian College em Biblical Studies, e atualmente está concluindo seu Mestrado em Estudos Teológicos através da Liberty University, VA, nos Estados Unidos.

Valdeci da Silva Santos é ministro da Igreja Presbiteriana do Brasil, Mestre em Teologia e Doutor em Estudos Interculturais no Reformed Theological Seminary, Jackson, Mississippi, Estados Unidos, pastor da Igreja Evangélica Suíça, em São Paulo, e professor de teologia pastoral e sistemática no Centro Presbiteriano de Pós-Graduação Andrew Jumper, bem como coordenador do programa de Doutorado em Ministério do Reformed Theological Seminary/Centro Presbiteriano de Pós-Graduação Andrew Jumper.

Wilson Porte Jr. é ministro da Convenção Batista Brasileira, pastor da Congregação Batista da Liberdade em Araraquara, SP, Bacharel em Teologia pelo Seminário Bíblico Palavra da Vida e está concluindo o Mestrado em Teologia no Centro de Pós-Graduação Andrew Jumper da Universidade Presbiteriana Mackenzie.

O casal Denham no Brasil e o ministério da Editora Fiel

Gilson Carlos de Souza Santos

Nesta geração, há uma significativa parcela de pastores evangélicos no mundo de língua portuguesa que tem um imenso sentimento de gratidão a Deus pelo ministério da Editora Fiel, o qual foi estabelecido através da instrumentalidade do casal Denham. Talvez eu possa tomar a liberdade de narrar a minha experiência pessoal como ilustração do impacto deste ministério na vida de muita gente.

O meu primeiro contato com a literatura da Editora Fiel deu-se em 22 e 23 de março de 1980, quando um casal de missionários norte-americanos da Missão Novas Tribos do Brasil, a saber, Carlos e Cora Taylor, esteve ministrando em nossa igreja em Campos dos Goytacazes, no Estado do Rio de Janeiro. Ela ministrou às crianças, e ele, além de ter sido o conferencista, transportava em uma perua Chevrolet Caravan uma quantidade razoável de caixas com livros da Editora Fiel, entre outros materiais. À ocasião, o casal Taylor já contava com mais de trinta anos no Brasil.

Por alguma razão que desconheço, o nosso pastor me indicou para ficar responsável pela venda dos tais livros. E naquele dia tive uma indelével explicação e exemplo por parte do missionário acerca do valor da boa literatura. Fiquei expondo os livros na banca. Eu pouco sabia acerca do conteúdo dos livros, mas meu argumento para vender, além da impressão causada pela capa, era: "O missionário disse que este livro é muito bom!" Assim, com quatorze anos eu fui vendedor de livros da Fiel. E penso que me saí razoavelmente, pois fui presenteado ao final com um elogio junto ao nosso pastor, e recebi como doação alguns livros para vender. O missionário também me presenteou, inclusive com uma dedicatória, o livro *Onde irei daqui, ó Deus?*, de Zac Poonen, publicado em 1973.

Ainda que não guarde muitos detalhes da leitura daqueles primeiros livros da Fiel, aquele episódio me marcou profundamente. À ocasião eu já possuía cadastro regular na biblioteca do SESC da cidade, mas este episódio me fortaleceu no amor aos livros cristãos. Aos dezesseis anos recebi minha carteira de colportor, vendendo livros em nossa igreja. Antes mesmo de ir ao seminário, Deus concedeu-me o privilégio de ler bons livros de diversas editora evangélicas, desfrutando da expansão da literatura evangélica verificada na década de setenta. Meu início de biblioteca pessoal é daquele tempo.

Meus laços com a Editora Fiel intensificaram-se a partir de 1985, quando um docente do seminário em que estudava participou da primeira conferência Fiel. O professor fazia entusiasticamente (e, diga-se de passagem, de uma forma um pouco demasiada e irreal) a propaganda da Fiel junto aos alunos. E, de fato, foi nos tempos do seminário, debaixo de persistente estudo, que fui persuadido da biblicidade das doutrinas da soberania de Deus, e convenci-me da plena e manifesta historicidade das doutrinas da graça na vida batista. E os livros da Fiel foram decisivos neste ponto. Ainda por diversos anos eu me debateria por compreender como aplicar os princípios da fé reformada no contexto do ministério pastoral, e na realidade local de uma igreja batista, fato que perdura até hoje. E foi motivado por isso que eu, já pastor e professor no seminário, em 1990, participei com minha esposa, pela primeira vez, da *Conferência Fiel para Pastores e Líderes*. Aquele foi um momento muito rico, e pude aprender muito com os dois pastores batistas que foram preletores.

Dois dos ministérios da Fiel exercem, assim, grande influência em minha vida: primeiro os livros e, agora, também as conferências. E além dos livros que, em sua grande maioria adquiri, usufruí também de um terceiro ministério da Fiel, isto é, dos livros que me foram doados através do projeto Biblioteca do Pastor. Igualmente, em algumas ocasiões, recebi da Editora Fiel graciosos e significativos incentivos, como também descontos financeiros, a fim de que pudesse participar das conferências anuais.

Neste processo firmou-se para mim, como uma pérola de inestimável preço, a doutrina da aliança da graça, isto é, a aliança que, graciosa e soberanamente, foi firmada na eternidade pelo Deus triúno, em favor da salvação de pecadores. Esta foi, de fato, uma das principais doutrinas que me atraíram para o contexto da Editora Fiel, e que, ao meu juízo, tem sido um dos matizes predominantes em seu ministério. E devo acrescentar que, para tanto, Deus teve de convencer-me, constrangendo-me e transformando minha relutância e obstinação num espírito voluntário.

É, portanto, propositalmente que começo este artigo tomando a liberdade de narrar, como um recurso ilustrativo, a minha experiência pessoal. Sei que muitos jovens pastores e líderes evangélicos brasileiros, assim como eu àquela época, e outros nem tão jovens assim, podem igualmente testemunhar o impacto que o ministério da Editora Fiel tem produzido em suas vidas e ministérios.

O CASAL DENHAM

James Richard Denham Junior, carinhosamente conhecido como "senhor Ricardo", filho de um casal muito temente a Deus, nasceu em Daytona Beach, Flórida, em 29 de maio de 1927, tendo sido criado, entretanto, no Estado de Oregon, nos Estados Unidos. Seu pai converteu-se aos vinte e nove anos, e, conquanto de origem muito simples, tornou-se um pastor batista muito capacitado. Teve ele uma posição elevada no Westmount College, em Santa Bárbara, Califórnia, tendo sido instrumento para encontrar e adquirir a propriedade para o *campus* da atual universidade. Pregava nas igrejas representando a universidade. Juntamente com sua esposa, Aletha, foi missionário na China pela *Hebron Mission*, onde realizou profícuo ministério entre as igrejas e os missionários. Este casal também visitou a América Latina, inclusive o Brasil, tendo conhecido a região do Rio Amazonas. James Richard e Aletha Denham tiveram apenas um casal de filhos, sendo Ricardo o mais novo, e a primogênita Dickalon, que serviu fielmente ao Senhor, falecendo em 2001. O pastor James Richard faleceu aos cinquenta e quatro anos, e está sepultado no cemitério ao lado da Igreja Batista em Palo Verde, Arizona. Dona Aletha Denham foi sepultada aos noventa e nove anos, em 24 de julho de 2005, em São José dos Campos, São Paulo, onde viveu os últimos dias e congregava entre nós.

O senhor Ricardo converteu-se e foi batizado aos onze anos pelo Pr. Loyd Cox, tornando-se membro de uma igreja batista em Glide, Oregon. Ele conta que antes vivia se comparando à sua irmã, apontando falhas e considerando-se superior a ela. Porém, quando a igreja em Glide recebeu a visita do evangelista Henry Hendrick, ele, confrontado pela pregação, convenceu-se de que era um pecador diante de Cristo e perdeu aquele senso irreal de justiça própria. Pediu o batismo à igreja, e como era inverno, a igreja não realizou, como de costume, os batismos no rio, mas recorreu ao batistério de uma igreja numa cidade vizinha. O senhor Denham diz que apreciou essa prudente iniciativa da igreja!

O senhor Denham concluiu o bacharelado em inglês no Westmount College, no Estado da Califórnia. Residindo no Estado do Oregon, cursou a especialização em inglês (*Major*) e história (*Minor*) na Universidade daquele estado. Durante o tempo em que cursava a pós-graduação em Oregon, o senhor Ricardo mantinha contato com os pastores das igrejas batistas conservadoras (*Conservative Baptist Fellowhip*), sendo convidado para pregar nas igrejas quando da ausência dos pastores. Certa ocasião, um secretário geral da comunhão o encaminhou para pregar na igreja em Condon, Oregon. Os irmãos apreciaram bastante o seu ministério, e pediram para que ele voltasse. Isto culminou em um convite para que ele pudesse pastoreá-los. O senhor Denham solicitou então o apoio da igreja em Santa Bárbara, Califórnia, onde foi membro quando cursou o College, tendo recebido daquela igreja o apoio e o encargo para exercer o ministério pastoral em Condon. Àquela altura o senhor Denham ainda era solteiro, conquanto já estivesse namorando dona Pérola.

Pearl Armen Denham, mais conhecida entre nós como "dona Pérola", nasceu em Pasadena, Califórnia, em 9 de setembro de 1927. Foi criada, entretanto, entre as vinhas de Dinuba, Califórnia. Sua mãe, Sarah, descendia de fervorosa família evangélica na Armênia. O Rev. Asadoor Zacharia Yeghoyan (1867-1937), avô materno de dona Pérola, é considerado "um Moody para o povo armênio". Foi notável evangelista, escritor, fundador de seminário, e enviou vários missionários para a Rússia. Em virtude do genocídio praticado contra os armênios na segunda década do século XX, a família imigrou para os Estados Unidos, passando antes por Cuba. O senhor Yeghoyan passou a residir em Pasadena, Califórnia, onde pastoreou uma igreja armênia, havendo fundado e dirigido uma escola. Asadoor Yeghoyan foi sepultado em Fresno, Califórnia. Deus abençoou ricamente a descendência deste homem, com pastores e missionários em diversos lugares. A mãe de dona Pérola foi uma universitária muito culta e capaz, e professora de idiomas para imigrantes em uma escola batista em Cuba, quando a família Yeghoyan passou por lá. O pai da senhora Denham, Arthur Taylor, converteu-se na velhice; foi alfaiate, dono de tinturaria, e tornou-se próspero. Dona Pérola é a única filha entre dois irmãos, ambos falecidos, os quais também se tornaram servos do Senhor. O mais velho foi músico renomado, evangelista e pregador. Apesar de criada sob uma saudável influência cristã, dona Pérola não tinha paz e segurança, até o momento em que se dedicou a Cristo e consagrou-se à obra missionária. Foi uma experiência muito marcante! Passou a experimentar um sensível zelo e amor por Cristo, fato amplamente testemunhado, inclusive por amigas na escola. Pérola Denham foi batizada aos quinze anos numa igreja batista em Fresno. Na Bob Jones University dona Pérola obteve o bacharelado em Música Clássica, especializando-se em piano clássico.

Os jovens Ricardo e Pérola conheceram-se nos seus dezoito anos de idade, quando ambos cursavam o Westmount College, na Califórnia. O casamento aconteceu no dia 7 de outubro de 1950, em Fresno, e foi celebrado pelo pai de senhor Ricardo. Nesta época o senhor Denham era pastor da Igreja Batista Conservadora em Condon, Oregon. Foi então que Deus os chamou para vir ao Amazonas, como missionários. Os pais dele haviam visitado a região do rio Madeira e relataram que ela muito carecia de uma obra missionária.

O senhor Ricardo Denham recebeu a influência de três grandes forças evangélicas que moldaram fortemente sua vida e ministério. Desde a infância recebeu o impacto indelével do movimento moderno de missões, especialmente por parte das chamadas "Missões de Fé", tais como as que caracterizaram a obra missionária de Hudson Taylor, Charles Studd e outros. Também o fundamentalismo evangélico norte-americano marcou grandemente a vida e visão de senhor Denham, tendo sido criado num ambiente familiar e eclesiástico que repercutiam os *Fundamentos*.[1] Uma última grande influência, mais tardia em sua história pessoal, foi o movimento que marcou um renascimento da fé reformada no século XX. Estas três grandes forças, associadas à criação num lar piedoso e à infância e juventude vividas na Grande Depressão econômica e período entre guerras, moldaram uma personalidade bastante dinâmica e determinada.

A FAMÍLIA DENHAM NA AMAZÔNIA

Os Denham propuseram-se a vir para o Brasil, mas não tinham fonte de sustento, pois vieram como missionários "independentes", isto é, sem o suporte formal de qualquer junta missionária ou organização. Movido por fé, o casal vendeu o que possuía, inclusive mobílias e louças, e com bem pouco sustento deixou seu país rumo a uma região desconhecida. Dona Pérola vendeu o seu piano de cauda, a fim de que as passagens aéreas fossem adquiridas. Antes de partirem, um médico lhes constatou por exames que talvez nunca poderiam ter filhos.

Era uma noite fria de novembro de 1952, quando embarcaram em um velho avião, movido a hélices, no aeroporto de Nova York, com destino ao Brasil. Os pais de senhor Ricardo acompanharam-lhes nesta primeira viagem. Embora estivessem sentindo diferentes emoções, tais como alegria, temor, fé e confiança, sabiam que Deus os havia preparado desde a sua adolescência para aquela ocasião. Recordaram-se das pessoas queridas, dos amigos e dos confortos que tinham deixado para trás, em troca de uma vida nova e diferente.

O casal descreve a sua chegada ao Brasil:

> Quando desembarcamos do avião, em Belém, e começamos a respirar o ar tropical, quase ficamos sufocados, mesmo às seis horas da manhã. Depois de chegarmos a Manaus, achando o ar ainda mais

---

[1] Os doze volumes originais, contendo noventa ensaios, afirmando a ortodoxia evangélica e defendendo-a contra os ataques do liberalismo teológico, do catolicismo romano, do socialismo, do ateísmo e das modernas seitas e heresias, foram resumidos em R. A. Torrey (ed.), *Os fundamentos* (São Paulo: Hagnos, 2005).

quente, tivemos de confiar no Senhor para nos ajudar a enfrentar a umidade e o calor. Estávamos preparados para, tanto quanto pudéssemos, vivermos de maneira semelhante ao povo de Manaus.

Nossa primeira casa tinha as coisas essenciais: telhado para nos proteger, um pequeno banheiro para tomarmos banho com um balde de água, trazida de uma torneira comunitária que havia na rua onde morávamos. Uma tábua grande colocada na janela aberta da cozinha servia como uma pia para lavar a louça. A água escorria para o chão. Nossa cama era feita de tábuas e estava forrada com um colchão de cascas de arroz; também tínhamos um mosquiteiro para nos proteger dos insetos – isto era uma grande bênção! Começamos a utilizar repelente de mosquitos em todas as noites a partir das dezessete horas. Logo aprendemos a viver sem um refrigerador e luz elétrica. O melhor de tudo era contar com a ajuda de missionários amigos que nos orientavam nas compras das coisas que necessitávamos.

Quando caminhávamos nas calçadas da cidade, as pessoas cochichavam: 'americanos'... E nos ofereciam um amável sorriso. Tentamos vestir roupas que nos fizessem parecer com os brasileiros, mas eles ainda pareciam saber que éramos estrangeiros. Logo percebemos que este novo e amável país seria um lar para nós.

Fomos recebidos calorosamente pela igreja em Manaus. A singularidade do amor do Senhor estava presente ali, e fomos muito abençoados e encorajados na comunhão com a igreja. Após orar e esperar para ver o que Deus queria, o Senhor providenciou-nos uma lancha que serviria para nossa locomoção no Amazonas. Nos mudamos para um barco de dez metros de comprimento. Estudávamos a língua portuguesa e viajávamos com o nosso professor, que também era nosso intérprete. O rio Amazonas e seus tributários são verdadeiramente misteriosos, lindos e admiráveis. No entanto, ficamos chocados ao ver a extrema pobreza, a fome, as precárias condições de saúde, as doenças e as febres que aquelas pessoas queridas sofriam. Procuramos ajudá-las, mas as suas necessidades eram imensas. Trouxemos sementes, para que as pessoas plantassem, e amendoim para que elas tivessem mais proteínas em sua dieta. Muitas delas tinham medo de tomar remédios e não vinham às consultas com os médicos que o governo lhes enviava. Todavia, a grande necessidade daquelas pessoas era a Palavra de Deus. Algumas receberam o Senhor Jesus quando pregamos o evangelho por meio do intérprete. 'A revelação das tuas palavras esclarece e dá entendimento' (Sl 119.130). Muitas estavam aprendendo a ler...

O casal Denham desenvolveu seu ministério em Manicoré, uma região bastante pobre do vale do rio Madeira, Amazonas. No tempo em que viveram naquele Estado, os Denham adotaram duas meninas irmãs, muito carentes, Delza e Mary Ann. Ambas tornaram-se servas de Cristo, casaram-se e, atualmente, residem nos Estados Unidos. Somente depois de nove anos de casamento, numa ação perceptível do poder de Deus, nasceu a primeira filha do casal. Em 1958, em viagem para o interior do Amazonas, e sob os efeitos de uma crise de saúde, o senhor Denham relembrou as palavras médicas de que muito dificilmente poderia ter filhos. Ele já resolvera deixar este assunto com Deus, e nesta ocasião escreveu na página de rosto de sua Bíblia: "Buscando a Deus por um filho, para consagrá-lo ao serviço dEle – de acordo com a promessa de sua santa Palavra" (Sl 84.11; 127.1-5; 128.1-6; Mt 7.11; 1Jo 3.20-22; 5.14-15). Um ano depois nascia a sua primeira filha. Nasceram-lhes ao todo, no Brasil, três filhas e dois filhos: Rachel Down (dois filhos); Faith Elizabeth (dois filhos); Saralee (três filhos); Rick (dois filhos) e Mark. Os filhos cresceram com pouquíssima interação com outros familiares, com praticamente nenhum contato com os primos, e sofreram bastante com isto. O casal Denham tem atualmente nove netos.

OS PRIMEIROS ANOS NO BRASIL

Deus operou com sabedoria e graça em diversas circunstâncias: proporcionando ocasião favorável ao casamento, depois de um reencontro que parecia impossível; dando filhos ao casal, o que para a medicina era quase impossível; sustentando-os na obra missionária, sem contarem com o suporte de uma missão denominacional. O fato é que Deus sempre cuidou da família e providenciou o necessário para que os Denham realizassem sua vontade.

Na vila de Manicoré, o casal Denham experimentou grande oposição e sofrimentos, inclusive risco de morte em diversos momentos. Um episódio aconteceu na sexta-feira de Páscoa, do ano de 1953. Dois sacerdotes romanos, que não apreciaram a presença do casal, conduziram procissões contra os missionários evangélicos. Foram construídos dois bonecos: uma mulher tocando acordeom e um homem com um livro na mão, representando os missionários recém chegados. Os bonecos foram pendurados pelo pescoço e, às dezesseis horas, foram queimados em logradouro público. A procissão dirigiu-se à praça da cidade, em frente da igreja, repetindo: "Nossa Senhora de Fátima, livrai-nos das heresias dos protestantes!". Na praça, os padres exclamavam: "Morte aos protestantes e vida aos católicos!" Tal reação foi um choque para o casal. A providencial amizade que o senhor Denham havia estabelecido com um delegado e com o prefeito resultou em alguma segurança para o casal, tendo sido destacados dois policiais para protegê-los, visto que o padre os ameaçara de morte, a eles e ao grupo que se reunia. Os cultos quase pararam, e a maioria se dispersou. Somente os convertidos fiéis permaneceram. Aquele foi um tempo de provação, mas também oportunidade em que a graça do Senhor era abundante. O delegado que os protegeu veio a ser convertido anos mais tarde, tendo inclusive trabalhado na área de literatura, como um dos revisores de um dicionário bíblico.

Muitas outras experiências manifestaram a profusa graça do Senhor e seus ternos cuidados. Em uma ocasião, o casal esteve à beira da morte, quando a sua lancha quase afundou. Em muitas ocasiões tiveram que enfrentar a fúria dos sacerdotes católicos, que aumentavam a perseguição. Porém, o Senhor era com eles, dando-lhes proteção e ensinando-lhes muitas lições, das quais uma das maiores era esta: "A graça de Deus é suficiente em qualquer circunstância; e, quando precisamos de sua graça, Deus no-la dá, assim como a sua paz e tranquilidade". Em meio a grandes dificuldades, puderam ver claramente a mão de Deus os livrando e salvando a muitos, nos dez anos que estiveram no Amazonas. Até os dias de hoje, de tudo quanto fez o senhor Denham, suas memórias mais saudosas são do tempo em Manicoré. Os comoventes relatos de conversão do senhor Jovelino Carvalho, major da Polícia Militar, e de "Dona Sinhá", líder católica membro das "Filhas de Maria" e opositora renhida, estão entre as muitas histórias que ele sempre traz consigo. O senhor Ricardo conta ainda sobre um irmão que muito o impactou e influenciou: o boliviano Arturo Arana. Relata ele que, tendo que passar uma temporada em Cochabamba, na Bolívia, a fim de tratar da saúde, conheceu o senhor Arturo em La Paz. Soube que este tinha uma fábrica de imagens de santos e que, certa ocasião, defrontou-se numa loja com uma Bíblia aberta no texto de Êxodo 20. Examinando o texto, atentou para a advertência divina contra a confecção de imagens. Entrou na loja, conversou com o dono e lhe apresentou o evangelho. O senhor Arana converteu-se a Cristo e destruiu com um martelo todos os seus "santos". O senhor Ricardo conta ainda que ficou bastante impressionado com a firmeza doutrinária deste homem, que se recusou associar-se a projetos ecumênicos liberais, na medida em que percebeu o comprometimento da verdade do evangelho.

Tendo travado amizade com William "Bill" Barkley e Jack Walkey, missionários britânicos e membros da Capela de Westminster em Londres, pastoreada por D. Martyn Lloyd-Jones, e através da literatura produzida pela editora *The Banner of Truth,* que lhe foi apresentada por aqueles, no fim dos anos cinquenta e início da década de sessenta, o senhor Denham teve seu contato com as doutrinas da graça. A revista *The Banner of Truth*, apresentada a ele pelo senhor Bill Barkley, cumpriu um papel muito importante neste sentido e fortaleceu a convicção do senhor Denham acerca da importância de uma publicação como aquela. No início da década de sessenta, os Denham sentiam ser o tempo de traduzir e publicar o evangelho da graça de Deus para os líderes evangélicos brasileiros. Em dezembro de 1960, abriram a Livraria Evangélica do Lar Cristão, que em março de 1962 foi nomeada representante da Sociedade Bíblica do Brasil, na "categoria de agente distribuidor, no Estado do Amazonas e nos territórios de Rio Branco, Acre e Rondônia".

Em Manaus, os Denham mantiveram, com grande esforço, o programa de rádio "A Hora da Decisão", com largo alcance em toda aquela vasta região.

O pastor presbiteriano Franklin D'Ávila, atualmente servindo em Aracaju, em Sergipe, escreve:

> Recordo-me quando adolescente acompanhava meu pai em visitas à Livraria Lar Cristão, que funcionava numa das dependências do Hotel Amazonas, próximo ao porto de Manaus. Não esqueço que o primeiro disco que meu Pai comprou continha o hino 'Desperta Brasil'. Naquela época eu era menino... Alegro-me pelas bênçãos de Deus... Tudo começou com uma pequenina livraria numa igualmente pequena sala.

No mister de ampliar o ministério com literatura, a família Denham mudou-se para a cidade de São Paulo em 1964. A livraria em Manaus foi adquirida pelo senhor Bill Barkley, que mais tarde fundou a Editora Publicações Evangélicas Selecionadas (PES).

A primeira impressão que o casal Denham teve de São Paulo foi a de que "ela era a maior e mais moderna cidade deste continente". Que contraste! Diz o casal: "Em São Paulo desfrutamos da preciosa comunhão do corpo de Cristo. Logo nos vimos amando e trabalhando com os queridos irmãos e irmãs em Cristo". Ainda em 1964 o senhor Denham abriu outra livraria na Praça da República, em São Paulo – a Livraria "O Leitor Cristão". Carmem da Mota, ex-freira católica, tendo chegado ainda jovem e recém-convertida a São Paulo, foi encaminhada pela família de Dr. Russell Shedd à livraria, onde recebeu trabalho e tornou-se a principal vendedora. Em seu testemunho, ela escreve acerca de senhor Denham:

> Este servo de Deus acolheu-me, ensinou-me a fazer o trabalho e ofereceu-me muito apoio. Uma das coisas que muito me impressionou na vida do pastor Ricardo foi a sua maneira de evangelizar. Ele tinha um sorriso nos lábios e tratava as pessoas com misericórdia e respeito. Isso muito me impressionou.

Assim como Dona Carmem, muitos outros jovens tiveram suas vidas grandemente influenciadas pelo casal Denham. Vários destes jovens privaram de sua convivência, hospitalidade e testemunho. Alguns deles tiveram ainda o privilégio de residir longo tempo com eles, o que se pôde verificar até bem recentemente.

Em São Paulo, o senhor Denham teve participação ativa na liderança da Escola Americana, *Pan American Christian Academy* (PACA), assim como na fundação da Imprensa da Fé na década de sessenta, e em outros ministérios. Alguns anos mais tarde, o senhor Denham recebeu um contato do ministério *Overseas Crusades*, que o sondava para assumir a coordenação da vinda de Billy Graham ao Rio de Janeiro no ano de 1974, mas entendeu que deveria declinar do convite. Quanto a Dona Pérola, sempre esteve envolvida com música, inclusive como instrumentista em gravações de conhecidos cantores evangélicos brasileiros. As filhas do casal Denham cantaram numa gravação muito conhecida à época: "Sou um infantil".

A EDITORA FIEL

No terceiro trimestre de 1966, o senhor Denham publicou o primeiro número da revista O Leitor Cristão. Ainda que anteriormente tenham publicado alguns pequenos folhetos, têm-se esta data como a do início de seu trabalho de publicação. A revista exerceu considerável influência, e até recentemente chegavam algumas respostas de seus leitores. Ao apresentar a revista, o senhor Denham escreveu:

> A necessidade de uma revista como esta foi por nós sentida, pela primeira vez, quando visitamos muitas das vilas do interior distante na região Amazônica. Ali encontramos pessoas recém-alfabetizadas à procura de algo para ler. Como primeiro passo, organizamos em Manaus a Livraria do Lar Cristão, uma obra interdenominacional. Isto foi há cinco anos.
>
> É triste ver que milhares, no Amazonas, bem como em outras partes do Brasil, ainda não têm como obter literatura evangélica. Não podemos abrir uma livraria em cada lugar, mas estamos oferecendo uma revista que, com sua ajuda e a bênção de Deus, pode alcançar os perdidos, animar os crentes e servir como catálogo para por muitos livros à disposição de leitores distantes.

E em seu primeiro editorial, escreveu o senhor Denham:

> Por que são tão poucos aqueles que sentem o desafio de participar de produção e distribuição de literatura evangélica nesta grande terra brasileira tão cheia de oportunidades? Por que esta falta de incentivo em face às oportunidades manifestas de desempenhar-se da ordem divina de ensinar a verdade a todos os homens?
>
> Conhecendo o coração egoísta do homem, o profeta escreveu: 'Sem uma visão, o povo perece'. Somente uma visão de um Deus santo que exige obediência incitará o homem a contribuir desprendidamente para tornar conhecida a vontade divina. Paulo, que viu o Senhor em sua glória, pôde dizer: 'O amor de Cristo constrange!' E isto foi motivo suficiente para fazê-lo desistir de sua vida por causa de Cristo. Sem esse poder motivador do amor de Cristo, a obra de publicação e distribuição da literatura cristã nunca será realizada.

Lucros rápidos, negócios e poder devem ser procurados em outras áreas, mas diante de nós está uma oportunidade. Temos a motivação necessária para agir?

No ano seguinte, a saber, em agosto de 1967, com o selo da Editora Leitor Cristão, foi publicado o primeiro livro, *O ide é com você!*, de Norman Lewis. Com tradução dos pastores Gerson Rocha e João Bentes, a publicação deste livro contou com a participação da Missão Novas Tribos do Brasil. É muito significativo que o primeiro livro publicado tenha sido acerca de evangelização e missões. No primeiro capítulo do seu livro, o autor assim escreve:

> Cada crente é responsável pela evangelização do mundo. O Senhor disse: 'Ide por todo o mundo e pregai o evangelho a toda criatura'. Cada um dos filhos de Deus, individualmente, tem uma parcela de responsabilidade nessa obra. A ordem de Cristo é consigo. Cada crente será julgado pela resposta que houver dado à ordem de Cristo.
> Fique, contudo, entendido, que não se trata de uma ordem eminentemente geográfica. Cada crente não terá de ser, necessariamente, um missionário em terras estrangeiras. Mas cada crente precisa ser possuído da disposição de ser missionário. A questão é estar rendido a Cristo. Ele dirigirá cada crente que se Lhe submeteu, e decidirá sobre o seu tempo de serviço. O Senhor da seara distribuirá os Seus filhos obedientes na tarefa da evangelização do mundo. Fatos abundantes provam que essa é a tarefa de cada crente.[2]

O trabalho da editora começou a crescer, tomando a seguir o nome de Editora Fiel. O casal Roger e Gwen Kirk exerceu um papel chave nos primeiros anos do ministério da Editora Fiel. Os talentos e aptidões de Roger e Gwen contribuíram imensamente para complementar algumas áreas mais práticas e administrativas do trabalho, que eram carentes ao senhor Ricardo. A dívida de gratidão que o senhor Denham nutre para com os Kirk é algo que ele sempre faz questão de enfatizar. Amigo pessoal do senhor Ricardo, Roger Kirk escreve:

> O senhor Ricardo e a família mudaram para Campinas, onde sua filha Elizabeth se dava melhor com o clima. Sendo um dos diretores da Academia Cristã Pan Americana, o senhor Ricardo vinha semanalmente a São Paulo e se hospedava em nossa casa. Jantava conosco, às vezes lavava a louça, ou cuidava do nosso filho. Também muito nos ajudava em aconselhamento e outras coisas práticas. Nós amávamos muito aquele homem, e ele se tornou o meu melhor amigo.
> O senhor Ricardo foi usado por Deus para ensinar-nos certas

---

2   Norman Lewis, *O ide é com você!* (São Paulo: Leitor Cristão, 1967), p. 9-10.

verdades bíblicas a respeito da nossa salvação. Ele era muito paciente em mostrar-nos a soberania de Deus, embora Gwen, minha esposa, o tenha chamado de 'herético'. Ela insistia no argumento de que era salva porque 'havia tomado a decisão de aceitar Cristo', e de que 'Deus seria injusto ao escolher alguns para a vida eterna e a outros não'. Quando vinham hóspedes à nossa casa, eu sempre iniciava uma conversa sobre este assunto, a fim de ouvir os pensamentos de outros e provar o erro do senhor Ricardo! Porém, em vez disso, Deus começou a abrir o meu entendimento através da leitura de sua Palavra.

O senhor Ricardo convidou-nos para trabalhar com ele na nova editora chamada Fiel. Quando estávamos preparando o livro *Deus é Soberano*, de A. W. Pink, o Senhor abriu o entendimento de Gwen para a sua maravilhosa graça. Logo depois, ela ouviu uma pregação em que o pastor estava explicando a doutrina bíblica da eleição. Ele explicou que durante toda a história bíblica as pessoas foram escolhidas por Deus para ocupar determinadas posições por meio de um apontar de dedo. Em seguida, este pregador falou: 'Imagine o Deus triúno apontando o dedo para você e dizendo: 'Quero você!'. Isto é graça!'

Em 1973 e 1974, a família Denham estava ocupada na construção do escritório e do depósito da Editora em Atibaia, São Paulo. Ali a editora começou a ganhar força e crescer. O senhor Denham esforçou-se para construir uma casa ampla e confortável para sua família. Na aprazível estância em Atibaia o casal pôde oferecer melhores condições para seus filhos, e a família experimentou a sua melhor plenitude. Os Denham também privavam do saudável contato com todo o corpo de irmãos envolvidos no Instituto Bíblico Palavra da Vida. Em Atibaia os Denham receberam a visita do casal Bill e Berry Lyons, que representavam a Scott Memorial Baptist Church (que se tornou depois a Shadow Mountain Community Church), pastoreada por Tim LaHaye, em San Diego, Califórnia. O casal Lyons voltou altamente entusiasmado com o que viu, oferecendo à sua igreja, e a outras dentro da comunhão, uma recomendação de suporte ao trabalho do casal Denham. Este fato marcou um maior apoio ao trabalho realizado no Brasil. O suporte oferecido pela igreja em San Diego foi imensamente importante para o casal Denham, e naquela igreja eles fizeram muitos amigos, havendo os seus filhos estudado na escola da igreja e estabelecido fortes vínculos em San Diego.

Nessa época surgiu a necessidade de um veículo para transportar livros, materiais de construção e fazer campanhas evangelísticas. Um fazendeiro norte-americano doou um ônibus para a Editora. Muitas campanhas foram feitas utilizando este veículo, viajando pelo interior do Brasil com vários grupos de jovens brasileiros e americanos, vendendo livros de porta em porta e convidando pessoas para ouvir pregações ao ar livre, ou em alguma congregação local.

A Editora Fiel prosseguiu crescendo, e também a visão do senhor Denham. Um novo passo foi dado, o qual teve grandes implicações: a casa da família Denham foi vendida e um imóvel foi adquirido em São José dos Campos, São Paulo. O ideal acalentado pelo senhor Denham, que nunca chegou a ser concretizado, era instalar neste grande patrimônio também uma universidade, na qual se aplicasse um currículo integral e interdisciplinar de educação cristã.

O primeiro semestre de 1986 foi usado na tremenda tarefa de transferir a editora para São José dos Campos. A boa administração do senhor Denham fez com que o imóvel adquirido gerasse outros recursos, os quais viabilizaram muitos projetos da editora, visto que as ofertas recebidas nunca foram suficientes para tal. A abnegação pessoal do senhor Denham e de sua família foi sempre uma fonte de recurso, para que a Missão levasse adiante o seu ministério.

Em São José dos Campos, sentiu o casal Denham a necessidade de uma igreja firmada nas doutrinas da graça. Entre o final de fevereiro e início de março de 1986 aconteceram os primeiros encontros nos lares. A primeira reunião contou com a presença de pastor Ricardo Denham, do missionário britânico pastor Jack Walkey e do pastor Sillas Campos, os quais, juntamente com suas esposas e filhos, davam início ao trabalho missionário. A esta altura, todos os filhos do casal Denham eram residentes ou estudantes nos Estados Unidos. Roger Kirk escreve: "Lembramos dos cultos realizados no prédio alugado... Foi necessário colocar uma divisória no salão, porque os banheiros ficavam bem perto do púlpito, causando bastante distração". A pequena congregação peregrinou ainda por outros quatro salões alugados, e o Senhor acrescentou à igreja aqueles que deviam ser salvos. Esta igreja resolveu adotar formalmente a Confissão de Fé Batista de 1689, tendo sido, pelo que consta, a primeira igreja batista no Brasil a adotar formalmente este muito distinto documento confessional batista.

O senhor Ricardo e dona Pérola dizem: "Estar na Igreja Batista da Graça é uma bênção maior do que podemos contar. Aqui temos encontrado irmãos e irmãs, filhos e netos, parentes e família em Jesus Cristo. Para nós, isso é bênção! Significa, acima de tudo, ter comunhão com os irmãos, no amor de Cristo, que nos une uns aos outros em sua família". Desde o seu início, e até hoje, a Igreja Batista da Graça tem estendido formalmente termos de cooperação com a Editora Fiel, oferecendo apoio aos seus ministérios.

Também em São José dos Campos foi organizada uma escola de inglês, Inglês Fiel, que foi um instrumento muito importante para equipar jovens brasileiros naquele idioma. Mais tarde a escola foi transferida para um casal cristão, e funciona ainda hoje, com novo nome e estrutura.

Conquanto não tenha recebido uma educação teológica formal, o senhor Denham tem sido um ávido leitor; amante dos livros, formou ele uma boa biblioteca pessoal e dedicou bastante atenção aos estudos teológicos. Invariavelmente, ele sempre lia os livros que iria publicar, e, quando estes eram traduzidos, o senhor Denham era geralmente alguém diretamente partícipe no processo de revisão. Excetuada a sua vasta correspondência, escreveu muito pouco. Conquanto tenha se esforçado ele mesmo em prol da pregação, o seu maior empenho, entretanto, foi no sentido de promover boa pregação por parte de reconhecidos pregadores, trazendo ao Brasil aqueles que tinham um referendado ministério no púlpito. Leitor regular da Bíblia, pela qual sempre nutriu comovida reverência, o senhor Denham esposou uma doutrina distintamente conservadora, conquanto estivesse sempre a par das tendências teológicas e eclesiásticas do mundo evangélico-protestante, especialmente o de fala inglesa.

Nas igrejas em que contribuiu para a implantação, o senhor Denham procurou prestigiar o ministério de pregadores nacionais, sendo, entretanto, ele mesmo um grande e generoso cooperador, determinado em prol da disciplina e do culto, e alguém arduamente devotado à tarefa de testemunhar pessoalmente do evangelho de Cristo. Nestes anos de ministério penso haver conhecido poucos tão devotados ao ministério pessoal de evangelização quanto ele. Durante algum tempo, aqui em nossa cidade, ele conduziu regularmente um estudo semanal com homens, o qual resultou na conversão de diversos deles. Em nossa igreja, por exemplo, três dos atuais diáconos foram convertidos como resultado do empenho pessoal do senhor Denham nestes estudos bíblicos. Também foi ele alguém que sempre se empenhou no sentido de prover liderança masculina para a igreja, chamando os homens a que, em Cristo, exerçam uma liderança servil e altruísta dos seus lares.

No Brasil, a primeira Conferência Fiel para Pastores e Líderes aconteceu num hotel em Atibaia, São Paulo, em 1985. Os preletores convidados foram Bill Clark e Edgar Andrews, ambos diretores da editora britânica Evangelical Press. Nesta primeira conferência, que contou com cerca de oitenta participantes, pregaram ainda os irmãos Francisco Solano Portela Neto e Valter Graciano Martins. Marilene Paschoal, atualmente a mais antiga funcionária da Editora Fiel, desempenhou desde então um papel muito importante na organização das conferências, e tornou-se pessoa muito querida do público que frequenta regularmente os eventos anuais.

A conferência Fiel para pastores e *líderes é, de alguma maneira, a suma dos propósitos d*a Missão. O trabalho da Fiel consiste em servir a Deus através do serviço à igreja; em cooperar com a igreja de Deus, trabalhando em sua edificação. Busca-se alcançar esse alvo, com a graça de Deus, através da edição, produção e distribuição de literatura sã e bíblica; através também de diversos projetos que visam a auxiliar o pastor; através da revista e do *website*. Contudo, é na conferência que se experimenta um pouco de cada aspecto de todo o trabalho. Nela, têm-se a oportunidade de ouvir os autores dos livros que são publicados, pastores, professores e palestrantes cujos labores pela causa do reino têm beneficiado multidões e cujas vidas testificam sua piedade e disposição de servir. Mensagens abençoadoras, edificantes, instrutivas e consoladoras são a matiz do que se encontra na conferência Fiel. Além disso, milhares de livros, da Fiel e de outras editoras, são selecionados criteriosamente e disponibilizados a preços baixos para todos quantos frequentam a conferência. O conclave ainda propicia um ambiente em que centenas de servos do Senhor, de regiões, contextos e denominações diferentes podem desfrutar de comunhão, trocar experiências e desenvolver laços de cooperação e amizade.

Ao final de 1995 tive a oportunidade de escrever um testemunho sobre a participação de nossa família na conferência daquele ano. Entre outras coisas, eu salientei:

> Nestes anos recentes tenho tido a progressiva sensação de que a Editora Fiel vem se tornando um pouco do olho, do ouvido e da voz de um crescente e significativo segmento da liderança evangélica brasileira. O seu diretor – Richard Denham – vem conseguindo imprimir à Editora muito de suas virtudes pessoais: conceitos bem definidos, corajosos; perseverança; incontida paixão pela pureza da verdade; resistência às soluções de compromisso, à negligência e à omissão; permanente vigilância e desconfiança em relação à popularidade; e ainda assim, não se resignar à solidão. Num tempo que cada vez mais conspira contra a verdade, o ministério da Editora Fiel, com nome bastante proposicional, tem mostrado que, quando a fidelidade se torna mais difícil, ela é ainda mais necessária.
>
> Realizadas anualmente na primeira quinzena do mês de outubro, estas conferências têm fornecido bases sólidas para a formação doutrinária de uma geração de evangélicos brasileiros, que não podem calcular o quanto lhe devem... Uma equipe de quarenta e quatro pessoas ligadas à Editora trabalhou arduamente para que todos os presentes tirassem o maior proveito das Conferências. O programa bem distribuído permitiu lazer, descanso, confraternização, favorecendo a que todos estivéssemos bem dispostos ao ouvir os preletores...
>
> Um dos bons serviços prestados durante a Conferência é a livraria. Com atendimento de pessoal eficiente e informatizado, a livraria oferece o que há de melhor no meio evangélico brasileiro... Além deste esforço no período das Conferências, a editora mantém o Projeto Biblioteca do Pastor, enviando mensalmente livros gratuitos para dezenas de pastores inscritos. Alguém disse que 'o mal que podem fazer os maus livros só é corrigido pelos bons'. Num tempo em que todo mundo faz livros, e em que os sábios leitores são raros, a Editora Fiel vem ocupando um lugar de respeito, fazendo livros que refazem a gente.

No exato momento em que o mercado editorial evangélico brasileiro está se tornando cada vez mais sofisticado, profissional e seletivo, transformando-se igualmente em um grande negócio, é de notar o fato que a Editora Fiel, também neste fluxo, parece entretanto não perder o senso de que é uma missão. Apegando-se a uma ação coerente, antes de buscar ser uma instituição de sucesso, a editora tem procurado ser uma instituição de valor e força moral. Com boa literatura e boas conferências, está mostrando que um novo país se faz com homens e livros. E eu termino dizendo que, com toda a certeza, este é um ministério cuja maior dificuldade é continuar prosseguindo. Oro para que continue!

UM MINISTÉRIO QUE SE EXPANDE

O senhor Denham teve a visão de que o trabalho sediado no Brasil deveria expandir-se para todo o vasto mundo lusófono. Assim, o ministério foi estendido para Moçambique, na África, e a primeira conferência anual foi realizada no ano 2000. As conferências sempre foram realizadas na cidade de Nampula, ao norte do país, e logo se tornou um evento acolhendo servos do Senhor provenientes de toda a nação. Coordena o projeto da Editora Fiel no país Karl Peterson, missionário norte-americano, que chegou à África em 1996. Peterson instalou-se na capital, Maputo, e começou a trabalhar com a Editora Fiel em 1997, administrando o projeto Biblioteca do Pastor, e depois de três anos as conferências tiveram início. Em Nampula o trabalho recebe o apoio decisivo de doutor Charles Woodrow e sua família. O doutor Woodrow é medico cirurgião, missionário norte-americano, muito respeitado pelo povo evangélico no país e fora dele. Ele reside em Nampula há cerca de vinte anos. O casal Woodrow tem se empenhado ao longo desse tempo no desafio de implantar um hospital, que deverá ter uma importância imensa naquela cidade e em toda a região. Outras áreas de atuação missionária da família Woodrow são a distribuição de literatura, a logística da conferência para pastores e a condução de seminários de treinamento de líderes. Todos estes ministérios são realizados em conjunção com a Editora Fiel no Brasil. Foi estabelecida a Livraria Fiel, no centro de Nampula, que oferece um ministério estratégico para todo aquele país, especialmente na região norte. O projeto Biblioteca do Pastor, que tem a gestão direta do missionário Peterson, tem distribuído farta literatura reformada, patrocinada pela Editora Fiel, incluindo subsídios para a participação nas conferências e o envio da revista *Fé para Hoje* publicada no Brasil.

Uma das grandes conquistas nos últimos anos tem sido o Seminário Fiel, que acontece imediatamente após a conferência. Este seminário, idealizado pelo irmão Woodrow, nasceu da necessidade de encorajamento e reciclagem para pastores. Alguns pastores vêm identificando este seminário como o ponto alto de sua ida a Nampula – e alguns, inclusive, já demonstram um grande débito para com ele e o aguardam com ansiedade. Vários líderes nacionais têm compartilhado acerca da mudança que experimentam em suas vidas e ministérios como resultado deste seminário.

Em Portugal, os primeiro contatos de senhor Denham se deram através da distribuição de livros pelas Edições Peregrino, e este consórcio resultou em alguns frutíferos resultados no campo da literatura. Uma pessoa estratégica para os ministérios da Fiel no país foi o pastor João Nunes, a quem o senhor Denham conheceu ainda na década de oitenta. O estimado irmão João Nunes, pastor-missionário na cidade de Tomar, português da gema, é pessoa afetuosa e muito querida. Ele fazia a expedição das correspondências locais, realizava os procedimentos logísticos, recebia as inscrições, e conduzia as reuniões com grande paciência e distinção. Versado em alguns idiomas, entre os quais o inglês e o francês, ele também tem contribuído na tradução das mensagens dos preletores. Nutrindo grande amor a Portugal e ao idioma de Camões, o pastor Nunes tem, sobretudo, amado e servido o Senhor Jesus Cristo e dignificado o evangelho de nosso Senhor entre o povo lusitano. A liderança da Editora Fiel é muito grata a Deus pela vida e ministério deste dileto irmão.

A primeira conferência Fiel em Portugal foi organizada com o essencial apoio de João Nunes, no ano 2001. Ao lado de pastor Tom Ascol, tive o privilégio de ser um dos preletores do evento. Chegávamos lá com disposição e grande alegria, levando no coração o propósito de servir os irmãos portugueses. Porém, por melhor que fosse, à ocasião era muito superficial o conhecimento que tínhamos da realidade experimentada pelos servos de Cristo naquele país, assim como poucos os relacionamentos prévios de que dispúnhamos. Não obstante a enorme boa vontade de nossa parte, logo se nos impôs o desafio de conhecer mais profundamente os irmãos, suas igrejas e seus desafios. Mesmo assim, desde o início encontramos boa e simpática acolhida de queridos irmãos portugueses e contamos com sua paciência e estímulo. Em meio a alguns limites, as conferências anuais aconteceram, e Deus dignou-se em conceder graça ao ministério. Logo foi estabelecido um grupo mais amplo de amigos, que nas próximas conferências proporcionaram encorajamento às pregações ministradas e à distribuição de literatura ao povo evangélico lusitano. As conferências em Portugal contaram com o privilégio da participação de pregadores grandemente capacitados e muito abençoados em sua exposição da Palavra de Cristo. Um senso de temor, de serviço e de unidade no Senhor fez-se sentir crescentemente, à proporção que aconteciam os eventos anuais. Boa e farta literatura foi colocada nas mãos de muitos pastores e líderes; a revista *Fé para Hoje* passou a ser periódica e gratuitamente enviada para um número crescente deles. As correspondências e contatos se multiplicaram. Os vínculos se fortaleceram. Os ministérios da Editora Fiel ganharam a amizade e o respeito de preciosos irmãos e irmãs em Cristo.

As conferências em Portugal têm sido realizadas no Acampamento Baptista em Água de Madeiros, local muito aprazível e bem estruturado, situado numa região privilegiada do litoral português, a meio caminho entre as cidades de Lisboa e Porto. A paisagem dos pinhais de Leiria compõe um ambiente acolhedor, e em poucos minutos chega-se a importantes cidades. A localização estratégica e a facilidade de acesso por meio das principais rodovias favorecem a chegada ao patrimônio da Convenção Batista Portuguesa. Tiago Santos, editor-chefe da Editora Fiel, vem ocupando um papel importante no apoio às conferências naquele país, especialmente quando o pastor Nunes viu-se limitado por razões de saúde da esposa. Neste ano de 2010, um passo muito importante foi dado no trabalho em Portugal. Foi enviado um *container* com mais de três mil livros, com a finalidade de se organizar uma loja *online* no país e atender não só a Portugal, mas também outras comunidades de língua portuguesa na Europa. Um trabalho de divulgação tem sido realizado por um dos integrantes da Editora Fiel no Brasil, que tem visitado o país de norte a sul, contatando igrejas, seminários, pastores e instituições em geral.

Com o direto incentivo do senhor Denham, uma primeira visita da Fiel em Angola foi empreendida por Tiago Santos e por mim em 2004. Uma reunião com quatorze pastores, organizada com a ajuda de um líder local, recebeu-nos para divulgar o trabalho da editora Fiel, quando também pudemos pregar em algumas igrejas. No ano seguinte, o senhor Denham fez sua primeira e única visita a Angola; na ocasião um grupo de quase setenta pessoas aguardava os brasileiros. Nessa viagem o senhor Denham enfrentou, junto dos seus companheiros, incontáveis dificuldades, inclusive furtos, horas e horas sem dormir, atrasos, alterações de rotas... Foi também nesta viagem que o senhor Denham, de passagem pela África do Sul, recebeu a notícia enviada do Brasil acerca do falecimento de sua mãe, dona Aletha, o que se deu seis meses antes dela completar cem anos. Um dos irmãos que o acompanhavam narrou: "O senhor Ricardo derramou uma lágrima grossa ao tomar conhecimento, e mesmo debaixo de forte impacto emocional, decidiu seguir conosco adiante". O fato é que Deus abençoou imensamente esta viagem. Livros e revistas foram distribuídos e, nos encontros que se desdobraram, pregaram, além de pessoas ligadas a editora, Josafá Vasconcelos, Adauto Lourenço e Conrad Mbewe. O último encontro em Angola foi realizado em 2006.

Um plano do senhor Ricardo sempre foi tornar acessível a literatura ao povo de Deus, em especial aos seus líderes. Com esse ideal em vista, ele intencionou distribuir pelo país bancas de livros, semelhantes às bancas de jornal. Chegou a implementar um projeto modelo e até estabeleceu uma banca com algum êxito, mas o plano não seguiu adiante por falta de uma gestão específica. Entretanto, do mesmo ideal nasceu o projeto Biblioteca do Pastor, com o objetivo de oferecer apoio ao ministro, especialmente a aquele privado de maiores recursos para adquirir livros e participar de conferências. O projeto consiste de um programa missionário que visa cooperar com a igreja por meio de apoio ao seu pastor, oferecendo-lhe ferramentas para treinamento ministerial e sua edificação pessoal. Isto é feito enviando ao pastor participante do projeto um livro por mês e possibilitando sua participação na conferência local da Editora Fiel. Os livros são selecionados pela editora, e os meios para o sustento do pastor beneficiado pelo projeto são obtidos através de ofertas específicas, enviadas por indivíduos ou igrejas que desejam "adotar" um pastor e que assumem o compromisso de enviar as ofertas por um período determinado – de um a três anos, podendo ser renovado. Os desafios sempre têm sido grandes, e a lista de pastores à espera de serem admitidos ao projeto geralmente é imensa. Atualmente o projeto envia livros para Angola, Moçambique, Cabo Verde, Timor Leste, Portugal e Brasil, e para indivíduos específicos em outros países. Seu atual coordenador é o missionário norte-americano Kevin Millard, que conta com o apoio de sua esposa brasileira, Edneia Millard. Faz-se necessário destacar, ainda, o inestimável apoio de Gwen Kirk, prestado até aos dias de hoje, ao trabalho da Fiel, particularmente ao projeto Biblioteca do Pastor. A senhora Kirk é quem traduz do português para o inglês, com velocidade e competência incomuns, as centenas de cartas que lhe chegam, remetendo-as aos mantenedores do projeto.

    A revista *Fé para Hoje* comemorou dez anos em 2009. Foram mais de seiscentas mil cópias impressas e distribuídas gratuitamente nesse período. Nos anos iniciais tive o privilégio de cooperar diretamente com este ministério, que logo se tornou de imensa influência. A tiragem inicial de um pouco mais de três mil exemplares logo atingiu a faixa dos vinte mil. A revista tornou-se um veículo de grande impulso à divulgação dos autores, dos livros e das conferências, e permitiu que crentes nos mais diferentes locais e contextos pudessem ter acesso ao ministério da editora, através de desafiantes artigos. São inúmeras as histórias sobre a revista. Deus a tem utilizado de forma muitíssimo especial para edificar e abençoar milhares de pessoas, ao longo dos anos. Uma carta que recentemente chegou à editora, procedente de Sergipe, trouxe um testemunho muito tocante:

> Escrevo com muita alegria em meu coração para esta editora. Porque assim Deus me fez achar uma revista de ensino bíblico no meio de papéis que ajuntava para vender para reciclagem. No meio dum amontoado de papéis, o Espírito Santo me fez ver uma revista que dizia *Fé para Hoje*. Eu apanhei aquela revista e a levei para casa. Era uma revista simples, mas, por dentro, seu conteúdo de ensino era tremendamente glorioso. Eu lia e relia e cada vez mais o Espírito Santo iluminava minha mente, e eu fui fortalecido no Senhor.

Durante todo o período em que tem exercido o trabalho missionário no Brasil, o casal Denham passou diversas temporadas nos Estados Unidos. Nestas oportunidades, o casal dedicou tempo aos seus familiares e buscou estreitar os laços de comunhão com as igrejas onde têm sido membros. Foi também nestes períodos que o senhor Denham promoveu um intenso e exaustivo programa de viagem por toda a nação norte-americana, pregando nas igrejas, oferecendo testemunhos e relatórios, participando de conferências para pastores e líderes, reunindo-se com autores e editoras e angariando amigos e simpatizantes para a obra missionária que têm realizado. Além disto, tem sido intensa e proficiente a correspondência que o senhor Denham tem mantido ao longo dos anos, desde as noites mal iluminadas no Amazonas, quando se utilizava, para tanto, de uma máquina datilográfica e cópia carbono. Esta correspondência tornou-se ainda mais intensa com as facilidades providenciadas pelas novas tecnologias em comunicação, tais como aquelas que o advento da *internet* providenciou. E por falar em tecnologia, é fato bastante reconhecido por todos a constante atualização do senhor Denham nesta área, procurando sempre evitar que a Missão estivesse defasada neste terreno.

Tendo sido desportista em sua juventude, e peregrinado em ocupações tão variadas quanto o trabalho em minas e em serviços florestais, Ricardo Denham herdou de seus pais um coração um tanto quanto andarilho. Detentor de um senso mecânico bastante desenvolvido, ele prosseguiu incansável com habilidades no campo dos negócios, dos pesados trabalhos manuais, sendo capaz de realizar trabalhos profissionais da construção civil, dirigir desde motocicletas a ônibus e tratores, abrir estradas, instalar poços, projetar móveis e artefatos, manusear máquinas de carpintarias... Sua alma inquieta, itinerante, independente, exigente e enérgica, sempre revelou um senso quase obcecado de simetria e proporções. Era capaz de perceber as pequenas variações na simetria de uma coluna, onde poucos seriam capazes de perceber. E as coisas poderiam ir ainda mais adiante, pois em seu inconformismo era capaz de derrubar a coluna e pedir que a refizessem, isto quando não se dispunha ele mesmo a refazê-la.

Obviamente que nem sempre é tão fácil trabalhar com um tipo de temperamento assim. Ainda que tenham sido envidados esforços, tanto da parte do senhor Denham pessoalmente, assim como de seus familiares e amigos mais próximos, a fim de que a Editora contasse com uma liderança colegiada, isto não chegou a se concretizar com muitos êxitos. O senhor Denham é alguém formado numa têmpera de iniciativas individuais, havendo Deus o dotado de uma vocação pioneira e independente, e nesta condição foram erguidos os seus esforços mais frutíferos. Assim, a Missão Evangélica Literária foi sempre uma organização evangélica independente, sem qualquer afiliação eclesiástica ou denominacional, fundada, administrada e representada pelo senhor Denham, e filosoficamente dirigida por sua visão pessoal. Não obstante, faz-se necessário enfatizar haver ele sempre contado com um círculo de bons amigos, conselheiros, mantenedores e auxiliadores. Por exemplo, entre os seus mais antigos mantenedores sempre esteve um antigo técnico do time de futebol americano de seus tempos na universidade.

Nos Estados Unidos, o senhor Denham instalou uma organização que pudesse intermediar os trabalhos missionários no Brasil. Trata-se da *Christian Literature Advance* (CLA), que durante muitos anos foi gerida, em San Diego, Califórnia, pelo casal Maurice e Agnes Fennel, amigos dos Denham. Maurice Fennel era colega de senhor Denham desde o time de *baseball* e também colega de faculdade em Santa Bárbara. Em tempos recentes, a CLA recebeu colaboração graciosa de três irmãos, entre os quais se incluem dois genros do casal Denham. Atualmente, Hudson Taylor Blough é quem ocupa a presidência do Conselho da CLA, por recomendação do senhor Ricardo. O senhor Blough tem sido um amigo e apoiador de longa data; uma pessoa que tem gozado do afeto e confiança de senhor Denham, oferecendo um suporte muito decisivo nesta fase final de seu ministério. Hudson tem se feito presente algumas vezes no Brasil e também em Portugal, inclusive na primeira conferência, e em Moçambique, acompanhando mais de perto o ministério realizado.

Em São José dos Campos, a editora contou com a prestimosa e competente colaboração do casal pastor Earl e sua esposa Jo Ann "Joana" Mets. O casal Mets chegou ao Brasil em 1967, e nos primeiros anos atuou ele como gerente administrativo de Edições Vida Nova, onde o casal recebeu apoio de Russell Shedd e esposa. Neste período, os Mets conheceram o pastor Ricardo Denham quando este dirigia a livraria O Leitor Cristão, em São Paulo. Eles dizem: "Fizemos amizade com o pastor Ricardo e apreciamos muito o seu andar cristão". Em 1997, o casal Mets mudou-se para São José dos Campos, a fim de ajudar no ministério da Editora Fiel, onde reside até hoje. Demonstrando particular sensibilidade, inteligência, sabedoria e humanidade na gestão de pessoas, o senhor Mets tem prestado uma ajuda significativa à Missão, suprindo-lhe de oportuna provisão em algumas carências mais sensíveis.

OS ANOS RECENTES

Nestes últimos anos o senhor Denham tem tido um papel importante, ao encorajar e contribuir para a implantação de alguns ministérios no Brasil, tais como o Projeto Os Puritanos e o estabelecimento da Rádio BBN, ocupando, nesta última, também alguma função de exigência legal. Teve ele a oportunidade de oferecer o seu encorajamento aos irmãos reunidos em torno da Comunhão Reformada Batista no Brasil (CRBB), instituição organizada em 2004 com o propósito de reunir, em apoio mútuo, indivíduos de persuasão reformada e batista. O senhor Denham enviou sua carta ao congresso de instalação e, tanto quanto lhe foi possível, fez-se presente em congressos seguintes, havendo compartilhado um comovente testemunho em um deles.

Em 2003 a editora Fiel deu início a um ministério que vem ocupando gradativamente um espaço de grande relevância. Trata-se da Conferência Fiel para Jovens. Em 2002 recebia em minha residência um jovem de nossa igreja, quando ele compartilhou o seu desejo de que a editora Fiel promovesse um evento específico para jovens. Conversamos um pouco, e firmou-se muito fortemente a ideia de que uma conferência anual seria algo de grande valor para os nossos jovens, que poderiam desfrutar de uma comunhão mais ampla com jovens de outras igrejas, em um contexto em que estivessem expostos à boa e sã exposição bíblica. Rascunhamos ali algumas ideias e sugeri que ele procurasse o senhor Denham, a fim de ser ouvida a impressão deste. O senhor Denham imediatamente acolheu com entusiasmo a ideia! A primeira conferência foi realizada com grande êxito, e pouco a pouco o evento veio se firmando. Porém, dadas as características desta conferência, ela era inicialmente deficitária economicamente, obrigando a Missão a deslocar verba orçamentária de outras origens a fim de cobrir os custos operacionais. Ainda assim, mesmo que isto trouxesse alguma preocupação, o senhor Denham entendeu que deveria perseverar na realização da conferência para jovens, o mesmo se dando com seu filho, Rick Denham. O fato é que as últimas conferências adquiriram bastante consistência, como se pôde perceber na oitava conferência realizada neste ano de 2010. Muitos jovens têm sido abençoados, e até alguns casamentos tiveram início com contatos estabelecidos durante a conferência – eu mesmo já tive o privilégio de conduzir três deles. Aliás, o jovem que nos procurou foi o primeiro. Ele conheceu sua esposa numa das conferências para jovens, e hoje o casal, membro de nossa igreja, tem dois filhos, numa família bonita e que planeja crescer!

Outro passo muito importante deu-se por meio da aquisição do selo Edições Parakletos, que resultou dos denodados esforços do pastor Valter Graciano Martins. O senhor Valter conseguiu imprimir muitas obras de bom valor, incluindo um esforço hercúleo para "fazer Calvino falar português". O seu acervo de livros foi transferido à Editora Fiel, que vem dando prosseguimento, inclusive com a contribuição decisiva de senhor Valter no "Projeto Calvino". O pastor Franklin Ferreira veio somar com a equipe da editora, oferecendo uma atenção especial ao projeto, ao mesmo tempo em que nutre o ideal de ver a editora envolvida num ministério de formação e/ou capacitação teológica de pastores e líderes. Frutíferos contatos têm sido estabelecidos nesta direção.

À medida que os anos lhes pesaram, os Denham viram-se também debaixo do crescente desafio de, junto aos seus familiares, encontrar diretrizes para o prosseguimento da obra missionária que vem acontecendo ao longo dos anos. Em 2002, numa de suas últimas jornadas pelos Estados Unidos em visita às igrejas, o senhor Ricardo teve hemorragia interna por conta de um grave problema no esôfago. Caiu, esvaindo-se em sangue, num posto de gasolina em uma rodovia que atravessa o deserto do Arizona. Precisou ser socorrido de helicóptero, sendo transportado do deserto a um hospital na cidade de Tucson. Lá permaneceu até recuperar-se e compreendeu mais agudamente, naquele ponto, que precisava pensar na continuidade de seu ministério. Naquele ano, seu filho Rick Denham, que atuava na indústria da música na área de *merchandising*, passou a acompanhar mais de perto o ministério do pai e, eventualmente, fixou-se definitivamente no Brasil, junto de sua família. Rick Denham vendeu a sua empresa e passou a dedicar tempo integral ao trabalho da Fiel. Em janeiro de 2009, o senhor Ricardo, já debilitado por conta de sua doença, convocou uma reunião do conselho, em que recomendava a transferência da presidência para Rick Denham, seu filho. O conselho determinou manter o senhor Denham como vice-presidente e concedeu-lhe o título honorífico de presidente emérito. Neste mesmo ano o senhor Ricardo foi diagnosticado com Atrofia Sistêmica Múltipla ou Atrofia Multi-Sistêmica (MSA, *Multiple System Atrophy*), uma síndrome neurológica degenerativa.

Desde então, o casal Denham vem limitando seus compromissos e recebendo uma assistência mais direta de familiares, irmãos e profissionais de saúde. Rick Denham, à frente da editora, vem revelando bom tino administrativo, ampliando e modernizando as diversas áreas de atuação da editora e tecendo contatos imensamente frutíferos, no sentido de estender ainda mais os ministérios da Missão. Esta vem expandindo exponencialmente o seu ministério através da internet, de tal maneira que, dia após dia, milhares de pessoas mantêm contato com o material produzido pela editora, interagem com seus ministérios, leem e ouvem livros e artigos, acessam o *blog*, assistem a vídeos e adquirem *online* os livros e produtos oferecidos. Um passo ousado foi dado com a construção do novo edifício para a editora, localizado numa das mais crescentes regiões da dinâmica São José dos Campos. A moderna, ampla e muito bem aparelhada construção tem recebido a supervisão pessoal de Rick Denham, e a Missão pôde instalar-se este ano neste novo prédio, em condições bem mais adequadas ao seu trabalho.

Na igreja, o casal Denham continua servindo ao Senhor com bastante alegria, tanto quanto as forças físicas lhes permitem. O senhor Ricardo é um dos presbíteros associados, com direito a participação no conselho, embora já não tenha condições de se fazer presente. As forças físicas já não lhe são muitas, mas ele encontra oportunidade para testemunhar, fazer contatos e estabelecer correspondências, e não raramente chega aos domingos à igreja conduzindo o seu veículo. Dona Pérola eventualmente continua servindo como pianista de talento apurado, e é incansável em desafiar o aprimoramento da qualidade musical da igreja, revelando perceptível impaciência com qualquer tendência de banalização da música no culto evangélico. E ninguém tem conseguido demovê-la de sua apreciação pelos bons coros, grupos musicais e solistas.

"AO TEU NOME, SENHOR, DÁ GLÓRIA"

Hoje é perceptível e inegável a grande influência exercida pelo ministério da Editora Fiel na edificação de pastores, líderes e igrejas no mundo de língua portuguesa. Diante do veterano e querido casal Denham, todos nós temos sido constantemente relembrados do versículo que tem sido um lema para o senhor Ricardo: "Buscai, pois, em primeiro lugar, o seu reino e a sua justiça, e todas estas coisas vos serão acrescentadas" (Mt 6.33). O seu hino predileto é bem conhecido de todos:

> Em Jesus amigo temos, mais chegado que um irmão.
> Ele manda que levemos tudo a Deus em oração.
> Oh, que paz perdemos sempre! Oh, que dor no coração,
> Só porque nós não levamos tudo a Deus em oração.
>
> Temos lutas e pesares, e enfrentamos tentação,
> Mas conforto recebemos indo a Cristo em oração.
> Haverá um outro amigo de tão grande compaixão?
> Aos contritos Jesus Cristo sempre atende em oração.
>
> E, se nós desfalecemos, Cristo estende-nos a mão,
> Pois é sempre a nossa força e refúgio em oração.
> Se este mundo nos despreza, Cristo dá consolação;
> Em seus braços nos acolhe e ouve a nossa petição.[3]

Dona Pérola diz:

> Tenho aprendido a nunca dizer não para o que eu penso ser impossível, e o senhor Ricardo é um bom exemplo disso para mim, pois sempre tem mostrado mais prontidão em tomar passos pela fé do que eu. Eu sou mais devagar, mas Deus é paciente comigo. Ele tem me dado um marido que tem provado a fidelidade de Deus e eu também tenho visto a fidelidade do Senhor. Queremos servi-Lo, até que Ele nos chame. Eu quero dar graças por estarmos juntos todos estes anos, pois isto é um milagre também.

Em todas estas coisas, a afirmação do casal tem sido a seguinte:

> Deus é muito gracioso, e tem sido muito bom para nós. Ele nunca nos chama para fazer uma coisa sem que nos dê também da sua graça. Temos sido abençoados com as oportunidades que Deus nos tem outorgado para publicar e distribuir o evangelho neste grande país e no vasto mundo de língua portuguesa. Agradecemos a Deus pelas pessoas dedicadas que têm trabalhado na Editora Fiel, e pela amabilidade e afeto de nossos irmãos em Cristo neste país. A Deus seja dada toda a glória.

---

3 "Em Jesus amigo temos", nº 165, em Joan Laurie Sutton (org.), *Hinário para o culto cristão* (Rio de Janeiro: JUERP, 1992).

Esboço de um sermão de pastor Ricardo, em Romanos 1.18, pregado em meados da década de 1960

Estados Unidos:
O chamado
Missionário
1951 - 1952

Richard e Aletha, Pérola e Pastor Ricardo
antes de viajarem juntos ao Brasil

MISSION TO AMAZONIA

CONTENTS

About the Mission
Amazonia and its People
Forward to the Constitution
The Constitution

NOSSA SRA DE FATIMA
LIVRAI-NOS DA HERESIA
DOS
PROTESTANTES

1953 – Placa exposta na igreja católica após chegada dos Denhams

1952 – Manicoré, às margens do Rio Madeira, Amazonas

Pastor Ricardo e Pérola desembarcando no Brasil

1953 – Os Denhams viajando no Rio Madeira e fazendo compras

Os pais do Pr. Ricardo, Richard e Aletha

Pérola e sua filha adotiva MaryAnn

Os anos na Amazônia
1952 - 1962

Pastor Ricardo pescando Tambaqui

Daniel e Edimila, cooperadores no ministério

Richard construindo o Centro de Conferências, próximo a Manicoré

1958 - Pr. Ricardo fazendo o programa de rádio "Hora do Lar Cristão"

1959 - Livraria Lar Cristão, Manaus

Pai e filho trabalhando juntos no preparo do barco "Rosa de Saron"

São Paulo e Atibaia
1964 - 1985

"Herança do Senhor": MaryAnn, Elizabeth, Delza e Raquel.

Livraria Lar Cristão na Galeria 25 de Março, São Paulo

Pastor Ricardo na fundação da Imprensa da Fé

Programa "Hora da Decisão", Canal Cultura

Rua Piracicaba: Estoque e moradia dos Denhams em São Paulo

Livraria Lar Cristão

Pastor Ricardo e Pérola, final da década de 1960

Álbuns de Vinil
da Família Denham

Roger, Gwen e seu filho
Wesley Kirk em Atibaia, SP

Ministério de evangelização
itinerante com filmes e livros

1971 - Carta de Bill Barkley, de
Manaus, sobre a necessidade de expansão
do ministério de literatura no Brasil

1980 - Primeira casa na Estância
Palavra da Vida, Atibaia, SP

Primeiro mostruário
de livros

São José dos Campos e Além
1985 - 2010

Bancas para alcançar cidades do interior com literatura evangélica

1985 - 1ª Conferência Fiel em Atibaia, SP

Pr. Sillas Campos e Valdir Santos - cooperadores na Igreja Batista da Graça e na Editora Fiel

1985 - Casal Denham

Preletores e participantes das conferências Fiel de 1994 a 1996

2005 - Earl e Joana Mets

Preletores da conferências Fiel em 1998

2005 - 6ª Conferência Fiel em Moçambique

2010 - Equipe da Editora Fiel

2001 - Colaboradores da 1ª Conferência Fiel em Portugal

2009 - Preletores e equipe da Conferência Fiel

2006 - Casal Denham

DE VOLTA A MANICORÉ E UMA NOVA ETAPA

2007 – Irineu e Pastor Ricardo no antigo Centro de Conferências

Rick e Pastor Ricardo retornando à igreja que ele plantou em 1953

Edimila, uma das primeiras cooperadoras no ministério

2003 – Três gerações de serviço missionário

2010 – Sede da Editora Fiel, São José dos Campos, SP

História

CAPÍTULO I

Quem é realmente reformado?

Relembrando conceitos básicos da Fé Reformada

Valdeci da Silva Santos

A conhecida revista americana *Christianity Today* trouxe, como artigo de capa em sua edição de setembro de 2006, uma reportagem sobre o ressurgimento do interesse pela teologia reformada nos Estados Unidos.[1] Segundo o articulista, esse fenômeno tem atingido especialmente os jovens que "rejeitam o evangelicalismo genérico e propagam os benefícios de um conhecimento mais profundo da doutrina bíblica".[2] Para surpresa de muitos, esse interesse da juventude pelo calvinismo é maior do que pelo Movimento da Igreja Emergente (cuja proposta dirige-se especialmente à sua faixa etária). É verdade que a "'conversação emergente' recebe muita atenção da mídia, mas o novo movimento reformado parece ser um fenômeno mais abrangente e profundo".[3] O fato é que, devido a esse recente acontecimento, alguns pastores têm mudado de opinião no que diz respeito ao trabalho com a mocidade. Segundo Joshua Harris, "a expectativa

---

[1] Neste capítulo, os termos "teologia reformada", "fé reformada" e "calvinismo" serão usados indistintamente.
[2] Collin Hansen, "Young, restless, Reformed: Calvinism is making a comeback and shaking up the church", em *Christianity Today* (Setembro 2006), p. 33.
[3] *Ibid.*, p. 34.

de muitos é que o adolescente não consegue digerir verdades doutrinárias ou que elas são repulsivas para eles, mas a experiência tem provado exatamente o contrário".[4] Esses fatores certamente poderão produzir uma mudança dramática de paradigmas quanto ao ministério com jovens. Somente o tempo revelará o que este novo apelo da fé reformada poderá causar nas igrejas e na cultura.

Notícias de outros países confirmam a redescoberta da fé reformada também por outros povos. Na Escócia, as Conferências Reformadas Lambert continuam atraindo considerável número de participantes.[5] Na Albânia, alguns protestantes alimentam esperanças de que a literatura reformada seja instrumental na correção da confusão religiosa que assola o país.[6] Em Zâmbia, cresce o número de participantes de uma fraternidade que comunga convicções doutrinárias reformadas, celebra conferências anuais e edita trimestralmente um periódico próprio.[7] Há que se lembrar ainda do crescente impacto da teologia reformada na Coréia do Sul e no Japão. Tudo isso aponta para um notável progresso da teologia reformada ao redor do mundo.

No Brasil, há poucos anos o termo "reformado" poderia ser confundido com a aposentadoria de militares ou com o processo de restauração de algum imóvel. Uma igreja reformada era apenas uma igreja na qual haviam sido feitas obras de melhoramento estético. Hoje, todavia, há uma crescente quantidade de pessoas familiarizadas com o termo, e muitas delas identificam-se com a teologia que ele representa. Parte dessa mudança deve-se ao crescente número de publicações reformadas, traduzidas ou produzidas originalmente em português. Algumas denominações históricas redescobriram, já há décadas, o valor de seus documentos confessionais e os vêm enfatizando em seus seminários e cursos de pós-graduação. Há que se considerar ainda as contribuições das conferências de conteúdo reformado realizadas em diversas partes do país, bem como os esforços de algumas instituições de ensino que possuem tal orientação teológica. O fato é que a palavra "reformado" já não causa mais estranheza aos ouvidos do mundo evangélico; ela "realmente se tornou popular".[8] Mas não se pode afirmar que todos os que a usam compreendem realmente o seu significado. Nem todos aqueles que se apresentam como reformados aderem aos pontos essenciais da fé reformada, quer por ignorância, quer por sutileza política.[9]

Familiaridade nunca foi sinônimo de profundidade e, portanto, é possível que muitos que se identificam com o conceito reformado ainda careçam de uma compreensão mais profunda e abrangente daquilo que ele representa. Isto foi especialmente

---

4 Citado em Collin Hansen, "Young, restless, Reformed", p. 37.
5 "News and comments" em *The Banner of Truth* (Janeiro 2006), p. 13.
6 *Ibid.*, p. 16.
7 Cf. *Reformation Zambia: a Zambian Reformed Baptist periodical* (Maio-Agosto 2006).
8 Walter J. Chantry, "'Sort of' Reformed", em *The Banner of Truth* (Novembro 2006), p. 29.
9 *Ibid.*, p. 30.

indicado por Richard D. Phillips em uma palestra na Conferência de Teologia Reformada, em Filadélfia, em 2004. Segundo Phillips, no processo de uso excessivo da palavra reformado, "o termo começou a receber uma definição tão ampla que o seu sentido ficou diluído".[10] Além do mais, o número de variações existentes sobre diferentes assuntos na tradição reformada contribui para que haja sérias confusões a esse respeito. Por exemplo, muitos que seriam mais bem identificados como hipercalvinistas, teonomistas, tradicionalistas, neo-ortodoxos ou até antinomistas, ecumênicos e partidários do liberalismo teológico alemão do século XIX, poderão identificar-se como reformados e se ressentirão se alguém disser o contrário.[11] Nunca será fácil determinar quem é de fato reformado e quem não é. Por essa razão, há que se considerar que muitos dos que se professam reformados na verdade apenas redefinem o termo de acordo com a sua conveniência pessoal.

O objetivo deste capítulo é oferecer uma visão panorâmica da fé reformada, na busca de uma identificação mais precisa.[12] Ele não tem o propósito de apresentar um compêndio sistemático, com elaborações e discussões sobre pontos específicos, mas expor as principais características do calvinismo e sugerir algumas obras literárias para um estudo mais aprofundado. Um esforço como este pode resultar em superficialidade, pois o assunto é tão vasto que uma abordagem geral certamente omitirá alguns tópicos. Contudo, uma análise do geral para o particular pode resultar no benefício de corrigir alguns estereótipos. O holandês I. John Hesselink comenta que "quando se está muito perto de alguma coisa ou de alguém, há sempre a tendência de olhar apenas para as verrugas. Dessa forma, a distância e o tempo podem resultar em uma perspectiva mais equilibrada".[13] Ainda que alguns tópicos aqui discutidos mereçam análises particulares, o objetivo deste estudo será estabelecer o mapa geral para que se encontre, mais facilmente, o ponto específico a ser cuidadosamente investigado.

Este capítulo está dividido em três seções básicas. Primeiro são analisados os aspectos históricos; depois, os princípios doutrinários e, por último, a perspectiva cultural da fé reformada. Ainda que limitados, esses tópicos parecem oferecer uma estrutura básica do sistema reformado.

---

10 Richard D. Phillips, "Covenant confusion", Palestra proferida na Conferência de Teologia Reformada, em Filadélfia (Março-Abril 2004), em: www.fpcjackson.org/resources/apologetics, acessado em 1º de novembro de 2006.
11 Leonard J. Coppes, *Are five points enough? Ten points of Calvinism* (Virginia: Reformational Educational Foundation, 1980), p. viii-x.
12 Algo minucioso pode ser encontrado na vasta literatura sobre o assunto. Cf. John T. McNeill, *The history and character of Calvinism* (Londres: Oxford University Press, 1973); H. Henry Meeter, *The basic ideas of Calvinism* (Grand Rapids: Kregel Publications, 1990); Donald K. McKim (org). *Grandes temas da tradição reformada* (São Paulo: Pendão Real, 1999); John H. Leith, *Introduction to the Reformed tradition* (Atlanta: John Knox Press, 1981); M. Eugene Osterhaven, *The spirit of the Reformed tradition* (Grand Rapids: Eerdmans, 1971); David G. Hagopian (org.), *Back to the basics: rediscovering the richness of the Reformed faith* (New Jersey: Presbyterian & Reformed, 1996).
13 I. John Hesselink, *On being Reformed* (Michigan: Servant Books, 1983), p. vii.

ASPECTOS HISTÓRICOS

Normalmente o teólogo reformado reivindicará o próprio período bíblico para a origem histórica de sua fé. A tendência de submeter a reflexão teológica à autoridade das Escrituras faz com que os reformados definam a essência de sua crença não como uma elaboração teológica diferente, mas como a própria expressão do ensino bíblico. Certamente era essa a razão pela qual Jonathan Edwards, o teólogo reformado mais influente do século XVIII, não se sentia confortável com o rótulo de "calvinista", mas preferia ser conhecido como um cristão bíblico.[14] Outros se uniram a ele, defendendo que o calvinismo é a expressão plena e mais pura da fé cristã.[15] O holandês Abraham Kuyper, em suas famosas palestras sobre o calvinismo, lembrou que "Calvino não foi o autor desse sistema, mas Deus" e que, por essa razão, "o calvinismo nunca queimou seu incenso sobre o altar de gênios, não tem erguido monumentos a seus heróis e raramente os chama pelo nome".[16] Logo, aqueles que compartilham a fé reformada apelam, com frequência, às Escrituras como a fonte última de sua teologia.

A sistematização do pensamento reformado, contudo, remonta à Reforma Protestante do século XVI. No início, o termo designava a igreja oriunda da Reforma e que se dispunha a estar constantemente se reformando à luz das Escrituras. Pode-se dizer que toda a teologia protestante era chamada "reformada". Contudo, depois do Colóquio de Marburgo em 1529, onde as divergências eucarísticas e cristológicas entre Lutero e Zwinglio foram agravadas, o termo passou a ser aplicado à vertente protestante que divergia do luteranismo nesses assuntos.[17] Dessa forma, os seguidores do segundo movimento de reforma protestante, desenvolvido na Suíça, mais precisamente nas cidades de Zurique e Genebra, respectivamente com Ulrico Zwinglio (1484-1531) e João Calvino (1509-1564), ficaram conhecidos como "reformados". Embora Lutero continuasse sendo considerado "um bom guerreiro de Deus" por Zwinglio,[18] e "um pai muito respeitável" por Calvino,[19] algumas divergências entre os ensinos deles permaneceram intransponíveis.

O início oficial do movimento reformado tem sido geralmente ligado à liderança de Ulrico Zwinglio. Segundo Hodges, "em suas obras os contornos dos princípios

---

14 John H. Leith, "Reformed theology", em Donald K. McKim (org.), *Encyclopedia of the Reformed faith* (Louisville: Westminster/John Knox Press, 1992), p. 367. Cf. Collin Hansen, "Young, restless, Reformed", p. 33.
15 B. B. Warfield, *Calvin and Augustine* (Filadélfia: Presbyterian and Reformed), 1956, p. 300; Loraine Boettner, *The Reformed faith* (Phillipsburg: Presbyterian and Reformed), 1983, p. 1.
16 Collin Hansen, "Young, restless, Reformed", p. 33.
17 Tanto Lutero quanto Zwinglio concordavam que o pão da Ceia era um símbolo do corpo de Cristo. Todavia, para Lutero, aquilo que o pão significava estava presente "em, com e sob" o próprio símbolo (consubstanciação). Zwinglio e outros reformadores defenderam a presença real e espiritual de Cristo na Ceia, mas insistiram em que o símbolo e a coisa simbolizada estavam separados. Cf. M. Eugene Osterhaven, "Apêndice", em *The spirit of the Reformed faith*, p. 171-176; Timothy George, *Teologia dos reformadores* (São Paulo: Vida Nova, 1994), p. 144-158.
18 *Ibid.*, p. 148.
19 *Ibid.*, p. 166.

reformados foram rascunhados, de forma prática e teológica, seguindo a estrutura agostianiana da graça".[20] Juntamente com Zuínglio, outros teólogos da Suíça defenderam o mesmo sistema de doutrinas: na cidade de Basiléia, João Ecolampádio (1482-1531); como sucessor de Zwinglio em Zurique, Henrique Bullinger (1504-1574); em Estrasburgo, Martin Bucer (1491-1551).[21] Todavia, foi com João Calvino, em Genebra, que a teologia reformada recebeu o formato mais sistemático pelo qual ela é conhecida.[22] Assim como o luteranismo floresceu a partir das interpretações de Lutero na Alemanha, a fé reformada foi uma contribuição dos teólogos que labutavam na Suíça.

Os reformadores da Suíça eram mais radicais em sua ênfase na autoridade bíblica, procurando eliminar da igreja não apenas aquilo que a Bíblia condenava, mas também o que ela não prescrevia ou confirmava. Enquanto que no escolasticismo romano a tradição havia sido elevada praticamente a uma posição de igualdade com as Escrituras, Zwinglio e Calvino ressaltaram a autoridade primária e insuperável da Palavra. Conquanto valorizassem a interpretação de teólogos do passado, especialmente os Pais da Igreja, e dos primeiros Concílios Gerais, eles insistiam em que todas as decisões doutrinárias deveriam ser fundamentadas nas Escrituras, conforme foram escritas nas línguas originais.[23] Não havia qualquer intenção de se criar uma teologia nova ou distinta, mas de restaurar a centralidade das verdades bíblicas à vida cristã.

No início, os teólogos reformados eram, acima de tudo, pregadores e pastores, e as suas obras foram dirigidas à edificação da igreja. As principais obras desse período inicial foram publicadas antes mesmo da morte de João Calvino, em 1564. Dentre elas temos: *Sobre a Religião Verdadeira e a Falsa* (1525), de Ulrico Zwinglio; *Cinquenta Sermões Piedosos e Doutos* (1549), de Henrique Bullinger; *Institutas da Religião Cristã*, de João Calvino, publicadas em várias edições (1536-1559), e *Assuntos Comuns*, de Pedro Mártir Vermigli, publicados posteriormente, em 1576. O ensino reformado daquele período também foi divulgado através de muitas confissões e catecismos, que eram de extrema utilidade na instrução pastoral do rebanho cristão.[24]

A geração subsequente à de Zwinglio e Calvino foi marcada por intensos debates teológicos com os luteranos e com a nova apresentação da teologia católica romana elaborada pelo Concílio de Trento (1545-1563). Além do mais, dentro do próprio contexto reformado surgiram algumas disputas doutrinárias que os primeiros reformadores não haviam abordado com precisão. As polêmicas nesse sentido envolveram tópicos como a

---

20 Louis Igou Hodges, *Reformed theology today* (Georgia: Brentwood Christian Press, 1995), p.10.
21 John T. McNeill, *The history and character of Calvinism*, p. 3-89.
22 H. Henry Meeter, *The basic ideas of Calvinism*, p. 15.
23 Cf. John T. McNeill, *The history and character of Calvinism*, p. 75 e 128.
24 Dentre essas temos: a *Confissão Francesa* (1559), a *Confissão Escocesa* (1560), a *Confissão Belga* (1561), o *Catecismo de Heildelberg* (1563), a *Segunda Confissão Helvética* (1566) e os *Trinta e Nove Artigos* da Igreja da Inglaterra (1562, 1571). Outras confissões seriam elaboradas em anos posteriores.

responsabilidade humana e a soberania de Deus, levantada pelos discípulos do holandês Jacobus Arminius, bem como uma intensificação do conflito sobre as posições infra e supralapsariana (se Deus, no momento da eleição, viu a humanidade apenas como criada ou já como caída em pecado). Na tentativa de responder satisfatoriamente a questões como estas, os reformados desenvolveram uma versão protestante do escolasticismo, preocupando-se com precisão de palavras, clareza nas definições, coerência e compreensibilidade em seu ensino.

O escolasticismo reformado foi especialmente representado pelo movimento puritano inglês e holandês do século XVII. Uma das principais contribuições daquele período foi a apresentação da fé reformada sob a estrutura da teologia do pacto, que enfatiza a unidade das Escrituras, analisa os decretos de Deus ao longo da história da redenção e sustenta a relação entre a soberania de Deus e a responsabilidade humana.[25] Ao contrário do que alguns argumentam, o escolasticismo reformado não contrariou os ensinos de Calvino, mas apenas desenvolveu alguns pontos embrionários nas obras do reformador.[26] Dentre os representantes do período escolástico podem-se contar Zacarias Ursinus (1534-1583), William Perkins (1558-1602), William Ames (1576-1633), James Ussher (1581-1656), Thomas Goodwin (1600-1680), Johannes Cocceius (1603-1669), John Owen (1616-1683) e Francis Turrentin (1623-1687). Os principais documentos desse período incluem os *Cânones do Sínodo de Dort* (1618) e a *Confissão de Fé* e os *Catecismos de Westminster* (1647). Embora alguns acadêmicos critiquem o preciosismo do escolasticismo reformado, outros apreciam as contribuições do mesmo; e até teólogos de formação diferente, como Karl Barth e Paul Tillich, reconhecem o valor da produção teológica daquele período.[27]

A influência da tradição reformada se estendeu por diversos países ao longo dos anos. Na França, os chamados huguenotes (reformados franceses) sofreram intensas perseguições até a expulsão da grande maioria a partir de 1685. Na Holanda, os reformados desenvolveram um trabalho teológico diligente e hábil, a ponto de aquele país se tornar um centro influente do pensamento reformado no final do século XVI e durante todo o século XVII. Na Alemanha, a despeito das dificuldades causadas pelo luteranismo, a tradição reformada se estabeleceu em Estrasburgo, graças ao trabalho árduo de Martin Bucer. Na Polônia, através de correspondências de Calvino com o rei Sigismundo, bem como do trabalho diligente de Jan Laski (1499-1560), a fé reformada adquiriu expansão. Na Boêmia, alguns discípulos de João Hus (os hussitas) abraçaram a fé reformada e constituíram igrejas firmes. Na Hungria, a despeito da aceitação maciça do luteranismo,

---

25   Cf. nesta obra o capítulo de Mauro F. Meister, "Uma introdução à teologia do pacto", p. 263-289.
26   Cf. Basil Hall, "Calvin against the Calvinists", em G. E. Duffield (org.), *John Calvin* (Appleford: Sutton Courtenay Press, 1966), p. 19-37; R. T. Kendall, *Calvin and English Calvinism to 1649*. (Nova York: Oxford University Press, 1979).
27   John H. Leith, "Reformed theology", p. 367.

a fé reformada também teve os seus representantes. A fé reformada ainda foi levada para a Grã-Bretanha, mediante o retorno de exilados que estudaram em Genebra ou através da correspondência de alguns ingleses com João Calvino e Martin Bucer. Mais tarde, os colonizadores ingleses que foram para os Estados Unidos (naquela época uma colônia da Inglaterra) também levaram a teologia calvinista, e assim aconteceu com vários outros emigrantes.[28]

O século XVIII foi marcado pelas perspectivas deístas de Isaac Newton (1642-1727), que deixavam pouco espaço para a atuação divina, pelo empirismo de John Locke (1632-1727) e pelos reavivamentos religiosos ocorridos na Inglaterra e nas colônias do Novo Mundo (Estados Unidos). Nesse período, Jonathan Edwards, um pastor congregacional dotado de uma mente profundamente inquiridora, "considerado o maior teólogo e filósofo já produzido pelos Estados Unidos"[29] (embora naquela época fosse cidadão britânico), foi um dos maiores expoentes da teologia reformada. James I. Packer se refere a Edwards como "um puritano nascido fora do tempo"[30] e D. M. Lloyd-Jones afirmou que Edwards sempre lhe "pareceu ser o homem mais semelhante ao apóstolo Paulo".[31] O fato é que a influência de Edwards e a sua contribuição para a fé reformada permanecem até hoje, tendo sido recentemente descoberta por muitos jovens americanos.[32]

O surgimento do Iluminismo e os desdobramentos culturais e intelectuais do século XIX trouxeram grandes desafios à igreja protestante, e a fé reformada não ficou isenta dos mesmos. As questões levantadas por esse contexto receberam três respostas básicas da igreja cristã. Em primeiro lugar, o liberalismo teológico, que buscou contextualizar a mensagem cristã ao pensamento da época. O problema com essa abordagem foi que ela resultou mais em acomodação do que em contextualização, o que resultou em um sincretismo que reduziu a fé cristã a algo que negava a própria essência do cristianismo.[33] Em segundo lugar, houve o fundamentalismo conservador, que no início procurou proteger a fé cristã, sustentando a relevância de suas doutrinas essenciais. Mais tarde, porém, o movimento parece ter assumido uma vertente mais política, recusando-se, inclusive, a reconhecer a vitalidade intelectual do cristianismo e, de certa forma, a operação da graça comum de Deus, possibilitando obras de mérito e produção veraz na esfera dos descrentes.[34] Em terceiro lugar, houve a ênfase no evangelho social, que pretendia focalizar a

---

28 Cf. N. S. McFetridge, *Calvinism in history* (Canada: Still Waters Revival Books, 1989); John H. Leith, *A tradição reformada* (São Paulo: Pendão Real, 1997), p. 35-62.
29 Alderi S. Matos, "Jonathan Edwards: teólogo do coração e do intelecto", em *Fides Reformata* nº 3, vol. 1 (Janeiro-Junho 1998), p. 72-87.
30 J. I. Packer, *Entre gigantes de Deus: uma visão puritana da vida cristã* (São José dos Campos, SP: Editora Fiel, 1996), p. 336.
31 D. M. Lloyd-Jones, *Os puritanos: suas origens e seus sucessores* (São Paulo: PES, 1993), p. 360-361.
32 Collin Hansen, "Young, restless, reformed", p. 33.
33 Cf. J. Gresham Machen. *Cristianismo e liberalismo* (São Paulo: Os Puritanos, 2001).
34 Cf. G. M. Marsden, "Fundamentalism", em Sinclair B. Ferguson, David F. Wright e J. I. Packer (orgs.), *New dictionary of theology* (Downers Grove: InterVarsity Press, 1988), p. 266-268.

maneira como os cristãos deveriam testemunhar a sua fé, de forma prática e comprometida com os desafios sociais. O moto básico do evangelho social era que "as doutrinas dividem, mas o trabalho une". Todavia, reduzir a fé cristã à atividade social provou ser tão perigoso quanto as duas alternativas anteriores.

Os teólogos reformados do século XIX pendiam para um lado e para outro, em meio às três respostas comuns do cristianismo ao Iluminismo. Contudo, a despeito desses desafios, alguns teólogos parecem ter obtido êxito em compreender os pressupostos básicos da fé reformada e ensiná-la aos seus contemporâneos através de seus escritos. Dentre esses, destacou-se o teólogo alemão Heinrich J. L. Heppe, que compilou as contribuições de vários teólogos reformados da tradição européia, o que resultou em uma obra influente naquele continente. Nos Estados Unidos, os escritos de Charles Hodge, Benjamim B. Warfield e James Henley Thornwell foram recebidos como livros-textos na maioria dos seminários de orientação reformada. Uma característica básica desses escritos é que eles não poderiam ser classificados como liberais, fundamentalistas ou representantes do evangelho social. Eles expressavam a tradição estabelecida pelo ensino reformado que remontava a Calvino e seus predecessores. No mesmo período, as contribuições do pregador batista inglês Charles Haddon Spurgeon (1834-1892) se revelaram de fundamental importância para a manutenção da fé reformada. Os sermões de Spurgeon foram amplamente distribuídos em vários países, sendo fortemente calvinistas em seu conteúdo.

No início do século XX a teologia reformada ainda cuidou em responder seriamente ao Iluminismo, mas ao mesmo tempo procurou reafirmar a fé cristã exposta nos credos e confissões do passado. Há muitos que consideram Karl Barth o principal representante da fé reformada nesse período,[35] mas tal conexão só pode ser estabelecida à luz da tradição denominacional a que ele pertencia. Barth poderia ser mais bem qualificado como um evangélico, pois, embora os seus escritos focalizem a majestade de Deus e a importância das Escrituras, eles excluem qualquer possibilidade de uma revelação proposicional na Palavra de Deus e se concentram mais na experiência subjetiva do que na revelação objetiva do Altíssimo.[36] Dessa forma, o único método válido para a reflexão teológica, de acordo com Barth, é a *analogia fidei* em relação à verdadeira revelação, pois a Bíblia é meramente o registro da revelação de Deus ao seu povo e, embora contenha a Palavra de Deus, não pode ser considerada ela mesma como revelação escrita de Deus.[37] Os grandes temas da fé reformada, as doutrinas reafirmadoras da soberania divina e a total pecaminosidade da natureza humana não são centrais nos escritos de Barth, que estava

---

35 John H. Leith, "Reformed theology", p. 368; Ricardo Q. Gouvêa, "Barth no Brasil - até que enfim!", em *Ultimato* n. 283 (Julho-Agosto 2003) e prefácio de Karl Barth, *Fé em busca de compreensão* (São Paulo: Novo Século, 2000), p. 7.

36 Cf. Franklin Ferreira, "Karl Barth: uma introdução à sua carreira e aos principais temas de sua teologia", em *Fides Reformata* n° 3, vol. 1 (Janeiro-Junho 2003), p. 29-62.

37 Cf. Battista Mondin, *Os grandes teólogos do século vinte* (São Paulo: Edições Paulinas, 1980), p. 23-41.

mais preocupado em resgatar os restos de um cristianismo esfacelado pelo liberalismo.

Em outros contextos, todavia, a fé reformada parece ter sido mais adequadamente representada. Homens como John Gresham Machen,[38] Cornelius Van Til[39] e Francis Schaeffer esforçaram-se por preservar a tradição reformada, enquanto interagiam com os novos desafios culturais ao seu redor. Uma das maneiras que eles encontraram para fazê-lo foi reafirmar o aspecto confessional da fé cristã, bem como a interpretação das Escrituras conforme registrada nos credos e confissões da igreja. Mesmo assim, apenas um número relativamente pequeno de indivíduos naquela época assumiu o título de reformado ou calvinista. Walter J. Chantry defende que o liberalismo teológico havia conseguido desacreditar a doutrina da Reforma em várias denominações históricas. O evangelicalismo da época parecia ter abraçado a máxima de que as questões doutrinárias apenas dividem.[40]

A partir de meados do século XX, vários teólogos começaram, corajosamente, a reafirmar as verdades da fé reformada. Alguns batistas do sul dos Estados Unidos, após reexaminarem a sua herança doutrinária, passaram a atuar como fervorosos defensores da fé reformada e esse esforço atingiu inclusive o Brasil.[41] Na Europa, foi fundado em 1957 o *Banner of Truth Trust*, inicialmente localizado em Londres, na Inglaterra, e depois transferido para Edimburgo, na Escócia, com o propósito de publicar e divulgar literatura reformada, especialmente os escritos dos reformadores e dos puritanos. Houve ainda a colaboração de várias instituições de ensino teológico, tanto presbiterianas, como batistas, anglicanas e outras, na manutenção e divulgação do ensino reformado. O fato é que, "ao longo de cerca de meio século de esforços, o número dos que se identificam com a fé reformada cresceu".[42]

Mais recentemente, parece estar ocorrendo um despertar da fé reformada em diversas partes do mundo. Esse avanço, todavia, não está isento de dificuldades. Como sempre, haverá oposição tanto de fora como de dentro dos próprios círculos reformados. Contudo, um dos desafios mais sérios no momento parece ser o de preservar o cerne da fé reformada, a fim de que ela não seja corrompida em uma forma de hipercalvinismo ou neopuritanismo, nem seja diluída em ciência da religião, cujo objetivo é estudar o fenômeno religioso ao invés de refletir sobre a revelação de Deus. Certamente, ainda há o risco de a fé reformada ser confundida com um mero tradicionalismo, o que seria negar a própria causa defendida pelos reformadores. A fim de se evitar tais erros, há que se conhecer as principais características doutrinárias da fé reformada.

---

38 J. Gresham Machen, *Cristianismo e liberalismo*.
39 Cornelius van Til, *The defense of the faith* (Phillipsburg: Presbyterian and Reformed, 1967).
40 Walter J. Chantry, "'Sort of' Reformed", p. 29.
41 Cf. Robert B. Selph, *Os batistas e a doutrina da eleição* (São José dos Campos, SP: Editora Fiel, 1990).
42 Walter J. Chantry, "'Sort of' Reformed", p. 29.

PRINCÍPIOS DOUTRINÁRIOS

Uma das áreas de grande confusão em relação à fé reformada é a doutrinária. Devido à abrangência e unidade desse sistema, muitos tendem a focalizar algumas características como representativas do todo. Isso pode ser observado na obra de Loraine Boettner, que identificou os cinco pontos soteriológicos do calvinismo como expressão de toda a fé reformada.[43] Semelhantemente, Felix B. Gear resumiu a fé reformada aos ensinos presbiterianos, inclusive o sistema de governo eclesiástico.[44] Em sua obra *On being reformed* ["Ser Reformado"], I. John Hesselink distingue doze erros comuns com respeito à teologia reformada, que incluem assuntos relacionados à forma de governo, questões litúrgicas, posições exageradamente negativas sobre o ser humano e muitas outras interpretações parciais.[45] Uma notável tentativa de se apresentar a perspectiva reformada sob uma ótica mais precisa pode ser encontrada no livreto *O que é a fé reformada?*[46]

Talvez nenhuma confusão nesse sentido seja tão comum quanto aquela que limita a fé reformada à doutrina da predestinação. Ao contrário do que tem sido alegado por alguns, Calvino não foi o inventor dessa doutrina, e suas contribuições pessoais à reflexão teológica não residem nesta área, mas em outros tópicos como a doutrina da Trindade, o triplo ofício de Cristo, a ética cristã e a doutrina do Espírito Santo.[47] No que diz respeito à predestinação, Calvino apenas deu continuidade aos ensinos de Paulo, Agostinho e Lutero. Na verdade, Lutero costumava descrever a predestinação como "aquela horrenda vontade oculta de Deus que, de acordo com o seu próprio conselho, ordena as pessoas que Ele deseja a participarem e receberem sua misericórdia pregada e oferecida".[48] A razão pela qual Calvino expôs cuidadosamente a doutrina da predestinação foi a sua perspectiva sobre a soberania de Deus, a qual ele extraiu das próprias Escrituras.[49] Como Philip E. Hughes afirmou corretamente, "mais do que qualquer outra doutrina das Escrituras, a doutrina da eleição garante a absoluta *prioridade* da graça de Deus. A própria eleição é a soberania de Deus em termos da graça".[50] Mesmo em termos doutrinários o calvinismo é mais abrangente do que a doutrina da predestinação.

Permanece, contudo, a questão a respeito do cerne teológico da fé reformada. Antes de analisar alguns temas neste sentido, deve-se estabelecer claramente a distinção entre a teologia e o estudo religioso. Esta distinção é especialmente necessária nos dias

---

43 Loraine Boettner, *The Reformed faith*.
44 Felix B. Gear, *Basic beliefs of the Reformed faith* (Virginia: John Knox Press, 1960).
45 Cf. I. John Hesselink, *On being Reformed*.
46 John Richard de Witt, Terry L. Johnson e F. Solano Portela, *O que é a fé reformada?* (São Paulo: Os Puritanos, 2001).
47 Cf. B. B. Warfield, *Calvin and Augustine*, p. 481-487.
48 Martinho Lutero, *The bondage of the will* (Londres: James Clarke, 1975), p. 169.
49 Cf. M. Eugene Osterhaven, *The spirit of the Reformed tradition*, p. 102; J. I. Packer, *Evangelism and the sovereignty of God* (Chicago: InterVarsity, 1967), p. 10.
50 Philip E. Hughes, *But for the grace of God: divine initiative and human need* (Londres: Hodder and Stoughton, 1964), p. 87.

atuais, quando muitos alimentam a concepção ingênua de que o estudo da religião e a teologia são a mesma coisa.[51] Todavia, há uma profunda diferença entre essas duas áreas acadêmicas. Historicamente, o estudo das religiões tem sido classificado sob o domínio de ciências sociais, como a antropologia, a sociologia, a fenomenologia e a psicologia.[52] Assim, as investigações sobre o fenômeno religioso sempre estiveram alicerçadas no método científico de análise empírica das atividades humanas. O estudo das religiões, portanto, tem como alvo investigar o comportamento humano. A teologia, por sua vez, é o estudo de Deus, com base na revelação que Ele fez de si mesmo, tanto de forma especial em Cristo e nas Escrituras, como de forma geral na criação e na história. Dessa forma, o estudo das religiões é antropocêntrico, enquanto que a teologia é teocêntrica. Ao longo dos anos, a fé reformada tem sido reconhecidamente afirmada como uma teologia e não como um fenômeno religioso humano.

Ainda que compartilhando muitos temas doutrinários com as diversas expressões da fé cristã, a teologia reformada possui várias ênfases doutrinárias próprias que a distinguem de outras tradições. Devido ao propósito deste capítulo, bem como ao espaço aqui permitido, essas características serão resumidas em torno de seis tópicos.

A majestade de Deus

Em primeiro lugar, a fé reformada é especialmente zelosa ao enfatizar a *majestade de Deus*. Após analisar diversas sugestões quanto ao princípio central do calvinismo, Henry H. Meeter conclui: "Podemos seguramente afirmar que o princípio fundamental [do calvinismo] é a doutrina de Deus".[53] É verdade que todos os cristãos, de certa forma, sustentam a soberania de Deus, mas são os reformados que, de maneira especial, enfatizam a absoluta soberania da majestade de Deus. Hesselink explica essa verdade da seguinte forma:

> Em contraste com o pelagianismo e o arminianismo, o calvinista afirma que a vontade humana não é livre e, portanto, o homem não toma a iniciativa em responder à redenção oferecida em Jesus Cristo. Além do mais, em contraste com certos tipos de evangelicalismo, o cristão reformado se concentra em Deus, e não em sua própria experiência. Não é *minha* conversão, *minha* fé, nem *minha* vida correta que contam em última análise. A bondade e a graça de *Deus*, bem como a vontade soberana de *Deus*, são a base de minha salvação.[54]

---

51 Cf. Abraham Kuyper, *Calvinismo* (São Paulo: Cultura Cristã, 2002), p. 51-68.
52 R. C. Sproul, *Grace unknown: the heart of Reformed theology* (Grand Rapids: Baker Books, 1977), p. 10.
53 Henry H. Meeter, *The basic ideas of Calvinism*, p. 17. Cf. Leonard J. Coppes, *Are the five points enough?*, p. 15-21; John Richard de Witt, Terry L. Johnson e F. Solano Portela, *O que é a fé reformada?*, p. 16-18.
54 I. John Hesselink, *On being Reformed*, p. 94.

Logo, a teologia reformada é, antes de tudo, teocêntrica, ao invés de antropocêntrica. De acordo com a perspectiva reformada, se Deus não é soberano sobre a sua criação, tanto no que diz respeito ao governo quanto à redenção da mesma, então Ele não é soberano de fato e, consequentemente, não é divino. Ao contrário do que alguns possam pensar, a soberania de Deus não indica apenas que Ele é o supremo legislador, mas que é a fonte suprema no que diz respeito à verdade, às artes e à moral, à educação, à ministração de sua graça e a todas as outras áreas da existência. Como observou B. B. Warfield: "O calvinista é o homem que vê Deus por detrás de todo fenômeno, e em tudo que ocorre ele reconhece a mão de Deus operando a sua vontade".[55] Todavia, essa ênfase na majestade de Deus de forma alguma obscurece o valor do ser humano. Embora alguns entendam que a teologia reformada tenha uma concepção muito negativa da humanidade, o fato é que a mesma possui uma perspectiva tão nobre acerca do ser humano quanto as Escrituras permitem. A essência do valor da pessoa humana encontra-se naquilo que Deus atribuiu a ela, criando-a à sua imagem e enviando o seu Filho para redimi-la por meio do seu sacrifício. Contudo, a dignidade humana não é inerente, mas dependente da grandeza e majestade de Deus.

O aspecto mais importante da fé reformada é sua doutrina sobre Deus. Warfield costumava dizer: "É a visão de Deus e de sua majestade... que jaz no fundamento da plenitude do pensamento calvinista".[56] A verdade é que o modo como se entende a natureza e o caráter de Deus influencia a perspectiva que se tem sobre o próprio ser humano, sobre a obra de Cristo, sobre a natureza da salvação e uma miríade de considerações teológicas, pois cada doutrina está conectada à outra. A teologia reformada aplica a doutrina da majestade de Deus integralmente a todas as outras doutrinas, tornando-a o seu princípio fundamental.

A autoridade das Escrituras

Em segundo lugar, a fé reformada é *centrada na autoridade das Escrituras*. A convicção de que Deus tem se revelado nas Escrituras e que tal revelação é a autoridade máxima para a igreja, em matéria de doutrina, governo e vida, é geralmente conhecida como o "princípio formal" da Reforma Protestante, pois, segundo o mesmo, as Escrituras determinam o conteúdo de todas as doutrinas.[57] Elas são a fonte última do conhecimento sobre Deus e sobre a sua criação. Embora defendido por todos os protestantes, esse preceito é especialmente enfatizado pelos reformados.

A fé reformada é especialmente comprometida com as Escrituras, enfatizando a

---

55 B. B. Warfield, *Calvin as a theologian and Calvinism today* (Filadélfia: Presbyterian Board of Publication, 1909), p. 23-24.
56 B. B. Warfield, *Calvin and Augustine*, p. 491.
57 Ele é conhecido como "formal" por ser formativo, ou seja, determinativo para o conteúdo doutrinário da igreja. O princípio material é o da justificação pela fé (*sola gratia* e *sola fide*).

sua inspiração, autoridade e suficiência.[58] Uma vez que a Bíblia é a Palavra de Deus, ela possui a própria autoridade divina. Esta convicção sobre a autoridade das Escrituras não depende da argumentação humana, mas da operação interna do Espírito Santo, que testifica sobre a veracidade da Palavra no coração do crente.[59] Neste sentido, Calvino insistia: "A credibilidade de uma doutrina não é estabelecida até que sejamos persuadidos, acima de qualquer dúvida, de que Deus é o seu autor. Assim, a maior prova das Escrituras é derivada, em geral, pelo fato de que Deus em pessoa é quem nelas fala".[60]

Contudo, o fato de a teologia reformada ser tão enfática quanto à importância das Escrituras, não significa que ela dê à mesma o lugar devido a Deus, pois isto seria "bibliolatria". O único objeto de adoração cristã é o Deus trino; as Escrituras são a sua revelação escrita para o seu povo. Dessa forma, a tradição reformada tem resistido a qualquer tentativa de divorciar Cristo de sua Palavra, pois entende que, "assim como a consideração abstrata da doutrina conduz ao racionalismo e à ordotoxia morta, a devoção à pessoa de Cristo [sem as Escrituras] resulta em misticismo".[61] A fé reformada defende claramente a convicção de que Cristo opera pela Palavra e nunca de modo contrário ao que nela está escrito.

A autoridade das Escrituras implica na suficiência da mesma. Assim, "todo o conselho de Deus concernente a todas as coisas necessárias para a glória dEle e para a salvação, fé e vida do homem, ou é expressamente declarado na Escritura ou pode ser lógica e claramente deduzido dela".[62] Logo, o povo de Deus não precisa de revelação complementar nem circunstancial, pois a Palavra de Deus é sempre relevante e apta para instruir e habilitar o crente para toda boa obra (2Tm 3.15). Além do mais, a tradição reformada defende a doutrina da clareza das Escrituras, ou seja, ainda que na Escritura não sejam todas as coisas igualmente claras em si, nem do mesmo modo evidentes a todos, contudo, as coisas que precisam ser obedecidas, cridas e observadas para a salvação, em uma ou outra passagem da Escritura, são tão claramente expostas e aplicadas que não só os doutos, mas ainda os indoutos, no devido uso dos meios ordinários, podem alcançar uma suficiente compreensão delas.[63] Logo, reconhece-se a necessidade da iluminação espiritual e do uso próprio da hermenêutica e exegese da Palavra de Deus, mas rejeita-se qualquer noção mística de que algo adicional poderá ser dado pelo Espírito à parte ou em contraste com a sua Palavra.

---

58 Cf. B. B. Warfield, *The inspiration and authority of the Bible* (Filadélfia: Presbyterian and Reformed, 1948); John Richard de Witt, Terry L. Johnson e F. Solano Portela, *O que é a fé reformada?*, p. 11-16.
59 João Calvino, *Institutes of the Christian religion* (Filadélfia: Westminster, 1960), I.VII.4-5. Cf. *Confissão de Fé de Westminster* (São Paulo: Cultura Cristã. 1994), I.5: "... contudo, a nossa autoridade provém da operação interna do Espírito Santo que, pela Palavra e com a Palavra, testifica em nossos corações".
60 João Calvino, *Institutes*, I.VII.4.
61 Horatius Bonar, *Catechism of the Scottish reformation* (Londres: James Nisbet, 1866), p. xiv-xv.
62 *Confissão de Fé de Westminster*, I.6.
63 *Ibid.*, I.7.

Uma das principais contribuições de João Calvino para a reflexão teológica foi sua ênfase sobre a forma como a revelação objetiva e escrita na Palavra opera em conjunto com o ministério interno e sobrenatural do Espírito Santo. Sem a iluminação do Espírito, a Bíblia permanece um livro fechado. Contudo, a suposta direção do Espírito sem a Palavra conduz a excessos e erros grosseiros. Embora um dos maiores legados da Reforma Protestante tenha sido o princípio da interpretação individual das Escrituras, isso não equivale a dizer que a mesma possa ser interpretada arbitrariamente. Algumas normas e princípios de interpretação devem ser cuidadosamente aplicados a essa tarefa e a tradição reformada tem sustentado que a "regra infalível de interpretação da Escritura é a mesma Escritura",[64] ou seja, os textos obscuros devem ser interpretados à luz dos textos mais claros. Nesse sentido, alguns estudiosos observam que Calvino sempre procurou evitar especulações filosóficas com respeito às Escrituras. Ao contrário, ele era corajoso em divulgar aquilo que era claramente ensinado nas Escrituras e pronto a silenciar naqueles assuntos em que ela se calava.[65]

Como conseqüência de suas convicções sobre a Palavra de Deus, a tradição reformada tem insistido na estrutura pactual do seu conteúdo.[66] Segundo esse princípio, a história da redenção é revelada progressivamente através da execução do pacto de Deus com o homem ao longo da história. O relacionamento do homem com Deus está fundamentado em um pacto. A condição humana é de culpa e condenação por causa do pacto com Adão e de salvação e adoção com base no pacto com Cristo. Dessa forma, a tradição calvinista sempre manteve o princípio da unidade da Escritura, aplicando a doutrina do pacto à interpretação da relação entre as obras e a graça. Assim, ao invés de interpretar a história da redenção como uma série de dispensações, os reformados a interpretam como uma unidade pactual.

A condição espiritual do ser humano

Em terceiro lugar, a fé reformada mantém uma *perspectiva realista da condição espiritual do ser humano*. A teologia reformada tem sido frequentemente criticada por sua perspectiva sobre a pecaminosidade do ser humano.[67] Todavia, essa perspectiva não é fruto do capricho silogístico de alguns, mas do próprio ensino da Bíblia. Segundo a Escritura, a condição pecaminosa do ser humano faz com que ele seja completamente incapaz de regenerar ou salvar a si mesmo. Ao contrário de algumas tradições religiosas que ensinam que o homem pode merecer a sua salvação mediante os bons esforços que realiza, a

---

64 Ibid., I.9.
65 Fred H. Klooster, "The uniqueness of Reformed theology: a preliminary attempt at definition", em *Calvin Theological Seminary Journal* 14 (Abril-Novembro 1979), p. 38-43.
66 Douglas M. Jones III, "Back to the covenant", em David G. Hagopian (org.), *Back to the basics*, p. 67-140.
67 Cf. Terry Johnson, *A doutrina da graça na vida prática* (São Paulo: Cultura Cristã, 2001), p. 13.

Bíblia apresenta o ser humano como alguém "morto nos seus delitos e pecados" (Ef 2.1). Assim, a condição espiritual do ser humano não é a de um enfermo, mas de um defunto (geralmente se fala sobre o homem como um moribundo, mas de fato ele já está morto!).

Nenhuma outra tradição teológica aborda o pecado com a mesma seriedade que a fé reformada. Contudo, os calvinistas procuram apenas expor a apresentação que a Bíblia faz da condição espiritual do ser humano, ou seja, ainda que o ser humano tenha sido criado à imagem de Deus e, portanto, revestido de dignidade e glória, a sua rebelião contra Deus o condenou à morte espiritual e, dessa forma, ele está desprovido da glória de Deus (Rm 3.23). Além do mais, a Bíblia ensina que o pecado de Adão teve efeito direto sobre toda a sua descendência, pois a culpa de Adão foi imputada sobre todos os que ele representava (Rm 5.12; 1Co 15.21-22). A compreensão dessa representatividade jurídica de Adão é essencial para se compreender como os benefícios da morte de Cristo são imputados àqueles que ele representa (cf. Rm 5.15-21). Qualquer que nega o princípio da representação, consequentemente rejeita os benefícios da imputação.[68]

Devido à condição espiritual do homem, o calvinismo refere-se a ele como totalmente depravado. Contudo, o termo assusta e é prontamente rejeitado por aqueles que são influenciados pelas perspectivas humanistas. Logo, o conceito carece de explicações. Ao referir-se ao homem como totalmente depravado, a fé reformada não o define como alguém que está no limite máximo de sua depravação ou que seja plenamente corrupto em todos os aspectos. O fato é que o homem caído ainda pode piorar muito em sua vida diária. Também, ao usar este conceito a teologia reformada não ignora que o ser humano é capaz de praticar o bem social, pois ele pode melhorar as condições de vida de muitos ao seu redor (cf. *Rm 2.14; Lc 6.33*). Contudo, ao se referir ao ser humano como depravado, o calvinismo insiste, pela Escritura, que esse homem encontra-se em uma condição de total rebelião contra Deus e que, à parte da graça de Deus, ele não tem nenhum prazer ou deleite nas coisas divinas. A religião do homem sem Deus é centrada em si mesmo, pois ele adora a si próprio (Rm 3.10,18; Jo 3.20-21). Nesse estado de rebelião, todos os atos do ser humano (mesmo os mais nobres) são pecaminosos, pois a sua motivação não é a glória de Deus (cf. Rm 14.23; Is 64.6; 1Co 12.3). O coração do homem está endurecido sem Deus e este mesmo coração é uma fábrica de ídolos, gerando os seus próprios "deuses" para abafar a sua consciência e trazer alguma esperança em sua jornada longe de Deus.[69] Nesse estado, o ser humano é totalmente merecedor da condenação divina e por isto a Bíblia o chama de "filho da ira" (Ef 2.3).

Segundo as Escrituras, o pecado afetou o ser humano de forma integral. Com a

---

68 John L. Girardeau, *Calvinism and evangelical Arminianism: compared as to election, reprobation, justification, and related doctrines* (Virginia: Sprinkle Publications, 1984), p. 224-225 e 230-239; John Murray, *The imputation of Adam's sin* (New Jersey: Presbyterian and Reformed, 1959).
69 João Calvino, *Institutes*, I.V.12.

entrada da morte no universo, o pecado trouxe consequências para o corpo humano. O pecado também afetou os atos do homem, pois ele se encontra incapacitado de praticar o bem espiritual. Além do mais, a mente humana foi afetada por ele, pois o pecado produziu nulidade no raciocínio, corrupção na consciência e obscuridade no conhecimento (cf. Rm 1.21-22; Tt 1.15; Ef 4.18; 2Co 3.14). Por último, o pecado afetou os sentimentos e a vontade humana (cf. Jr 17.17; Tg 1.14-15; Jo 3.19). À luz das Escrituras ainda se pode afirmar que os relacionamentos do homem com Deus, com o próximo e com a própria natureza ao seu redor sofreram o dano do pecado (cf. Gênesis 3). Dessa forma, a condição espiritual do homem sem Deus é de desespero e extrema carência, pois cada faculdade da vida humana recebeu os efeitos da queda.

A suficiência da obra de Cristo

Em quarto lugar, a teologia reformada sustenta a *suficiência da obra redentora de Cristo*.[70] Uma vez que o propósito redentivo de Deus atinge o seu clímax na pessoa e na obra de Cristo, a fé reformada tem sido consistente em ressaltar a cristologia bíblica. Além de bíblica, a cristologia reformada também se encontra enraizada nas grandes decisões conciliares da igreja antiga: Nicéia (325), Constantinopla (381) e Calcedônia (451). Contudo, a perspectiva reformada se distingue de outras tradições cristãs em seu zelo por apresentar a obra redentora de Cristo em termos do triplo ofício do Mediador, ou seja, profeta, sacerdote e rei. Uma vez que o pecador encontra-se em um estado de rebeldia e inimizade contra Deus e sua condição é de morte espiritual, ele necessita de um Mediador para reconciliar Deus com ele. Cristo, então, é o Mediador entre Deus e o homem. Um resumo desta verdade é apresentado em uma das confissões calvinistas nos seguintes termos:

> Aprouve a Deus, em seu eterno propósito, escolher e ordenar o Senhor Jesus, seu Filho Unigênito, para ser o Rei, Cabeça e Salvador de sua Igreja, o Herdeiro de todas as coisas e o Juiz do mundo; e deu-Lhe, desde toda a eternidade, um povo para ser sua semente, e para, no tempo devido, ser por Ele remido, chamado, justificado, santificado e glorificado.[71]

Dessa forma, os três ofícios mediatórios do Antigo Testamento tiveram o seu cumprimento na pessoa e na obra do Senhor Jesus Cristo (cf. 1Tm 2.5; Hb 8.6; 9.15; 12.24).

Os ofícios de profeta, sacerdote e rei no Antigo Testamento eram de caráter mediatório. O profeta representava Deus, falando ao povo em nome de Deus, mediando

---

70 Terry Johnson, "Por que a fé reformada?", em John Richard de Witt, Terry L. Johnson e F. Solano Portela, *O que é a fé reformada?*, p. 46-48.
71 *Confissão de Fé de Westminster*, VIII.1.

a revelação divina ao povo. O sacerdote representava o povo diante de Deus, falando a Deus em favor do povo. O ofício real também tinha caráter mediatório, pois o rei não era o soberano último, mas apenas representava o governo de Deus sobre o seu povo. No entanto, nenhum daqueles mediadores da antiga aliança promoveu a reconciliação final. Todavia, em Cristo cada um daqueles ofícios atinge o apogeu, pois Ele excede qualquer profeta, sacerdote ou rei que o tenha antecedido. Ele é o Ungido de Deus para os três ofícios. Ele é tanto o sujeito quanto o objeto da profecia bíblica. Ele é a exata expressão do Ser Divino (Hb 1.1-3). Ao mesmo tempo, Ele é tanto o sacerdote quanto o sacrifício, o ofertante e a oferta em prol do seu povo (Hb 5.1–10.18). Finalmente, Ele é Aquele que reina para todo o sempre e sobre todas as coisas e, para ser o cabeça sobre todas as coisas, o Pai o deu à igreja (Ef 1.22-23). Assim, a tarefa da igreja é tornar visível o reinado invisível de Cristo. Conclui-se, portanto, que o perfeito Mediador realizou uma obra redentora perfeita e suficiente para salvar todos os que se chegam a Ele (Hb 7.25).

A consequência da obra perfeita de Cristo em seu triplo ofício é a certeza da salvação do seu povo. A ressurreição de Cristo foi um prova concreta de que o Pai aceitou, de forma plena e absoluta, o pagamento da dívida daqueles por quem Ele morreu, pois "Cristo não entrou em santuário feito por mãos, figura do verdadeiro, porém no mesmo céu, para comparecer, agora, por nós, diante de Deus" (Hb 9.24). Após a sua morte, nenhuma dívida permanece para ser paga por seus discípulos. Consequentemente, essa verdade desmantela a superstição católico-romana do purgatório, pois se o sacrifício de Cristo foi suficiente, não há necessidade de que a pessoa vá para um local indeterminado após a sua morte, para pagar o restante de sua dívida com Deus. Além do mais, essa doutrina resgata o verdadeiro valor das boas obras na vida do cristão. Os reformados não pregam nenhuma forma de licenciosidade ou libertinagem, mas ensinam que as boas obras devem ser praticadas como expressão da gratidão cristã pela salvação obtida em Cristo Jesus.[72] Assim, esse ensino não destrói a importância das boas obras, mas as coloca no devido lugar, ou seja, na posição em que a Bíblia as classifica.

A soberania de Deus na salvação

Em quinto lugar, a tradição reformada defende o *ensino bíblico da soberania de Deus na salvação do pecador*. Talvez o assunto mais contestado da fé reformada seja a sua posição sobre a doutrina da salvação. Os cinco pontos do calvinismo, representados pelo acróstico TULIP, são, para alguns, apenas uma formulação silogista e biblicamente inconsistente.[73] Para outros, todavia, eles representam a essência da fé reformada.[74] O fato é que essa apresentação resumida (cujo acróstico só faz sentido na língua inglesa)

---

72 *Catecismo de Heidelberg* (São Paulo: Cultura Cristã, 1999), perguntas e respostas 86 e 87.
73 Cf. I. John Hesselink, *On being Reformed*, p. 31-38.
74 Loraine Boettner, *The Reformed faith*.

é apenas um resumo da soteriologia encontrada nas Escrituras. Esses cinco pontos afirmados pelo Sínodo de Dort, como resposta ao protesto dos arminianos,[75] simplesmente exprimem a verdade bíblica de que "ao Senhor pertence a salvação" (Jn 2.9). Em outras palavras, os calvinistas procuram sustentar a verdade bíblica de que a salvação do homem, morto em seus delitos e pecados, é obra da soberana graça de Deus do início ao fim. Devido à realidade da condição espiritual do homem, sua salvação é totalmente dependente da iniciativa soberana e livre de Deus, "pois não depende de quem quer ou de quem corre, mas de usar Deus a sua misericórdia" (Rm 9.16).

A Bíblia, na perspectiva reformada, apresenta a salvação do pecador tendo início na decisão soberana de Deus em escolher alguns para a redenção desde a eternidade. Como corretamente expressa Hodges, "passagens como Atos 13.48, Romanos 8.28-39 e Efésios 1.3-14 tornam impossível, para qualquer um que sustenta a autoridade das Escrituras, ignorar a doutrina da eleição".[76] Diante dessa impossibilidade, algumas tradições teológicas reinterpretam essa doutrina bíblica afirmando que a eleição é baseada na presciência divina sobre a fé e o arrependimento do indivíduo, tornando assim a salvação totalmente dependente da vontade humana e reduzindo a escolha soberana de Deus a uma condição supérflua.[77] A perspectiva calvinista, porém, não nega a importância da fé e do arrependimento, mas sustenta que ambos são frutos da eleição, pois esta precede aqueles. Além do mais, a Bíblia apresenta a fé como "dom de Deus" (Ef 2.8) e o arrependimento como sendo resultado direto da bondade de Deus (Rm 2.4). Logo, Deus é quem toma a iniciativa de se relacionar com um povo específico, através de um pacto eterno em Cristo Jesus. Quando corretamente compreendida, esta verdade produz humildade genuína (1Co 1.26-29), adoração verdadeira (Ef 1.3-6) e motivação à santidade (2Ts 2.13-14), pois o pecador se conscientiza de que a sua redenção é obra da livre graça de Deus, que o amou a despeito de sua pecaminosidade.

Sendo a salvação um ato da soberana graça de Deus, o pecador pode regozijar-se na certeza de que ela é uma realidade segura nos céus. O próprio redimido é unido a Cristo, e "em Cristo" Deus o vê, o aceita e o abençoa (cf. Rm 8.1-2; 1Co 1.4-5, 30; etc.). A fonte da perseverança do cristão é a própria fidelidade e perseverança de Deus. Logo, a certeza da salvação "não é uma simples persuasão conjectural e provável, fundada numa esperança falha, mas uma segurança infalível da fé, fundada na divina verdade das promessas de salvação, na evidência interna daquelas graças nas quais essas promessas são feitas, no

---

75 Cf. Duane E. Spencer, *Tulip: os cinco pontos do calvinismo à luz das Escrituras* (São Paulo: Edições Parakletos, 2000); Edwin Palmer, *The five points of Calvinism* (Grand Rapids: Baker, 1980); Cf. John R. de Witt, "O Sínodo de Dort", em http://www.monergismo.com/textos/calvinismo/dort_witt.htm, acessado em 13 de novembro de 2006; David Steele e Curtis C. Thomas, *The five points of Calvinism: defined, defended, documented*, em: http://www.monergismo.com/textos/calvinismo/oscincopontos.htm, acessado em 13 de novembro de 2006.
76 Louis Igou Hodges, *Reformed theology today*, p. 81.
77 Cf. H. Orton Wiley, *Christian theology*. vol. 1 (Kansas City: Beacon Hill Press, 1940), p. 356-360.

testemunho do Espírito de adoção que testifica com o nosso espírito que somos filhos de Deus".[78] Longe de ser um incentivo ao pecado e à licenciosidade, essa convicção deve conduzir o cristão à busca diária de um viver santo e reto na presença de Deus e dos homens, pois "é dever de cada um ser diligente em tornar certas sua vocação e eleição, a fim de que, por esse modo, seja o seu coração, no Espírito Santo, dilatado em paz e deleite, em amor e gratidão para com Deus, no vigor e alegria, nos deveres da obediência, que são os frutos próprios dessa segurança".[79]

A centralidade da pregação nas missões
Em sexto lugar, a fé reformada defende a *centralidade da proclamação da Palavra como o meio estabelecido por Deus para o desempenho da atividade missionária da igreja*. O fato de o calvinismo enfatizar a doutrina da predestinação, da expiação limitada e da soberania de Deus na salvação cria, em alguns, a suspeição de que esta teologia é contrária ao esforço missionário.[80] Nada, porém, poderia estar mais distante da verdade, pois a história do avanço missionário confirma que os calvinistas sempre estiveram envolvidos nessa atividade. Além do mais, Calvino esteve pessoalmente comprometido com essa tarefa, participando do envio de missionários a várias nações, inclusive ao Brasil,[81] e defendendo que "devemos desejar diariamente que Deus reúna igrejas para si mesmo de todas as partes da terra; que Ele as espalhe e as aumente em número; que Ele as adorne com dons; que Ele estabeleça correta ordem entre elas".[82] O fato é que, convencido pela Palavra, o reformado é levado a enfatizar o *modus operandi* da salvação conforme encontrado em Romanos 10, ou seja, a fé e a confissão necessárias para a salvação (v. 9-11) são resultados diretos da pregação daqueles que foram enviados pela igreja (v. 14-16). A máxima neste caso é: "A fé vem pela pregação, e a pregação, pela palavra de Cristo" (v. 17).[83] Logo, a fé reformada entende que, por melhores que possam parecer, métodos e estratégias evangelísticas não substituem a eficácia da Palavra de Deus. Além do mais, qualquer método e programa evangelístico usado pela igreja deve proceder da correta interpretação da Escritura.

Evangelizar, na perspectiva calvinista, pode ser definido como "apresentar Cristo, no poder do Espírito, de tal maneira que os homens coloquem a sua confiança em Deus por meio de Cristo, o aceitem como o seu salvador e o sirvam como rei, na comunhão de

---
78 *Confissão de Fé de Westminster*, XVIII.2.
79 *Ibid.*, XVIII.3.
80 Gustav Warneck, *Outline of a history of Protestant missions* (Nova York: Fleming H. Revell, 1901), p. 9; William R. Hogg, "The rise of the Protestant missionary concern, 1517-1914", em G. H. Anderson (org.), *The theology of the Christian mission* (Nova York: McGraw Hill, 1961), p. 95.
81 Cf. Frans Leonard Schalkwijk, "O Brasil na correspondência de Calvino", em *Fides Reformata* 9/1 (2004), p. 101-128; Antônio Carlos Barro, "A consciência missionária de João Calvino", em *Fides Reformata* 3/1 (1998), p. 38-49.
82 João Calvino, *Institutes*, II.XX.42.
83 *Confissão de Fé de Westminster*, XIV.1.

sua igreja".⁸⁴ Contudo, para que isso seja uma realidade, o pregador deve zelar por pregar todo o conselho de Deus. Nessa perspectiva, o Deus trino deve ser apresentado como o autor e a fonte máxima das missões (*missio Dei*); o conteúdo da evangelização é a própria obra de Cristo (as boas-novas) e o propósito é a glória do soberano Senhor e o avanço do seu reino. Em sua clássica apresentação do evangelho, Joseph Alleine afirma corajosamente: "Deus não encontra nada no homem para comover o seu coração, mas encontra o suficiente para nausear o seu estômago"; ao mesmo tempo ele apela a seus leitores: "Refugiem-se em Cristo, a fim de obterem a graça perdoadora e renovadora. Entreguem-se a Ele, para andarem com Ele em santidade; caso contrário, jamais verão a Deus".⁸⁵ A firmeza de Alleine é um bom exemplo do anúncio evangelístico pela tradição reformada.

A mensagem evangelística, na perspectiva reformada, é sempre sobre Deus – o anúncio de quem Ele é e de suas exigências para que o pecador desfrute de comunhão com Ele. Além do mais, essa mensagem esclarece o ensino bíblico sobre o pecado e os seus efeitos devastadores sobre a vida humana, pois o ser humano precisa estar consciente dos mesmos, a fim de perder as falsas esperanças de redenção à parte de Deus. Outro elemento dessa mensagem é a apresentação do próprio Cristo, o único e suficiente salvador.⁸⁶ Por fim, essa mensagem conclama o pecador à fé em Cristo e ao arrependimento para a vida eterna. Não é suficiente falar sobre fé sem arrependimento, pois a mensagem do evangelho aborda a ambos. A verdadeira fé inclui o arrependimento piedoso, e é interessante observar como o arrependimento é enfatizado nas Escrituras (cf. At 2.38; 3.19; 5.31; 17.30; 2Tm 2.25). A tarefa do cristão na evangelização é reproduzir tão claramente quanto possível a mensagem do evangelho.

No que diz respeito à perspectiva reformada sobre missões, deve-se ainda esclarecer que a fé reformada insiste na proclamação universal do evangelho. Nesse sentido, a evangelização não é apenas uma tarefa para todos os cristãos, mas também uma mensagem a ser proclamada para todos os povos, sem distinção. Um dos artigos do Sínodo de Dort enfatiza:

> Existe a promessa do evangelho de que todo aquele que crê no Cristo crucificado não se perderá, mas terá a vida eterna; promessa essa que, sem distinção, deve ser anunciada e proclamada, conclamando à salvação todos os povos e pessoas a quem Deus, em seu beneplácito, envia o seu evangelho.⁸⁷

Semelhantemente, os teólogos de Westminster concluíram que o Senhor

---

84 J. I. Packer, *Evangelism and the sovereignty of God*, p. 38.
85 Joseph Alleine, *Um guia seguro para o céu* (São Paulo: PES, 1987), p. 22, 20.
86 R. B. Kuiper, *Evangelização teocêntrica* (São Paulo: PES, 1976).
87 *Los Cánones de Dort* (Países Baixos: FELIRE, 1982), II.5.

"livremente oferece aos pecadores a vida e a salvação através de Jesus Cristo, exigindo deles a fé, para que sejam salvos, e prometendo o seu Santo Espírito a todos os que estão ordenados para a vida, a fim de dispô-los e habilitá-los a crer".[88] Esta oferta é graciosa, particular e real. Quando os calvinistas admitem as dificuldades em harmonizar a doutrina do sacrifício limitado de Cristo e a graciosa oferta do evangelho, eles não estão alegando incoerência nas Escrituras, mas apenas reconhecendo as limitações do entendimento humano. Como corretamente expressou John Murray, a doutrina da eleição não anula a oferta universal do evangelho.[89]

Finalmente, os motivos para a evangelização, segundo a interpretação reformada, são basicamente três. Em primeiro, o amor a Deus e o zelo pela sua glória. Os calvinistas entendem que a pregação do evangelho anuncia a glória de Deus a outras pessoas, capacitando-as a adorar a Deus e a cumprir o propósito último de sua existência, ou seja, glorificar a Deus e desfrutá-lo eternamente. Em segundo lugar, a obediência ao mandamento de Cristo e ao seu desejo de que todos ouçam a mensagem do evangelho (cf. Mt 28.18-20). Em terceiro lugar, há o amor pelo próximo, o qual surge de um coração renovado e grato a Deus. Esse amor inclui o desejo de que outros sejam alcançados pela mensagem poderosa do evangelho, que transforma e salva vidas.[90]

Ao se concluir esta seção doutrinária, percebe-se que a tradição reformada é orientada teologicamente. Como afirmou o historiador alemão Karl Holl, "os calvinistas sabem não somente o que eles crêem, mas também por que eles crêem".[91] Contudo, o propósito do interesse calvinista pela doutrina não é apenas especulativo, mas acima de tudo prático, pois segundo essa tradição o amor pela verdade motiva a santidade.

PERSPECTIVA CULTURAL

Certamente a prática da fé cristã não pode ser desassociada do ambiente cultural no qual os cristãos estão inseridos. Semelhantemente, a comunicação do evangelho não ocorre sem se considerar a cultura humana de onde ela procede ou à qual ela se destina.[92] Dessa forma, o relacionamento entre o cristianismo e a cultura sempre foi objeto de estudo e debate na tradição reformada.[93] De forma geral, porém, os calvinistas têm

---

88 Confissão de Fé de Westminster, VII.3.
89 John Murray, Collected writings of John Murray. vol. 1 (Pennsylvania: Banner of Truth, 1976), p. 132.
90 J. I. Packer, Evangelism and the sovereignty of God, p. 75-82.
91 Citado em I. John Hesselink, On being Reformed, p. 106.
92 "Lausanne Committee for World Evangelization", em The Willowbank Report: gospel and culture (Lausanne Occasional Papers, 1978), p. 5.
93 Cf. B. B. Warfield, Christianity and our times, em: http://homepage.mac.com/shanerosenthal/reformationink/bbwourtimes. htm, acessado em 13 de novembro de 2006; John M. Frame, Christianity and culture, em: http://thirdmill.org/files/english/hall_of_frame/Frame.Apologetics2004.ChristandCulture.pdf, acessado em 14 de novembro de 2006; Peter Jones, The Gnostic empire strikes back (Phillipsburg: Presbyterian and Reformed, 1992); J. Gresham Machen, Christianity and culture, em: www.

insistido que as bases para tal relacionamento devem estar ancoradas sobre princípios bíblicos, sobre uma referência histórica coerente e sobre alguns aspectos da consistência lógica e da prudência cristã.

Devido à complexidade do conceito,[94] deve-se evitar qualquer confusão entre criação e cultura. Criação é aquilo que Deus fez, cultura é aquilo que Ele ordenou que os seres humanos fizessem. Dessa forma, a distinção entre as obras do Criador e da criatura é especialmente enfatizada pela teologia reformada.[95] O sol, a lua, as estrelas e os próprios seres humanos são criaturas de Deus, obras de suas mãos. Os costumes, usos, linguagem, sistemas de ideias e outras contribuições dessa natureza são produtos do esforço humano em obediência à ordem divina. Logo, o interesse da teologia reformada pela cultura está intimamente conectado à sua perspectiva do mandato cultural, ou seja, a ordenança divina para que o ser humano exercite o governo sobre o cosmos em submissão à vontade de Deus (Gn 1.28).[96] Esse mandato define o objetivo da vida humana sobre a face da terra, ou seja, fazer tudo em obediência a Deus. Ainda é significativo observar que, mesmo que a presença do pecado no mundo tenha dificultado o seu cumprimento (pois o homem passou a ser desobediente ao Criador), o mandato cultural não foi ab-rogado com a queda, pois Deus o reafirmou no tempo de Noé (Gn 9.7). Dessa forma, a fé reformada manifesta um zelo especial no sentido de que o padrão cultural que mantém as pessoas unidas e integradas seja exercido sob a direção divina.

Além do mais, qualquer estudo cuidadoso da teologia reformada logo perceberá que essa perspectiva é mais do que um ramo teológico: ela é, de fato, um sistema abrangente de vida, uma cosmovisão. A reflexão teológica é apenas um aspecto dessa cosmovisão, que inclui concepções sobre política, sociedade, artes e outras áreas da vida humana.[97] Aliás, esse foi o enfoque adotado por Abraham Kuyper em suas famosas palestras sobre o calvinismo aos estudantes do Seminário Teológico de Princeton, em 1898, pois ele partiu do pressuposto de que o calvinismo "é muito mais extenso do que a interpretação confessional limitada nos levaria a supor".[98] Desta forma, Hesselink parece correto ao afirmar que "o calvinismo nunca pode ser acusado de possuir um Deus que é muito pequeno ou uma visão da realidade que seja muito estreita".[99] Além do mais,

---

marshillaudio.org/pdf/documents/ChristianityCulture.asp, acessado em 13 de novembro de 2006; Francis A. Schaeffer, *Manifesto cristão* (Brasília: Refúgio Editora, 1985), e *Morte na cidade* (São Paulo: Cultura Cristã, 2003); Henry R. van Til, *The Calvinistic concept of culture* (Grand Rapids: Baker, 2001).

94 Etimologicamente, o termo (lat. *colere*) significa "cultivar" ou "instruir", mas o conceito é tão complexo que praticamente cada antropólogo cultural terá a sua própria definição. Cf. B. Malinowski, *Uma teoria científica da cultura* (Rio de Janeiro: Zahar, 1962), p. 43.
95 John H. Leith, *A tradição reformada*, p. 160-161.
96 Gerard van Groningen, *Criação e consumação* (São Paulo: Cultura Cristã, 2002), p. 90.
97 Cf. Cornelius Plantinga Jr., *Engaging God's world* (Grand Rapids: Eerdmans, 2002); James Kennedy e Jerry Newcombe, *Lord of all* (Wheaton, IL: Crossway Books, 2005).
98 Abraham Kuyper, *Calvinismo*, p. 24.
99 I. John Hesselink, *On being Reformed*, p. 108.

Em contraste com a busca do luteranismo por um Deus gracioso, ou com o interesse do pietismo pelo bem-estar da alma do indivíduo, ou com o alvo wesleyano da santificação pessoal, o interesse último da tradição reformada transcende o indivíduo e sua salvação. Este interesse também vai além da igreja, o corpo de Cristo. É uma preocupação com o cumprimento da vontade de Deus também nos campos mais amplos do estado, da cultura, da natureza e do cosmos.[100]

Logo, pode-se afirmar que a teologia reformada é realmente uma teologia do reino. A perspectiva abrangente da cultura encontrada na teologia reformada é resultado direto de sua ênfase sobre a soberania de Deus, pois somente a majestade absoluta do Senhor proporciona uma visão unificada da vida e da realidade. Segundo essa concepção, tudo o que foi criado no mundo tem o propósito de glorificar a Deus, e o propósito de Deus para a sua criação é que o senhorio de Cristo se manifeste em cada área da vida (cf. 1Co 15.24-28; Ef 1.22-23; Fp 2.9). Essa noção geralmente tem sido conhecida como "esferas da soberania", ou seja, cada esfera da vida (família, igreja, estado, ciência, etc.) encontra-se debaixo da soberania de Deus e deriva o seu governo do soberano Senhor. Somente quando Deus for colocado no centro é que o ser humano poderá entender o sentido de sua vida e de sua atuação neste mundo. A primeira implicação dessa ênfase é que a vida, como um todo, tem o propósito de ser um ato de adoração a Deus. Ser humano significa ser capaz de distinguir os atributos do Criador manifestos na criação e, como tal, apreciar a beleza de seus atos. Tudo o que o ser humano faz deve ter como objetivo glorificar o Criador. Assim, a teologia reformada não enfatiza a divisão entre uma profissão sagrada e outra secular (o que é comum na teologia católica romana), mas entende que Deus é glorificado sempre que o ser humano executa aquilo para o que foi designado.

A concepção reformada da cultura ainda passa por seu entendimento da doutrina da graça comum, ou seja, as operações gerais do Espírito Santo, que atua inclusive sobre os incrédulos com o objetivo de restringir o pecado, preservar a harmonia social e capacitar as pessoas para desempenharem importantes tarefas sociais.[101] É bem verdade que há considerável divisão entre os teólogos reformados sobre esse assunto. Alguns negam veementemente a existência da graça comum e insistem que qualquer graça de Deus ao homem só pode ser recebida pelo sangue de Cristo e, portanto, tem objetivo redentor.[102] Contudo, a maioria dos teólogos reformados sustenta a existência da graça comum, que vem sobre justos e injustos, como por exemplo, a chuva, o sol, a inteligência, as concepções éticas e outros aspectos dessa natureza. Aqueles que defendem a existência da graça

---

100 *Ibid.*, p. 108-109.
101 H. Henry Meeter, *The basic ideas of Calvinism*, p. 50-56; Louis Berkhof, *Teologia sistemática* (Campinas: Luz Para o Caminho, 1990), p. 425-426.
102 Herman Hoekesema, *Reformed dogmatics* (Grand Rapids: Reformed Free Publishing Association, 1966), p. 205-207, 236, 252 e 470-471.

comum insistem na divisão entre a graça especial, que resulta na salvação, e a graça geral, que contribui para a preservação da vida neste universo, até a revelação do Senhor Jesus.[103] Através da graciosa operação comum do Espírito Santo no mundo, o ser humano é habilitado a desenvolver o mandato cultural, embora não com perfeição, a praticar o bem social, a estabelecer normas civis para o convívio mais harmônico, a apreciar a beleza, a verdade e a bondade, bem como a se alegrar nas bênçãos comuns de Deus a todos (cf. At 14.15-18).[104]

Finalmente, a partir do que foi apresentado pode-se dizer que a perspectiva reformada sobre a cultura é altamente positiva. Ao se analisar as diversas interações religiosas com a cultura, a partir dos modelos comparativos estabelecidos por H. Richard Niebuhr, a concepção reformada destaca-se por sua coerência teológica e respaldo bíblico. Segundo o teólogo H. Richard Niebuhr, há, no mínimo, cinco modelos de relacionamento entre a fé cristã e a cultura. Em primeiro lugar, estão aqueles que enfatizam Cristo contra a cultura, negando a necessidade de qualquer contribuição social. Em segundo lugar, aqueles que integram Cristo à cultura, criando uma espécie de sincretismo religioso-cultural. Em terceiro lugar, os que mantêm a existência de um paradoxo entre a fé cristã e a cultura. Em quarto lugar, existem os que defendem uma relação de superioridade entre a fé cristã e a cultura, a ponto de evitar qualquer interação com o mundo ao redor. E, por último, há os que defendem a posição de que a fé cristã é um instrumento divino para transformar a cultura ao redor.[105] Sem analisar cada um dos modelos em particular, é significativo observar que Niebuhr classifica os adeptos do calvinismo como aqueles que se identificam com o quinto modelo e defendem a fé cristã como um instrumento transformador da cultura. Isto, porém, só é possível quando os reformados entendem o conceito bíblico da vocação, ou seja, que cada pessoa possui uma vocação profissional estabelecida pelo próprio Deus, a fim de que seja desempenhada para a glória do soberano Senhor.[106]

Nenhum calvinista defende a transformação cultural à parte da aplicação dos princípios bíblicos para o ser humano. Assim sendo, essa transformação está intimamente conectada à proclamação do evangelho, à evangelização de vidas e à conversão de pessoas pelo Espírito Santo de Deus. Essa perspectiva também não implica em um otimismo utópico, pois se deve estabelecer uma distinção clara entre transformação e perfeição. A história bíblica e a experiência comprovam que, quando os princípios bíblicos são obedecidos pela igreja, os efeitos sociais são visíveis e as pessoas ao redor são levadas a concluir que "estes que têm transtornado o mundo chegaram também aqui" (At 17.6). Desse modo, a fé reformada entende que, seja o cristão um artista, um operário, um

---

103 Cf. Abraham Kuyper, *Calvinismo*.
104 Louis Berkhof, *Teologia sistemática*, p. 425-426.
105 Cf. H. Richard Niebuhr, *Christ and culture* (New York: Harper and Row, 1951).
106 João Calvino, *Institutes*, III.X.6.

burocrata, um médico, um instrutor ou qualquer outro profissional, ele deve procurar fazer tudo para a glória de Deus (cf. 1Co 10.31).

CONCLUSÃO

Ao se concluir este capítulo, há que se destacar que a fé reformada apresenta vários aspectos positivos acerca dos quais os calvinistas podem se alegrar. Certamente ela é uma maravilhosa redescoberta para muitos cristãos, pois em seu objetivo maior ela dirige o seu leitor para as páginas das Escrituras, onde se encontra alicerçada. Todavia, a sua profundidade e abrangência representam um enorme desafio para aqueles que desejam não apenas o título, mas também o conhecimento da essência dessa cosmovisão. Esse desafio implica contínua reflexão e submissão à Palavra de Deus, a fim de que a ortodoxia esteja sempre aliada à ortopraxia.

Na introdução de seu ensaio sobre a necessidade da fé reformada, Terry L. Johnson argumenta:

> O antigo evangelho está morto. Os liberais o substituíram por uma visão mundanizada e politizada. Estas não são novidades recentes. Estão fazendo isto por muitas décadas. A coisa mais surpreendente é como podem, até mesmo os evangélicos conservadores, trocar o Evangelho real por uma mensagem de auto-ajuda e auto-realização. Os temas como pecado e salvação foram substituídos por assuntos mais em voga e na moda, emprestados da psicologia moderna... Perdemos o rumo do caminho, em nossos dias, e creio que são os distintivos da Fé Reformada que apontarão o caminho de volta para a igreja.[107]

A julgar pelo crescente interesse de algumas pessoas pela teologia reformada, bem como por algumas declarações acerca dos benefícios dessa descoberta para elas, pode-se inferir que a esperança de Johnson tem se transformado em realidade. Queira o Senhor da igreja que tal interesse resulte em um verdadeiro despertamento para muitos!

---

107 Terry Johnson, "Por que a fé reformada?", p. 40-41.

CAPÍTULO 2

O CARÁTER CONFESSIONAL DA FÉ REFORMADA

João Alves dos Santos

O que é fé reformada? Por mais óbvios que pareçam o substantivo e o adjetivo que compõem esta expressão, ela não é tão clara assim. Pessoas de diferentes convicções reivindicam para si, em nossos dias, a identidade de herdeiras da "fé reformada". Mas nem todos que se chamam "reformados" aceitam a ideia de que a confessionalidade seja algo fundamental para essa identidade. Pelo menos, a ideia de uma confessionalidade estável. Muitos entendem que ela está na contramão do desenvolvimento da igreja, impedindo-a de ser dinâmica e atualizada. Uma confessionalidade "engessada", para usar o adjetivo da moda, não estaria seguindo o espírito da Reforma que, supostamente, estimula constantes mudanças. É como interpretam a máxima *ecclesia reformata semper reformanda est* (igreja reformada sempre se reformando – ou sempre sendo reformada).

Numa época de relativismos de toda natureza, inclusive teológica, e de negação de que existam verdades absolutas e permanentes em todos os campos, mormente no religioso, não é de se estranhar que a ideia de confessionalidade não seja tão bem-vista. Esta, todavia, não é uma crítica nova. Sempre houve na história da igreja aqueles que não se conformaram com o fato de ser ela identificada e regulada por credos e confissões. O historiador Philip Schaff lembra que a autoridade e o uso desses símbolos doutrinários têm sido questionados por socinianos, quakers, unitarianos e racionalistas, ao longo dos anos. A alegação é de que esses símbolos impedem a livre interpretação da Bíblia e o progresso da teologia; interferem na liberdade de consciência e no direito de juízo individual; geram hipocrisia, intolerância e fanatismo; produzem divisões e transtornos; perpetuam a animosidade religiosa e o sectarismo; causam a indiferença, o cetismo e a infidelidade dogmática e, ainda, que a "simbololatria" das igrejas luteranas e calvinistas do século XVII foi a responsável pela apostasia do século XVIII.

Ao mesmo tempo em que lembra que essas objeções têm sido respondidas por estudiosos como William Dunlop, em seu prefácio à Coleção das Confissões Escocesas, e em outras obras posteriores, Schaff salienta que isso acontece quando os credos ou confissões são postos acima das Escrituras e não subordinados a elas. Salienta ainda que, se fossem válidas essas críticas, tais credos não seriam mais responsáveis por esses abusos do que as próprias Escrituras, das quais eles devem ser vistos como meros sumários ou exposição. Diz ainda que a experiência tem demonstrado que estas seitas, as quais rejeitam todo e qualquer credo, se mostram tão sujeitas à autoridade de um sistema tradicional, ou de alguns autores favoritos, e tão expostas a controvérsias, divisões e mudanças, assim como estão as igrejas que possuem confissões e credos formais.

E conclui que nem a presença dos credos e nem a ausência deles pode oferecer proteção absoluta à pureza da fé e prática cristãs. As melhores igrejas, diz ele, têm entrado em declínio e degeneração, assim como igrejas corrompidas podem ser reavivadas e regeneradas pelo Espírito e pela Palavra de Deus, que permanece para sempre.[1]

Em vista destes fatos, é necessário que o assunto seja estudado, ainda que apenas nos seus elementos básicos, para que se verifique se a confessionalidade é ou não parte essencial do que deve ser entendido por fé cristã e, em particular, por fé reformada, e para que o seu uso e limites sejam também estabelecidos. Não é nossa pretensão esgotar tudo que está contido neste tema, não só pela exiguidade de espaço que a natureza deste ensaio requer, como pela própria complexidade do assunto. Nosso objetivo é apresentar algumas considerações sobre o tema, destacando primeiro o que entendemos ser o conceito bíblico de confessionalidade; depois, examinando a ideia de fé como a aceitação de um conjunto de verdades bíblicas para, então, apresentar os credos e as confissões como modos de expressão dessa fé. Em seguida, queremos propor uma forma de entender o lema "igreja reformada sempre se reformando" e, finalmente, discutir o uso e os limites da confessionalidade para a igreja em todos os tempos.

---

1 Cf. Philip Schaff, *The Creeds of Christendon*. vol. 1 (Grand Rapids : Baker Book, 1990), p. 9.

O QUE ESTÁ CONTIDO NO CONCEITO BÍBLICO DE CONFESSIONALIDADE

Toda ideia de fé carrega um conteúdo proposicional. Toda fé exige um objeto e a identificação desse objeto materializa-se no conteúdo proposicional do que se crê. Não só "creio", mas "creio em" é a exigência categórica de toda e qualquer declaração de fé. Mesmo aquele que afirma "não crer em nada" está fazendo uma afirmação proposicional, ainda que falsa. Ele está dizendo que não crê em qualquer das proposições que lhe sejam feitas, o que ainda pressupõe um objeto ou conteúdo da sua suposta descrença. Todos crêem (ou deixam de crer) em alguma coisa. Até na ideia popular de fé é possível encontrar uma identificação de conteúdo, embora nem sempre definido ou específico, nem que seja apenas para rimar, como na canção "Andar com fé".[2] Pode ser fé "na mulher ou na maré", "na cobra coral ou no punhal", "num pedaço de pão ou na escuridão". Mas ainda é uma proposição com conteúdo.

Não é diferente no que respeita à fé cristã. Esta, com mais propriedade, sempre se apresenta com um conteúdo definido e a aceitação desse conteúdo equivale a uma "confissão de fé". O verbo grego *homologeo*, do qual deriva o nosso "confessar", significa literalmente "falar a mesma linguagem" e, portanto, "concordar com". Por extensão de sentido, "admitir", "reconhecer" ou "confessar". Uma confissão é uma declaração de concordância. Uma confissão de fé, no sentido bíblico, é uma declaração de concordância com o conteúdo do que nos é afirmado nas Escrituras sobre Deus, sobre nós mesmos e sobre o mundo.

Porém, mais do que isso, o conceito bíblico de confissão vai além e inclui também uma ação que representa ou demonstra essa concordância. É a ação que, em várias passagens das Escrituras, é chamada de "confissão". Ela é a demonstração prática e pública daquilo que se crê, de tal forma que a confissão se confunde com a própria fé, pelo menos em termos práticos. Jesus certamente estava se referindo a este sentido, quando disse: "portanto, todo aquele que me confessar diante dos homens, também eu o confessarei diante de meu Pai, que está nos céus; mas aquele que me negar diante dos homens, também eu o negarei diante de meu Pai, que está nos céus" (Mt 10.32-33). A fé não é a própria confissão ou a profissão verbal diante dos homens, embora esta seja uma parte importante do processo, mas aquilo que é produzido no coração pelo Espírito de Deus. É o processo que Paulo chama de "crer com o coração" e "confessar com a boca", em Romanos 10.9-10. É esta fé no coração que leva o indivíduo a confessar o que crê e a agir de acordo com o que confessa.

Pode-se alegar que esta fé, da qual Jesus e Paulo falam, é a fé salvadora e não a fé

---

2 Música popular do cantor Gilberto Gil, lançada em 1982. A letra completa está disponível em http://letras.terra.com.br/gilberto-gil/46184/, acessado em 29 de maio de 2010.

doutrinária ou proposicional, mas a relação entre ambas pode ser feita. Os termos usados para ambas são os mesmos.³ É também com o mesmo termo "confissão" (*homologia*) que Paulo se refere em 2Coríntios 9.13 à prática da generosidade dos coríntios, com respeito à assistência aos santos, como sendo uma glorificação a Deus em virtude da obediência da "confissão do evangelho de Cristo"⁴ e uma evidência prática dessa fé professada. Neste conceito estão presentes não só o elemento teórico da confessionalidade do evangelho (seu conteúdo) como também a sua prática, a obediência. Esta confissão (*homologia*) é a que fez também Timóteo perante muitas testemunhas e que Paulo qualifica como "boa", por ter como objeto o evangelho da fé (1Tm 6.12). É possível que Paulo estivesse se referindo a um momento da vida de Timóteo em que ele confessara a sua fé de forma pública, mas parece mais provável que estivesse apenas fazendo menção à maneira como ele, Timóteo, exercitava de forma prática a fé que havia abraçado e na qual Paulo o exortava a perseverar. É este o sentido que Calvino dá ao termo nesta passagem: "Entendo confissão, aqui, no sentido não de algo expresso verbalmente, mas de algo realizado de forma concreta, e não numa única ocasião, mas ao longo de todo o seu ministério".⁵ A aceitação do evangelho e, no caso de Timóteo, da sua chamada para pregá-lo e batalhar por ele, implica não só a crença no seu conteúdo, mas o compromisso de viver conforme esse conteúdo. É o que Paulo chama de "boa confissão".

Este aspecto prático da "boa confissão" é, nesta mesma passagem de 1Timóteo 6.12-13, ilustrado com o exemplo do próprio Senhor Jesus que, diante de Pilatos, "deu o testemunho da boa confissão" (v. 13). Foi com a sua vida e especialmente com a sua morte que Jesus fez essa "boa confissão" (*kalen homologian*).⁶ O conteúdo do evangelho fez-se evidente na morte do Senhor Jesus e a isso Paulo chama de "confissão". Como disse Calvino, Cristo ratificou a sua doutrina, a qual Timóteo professava, não com palavras, mas com a sua morte:

> Pois Cristo não fez sua confissão diante de Pilatos pronunciando um discurso, mas de forma concreta, sofrendo a morte em voluntária submissão. Pois ainda que Cristo tenha decidido manter silêncio diante de Pilatos, em vez de abrir a boca em sua própria defesa, já que chegara ali resignado a uma condenação predeterminada, no entanto havia em seu próprio silêncio uma defesa de sua doutrina não menos magnificente que se houvera defendido sua causa pronunciando um

---

3   *Homologeo* para o verbo "confessar" e *homologia* para o substantivo "confissão".
4   A preposição ἐπί, usada com o genitivo em sentido figurado, tem o propósito de mostrar a base ou a evidência de alguma coisa, podendo ser traduzida como "por causa de", "em razão de", ou "devido a". Neste texto de 2Coríntios 9.13, no contexto em que ela é usada (ἐπὶ τῇ ὑποταγῇ τῆς ὁμολογίας ὑμῶν εἰς τὸ εὐαγγέλιον τοῦ χριστοῦ), traz a ideia de que a ministração daquela generosidade era feita em razão ou como prova da obediência (ou submissão) daqueles crentes à confissão do evangelho que haviam feito.
5   João Calvino, *As Pastorais* (São Paulo: Paracletos, 1998), p. 173.
6   καλὴν ὁμολογίαν.

discurso. Pois ele a ratificou com seu próprio sangue e com o sacrifício de sua morte melhor do que com o uso de palavras.⁷

O autor da epístola aos Hebreus exorta os seus leitores a conservar firme a sua confissão (*homologia*), lembrando que Jesus é dela o Apóstolo e Sumo Sacerdote (4.14; 10.23; 3.1). Por confissão ele não está, ao que tudo indica, se referindo ao ato público de uma profissão de fé, mas à convicção que Jesus havia formado em seus corações a respeito de quem Ele era. Ao dizer que Jesus é o "Apóstolo e Sumo Sacerdote da nossa confissão" (3.1), o autor usa, no grego, um genitivo de objeto⁸ para assinalar que Jesus é o objeto dessa confissão.⁹ É nEle que o autor e seus leitores haviam crido e era Ele a pessoa que confessavam como apóstolo e sumo sacerdote. A confissão equivalia à fé que tinham depositado nEle. Em 12.2 desta epístola o autor, nesta mesma linha de pensamento, apresenta Jesus como o "Autor e Consumador da fé". Jesus é apresentado não só como o objeto da fé, mas como seu autor e consumador, isto é, Aquele que lhe dá origem e a leva até a consumação final (3.1).

Estes textos servem para mostrar o verdadeiro caráter de uma confissão e, por conseguinte, da confessionalidade. Quando o conteúdo da fé é passado para um registro escrito na forma de um credo ou confissão, corre-se o risco de ser este registro visto apenas como uma formulação teórica (ainda que teológica) e não como uma confissão no sentido bíblico, isto é, algo que tem a ver não só com a crença ou sua mera profissão, mas com o modo de agir em relação a ela. Quando isto acontece, perde-se o sentido primário e essencial da confessionalidade em benefício apenas do seu aspecto formal, ideológico ou epistemológico. Por esta razão, infelizmente, a confessionalidade pode ser vista (e às vezes o é) apenas como uma fórmula teórica a que alguém deve dar seu consentimento, mas com a qual não precisa se comprometer em termos de conduta cristã ou mesmo de coerência teológica. Ao tratar deste assunto, portanto, é necessário que se estabeleça, de início, o princípio de que não pode existir confissão verdadeira sem fé verdadeira. Essa confissão não precisa necessariamente ser verbalizada em palavras ou fórmulas escritas, mas precisa se externar em formas de pensamento e conduta que a manifestem, como visto nos textos bíblicos considerados acima.

Por outro lado, a verbalização é quase que uma decorrência natural e inevitável da fé. É através dela que o conteúdo da fé se materializa e pode ser conhecido. "Cri, por isso falei" é o texto que Paulo cita do Salmo 116.10 (conforme a Septuaginta) em 2Coríntios

---

7 João Calvino, *As Pastorais*, p. 174-175.
8 τῆς ὁμολογίας ἡμῶν.
9 O mesmo uso deste genitivo é encontrado em Hebreus 10.23, onde o autor se refere à "confissão da esperança", ou seja, à "esperança que confessamos", como traduz a NVI, e em 2Coríntios 9.13, no qual Paulo fala sobre a "obediência da vossa confissão", ou seja, a obediência que acompanhava a confissão que aqueles crentes faziam (ver nota 4). A NVI traduz essa expressão de Hebreus 3.1 como "Jesus, apóstolo e sumo sacerdote que confessamos".

4.13, para também verbalizar a sua fé no cuidado providencial de Deus pelos seus, mesmo em meio a ameaças de sofrimento e morte, quando repete o salmista: "Também nós cremos; por isso, também falamos". Na Bíblia, quase sempre crer é também falar. Os cânticos de personagens bíblicos, como os de Moisés (Ex 15.1-19), Davi (2 Sm 22); Maria (Lc 1.46-51), Zacarias (Lc 1.68-79), etc., assim como grande número dos salmos, podem ser considerados como verdadeiros credos ou confissões de fé ou a fala incontida que demonstra a fé que estava naqueles corações. A ideia de confessionalidade, portanto, está intimamente ligada à da proclamação daquilo que se crê.

No que diz respeito aos credos e confissões, que são também proclamações de fé, seria desejável que tais proclamações fossem sempre unívocas, pois só há um ensino correto das Escrituras e cabe aos seus intérpretes defini-lo e expressá-lo com acuracidade. Todavia, esta é uma tarefa quase impossível, não só devido aos diferentes pressupostos e métodos de interpretação bíblica usados para obtê-lo, mas até mesmo pela falta de elementos suficientes em alguns dos pontos da revelação para se chegar a uma conclusão inequívoca sobre eles. Isto explica as pequenas divergências existentes entre algumas das expressões confessionais protestantes, mesmo entre as que podem ser legitimamente chamadas de reformadas, ainda que tais divergências, obviamente, não digam respeito às doutrinas essenciais da fé cristã. É a razão por que não temos uma confissão única que atenda igualmente ao modo de pensar de todos os ramos do cristianismo.

Este fato torna difícil definir, com precisão e justiça, o que é fé reformada. Cada grupo que afirma ser reformado vai naturalmente reivindicar para si a qualidade de ter a verdadeira visão reformada, no que diz respeito a essas particularidades.

O CONCEITO BÍBLICO DE FÉ COMO ACEITAÇÃO DE UM CONJUNTO DE VERDADES QUE EQUIVALE AO QUE CHAMAMOS HOJE DE CONFESSIONALIDADE

Nas Escrituras o termo "fé" é usado também para exprimir aquele conjunto de ensinos ou doutrinas (*didake* ou *didaskalia*) encontrados tanto nas Escrituras do Antigo Testamento como na instrução que os apóstolos (ou os que estavam debaixo da sua autoridade) outorgaram à Igreja, autorizados por Jesus e por Ele instruídos através do Espírito. É o que em Atos 2.42 é chamado de "doutrina dos apóstolos".[10] Paulo se refere a ela como "meu evangelho e a pregação de Jesus Cristo" (Rm 16.25);[11] "a fé evangélica" (Fp 1.27);[12] "a doutrina" (1Tm 4.16; 6.1; 2Tm 3.10; Tt 1.9; 2.10);[13] a sã doutrina" (1Tm

---

10 διδαχῇ τῶν ἀποστόλων.
11 τὸ εὐαγγέλιόν μου καὶ τὸ κήρυγμα ἰησοῦ χριστοῦ.
12 τῇ πίστει τοῦ εὐαγγελίου, genitivo de objeto, "aquela que tem o evangelho como seu objeto".
13 τῇ διδασκαλίᾳ.

1.10; Tt 2.1)[14] ou ainda "as sãs palavras de nosso Senhor Jesus Cristo" e "ensino segundo a piedade" (1Tm 6.3).[15] Ensino e doutrina são para Paulo palavras sinônimas. Em Romanos 12.7, 1Timóteo 4.13 e Tito 2.7 ele usa o termo *didaskalia* para o ato de ensinar, enquanto em outras passagens usa o mesmo termo para denotar o conteúdo do ensino, como nos textos acima mencionados. João também usa o termo doutrina (*didaskalia*) para denotar todo o conjunto dos ensinos de Cristo (2Jo 1.9).

Este ensino ou doutrina (*didaskalia*), no sentido do seu conteúdo, é apresentado por Paulo como sendo a medida ou o padrão pelo qual as Escrituras deviam ser interpretadas no exercício do "dom da profecia", método que ele chama de "analogia da fé" em Romanos 12.6.[16] Por fé, ao que tudo indica, ele se referia ao conjunto da revelação encontrada nas Escrituras Sagradas, tanto do Antigo Testamento quanto do ensino apostólico já existente. O termo "fé" é usado em Colossenses 2.7 para referir-se à instrução que os crentes daquela igreja tinham recebido e na qual deveriam andar, por estarem nela confirmados. Paulo equipara a fé à boa doutrina que Timóteo havia recebido (1Tm 4.6) e a apostasia da fé ao seguimento de ensino de demônios (1Tm 4.1). É nesse sentido também que Judas usa o termo fé, em prol da qual exorta os seus leitores a batalhar (v. 3).

Deve-se notar, todavia, que mesmo nos dias apostólicos já houve a necessidade de se acrescentar, em alguns casos, um adjetivo para distinguir a fé verdadeira da falsa, ou seja, a doutrina sã, da contaminada ou distorcida (1Tm 1.10; 4.3,6; Tt 2.1). Sempre houve necessidade de uma definição mais clara do que está compreendido no conteúdo da fé cristã e de como esta se distingue de outros modos de crer. Foi por essa razão e com esse propósito que surgiram os credos e, mais tarde, as confissões na Igreja cristã.

Já nos dias apostólicos encontramos breves expressões confessionais, especialmente com relação a Jesus Cristo, tais como as de Pedro: "Tu és o Cristo, o Filho do Deus vivo" (Mt 16.16); "Senhor, para quem iremos? Tu tens as palavras da vida eterna; e nós temos crido e conhecido que tu és o Santo de Deus", etc (Jo 6.68-69); de Natanael: "Mestre, tu és o Filho de Deus, tu és o Rei de Israel" (Jo 1.49); de Tomé: "Senhor meu e Deus meu" (Jo 20.28); do carcereiro de Filipos: "Eu creio que Jesus Cristo é o Filho de Deus" (At 8.36-37) e de Paulo: "E toda língua confesse que Jesus Cristo é Senhor, para glória de Deus Pai" (Fp 2.11) Tais expressões confessionais podem ser encontradas, em formas mais curtas, mesmo no Antigo Testamento, em passagens como Deuteronômio 6.4 e 1 Reis 6.18, em que Iavé é apresentado não só como Deus, mas como o único Deus. Proclamações de fé um pouco mais longas podem ser encontradas nas epístolas de Paulo, como em 1Coríntios 8.6; 12.3; 15.3-7 e 1Timóteo 3.16. João condiciona o conhecimento de que algo procede de Deus à confissão de que Jesus Cristo veio em carne (1Jo 4.2).

---

14   τῇ ὑγιαινούσῃ διδασκαλίᾳ.
15   ὑγιαίνουσιν λόγοις, τοῖς τοῦ κυρίου ἡμῶν ιησοῦ χριστοῦ, καὶ τῇ κατ᾽ εὐσέβειαν διδασκαλίᾳ.
16   τὴν ἀναλογίαν τῆς πίστεως.

Portanto, os credos e as confissões sempre estiveram presentes na experiência dos crentes, em todo o tempo, como expressão de sua fé.

A CONFESSIONALIDADE EXPRESSA ATRAVÉS DE CREDOS E CONFISSÕES

Se a fé tem na sua essência um caráter confessional de proclamação, um credo ou confissão é a proclamação escrita de seu conteúdo. Os credos passaram a ser formulados já no século II, quando começaram a surgir as heresias na igreja cristã. Não que não houvesse heresias antes, pois já encontramos em várias epístolas advertências contra elas e contra seus falsos proponentes. Mas, até então, a presença dos apóstolos, com seu ensino autorizado, era garantia de pureza e legitimidade da doutrina. Com a falta destes, começaram a surgir divergências no entendimento de ensinos bíblicos e sentiu-se a necessidade de não apenas proclamar um resumo dos principais elementos da fé cristã como também explicitar e estabelecer os limites desses elementos. E assim surgiram os primeiros credos cristãos, formulados por indivíduos ou concílios eclesiásticos. Eles foram sendo produzidos gradativamente, à medida que problemas de interpretação a respeito de certas doutrinas foram surgindo, e era preciso formular o seu entendimento em termos claros e definidos, não só para explicitar a verdade como também para denunciar o erro. Era especialmente na base do "corpo de doutrina" produzido pelos apóstolos que esses credos foram sendo elaborados, e era através desse corpo que outras "manifestações de fé" eram aferidas.

Dentre os credos produzidos nos primeiros séculos da era cristã destacam-se:

(1) O *Credo Apostólico*, por alguns atribuído aos próprios apóstolos, mas, ao que tudo indica, de época posterior a eles (século II), apresentando os pontos essenciais da fé cristã e até hoje muito usado na liturgia de várias igrejas como proclamação de fé.

(2) O *Credo Niceno*, promulgado pelo Concílio de Nicéia em 325, expandindo as cláusulas do Credo Apostólico sobre a divindade de Cristo e afirmando a sua consubstancialidade com o Pai, assim como denunciando a heresia ariana, que negava esses pontos básicos da fé cristã.

(3) O *Credo Niceno-Constantinopolitano*, promulgado pelo Concílio de Constantinopla em 381, que reafirmou e expandiu a formulação do Concílio de Nicéia, afirmando a completa e perfeita humanidade de Cristo e a divindade e personalidade do Espírito Santo e, assim, denunciando a heresia apolinariana, a qual, por ser tricotomista, acreditava que Jesus só tinha corpo e alma, sendo o lugar do espírito ocupado pelo Logos Divino, numa interpenetração com a sua natureza hum (4) O *Credo do Concílio de Éfeso*, em 431, que afirmou a unipersonalidade de Cristo, constituída de duas naturezas distintas, denunciando assim a heresia nestoriana, a qual sustentava que as duas naturezas de Cristo,

divina e humana, constituíam duas pessoas.

(5) O *Credo de Calcedônia*, promulgado pelo Concílio de Calcedônia em 451, que reafirmou a crença da Igreja de que as duas naturezas distintas de Cristo constituíam uma só pessoa, cada natureza preservando as suas propriedades, denunciando, assim, a heresia eutiquiana, a qual sustentava que as duas naturezas de Cristo se fundiram numa só, formando uma terceira, nem humana nem divina, embora com predominância divina.

(6) O *Credo de Atanásio*, tradicionalmente atribuído a Atanásio, bispo de Alexandria no século IV, mas de autoria desconhecida e, ao que tudo indica, composto depois que essas controvérsias cristológicas já tinham sido resolvidas nesses concílios acima mencionados. É um dos mais longos e mais completos credos da cristandade, tratando de forma mais detalhada as doutrinas sustentadas pela igreja sobre as pessoas da Trindade e outros pontos fundamentais da fé cristã.

Esses são tidos como os principais credos da igreja cristã. Outras formulações de fé e doutrina ainda podem ser mencionadas, como as *Resoluções do Concílio de Orange*, quando se tratou da controvérsia entre Agostinho e Pelágio, em 529; os *Anátemas do Segundo Concílio de Constantinopla*, em 533; a *Declaração de Fé do Terceiro Concílio de Constantinopla*, em 681, e a controvérsia sobre a feitura e uso de imagens para representar a Cristo, que resultou na *Declaração do Sínodo de Constantinopla* em 753, condenando esse tipo de representação.

A partir da Reforma Protestante do século XVI, as expressões de fé das igrejas e grupos que aderiram a esse movimento passaram a ter um conteúdo mais abrangente e mais específico, não só para reafirmar os pontos basilares da fé cristã, ainda mantidos até certa medida pela igreja medieval (católica), mas também para denunciar as inovações e combater as falsas doutrinas que essa igreja havia incorporado à fé cristã. São mais conhecidas como Confissões de Fé, Catecismos e Declarações, dependendo da sua natureza e propósito. São formas mais elaboradas de expressar a fé. Não pretendiam ser a exposição de uma nova crença, mas, no espírito da Reforma, a afirmação de como os grupos oriundos desse movimento entendiam ser o ensino das Escrituras, já então bastante distorcido pelas inovações do catolicismo.

As confissões oriundas do movimento da Reforma do século XVI são geralmente classificadas em dois grupos, ligadas naturalmente às duas grandes vertentes desse movimento: as igrejas luteranas e as igrejas reformadas. As que pertencem ao primeiro período, conhecido como a Primeira Reforma, são também conhecidas como confissões luteranas, naturalmente derivando seu nome do grande reformador Martinho Lutero, e as que pertencem ao segundo período, conhecido como a Segunda Reforma, são chamadas de confissões reformadas ou calvinistas, por herdarem sua linha teológica, em grande medida, do eminente intérprete e expositor das Escrituras, João Calvino.

Estes são os principais documentos da vertente luterana do século XVI por ordem cronológica:

(1) Os *Catecismos Maior* e *Menor*, escritos por Lutero em 1529.

(2) A *Confissão de Augsburg*, de 1530, que é a mais antiga confissão de fé do protestantismo e o padrão aceito pelas igrejas luteranas, em geral.

(3) A *Defesa ou Apologia da Confissão de Augsburg*, escrita por Melanchton em 1530 e subscrita por teólogos protestantes em 1537.

(4) Os *Artigos de Esmalcalde*, também elaborados por Lutero em 1536 e subscritos pelos teólogos protestantes em 1537.

(5) A *Fórmula da Concórdia*, preparada em 1577 por Jakob Andreä e outros e que tinha por objetivo sanar algumas controvérsias doutrinárias surgidas na igreja luterana, especialmente sobre o papel da graça divina e a vontade humana na obra da regeneração e a questão da natureza da presença de Jesus na Eucaristia.[17]

Dentre os documentos da vertente reformada ou calvinista (Segunda Reforma) merecem ser destacados, em ordem cronológica, os seguintes:

(1) *Instrução na Fé*, também conhecido como o Catecismo de Calvino, escrito em 1537 e que pode ser considerado como o primeiro documento dessa vertente. Ele contém um sumário da fé cristã, com o propósito de ensinar as crianças e adolescentes da Igreja de Genebra, embora não fosse escrito no formato de um catecismo, com perguntas e respostas. É tido como um sumário inicial ou resumo das *Institutas*, cuja primeira edição tinha sido publicada no ano anterior (1536). Apresenta um resumo do pensamento teológico de Calvino naquela época e que, admiravelmente, foi sendo desenvolvido, mas nunca alterado, à medida que edições mais longas da sua obra magna *As Institutas* foram sendo publicadas até a forma final de 1559.

(2) O *Catecismo da Igreja de Genebra*, de 1542, também escrito por Calvino na segunda fase de seu pastorado naquela igreja. É uma ampliação do primeiro catecismo, *Instrução na Fé*, agora no formato de perguntas e respostas e com "um plano para instruir as crianças na doutrina de Cristo", como dizia seu título original. Foi adotado pela Igreja Reformada da França e pela Igreja da Escócia, até que esta, em 1648, adotasse os Catecismos de Westminster, produzidos naquele ano. É tido também como o principal documento reformado dessa natureza do século XVI, até a produção do Catecismo de Heidelberg, em 1563.

(3) A *Confissão de Fé Escocesa*, escrita em 1560 por seis expoentes da reforma na Escócia, liderados por João Knox, com a aprovação do Parlamento Escocês. Inspirada na teologia calvinista, foi oficializada em 1567 como padrão de doutrina da Igreja Escocesa até 1648, quando foi substituída pela Confissão de Fé de Westminster.

---

17 Cf. A. A. Hodge, *Confissão de Fé de Westminster Comentada* (São Paulo: Os Puritanos, 1999), p. 29-30.

(4) A *Confissão Belga*, escrita por Guido de Brès em 1561, em que, além das doutrinas defendidas pelos protestantes em geral, como a autoridade única das Escrituras, a suficiência da obra de Cristo, a natureza das boas obras e dos sacramentos, etc., destaca doutrinas específicas da vertente reformada como: a soberania de Deus, a supremacia da graça, a eleição, a lei de Deus, a natureza da santificação e o governo da igreja e sua relação com o estado, dentre outras. Foi adotada pelas igrejas reformadas dos Países Baixos a partir de 1566 e, em definitivo, como símbolo de fé da Igreja Reformada da Holanda, no Sínodo de Dort, em 1619. Juntamente com o Catecismo de Heidelberg e os Cânones de Dort, representa um dos símbolos doutrinários dessa igreja, conhecidos como as "Três Formas de Unidade".

(5) O *Catecismo de Heidelberg*, redigido por Zacharias Ursinus e Caspar Oleviano, com aspecto devocional e catequético, publicado oficialmente em 1563 e endossado pelo Sínodo de Dort, em 1619. É um dos símbolos de fé das igrejas reformadas da Alemanha e Holanda, assim como das igrejas reformadas alemãs e holandesas da América do Norte.

(6) A *Segunda Confissão Helvética*, escrita por Henrique Bullinger em 1564 e adotada, na época, por praticamente todas as igrejas reformadas da Suíça, Polônia, Hungria, Escócia e França.

(7) Os *Trinta e Nove Artigos da Igreja da Inglaterra*, redigidos originalmente pelo arcebispo Thomas Crammer e pelo bispo Nicholas Ridley, da Igreja da Inglaterra (Anglicana), em 1551, e revisados posteriormente, em 1562. É o padrão doutrinário das igrejas episcopais da Inglaterra, Escócia, Estados Unidos e de outras igrejas episcopais ao redor do mundo.

(8) Os *Cânones de Dort*, promulgados pelo Sínodo de Dort, reunido de 13 de novembro de 1618 a 9 de maio de 1619, e composto por representantes de todas as igrejas reformadas da época, com exceção da França, em que foram tratadas as questões levantadas pelos remonstrantes, discípulos de Armínio, e de onde saíram, como resposta a estas, os cinco pontos do calvinismo, que resumem a posição reformada sobre a doutrina da salvação. Junto com o Catecismo de Heidelberg e a Confissão Belga, constituem os símbolos doutrinais da Igreja Reformada da Holanda e da Igreja Reformada da América.

(9) A *Confissão de Fé e os Catecismos (Maior e Breve) da Assembléia de Westminster*, redigidos por uma assembléia de teólogos convocada pelo parlamento inglês e que se reuniu de 1º de julho de 1643 a 22 de fevereiro de 1648, na Abadia de Westminster, em Londres. Estes documentos são aceitos hoje como os símbolos doutrinais da grande maioria dos reformados ao redor do mundo, em particular das igrejas presbiterianas, e são tidos como uma das mais completas e bem elaboradas expressões da fé reformada de todos os tempos.

(10) A *Confissão de Fé Batista Londrina*, também conhecida como *Segunda Confissão*

de Fé Batista Londrina, publicada em 1689, teologicamente alinhada à Confissão de Westminster e que é aceita como símbolo doutrinário das igrejas batistas reformadas ou calvinistas em todo o mundo, juntamente com outros símbolos mais recentes, característicos de cada comunhão.

Menção especial deve ser feita a um documento antigo, escrito em 1558 no Brasil, e que ficou conhecido como a *Confissão de Fé da Guanabara* ou *Confissão Fluminense*. Trata-se de uma declaração de fé exigida pelo almirante francês, Nicolau Villegaignon, de alguns franceses calvinistas (huguenotes) que haviam sido enviados ao Brasil, a pedido do próprio Villegaignon, para ajudar na colonização da França Antártica, nome com que ficou conhecida a colônia francesa que ele tentou fundar na Baia da Guanabara, no século XVI. Esses calvinistas tinham sido presos por divergir do almirante em vários pontos, especialmente de natureza doutrinária, e foram forçados a responder um questionário de dezessete itens a respeito de sua convicção religiosa e teológica. O questionário, na verdade, era uma manobra de Villegaignon para acusá-los de heresia e executá-los, o que acabou acontecendo a três dos signatários. A resposta, que teve que ser produzida em poucas horas, foi escrita principalmente por Jean de Bourdel e assinada também por Pierre Bourdon, Matthieu Verneuil e André La Fon. Ela tem a forma de um credo e pode ser considerada uma das mais antigas confissões reformadas existentes, assim como também uma das mais bem elaboradas da época, não só pela variedade como também pela profundidade bíblico-teológica dos temas tratados, embora tenha sido escrita por leigos que só dispunham da Bíblia Sagrada como fonte de consulta. É uma confissão escrita por mártires, pouco antes de sua execução, e a mais antiga das Américas.[18]

EM MATÉRIA DE CONFESSIONALIDADE, A REFORMA DIZ RESPEITO À IGREJA, NÃO À FÉ

Uma importante questão a ser considerada, quando se discute o tema da confessionalidade, é se a fé precisa ser reformada. Na verdade, a pergunta é esta: pode-se reformar a fé? Vê-se, de início, que a própria designação "fé reformada" pode não ser a mais adequada para denominar o modo de se entender as doutrinas bíblicas ensinadas e enfatizadas pelos reformadores e pelos que os seguiram. Calvino mesmo não parece ter

---

18 Esta confissão foi originalmente escrita em latim e sua tradução para o português foi feita por Erasmo Braga, em 1907, e publicada, juntamente com a tradução da narrativa do martírio desses três calvinistas, por Domingos Ribeiro, em 1917, com o título de *A Tragédia da Guanabara*. A história desse martírio foi escrita por Jean de Léry, um dos que participaram anteriormente dessa colonização mal sucedida, baseado em informações dos que o presenciaram, e depois incorporada à obra *História dos Mártires*, de Jean Crispin. Essa narrativa recebeu em português também o título, *A Tragédia da Guanabara*, e foi publicada há alguns anos pela Casa Publicadora das Assembléias de Deus e, recentemente, pela Editora Cultura Cristã. Cf. o texto integral desta confissão nesta obra, no capítulo de Franklin Ferreira, "A presença dos reformados franceses no Brasil colonial", p. 136-141.

usado essa designação.[19]

Mas voltemos à nossa consideração inicial: o que se quer dizer por fé reformada? Há um sentido em que todos os grupos que aderiram à Reforma do século XVI, formando os diferentes ramos dela oriundos, podem ser chamados de "reformados". São, em maior ou menor medida, herdeiros do grande movimento que produziu a ruptura com a igreja medieval (católica). Eles ficaram caracterizados pela crença e defesa dos cinco "sola": *sola Scriptura* (somente a Escritura), *solus Christus* (somente Cristo), *sola gratia* (somente a graça), *sola fide* (somente a fé) e *soli Deo gloria* (somente a Deus a glória). Estas são, sem dúvida, marcas da fé reformada desde os seus primórdios. O termo, porém, mais tarde, passou a ser usado de modo específico para designar os grupos ou igrejas que não apenas romperam com crenças e práticas não bíblicas da igreja medieval, como outros fizeram (em particular, os luteranos), mas também salientaram algumas doutrinas específicas como a soberania de Deus, a eficácia e invencibilidade da graça redentora, a relação entre a lei e o evangelho, uma eclesiologia que não distingue entre Israel e Igreja como objetos de uma mesma aliança (totalmente baseada na graça divina) e, dentre outras, a ênfase em uma soteriologia inteiramente teocêntrica e monergística (que começa e termina com Deus), enunciada nos chamados Cinco Pontos do Calvinismo: depravação total do homem, eleição incondicional, expiação limitada ou definida, chamada eficaz ou irresistível e perseverança dos santos. Estas não eram doutrinas novas, descobertas ou desenvolvidas no século XVI, mas antigas doutrinas das Escrituras já ensinadas e enfatizadas desde o tempo dos apóstolos.

Voltemos, porém, à nossa pergunta: a fé precisa ou, mesmo, pode ser reformada? Era a fé ou a igreja que precisava de reforma? Quando chamamos a fé de "reformada" não estamos dizendo que ela passou por uma reforma ou mudança. Não foram as doutrinas do cristianismo, esse depósito sagrado que chamamos de "fé", que mudaram. Foi a igreja que mudou para voltar a aceitá-las. O qualificativo "reformada", acrescentado à palavra "fé", apenas quer dizer que a igreja voltou a receber e subscrever as antigas doutrinas do evangelho. Nada mais do que isso. A reforma não se deu no campo da fé, mas na esfera da igreja.

Infelizmente, esse conceito histórico está perdendo o seu significado; ele se tornou amplo e vago. Pássaros de diferentes plumagens podem confortavelmente se abrigar

---

19 O uso desta expressão, ao que tudo indica, não se encontra nos escritos dos reformadores. Embora ela ocorra na tradução inglesa da biografia de João Calvino, escrita por Theodoro Beza, onde se diz que Calvino passou a devotar-se ao estudo da Escritura e a aborrecer todo tipo de superstição depois que se familiarizou com a "fé reformada", por meio do seu parente Peter Robert Olivet (ver "Life of John Calvin", em T.F. Torrance (ed.), *John Calvin´s Tracts and Treatise*. vol. 1 [Grand Rapids, MI: Eerdmans, 1958], p.lx), essa não é a expressão usada no original em francês, o qual, em vez de "fé reformada" tem "religião pura", em *L'histoire de la vie et mort de feu Mr Jean Calvin*, disponível em http://books.google.com.br/books?id=SCc-AAAAcAAJ&printsec=frontcover&dq=%22L'histoire+de+la+vie+et+mort+de+feu+mr+Jean+Calvin,+fidele+serviteur+de+J%C3%A9sus%22&source=bl&ots=kfsRNN0G1K&sig=4egDl75VJt7shFUZZtvUgcVp7ZI&hl=pt-BR&ei=8hcATOu0CobGlQfMmPX5CQ&sa=X&oi=book_result&ct=result&resnum=1&ved=0CBgQ6AEwAA#v=onepage&q&f=false, acessado em 28 de maio de 2010.

sob a proteção dessa árvore frondosa e acolhedora hoje chamada de fé reformada. E, ao que tudo indica, isto se deve ao entendimento tão difundido em nossos dias de que a natureza da fé deve ser volátil, sujeita a mutações ao sabor das tendências e variações teológicas de cada época. Associa-se a esse conceito o moto sempre citado como provindo da reforma *ecclesia reformata semper reformanda est*.

Não se sabe ao certo a origem deste moto. Ele é geralmente atribuído a*o teólogo* holandês Gisbertus Voetius (1589-1676), calvinista de considerável expressão no século XVII e que participou do Sínodo de Dort, por ocasião da controvérsia arminiana, quando foram definidos os cinco pontos do calvinismo em resposta aos cinco pontos postulados pelos seguidores de Jacobus Arminius (também conhecidos como os cinco pontos do arminianismo). Se Voetius foi o originador do moto (embora não seja do nosso conhecimento qualquer fonte primária que a comprove, ainda que possa existir), então a ideia que ele quis passar não era a de que a igreja deveria estar sempre aberta a mudanças ou buscando promovê-las, pois ele não seguiu o partido que queria mudanças na posição soteriológica das igrejas reformadas da época, embora ele próprio tivesse sido aluno de Arminius. Pelo contrário, opôs-se a elas veementemente, como se opunha a qualquer movimento filosófico ou teológico que, porventura, pudesse influenciar negativamente a ortodoxia, como fez com o catolicismo, o anabatismo, o cartesianismo, o jansenismo e até mesmo com o seu companheiro de fé calvinista, Johannes Coccejus, do qual discordava em alguns pontos teológicos.[20] *Voetius ficou conhecido como um calvinista rígido e intransigente e inimigo feroz do arminianismo, contra o qual já lutava mesmo antes do Sínodo de Dort.*[21] Ainda que a expressão tenha se iniciado com Voetius, é difícil imaginar que ele pudesse defender a ideia de uma fé mutante, sempre aberta a atualizações.

Além disso, o ponto principal é que a expressão não se refere a uma mudança na fé, mas na igreja. O lema é *ecclesia reformata semper reformanda est* e não *Fides Reformata semper reformanda est.*

Os reformadores não pretenderam reformar a fé, entendida esta como a expressão das doutrinas exaradas nas Escrituras, mas trazer a igreja de volta a ela. Reformar é trazer à forma antiga, restaurar à situação original. Portanto, se a expressão for tomada no sentido de inovação, adoção de uma nova teologia, contrária ou diferente da fé bíblica, ela não se coaduna com o conceito dos primeiros reformadores e dos que os seguiram. Basta ler os escritos de Calvino para se ter plena certeza de que este era o espírito da Reforma. Na sua defesa da "Necessidade de Reforma da Igreja", dirigida ao Imperador

---

20 Cf. "Gisbertus Voetius", em http://www.vbru.net/src/theologiens/voetius.htm; "Gisbertus Voetius", em http://www.britannica.com/EBchecked/topic/631794/Gisbertus-Voetius , e A. C. Duker, "Gisbertus Voetius", *The Presbyterian and Reformed Review* 5:714-715. [1894], em http://www.biblicaltheology.org/1894_6.pdf , acessado em 14 de abril de 2010.

21 Cf. "Gijsbert Voetius: Defender of Orthodoxy", em http://www.vbru.net/src/theologiens/voetius.htm, e Nicholaas Van Dam, "Gisbertus Voetius", The Outlook, Volume 56, No. 3 (March 2006), p. 26-27, em http://www.reformedfellowship.net/articles/vandam_gisbertus_voetius_mar06_v56_n03.htm , acesso em 14 de abril de 2010

Carlos V, aos príncipes e outras autoridades reunidas na Quarta Dieta de Spira, em 1544, Calvino escreve:

> Desejo, no entanto, que todo o proveito que a Igreja tenha recebido de nossos labores não tenha qualquer efeito para amenizar nossa culpa se, em qualquer ponto, lhe tivermos causado algum dano. Portanto, que seja examinada toda a nossa doutrina, nossa forma de administrar os sacramentos e nosso método de governar a igreja; e em nenhuma destas três coisas se achará qualquer mudança que tenhamos feito, em relação à forma antiga, que não tenha sido para restaurá-la ao padrão exato da Palavra de Deus.[22]

Na apresentação desse documento, que Calvino chamou de "uma humilde exortação", ele deixa claro que o seu propósito ao escrevê-lo era pedir, "em nome de todos os que desejam que Cristo reine", que fosse "empreendida seriamente a tarefa de restaurar a Igreja". A reforma, no entendimento de Calvino (e o mesmo poderia ser dito com respeito aos demais reformadores) era a tarefa de restaurar a igreja ao que era antes, não a de atualizá-la. Na época dos reformadores era a igreja que precisava de reforma, não a fé. Esta é irreformável, pois é a norma pétrea na qual a igreja se firma. Judas diz que a fé foi entregue "de uma vez por todas aos santos" (Jd 3). A sã doutrina precisava apenas ser redescoberta, pois estava sepultada debaixo de uma nuvem de escuridão, como se expressou Calvino nesse mesmo documento:

> Numa época em que a verdade divina jazia sepultada sob esta vasta e densa nuvem de escuridão – quando a religião estava maculada por tantas ímpias superstições – quando o culto divino estava corrompido por horrendas blasfêmias e a glória de Deus prostrada – quando, por uma multidão de opiniões pervertidas, o benefício da redenção era frustrado e os homens, intoxicados por uma fatal confiança em obras, buscavam a salvação em qualquer outro lugar que não em Cristo – quando a administração dos sacramentos era em parte mutilada e despedaçada, em parte adulterada pela mistura de numerosas ficções e em parte profanada pelo tráfico de interesses – quando o governo da igreja tinha se degenerado em mera confusão e devastação – quando os que se assentavam na cadeira de pastores eram, primeiro, os que faziam mais injúria à igreja pelas suas vidas dissolutas e, depois, os que exerciam uma tirania a mais cruel e nociva sobre as almas, através de todo tipo de engano, conduzindo homens como ovelhas ao matadouro; – então surgiu Lutero, e depois dele, outros que, com igual pensamento, procuraram meios e métodos pelos quais a religião pudesse ser purgada de toda essa poluição, a doutrina

---

22 John Calvin, *The Necessity of Reforming the Church* (Dallas: Protestant Heritage Press, 1995), p. 40-41.

da piedade fosse restaurada à sua integridade e a igreja levantada de sua calamidade para uma condição de alguma forma tolerável. O mesmo estamos buscando no presente dia.[23]

A própria máxima acima referida tem mais de uma versão, qualquer que seja a sua fonte original. A versão mais completa é: *ecclesia reformata semper reformanda est secundum Verbum Dei*: "A igreja reformada está sempre se reformando – ou sendo reformada – conforme a Palavra de Deus". Essa nos parece a versão mais adequada ao espírito da Reforma do século XVI. Mesmo a reforma da igreja, quando necessária, precisa ser feita segundo a Palavra de Deus. É ela o padrão pelo qual toda declaração de fé precisa ser averiguada e conferida. Uma mudança na fé não seria reforma, mas extravio ou deturpação. Ela só pode ter lugar quando tal fé for falsa e não expressar o ensino correto da Escritura. É como Paulo afirmou: "Mas, ainda que nós ou mesmo um anjo vindo do céu vos pregue evangelho que vá além do que vos temos pregado, seja anátema. Assim, como já dissemos, e agora repito, se alguém vos prega evangelho que vá além daquele que recebestes, seja anátema" (Gl 1.8-9).

Este foi o ponto defendido pelos reformadores desde o início e pelos que os seguiram. As Escrituras eram o referencial pelo qual deveriam ser aferidas todas as questões relacionadas com a crença e a prática da igreja. Nada deveria ser mantido que não pudesse ser sustentado pelo ensino claro das Escrituras, assim como nada deveria ser mudado para dar lugar às invenções e criações humanas. Era deste modo que Calvino se referia às Escrituras:

> Como, porém, não se outorguem oráculos dos céus quotidianamente, e só subsistem as Escrituras, na qual aprouve ao Senhor consagrar sua verdade e perpétua lembrança, elas granjeiam entre os fiéis plena autoridade, não por outro direito senão aquele que emana do céu onde foram promulgadas, e, como sendo vivas, nelas se ouvem as próprias palavras de Deus.[24]

E, logo adiante, denunciando o abuso que a Igreja da sua época fazia com relação às Escrituras, diz:

> *Entre a maioria, entretanto, tem prevalecido o erro perniciosíssimo de que o valor que assiste à Escritura é apenas até onde os alvitres da Igreja concedem. Como se de fato a eterna e inviolável verdade de Deus se apoiasse no arbítrio dos homens!*[25]

---

23 *Ibid*, pp. 38-39.
24 João Calvino, *As Institutas da Religião Cristã* (São Paulo: Cultura Cristã, 2003), I.7.1.
25 *Ibid*.

As mudanças que os reformadores defenderam foram as que serviram para trazer a igreja de volta à simplicidade do evangelho.

OS USOS DA CONFESSIONALIDADE

Nas palavras de Philip Schaff, "as confissões, devidamente subordinadas à Bíblia, são de grande valor e uso. São sumários das doutrinas da Bíblia, auxílio para a sua sã compreensão, vínculo de união entre os seus mestres e padrões e salvaguardas públicos contra a falsa doutrina e a prática errônea".[26] Ainda, segundo ele, o primeiro objetivo dos credos foi distinguir a igreja do mundo, dos judeus e dos pagãos; depois, a ortodoxia da heresia e, finalmente, as denominações entre si. Esses símbolos doutrinais servem para a igreja como as constituições e regulamentos servem para qualquer sociedade bem organizada.[27] Dentre esses usos, podemos destacar pelo menos quatro: a confirmação ou proclamação, a identificação, a instrução e a correção.

Confissão e proclamação da fé

Como vimos anteriormente, uma das exigências bíblicas em relação à fé é a sua confissão. Tanto no Antigo quanto no Novo Testamento, a confissão é parte fundamental da religião verdadeira. "Confessar o nome de Deus", como lemos em 1Reis 8.33, 35,[28] assim como "confessar que Jesus é o Cristo", conforme 1João 4.15,[29] são expressões que se equivalem na medida em que a revelação do Antigo Testamento, do Deus que salva e perdoa, se tornou mais clara no Novo; e ambas equivalem a um reconhecimento de quem Deus é e de quais as suas prerrogativas e direitos sobre nós. Confissões dessa natureza encontramos também em Mateus 16.16; João 6.68-69 e 11.27.

Assim, a confissão é ao mesmo tempo uma afirmação de fé e de compromisso. Confessar é reconhecer, é admitir, é concordar. Ao confessarmos a nossa fé estamos afirmando a nossa concordância com o que confessamos e isso traz implicações. Declarar concordância com uma confissão de fé não é apenas uma formalidade a ser preenchida para algum efeito eclesiástico, como a admissão ao rol de membros de uma igreja ou ao seu governo. É um ato de adoração ou que, pelo menos, o pressupõe, como resultado. Um bom exemplo disso encontramos em João 9.35-36, na resposta do cego de nascença que foi curado por Jesus. Quando Jesus lhe perguntou, "crês tu no Filho do Homem?", ele quis saber quem era este para que nEle cresse. Ao identificar-se Jesus como o próprio, a

---

26 Schaff, *op. cit.*, p. 8.
27 *Ibid.*, p. 8-9.
28 O verbo hebraico usado nestes versos (יָדָה, *yādâ*, no *hiphil*) tem o sentido de "reconhecer" e daí, confessar e louvar como resultado desse reconhecimento. É geralmente traduzido na Septuaginta por ἐξομολογέομαι, que quer dizer "reconhecer de modo pleno", ou até "prometer", no sentido de "comprometer-se".
29 ὁμολογέω, concordar, falar a mesma linguagem, admitir, conceder, confessar.

resposta afirmativa veio acompanhada de uma ação. João narra que esse homem disse: "creio, Senhor", e acrescenta um importante detalhe: "e o adorou". A mesma coisa pode ser vista em textos como Mateus 14.23; 28.9, 17, em que confissão e adoração caminham juntas. Também em Apocalipse 5.9-14 encontramos o mesmo fato: o cântico dos quatro seres viventes e dos vinte e quatro anciãos é ao mesmo tempo confissão e adoração.

Identificação e distinção

A confessionalidade serve também para identificar e unir os que crêem nas mesmas doutrinas, assim como para distingui-los dos que assim não o fazem. Como vimos nas palavras de Schaff, já citadas, desde os primórdios da igreja neotestamentária os credos e as confissões desempenharam um papel importante, tanto na identificação dos que têm a mesma crença como na dos que não a têm. Eles serviram tanto para unir como para separar. Talvez seja este um dos motivos porque nem sempre são bem vistos e aceitos. São acusados de instrumento de divisão e sectarismo. Naturalmente que a crítica pode ser verdadeira se a autoridade dos credos for colocada acima da autoridade das Escrituras e, principalmente, se aqueles não estiverem em concordância com estas. É possível que divisões denominacionalistas ocorram por mero espírito sectarista e não por convicções doutrinárias. Mas, mais uma vez, é preciso lembrar que toda sociedade bem organizada precisa de princípios e parâmetros pelos quais possa se conduzir, e a igreja não foge à regra. Há um sentido, então, em que o denominacionalismo não é necessariamente um mal em todos os seus aspectos. Reiterando o que destacou Schaff, no início os credos serviram para distinguir a igreja do mundo pagão e dos judeus, depois, para distinguir a ortodoxia da heresia e, finalmente, para fazer distinção entre as próprias denominações entre si. Este fenômeno passou a acontecer após a Reforma, com a multiplicação dos ramos protestantes oriundos desse movimento. As confissões, então, passaram a servir não só para afirmar a ortodoxia, mas também para dar expressão e reunir, em diferentes denominações, pessoas que diferiam de outras no seu modo de entender certas doutrinas secundárias sobre as quais a Escritura não é totalmente clara.

Instrução

Os credos, catecismos e confissões servem também para instruir os crentes nas doutrinas das Escrituras. Esta é a finalidade principal dos catecismos, como o próprio nome indica. O verbo grego *katecheo*,[30] do qual vem o termo "catecismo", significa "ensinar de forma audível" ou "sistemática" e, no uso comum, instruir ou ensinar, como encontramos em Atos 18.25 e Gálatas 6.6. A Reforma se serviu deste recurso com grande proveito para instruir o povo, especialmente as crianças, nas doutrinas das Escrituras.

---

30 κατηχέω.

Para adultos, são mais apropriados os catecismos maiores ou mesmo as confissões de fé, que trazem o ensino de modo mais aprofundado e desenvolvido.

Correção

Um último uso das confissões pode ser o da correção. Foi através dos credos, em especial, que nos séculos IV e V foram corrigidos desvios históricos a respeito da doutrina bíblica, especialmente com relação à cristologia, e heresias foram denunciadas. No século XVI os desvios do catolicismo foram expostos e denunciados por meio das confissões, com suas formulações doutrinárias sobre doutrinas básicas como as da autoridade e suficiência das Escrituras, da justificação exclusivamente pela fé, do lugar das boas obras na salvação, da necessidade da santificação, da natureza e governo da igreja, do número e natureza dos sacramentos, etc. Da mesma forma, ainda hoje é através das suas confissões que as igrejas podem exigir de seus membros a lealdade aos princípios doutrinários que entendem ser bíblicos e racionalmente necessários, inclusive usando-os como padrão para a disciplina eclesiástica, no que diz respeito à ortodoxia.

OS LIMITES DA CONFESSIONALIDADE

Uma última palavra deve ser dita com respeito aos limites da confessionalidade. Até onde vai a autoridade da igreja para exigir de seus membros obediência ou lealdade aos seus símbolos confessionais?

Sem dúvida, é preciso reconhecer que as confissões não possuem a mesma autoridade intrínseca das Escrituras. Há uma diferença de natureza entre a revelação bíblica e a sua interpretação ou exposição encontrada nos credos e nas confissões. A primeira é revestida da autoridade divina outorgada pelo Espírito Santo no processo da inspiração. Em outras palavras, é inspirada, autoritativa e, por isso, infalível e inerrante na forma original em que foi dada (autógrafos). Este é um dos pressupostos da fé reformada. Já os credos e as confissões obviamente não têm esse caráter. São fruto do esforço sério e cuidadoso de pessoas que se dedicaram ao trabalho de interpretar e expor as doutrinas encontradas na revelação, mas sem a garantia da infalibilidade que foi dada pelo Espírito quando moveu ou "carregou" os homens que produziram as Escrituras. Aqueles foram homens que, como diz Pedro, "falaram da parte de Deus, movidos pelo Espírito Santo" (1Pd 1.21). Este processo naturalmente não ocorreu na produção dos credos e das confissões. Mas nem por isso deixam de ser importantes, úteis e necessários como afirmação, exposição e padronização do que a igreja tem entendido, ao longo dos anos, ser o ensino bíblico que ela deve aceitar e praticar. Os autores bíblicos foram os portadores da profecia (1Pe 1.21). Os autores dos credos e confissões foram os seus intérpretes, pessoas a quem o Espírito concedeu o "dom da profecia" para explicá-la e interpretá-la segundo a "analogia da fé" (Rm 12.6).[31]

A sua autoridade não decorre da natureza das suas formulações nem das pessoas ou concílios que os formularam. Por mais adequadas e precisas que sejam essas formulações, ainda são a leitura ou interpretação humana daquilo que pessoas falíveis entendem ser o ensino das Escrituras. Por isso, tais formulações podem ser revistas e alteradas se mostrarem-se contrárias ao ensino bíblico. Só as Escrituras são a única regra de fé e prática, conforme reconhecem e afirmam as próprias confissões reformadas, e sua autoridade depende inteiramente das Escrituras. A Confissão de Westminster, por exemplo, declara:

> O Juiz Supremo, pelo qual todas as controvérsias religiosas têm de ser determinadas e por quem serão examinados todos os decretos de concílios, todas as opiniões dos antigos escritores, todas as doutrinas de homens e opiniões particulares, o Juiz Supremo em cuja sentença nos devemos firmar não pode ser outro senão o Espírito Santo falando na Escritura.[32]

Outro ponto que precisa ser observado é que, nas confissões, nem todas as formulações apresentadas tratam de assuntos claramente definidos nas Escrituras. É neste particular que entram as diferenças de entendimento e interpretação e, por conseguinte, as divergências entre elas, mesmo entre as reformadas. Todavia, essas divergências não dizem respeito aos temas fundamentais da fé cristã, mas a pontos secundários. De novo, a Confissão de Westminster reconhece essa verdade quando diz:

> Na Escritura não são todas as coisas igualmente claras em si, nem do mesmo modo evidentes a todos; contudo, as coisas que precisam ser obedecidas, cridas e observadas para a salvação, em um ou outro passo da Escritura são tão claramente expostas e explicadas, que não só os doutos, mas ainda os indoutos, no devido uso dos meios ordinários, podem alcançar uma suficiente compreensão delas.[33]

Devido ao fato de não serem "todas as coisas igualmente claras em si nem do mesmo modo evidentes a todos" nas Escrituras, há lugar para interpretações diferentes

---

31 Essa é a maneira como Calvino entendeu a expressão grega ἀναλογίαν τῆς πίστεως, "o dom de interpretar as Escrituras e aplicá-las à Igreja". Essa interpretação é a que faz mais justiça ao sentido do termo "analogia", que significa proporção, não no sentido de medida ou extensão, mas de igualdade, congruência ou conformidade. Assim, a proporção da fé é a coerência que um texto das Escrituras mantém com os demais é que deve nortear a sua interpretação. Fé aqui, então, deve ser entendida como o conjunto da revelação bíblica, que é o seu objeto ou conteúdo. Ver nota do editor da versão em inglês do comentário de Romanos de Calvino, em *Commentaries on the Epistle of Paul the Apostle to the Romans* (Grand Rapids, MI: Baker Books, 1982), p. 461, nota 1.
32 *A Confissão de Fé* (São Paulo: Casa Editora Presbiteriana, 1991), I.10.
33 *Ibid.*, I.9.

sobre vários assuntos (tais como governo da igreja, modo de batismo, culto divino, escatologia geral, etc.) e estes são alguns dos pontos secundários que, juntamente com outros fatores de natureza circunstancial ou histórica, têm dividido os reformados em vários grupos denominacionais, o que apenas serve para testemunhar que há liberdade de pensamento e de consciência na confessionalidade reformada. Ninguém é obrigado a subscrever doutrina ou pensamento que não esteja de acordo com a sua consciência ou, especialmente, ao modo de entender as Escrituras. Mas, também por questão de consciência, ninguém deve criar embaraços àqueles que assim pensam e crêem, por se associar a uma igreja com cujos princípios e crenças não concorda.

CONCLUSÃO

Concluindo, os seguintes pontos podem ser destacados como um sumário do que temos discutido neste capítulo e que entendemos ser elementos essenciais do conceito de confessionalidade:

1. A confessionalidade faz parte da própria natureza da fé e, por extensão, da igreja que professa a fé.
2. A confessionalidade implica compromissos. Não é possível crer sem se comprometer com aquilo em que se crê.
3. O conteúdo da fé tem sido demonstrado através de credos, confissões e declarações ao longo da história da igreja.
4. Esses credos e confissões da vertente reformada se caracterizam não só pela aceitação das doutrinas que são comuns aos demais ramos protestantes, mas por outras específicas, geralmente conhecidas como as doutrinas da graça, devido à forte ênfase na soberania de Deus em todos os aspectos de seu trato com a criação e especialmente com o homem.
5. Não é a fé que precisa ser reformada, mas a igreja, quando se desvia dela, ou seja, quando se afasta daquele depósito sagrado que nos foi legado pelos escritores bíblicos, especialmente pelos apóstolos, e que é geralmente chamado de fé apostólica.
6. A confessionalidade serve para proclamar a crença de um determinado grupo denominacional, identificá-lo e caracterizá-lo em relação a outros grupos, instruir os seus membros e corrigir afastamentos e distorções, dentre outras funções.
7. A confessionalidade tem seus limites. Ela nunca deve ser colocada em pé de igualdade com as Sagradas Escrituras, pelas quais deve ser julgada e aferida. Se for necessário, ela deve ser revista, ou seja, reformada, para se ajustar ao ensino claro e insubstituível das Escrituras. É como se deve entender a expressão *ecclesia reformata semper reformanda est secundum Verbum Dei*, isto é, "a igreja reformada está sempre

se reformando segundo a Palavra de Deus".
8. Devido ao fato de as Escrituras não serem claras em todos os pontos com que deve se ocupar a confessionalidade de uma igreja ou grupo denominacional, existem divergências em assuntos secundários entre alguns desses grupos, o que não prejudica a comunhão da fraternidade reformada. Isto apenas reforça o fato de que o conceito de confessionalidade não exige uma homogeneidade de pensamento de todas as igrejas, com respeito a tópicos que não sejam claramente ensinados nas Escrituras e nem possam ser demonstrados de modo cabal através de uma sã interpretação de todo o seu ensino.
9. Este fato, porém, não significa que a confessionalidade de uma igreja ou grupo denominacional deva ou possa ser mudada ao sabor das tendências teológicas de cada época. Na medida em que ela for uma exposição ou interpretação fiel das Escrituras, não precisa e não pode ser alterada. E é assim que as confissões protestantes, de uma forma geral e, em especial, as reformadas, têm atravessado os séculos sem sofrer mudanças fundamentais.
10. A confessionalidade tem sido uma salvaguarda para a fidelidade doutrinária da igreja de Cristo, na medida em que esta se submete à autoridade suprema das Escrituras Sagradas, que são a própria Palavra de Deus.

CAPÍTULO 3

A PRESENÇA DOS REFORMADOS FRANCESES NO BRASIL COLONIAL

FRANKLIN FERREIRA

O presente capítulo apresenta as motivações que levaram a uma pequena ilha na Baía de Guanabara um grupo de protestantes franceses, sob a liderança de Nicolas Durand de Villegaignon, personagem controverso no mosaico de motivações que os trouxeram para o que se chamou de Forte Coligny. Sem o saber, eles foram lançados numa aventura cercada de polêmicas. Serão descritos os preparativos e a viagem, a chegada no Rio de Janeiro e os primeiros problemas entre os colonos. Chamados de Genebra e França, os protestantes franceses se dirigiram para a fatídica Baía, quando os problemas surgiram logo. Com isto eles precisaram fugir para o continente, de onde alguns conseguiram fugir para a França, mas outros foram capturados e martirizados. Os feitos destes homens são descritos neste ensaio: pregação e evangelização entre franceses e índios, celebração da ceia do Senhor e da disciplina cristã, concluindo com uma avaliação da obra destes homens, apontando sua coragem em desbravar novas terras para propagar a fé evangélica.

1500: O BRASIL COLÔNIA

O descobrimento do Brasil
Em 22 de abril de 1500 as primeiras aves foram avistadas. Ao cair da tarde, os marinheiros avistaram terra. Por ser a semana da Páscoa, Pedro Álvares Cabral deu ao monte alto que se divisava do mar o nome de Pascoal. Era a Terra de Vera Cruz.[1] A princípio, seu destino era a Índia, mas após vários contratempos aportou na terra que depois foi chamada Terra de Santa Cruz (1501), quando Américo Vespúcio descobriu que esta não era uma ilha, e Brasil (1503), em virtude do pau-brasil. Hoje se sabe que a esquadra portuguesa ter aportado aqui não é fruto do acaso. "Cabral trazia recomendações categóricas para verificar se, dentro da jurisdição portuguesa segundo o Tratado de Tordesilhas, valiam alguma coisa as terras cuja existência mais que se suspeitava em Portugal".[2] Ao chegar ao país, aportaram numa vasta enseada, a que se deu o nome de Porto Seguro, que não é o Porto Seguro atual, mas a enseada de Santa Cruz, que tem o nome atual de Baía Esbrália. No dia 26 de abril, um domingo, celebrou-se na ilha da Coroa Vermelha a primeira missa em terras do Brasil, celebrada por frei Henrique de Coimbra, líder dos frades de São Francisco, os primeiros religiosos mandados de Portugal para cá.

Alguns dias depois repetiu-se a cerimônia, já em terra firme, sendo esta a grande missa oficial. Foi levantada uma grande cruz de madeira, a artilharia de bordo disparou uma salva, enquanto o chefe da expedição tomava posse formal da terra para o rei de Portugal, D. Manuel, e dava-lhe o nome de Vera Cruz. Enquanto o navio de mantimentos, sob o comando de Gaspar de Lemos, zarpava para Portugal para anunciar ao rei o descobrimento de novas terras, o resto da frota zarpou em direção a Índia. Em terra firme permaneceram dois degredados dos vinte que iam na frota, e alguns grumetes que desertaram.[3]

O Rio de Janeiro antes do estabelecimento dos franceses
A Baía de Guanabara foi descoberta em 1º de janeiro de 1502. Pelo costume de se chamar rio qualquer embocadura, mesmo não sendo de caráter estritamente fluvial, e pela data, esta foi denominada de Rio de Janeiro. Foi fundada uma feitoria neste local, com o objetivo de trocar especiarias com os indígenas, mas ela foi destruída em pouco

---

1 S. B. Holanda *et al*, *História geral da civilização brasileira: a época colonial* (São Paulo: Difel, 1976), p. 35. Pouco se conhece de Pedro Álvares Cabral. Sabe-se que nascera em Belmonte pelos anos de 1467 ou 68. Teria pouco mais de trinta anos quando assumiu o comando da frota. Esta era composta de dez navios de guerra, um navio redondo de transporte e algumas outras embarcações mercantes incorporadas à expedição.
2 Rocha Pombo, *História do Brasil. vol. 1: O descobrimento e a colonização* (Rio de Janeiro: W. N. Jackson Inc., 1967), p. 23.
3 S. B. Holanda, *op. cit.*, p. 36.

tempo, em represália pelo mau comportamento de um de seus encarregados.[4] Em 1519, Fernão de Magalhães em viagem por esta terra encontrou vestígios da antiga feitoria. Um de seus pilotos, João Lopes de Carvalho, permaneceu vivendo com os índios tupinambás por quatro anos, talvez em 1510-14, e nesta ocasião levou o filho que tivera de uma índia, na sua anterior passagem pela região. Nenhum dos dois sobreviveu à expedição.[5] O Rio de Janeiro permaneceu abandonado até 1531, quando Martin Afonso de Souza aportou ali, com sua expedição de exploração, colonização e guarda-costas. Ele permaneceu naquele local por três meses, instalou em terra uma casa-forte, construiu dois bergantins e depois rumou para São Vicente.

Pouco depois foram criadas as Capitanias Hereditárias, e a de São Vicente foi concedida a Martin Afonso, em cujo território também estava incluído o Rio de Janeiro. Apesar da excelente posição de apoio aos navegantes, Martin Afonso não planejou povoar tal localidade. É desse período o nome "carioca (*caraí*, senhor; *oca*, casa), dado a uma construção qualquer, feita para proteger forte ou aguada, e, extensivamente, ao riacho que desembocava na praia".[6]

A não ser nas capitanias de Pernambuco e São Vicente, o projeto revelou-se um completo fracasso. Então, em 1549, Portugal estabeleceu o Governo Geral, com Tomé de Souza. Com ele vieram seis jesuítas, depois mais quatro. Com Duarte da Costa, dezesseis, para catequizar índios e colonos, mas seu trabalho pouco impacto teve. E muito antes de Villegaignon, os franceses visitaram costas brasileiras. Em junho de 1503, o capitão Binot Paulmier de Gonneville zarpava de Honfleur para uma expedição às Índias Ocidentais. Seis meses depois chegou ao Brasil, no litoral norte-catarinense. Registraram-se, a seguir, a viagem atribuída em 1521 a Huges Roger, e, em 1525, a realizada por Jean Parmentier. Salvo melhores pesquisas, a expedição de Villegaignon foi a quarta que da França chegou às praias do Brasil.[7]

A REFORMA PROTESTANTE NA FRANÇA

O começo da Reforma na França

Em 1512, enquanto um obscuro monge agostiniano ia a Roma resolver assuntos de sua ordem, Jacques Lefèvre d'Etaples, doutor em teologia e professor da Universidade de Paris, rompeu com a teologia eclesiástica que dominava o ambiente teológico da

---

4 Hélio Viana, *História do Brasil – Período Colonial* (São Paulo: Melhoramentos, s/d), p. 121.
5 Pedro Calmon, *História do Brasil – As origens: século XVI* (Rio de Janeiro: Livraria José Olympio, 1959), p. 151.
6 *Ibid.*, p. 151.
7 Laércio Caldeira da Andrada, *A Igreja dos Fiéis, Coligny, no Feudo de Villegaignon* (Rio de Janeiro: s/ed, 1947), p. 32. Para uma narrativa das impressionantes e tristes conquistas espanholas, portuguesas e francesas, ver Justo L. Gonzales, *Uma história ilustrada do cristianismo. vol. 7: A era dos conquistadores* (São Paulo: Vida Nova, 1990).

época, e começou a enfatizar uma volta às Escrituras.⁸ Sobre a reforma na França, Merle D'Aubigné afirmou:

> A Reforma teve de combater na França não somente a infidelidade e a superstição, mas ainda um terceiro antagonista, que não tinha ainda encontrado, pelo menos com tal força, em povo de origem germânica: a imoralidade (...). Os inimigos violentos que a Reforma encontrou simultaneamente em França deram-lhe um caráter todo especial. Em parte alguma ela permaneceu tantas vezes no cárcere, ou mais se assemelhou com o cristianismo primitivo na fé, na caridade e no número de mártires.⁹

Ao redor de Lefèvre reuniram-se Guillaume Briçonnet, bispo de Meaux, para onde se dirigiam os de tendências reformadoras, por causa das perseguições que, em Paris, os professores da Sobornne lhes dirigiam. Outro que aderiu à Reforma foi Guillaume Farel, que depois, sem desanimar diante de dificuldades e perseguições, ganhou para a fé reformada as cidades de Montbelliard, Neuchatel, Lausanne, Aigle e finalmente Genebra. Por esta época, em 30 de outubro de 1522, Lefère publicou uma tradução francesa dos evangelhos. Em 6 de novembro os livros restantes do Novo Testamento. Em 12 de outubro de 1524 todos estes livros juntos e em 1525 uma versão dos Salmos.¹⁰

Em Meaux começou nova perseguição, e, já neste tempo, o sangue dos primeiros mártires foi derramado. Entre estes estava Jean Leclerc (morto em 1524), cardador de lã e pastor da igreja reformada nesta cidade. Neste tempo os escritos de Lutero estavam já chegando à França, exercendo grande influência sobre o pensamento destes homens. Mas os escritos que cativaram corações e mentes dos protestantes franceses viriam principalmente de Estrasburgo e Genebra, a cidade de João Calvino. A conversão de Calvino deu à Reforma um escritor capaz de popularizá-la. Foi a perseguição aos protestantes franceses que levou Calvino a publicar a primeira edição das *Institutas da Religião Cristã*, em 1536,¹¹ pois sua intenção era defender os cristãos franceses como pessoas leais e

---

8   Para mais informações, ver Philip Edgcumbe Hughes, *Lefèvre – pioneer of ecclesiastical renewal in France* (Grand Rapids, Mi: Eerdmans, 1984).
9   D. H. Merle D'Aubigne, *História da Reforma do décimo-sexto século*. vol. 4 (São Paulo: Casa Editora Presbiteriana, s/d), p. 115.
10 *Ibid.*, p. 115.
11 A primeira edição surgiu em Basiléia, no ano de 1536. Era um livro de 516 páginas, porém de formato pequeno, de modo que cabia facilmente nos amplos bolsos que se usavam antigamente, e podia circular dissimuladamente pela França. Constava de apenas seis capítulos. Os primeiros quatro tratavam sobre a lei, o Credo, o Pai Nosso e os sacramentos. Os últimos dois, de tom mais polêmico, resumiam a posição protestante com respeito aos "falsos sacramentos" romanos e a liberdade cristã. O êxito desta obra foi imediato e surpreendente. Em nove meses se esgotou a edição, que, por estar em latim, era acessível a leitores de diversas nacionalidades. Calvino continuou preparando edições sucessivas das *Institutas* que foi crescendo segundo iam passando os anos. Foram editadas cerca de nove vezes, sendo que as últimas edições datam de 1559 e 1560. Na edição final de 1559, ela alcançou 1500 páginas. Uma olhada no esboço desta obra nos mostra um resumo de sua teologia, que seguia o padrão do Credo dos Apóstolos. Volume 1: "O conhecimento de Deus, o Criador", o conhecimento de Deus, Escrituras, Trindade, criação e providência; volume 2: "O conhecimento de Deus, o Redentor", a queda, o pecado humano, a lei, o Antigo Testamento e o Novo

sugerir o fim das perseguições.¹² Calvino, na realidade, liderou tanto os protestantes franceses como os de Genebra. E mais de 155 pastores, treinados em Genebra, foram mandados à França, entre 1555 e 1556.¹³

Para aqueles que não se convencem do caráter missionário da obra de Calvino em Genebra, basta consultar o Registro da Companhia dos Pastores, principalmente o período de 1555 a 1562.¹⁴ Os nomes mencionados chegam a 88, enviados – sob pseudônimo, a maioria – para quase todos os campos da Europa. Mas muitos nomes, por medidas de segurança não são mencionados, e por outras fontes, no ano de maior envio, 1561, o número de missionários chega a 142, mais do que muitas forças missionárias atuais.¹⁵ Outra fonte oferece os seguintes dados referentes ao período entre 1555 e 1562:¹⁶

1555	5 (4 para o Piemonte)	1559	32 (todos para a França)
1556	5 (2 para o Piemonte, 2 para o Brasil)	1560	13 (1 para Londres)
1557	16 (4 para o Piemonte, 1 para Antuérpia)	1561	12 (todos para a França)
1558	23 (1 para Turim)	1562	12 (todos para a França)

Muitas pessoas buscam encontrar declarações missionárias taxativas de Calvino, e sobre isto, Pierce Beaver, que serviu como missionário e professor na China, afirmou:

> Conquanto Calvino não houvesse explicitamente exortado as igrejas reformadas a desenvolverem missões, ele certamente não era hostil à evangelização mundial. Na verdade, sua teologia logicamente

---

Testamento, Cristo, o mediador, sua pessoa (profeta, sacerdote e rei) e obra (expiação); volume 3: "O modo pelo qual recebemos a graça de Cristo, seus benefícios e efeitos", fé e regeneração, arrependimento, vida cristã, justificação, oração, predestinação e ressurreição final; volume 4: "Os meios externos pelos quais Deus convida-nos à sociedade de Cristo", igreja, sacramentos e governo civil. Ver Timothy George, *Teologia dos reformadores* (São Paulo: Vida Nova, 1993), p. 176-179.

12 Em sua "Carta ao Rei Francisco I", "mui poderoso e ilustre monarca", "cristianíssimo rei dos franceses", Calvino diz: "Quando, de início, tomei da pena para *redigir* esta obra, de nada menos cogitava, ó mui preclaro Rei, que escrever *algo* que, depois, houvesse de ser apresentado perante tua majestade. O intento era apenas ensinar certos rudimentos, mercê dos quais fossem instruídos em relação à verdadeira piedade quantos são tangidos de algum zelo de religião. E este labor *eu o* empreendia principalmente *por amor* a nossos *compatrícios* franceses, dos quais a muitíssimos percebia famintos e sedentos de Cristo, pouquíssimos, porém, via *que fossem* devidamente imbuídos pelo menos de modesto conhecimento. Que esta me foi a intenção proposta, no-lo diz o próprio livro, composto *que é* em uma forma de ensinar simples e, por assim dizer, superficial". João Calvino, *As Institutas da Religião Cristã* (São Paulo: Cultura Cristã, 2003), p. 23.

13 Pierre Courthial, "A idade de ouro do calvinismo na França", em Stanford W. Reid, (ed.), *Calvino e sua influência no mundo ocidental*, (São Paulo: CEP, 1990), p. 88. A influência de João Calvino se estendeu a vários países, tais como a Suíça, França, Holanda, Alemanha, Hungria, Polônia, Inglaterra, Escócia, Estados Unidos. Os principais fatores que contribuíram para que sua influência se espalhasse tanto foram: pregação (ela era fundamental na exposição e na comunicação de Calvino); sua atuação como professor na Academia de Genebra; ter conquistado a lealdade quase feroz de uma ampla variedade de tipos de personalidade; volumosa correspondência com homens e mulheres de toda a Europa; seus escritos formais: ele deu um enfoque teológico mais amplo e sistemático ao que escrevia. Para mais informações sobre o impacto de Calvino na cultura ocidental, ver Stanford Reid, "A propagação do calvinismo no século XVI", em Stanford W. Reid, (ed.), *op. cit.*, p. 35-59.

14 Philip Hughes (ed.), *The register of the company of pastors of Geneva in the time of Calvin* (Grand Rapids, Mi: Eerdmans, 1966).

15 Philip Hughes, "John Calvin: Director of Mission", em John H. Bratt (ed.), *The Heritage of John Calvin*, (Grand Rapids, Mi: Eerdmans, 1973), p. 46.

16 Carter Lindeberg, *As Reformas na Europa* (São Leopoldo: Sinodal, 2001), p. 325

chama para uma ação missionária, apesar dele não ter anunciado isto. Passagens isoladas dos Comentários de Calvino sustentam fortemente a ideia de missões. Por exemplo, Calvino declara que 'não existe pessoas nem classe social no mundo que seja excluída da salvação, porque Deus deseja que o evangelho seja proclamado a todos sem exceção. Agora a pregação do evangelho dá vida, e por isso... Deus convida todos igualmente a participar da salvação' (Com. I Tim 2.4).[17]

O período heroico
Neste tempo os protestantes franceses começaram a ser chamados de huguenotes, uma palavra de origem obscura, que começou a ser usada como título honorífico, pelos mesmos. A fé reformada, semeada inicialmente pelo testemunho e martírio de muitos, espalhou-se entre o povo, e se manifestou na teologia e na filosofia, nas ciências e nas artes, na cidade e no campo, na vida familiar e profissional e até mesmo na política. Esta mesma fé se fez presente em todas as classes sociais, camponeses e nobres, burgueses e artistas.

Desta forma contava, já nesta época, entre os protestantes franceses, Margarida de Angouleme, irmã de Francisco I e esposa de Henrique, rei de Navarra. Conquanto nunca tenha feito uma pública profissão de fé, abrigou em sua corte vários reformadores em busca de refúgio, entre eles, Farel. As perseguições se tornaram ainda mais severas quando, em 24 de julho de 1539, Francisco I as reforçou, promulgando um édito, mas o rei veio a falecer em 1547. Sucedeu-o Henrique II, que continuou as perseguições, mas as conversões só aumentavam. Entretanto, até 1555, não haviam igrejas reformadas organizadas na França. Foi neste ano, em 12 de julho de 1555, que a expedição de Villegagnon saiu do Havre, com 600 pessoas. A igreja de Paris foi organizada em setembro de 1555. Este foi um período de semeadura, pois as congregações se reuniam em assembléias clandestinas. Nestas igrejas clandestinas, os novos crentes reformados encontravam-se para ler as Escrituras, orar e cantar Salmos, utilizando-se de qualquer pregador que estivesse em trânsito.

Tal situação foi uma das características da Igreja Reformada Francesa. Conquanto tenha recebido grande apoio de Genebra, foram poucos os clérigos franceses que se converteram à fé reformada. Por isto, um número muito maior de homens, de praticamente todas as atividades, exerceram "ministérios secretos" naqueles dias. A congregação de Paris, por exemplo, em 1540, escolheu como seu pregador Claude Le Peintre, um ourives viajante, que passou cerca de três anos em Genebra. Depois foi queimado na estaca.

---

17 R. Pierce Beaver, "The Genevan Mission to Brazil", em John H. Bratt (ed.), *The Heritage of John Calvin*, (Grand Rapids, Mi: Eerdmans, 1973), p. 56.

A congregação de Meaux escolheu um cardador, em 1546.[18] De Genebra provinham principalmente as *Institutas de Religião Cristã*, escritos catequéticos, litúrgicos e polêmicos. Vários colportores foram queimados por espalharem as Escrituras em língua francesa, folhetos e livros de cânticos. Jean Crespin em seu *Martiriologia ou Livro de Mártires*, completado com acréscimos, em 1619, pelo pastor Simon Goulart, conta a história de 789 martírios e menciona o nome de outros 2120 protestantes sentenciados à morte ou assassinados.[19]

De 26 a 28 de maio de 1559 reuniu-se secretamente em Paris o primeiro Sínodo Nacional das Igrejas Reformadas, para "estabelecerem um acordo na doutrina e na disciplina, em conformidade com a Palavra de Deus", segundo Theodore de Beza.[20] Um pastor parisiense, François de Morel, presidiu este Sínodo, que reuniu representantes de sessenta das cem igrejas que existiam na França. O crescimento havia sido notável, pois em 1555 haviam somente cinco igrejas organizadas: Paris, Meaux, Angers, Poitiers e Loudon. Segundo Pierre Courthial, "não há dúvida de que se o flagelo das guerras religiosas não tivesse atingido o país, a França teria tornado predominantemente protestante".[21] Este Sínodo adotou uma confissão de fé e uma norma de disciplina, ambos influenciados pelos ensinos de Calvino. Os huguenotes chegaram a ter duas mil e quinhentas congregações em 1562.

> Os huguenotes tornaram-se poderosos e bem organizados que formaram um reino dentro de um reino. A compreensão desta situação pelo governo redundou na mudança da política governamental de perseguição constante, feroz e sangrenta, adotada entre 1538 e 1559, para (a partir de 1562) uma política de guerra religiosa que levou a França de volta a Roma.[22]

Quem comandava os protestantes nesta época era o almirante Gaspard de Chantillon Coligny. Filho de um marechal, foi feito "cavaleiro" pelo rei Francisco I, por causa de sua participação na Batalha de Cerisoles, na Itália. Desde os 22 anos Coligny fazia parte da corte francesa, tendo sido um protegido do Duque de Guisa até romper com este, por causa de sua conversão à fé reformada. Nesta época era o chefe do partido protestante francês e um dos mais respeitáveis homens de sua época. Foi ele que, no tempo de rei Henrique II, aos 36 anos, patrocinou o envio dos huguenotes para o Brasil.

Este é o pano de fundo do envio da expedição de Villegagnon ao Rio de Janeiro, e entendendo alguns fatores que explicam a expansão e influência da fé reformada,

---

18 D. H. Merle D'Aubigne, *op. cit.*, p. 169.
19 Pierre Courthial, *op. cit.*, p. 91.
20 *Ibid.*, p. 93.
21 *Ibid.*, p. 89.
22 Earle E. Cairns, *O cristianismo através dos séculos* (São Paulo: Vida Nova, 1988), p. 257.

podemos passar à aventura que mais envolve e impulsiona a imaginação, que foi o envio de dois homens (com um grupo de imigrantes franceses enviados por Coligny) através do Atlântico para o Brasil. O registro, para 1556, simplesmente diz, em um típico estilo com lacunas, que em 25 de agosto, terça-feira, Pierre Richier e Guillaume Chartier foram eleitos para ministrarem nas ilhas que haviam sido recentemente conquistadas pela França um pouco adiante da costa brasileira e "foram então encomendados aos cuidados do Senhor e enviados com uma carta" da Igreja de Genebra.[23] Este projeto testifica fortemente a visão abrangente de Calvino e seus colegas em Genebra em relação à obra missionária. E este foi o contexto da época, e as motivações e motivadores que trouxeram os missionários huguenotes ao Brasil.

OS FRANCESES NO RIO DE JANEIRO

Preparativos e vinda

O almirante Villegaignon. A expedição começou na mente de Nicolas Durand de Villegaignon, sobrinho do grão-mestre da Ordem de São João de Jerusalém (conhecida também como Ordem de Malta, e chamada de "escorpiões do mediterrâneo" pelos otomanos), Villiers de l'Isle-Adam.[24] Este homem contraditório foi fruto de sua época. Aos 21 anos entrou na Ordem de São João de Jerusalém, que recentemente tinha sido expulsa de Rodes por Solimão II, indo fixar-se em Malta, em 1530. Passado o tempo de aprendizagem, em 1541 tomou parte numa expedição contra o sultão de Argel, e deste combate deixou um relato escrito em latim. No ano seguinte, foi destacado para a Hungria, indo combater os turcos. Em 1548, sendo já famoso nos círculos militares, foi encarregado de transportar da Escócia para a França a jovem Maria Stuart, noiva de Francisco II, burlando a vigilância dos navios ingleses. Em 1551 voltou a combater os turcos, desta vez na Ilha de Malta. Neste mesmo ano, como recompensa por seus serviços, foi destacado por Henrique II para ser vice-almirante da Bretanha, tendo sob sua supervisão o porto de Brest, com plena liberdade de cumprir com seus compromissos com a Ordem. Logo depois esteve em luta em Trípoli, mas ao chegar a esta praça-forte o combate já estava encerrado, pois o comandante dela, Francisco Vallier, já havia se rendido.[25]

Todos estes feitos, inclusive o protesto contra o grão-mestre de sua Ordem, que queria colocar a culpa da derrota de Trípoli em Vallier, granjearam grande reputação a Villegaignon na França, para onde se retirou desgostoso, após esta derrota. Em 1552 foi destacado para supervisionar as obras de defesa do porto de Brest. Mas Villeigaignon

---

23 Philip Hughes, *op. cit.*, p. 47-48.
24 Pedro Calmon, *op. cit.*, p. 269.
25 Rocha Pombo, *op. cit.*, p. 206-207. Ver também Pedro Calmon, *op. cit.*, p. 269.

entrando em choque com o capitão da cidadela, e, sem o apoio do rei, "começou a aborrecer-se em França, acusando-a de enorme ingratidão, visto que ao serviço dela consumira toda a sua juventude na carreira militar".[26]

Mas na cidade de Brest residia um conhecido seu, que numa conversa informal contou a Villegaignon sobre suas viagens, em especial sobre o recém-descoberto Brasil. Isto foi o suficiente para mexer com a mente do aventureiro. E é justamente nas motivações que trouxeram esta expedição para cá que começam os mistérios. Pois sendo cavaleiro de São João, católico romano, ele buscou apoio no almirante Gaspard de Coligny, reformado. Apenas este homem poderia financiar tal viagem. Nisto surge a ideia de fundar nas colônias além-mar um lugar onde os cristãos reformados pudessem servir e cultuar a Deus em liberdade. Isto era elogiável, numa época em que os protestantes franceses estavam sendo trucidados. O mais provável é que Villegaignon, sentindo necessidade absoluta de consentimento e do apoio de Coligny, adotou a tática mais segura, conquanto não fosse a mais honrosa: lisonjeou o amor próprio do almirante, fingindo-se inclinado a converter-se "e fazendo-lhe entrever a pronta realização de um dos projetos favoritos do chefe dos huguenotes, e acariciando-o com a esperança de criar para o outro lado do Atlântico um asilo para os seus correligionários perseguidos na Europa".[27]

Arranjos para a viagem. Villegaignon, segundo Jean de Léry, o historiador reformado da expedição, manifestou a vários líderes franceses o desejo não só de "retirar-se para um país longínquo onde pudesse livremente servir a Deus, de acordo com o evangelho reformado, mas ainda preparar um refúgio para todos os que desejassem fugir às perseguições".[28] Que de fato já eram terríveis nesta época. Assim ele ganhou o apoio dos mais destacados nobres reformados em França, inclusive do próprio almirante Coligny, que intercedeu por Villegaignon junto ao rei Henrique II, mostrando a este que o reino lucraria bastante com tal expedição. "Em vista disto mandou o soberano que lhe dessem dois bons navios aparelhados e providos de artilharia, além de dez mil francos para as despesas da viagem".[29] Ele também levaria de Brest mais artilharia, pólvora, balas, armas, madeiras e outros acessórios para a construção e defesa de um forte. Mas ele precisava de pessoas para fundar esta colônia ultramarina. Ele "fez publicar por toda parte que precisava de pessoas tementes a Deus, pacíficas e boas, pois bem sabia que lhe seriam mais úteis do que quaisquer outras, em virtude da esperança que tinham de formar uma congregação cujos membros fossem votados ao serviço divino".[30] O estado-maior de Villegaignon era formado por católicos e reformados – Jean Cointac, que mais

---

26 Jean Crespin, *A Tragédia da Guanabara ou: a história dos protomártires do cristianismo no Brasil* (Rio de Janeiro: Typo-Lith, Pimenta de Mello & C., 1917), p. 15.
27 Rocha Pombo, *op. cit.*, p. 207.
28 Jean de Léry, *Viagem à terra do Brasil* (São Paulo: Livraria Martins, 1924), p. 45-46.
29 *Ibid*, p. 46.
30 Rocha Pombo, *op. cit.*, p. 209.

tarde desempenhou papel crucial na controvérsia com os protestantes, senhor de Boules e Doutor da Sorbonne; La Chapelle, de Boissi, Le Thoret et De Sausacque (que veio a ser o comandante do futuro Forte Coligny) e Nicolas Barré (navegador da expedição), estes últimos protestantes. Outro era o cosmógrafo franciscano André Thevet, que só ficou três meses no Rio de Janeiro. Só que faltava gente. Villegaignon então pediu permissão ao rei para recrutar mais colonos, só que desta vez nas prisões de Rouen, Paris e outras cidades. Esta verdadeira malta humana reunida criaria problemas para o almirante. Chegou-se ao número de 600 colonos. Por um singular desleixo, que denunciava uma profunda ignorância em matéria colonial, tanto da parte de Villegaignon como de seus protetores, "esquecera-se o princípio essencial de toda sociedade em formação: ninguém tinha cogitado da família. Toda a expedição compunha-se, com efeito, só de homens, e compreende-se que era impossível fazer, em tais condições, uma obra permanente".[31]

Ainda fugindo de qualquer profissão de fé muito nítida, em 12 de julho de 1555 saiu do porto de Havre, com os dois navios e um transporte. Logo que se viu em alto mar, uma tempestade jogou-os contra as costas da Inglaterra, e depois acabaram aportando em Dieppe. "A maior parte dos que tinham cedido à eloquência do almirante aproveitaram-se daquele pretexto para abandoná-lo, ficando-lhe apenas uns oitenta homens, exatamente os piores, porque eram, além de uns poucos mercenários, os relapsos que tinham sido arrolados na prisão".[32] Reparado os navios, partiu-se definitivamente em 14 de agosto de 1555. Após vários contratempos como "estacionamento, falta d'água potável, pestilências, calor excessivo, ventos contrários, tempestades, intempérios da zona tórrida e outras coisas que seria fastioso enumerar",[33] tendo inclusive sido bombardeados pelos espanhóis em Tenerife, eles chegaram ao Rio de Janeiro no dia 10 de novembro de 1555, ao som de tiros de canhão, sob o grito de alegria dos marinheiros depois de tão turbulenta viagem.

Assentamento e vinda dos pastores de Genebra

Estabelecimento e primeiras tensões. Antes de desembarcar todas as pessoas, Villegaignon cuidou de explorar todas as paragens, penetrando na imensa Baía da Guanabara, fazendo reconhecimento de todos os pontos do litoral, inclusive as ilhas menores e maiores. Enquanto ele explorava a Baía, fez fortificar a Ilha dos Ratos (hoje chamada de Ilha Fiscal), a que chamou de Ratier, onde construiu alguns abrigos de madeira e assentou alguns canhões. Esta fortificação barrava toda a entrada na Baía, mas a ressaca deslocou as peças de artilharia, colocando em risco a guarnição. Enquanto isto, "acabou por acomodar-se numa ilha deserta, onde, depois de desembarcar sua artilharia e demais

---

31 *Ibid*, p. 209.
32 Jean Crespin, *op. cit.*, p. 19.
33 Jean de Léry, *op. cit.*, p. 47.

bagagens, iniciou a construção de um forte a fim de garantir-se tanto contra os selvagens como contra os portugueses", na Ilha de Serigipe (hoje chamada de Ilha de Villegaignon). Esta ilha oferecia vantagens incontestáveis para fazer-se o centro de resistência da posição, dominava a entrada da Baía e era de acesso difícil por estar cercada de recifes à flor da água. O que não se compreende é o fato de Villegaignon querer fundar uma colônia numa ilha. Para piorar a situação, o almirante, confiando nas provisões da terra, não trouxe alimentos e víveres suficientes. Isto contribuiu para aborrecer em muito os colonos, pois sua alimentação consistia de frutos e raízes em lugar de pão, e de água em vez de vinho, que era racionada.

Logo que os franceses desembarcaram, Villegaignon os pôs para trabalhar na fortificação da ilha. As comunicações com o continente foram proibidas, e num regime de semi-escravidão muraram em alguns meses todo o contorno da ilha. Nas palavras de Jean de Lery:

> Nas extremidades desta ilha existem dois morros nos quais Villegaignon mandou construir duas casinhas, edificando a sua, em que residiu, no centro da ilha em uma pedra de cinquenta a sessenta pés de altura. De ambos os lados desse rochedo, aplainamos e preparamos pequenos espaços onde se construíram não só a sala, em que nos reuníamos para a prédica e a refeição, mas ainda vários outros abrigos em que se acomodavam cerca de oitenta pessoas, inclusive a comitiva de Villegaignon. Entretanto, a não ser a casa situada no rochedo, construída com madeiramento, e alguns baluartes para a artilharia, revestidos de alvenaria, o resto não passava de casebres de pau tosco e palha construídos à moda dos selvagens, que de fato os fizeram. Eis em poucas palavras em que consistia o forte que Villegaignon denominou Coligny, pensando ser agradável ao Senhor Gaspar de Coligny, almirante de França, sem o apoio do qual, como já disse no início, jamais tivera meios de fazer a viagem nem construir nenhum forte no Brasil.[34]

Mas um dos grandes inconvenientes da ilha era não ter água potável. Para remediá-lo quando possível, abriu-se uma grande cisterna, que podia conter e guardar água por seis meses. Mas, mesmo buscando o isolamento, era inevitável não ter contato com os índios, no continente, pois era para lá que os franceses iam quando precisavam de víveres. E os próprios índios se mostraram muito solícitos com os franceses.

Estes índios eram os tupinambás (os tamoios das crônicas portuguesas), que arrumaram para os franceses carne, peixe, farinha e frutos da terra, além de água potável. Eles ajudaram inclusive nos trabalhos de fortificação da ilha, trazendo materiais do

---
34 Jean de Léry, *op. cit.*, p. 95.

continente. Mas Villegaignon quis tratá-los com o mesmo rigor que tratava os franceses, ainda mais que sobre estes caiu o rigor do trabalho, enquanto os franceses iam caindo no ócio. Em 4 de fevereiro de 1556 os navios que trouxeram a expedição, até então aportados na Baía, retornaram para a França.

Para piorar a situação, os franceses quiseram se rebelar. Na carta que Villegaignon escreveu a Calvino para pedir o envio de pastores, ele diz que a revolta teve origem no fato de haver ele proibido que mulheres indígenas entrassem no Forte desacompanhadas de seus maridos. Inclusive alguns dos mercenários já estavam vivendo com algumas delas.[35] Nisto, ajuntaram-se 26 mercenários, começando a conspiração. O líder do complô combinou com os outros em matar o almirante. Eles tentaram aliciar cinco guardas escoceses, que protegiam Villegaignon. Estes fingiram fazer parte do grupo que conspirava, inteirando-se da situação toda, e delataram tudo para o chefe. A vingança não se fez esperar. Villegaignon e os que estavam do seu lado, assim prevenidos, armaram-se e prenderam quatro dos principais conspiradores, aos quais "infligiram severíssima punição, para temor dos demais e para conservar sobre controle em seus deveres, sendo que dois deles foram postos em prisões com cadeias e ferros e obrigados a trabalhos públicos durante certo tempo".[36]

O líder da conjuração foi morto. Isto semeou o terror entre os franceses da colônia e entre os índios tupinambás. Os índios fugiram do litoral, e até uma epidemia foi passada aos índios. Alguns franceses atemorizados fugiram para o continente e fundaram a aldeia de La Brigueterie, que serviu de abrigo para os corsários franceses, os quais desde Cabo Frio visitavam a costa.

Pedido do envio de mais huguenotes. Villegaignon, neste ambiente de desagregação, tentou conseguir reforço militar junto ao rei Henrique II, mas o governo francês "não quis entender direito o problema ou então hesitou em arriscar-se abertamente a semelhante aventura".[37] Neste contexto, o almirante solicitou ajuda de Genebra. Era o único meio de salvar a colônia: usar a necessidade de segurança da igreja reformada francesa. E ele precisava de reforços de qualidade melhor. A carta foi enviada nos navios que haviam voltado para a Europa.

> Sua carta não foi preservada em nenhuma das correspondências de Calvino ou nos arquivos do Cantão. Jean de Lery (...) dá o seu conteúdo. A carta pedia à Igreja de Genebra que enviassem imediatamente para Villegaignon ministros da Palavra de Deus e com eles muitas pessoas 'bem instruídas na religião cristã' a fim de reformá-lo e a seu povo e 'levar os selvagens ao conhecimento da sua salvação'.

---

35 Jean Crespin, *op. cit.*, p. 21.
36 *Ibid.*, p. 23.
37 Rocha Pombo, *op. cit.*, p. 213.

> Visto que a questão de missões já estava clara perante a Igreja de Genebra, 'depois de receber estas cartas e ouvir as notícias' (...) a Igreja de Genebra em uma só voz deu graças a Deus pela extensão do Reino de Jesus Cristo em um país tão distante, igualmente tão diferente e entre uma nação inteira sem o conhecimento do Deus verdadeiro.[38]

Calvino estava em Frankfurt, Alemanha, neste momento, mas era informado de todas as coisas importantes que aconteciam em Genebra, sempre dando orientações. Não há dúvidas de que ele foi consultado a respeito da missão, porque os líderes levavam cartas dele para Villegaignon. Nicholas des Gallars, homem de confiança de Calvino, e depois, em 1557, pastor da congregação reformada da rua Saint-Jacques, em Paris, escreveu uma carta datada de 16 de setembro, informando a Calvino que o grupo havia partido de Genebra "cheios de ardor", no dia 8 daquele mês. A Igreja de Genebra escolheu dois ministros para esta missão: Pierre Richier e Guilhaume Chartier, aquele com 50 e este com 30 anos.[39] Com eles foram 11 recrutas para o trabalho, sendo quatro carpinteiros, um que trabalhava com couro, um ferreiro e um alfaiate. Seus nomes: Pierre Bourdon, Matthieu Verneuil, Jean de Bourdel, André La Fon, Nicolas Denis, Martin David, Nicolas Raviquet, Nicolas Carmeau, Jacques Rousseau, Jean Gardien (que provavelmente fez as ilustrações do livro de Lery) e "eu, Jean de Lery, que me juntei a companhia, assim pelo forte desejo que Deus me dera de contribuir para a sua glória, como pela curiosidade de ver esse novo mundo".[40] Lery era provavelmente um sapateiro, tendo aprendido esta profissão bem jovem, pois aos dezoito anos estava em Genebra, estudando teologia. Por época de sua viagem ao Brasil tinha 23 anos.

O almirante Coligny também recebera uma carta com pedido de reforço, e então solicitou por carta que seu amigo Phillipe de Corguilleray, Senhor Du Pont, empreendesse esta viagem ao Brasil, liderando o grupo huguenote. O Senhor Du Pont morava em Bossy, perto de Genebra, e, mesmo em idade avançada, concordou em liderar a expedição. "Nem mesmo os seus negócios pessoais e o amor que consagrava a seus filhos o demoveram de aceitar o encargo que o Senhor lhe impunha".[41]

Os huguenotes chegam ao Rio de Janeiro. Eles partiram de Genebra no dia 8 de setembro de 1556, tiveram um encontro com o almirante Coligny em Chatillon-Sur-Loing, que os estimulou a prosseguir na empresa. Depois de uma curta estadia em Paris, passaram

---
38 R. Pierce Beaver, *op. cit.*, p. 61.
39 Jean Crespin, *op. cit.*, p. 25-26. Ver também Philip Hughes (ed.), *The register of the company of pastors of Geneva in the time of Calvin*, p. 317. É mencionado o envio dos ministros ao Brasil na data de 25 de agosto de 1556. Pierre Richier era doutor em teologia e ex-frade carmelita. Convertera-se ao protestantismo e, após haver feito seus estudos em Genebra, dirigiu-se ao Brasil em 1556, de onde voltou no ano seguinte, sendo enviado a La Rochelle, onde organizou uma igreja, e morreu em 1580. Guilhaume Chartier, natural de Vitré, na Bretanha, estudou em Genebra e aceitou com ardor o comissionamento para a América. Depois desta expedição, pouco se sabe dele, somente que foi capelão de Jeane d'Albret.
40 Jean de Lery, *op. cit.*, p. 48-49.
41 Jean Crespin, *op. cit.*, p. 25.

a Rouen e depois a Honfleur, perto da Normandia, onde se reuniram a um grande grupo de huguenotes, recrutados através dos esforços do almirante Coligny. Este grupo chegava a 300 pessoas. O comandante da expedição era o senhor de Bois Le Conte, sobrinho de Villegaignon, que mandou aparelhar para a guerra, à custa do rei, três excelentes navios, com víveres e outras coisas necessárias à viagem, embarcando a 19 de novembro. Le Conte, que foi eleito vice-almirante, ia a bordo do "Petite Roberge" com cerca de 80 pessoas entre soldados e marujos. Os outros navios eram o "Grande Roberge", no qual iam 120 pessoas; no terceiro barco, que se chamava "Roseé", iam quase noventa pessoas, inclusive seis meninos, que foram levados para que aprendessem a língua dos nativos, e cinco moças com uma governanta.[42]

Estas foram as primeiras mulheres francesas enviadas ao Brasil. Depois de muitas aventuras (mesmo contra a opinião dos huguenotes, foram abordados e pilhados dois navios mercantes ingleses, um navio irlandês, uma caravela portuguesa e uma espanhola, sendo que esta última foi rebocada para o Brasil), em 10 de março de 1557 a expedição chegou ao Rio de Janeiro, onde foram recebidos com grande júbilo por Villegaignon. Lery, sempre testemunha ocular, nos conta que todos se juntaram na praia, a render graças a Deus, por tê-los protegido durante a viagem. Depois veio Villegaignon, que os recebeu todo risonho, abraçando a todos. Os pastores apresentaram suas credenciais e as cartas de João Calvino, e Villegaignon disse: "Quanto a mim, desde muito e de todo o coração desejei tal coisa e recebo-vos de muito bom grado, mesmo porque aspiro a que nossa igreja seja a mais bem reformada de todas. Quero que os vícios sejam reprimidos, o luxo do vestuário condenado e que se remova do nosso meio tudo quanto possa prejudicar o serviço de Deus". Erguendo depois os olhos ao céu e juntando as mãos disse: "Senhor Deus, rendo-te graças por teres enviado o que há tanto tempo venho ardentemente pedindo". E voltando-se novamente para os companheiros continuou:

> Meus filhos (pois quero ser vosso pai), assim como Jesus Cristo nada teve deste mundo para si e tudo fez por nós, assim eu (esperando que Deus me conserve a vida até nos fortificarmos neste país e poderdes dispensar-me) tudo pretendo fazer aqui para todos aqueles que vierem com o mesmo fim que viestes. É minha intenção criar aqui um refúgio para os fiéis perseguidos na França, na Espanha ou em qualquer outro país além-mar, afim de que, sem temer o rei nem o imperador nem quaisquer potentados, possam servir a Deus com pureza, conforme a sua vontade.[43]

Estas foram as primeiras palavras proferidas por Villegaignon por ocasião da

---

42 Jean de Lery, *op. cit.*, p. 50.
43 Jean de Lery, *op. cit.*, p. 77.

chegada da expedição, em 10 de março de 1557. Então deu ordens de reunir todas as pessoas que estavam no forte, e Pierre Richier celebrou o primeiro culto protestante nas Américas. Uma semana depois, a ceia também foi celebrada segundo o rito reformado, em 21 de março. O próprio Villegaignon foi o primeiro a tomá-la, depois de confessar sua fé reformada perante toda a congregação.[44]

Explode o conflito entre Villegaignon e os pastores genebrinos. Os huguenotes logo começaram a trabalhar nas obras de fortificação na ilha, e Richier os estimulava, chamando Villegaignon de um novo "Paulo". Este, para demonstrar sua boa vontade, criou o Conselho dos Notáveis, igual ao de Genebra, no qual ele se limitava a moderar. Mas a calma aparente foi rompida no Pentecostes de 1557. Na celebração da ceia anterior, Jean Cointac começou a levantar dúvidas se era lícito ou não colocar água no vinho na cerimônia de consagração. Este homem, ao que se diz, veio ao Brasil com a promessa de ser ordenado bispo da igreja, feita pelo próprio Villegaignon, mas tendo sido reprovado pelos pastores genebrinos, começou a fomentar a discórdia. Citando São Cipriano, São Clemente e os concílios ecumênicos, foi refutado por Pierre Richier, que para isso usava apenas as Escrituras, que contradiziam estas opiniões. Isto então gerou violentos debates sobre a natureza da presença de Cristo na eucaristia. Pouco mais tarde, baseando-se outra vez na tradição, Villegaignon procurou refutar publicamente Richier, durante a celebração de um casamento. Para evitar que fosse prolongado ainda mais o debate, ficou decidido que Guilhaume Chartier iria a Genebra aconselhar-se com Calvino, tendo saído da Guanabara em 4 de junho de 1557 em um dos navios que, carregado de pau-brasil e outras mercadorias, partiu daqui. A carta de Villegaignon a Calvino, de que era portador nunca foi encontrada. O próprio vice-almirante estava disposto a aceitar a arbitragem do reformador, mas enquanto não chegasse a resposta, Richier ficava impedido de administrar os sacramentos ou de aludir em sermões aos assuntos que deram causa a controvérsia. Isto foi antes do Pentecostes. Nesta data, em junho, Villegaignon, junto com Cointac, deu ordens de misturar água ao vinho, e seguir o rito católico. Quando foi relembrado do compromisso firmado anteriormente, ele publicamente denunciou a teologia reformada como herética. Lery informa-nos de que Villegaignon recebeu "cartas do Cardeal de Lorena e outros, aconselhando-o a parar de sustentar a heresia calvinista",[45] de um navio que nesta época aportou em Cabo Frio.

Após humilhar Le Thoret, calvinista, que era o comandante da fortaleza (que fugiu nadando para um navio bretão ancorado ao largo, e seguiu para a França), o Senhor Du Pont fez ver ao Almirante que, se este não seguia a fé reformada, estes estavam desobrigados de segui-lo. Após vários padecimentos e humilhações, em outubro os huguenotes

---
44 *Ibid.*, p. 80-83.
45 *Ibid.*, p. 227.

deixaram a ilha, indo refugiar-se em terra firme, no povoado chamado La Briqueterie, tendo permanecido ali por cerca de dois meses. Foi uma oportunidade de evangelizar os índios, que os trataram com muita amabilidade. Inclusive os senhores de La Chapelle e de Boissi foram expulsos, por não renegarem à fé reformada.

Villegaignon também declarou nulo o conselho, passando a comandar sozinho a fortaleza. Proibiu Richier de pregar e reunir os huguenotes em oração, a menos que o ministro ratificasse uma nova fórmula das preces, pois, segundo ele, as antigas eram errôneas. Na pequena vila, os franceses viveram sem nenhuma comodidade, inclusive sem vinho para suas cerimônias, comendo e bebendo com os índios (sua alimentação consistia de raízes, frutas e peixes) que se mostraram mais humanos que os franceses da ilha, Villegaignon em particular.

Os huguenotes retornam à França. Em fevereiro de 1558 aportou na Guanabara um pequeno barco, o "Le Jacques". Segundo Lery, este navio empreendera a viagem patrocinado por vários líderes reformados franceses, com o propósito "de explorar a terra e escolher um lugar adequado à localização de setecentas a oitocentas pessoas que deveriam vir, ainda nesse ano, em grandes urnas de Flandres, para colonizar o país".[46] O casco do navio já estava meio carcomido, e foi carregado de pau-brasil, pimenta, algodão, macacos, papagaios e outros produtos da terra. Como o navio não pertencia à companhia de Villegaignon, este não teve como impedir o embarque dos huguenotes.[47] O capitão concordou em transportá-los, e a 4 de janeiro de 1558 levantou âncora, para a travessia do Atlântico. O navio era de pequena capacidade, com apenas vinte e cinco marujos e quinze passageiros.[48] Mesmo não se opondo ao embarque, Villegaignon enviou instruções secretas para serem entregues ao primeiro juiz em França, dizendo para que se executassem os huguenotes como traidores e hereges. Esta mensagem estava numa urna à prova d'água, mas no fim da viagem ela caiu nas mãos de um juiz huguenote, e mais tarde foi usada contra o seu autor.

Devido ao excesso de carga, a embarcação estava na iminência de naufragar, quando apenas se tinha afastado da costa. Feitos os reparos de emergência, discutiram se convinha prosseguirem viagem ou ficarem os passageiros de qualquer modo na Guanabara. A maioria dos huguenotes resolveu prosseguir viagem, mas frente à réplica do mestre do navio a respeito da insegurança da viagem, Léry "e mais cinco companheiros já estavam decididos a voltar à terra dos selvagens, distante apenas nove ou dez léguas, já considerando a possibilidade do naufrágio, já a da fome".[49] Na hora da saída, um dos huguenotes estendeu os braços em amizade para Lery e disse: "Peço-vos que fiqueis co-

---

46 Jean de Lery, *op. cit.*, p. 227.
47 S. B. Holanda, *et. al.*, *op. cit.*, p. 157.
48 Jean de Lery, *op. cit.*, p. 227.
49 *Ibid.*, p. 229.

nosco, pois apesar da incerteza que estamos de aportar em França, há mais esperança de nos salvarmos do lado do Peru ou de qualquer outra ilha do que das garras de Villegaignon, que, como podeis imaginar, nunca vos dará sossego".[50] Desta forma, o historiador da expedição foi salvo de sofrer destino semelhante que seus irmãos que retornaram. Estes foram: Pierre Bourdon, Jean du Bourdel, Matthieu Verneuil, André La Fon e Jacques le Balleur. Os outros retornaram à França, passando por grandes tempestades. Os passageiros e a tripulação foram reduzidos a comedores de couro (dos cintos, sapatos, etc.) e restos, e alcançaram Nantes mais mortos do que vivos. Em 24 de maio de 1558, eles finalmente avistaram a Bretanha. Aportaram em Hodierne, onde compraram víveres e, finalmente, em 26 de maio entraram no porto de Blavet, na Bretanha. Todos chegaram sãos e salvos. Após se despedirem dos marinheiros bretões, os huguenotes foram para Nantes, onde foram recebidos com muitas gentilezas e foram tratados por médicos habilitados.

Martírio dos huguenotes
Alguns huguenotes retornam ao Forte Coligny. O martírio dos huguenotes deve ser entendido no contexto da dramática mudança operada no caráter de Villegaignon. Desde a controvérsia da ceia, em junho de 1557, este se tornara amargo e violento. Os colonos podiam conhecer o humor do almirante pelas cores berrantes de suas vestes.[51] Tanto Léry como Crespin relatam suas crueldades com os habitantes da fortaleza. Cerca de 30 ou 40 homens e mulheres de outra tribo inimiga dos tupinambás, que os venderam aos franceses, foram tratados com extrema crueldade. Um deles foi amarrado a uma peça de artilharia, e o próprio almirante derramou toucinho derretido nas nádegas do pobre índio.[52] Os mordomos de Villegaignon, ambos reformados, foram expulsos do Forte. Um artesão morreu de fome, mesmo implorando por comida ao desvairado almirante. O ápice foi a expulsão de Jean Cointac da fortaleza. Quando os huguenotes fugiram para La Briqueterie, Cointac já estava lá. Ele havia sido expulso por Villegaignon, e passava o dia amaldiçoando a almirante. Depois ele fugiu para Bertioga, quando os franceses e tupinambás iam atacar São Vicente. Os fatos subsequentes foram narrados por testemunhas oculares, para o Senhor Du Pont, em Paris, após a volta dos mesmos da colônia.

Os cinco huguenotes se fizeram ao mar, e só depois notaram que seu escaler não tinha mastro. Eles improvisaram um, junto com uma vela, e se puseram ao largo, dirigindo-se para a costa. Após muitas intempéries, depois de cinco dias aportaram em uma praia perto do Forte de Coligny. Após serem bem tratados pelos índios do lugar, eles, em virtude da enfermidade de um dos huguenotes, se dirigiram para a fortaleza.

---
50 *Ibid.*, p. 229.
51 *Ibid.*, p. 89.
52 Pedro Calmon, *op. cit.*, p. 282-283.

Permaneceram na praia quatro dias, e depois se fizeram ao mar, rumo ao Forte de Coligny.

Eles se dirigiram direto para La Briguiterie, e ao desembarcar foram muito bem tratados pelo Almirante Villegaignon, que estava lá cuidando de negócios particulares. Este os recebeu bem, mas em pouco tempo se virou contra eles. Primeiro tomou o escaler que lhes pertencia, e depois de doze dias começou a achar que eles eram espiões dos huguenotes que haviam se retirado com o "Le Jacques".

Os huguenotes são executados. Sendo o representante de Henrique II na ilha, era seu dever provar a fé dos huguenotes, e vendo nisto a oportunidade de se livrar deles formulou um questionário com vários pontos controversos, enviando-o aos huguenotes e dando-lhes o prazo de 12 horas para respondê-lo. Os franceses que estavam com eles em La Briguiterie tentaram dissuadi-los a responder o desafio do almirante, mas estes não fugiram ao desafio. Pedindo ajuda "do Espírito de Jesus Cristo", segundo as palavras do autor do *Histoire des Martyrs*, eles escolheram Jean du Bourdel para redigir a confissão, por ser o mais letrado e conhecer o latim. Após redigi-la, submeteu-a a seus companheiros, que a assinaram.

Em 9 de fevereiro eles foram conduzidos ao forte – Pierre Bourdon ficou em terra por estar enfermo. Ao se apresentarem ao almirante, reafirmando o desejo de se manterem fiéis à confissão, receberam todo o ódio de Villegaignon. Os huguenotes foram presos e o terror tomou conta dos moradores da ilha. Na manhã seguinte, 10 de fevereiro de 1558, sexta-feira, Villegaignon tentou levar os huguenotes a abjurar a confissão, mas eles se mantiveram firmes. Após esbofetear violentamente du Bourdel, ordenou ao carrasco que algemasse as mãos do homem e o conduzisse a uma rocha para lançá-lo ao mar. Após estimular os outros companheiros, cantou um Salmo, confessou seus pecados e foi lançado ao mar. Matthieu Verneuil também foi conduzido à rocha, e após reafirmar o desejo de não se retratar, proferiu suas últimas palavras: "Senhor Jesus, tem piedade de mim". André La Fon foi considerado inofensivo por Villegaignon, que não mandou matá-lo, e o manteve a seu serviço, pois La Fon era alfaiate – ele precisava mantê-lo para conservar seu guarda-roupas. Villegaignon atravessou o braço de mar e foi à casa onde Bourdon se abrigava, doente, trazendo-o para o forte. Como este não queria renegar a confissão de fé, foi estrangulado por um carrasco, e seu corpo atirado no mar. Suas últimas palavras foram:

> Senhor Deus, sou também como aqueles meus companheiros que com honra e glória pelejaram o bom combate pelo teu Santo Nome e, por isso, peço-te me concedas a graça de não sucumbir aos assaltos de Satanás, do mundo e da carne. E perdoa, Senhor, todos os pecados por mim cometidos contra a tua majestade, e isto eu te imploro em nome do teu filho muito amado Jesus Cristo.[53]

---

53 Jean Crespin, *op. cit.*, p. 55-64, 72-83.

Jacques Le Balleur foi poupado, pois era ferreiro.[54] Isto praticamente marcou o fim da colônia francesa, e encerrou a tragédia da Guanabara.

O fim da colônia
Villegaignon se retira e a colônia cai. Em fins de 1558, Villegaignon se retirou do Forte de Coligny, retornando para a França. Ele estava debaixo de suspeitas tanto dos huguenotes, que começaram a chamar-lhe de "Caim da América", "apóstata" e "assassino", quanto por parte dos católicos, que suspeitavam de suas inclinações reformadas. Isto marcou o fim da colônia francesa, que ficou sob a supervisão de Bois Le Comte. A colônia já estava sendo acossada pelos índios Maracajás, aliados dos portugueses, e estes enviaram para o Brasil Mem de Sá, que tinha como sua ordem do dia a expulsão dos franceses. Em 1560, Mem de Sá partiu de Salvador para o Rio de Janeiro, com duas naus e oito embarcações menores, e cerca de 2000 soldados, recebendo mais reforços de São Vicente. Jean Cointac traiu os franceses, revelando todas as posições francesas. Em 15 de março o combate começou. O número de franceses na ilha chegava a 114, com cerca de oitocentos tupinambás apoiando-os. A luta foi dura, durando dois dias. Após a captura do paiol, os franceses se renderam, no sábado, fugindo para o continente e se embrenhando no mato. No dia seguinte, domingo, 17 de março de 1560, em meio às comemorações de vitória, foi celebrada a primeira missa na ilha.[55] Os franceses que não foram mortos pelos índios Maracajás foram resgatados por um navio que os apanhou na costa. Desta forma terminou a tentativa de instalar uma colônia para os huguenotes franceses no Rio de Janeiro.

O fim de Villegaignon. Após sua volta para a França, Villegaignon tentou polemizar com vários protestantes. Desta polêmica surgiu *Histoire d'un Voyage Fait en La Terre du Brésil*, escrito por Jean de Lery, em 1578, em parte para responder as acusações de Villegaignon. Ele tentou envolver Calvino, mas está registrado que Calvino jogou sua carta debaixo de seus pés. Até o final de seus dias ele lutou contra os calvinistas e luteranos com sua pena. Na Batalha de Rouen, em 1562, teve sua perna esmagada pela bala de um canhão huguenote. Em 1568 foi nomeado embaixador dos Cavaleiros de Malta para a corte francesa. Faleceu em Beauvais, perto de Nemours, em 9 de fevereiro de 1571.[56]

---

54 R. Pierce Beaver, *op. cit.*, p. 71. Após conseguir viver escondido, Jacques Le Balleur foi preso pelos portugueses nas cercanias de Bertioga. Ele foi enviado para Salvador, na Bahia, que era a sede do governo colonial, onde foi julgado pelo crime de "invasão" e "heresia", isto em 1559. Em abril de 1567 foi queimado, sendo auxiliar do carrasco José de Anchieta, para consternação dos católicos. Álvaro Reis, *O martyr Le Balleur* (Rio de Janeiro: s/ed, 1917).
55 Rocha Pombo, *op. cit.*, p. 216, 221-223. Ver também S. B. Holanda, *op. cit.*, p. 158 e Pedro Calmon, *op. cit.*, p. 282-287. Cointac foi enviado a Portugal, para ser julgado pela inquisição de Lisboa, sob a acusação de heresia. Quando foi absolvido, foi desterrado para a Índia.
56 R. Pierce Beaver, *op. cit.*, p. 72.

O TESTEMUNHO HUGUENOTE

Segundo Jean de Lery, o principal objetivo da expedição huguenote às terras do Brasil, pedida por Villegaignon a Coligny e Calvino, era o envio de "ministros, mas também algumas outras pessoas bem instruídas na religião cristã, a fim de melhor reformar a si e aos seus e mesmo abrir aos selvagens o caminho da salvação".[57] Diante desta declaração analisaremos os feitos dos reformados dentro dos limites a eles impostos e acima mencionados.

Missão junto aos franceses
Pregação. Talvez o trabalho mais importante realizado entre os franceses tenha sido a pregação. O primeiro culto evangélico realizado nas Américas foi realizado no Forte Coligny, em 10 de março de 1557, uma quarta-feira. Villegaignon mandou

> reunir toda a sua gente conosco em uma pequena sala existente no meio da ilha, e o ministro Richier invocou a Deus. Cantamos em coro o Salmo V e o dito ministro, tomando por tema estas palavras do Salmo XXVII – 'Pedi ao Senhor uma coisa que ainda reclamarei e que é a de poder habitar na casa do Senhor todos os dias da minha vida' – fez a primeira prédica no Forte de Coligny, na América. Durante a mesma não cessou Villegaignon de juntar as mãos, erguer os olhos para o céu, dar altos suspiros e fazer outros gestos que a todos nos pareciam dignos de admiração. Por fim, terminadas as preces solenes conforme o ritual das igrejas reformadas de França, e marcados para elas um dia da semana, dissolveu-se a reunião.[58]

Villegaignon e os ministros genebrinos concordaram que seriam realizadas "preces públicas feitas todas as noites depois do trabalho" e que "os ministros pregariam duas vezes no domingo e nos outros dias da semana durante uma hora; [Villegaignon] ordenou também, expressamente, que os sacramentos fossem administrados de acordo com a palavra de Deus e que, no mais, fosse a disciplina aplicada contra os pecadores".[59]

Ceia do Senhor. Já no dia 21 de março, no domingo, foi realizada a primeira ceia, e todos os que dela participariam deveriam dar pública confissão de fé, "abjurando perante todos o papismo". Mas logo depois disto começaram os debates a respeito da presença real de Cristo na eucaristia. Como já vimos, a crise veio à tona no Pentecostes, quando Villegaignon rompeu acordo previamente estabelecido com os pastores genebrinos, de esperar uma resposta de Genebra quanto à controvérsia.

---

57 Jean de Lery, *op. cit.*, p. 47.
58 *Ibid.*, p. 77.
59 *Ibid.*, p. 79.

Disciplina. Em 3 de abril, dois criados de Villegaignon "desposaram no momento da prédica, segundo as leis da igreja reformada, duas das jovens que tínhamos trazido de França para este país". Em 17 de maio, Jean Cointac, o pivô da discórdia sobre a eucaristia, ele mesmo desposou uma das jovens, "parente de um tal Laroquete, de Rouen", que havia ido para o Brasil com os huguenotes e falecera pouco antes do casamento. As outras duas moças casaram-se com dois intérpretes normandos.[60] Os casamentos entre franceses e índios foi proibido, salvo se as índias fossem instruídas na religião reformada e batizadas. Andrada diz que "registraram-se numerosas conversões e muitos dos calcetas de Rouen e de presidiários de Paris, despertados pela austera doutrina e pelas virtudes dos ministros protestantes, aceitaram o cristianismo".[61] Temos a favor dos huguenotes o fato de que, levados a uma situação limite, em nenhum momento tomaram uma atitude violenta contra Villegaignon. O próprio Léry foi preso, mas, em meio à sua revolta, foi instado por Du Pont a não tomar uma atitude violenta que desonrasse a igreja reformada. Estes são alguns dos feitos que os huguenotes realizaram entre os franceses, mas nenhum deles teve continuidade, envolvidos que estavam com as polêmicas que começaram a assolar a Igreja reformada do Forte Coligny.

Missão junto aos índios tupinambás
Métodos de evangelização. Léry fez notas cuidadosas dos ritos e costumes dos índios brasileiros. Estas notas foram registradas em seu livro, e são pioneiras como descrição do Brasil colonial. Ele não recriminou costumes e práticas repulsivas para os europeus nem os condenou por serem diferentes. Ele testemunhou guerras e canibalismo. Descobriu que os tupinambás não tinham uma noção do único Deus verdadeiro, conhecendo apenas os "maus espíritos" que os oprimiam. Não obstante o choque cultural, Léry descobriu boas qualidades nos índios, tais como hospitalidade e boa vontade de escutar amigos e estranhos. O método de Léry de evangelização era informal, aproveitando todas as oportunidades para evangelizar.[62]

Resultados do trabalho entre os índios. Foi a extrema falta de tempo que impediu a conversão dos índios, de acordo com o pastor Richier e Lery. É importante mencionar que dez índios de nove a dez anos, tomados na guerra pelos índios amigos dos franceses, e vendidos como escravos a Villegaignon, foram embarcados no mesmo navio para a França (o "Rosée", que através de "um tal Nicolas Carmeau" levou uma carta para Calvino, em 1º de abril de 1557), "depois de ter o ministro Richier, ao fim de uma prédica, imposto as mãos sobre eles e de termos rogado a Deus que lhes fizesse a graça de serem

---
60 Jean de Lery, *op. cit.*, p. 86-87.
61 Laércio Caldeira da Andrada, *op. cit.*, p. 66.
62 Jean de Lery, *op. cit.*, p. 197-198.

os primeiros deste pobre povo chamados à salvação".⁶³ Ao chegar em França os rapazes foram apresentados ao rei Henrique II, e distribuídos entre vários nobres. Um deles chegou a ser batizado, por ordem do Senhor de Passy, e o próprio Lery o reconheceu na residência deste, ao retornar para sua pátria. O trabalho, após a volta dos reformados para a França acabou. Não houve frutos permanentes, mas, disse Lery "sou de opinião que se Villegaignon não houvesse abjurado a religião reformada e tivéssemos podido permanecer por mais tempo no país teríamos chamado alguns deles a Jesus".⁶⁴

A Confissão de Fé

O maior testemunho dos huguenotes na Guanabara é justamente a Confissão de Fé (*Confessio Fluminensis*). Esta e o processo instaurado por Villegaignon contra Jean du Bourdel, Matthieu Verneuil e Pierre Bourdon foram entregues ao Senhor Du Pont, cerca de quatro meses depois de sua chegada à França, por "pessoas fidedignas que deixamos neste país". Estes foram testemunhas oculares do martírio dos huguenotes no Forte Coligny.⁶⁵ Depois Du Pont entregou a Confissão de Fé e os processos a Lery, que se sentiu no dever de que este relato constasse "no livro dos que em nossos dias foram martirizados na defesa do Evangelho". Em 1558 ele entregou os manuscritos a Jean Crespin, que a inseriu no seu livro:

> Segundo a doutrina de S. Pedro Apóstolo, em sua primeira epístola, todos os cristãos devem estar sempre prontos para dar razão da esperança que neles há, e isso com toda a doçura e benignidade, nós abaixo assinados, Senhor de Villegagnon, unanimemente (segundo a medida de graça que o Senhor nos tem concedido) damos razão, a cada ponto, como nos haveis apontado e ordenado, e começando no primeiro artigo:
> I. Cremos em um só Deus, imortal, invisível, criador do céu e da terra, e de todas as coisas, tanto visíveis como invisíveis, o qual é distinto em três pessoas: o Pai, o Filho e o Santo Espírito, que não constituem senão uma mesma substância em essência eterna e uma mesma vontade; o Pai, fonte e começo de todo o bem; o Filho, eternamente gerado do Pai, o qual, cumprida a plenitude do tempo, se manifestou em carne ao mundo, sendo concebido do Santo Espírito, nasceu da virgem Maria, feito sob a lei para resgatar os que sob ela estavam, a fim de que recebêssemos a adoção de próprios filhos; o Santo Espírito, procedente do Pai e do Filho, mestre de toda a verdade, falando pela boca dos profetas, sugerindo as coisas que foram ditas por nosso Senhor Jesus Cristo aos apóstolos. Este é o único Consolador

---

63 *Ibid.*, p. 85.
64 *Ibid.*, p. 198.
65 *Ibid.*, 198.

em aflição, dando constância e perseverança em todo bem.

Cremos que é mister somente adorar e perfeitamente amar, rogar e invocar a majestade de Deus em fé ou particularmente.

II. Adorando nosso Senhor Jesus Cristo, não separamos uma natureza da outra, confessando as duas naturezas, a saber, divina e humana nEle inseparáveis.

III. Cremos, quanto ao Filho de Deus e ao Santo Espírito, o que a Palavra de Deus e a doutrina apostólica, e o símbolo, nos ensinam.

IV. Cremos que nosso Senhor Jesus Cristo virá julgar os vivos e os mortos, em forma visível e humana como subiu ao céu, executando tal juízo na forma em que nos predisse no capítulo vinte e cinco de Mateus, tendo todo o poder de julgar, a Ele dado pelo Pai, sendo homem.

E, quanto ao que dizemos em nossas orações, que o Pai aparecerá enfim na pessoa do Filho, entendemos por isso que o poder do Pai, dado ao Filho, será manifestado no dito juízo, não todavia que queiramos confundir as pessoas, sabendo que elas são realmente distintas uma da outra.

V. Cremos que no santíssimo sacramento da ceia, com as figuras corporais do pão e do vinho, as almas fiéis são realmente e de fato alimentadas com a própria substância do nosso Senhor Jesus, como nossos corpos são alimentados de alimentos, e assim não entendemos dizer que o pão e o vinho sejam transformados ou transubstanciados no seu corpo, porque o pão continua em sua natureza e substância, semelhantemente ao vinho, e não há mudança ou alteração.

Distinguimos, todavia este pão e vinho do outro pão que é dedicado ao uso comum, sendo que este nos é um sinal sacramental, sob o qual a verdade é infalivelmente recebida. Ora, esta recepção não se faz senão por meio da fé e nela não convém imaginar nada de carnal, nem preparar os dentes para comer, como santo Agostinho nos ensina, dizendo: 'Porque preparas tu os dentes e o ventre? Crê, e tu o comeste'.

O sinal, pois, nem nos dá a verdade, nem a coisa significada; mas Nosso Senhor Jesus Cristo, por seu poder, virtude e bondade, alimenta e preserva nossas almas, e as faz participantes da sua carne, e de seu sangue, e de todos os seus benefícios.

Vejamos a interpretação das palavras de Jesus Cristo: 'Este pão é meu corpo'. Tertuliano, no livro quarto contra Marcião, explica estas palavras assim: 'este é o sinal e a figura do meu corpo'.

S. Agostinho diz: 'O Senhor não evitou dizer: – Este é o meu corpo, quando dava apenas o sinal de seu corpo'.

Portanto (como é ordenado no primeiro cânon do Concílio de Nicéia), neste santo sacramento não devemos imaginar nada de carnal e nem nos distrair no pão e no vinho, que nos são neles propostos por sinais, mas levantar nossos espíritos ao céu para contemplar pela fé o Filho de Deus, nosso Senhor Jesus, sentado à destra de Deus, seu Pai.

Neste sentido podíamos jurar o artigo da Ascensão, com muitas outras sentenças de Santo Agostinho, que omitimos, temendo ser longas.

VI. Cremos que, se fosse necessário pôr água no vinho, os evangelistas e São Paulo não teriam omitido uma coisa de tão grande conseqüência.

E quanto ao que os doutores antigos têm observado (fundamentando-se sobre o sangue misturado com água que saiu do lado de Jesus Cristo, desde que tal observância não tem fundamento na Palavra de Deus, visto mesmo que depois da instituição da Santa Ceia isso aconteceu), nós não podemos hoje admitir necessariamente.

VII. Cremos que não há outra consagração senão a que se faz pelo ministro, quando se celebra a ceia, recitando o ministro ao povo, em linguagem conhecida, a instituição desta ceia literalmente, segundo a forma que nosso Senhor Jesus Cristo nos prescreveu, admoestando o povo quanto à morte e paixão do nosso Senhor. E mesmo, como diz santo Agostinho, a consagração é a palavra de fé que é pregada e recebida em fé. Pelo que, segue-se que as palavras secretamente pronunciadas sobre os sinais não podem ser a consagração como aparece da instituição que nosso Senhor Jesus Cristo deixou aos seus apóstolos, dirigindo suas palavras aos seus discípulos presentes, aos quais ordenou tomar e comer.

VIII. O santo sacramento da ceia não é alimento para o corpo como para as almas (porque nós não imaginamos nada de carnal, como declaramos no artigo quinto) recebendo-o por fé, a qual não é carnal.

IX. Cremos que o batismo é sacramento de penitência, e como uma entrada na igreja de Deus, para sermos incorporados em Jesus Cristo. Representa-nos a remissão de nossos pecados passados e futuros, a qual é adquirida plenamente, só pela morte de nosso Senhor Jesus.

De mais, a mortificação de nossa carne aí nos é representada, e a lavagem, representada pela água lançada sobre a criança, é sinal e selo do sangue de nosso Senhor Jesus, que é a verdadeira purificação de nossas almas. A sua instituição nos é ensinada na Palavra de Deus, a qual os santos apóstolos observaram, usando de água em nome do Pai, do Filho e do Santo Espírito. Quanto aos exorcismos, abjurações de Satanás, crisma, saliva e sal, nós os registramos como tradições dos homens, contentando-nos só com a forma e instituição deixada por nosso Senhor Jesus.

X. Quanto ao livre arbítrio, cremos que, se o primeiro homem, criado à imagem de Deus, teve liberdade e vontade, tanto para bem como para mal, só ele conheceu o que era livre arbítrio, estando em sua integridade. Ora, ele nem apenas guardou este dom de Deus, assim como dele foi privado por seu pecado, e todos os que descendem dele, de sorte que nenhum da semente de Adão tem uma centelha do bem.

Por esta causa, diz São Paulo, o homem natural não entende as coisas que são de Deus. E Oséias clama aos filhos de Israel: 'Tua perdição é de ti, ó Israel'. Ora, isto entendemos do homem que não é regenerado pelo Santo Espírito.

Quanto ao homem cristão, batizado no sangue de Jesus Cristo, o qual caminha em novidade de vida, nosso Senhor Jesus Cristo restitui nele o livre arbítrio, e reforma a vontade para todas as boas obras, não todavia em perfeição, porque a execução de boa vontade não está em seu poder, mas vem de Deus, como amplamente este santo apóstolo declara, no sétimo capítulo aos Romanos, dizendo: 'Tenho o querer, mas em mim não acho o realizar'.

O homem predestinado para a vida eterna, embora peque por fragilidade humana, todavia não pode cair em impenitência.

A este propósito, S. João diz que ele não peca, porque a eleição permanece nele.

XI. Cremos que pertence só à Palavra de Deus perdoar os pecados, da qual, como diz santo Ambrósio, o homem é apenas o ministro; portanto, se ele condena ou absolve, não é ele, mas a Palavra de Deus que ele anuncia.

Santo Agostinho, neste lugar diz que não é pelo mérito dos homens que os pecados são perdoados, mas pela virtude do Santo Espírito. Porque o Senhor dissera aos seus apóstolos: 'recebei o Santo Espírito'; depois acrescenta: 'Se perdoardes a alguém os seus pecados', etc. Cipriano diz que o servo não pode perdoar a ofensa contra o Senhor.

XII. Quanto à imposição das mãos, essa serviu em seu tempo, e não há necessidade de conservá-la agora, porque pela imposição das mãos não se pode dar o Santo Espírito, porquanto isto só a Deus pertence. No tocante à ordem eclesiástica, cremos no que S. Paulo dela escreveu na primeira epístola a Timóteo, e em outros lugares.

XIII. A separação entre o homem e a mulher legitimamente unidos por casamento não se pode fazer senão por causa de adultério, como nosso Senhor ensina (Mateus 19.5). E não somente se pode fazer a separação por essa causa, mas também, bem examinada a causa perante o magistrado, a parte não culpada, se não podendo conter-se, deve casar-se, como São Ambrósio diz sobre o capítulo sete da Primeira Epístola aos Coríntios. O magistrado, todavia, deve nisso proceder com madureza de conselho.

XIV. São Paulo, ensinando que o bispo deve ser marido de uma só mulher, não diz que não lhe seja lícito tornar a casar, mas o santo apóstolo condena a bigamia a que os homens daqueles tempos eram muito afeitos; todavia, nisso deixamos o julgamento aos mais versados nas Santas Escrituras, não se fundando a nossa fé sobre esse ponto.

XV. Não é lícito votar a Deus, senão o que Ele aprova. Ora, é assim que os votos monásticos só tendem à corrupção do verdadeiro serviço de Deus. É também grande temeridade e presunção do homem fazer votos além da medida de sua vocação, visto que a santa Escritura nos ensina que a continência é um dom especial (Mateus 15 e 1 Coríntios 7). Portanto, segue-se que os que se impõem esta necessidade, renunciando ao matrimônio toda a sua vida, não podem ser desculpados de extrema temeridade e confiança excessiva e insolente em si mesmos.

E por este meio tentam a Deus, visto que o dom da continência é em alguns apenas temporal, e o que o teve por algum tempo não o terá pelo resto da vida. Por isso, pois, os monges, padres e outros tais que se obrigam e prometem viver em castidade, tentam contra Deus, por isso que não está neles o cumprir o que prometem. São Cipriano, no capítulo onze, diz assim: 'Se as virgens se dedicam de boa vontade a Cristo, perseverem em castidade sem defeito; sendo assim fortes e constantes, esperem o galardão preparado para a sua virgindade; se não querem ou não podem perseverar nos votos, é melhor que se casem do que serem precipitadas no fogo da lascívia por seus prazeres e delícias'. Quanto à passagem do apóstolo S. Paulo, é verdade que as viúvas tomadas para servir à igreja se submetiam a não mais casar, enquanto estivessem sujeitas ao dito cargo, não que por isso se lhes reputasse ou atribuísse alguma santidade, mas porque não podiam bem desempenhar os deveres, sendo casadas; e, querendo casar, renunciassem à vocação para a qual Deus as tinha chamado, contudo que cumprissem as promessas feitas na igreja, sem violar a promessa feita no batismo, na qual está contido este ponto: 'Que cada um deve servir a Deus na vocação em que foi chamado'. As viúvas, pois, não faziam voto de continência, senão porque o casamento não convinha ao ofício para que se apresentavam, e não tinha outra consideração que cumpri-lo. Não eram tão constrangidas que não lhes fosse antes permitido casar que se abrasar e cair em alguma infâmia ou desonestidade.

Mas, para evitar tal inconveniência, o apóstolo São Paulo, no capítulo citado, proíbe que sejam recebidas para fazer tais votos sem que tenham a idade de sessenta anos, que é uma idade normalmente fora da incontinência. Acrescenta que os eleitos só devem ter sido casados uma vez, a fim de que por essa forma, tenham já uma aprovação de continência.

XVI. Cremos que Jesus Cristo é o nosso único Mediador, intercessor e advogado, pelo qual temos acesso ao Pai, e que, justificados no seu sangue, seremos livres da morte, e por Ele já reconciliados teremos plena vitória contra a morte.

Quanto aos santos mortos, dizemos que desejam a nossa salvação e o cumprimento do Reino de Deus, e que o número dos eleitos se complete; todavia, não nos devemos dirigir a eles como intercessores para obterem alguma coisa, porque desobedeceríamos ao mandamento de Deus. Quanto a nós, ainda vivos, enquanto estamos unidos como membros de um corpo, devemos orar uns pelos outros, como nos ensinam muitas passagens das Santas Escrituras.

XVII. Quanto aos mortos, São Paulo, na Primeira Epístola aos Tessalonicenses, no capítulo quatro, nos proíbe entristecer-nos por eles, porque isto convém aos pagãos, que não têm esperança alguma de ressuscitar. O apóstolo não manda nem ensina orar por eles, o que não teria esquecido se fosse conveniente. S. Agostinho, sobre o Salmo 48, diz que os espíritos dos mortos recebem conforme o que tiverem feito durante a vida; que se nada fizeram, estando vivos, nada recebem, estando mortos.

Esta é a resposta que damos aos artigos por vós enviados, segundo a medida e porção da fé, que Deus nos deu, suplicando que lhe praza fazer que em nós não seja morta, antes produza frutos dignos de seus filhos, e assim, fazendo-nos crescer e perseverar nela, lhe rendamos graças e louvores para sempre. Assim seja.

Jean du Bourdel, Matthieu Verneuil, Pierre Bourdon, André la Fon.[66]

A mentalidade de Jean du Bourdel era de um poder admirável, para produzir, em circunstâncias extremas, estas respostas. As principais características desta confissão de fé claramente reformada são: lealdade aos antigos credos, a importância, nesse tempo, do estudo que se fazia dos Pais da Igreja e o conhecimento invejável das Escrituras e da doutrina que os cristãos simples do passado possuíam. Foi a primeira confissão de fé redigida na América, na primeira Igreja do Brasil.

CONCLUSÃO

A missão reformada no Rio de Janeiro terminou de forma melancólica. Talvez o seu maior problema residia-se justamente em suas motivações. Enquanto que para Calvino, Coligny e para os demais huguenotes a expedição era a melhor forma de encontrar um refúgio para os protestantes perseguidos, assim como um lugar para poder propagar a fé reformada livremente, para o rei da França, Henrique II, era apenas uma forma

---

66 A tradução aqui empregada se encontra no monumento escultório alusivo aos 450 anos da primeira ceia, inaugurado em 24 de março de 2007, defronte da Igreja Presbiteriana do Rio de Janeiro. Erasmo Braga, que foi deão do Seminário Teológico Presbiteriano em Campinas, primeiro presidente do conselho do Colégio Mackenzie em São Paulo e presidente da Assembléia Geral da Igreja Presbiteriana do Brasil de 1924 a 1926, traduziu a confissão de fé em 1907. Cf. Jean Crespin, *op. cit.*, p. 65-71.

de conseguir mais colônias. E Villegaignon, o que buscava este homem, que depois foi chamado de "Caim da América"? No mínimo, ambição pessoal – e no meio deste conflito de interesses a missão foi abortada. O testemunho desta colônia está baseado no fato de que os huguenotes franceses, sob a liderança dos dois pastores genebrinos, foram os primeiros protestantes a realizar um culto nas Américas, sendo a pregação baseada no Salmo 27.4 em 10 de março de 1557, e em maio deste mesmo ano selaram com sangue seu testemunho – Pierre Bourdon, Jean du Bourdel e Mathieu Verneuil foram mortos por Villegaignon após confessarem sua fé. Eles foram a semente da igreja evangélica que retornou ao país cerca de 400 anos depois.

> As igrejas reformadas têm em alta conta seus mártires no Brasil. A missão que viveu por um período curto não teve frutos de conversão estatísticos; mas possui uma importância histórica. Quando a igreja foi confrontada em fazer missões, ela respondeu imediatamente. A evidência circunstancial aponta para a aprovação de Calvino. Não existiu hostilidade para com o conceito ou para a prática de missões. Os suíços não possuíam colônias para direcionar os genebrinos a lugares distantes. O governo francês apoiou apenas missões católicas romanas em seus territórios coloniais, e depois de um período de tolerância a igreja reformada foi fortemente perseguida. Então, circunstâncias históricas, em outro tempo, desafiarão os calvinistas da Holanda e da Nova Inglaterra, e eles responderão positivamente [ao fazer missões], tanto de forma prática quanto teológica.[67]

Ao concluir, podemos destacar a intenção original desse esforço missionário. Ao contrário de quase todos os exploradores de sua época, que consideravam os nativos como nada mais do que animais brutos e selvagens, e por isso, em relação aos brancos civilizados, necessariamente de condição inferior ou até passíveis de escravidão, Jean de Lery e seus companheiros demonstraram, em oposição, que os habitantes do Novo Mundo eram dignos da maior consideração, não apenas por terem sido criados à imagem de Deus, mas porque, em muitos aspectos humanitários, eles estavam bem à frente dos habitantes do Velho Mundo. O que fica patente, nisto tudo, é que para o calvinismo a ação colonizadora não teve por alvo, em primeiro plano, a expansão comercial do país colonizador. Esta ação colonizadora deveria servir essencialmente à constituição de novas igrejas – e foi unicamente com esta finalidade que foi preparada a expedição de reforço organizada pelo próprio Calvino.

---

[67] R. Pierce Beaver, *op. cit.*, p. 72. Para as missões reformadas holandesas no nordeste brasileiro, ver Frans Leonard Schalkwijk, *Igreja e Estado no Brasil Holandês 1630-1654* (São Paulo: Cultura Cristã, 2004). Para as missões reformadas na Nova Inglaterra, ver Ruth A. Tucker, *"... Até os confins da terra"*: uma história biográfica das missões cristãs (São Paulo: Vida Nova, 1989), p. 87-100 e Stephen Neill, *História das missões* (São Paulo: Vida Nova, 1997), p. 230-233.

Tais são as preocupações essenciais dos fatores da primeira expedição colonizadora calvinista. Mostram bem que, para estes reformadores, a reconciliação em Cristo une todos os seres humanos em um só corpo, acima das diferenças de línguas, de raças, de civilizações e de condições sociais; toda ideia de escravidão ou de discriminação foi abolida. Estes homens, pois, estão a postos para realizar um trabalho de evangelização que nenhuma barreira racial poderia conter.[68]

Em março de 1557, em meio ao culto realizado no Forte de Coligny, os reformados cantaram o Salmo 5, metrificado por Clement Marot, com música de Louis Bourgeois. É com a letra deste hino que encerramos este capítulo.

1. O meu clamor, ó Deus, atende, pois dia e noite eu oro a ti.
Tão frágil sou, tão pobre aqui!
Magoada e só, minha alma chora, por isso implora.

2. Da vida e luz tu és a fonte.
Em mim derrama o teu poder.
Minha oração vem atender, pois quando sai o sol bem cedo, eu intercedo.

3. Tu és um Deus que não te alegras no tropeçar do pecador.
Bondoso e justo és tu, Senhor.
Tu não toleras orgulhosos e mentirosos.

4. Na luz dos teus caminhos santos, humilde e grato eu andarei.
Tu és meu Deus, tu és meu rei.
Contigo sempre andar eu quero, puro e sincero.

5. Teus filhos têm constante alento, felizes sempre em tua paz.
De todo o mal os guardarás, pois tua lei,
ó Deus, conhecem e te obedecem.[69]

---

68 André Biéler, *O pensamento econômico e social de Calvino* (São Paulo: CEP, 1990), p. 250.
69 "O meu clamor, ó Deus, atende", n° 387, em Joan Laurie Sutton (org.), *Hinário para o culto cristão* (Rio de Janeiro: JUERP, 1992).

CAPÍTULO 4

A EVANGELIZAÇÃO NO BRASIL E A REDESCOBERTA DA FÉ REFORMADA

JOSAFÁ VASCONCELOS

Aprouve a Deus, por sua grande misericórdia e soberana providência, olhar graciosamente para este país, soprando sobre estas plagas o hálito sacrossanto do seu Espírito. Assim sendo, enviou seus servos para que, após anos de trevas e ignorância, se fizesse ouvir sob os céus do Cruzeiro do Sul o glorioso "som do evangelho". Desde então temos experimentado uma luta ferrenha contra a iniquidade. É como se o "império das trevas" (Cl 1.13) reivindicasse, pretensiosamente, o domínio sobre este lado do hemisfério. É conhecida a heróica saga dos mártires huguenotes, que a pedido de Nicolas Villegaignon foram enviados ao Rio de Janeiro por escolha e indicação de João Calvino, mas que não puderam prosseguir no seu intento de evangelizar no Brasil porque suas vidas foram traiçoeiramente ceifadas. As águas da Guanabara foram tingidas com o sangue precioso desses heróis da fé, evento que é tratado com mais propriedade no terceiro capítulo desse livro. Contudo, estes destemidos calvinistas deixaram uma confissão de fé (*Confessio Fluminensis*), plena de convicções bíblicas e reformadas. Um pai da igreja disse que "o sangue dos mártires é a sementeira da igreja". Quando o Senhor afirmou que as portas do inferno não prevaleceriam contra a igreja, em seus decretos eternos Ele sabia de todas as investidas do inimigo e vaticinou a vitória do seu povo no cumprimento da tarefa de implantação do seu reino.

Outro esforço frustrado, que poderia determinar uma influência positiva e abençoadora para o nosso país, em termos de fé reformada, foi a tentativa colonizadora dos holandeses. Embora seus interesses principais fossem econômicos, sob o alvitre da Companhia das Índias Ocidentais, "havia também propósitos acentuadamente religiosos e missionários".[1] Por um tempo tivemos aqui no Brasil, especialmente em Recife e arredores, sob a liderança de Maurício de Nassau, um clima de reforma, em que alguns princípios eram praticados e ensinados, como diz Lens César:

> No Brasil holandês, dava-se muita importância à fé e à conduta dos fiéis. Era o reflexo da Reforma Protestante de 100 anos atrás e de um movimento mais recente conhecido como puritanismo holandês. A Bíblia era a norma *credenti et agendi*, isto é, norma de fé e comportamento. Era preciso tratar os escravos com mais humildade, era preciso cuidar das viúvas e dos órfãos, era preciso proteger o meio ambiente, era preciso observar o domingo, era preciso conhecer de perto os dez mandamentos da Lei de Deus, era preciso consolar os doentes, era preciso dar alguma liberdade de culto aos não-protestantes, era preciso controlar a taxa de juros, era preciso ter momentos de laser (pois trabalhar demais era roubar a si mesmo), era preciso aproximar-se da mesa do Senhor prévia e devidamente preparado, etc.[2]

Mas, ainda que pelos cálculos de Schalkwijk, 17% do trabalho pastoral holandês no Brasil fossem dedicados aos indígenas, e ainda que se tenha escrito um catecismo trilíngue para os indígenas (tupi, português e holandês), intitulado "Uma instrução simples e breve da Palavra de Deus nas línguas brasiliana, holandesa e portuguesa",[3] essa boa obra nunca chegou às mãos dos indígenas. O inimigo do Evangelho, sob o governo de Deus, ainda prevaleceu estabelecendo barreiras para impedir o livre acesso da verdade que poderia salvar os pecadores em nosso país. Não ignoramos seus ardis. Podemos identificar suas estratégias diversificadas, na tentativa de impedir o avanço da verdade que liberta e salva o pecador, ao longo de todo percurso da história da igreja, no esforço ingente de trazer a luz do Evangelho a este gigante adormecido em densas trevas. Ora usando de perseguições cruéis e violentas, ora agindo dissimuladamente convidando para uma

---

1 Elben Lenz Cesar, *História da Evangelização do Brasil: dos jesuítas aos neopentecostais* (Viçosa, MG: Ultimato, 2000), p. 50.
2 *Idem.*, pg. 52.
3 Frans Leonard Schalkwijk, *Igreja e Estado no Brasil Holandês* (São Paulo: Cultura Cristã, 2004), p. 226.

trégua irresponsável, ora sugerindo uma mudança radical na essência do Evangelho ou esvaziando-o do seu sentido espiritual e tornando-o político-social, ou diluindo-o para ser palatável, centrado no homem, de rápida aceitação, de modo a perder sua eficácia e poder até vir a se tornar "outro evangelho", que não é o evangelho (Gl 1.6-9).

Nesse artigo, desejo caminhar com os leitores pelos meandros da história da evangelização no Brasil, procurando identificar os altos e baixos do esforço evangelístico empreendido pelas diversas denominações e organizações para-eclesiásticas. Identificar os erros e acertos, na tentativa de evidenciar as características de uma mensagem evangélica mitigada e suas drásticas consequências para a saúde da igreja; quero salientar a verdade bíblica do evangelho da livre graça, tão negligenciado, mas que "é o poder de Deus para salvação de todo aquele que crê" (Rm 1.16). Dar graças a Deus quando, pelo zelo da sua glória, levantou homens como James Richard Denham Jr. e muitos outros que, com coragem e ousadia, ergueram altaneiramente a bandeira da soberana graça de Deus na salvação.

ANTECEDENTES DO ESFORÇO MISSIONÁRIO

Como já dissemos, o nosso propósito é encontrar, na esteira da história do protestantismo no Brasil, vestígios do evangelho da graça, bem como denunciar a insistência de forças contrárias para dissimulá-lo ou destruí-lo completamente. Os primeiros relatos que temos de tentativas de evangelização no Brasil são extremamente interessantes. Em seu livro *O protestantismo brasileiro*, Émile G. Léonard traz o relato de um pastor viajante, metodista norte-americano, Daniel P. Kidder, que esteve no Brasil para distribuir Bíblias no início do século XIX, durante a minoridade do imperador D. Pedro II.[4] Seu relato dá conta de um momento no Brasil, sob a regência do padre Diogo Antônio Feijó, de quase um cisma da igreja católica romana no Brasil e da Santa Sé em Roma, por conta da grande influência do "jansenismo"[5] entre o clero da época, inclusive sobre o próprio

---

4   *Sketches of Residence and Travel in Brazil – Londres e Filadélfia*. Trad. Portuguesa de Moacyr N. Vasconcelos, sob o título Reminiscências de Viagens e Permanência no Brasil, São Paulo, 1940 e 1943.

5   "[Cornelius] Jansen nasceu em 1585, em Acquoy, no sul da Holanda. Estudou nas universidades de Utrecht e de Lovaina, onde (...) orientou-se para o agostinianismo. Mais tarde prosseguiu os seus estudos em Paris. Foi nesta cidade que conheceu o seu grande amigo Jean Du Vergier de Hauranne, mais conhecido por Saint-Cyran. De 1611 a 1617 permaneceram ambos em Bayonne, onde Du Vergier possuía uma casa, para se dedicarem ao estudo da antiguidade cristã. Foi por essa altura que Jansen teria lido dez vezes as obras de S. Agostinho e trinta vezes os escritos deste santo sobre a graça e o pelagianismo... (...) Em 1638 (...) foi promovido a bispo de Ypres, onde veio a falecer dois anos depois, não sem ter completado, corrigido e entregue aos seus amigos para publicação a grande obra da sua vida e a matriz do jansenismo: o *Augustinus*. (...). Durante anos ocupou-se da composição desta obra, que nunca cessou de rever e corrigir ao longo dos anos, inclusive enquanto bispo de Ypres. Esta obra, intensamente burilada, foi entregue, após a morte do seu autor, pelos seus amigos para ser publicada. Apesar da oposição dos jesuítas, a obra foi efetivamente publicada na Holanda, em 1640, propagando-se com rapidez para a Alemanha e para outros países. Alcançou bastante sucesso e foi louvada (...) pelos calvinistas, de tal modo que alguns chegaram a ver nesta obra uma base duma união entre calvinismo e catolicismo". "Jansenismo" em http://pt.wikipedia.org/wiki/Jansenismo, acessado em 15 de maio de 2010.

Feijó. Conforme Leonard, "a importância dessa influência revela-se, entretanto, em três pontos: fomentação de uma piedade austera, culto das Sagradas Escrituras e independência em relação a Roma".[6] Leonard assevera que a influência foi tamanha na pessoa de Feijó, que este, aproveitando-se do seu prestígio, procurou aumentar o nível espiritual do país. De acordo com seu relato:

> Sabe-se como tentou legitimar, pela autoridade, o casamento dos padres. Foi particularmente apoiado nesse projeto pelos seus compatriotas paulistas: assim, em 30 de junho de 1833, conseguiu que a Assembléia provincial solicitasse do bispo da diocese, que, aliás, participava da ideia, a autorização do casamento dos padres. Dois anos mais tarde, o regente pediu a Marquês de Barbacena, então em Londres, que 'providenciasse a vinda para o Brasil de duas corporações de Irmãos Morávios, que se dedicassem a educar nossos indígenas'.[7]

Que momento maravilhoso na luta para que o evangelho se implantasse aqui! Mas não foi ainda dessa vez. Pela providência, só mais tarde começariam a chegar os primeiros missionários, homens "de pés formosos" (cf. Rm 10.15), que haveriam de cruzar as cidades e os sertões, de norte a sul, anunciando a boa nova do evangelho da livre graça de Nosso Senhor Jesus Cristo.

PRIMEIROS MISSIONÁRIOS ESTRANGEIROS

Além do pastor viajante Kidder, esteve em solo brasileiro o representante das Sociedades Bíblicas, inglesa e americana, James Cooley Fletcher, grande divulgador das Escrituras pelo país. Até a sua vinda, as sociedades bíblicas haviam distribuído 4.000 exemplares das Escrituras; nos cinco anos seguintes 20.000.[8] Logo veio Robert Reid Kalley, cognominado desde a Ilha da Madeira de "o lobo da Escócia". Médico influente, tinha acesso à corte - o próprio Imperador visitava sua residência em Petrópolis para ouvir de suas viagens pela Palestina. Este ilustre médico inglês chegou ao Brasil em 1855, após uma incursão na Ilha da Madeira, onde foi instrumento de Deus para a conversão de mais de 2.000 madeirenses, e de onde teve de fugir por causa de terrível perseguição sofrida pelos sacerdotes católicos daquela ilha. Embora não estivesse comprometido oficialmente com nenhuma denominação, tendo sua origem na Igreja Livre da Escócia, era firme nas suas convicções evangélicas de forte influência calvinista. Em uma das suas confissões de fé – Kalley escreveu várias confissões de fé por acreditar que cada local

---

6   Émile Leonard, *O Protestantismo Brasileiro* (São Paulo: ASTE, 1951-1952), p. 38.
7   *Idem.*, p. 40.
8   *Idem.*, p. 49.

onde trabalhava possuía uma necessidade peculiar; em uma delas, danificada por um incêndio ocorrido em sua biblioteca, ele diz o seguinte sobre seu conceito a respeito do homem:

> Eu creio que todos os descendentes de Adão, por meio da geração natural, são por natureza inclinados ao mal moral, que o entendimento, a vontade e as afeições são tão indignas para o grande objetivo de sua criação — conhecer amar e obedecer a Deus — quanto um (...) morto é para os deveres de um homem vivo. E, portanto, eu concordo com a doutrina de que as almas dos homens são, por natureza, mortas em delitos e pecados.

E ainda, sobre a morte substitutiva de Cristo pelo seu povo diz, na mesma confissão: "Eu creio que Jesus em sua morte tinha em mente todos aqueles para os quais se tornou substituto, todos aqueles que serão finalmente salvos. Essa me parece ser a doutrina bíblica".[9] Rastros preciosos do seu testemunho e trabalho permanecem até hoje entre nós.[10]

Ashbel Green Simonton, moço ilustre e bem instruído, amante das Escrituras e das doutrinas bíblicas calvinistas, educado em Princeton, seminário teológico fundado por causa das estritas preocupações teológicas de fidelidade aos Padrões de Fé de Westminster, cujo primeiro professor foi Archibald Alexander e depois Charles Hodge, trouxe em sua bagagem altas qualificações de pregador calvinista reformado. Alderi Matos diz que os pregadores pioneiros traziam consigo "a tradição reformada de pregação doutrinária e expositiva, o estilo caloroso e pessoal dos puritanos, a ênfase evangelística e emocional dos avivamentos, a formação teológica ortodoxa nos seminários".[11] Cita-se também Alexander L. Blackford, cunhado de Simonton, e Francis J. C. Schneider, presbiteriano de origem alemã, George Chamberlain, fundador da Escola Americana, que depois se chamou Mackenzie, e Rockwell Smith.[12] Para reforçar de maneira extraordinária este time indômito de guerreiros da fé reformada, Deus trouxe, das próprias fileiras católicas, o ex-padre José Manoel da Conceição, o "Padre Protestante", apóstolo incansável que, de

---

9   Idem., p. 33-35. A mais importante confissão de fé escrita por Kalley são os vinte e oito artigos da Breve Exposição das Doutrinas Fundamentais do Cristianismo, escrita em 2 de outubro de 1874 e que se tornou o padrão doutrinário das Igrejas Evangélicas Congregacionais do Brasil.

10 Para um estudo biográfico sobre este missionário, cf. William B. Forsyth, *Jornada no Império; vida e obra do Dr. Kalley no Brasil* (São José dos Campos, SP: Fiel, 2006).

11 Para mais sobre o assunto, cf. Alderi Souza de Matos, "Pregação dos pioneiros presbiterianos no Brasil: uma análise preliminar", em *Fides Reformata* 9/2 (julho-dezembro 2004), p. 57-74.

12 Rockwell Smith nasceu em Lexington, Kentucky, EUA, em 1846, e graduou-se pelo Union Theological Seminary, na Virginia, com 25 anos. Era um pastor de forte convicção calvinista como foram os grandes missionários do passado e trazia a semente da Palavra de Deus para ser semeada em terras brasileiras. Fundou a Primeira Igreja Presbiteriana do Recife no dia 11 de agosto de 1878. Rockwell Smith e seus doze companheiros brasileiros, cheios de fé e de entusiasmo e iluminação do Espírito Santo, durante memorável assembléia, fundam a Igreja Presbiteriana de Pernambuco.

pés descalços, de aldeia em aldeia, povoados e vilas, a pé, até que não houvesse mais forças pregava o mesmo evangelho que um dia o libertara da escravidão de Roma. Manoel da Conceição proclamava o evangelho da livre graça de Deus, ensinando a guardar tudo quanto o Senhor havia ordenado. A proclamação do evangelho por esses missionários, além de ter como pano de fundo as doutrinas reformadas nos padrões de Westminster, ainda era confirmada com o discipulado e a subsequente implantação de uma igreja.

A qualificação dos ministros autóctones que vieram a seguir era do mais alto nível intelectual e teológico. O próprio Manoel da Conceição tornou-se padre após brilhantes estudos em Sorocaba. Tinha gosto pela leitura, participou da tradução alemã de uma *História Sagrada do Antigo e Novo Testamentos*, leu livros importados da Europa sobre história, botânica, anatomia e homeopatia e adquiriu algum conhecimento de medicina para aliviar o sofrimento de seus paroquianos.[13] Além dele, Modesto Carvalhosa, Antônio Trajano, Miguel Torres, Erasmo Braga, Eduardo Carlos Pereira (autor de uma gramática que foi utilizada pelas escolas de todo o Brasil até bem pouco tempo atrás) e muitos outros. O ensino era claro, lúcido, bíblico: a salvação ocorria pela graça soberana de Deus, mediante a fé somente em seu Filho bendito, Jesus Cristo, sem ocultar as implicações e o custo do que significa segui-Lo.

Após a morte do incansável José Manoel da Conceição, a igreja comemorou a conversão de um dos mais importantes brasileiros, sobrinho de senador e membro do Supremo Tribunal, engenheiro e antigo oficial, oriundo de uma das maiores famílias do Maranhão, Miguel Vieira Ferreira. Acontece que a sua "conversão" era no mínimo suspeita, pois afirmava ter recebido diretamente de Deus, através de uma visão, a ordem de se batizar. Uniram-se a ele outros de sua família que afirmavam ter tido a mesma experiência. Foram recebidos pela Igreja Presbiteriana do Rio, da qual veio a se tornar presbítero. Houve sérias objeções a tudo isso e o caso foi parar até nos Estados Unidos, que retornou com a resposta de que a matéria deveria ser resolvida no Brasil mesmo. A decisão final do Presbitério era "de que Deus não se dirige mais diretamente aos homens, desde que lhes deu as Escrituras como regra de fé". Miguel Vieira não aceitou essa decisão e rompeu com a igreja. Fundou sua própria denominação, que teve o nome de Igreja Evangélica Brasileira e pregava "assegurando que não há cristão verdadeiro que não tenha recebido a graça de uma visão direta".[14] Foi uma mancha e uma ameaça ao evangelho da graça, mas isso era só o começo, pois outros males ainda viriam comprometer a pureza do evangelho "conforme é a verdade em Cristo Jesus".

Logo após os presbiterianos vieram os batistas. Depois da incursão frustrada de Thomas Jefferson Bowen, que havia trabalhado anteriormente na África e ficou somente

---

13 Elben Lenz César, *História da Evangelização do Brasil*, p. 106.
14 Émile Leonard, *O Protestantismo Brasileiro*, p. 69.

um ano no Brasil, no seu retorno aos Estados Unidos deu um relatório pessimista que desanimou muito a Junta de Richmond.[15] Por um bom tempo não se cogitava enviar missionários ao Brasil. Com a vinda dos imigrantes, derrotados na guerra civil do sul dos Estados Unidos, muitos deles batistas, tiveram êxito ao se fixarem em Santa Bárbara do Oeste, próximo a Campinas. Organizaram a primeira Igreja Batista (de fala inglesa) em solo brasileiro, que teve como pastor um dos colonos, Richard Ratcliff. Tendo que regressar aos Estados Unidos, em virtude da morte de sua esposa, "escreveu uma carta eloquente à Junta, expondo as necessidades e oportunidades do Brasil e oferecendo-se para explicar as causas que motivaram a saída de Bowen em 1861".[16] A partir daí, uma plêiade de homens consagrados e apaixonados pelo Salvador do mundo foram chegando e, com ardor e denodo, iniciaram a obra dos batistas no Brasil. Nomes como William Buck Bagby e sua esposa Anne, descendente de huguenotes franceses, Zachary C. Taylor, Salomão Luiz Ginsburg, W. E. Entzminger, J. J. Taylor, culto, amante dos livros e da arte de pregar, A. R. Crabtree, autor de uma *Teologia do Velho Testamento*, e W. C. Taylor, o mais importante teólogo e exegeta dos primórdios do trabalho batista. E os brasileiros Antônio Marques da Silva, Francisco Fulgêncio Soren e Teodoro Teixeira, que no dizer de Reis Pereira foi "uma das influências na formação doutrinária do povo batista brasileiro".[17]

Eram homens de fibra e caráter cristão ilibado e não estavam aqui para preencher estatística ou impressionar buscando resultados fáceis. Veja o que diz Reis Pereira, citando Helen Bagby Harrison, em seu livro sobre os Bagby: "Que seu pai não desejava meros aderentes, sendo esse o estilo católico romano, mas pessoas realmente nascidas de novo, que dessem provas da sua regeneração, da vida nova em Cristo".[18] Sobre a convicção doutrinária dos batistas é sabido que, nos primórdios, na sua maioria eram reformados. A *Confissão de Fé Batista de Londres* (1689)[19] sustenta a doutrina bíblica do evangelho da livre graça e a eleição soberana de Deus. Os batistas mais ilustres da história da igreja e de maior ardor evangelístico eram calvinistas reformados. John Bunyan, Adoniran Judson, William Williams, William Carey, considerado o pai das missões modernas, Charles H. Spurgeon, o príncipe dos pregadores, e muitos outros.[20] Bagby se moveu para o Rio de Janeiro deixando a Bahia, e lá encontrou uma senhora crente batista, membro do Tabernáculo de Spurgeon, em Londres; e foi exatamente em sua casa que se organizou a segunda igreja batista brasileira, a Primeira Igreja Batista do Rio de Janeiro.[21] Certamen-

---

15 J. Reis Pereira, *História dos Batistas no Brasil* (Rio de Janeiro: JUERP, 1982), p. 10.
16 *Idem.*, p. 11.
17 *Idem.*, p. 102.
18 *Idem.*, p. 28.
19 *Confissão de Fé Batista de 1689* (São José dos Campos, SP: Fiel, 1991).
20 Mais detalhes ver Robert B. Selph, *Os batistas e a doutrina da eleição* (São José dos Campos: Fiel, 1990).
21 J. Reis Pereira, *História dos Batistas no Brasil*, p. 27.

te foi essa influência que prevaleceu e determinou o tipo de evangelho pregado.

Podemos perceber, examinando tanto no modelo presbiteriano como no batista, que no começo da evangelização no Brasil a mensagem não era falsificada, mas confrontadora. Não de meias verdades, mas de "todo o desígnio de Deus" (At 20.27). Não era uma mensagem "amigável" e centrada no homem, mas o evangelho da graça de Deus. Por isso, os pregadores eram perseguidos.

William Butler, "o médico amado de Pernambuco", pastor presbiteriano e pregador do evangelho no nordeste do país, mais precisamente na vila de São Bento do Una, quando se preparava para voltar de mais uma de suas incursões evangelísticas, foi salvo de um atentado por um irmão piedoso de nome Né Vilella. Esse irmão se antepôs ao missionário e recebeu a punhalada fatal do inimigo, tornando-se mártir da implantação do presbiterianismo no Brasil.[22] Do lado batista, da mesma forma, certa feita, quando o missionário Bagby voltava de um batismo, veio-lhe ao encontro um grupo que o ameaçou de morte. Não dando importância, iniciou a pregação e uma pedra o atingiu na fronte, fazendo-o cair inconsciente. Recuperado, reassumiu a direção, pois havia um casamento a fazer. Quanto Zacharias Taylor o viu na manhã seguinte portando uma larga ferida na fronte, exclamou: "Bagby, essa ferida é a maior coisa que já vi! Gostaria de ter estado lá também. Preferia ter uma cicatriz dessas na fronte a ter a coroa de qualquer rei da Europa!"[23]

Não havia "apelos" por decisões – rito baseado no livre-arbítrio do homem, a fim do pecador se manifestar, levantando a mão ou indo à frente para aceitar a Cristo –, não se contava o número de decididos, mas se esperava conversões. A igreja era exigente antes de reconhecer alguém convertido, e os pregadores não negociavam com o pecador a necessária renúncia de si mesmo, do mundo, do pecado e da idolatria. Não se utilizavam de métodos inventados pelos homens, nem ofereciam qualquer tipo de benesse do tipo que os pregadores do evangelho da prosperidade fazem hoje, nem estimulavam as emoções prometendo curas e soluções de todos os problemas. O pecador era convidado a seguir a Cristo e tomar a sua cruz. O resultado foi surpreendente! Esses pioneiros experimentaram grande crescimento, tanto em número como em qualidade. Eles semeavam, confiando na força do evangelho, "que é o poder de Deus para salvar todo aquele que crê", oravam e colhiam os frutos para a glória de Deus. Mas, infelizmente, o inimigo, com sua astúcia, trouxe ensinos estranhos à fé cristã, e explorando a soberba humana fez esquecer o antigo evangelho, sugerindo novas e promissoras técnicas para apressar o crescimento da igreja. Tratava-se de um novo modelo de pregação e de colheita. A infeliz novidade chamava-se *new measure*,[24] e iria mudar os rumos da evangelização no Brasil

---

22 Edijéce Martins Ferreira, *A Bíblia e o bisturi* (São Paulo: CEP, 1987), p. 77-80.
23 J. Reis Pereira, *História dos Batistas no Brasil*, p. 25.
24 "Novas medidas" empregadas na evangelização.

e determinar, com pouquíssimas exceções, o estilo do evangelicalismo que temos hoje, fraco, mundano e superficial.

UMA MUDANÇA DRAMÁTICA

Alguém já sugeriu que a segunda metade do século XIX foi um dos períodos mais tristes na história e da igreja. Foi nesse período que surgiram algumas das doutrinas e ensinos mais perniciosos que o mundo já conheceu. Foi nele que surgiu o darwinismo (1859), o comunismo (1848), o mormonismo (1830), o adventismo (1860), o russelismo (1876), o liberalismo teológico e o finneyismo, com suas novas medidas evangelísticas (1830).

Até então, pregava-se o evangelho da livre graça de Deus. O evangelho que era pregado desde o tempo dos apóstolos, na cristandade primitiva e na restauração doutrinal que foi a Reforma protestante. A tentativa de se implantar um pensamento diferente da concepção corrente e aceita por quase toda a cristandade evangélica, da soberania de Deus na salvação, alcançou seu ápice no ano de 1618 com a radical proposta de um grupo de teólogos conhecido como remonstrantes, ou arminianos. Eles reivindicaram o ensino da eleição baseada na previsão de fé, o livre-arbítrio do homem, a expiação representativa de Cristo na cruz por todos os homens, a possibilidade de Deus não conseguir salvar um pecador por causa da resistência deste e de ser possível que um crente perca a salvação. Esses ensinos errôneos foram refutados pelo Sínodo de Dort, realizado na Holanda, quando foram estabelecidas as grandes verdades dos chamados cinco pontos do calvinismo, que Spurgeon chamava simplesmente de evangelho. De lá, até o ano de 1830, era o que se cria e o que se pregava em grande parte da tradição cristã ocidental.

Charles Grandison Finney nasceu em 1792, em Warren, Litchfield County, Connecticut, nos Estados Unidos. Não fez seminário e possuía somente curso de direito. Viveu sua juventude afundado em ceticismo, e no meio de uma crise existencial veio a se converter a Cristo, mas enfrentou muitas dificuldades com os pontos essenciais da fé cristã, discordando várias vezes do seu pastor. Ele mesmo declara que nunca examinou os Padrões de Fé da Igreja Presbiteriana, onde ingressou como membro. Em pouco tempo foi recebido, inadvertidamente, pelo Presbitério como pregador do evangelho. Como pelagiano, negou o pecado original e minou a doutrina da expiação substitutiva, tentando ridicularizar a tradição calvinista; discordava que a conversão fosse sobrenatural e uma obra exclusiva do Espírito Santo. Sua maior preocupação era obter "decisões" imediatas, ainda que fossem uma mera disposição favorável em direção a Deus.[25] Poucos

---

25 Phillip R. Johnson, *A Wolf in Sheep's Clothing; How Charles Finney's Theology Ravaged the Evangelical Movement*, em http://www.spurgeon.org/~phil/articles/finney.htm, acessado em 14 de maio de 2010.

sabem, que um contemporâneo de Finney, um pregador presbiteriano chamado Asahel Nettleton,[26] grande avivalista, pregava ardentemente o evangelho sem nunca fazer apelo por decisões, tornando-se um instrumento para conversão de milhares de pecadores. Esse homem foi usado tremendamente por Deus e se opôs fortemente contra os novos métodos de Finney. Teve um encontro pessoal com ele e tentou de todas as formas dissuadi-lo de suas práticas, argumentando com as Escrituras. No entanto, esbarrou na soberba do grande evangelista e nada conseguiu. Finney continuou promovendo suas novas ideias das quais se ressalta o apelo para que os decididos viessem ocupar os "bancos dos ansiosos". Finney acreditava que os pecadores tinham em si virtudes adormecidas que precisavam ser despertadas e considerava absolutamente válido sugestionar as emoções e pressionar para que o pecador tomasse uma decisão por Cristo. Como Jadiel Souza resume:

> Dificilmente poderia ser citado outro nome que tenha obtido maior êxito que o de Finney em popularizar a mensagem evangélica, em democratizar o pensamento cristão, em utilizar técnicas novas na condução do exercício religioso, em priorizar as necessidades do povo e torná-las o alvo maior do trabalho eclesiástico, em valorizar a habilidade humana para alcançar objetivos religiosos. Isso fez com que ele se tornasse candidato natural ao título de mentor da atual secularização e humanização presentes na Igreja.[27]

Esse conceito e prática evangelística não ficaram estanques no passado, antes fez escola, e exerceu uma influência enorme na história da igreja. Seguindo na esteira de Finney, vieram Dwight Lyman Moody, Billy Sunday, um ex-jogador de beisebol, e, em nossos dias, Billy Graham. Este último, especialmente, teve uma tremenda influência no Brasil, quando pregou no X Congresso da Aliança Batista Mundial, realizada no Rio de Janeiro, em pleno Maracanã lotado. Durante décadas tem sido modelo para milhares de evangelistas itinerantes em todo o mundo. Em 1983, participei de um Congresso Mundial de Evangelistas Itinerantes, em Amsterdã, na Holanda, promovido pela Associação Billy Graham, onde mais de 2000 evangelistas aprenderam as práticas modernas da evangelização de massa. Tudo tendo sua origem na prática de Finney.

A mudança que ocorreu no panorama da evangelização do Brasil, evidentemente, não foi algo repentino. Tudo iria depender fundamentalmente de fatores teológicos e filosóficos determinantes que iriam minar as convicções dos líderes e pastores. A onda teológica liberal, por sua vez, foi avassaladora, especialmente na década de 1950 e 1960.

---

26 John F. Thornbury, *God Sent Revival: The Story of Asahel Nettleton and the Second Great Awakening* (Durham, England: Evangelical Press, 1977).
27 Jadiel Martins Souza, *Charles Finney e a secularização da igreja* (São Paulo: Paracletos, 2002), p. 45.

Os seminários teológicos foram invadidos pelo ceticismo racionalista, pela alta crítica bíblica, pelo universalismo e pelo falso "remédio" da neo-ortodoxia, que foi uma tentativa de reinterpretar a fé reformada em categorias existenciais e não históricas. Na experiência presbiteriana do Brasil, Deus usou um homem sério e lutador, para realizar uma verdadeira limpeza nos seminários, Boanerges Ribeiro. Mesmo assim, a Igreja Presbiteriana do Brasil não ficaria eximida dos efeitos colaterais. Os seminários ficaram sem seus doutores e obviamente o nível de conhecimento acadêmico declinou, com raras e heroicas exceções. Uma leva de pastores mal preparados foi entregue às igrejas, e estes não puderam resistir à onda do neo-pentecostalismo, que nos anos subsequentes atingiria a igreja. Seria um longo inverno, até que chegassem os primeiros doutores reformados e fosse estabelecido o Centro Presbiteriano de Pós-Graduação Andrew Jumper, em São Paulo.

Aos poucos, os pastores, evangelistas e avivalistas, contaminados pela busca de resultados e sucesso, foram introduzindo esses novos métodos. Cedo vieram as campanhas evangelísticas, esforços gigantescos para mobilizar as igrejas e computar o maior número possível de decisões. No meio batista, nomes como o de Rubens Lopes e Henrique Peacock se sobressaíram como grandes líderes e mobilizadores, e do lado presbiteriano se destacou a Comissão Nacional de Evangelização (CNE). Depois, vieram as grandes cruzadas, com seus processos sofisticados de preparação, cartões de convites, "Operação André", preparo de conselheiros, cartão de decisões, corais e cantores especiais, nomes como o do próprio Billy Graham, Luiz Palau e brasileiros como Antônio Elias, Caio Fábio, Nilson do Amaral Fanini e, tristemente, eu mesmo. Não desmerecemos o trabalho ingente e abençoado que todos fizemos, pois Deus opera *apesar* de nós; mas, sem nos apercebermos, estávamos fora da bendita tradição reformada evangelística no Brasil. A obra da evangelização agora não era mais dos crentes no seu viver diário, nem dos pastores nos púlpitos, mas dos evangelistas profissionais, das cruzadas e campanhas evangelísticas, uma vez ao ano. Grupos de jovens idealistas surgiram por toda parte, sempre usando o mesmo modelo: música emocional, pregação e apelo.

Alguém poderia perguntar: "Mas que mal há, se pessoas estão sendo salvas? Bem ou mal as igrejas não experimentam crescimento? Qual o problema com as campanhas evangelísticas e os apelos, afinal?" A primeira coisa a considerar, e que ao meu ver é da mais alta relevância, é o fato de que Deus nunca ordenou na sua Palavra estes novos métodos para sua igreja. Seremos nós mais perspicazes que Deus? Alguns pensam que Ele nos permite desenvolver nossos próprios métodos, a fim de incrementar sua obra. Mas, não é isso que lemos nas Escrituras. No Antigo Testamento, Deus afirma expressamente: "Tudo o que eu te ordeno, observarás para fazer; nada lhe acrescentarás nem diminuirás" (Dt 12.32); e no Novo Testamento: "Porque transgredis vós, também, o mandamento de Deus pela vossa tradição" (Mt 15.3). Devemos afirmar, portanto, que nunca nos foi autorizado acrescentar nada às Escrituras, que é a nossa "única regra de fé e prática". Dizer que a passagem, "portanto, aquele que me confessar diante dos homens, eu o confessarei diante do meu Pai, que está nos céus" (Mt 10.32), seria a base bíblica para o apelo é forçar o texto, que não diz respeito a convidar alguém para se converter, mas sim a convertidos confessarem sua fé diante dos homens. Podemos usufruir de avanços na área tecnológica, de benefícios que são indiferentes, que não modificam o essencial, mas o apelo o faz. Todo evangelista que usa essa prática, e eu mesmo a utilizei por muito tempo, é tentado a omitir algumas verdades que poderão dificultar as pessoas de virem à frente e enfatizar outras verdades que poderão ajudar. Ao fazermos isso, mutilamos a mensagem. Os decididos, por sua vez, são induzidos a interpretarem que estão fazendo sua parte no "negócio" da salvação e Deus. Em outras palavras, "agora é a vez do pecador de cooperar". E por estabelecermos que a salvação precisa ocorrer no momento em que é apresentada a mensagem, se bem que Deus pode eventualmente fazê-lo, é praticamente impossível que o pecador entenda, com profundidade, as implicações do que significa seguir a Cristo. Atitudes importantes como arrependimento (que envolve convicção de pecados, tristeza segundo Deus, horror ao pecado e ao mundo), confissão e abandono do pecado, são frequentemente deixadas de lado. O ser de Deus, a divindade de Cristo, o negar-se a si mesmo, o tomar a cruz, entre outras doutrinas essenciais, nada disso é possível de se oferecer em quarenta minutos! E o resultado é uma multidão de crentes que verdadeiramente nunca nasceram de novo. Crentes que lotam as igrejas, mas são mundanos, carnais e soberbos. Vieram à frente para obter vantagens. "Nunca me arrependi de ter aceitado a Jesus!", pensam. Acham até que podem barganhar com Deus e exigir suas bênçãos!

Como evangelista, pregador de cruzadas, fazendo apelos e contabilizando centenas de decisões, sempre me preocupou o estado debilitado em que as igrejas se encontravam. Não me deixava enganar, a grande maioria dos "convertidos" não permanecia na igreja, e os que ficavam eram, tristemente, cristãos medíocres. Então, certa vez, li um livro publicado pela editora Fiel, *Os batistas e a doutrina da eleição*, de Robert Selph. Na secção que trata da evangelização ele escreve:

> Nosso principal objetivo na evangelização do coração é duplo: Fazer a lei de um Deus soberano e justo pesar sobre o coração do pecador, ao ponto de desespero, e direcionar o pecador para que corra para Cristo, em total abandono do pecado e do próprio 'eu', rogando-lhe por misericórdia e uma nova vida. A palavra-chave que devemos frisar, quanto a esse objetivo duplo, é '*desespero*'. É preciso que os pecadores sejam levados ao desespero, pelo Espírito Santo. O desespero faz parte inerente da própria natureza do vir a Cristo (Hb 6.18).[28]

---

28 Robert B. Selph, *Os batistas e a doutrina da eleição*, p. 112.

Foi como se houvesse o clarão de um relâmpago nesta palavra, "desespero". Lembrei-me dos inúmeros apelos que fiz, das técnicas que usava, da emoção que provocava para que alguns viessem comovidos, acuados, pressionados pela forma como era feito o apelo, deixando-os sem saída, para que "aceitassem a Cristo". Alguns chegavam a dizer: "Não quero ser crente! Só quero a oração!" Não me recordo de que alguém tenha vindo em desespero de alma. Isto é, ninguém se achegava na certeza de que estava perdido ou em grande perigo diante da ira do Deus justo. Mesmo conhecendo agora o amor de Deus revelado na cruz em Jesus Cristo, não estavam diante dEle cientes de que não podiam fazer nada, senão suplicar em desespero de alma que por sua graça os salvasse. A Bíblia diz claramente: "Põe a sua boca no pó, talvez haja esperança" (Lm 3.29). Como eu podia dizer que agora estavam salvos? Como podia pedir a Deus que escrevesse aqueles nomes no Livro da Vida, se os nomes já estão escritos desde a fundação do mundo (Ap 13.8; 17.8)? Foi assim que acabei despertado, pela misericórdia de Deus, para o grande erro que estava cometendo nesta área da evangelização. Não posso deixar de colocar estas questões de forma simples. Não há nada de complicado em entender tudo isso, pois a graça do evangelho é algo simples, mas este é o poder de Deus para salvação de todo o que crê. O evangelho é a expressão da graça soberana de Deus salvando pecadores amados, escolhidos antes da fundação do mundo. Deus chama de forma irresistível, pela pregação, pecadores que se humilham no pó, em desespero, pela perversidade de seus corações. Não é algo meritório e sim uma dádiva graciosa e soberana.

Eu não podia mais prosseguir com aquela prática evangelística. Não quero constranger ninguém, nem aos meus colegas de ministério, mas o que descobri foi a verdade preciosa das Escrituras, pois carregava uma venda que me cegava os olhos, para que não contemplasse as maravilhas dos atos redentivos de Deus. Tive que fazer uma reformulação completa no meu ministério de evangelista e adequá-lo à mensagem do evangelho da livre graça de Nosso Senhor Jesus Cristo. Deixei de fazer os tais apelos por "decisão"; agora, o apelo vem da própria mensagem. Continuo a rogar e clamar aos pecadores que se reconciliem com Deus, que se arrependam, que venham a Cristo clamando a Deus para que lhes abra o coração, a fim de crerem. Digo-lhes ainda: "Façam isso hoje!" Contudo, não me atrevo a palmilhar no terreno sagrado dos resultados, que pertence somente ao Espírito Santo, o único que sabe em quem operar, como operar e o exato momento de fazer isso. Ele age como quer, soberanamente (Jo 3.8).

VENTOS DE ESPERANÇA

Deus nunca deixou a sua igreja sem que nela permanecesse o testemunho da verdade. Foi assim na experiência de Elias, desesperançoso e sentindo-se solitário: "Só eu fiquei e buscam a minha vida para ma tirarem", e o Senhor lhe respondeu: "Reservei sete mil que não dobraram seus joelhos a Baal" (1Rs 19.14-18). No tempo da ignorância e de trevas da Idade Média, valdenses e hussitas escondiam-se pelos montes e cavernas. Até que se levantaram, *post tenebras lux*, no grande movimento da Reforma protestante do século XVI. Por que não esperar que isso aconteça de novo na história da igreja contemporânea no Brasil? Mesmo nessa época de luz tênue na evangelização reformada, dignos e fiéis representantes levantaram suas vozes, muitas vezes como "pelicanos no deserto". Mas agora, certamente estão vibrando em suas cãs, ao ouvirem, soando em vários lugares os alegres e doces sons do evangelho da triunfante graça, que "já se fez ouvir aqui". Não podemos deixar de lembrar, com gratidão, de nomes como: Waldir Carvalho Luz e Valter Graciano Martins, que fundaram a Edições Parakletos, dois homens que fizeram Calvino falar em português; Odair Olivetti, eminente tradutor; Bill Barkley, fundador de Publicações Evangélicas Selecionadas (PES), e Richard Denham: "Oh! Bendito o que semeia livros... livros à mão-cheia... e manda o povo pensar!" (Castro Alves, *O livro e a América*). Pensar em seus pecados e misérias, pensar na glória e soberania de Deus, pensar na Bíblia e sua suficiência, na cruz de Cristo, na igreja e sua missão!

Quem poderia imaginar que um obscuro missionário batista, embrenhado na Amazônia, viesse a ser distinguido por Deus para se tornar um dos maiores instrumentos na restauração do evangelho da graça no Brasil? Ricardo Denham, impressionado com os artigos bíblicos publicados na revista reformada *Banner of Truth*, vendo a situação da igreja no Brasil, especialmente dos seus colegas e irmãos batistas com relação à verdade do evangelho da graça, resolve mudar-se para São Paulo. Ali iniciou um ministério de literatura reformada chamado Editora Fiel, que trouxe um impacto tremendo no cenário evangélico nacional, de efeitos gloriosos e transformadores para muitos. Protagonista de uma conferência anual que reúne um número incomum de pastores e líderes e é hoje referência de pregação reformada. Batistas, presbiterianos, congregacionais, pentecostais influenciados pela literatura reformada, e crentes de várias outras denominações têm se encontrado no mesmo espaço e têm recebido o impacto da mensagem do evangelho da graça. Muitos, ao voltarem para suas igrejas, não puderam mais continuar pregando como antes.

Hoje, além de pastores da Convenção Batista Brasileira, convictos do evangelho da graça, e que pregam em suas igrejas honrando e seguindo os passos dos seus ilustres pioneiros, existe também uma Comunhão Reformada Batista do Brasil, que reúne pastores e líderes comprometidos com a fé reformada. Não poderia deixar de mencionar a Associação de Igrejas Batistas Regulares do Brasil, por sua seriedade e preocupação pelo ensino das Escrituras. Descendentes dos *Resctricted Baptists*, batistas particulares ou calvinistas da Inglaterra, seguidores da Confissão de Fé da Filadélfia de 1742 (baseada na Confissão de Fé de Londres de 1689),[29] chegaram ao Brasil em 1936,[30] dignos batistas que não transigiram a verdade.

Do lado presbiteriano, rumores santos já se faziam ouvir. Paulo Anglada, num esforço hercúleo, sustentava as publicações dos Clássicos Evangélicos, e com isso granjeou resultados que são conhecidos somente por Deus. A publicação das *Institutas da Religião Cristã* de Calvino, pela Casa Editora Presbiteriana, apesar de rebuscadas, foi e tem sido uma bênção, para abrir o caminho das verdades bíblicas, tão firmemente apresentadas nessa obra magistral. Mas algo ainda mais efetivo estava para acontecer.

De repente chegaram, um após outro, como que aparecendo do nada. Todos começaram a ouvir falar dos doutores e mestres Heber Campos, Augustus Nicodemos, Mauro Meister, Alderi Matos, Davi Gomes, Solano Portela e outros, que formaram um time do mais alto nível, servindo a partir do Centro Presbiteriano de Pós-Graduação, em São Paulo. Comprometidos com a fé reformada, e com um grande desafio: aprimorar o conhecimento dos pastores, corrigir conceitos equivocados e exortá-los a serem radicalmente bíblicos. Cooperar com os seminários teológicos e participar de congressos e conferências reformadas por todo o território nacional. Deste esforço surgiu a *Fides Reformata*, uma revista acadêmica de princípios reformados. Foi uma resposta oportuna ao crescimento absurdo do liberalismo teológico, do pragmatismo e do neo-pentecostalismo, com os sérios comprometimentos doutrinários e litúrgicos que estes têm trazido à denominação. Em meio a grandes lutas estes irmãos têm perseverado, e somente o futuro testemunhará dos benefícios deste Centro para a igreja evangélica no Brasil.

O PROJETO "OS PURITANOS"

Foi num domingo, o culto havia terminado, quando Manoel Canuto, presbítero da Igreja Presbiteriana do Recife, após ouvir a pregação de pastor Augustus Nicodemus, que havia feito menção dos puritanos e do "doutor" Martin Lloyd-Jones, como o último dos puritanos e o maior de seus divulgadores em nossos dias, dirigiu-se a ele e perguntou: "pastor Augustus, não podemos convidar Lloyd-Jones para vir pregar em nossa igreja e falar sobre os puritanos?" Ao que ele respondeu, brincando: "Sim, mas para isso ele teria de descer da glória em que está". Riram a valer! Mas então se observou que Martin Lloyd Jones havia deixado escrito um livro sobre os puritanos, uma compilação de várias palestras proferidas nas Conferências Puritana e Westminster realizadas anualmente na Inglaterra, mas que estava em inglês. O título da obra, *The Puritans: Their Origins and Successors*. Nele poderíamos ter uma dimensão

---

29   Jaime Lima, *Quem é esse povo? História dos Batistas Regulares no Brasil* (São Paulo: IBR, 1997), p. 26-27.
30   *Idem.*, p. 31.

da vida extraordinária desses homens santos e piedosos, eruditos e reformados. Tive a oportunidade de ler esta obra e fiquei extasiado! Piedosos, cheios do Espírito Santo e calvinistas! O entusiasmo inundou o coração de todos nós, do saudoso presbítero Olin Coleman, de Manoel Canuto e de Josias Baía. Pensamos sobre o impacto que isso poderia causar na vida de milhares em todo o Brasil! "Precisamos traduzir e publicar esta obra o mais rápido possível!", bradei! Providências foram tomadas, e conversamos com o pastor Ricardo Denham, que gentilmente e com não menos ardor atendeu nosso convite e logo concordou em publicar esse tão oportuno livro. Um pouco mais tarde soubemos que a editora PES já estava adiantada na impressão do livro que recebeu o título *Os puritanos: suas origens e seus sucessores*.[31]

Partimos para a tradução e publicação de outro livro, que dessa vez envolveu total participação da editora Fiel. Trata-se de um dos mais valiosos livros de teologia prática que temos em português, *Entre os gigantes de Deus*,[32] escrito por James Packer, que estudou durante quarenta anos a vida e obra dos puritanos. E foi assim que nasceu o Projeto Os Puritanos, inflamado de paixão pelas doutrinas da graça, desejoso de que os Padrões de Fé por eles elaborados, a Confissão de Fé, os Catecismos Maior e Breve e o Diretório de Culto fossem conhecidos, estudados e praticados. Surgiu o desejo de que o estilo de vida santa e simples dos puritanos, seu amor pela igreja e zelo para com as Escrituras e o culto fossem uma realidade, primeiro em nossa vida, e depois na igreja evangélica brasileira. Assim pusemos mãos à obra. Editamos um boletim que rapidamente se tornou um jornal e depois uma revista, Os Puritanos; foram realizados simpósios, a princípio em localidades diferentes e, por fim, um único, realizado anualmente, aos moldes da conferência da Fiel. Muitas foram as lutas, muitos os mal entendidos. Fomos acusados injustamente de desejar reintroduzir as idiossincrasias dos puritanos e transplantá-las para nossa época. Na verdade desejamos tão somente retomar as grandes verdades bíblicas expostas de modo tão claro por eles na Confissão de Fé de Westminster e nos seus escritos, mas que foram esquecidas, e aplicá-las na vida prática da igreja brasileira contemporânea.

Outros esforços despontaram em várias partes do Brasil. Encontros reformados em Recife, Goiânia, Belém, Manaus, São Paulo, Rio de Janeiro e outros lugares despertaram um interesse incomum pela fé reformada. Foi importante também a influência da Igreja Reformada do Brasil, de origem canadense, com irmãos como Ralph Boersema, que foi o fundador da Faculdade Internacional Reformada (FITRef), e Kenneth Wieske, fundador do Centro de Literatura Reformada (CLIRE), que tem apoiado o Projeto Os Puritanos na cidade do Recife. É inquestionável o fato de que Deus está agindo e restaurando a

---

31 D. Martyn Lloyd-Jones, *Os puritanos: suas origens e seus sucessores* (São Paulo: PES, 1993).
32 J. I Packer, *Entre os gigantes de Deus: uma visão puritana da vida cristã* (São José dos Campos, Fiel, 1996). Também deve ser mencionado o importante livro de Leland Ryken, *Santos no mundo: os puritanos como realmente eram* (São José dos Campos: Fiel, 1992).

pregação expositiva da Palavra, o culto simples e bíblico, o evangelho da livre graça e a evangelização centrada em Deus.

Alegramo-nos sem medida ao ver que muitos jovens têm sido chamados ao ministério pastoral e abraçado com destemor a verdade bíblica, lendo e estudando a literatura reformada, cursando bons seminários no exterior e, agora, no Brasil. Nunca se viu em toda a história do protestantismo brasileiro a publicação de tantos livros reformados, tanto de autores batistas como presbiterianos e independentes. Até editoras sem ligação com a teologia da Reforma têm se dobrado à importância e valor da literatura reformada, publicando obras dessa natureza.

Uma menção especial se faz necessária, nesta luta contra a falta de conhecimento doutrinário e experimental, e que pode servir de empecilho na restauração da evangelização reformada em nosso país. Como nos dias de Calvino, as diferenças se evidenciam no meio dos reformados hoje e têm provocado algum distanciamento e divisão. Satanás não descansa e a história sempre nos revela seus ardis, conflito e separação. Devemos ter em mente que o reformador de Genebra lutou pela união dos reformados:

> O obstáculo ao acordo era interpretação da Ceia do Senhor. Em 1548, Calvino escreveu a Bullinger, o líder dos seguidores de Zwinglio. Eu poderia crer que Cristo está presente na Ceia do Senhor numa maneira mais ampla do que V. considera que Ele esteja, escreveu Calvino, mas 'por causa disso não deixaremos de crer no mesmo Cristo, e sermos um nEle'. Enviou, a seguir, vinte e quatro artigos sobre o assunto da Ceia do Senhor, para serem usados como base de discussão.

Seis semanas após a morte de Idelette, foi para Calvino um conforto ir com Farel a Zurich para conversar com Bullinger e outros. A união demonstrava estar próxima. Calvino tinha recebido uma carta de Bullinger, à qual tinha respondido: 'Parece que nunca recebi coisa mais agradável das suas mãos... Estou muito contente que quase nada... nos impede de concordar agora, mesmo por palavras... Jamais será por minha causa que deixaremos de nos unir numa sólida paz, pois que unanimemente professamos o mesmo Cristo'.[33]

> Desejemos todos esta mesma disposição que enchia o coração do piedoso e fiel Calvino. O reformador nunca abriu mão de suas convicções, mas tinha um coração sensível e amoroso. Desejava ardentemente a união entre os reformados.

---

33 Thea B. Van Halsema, *João Calvino era assim* (São Paulo: Vida Evangélica, 1968), p. 162.

CONCLUSÃO

Por essas e outras novas, nosso coração se aquece e se enche de esperança. O que um crente repleto de amor a Deus pode desejar mais senão que Ele seja glorificado? E não há nada que glorifique mais a Deus do que a pregação e anúncio do evangelho da graça, onde sua bondade soberana é demonstrada no fato de salvar quem Ele quer – os piores pecadores. Quando Moisés pediu para ver a sua glória, Deus prometeu mostrar-lhe, e a glória que lhe revelou foi simplesmente essa: "Terei misericórdia de quem me aprouver ter misericórdia e compadecer-me-ei de quem me aprouver ter compaixão" (Êx 33.18-19). Depois de tantos anos em que comprometemos a glória de Deus com uma mensagem que somente engrandecia o homem, ansiamos que Ele, pelo zelo que tem por sua glória, nos visite dos altos céus com um poderoso avivamento: "Já é tempo de operares, ó SENHOR, pois eles têm quebrado a tua lei" (Sl 119:126). Avivamento como aquele que levantou John Knox, fazendo trovejar o evangelho da graça por toda a Escócia como quem prega com "fogo nos ossos". Avivamento que levantou os puritanos Jonathan Edwards e George Whitefield, Spurgeon e Lloyd Jones, homens que nunca negociaram as verdades da graça soberana de Deus na salvação. Ó, que Deus levante muitos outros servos, piedosos e destemidos, que estejam mais interessados em agradar a Deus do que aos homens, mais preocupados com a glória de Deus do que com seu prestígio pessoal, que honrem e creiam na eficácia da cruz de Cristo e da Palavra e rejeitem com desprezo todas as invenções humanas e sugestões de Satanás.

Que Deus levante homens com o coração oferecido "pronta e sinceramente" (*prompte et sincere*) a Deus, como disse Calvino, para que "após as trevas venha a luz" (*post tenebras lux*) a esse nosso querido Brasil.

CAPÍTULO 5

POR UM PACTO EVANGÉLICO:

EXORTAÇÃO SOBRE A UNIDADE EVANGÉLICA

TIAGO JOSÉ DOS SANTOS FILHO

Roland Bainton, em sua célebre biografia sobre Martinho Lutero, registra a história do colóquio de Margburg, ocorrida entre 1 a 4 de outubro de 1529, que foi uma tentativa de estabelecer uma aliança entre os protestantes luteranos e suíços:

> Filipe de Hesse acreditava que chegara o momento de avançar. O documento oficial da Dieta de Worms fora provisional. Os protestantes deviam proteger-se mediante uma confissão comum e uma confederação comum. Sua esperança era unir os luteranos, os suíços e os estrasburguenses, que tinham uma posição intermediária quanto à ceia do Senhor.
>
> A confissão comum era outro problema, e Lutero aceitou com algumas concessões o convite de reunir-se com um grupo de teólogos alemães e suíços no pitoresco castelo de Filipe, localizado em um outeiro que dava vista para o rio Lahn e às torres da catedral de Marburg. Um grupo notável se reuniu. Lutero e Melanchthon representavam a Saxônia, Zwinglio viera de Zurique, Oecolampadius, da

Basiléia, Martinho Bucer, de Estrasburgo, citando apenas os mais notáveis. Todos desejavam sinceramente a união. Zwinglio se regozijou em ver os rostos de Lutero e Melanchthon e declarou, com lágrimas nos olhos, que não havia quaisquer outras pessoas com as quais ele mais se alegraria em ter harmonia. De modo semelhante, Lutero exortou-os à unidade. A discussão começou agradavelmente, quando Lutero tomou um giz, desenhou um círculo na mesa e escreveu em seu interior: 'Isto é meu corpo'. Oecolampadius insistiu em que essas palavras deviam ser entendidas metaforicamente, porque a carne para nada aproveita e o corpo de Cristo ascendera ao céu. Lutero perguntou por que a ascensão não devia ser também metafórica. Zwinglio atingiu o âmago do problema quando afirmou que a carne e o espírito são incompatíveis. Portanto, a presença de Cristo só pode ser espiritual. Lutero respondeu que a carne e o espírito podem ser conjuntados, e o espiritual, que ninguém negava, não exclui o físico. Eles pareciam ter chegado a um beco sem saída, mas, de fato, haviam feito progresso substancial, porque Zwinglio avançara de sua opinião de que a ceia do Senhor é apenas um memorial para a posição de que Cristo está espiritualmente presente. E Lutero admitira que, não importando a natureza da presença física na ceia, esta não teria nenhum benefício sem a fé. Portanto, qualquer ponto de vista mágico foi excluído.

Essa aproximação das duas posições ofereceu esperança para o acordo. E os luteranos tomaram a iniciativa em propor uma fórmula de concórdia. Eles confessaram que haviam entendido mal os suíços. Declararam, por si mesmos, 'que Cristo está verdadeiramente presente, ou seja, substantiva e essencialmente, embora não quantitativa, qualitativa ou localmente'. Os suíços rejeitaram essa afirmação como que não salvaguardando claramente o caráter espiritual da ceia do Senhor, porque não podiam entender como algo pode estar presente, mas não localmente presente. Lutero lhes disse que conceitos geométricos não podem ser usados para descrever a presença de Deus.

A confissão comum fracassara. Então, os suíços propuseram que, apesar da discordância, a intercomunhão fosse praticada; e com isso 'Lutero concordou temporariamente'. Sabemos isso pelo testemunho de Bucer, 'até que Melanchthon se interpôs, sem consideração a Ferdinando e ao imperador'. Essa afirmação é importante. Significa que Lutero não cumpriu o papel de total implacabilidade que lhe é comumente atribuído e se mostrou disposto a unir-se com os suíços.

Uma confissão unida fracassara, bem como a intercomunhão. Mas, apesar disso, a confederação devia ser possível, argumentou Filipe de Hesse.[1]

---

1   Roland H. Baiton, *Here I Stand; A Life of Martin Luther* (Nashville, TN: Abingdon Press, 1978), p. 248-250.

A história acima dá a tônica do que desejo demonstrar neste capítulo. Se, por um lado, vemos a dificuldade real por parte de mestres, teólogos e pastores comprometidos com a Palavra de Deus e com a causa do Reino em encontrar um ponto de convergência em importantes questões doutrinárias, por outro vemos neste exemplo a necessária tentativa de estreitar os laços que nos unem, a fim de firmar a aliança que deve haver entre o povo de Deus.

Aliás, o próprio livro que o prezado leitor tem em mãos expressa bem a ideia que desejo transmitir neste capítulo: a unidade da igreja em questões fundamentais da fé cristã. Aqui temos autores de diferentes tradições evangélicas e que atuam em diferentes áreas ministeriais, indicando que, conquanto possa haver diferentes entendimentos e ênfases acerca de certos ensinos das Escrituras, existe, todavia, um corpo doutrinário, um conjunto de ensinos e valores, enfim, uma mesma fé que é afirmada, apreciada, nutrida, ensinada e, sobretudo, compartilhada por esses autores.

Embora ao fim deste capítulo proponhamos um conjunto de doutrinas essenciais à fé cristã, o nosso alvo primário é indicar que somos exortados nas Escrituras a "preservar a unidade do Espírito no vínculo da paz" (Ef 4.3).

Um ponto importante, que deve ser destacado quando pensamos sobre a unidade da igreja, é que todo verdadeiro cristão compartilha, sem sombra de dúvidas, duma mesma fé para a salvação e a vida eterna. Aliás, é sempre bom lembrar que, a despeito das diferenças periféricas que há entre as diversas tradições evangélicas, todo verdadeiro cristão passará a eternidade em união com o Deus trino. Este é o alvo do evangelho. Esta realidade, em si mesma, deveria encorajar-nos a fazer todos os esforços que pudermos para estabelecermos a unidade com o povo de Deus. Lemos em 1 Pedro 3.18: "Cristo morreu, uma única vez, pelos pecados, o justo pelo injusto, para conduzir-vos a Deus". Deus é o Evangelho.[2] Ele é quem torna *boas* as boas novas. O evangelho não tem como alvo levar pessoas para o céu, mas de levá-las a Deus, a fim de que desfrutemos dEle para sempre, pois Ele é o bem supremo. A Ele seremos final e definitivamente unidos, em Cristo, pelo Espírito.

Ainda mais, impele-nos tratar deste assunto o senso de que carecemos, com urgência, firmar nossa identidade, enquanto servos de Jesus Cristo e povo dEle, e esta identidade deve ter sua base na unidade do Espírito, conforme veremos adiante.[3]

---

2   John Piper defende que "o supremo, melhor, final e decisivo bem no Evangelho é a glória de Deus na face de Cristo, revelada para *nosso gozo eterno*". Ele desenvolve seu ponto demonstrando que o céu é um lugar de felicidade por causa da presença do Deus trino. Sobre este tema ainda, ao enfatizar o bem maior do céu, que é o gozo de todos os santos da presença de Cristo, Don Kistler cita o puritano Thomas Goodwin, que disse: "Se tivesse que ir ao céu e descobrisse que Cristo não estava lá, eu sairia correndo imediatamente, pois o céu seria o inferno para mim sem Cristo". Cf. John Piper, *Deus é o Evangelho* (São José dos Campos, SP: Fiel, 2006), p. 12-14 e Don Kistler, *Why Read the Puritans Today?* (Orlando, FL: The Northampton Press, 2009), p. 3.

3   Cf. 1Pedro 2.9: "Vós, porém, sois raça eleita, sacerdócio real, *nação santa*, povo de propriedade exclusiva de Deus, a fim de proclamardes as virtudes daquele que vos chamou das trevas para a sua maravilhosa luz". O apóstolo identifica o povo de Deus como nação (*etnia*), o que nos remete à identidade que há entre este povo.

A UNIDADE DA IGREJA NA HISTÓRIA

A história eclesiástica é pródiga em nos fornecer exemplos de que o povo de Deus foi capaz de se unir em torno de temas bíblicos essenciais, principalmente quando a fé bíblica se via ameaçada por ensinos heréticos contrários. Assim se deu na cristandade antiga, e se vê na elaboração e uso do Credo Apostólico, não apenas como uma fórmula batismal, mas como uma confissão da igreja em pontos vitais da fé cristã. Os grandes concílios ecumênicos dos primeiros séculos, como os acontecidos em Nicéia, Constantinopla e Calcedônia,[4] e as confissões e credos delas resultantes também exibem esta disposição à unidade, por parte da comunidade cristã, em torno de pontos vitais da fé cristã.

A reforma protestante do século XVI foi outro importante movimento de unidade entre os grandes temas da fé. O cerne do ensino dos reformadores era a autoridade das Escrituras, o pecado original, a justificação pela graça mediante a fé e a eleição soberana de Deus. João Calvino deu-nos exemplo de seu interesse pela unidade da igreja quando escreveu para o arcebispo da igreja anglicana, Thomas Cranmer, em 1552: "Esse outro problema deve também ser contado entre os principais males da nossa época, a saber, que as igrejas são tão divididas que agora quase não há notícia de companheirismo humano entre nós, muito menos da comunhão cristã, da qual todos fazem confissão, mas que poucos praticam com seriedade" E ele conclui: "Assim é que, dilacerados os membros da igreja, o corpo sangra. Isso me aflige de tal maneira que, se eu fosse de algum préstimo, cruzaria voluntariamente até mesmo dez mares, se necessário, por causa disso".[5]

O movimento puritano inglês, nos séculos XVI e XVII, ainda que multifacetado, também foi marcado por união em torno de assuntos vitais da fé. Os puritanos tinham, inicialmente, uma preocupação muito grande com respeito à pureza do culto cristão, o qual possuía ainda ranços do catolicismo que precisavam ser expurgados. A partir deste ponto, eles desenvolveram uma ampla cosmovisão com base na Bíblia, que abrangia todas as áreas da vida cristã e eclesiástica.[6]

Neste ambiente que se buscava a unidade por meio da verdade doutrinal, os puritanos nos legaram um dos mais importantes documentos confessionais da história, a Confissão de Fé de Westminster, além de inúmeros escritos que formam ainda hoje a mais importante biblioteca teológica da história, afirmando as doutrinas fundamentais das Escrituras. Um exemplo do esforço feito nesta época para preservar a união em torno de pontos vitais da fé cristã aconteceu em 1654, quando uma comissão convocada por

---

[4] Os concílios de Niceia (325), Constantinopla (381) e Calcedônia (451) trataram da doutrina da Trindade, das duas naturezas de Cristo, divina e humana, e da divindade do Espírito Santo.
[5] *Cartas de João Calvino*, selecionadas da edição de Jules Bonnet (São Paulo: Cultura Cristã, 2004), p. 96.
[6] Cf. especialmente Leland Ryken, *Santos no mundo; os puritanos como eles realmente eram* (São José dos Campos, SP: Fiel, 1992).

Oliver Cromwell, composta por John Owen, Richard Baxter, Thomas Goodwin, Francis Cheynell, Stephen Marshall, William Reyner, Philip Nye, Sidrach Simpson, Richard Vines, Thomas Manton e Thomas Jacomb, propôs os seguintes artigos como absolutamente essenciais para a fé cristã:

1. Que as Escrituras Sagradas são a regra do conhecimento de Deus e da vida vivida para Ele, e que todo aquele que nelas não crer, não poderá ser salvo.
2. Que há um Deus, que é o Criador, o Governador e o Juiz do mundo, e que deve ser recebido pela fé, e todo e qualquer outro meio de conhecê-Lo é insuficiente.
3. Que este Deus, que é o Criador, é eternamente distinto de todas as criaturas em Seu ser e em Sua graça.
4. Que este Deus é um em três Pessoas ou subsistências.
5. Que Jesus Cristo é o único Mediador entre Deus e o homem, sem o conhecimento de quem não há salvação.
6. Que este Jesus Cristo é o verdadeiro Deus.
7. Que este Jesus Cristo é também verdadeiro homem.
8. Que este Jesus Cristo é Deus e homem em uma Pessoa.
9. Que este Jesus Cristo é o nosso Redentor, quem, pagando um resgate pelos nossos pecados e levando-os sobre Si, satisfez a justiça divina quanto a eles.
10. Que este mesmo Senhor Jesus Cristo é Aquele que foi crucificado em Jerusalém, ressuscitou e ascendeu ao céu.
11. Que este mesmo Jesus Cristo, sendo o único Deus e homem em uma Pessoa, continua sendo para sempre uma Pessoa distinta de todos os santos e anjos, não obstante a união e comunhão deles com Ele.
12. Que, por natureza, todos os homens estavam mortos em ofensas e pecados, e nenhum homem pode ser salvo, a menos que nasça de novo, arrependa-se e creia.
13. Que somos justificados e salvos pela graça e pela fé em Jesus Cristo, e não pelas obras.
14. Que continuar nalgum pecado conhecido, com base em seja qual for o pretexto ou princípio, é condenável.
15. Que Deus deve ser cultuado de acordo com a Sua vontade, e todo aquele que abandonar ou desprezar todos os deveres do Seu culto não pode ser salvo.
16. Que os mortos ressuscitarão, e que há um dia de juízo a que todos comparecerão, uns para irem para a vida eterna, e outros para a condenação eterna.[7]

A fórmula acima era considerada o mínimo irredutível em termos de concórdia de

---

7   D. M. Lloyd-Jones, *Os puritanos; Suas origens e sucessores* (São Paulo: PES, 1993). P. 243-245

fé para aqueles que a compuseram. Qualquer coisa menos do que aqueles termos era considerada heresia, e não poderia ser tida como evangélica. Esta foi uma resposta adequada àquele tempo, contexto e realidade, mas é um bom exemplo do esforço que aqueles homens fizeram para preservar a unidade da igreja, focando os temas mais básicos da fé, estabelecendo seus limites e em que termos poderiam cooperar com a causa do Reino de Deus.

É preciso ressaltar que, para os puritanos, o conceito de denominação tinha uma conotação bem diferente da que se tem hoje. Para estes, uma denominação é uma parte do todo, que é a igreja universal. Ferreira e Myatt esclarecem esse ponto dizendo:

> O termo denominação foi primeiramente usado por um pequeno grupo dentre os puritanos que defendiam o sistema congregacional, para representar um importante princípio: os cristãos poderiam colaborar entre si sem abrir mão das convicções fundamentais da fé cristã. A ideia de denominação implicava que uma associação especial de cristãos era apenas uma parte da igreja cristã total, chamada – ou denominada – por um nome particular, como, por exemplo, presbiterianos, congregacionais e batistas, os principais grupos surgidos do movimento puritano.[8]

Por isso, Mark Shaw propõe que o denominacionalismo, em sua concepção original, tem seu lugar e importância, sobretudo no que tange a defesa da fé cristã contra o sincretismo e sectarismo. Ele escreve:

> Proponho que o denominacionalismo, como foi originalmente concebido, seja um grande motivador para a unidade exatamente porque resiste ao sectarismo e ao sincretismo, os dois verdadeiros inimigos da unidade. Eu ousaria dizer que o denominacionalismo clássico é um dos aliados mais poderosos que possuímos para vencer o sectarismo e o sincretismo e restaurar a unidade visível do corpo de Cristo.[9]

Jeremiah Burroughs foi um dos principais expoentes da unidade da igreja.[10] Ele foi

---

8   Franklin Ferreira e Alan Myatt, *Teologia Sistemática; uma análise histórica, bíblica e apologética para o contexto atual* (São Paulo, SP: Edições Vida Nova, 2007) p. 928.
9   Mark Shaw, *Lições de Mestre* (São Paulo: Mundo Cristão, 2004), p. 80-83.
10 O espírito conciliador de Burroughs é visto em sua obra *Irenicum; To the Lovers of Truth and Peace: Heart Divisions opened in the Causes and evils of them (facsimile)* (Londres, 1653). Nela, Burroughs defende a unidade entre os cristãos verdadeiros, trata das questões que dividiam os crentes de seu tempo e oferece princípios práticos para desenvolver a unidade. "Ele explica quando a pessoa deve examinar sua própria consciência, provê regras para sabermos em que área devemos tolerar os nossos irmãos, e mostra que 'nem toda diferença em religião é religião diferente'. (...) Ele conclui que a resposta à divisão não está na tolerância cega de todas as religiões, nem numa atitude comprometedora para com o pecado, mas numa batalha bíblica pela paz. Tendo em vista a realidade do divisionismo em todas as gerações, este tratado é extremamente aplicável". Cf. Joel Beeke & Randall J. Pederson, *Meet the Puritans* (Grand Rapids, MI: Reformation Heritage, 2006) p. 123-124.

um dos principais líderes da ala congregacional na Assembléia de Westminster e, decepcionado com a iminência de divisões por conta de questões menores, desenvolveu um modelo denominacional da igreja, com diversos princípios que certamente nos seriam muito úteis:

1. *As diferenças doutrinárias são inevitáveis.* Embora o ensinamento bíblico sobre a salvação seja suficientemente claro para que todos os cristãos verdadeiros concordem com ele, outras questões não foram colocadas de maneira tão óbvia.
2. *As diferenças doutrinárias em questões secundárias continuam sendo importantes.* Embora essas outras questões sejam secundárias em relação às verdades primárias da salvação, elas não podem ser ignoradas, pois são abordadas pela Palavra de Deus.
3. *As diferenças podem ser úteis.* Deus pode usar as nossas diferenças, disse Burroughs, para trazer à tona as verdades da Bíblia.
4. *Nenhuma estrutura pode representar sozinha a Igreja de Cristo em sua totalidade.* O centro do sectarismo é a tendência de identificarmos a verdadeira Igreja com a expressão de uma única organização.
5. *A verdadeira unidade é baseada no Evangelho comum e deveria ser expressa pela cooperação entre as denominações.* A diversidade de igrejas não justifica a negligência da unidade visível.
6. *A separação denominacional não é divisionismo.* Afinal, mesmo dividida em denominações, os cristãos fazem parte de uma só igreja.[11]

Enfim, temos abundante indicação histórica de que a unidade é o ideal de Deus para seu povo. Encontrar sua fórmula tem sido, portanto, nosso desafio. No século XVII, pietistas alemães e puritanos ingleses popularizaram a frase "nas coisas essenciais, unidade; nas não essenciais, liberdade; em todas as coisas, caridade".[12] Esta famosa sentença se tornou quase um clichê nos mais diversos meios evangélicos para promover o conceito de equilíbrio, bom senso e prudência no que diz respeito à unidade cristã em torno do ensino bíblico e teológico; todavia, há nela uma inegável verdade que deve ser apreciada e, sobretudo, buscada: a necessidade de definição e entendimento entre o povo cristão acerca do que as Escrituras revelam como sendo essencial, além da prática das virtudes cristãs do amor e da paciência nos casos de erros e discordâncias em questões menores. Nesse caso, é sempre bom enfatizar a importante distinção entre erro e heresia. Ferreira e Myatt tratam dessa importante distinção, dizendo:

---

11 Cf. Mark Shaw, *Lições de Mestre*, p. 80-83.
12 Segundo Phillip Schaff, a frase é erroneamente atribuída a Agostinho de Hipona. Ele sugere que o seu verdadeiro autor é o desconhecido teólogo alemão luterano Rupertus Meldenius, que a publicou em um folheto no ano de 1628. A afirmação ganhou logo a simpatia de muitos teólogos moderados da Alemanha e da Inglaterra, dentre os quais se destaca Richard Baxter. Cf. Phillip Schaff, *History of the Christian Church. vol. 7: Modern Christianity; The German Reformation*, em http://www.ccel.org/ccel/schaff/hcc7.html, acessado em 19 de junho de 2010

> Seguindo George Calixtus, um importante teólogo luterano do século XVII, devemos fazer aqui uma distinção importante. (...) Cremos que tudo o que está na Escritura foi revelado por Deus, mas reconhecemos que nem tudo é igualmente vital. O fundamental e absolutamente necessário para nossa fé, aquilo que naquele mesmo século Richard Baxter chamou de 'cristianismo puro e simples', são aqueles temas que se referem à nossa salvação, como as doutrinas afirmadas nos grandes credos da igreja primitiva, a inspiração e autoridade da Escritura, o pecado original, a salvação pela graça por meio da fé somente e a santificação. Outros temas, tais como aspectos da doutrina da igreja ou o milênio, são igualmente importantes, pois fazem parte da revelação, porém não são temas fundamentais para nossa salvação. Em outras palavras, devemos fazer uma distinção entre heresia e erro. A heresia é uma negação do que é essencial para a salvação, tema este que nos distingue como evangélicos. Já o erro é uma negação de algum aspecto da verdade revelada que não é essencial para a salvação. Por isso, a heresia e o erro devem ser evitados, no entanto, somente a heresia deve ser considerada um obstáculo intransponível para a comunhão.[13]

QUAL A BASE DA UNIDADE CRISTÃ?

Precisamos reconhecer as dificuldades em se buscar a unidade cristã. Não podemos selecionar as verdades que nos convém à união sem encarar com seriedade todo o conselho de Deus. Afinal de contas, tudo o que Deus revela é fundamental. O apóstolo Paulo, ao despedir-se dos presbíteros de Éfeso, afirmou que nunca deixou de "anunciar todo desígnio de Deus" (At 20.27). O apóstolo Judas enfatiza a defesa da fé que "uma vez por todas foi entregue aos santos" (Jd 3).

Portanto, é preciso destacar que há certos ensinos das Escrituras que consideramos essenciais. Richard Baxter recomenda que os cristãos, sobretudo os pastores, sejam defensores dos temas fundamentais da fé cristã:

> Devemos procurar saber com clareza a distinção entre certezas e incertezas, entre questões fundamentais e explicações que não passam de teorias especulativas. Então poderemos distinguir claramente entre os fundamentos da fé e as questões que são apenas opiniões particulares. A paz da Igreja depende daqueles, e não destas.[14]

E prossegue:

---

13 Franklin Ferreira e Alan Myatt, *Teologia Sistemática*, p. 10-11.
14 Richard Baxter, *O pastor aprovado* (São Paulo: PES, 1989), p. 48.

Precisamos, pois, de uma sólida exposição da teologia histórica para vermos os modos pelos quais a Igreja tem pelejado para defender a verdade. Precisamos conhecer também os escritos dos chamados pais primitivos, para nos beneficiar dos seus ensinos e explicações mais claros. (...) Também devemos evitar a confusão dos que não fazem diferença entre lapsos verbais da língua e heresias fundamentais. (...) Devemos realizar a obra do Senhor com máxima unidade e harmonia possível.[15]

A ortodoxia cristã, que é o consenso eclesiástico dos principais ensinos das Escrituras, é que fornecerá a base ideal para a edificação da unidade entre o povo de Deus. É o afastamento desses ensinos vitais da Palavra que causam as rupturas e cismas. Por isso, John Owen afirmou que a "união é determinada por Jesus Cristo e que o cisma é o rompimento de uma união determinada pelo Senhor Jesus",[16] e Burroughs observou que a raiz da divisão entre o povo de Deus é a separação e afastamento do próprio Deus. Ao comentar o texto de Oséias 10, ele escreveu o seguinte:

Quando eles se separaram de Deus, eles se separaram também do povo dEle. Eles não se juntariam ao povo de Deus na adoração (...) somente aqueles que tiveram seu coração tocado por Deus o adoraram (...), mas os demais, não se juntaram a eles, porque tinham fins carnais (...). E, visto que eles se separaram de Deus e de seu povo, foi a maldição de Deus sobre eles que fez com que se dividissem.[17]

Portanto, ao propor uma exortação sobre a unidade cristã, não advogamos a união de todos os credos a qualquer custo. Isso não parece possível – e muito menos bíblico. Como dá para perceber, se olharmos ao nosso redor, vivemos em dias de confusão e balbúrdia espiritual. Como no episódio bíblico da torre de Babel, todos querem chegar ao céu. Fazem-no, porém, do seu jeito, e o resultado é a desordem. São diversos os exemplos no campo eclesiástico e em ministérios para-eclesiásticos dessa confusão que tem se estabelecido. Basta refletirmos um instante sobre a realidade do movimento evangélico no Brasil e não será difícil associar muito do que temos visto e ouvido com a balbúrdia a que me refiro. Várias tendências, das mais extravagantes e esdrúxulas, tomaram lugar nesses ministérios e, para nosso espanto, em igrejas que se confessam evangélicas.

Propostas de métodos de auto-ajuda, auto-afirmação, e coisas do tipo, como solução dos problemas mais agudos do homem; tele-evangelistas sugerem uma relação de barganha com Deus, ao prometerem prosperidade material, física e espiritual, como

---

15 *Ibid.*
16 D. Martyn Lloyd-Jones, *Os puritanos; suas origens e seus sucessores*, p. 91.
17 Jeremiah Burroughs, *Irenicum*, p. 10.

resultado de adesões superficiais e declarações vazias; o flerte e comprometimento até com as propostas da pós-modernidade e suas novas hermenêuticas; doutrinas estranhas às Escrituras, e até mesmo ensinos heréticos, enfim. Podemos afirmar que essa Babel que se tornou o movimento evangélico brasileiro tem como razão mais óbvia a total supressão da mensagem do Evangelho, sua deformação, subversão ou adulteração. Isso explica alguns fenômenos a que estamos assistindo, estupefatos, em nosso país e em outros lugares. Alguns desses ministérios passaram de severa corrupção para a apostasia e, nesse caso, o que precisam é da pregação da Palavra e da salvação em Jesus Cristo.

O momento que a comunidade cristã de confissão evangélica vive é único neste ponto. Parece que estamos vivenciando um momento inquietantemente singular na história da tradição evangélica no ocidente. Não são poucas as constatações de como a igreja de Cristo no Brasil e mundo a fora está fragmentada. A quantidade de denominações evangélicas em geral já dá uma indicação do que tentamos dizer.[18] D. Martyn Lloyd-Jones chamou a atenção para o problema da divisão na igreja evangélica em vários de seus escritos.[19] Ele chegou a afirmar: "a divisão entre católicos e protestantes estou pronto a defender com a morte; porém as outras divisões, estou pronto a asseverar, foram pecaminosas. Foram manifestações de cisma, e todos os que se envolveram nela foram culpados, e nós somos culpados, aos olhos de Deus".[20]

A UNIDADE NAS ESCRITURAS

O apóstolo João enfatizou a necessidade da unidade da comunidade cristã. Em 2 João 1.1-2 o apóstolo reconhece que a ligadura do amor é a verdade: "O presbítero, à senhora eleita e aos seus filhos, a quem eu amo na verdade e não somente eu, mas também todos os que conhecem a verdade, por causa da verdade que permanece em nós e conosco estará para sempre". Mas as passagens bíblicas mais comumente usadas para tratar da unidade cristã, como bem notou Lloyd-Jones, são as de João 17 e Efésios 4.[21] Diante da complexidade do assunto e impossibilidade de esgotá-lo neste capítulo, concentraremos nossa atenção na passagem de Efésios 4.1-6:

---

18 Shaw indica que, ao fim da década de 1980, havia mais de 22 mil denominações evangélicas no mundo. Ele continua: "Juntamente com as estruturas denominacionais tradicionais da Igreja existem novas estruturas de igrejas que vêm aumentando a crescente diversidade no corpo de Cristo". Cf. Mark Shaw, *Lições de Mestre*, p. 72

19 Alguns dos textos mais persuasivos, penetrantes e perceptivos de Lloyd-Jones sobre este assunto já foram publicados em português, em *Os puritanos; suas origens e seus sucessores*, onde, principalmente nos capítulos sobre "John Owen sobre cisma" e em "Podemos aprender da história?", ele lida com o problema da divisão. Nesta mesma obra, o capítulo sobre "John Bunyan: a união da igreja" é de grande ajuda, principalmente aos batistas.

20 D. Martyn Lloyd-Jones, *Os puritanos; suas origens e seus sucessores*, p. 229.

21 D. Martyn Lloyd-Jones, *Discernindo os tempos* (São Paulo: PES, 1994), p. 132.

> Rogo-vos, pois, eu, o prisioneiro no Senhor, que andeis de modo digno da vocação a que fostes chamados, com toda a humildade e mansidão, com longanimidade, suportando-vos uns aos outros em amor, esforçando-vos diligentemente por preservar a unidade do Espírito no vínculo da paz; há somente um corpo e um Espírito, como também fostes chamados numa só esperança da vossa vocação; há um só Senhor, uma só fé, um só batismo; um só Deus e Pai de todos, o qual é sobre todos, age por meio de todos e está em todos.

Antes de tratarmos esta passagem, convém lembrar alguns fatos acerca dos destinatários desta carta. O apóstolo Paulo havia passado três anos entre os efésios (cf. At 19-20). Ali, naquela importante cidade, considerada a capital da Ásia, estabeleceu um dos mais importantes e frutíferos trabalho de formação de líderes de seu ministério e plantou igrejas. Tinha pelos efésios grande afeição, como podemos ver na oportunidade de sua despedida, quando ofereceu orientações aos líderes desta igreja, no encontro em Mileto (Atos 20.17-38). Na oportunidade em que escreveu para os efésios, anos após haver partido, estava em prisão domiciliar, em Roma.

Paulo dirige-se a uma igreja madura, "que tinha fé no Senhor Jesus e amor entre os irmãos" (Ef 1.15). Note que ele não faz uma censura específica, como aconteceu, por exemplo, em sua carta aos gálatas e aos tessalonicenses. Por eles estava sempre em oração (Ef 1.16; 3.14). Finalmente, escreve-lhes uma carta riquíssima em conteúdo doutrinário e apresenta-nos a igreja, sua natureza e sua edificação; o que aconteceu antes do tempo, no tempo e ao fim do tempo, na salvação; a vida no Espírito e admoestações práticas para o viver diário.

Nos versículos que estamos considerando, há pelo menos seis pontos que podem fortalecer a tese central do apóstolo, a *"preservação da unidade do Espírito no vínculo da paz"* (Ef 4.3). Podemos dizer que, neste trecho de sua carta, esta é a principal mensagem de Paulo aos efésios, sobre a qual orbitam todos os demais argumentos apresentados. Na primeira metade da passagem, vemos o apelo de Paulo pela unidade, e, na segunda metade, vemos a natureza desta unidade.

Comecemos por Efésios 4.1: "Rogo-vos, pois, eu, o prisioneiro no Senhor a que andeis de modo digno da vocação a que fostes chamados". É notável que, antes de apresentar seu argumento aos efésios, o apóstolo inicia esta parte de sua carta com um apelo. Uma das formas de tradução deste termo, "rogo-vos",[22] é "exortar, confortar, animar, encorajar, chamar ao lado para instruir".[23] Esse parece ser um procedimento comum do apóstolo Paulo. Sempre que ele sente a urgência do assunto que deseja introduzir, ele faz

---

22 παρακαλω, "chamado a um dever solene". Cf. Harold Moulton, The Analytical Greek Lexicon (Grand Rapids, MI: Zondervan, 1977), p. 303.
23 William Carey Taylor, *Dicionário do Novo Testamento Grego* (Rio de Janeiro: JUERP, 1978), p. 161

uso deste expediente de rogar aos irmãos, de implorar, de apelar à sensibilidade de seus leitores. Muitas vezes ele o faz usando um argumento. Em Romanos 12, por exemplo, quando Paulo inicia a série de exortações que se estende até o capítulo 15 e o encerramento da epístola, ele diz: "*Rogo-vos*, pelas misericórdias de Deus, que apresenteis vosso corpo como sacrifício vivo, santo e agradável ao Senhor".[24] Ali, ele usa a misericórdia de Deus como razão de ser ouvido em seus apelos. Ao usar a misericórdia de Deus para ser atendido, ele se esvazia de si mesmo; não se vale de sua autoridade apostólica para requerer um determinado comportamento dos santos. Antes, ele traz à memória dos romanos que eles foram alvos das misericórdias de Deus, que entregou seu próprio filho, o Senhor Jesus Cristo, para a salvação deles, deixando de aplicar a pena que lhes era merecida, concedendo-lhes gratuitamente a justiça de Cristo.

Esse é o apelo do apóstolo. E, aos efésios, ele o faz evocando toda a explanação que ele fizera nos capítulos anteriores. Os três primeiros capítulos dão a tônica do assunto que ele quer tratar nesta parte de sua carta, "a preservação da unidade no vínculo da paz". O advérbio de ligação, "pois", dá-nos esta dica. É como se ele dissesse o seguinte – "Diante de tudo que lhes expus, diante da realidade de que fomos chamados em Cristo Jesus, por iniciativa de Deus, pelo beneplácito de sua santa vontade e conselho, que nos predestinou para salvação, desde os tempos eternos, tanto judeus como gentios, para, com fé nos méritos de Cristo, formar um só povo, a igreja, que manifesta a grande pintura de Deus na história, sua multiforme sabedoria, (que noutro lugar ele chama de 'profundidade da riqueza tanto da sabedoria como do conhecimento de Deus', Rm 11.33), nós, que fomos assim chamados, devemos todos andar de modo digno desta vocação; deste chamamento. Agora que o chamamento foi exposto de forma tão clara e persuasiva nos três primeiros capítulos, é próprio, é adequado, é coerente, enfim, é *digno*, que vivamos em conformidade com esta realidade".

Este apelo do apóstolo já estabelece um critério para a unidade. A base da unidade está no ensino que ele desenvolveu até este ponto, ou seja, somente aqueles que possuem tal vocação, aqueles que se enquadram na realidade retratada nos três primeiros capítulos e que foram chamados para uma santa vocação, aqueles que são a igreja de Cristo, que foram redimidos pelo sangue do cordeiro, justificados e propiciados diante de Deus, o qual agora não é mais um inimigo, pois a parede de separação foi derrubada e a paz foi feita com Ele, os que foram adotados e agora são família de Deus – estes tais é que devem preservar a unidade. Lloyd-Jones, comentando esta passagem, diz que "não há unidade, não pode haver nenhuma unidade, sem a pessoa de Jesus Cristo, sem sua obra e sem a redenção que é pelo seu sangue. Isto é essencial à unidade na qual o Novo

---

24 Murray atenta para o fato de que, nesta passagem, o apelo de Paulo à ética cristã é precedido e condicionado à obra da redenção. Cf. John Murray, *Romanos* (São José dos Campos, SP: Fiel, 2003), p. 473. Ênfase acrescentada.

Testamento está interessado".²⁵

Em Efésios 4.2 o apóstolo continua seu argumento: "Com toda a humildade e mansidão, com longanimidade, suportando-vos uns aos outros em amor". Paulo, então, prossegue, neste versículo, qualificando a conduta dos cristãos, demonstrando que é necessário que, para mantermos a vocação a que fomos chamados, precisamos daqueles dons que o Espírito nos concede, a humildade, mansidão e firmeza de ânimo, pois a vida na igreja não está desprovida de lutas e dificuldades.

Embora o apóstolo Paulo sempre se preocupe em estimular o desenvolvimento do fruto do Espírito Santo (Gl 5.22-23) na vida do cristão, é interessante que, das várias qualidades que o cristão deve ter, algumas delas estão diretamente ligadas à questão da unidade.

A humildade é colocada aqui logo após os cristãos serem lembrados que receberam vida quando estavam mortos em delitos e pecados. Não há mérito nosso, nada de que possamos nos gloriar. Diante da imerecida graça de Deus, devemos nos humilhar. Além disso, conforme João Calvino expõe, a humildade é a primeira virtude aqui, porque sem ela é impossível atingirmos a unidade.²⁶ Portanto, precisamos ver a humildade não como se esta fora ingenuidade ou mera simplicidade, como muitas vezes temos a tendência de fazer. Aqui, a humildade é o senso de que recebemos tudo pela graça, e devemos nos portar desta mesma maneira diante de nossos irmãos. Calvino lembra que a humildade haverá de produzir um espírito manso;²⁷ o Senhor Jesus era manso e humilde de coração (cf Mt 11.28-30). Isso não significa que Ele era tímido ou que tolerava o erro e o pecado, mas significa que tinha compaixão e disposição para guiar os pequeninos, para cuidar dos aflitos e exaustos, que não tinham pastor. O texto prossegue, exortando-nos a termos *longanimidade*; isto indica que devemos suportar com ânimo a contrariedade, e que devemos nos suportar uns aos outros em amor. Somos aqui ensinados que, movidos pelo amor, devemos servir de suporte aos nossos irmãos, ajudando-os e caminhando pacientemente com eles. Baxter, ao aconselhar o pastor sobre sua conduta diante de questões que possam causar divisão ou confusão no ensino da igreja, recomenda o seguinte:

> Dediquemos amor a todos e, especialmente, aos santos. Façamos o bem a quanto pudermos. Sejamos mais justos que os divisionistas, mais misericordiosos, mais humildes, mais mansos e mais pacientes. (...) Sobrepujemo-los com uma vida santa, não prejudicial, reta, misericordiosa, frutífera – uma vida que reflita o céu – como fazemos com relação à nossa firmeza doutrinária. Sejamos conhecidos por estes frutos. Então os irmãos mais fracos poderão ver a verdade em nossas

---

25 D. Martyn Lloyd-Jones, *Discernindo os tempos* (São Paulo, SP: PES, 1994), p. 143.
26 João Calvino, *Gálatas, Efésios, Filipenses e Colossenses* (São José dos Campos, SP: Fiel, 2010), p. 285.
27 *Ibid.*

vidas, quando são incapazes de vê-la na doutrina. Como teria sido feliz a igreja se, em vez de brigarem por causa de erros e cisões, os ministros do evangelho seguissem esse modo de agir. Ela teria muito mais poder.[28]

Podemos ler em Efésios 4.3: "Esforçando-vos diligentemente por preservar a unidade do Espírito no vínculo da paz". Finalmente chegamos ao nosso versículo chave. Aqui está o centro da argumentação de Paulo neste trecho de sua epístola. Somos exortados aqui a nos esforçarmos grandemente para preservar a unidade do Espírito. O que podemos aprender a partir desta afirmação?

Em primeiro lugar, a unidade já existe para todos aqueles que foram definidos nos primeiros capítulos da epístola. Ela já é uma realidade para a igreja, o povo de Deus. Estes são eleitos de Deus em Cristo (Tt 1.1; Cl 3.12), regenerados pelo Espírito Santo (1Pe 1.23); já há algo comum a todos estes, isto é, receberam a salvação exclusivamente pela graça (Ef 2.8). Foram vivificados pelo Espírito Santo (1Co 15.22), e por isso depositaram sua fé na pessoa e obra do Senhor Jesus Cristo. Essa é uma unidade que existe a partir da salvação recebida pela graça, é uma unidade *ex post facto*.[29]

Em segundo lugar, somos exortados a *preservar* esta unidade. Este é o nosso dever. Por isso o apóstolo evoca a doutrina ensinada anteriormente como a base da unidade. Agora ela precisa ser preservada; sua ênfase é que a unidade que já existe entre o povo de Deus seja preservada e guardada. A palavra grega *tēreō*, traduzida como "preservar", é a mesma palavra usada em Mateus 27.36, 54, para referir-se aos centuriões que "guardavam" o túmulo do Senhor Jesus. O apóstolo então nos exorta a nos empenharmos (*spŏudazō*), ou seja, fazermos todo o esforço possível. Luiz de Camões, nos primeiros versos de seu épico *Os Lusíadas*, ao celebrar as conquistas de Vasco da Gama, diz o seguinte: "*Em perigos e guerras esforçados / mais do que prometia a força humana / e entre gente remota edificaram / novo reino, que tanto sublimaram*".[30] Devemos prezar a unidade que foi promovida na cruz, devemos amá-la tanto, que faremos um esforço "acima do que promete a força humana" para preservá-la e guardá-la.

Em terceiro lugar, a unidade é do Espírito, ou seja, a fonte da unidade é o Espírito Santo. Temos de cuidar da unidade para não perdê-la. Se o Espírito Santo é a fonte, somos responsáveis quando não temos unidade. Se estivermos desunidos, significa que não estamos fazendo um grande esforço para preservar e guardar a unidade que o Espírito nos concedeu. Afinal, fomos trazidos a esta unidade por ação da soberana graça de Deus, pelo seu Espírito. Portanto, precisamos da unidade espiritual, temos de nos unir

---

28 Richard Baxter, *O pastor aprovado*, p. 172.
29 Isto é, "a partir do fato"; neste caso, algo que é, porque outro algo houve.
30 Luis Camões, *Os Lusíadas* (Porto, Portugal: Porto Editora, 2006), Canto Primeiro, p. 72. Ênfase acrescentada.

em torno dos dons que recebemos do Espírito Santo. Não podemos nos esquecer do preço que custou a conquista da nossa cidadania. Esta mesma epístola nos lembra que somos concidadãos, membros da mesma família (cf. Ef 2.19). Comentando sobre esta passagem das Escrituras, UpRichard escreve o seguinte:

> Paulo insiste com eles a preservar a unidade do Espírito e não a realizá-la. (...) A unidade da igreja não é uma obra humana, mas criação divina. Assim como a vocação, a unidade se origina em Deus. Ele produz tanto a vocação como a unidade. (...) A preservação da unidade do Espírito pelo vínculo da paz provém de esforço diligente. O verbo 'esforçar' significa não meramente 'experimentar' ou 'tentar', mas 'usar tudo quanto estiver em seu poder' para produzir algo. Deve haver um intento consciente de estabelecer a manutenção da unidade da igreja.[31]

Uma vez, então, tratado o chamado do apóstolo à unidade, ele passa a demonstrar a natureza desta unidade: é uma unidade trinitária. O leitor deve notar que o Espírito Santo (4.4), Deus o Filho (4.5), e Deus o Pai (4.6) são mencionados. Um único Deus, três pessoas distintas, mas essencialmente iguais.

O tema continua sendo desenvolvido em Efésios 4.4: "Há somente um corpo e um Espírito, como também fostes chamados a uma única esperança da vossa vocação". A igreja de Cristo é uma só. Há um só corpo, que é unido pelo único e mesmo Espírito Santo. Ao comentar este versículo, Calvino escreveu, muito apropriadamente, o seguinte:

> Ele continua mostrando mais plenamente quão perfeita deveria ser a unidade dos cristãos. A união deve ser tal que formemos um só corpo e uma só alma. (...) Ele apóia isso com o poderoso argumento de que todos nós somos 'chamados a uma só esperança de vossa vocação'. Desse fato se segue que não podemos obter vida eterna sem vivermos em mútua harmonia neste mundo. Um convite divino sendo dirigido a todos, então todos devem viver unidos na mesma profissão de fé, e prestar todo gênero de assistência uns aos outros. Se ao menos o seguinte pensamento fosse implantado em nossas mentes: de que há posto diante de nós esta lei, que diz que entre os filhos de Deus não pode haver desavença, visto que o reino do céu não pode dividir-se, então certamente cultivaríamos muito mais criteriosamente a bondade fraternal! (...) Aprendamos de Paulo que, quem não é um só corpo e um só espírito, não está absolutamente preparado para aquela herança.[32]

---

31 Harry UpRichard, *Ephesians; Study Commentary* (Londres, Inglaterra: Evangelical Press, 2006), *passim*.
32 João Calvino, *Gálatas, Efésios, Filipenses e Colossenses*, p. 286-287

O apóstolo Paulo já se utilizara desta definição antes, "o corpo", para descrever o povo de Deus. Quando ele morava em Éfeso e escreveu sua primeira carta aos crentes em Corinto, ele descreveu a igreja como sendo um organismo (1Co 1.12-13), formado por vários membros distintos (1.14, 20), onde todos os membros têm funções igualmente distintas (1.15-19), porém vital, orgânica e harmonicamente ligado. Ser parte do corpo de Cristo nos torna a família de Deus (Ef 2.19). Isto permite ao corpo crescer e se desenvolver. O apóstolo usa a figura do corpo para estabelecer o princípio de uma realidade superior, justamente por ser algo de simples e de fácil compreensão. Embora no texto aos coríntios ele esteja se referindo às demandas da igreja local, o exemplo pode bem ser aplicado aqui também.

A unidade é uma condição fundamental para o crescimento e desenvolvimento do corpo de Cristo, de sua santa família. Em Efésios 2.21 lemos o seguinte sobre o crescimento da igreja: "Na qual todo edifício, bem ajustado, cresce". Interessante perceber que a condição para o crescimento é estar "bem ajustado" (*sunarmŏlŏgĕō*); esta expressão, "bem ajustado", pode ser traduzida também como ajuntar, o que, por definição, quer dizer: "junto, unido, coligado". Logo, podemos inferir que o apóstolo está dizendo que a igreja, quando está bem unida, cresce (*auxanō*).[33] Percebemos assim que a unidade é condição fundamental para o crescimento e o desenvolvimento do corpo.

Homens e mulheres livres, unidos no Espírito e na esperança. Nosso chamamento das trevas para a luz, da morte para a vida, da perdição para a salvação, da inimizade com Deus para sermos feitos membros de sua família e chamados como filhos. Nossa esperança é comum, "a certeza da vida eterna através das promessas evangélicas feitas por Deus. Esta 'uma só esperança', que emanava da vocação divina, foi causada por 'um só Espírito' que os introduziu em 'um só corpo'", em Deus o Filho.[34] Em seus escritos, Paulo enfatizou fortemente este dom de Deus, a esperança, nosso senso de antecipação do tempo em que estaremos junto de Deus o Pai, na presença de todos os santos, no reino por vir (cf. Rm 5.2-5; 8.21; 1Co 13.13; 15.19; Ef 1.18; Cl 1.23; 1Ts 1.3).

Em Efésios 4.5 lemos: "Um só Senhor, uma só fé e um só batismo". Ou, como o apóstolo escreveu em outra epístola: "Há um só Deus e um só Mediador entre Deus e os homens, Cristo Jesus, homem" (cf. 1Tm 2.5). Há só um Senhor, Jesus Cristo (Rm 1.4; 5.11, 21; 6.23; 8.39; 10.9; 12-13; 1Co 1.2; 8.6; Cl 2.6). Ele é o alfa e o ômega (Ap 1.8; 22.13), a suma de todas as coisas. Sua obra é perfeita, o fundamento dos apóstolos (Ef 2.20), a pedra angular (Ef 2.20; At. 4.11; 1Pe 2.6-7). O Filho é quem exerce senhorio sobre tudo e sobre todos (Fp 2.9-11; 3.21; Cl 1.13-20; Hb 1.3-4). Todos os filhos de Deus são unidos ao Pai pelo Filho.

---

33 Esta é a mesma palavra que foi usada para falar do crescimento do menino Jesus em Lucas 1.80 e 2.40, isto é, desenvolvimento, "aumentar em volume, grandeza ou extensão e maturidade".
34 Harry UpRichard, *Ephesians; Study Commentary*, *passim*.

Como tal, Ele mantém com *todos* os seus filhos uma tríplice relação: Como Pai, Ele está '*sobre* todos', porque Ele exerce domínio sobre todos. Não obstante, Ele é também '*por* todos', porque Ele nos abençoa a todos por meio de Cristo nosso Mediador. E Ele está '*em* todos', porque Ele nos atrai para a intimidade de seu coração, no Espírito. Dessa forma, as três fibras se unem para se tornar um só fio, e percebemos que o Espírito, em quem o versículo 4 está centrado, e o Senhor (Jesus Cristo), em quem o versículo 5 está concentrado, não devem ser considerados entidades separadas. Adoramos *um só* Deus (Dt 6.4). (...) Como se tem observado com frequência, o Pai *idealizou* nossa salvação, o Filho a *cumpriu* e o Espírito a *consumou*. Além do mais, a unidade em meio à diversidade que pertence à Trindade é a base da unidade essencial em meio à variedade circunstancial que caracteriza a igreja, e à qual Paulo agora dirige a atenção.[35]

Assim como há um só Deus, há uma só fé. Podemos vê-la aqui objetivamente, do mesmo modo em que Judas fala da "fé que foi entregue aos santos" (Jd 3). A fé aqui está ligada ao Senhor Jesus Cristo, que é o "autor e consumador da fé" (Hb 12.2). Trata-se da fé para a salvação, que é comum a todos quantos creram na pregação do evangelho do Senhor Jesus Cristo (Rm 10.17). Aqui, mais uma vez Calvino lança luz e clareza para o ponto:

> Sempre que o leitor encontrar a expressão 'um só', neste texto, deve considerá-la como uma ênfase, como se o apóstolo quisesse dizer: 'Cristo não pode ser dividido; a fé não pode ser lacerada; não há diversos batismos, senão um só, comum a todos; Deus não pode ser dividido em partes'. Portanto, cabe-nos cultivar entre nós a santa unidade, composta de muitos vínculos. A fé, o batismo, Deus o Pai e Cristo devem unir-nos, a ponto de nos tornarmos como se fôssemos um só homem. (...) A unidade da fé, que aqui se menciona, depende daquela verdade eterna de Deus, sobre a qual a fé se acha fundada.[36]

Paulo conclui este raciocínio lembrando-nos que há um só batismo e que este está ligado ao Senhor e à fé. Portanto, há um só Senhor, em quem depositamos a nossa fé para a salvação, e em nome de quem somos batizados. No batismo somos unidos ao povo de Deus, por isso aqui ele é usado como vínculo da unidade. Como Calvino escreveu, "o batismo é comum a todos [os cristãos], de modo que, por meio dele, somos iniciados numa só alma e num só corpo", portanto, "o batismo possui uma força tal que nos faz uno; e no batismo se invoca o Nome do Pai, e do Filho, e do Espírito Santo". Por isso, ele conclui que "devemos, necessariamente, reconhecer que a ordenança do batismo prova

---

35 William Hendriksen, *Efésios e Filipenses* (São Paulo: Cultura Cristã, 2005), p. 222-223.
36 João Calvino, *Gálatas, Efésios, Filipenses e Colossenses*, p. 287.

que as três Pessoas se constituem numa só essência divina".[37]

Chegamos, finalmente, no versículo 6, quando o apóstolo encerra a argumentação iniciada em Efésios 4.4, que nos indicam a natureza da unidade cristã: "Um só Deus e Pai de todos, o qual é sobre todos, age por meio de todos e está em todos". Paulo afirma a unidade do próprio Deus trino. Nesta mesma epístola, Paulo lembra que este Deus adotou para si filhos (Ef 1.5), fazendo-se assim Pai de muitos (Rm 8.15; 1Co 1.3, 8.6; 2Co 1.2, 6.18; Gl 1.3; Ef 1.2; Fp 4.20). Aqui somos então lembrados que fazemos parte de uma família com muitos irmãos, e que somos todos filhos do mesmo Pai. Portanto, mais uma vez vemos que a unidade só se aplica aos que podem ser chamados filhos de Deus. Ele está em todos e age por meio de todos. Assim sendo, não podemos esquecer que estaremos na companhia dos santos de Deus por toda a eternidade. Não podemos nem devemos deixar o privilégio de iniciar esta união aqui, na terra, enquanto aguardamos o dia em que tudo será aperfeiçoado de uma vez e por todas. Como UpRichards escreve, "o terceiro e final argumento de Paulo em prol da unidade da igreja, do qual fluem suas afirmações precedentes, é a declaração de que há um só Deus e Pai de todos. Esta fórmula e outras semelhantes, dentro dos escritos de Paulo, usam frases preposicionais para ampliar e endossar o argumento". Deste modo, "a soberania universal da unicidade e paternidade de Deus assegura a unidade da igreja":[38]

> Eis o argumento primordial, do qual todo o restante procede. Donde procede a fé? Donde, o batismo? Donde, o governo de Cristo, sob cujas diretrizes somos unidos, salvo porque Deus o Pai, emanando dEle para cada um de nós, emprega esses meios para reunir-nos a si mesmo? (...) Pelo Espírito de santificação, Deus flui ricamente através de todos os membros da Igreja, envolve todos em seu governo e habita em todos. Deus, porém, não é inconsistente consigo mesmo, e por isso não podemos estar unidos, senão em um só corpo. Essa é a unidade espiritual mencionada por nosso Senhor: 'Pai santo, guarda-os em teu nome, o qual me deste para que eles sejam um, assim como nós' [Jo 17.11] (...) Paulo está agora tratando da conjunção mútua dos crentes. Para isso devemos restringir-nos ao que ele diz acerca do governo e presença de Deus. É por essa razão, também, que ele usa a palavra Pai, a qual se aplica somente aos membros de Cristo.[39]

Em conclusão, vemos na exortação do apóstolo que a unidade orbita em torno da verdade doutrinal, não em torno da comunhão. Esta não pode ser obtida isoladamente. Precisa girar em torno da realidade da salvação em Cristo Jesus, o critério absoluto

---

37 *Ibid.*, p. 287-288
38 Harry UpRichard, *Ephesians; Study Commentary*, passim.
39 João Calvino, *Gálatas, Efésios, Filipenses e Colossenses*, p. 288.

da comunhão. Portanto, a partir da verdade do evangelho, devemos nos esforçar por manter a unidade – pois temos a tendência natural à separação e cisma. Numa longa e importante citação, UpRichard lança luz sobre esta realidade, quando trabalha a ideia de comunhão e unidade:

> O crescimento da igreja se baseia não só na vocação divina do crente, mas também numa unidade divinamente criada dos crentes. Paulo deixa isto bem claro no fato de que os crentes devem preservar, não criar, esta unidade, e que a unidade é indivisível, pois está fundada na unicidade da Deidade.
>
> Muito do ecumenismo moderno perde este ponto. Passa a criar, em vez de manter, a unidade, e faz isto às expensas da verdade. Criam-se grandes estruturas de mega-igrejas, sob as quais se permite o erro, e a doutrina bíblica passa a ser considerada algo dispensável. Não obstante, isto não alivia os cristãos da obrigação de empenhar-se muito para a manutenção da verdadeira unidade bíblica. O cisma constitui um pecado contra o único Senhor que une o corpo, ainda que (...) 'divisão é preferível à concordância com o mal'.
>
> O ecumenismo bíblico é realmente dinâmico, pois fomenta o genuíno crescimento em graça. (...) A unicidade da igreja em Cristo e o Pai avança até o fim, para que o mundo venha a crer. Este crescimento só é fomentado numa genuína unidade de base, uma unidade de vida em Cristo, não uma uniformidade que ignore a verdade de Cristo. Impureza doutrinal, facções, busca de poder, relutância de buscar reconciliação, tudo isso fracassa em manter a disciplina e em reprovar a indisposição de ajudar os crentes necessitados. O melhor caminho para evitar tudo isso é cultivando o crescimento com base numa unidade que já possuímos, reconhecendo os fundamentos apostólicos nos padrões confessionais, e concordando em vez de discordar, onde possível, sobre o que não é essencial. Este não é um passo fácil, mas é a única rota a seguir. (...) Se há um só Deus, um só Cristo, um só Espírito e uma só cruz, só pode haver uma única igreja. (...) Portanto devemos fazer toda e qualquer tentativa de preservar esta unidade dinâmica.[40]

POR UM PACTO EVANGÉLICO

Vivemos dias em que a fé cristã vem sendo esfacelada e aparentemente não há uma voz de consenso que possa preservar os distintivos mais fundamentais do cristianismo. Diante do desafio das Escrituras, todo o povo genuinamente evangélico deve se empenhar em todos os necessários esforços, agora, para iniciar a união que experimentaremos de forma plena e definitiva nos novos céus e terra. Os benefícios para a causa

---

40 Harry UpRichard, *Ephesians; Study Commentary*, passim.

do reino de Cristo neste mundo serão imensos, se formos capazes de nos unirmos na afirmação e promoção da fé cristã.

Devemos buscar esta unidade com todo o povo de Deus, tendo em vista a realidade da igreja invisível, de nossa esperança futura e a causa do Reino neste mundo tenebroso. Um exemplo deste esforço pode ser visto na iniciativa de ministros cristãos norte-americanos que estabeleceram um ministério chamado de "Juntos pelo Evangelho" (*Together for the Gospel*). O nome deste ministério não poderia ser mais oportuno. Seu propósito é o de chamar os crentes a unirem-se em torno do tema mais essencial da fé cristã, a mensagem do evangelho. Seus organizadores são líderes reconhecidamente capazes em seus ministérios, Albert Mohler, Lingon Duncan, C. J. Mahaney e Mark Dever. Embora sejam de denominações evangélicas diferentes, uniram-se em torno da mensagem comum a toda igreja genuinamente cristã, o evangelho, a fim de reafirmá-lo e para encorajar outros pastores e igrejas a que façam o mesmo. Uma carta de propósitos elaborada por eles delineia bem suas convicções:[41]

> Somos irmãos em Cristo unidos em uma única causa importante – permanecer firmes em favor do evangelho. Estamos convencidos de que o evangelho de Jesus Cristo tem sido mal compreendido, apresentado erroneamente e marginalizado em muitas igrejas e entre muitos que confessam o nome de Cristo. O comprometimento do evangelho tem levado à pregação de falsos evangelhos, à sedução de muitas mentes e movimentos e ao enfraquecimento do testemunho do evangelho por parte da igreja.
>
> Como em todos os outros momentos de crise teológica e espiritual na igreja, cremos que a resposta a esta confusão e comprometimento está em uma restauração abrangente e uma reafirmação do evangelho – e na união dos cristãos em igrejas evangélicas que revelam a glória de Deus neste mundo caído.
>
> Somos também irmãos unidos em profunda preocupação com a igreja e o evangelho. E essa preocupação diz respeito especificamente a certas tendências na igreja contemporânea. Estamos preocupados com a tendência de tantas igrejas em substituir a verdade por técnicas, a teologia por terapia e o ministério por gerenciamento.
>
> Estamos igualmente preocupados com o fato de que o propósito glorioso de Deus para a igreja de Cristo seja frequentemente eclipsado, em interesse, por muitas outras questões, programas, tecnologias e prioridades. Além disso, a confusão sobre questões concernentes à autoridade da Bíblia, ao significado do evangelho e à natureza da própria verdade tem enfraquecido gravemente a igreja em termos de seu

---

41 *Together for the Gospel; Affirmations & Denials*, em http://www.t4g.org/uploads/pdf/affirmations-denials.pdf, acessado em 23 de junho de 2010. Thabiti Anyabwile, John MacArthur Jr., John Piper e R. C. Sproul são alguns dos pregadores que têm apoiado formalmente e participado dos encontros bi-anuais promovidos pelo ministério *Together for the Gospel*.

testemunho, sua obra e sua identidade.

Permanecemos juntos pelo evangelho – em favor de uma plena e estimulante restauração do evangelho na igreja. Estamos convencidos de que essa restauração será evidente por meio de igrejas evangélicas fiéis, dando cada uma delas testemunho da glória de Deus e do poder do evangelho de Jesus Cristo.

[1] Afirmamos que a única autoridade para a igreja é a Bíblia, inspirada verbalmente, inerrante, infalível e totalmente suficiente e digna de confiança.

Negamos que a Bíblia seja um mero testemunho da revelação divina ou que qualquer porção da Escritura seja marcada por erro ou pelos efeitos da pecaminosidade humana.

[2] Afirmamos que a autoridade e suficiência da Escritura se estendem a toda a Bíblia e, portanto, que a Bíblia é a nossa autoridade final para toda doutrina e prática.

Negamos que qualquer parte da Bíblia seja usada em um esforço para negar a veracidade e a confiabilidade de qualquer outra parte. Negamos também qualquer esforço para identificar um cânon dentro do cânon ou, por exemplo, para colocar as palavras de Jesus em oposição aos escritos de Paulo.

[3] Afirmamos que a verdade é sempre um tema central para a igreja e que esta tem de resistir à sedução do pragmatismo e das concepções pós-modernas da verdade como substitutos da obediência às abrangentes reivindicações da verdade da Escritura.

Negamos que a verdade seja meramente um produto de construção social ou que a verdade do evangelho possa ser expressa ou fundamentada em qualquer outra coisa que não seja a confiança plena na veracidade da Bíblia, na historicidade dos acontecimentos bíblicos e na capacidade de sua linguagem para transmitir a verdade compreensível em forma proposicional. Também negamos que a igreja possa estabelecer seu ministério por meio do pragmatismo, de técnicas de marketing atuais ou das modas culturais contemporâneas.

[4] Afirmamos a centralidade da pregação expositiva na igreja e a necessidade urgente de uma restauração da exposição bíblica e da leitura pública da Escritura no culto.

Negamos que a adoração que honre a Deus marginalize ou negligencie o ministério da Palavra, quando manifestada por meio da exposição e da leitura pública. Além disso, negamos que uma igreja destituída de verdadeira pregação bíblica possa sobreviver como igreja evangélica.

[5] Afirmamos que a Bíblia revela a Deus como um ser infinito em todas as suas perfeições e, por consequência, verdadeiramente onisciente, onipotente, atemporal e auto-existente. Também afirmamos que Deus possui conhecimento perfeito de todas as coisas, passadas, presentes e futuras, incluindo os pensamentos, atos e decisões humanas.

Negamos que o Deus da Bíblia seja, de algum modo, limitado em termos de conhecimento e poder ou qualquer outra perfeição ou atributo; ou que Ele tenha, de algum modo, limitado suas próprias perfeições.

[6] Afirmamos que a doutrina da Trindade é uma doutrina cristã essencial, que dá testemunho da realidade ontológica do único Deus verdadeiro em três pessoas divinas: Pai, Filho e Espírito Santo, possuindo cada uma delas a mesma substância e perfeições.

Negamos a afirmação de que a Trindade não é uma doutrina essencial ou que a Trindade pode ser entendida em categorias meramente funcionais e administrativas.

[7] Afirmamos que Jesus Cristo é verdadeiro Deus e verdadeiro homem, em união perfeita, pura e inconfundível durante toda a sua encarnação e, agora, por toda a eternidade. Também afirmamos que Cristo morreu na cruz como substituto de pecadores, sacrifício pelo pecado e propiciação da ira de Deus para com pecadores. Afirmamos a morte, o sepultamento e a ressurreição corporal de Cristo como essenciais ao evangelho. Afirmamos também que Jesus Cristo é Senhor sobre sua igreja e que Ele reinará sobre todo o cosmos em cumprimento do propósito gracioso do Pai.

Negamos que o caráter vicário da expiação de Cristo pelo pecado possa ser comprometido sem incorrer em prejuízo sério ao evangelho, ou negado sem se repudiar o evangelho. Além disso, negamos que Jesus Cristo seja visível somente em fraqueza, e não em poder, senhorio ou reino real ou, em termos contrários, que Cristo seja visível somente em poder e nunca em fraqueza.

[8] Afirmamos que a salvação é totalmente pela graça e que o evangelho é-nos revelado em doutrinas que exaltam fielmente o soberano propósito de Deus de salvar pecadores e em sua determinação de salvar seu povo redimido somente pela graça, somente mediante a fé, somente em Cristo, somente para a sua glória.

Negamos que possa ser considerada doutrina verdadeira qualquer ensino, sistema teológico ou meio de apresentar o evangelho que nega a centralidade da graça de Deus em Cristo como seu dom imerecido para pecadores.

[9] Afirmamos que o evangelho de Jesus Cristo é o meio que Deus usa para trazer salvação ao seu povo; que Ele ordena aos pecadores que creiam no evangelho; e que a igreja é comissionada a pregar e a ensinar o evangelho a todas as nações.

Negamos que a evangelização possa ser reduzida a qualquer programa, técnica ou abordagem de marketing. Também negamos que a salvação possa ser separada do arrependimento para com Deus e da fé em nosso Senhor Jesus Cristo.

[10] Afirmamos que a salvação é dada àqueles que crêem verdadeiramente em Jesus Cristo e confessam que Ele é Senhor.

Negamos que haja salvação em qualquer outro nome ou que a fé salvadora possa assumir outra forma, exceto a de crença consciente no Senhor Jesus Cristo e seus atos salvadores.

[11] Afirmamos a continuidade do propósito salvador de Deus e da unidade cristológica das alianças. Também afirmamos uma distinção básica entre a lei e a graça e que o verdadeiro evangelho exalta a obra expiatória de Cristo como o cumprimento perfeito e consumado da lei.

Negamos que a Bíblia apresente qualquer outro meio de salvação, exceto a graciosa aceitação de pecadores, em Cristo, por parte de Deus.

[12] Afirmamos que pecadores são justificados somente pela fé em Cristo e que a justificação somente pela fé é tanto essencial como central ao evangelho.

Negamos que possa ser considerado fiel ao evangelho qualquer ensino que minimiza, rejeita ou confunde a justificação somente pela fé. Além disso, negamos que qualquer ensino que separa a regeneração e a fé seja uma verdadeira interpretação do evangelho.

[13] Afirmamos que a justiça de Cristo é imputada aos crentes somente pelo decreto de Deus e que essa justiça, imputada ao crente somente pela fé, é a única justiça que justifica.

Negamos que essa justiça seja obtida por esforço ou merecida em alguma maneira, seja infundida no crente em qualquer grau, ou seja realizada no crente por meio de qualquer outra coisa, exceto a fé.

[14] Afirmamos que a forma da disciplina cristã é congregacional e que o propósito de Deus é evidente em congregações evangélicas fiéis, demonstrando cada uma delas a glória de Deus nas marcas eclesiológicas autênticas.

Negamos que qualquer cristão possa ser verdadeiramente um discípulo fiel sem o ensino, a disciplina, a comunhão e a responsabilidade de uma comunhão de discípulos, organizada como igreja evangélica. Além disso, negamos que a Ceia do Senhor possa ser ministrada fielmente sem a prática correta da disciplina eclesiástica.

[15] Afirmamos que as igrejas evangélicas devem trabalhar juntas em cooperação humilde e voluntária. Afirmamos também que a comunhão espiritual das congregações evangélicas oferece testemunho da unidade da igreja e da glória de Deus.

Negamos que a lealdade a qualquer denominação ou comunhão eclesial possa preceder às reivindicações da verdade e à fidelidade ao evangelho.

[16] Afirmamos que a Escritura revela um padrão de ordem complementar entre homens e mulheres e que essa ordem é, em si mesma, um testemunho do evangelho, visto que é um dom de nosso Criador e Redentor. Também afirmamos que todos os cristãos são chamados a servir no corpo de Cristo e que Deus outorgou tanto a

homens como a mulheres papéis importantes e estratégicos no lar, na igreja e na sociedade. Além disso, afirmamos que o ofício de ensino na igreja é atribuído somente àqueles homens que são chamados por Deus em cumprimento dos ensinos bíblicos. Afirmamos, igualmente, que os homens devem liderar seu lar como maridos e pais que temem e amam a Deus.

Negamos que a distinção de papéis entre homens e mulheres, revelada na Bíblia, seja evidência de mero condicionamento cultural, ou uma manifestação de opressão masculina, ou preconceito contra as mulheres. Também negamos que essa distinção bíblica dos papéis exclui as mulheres de ministrar significativamente no reino de Cristo. Além disso, negamos que qualquer igreja possa confundir esses assuntos sem prejudicar seu testemunho do evangelho.

[17] Afirmamos que Deus chama seu povo a revelar sua glória na reconciliação de nações na igreja e que o prazer de Deus nessa reconciliação é evidente no ajuntamento de crentes de toda língua, tribo, povo e nação. Reconhecemos que a impressionante magnitude da injustiça contra os afro-americanos em nome do evangelho apresenta uma oportunidade especial para demonstrarmos o arrependimento, o perdão e a restauração prometidos no evangelho. Afirmamos também que o cristianismo evangélico na América tem uma responsabilidade única de demonstrar essa reconciliação com nossos irmãos e irmãs afro-americanos.

Negamos que qualquer igreja possa aceitar o preconceito, a discriminação ou a divisão racial, pois isto seria trair o evangelho.

[18] Afirmamos que nossa única esperança segura e inabalável está nas promessas certas e firmes de Deus. Portanto, nossa esperança é uma esperança escatológica, fundamentada em nossa confiança de que Deus trará todas as coisas à consumação, de um modo que resultará em maior glória ao seu próprio nome, maior proeminência ao seu Filho e maior regozijo para seu povo redimido.

Negamos que devemos achar neste mundo nossa realização e felicidade ou que o propósito crucial de Deus para nós é apenas acharmos uma vida mais significativa e satisfatória neste mundo caído. Além disso, negamos que qualquer ensino que oferece saúde e riqueza nesta vida como promessas garantidas por Deus possa ser considerado um evangelho verdadeiro.

Ainda que, em alguns pontos, esta declaração reflita o contexto norte-americano, esta iniciativa destes irmãos na fé deve nos servir de exemplo e encorajamento para que, em nosso próprio contexto e realidade, tomemos iniciativas semelhantes, sempre com o propósito de "preservar a unidade do Espírito no vínculo da paz" (Ef 4.3). O ponto aqui é valorizar o esforço desses irmãos em definir os limites essenciais da fé cristã, a fim de que juntos possam promovê-la, além de se fortalecerem mutuamente, cooperarem na causa do reino e na ação evangelística e missionária e oferecer ao mundo um testemunho fiel e respostas seguras e bíblicas aos grandes dilemas da atualidade, particularmente nas questões éticas, familiares, sociais, culturais e, fundamentalmente, doutrinais e eclesiais.

Vimos neste capítulo, além deste exemplo último e mais recente, o esforço dos pais da igreja, dos reformadores e dos puritanos em afirmar, definir, defender e preservar a unidade cristã. Temos diante de nós este enorme desafio, com a vantagem da perspectiva histórica. Precisamos da graça de Deus para enfrentar esse desafio e de ousadia, coragem e firmes convicções, aliados a um espírito humilde, manso, paciente, gracioso e voluntário, para preservamos a unidade que foi conquistada a um preço tão extraordinariamente alto. Que "o Senhor, como tem feito desde o princípio do mundo", impeça "milagrosamente, e de maneira desconhecida por nós, que a unidade da verdadeira fé seja destruída pelas desavenças dos homens".[42]

---

42 *Cartas de João Calvino*, p. 95.

Teologia

CAPÍTULO 6

FIDES ET SCIENTIA:

Indo além da discussão de "fatos"

Davi Charles Gomes

A *Primeira Carta de Clemente* (c. 96 AD) usa um argumento curioso em defesa da ressurreição. Ela cita três "ocorrências naturais" para mostrar a razoabilidade da noção de ressurreição: o dia que segue a noite, a semente que cai ao chão e morre para renascer como uma planta, e a Fênix, pássaro árabe lendário, que morre e renasce de suas próprias cinzas a cada quinhentos anos. Dito isto, o autor exclama: "É tão surpreendente que o Criador do universo ressuscite aqueles que o serviram em santidade e em certeza de boa fé, quando Ele ilustra com um simples pássaro a grandeza de sua promessa?"[1]

O uso do mito da Fênix como "evidência" da ressurreição é ingênuo e revela um triste defeito e um erro comum na prática da apologética na história da Igreja. Um exemplo disso é o cientista cristão que defende a ideia da criação diante dos colegas evolucionistas, tentando apenas harmonizar a Bíblia e a ciência. Aos olhos modernos, um mito como o da Fênix parece obviamente infantil, enquanto que os "fatos" da ciência, o

---

[1] "The Letter of the Church in Rome to the Church in Corinth, Commonly Called Clement's First Letter", em Cyril C. Richardson (ed.), *Early Christian Fathers* (New York: Collier Books, 1970), p. 55-56. Escrita por volta de 96 AD, a carta é atribuída a Clemente, o terceiro bispo de Roma. Cf. Eusébio, *Hist. Eccl.*, IV.23:11.

registro fóssil, os paradigmas biológicos, etc., automaticamente adquirem respeitabilidade racional. Em ambos os casos, os defensores da fé cristã presumem a existência (ou possibilidade) de "fatos brutos", neutros, procedendo as suas argumentações a partir desses termos.

Um estudioso que dissesse a um colega: "Responda sim ou não: você já parou de falsificar dados para as suas pesquisas?", obteria sempre uma resposta recriminadora, porque, uma vez aceitos os termos da pergunta, seria impossível evitar o engano. A relevância do discernimento dos termos torna-se ainda mais atual à medida que a fé defronta-se com a ciência, especialmente a ciência moderna. Essa é a razão pela qual o relacionamento entre a cosmovisão cristã e a ciência moderna tem sido uma área de reflexão complexa e conturbada e crucial para os que desejam fortalecer a prática apologética. Muitos encontros apologéticos insistem em permanecer na discussão de fatos e de suas interpretações, buscando provar ou negar "fatos", suposições, exatidão, ou erro de interpretação. Raramente tais confrontos vão além do campo das evidências (como se houvesse uma área de neutralidade na qual pessoas "honestas" eventualmente pudessem concordar) para uma discussão profunda dos próprios termos agendados pelos anticristãos. Os cristãos deveriam estar conscientes de que, sob os temas da interpretação de fatos e evidências racionais, jazem assuntos éticos sobre os quais cristãos e anticristãos não podem concordar facilmente, os quais, por sua vez, conduzem a observações e interpretações antitéticas. Agostinho colocou-o assim: *"Et sensi, expertus sum non esse mirum quod paleto non sano poena est et panis, qui sano suavis est, et oculis argris odiosa lux, quae puris amabilis"*.[2] Tristemente, não tem sido essa a compreensão dos cristãos.

Como deve o crente recusar os termos da confrontação e colocar os seus próprios termos? Como recusar-se a uma discussão meramente evidencial e mover-se para uma epistemologia de significância ética? Como deve o apologeta cristão, o cientista cristão ou qualquer outro pensador cristão ir além dos fatos e alcançar o âmago ético da questão a fim de "dar razão da esperança" que nele há (1 Pe 3.15)? Como o biólogo cristão negará a evolução e argumentará em favor da criação se somente discutir a precisão ou a interpretação dos fatos? Os "fatos" mentem. É preciso ir além dos "fatos" e, para isso, discutir primeiro a filosofia dos fatos, do conhecimento e, mesmo, da ciência.

Ainda que uma resposta completa requeira tratamento extensivo, mesmo uma breve discussão é suficiente para esboçar os temas da confrontação entre a fé e a ciência e para traçar os contornos de uma filosofia de fatos cristã e de uma filosofia de fatos anticristã. O primeiro passo irá clarificar as fontes da moderna filosofia da ciência, realçando seus estágios mais significativos. O próximo passo refletirá sobre uma epistemologia

---

[2] "Senti e experimentei que não é de se admirar que o pão, tão saboroso ao paladar saudável, seja enjoativo ao paladar enfermo, e que a luz, amável aos olhos límpidos, seja odiosa aos olhos doentes". Agostinho de Hipona, *Confissões* (São Paulo: Nova Cultural, 1996), I:16.

cristã e demonstrará por que o apologeta cristão deve operar nesse nível caso deseje que a proclamação de sua fé seja efetiva.

CONTORNOS GERAIS DA EPISTEMOLOGIA SECULAR

Embora o pensamento secular, ou não cristão, englobe grande diversidade de ideias, perspectivas e proposições filosóficas, muitas das quais diferem grandemente umas das outras, há denominadores comuns, um cerne unificador no nível epistemológico mais básico, que torna possível falar dele em termos gerais.[3] Isso diz respeito não aos detalhes, ou às interpretações de qualquer filosofia, mas às suposições mais elementares sobre os próprios fatos e sobre a realidade em si mesma. Para iniciar, talvez seja útil voltar à gênese da filosofia e da ciência ocidentais.

Raízes da tensão

Cornelius Van Til, apologeta reformado, retornava aos pré-socráticos para mostrar que os seus temas eram os mesmos que ainda enfrentamos hoje. Desde o início, a reflexão filosófica dos "filósofos da natureza" trata dos chamados "problemas do um e do muito". O antigo pensamento pré-socrático, a despeito de seu hilozoísmo, começou a discernir a imensa multiplicidade de coisas e fatos no universo, ao mesmo tempo que desejava descobrir a unidade subjacente a toda essa multiplicidade. A partir de Tales, até mesmo os filósofos jônicos da natureza quiseram pouco mais do que descobrir ou descrever essa unidade, a fim de observar os fenômenos e obter leis e princípios (isso é especialmente verdadeiro no caso de Tales, uma vez que ele se coloca no início da antiga filosofia grega como o primeiro homem a predizer um eclipse solar, baseando-se somente em observações astronômicas).[4]

Houve, entretanto, desde o princípio, uma tensão implícita, vista nas ideias de Heráclito (c. 540-480 AC) e Parmênides (c. 515-475 AC). O modo como a natureza era observada fazia Heráclito sentir que a única constante, a única realidade absoluta e permanente, era a abstrata lei da mudança, o fluxo de todas as coisas. Sua mais conhecida proposição foi ilustrada pela ideia do rio no qual não se pode banhar duas vezes, pois no

---

[3] Um exemplo é o trabalho de Thomas S. Kuhn, cuja contribuição da consciência pressuposicional à ciência será discutida mais tarde, mas que deve ser mencionado neste ponto, tanto pelo seu trabalho na filosofia da ciência, que caracterizou "o desenvolvimento científico como uma sucessão de tradições ligadas a um período pontuado de paradas não cumulativas" (o que ele chamou de paradigmas), quanto pela sua própria obra, no sentido de demonstrar a possibilidade e a utilidade de se elaborar uma filosofia da ciência consistente que se responsabilize pela descontinuidade e variedade observadas. Cf. Thomas S. Khun, *The Structure of Scientific Revolutions* (Chicago: The University of Chicago Press, 1970), p. 207-208.

[4] Veja Gordon H. Clark, *Thales to Dewey* (Jefferson, Md: Trinity Foundation, 1985), p. 3-16. Cf. Cornelius Van Til, "Nature and Scripture", em P. Wooley (ed.), *The Infalible Word* (Philadelphia: Presbyterian and Reformed, 1946). Também, em português, Jostein Gaarder, *O Mundo de Sofia* (São Paulo: Companhia das Letras, 1995), uma história romanceada da filosofia que, a despeito de seu tratamento popular, retrata com surpreendente clareza os princípios da inquirição científica e filosófica.

momento em que se entra nele pela segunda vez, ele já não é o mesmo. Toda a realidade era um fluxo, cria ele, e a noção de que a natureza tinha permanência ou existência real era ilusória. Confiando nos sentidos e na sua análise das particularidades da natureza, ele negou qualquer unidade além do fluxo permanente.[5] Parmênides, por outro lado, estava disposto a abrir mão da unidade racional do universo, mesmo que isso dificultasse a consideração da multiplicidade e do fluxo na natureza. Moveu-se, assim, para a posição de que unidade excluía multiplicidade - num monismo consistente – e propôs que a aparência de fluxo, mudança ou multiplicidade não poderia ser senão ilusória. Num certo sentido, Parmênides desejou ser logicamente coerente e racional, tanto que estava disposto a sacrificar o valor da experiência sensorial.[6] Resumindo, a tensão entre a confiança nos sentidos, e com isso o sacrifício da unidade, e vice-versa, traduziu-se numa tensão entre uma ênfase racionalista e uma ênfase empírica, ou seja, um jogo entre o racionalismo abstrato e o irracionalismo: racionalista na análise da experiência sensorial, irracionalista ao negar uma unidade concreta da natureza, ou racionalista ao ater-se a uma unidade racional, mas irracionalista ao negar a multiplicidade da experiência sensorial.[7]

A solução grega

Platão (427-347 AC), ainda tratando da mesma problemática, queria estabelecer a relação entre unidade e diversidade, entre temporal e eterno, entre experiência e o que é absoluto e permanente, ou, utilizando o seu vocabulário, entre universais e particulares. Não estando disposto a sacrificar a racionalidade nem a experiência sensorial, sugeriu a compartimentalização em âmbitos distintos: o mundo material da experiência sensorial e o mundo ideal, o mais real dentre os dois. Entretanto, segundo Van Til, "era impossível" para Platão

> abordar toda a verdade raciocinando apenas com base nos fatos empíricos. Por outro lado, não poderia dar razão da realidade do mundo dos sentidos (mundo sensorial) se limitasse o conhecimento ao padrão do mundo ideal. Esses elementos não podiam ser mantidos separados. Mais importante ainda, Platão tinha uma percepção verdadeira de que, a não ser que os dois mundos fossem relacionados num único esquema de conhecimento, não se poderia esperar conhecer qualquer coisa a respeito de qualquer dos dois mundos.[8]

---

5 "No mesmo rio, nós pisamos e não pisamos, estamos e não estamos". Heráclito, *Fragmento A81*, citado por Milton C. Naham em *Selections from Early Greek Philosophy* (New York: Appleton-Century-Crofts, 1964), p. 73.
6 Ver Milton C. Naham, *Selections*, p. 87-96.
7 Ver Cornelius Van Til, *A Christian Theory of Knowledge* (Phillipsburg, NJ: Presbyterian and Reformed, 1969), p. 48-50.
8 Cornelius Van Til, *A Survey of Christian Epistemology* (Phillipsburg, NJ: Presbyterian and Reformed, 1967), p. 38.

Platão queria encontrar uma conexão, uma base para unir os dois mundos, uma base para unir as categorias eternas de pura racionalidade com as categorias temporais do mundo dos sentidos, propondo finalmente que a alma imortal do homem, capaz de contemplar o mundo das ideias com racionalidade, era exatamente o ponto de concentração.[9]

Herman Dooyeweerd, filósofo reformado holandês, refere-se à fase em que a filosofia grega proveu o ímpeto inicial para a reflexão científica e filosófica como forjadora do motivo (tema) básico da forma-matéria, em que toda realidade era entendida como uma dicotomia entre o mundo dos fatos brutos, matéria e elementos particulares, e o mundo de formas e ideias racionais e eternas;[10] uma dialética que tinha, de um lado, os fatos brutos como realidade última e, de outro, a alma humana ou mente racional como seu intérprete último e independente.[11]

O pensamento grego, especialmente de Platão, lançou sua sombra sobre os séculos seguintes e até mesmo muitos dos Pais da Igreja não escaparam à sua influência. É importante reter isso em mente, pois as implicações epistemológicas do esquema forma-matéria colocam-no em clara antítese à raiz da epistemologia cristã, a qual nega a autonomia, no sentido absoluto, dos fatos e particularidades da realidade criada, assim como da racionalidade humana, mostrando-as, em vez disso, como derivadas do Deus Criador, eterno e soberano. De novo, como Van Til o expressou: "O pensamento platônico é o desenvolvimento lógico do pensamento de Eva após ter ponderado a tentação do diabo": pôs em questão a interpretação divina (revelação) do significado de comer do fruto da árvore e supôs ter a capacidade independente de julgar por si mesma se os fatos eram como Deus dissera.[12]

As bases epistemológicas anticristãs do pensamento grego coexistiram e conflitaram com os princípios epistemológicos cristãos ao longo dos primeiros séculos da igreja, como visto na constante tensão entre o pensamento hebraico e o pensamento platônico e neoplatônico nos Pais da Igreja. Séculos mais tarde observa-se uma mudança (ou desenvolvimento) da dicotomia original grega de forma-matéria para uma nova síntese, que, por sua vez, também tornou-se dominante nos séculos que se seguiram. Dooyeweerd chama esse novo motivo básico de dicotomia entre natureza e graça, que é melhor ilustrada no pensamento de Tomás de Aquino.[13]

---

9   Isto se ilustra com a citação de Fédon: "Quando a alma se serve do corpo para apreciar algum objeto através da visão, audição ou qualquer outro sentido... é atraída pelo corpo para as coisas instáveis, perde-se, perturba-se, vacila e tem vertigens como se estivesse ébria... em troca, lembrai-vos, quando está em si mesma, e examina as coisas por si mesma sem apelar para o corpo, se dirige para o que é puro, eterno, imutável e, como é da mesma natureza, permanece unida a ele tanto quanto lhe é possível. Aqueles extravios cessam, é sempre a mesma, porque está unida ao que não muda..." *Platão* (São Paulo: Nova Cultural, 1996), p. 145.
10 L. Kalsbeek, *Contours of a Christian Philosophy* (Toronto: Wedge Publishing, 1975), p. 62-63.
11 Van Til, *Survey of Christian Epistemology*, p. 28-29.
12 *Ibid*, p. 29.
13 L. Kalsbeek, *Contours*, p. 63.

A proposta de síntese

Aquino não estava disposto a assumir de forma absoluta que fatos brutos tivessem em si mesmos a realidade final ou que a razão humana pudesse de forma autônoma exaurir o seu conhecimento. Como cristão, ele sabia que Deus tinha que ser figura predominante no esquema, e que a revelação tinha que ser considerada como uma das fontes do conhecimento. Entretanto, também não estava disposto a abrir mão completamente da tentativa de atribuir independência aos fatos e à razão. Nessa tentativa de sintetizar a teologia cristã e o pensamento grego (Platão por meio de Aristóteles), considerada por ele o ápice das conquistas intelectuais humanas, Aquino sugeriu uma nova dicotomia, constituída agora de dois andares conhecidos e considerados sob reflexão, através de diferentes métodos: o andar de baixo, da natureza, que abrange a totalidade do motivo (tema) grego, devia ser interpretado racionalmente com base na experiência sensorial e na lógica abstrata; o andar de cima, da graça, supria as deficiências do anterior (cristianizando-o); era o âmbito do sobrenatural, cujo acesso se fazia pela fé e era dependente da revelação.

Em seu comentário sobre o *De Trinitate*, de Boécio (480-524), Aquino escreve sobre o que ele chama de "divisões e métodos das ciências", argumentando que o modo apropriado de proceder nas ciências é usar o método *rationabiliter* nas ciências naturais (avançando de algo compreendido para outro até chegar a uma verdade inteligível), usar o método *disciplinabiliter* na matemática (raciocinando logicamente sobre seus princípios), e usar o método *intellectualiter* na teologia, ou "ciências divinas" (movendo-se da inquirição racional sobre o fruto da experiência sensorial, para a reflexão lógica, e daí para o raciocínio abstrato). A totalidade do reino da natureza seria acessível aos poderes independentes da razão, e dentro dela o conhecimento deveria ser derivado de dados empíricos e processos racionais. Até mesmo o conhecimento de Deus ("ciências divinas") poderia ser primeiramente alcançado através da interação da razão independente com os objetos da experiência. Somente quanto todo o processo de raciocínio, aprendizado e "intelectuação" atingisse os seus limites, é que o reino da graça viria, pela revelação, para complementá-lo e aperfeiçoá-lo – um reino que só poderia ser atingido pela fé, baseado na autoridade.[14] O âmbito da natureza era definitivamente insuficiente, mas até onde fosse, era ambiente para a atividade racional humana independente sobre a experiência dos fatos em si mesmos.

Como síntese entre os princípios epistemológicos cristãos e não cristãos, o dualismo

---

14 Thomas Aquinas, *The Division and Methods of the Sciences*, questões V e VI do comentário de Boécio, *De Trinitate* (Toronto: Pontificial Institute of Medieval Studies, 1986), *passim*, especialmente p. 73ss. Os termos latinos usados por Aquino para referir-se aos modos de proceder quanto às ciências, *rationabiliter*, *disciplinabiliter* e *intellectualiter*, foram traduzidos por C.A.L. Mendoza e J.E. Bouzán para o espanhol como raciocinativamente, axiomaticamente e intelectualmente; ver "Santo Tomás y los Métodos de las Ciências Especulativas", em *Sapientia* 27 (1972), p. 37-50.

básico de natureza e graça adquiriu papel dominante, fornecendo raízes epistemológicas comuns ao espectro de todas as ciências, desde as naturais até a teologia, culminando com o escolasticismo medieval. Como a postura independente concedida ao âmbito da natureza o conduzisse a tornar-se cada vez maior, foi apenas uma questão de tempo para que todo o esquema básico de natureza-graça se conturbasse e se tornasse algo novo. A Renascença, com seu movimento *ad fontes*, e um retorno consciente ao *homo mensura* grego, marca importante momento nessa transição. Considerando-se o movimento Renascença-Iluminismo como um todo, e deixando de lado o *ad fontes* paralelo da Reforma,[15] fica mais clara a transição da síntese tomista para aquele "algo novo". Isso se vê primeiro no retorno da antiga polarização entre racionalismo e empiricismo nos séculos XVII e XVIII, representado pelos racionalistas continentais Descartes (1596-1650), Spinoza (1632-1677) e Leibniz (1646-1716), em contraste com os empiricistas britânicos Locke (1632-1704), Berkeley (1685-1753) e Hume (1711-1776).[16] Em segundo lugar, isso é visto de forma ainda mais clara na pessoa de Immanuel Kant (1724-1804) e sua "revolução copérnica".

A solução moderna

O projeto de Kant foi ousado.[17] Ele queria resgatar o conhecimento científico verdadeiro do ceticismo de Hume, ao mesmo tempo em que desejava "limitar a ciência para dar espaço à fé".[18] Seu método foi uma síntese de racionalismo e empiricismo, em que, de um lado, reafirmava a possibilidade de compreensão do âmbito dos fenômenos através da razão "pura", enquanto, de outro lado, negava completamente a possibilidade de conhecer o âmbito dos númenos, ou conhecer o "*Ding an sich*" ("coisa em si"). Sua distinção entre os âmbitos dos númenos e dos fenômenos, e sua formulação de como o entendimento resultava da combinação de elementos *a priori* e *a posteriori*, foram conceitos revolucionários.[19]

Para Kant, a experiência sensorial era incapaz de fornecer base à unidade necessária para a ciência e o conhecimento, sem o *a priori* das "formas dos sentidos" (tempo e espaço) e das "formas de entendimento" (categorias lógicas), mas as próprias formas eram também, em contrapartida, "vazias" sem os dados da experiência. Só através da

---

15 Neste caso um retorno a um cristianismo mais puro ou agostiniano, não só na teologia como também especificamente no âmbito da epistemologia.
16 Especialmente este último, cujo ceticismo finalmente sugere a falência da esperança de se encontrar base verdadeira para a unidade racional da experiência dos sentidos.
17 As seguintes palavras do prefácio de sua *Crítica da Razão Pura* sugerem o quanto o seu projeto era audacioso: "Tenho mirado principalmente a plenitude; e aventuro-me a manter que não há um único problema metafísico que não tenha sido resolvido aqui..." Immanuel Kant, *The Critique of Pure Reason* (New York: Macmillan, 1964), prefácio, p. 10.
18 Cf. Richard Kroner, *Von Kant bis Hegel*. vol. 1 (Tübingen: J. C. B. Mohr, 1921), p. 164-165.
19 Para uma interessante discussão, ver William Young, *Toward a Reformed Philosophy* (Grand Rapids: Piet Hein, 1952), p. 125. ("Fenômeno" é o objeto como aparece aos sentidos; "númeno" é o objeto como ele é para o pensamento verdadeiro).

atividade de combinação dos dois elementos (atividade sintética) seria possível o conhecimento racional (isto é, científico).[20] Entretanto, como a razão pura estava ligada à atividade sintética, e porque era impossível "exaurir a experiência" a ponto de chegar a um entendimento completo de seu objeto (conhecimento analítico), Kant negou a possibilidade de alcançar a identificação entre fato e interpretação meramente pela razão pura.[21] O âmbito dos númenos estava fora do alcance, e qualquer tentativa de obter unidade completa no âmbito dos fenômenos levaria a antinomias insolúveis, dizia Kant.[22]

Na atividade sintética o sujeito estava inseparavelmente preso ao objeto e, portanto, determinado por algo fora de si mesmo, enquanto ao mesmo tempo o objeto jamais poderia ser conhecido em si, por estar sempre subjetivizado por formas e categorias. O âmbito dos fenômenos, o único "aberto ao entendimento", provava-se determinista, pois a subjetivização de toda experiência finita significava ao mesmo tempo uma objetivização do ser conhecedor, determinando-o externamente.[23]

Como disse Will Durant, aqui com certa acuidade, Kant "havia destruído o mundo ingênuo da ciência e o limitara, senão em grau, com certeza em alcance, limitando-o também a um mundo confessadamente de mera superfície e aparência, além do qual ele só podia resultar em ridículas 'antinomias'; com isso a ciência estava 'salva'". Da mesma forma, continua Will Durant, os objetos de fé e religião foram relegados ao âmbito do númenos, e "nunca poderiam ser provados pela razão; com isso a religião estava 'salva'".[24]

Kant não podia parar aqui; sentia que chegados os limites da razão pura, ainda seria necessário achar um modo de avançar na direção da unidade, da religião, da ética e da liberdade. Estabeleceu a sua "razão prática" que transcenderia o determinismo do âmbito dos fenômenos pelo senso moral do ego, resumido em seu imperativo categórico: "agir como se a máxima da ação fosse tornar-se, por vontade própria, numa lei universal da natureza".[25] Através desse imperativo categórico, ao refletir-se sobre o "eu" moral, o ego almeja algo que está fora dos limites das relações fenomenais, asseverando-se como um ser racional livre, ou seja, um "eu" autônomo (gr. *auto-nomos*).[26] O resultado foi que o "eu" autônomo foi posto em contraposição ao mundo natural, sendo essa a "revolução copérnica" kantiana, o relacionamento ego-mundo: "Daí em diante não mais buscou-se a raiz transcendente da existência humana nas limitadas categorias matemáticas e das ciências naturais, mas na função moral racional da personalidade soberana, conforme

---

20 Kant, *Critique of Pure Reason*, p. 396ss.
21 Robert D. Knudsen, *The Fate of Freedom*, manuscrito datilografado (Glenside, Pa.: Westminster Theological Seminary, 1997), p. 40-42.
22 Immanuel Kant, *Critique of Pure Reason*, p. 396ss.
23 Knudsen, *Fate of Freedom*, p. 46.
24 Will Durant, *A História da Filosofia* (São Paulo: Nova Cultural, 1996), p. 263.
25 Immanuel Kant, *Critique of Practical Reason*, citado em Durant, *História da Filosofia*, p. 264.
26 Robert D. Knudsen, *Fate of Freedom*, p. 46.

expressa pela ideia transcendental da liberdade humana".[27]

É importante lembrar que a autonomia da vontade moral não era simplesmente um "caso de agir conforme a consciência, e sim questão de seguir fria e deliberadamente um princípio racional" não determinado por qualquer coisa de fora, mas por uma verdade auto-evidente".[28] Isso quer dizer que, se de um lado havia o âmbito da experiência finita (natureza) determinado e conhecido pela atividade sintética, do outro lado Kant colocava a razão humana autônoma. Assim, voltando à referência de Dooyeweerd aos temas básicos, depois de Kant o conhecimento passou a ser considerado dentro de uma dicotomia natureza-liberdade, ou, como expõe Kalsbeek, a ideia de que "o homem é autônomo e livre e a natureza é totalmente determinada".[29]

Ainda que a totalidade do pensamento kantiano nunca tenha se tornado normativa, os elementos principais de sua revolução copérnica tornaram-se indeléveis em todo o desenvolvimento epistemológico subsequente. Esse esquema natureza-liberdade permanece ainda hoje como um tema básico permeante, como também a distinção entre o âmbito dos fenômenos e dos númenos. O próprio Kant proclamou o Iluminismo como "o despertar do homem de sua menoridade auto-imposta" para a autonomia da razão humana.[30] Essa "emancipação" é marcada pelo pressuposto quase universalmente aceito na reflexão científica e filosófica moderna, de que os objetos do conhecimento ("fatos") são conhecidos dentro do âmbito fechado do universo fenomenológico, e de que o sujeito do conhecimento deve ser visto como autônomo.

Dos pré-socráticos ao platonismo, à síntese tomista e à sedimentação no pensamento kantiano, o pressuposto metafísico de que todos os fatos devem ser considerados apenas em suas relações objeto-objeto e sujeito-objeto, e o pressuposto epistemológico de que o sujeito último do conhecimento, o intérprete dos "fatos", é o homem, sedimentara-se como legado à cultura de forma geral. Talvez seja este um dos poucos pontos de consenso entre escolas e pensamentos modernos diversos como o positivismo, o idealismo, o pragmatismo, o materialismo dialético, o estruturalismo, o existencialismo, etc.

Consequentemente, as diversas construções epistemológicas modernas contêm, também, elementos do racionalismo e do irracionalismo ostensivo, apoiado por irracionalismo implícito, ou vice-versa. Com perspectiva semelhante foi que J. R. Rushdoony, em seu prefácio a *Twilight of Western Thought*, de Dooyeweerd, cita o filósofo grego do quarto século, Metrodoro de Quios, que afirma existirem apenas duas coisas que se pode

---

27 Herman Dooyeweerd, *A New Critique of Theoretical Thought*. vol. 1 (Philadelphia: Presbyterian and Reformed, 1953), p. 355-356.
28 Collin Brown, *Philosophy and the Christian Faith: A Historical Sketch from the Middle Ages to the Present Day* (Downers Grove, Ill.: Intervarsity Press, 1968), p. 101.
29 Kaalsbeek, *Contours*, p. 63.
30 O artigo "Beantwortung der Frage: Was ist Aufklärung?" começa exatamente com estas palavras: "Aufklärung ist der Ausgang des Menschen aus seiner selbstverschulteten Unmündigkeit". Ver *Immanuel Kant's Sämtliche Werke*, Grossherzog Wilhelm Ernst Ausgabe. vol. 1 (Leipzig: Inselverlag, 1912), p. 163.

saber: "Nenhum de nós sabe nada, nem mesmo quando sabemos ou não sabemos, e se existe saber ou não saber, nem ainda, em geral, se qualquer coisa existe ou não", entretanto, "tudo existe que se perceba por qualquer um".[31]

À medida que se multiplicaram, as diferentes "ciências" e as "bênçãos" da tecnologia moderna cresceram, mas a consciência de uma filosofia do conhecimento e de uma filosofia dos fatos não cresceram na mesma proporção. A própria epistemologia, como também o campo da filosofia da ciência, permanecera até algumas décadas atrás dentro de um círculo limitado de filósofos e historiadores acadêmicos. Entretanto, na segunda metade deste século essa situação começou a mudar.

Crise e questionamento

Primeiro, começou a haver maior consciência de como as metodologias científicas e filosóficas fluíam de pressupostos (*a prioris*) nem sempre reconhecidos. Em parte isso foi estimulado pela obra revolucionária de Thomas Kuhn, *A Estrutura das Revoluções Científicas*. Segundo Herbert Schlossberg comenta, Thomas Kuhn concluiu que num dado momento qualquer comunidade científica sempre terá em sua estrutura um elemento mais volitivo que intelectual, produto da história pessoal. Considerava inevitável, portanto, que qualquer grupo científico praticasse sua arte com um conjunto de "crenças recebidas". C. S. Lewis argumentou que essas crenças afetam a percepção do observador com tal força que controlam sua interpretação da informação empírica. Foi evidentemente este o entendimento de Oswald Spengler ao dizer que "não existe ciência natural sem uma religião precedente".[32]

Kuhn ressaltou que o conhecimento científico não se desenvolve pelo acúmulo lento e gradativo do conhecimento em que conquistas científicas passadas alicerçam novos desenvolvimentos num fluxo regular, mas, em vez disso, Kuhn propôs que o conhecimento científico consiste de paradigmas particulares baseados em pressupostos compartilhados por comunidades intelectuais, que, por sua vez, legislam o que é adicionado ao paradigma.[33] As mudanças nas ciências seriam na verdade revoluções de paradigmas, nas quais novos pressupostos básicos alcançariam caráter dominante, provocando mudanças de cosmovisão. Os "cientistas muitas vezes falam de 'escamas caindo dos olhos'" ou do "raio que aclara um enigma antes obscuro", oferecendo novas perspectivas que pela primeira vez permitem soluções, e "dando à luz novos paradigmas".[34]

---

31 Prefácio de J. R. Rushdoony a *Twilight of Western Thought*, de Herman Dooyweerd, citado em Os Guiness, *The Dust of Death* (Downers Grove, Il.: Intervarsity Press, 1973), p. 36.
32 Herbert Schlossberg, *Idols for Destruction* (Nashville: Thomas Nelson, 1983), p. 145; cf. Thomas Kuhn, *The Structure of Scientific Revolutions*; C. S. Lewis, *God in the Dock* (Grand Rapids: Eerdmans, 1975), p. 21; e Oswald Spengler, *The Decline of the West*. vol. 1 (New York: Knopf, 1928), p. 380.
33 Kuhn, *Structure of Scientific Revolutions*, p. 43-51.
34 *Ibid.*, p. 122.

Outro importante aspecto da contribuição de Kuhn é o reconhecimento de que as pressuposições que formam e mantêm a estrutura de determinados paradigmas envolvem questões de tradição, compromissos grupais e comunitários, valores, economia, etc.[35]

Michael Polanyi é outro pensador mais recente, fundamental no desenvolvimento de uma abordagem à epistemologia que é consciente do papel desempenhado pelas pressuposições.[36] Ele argumentou que "a participação pessoal e a imaginação estão tão essencialmente envolvidas nas ciências exatas quanto nas humanas, e que os significantes criados nas ciências não têm relação mais favorável com a realidade do que os significantes criados nas artes, nos julgamentos morais e na religião".[37] Os "princípios metodológicos da ciência", disse também, "foram mal dirigidos, não tendo atingido um conhecimento claro do conhecer tácito".[38] A seguinte citação exemplifica o poder de sua contribuição:

> Temos demonstrado que os processos do conhecimento (e da ciência) não se assemelham em nada à conquista impessoal de objetividade abstrata e neutra. São arraigados (desde nossa seleção de um problema até a verificação de uma descoberta) em atos pessoais de integração tácita. Não se fundamentam em operações explicitamente lógicas. A pesquisa científica é um exercício da imaginação com raízes em compromissos e crenças sobre a natureza das coisas.39

Um último desdobramento epistemológico das últimas décadas, no contexto da filosofia analítica, envolve os resultados da reflexão sobre paradigmas epistemológicos do pensamento ocidental. Como escreveu Nicholas Wolterstorff em 1983: "A última década tem visto desenvolvimentos radicais no campo da epistemologia filosófica. Entre os mais significativos está o surgimento da meta-epistemologia. Em vez de avançar e desenvolver teorias epistemológicas, filósofos têm recuado e refletido seriamente sobre as opções estruturais à sua disposição na construção dessas teorias..." Ele prossegue dizendo: "O que chamou a sua atenção foi o domínio extraordinariamente longo de uma opção estrutural, por eles denominada fundacionalismo clássico".[40] Essa estrutura se caracteriza pelo estabelecimento de certos requisitos que definem o que será considerado

---

35 *Ibid.*, p. 78-110 *et passim*.
36 Algumas de suas obras mais importantes são: Michael Polanyi, *Personal Knowkledge: Toward a Post-Critical Philosophy* (Chicago: University of Chicago Press, 1966), *The Tacit Dimension* (London: Routledge & K.Paul, 1967), *Knowing and Being* (London: Routledge & K. Paul, 1969), *The Study of Man* (Chicago: University of Chicago Press, 1959) e Michael Polanyi e Harry Prosch, *Meaning* (Chicago: University of Chicago Press, 1975).
37 Polanyi e Prosch, *Meaning*, p. 65.
38 *Ibid*, p. 46.
39 *Ibid*, p. 63.
40 Nicholas Wolterstorff e Alvin Plantinga, *Faith and Rationality: Reason and Belief in God* (Notre Dame, Indiana: University of Notre Dame Press, 1983), p. 1.

conhecimento. Restringe o conhecimento verdadeiro à chamada crença verdadeira justificada (*justified true belief*, ou JTB), propondo uma estrutura através da qual as crenças possam ser justificadas tornando-se conhecimento.[41]

A estrutura fundacionalista vê como "alvo da pesquisa científica" o desenvolvimento de "um corpo de teorias do qual sejam eliminados todos os preconceitos, tendências e conjeturas não justificados".[42] Isso requer uma "fundação" de crenças irrefutáveis e um processo pelo qual o conhecimento posterior seja dela derivado. A estrutura do conhecimento pode ser vista como uma pirâmide na qual existem crenças básicas, verdadeiramente justificadas por serem "ou incorrigíveis ou auto-evidentes ou evidentes aos sentidos".[43] Tal base oferece justificativa evidencial para outras crenças não básicas incorporadas à estrutura, de forma que a estrutura prossegue até chegar ao ponto onde é impossível acrescentar qualquer outra crença.

Essa estrutura epistemológica foi observada, de uma forma ou de outra, como "tradição dominante" desde a filosofia grega, atravessando a Alta Idade Média, o período da Renascença-Iluminismo, até o presente.[44] Apesar da aparente consistência de tal estrutura epistemológica, o simples ato de reconhecê-la como uma estrutura revela que é essencialmente falha, com um efeito semelhante ao da declaração "o rei está nu!" Consideremos, por exemplo, a proposta fundacionalista de que o verdadeiro conhecimento restringe-se a crenças: (1) que são básicas e devem ser, portanto, auto-evidentes ou evidentes aos sentidos, ou incorrigíveis, ou então (2) justificadas por crenças antecedentes que, por sua vez, sejam verdadeiramente justificadas. A própria proposição não pode ser demonstrada como justificável por crenças básicas, mas também não é incorrigível, nem auto-evidente, nem evidente aos sentidos, tornando impossível considerá-la como crença básica. Portanto, não sendo nem crença básica nem verdadeiramente justificada invalida a si mesma.[45]

Com o colapso do fundacionalismo clássico, todo o campo da epistemologia foi radicalmente abalado. Houve quem procurasse estruturas epistemológicas alternativas, houve quem achasse suficiente um ajuste da estrutura fundacionalista, e até mesmo quem falasse da morte da própria epistemologia.[46] Este é o estado atual das coisas: a epistemologia filosófica bem como a filosofia da ciência e outras disciplinas afins têm ganho status e valor, passando a ressaltar defeitos, complexidades e dificuldades insolúveis

---

41 K. Scott Oliphant, "The Apologetic Implication of Alvin Plantinga's Epistemology", dissertação de Ph.D. (Westminster Theological Seminary, 1994), p. 58.
42 Wolterstorff, *Reason Within the Bounds of Religion* (Grand Rapids: Eerdmans, 1993), p. 28.
43 Alvin Plantinga, "Reason and Belief in God", em Wolterstorff e Plantinga, *Faith and Rationality*, p. 59.
44 Wolterstorff, *Reason Within the Bounds of Religion*, p. 30.
45 Plantinga, "Reason and Belief in God", p. 60.
46 Ver Plantinga, *Warrant: The Current Debate* (New York: Oxford University Press, 1993), p. i; e Wolterstorff e Plantinga, *Faith and Rationality*, p. 4.

nas bases epistemológicas da ciência e da filosofia modernas. A consciência pressuposicional de Kuhn e Polanyi lançaram nova luz sobre a natureza do pensamento científico e filosófico, e a crítica do fundacionalismo demonstrou claramente a falibilidade do paradigma epistemológico básico de grande parte da ciência e da racionalidade moderna. Se no nível prático e tecnológico as coisas permanecem como sempre, num nível mais abstrato, jamais serão as mesmas. Enquanto alguns talvez celebrem a morte da modernidade e a chegada da condição pós-moderna, o que parece é que hoje se testemunham as consequências últimas da própria modernidade - o *homo rationalis* livre e autônomo que na Renascença alcançava a maioridade agora enfrenta senilidade e expectativa de morte.[47]

Ainda, enquanto o pensamento secular se encontra incapaz de cumprir suas promessas, mesmo quanto se torna mais auto-crítico, sua pressuposição básica permanece: os "fatos" (o objeto do conhecimento) ainda são considerados finais, compreensíveis sem Deus, e o "eu" conhecedor (o sujeito do conhecimento) ainda é considerado autônomo ou, no vocabulário de Van Til, o conhecimento é reduzido a uma questão de fatos insignificantes e racionalidade abstrata, um intercâmbio de racionalismo e irracionalismo.[48] A unidade que explicaria a diversidade da experiência humana, jungindo fato e interpretação, ainda não pode ser achada. Seria necessário encontrar um ponto de referência verdadeiramente transcendental, um universal concreto, mas este jamais será achado no pensamento apóstata, pois mesmo quando se entende que "toda a vasta estrutura do naturalismo moderno" e a totalidade do pensamento secular tornaram-se dependentes "não de evidências positivas, mas de um preconceito metafísico *a priori*", deve-se lembrar juntamente com o apóstolo Paulo (Romanos 1) que esse preconceito existe não para "incluir fatos, mas para excluir Deus".[49]

COR ET RES CORAM DEO: A ESSÊNCIA DE UMA EPISTEMOLOGIA CRISTÃ

Se o pensamento secular trabalha com fatos sem Deus e racionalidade autônoma, o pensador cristão coerente vira a figura de cabeça para baixo e começa com a pressuposição ética-relacional (aliancista) de que os objetos e o sujeito do conhecimento devem ser vistos *a priori* em relação a Deus ou, como diziam os reformadores, *coram Deo*.[50] Na epistemologia cristã os fatos derivam significado do ato criador do Deus eterno e soberano, e a racionalidade deriva seu mérito da pré-interpretação inerente ao ato criativo de

---

47 Cf. Ricardo Gouveia, "A Morte e a Morte da Modernidade: Quão Pós-moderno é o Pós-modernismo?", em *Fides Reformata* 1/2 (Julho-Dezembro 1996), p. 59-70.
48 Ver, por exemplo, Cornelius Van Til, *The Defense of the Faith* (Phillipsburg, NJ: Presbyterian and Reformed, 1967), p. 123-128.
49 C.S. Lewis, *They Asked for a Paper* (London: Geoffrey Bless, 1962), p. 163.
50 João Calvino, *Institutas*, I.1.2 (A expressão *cor et res coram Deo*, que literalmente significa "coração e objeto perante Deus", deve ser entendida no sentido de que tanto os objetos como o sujeito do conhecimento precisam ser vistos em relação a Deus.)

Deus. Nenhum fato é desprovido de significado, nenhum intérprete é autônomo e todo conhecimento é primeiramente ético-relacional. Deus assim é a fonte última de todo significado e o sujeito final de todo predicado.[51]

Dentro da epistemologia cristã, a realidade divide-se entre o Deus infinito e independente e o universo criado e finito, metafisicamente distinto e ao mesmo tempo metafísica e epistemologicamente dependente de Deus, assim como eticamente responsável para com Ele. Se os fatos do universo são reais é porque Deus os fez, e se são racionais, é porque Ele os pré-interpretou. Assim, portanto, a fonte final do conhecimento é a revelação (seja esta a revelação geral através da natureza e do próprio homem, ou a revelação especial). O ambiente do conhecimento é o relacionamento entre o Criador e a criatura, caracterizado pela fidelidade do Deus da aliança e, do lado da criatura, marcado pela gratidão e pelo reconhecimento do Criador (Romanos 1.21). O método do conhecimento consiste, então, em "pensar os pensamentos de Deus segundo Deus".[52]

Uma vez que se negue a autonomia da atividade epistemológica, nega-se também o conhecimento pela racionalidade abstrata. Logo, na perspectiva epistemológica cristã, o ser humano se coloca diante de Deus em inteireza: corpo e alma, o conjunto de mente, vontade e emoção que a Escritura chama de coração.[53] Toda ação racional envolve volição e emoção, toda ação volitiva envolve razão e emoção, e toda ação emocional envolve vontade e razão sempre *coram Deo*!

Como, também, todo fato deriva seu significado da sua posição diante de Deus. Não existe fato neutro, mas todo fato do universo está carregado de significado ético, desde o doce sabor de uma maçã até a proposta de que 2+2=4, porque Deus o fez. Em vez de aproximar-se do universo com o tema forma-matéria, a dicotomia natureza-graça, ou o esquema natureza-liberdade, o pensador cristão observa cada fato e cada homem conhecedor pelo prisma dos três estágios possíveis da realidade criada: a criação boa e perfeita como obra de Deus, o estado caído devido à rebelião do homem contra seu Criador, e o estado redimido através de Cristo Jesus. Porque Deus criou todos os possíveis objetos de conhecimento bons e perfeitos, eles todos manifestavam a sua glória e, porque Ele criou o homem perfeito, o ato interpretativo do homem glorificava a Deus e resultava em bênçãos. Entretanto, por causa da desobediência do homem, o relacionamento com Deus foi rompido e toda a criação deixou de ser o cenário onde o homem glorificava livremente

---

51 Ver Van Til, *A Christian Theory of Knowledge*, p. 36-37.
52 Van Til, *Defense of the Faith*, p. 23-29; cf. *Survey of Christian Epistemology*, p. 97-98; *A Christian Theory of Knowledge*, p. 14-17.
53 Ao discutir a compreensão paulina do conhecimento do descrente, especialmente como expresso em Romanos 1.21, Richard Gaffin diz: "Para Paulo não é questão da primazia do intelecto, mas do coração. O problema básico não é recusar reconhecê-lo por não entender, mas da vontade em lugar do intelecto, moral em vez do filosófico. Distinções como intelecto, vontade e emoções têm o seu lugar, mas são sempre funções do coração, dirigidas a favor ou contra Deus. 'O coração tem apenas as suas razões' (modificando a citação de Pascal); todo raciocínio é um arrazoar do coração". "Some Epistemological Reflections on 1 Cor. 2.6-16", *Westminster Theological Journal* 57, no. 1 (primavera 1995), p. 120.

ao Criador; o homem perdeu sua capacidade de discernir corretamente o universo, cego por sua própria rebeldia, assumindo para si a tarefa de reinterpretar a realidade segundo a sua própria luz. Assim mesmo, o Criador não abandonou nem o universo nem o homem, mas proveu em Cristo a redenção daqueles que escolheu, e prometeu que seu plano redentivo se estenderia à própria natureza. Isso significa que, mesmo que a redenção do universo não seja ainda completa, e a redenção do homem não seja nem completa, neste *eon*, nem se estenda a todos os homens, ainda assim, os que começam a gozar as bênçãos do novo relacionamento com o Criador começam já a aplicar a redenção à epistemologia.[54]

Paralela a essa nova posição epistemológica (que deveria ser a de todo crente coerente), está a compreensão de que o cristão encontra-se numa relação epistemológica antitética frente aos que se recusam a ver os fatos e a interpretá-los no seu contexto teo-referente.[55] Ele é vocacionado para proclamar a glória de Deus, para vivenciar as implicações epistemológicas da redenção, e conclamar os seus semelhantes ao arrependimento e ao reconhecimento de que todo o saber é ético *coram Deo*. Em resumo: deve conduzir os homens da autonomia estulta à compreensão de que "o homem tem que viver e só pode viver *coram Deo*".[56]

A despeito da inevitável condição *coram Deo* de todo homem, o pensador cristão não compartilha lugar comum, no nível pressuposicional, com o seu análogo não cristão.[57] Exceção existe no duplo fato de que, de um lado, a própria supressão do conhecimento divino e a busca de autonomia traem a existência prévia desse conhecimento (Rm 1.19-25) e, de outro lado, essa supressão nunca alcança sucesso absoluto, não chega a erradicar completamente o conhecimento de Deus manifesto ao homem externamente (na criação) e internamente (no *sensus deitatis* ou senso da divindade), levando-o assim às ultimas consequências: a negação consistente da possibilidade do conhecimento verdadeiro.[58] Logo, enquanto se puder conduzir o incrédulo a reconhecer a dita supressão como problema não só intelectual, mas ético, e também a sua centralidade pressuposicional,

---

54 Herman Dooyeweerd, *In the Twilight of Western Thought* (Nutley, NJ: Presbyterian and Reformed, 1968), p. 134-35. Cf. *Institutas de Calvino*, I.15; II.1-4.
55 Romanos 1.21; 1 Coríntios 1.21, 3.19. Cf. Calvino, *Institutas* II.3.1. Também, sobre a antítese entre o conhecimento do crente e o do descrente, ver Gaffin, "Epistemological Reflections on 1 Cor. 2.6-16", p. 116-118. Cf. "Qualquer ciência, filosofia ou conhecimento que suponha poder firmar-se em suas próprias pretensões, deixando Deus fora de seus pressupostos, torna-se seu próprio opositor..." Herman Bavinck, *Our Reasonable Faith* (Grand Rapids: Baker Book, 1977), p. 20.
56 Van Til, *Survey of Christian Epistemology*, p. 97.
57 Ou o ponto de partida epistemológico absoluto é o conhecimento de Deus e a sua relação com a realidade criada (só possível no âmbito da redenção), ou então a supressão desse conhecimento será o ponto de partida (a condição inevitável após a queda). Nesse sentido, "talvez um paralelo aclarador quanto ao conhecimento do incrédulo seja encontrado na discussão dos efeitos da queda na imagem de Deus [no homem]... O incrédulo continua sendo inteiramente à imagem de Deus, mas apenas 'de modo negativo'". Gaffin, "Epistemological Reflections on 1 Cor. 2.6-16", p. 121.
58 Calvino expressa a renitência do conhecimento de Deus no homem, especificamente o *sensus deitas*, na sugestão de que até a idolatria, de uma forma ou de outra, mostra que mesmo o pecador não consegue "obliterar de sua mente" o *sensus deitas*. Calvino, *Institutas* I.3.1.

permanece a possibilidade de comunicação eficaz, de argumentação convincente, e de defesa efetiva da fé perante a incredulidade.

Resumindo, o crente que procura trabalhar com uma epistemologia consistentemente bíblica pode até começar suas discussões filosóficas e científicas com não-cristãos a partir dos "fatos", mas necessariamente prosseguirá para temas mais profundos. Prosseguirá na descoberta e revelação de pressupostos anticristãos e, nesse nível, demonstrará que uma das características centrais dos pressupostos não-cristãos é a "fuga de Deus", ou seja, a tentativa de interpretar e descobrir "verdades" e "fatos" em completa abstração da relação Criador-criatura. Este processo permite então que o cristão confronte seu interlocutor com duas realidades:

1) Toda epistemologia construída a partir de, e mediante, pressupostos anticristãos, não chega jamais à unidade necessária para o verdadeiro conhecimento científico, e manifesta sempre uma tensão dialética entre racionalismo e irracionalismo.

2) Tal procedimento epistemológico precisa, em ultima instância, ser categorizado eticamente como dimensão epistemológica do pecado, resultado inevitável da rebelião intrínseca do homem caído, cuja solução encontra-se somente no evangelho. O evangelho manifesta o seu significado epistemológico quando proclama a redenção do homem em Cristo, de um universo epistemológico achatado e bi-dimensional, estritamente *coram homnibus* (diga-se, o reino das trevas), para a realidade concreta do mundo *coram Deo* (o Reino do Filho, Cl 1.13). Aldous Huxley, o grande humanista, ilustra essa problemática quando narra uma escolha decisiva em seu pensamento. Tendo que escolher entre crer que a vida tinha sentido ou não, percebeu que a resposta afirmativa exigiria confronto com a realidade da existência de Deus e a possibilidade de ser por Ele julgado, enquanto a negativa, a despeito de acarretar "abafado, mas constante desespero durante toda vida", ainda assim asseguraria o seu sentimento de liberdade. Escolheu então a ausência de significado, "pois não queria prestar contas diante de Deus".[59]

CONCLUSÃO: CONHECIMENTO E SABEDORIA

A conclusão inevitável é que todo confronto entre os pensamentos cristão e secular (desde os confrontos acadêmicos e científicos até os do cotidiano) é, em última instância, assunto do âmbito do evangelho. Move-se do científico para o epistemológico, do epistemológico para o ético, chegando sempre à necessidade da redenção! Assim como no Éden o homem foi conduzido a uma escolha ética e relacional que envolvia questões metafísicas e epistemológicas (atribuir ao fruto da árvore do conhecimento do bem e do mal um

---

59 Reproduzido por Edward T. Welch, em "Discussion Among Clergy: Pastoral Counseling Talks With Secular Psychology", *Journal of Biblical Counseling* 13, no. 2 (inverno 1995), p. 31.

significado intrínseco à parte da revelação divina e atribuir a si mesmo, com a ajuda da serpente, a habilidade de julgar pseudo-autonomamente a veracidade da declaração de Deus), a tentação e a sedução do pecado continuam a envolver ainda hoje muito mais do que um campo limitado de "religião" e "moral". O efeito permeante da queda envolve a totalidade da vida, e mesmo as suas consequências epistemológicas só serão refreadas diante da luz do evangelho, da aplicação da obra de Cristo àquilo que diz respeito ao conhecimento e ao pensamento. O grande dilema epistemológico termina somente em Cristo, "o qual se nos tornou da parte de Deus" não somente "justiça, e santificação, e redenção", mas também "sabedoria".

> ...para que, como está escrito: Aquele que se gloria, glorie-se no Senhor (1Co 1.30-31).

CAPÍTULO 7

A IMPORTÂNCIA DAS ESCRITURAS PARA A IGREJA BRASILEIRA

Renato Vargens

O tempo que vivemos tem sido marcado por numerosos avanços sociais, científicos e tecnológicos. De fato, é inegável o progresso da sociedade em inúmeros aspectos e dimensões. No entanto, ainda que nitidamente se possam perceber desenvolvimentos nas mais variadas áreas, a igreja evangélica brasileira do século XXI encontra-se mergulhada em comportamentos e crenças que em muito nos fazem lembrar o século XVI.

Lamentavelmente alguns dos pastores e mestres brasileiros não possuem mais nenhuma interligação com aqueles que os precederam. Os púlpitos das igrejas e as salas de aula dos seminários teológicos têm sido ocupados por homens desconhecedores das mais profundas verdades sustentadas na Reforma protestante. Se não bastasse isso, boa parte destes relativizaram as Escrituras, afirmando não serem elas a Palavra revelada de Deus.

A igreja do nosso tempo em muito se assemelha à igreja da pré-reforma, mesmo porque, tanto o catolicismo romano como o movimento neopentecostal (que em nada se parece com pentecostalismo clássico) fundamentam suas doutrinas e comportamentos em três pilares, as Escrituras Sagradas, a tradição da igreja e a autoridade apostólica papal. Na verdade, ambos os grupos não consideram na prática, ainda que os neopentecostais afirmem o contrário, a Bíblia como única e exclusiva regra de fé. Para os dois movimentos, a tradição, bem como a experiência adquirida com o sagrado, possui um enorme peso na consolidação de suas doutrinas. Soma-se a isso o fato de que as duas correntes possuem em suas estruturas eclesiásticas líderes papais, cuja autoridade "apostólica" não pode ser questionada pelos fiéis. Além disso, ambos mercantilizam a fé, comercializando as benesses divinas, oferecendo aos fiéis objetos sagrados que supostamente possuem em si poder suficiente para operar milagres.

Quanto à práxis litúrgica, o neopentecostalismo nos faz por um momento pensar que regressamos aos tenebrosos dias da Idade Média, onde, como no século XVI, a manipulação religiosa se faz presente mediante os seus líderes que, em nome de Deus, estabelecem doutrinas que se contrapõem a Palavra revelada do Senhor.

Tanto o catolicismo romano como o neopentecostalismo brasileiro entendem que as bênçãos de Deus não são frutos de sua maravilhosa graça, mais sim, consequências diretas de uma relação baseada na troca ou no toma-lá-dá-cá. Neste contexto, tudo é feito em nome de Deus e para se conseguir a bênção é absolutamente necessário pagar – e pagar alto.

Diante do exposto, algumas perguntas precisam ser respondidas: Qual a diferença entre a oferta extorquida do povo sofrido nos dias atuais e a venda das indulgências na Idade Média? Qual a diferença dos utensílios vendidos no século XVI, e os que são comercializados nos templos neopentecostais nos dias de hoje?

Ora, o que chama atenção é que grande parte da igreja evangélica brasileira, diante de tanta sandice, ainda advoga a causa de que estamos vivendo momentos de um genuíno avivamento. Por favor, leitor, pare, pense e responda: Que avivamento é esse cujos ensinamentos principais não estão fundamentados nas Escrituras Sagradas? Que avivamento é esse que, em detrimento das necessidades humanas, têm relativizado a Palavra de Deus? Que avivamento é esse que tem colocado no mesmo patamar de autoridade Freud, Marx, Paulo e Jesus?

Creio veementemente que boa parte dos nossos problemas eclesiásticos se deve ao fato de termos abandonado as Escrituras. Infelizmente, a igreja brasileira, em nome de uma espiritualidade positivista, onde o que importa é a satisfação do freguês, trocou todo "conselho de Deus" por ensinamentos simplórios, humanistas e absolutamente antropocêntricos.

Diante do imbróglio que se encontra a igreja brasileira, acredito firmemente que os conceitos pregados pelos reformadores precisam ser resgatados e proclamados a quantos pudermos. Além disso, torna-se indispensável o aparecimento de homens que assim como os nossos irmãos do passado, amavam fervorosamente as Escrituras, defendendo-as como única fonte de verdade e fé. Acredito, portanto, que mais do que nunca a igreja evangélica brasileira deva refletir sobre a relevância da Palavra de Deus, além, obviamente, de fazer do seu púlpito um lugar de fundamentação da sã doutrina. Junta-se a isso o fato de que, se o principio da *Sola Scriptura* for bem compreendido, proporcionará a esta igreja condições de resgatar as preciosas doutrinas ensinadas por Jesus, propagadas pelos apóstolos, defendidas pelos Pais da Igreja e resgatadas pelos reformadores.

A SUFICIÊNCIA DAS ESCRITURAS

Até pouco tempo atrás, os evangélicos eram pejorativamente denominados de "Bíblia". Isso se deveu ao fato de que era extremamente comum ver pelas ruas de nossas cidades uma multidão de pessoas indo em direção às igrejas com um "livro preto" debaixo do braço. Além disso, tinham os crentes em Jesus o salutar hábito de não somente meditar no conteúdo das Escrituras, como também obedecer a seus preceitos e orientações, crendo de forma irrefutável de que este livro verdadeiramente é a Palavra de Deus.

Hoje, a situação é bem diferente. Lamentavelmente, os cristãos não tem se relacionado como deveriam com o Texto Sagrado, mesmo porque, boa parte destes optou por fundamentar sua fé em revelações místicas e pessoais do que dar crédito aquilo que a Palavra de Deus tem a dizer sobre os dramas e dilemas da vida e da salvação.

Infelizmente uma das características mais marcantes de alguns dos evangélicos deste tempo é a sua avidez por novidades. De fato, é impressionante a quantidade de cristãos que abandonaram o estudo sistemático das Escrituras Sagradas em detrimento às "experiências e novas revelações". Segundo essas pessoas o crente não deve se preocupar em conhecer ou estudar a Bíblia, mesmo porque, para estes a "letra mata". Para os que defendem este tipo de pensamento, o estudo ordenado das Escrituras e de suas doutrinas contribui para a extinção do fogo do Espírito Santo na vida da igreja.

Diante do exposto, contraponho-me com veemência a este tipo de percepção, afirmando efetivamente que a Palavra de Deus é viva, infalível, eterna e totalmente fidedigna. E que é somente por ela que devemos nortear as nossas mais variadas e complexas decisões. É a Palavra que sacia a fome do coração e preenche as lacunas da existência. É ela que revela o Criador, bem como o seu imensurável amor pelos eleitos de Deus.

As Escrituras são por definição a única Palavra de Deus escrita, como também a única expressão verbal das verdades de Deus publicamente acessível, visível e infalível no mundo. A Bíblia possui suprema autoridade em matéria de vida e doutrina; e somente ela é o árbitro de todas as controvérsias. Ela é a *norma normanda* e não a *norma normata* para todas as decisões de fé e vida. Soma-se a isso o fato de que a autoridade das Escrituras é superior à da igreja, da tradição, como também de qualquer estrutura hierárquica religiosa ou experiência de fé.

Os reformadores consideravam que somente as Escrituras possuíam a palavra final em matéria de fé e prática. João Calvino costumava dizer que o verdadeiro conhecimento de Deus está na Bíblia. Para o reformador francês a Bíblia era a Palavra de Deus. Calvino também afirmou que a Bíblia era o único escudo capaz de nos proteger do erro.

> Com efeito, se refletirmos bem quão acentuada é a tendência da mente humana para com o esquecimento de Deus; quão grande sua inclinação para com toda sorte de erro; quão pronunciado o gosto de a cada instante forjar novas e fantasiosas religiões, poder-se-á perceber quão necessária foi tal autenticação escrita da doutrina celestial, para que não desvanecesse pelo ouvido, ou se dissipasse pelo erro, ou fosse corrompida pela petulância dos homens. Como sobejamente assim se evidencia, Deus proveu o subsídio da Palavra a todos aqueles a quem quis, a qualquer tempo, instruir eficientemente, porque antevia ser pouco eficaz sua efígie impressa na formosíssima estrutura do universo. Portanto, necessário se *nos* faz trilhar por esta reta vereda, caso aspiremos, com seriedade, à genuína contemplação de Deus.[1]

Caro leitor, é através da leitura da Bíblia que somos consolados, confortados e reanimados diante das batalhas que travamos. É mediante a leitura da Bíblia que a esperança brota no peito, que o coração se enche de fé e que a vida é encharcada do maravilhoso e imensurável amor de Deus.

Para o protestantismo a Bíblia é a revelação verbal de Deus. É Deus falando aos homens. É a voz do próprio Deus. O apóstolo Paulo ao escrever a Timóteo sua última epístola afirmou que "toda a Escritura é inspirada por Deus e útil para o ensino, para a repreensão, para a correção, para a educação na justiça, a fim de que o homem de Deus seja perfeito e perfeitamente habilitado para toda boa obra" (2Tm 3.16-17). Pedro explicou que os homens que escreveram as Escrituras foram "inspirados pelo Espírito Santo", para que nenhuma parte dela fosse "produzida por vontade de homem algum" ou pela "interpretação particular do profeta" (2Pe 1.20-21).

Além disso, também vale a pena ressaltar a infalibilidade da Bíblia. A Bíblia não contém erros. Ela é correta em tudo o que declara, visto que Deus não mente ou erra (Nm 23.19). Tudo aquilo que nela está escrito é a mais pura verdade. Jesus disse que "a Escritura não pode ser anulada" (Jo 10.35), e que "é mais fácil passar o céu e a terra do que cair um til da lei" (Lc 16.17).

A Bíblia sozinha ensina tudo o que é necessário para nossa salvação do pecado,

---

1 João Calvino, *As Institutas da Religião Cristã* (São Paulo: Cultura Cristã, 2003), I.6.3.

ela é o padrão pelo qual todo comportamento cristão deve ser avaliado. Nenhum credo, concílio ou indivíduo tem o poder de constranger a consciência do crente em Jesus, contrariando aquilo que está exposto na Bíblia.[2]

Diante destas maravilhosas afirmativas, podemos assegurar sem a menor sombra de dúvidas que todo o conteúdo das Escrituras foi inspirado pelo Senhor, o que nos dá plena convicção de que não existe nenhum equivoco em denominar a Bíblia como "a Palavra de Deus". Isto posto, concluo que não existe nenhum outro modo de se conhecer a Deus, superior ao estudo das Escrituras, como também, não existe nenhuma outra fonte de informação sobre Deus mais precisa, acurada e compreensiva que a sua Palavra.

QUANDO A CENTRALIDADE DO CULTO NÃO É A PALAVRA DE DEUS

A leitura e o conhecimento das Sagradas Escrituras são fundamentais a uma vida cristã bem-sucedida. A Bíblia produz efeito por si mesma, de maneira sobrenatural, na vida de todos aqueles que dela fazem fonte exclusiva de fé. No entanto, ao contrário do que gostaríamos, o evangelicalismo brasileiro tem sido marcado pela superficialidade e o analfabetismo bíblico. Segundo estudo promovido pela Abba Press e a Sociedade Bíblica Ibero-americana, cerca de 50,68% dos pastores e líderes evangélicos nunca leram a Bíblia por inteira pelo menos uma vez, o que explica a enorme variedade de aberrações teológicas deste tempo.[3]

Diferente dos evangélicos do século XXI, os reformadores acreditavam que a Palavra de Deus deveria ocupar o lugar central na vida do crente, visto que é através dela que Deus fala ao homem. O reformador João Calvino via a pregação do evangelho como o centro da vida e obra da igreja. Calvino acreditava que a pregação da Palavra era um meio de graça para o povo de Deus. "Quando nos reunimos em nome de Deus", ele dizia, "não é para ouvir meros cânticos, e ser alimentados com vento, isto é, com curiosidade vã e inútil, mas para receber alimento espiritual".[4] Por esta razão ele cria que a pregação deveria ser "sem exibição", para que o povo de Deus pudesse reconhecer nela a Palavra de Deus e para que o próprio Deus, e não o pregador, pudesse ser honrado e obedecido.

O abandono das Escrituras por parte da igreja evangélica brasileira tem contribuído substancialmente para o surgimento de anomalias e discrepâncias teológicas. A relativização dos textos bíblicos tem permitido que doutrinas distorcidas e anticristãs conduzam a *toque de caixa* os rumos da igreja de Cristo. A substituição da Palavra de Deus

---

2 James Montgomery Boice e Benjamin E. Sasse (org.), *Reforma hoje* (São Paulo: Cultura Cristã, 1999), p. 11-17.
3 Vinícius Cintra, "51% nunca leram a Bíblia toda", *Portal Creio*, http://www.creio.com.br/2008/noticias01.asp?noticia=8321, acessado em 28 de maio de 2010. A pesquisa foi conduzida com 1255 entrevistados de diversas denominações, sendo que 835 participaram de um painel de aprofundamento. O motivo é a falta de tempo, segundo os entrevistados.
4 John Calvin, *The Mystery of Godliness and Other Selected Sermons* (Grand Rapids: Eerdmans, 1950), p. 56.

por entretenimento, arte e música tem produzido danos e prejuízos quase que irreparáveis em nosso meio.

Diante disto, enumero pelo menos quatro problemas originados pela ausência da centralidade das Escrituras nos cultos evangélicos brasileiros:

O liberalismo teológico

O liberalismo teológico é um tipo de câncer, que se não for tratado rapidamente pode gerar metástase na comunidade evangélica brasileira.

Lamentavelmente existem inúmeros seminários teológicos denominacionais neste país que tem ensinado aos seus alunos conceitos absolutamente anticristãos. Tais seminários, contrapondo-se à ortodoxia protestante, admitiram em seu rol de professores pessoas que afirmam que a Bíblia está repleta de mitos e lendas. Para estes, Adão e Eva jamais existiram. Na verdade, os liberais ensinam que ambos não passam de um símbolo, ensinando que a humanidade foi criada por meio da evolução. Se não bastasse isso, tais teólogos crêem que Cristo não operou milagres literais. Para eles, Jesus nunca teria andado sobre a água, nem tampouco multiplicado pães e alimentado uma grande multidão. Quando ensinam a respeito do Espírito Santo o fazem em oposição ao ensino cristão, afirmando que o Espírito do Senhor não é um ser pessoal, mas sim a força e o agir de Deus. Além disso, paganizaram a Trindade Santa atribuindo-lhes gênero e sexualidade, afirmando através de seus ensinos que o Espírito Santo é a parte feminina de Deus. Ao ensinarem sobre a ressurreição de Cristo, afirmaram que tal fato não ocorreu, até porque, para estes, a mensagem central da Bíblia é a ressurreição de Jesus em nossos corações.

Infelizmente o número de pastores que relativizaram as Sagradas Escrituras em favor de uma teologia espúria se multiplica a olhos vistos. Sem sombra de dúvidas, os conceitos liberais têm adoecido e sufocado o corpo de Cristo, injetando no coração dos cristãos valores que se contrapõem aos ensinos bíblicos afirmados unanimemente pela tradição cristã durante os séculos.

O sincretismo religioso

Uma igreja que não faz da Bíblia sua única e exclusiva regra de fé permite a interferência de doutrinas não-cristãs no seu corpo doutrinário. O sincretismo religioso é um dos mais sérios problemas vivenciados por uma igreja que trocou as Escrituras por experiências místicas e relacionais.

O neopentecostalismo brasileiro tem sido caracterizado por práticas e comportamentos absolutamente antagônicos aos pressupostos e ensinos bíblicos. Acredito que isso se deva à relativização das Escrituras como também à mistura de influências herdadas pela sociedade brasileira, do catolicismo ultramontano português, além, obviamente, das culturas indígena e africana.

O catolicismo implantado pelos portugueses no Brasil foi o da contrarreforma, que conservou o velho culto aos santos, como também as superstições da Idade Média. Quanto aos índios que aqui estavam, viviam num mundo saturado de lendas, cerimônias e crenças espirituais, onde os mortos e os vivos interferiam e comungavam entre si. Já os negros, ao chegarem ao Brasil, encontraram uma sociedade semi-feudal que podia utilizar o trabalho braçal dos escravos simplesmente cristianizando, sem muito questionamento, suas representações mágico-religiosas. Aliás, diga-se de passagem, a religião africana sempre foi muito mais mágica e mística do que religiosa. Nela, o indivíduo prevalece sobre o espiritual, dominando as forças sobrenaturais de acordo com suas vontades pessoais.

Hoje, em virtude do abandono das Escrituras e da "sincretização" do evangelho, é comum encontrarmos igrejas cujo comportamento se aproxima dos rituais pagãos. Lamentavelmente, algumas das liturgias evangélicas estão de tal forma miscigenadas que um desavisado qualquer, ao entrar em um de seus cultos, poderá pensar que entrou no templo de outra religião.

A fraqueza do púlpito

Em virtude do relativismo do nosso tempo, quando o que mais se enfatiza é a satisfação pessoal, inúmeros líderes cristãos, das mais diversas denominações, abandonaram o estudo sistemático da Palavra de Deus para dedicar-se ao estudo do comportamento humano, proporcionando com isso a "adequação" do evangelho de Cristo aos padrões humanistas deste tempo pós-cristão. Nos últimos anos, o número de pastores interessados em psicologia aumentou consideravelmente. Em 2000, a Revista Veja trouxe uma matéria intitulada "A Bíblia no divã", mostrando que é cada vez maior o número de pastores que têm procurado os cursos de psicanálise, tentando "conciliar Freud com a religião".[5] Em contrapartida, existem outros tantos que, em nome de uma espiritualidade mística, tem fundamentado seus sermões em doutrinas cuja base "teológica" é a experiência e não a Bíblia. Para piorar a situação, muitos pregadores têm considerado o ensino das Escrituras como algo indesejável e sem utilidade prática, preferindo um sermão repleto de estórias engraçadas, onde o objetivo final é o entretenimento do público.

Diante disto é impossível não nos lembrarmos de homens como o Dr. Martin Lloyd-Jones.[6] Nos cultos em que pregava, centenas de pessoas eram atraídas pela pregação

---

5 "A Bíblia no divã", *Revista Veja* (Edição 1667 – 20 de setembro de 2000), http://veja.abril.com.br/200900/p_108.html, acessado em 28 de maio de 2010.
6 "David Martyn Lloyd-Jones, um gladiador contra a mundanização da igreja", em http://discernimentocristao.wordpress.com/category/irmaos-sinceros/, acessado em 28 de maio de 2010.

expositiva da Palavra de Deus. O "doutor", como era chamado, levava muitos meses, até mesmo anos, a expor um capítulo da Bíblia, versículo por versículo. Os seus sermões muitas vezes duravam entre cinquenta minutos e uma hora, atraindo muitos estudantes das universidades e escolas em Londres, que ficavam encantados com a pregação do evangelho.

O reformador francês João Calvino costumava dizer que a Escritura é a fonte de toda a sabedoria, e que os pastores devem extrair dela tudo aquilo que expõem diante do rebanho.[7] Calvino afirmava que através da exposição da Palavra de Deus as pessoas são conduzidas à liberdade e à segurança da fé salvadora.[8] Dizia também que a verdadeira pregação tem por objetivo abrir a porta do reino ao ouvinte. Em outras palavras, o que ele está a nos dizer é que as Escrituras Sagradas devem ser o principal instrumento na condução, consolidação e pastoreio do povo de Deus.

Uma liturgia centrada no homem

O esquecimento por parte de alguns evangélicos das principais doutrinas bíblicas tem contribuído em muito para o surgimento de uma liturgia antropocêntrica.

Charles Spurgeon, um dos maiores pregadores de todos os tempos, afirmou que o adversário das nossas almas tem agido como fermento, levedando toda a massa.[9] Segundo o pregador batista, o diabo criou algo mais perspicaz, ao sugerir à igreja que parte de sua missão é prover entretenimento para as pessoas, com vistas a ganhá-las. Spurgeon também afirmou que a igreja de Cristo não tinha por obrigação promover entretenimento àqueles que visitavam a igreja. Antes, o evangelho, com todas as suas implicações, precisava ser pregado de forma simples e objetiva:

> Existe um mal entre os que professam pertencer aos arraiais de Cristo, um mal tão grosseiro em sua imprudência, que a maioria dos que possuem pouca visão espiritual dificilmente deixará de perceber. Durante as últimas décadas, esse mal tem se desenvolvido em proporções anormais. Tem agido como o fermento, até que toda a massa fique levedada. O diabo raramente criou algo mais perspicaz do que sugerir à igreja que sua missão consiste em prover entretenimento para as pessoas, tendo em vista ganhá-las para Cristo. A igreja abandonou a pregação ousada, como a dos puritanos; em seguida, ela gradualmente amenizou seu testemunho; depois, passou a aceitar e justificar as frivolidades que estavam em voga no mundo e, no passo seguinte, começou a tolerá-las em suas fronteiras; agora, a igreja

---

7 João Calvino, *As Pastorais* (São José dos Campos, SP: Fiel, 2009), p. 120-121.
8 Ronald Wallace, *Calvino, Genebra e a Reforma* (São Paulo: Cultura Cristã. 2004), p. 145.
9 C. H. Spurgeon, "Alimentando as Ovelhas ou Divertindo os Bodes?", em http://www.monergismo.com/textos/chspurgeon/bodes_spurgeon.htm, acessado em 30 de setembro de 2010.

as adotou sob o pretexto de ganhar as multidões. Minha primeira contenção é esta: as Escrituras não afirmam, em nenhuma de suas passagens, que prover entretenimento para as pessoas é uma função da igreja. Se esta é uma obra cristã, por que o Senhor Jesus não falou sobre ela? 'Ide por todo o mundo e pregai o evangelho a toda criatura' (Mc 16.15) – isso é bastante claro. Se Ele tivesse acrescentado: 'E oferecei entretenimento para aqueles que não gostam do evangelho', assim teria acontecido. No entanto, tais palavras não se encontram na Bíblia. Sequer ocorreram à mente do Senhor Jesus. E mais: 'Ele mesmo concedeu uns para apóstolos, outros para profetas, outros para evangelistas e outros para pastores e mestres' (Ef 4.11). Onde aparecem nesse versículo os que providenciariam entretenimento? O Espírito Santo silenciou a respeito deles. Os profetas foram perseguidos porque divertiam as pessoas ou porque recusavam-se a fazê-lo? Os concertos de música não têm um rol de mártires.

Hoje, 120 anos após a morte de Spurgeon, boa parte da igreja brasileira promove em suas liturgias estruturas lúdicas e leves em que, de forma simplista e descontraída, uma mensagem politicamente correta e inofensiva é anunciada. Na verdade, ouso afirmar que a banalização das Escrituras, juntamente com o pluralismo eclesiástico de nosso tempo, encontrou uma variedade enorme de igrejas que proclamam o evangelho de Cristo segundo o gosto do freguês.[10] Além disso vale a pena ressaltar que, se fizermos uma análise sincera de nossas liturgias, chegaremos à conclusão de que boa parte das canções entoadas nos cultos evangélicos são feitas na primeira pessoa do singular, cujas letras prioritariamente reivindicam as bênçãos de Deus.

A RELEVÂNCIA DAS ESCRITURAS PARA A IGREJA BRASILEIRA NA ATUALIDADE

A Bíblia é de inspiração divina. Não se trata de uma fé cega, calcada no subjetivismo. Trata-se de uma fé objetiva, que pode ser analisada e explicada. E os que entendem a relevância das Escrituras, bem como a sua importância na vida da igreja, experimentam em sua cotidianidade verdades maravilhosas, das quais destaco algumas:

A exaltação do nome de Cristo

Uma igreja que prega a Palavra de Deus expositivamente e que não negocia o seu conteúdo exalta o nome de Jesus, até porque as Escrituras indubitavelmente glorificam o nome de Cristo. A Bíblia, em todos os seus 66 livros, aponta exclusivamente para Cristo.

---

10 Para um desenvolvimento deste tema, cf., de minha autoria, *Cristianismo ao gosto do freguês* (Niterói, RJ: Scrittura, 2010).

Do Gênesis ao Apocalipse a mensagem central é Cristo. As Escrituras nos ensinam que Ele é o verdadeiro Deus (Jo 3.16; 1Jo 5.20) e que através dEle o universo foi criado e é mantido em existência (Jo 1.3; Cl 1.16-17), e que por amor dos eleitos de Deus esvaziou a si mesmo, tomando a forma de homem, sendo obediente até a morte, e morte de Cruz. Ele é o Alfa e Ômega (Ap 1.8, 17; 22.13; Is 44.6), o herdeiro de todas as coisas (Hb 1.1-2), o Cordeiro de Deus que tira o pecado do mundo (Jo 1.29), o Messias esperado (Jo 1.41), o Único Soberano, Rei dos reis, Senhor dos Senhores (1Tm 6.15), Rei das nações (Ap 15.3).

A Palavra de Deus, quando é pregada, enaltece o nome de Jesus. As Escrituras, quando anunciadas, promovem transformação nos corações dos pecadores. A Bíblia, quando ensinada, revela ao homem sua miserabilidade, seus pecados, seu estado de depravação total, como também o amor imensurável de Deus que enviou o seu único Filho para morrer na cruz do calvário em favor dos eleitos de Deus.

O reconhecimento da miserabilidade humana

Quando a Bíblia é pregada a miserabilidade humana é revelada. O estado de pecaminosidade e depravação da humanidade são desvendados pelas Escrituras. A Palavra do Senhor, quando proclamada, confronta o homem em seus delitos e pecados, humilhando-o diante do Criador, revelando assim o seu real estado de putrefação espiritual.

O ensino cristão é de que não existe um homem neste planeta que possa considerar-se justo pelos seus próprios méritos. Na verdade, a Bíblia afirma que "todos pecaram e que todos estão destituídos da graça de Deus" (Rm 3.23); diz também "que o salário do pecado é a morte" (Rm 6.23) e que quem peca "transgride a lei" (1Jo 3.4), e que o pecado faz separação entre os homens e Deus (Is 59.2).

A Bíblia diagnostica o pecado como uma deformidade universal da natureza humana, deformidade que se manifesta em detalhes na vida de cada indivíduo. As Escrituras ensinam que o homem é totalmente depravado e que necessita desesperadamente de salvação. A natureza humana é essencialmente pecadora. Todo nosso ser é pecador, nossa mente, emoções, desejos e até mesmo nossa constituição física está corrompida, controlada, e desfigurada pelo pecado e seus efeitos. Ninguém escapa desse veredicto. Nós somos totalmente depravados. Efésios 2.1 resume a doutrina da depravação total ao afirmar que os homens estão mortos em delitos e pecados. Entretanto, Deus sendo rico em misericórdia por causa do grande amor com que nos amou nos deu vida em Cristo Jesus, salvando-nos da ira vindoura (Ef 2.4-5). Louvado seja o Senhor, que nos elegeu incondicionalmente, salvando-nos do pecado, dando-nos vida, libertando-nos do diabo e livrando-nos do juízo eterno!

A salvação dos eleitos e a condenação dos réprobos

A pregação das Escrituras desconstrói todo conceito humano de religião e salvação. Quando a Bíblia é pregada expositivamente, e suas doutrinas proclamadas com autoridade e poder, é possível entender o eterno e maravilhoso amor de Cristo em morrer na cruz do calvário pelos eleitos de Deus. A Bíblia de forma categórica nos ensina que, na eternidade, Deus escolheu soberanamente alguns pecadores para a salvação (2Ts 2.13; Rm 9.11). Segundo as Escrituras, antes da criação de todas as coisas, Deus selecionou dentre os homens os que deveriam ser redimidos, justificados, santificados e glorificados em Jesus Cristo (Rm 8.28-29; Ef 1.3-14; 2Ts 2.13-14; 2Tm 1.9-10). Essa escolha divina é a expressão de amor mais arrebatadora que pode existir no universo. Ela não é merecida por homem algum, e absolutamente nada que o ser humano faça ou possa fazer pode lhe conceder o direito de usufruir desta maravilhosa graça.

Em contrapartida, a reprovação é o nome dado à eterna e imutável decisão de Deus em não redimir aqueles que não foram escolhidos para a vida. Mediante a prerrogativa de um Deus soberano que governa sobre tudo, o Senhor determinou que tais homens não fossem transformados e regenerados.

O governo de um Deus que reina soberanamente sobre tudo e todos
Uma igreja que prega todo "conselho de Deus" inevitavelmente acredita, vive e propaga a todos quanto puder a existência de um Deus soberano.

As Escrituras ensinam que o nosso Deus reina soberanamente e tem controle sobre todas as coisas, e que absolutamente nada foge aos seus desígnios. A Bíblia afirma que o governo está em suas mãos e que Ele possui domínio sobre tudo aquilo que acontece no céu e na terra.

O Deus todo-poderoso governa o mundo, Ele é o Rei dos reis, o Senhor dos senhores, o Altíssimo Deus. A Ele pertence todo poder e toda autoridade para fazer o que Lhe agrada. O mundo e tudo que nele há é o seu mundo, e toda criatura que nele vive é controlada por sua soberana vontade e poder.

A visão de Deus reinando no seu trono é repetida nas Escrituras inúmeras vezes (1Rs 22.19; Is 6.1; Ez 1.26; Dn 7.9; Ap 4.2). Na verdade, os muitos textos bíblicos possuem a função de nos lembrar em termos explícitos que o SENHOR reina como rei, exercendo o seu domínio sobre grandes e pequenos. O senhorio de Deus é total e nem mesmo o diabo pode deter seu propósito ou frustrar os seus planos.

CONCLUSÃO

Caro leitor, os reformadores ao fazerem das Escrituras sua única e exclusiva regra de fé romperam com as anomalias teológicas do supersticioso catolicismo romano, levando assim a igreja de Cristo ao redescobrimento das maravilhosas doutrinas da graça. Hoje, apesar das idiossincrasias e incongruências de parte da igreja evangélica brasileira, podemos acreditar que, se pregarmos novamente as doutrinas ensinadas pelos reformadores, experimentaremos mudanças substanciais na vida da igreja e de nosso país.

Isto posto, afirmo, sem a menor sombra de dúvidas, que a Bíblia continua sendo a Palavra infalível de Deus e que as Escrituras jamais poderão ser consideradas velhas e ultrapassadas. As nações e suas culturas podem mudar, no entanto, ainda assim a Palavra de Deus continuará sendo relevante para o homem. Como afirmou o apóstolo (1Pe 1.22-25):

> Tendo purificado a vossa alma, pela vossa obediência à verdade, tendo em vista o amor fraternal não fingido, amai-vos, de coração, uns aos outros ardentemente, pois fostes regenerados não de semente corruptível, mas de incorruptível, mediante *a palavra de Deus, a qual vive e é permanente*. Pois toda carne é como a erva, e toda a sua glória, como a flor da erva; seca-se a erva, e cai a sua flor; a palavra do Senhor, porém, permanece eternamente. Ora, esta é a palavra que vos foi evangelizada.

Que todo o povo de Deus confesse: a Palavra de Deus durará para sempre!

CAPÍTULO 8

LUTERO AINDA FALA:

Um ensaio em História da Interpretação Bíblica

Augustus Nicodemus Lopes

Uma das principais figuras da história da interpretação bíblica é Martinho Lutero, cujos princípios de interpretação deram o ímpeto necessário à Reforma Protestante do século XVI. A hermenêutica de Lutero redimiu as Escrituras do cativeiro da exegese medieval e do controle da Igreja Católica Romana. Qualquer estudioso familiarizado com as obras de Lutero, particularmente com os seus comentários, percebe que o método gramático-histórico moderno de interpretação está, muitas vezes, apenas aperfeiçoando a obra do grande reformador. O objetivo do presente capítulo é avaliar a principal contribuição de Lutero para a interpretação bíblica, ou seja, a busca da intenção do autor humano das Escrituras como sendo o sentido pretendido pelo Espírito Santo e, portanto, o único sentido verdadeiro do texto. Creio que uma nova apreciação deste princípio simples de interpretação bíblica poderá ajudar a igreja evangélica brasileira a sair das dificuldades doutrinárias em que se encontra no momento.

CRISE DOUTRINÁRIA, INTERPRETAÇÃO BÍBLICA E PREGAÇÃO

Em meados de 1990 um autor pentecostal publicou um livro com o título *Evangélicos em crise: decadência doutrinária na igreja brasileira*.[1] Embora o tema do livro, na realidade, seja a crise teológica e doutrinária pela qual passa o movimento pentecostal brasileiro,[2] a crítica penetrante do autor atinge as denominações históricas tradicionais. É correto afirmar que estas também passam por uma crise teológica. Acredito que essa crise da Igreja atual seja uma crise hermenêutica em sua essência. Por "crise" eu me refiro à confusão e incerteza geradas nas igrejas evangélicas pelo ingresso em seu meio de várias e diferentes correntes teológicas e litúrgicas.

Cada uma dessas correntes reivindica ser a mais correta expressão do ensino da Bíblia.[3] Já que várias delas apregoam verdades e práticas radicalmente opostas umas às outras, não se pode esperar que todas estejam certas. E se todas usam passagens da Escritura para defender suas convicções, também não se pode esperar que a hermenêutica e a exegese de todas elas estejam corretas. No momento, no Brasil, a crise não é tanto relacionada com a natureza e a inspiração das Escrituras, mas com os princípios e métodos utilizados em sua interpretação.

Diretamente relacionada com a crise de interpretação bíblica está a crise dos púlpitos. Em consonância com a interpretação bíblica superficial e alegórica que predomina hoje, os púlpitos de bom número das igrejas evangélicas destilam uma espécie de sermão onde pouca ou nenhuma atenção se dá ao sentido original do texto bíblico. Na realidade, após lerem um texto, os pregadores costumam destacar uma frase, deixam o texto de lado e improvisam em variações daquela frase, introduzindo sentidos que nem de longe estavam na mente do autor bíblico. A porta fica aberta para a entrada de conceitos e ideias humanos. Sermões desse tipo são o resultado direto da espécie de hermenêutica e interpretação bíblica predominantes.

A INTENÇÃO DO AUTOR HUMANO COMO O ÚNICO SENTIDO VERDADEIRO DO TEXTO

É a minha convicção de que grande parte da confusão hermenêutica em que se encontra a Igreja hoje deve-se ao abandono deste princípio simples de exegese, de que cada passagem das Escrituras tem apenas um único sentido: aquele pretendido pelo autor humano sob a inspiração do Espírito Santo. Procuraremos ver como Lutero desenvolveu

---

1 Paulo Romeiro, *Evangélicos em Crise: Decadência Doutrinária na Igreja Brasileira* (São Paulo: Mundo Cristão, 1995).
2 Veja a resenha do livro em *Fides Reformata* 1/2 (Julho-Dezembro 1996), p. 131-132.
3 Exemplos destas correntes atuais seriam: a teologia da libertação, a teologia da prosperidade, o neopentecostalismo, a batalha espiritual, a bênção de Toronto, os dentes de ouro, o riso santo, a quebra de maldições hereditárias, etc.

na prática as implicações desta regra.

Nossa pesquisa se concentrará no comentário em Gálatas que Lutero publicou em 1535.[4] Na realidade, esse foi o segundo comentário que ele publicou em Gálatas. O primeiro data de 1519[5] e, segundo alguns estudiosos, era superior ao de 1535, pois se atém mais ao sentido original do texto bíblico.[6] De qualquer forma, "Gálatas, 1535" representa a hermenêutica mais madura do reformador. Nele encontramos um sumário do que Lutero pensava acerca da interpretação das Escrituras, numa passagem em que ataca os exegetas medievais e defensores do papado, com sua característica virulência:

> O que eles [os sofistas] deveriam fazer é vir ao texto vazios, derivar suas ideias da Escritura Sagrada, e então prestar atenção cuidadosa às palavras, comparar o que precede com o que vem em seguida, e se esforçar para agarrar o sentido autêntico de uma passagem em particular, em vez de ler as suas próprias noções nas palavras e passagens da Escritura, que eles geralmente arrancam do seu contexto.

Obviamente, se perguntado, Lutero acrescentaria mais algumas coisas a este sumário. Suas palavras acima, porém, revelam claramente que, para o reformador, o alvo principal do intérprete bíblico é determinar o sentido original de uma passagem, e isto através de exegese cuidadosa. Em "Gálatas, 1535" Lutero concentra-se insistentemente em determinar a intenção de Paulo em cada passagem. Por exemplo, ele inicia sua análise de Gálatas 2 declarando qual o propósito de Paulo ao escrever aquela porção da carta, e parte para uma crítica a Jerônimo, o qual, segundo Lutero "...nem toca no ponto verdadeiro da passagem, pois não leva em conta a intenção ou propósito de Paulo".[7] Mais adiante, comentando Gálatas 1.3, Lutero volta a criticar Jerônimo, afirmando que o mesmo deixou passar inteiramente desapercebido o ponto principal do versículo, por ter falhado em captar a intenção de Paulo ali.[8]

O contexto
Lutero procura determinar a intenção original de Paulo em uma determinada

---

4 Utilizaremos a tradução em inglês, "Lectures on Galatians, 1535", contida em Jaroslav Pelikan e Walter A. Hansen (ed.), *Luther's Works*, vol. 26 (Saint Louis: Concordia Publishing House), de agora em diante mencionada como "Gálatas, 1535". As citações desta obra, e de outras em inglês, são traduções minhas.
5 Martinho Lutero, "Lectures on Galatians, 1519 - Chapters 1-6", em Jaroslav Pelikan e Walter A. Hansen (ed.), *Luther's Works*, vol. 27 (Saint Louis: Concordia Publishing House). Mencionado doravante como "Gálatas, 1519".
6 Cf. Frederic W. Farrar, *History of Interpretation* (Grand Rapids: Baker Book House, 1961), p. 323-324.
7 É interessante notar que em "Gálatas, 1519" Lutero tinha uma atitude bem mais branda para com Jerônimo e Erasmo de Rotterdam, as obras dos quais ele citava continuamente.
8 "Gálatas, 1535", p. 84-85. Por outro lado, essa praticidade de Lutero às vezes leva-o a um tratamento por demais rápido de certas passagens. Ver John Rogerson, *et al.*, *The Study and Use of the Bible* (The History of Christian Theology 2; Basingstoke: Marshall Pickering and Grand Rapids: Eerdmans, 1988), p. 81.

passagem de diversas maneiras. Em primeiro lugar, ele procura ser sensível ao contexto imediato da passagem a ser interpretada. Para ele, o sentido das palavras deve ser encontrado, primeiramente, à luz do assunto em pauta na seção maior onde o texto está inserido. Assim, "carne" em Gálatas 3.3 não pode ser interpretado como paixões sexuais, como alguns exegetas medievais faziam, pois, segundo ele, "nesta passagem, Paulo não está discutindo concupiscência sexual ou outros desejos da carne... ele está discutindo sobre perdão de pecados".[9] Comentando Gálatas 1.17 Lutero afirma que Jerônimo poderia ter facilmente resolvido a questão do que Paulo fez durante os três anos em que passou na Arábia, se prestasse cuidadosa atenção às próprias palavras de Paulo.[10]

Em segundo lugar, Lutero procura entender o que Paulo está dizendo em Gálatas à luz do restante do *Corpus Paulinus*. Não é de se estranhar, pois, que seu comentário esteja cheio de referências a outras cartas do apóstolo, principalmente as demais *Hauptbriefe* ("cartas principais", Romanos, 1 e 2 Coríntios). Por exemplo, ao explicar Gálatas 2.3, que trata da quase circuncisão de Tito, Lutero apela para 1 Coríntios 7.18, onde Paulo declara sua prática missionária de amoldar-se às necessidades dos que o ouvem.[11] Mais adiante, examinando o significado de Gálatas 3.19 ele acrescenta: "A passagem em 2 Coríntios 3.17-18 sobre a face velada de Moisés é pertinente aqui".[12] Comentando Gálatas 3.1, "ó gálatas insensatos", Lutero explica que a aparente rudeza de Paulo se explica pelo fato de que o apóstolo está simplesmente praticando o que ele ensina em 2 Timóteo 4.2, "prega a palavra, insta, quer seja oportuno, quer não, corrige, repreende e exorta".[13]

Em terceiro lugar, Lutero está alerta para entender o sentido pretendido por Paulo em uma passagem à luz do contexto mais amplo das demais Escrituras. Ele cita passagens de vinte e três livros do Antigo Testamento, especialmente de Gênesis, Deuteronômio, Salmos e Isaías. Ele usa o Velho Testamento como uma fonte abundante de evidências, exemplos, e exortações. Para ele, a *analogia scripturae* ("analogia das Escrituras") justifica o aplicar-se a Cristo "todas as maldições coletivas da Lei de Moisés", como Paulo faz em Gálatas 3.13, aplicando a Cristo a maldição de Deuteronômio 21.23.[14] Lutero também cita passagens de quase todos os demais livros do Novo Testamento, especialmente os Evangelhos e Atos, à medida que comenta Gálatas verso por verso. Assim, ao analisar Gálatas 2.7-9, onde Paulo menciona que Deus lhe atribuiu e a Pedro diferentes ministérios, Lutero comprova as palavras de Paulo com exemplos destes diferentes ministérios

---

9   "Gálatas, 1535", p. 216.
10 *Ibid.*, p. 74.
11 *Ibid.*, p. 8.
12 *Ibid.*, p. 322.
13 *Ibid.*, p. 186.
14 *Ibid.*, p. 288. Alguns estudiosos têm observado o débito de Lutero a Faber Stapulensis pelo conceito do "sentido profético literal" do Velho Testamento, e pela distinção entre Lei e Evangelho. Ver, por exemplo, John Rogerson, *The Study and Use of the Bible*, p. 78-80, 83-84.

(de Pedro aos judeus e de Paulo aos gentios) tirados de Atos, 1 Pedro e Colossenses.[15]

Para Lutero, o método eficaz de explicar passagens da Escritura que seus oponentes usavam para justificar salvação pelas obras era consultar "a gramática teológica", que para ele significava o ensino total das Escrituras sobre salvação. Um bom exemplo é sua explicação para Daniel 4.27, onde o profeta diz ao rei para "pôr termo" (renunciar, encerrar, acabar) aos seus pecados pela prática da justiça e da misericórdia. Lutero comenta, partindo do ensino total das Escrituras sobre a salvação pela fé, que "a gramática teológica demonstra que a expressão 'pôr termo' nesta passagem não se refere à moralidade, mas à fé, e que fé está incluída na expressão 'pôr termo'".[16]

O estado de espírito de Paulo

Além de atentar cuidadosamente para o contexto literário de uma passagem, Lutero tenta também entender o estado de espírito em que Paulo se encontrava ao escrevê-la. Para ele, saber isso era uma ferramenta importante na interpretação da passagem. Assim, ao comentar Gálatas 1.1, ele observa o zelo e a paixão apostólicos que iam na alma de Paulo, ao escrever essa carta com o intuito de defender a justificação pela fé.[17] Este estado de espírito, segundo Lutero, explica a profunda angústia mental do apóstolo refletida em 4.20-21,[18] e também por que em 2.6-9 Paulo "esqueceu-se da gramática grega e confundiu a estrutura da sentença".[19] Evidentemente devemos questionar até que ponto a língua grega comum na época de Paulo era gramaticalmente estruturada e rígida, antes de podermos falar em "confusão" gramatical feita pelo apóstolo. É bom ressalvar que, para Lutero, essas "confusões" gramaticais de Paulo eram perfeitamente compatíveis com a inspiração e na inerrância das Escrituras. O que desejo mostrar, entretanto, é a preocupação do reformador em entender Paulo, para assim chegar ao sentido verdadeiro da passagem.

A linguagem

Lutero também procura penetrar na intenção de Paulo, examinando a linguagem do apóstolo ao escrever Gálatas. Assim, o reformador está sempre alerta para o estilo de Paulo; e, com o propósito de esclarecer uma sentença, às vezes chama a atenção para as expressões hebraicas (hebraísmos) usadas pelo apóstolo. Como exemplos, ele cita expressões como "ministro do pecado" (Gálatas 2.17), "a promessa do Espírito" (3.14), "me separou antes de eu nascer" (1.15), "o evangelho da

---

15 "Gálatas, 1535", p. 101.
16 *Ibid.*, p. 294.
17 *Ibid.*, p. 21.
18 *Ibid.*, p. 432.
19 *Ibid.*, p. 100.

circuncisão" (2.7), e Gálatas 2.16, πᾶσα σάρξ, que segundo ele é "um hebraísmo que peca contra a gramática".[20]

Semelhantemente, Lutero está atento para as figuras de linguagem usadas por Paulo, como "sinédoque", "inversão retórica", "argumento do contrário", "antítese" e "elipse".[21] O seu alvo é entender o sentido pretendido pelo apóstolo na passagem ao usar estas figuras. Assim, ele está também atento para a gramática e a sintaxe de Paulo. Na introdução do seu comentário, ele diz: "Num certo sentido, Paulo trata do tema desta carta em cada palavra... portanto, devemos prestar atenção em cada palavra, e não passar por elas de forma casual e superficial".[22] Ao discutir a ênfase do pronome "nosso" em Gálatas 1.4, ele diz que o sentido da Escritura "...consiste na aplicação apropriada de pronomes..."[23] Ele está consciente dos diferentes aspectos temporais dos verbos usados por Paulo, como por exemplo, o emprego das vozes ativa e passiva em Gálatas 3.3.[24] Também se refere aos usos distintos do genitivo. Comentando a expressão "o Evangelho da incircuncisão" e "o Evangelho da circuncisão" (Gl 2.7), Lutero observa que a expressão é mais um hebraísmo de Paulo, e conclui: "...em hebraico o caso genitivo é usado de várias formas, algumas vezes no sentido ativo, e em outras, no passivo; e isto tende frequentemente a obscurecer o sentido. Há exemplos disto nas cartas de Paulo – na verdade, por todas as Escrituras".[25] Como exemplos desta ambiguidade do genitivo em Paulo, ele menciona "fé de Jesus", e "o Evangelho de Deus".[26]

Paráfrases

O método mais interessante que Lutero emprega para estabelecer o sentido genuíno de um texto é parafrasear o apóstolo Paulo. Esta prática está virtualmente ausente em seu primeiro comentário ("Gálatas, 1519"). No segundo, as inúmeras paráfrases são introduzidas por uma fórmula padrão, "é como se ele [Paulo] estivesse dizendo...", ou "ele [Paulo] diz...", ou ainda "é como se ele dissesse..." O seu uso de paráfrases é limitado pelo contexto literário, pelo contexto histórico, pela teologia de Paulo e pela analogia das Escrituras.

Lutero gosta de parafrasear especialmente as passagens mais difíceis de Paulo. Ele refaz a sentença com o objetivo de tornar claro, de uma forma bem vivida, aquilo que

---

20 *Ibid.*, p. 71, 101, 147, 139, 293. Mais uma vez lembramos que, para Lutero, o que ele percebia como falta de exatidão gramatical em autores bíblicos (se é que houve alguma) não comprometia em nada a autoridade das Escrituras.
21 Respectivamente, *Ibid.*, p. 147, 293, 71, 101, 139.
22 *Ibid.*, p. 32.
23 *Ibid.*, p. 34.
24 *Ibid.*, p. 217. Devemos, entretanto, ter cuidado para não forçarmos em demasia a diferença entre estas vozes. Moisés Silva nos adverte contra o usar de aspectos do verbo para fundamentar pontos teológicos em "God, Language and Scripture" em Moisés Silva (ed.), *Foundations of Contemporary Interpretation*, vol. 4 (Grand Rapids: Zondervan, 1990), p. 111-118.
25 "Gálatas, 1535", p. 101.
26 *Ibid.*, p. 101-2. Cf. πίστεως ἰησοῦ ("fé de Jesus", 2.16); εὐαγγέλιον τοῦ χριστοῦ ("evangelho de Cristo", 1.7).

poderia ser ambíguo para o leitor comum. Comentando Gálatas 1.6, onde Paulo fala dos que pregam "outro Evangelho", Lutero escreve: "Paulo está falando de forma irônica, como se estivesse dizendo..."[27] Ao lidar com a declaração "o qual me separou desde o ventre materno" (Gl 1.15) ele acrescenta, "Esta é uma expressão hebraica, é como se Paulo estivesse dizendo, 'que me santificou, determinou e preparou'".[28]

Numa paráfrase admirável de Gálatas 3.1, Lutero torna transparente o que Paulo quer dizer por "fascinou": "É como se ele [Paulo] dissesse aos gálatas, 'o que está acontecendo com vocês é precisamente o que acontece com crianças, as quais as feiticeiras e bruxas atraem de forma fácil e rápida com seus encantamentos, um truque de Satanás'".[29]

FATORES QUE CONTROLAVAM A EXEGESE DE LUTERO

Alguns fatores controlavam a determinação de Lutero em descobrir o sentido verdadeiro do que Paulo escreveu. Como temos mostrado, para Lutero este sentido consistia na intenção de Paulo ao verter as suas ideias em forma de epístolas.

A clareza das Escrituras

Primeiro, Lutero estava convencido de que o sentido de uma passagem das Escrituras é geralmente claro e evidente. É partindo deste pressuposto fundamental que ele rejeita a tese de Jerônimo, baseada em Gálatas 1.18, de que Paulo foi a Jerusalém para aprender o Evangelho da boca de Pedro. Lutero retruca dizendo: "...Paulo afirma em palavras claras que foi a Jerusalém para ver Pedro [e não para aprender dele]".[30] Semelhantemente, Lutero rejeita a interpretação de Gálatas 6.8, "semear na carne", feita pelos Encratitas (que ele considera como "bestas abomináveis, totalmente desprovidas de bom senso...").[31] Para eles, "semear na carne" refere-se ao casamento, mas para Lutero, "como qualquer pessoa equipada com um mínimo de bom senso pode ver, Paulo não está falando de casamento nesta passagem".[32]

Isto não significa que Lutero estava exagerando a perspicuidade (clareza) da Escritura. Ele estava perfeitamente consciente das dificuldades envolvidas na interpretação bíblica. Um bom exemplo é quando ele comenta o relato que Paulo dá em Gálatas do tempo que passou na Arábia (Gl 1.17), e que é omitido na narrativa do livro de Atos. Analisando a aparente contradição, Lutero chega ao ponto de dizer: "As histórias nas

---

27 *Ibid.*, p. 49.
28 *Ibid.*, p. 71.
29 *Ibid.*, p. 190.
30 *Ibid.*, p. 77.
31 Os encratitas eram uma seita gnóstica do século II, fundada por Taciano, um apóstata cristão que se tornou famoso pela publicação do Diatessaron, a primeira harmonia dos Evangelhos de que se tem notícia.
32 "Gálatas, 1519", p. 127-8.

Escrituras são geralmente concisas e confusas, e não podem ser harmonizadas perfeitamente, como por exemplo, os relatos de como Pedro negou a Jesus e as narrativas da paixão de Cristo, etc."[33] Lutero percebe igualmente que existe às vezes uma certa imprecisão na linguagem do apóstolo Paulo. Comentando em 1.6 ele afirma: "Essa passagem não é tão clara... pode ser interpretada de duas maneiras diferentes".[34] Lutero reconhece que os autores humanos estão cercados de fraquezas e limitações. Para ele, a presença e a atividade do Espírito nos instrumentos humanos não significavam a abolição destas limitações inerentes à humanidade. Assim, ele acredita que Paulo foi um pouco áspero com os gálatas ao censurá-los dizendo, "ó gálatas insensatos" (3.1). Para Lutero, a rudeza natural do apóstolo não havia ainda sido totalmente subjugada pela atividade e habitação do Espírito.[35] Lutero também está consciente das muitas passagens difíceis nas Escrituras, que poderiam dar ocasião aos inimigos do Evangelho para levantar críticas contra a fé. Assim, comentando Gálatas 2.11, onde Paulo narra como resistiu a Pedro face a face, o reformador admite que esta passagem "tem dado a muitos – como Porfírio, Celso, Juliano, e outros – uma oportunidade de acusar a Paulo de soberba, pois atacou o chefe dos apóstolos na presença da Igreja".[36]

Devemos observar que Lutero tenta consistentemente explicar as passagens difíceis e por vezes não muito claras na carta aos Gálatas, apelando para a intenção de Paulo nessas passagens. De acordo com ele, pode-se harmonizar a narrativa da estada de Paulo na Arábia com a omissão da mesma em Atos, "...prestando-se atenção somente ao propósito e intenção de Paulo em seu relato".[37] E ele fica ao lado de Agostinho na disputa com Jerônimo sobre o confronto entre Paulo e Pedro em Antioquia (Gl 2.11), porque acha que Jerônimo não entendeu o que estava em jogo com a atitude de Pedro e assim perdeu de vista o ponto principal da passagem, fracassando em perceber a intenção de Paulo ao resistir a Pedro.[38]

Talvez seja relevante mencionar, a esta altura, que Lutero estava convencido de estar atravessando um período especial na história da interpretação bíblica. Ele reconhecia,

---

33 "Gálatas, 1535", p. 62.
34 Ibid., p. 47-48. Vale salientar mais uma vez que estas ambiguidades que Lutero percebia no texto não representavam, para ele, um ataque à sua crença na inspiração divina das Escrituras.
35 Ibid., p. 188-9.
36 Ibid., p. 106. Lutero está a par da controvérsia antiga entre Agostinho e Jerônimo sobre a correta interpretação de Gálatas 2.11, e gasta algum tempo em discuti-la (Ibid., p. 85). Para uma perspectiva sobre o debate entre Agostinho e Jerônimo, ver Joseph W. Trigg, Biblical Interpretation (Message of the Fathers of the Church, p. 9; Wilmington, DE; M. Glazier, 1988), p. 251-95. Porfírio foi um filósofo pagão do século II A.D., um dos fundadores do neoplatonismo, e um crítico ácido do cristianismo. Celso foi um filósofo pagão do século II A.D. que atacou o cristianismo em seu livro Discurso Verdadeiro, onde questionava a encarnação de Deus, e denunciava o cristianismo como uma ameaça ao Estado. Juliano (Flávio Cláudio Juliano), também chamado de Juliano, o Apóstata, viveu no século IV, e foi o último imperador romano pagão. Embora fosse batizado como cristão, mais tarde rejeitou o cristianismo, voltou aos cultos pagãos idólatras, e se tornou um perseguidor feroz dos cristãos.
37 "Gálatas, 1535", p. 62.
38 Ibid., p. 84-85.

por um lado, que existiam pontos obscuros nas Escrituras, como o próprio apóstolo Pedro havia admitido em relação aos escritos de Paulo (2Pe 2.15-16). Por outro lado, o reformador estava convicto de que boa parte da obscuridade estava sendo iluminada em sua época, a época da Reforma protestante. Por exemplo, ao rejeitar a interpretação papista do termo "santos", usado por Jesus e pelos apóstolos, Lutero afirma que o verdadeiro sentido do termo era óbvio, "agora que a luz da verdade está brilhando..."[39] Portanto, não é de se surpreender que nós o encontremos convencido de que está interpretando as Escrituras da única forma correta, "...com um espírito excessivamente maior e mais sensato (sem querer gloriar-me)" do que seus oponentes.[40]

A necessidade da iluminação do Espírito Santo

O segundo fator que controlava a exegese de Lutero era sua persuasão de que somente debaixo da iluminação do Espírito alguém poderia alcançar o verdadeiro sentido do texto bíblico. Este conceito fazia parte da sua convicção de que o cristão tinha o direito de examinar as Escrituras por si, e era uma reação ao controle exercido até então pela Igreja Romana.[41] Ele estava persuadido de que o Espírito Santo havia sido enviado à Igreja para revelar o Evangelho, a palavra divina.[42] A certa altura do comentário em Gálatas ele se queixa da interpretação bíblica feita pelos líderes de movimentos religiosos populares e radicais de sua época, dizendo: "Por não terem o Espírito, eles ensinam o que querem, e o que as massas acham plausível".[43] E aconselha aos que querem evitar esta armadilha: "...devotemo-nos ao estudo da Sagrada Escritura e à oração séria, para que não percamos a verdade do Evangelho".[44]

Essa convicção de Lutero tem papel importante em sua busca da intenção de Paulo como sendo o único sentido aceitável do que ele escreveu em Gálatas. Partindo do fato de que o Espírito Santo guiou os escritores das Escrituras, Lutero frequentemente procura determinar a intenção do Espírito Santo, em uma determinada passagem, exatamente como procura determinar a intenção de Paulo. Para Lutero, ambas se confundem numa só, que é o sentido genuíno do texto. Comentando em Gálatas 4.30, "lança fora a escrava e a seu filho", o reformador diz: "Devemos notar que aqui o Espírito Santo insulta os que são da lei e das obras, chamando-os de 'filhos da escrava'". E o que é ainda mais interessante, Lutero parafraseia o próprio Espírito Santo, como faz frequentemente com Paulo. Várias vezes encontramos em seu comentário a expressão "é como se Ele [o Espírito

---

39 "Gálatas, 1519", p. 82 e "Gálatas, 1535", p. 290.
40 Ibid., p. 22.
41 Rogerson, *The Study and use of the Bible*, p. 309.
42 "Gálatas, 1535", p. 73. A doutrina da relação inseparável entre o Espírito e a Palavra foi mais profundamente desenvolvida na época da Reforma por Calvino. Ver Augustus Nicodemus Lopes, *Calvino, o Teólogo do Espírito Santo* (São Paulo: PES, 1996).
43 Ibid., p. 46.
44 Ibid., p. 114.

Santo] estivesse dizendo..."⁴⁵ Similarmente, quando interpreta 3.12, ele critica uma referência à "fé infusa" (*fides caritates formata*) feita por um comentarista medieval dizendo: "O Espírito Santo sabe falar. Se é como os ímpios sofistas acreditam, o Espírito poderia ter dito: 'O justo viverá por uma fé infusa' (*fides formata*). Mas ele omite intencionalmente a expressão e diz simplesmente: 'O justo viverá pela fé'".⁴⁶

Lutero chega ao ponto de atribuir ao Espírito Santo o que ele considera como imprecisões gramaticais da parte de Paulo. Comentando Gálatas 2.6, onde Paulo omite algumas palavras numa sentença, ele afirma: "É perdoável quando o Espírito Santo, falando através de Paulo, cometa alguns pequenos erros de gramática".⁴⁷ E mais adiante ele justifica a falta aparente de ordem e método de Paulo em 3.1, dizendo que "o apóstolo está seguindo uma ordem esplêndida no Espírito".⁴⁸ Como já ressaltamos acima, é bastante discutível se podemos falar de erros gramaticais nos textos bíblicos. De qualquer forma, os exemplos acima servem para mostrar como, para Lutero, a intenção do Espírito Santo e a intenção do autor humano estavam intimamente ligadas.

Interação com outros estudiosos e suas obras

O terceiro fator era a consulta contínua que Lutero fazia de obras escritas por outros autores. A importância que Lutero atribui à iluminação do Espírito para o correto entendimento das Escrituras é evidente. Deveríamos acrescentar de imediato que ele não despreza os escritos e as opiniões de outros estudiosos e comentaristas. Ao contrário de alguns autores modernos que reivindicam entender as Escrituras através de revelações do Espírito, e que prestam pouca ou nenhuma atenção ao que o Espírito mostrou aos outros, Lutero entendia que podia aprender também com o que outros cristãos, sob a direção do Espírito, haviam aprendido das Escrituras. Não somente isto, Lutero consultava também obras de autores não cristãos. O seu profundo conhecimento da literatura da época transparece claramente em seu "Gálatas, 1535". Ele cita escritores gregos como Virgílio, Esopo, Aristides, Aristóteles, Cícero, Demóstenes, Ovídio, Plínio e Platão, para mencionar uns poucos. Ele demonstra familiaridade também com as obras de Eusébio, Suetônio, Quintiniano, Justino e Porfírio. Conhece também os escritos de alguns dos Pais da Igreja como Ambrósio, Orígenes, Cipriano, Ireneu e Jerônimo. Ele menciona também as obras de comentaristas medievais como Gregório de Nissa, Pedro Lombardo, Occam, Scotus, Tomás de Aquino e Bernardo de Claraval. E conhece também até mesmo as obras de Erasmo, a quem critica continuamente.

---

45 *Ibid.*, p. 457-58.
46 *Ibid.*, p. 270. Lutero é bastante consistente em sua busca pela intenção do Espírito numa passagem. Vemos o mesmo método aplicado em outros comentários seus, como por exemplo no livro de Gênesis, ao analisar o texto de 1.27 (cf. *Luther's Works*, vol. 1, p. 59).
47 "Gálatas, 1535", p. 92.
48 *Ibid.*, p. 186.

Lutero não somente cita esses autores – ele faz uma avaliação crítica do que escreveram. Por exemplo, ele rejeita a interpretação de Orígenes e de Jerônimo de que, em Gálatas 2.15, Paulo está dizendo que as cerimônias da lei se tornaram fatais a partir da vinda de Cristo.[49] Mais adiante Lutero volta a criticá-los em seu comentário, afirmando que ambos são os responsáveis por uma interpretação errônea de Gálatas 2.21, pois entenderam a "lei" nesta passagem como sendo "lei cerimonial", uma interpretação que os sofistas, os escolásticos e Erasmo seguiam. Lutero considera que Orígenes e Jerônimo, nesta passagem, são "mestres extremamente perigosos".[50] E em outro lugar, ele acusa Jerônimo e seus seguidores de "lacerar miseravelmente esta [Gl 3.13] passagem".[51]

Lutero é um crítico implacável do escolasticismo medieval. Frequentemente em seus comentários e escritos ele ataca suas interpretações das Escrituras. Ele critica a interpretação de Scotus e Occam sobre a justificação pelas obras e, após uma longa refutação das ideias desses escritores, Lutero apelida a doutrina destes de "um sonho dos escolásticos".[52] Mais adiante, adverte contra "o erro perigoso dos teólogos escolásticos", que ensinam que o homem recebe perdão dos pecados pelas obras que precedem a graça.[53] Lutero também rejeita as glosas produzidas por estes estudiosos.[54] Segundo Farrar, Lutero aprendeu a sentir o mais profundo desprezo pelas glosas da sua época.[55] Assim, Lutero rejeita uma glosa feita em Gálatas 2.16 a qual ensina que a fé justifica apenas quando o amor e as boas obras são adicionadas. "Com essa glosa perniciosa eles [os escolásticos] obscureceram e distorceram os melhores textos deste tipo", ele se queixa. Estas glosas, continua Lutero, "devem ser evitadas como veneno infernal".[56] "Que os sofistas se enforquem com suas glosas malignas e ímpias", troveja Lutero irritado, ao observar que a glosa de Gálatas 3.11 deturpa o sentido óbvio da passagem.[57]

REJEIÇÃO CONSCIENTE DO MÉTODO ALEGÓRICO

Para sermos justos, devemos observar que algumas das principais características da hermenêutica de Lutero já haviam sido antecipadas por alguns exegetas medievais, até mesmo sua busca da intenção do autor como o sentido legítimo do texto.

---

49 *Ibid.*, p. 121.
50 *Ibid.*, p. 180.
51 *Ibid.*, p. 276.
52 *Ibid.*, p. 129.
53 *Ibid.*, p. 130.
54 "Glosas" eram notas explicativas que os estudiosos medievais colocavam às margens das Bíblias, e que depois eram colecionadas em um único volume. Para uma breve descrição e exemplos de glosas, ver John Rogerson, *The study and Use of the Bible*, p. 65, 281.
55 Frederic W. Farrar, *History of Interpretation*, p. 326.
56 "Gálatas, 1535", p. 136-7.
57 *Ibid.*, p. 268-73.

Embora a interpretação alegórica propagada por Orígenes no período patrístico tenha dominado a hermenêutica da Igreja na Idade Média, havia quem defendesse uma interpretação mais próxima do sentido literal dos textos bíblicos. Na realidade, este tipo de interpretação recebeu um grande ímpeto durante o século XII. Neste período, vários estudiosos foram influenciados pela erudição judaica e especialmente pelas obras de Rashi, um influente estudioso judeu que defendia uma interpretação das Escrituras que fosse baseada no sentido gramático e histórico das frases — algo bem diferente das interpretações dos rabinos da época.[58] Além das obras de Rashi, outro fator veio dar ímpeto a uma apreciação maior por interpretações menos alegóricas, que foi o surgimento das ordens monásticas mendicantes. Esses monges, em seu trabalho de evangelização, liam os Evangelhos de forma direta, simples e literal, como os da ordem fundada por Francisco de Assis. Além disto, o trabalho dos monges estudiosos Vitorianos, da escola da catedral da Abadia de São Hugo, trouxe ímpeto ainda maior ao movimento. No século XIII, Tomás de Aquino, em que pese sua predileção pelo método alegórico, destacou o valor do sentido literal das Escrituras.[59] Foi no século XIV que este ímpeto atingiu seu ápice com Nicolau de Lira, cuja vasta erudição hebraica, profundamente influenciada pelas obras de Rashi, produziu uma hermenêutica preocupada com o sentido literal do texto bíblico. Segundo Farrar, "...uma ilha verdejante em meio às ondas mortas de uma exegese que se havia tornado lugar comum".[60] Por essa época, a separação entre os estudos bíblicos e o dogma teológico da Igreja já era demandado pelo influente Abelardo, na França.[61]

Entretanto, como observa Moisés Silva, em que pese a obra destes eruditos, "...a renovada apreciação pelo *sensus literaris* na Idade Média não representou um abandono da exegese alegórica".[62] A teoria introduzida por Orígenes, que cada passagem da Escritura tem vários sentidos, começando do literal até ao mais profundo, o espiritual, dominou de forma quase absoluta a exegese medieval.[63] O que marcou a hermenêutica de Lutero como radicalmente diferente da hermenêutica medieval foi seu propósito definido de romper com este método alegórico.[64]

---

58 Para um estudo mais aprofundado sobre o judaísmo medieval e especialmente sobre Rashi, veja G. W. H. Lampe (ed.), *The Cambridge History of the Bible: the West from the Fathers to the Reformation* (Cambridge: Cambridge University Press, 1989), p. 252-279.
59 Veja este surpreendente aspecto em John Rogerson, *The Study and Use of the Bible*, p. 73. E para um estudo sobre o compromisso de Aquino com o "quádruplo sentido da Escritura" veja Frederic W. Farrar, *History of Interpretation*, p. 269-72.
60 Frederic W. Farrar, *History of Interpretation*, p. 257.
61 *Ibid*., p. 259-60.
62 Moisés Silva, *Has the Church Misread the Bible? The History of Interpretation in the Light of Current Issues* (Grand Rapids: Zondervan, 1987), p. 34.
63 Para um estudo mais aprofundado sobre a teoria hermenêutica de Orígenes, veja sua obra *On First Principles*, livro 4, capítulo 2. Avaliações críticas podem ser encontradas em Frederic W. Farrar, *History of Interpretation*, p. 187-203; Moisés Silva, *Has the Church Misread the Bible?*, p. 38-41, 58-63.
64 Ver Patrick Fairbairn, *Typology of Scriptures* (Grand Rapids: Kregel Publications, 1989), p. 9.

Alegorias na Escritura

Lutero reconhecia que havia alegorias na Escritura. Em seu comentário em Gálatas ele detecta a presença de alegorias usadas por Paulo: "Por quem de novo sinto as dores de parto" (4.19); "testamento" (3.14-17); "um pouco de fermento leveda toda a massa" (5.9), entre outras.[65] Naturalmente, Lutero está ciente da alegoria de Sara e Hagar em 4.21-27, onde o apóstolo vê nas duas mulheres dois sistemas de salvação incompatíveis e mutuamente exclusivos. Ele justifica Paulo dizendo: "O povo comum é profundamente tocado por alegorias e parábolas... as quais trazem as coisas de forma clara diante dos olhos das pessoas simples, e, por este motivo, têm um efeito profundo na mente..."[66]

Rejeição do sentido quádruplo da Escritura

Entretanto, em que pese esse endosso do uso de alegorias, Lutero rejeitou de forma muito clara o estilo de interpretação alegórico usado pelos escolásticos medievais e, em especial, a ideia de que cada passagem da Escritura tinha quatro sentidos diferentes: (1) o literal, que era o sentido evidente da passagem; (2) o sentido moral, relacionado com a conduta humana; (3) o sentido alegórico, que era a verdadeira doutrina do texto; (4) e o sentido anagógico, que era uma referência a coisas celestiais. Lutero julgava que por usar este método os escolásticos "...interpretam erroneamente quase cada palavra da Escritura... dividem cada passagem em muitos sentidos e assim privam-se de poder instruir de forma certa a consciência humana".[67]

Para Lutero, alegorias têm um valor limitado; são mais como quadros ou ilustrações, e não proporcionam demonstrações teológicas sólidas. Assim, a alegoria de Sara e Hagar não teria qualquer valor se antes Paulo não tivesse demonstrado com argumentos sólidos a justiça pela fé, sem as obras da lei. Alegorias devem ser fundamentadas no alicerce seguro da doutrina bíblica, da mesma forma que um quadro dependura-se na parede de uma casa solidamente construída. Para Lutero, alegorias devem ser controladas pela teologia e pelo bom senso: "Se alguém não tiver um conhecimento perfeito da doutrina cristã, não poderá apresentar alegorias de forma eficaz".[68] Partindo deste princípio, ele rejeita as alegorias de Orígenes e de Jerônimo: "Estes dois merecem ser criticados, pois fizeram muitas alegorias inadequadas e desastradas de passagens simples das Escrituras, cujos sentidos nada tinham de alegórico".[69]

---

65 Cf. "Gálatas, 1535", p. 430, 298-9; e "Gálatas, 1519", p. 127.
66 "Gálatas, 1535", p. 433.
67 *Ibid.*, p. 440. Em seu comentário de Gênesis, Lutero avalia a interpretação de Hilário e Agostinho dos seis dias da criação, e julga a interpretação de Agostinho "supérflua" (*Luther's Works*, vol. 1, p. 4).
68 "Gálatas, 1535", p. 433.
69 *Ibid.*, p. 433. Farrar analisa a inconsistência de Jerônimo em usar alegorias (*History of Interpretation*, p. 232-234). Veja também *The Cambridge History of the Bible*, p. 89-91.

As alegorias de Lutero

Apesar de tudo, Lutero não conseguiu se livrar totalmente da influência do método alegórico de interpretação. Algumas vezes o encontramos dando um sentido ao texto que vai além do sentido gramático-histórico, como por exemplo, ao interpretar Gálatas 3.19: "Podemos entender a duração do período da Lei literalmente ou espiritualmente... No sentido espiritual, a Lei só pode governar a consciência até o tempo da chegada ali do descendente abençoado de Abraão".[70] E interpretando 3.23, "antes que viesse a fé estávamos sob a tutela da lei, e nela encerrados, para essa fé que de futuro haveria de revelar-se", Lutero comenta: "...você deve aplicar [esta passagem] não somente ao tempo, mas também às emoções; pois o que ocorreu historicamente e temporalmente quando Cristo veio ... acontece individualmente e espiritualmente todo dia com cada cristão..."[71]

É necessário estarmos atentos para o fato de que em "Gálatas, 1535" Lutero tem uma atitude muito mais negativa para com alegorias do que em "Gálatas, 1519". Neste último, ele fala bem da teoria dos quatro sentidos do texto: "Estas interpretações adicionam um ornamento extra ao sentido legítimo e principal, de forma que um certo tópico fica mais ricamente adornado por elas". Lutero não as desaprova, embora reconheça que um sistema alegórico de interpretação "não é suficientemente apoiado pela autoridade das Escrituras".[72]

Alegoria e aplicação

Um exame mais de perto das alegorias de Lutero revela que ele lança mão deste tipo de interpretação quando aplica uma passagem a questões práticas relacionadas com a situação de seus leitores. Lutero era um homem da sua época, e mesmo que tivesse como alvo hermenêutico interpretar as Escrituras sem os pressupostos do seu tempo, seu contexto histórico e social teve um papel decisivo em sua exegese, especialmente em sua controvérsia com a Igreja Católica Romana, os anabatistas e outras seitas.[73] Algumas considerações são necessárias neste ponto:

a) Lutero foi essencialmente um pregador. Ele interpretava as Escrituras com vistas a aplicar a mensagem do texto sagrado à sua própria situação e à dos seus ouvintes. Este elemento pastoral sempre era decisivo quando ele estava diante de duas interpretações plausíveis de uma mesma passagem. Por exemplo, interpretando Gálatas 1.6, ele comenta: "A interpretação que diz que é o Pai quem nos chama para a graça do Seu Filho é boa; mas a que diz que é Cristo, é mais agradável, e se presta melhor para confortar

---

70 "Gálatas, 1535", p. 317.
71 *Ibid.*, p. 340.
72 "Gálatas, 1519", p. 311. Somente para "brincar de alegorizar", Lutero alegoriza a praga das rãs do Egito como sendo as glosas dos escolásticos, "as quais nos perturbam com seu coaxar incessante" (*Ibid.*, p. 226-7).
73 Silva mostra como as pressuposições corretas podem ser usadas de forma criativa para uma compreensão genuína do texto bíblico, cf. *Has the Church Misread the Bible?*, p. 21-22.

consciências atribuladas".⁷⁴

b) O *modus operandi* das aplicações de Lutero é o que podemos chamar de congenialidade de contextos históricos. Lutero abertamente identificava o papa, os papistas, os escolásticos, sofistas e as seitas, como um todo, com os judaizantes que perseguiram o apóstolo Paulo no século I, contra quem ele havia escrito a carta aos Gálatas. O seu próprio confronto com os intérpretes católico-romanos e anabatistas era, para Lutero, muito similar ao conflito de Paulo com os defensores das obras da lei para salvação (circuncisão, calendário religioso, e regras alimentares do judaísmo). Tanto no caso de Paulo quanto no seu próprio, o mesmo princípio estava em jogo, ou seja, a doutrina crucial da justificação pela fé somente, em oposição à justificação pelas obras da lei.⁷⁵ Portanto, não é surpresa encontrar Lutero afirmando em seu comentário a Gálatas que o papa é o anti-cristo, o qual, à semelhança dos judaizantes da época de Paulo, "...diz claramente que a lei e a graça são duas coisas diferentes, mas na sua prática ensina exatamente o contrário". Os papistas são rapidamente identificados por Lutero como sendo os falsos mestres de Gálatas 2.18, "...destruidores do reino de Cristo e edificadores do reino do diabo, do pecado, da ira de Deus, e da morte eterna..." Os anabatistas, Münzer, e até o reformador Zwinglio, são denunciados abertamente como tendo sido enfeitiçados pelo diabo, exatamente como os gálatas o foram (Gl 3.1).⁷⁶

c) Outra consideração é pertinente neste ponto. O método costumeiro de Lutero de fazer aplicações práticas de uma passagem bíblica é, primeiro, determinar o sentido genuíno do texto, que geralmente é o literal, gramático-histórico. Segundo, Lutero descobre a "doutrina" ou o princípio ensinado naquela passagem. E, terceiro, ele aplica este princípio a circunstâncias historicamente similares de seus dias, como se percebe facilmente de sua aplicação de Gálatas 1.6:

> ...qualquer um que ensine salvação pelas obras e justificação pela Lei perturba a Igreja e as consciências. Quem teria acreditado que o papa, cardeais, bispos, monges e toda aquela 'sinagoga de Satanás' ... são perturbadores das consciências dos homens? Na verdade, eles são muito piores do que aqueles falsos apóstolos da época de Paulo...⁷⁷

E comentando os versos seguintes, onde Paulo amaldiçoa todos (mesmo anjos) que ensinam outro Evangelho (3.8-9), Lutero estabelece o princípio de que um cristão pode

---

74 "Gálatas, 1535", p. 49.
75 Muitos estudiosos hoje questionam se a justificação pela fé era realmente o tema de Paulo em Gálatas. Para uma avaliação desta tendência moderna nos estudos paulinos, veja Augustus N. Lopes, "Paulo e a lei de Moisés: um estudo sobre as 'obras da lei' em Gálatas", em Alan B. Pieratt (ed.), *Chamado para servir: ensaios em homenagem a Russell P. Shedd* (São Paulo: Vida Nova, 1994), p. 65-74.
76 "Gálatas, 1535", p. 258-9, 144, 152 e 192.
77 *Ibid.*, p. 52.

amaldiçoar os falsos mestres. E aplica este princípio à sua época, considerando anátemas todas as doutrinas contrárias ao ensino da salvação pela graça: "Com Paulo, portanto, pronunciamos corajosa e ousadamente uma maldição sobre toda doutrina que não concorda com a nossa".[78]

AVALIAÇÃO DA EXEGESE GRAMÁTICO-HISTÓRICA DE LUTERO

Talvez a melhor maneira de avaliarmos a importância e a influência do sistema interpretativo de Lutero seja reconhecer o seu impacto na história da interpretação que se seguiu à Reforma. A interpretação bíblica feita por estudiosos, comentaristas, exegetas e pregadores reformados conservadores, desde Lutero até hoje, tem sido controlada pelos princípios gerais de exegese originados com o reformador. Após a Reforma, um tipo de escolasticismo dogmático passou a dominar a exegese reformada e luterana. No período subsequente, muitos estudiosos começaram a criticar de forma devastadora esse controle do dogmatismo sobre a exegese bíblica.[79]

No século XVIII, o alemão H. A. W. Meyer inaugurou o que se chama "exegese filológica", em que cada palavra do texto original é dissecada, como uma cobaia no laboratório! O texto é submetido a uma análise meticulosa, palavra por palavra, e seu sentido teológico exato determinado à luz do contexto histórico, linguístico e cultural. Através deste exame detalhado e meticuloso do texto bíblico, os comentaristas procuram determinar a intenção de Paulo, a qual, dentro do sistema gramático-histórico, é o único sentido legítimo de uma passagem. Com o surgimento de edições dos textos bíblicos originais com aparatos críticos cada vez mais sofisticados, não somente o texto, mas as variantes mais importantes passaram a ser também analisadas e interpretadas. Esta é a abordagem que encontramos na maioria dos comentários críticos do Antigo e do Novo Testamentos do século passado e deste século. Apesar dos pressupostos racionalistas de muitos comentaristas e estudiosos, a ênfase neste período à intenção do autor reflete a influência da exegese de Lutero.

Certamente a exegese moderna tem avançado além de Lutero, através das ferramentas da crítica textual, da filologia, e da linguística — ferramentas que não estavam disponíveis ao grande reformador. E, num certo sentido, tem levado o alvo de Lutero ainda mais longe que ele, pois enquanto Lutero aqui e acolá se deleitava em alegorizar algumas passagens, o estudioso moderno envolvido em interpretação bíblica gramático-histórica

---

78 Ibid., p. 59.
79 Cf. W. G. Kümmel, *The New Testament: The History of the Investigation of its Problems* (Nashville: Abingdon, 1972), p. 51-52; S. Neil and T. Wright, *The Interpretation of the New Testament* (London: Oxford University Press, 1988), p. 4; Frederic W. Farrar, *History of Interpretation*, p. 358-359; Moisés Silva, *Has the Church Misread the Bible?*, p. 33-34. Infelizmente, com a influência do racionalismo, houve a separação final entre a exegese e dogmas (bíblicos) como o da inspiração e infalibilidade das Escrituras, dando origem à crítica moderna.

é mais comprometido com o sentido literal do texto bíblico. E, neste sentido, é mais como Calvino. Basta que se contrastem as interpretações de Lutero e Calvino do Salmo 8.

Finalmente, existe a tentação de atribuirmos a Lutero a tendência moderna que existe em alguns círculos eruditos de uma nova apreciação pelo sentido "espiritual" de uma passagem, tendência esta inaugurada por Friedrich Schleiermacher e desenvolvida pela "nova hermenêutica".[80] Mas devemos certamente resistir a esta tentação. Lutero não reconheceria como sua filha legítima uma hermenêutica que procura o significado de um texto na mente da pessoa que o lê.

PODEMOS APRENDER COM LUTERO?

Como afirmamos no início deste artigo, a crise doutrinária que aflige a igreja evangélica brasileira nasce de uma hermenêutica defeituosa, de um sistema de interpretação que, à semelhança dos tempos antes da Reforma, procura sentidos no texto inspirado que vão além daquele pretendido pelo autor bíblico. Essa alegorização das Escrituras, feita nos púlpitos de muitas igrejas evangélicas brasileiras, tem contribuído para a disseminação de inúmeros erros doutrinários. À semelhança do período medieval, quando este tipo de interpretação serviu de ferramenta para legitimar biblicamente doutrinas católicas posteriormente rejeitadas pelos reformadores, a hermenêutica da alegoria tem servido no Brasil evangélico como suporte para as doutrinas as mais estranhas. As igrejas de libertação a têm utilizado para a formação de práticas como correntes de oração do tipo "trombeta de Jericó", "cajado de Moisés", e para a introdução de um "fetichismo" cristão, onde um elenco interminável de objetos – desde fitinhas roxas até copos d'água – são usados como emblemas da fé. No auge do "dente de ouro", pregadores evangélicos procuravam justificar o fenômeno a partir de textos bíblicos onde a palavra "ouro" ou "boca" estivesse presente. O "urro sagrado" (praticado em igrejas relacionadas com o movimento da "bênção de Toronto" e da "gargalhada santa") é defendido com uma alegorização de passagens bíblicas onde Deus é representado como sendo um leão.

Em algumas situações, o princípio extraído alegoricamente do texto não chega a ser um erro doutrinário. Pode-se ter uma mensagem certa em um texto errado. Mas, a porta fica aberta para a infiltração do erro religioso, pois, neste tipo de interpretação, o sentido do texto bíblico é deixado de lado e o povo fica sem receber o genuíno leite espiritual da Palavra. Alimenta-se apenas das ideias criativas e da linguagem alegórica destes pregadores. Creio que o retorno a uma exegese cuidadosa do texto bíblico, à

---

80 É interessante que a ênfase da moderna crítica literária bíblica no texto e no leitor, desprezando o sentido histórico e gramatical, acaba por achar sentidos no texto bíblico que absolutamente não faziam parte do sentido pretendido pelo autor. Neste aspecto, a "nova hermenêutica", como tem sido chamada, aproxima-se das alegorias dos escolásticos. Veja Joseph W. Trigg, *Biblical Interpretation*, p. 50-55; John Rogerson, *The Study and Use of the Bible*, p. 389-391.

luz dos contextos históricos, da gramática e da sintaxe das línguas originais, produziria pregação expositiva das Escrituras, através da qual a igreja seria instruída, edificada, confortada e corrigida pela Palavra de Deus.

Ao mesmo tempo, é preciso que se esclareça que este capítulo não está defendendo que somente uma elite de eruditos, familiarizados com as línguas originais das Escrituras e com o ambiente religioso, social, histórico e político da Antiguidade, pode descobrir o verdadeiro sentido de uma passagem bíblica. A meu ver, na grande maioria dos casos, este sentido é evidente e claro nas próprias traduções para as línguas modernas, e está disponível a todo cristão genuíno que deseja se conformar com o sentido original, direto, e simples da passagem.

Finalmente, acredito que toda aplicação das Escrituras para nossos dias (como ao final de um sermão) envolve certa medida de alegorização ou "espiritualização". Isto é inevitável, pois a aplicação exige que transponhamos a verdade bíblica para nossa própria situação. Mas, mesmo aqui, devemos aprender com Lutero a controlar nossa aplicação pelo sentido gramático-histórico da passagem.

CAPÍTULO 9

A NECESSIDADE E A IMPORTÂNCIA DA TEOLOGIA SISTEMÁTICA

HERMISTEN MAIA PEREIRA DA COSTA

A teologia reformada não reivindica para si o *status* de detentora da verdade ou de infalibilidade; antes, ela sabe que o seu vigor estará sempre na sua procura acadêmica e piedosa pela interpretação correta e fiel das Escrituras. A teologia é uma reflexão interpretativa e sistematizada da Palavra, tendo como meta a compreensão e sistematização de toda a doutrina cristã, sendo, portanto, uma ciência "normativa",[1] cujo compromisso é com Deus e com a sua verdade revelada. "A dogmática vai em busca da verdade absoluta".[2] Dentro desta perspectiva, podemos falar da necessidade e da importância da teologia sistemática.

A NECESSIDADE DA INTELIGÊNCIA HUMANA

O homem em todos os tempos sempre procurou sistematizar o saber, esforçando-se por conferir um significado inter-relacionante do real, daquilo que ele considera verdadeiro. Este princípio de organização é uma parte natural de nossa constituição intelectual. "A mente não pode suportar confusão ou aparente contradição em fatos

---
1 Cf. L. Berkhof, *Introduccion a la Teologia Sistematica* (Grand Rapids, Michigan: T.E.L.L., 1973), p. 53.
2 L. Berkhof, *Introduccion a la Teologia Sistematica*, p. 54.

conhecidos. A tendência para harmonizar e unificar o conhecimento aparece tão logo a mente se torne reflexiva".[3]

Quando negamos um sistema, sem que necessariamente nos demos conta, o fazemos em nome de outro sistema. Não podemos viver sem algum tipo de organização mental, ainda que esta pareça ao outro totalmente "desorganizado". No campo teológico não poderia ser diferente. A teologia sistemática se propõe a nos oferecer um sistema condizente com a revelação orgânica de Deus registrada nas Escrituras. O estudo sistemático das Escrituras nos conduz invariavelmente às relações de textos e de ensinos e, ainda que por vezes de modo imperceptível, vamos reconhecendo as conexões e passamos ao processo de elaboração de nossos provisórios microsistemas intelectuais que avançam de forma cada vez mais sofisticada. Brunner aborda a questão nestes termos: "Onde há uma igreja viva, uma vida espiritual viva, haverá indivíduos que sentem a necessidade de penetrar com mais profundidade no interior do significado da mensagem bíblica, extrair água das riquezas de seus poços da verdade, examinar as associações existentes entre suas principais ideias".[4]

A RELAÇÃO DA VERDADE SISTEMATIZADA COM O DESENVOLVIMENTO DA PIEDADE

A visão teológica de Calvino estava sempre direcionada para a prática da Palavra, a piedade. Todo o ensino teológico visa à piedade: "A piedade está sempre fundamentada no conhecimento do verdadeiro Deus; e isso requer ensino".[5] Comentando o texto de 1Timóteo 6.3, Calvino diz que "[a doutrina] só será consistente com a piedade se nos estabelecer no temor e no culto divino, se edificar nossa fé, se nos exercitar na paciência e na humildade e em todos os deveres do amor".[6] Estamos convencidos de que a genuína piedade (εὐσέβεια) bíblica começa pela compreensão correta do mistério de Cristo, conforme nos diz Paulo: "Evidentemente, grande é o mistério da piedade: Aquele que foi manifestado na carne foi justificado em espírito, contemplado por anjos, pregado entre os gentios, crido no mundo, recebido na glória" (1Tm 3.16). A piedade era a tônica do ministério pastoral de Paulo. É deste modo que ele inicia a sua carta a Tito: "Paulo, servo de Deus e apóstolo de Jesus Cristo, *para promover* (κατὰ)[7] a fé que é dos *eleitos* (ἐκλεκτῶν) de Deus e o pleno conhecimento da verdade segundo a piedade" (Tt 1.1). Portanto, devemos indagar sempre a respeito de doutrinas consideradas evangélicas, se elas, de fato,

---

3 A. H. Strong, *Systematic Theology* (Valley Forge, Pa.: Judson Press, 1993), p. 15.
4 Emil Brunner, *Dogmática*. vol. 1 (São Paulo: Novo Século, 2004), p.25.
5 João Calvino, *Daniel: 1-6*. vol. 1 (São Paulo: Parakletos, 2000), p. 225.
6 João Calvino, *As Pastorais* (São Paulo: Parakletos, 1998), p. 164-165.
7 Κατὰ quando estabelece relação, tem o sentido de "de acordo com a", "com referência a". No texto, pode ter o sentido de *"segundo a fé que é dos eleitos"*, *"no interesse de"*, *"promover"*, etc.

contribuem para a piedade. A genuína ortodoxia será plena de vida e piedade.

Paulo diz que é apóstolo da parte de Jesus Cristo comprometido com a fé que é dos eleitos de Deus. O seu ensino tinha este propósito – diferentemente dos falsos mestres, que se ocupavam com fábulas e mandamentos procedentes da mentira (Tt 1.14) – promover a fé dos crentes em Cristo Jesus. A fé que é dos eleitos, portanto, deve ser desenvolvida no "*pleno conhecimento* (ἐπίγνωσιν)[8] da *verdade* (ἀληθείας)". Ou seja, a nossa salvação se materializa em nosso conhecimento intensivo e qualitativamente completo da verdade. Contudo, este conhecimento da verdade, longe de arrogante e auto-suficiente, está relacionado com a piedade: "segundo a *piedade* (εὐσέβειαν)". O verdadeiro conhecimento de Deus é cheio de piedade. Piedade caracteriza a atitude correta para com Deus, englobando temor, reverência, adoração e obediência. Ela é a palavra para a verdadeira religião. Paulo diz que a piedade para tudo é proveitosa, não havendo contraindicação: "Pois o exercício físico para pouco é *proveitoso* (ὠφέλιμος), mas a piedade para tudo é *proveitosa* (ὠφέλιμός),[9] porque tem a promessa da vida que agora é e da que há de ser" (1Tm 4.8). Por isso Timóteo, com o propósito de realizar a vontade de Deus, deveria exercitá-la com a perseverança de um atleta (1Tm 4.7);[10] segui-la como alguém que persegue um alvo, e a convicção e o zelo com os quais o próprio Paulo perseguira a Igreja de Deus (Fp 3.6): "Tu, porém, ó homem de Deus, foge destas coisas; antes, *segue* (δίωκε)[11] a justiça, a *piedade* (εὐσέβειαν), a fé, o amor, a constância, a mansidão" (1Tm 6.11). O tempo presente do verbo indica a progressividade que deve caracterizar essa busca pela piedade.

Calvino entende que o conhecimento verdadeiro do verdadeiro Deus traz como implicações necessárias a piedade e a santificação: "Deve observar-se que somos convidados ao conhecimento de Deus, não àquele que, contente com vã especulação, simplesmente voluteia no cérebro, mas àquele que, se é de nós retamente percebido e finca pé no coração, haverá de ser sólido e frutuoso".[12] Em outro lugar, acrescenta: "Alguém jamais o poderá conhecer devidamente se não apreende ao mesmo tempo a santificação do Espírito. (...) a fé consiste no conhecimento de Cristo. E Cristo não pode ser conhecido senão em conjunção com a santificação de seu Espírito. Segue-se, consequentemente, que de

---

8 Ἐπίγνωσιν, "conhecimento intenso", "conhecimento correto".
9 Este adjetivo que, no Novo Testamento, só é empregado por Paulo, é aplicado às boas obras (Tt 3.8) e à Palavra inspirada de Deus em sua aplicação às nossas necessidades (2Tm 3.16).
10 "Mas rejeita as fábulas profanas e de velhas caducas. *Exercita-te* (γύμναζε), pessoalmente, na piedade" (1Tm 4.7). Γύμναζε é aplicada ao exercício próprio de atleta. No Novo Testamento a palavra é usada metaforicamente, indicando o treinamento que pode ser utilizado para o bem ou para o mal.
11 Δίωκε é utilizada sistematicamente para aqueles que perseguiam a Jesus, os discípulos e a Igreja. Por outro lado, Paulo diz que prosseguia para o alvo (Fp 3.12,14). O escritor de Hebreus diz que devemos perseguir a paz e a santificação (Hb 12.14). Pedro ensina o mesmo a respeito da paz (1Pe 3.11).
12 João Calvino, *As Institutas* (São Paulo: Cultura Cristã, 2006), I.5.9.

modo nenhum a fé deve separar-se do afeto piedoso".[13] Resume: "O conhecimento de Deus é a genuína vida da alma".[14]

O verdadeiro conhecimento de Deus conduz-nos à piedade: "Paulo sustenta que aquele falso conhecimento que se exalta acima da simples e humilde doutrina da piedade não é de forma alguma conhecimento".[15] "A única coisa que, segundo a autoridade de Paulo, realmente merece ser denominada de *conhecimento* é aquela que nos instrui na confiança e no temor de Deus, ou seja, na piedade".[16]

No entanto, é possível forjar uma aparente piedade – conforme os falsos mestres que, privados da verdade, o faziam pensando em obter lucro (1Tm 6.5) –; contudo, esta carece de poder e da alegria resultantes da convicção de que Deus supre as nossas necessidades. Logo, esses falsos mestres não conhecem o "lucro" da piedade: "De fato, grande *fonte de lucro* (πορισμὸς) é a *piedade* (εὐσέβεια) com o *contentamento* (αὐταρκείας, "suficiência", "satisfação"). Porque nada temos trazido para o mundo, nem coisa alguma podemos levar dele. Tendo sustento e com que nos vestir, estejamos contentes" (1Tm 6.6-8; 2Tm 3.5). Todo o conhecimento cristão deve vir acompanhado de piedade. (1Tm 3.16; 6.3; Tt 1.1). A piedade deve estar associada a diversas outras virtudes cristãs, a fim de que seja frutuosa no pleno conhecimento de Cristo (2Pe 1.6-8). A nossa certeza é que Deus nos concedeu todas as coisas que nos conduzem à piedade. Ele exige de nós, os crentes, "o uso diligente de todos os meios exteriores pelos quais Cristo nos comunica as bênçãos da salvação"[17] e que não negligenciemos os "meios de preservação".[18] Portanto, devemos utilizar de todos os recursos que Deus nos forneceu com este santo propósito: "Visto como, pelo seu divino poder, nos têm sido doadas todas as coisas que conduzem à vida e à *piedade* (εὐσέβειαν), pelo conhecimento completo daquele que nos chamou para a sua própria glória e virtude" (2Pe 1.3).

A piedade não é restritiva, antes se revela e se fortalece associada à fraternidade e ao amor (2Pe 1.6-7). A piedade como resultado de nosso relacionamento com Deus deve ter o seu reflexo concreto dentro de casa, sendo revelada por intermédio do tratamento que concedemos aos nossos pais e irmãos: "Se alguma viúva tem filhos ou netos, que estes aprendam primeiro *a exercer piedade* (εὐσεβεῖν) para com a própria casa e a recompensar a seus progenitores; pois isto é aceitável diante de Deus" (1Tm 5.4). Nunca o nosso trabalho, por mais relevante que seja, poderá se tornar empecilho para a ajuda aos nossos familiares. A genuína piedade é caracterizada por atitudes condizentes para com Deus (reverência) e para com o nosso próximo (fraternidade). Curiosamente, quando

---
13   João Calvino, *As Institutas*, III.2.8.
14   João Calvino, *Efésios* (São Paulo: Paracletos, 1998), p. 136-137.
15   João Calvino, *As Pastorais*, p. 186.
16   João Calvino, *As Pastorais*, p. 187.
17   *Catecismo Menor de Westminster*, pergunta 85.
18   *Confissão de Westminster*, XVII.3.

o Novo Testamento descreve Cornélio, diz que ele era um homem "*piedoso* (εὐσεβὴς) e temente a Deus (...) e que fazia muitas esmolas ao povo e de contínuo orava a Deus" (At 10.2). A piedade é, portanto, uma relação teologicamente orientada do homem para com Deus em sua devoção e reverência e a sua conduta biblicamente ajustada e coerente com o seu próximo. A piedade envolve comunhão com Deus e o cultivo de relações justas com os nossos irmãos. "A obediência é a mãe da piedade", resume Calvino.[19] A fé obediente concentra-se na Palavra. Em Cristo temos o modelo de obediência: "Cristo é o exemplo de perfeita obediência, para que todos quantos são dele se esforcem zelosamente por imitá-lo, e juntos respondam ao chamado de Deus e confirmem sua vocação ao longo de toda a sua vida, pronunciando sempre estas palavras: 'Eis aqui estou para fazer a tua vontade'".[20]

A piedade é desenvolvida por meio de nosso crescimento na graça. A graça de Deus é educativa: "Porquanto a graça de Deus se manifestou salvadora a todos os homens, *educando-nos* (παιδεύουσα) para que, renegadas a impiedade e as paixões mundanas, vivamos no presente século, sensata, justa e *piedosamente* (εὐσεβῶς)" (Tt 2.11-12). A piedade autêntica, por ser moldada pela Palavra, traz consigo os perigos próprios resultantes de uma ética contrastante com os valores deste século: "Ora, todos quantos querem viver *piedosamente* (εὐσεβῶς)[21] em Cristo Jesus serão perseguidos" (2Tm 3.12). No entanto, há o conforto expresso por Pedro às igrejas perseguidas: "O Senhor sabe livrar da *provação* [πειρασμοῦ, "tentação"] os *piedosos* (εὐσεβεῖς)" (2Pe 2.9).

A piedade não pode estar dissociada da fé que confessa que Deus é o autor de todo o bem. Portanto, podemos nEle descansar sendo conduzidos pela sua Palavra. Deste modo, a teologia sistemática, como estudo da Palavra, não pode ser algo simplesmente teórico, menos ainda especulativo e abstrato – antes, tem uma relação direta com a vida daqueles que a estudam; ela é, portanto, uma ciência teórica e prática. "O teólogo dogmático que não percebe que seu trabalho o compele à orar frequente e urgentemente, do fundo do coração: 'Deus, sê propício a mim pecador', está bem pouco adaptado ao seu trabalho".[22] A profundidade do conhecimento dos ensinamentos da Palavra deve estar em ordem direta com a nossa vida cristã. A teologia oferece-nos subsídios, para que possamos conhecer mais de Deus – que deve ser o nosso objetivo principal –, por meio de sua revelação especial nas Escrituras. A dissociação entre teologia e vida é algo estranho à fé cristã e consequentemente à igreja de Cristo.

Ao longo da história diversos teólogos têm insistido neste ponto. O luterano David Chyträus, que foi aluno de Melanchthon, resumiu bem este espírito, quando escreveu

---

19 John Calvin, *Commentaries of the Four Last Books of Moses*. vol. 1 (Grand Rapids, Mi: Baker Book, 1996), p. 453.
20 João Calvino, *Hebreus* (São Paulo: Paracletos, 1997), p. 259.
21 Este advérbio só ocorre em dois textos do Novo Testamento (2Tm 3.12; Tt 2.12).
22 Emil Brunner, *Dogmática*. vol. 1, p. 120.

em 1581: "Demonstramos ser cristãos e teólogos muito mais por meio da fé, da vida santa e do amor a Deus e ao próximo, do que por meio da astúcia e das sutilezas das polêmicas".[23] Ele também costumava repetir aos seus alunos durante o ano: "O estudo da teologia não deve ser conduzido por meio da rixa e disputa, mas pela prática da piedade".[24]

Hoje, quando parece de forma mais evidente uma tendência na igreja, de se desvincular a doutrina da vida – como se fossem verdades estanques –; como teólogos que somos, mais do que nunca, devemos estar comprometidos com esta relação co-essencial, tornando-a uma realidade co-existencial e, portanto, assunto perene de nosso ensino. No século XX, Lloyd-Jones se constituiu num profícuo pregador desta relação: teologia e vida.[25]

A doutrina não é apenas para o nosso deleite espiritual e reflexivo, antes, exige de forma imperativa um compromisso de vida e obediência. "O fim de um teólogo não pode ser deleitar o ouvido, senão confirmar as consciências ensinando a verdade e o que é certo e proveitoso", declarou incisivamente Calvino.[26] Em outro lugar: "Visto que todos os questionamentos supérfluos que não se inclinam para a edificação devem ser com toda razão suspeitos e mesmo detestados pelos cristãos piedosos, a única recomendação legítima da doutrina é que ela nos instrui na reverência e no temor de Deus. E assim aprendemos que o homem que mais progride na piedade é também o melhor discípulo de Cristo, e o único homem que deve ser tido na conta de genuíno teólogo é aquele que pode edificar a consciência humana no temor de Deus".[27]

A santificação tem como motivação primária a contemplação bíblica da majestade de Deus. A tomada de consciência da grandeza, da santidade de Deus, deve nos conduzir ao desejo de sermos santos como Deus é. A santidade de Deus realça o nosso pecado, dando-nos consciência da nossa pequenez e impureza; a perfeição absoluta de Deus revela os nossos pecados e as nossas imperfeições. O brilho da glória de sua majestade torna mais patentes as nossas manchas espirituais. Foi esta a experiência de Isaías diante da revelação de Deus: "Ai de mim! Estou perdido! porque sou homem de lábios impuros, habito no meio dum povo de impuros lábios, e os meus olhos viram o Rei, o Senhor dos Exércitos" (Is 6.5). A proximidade de Deus nos faz mais sensíveis a isto; a contemplação da gloriosa santidade de Deus, conforme registrada nas Escrituras, realça

---

23 D. Chyträus, citado em Ph. J. Spener, *Mudança para o Futuro: Pia Desideria* (São Bernardo do Campo, SP: IEPG & Curitiba, PR: Encontrão, 1996, p. 114, 30. (Cf. também Spener, *Ibidem.*, p. 102-117).
24 Citado em Ph. J. Spener, *Pia Desideria* (São Bernardo do Campo, SP: Imprensa Metodista, 1985), p. 30. Esta frase de Chyträus foi omitida na edição mais recente, mencionada acima, conforme explicação do editor.
25 Cf. D.M. Lloyd-Jones, As *insondáveis riquezas de Cristo* (São Paulo: PES, 1992), p. 8, 85-86, 101-103, 165, 254; *O combate cristão* (São Paulo: PES, 1991), p. 103, 127; *Deus o Pai, Deus o Filho.* vol. 1 (São Paulo: PES, 1997), p. 393.
26 João Calvino, *As Institutas*, I.14.4.
27 João Calvino, *As Pastorais*, p. 300.

de forma eloquente a gravidade de nosso pecado. Além de Isaías, outros servos de Deus ilustram este fato: Moisés, Jó, Ezequiel, Daniel, Pedro, Paulo e João (Ex 3.6; Jó 42.5-6; Ez 1.28; Dn 10.9; Lc 5.8; 1Tm 1.15; Ap 1.17), entre outros, tiveram de modo doloroso, a percepção de sua pequenez, fragilidade e impureza diante de Deus, que é puro de olhos e não pode tolerar o mal (Hc 1.13).

A contemplação do Deus das Escrituras é um convite irrestrito ao nosso crescimento espiritual. Nada mais esclarecedor a nosso respeito do que uma visão real da grandeza de Deus: Contemplar a Deus por intermédio da sua revelação, significa ter os nossos olhos abertos para a nossa necessidade de santidade, de crescimento e fortalecimento em nossa fé.

A vontade de Deus é que O conheçamos – aliás, este é o motivo fundamental da sua revelação: para que, confrontados com ela, nos rendamos a Deus, O adoremos, e neste ato, sejamos santificados cada vez mais. Jesus, na "Oração Sacerdotal", diz: "E a vida eterna é esta: que te conheçam a ti, o único Deus verdadeiro, e a Jesus Cristo, a quem enviaste" (Jo 17.3). Paulo considerou todas as outras coisas como perda, diante da realidade sublime do conhecimento de Cristo; conhecer a Cristo era a sua prioridade; ele declara: "Sim, deveras considero tudo como perda, por causa da sublimidade do conhecimento de Cristo Jesus meu Senhor: por amor do qual, perdi todas as cousas e as considero como refugo, para ganhar a Cristo" (Fp 3.8).

O caminho da santificação passa invariavelmente pelo conhecimento de Deus, conforme Ele mesmo Se revelou por meio das Escrituras, envolvendo uma experiência de vida. O conhecimento de Deus é vivificador e libertador. "É quando fitamos a face de Deus que percebemos a necessidade de santificação, e nos é exposto o meio pelo qual pode ser realizada a nossa santificação, e é função do Espírito fazê-lo".[28] O nosso confronto com a santidade de Deus deve nos estimular a sentir o mesmo desejo, conforme o vivenciado e recomendado por Pedro: "Desejai ardentemente como crianças recémnascidas o genuíno leite espiritual, para que por ele vos seja dado crescimento para a salvação" (1Pe 2.2). Por isso, todo o esforço teológico visa a um conhecimento maior de Deus, e este conhecimento está essencialmente ligado à santificação e à piedade.[29]

A teologia deverá estar sempre comprometida com o conhecimento de Deus e com a promoção deste conhecimento por meio da Palavra, mediante a iluminação do Espírito Santo, pois é este quem nos conduz à Palavra e Ele mesmo nos dá a conhecer a Cristo nas Escrituras. Calvino resumiu bem este conceito, dizendo: "Só quando Deus irradia

---

28 D. M. Lloyd-Jones, *Vida no Espírito: no casamento, no lar e no trabalho* (São Paulo: PES, 1991), p. 133.
29 Martinho Lutero disse: "A teologia não é outra coisa que uma filologia, a saber, a filologia que se ocupa em ensinar e compreender as palavras do Espírito Santo" (citado em R. Martin-Achard, *Como Ler o Antigo Testamento* [São Paulo: ASTE, 1970], p. 50). Cf. Philipp J. Spener, *Pia Desideria* [1985], p. 67ss.; D. Martyn Lloyd-Jones, *Autoridade* (Queluz: Núcleo, 1978), p. 100s.; C.H. Spurgeon, *Lições aos Meus Alunos*. vol. 2 (São Paulo: PES, 1982), p. 90.

em nós a luz de seu Espírito é que a Palavra logra produzir algum efeito. Daí a vocação interna, que só é eficaz no eleito e apropriada para ele, distingue-se da voz externa dos homens".[30]

AS TAREFAS DA TEOLOGIA SISTEMÁTICA

Servir como elemento norteador para o pregador

A teologia sistemática funciona como bóias, ou se preferirem, faróis, que servem para guiar, sinalizar e orientar o pregador na elaboração do seu sermão.[31] A Palavra de Deus é um todo orgânico que se harmoniza; todavia, esta compreensão só será possível por intermédio do seu estudo sistemático. O estudo da teologia sistemática – aliado obviamente à leitura e meditação das Escrituras –, ajuda-nos neste processo de conhecimento global: A harmonia da revelação de Deus está presente em todas as páginas da Bíblia. Por isso o pregador terá melhores condições de entender o texto que servirá de base para o seu sermão, recorrendo à exegese, à história bíblica e à teologia bíblica e sistemática, tendo uma visão mais clara do que as Escrituras nos ensinam a respeito daquele passo sagrado. Chapell define exegese como "o processo mediante o qual os pregadores descobrem as definições e as distinções gramaticais das palavras num texto".[32] MacArthur enfatiza: "Ninguém tem o direito de ser um teólogo se não for um exegeta".[33]

A *Confissão de Westminster* expressa bem este conceito ao dizer, no capítulo I.9: "A regra infalível de interpretação da Escritura é a mesma Escritura; portanto, quando houver questão sobre o verdadeiro e pleno sentido de qualquer texto da Escritura (sentido que não é múltiplo, mas único), esse texto pode ser estudado e compreendido por outros textos que falem mais claramente" (Mt 4.5-7; 12.1-7).

Mais uma vez recorro a Lloyd-Jones, visto ter ele captado bem esta ideia. Em 1969, nas conferências que realizava no Seminário Teológico Westminster, Lloyd-Jones demarca bem a questão, dizendo que a pregação deve ser sempre teológica mas, ao mesmo tempo, não deve consistir em "preleções sobre teologia";[34] por outro lado, nos adverte para o perigo de tentarmos impor as nossas ideias e nossa "teologia sistemática" a

---

30 João Calvino, *Romanos* (São Paulo: Paracletos, 1997), p. 374.
31 Fiquei satisfeito ao ler em Karl Barth advertência semelhante: "Os dogmas são como bóias, postes indicadores que assinalam a boa direção. Não é preciso fazer uma exposição dos dogmas nem expor seu conteúdo teológico, senão deixar-se guiar por eles" (*La Proclamacion del Evangelio* [Salamanca: Sigueme, 1969], p. 87).
32 Bryan Chapell, *Pregação cristocêntrica* (São Paulo: Cultura Cristã, 2002), p. 113.
33 John F. MacArthur Jr., *Princípios para uma cosmovisão bíblica* (São Paulo: Cultura Cristã, 2003), p. 50.
34 Do mesmo modo, Karl Barth nos instruindo sobre o caráter confessional da pregação, acrescenta: "Não se trata, naturalmente, de pregar as confissões de fé, senão de ter como meta e limite de nossa mensagem a confissão da Igreja, de colocar-nos onde se coloca a Igreja" (*La Proclamacion del Evangelio*, p. 41).

textos particulares, forçando assim o texto a dizer o que não diz.³⁵ Entre uma linha demarcatória e outra, resume:

> O pregador deveria ser bem versado em teologia bíblica, a qual, por sua vez conduz à teologia sistemática. Para mim, nada é mais importante para um pregador do que o fato que ele deveria estar de posse da teologia sistemática, conhecendo profundamente e estando bem arraigado nela. Essa teologia sistemática, esse corpo de verdades derivadas das Escrituras, sempre deve fazer-se presente como pano de fundo e influência controladora da pregação. Cada mensagem, que provém de algum texto ou declaração específica das Escrituras, sempre deve fazer parte ou ser um aspecto desse conjunto total da Verdade. Jamais será algo isolado, jamais será algo separado ou desvinculado. A doutrina que houver em qualquer texto específico nunca deveríamos olvidar, faz parte desse conjunto maior – a Verdade ou a Fé. Esse é o significado da frase 'comparando Escritura com Escritura'. Não podemos manipular nenhum texto isolado; toda a nossa preparação de um sermão deveria ser controlada por esse pano de fundo de teologia sistemática (...). O emprego correto da teologia sistemática consiste em que, quando descobrimos alguma doutrina específica no texto selecionado, nós averiguamos e controlamos, assegurando-nos de que ela cabe dentro de todo esse corpo de doutrinas bíblicas que é vital e essencial.³⁶

Auxílio para a evangelização "plena"

O evangelho deve ser proclamado em sua inteireza a todos os homens e ao homem todo; a teologia oferece solidez na transmissão desta verdade, mostrando Quem é Deus e a real necessidade do homem. "Tudo o que as Escrituras dizem a respeito do homem e, particularmente, tudo o que elas dizem sobre a salvação do homem é, afinal de contas, para glória de Deus. Nossa teologia está centralizada em Deus porque nossa vida está centrada em Deus".³⁷

Billy Graham, em 1974, no Congresso de Lausanne, na Suíça, afirmou corretamente: "Se há uma coisa que a história da Igreja nos deveria ensinar, é a importância de uma

---

35 David M. Lloyd-Jones, *Pregação & Pregadores* (São José dos Campos: Fiel, 1984), p. 48. No dia 6 de outubro de 1977, no discurso proferido na inauguração do Seminário Teológico de Londres, Lloyd-Jones ratificaria o seu pensamento: "A teologia não é uma prisão, ou algo que acorrenta o homem; antes, deve-se pensar nela em termos daquilo que o esqueleto, a estrutura óssea do corpo humano, é para o corpo. Ou, se preferirem, a teologia pode ser comparada com o conjunto de andaimes que se arma quando se está construindo um grande edifício. A teologia terá que estar presente, se é que você deva ter uma boa pregação, porém não a deverá pregar de maneira esquemática ou estrutural. Ela está ali para dar corpo ao sermão e para livrar você de dizer algo errôneo ou de extraviar-se" (D. M. Lloyd-Jones, "Uma escola protestante evangélica", em *Discernindo os Tempos* [São Paulo: PES, 1994], p. 389).
36 David M. Lloyd-Jones, *Pregação & Pregadores*, p. 48-49.
37 Cornelius Van Til, *An Introduction to Systematic Theology* (Phillipsburg, NJ: Presbyterian and Reformed, 1974), p. 1.

evangelização teológica derivada das Escrituras".[38]

A pregação não é dirigida apenas à emoção, mas também à mente; ela precisa ser entendida; por isso a mensagem deve ser apresentada de forma clara e objetiva – sem que com isso estejamos esquecendo que a conversão é obra do Espírito –, visando a atingir os nossos ouvintes: "O propagador do evangelho deve, por conseguinte, ter um alcance inteligente do significado do evangelho e deve estar em condições de dar uma afirmação inteligente acerca do mesmo".[39] A operação do Espírito não elimina nem atenua a nossa responsabilidade de proclamar a Palavra com seriedade, esforçando-nos por fazê-lo da melhor forma possível conforme os parâmetros bíblicos. Quando pregamos o Evangelho e quando o ouvimos, a nossa razão não deve nem pode ser esquecida. "É só quando compreendemos as doutrinas com as nossas mentes que podemos viver verdadeiramente a vida cristã e desfrutá-la, como é o seu propósito para nós".[40]

O evangelho deve ser pregado em sua inteireza; é nossa responsabilidade anunciar "todo o desígnio de Deus", nada ocultando, nada omitindo. A Palavra de Deus foi-nos dada para que a conheçamos e a pratiquemos; portanto ela deve ser publicada por meio do ensino e da pregação. A teologia sistemática auxilia-nos nesta tarefa, fornece-nos uma perspectiva abrangente do ensino bíblico a respeito de Deus e de sua glória, bem como da natureza humana, de suas necessidades e como Deus em sua misericórdia pode satisfazê-las. O Evangelho pleno consiste na pregação integral da Palavra. "O Evangelho não consiste no anúncio de 'algumas partes' da Bíblia, mas sim de todo o 'Conselho' de Deus revelado nas Escrituras (Gl 1.8-9, 11). O conteúdo da mensagem cristã deve ser nada mais nada menos do que toda a vontade revelada de Deus (Dt 29.29)".[41] Charles Spurgeon, nas suas preleções às sextas-feiras à tarde, ensinou aos seus alunos:

> Não se deve reter nenhuma verdade. A doutrina retida, tão detestável na boca dos jesuítas, não é nem um pouco menos abjeta quando adotada por protestantes (...). Os pronunciamentos característicos do calvinismo têm sua aplicação na vida diária e na experiência comum, e se vocês sustentarem essas ideias, ou as que lhes são opostas, não têm licença para ocultar as suas crenças. Em nove de dez casos, a reticência cautelosa é traição covarde. A melhor política é não ser político nunca, mas proclamar cada átomo de verdade na medida em que Deus lhe tenha ensinado (...). Toda a verdade revelada, em proporção harmônica, deve constituir o seu tema.[42]

---

38 Billy Graham, "Por que Lausanne?" em *A missão da igreja no mundo de hoje* (São Paulo: ABU & Belo Horizonte, MG: Visão Mundial, 1982), p. 20.
39 Walter T. Conner, *Doctrina Cristiana* (Buenos Aires: CBP, 1978), p. 19.
40 D. Martyn Lloyd-Jones, *As insondáveis riquezas de Cristo*, p. 41. "A emoção é uma parte vital da fé cristã; entretanto o emocionalismo não. O diabo sempre tenta fazer com que nós reajamos exageradamente" (D. Martyn Lloyd-Jones, *O combate cristão*, p. 140).
41 Hermisten M. P. Costa, *Breve teologia da evangelização* (São Paulo: PES, 1996), p. 64.
42 C.H. Spurgeon, *Lições aos meus alunos*. vol. 2 (São Paulo: PES, 1982), p. 94.

A *teologia* – que a muitos faz estremecer, de reverência ou de espanto –[43] na forma que estamos analisando, tem o sentido de procura bíblica pelos fundamentos da evangelização, não uma teorização ou especulação[44] que venha satisfazer o nosso intelecto. Na realidade, a especulação, ainda que tenha muitos adeptos, tende a nos afastar da verdade, da pureza do evangelho. A profundidade teológica está aliada ao conhecimento experimental de Deus em Cristo (Jr 9.24; Os 6.3; Mt 11.27; Jo 14.6,9; 2Pe 3.18).

A reflexão teológica deve ser sempre um prefácio à ação[45] sob a influência modeladora do Espírito que nos instrui pelo evangelho. "Uma igreja que só reflete e não atua é semelhante ao exército que passa o tempo fazendo manobras dentro do quartel".[46] A nossa reflexão e ação devem estar sempre acompanhadas e dominadas pela oração fervorosa e sincera: "Desvenda os meus olhos, para que eu contemple as maravilhas da tua lei" (Sl 119.18).[47] "A fé envolve a verdade de Deus (doutrina), encontro com Deus (culto) e servir a Deus (vida). A inseparabilidade desses três elementos é vista repetidas vezes nas Escrituras e na história do povo de Deus".[48]

Talvez aqui esteja uma das armadilhas mais sutis para nós reformados. Prezamos a doutrina, entendemos ser ela fundamental para a vida cristã, no entanto, nesta justíssima ênfase e compreensão, podemos nos esquecer da importância vital da piedade. Notemos que não estou dizendo que isto aconteça conosco com frequência, ou que este seja o nosso ponto fraco, apenas observo que devemos vigiar neste flanco, para que o inimigo não alcance êxito em seu desígnio destruidor. Paulo fala dos "desígnios" de Satanás (2Co 2.11),[49] indicando a ideia de que ele tem metas definidas, estratégias elaboradas,

---

43 Quanto à estupefação que a palavra "teologia" causa, cf. Helmut Thielicke, *Recomendações aos jovens teólogos e pastores* (São Paulo: Sepal, 1990).

44 Se a especulação indevida é um mal, devemos observar, também, que mal semelhante é negligenciar o estudo daquilo que Deus nos revelou em sua Palavra. Calvino nos advertiu quanto a isto, dizendo: "As cousas que o Senhor deixou recônditas em secreto não perscrutemos, as que pôs a descoberto não negligenciemos, para que não sejamos condenados ou de excessiva curiosidade, de uma parte, ou de ingratidão, de outra" (*As Institutas*, III.21.4).

45 "Para aquele que é intelectualmente dotado, é muito mais fácil ser um cristão no campo do pensamento do que naquele do comportamento prático; e ainda o bom teólogo sabe muito bem que o que realmente conta diante de Deus não é simplesmente o que alguém pensa, mas o que alguém pensa com tal fé que se torna ato. Porque somente essa fé 'que atua pelo amor' é considerada" (Emil Brunner, *Dogmática*. vol. 1, p. 119-120).

46 Orlando E. Costas, *Qué Significa Evangelizar Hoy?* (San José, Costa Rica: INDEF, 1973), p. 45.

47 "A oração é sempre necessária como instrução (...). Transmitir conhecimento não basta. É igualmente essencial que oremos – que oremos por nós mesmos, para que Deus nos faça receptivos ao conhecimento e à instrução; que oremos para sermos capacitados a agasalhar o conhecimento recebido e aplicá-lo; que oremos para que não fique só em nossas mentes, e sim que se apegue aos nossos corações, dobre as nossas vontades e afete o homem todo. O conhecimento, a instrução e a oração devem andar sempre juntos; jamais devem estar separados" (D. Martyn Lloyd-Jones, *As insondáveis riquezas de Cristo*, p. 98).

48 W. Robert Godfrey, "A reforma do culto", em James M. Boice (ed.), *Reforma hoje* (São Paulo: Cultura Cristã, 1999), p. 155.

49 "Para que Satanás não alcance vantagem sobre nós, pois não lhe ignoramos os *desígnios* (νοήματα)" (2Co 2.11). A palavra traduzida por "*desígnio*" ocorre cinco vezes no Novo Testamento, sendo utilizada apenas por Paulo: 2Co 2.11; 3.14; 4.4; 10.5; 11.3; Fp 4.7, tendo o sentido de "*plano*", "*intenção maligna*", "*intrigas*", "*ardis*". Com exceção de Fp 4.7, a palavra sempre é usada negativamente no NT. Νοήματα é o resultado da atividade do νοῦς (mente); (J. Behm & E. Würthwein, νοῦς, etc., em Gerhard Kittel & G. Friedrich (eds.), *Theological Dictionary of the New Testament*. vol. 4, p. 960). "É a faculdade geral do juízo, que pode tomar decisões e pronunciar certos ou errados os veredictos, conforme as influências às quais tem sido expostas" (J. Goetzmann, "Razão", em Colin Brown (ed.), *O Novo Dicionário Internacional de Teologia do Novo Testamento*. vol. 4 (São Paulo: Vida Nova, 1981-1983), p. 32).

um programa de ação com variedades de técnicas e opções a serem aplicadas conforme as circunstâncias. Ele emprega toda a sua *"energia"* (2Ts 2.9). Neste texto fica claro que Satanás se vale de todos os recursos a ele disponíveis, contudo, como não poderia ser diferente, amparado na *"mentira"* que lhe é própria (Jo 8.44), para realizar os seus propósitos. Lloyd-Jones assim se expressou:

> O ministro do Evangelho é um homem que está sempre lutando em duas frentes. Primeiro ele tem que concitar as pessoas a se interessarem por doutrina e pela teologia, todavia não demorará muito nisso antes de perceber que terá que abrir uma segunda frente e dizer às pessoas que não é suficiente interessar-se somente por doutrinas e teologia, que você corre o perigo de se tornar um mero intelectualista ortodoxo e de ir ficando negligente quanto à sua vida espiritual e quanto à vida da Igreja. Este é o perigo que assedia os que sustentam a posição reformada. Essas são as únicas pessoas realmente interessadas em teologia, pelo que o diabo vem a eles e os impele para demasiado longe na linha desse interesse, e eles tendem a tornar-se meros teólogos e só intelectualmente interessados na verdade.[50]

Elaboração, propagação e defesa da verdade

Uma das razões fundamentais da existência da dogmática é a preservação da fé cristã contra as heresias que assolam a igreja. "É a deteriorização da doutrina que conduz a formação da ideia e sistematização do dogma".[51] Partindo diretamente das Escrituras, "o dogmático começa por ocupar-se dos dogmas incorporados na confissão de sua Igreja e procura ordená-los em um sistema completo".[52] À teologia não cabe a tarefa de dizer o que as Escrituras não dizem, sob pena de deixar de ser uma genuína teologia, antes, ela se propõe a pensar sobre as Escrituras,[53] no afã de elaborar uma sistematização que reflita a complexidade e abrangência da totalidade da revelação de Deus (Rm 3.2; 1Tm 3.15). Esta tarefa exigirá de nós sempre um trabalho árduo e sério, comprometido com a nossa fidelidade a Deus.

Num segundo momento, como foi o caso da Reforma Protestante, a dogmática pode ter o sentido de resgatar a pureza dos ensinamentos bíblicos a fim de purificar a mensagem que tem sido transmitida ao longo dos séculos.[54] Notemos, portanto, que a teologia tem um compromisso com a edificação da igreja (Ef 4.11-16): a igreja é enriquecida espiritualmente com os ensinamentos da Palavra, os quais cabe à teologia organizar.

---

50 D. M. Lloyd-Jones, *Os Puritanos: Suas Origens e Seus Sucessores* (São Paulo: PES, 1993), p. 22.
51 Emil Brunner, *Dogmática*. vol. 1, p. 24.
52 L. Berkhof, *Introduccion a la Teologia Sistemática*, p. 53.
53 Não nos esqueçamos que o "pensar" teológico envolve uma nova categoria só possível ao regenerado, que é "pensar de maneira espiritual"; e este "pensar" tem como elemento controlador a oração (Sl 119.18; 1Co 2.11-16).
54 Cf. Emil Brunner, *Dogmática*. vol. 1, p. 24.

"A teologia é o sustento da vida cristã". Ela "alicerça a vivência cristã".[55] Portanto, vale a pena citar a observação de Barth: "O pregador (...) com toda modéstia e seriedade, deve trabalhar, lutar para apresentar corretamente a Palavra, sabendo perfeitamente que o *recte docere* só pode ser realizado pelo Espírito Santo".[56] Herman Bavinck, em sua aula inaugural em Amsterdã, sobre *Religião e teologia,* disse:

> Religião, o temor de Deus, deve ser o elemento que inspira e anima a investigação teológica. Isso deve marcar a cadência da ciência. O teólogo é uma pessoa que se esforça para falar sobre Deus porque ele fala fora de Deus e por meio de Deus. Professar a teologia é fazer um trabalho santo. É realizar uma ministração sacerdotal na casa do Senhor. Isso é por si mesmo um serviço de culto, uma consagração da mente e do coração em honra ao Seu nome.[57]

O apóstolo Paulo diz: "Toda Escritura é inspirada por Deus e útil para o *ensino* (διδασκαλίαν, "instrução"), para a repreensão, para a correção, para a educação na justiça" (2Tm 3.16). Entre outras coisas, isto significa que o nosso pensar teológico deverá estar sempre conectado com a fidelidade à Escritura e com o ensino da Palavra; este aspecto realça a nossa responsabilidade como intérpretes e pregadores da Palavra. Por outro lado, há aqui um grande conforto, que nem sempre temos nos dado conta: não precisamos – nem nos foi requerido – "desculpar" ou "justificar" Deus e a sua Palavra.[58]

De fato, há sempre o perigo de nossa *teologia* se transformar em um cerceamento das Escrituras, como se pretendêssemos delimitar de forma policiada a Deus, um velhinho caduco que já não diz coisa com coisa e, por isso, precisa ser atenuado em sua Revelação. Calvino tinha uma compreensão bem diferente. Poderíamos citar vários de seus textos que comprovam a nossa afirmação; no entanto, basta-nos o que destacamos a seguir. Diz ele: "Pois a Escritura é a escola do Espírito Santo, na qual não se deixa de pôr coisa alguma necessária e útil de se conhecer, nem tampouco se ensina nada mais além do que se precisa saber".[59]

Não há o que selecionar ou cortar: "Toda Escritura é (...) útil o para ensino". Algumas vezes, tenho a impressão de que diante de "questões embaraçosas" tais como: a "condenação de todos os homens inocentes que morrerem sem conhecer a Cristo", a "eleição de

---

55 Stanley J. Grenz & Roger E. Olson, *Quem precisa de teologia? Um convite ao estudo sobre Deus e sua relação com o ser humano* (São Paulo: Vida, 2002), p. 46-47.
56 Karl Barth, *La Proclamacion del Evangelio,* p. 46.
57 Henry Zylstra em prefácio à obra de Bavinck, *Teologia Sistemática* (Santa Bárbara d'Oeste, SP: SOCEP, 2001), p. 9.
58 João Calvino afirma que "contra os ímpios, que com destemor falam mal de Deus abertamente, o Senhor se defende suficientemente com a Sua justiça, sem que Lhe sirvamos de advogados" (*As Institutas da Religião Cristã; edição especial com notas para estudo e pesquisa,* III.8). Na sequência, entretanto, ele nos mostra como Deus nos fornece argumentos racionais para fazer calar as suas maldades e injustiças.
59 João Calvino, *As Institutas,* III.21.3

uns para a salvação em detrimento de outros", "o quase silêncio dos evangelhos sobre os trinta primeiros anos de Cristo" e semelhantes, ficamos como que procurando uma justificativa para o Soberano agir desta ou daquela forma, buscamos uma maneira de tornar Deus apetecível à mente e aos valores modernos e "pós-modernos". Como cristãos, devemos aprender, se ainda não o fizemos, a nos calar diante do silêncio de Deus, sabendo que o som da nossa voz petulante e "lógica"[60] – em tais circunstâncias –, por si só seria uma "heresia".[61] Diante da vontade de Deus – que é a causa final de todos os seus atos –, temos que manter um reverente silêncio, reconhecendo que Ele assim age, porque foi do seu agrado, conforme o seu santo, sábio e bondoso querer: isto nos basta (Sl 115.3;135.6; Dn 4.35; Ef 1.11)! O que nos compete é procurar entender, através do estudo e da oração, o que Deus quer nos ensinar em "toda a Escritura" e em cada parte da Escritura.

Lembremo-nos de que Deus não precisa ser justificado, explicado ou racionalizado. Ele ultrapassa em muito a nossa capacidade de percepção (Jó 11.7; Is 40.18, 28; 45.15; Rm 11.33-36): um Deus plenamente explicado seria uma divindade humanizada, à altura da nossa "razão" humana e preso à cosmovisão contemporânea. Em cada época esta divindade seria compreendido de uma forma, de acordo com a percepção e valores hodiernos.[62] Neste caso a teologia se transformaria em antropologia. A teologia não tem nem pode ter esta pretensão – de justificar Deus –; ela apenas O descreve conforme Ele Se revelou em atos e palavras nas Escrituras, buscando permanentemente a sua iluminação para a compreensão da sua Palavra. "A teologia reformada sustenta que Deus pode ser conhecido, mas que ao homem é impossível ter um exaustivo e perfeito conhecimento de Deus (...). Ter esse conhecimento de Deus seria equivalente a compreendê-lO, e isto está completamente fora de questão: 'Finitum non possit capere infinitum'".[63]

Retornando ao texto de 2 Timóteo 3.16, lemos: "Toda Escritura é inspirada por Deus e útil [proveitosa]". Calvino comentando este passo sagrado diz:

---

60 A lógica dirigida pelo espírito de submissão a Deus sempre será útil; caso contrário, esqueçamo-la. No entanto, devemos ter em mente que "não podemos prender Deus na prisão da lógica humana" (Anthony Hoekema, *Salvos pela Graça* [São Paulo: Cultura Cristã, 1997], p. 86).
61 Cf. João Calvino, *Romanos*, p. 330; *As Institutas*, III.21.4; 23.8.
62 Benjamin Wirt Farley acentua com propriedade que "um Deus que não fosse inefável, que fosse inteiramente conhecido como um objeto, uma coisa ou um dado, não seria o Deus da Escritura" ("A providência de Deus na perspectiva reformada", em Donald K. Mckim (ed.), *Grandes Temas da Tradição Reformada* [São Paulo: Pendão Real, 1999], p. 74).
63 L. Berkhof, *Teologia Sistemática* (Campinas,SP: LPC, 1990p. 32). Como João Calvino escreveu: "Somos seres humanos, e é preciso que observemos sempre as limitações de nosso conhecimento, e não os ultrapassemos, pois tal gesto seria usurpar as prerrogativas divinas" (*As Pastorais*, p. 160). "Deus não pode ser apreendido pela mente humana. É mister que Ele se revele através de Sua Palavra; e é à medida que Ele desce até nós que podemos, por sua vez, subir até os céus" (*Daniel: 1-6*. vol. 1, p. 186). Do mesmo modo, enfatiza Schaeffer: "A comunicação entre Deus e o homem é verdadeira, o que não significa que ela seja exaustiva. Esta é uma importante diferença e precisa sempre ser mantida em mente. Para conhecer qualquer coisa que seja, de forma exaustiva, teríamos que ser infinitos, como Deus é. Mesmo no céu não seremos assim" (Francis A. Schaeffer, *O Deus que Intervém* [São Paulo: Cultura Cristã, 2002], p. 151).

'A Escritura é proveitosa'. Segue-se daqui que é errôneo usá-la de forma inaproveitável. Ao dar-nos as Escrituras, o Senhor não pretendia nem satisfazer nossa curiosidade, nem alimentar nossa ânsia por ostentação, nem tampouco deparar-nos uma chance para invenções místicas e palavreado tolo; sua intenção, ao contrário, era fazer-nos o bem. E assim, o uso correto da Escritura deve guiar-nos sempre ao que é proveitoso.[64]

"O propósito divino não é satisfazer nossa curiosidade, e, sim, ministrar-nos instrução proveitosa. Longe com todas as especulações que não produzem nenhuma edificação". O "proveitoso", tem a ver com o objetivo de Deus para o seu povo: que tenha uma vida piedosa e santa; seja maduro (perfeito). Por isso, conclui que, "é quase impossível exagerar o volume de prejuízo causado pela pregação hipócrita, cujo único alvo é a ostentação e o espetáculo vazio".[65]

Muitas pessoas querem saber do seu futuro, o que as aguarda, se serão bem sucedidas em seus projetos, etc.; buscando para isso orientação em cartas de baralho, jogo de búzios, em mapas astrais, por meio da necromancia, revelações sobrenaturais e "caixinhas de promessa". Todavia, Paulo está dizendo que a Palavra de Deus é útil para o nosso ensino; não para fazer previsões ou para ficar entregue aos nossos casuísmos interpretativos ou para satisfazer às nossas curiosidades pecaminosas... Ela é útil para o ensino. Deus quer nos falar por intermédio da Sua Palavra. A questão é: queremos nós ouvi-lo? Estamos preparados para isto? Temos priorizado em nossa vida o ouvir a voz de Deus? Como teólogos, temos nos preocupado com isto, ou simplesmente buscamos na Palavra a convalidação das nossas hipóteses já dogmatizadas pelas nossas paixões?

Com demasiada frequência, nós procuramos na Palavra apenas uma confirmação de nossos intentos, de nossos propósitos (2Tm 4.3-4); queremos apenas que ela nos diga o que desejamos ouvir. Contudo, a observação de Paulo permanece: Toda a Escritura é proveitosa para o ensino... "Pois tudo quanto outrora foi escrito, para o nosso *ensino* (διδασκαλίαν) foi escrito" (Rm 15.4). Precisamos ter a "santa modéstia" de deixar que as Escrituras corrijam a nossa teologia e a nossa prática.

A Palavra de Deus nos ensina *preventivamente*. Cabe aos ministros de Deus ensiná-la fielmente, para que a Igreja seja aperfeiçoada em santidade e, assim, "... não mais sejamos como meninos, agitados de um lado para outro, e levados ao redor por todo vento de *doutrina* (διδασκαλίας), pela *artimanha* (κυβείᾳ)[66] dos homens, pela astúcia com

---

64 João Calvino, *As Pastorais*, p. 263.
65 João Calvino, *As Pastorais*, p. 233, 264, 164.
66 Κυβείᾳ (só ocorre aqui em todo o Novo Testamento), palavra que vem de κύβος, astúcia, dolo, que, passando pelo latim, *cubus*, chegou à nossa língua como *cubos*, dados. Significa a habilidade para manipular os dados, usando de truques para iludir e persuadir. Paulo emprega a palavra figuradamente para se referir ao homem que usa de todos os seus truques para enganar, dar pistas erradas e driblar; revelando aqui a habilidade de um jogador profissional sem escrúpulos, que obviamente quer levar vantagem a qualquer preço.

que induzem ao erro" (Ef 4.14). Calvino enfatiza que "Deus nos deu sua Palavra na qual, quando fincamos bem as raízes, permanecemos inamovíveis; os homens, porém, fazendo uso de suas invenções, nos extraviam em todas as direções".[67]

Por isso, Paulo enfatiza a responsabilidade de Timóteo e Tito – como de todos os ministros de Deus –, de meditar, preservar e ensinar a sã doutrina (1Tm 4.6,13,16; Tt 1.9; 2.1,7) pois, diz ele: "Haverá *tempo* (καιρὸς)[68] em que não *suportarão* (ἀνέξονται)[69] a sã *doutrina* (διδασκάλους); pelo contrário, cercar-se-ão de mestres, segundo as suas próprias cobiças, como que sentindo coceira nos ouvidos; e se recusarão a dar ouvidos à verdade, entregando-se às *fábulas* (μύθους, lenda, mito)" (2Tm 4.3-4).[70]

Pode soar estranho, mas, ao que parece, a gravidade do ensino bíblico juntamente com a seriedade de suas reivindicações fazem com que o homem não queira saber dele, preferindo uma mensagem mais *light*, que quando muito mexa com seus músculos, mas não com a sua mente e coração. Para muitas pessoas, a religião ocupa um lugar reservado às crianças, às mulheres, aos pobres, aos velhos ou, quando a medicina confessa a sua impotência, aí, nesta brecha a religião pode ter algum relevo: peço ou encomendo algumas orações. O homem longe de Deus e avesso à sua Palavra, quando possível, fabrica e molda seus mestres e, domestica os outros. Na mesma linha de raciocínio, o escritor de Hebreus pede aos seus leitores que suportem aquela exortação que fizera; em outras palavras, pede que suportem a "sã doutrina": "Rogo-vos ainda, irmãos, que *suporteis* (ἀνέχεσθε) a presente palavra de exortação; tanto mais quanto vos escrevi resumidamente" (Hb 13.22).

Por sua vez, não devemos "suportar" os falsos mestres com seus ensinos enganosos. Paulo receia isso pelos coríntios. Logo eles, que eram tão críticos em relação a Paulo e tão tolerantes para com o ensino enganoso que se constituía num "evangelho" estranho e oposto ao ensinado pelo apóstolo. Notemos que os falsos mestres não apresentavam uma imagem de Jesus corrompida, porém, tentavam distorcer os seus ensinamentos: "Mas receio que, assim como a serpente enganou a Eva com a sua astúcia, assim também seja corrompida a vossa mente e se aparte da simplicidade e pureza devidas a Cristo. Se, na verdade, vindo alguém, prega *outro* (ἄλλον) Jesus que não temos pregado, ou

---

67 João Calvino, *Efésios*, p. 128-129.
68 A ideia da palavra é de *"oportunidade"*, *"tempo certo"*, *"tempo favorável"*, etc. Ela enfatiza mais o conteúdo do tempo. Este termo que ocorre 85 vezes no Novo Testamento é mais comumente traduzido por "tempo", surgindo, então, algumas variantes, indicando a ideia de oportunidade.
69 Ἀνέχομαι aparece quinze vezes no Novo Testamento, sendo traduzida por: *"sofrer"*, *"atender"*, *"suportar"*, *"tolerar"*. Na LXX este verbo não ocorre. No entanto, ἀνέχομαι é empregada umas onze vezes, sendo traduzida por: *conter, carregar, deter e reter*. Originalmente, a palavra estava associada à ideia de manter-se ereto, erguido; daí o sentido de suportar de "cabeça erguida".
70 João Calvino, que define fábulas como "aqueles contos fúteis e levianos que não têm em si nada de sólido", adverte-nos quanto aos perigos da fé que se deixa influenciar por elas: "[A] fé saudável equivale à fé que não sofreu nenhuma corrupção proveniente de fábulas. (...) Se porventura desejarmos conservar a fé em sua integridade, temos de aprender com toda prudência a refrear nossos sentidos para não nos entregarmos a invencionices estranhas. Pois assim que a pessoa passa a dar atenção às fábulas, ela perde também a integridade de sua fé" (*As Pastorais*, p. 29, 320).

se aceitais espírito *diferente* (ἕτερον) que não tendes recebido, ou evangelho *diferente* (ἕτερον) que não tendes abraçado, a esse, *de boa mente* (καλῶς), o *tolerais* (ἀνέχεσθε)" (2Co 11.3-4). À frente, Paulo acusa os coríntios de estarem alegremente ("*boa mente*", ἡδέως),[71] com satisfação e deleite, "tolerando" os insensatos: "Porque, sendo vós sensatos, de boa mente *tolerais* (ἀνέχεσθε) os insensatos" (2Co 11.19).

Somente quando a igreja se dispõe a aprender com discernimento a Palavra, ela pode de fato ter lucidez para interpretar corretamente os outros ensinos. "Ora, o Espírito afirma expressamente que, nos últimos tempos alguns apostatarão da fé, por obedecerem a espíritos enganadores e a *ensinos* (διδασκαλίαις) de demônios, pela hipocrisia dos que falam mentiras, e que têm cauterizada a própria consciência" (1Tm 4.1-2).

Toda a Escritura é útil para o ensino. Queremos aprender com Deus? Desejamos fazer a vontade de Deus? Estamos dispostos de fato a ouvir a sua voz? Observe bem: estamos dizendo a sua voz; a voz de Deus, não a nossa. Se a sua resposta for não, confesso não ter argumentos para convencê-lo da oportunidade que você está deixando escapar; contudo, o que posso reafirmar é que Deus se revelou na sua Palavra, para que possamos ser conduzidos a Cristo, aprendendo dEle a respeito de si mesmo, de nós e do significado de todas as coisas. Portanto, Ele deseja nos ensinar. A teologia deve estar sempre a este serviço: aprender e ensinar. A teologia não é algo acabado e feito, ela está sempre a caminho, buscando uma compreensão mais exaustiva e fiel da revelação. Quanto aos teólogos, enquanto não aprendermos a aprender, não poderemos ser teólogos! O teólogo tem paixão por ensinar, mas a sua paixão primeira e prioritária deve ser a de ouvir a voz de Deus nas Escrituras. "Nenhum homem será sempre um bom mestre se não se revelar pessoalmente educável e sempre disposto a aprender; e ninguém satisfará àquele que se acha por demais imbuído da plenitude e lucidez de seu conhecimento, que crê que nada lucraria ouvindo a outrem".[72]

Outro ponto que devemos destacar é que à Igreja cabe a responsabilidade de propagar o Evangelho e defendê-lo contra as heresias e a imoralidade. Uma visão defeituosa da doutrina bíblica levará necessariamente a equívocos na estrutura e ensino da Igreja, bem como no seu aspecto ético. O cristianismo não é apenas um ensino moral, todavia tem implicações naquilo que cremos, na forma como encaramos a realidade e, consequentemente, nos nossos valores morais. "Uma religião sem doutrina seria uma religião sem significado. E tal religião não poderia ser propagada nem defendida".[73] Toda doutrina ensinada nas Escrituras tem relação com outras doutrinas; e estas, têm implicações

---

71 A palavra é proveniente de ἡδονή, "deleite", "prazer", de onde vem o termo "hedonista", que é sempre usada negativamente no Novo Testamento (Cf. E. Beyreuther, "Desejo", em Colin Brown (ed.), *O Novo Dicionário Internacional de Teologia do Novo Testamento*. vol. 1 (São Paulo: Vida Nova, 1981-1983), p. 606-608; G. Stählin, ἡδονή, em Gerhard Kittel & G. Friedrich (eds.), *Theological Dictionary of the New Testament*. vol. 2 (Grand Rapids, Mi: Eerdmans, 1983), p. 909-926).
72 João Calvino, *1 Coríntios* (São Paulo: Paracletos, 1996), p. 433.
73 Walter T. Conner, *Doctrina Cristiana*, p. 19.

direta com a nossa ética. Por isso, cada doutrina deve ser vista dentro de uma perspectiva abrangente das Escrituras e, ao mesmo tempo, deve vir acompanhada da questão pessoal e intransferível – e, por isso mesmo, de extrema relevância: o que devo fazer? A genuína teologia conduz à piedade. A teologia sistemática, partindo da Palavra, esforça-se por elaborar um sistema doutrinário que reflita a própria organicidade das Escrituras, apresentando-o de forma coerente e organizado, proporcionando elementos para o ensino do evangelho e a defesa da Fé (Fp 1.7, 16; 2.16; 2Tm 2.15; 1Pe 3.15).

A igreja é uma comunidade constituída por todos aqueles que, pelo dom da fé, atenderam ao convite gracioso de Deus feito por intermédio da Palavra. Este convite envolveu o nosso arrependimento e fé: O abandono ao pecado e um caminhar seguro em direção a Deus, confiando unicamente nas suas promessas. Desde a Reforma, a "genuína pregação do evangelho" tem sido identificada como uma das marcas da igreja. Deste modo, a pregação não é algo que a igreja possa optar entre fazer ou não fazer. Por outro lado, devemos enfatizar que a proclamação não é simplesmente a missão da igreja; é mais do que isso. A pregação é essencial à sua própria existência. Por isso, a igreja, desejosa de fazer a vontade de Deus, cumpre de forma natural aquilo que caracteriza o seu ser; que diz respeito à razão da sua existência. Deste modo a igreja vive na concretização do propósito de Deus, anunciando as virtudes de Deus, o evangelho da graça, para que por meio da Palavra Deus cumpra todo o seu propósito de justiça e misericórdia em todos os homens.

A igreja se revela no ato proclamador. Ela não é a mensagem, mas, na sua existência, ela demonstra o poder daquilo que testemunha, visto ser a igreja o monumento da graça e misericórdia de Deus, constituído a partir da Palavra Criadora de Deus. É justamente por isso que "a pregação é uma tarefa que somente ela pode realizar".[74]

A igreja é uma testemunha comissionada pelo próprio Deus, para testemunhar os seus atos gloriosos e salvadores. Assim, a sua mensagem não foi recebida de terceiros, mas sim, diretamente de Deus, por intermédio da Palavra do Espírito, registrada nas Sagradas Escrituras. A igreja declara ao mundo o "evangelho do reino", visto e experimentado por ela em sua cotidianidade. "A Igreja e o evangelho são inseparáveis. (...) A Igreja é tanto o fruto como o agente do evangelho, visto que por meio do evangelho a igreja se desenvolve e por meio desta se propaga aquele".[75] O testemunho da Igreja é resultado de uma experiência pessoal: O Espírito dá testemunho do Filho, porque procede do Pai e do Filho (Jo 14.26; 15.26; Gl 4.6); nós damos testemunho do Pai, do Filho e do Espírito, porque Os conhecemos e temos o Espírito em nós (Jo 15.26-27; 14.23; Rm 8.9). Notemos, contudo, que a experiência da Igreja não se torna a base da sua proclamação;

---

74 D. M. Lloyd-Jones, *Pregação & Pregadores*, p. 23.
75 John R. W. Stott & Basil Meeking (ed.), *Dialogo Sobre La Mision* (Grand Rapids, Mi: Nueva Creación, 1988), p. 62.

ela anuncia não as suas experiências, mas a Palavra de Deus. A nossa tarefa é ensinar o Evangelho tal qual registrado nas Escrituras, em submissão ao Espírito que nos dá compreensão na e por intermédio da Palavra (Sl 119.18).

A teologia e, consequentemente, a Igreja têm com muita frequência se distanciado daquilo que a caracteriza: a pregação da Palavra,[76] que consiste no ensino da verdade e o genuíno culto ao Deus verdadeiro. Ela tem feito discursos políticos, sociais, ecológicos, etc.; todavia, tem se esquecido de sua *priori*dade essencial: pregar a Palavra a fim de que os homens se arrependam e sejam batizados, ingressando, assim, na igreja. Com isto, não estamos defendendo um total distanciamento da igreja do que ocorre na história, pelo contrário, a Igreja deve agir de forma evidente e efetiva na história; acontece que ela age de forma eficaz não com discursos rotineiros a respeito da pobreza, da violência, das guerras e do desmatamento, mas, sim, na proclamação do Evangelho de Cristo, que é o *poder de Deus* para a transformação de todos os homens que creem (Rm 1.16-17). A recomendação bíblica é: "Prega a palavra, insta, quer seja oportuno, quer não, corrige, repreende, exorta com toda a longanimidade e doutrina. Pois haverá tempo em que não suportarão a sã *doutrina* (διδασκαλίας); pelo contrário, cercar-se-ão de mestres, segundo as suas próprias cobiças, como que sentindo coceira nos ouvidos; e se recusarão a dar ouvidos à verdade, entregando-se às fábulas. Tu, porém, sê sóbrio em todas as cousas, suporta as aflições, faze o trabalho de evangelista, cumpre cabalmente o teu ministério" (2Tm 4.2-5).

A teologia sistemática tem também um compromisso com a elaboração, preservação e proclamação da sã doutrina, por isso, ela deve esforçar-se por preservar o ensino de todo desígnio de Deus (At 20.27) conforme revelado nas Escrituras. "Onde a teologia sistemática é menosprezada, abundam numerosas seitas e falsos cultos".[77]

Fé salvadora

A revelação é o outro lado da fé; e esta como resultado daquela – por obra do Espírito Santo – precisa ser articulada como exercício reflexivo de sua percepção. A teologia é a articulação sistematizada da fé enquanto conhecimento da revelação de Deus. Isto significa que a genuína teologia derivada das Escrituras só pode ser formulada por homens crentes, homens falhos e pecadores, contudo, que foram regenerados por Deus (Tt 3.5; Rm 6.14; 1Jo 1.8). A academia sem a fé não elabora teologia! A teologia brota dentro da intimidade da fé.

O estudo e o ensino da doutrina são evidentes nas Escrituras, principalmente no

---

[76] Podemos tomar a definição que Alexander Vinet deu de pregação: "A pregação é a explicação da Palavra de Deus, a exposição das verdades cristãs, e a aplicação dessas verdades ao nosso rebanho" (*Pastoral Theology: or, The Theory of the Evangelical Ministry* [New York: Ivison, Blakeman, Taylor & Co. 1874], p. 189).

[77] B. A. Demarest, "Teologia sistemática", em Walter A. Elwell (ed.), *Enciclopédia Histórico-Teológica da Igreja Cristã*. vol. 3 (São Paulo: Vida Nova, 1988-1990), p. 516.

Novo Testamento (Mt 13.52; Jo 5.39; Ef 4.11; Cl 1.27; 1Tm 3.2,15; 1Tm 3.2; 2Tm 2.15; 4.2; Tt 1.1,9). O cristianismo tem a sua doutrina baseada em fatos históricos, os quais, sendo retirados, anulam o sentido da doutrina cristã (1Co 15.1-4). O cristianismo é uma religião de história. Ele não se ampara em lendas, antes, em fatos os quais devem ser testemunhados, visto que eles têm uma relação direta com a vida dos que creem. O cristianismo é uma religião de fatos, palavra e vida. Os fatos, corretamente compreendidos, têm uma relação direta com a nossa vida. A fé cristã fundamenta-se no próprio Cristo: O Deus-Homem. Sem o Cristo histórico não haveria cristianismo. A sua força e singularidade estão neste fato, melhor dizendo: na pessoa de Cristo, não simplesmente nos seus ensinamentos.[78] O cristianismo é o próprio Cristo. Como escreveu Bavinck: "Ele ocupa um lugar completamente único no cristianismo. Ele não foi o fundador do cristianismo em um sentido usual, ele é o Cristo, o que foi enviado pelo Pai e que fundou Seu reino sobre a terra e agora expande-o até o fim dos tempos. Cristo é o próprio cristianismo. Ele não está fora, ele está dentro do cristianismo. Sem seu nome, pessoa e obra, não há cristianismo. Em outras palavras, Cristo não é aquele que aponta o caminho para o cristianismo, Ele mesmo é o caminho".[79]

Se as reivindicações divinas e redentivas do Jesus Cristo histórico são verdadeiras como de fato são, a mensagem do Evangelho deve ser anunciada ao mundo para que aqueles que crerem sejam salvos. Noll resume bem ao dizer que: "Estudar a história do cristianismo é lembrar continuamente o caráter histórico da fé cristã".[80]

Sem o fato histórico da encarnação, morte e ressurreição de Cristo, podemos falar até de experiência religiosa, mas não de experiência cristã. A experiência cristã depende fundamentalmente destes eventos.[81] A fé cristã é para ser vivida e proclamada. A pregação caracteriza essencialmente a fé cristã e a sua proclamação. Todo o edifício teológico é erguido sobre este princípio epistemológico. A sã doutrina deve fazer parte da fé e, naturalmente, do ensino da Igreja. Paulo, então indaga: "Como, porém, invocarão aquele em quem não creram? E como crerão naquele de quem nada ouviram? E como ouvirão, se não há quem pregue? E como pregarão, se não forem enviados? Como está escrito: Quão formosos são os pés dos que anunciam coisas boas!" (Rm 10.14-15). No final de sua vida, Paulo, com a consciência certa de ter concluído fielmente o seu ministério, exorta ao jovem Timóteo: "Prega a palavra, insta, quer seja oportuno, quer não, corrige, repreende, exorta com toda a longanimidade e doutrina. Pois haverá tempo em que não suportarão a sã doutrina; pelo contrário, cercar-se-ão de mestres segundo as suas próprias cobiças, como que sentindo coceira nos ouvidos; e se recusarão a dar ouvidos à

---

78 Cf. Alister E. McGrath, *Paixão pela verdade: a coerência intelectual do evangelicalismo* (São Paulo: Shedd, 2007), p. 23ss.
79 Herman Bavinck, *Teologia Sistemática*, p. 311.
80 Mark A. Noll, *Momentos decisivos na história do cristianismo* (São Paulo: Cultura Cristã, 2000), p. 16.
81 Cf. J. Gresham Machen, *Cristianismo e liberalismo* (São Paulo: Os Puritanos, 2001), p. 77.

verdade, entregando-se às *fábulas* (μύθους, lenda, mito). Tu, porém, sê sóbrio em todas as coisas, suporta as aflições, faze o trabalho de um evangelista, cumpre cabalmente o teu ministério" (2Tm 4.2-5).

CONCLUSÃO

Concluindo este capítulo, queremos realçar que, apesar de toda tentativa de imparcialidade no estudo e interpretação da revelação, buscando sempre respeitar os pontos de vista confessionais,[82] as obras de teologia sistemática sempre refletirão o pensamento de uma comunidade confessional. No entanto, a nossa atitude deve ser caracterizada por uma tentativa de compreensão de cada sistema, ainda que não concordemos com ele. A teologia sistemática busca um entendimento mais profundo de todo o desígnio de Deus revelado; portanto, ela se vale de todos os recursos legítimos para uma melhor compreensão da revelação; deste modo, a teologia não pode ser simplesmente uma apologia da fé, mas sim uma compreensão da Palavra de Deus dentro de um quadro de referência que se julga proveniente da mesma Escritura.

O luterano Gustaf Aulén observa que "a teologia sistemática só pode ser confessional na medida em que o elemento também confessional contribui para a compreensão e percepção do que é essencialmente cristão (...). No que tange ao confessionalismo, portanto, o trabalho da teologia sistemática envolve contínuo auto-exame, algo muito diverso de toda auto-suficiência confessional ingênua. A teologia não busca expressões denominacionais do cristianismo, mas sim o próprio cristianismo autêntico; não reconhece expressões denominacionais, a não ser que estas deem provas de serem genuinamente cristãs".[83] Nessa observação, deve ser ressaltada que a expressão "denominacional do cristianismo", na verdade, nada mais é do que o resultado da convicção de que aquela proposição tornou-se denominacional por ser bíblica, não o inverso. Notemos que não estamos dizendo que toda proposição de um sistema teológico seja bíblica, mas sim que toda proposição pressupõe ser genuinamente bíblica e, portanto, também a sua formulação e ensino.

Deste modo, a teologia é uma reflexão[84] interpretativa e sistematizada da Palavra de Deus. A sua fidedignidade estará sempre no mesmo nível da sua fidelidade à Escritura. A teologia como ciência não cria fatos.[85] A relevância de nossa formulação não dependerá de sua "beleza", "popularidade" ou "significado para o homem moderno", mas sim na sua

---

82 Cf. B. A. Demarest, "Teologia Sistemática", p. 516.
83 Gustaf Aulén, *A Fé Cristã* (São Paulo: ASTE, 1965), p. 30.
84 O conceito da "teologia" como "reflexão" é comum entre teólogos, mesmo de quadro de referência diferentes. O teólogo católico Heinrich Fries define a teologia como *"scientia fidei"* ("ciência da fé") e "reflexão sistemática sobre a revelação" ("Teologia", em H. Fries (ed.), *Dicionário de Teologia*. vol. 5 [São Paulo: Loyola, 1987], p. 300, 302).
85 Cf. Charles Hodge, *Teologia Sistemática* (São Paulo: Hagnos, 2001), p. 9.

conformação às Escrituras. O mérito de toda teologia está no seu apego incondicional e irrestrito à revelação; a melhor interpretação é a que expressa o sentido do texto à luz de toda a Escritura, ou seja: em conexão com toda a verdade revelada. Nada há mais edificante e prático do que a verdade de Deus!

    A teologia reformada é uma reflexão baseada na Palavra em submissão ao Espírito, buscando sempre uma compreensão exata do que Deus revelou e inspirou pelo Espírito e que, agora, nos ilumina pelo mesmo Espírito (Ef 1.15-21; Sl 119.18). Para nós, reformados, o valor da teologia estará sempre subordinado à sua fidelidade bíblica. Por isso é que reafirmamos que a teologia ou é bíblica ou não é teologia.[86] Não julgamos a Bíblia; antes, é ela que deve julgar a veracidade do nosso sistema: o Espírito, falando por intermédio da Palavra, é o fogo depurador da genuína teologia. A nossa doutrina estará de pé ou cairá, na medida em que for ou não bíblica.[87] A vivacidade da teologia reformada está em sua preocupação em ser fiel às Escrituras.[88] Com isso ela confessa a sua limitação. A ciência reflete o grau de apreensão de sua época, envolvendo seus pressupostos e instrumentos disponíveis.[89] A teologia, portanto, permanece sempre aberta às Escrituras, para um conhecimento mais completo da revelação de Deus. Aliás, uma teologia que se fechasse para as Escrituras deixaria de ser teologia, ficaria necrosada, morreria. Portanto, o que permanece para nós, constituindo-se no critério último, é "o Espírito Santo falando na Escritura".[90]

    Geerhardus Vos assim conceitua: "Toda genuína teologia cristã é necessariamente teologia bíblica, porque, a parte da revelação geral, a Escritura constitui o único material com o qual a ciência teológica pode tratar".[91] O teólogo (*theo-lógos*) é aquele que transmite a Palavra de Deus (papel ativo) e, ao mesmo tempo é aquele que a recebe (papel passivo). A genuína teologia será sempre a "*logia*" a respeito de Deus que se origina na "*logia*" do próprio Deus. Sem esta relação contínua e vital, não há teologia. Portanto, o seu esforço caracterizar-se-á sempre por uma conexão coerente entre o ouvir e o falar, conforme o registro inspirado das Sagradas Escrituras. Este ouvir estará sempre conectado aos

---

86 O. Michel escreveu: "Toda teologia genuína é a batalha contra o teologismo, a teorização, e contra a tentativa de substituir o motivo **genuinamente bíblico e histórico** por uma transformação filosófica (...). Atualmente desejamos cada vez mais ouvir a nós mesmos, enquanto a Bíblia nos convidaria a ouvir a palavra pura" (citado em Johannes Blauw, *A Natureza Missionária da Igreja* [São Paulo: ASTE, 1966], p. 105).

87 De acordo com o teólogo batista Millard Erickson, a teologia sistemática não é baseada sobre a teologia bíblica; ela é teologia bíblica. Portanto, "nosso objetivo é uma teologia bíblica sistemática"; é ter uma teologia bíblica "pura" (*Christian Theology* [Grand Rapids, Mi: Baker Book, 1991], p. 25).

88 Harrison acentuou que "a importância da Reforma para a crítica bíblica não esteve tanto na preocupação com os processos históricos ou literários envolvidos na formulação do cânon bíblico, senão em sua insistência contínua na primazia do singelo sentido gramatical do texto por direito próprio, independente de toda interpretação feita pela autoridade eclesiástica" (R. K. Harrison, *Introduccion al Antiguo Testamento*. vol. 1 [Jenison, MI: TELL, 1990], p. 7-8).

89 Cf. A. H. Strong, *Teologia Sistemática*. vol. 1 (São Paulo: Hagnos, 2003), p. 69-71.

90 *Confissão de Westminster*, I.10.

91 Geerhardus Vos, *Biblical Theology: Old and New Testament* (Grand Rapids, Mi: Eerdmans, 1985), "Preface", p. v.

recursos que Deus nos tem concedido para a interpretação da sua revelação; e o falar, estará comprometido com os "oráculos de Deus". (1Pe 4.11). Portanto, como vimos, "o fim de um teólogo não pode ser deleitar o ouvido, senão confirmar as consciências ensinando a verdade e o que é certo e proveitoso".[92] Por isso, o fim da teologia não pode ser simplesmente o de dizer coisas agradáveis aos homens, mas, sim, o de anunciar toda a verdade de Deus revelada, conforme nos foi dado conhecer, reconhecendo nesta formulação e proclamação o aspecto divino e o humano da teologia.

---

92 João Calvino, *As Institutas*, I.14.4.

CAPÍTULO 10

Uma introdução à teologia do pacto

Mauro F. Meister

Este capítulo se propõe a estudar os elementos básicos da doutrina do pacto dentro da perspectiva da teologia bíblica. Para esse fim, o presente estudo é composto de uma breve análise histórica da doutrina do pacto, seguida de uma análise bíblica. As duas partes, ainda que relacionadas pelo tema, não são, necessariamente, interdependentes. A parte histórica visa a dar ao leitor uma perspectiva quanto ao surgimento e controvérsias atuais em torno da doutrina, tendo como ponto focal a Confissão de Fé de Westminster (CFW). A análise bíblica visa a dar as linhas gerais da teologia do pacto, tornando essa doutrina mais conhecida do público evangélico brasileiro. Ainda que a doutrina do pacto seja a base da teologia calvinista, e, portanto, a teologia oficial das igrejas de confissão reformada, seu desconhecimento por grande parte dos reformados é ainda muito grande. Não tenho neste capítulo nenhuma pretensão de originalidade. Como veremos no corpo do texto, principalmente na análise histórica, a doutrina do pacto é antiga e amplamente debatida, abrindo pouco espaço para a originalidade.

Entre os vários autores contemporâneos que tratam da doutrina do pacto e formam o arcabouço de ideias expostas neste artigo estão G. Van Groningen, O. Palmer Robertson e William Dumbrell.[1] O leitor poderá notar que este capítulo prevê as linhas

---

1   G. Van Groningen, *Revelação Messiânica no Velho Testamento* (Campinas: Luz Para o Caminho, 1995) e *Família da Aliança* (São Paulo: Cultura Cristã, 1997); O. Palmer Robertson, *O Cristo dos Pactos* (Campinas: LPC, 1997); W. J. Dumbrell, *Covenant and Creation: A Theology of Old Testament Covenants* (Grand Rapids: Baker, 1984).

básicas da teologia bíblica proposta em artigos publicados na revista *Fides Reformata*, como "Pregação no Antigo Testamento: é mesmo necessária?" e "Salmo 133: interpretando o texto numa perspectiva bíblico-teológica".[2]

HISTÓRICO

A Confissão de Fé de Westminster, de meados do século XVII, trata da doutrina do pacto no seu capítulo VII:

> I. Tão grande é a distância entre Deus e a criatura, que, embora as criaturas racionais lhe devam obediência como seu Criador, nunca poderiam fruir nada dEle, como bem-aventurança e recompensa, senão por alguma voluntária condescendência da parte de Deus, a qual agradou-lhe expressar por meio de um pacto.
>
> II. O primeiro pacto feito com o homem era um pacto de obras; nesse pacto foi a vida prometida a Adão e, nele, à sua posteridade, sob a condição de perfeita e pessoal obediência.
>
> III. Tendo-se o homem tornado, pela sua queda, incapaz de ter vida por meio deste pacto, o Senhor dignou-se a fazer um segundo pacto, geralmente chamado o pacto da graça; neste pacto da graça Ele livremente oferece aos pecadores a vida e a salvação através de Jesus Cristo, exigindo deles a fé, para que sejam salvos, e prometendo o seu Santo Espírito a todos os que estão ordenados para a vida, a fim de dispô-los e habilitá-los a crer.[3]

O texto fala de dois pactos feitos com o ser humano. O primeiro foi feito com Adão antes da queda e é chamado de pacto de obras. No segundo, feito depois da queda, a salvação e a vida são oferecidas a "todos os que estão ordenados para a vida". Este é chamado de pacto da graça. Esses dois pactos estão "centralizados em torno do primeiro Adão e do segundo Adão, que é Cristo".[4] A teologia esposada na CFW é conhecida como teologia pactual ("covenant theology"), um sistema teológico em que o conceito de pacto serve como estrutura básica.[5] Segundo Paul Helm, "de acordo com a teologia pactual, todas as relações de Deus com o homem são pactuais, de caráter federal".[6] O termo

---

2   Mauro F. Meister, *Fides Reformata* 1/1 (Janeiro-Junho 1996), p. 5-10, e *Fides Reformata* 2/1 (Janeiro-Junho 1997), p. 29-38.
3   *A Confissão de Fé, o Catecismo Maior, o Breve Catecismo* (São Paulo: Casa Editora Presbiteriana, 1991), p. 41-43.
4   *Ibid.*, p. 135.
5   Ver definição em Mark Karlberg, "Covenant Theology and the Westminster Tradition", em *Westminster Theological Journal* 54 (1992), p. 135-152, 136. Também, Donald MacKim, *Westminster Dictionary of Theological Terms* (Louisville: Westminster/John Knox, 1996), p. 103.
6   Paul Helm, "Calvin and the Covenant: Unity and Continuity", em *The Evangelical Quarterly* 55 (1983), p. 65-81, 67.

federal vem do latim *foedus*, que significa pacto. Isto fez com que o sistema de exposição da teologia da CFW fosse chamado de teologia federal. Para delimitarmos o assunto do nosso capítulo, em ambas as suas partes, a histórica e a bíblica, nos concentraremos no primeiro pacto, chamado pela CFW de pacto de obras.

A história da doutrina do pacto de obras é longa e controvertida. O reconhecimento de um pacto antes da queda já aparece nos escritos de Agostinho, o bispo de Hipona, no quarto século: "O primeiro pacto, que foi feito com o primeiro homem, é este: No dia em que dela comerdes, certamente morrerás".[7] Agostinho, discutindo a questão dos pactos bíblicos, afirma que "muitas coisas são chamadas de pactos de Deus além daqueles dois grandes, o novo e o velho..."[8] Porém, ainda que reconhecida desde cedo por teólogos como Agostinho, a doutrina do pacto de obras só foi desenvolvida bem mais tarde, pelos reformadores do século XVI. A nomenclatura pacto de obras, adotada pela CFW, não foi consensualmente aceita pelos reformadores e primeiros reformados. Uma nomenclatura diversa surgiu logo no princípio (por ex., pacto natural, pacto da criação, pacto edênico). Mais adiante, na elaboração do conceito bíblico de pacto, a questão do nome será considerada.

Assim como a questão do nome da doutrina foi controvertida no princípio, a sua origem como sistema teológico é motivo de controvérsia nos dias atuais. Já mencionamos anteriormente que o sistema teológico que envolve a teologia do pacto de obras é o sistema que ficou conhecido como teologia federal. Alguns historiadores apontam que o desenvolvimento da teologia federal propriamente dita é do século XVII, sendo, portanto, posterior a Calvino. Alguns vão mais longe e chegam a afirmar que a teologia de Calvino contradiz a ideia de um pacto de obras.[9] É preciso ser cauteloso quanto a esse tipo de conclusão. Isso reflete uma leitura equivocada da obra de Calvino e do desenvolvimento posterior da sua teologia feito pelos reformados.

Vejamos como se desenvolveu essa leitura. Quatro nomes, entre muitos, são mais diretamente associados com a teologia federal: Henrique Bullinger (1504-1575), Zacharias Ursinus (1534-1583), Caspar Olevianus (1536-1587) e Johannes Cocceius (1603-1669).[10] O primeiro deles publicou sua obra *De testamento seu foedere Dei unico et aeterno* (Uma Breve Exposição do Único e Eterno Testamento ou Pacto de Deus)[11] em 1534, dois anos antes da primeira publicação da obra de Calvino, as *Institutas da*

---

7 Alexander Roberts e James Donaldson (eds.), *Nicene and Post-Nicene Fathers*, First Series: Volume II, CD-ROM (Oak Harbor, WA: Logos Research Systems, Inc., 1997).
8 *Ibid.*.
9 David Weir, *The Origins of the Federal Theology in Sixteenth Century Reformation Thought* (Oxford: Clarendon Press, 1990).
10 A principal obra de Cocceius foi *Summa Doctrina de Foedere et Testamento Dei* (1648). Nela, fez uma tentativa de interpretar a Escritura de modo orgânico, com ênfase ao pacto.
11 Traduzido para o inglês em Charles MacCoy e J. Wayne Baker, *Fountainhed of Federalism: Heinrich Bullinger and the Covenantal Tradition* (Louisville: Westminster/Jonh Knox, 1991), p. 99-138.

Religião Cristã (1536). A exposição de Bullinger gira em torno do pacto como o "tema de toda a Escritura".[12] Segundo os historiadores McCoy e Baker, a obra do reformador suíço é o "primeiro trabalho que organiza o entendimento de Deus, da criação, da humanidade, da história humana e da sociedade em torno do pacto".[13] Ainda segundo McCoy e Baker, "Bullinger concluiu seu tratado com uma seção em que argui que o cristianismo começou com Adão quando a aliança foi primeiramente feita com os seres humanos".[14] Portanto, nessa perspectiva, Bullinger trabalha sua teologia em torno de um pacto de obras, e sua teologia deve ser chamada de pactual. Baseados nessa observação os autores supra mencionados entendem que Bullinger deve ser tratado como o "pai" da teologia pactual. Observando, no entanto, a obra de Bullinger, é difícil de sustentar a afirmação de McCoy e Baker com respeito a um pacto de obras nesse autor.[15] McCoy e Baker seguem uma linha de historiadores que nega o pensamento da CFW como sendo um desenvolvimento da teologia de Calvino. Chegam a afirmar que designar a CFW como calvinista é um erro histórico, visto que a teologia federal tem suas raízes em Bullinger e não em Calvino.[16] Karlberg, avaliando as conclusões de McCoy e Baker, afirma:

> A argumentação de que existiam duas escolas distintas dentro do Protestantismo Reformado primitivo, conforme vissem o pacto de Deus como bilateral ou unilateral, é grandemente exagerada. Desta forma, não podemos concordar com nossos autores [McCoy e Baker] quando afirmam que 'as diferenças entre Bullinger e Calvino formam a base para duas linhas distintas, embora relacionadas, dentro da tradição reformada — federalismo e calvinismo'. Essa leitura incorreta os leva a concluir: 'Tornou-se comum entre os historiadores reduzir o pensamento reformado dos séculos XVI e XVII ao calvinismo. Este reducionismo até mesmo levou muitos a se referirem à Confissão de Fé de Westminster como uma declaração teológica calvinista. Ela é uma confissão Reformada, porém, muito mais um produto da tradição federal do que do elemento calvinista' (página 24).[17]

Outros teólogos (e historiadores) modernos tentam provar que essa linha de pensamento de McCoy e Baker é uma leitura correta. Alguns chegam ao extremo de dizer

---

12 *Ibid.*, p. 112.
13 *Ibid.*, p. 9.
14 *Ibid.* p. 20.
15 Peter Alan Lillback, em "Ursinus' Development of the Covenant of Creation: A Debt to Melanchton or Calvin?", em *Westminster Theological Journal* 43 (1981), p, 247-281, 273, aponta para esse mesmo fato, ou seja, que um "pacto de obras" não aparece na obra de Bullinger.
16 MacCoy e Baker, *Fountainhead of Federalism*, 26-27.
17 Mark W. Karlberg, resenha de McCoy e Baker, *Fountainhead of Federalism*, em *Westminster Theological Journal* 54 (1992), p. 180.

que Calvino desconhecia o conceito de pacto e, portanto, a teologia da CFW não pode estar associada ao nome do reformador. Entre eles encontramos D. Weir,[18] T. F. Torrance e R. T. Kendall, ainda que cada um deles defenda leituras diferentes sobre o que é a teologia do período pós-reforma.[19] No entanto, esta é uma corrente minoritária. O fato é que o que veio a ser conhecido como teologia calvinista não tem base somente nos ensinos de Calvino, mas também no ensino de outros teólogos que foram influenciados por Calvino e desenvolveram essa teologia. Percebe-se, por exemplo, que a teologia do pacto de obras é um ensino presente nos escritos de João Calvino, ainda que de forma incipiente. Nas *Institutas da Religião Cristã*, Calvino afirma, com relação a Adão e Noé e os sinais dos sacramentos (a árvore da vida e o arco-íris), que estes "tinham marca insculpida pela Palavra de Deus para que fossem provas e selos de seus concertos".[20] Calvino, portanto, considera a presença de um pacto antes da queda. As teologias de Ursino, Oleviano, Cocceius e Bullinger não se encontram em oposição ao pensamento de Calvino e da CFW. Ainda que usando uma terminologia variada (*foedus naturale* = pacto natural, *foedus creationis* = pacto da criação), a teologia expressa por esses teólogos tem muitos pontos de contato e tem sido legitimamente chamada de calvinismo, exatamente por terem sido influenciados por Calvino.[21]

Um exemplo dessas tentativas de provar uma descontinuidade entre Calvino e teólogos posteriores ocorreu na literatura reformada em português. Há alguns anos atrás (1990) foi publicado no Brasil um ensaio de R. T. Kendall, o sucessor de D. M. Lloyd-Jones na Capela de Westminster, em Londres, no qual o autor quis demonstrar que os reformados da Inglaterra, especialmente Beza (que não era inglês, mas exerceu sua influência naquele país) e Perkins, modificaram a teologia de Calvino profundamente e levaram essa teologia modificada a ser sancionada pela Assembléia de Westminster.[22] A acusação de Kendall, em última análise, é à CFW como uma visão distorcida da teologia de Calvino, e não como um desenvolvimento da mesma. No entanto, a crítica de Kendall fica totalmente prejudicada quando, no mesmo artigo, o autor demonstra um conhecimento questionável da teologia de Calvino. Ao discutir a questão da segurança da salvação e a diferença dos pontos de vista de Calvino e Beza, Kendall afirma:

> Ele [Calvino] apontava Cristo às pessoas pela mesma razão que Beza não podia fazê-lo: a questão da 'extensão' da expiação. Calvino

---

18 Weir, *The Origins of the Federal Theology*.
19 Ver Paul Helm, "Calvin and the Covenant", em *Evangelical Quarterly* 55 (1983), p. 65-81, 66.
20 João Calvino, *Institutas da Religião Cristã*, trad. Waldyr Carvalho Luz (São Paulo: CEP/LPC, 1989), p. 276. A versão portuguesa optou por "concertos" como sinônimo de pactos.
21 Lillback demonstra com clareza as evidências do pacto de obras no trabalho de Calvino, "Ursinus' Development of the Covenant of Creation", p. 281-286.
22 R.T. Kendall, "A Modificação Puritana da Teologia de Calvino", em W. Stanford Reid (ed.), *Calvino e sua influência no mundo ocidental* (São Paulo: CEP, 1990), p. 245-265.

lhes indicava diretamente a Cristo, porque Cristo morreu indiscriminadamente por todas as pessoas. Beza não podia indicar Cristo diretamente às pessoas porque (segundo ele) Cristo não morrera por todos; Cristo morreu apenas para os eleitos.[23]

Kendall tem uma interpretação singular, quase solitária, da obra de Calvino, ao afirmar que Calvino cria numa "expiação universal". Ainda que Calvino não tenha, de fato, usado a expressão "expiação limitada", há evidências mais do que suficientes nos seus escritos de que ele não advogava uma "expiação sem limites". O próprio editor de *Calvino e sua influência no mundo ocidental*, W. Stanford Reid, onde o artigo de Kendall aparece, faz críticas severas ao trabalho original do mesmo (*Calvin and English Calvinism to 1649*),[24] concluindo que o argumento do autor no livro só pode ser considerado "não provado".[25]

Outro aspecto importante a ser observado no desenvolvimento da doutrina do pacto de obras é que nos seus primeiros estágios ela foi trabalhada principalmente de uma perspectiva sistemática. Isso porque a teologia sistemática e a teologia bíblica não eram dois campos de teologia distintos no período da reforma e imediatamente após a reforma. Isso gerou outra acusação. Weir chega a dizer que a "interpretação federal" parece derivar-se do pensamento sistemático, dogmático, e não do estudo exegético da Escritura.[26] No entanto, a descrição sistemática da teologia era uma característica essencial daquele período da história. A necessidade de argumentação lógica era fundamental naquele momento de profundas mudanças, o que não implica em falta de exegese bíblica.

Os historiadores apontam para o discurso de J. P. Gabler[27] em 1787, como professor de teologia na universidade de Altdorf, como o primeiro a estabelecer a real diferença entre a teologia sistemática e a teologia bíblica. Para Gabler, a necessidade da distinção entre esses dois campos de estudo está no fato de não se poder mais distinguir na teologia sistemática entre o divino (revelação) e o humano (filosofia e especulação). Eram tantas as "teologias sistemáticas" de sua época, vindas de tantas origens diferentes, que na sua concepção era impossível separar a teologia com fonte na revelação e o pensamento filosófico dos diversos teólogos. A sua proposta é de uma volta aos escritos bíblicos e uma reformulação da sistemática:

---

23 *Ibid.*, p. 253.
24 R. T. Kendall, *Calvin and English Calvinism to 1649* (Oxford: Oxford University Press, 1979).
25 W. Stanford Reid, resenha em *Westminster Theological Journal* 43 (1980), p. 155-164. "'Não provado' é a única resposta que pode ser dada ao argumento do livro".
26 Weir, *Origins of the Federal Theology*, p. 158.
27 John Sandys-Wunsch e Laurence Eldredge, "J. P. Gabler and the Distinction Between Biblical and Dogmatic Theology: Translation, Commentary, and Discussion of his Originality", em *Scottish Journal of Theology* 33 (1980), p. 133-158.

Entretanto, tudo converge nisto, que por um lado nos apeguemos a um método justo para cautelosamente dar forma às nossas interpretações dos autores sagrados; por outro lado, que corretamente estabeleçamos o uso na dogmática destas interpretações e dos objetivos próprios da dogmática.[28]

O discurso de Gabler marca uma nova fase nos estudos da teologia, que se volta para o estudo da Escritura, porém de uma forma crítica. Os séculos XVIII e XIX, portanto, não foram muito frutíferos quanto ao desenvolvimento da teologia do pacto de obras. No entanto, ela permaneceu como peça fundamental entre os reformados até o nosso século.[29] Ultimamente surgiu um novo interesse nos meios acadêmicos com relação a essa teologia. Na área da sistemática, o teólogo neo-ortodoxo Karl Barth deu à teologia do pacto um papel importante.[30] Na área da teologia bíblica foi o teólogo liberal Walter Eichrodt, em seu *Old Testament Theology*,[31] quem despertou novas controvérsias quando sugeriu que o tema do "pacto" servia como um tema central unificador (*Mitte*) para a teologia do Antigo Testamento, levantando a reação de outro teólogo do Antigo Testamento, G. Von Rad. No meio acadêmico reformado também houve um despertamento quanto ao estudo da teologia do pacto. Na área sistemática, a obra de L. Berkhof baseia todo o seu entendimento da situação da raça humana no pacto das obras. Na teologia bíblica, G. Vos, em seu *Biblical Theology: Old and New Testaments*,[32] desperta novos interesses entre os teólogos bíblicos ortodoxos. Somam-se a esses dois expoentes da teologia, entre muitos outros, os teólogos citados na introdução deste capítulo, Robertson, Van Groningen e Dumbrell.

O interesse especial na obra desses três teólogos contemporâneos está na exposição que fazem do chamado pacto da criação, já mencionado anteriormente, como uma terminologia usada entre os primeiros reformados (ainda que os três não concordem em todos os pontos de sua teologia). O uso dessa terminologia, mais abrangente que a terminologia da CFW (pacto de obras), permite-nos entender alguns aspectos mais amplos da teologia pactual, como veremos em uma seção mais adiante. Ainda que essa terminologia seja proposta por teólogos bíblicos, ela em momento algum contradiz a terminologia sistemática.

---

28 *Ibid.*, p. 138.
29 Além dos representantes já mencionados, muitos outros teólogos de destaque assumiram a teologia do pacto como base e fonte para o desenvolvimento do seu pensamento, e.g. Francis Turretin, na sua *Institutes of Elenctic Theology* (em português, *Compendio de Teologia*, no prelo pela Editora Cultura Cristã), Hermann Witsius em seu *The Economy of the Covenants Between God and Man* e nos escrito de Jonathan Edwards, em *Collected Writings of Jonathan Edwards*, vol. 2 (Edinburgh: Banner of Truth, 1998), p. 950. Nos Estados Unidos a teologia pactual foi desenvolvida principalmente pelos teólogos da "velha Princeton", em especial Charles Hodge, A. A. Hodge, B. B. Warfield, Geerhardus Vos e J. Gresham Machen. Na Holanda, Herman Bavinck seguiu a estrutura clássica do ensino do pacto da redenção, seguido dos pactos da lei e da graça.
30 Ver Edward Ball, "Covenants", em R. J. Coggins e J. L. Houlden (eds.), *A Dictionary of Biblical Interpretation* (Londres: SCM Press, 1990).
31 W. Eichrodt, *Theology of the Old Testament*, 2 vols. (Filadélfia: Westminster, 1961).
32 Gerhardus Vos, *Biblical Theology* (Grand Rapids: Eerdmans, 1976).

CONCEITO DE PACTO

O substantivo pacto significa, segundo o Novo Dicionário Aurélio da Língua Portuguesa,[33] "ajuste", "convenção" ou "contrato". Estes três substantivos são também usados para definir o significado do substantivo aliança. Diferentes versões da Bíblia em português usam os substantivos pacto, aliança, acordo e concerto para traduzir o substantivo hebraico *berith* que aparece cerca de 290 vezes no Antigo Testamento.[34] Para todos esses sinônimos a ideia básica que encontramos é a de união entre duas partes, um pacto ou acordo bilateral. No entanto, até mesmo a etimologia do substantivo é grandemente discutida. Basta passar os olhos por alguns dicionários de teologia ou livros que tratem especificamente do assunto para verificar que há entre os estudiosos grande discordância. As posições mais defendidas são: (1) a de que *berith* é derivada do assírio *birtu*, que significa "laço", "vínculo"; (2) a de que o substantivo tem origem na raiz de *barah*, "comer", que aparece poucas vezes no Antigo Testamento (2Sm 3.35; 12.17; 13.5; 13.6; 13.10; Lm 4.10) e está relacionado com a cerimônia que selava um acordo ou relacionamento entre partes; (3) a de que o substantivo está ligado à preposição *bein* "entre".[35] De todas estas, a primeira posição é a mais aceita entre os estudiosos do Antigo Testamento.[36]

Da própria dificuldade em se estabelecer a origem e significado do termo *berith* surgem as primeiras divisões no seio daqueles que defendem a teologia pactual. Por exemplo, exatamente o que se quer dizer quando se fala em acordo? Isto implica em que as alianças bíblicas sejam "bilaterais"? Não se pode negar que a ideia de pacto traga consigo, no seu sentido mais natural, a bilateralidade, ou seja, duas partes são envolvidas em um pacto. Vários pactos acontecem entre duas pessoas, nações ou grupos na narrativa bíblica (ver Js 9.15; 1Sm 20.16; 2Sm 3.12-21; 5.1-3; 1Rs 5.12); em certos casos um pacto é feito para resolver uma disputa entre partes (Gn 21.22-32; 26.26-33; 31.43-54).

Centenas de vezes o substantivo aparece no contexto de um pacto entre Deus e seres humanos. Como, nesse contexto, entender a bilateralidade? Um pacto implica sempre em igualdade entre as partes? Certamente que não. A bilateralidade, no contexto

---

33 A. B. de Holanda Ferreira, *Novo Dicionário Aurélio da Língua Portuguesa*, 2ª edição revista e aumentada (Rio de Janeiro: Nova Fronteira, 1986).
34 Somente no pentateuco em Gn 6.18; 9.9; 9.11; 9.12; 9.13; 9.15; 9.16; 9.17; 14.13; 15.18; 17.2; 17.4; 17.7; 17.9; 17.10; 17.11; 17.13; 17.14; 17.19; 17.21; 21.27; 21.32; 26.28; 31.44; Ex 2.24; 6.4; 6.5; 19.5; 23.32; 24.7; 24.8; 31.16; 34.10; 34.12; 34.15; 34.27; 34.28; Lv 2.13; 24.8; 26.9; 26.15; 26.25; 26.42; 26.44; 26.45; Nm 10.33; 14.44; 18.19; 25.12; 25.13; Dt 4.13; 4.23; 4.31; 5.2; 5.3; 7.2; 7.9; 7.12; 8.18; 9.9; 9.11; 9.15; 10.8; 17.2; 29.1; 29.9; 29.12; 29.14; 29.21; 29.25; 31.9; 31.16; 31.20; 31.25; 31.26; 33.9 – 76 vezes.
35 Ver Laird Harris, Gleason Archer e Bruce Waltke, *Dicionário Internacional de Teologia do Antigo Testamento* (São Paulo: Vida Nova, 1998), verbete 282a; W. J. Dumbrell, *Covenant and Creation: A Theology of Old Testament Covenants* (Grand Rapids: Baker, 1984), p. 16. Também G. Vos, *Biblical Theology: Old and New Testaments* (Edimburgo: Banner of Truth, 1975), p. 257; O. P. Robertson, *O Cristo dos Pactos* (Campinas: LPC, 1997), p. 8-9, especialmente as notas 3 e 4.
36 Walter A. Elwell, *Evangelical Dictionary of Theology* (Grand Rapids: Baker, 1984), p. 277.

do pacto entre Deus e homens, implica tão somente em que duas partes estão envolvidas, mas não que exista a igualdade entre essas partes. Teólogos têm chamado esse tipo de aliança "unilateral" de "monergista", ou seja, iniciada e garantida por Deus nos seus termos. Portanto, estamos falando de uma aliança que não envolve um acordo de duas partes,[37] na qual não existe negociação de direitos e obrigações. Nesse sentido a aliança divino-humana é unilateral. É um compromisso feito pela iniciativa de Deus com relação à sua criação. O ser humano é um receptor da aliança divina. Isso se torna evidente no texto de Gênesis 17.2, que é traduzido para o português como – "Farei uma aliança entre mim e ti" – onde o verbo traduzido como "fazer" tem por raiz no hebraico o verbo "dar" (*nathan*), que nos daria, se traduzido literalmente, uma sentença sem sentido. No entanto, a força do argumento está no fato de que a raiz do verbo traduzido por "fazer" em português envolve algo que é dado: um pacto. O texto não reflete um acordo de duas partes iguais, com os mesmos direitos.

Esse tipo de pacto não é algo sem precedentes na história. Ele é ilustrado pelos pactos do antigo Oriente Próximo entre conquistadores e conquistados, reis e vassalos. Nesses casos, os conquistados, quando entravam em pacto com os conquistadores, não tinham o direito de propor qualquer coisa nos termos do pacto. Este tipo de pacto pressupõe a figura de uma parte "soberana". Um dos lados tem a vantagem do domínio e se propõe a cumprir um determinado papel; o outro, tendo também um papel a cumprir, se submete às exigências pactuais. No pacto divino-humano encontramos a relação criador-criatura, rei soberano-servo. Vários paralelos entre os pactos bíblicos e os pactos do antigo Oriente Próximo foram cuidadosamente descritos por Meredith Kline e servem como uma valiosa ajuda para entendermos os termos e significado do pacto entre Deus e a humanidade.[38] Um dos exemplos dados por Kline é a narrativa em Gênesis 15 do pacto com Abrão. Nos primeiros versículos o texto narra que Iavé aparece a Abrão e faz com Ele uma aliança. Depois de colocados os termos da aliança, o texto narra nos versos 13-17 o desfecho:

> Sabe, com certeza, que a tua posteridade será peregrina em terra alheia, e será reduzida à escravidão, e será afligida por quatrocentos anos. Mas também eu julgarei a gente a que têm de sujeitar-se; e depois sairão com grandes riquezas. E tu irás para os teus pais em paz; serás sepultado em ditosa velhice. Na quarta geração, tornarão para aqui; porque não se encheu ainda a medida da iniquidade dos amorreus. E

---

37 Robertson afirma que "em seu aspecto mais essencial, aliança é aquilo que une pessoas. Nada está mais perto do coração do conceito bíblico de aliança do que a imagem de um laço inviolável" (Robertson, *Cristo dos Pactos*, p. 8). Depois de relacionar a ideia de aliança com seus sinais e com juramentos, ele afirma: "Essa estreita relação entre juramento e aliança enfatiza o fato de que a aliança em sua essência é um pacto" (*ibid.*, p. 10).
38 Ver Meredith Kline, *By Oath Consigned* (Grand Rapids: Eerdmans, 1968), p. 17.

sucedeu que, posto o sol, houve densas trevas; e eis um fogareiro fumegante e uma tocha de fogo que passou entre aqueles pedaços.

Todas as promessas são feitas por Deus a Abrão, do Rei soberano para o vassalo, do criador para a criatura. O ritual apresentado no versículo 17, em que Deus passa por entre os pedaços dos animais, é uma característica da forma como os pactos do antigo Oriente Próximo, entre soberanos e vassalos, eram selados. Teriam os autores bíblicos "tomado emprestado" o conceito antigo de pacto e aplicado à teologia? Essa é uma posição defendida por vários estudiosos. No entanto, como veremos mais adiante, penso que existam razões suficientes para se crer na ideia oposta a essa: os povos antigos, ao formularem seu modo de relacionamento social, refletiam a forma que o próprio Deus criador havia estabelecido para se relacionar com sua criatura.

A diferença fundamental entre os pactos humanos e o pacto divino-humano encontra-se na motivação do soberano Criador, que se propôs a criar e sustentar a sua criação, estabelecendo assim um vínculo que, segundo a própria Escritura, só pode ser um vínculo de amor.

O conceito de pacto, portanto, é um conceito que deve ser entendido dentro dos vários contextos onde aparece. Várias nuanças do pacto são dadas através dos verbos que acompanham o substantivo. Portanto, quando se trata do pacto divino-humano, pode-se dizer que o pacto é um vínculo/elo de amor, iniciado e administrado pelo Deus triúno com a sua criação, representada pelos nossos pais.

PACTO E CRIAÇÃO

O substantivo *berith* (pacto) não aparece senão no capítulo 6 de Gênesis, estando, portanto, ausente da narrativa da criação e da queda (Gn 1-3). Como, então, falar de um "pacto da criação" se o termo sequer aparece na narrativa? Que evidências podem ser apresentadas?

Partindo-se do conceito da aliança como elo, laço, vínculo e relacionamento de amor, iniciado e administrado por Deus, verificamos que essa ideia é intrínseca na narrativa da criação. Destacamos primeiramente que, ao criar, Deus manteve um relacionamento com sua criação. Ele não só tinha o governo absoluto sobre ela, mas também mantinha tudo o que havia criado. De um dia da criação para o outro (dia um para o dia dois, dia dois para o dia três, etc.), Deus sustentava aquilo que, aparentemente, não podia ter auto-sustentação (pelo menos do ponto de vista do que chamamos de leis naturais). Assim, até que a criação estivesse completa, Deus estava sustentando de forma extraordinária a sua criação. Depois que Ele terminou de fazer tudo o que havia proposto, a criação, com suas leis naturais, passou a se manter. Mesmo assim, sabemos que Ele é o "sustentador de todas as coisas".

Em segundo lugar, ao criar o ser humano (Gn 1.26-28), Deus o criou à sua "imagem e semelhança". Incluídas nessa imagem e semelhança estão as habilidades de comunicação e relacionamento (e suas implicações como pensar, obedecer, discernir, e fazer opções), como o texto bíblico deixa bem claro a partir do segundo capítulo de Gênesis. Essa imagem e semelhança permite que o homem criado se relacione com o Criador. Temos, portanto, presente no relato da criação, a possibilidade do desenvolvimento de relacionamentos.

Em terceiro lugar, aprendemos da narrativa da criação que Deus deu responsabilidades ao ser humano (macho e fêmea). Entre elas se encontram obrigações de cuidar e desenvolver o que Deus havia colocado em suas mãos:

> Tomou, pois, o SENHOR Deus ao homem e o colocou no jardim do Éden para o cultivar e o guardar... Havendo, pois, o SENHOR Deus formado da terra todos os animais do campo e todas as aves dos céus, trouxe-os ao homem, para ver como este lhes chamaria; e o nome que o homem desse a todos os seres viventes, esse seria o nome deles (Gn 2.15, 19).

Ao casal são dadas as responsabilidades de procriação, multiplicação e domínio, refletidas nas bênçãos dadas a eles.

Em quarto lugar, verificamos que nesse relacionamento existe a verbalização clara da parte de Deus do que seriam as bênçãos e as possíveis maldições do pacto. Bênçãos e maldições são parte integrante dos pactos entre soberanos e vassalos no antigo Oriente Próximo.[39]

> E Deus os abençoou e lhes disse: Sede fecundos, multiplicai-vos, enchei a terra e sujeitai-a; dominai sobre os peixes do mar, sobre as aves dos céus e sobre todo animal que rasteja pela terra (Gn 1.28).

> E o SENHOR Deus lhe deu esta ordem: De toda árvore do jardim comerás livremente, mas da árvore do conhecimento do bem e do mal não comerás; porque, no dia em que dela comeres, certamente morrerás (Gn 2.16-17).

As bênçãos são dadas ao homem e expressas em forma imperativa no verso 28: sede fecundos, multiplicai-vos, enchei, sujeitai, dominai. Em todos esses exemplos

---
39 *Ibid.*, p. 21.

percebemos que o Criador está expressando à sua criatura mandatos em três áreas de relacionamento: espiritual, social e cultural.[40]

Essas características (soberania, sustento, relacionamento, responsabilidade, bênçãos e maldições) formam o conjunto de elementos do chamado pacto da criação.

Outras evidências levantadas para o pacto da criação são os textos de Oséias 6.7; Jeremias 33.20, 25, e Gênesis 6.18. Sem muitos detalhes exegéticos, exponho abaixo as razões principais porque se pensa que esses textos falam de um pacto da criação. Oséias 6.7 fala da transgressão de Adão contra o pacto: "Mas eles transgrediram a aliança, como Adão; eles se portaram aleivosamente contra mim". Uma leitura simples e direta do texto reflete que havia um pacto entre Deus e Adão, portanto, um pacto pré-queda, que pode ser tido como o pacto da criação. Essa leitura reflete o pressuposto de que os escritores bíblicos tinham conhecimento de outros escritos bíblicos, anteriores e contemporâneos. Oséias estaria, portanto, falando do pacto da criação. Para alguns estudiosos, entretanto, isto não é admissível, considerando vários pressupostos diferentes do exposto acima. Eles adotam uma leitura diferente do texto, como a *Bíblia na Linguagem de Hoje*:[41] "Mas na cidade de Adã o meu povo quebrou a aliança que fiz com ele e ali foi infiel a mim". De fato, existe uma cidade bíblica com esse nome (Js 3.16). No entanto, para que o texto de Oséias 6.7 seja traduzido como a *Bíblia na Linguagem de Hoje* sugere, é necessário que se faça uma emenda do texto hebraico, substituindo a preposição "como" por "em", sem que haja qualquer evidência da necessidade dessa troca.[42] Ainda mais, não se sabe de um pecado cometido pelo povo de Israel ao passar por aquele lugar que fosse registrado e então mencionado pelo profeta. Assim, esta proposta de leitura não acha qualquer argumento sustentável. Outra possível leitura provém da tradução grega do Antigo Testamento, a Septuaginta (LXX), que traduz a expressão "como Adão" por "como homens".[43] Nesse caso, estaria implícito um pacto entre Deus e a humanidade.

O segundo texto, de Jeremias 33.20-21, faz referência a uma aliança com o dia e aliança com a noite:

> Assim diz o SENHOR: Se puderdes invalidar a minha aliança com o dia e a minha aliança com a noite, de tal modo que não haja nem dia nem noite a seu tempo, poder-se-á também invalidar a minha aliança com Davi, meu servo, para que não tenha filho que reine no seu trono; como também com os levitas sacerdotes, meus ministros.

---

40 Esta denominação dos mandatos é de G. Van Groningen, em *Revelação Messiânica no Antigo Testamento e Família da Aliança*. Já O. Palmer Robertson classifica esses mandatos com os termos sábado (espiritual), casamento (família) e trabalho (cultural). *O Cristo dos Pactos*, p. 61-74.
41 Sociedade Bíblica do Brasil, 1998.
42 כְּאָדָם por בְּאָדָם.
43 כְּאָדָם no hebraico traduzido por ὡς ἄνθρωπος.

Nos versos 25-26 aparece a expressão "a minha aliança com o dia e com a noite". Comentaristas apontam para duas situações às quais Jeremias pode estar se referindo nesses versos: à criação ou ao pacto com Noé, onde Deus promete manter a ordem fixa das estações, dia e noite (Gn 8.22). Robertson explica, convincentemente, que o texto paralelo de Jeremias 31.35-36 confirma a primeira opção (criação) como melhor[44]

> Assim diz o SENHOR, que dá o sol para a luz do dia e as leis fixas à lua e às estrelas para a luz da noite, que agita o mar e faz bramir as suas ondas; SENHOR dos Exércitos é o seu nome. Se falharem estas leis fixas diante de mim, diz o SENHOR, deixará também a descendência de Israel de ser uma nação diante de mim para sempre.

Assim, Jeremias estaria, ao falar do pacto com a casa de Israel e com Davi, refletindo o fundamento do pacto de Deus com a criação. Da mesma forma que o pacto estabelecido por Deus com a criação, "a aliança com o dia e com a noite", não pode ser invalidada, o pacto com Davi tem que ser e será mantido.

A tradução de Gênesis 6.18 é uma terceira evidência para se confirmar o pacto da criação.[45] O texto da versão portuguesa Revista e Atualizada diz: "Contigo, porém, estabelecerei a minha aliança; entrarás na arca, tu e teus filhos, e tua mulher, e as mulheres de teus filhos", confirmando a leitura da maioria das traduções em várias línguas. No entanto, o verbo traduzido como "estabelecerei", no hebraico pode ser traduzido como "continuar" ou "confirmar", a exemplo de Gênesis 26.3: "Habita nela, e serei contigo e te abençoarei; porque a ti e a tua descendência darei todas estas terras e confirmarei o juramento que fiz a Abraão, teu pai".[46] Se traduzido dessa forma, nos casos em que o texto português fala "estabelecerei", o texto traria "confirmarei":

> Contigo, porém, *confirmarei* a minha aliança; entrarás na arca, tu e teus filhos, e tua mulher, e as mulheres de teus filhos (Gn 6.18).

> Eis que *confirmo* a minha aliança convosco, e com a vossa descendência, e com todos os seres viventes que estão convosco: tanto as aves, os animais domésticos e os animais selváticos que saíram da arca como todos os animais da terra. *Confirmarei* minha aliança convosco: não será mais destruída toda carne por águas de dilúvio, nem mais haverá dilúvio para destruir a terra (Gn 9.9-11).

---

44 Robertson, *Cristo dos Pactos*, p. 21-22.
45 Robertson, *ibid.*, trata o texto de Oséias 6.7 e Jeremias 33 em seções específicas de seu livro, como evidências do pacto da criação. Ele, no entanto, critica o tratamento do texto de Gênesis 6.18 aqui apresentado.
46 O verbo *qum* (קום) no *hiphil* pode ser traduzido como "confirmar". Ver Harris, Archer e Waltke, *Dicionário Internacional de Teologia do Antigo Testamento* (São Paulo: Vida Nova, 1998), verbete 1999.

Dessa forma, Deus estaria confirmando ou continuando uma aliança com Noé, uma aliança anteriormente estabelecida, esta só podendo ser a aliança ou pacto da criação.

Portanto, as evidências encontradas para se falar de um pacto da criação são fortes e consistentes, provando que os primeiros reformadores, que escreveram a esse respeito, tinham bases exegéticas sólidas para sua teologia. Esse pacto da criação, soberanamente administrado por Deus, engloba, numa terminologia mais abrangente, o que a CFW chama de pacto de obras.

Na exposição acima estabelecemos que o conceito mais apropriado de pacto é o de "um vínculo ou elo de amor, iniciado e administrado pelo Deus triúno com a sua criação, representada pelos nossos pais".[47] Ainda que a expressão *berith* (pacto) não apareça nos dois primeiros capítulos do Gênesis, no relato da criação, existe suficiente evidência escriturística e teológica para se dizer que na criação foi estabelecido um pacto, que tem sido chamado por alguns reformados de pacto da criação. Os autores mais recentes que expõem essa linha teológica advogam que esse pacto da criação foi continuado após a queda, tendo expressão no que a Confissão de Fé de Westminster (CFW) chama de pacto da graça ou, como preferem outros teólogos reformados, pacto da redenção.[48] Vejamos, pois, esses dois aspectos: (a) os elementos constituintes do pacto da criação e, (b) a continuidade do pacto da criação no pacto da redenção.

ELEMENTOS DO PACTO DA CRIAÇÃO

Afirmamos acima que o conceito do pacto da criação é sustentado por vários elementos presentes na narrativa de Gênesis 1 e 2. O seu conjunto forma o contexto para o desenvolvimento da doutrina do pacto: soberania, sustento, relacionamento, responsabilidade, bênçãos e maldições. Esses elementos, já brevemente definidos, podem agora ser desenvolvidos de forma mais ampla.

Soberania
Meredith Kline indica que as estruturas pactuais encontradas no antigo Oriente Próximo possuem elementos semelhantes aos citados acima.[49] Os pactos feitos entre nações com o propósito de proteção mútua ou entre suseranos e vassalos (conquistadores e conquistados) apresentam características que podem ser encontradas na narrativa do Gênesis.[50] A primeira delas é a figura do soberano, Aquele que exerce o domínio sobre to-

---
47 *Ibid.*, p. 119.
48 Louis Berkhof, *Systematic Theology* (Londres: Banner of Truth, 1958), p. 262-271 elabora a distinção entre o pacto da redenção e o pacto da graça, sendo o primeiro o pacto eterno, trinitário, e o segundo, o pacto entre Deus e os eleitos.
49 Meredith Kline, *Kingdom Prologue* (Toronto: ICS, 1983).
50 Um exemplo interessante encontra-se em J. Briend, R. Lebrun e E. Puech, *Tratados e Juramentos no Antigo Oriente Próximo* (São Paulo: Paulus, 1998), especificamente no capítulo cinco, "Tratado Egipto-Hitita entre Ramsés II e Hattusili III", p. 57-69. Não

das as coisas. Desde a declaração inicial da criação, *Elohim* é claramente Aquele que tem o domínio, criando, ordenando, separando, determinando e estabelecendo a forma como a criação deveria ser e portar-se diante dEle. A forma como o Gênesis relata a criação mostra ao leitor da narrativa que Deus independe de qualquer causa, conselho ou autoridade externa para realizar o seu trabalho soberano. O texto simplesmente pressupõe essa realidade: "No princípio criou Deus os céus e a terra." O apóstolo Paulo, refletindo sobre a obra redentora que Deus realiza através de seu Filho, exclama em Romanos 11.33-36:

> Ó profundidade da riqueza, tanto da sabedoria como do conhecimento de Deus! Quão insondáveis são os seus juízos, e quão inescrutáveis, os seus caminhos! Quem, pois, conheceu a mente do Senhor? Ou quem foi o seu conselheiro? Ou quem primeiro deu a ele para que lhe venha a ser restituído? Porque dele, e por meio dele, e para ele são todas as coisas. A ele, pois, a glória eternamente. Amém!

O Criador chama os elementos à existência, determina seus papéis e então a realidade da sua criação é constatada na expressão "viu Deus tudo quanto fizera, e eis que era muito bom" (Gn 1.31). Tudo o que Ele fez enquadrou-se perfeitamente no papel para o qual foi criado.

Observando o desenvolvimento da narrativa da criação podemos ver a soberania absoluta de *Elohim*. A ênfase determinante de suas palavras é expressa com grande vigor pelo autor do Gênesis, em cada um dos dias do relato da criação. Em momento algum o autor tem a preocupação de falar das características do Criador ou mesmo de descrevê-lo. Sua soberania é descrita tão somente pelo que faz. Mais tarde, outros autores bíblicos, assim como também Moisés, o autor do Pentateuco, reconheceram e descreveram essa soberania e reinado de *Iavé Elohim* sobre todo o universo. Podemos conferir essa realidade tanto no Antigo como no Novo Testamento:

> Ó SENHOR, Senhor nosso, quão magnífico em toda a terra é o teu nome! Pois expuseste nos céus a tua majestade (Sl 8.1).

> Os céus proclamam a glória de Deus, e o firmamento anuncia as obras das suas mãos. Um dia discursa a outro dia, e uma noite revela conhecimento a outra noite. Não há linguagem, nem há palavras, e deles não se ouve nenhum som; no entanto, por toda a terra se faz ouvir a sua voz, e as suas palavras, até aos confins do mundo... (Sl 19.1-4a).

---

só esse, mas muitos outros paralelos servem como ilustrações da forma que o homem adotou para estabelecer os limites de seus relacionamentos. Muitos estudiosos insistem em que as Escrituras simplesmente copiaram esse formato. Creio, no entanto, que essa forma de relacionamento nasce do fato de que o ser humano, desde o princípio, aprendeu a relacionar-se pactualmente com o Criador, e continuou a fazê-lo mesmo depois da queda.

> Reina o SENHOR. Revestiu-se de majestade; de poder se revestiu o SENHOR e se cingiu. Firmou o mundo, que não vacila. Desde a antiguidade está firme o teu trono; tu és desde a eternidade (Sl 93.1-2).

> Nos céus, estabeleceu o SENHOR o seu trono, e o seu reino domina sobre tudo (Sl 103.19).

O SENHOR é bom para todos, e as suas ternas misericórdias permeiam todas as suas obras. Todas as tuas obras te renderão graças, SENHOR; e os teus santos te bendirão. Falarão da glória do teu reino e confessarão o teu poder, para que aos filhos dos homens se façam notórios os teus poderosos feitos e a glória da majestade do teu reino. O teu reino é o de todos os séculos, e o teu domínio subsiste por todas as gerações. O SENHOR é fiel em todas as suas palavras e santo em todas as suas obras (Sl 145.9-13).

> No princípio era o Verbo, e o Verbo estava com Deus, e o Verbo era Deus. Ele estava no princípio com Deus. Todas as coisas foram feitas por intermédio dele, e sem ele nada do que foi feito se fez (Jo 1.1-3).

O Deus que fez o mundo e tudo o que nele existe, sendo ele Senhor do céu e da terra, não habita em santuários feitos por mãos humanas. Nem é servido por mãos humanas, como se de alguma coisa precisasse; pois ele mesmo é quem a todos dá vida, respiração e tudo mais; de um só fez toda a raça humana para habitar sobre toda a face da terra, havendo fixado os tempos previamente estabelecidos e os limites da sua habitação (At 17.24-26).

> Este é a imagem do Deus invisível, o primogênito de toda a criação; pois nele foram criadas todas as coisas, nos céus e sobre a terra, as visíveis e as invisíveis, sejam tronos, sejam soberanias, quer principados, quer potestades. Tudo foi criado por meio dele e para ele (Cl 1.15-16).

> Havendo Deus, outrora, falado muitas vezes, e de muitas maneiras, aos pais, pelos profetas, nestes últimos dias nos falou pelo Filho, a quem constituiu herdeiro de todas as coisas, pelo qual também fez o universo. Ele, que é o resplendor da glória e a expressão exata do seu Ser, sustentando todas as coisas pela palavra do seu poder, depois de ter feito a purificação dos pecados, assentou-se à direita da Majestade, nas alturas... (Hb 1.1-3).

> Tu és digno, Senhor e Deus nosso, de receber a glória, a honra e o poder, porque todas as coisas tu criaste, sim, por causa da tua vontade vieram a existir e foram criadas (Ap 4.11).

Todos esses textos da Escritura de alguma forma relacionam Deus, quer na pessoa do Pai ou do Filho, com a criação e o seu domínio sobre ela. Não existe absolutamente nada fora do seu controle, quer na criação, quer na redenção, quer nos que se aproximam dEle, quer nos seus inimigos.

O relato da criação em Gênesis 1 e 2 não nos fala diretamente da motivação de *Elohim* para criar. Segundo a CFW (IV.1), Ele assim o fez "para a manifestação da glória do seu eterno poder, sabedoria e bondade." Podemos dizer que Deus criou como uma manifestação do seu ser. Ele é amor (1Jo 4.8), e porque é amor, expressando aquilo que é, determinou criar tudo o que existe fora dEle mesmo. Esse amor de Deus não se limita apenas ao mundo caído, carente de redenção.

Sustento

Da mesma forma como criou, na sua soberania e poder, *Elohim* também sustenta o que criou. Esse é um fator fundamental do pacto da criação. O pacto independe de quaisquer elementos externos para a sua sustentação, até mesmo do ser humano com quem Deus se relaciona. Deus estabelece o pacto e o sustenta. No texto de Hebreus 1.3 a segunda pessoa da Trindade, que é o resplendor da glória e a expressão exata do Ser de *Elohim*, é quem sustenta "todas as coisas pela palavra do seu poder". Na linguagem da Confissão de Fé essa sustentação é chamada de providência. Pois na sua providência, Deus, "o grande Criador de todas as coisas, para o louvor da glória da sua sabedoria, poder, justiça, bondade e misericórdia, sustenta, dirige, dispõe e governa todas as suas criaturas, todas as ações e todas as coisas, desde a maior até a menor" (CFW V.1).

Relacionamento

Além da soberania e do sustento, outro elemento fundamental no conceito bíblico do pacto da criação é o de relacionamento. Quando Deus criou todas as coisas no princípio, Ele se propôs a manter um relacionamento com a sua criação, estabelecendo assim um vínculo. Vimos anteriormente que um elemento essencial desse relacionamento está no fato de Deus ter criado o homem e a mulher à sua imagem e semelhança. Vimos que nessa imagem e semelhança estão incluídas as habilidades de comunicação e relacionamento e suas implicações tais como pensar, obedecer, discernir e fazer opções. Deus, de forma singular, criou o homem e a mulher diferentes do restante de toda a criação. Ainda que Ele tenha "falado" durante todo o processo de criação, é ao ser humano a quem Ele se dirige de forma direta, verbal, abençoando e dando-lhe responsabilidades:

> Depois de haver feito as outras criaturas, Deus criou o homem, macho e fêmea, com almas racionais e imortais, e dotou-as de inteligência, retidão e perfeita santidade, segundo a sua própria imagem,

tendo a lei de Deus escrita em seus corações, e o poder de cumpri-la, mas com a possibilidade de transgredi-la, sendo deixados à liberdade da sua própria vontade, que era mutável (CFW IV.2).

Nisso Deus cria um vínculo, elo ou pacto, conforme a definição já dada para o termo *berith*: "Um vínculo ou elo de amor, iniciado e administrado pelo Deus triúno com a sua criação, representada pelos nossos pais". Ainda que Deus não necessite da companhia humana, Ele determina criar e relacionar-se com a sua criação.

Responsabilidade

O quarto elemento fundamental da perspectiva pactual da criação é a responsabilidade. Ao criar o homem e a mulher à sua imagem e semelhança, *Elohim* os faz responsáveis diante das estipulações do pacto. Nossos primeiros pais, criados para a glória de Deus e a plena felicidade ao cumprir o papel estabelecido por Ele, deveriam relacionar-se com total responsabilidade diante de seu Criador. Por isso, eles deveriam responder a tudo quanto o criador lhes colocasse à frente, cumprindo um papel singular: na qualidade de criaturas de *Elohim*, deveriam cuidar da criação que Ele colocava diante deles e à sua disposição, e desenvolvê-la. Isso os fazia responsáveis diante do Criador no exercício de domínio e sujeição, no relacionamento com seus iguais e também no seu relacionamento com Deus.

Bênçãos e maldições

Diante dessa responsabilidade, aparecem como decorrências quase que naturais as bênçãos e também a maldição pactual. A narrativa histórica de Gênesis 1 nos mostra que, ao criar o homem (macho e fêmea) à sua imagem e semelhança, Deus o abençoou. O verso 28 do capítulo 1 narra o fato:

> E Deus os abençoou e lhes disse: Sede fecundos, multiplicai-vos, enchei a terra e sujeitai-a; dominai sobre os peixes do mar, sobre as aves dos céus e sobre todo animal que rasteja pela terra.

Alguns elementos importantes merecem destaque. Primeiro, o fato de que Deus abençoou o homem e a mulher de forma única no contexto de todo o relato. Isso não traz à narrativa uma visão antropocêntrica, mas certamente revela o propósito do autor do texto, que era o de mostrar ao povo o papel central que *Elohim* havia reservado para o ser humano, dentro de sua criação, e que, assim sendo, a escravidão e o nível de vida em que estavam vivendo não correspondia ao padrão inicial estabelecido por Deus.

Segundo, a bênção de Deus é expressa nos verbos subsequentes do texto de forma imperativa. Deus não só abençoa o homem com a fertilidade, mas ordena que, com essa bênção, ele cumpra o seu papel. Assim é também no multiplicar-se e no sujeitar e dominar o restante da criação. O povo de Israel devia entender o seu papel e as bênçãos reservadas por Deus para ele. Alguns teólogos bíblicos têm chamado esse papel do homem criado à imagem e semelhança de *Elohim*, o rei soberano sobre toda a criação, de um papel "vice-gerencial". Esse aspecto reforça ainda mais o conceito de responsabilidade citado acima. Sendo Deus o grande rei, ao homem criado à sua imagem e semelhança cabe a responsabilidade de cumprir a sua vontade debaixo da sua bênção pactual. Porém, o texto é muito claro na narrativa subsequente, o capítulo 2, em esclarecer que a irresponsabilidade traria a maldição sobre o ser humano, claramente descrita na CFW:

> Além dessa [lei] escrita em seus corações, receberam o preceito de não comerem da árvore da ciência do bem e do mal; enquanto obedeceram a este preceito, foram felizes em sua comunhão com Deus e tiveram domínio sobre as criaturas (CFW IV.2).

Ainda que o texto bíblico seja muito direto em descrever um ato específico de rebeldia que o homem não deveria praticar, o comer da árvore do conhecimento do bem e do mal, depreende-se da narrativa que qualquer desobediência poderia causar uma quebra do relacionamento pactual estabelecido por *Elohim*. É certo que a narrativa não descreve nenhuma maldição específica para qualquer outro ato de desobediência, porém também é certo que a quebra do relacionamento está implícita, caso isso acontecesse. Isso nos leva à questão da maldição do pacto. Em Gênesis 2.17 lemos: "... mas da árvore do conhecimento do bem e do mal não comerás; porque, no dia em que dela comeres, certamente morrerás". Anteriormente, *Elohim* havia declarado ao homem as diversas bênçãos condicionadas à obediência pactual. O relacionamento obediente da criatura para com o seu Criador resultaria em vida plena. A desobediência traria, de forma indubitável, o oposto à vida – a morte. A construção da sentença é enfática, sendo traduzida para o português como "certamente morrerás". Seja qual tenha sido a língua em que *Iavé Elohim* tenha proclamado a maldição, o autor do texto deixa claro a seus leitores hebreus que a maldição era algo absoluto para aqueles que a ouviram. Não deveria existir qualquer sombra de dúvida quanto aos resultados da desobediência. Assim, de forma semelhante à que encontramos nos tratados do antigo Oriente Próximo, as bênçãos e a maldição do pacto são declaradas nos primeiros capítulos do livro do Gênesis.

Portanto, soberania, sustento, relacionamento, responsabilidade, bênçãos e maldições são elementos que compõem o pacto e são perceptíveis na narrativa da criação.

De forma implícita, porém clara, podemos ver nesses elementos o plano de Deus para a sua criação de forma geral, e também, especificamente para o ser humano criado à sua imagem e semelhança. Nas palavras de Van Groningen:

> Quando Deus faz uma aliança, Ele não só estabelece um relacionamento entre Ele mesmo e aqueles que refletem a sua imagem, mas Ele usa esse relacionamento como um recurso administrativo. Deus leva adiante a sua vontade, o seu plano, o seu propósito na criação e na redenção. Ele sempre faz isso nesse relacionamento vivo de amor e, assim, a ligação amor-vida se torna a maneira e o caminho de Deus administrar tudo o que Ele criou e, especialmente, mostra o que Ele pretende fazer com a humanidade e em favor dela.[51]

O pacto como meio administrativo se afirma principalmente em três áreas, que são chamadas por Van Groningen de mandados.[52] São esses os mandados espiritual, social e cultural. Cada um deles reflete uma área de relacionamento na esfera do pacto da criação: a relação Criador-criatura, família e indivíduo-sociedade. Os três mandados refletem a forma que o Criador estabeleceu para que a sua criação desenvolvesse o seu papel pleno e encontrasse no cumprimento desse papel a satisfação completa. Obedecendo ao Criador o ser humano estaria desenvolvendo seu relacionamento com Ele e sendo fiel ao pacto. Nisso o ser humano seria plenamente feliz e satisfeito. Desenvolvendo o seu relacionamento familiar de forma adequada, o homem, a mulher e a sua semente estariam obedecendo a Deus e agradando-o, promovendo a sua felicidade mútua e contribuindo para o desenvolvimento cultural. Nisso seriam plenamente felizes e satisfeitos. Desenvolvendo o mandado cultural, o indivíduo e a família estariam obedecendo a Deus, cuidando daquilo que Ele lhes havia dado como encargo no papel de vice-gerentes e promovendo a vida pactual em todos os limites do reino da criação. Também nisso seriam plenamente felizes e satisfeitos. Como se pode observar, esses mandados são intimamente relacionados e intrinsecamente dependentes um do outro, fazendo parte do plano completo e perfeito de Deus para a sua criação e para o seu relacionamento com ela. Ao viver esses mandados de forma plena, o homem estaria cumprindo o seu objetivo principal, respondendo à primeira pergunta do Catecismo Maior: "O fim supremo e principal do homem é glorificar a Deus e gozá-lo para sempre".[53]

Que textos da narrativa da criação dão origem à formulação dos três mandados e a substanciam?

---

51 Van Groningen, *Família da Aliança*, p. 27-28.
52 Robertson também reconhece três áreas de relacionamento, dando, porém, nomes diferentes. Ver *O Cristo dos Pactos*. O livro de Timóteo Carriker, *Missão Integral* (São Paulo: Sepal, 1992), também trabalha com linhas semelhantes.
53 *Confissão de Fé e Catecismo Maior da Igreja Presbiteriana*, p. 63.

O mandado espiritual pode ser formulado com base na ordem direta de Deus em Gênesis 2.16-17: "E o SENHOR Deus lhe deu esta ordem: De toda árvore do jardim comerás livremente, mas da árvore do conhecimento do bem e do mal não comerás; porque no dia em que dela comeres, certamente morrerás". Esse, porém, é apenas o aspecto mais direto do mandado. Apenas a obediência não representa o todo de um relacionamento, ainda que seja uma parte essencial do mesmo. O mandado é prescrito intrinsecamente na narrativa. A própria definição de pacto como relacionamento de vida e amor já vai além de simples obediência. O relacionamento obediente dos nossos primeiros pais deveria trazer consequências diretas para as suas vidas, como um todo. O laço de amor estabelecido pelo Criador deveria ser a cada dia mais visível e palpável à medida que a criatura exercesse seu papel no reino da criação. Todas as bênçãos anteriormente descritas deveriam estimular o ser humano ainda mais a buscar viver nessa intimidade proposta pelo Criador. O mandado espiritual é parte de um relacionamento de obediência e vida que deveria ser cultivado pela criatura, assim como foi estabelecido e cultivado pelo Criador, na sua fidelidade.

O mandado social está claramente estabelecido na narrativa da criação, no seguinte texto: "E Deus os abençoou e lhes disse: Sede fecundos, multiplicai-vos, enchei a terra e sujeitai-a; dominai sobre os peixes do mar, sobre as aves dos céus e sobre todo animal que rasteja pela terra" (Gn 1.28). A fecundidade e capacidade de multiplicação, duas bênçãos descritas nesse verso, eram também ordens diretas do Criador para aqueles que foram feitos à sua imagem e semelhança ("...criou Deus, pois, o homem à sua imagem, à imagem de Deus o criou; homem e mulher os criou", Gn 1.27).

Todo o contexto do capítulo dois (2.4-25), uma explicação do ocorrido no sexto dia do relato da criação, nos ensina que o homem e a mulher foram criados por Deus para o auxílio mútuo, tendo sido a mulher criada a partir do homem. A narrativa diz que Adão reconheceu a mulher como tendo sido feita da sua essência ("osso dos meus ossos e carne da minha carne", Gn 2.23), e o autor da narrativa comenta que, por essa razão, deixa o homem pai e mãe e se une à sua mulher, tornando-se os dois uma só carne (v. 24).

Assim como o mandado espiritual, o mandado social deveria ser um desenvolvimento da aliança entre o homem e a mulher, um relacionamento a ser cultivado por ambos no contexto do casamento. Desta forma, num relacionamento íntimo com o Criador, o homem e a mulher desenvolveriam o mandado social. Assim entenderam os teólogos de Westminster:

> O matrimônio foi ordenado para o mútuo auxílio de marido e mulher, para a propagação da raça humana por uma sucessão legítima e da Igreja por uma semente santa, e para impedir a impureza (CFW XXIV.2).

O terceiro mandado, cultural, pode ser visto nos seguintes textos:

> ... tenha ele domínio sobre os peixes do mar, sobre as aves dos céus, sobre os animais domésticos, sobre toda a terra e sobre todos os répteis que rastejam pela terra (Gn 1.26).

> ... enchei a terra e sujeitai-a; dominai sobre os peixes do mar, sobre as aves dos céus e sobre todo animal que rasteja pela terra (Gn 1.28).

> Tomou, pois, o SENHOR Deus ao homem e o colocou no jardim do Éden para o cultivar e o guardar (Gn 2.15).

Segundo esses três textos, o homem criado por Deus tem em suas mãos as funções de domínio, sujeição e cultivo. No contexto da criação, isso implicaria em muito trabalho, nas mais diversas áreas. Ele deveria tomar tempo para cultivar o solo, exercer o domínio e, consequentemente, gozar e desfrutar do trabalho de suas mãos,[54] tudo isso em um ambiente de plena harmonia. Fazendo assim, também estaria obedecendo ao Criador que o havia criado e equipado para tais coisas. Portanto, o mandado cultural envolve as áreas do trabalho, política, ensino, tecnologia, lazer, etc. O ser humano criado à imagem e semelhança de Deus deveria, em certo sentido, desenvolver a criação perfeita, representar o Criador e fazer cumprir a sua soberana vontade. Assim, o seu papel de vice-gerência seria cumprido sob as estipulações de vida e amor do pacto da criação.

No entanto, essa harmonia perfeita era dependente do comportamento do homem diante das estipulações do pacto.

A CONTINUIDADE DO PACTO DA CRIAÇÃO NO PACTO DA REDENÇÃO

O capítulo 3 de Gênesis introduz na narrativa um novo personagem individual – a serpente. O texto não explica a sua origem como tendo sido diferente de qualquer outro elemento da criação. Ela é uma criatura. No entanto, sabemos que ela é, nesse contexto, representante de outra criatura. Mais tarde, a Escritura irá revelar de forma clara quem estava sendo ali representado – Satanás (Ap. 12.9).

Como lemos no relato de Gênesis 3, o homem, tentado pela serpente, por sua própria decisão e sendo conhecedor da sua responsabilidade, deliberadamente desobedeceu ao Criador. *Elohim* não precisava, diante do contexto pactual, proclamar qualquer

---

54 Este capítulo não trata da questão do desfrutar do trabalho com relação ao sábado. Para uma descrição desse aspecto, ver G. Van Groningen, "O sábado no Antigo Testamento: tempo para o Senhor, tempo de alegria nele", em *Fides Reformata* 3/2 (Julho-Dezembro 1998), p. 149-167, e a segunda parte do mesmo artigo, em *Fides Reformata* 4/1 (Janeiro-Julho 1999), p. 129-144.

maldição pela desobediência. Ele já havia feito isso. O homem, portanto, quebrou o pacto de vida e amor estabelecido pelo Senhor. O pacto quebrado não é anulado. O homem não tinha qualquer condição de anular o pacto; antes, só podia submeter-se à realidade do mesmo, da bênção ou maldição que ele traria.

Pelo seu caráter imutável, *Elohim*, que havia estabelecido o pacto, o mantém. Portanto, o pacto seria levado adiante e a sua maldição seria aplicada aos que o quebraram. É nesse contexto que a narrativa introduz o que a teologia reformada denominou de pacto da redenção.

A lei de Deus, refletida nas bênçãos e na maldição, seria levada a cabo; porém, agora, com a presença da graça de Deus. A palavra graça, assim como a palavra pacto, não aparece em nenhum ponto da narrativa do capítulo 3 de Gênesis. Como podemos entender a graça no contexto de Gênesis 3? Pela situação e pelas palavras de *Iavé Elohim* ao homem, à mulher e à serpente. Passamos a explicar o conceito.

Uma vez que a desobediência foi consumada, o homem e a mulher sentiram-se envergonhados da sua nudez (v. 7): "Abriram-se, então, os olhos de ambos; e, percebendo que estavam nus, coseram folhas de figueira e fizeram cintas para si". A nudez aqui não representa somente o aspecto sexual, do qual eles também passaram a se envergonhar, mas a perda da inocência e transparência que tinham um para com o outro, como casal. Depois que os olhos de ambos se abriram, como a serpente havia indicado anteriormente (3.5), passaram a ver sua nudez como algo a ser usado para o mal. Não só a nudez do corpo, mas toda a intimidade e conhecimento mútuo passaram a ser elementos a serem usados para o mal, algo que anteriormente fugia da sua realidade. O que aconteceu, ainda que verdadeiro nas palavras da serpente – "se vos abrirão os olhos e, como Deus, sereis conhecedores do bem e do mal" – não trouxe o resultado prometido pela serpente. Serem conhecedores do bem e do mal não trouxe qualquer vantagem ao ser humano. Quando o mandado espiritual foi quebrado, o mandado social foi imediatamente prejudicado. O homem e a mulher estavam plenamente conscientes de que haviam quebrado o mandado espiritual e, quando perceberam a presença de *Iavé Elohim* no jardim, também por causa de sua nudez, dEle se esconderam (v. 10): "Ouvi a tua voz no jardim, e, porque estava nu, tive medo, e me escondi".

O seu relacionamento com o Criador também havia sido quebrado. O medo do Criador se instalou no coração do homem. Diante daquEle com quem deveria existir plenitude de intimidade, o desenvolvimento de um laço de amor, o homem se esconde. Na verdade, o processo de morte, como quebra de relacionamento, já estava atuando sobre o homem e a mulher, e por isso eles quiseram esconder-se do Criador.

Porém, a graça de *Iavé Elohim* se manifesta quando este pergunta: "Onde estás?" O Deus soberano, criador, age para encontrar-se com a criatura pecadora. Deus não precisava sequer "voltar" ao jardim. Ele poderia deixar que a história humana se consumasse por si só, como história de morte total. Para entender esse raciocino, devemos ter em mente que bênção e maldição são elementos opostos. O contrário da bênção é a maldição, e a maldição implica a supressão da bênção. A bênção de *Iavé Elohim*, conforme descrita em Gênesis, era de fecundidade, multiplicação, domínio e sustento:

> Eis que vos tenho dado todas as ervas que dão semente e se acham na superfície de toda a terra e todas as árvores em que há fruto que dê semente; isso vos será para mantimento ... (1.29). De toda árvore do jardim comerás livremente (2.16).

A supressão dessas bênçãos necessariamente resultaria em morte. Porém, ao falar com a serpente, com a mulher e com o homem, Deus traz uma nova realidade ao pacto da criação. Como podemos perceber isso?

Em primeiro lugar, Deus dirige-se à serpente. Sobre ela o Senhor proclama maldição, uma vez que não encontramos anteriormente no texto nenhuma provisão de punição para a serpente. A serpente entra na história e deliberadamente introduz a dúvida e a tentação para a mulher e, consequentemente, para o homem. A serpente, na verdade, opõe-se com suas palavras de maneira direta ao que o Senhor havia dito ao homem no capítulo 2. O autor do texto faz questão de deixar isso bem claro, usando em 3.4 o mesmo tipo de construção de 2.17 ("certamente morrerás" – "é certo que não morrereis").

Sua maldição consistiu na morte, que lhe sobreviria através do descendente da mulher (3.15): "Porei inimizade entre ti e a mulher, entre a tua descendência e o seu descendente. Este te ferirá a cabeça, e tu lhe ferirás o calcanhar". A cabeça da serpente seria esmagada, trazendo-lhe a morte e destruição. Sua sentença estava proclamada pela sua oposição e interferência no pacto da criação. Ao proclamar essa sentença, o Senhor também deixa claro mais alguns aspectos muito importantes:

(a) Haveria inimizade entre a mulher e seus descendentes e a serpente. Isso fez parte da provisão de Deus para que o pacto pudesse ter continuidade. Tradicionalmente esse texto tem sido chamado de protoevangelho. Apesar da desobediência, *Iavé Elohim* não desistiu de relacionar-se com a sua criação;

(b) A bênção do pacto não seria totalmente suprimida. Ainda que a morte fosse certa, Deus apresenta um elemento de continuidade. A mulher teria descendência, a fecundidade ainda seria uma realidade para o ser humano criado à imagem e semelhança de Deus.

Essa realidade é confirmada quando Deus dirige-se à mulher. É importante observar que nenhuma maldição direta é proclamada. A maldição do pacto já havia sido instalada. As palavras de Deus em 3.16 representam, na verdade, uma mitigação da maldição: "E à mulher disse: Multiplicarei sobremodo os sofrimentos da tua gravidez; em meio de dores darás à luz filhos; o teu desejo será para o teu marido, e ele te governará".

Sem entrar nos detalhes do texto (o que especificamente representam as dores do parto ou a vontade para o marido), o que podemos perceber, de forma inequívoca, é que a bênção da fecundidade e da multiplicação são confirmadas. Deus traz à mulher a esperança que havia se perdido no pecado. Ela ainda teria filhos. Ainda que essa não seja uma interpretação comum do texto, que é sempre visto em termos exclusivos de maldição, não há como negar que, ao confirmar que a mulher ainda poderia dar à luz, o Senhor confirma a bênção de 1.28: "E Deus os abençoou e lhes disse: Sede fecundos..." Se entendêssemos o texto exclusivamente como uma maldição, o que não é dito explicitamente, teríamos que negar o princípio da bênção. Porém, quando olhamos para a maldição como supressão da bênção, e vemos aqui o Senhor confirmando a bênção da fecundidade – isto é, a mulher ainda teria filhos, apesar do pecado –, podemos ver a atuação da graça de Deus.

Em terceiro lugar, Deus se dirige ao homem:

> E a Adão disse: Visto que atendeste a voz de tua mulher e comeste da árvore que eu te ordenara não comesses, maldita é a terra por tua causa; em fadigas obterás dela o sustento durante os dias de tua vida. Ela produzirá também cardos e abrolhos, e tu comerás a erva do campo. No suor do rosto comerás o teu pão, até que tornes à terra, pois dela foste formado; porque tu és pó e ao pó tornarás (Gn 3.17-19).

Ao falar com o homem, Deus amaldiçoa a terra que havia colocado sob sua responsabilidade. Esta produziria cardos e abrolhos, símbolos da dificuldade que o homem teria para tirar dela o sustento, um contraste com tudo que fora criado bom no contexto da criação. A maldição é pronunciada sobre a terra como consequência da desobediência ("maldita é a terra por tua causa"). Mais uma vez, nenhuma maldição direta é dirigida ao homem. A morte é confirmada como consequência da desobediência. No entanto, essa maldição sobre a terra, como no caso da serpente, traz uma mensagem de esperança. Ela confirma a bênção do pacto da criação: a vida humana teria continuidade, o sustento ainda seria possível, o mandado cultural ainda poderia ser cumprido e, consequentemente, o mandado social, pelo menos até que o homem tornasse ao pó.

Portanto, ler o texto apenas pela perspectiva da descontinuidade não parece o mais correto. Alguns autores referem-se a essa sequência do texto como "maldições mitigadas," ou seja, a aplicação da misericórdia e graça de Deus aos primeiros seres humanos. Diante da morte absoluta que já havia sido proclamada, Deus traz uma esperança de vida. Podemos ver, portanto, que o homem e a mulher recebem do Criador a esperança de vida diante da morte que já se instalara no seu meio como consequência da maldição do pacto da criação.

Confirmam esse ponto de vista as reações do homem e da mulher diante do que Deus havia dito. O autor do texto faz questão de registrar a maneira como o homem reagiu ao que Deus disse (v. 20): "E deu o homem o nome de Eva a sua mulher...", explicando a razão disso, "... por ser a mãe de todos os seres humanos". O nome da mulher, Eva, é derivado da raiz "vida" na língua hebraica. O homem reconheceu, depois da queda e das palavras de Deus a esse respeito, que sua mulher ainda seria mãe. Não só isso, a narrativa do capítulo 4 de Gênesis fala da reação de Eva diante dos filhos que concebeu:

> Coabitou o homem com Eva, sua mulher. Esta concebeu e deu à luz a Caim; então, disse: Adquiri um varão com o auxílio do Senhor (4.1).

> Tornou Adão a coabitar com sua mulher; e ela deu à luz um filho, a quem pôs o nome de Sete; porque, disse ela, Deus me concedeu outro descendente em lugar de Abel, que Caim matou (4.25).

Somando-se à promessa de descendência a maldição proclamada sobre a serpente, a continuidade no sustento e a consequente continuidade da vida, assim como as reações registradas de Adão e Eva, temos formulado, de forma seminal, o pacto da redenção. Essa doutrina reformada é esclarecida e desenvolvida no restante das Escrituras, tanto do Antigo quanto do Novo Testamento.

CONCLUSÃO

Sendo a teologia reformada uma teologia de caráter pactual, é importante que nossos pastores e estudiosos, assim como líderes e leigos, que subscrevem as confissões reformadas, conheçam bem os fundamentos dessa teologia. Esses fundamentos bíblicos estão, de forma clara, contidos na CFW, que é uma exposição sistemática das principais doutrinas bíblicas. Voltando-nos para a teologia bíblica observamos que essas doutrinas, expostas de forma sistemática, têm fundamento bíblico e teológico. Ainda que usando uma terminologia diferente, a teologia sistemática e a teologia bíblica falam das mesmas verdades bíblicas de uma forma harmoniosa.

O pacto da criação é um conceito mais abrangente do que o conceito de pacto de obras na CFW. Falar do pacto da criação envolve o pacto de obras e falar do pacto de obras pressupõe o pacto da criação.

Diante da queda, encontramos a manifestação da graça e misericórdia de Deus em dar provisão para que a maldição do pacto não fosse final sobre o homem, a mulher e toda a sua descendência. Não que Deus não cumpra o estabelecido no pacto. Ele mesmo provê para que o cumprimento da sua justiça se manifeste, amaldiçoando a serpente e determinando que o descendente da mulher participe desse processo.

Nesse contexto é esboçado o pacto da redenção, que possibilita, para a descendência escolhida, a continuidade do relacionamento de vida e amor estabelecido no pacto da criação.

Podemos, então, concluir que, se o pacto da redenção é um novo elemento dentro do pacto da criação, seu princípio, suas estipulações, seus mandados, assim como seu propósito original continuam para a raça humana e, de maneira especial, para a semente escolhida da qual viria a redenção final. A igreja de Jesus Cristo precisa estar consciente dessa realidade pactual para que possa bem cumprir o seu papel neste mundo. Muitas das questões práticas e dos dilemas morais e éticos que enfrentamos como povo de Deus no dia a dia são provenientes do fato de que os remidos, muitas vezes, não conhecem o seu papel social e cultural e, consequentemente, são omissos no desempenho do mandado espiritual. Como servos de Deus, é essencial entendermos que o pacto não é somente um registro do passado. Ele é a base para o legítimo envolvimento dos servos de Deus em todos os campos do conhecimento humano no presente. Nossa omissão face aos problemas enfrentados pelo mundo reflete a incompreensão de nosso papel cultural. Os mandados nos servem como princípios bíblicos sobre como o ser humano deve portar-se diante do casamento, da sociedade e, logicamente, diante de Deus. Desconhecê-los é deixar uma porta aberta ao erro. Para aprendermos sobre a vontade, o plano e as determinações de Deus para o ser humano em geral e para o cristão, é essencial conhecermos e aplicarmos a teologia do pacto.

CAPÍTULO II

O Deus Soberano e o problema do mal em Habacuque

Luiz A. T. Sayão

A estrutura judaico-cristã de pensamento, que serve como um dos sustentáculos do pensamento ocidental, tem se mostrado capaz de manter um diálogo e permanecer de pé diante do interpelamento da ciência e da filosofia através da história. Os "descendentes" de tal estrutura na história do pensamento ocidental chegaram até mesmo a mostrar certa hostilidade para com seus "pais", pelo menos durante uma fase da história do Ocidente. Apesar de muitos bons resultados deste diálogo verificável no eixo histórico, uma questão permanece sobremodo incômoda para tal cosmovisão judaico-cristã da realidade: o problema do mal. Na verdade, muitos outros questionamentos de ordem filosófica e científica têm sido levantados; este, porém, é um problema bem mais complexo e difícil, no sentido exato do termo, para qualquer sistema teísta, como o é o judaico-cristão. A tão conhecida questão de "como pode um Deus bondoso e onipotente permitir a existência do mal no universo por ele criado?" tem atravessado os séculos, sendo motivo de debates intermináveis. A célebre tentativa de responder a tal questão por parte dos teístas recebeu o nome de *teodicéia* (de θεός [*Theós*], "Deus", e δίκη [*diké*], "justiça"). Conforme J. S. Feinberg, o termo é usado para referir-se às tentativas de justificar os caminhos de Deus com os homens. Feinberg ainda afirma que uma teodicéia bem sucedida resolve o problema do mal para um sistema teológico e demonstra que Deus é todo-poderoso, todo-amoroso e justo, a despeito da existência do mal.[1]

Se tal questão mostra-se explícita na história do pensamento teísta, é de se esperar que a mesma já tenha sido motivo de reflexão no mais remoto passado. Devido ao caráter tautológico e evidente do problema, não seria difícil encontrar algum texto que tratasse do mesmo já na antiga religião de Israel. É exatamente aqui que iniciaremos nossa reflexão, encontrando no livro do profeta Habacuque, que, ao lado do livro de Jó e de alguns textos mais relevantes ao assunto, representa um dos poucos trechos da literatura vétero-testamentária preocupado com tal problema de modo explícito.

Ao iniciarmos uma breve abordagem sobre a questão da teodiceia, torna-se necessário levantar algumas perguntas básicas sobre o assunto: o que é o mal? Qual o sentido dessa palavra? Como a entende o Antigo Testamento?

Para iniciar tal investigação, podemos a princípio levar em conta a ocorrência do termo correspondente a mal no Antigo Testamento. A palavra hebraica רַע (ra') e seu feminino רָעָה (rā'â) têm o sentido de mal, miséria, calamidade, desgraça, erro e mal ético.[2] A raiz hebraica ainda desdobra-se em outros termos: o verbo רָעַע (rā'a'), ser mau, ser ruim e o substantivo רֹעַ (ro'a), maldade.[3]

Sabe-se que adjetivos cognatos da raiz r'' ocorrem em acadiano (raggu, "mau", "ruim") e em fenício. A raiz também ocorre em ugarítico, (cf. AisWUS nº 2533). O significado essencial da raiz em razão é constatado em sua justaposição frequente com a raiz ôb. Em Deuteronômio lemos: "Vê que proponho hoje a vida e o bem [ôb], a morte e o mal [ra']" (Dt 30.15). Com frequência essas duas palavras ocorrem na antítese, em que se faz distinção entre "bem e mal" (2 Sm 14.17; 19.35 [36]; 1 Re 3.9; Is 7.15; cf. aqui a "árvore do conhecimento do bem e do mal", Gn 2.9, 17). A avaliação do comportamento se dá mediante a fórmula "aos olhos de". Pecar contra Deus é muitas vezes descrito como "fazer o mal aos olhos de Javé". A raiz pode ter conotação tanto passiva quanto ativa: "infortúnio", "calamidade", de um lado, e "perversidade", do outro. Pode ocorrer em contextos profanos, "ruim", "repulsivo", e em contextos morais, "mal", "injustiça".

No caso da tradução grega, a LXX traduz o termo hebraico por κακός (kakós) e πονηρός (ponerós).[4] O termo κακός (kakós) tem dois sentidos básicos: (a) mal físico,

---

[1] J. S. Feinberg, "Teodicéia", em Walter A. Elwel (ed.), Enciclopédia Histórico-Teológica da Igreja Cristã. vol. 3 (São Paulo: Vida Nova, 1990), p. 446-451. No processo histórico de secularização do Ocidente, o problema do mal se tornou uma das grandes acusações da insuficiência racional da Bíblia e da cosmovisão judaico-cristã. Esta perspectiva iluminista tem decaído nas últimas décadas, desde que o existencialismo e a fenomenologia têm servido de base para as últimas abordagens científico-filosóficas.
[2] Brown, Driver and Briggs, Hebrew-English Lexicon of the Old Testament (Oxford: Clarendon Press, 1905), p. 967-969. Cf. também, G. Helbert Livingstone, "רָעָה (rā'a)", em R. Laird Harris, Gleason L. Archer, Jr. e Bruce K. Waltke, Dicionário Internacional de Teologia do Antigo Testamento (São Paulo: Vida Nova, 1994), p. 1441-1445.
[3] Cf. G. Helbert Livingstone, "רֹעַ (rā'a)", p. 1441.
[4] E. Achilles, "Mal", em Colin Brown e Lothar Coenen (eds.), Novo Dicionário Internacional de Teologia do Novo Testamento. vol. 3 (São Paulo: Vida Nova, 1983), p. 117-124.

muitas vezes relacionado com um castigo divino (Dt 31.17), embora Deus também seja apresentado como um protetor contra o mal (Sl 23) e esteja sempre no controle da situação e (b) mal moral, sempre no sentido concreto do termo (Mq 2.1). Já o termo πονηρός (*ponerós*) adquire outras nuances de sentido: "imprestável", "de pouco valor", "danoso", "depravado", "corrupto". Tal levantamento lexical confirma que o termo tem dois sentidos fundamentais: mal físico e mal moral. Para melhor distinção, iremos considerar o primeiro mal como sofrimento – neste caso, estaríamos diante do problema específico do sofrimento; já o mal moral, denominaremos apenas mal, referindo-nos ao sentido filosófico-teológico que o termo já tem tradicionalmente recebido. É absolutamente certo que o sentido de mal moral no Antigo Testamento é apresentado por uma grande quantidade de termos, dentre os quais destacam-se os termos que trazem a ideia de pecado e iniquidade vistas, por exemplo, em חָטָא (*ḥāṭā'*) e עָוֹן (*'āwôn*).[5]

Todavia, não pretendemos nos alongar detalhadamente sobre tais ocorrências, pois interessa-nos, a princípio, a ideia geral de mal, levando em conta especialmente o mal moral, problema crítico para qualquer sistema monoteísta. Muitos teólogos e filósofos discutem a questão do mal metafísico ou inerente à criatura. Ainda que não seja objetivo desse capítulo tratar desse conceito, devemos dizer que este se refere à finitude e contingência dos seres criados, que lhe dão um status perene de imperfeição.

FATORES A SEREM CONSIDERADOS SOBRE O MAL

Millard Erickson procura demonstrar a necessidade de reavaliarmos o conceito de mal, antes de considerarmos a objetividade absoluta de sua existência.[6] A questão é que se faz necessário estabelecer um padrão de julgamento do que é ou não é mal. Isso não significa negar a existência do mal, mas sim perceber a possibilidade de algo denominado mal não ser totalmente mau ou, de outro ponto de referência, não o ser de modo algum. Dois são os fatores a serem considerados: (a) referencial; (b) tempo.

Parece que boa parte do que costumamos chamar de mal provém de um ponto de vista basicamente hedonista. Qualquer acontecimento que traga sofrimento, desconforto e desagrado é percebido como mal. Tal raciocínio exige que, *a priori*, identifiquemos o bem com o prazer. Do ponto de vista fenomenológico, no universo em que nos encontramos, seria difícil provar que todo prazer (mesmo do ponto de vista de quem o sente) é necessariamente bom. Desse raciocínio decorre a necessidade de procurar algum ponto de referência mais seguro e objetivo, através do qual poderemos chamar algo de bom ou mau. Levando em consideração a pressuposição teísta de um absoluto pleno,

---
[5] Uma boa descrição de termos sinônimos e correlatos de רַע (*ra'*) aparecem em R. B. Girdlestone, *The Synonyms of the Old Testament* (Grand Rapids: Baker Books, 1983), p. 91-102.
[6] Millard Erickson, *Christian Theology* (Grand Rapids: Baker Books, 1986), p. 411-432.

poderíamos argumentar que aquilo que parece mal a um ser humano, principalmente de acordo com uma perspectiva hedonista, pode muito bem não sê-lo, se julgado pelos padrões do divino ou de outrem. Partindo de uma pressuposição teísta, teríamos de, por exemplo, julgar o mal em função do que Deus diz, e não do que pensamos ser mal, para termos à nossa disposição um critério menos subjetivo de juízo.

Outro elemento relativizador do que chamamos de mal, pelo menos do ponto de vista da própria experiência sensível, é, sem dúvida, o tempo. O conteúdo empírico de nossa existência muitas vezes aponta para uma mudança em nosso juízo do que é mal. Determinados acontecimentos tristes e ruins são posteriormente reconhecidos como benéficos e positivos. Assim, um mesmo fato recebe juízos de perspectivas diferentes, dependendo do ponto em que nos encontramos na linha do tempo. O sofrimento momentâneo de uma cirurgia parece compensador se o futuro nos devolve a saúde restaurada.

Apesar da veracidade de tais fatores, não se deve apressadamente considerá-los como uma negação absoluta e total da existência objetiva do mal. A negação total desta realidade empírica parece-nos deveras unilateral, e até mesmo forçada, pelo menos em função da experiência do sofrimento atestada universalmente em todas as culturas. A importância desses elementos é-nos útil para, no mínimo, considerarmos mais ponderadamente o julgamento apressado e irrefletido do que é o mal. Assim, temos dois problemas básicos que se nos apresentam: um seria determinar o que é mal, o que só pode ser feito em função de um referencial estabelecido; o outro seria levar em conta a universalidade da experiência do sofrimento, que aponta para a realidade dura do mal, pelo menos do ponto de vista da experiência humana imediata, algo deveras corroborado pelo bom senso.

AS SOLUÇÕES DADAS AO PROBLEMA DO MAL

Antes de qualificar o mal como problema, é necessário reconhecer que nem sempre ele seria considerado um problema no sentido filosófico do termo. Cabe aqui citarmos as palavras do erudito australiano Francis Andersen: "A rigor, a desgraça humana, ou o mal em todas suas formas, é um problema somente para a pessoa que crê num Deus único, onipotente e todo amoroso". Isso significa que as diversas cosmovisões distintas do teísmo não enfrentam um dilema, no sentido de terem de explicar a existência do mal.[7] O mal, como o entendemos, recebe apenas explicações das diversas cosmovisões não teístas, sendo um problema parcial no que diz respeito ao sofrimento, mas quase nunca no sentido lógico e moral. Assim, passemos às diversas respostas dadas ao problema conforme resumidas por Norman Geisler, levando em conta o aspecto do conteúdo, e

---

7   Francis I. Andersen, *Jó; Introdução e Comentário* (São Paulo: Vida Nova & Mundo Cristão, 1984), p. 62.

não o referencial histórico.[8]

Posições que negam parte do problema
O ilusionismo: a negação da realidade do mal. Normalmente encontrado em conceitos monistas e panteístas. A tensão entre Deus e o mal é resolvida pela negação de uma das partes, o mal. A cosmovisão hindu, o filósofo grego Zenão e Baruch Spinoza são exemplos desta perspectiva. A dificuldade para o ilusionista é provar que os sentidos não merecem nenhuma confiança, visto que eles apontam para a existência objetiva do mal. Além disso, por que tal suposta ilusão parece tão real, é tão comum e se mostra persistente na história humana? Quais conhecimentos nos levaram a tal conclusão? Por que esta conclusão também não é ilusão?

O ateísmo: a negação da realidade de Deus. Os ateus se colocam em uma posição diametralmente oposta à dos ilusionistas. Afirmam a realidade objetiva do mal, tão percebida pelos sentidos, e negam a existência de Deus, cuja realidade seria incompatível com o mal. O pensamento ateísta pode ser principalmente verificado nos últimos dois séculos da história da filosofia ocidental e se encontra em nítido declínio, provavelmente por ser um posicionamento bastante radical.[9] Os argumentos ateístas podem ser basicamente divididos da seguinte forma: (a) Deus e o mal são mutuamente excludentes; se o mal existe, logo Deus não pode existir; (b) se Deus existisse, ele não seria Deus propriamente dito, pois carece de bondade, visto que a existência do mal aponta para isso; (c) se Deus existisse, ele não seria Deus propriamente dito, pois carece ou de onipotência ou de bondade, visto que não pode ou não quer eliminar o mal. Os teístas reconhecem o peso lógico destes argumentos e procuram apresentar algumas respostas. A primeira tentativa de responder a questão começa pela pergunta: por que Deus e o mal seriam mutuamente excludentes? As respostas teístas apontam para certa oposição entre Deus e o mal, o que difere de uma contraditoriedade plena no nível da existência objetiva. Assim, os teístas apontam para a origem do mal, lembrando que o mal sempre seria uma possibilidade, visto que Deus criou seres dotados de vontade livre. A única saída lógica para a impossibilidade plena do mal seria a inexistência de seres pessoais livres, o que nos daria um universo absolutamente mecanicista e composto de seres impessoais, destituídos de qualquer arbítrio. Seguindo o raciocínio, numa perspectiva teísta de

---

8 Norman L. Geisler, *The Roots of Evil* (Grand Rapids: Zondervan, 1978).
9 Apesar de ateus ilustres recentes, como José Saramago e Richard Dawkins, de modo geral o ateísmo tem-se se enfraquecido no mundo ocidental. Para o reaparecimento do ateísmo no cenário contemporâneo, cf. R. Alberth Mohler, *Ateísmo remix* (São José dos Campos, SP: Fiel, 2009). A perspectiva iluminista-racionalista tem dado espaço a uma atitude menos hostil para com a religião. Percebe-se até mesmo um misticismo crescente no mundo ocidental. Tem ocorrido certa revisão epistemológica em várias ciências humanas, levando em conta os aspectos do homem conhecidos como não-racionais. Até mesmo na psicologia surgiu uma escola, já conhecida como a terceira escola de Viena, que defende a ideia de um inconsciente transcendental. O criador desta escola, Viktor E. Frankl, escreveu uma obra básica de logoterapia, chamada *A presença ignorada de Deus* (Petrópolis, RJ: Vozes & São Leopoldo, RS: Sinodal, 1992). Há uma boa dose de crítica do ponto de partida da psicanálise clássica.

abordagem do problema, a resposta é que Deus permite o mal, mas não é a causa imediata do mesmo. Segundo os teístas, ele assim procede por ter alguma razão em sua própria soberania, que certamente é boa e nos é desconhecida.

Fica claro que tais argumentos têm sua força em função da pressuposição da qual se parte: há um Deus bondoso e onipotente que assim se revelou aos homens. Contudo, a despeito dessa pressuposição, deve-se reconhecer que a posição teísta encontra dificuldades diante da questão.

Posições que admitem a realidade de ambos

O teísmo: Posição classicamente representada pelo monoteísmo reconhecido historicamente no judaísmo, cristianismo e islamismo.[10] As respostas teístas já foram basicamente apresentadas, mas devemos concluir dizendo que o teísta crê que Deus usa o mal para fins bons. Deus permite o mal para produzir um bem maior. O teísmo reconhece que não possui todas as respostas para a questão, mas percebe que nenhum outro sistema fica isento de dificuldades e entende que, pelo menos até este momento da história, a questão tem um aspecto supra-racional.

O dualismo: O bem e o mal são dois princípios que coexistem em eterna oposição entre si no universo. Tal é a posição da religião persa masdeísta ou zoroastrista e também do maniqueísmo. O argumento dualista baseia-se na falta de ponto de intersecção entre o bem e o mal, termos antípodas. Se os dois existem, segue-se que têm origens distintas. Além disso, o dualismo acusa o teísmo de implicar que Deus seria o autor do mal, se a contraditoriedade entre os dois princípios não for preservada.

Os teístas respondem a estas questões argumentando que o mal pode ter início no bem, embora isto seja incidental e nunca essencial. Não há uma derivação, em termos de essência, do bem para o mal. Alguém pode ferir ou matar seu amigo acidentalmente, quando procurava fazer algo de bom. Além disso, teístas negam a existência do mal, afirmando não ter este substância. Aqui entra o argumento de Agostinho contra o maniqueísmo, que tenta mostrar que o mal não tem existência ontológica, mas é apenas privação ou ausência do bem.[11] Segue-se que o mal não tem existência em si, ainda que seja absolutamente real. Para exemplificar é usado o argumento que afirma ser impossível existir um objeto totalmente enferrujado, porque ele simplesmente deixaria de existir. Assim como a ferrugem (elemento que destrói) existe em função do ferro,

---

10 No islamismo a ênfase na transcendência divina diminui a necessidade de um teodiceia. Cf. Kenneth Cragg, *The House of Islam* (Dickenson, Belmont, 1969). Todavia há nos textos mais antigos um esforço para explicar a razão do sofrimento. Apesar de o Corão enfatizar a soberania e o controle absolutos de Deus (*Surah* 6.125; 61.5), há sinais claros de uma teodiceia islâmica: o ímpio é responsável pelo mal que escolheu (*Surah* 2.24; 4.80); o sofrimento é visto como provação (29.1; 3.165) e há uma expectativa escatológica baseada na justiça retributiva (9.74; 75.23).

11 Além disso, Agostinho apresenta o problema do mal incluindo, além do mal moral e o mal físico, o mal metafísico-ontológico. Cf. Giovanni Reale, e Dario Antiseri, *História da Filosofia*. vol. 1 (São Paulo: Paulinas, 1990), p. 455-456.

também o mal existe apenas em função do bem.

O finitismo: O bem não tem poder infinito sobre o mal. É a posição deísta. Baseia-se no fato de o mal ainda não ter sido destruído. A resposta teísta é a mesma dada ao ateísmo.

O necessitarianismo: Deus não pode evitar a criação de um mundo mau. O argumento dessa posição baseia-se na ideia de que Deus tinha necessidade de criar um mundo, o qual ele não podia impedir que fosse mal. A fraqueza dessa posição, segundo os teístas, é que, sendo Deus um ser necessário e todos os outros contingentes, por que teria ele precisado criar o mundo, e ainda mais, um mundo mau? Deus, por definição, não tem necessidade de coisa alguma e jamais teria sido obrigado a criar algo mau.

O impossibilismo: Deus não poderia prever o mal. Tal teoria vale-se do argumento de que há seres livres e que, tendo Deus criado os mesmos sem o mal, não tinha como prever que eles usariam sua liberdade para fazer o mal. A fraqueza do argumento está na rejeição *a priori* da onisciência divina e do fato de que o Deus crido pelos teístas não está sujeito ao tempo, mas sim acima do mesmo.

Este é o posicionamento do teísmo aberto, que tem a ver com certa aproximação entre o pensamento teísta e panteísta, que resulta numa tendência filosófico-teológica conhecida como panenteísmo. O panenteísmo afirma que o universo é Deus, mas Deus é mais do que o universo. Além disso, ressalta a importância do fluxo do tempo, numa espécie de retomada contemporânea de Heráclito. No contexto judaico, essa tendência pode ser vista em autores como os rabinos Harold Kushner[12] e Abraham Heschel.

A nova tendência ganhou contornos também no pensamento protestante, conhecido pela designação de teologia do processo, movimento que ganhou força nos Estados Unidos nos anos 1930. Seus principais representantes foram Charles Hartshorne, Alfred Whitehead e John Cobb. Os proponentes da teologia do processo enfatizaram que a realidade é um fluxo permanente, e que o próprio Deus está inserido neste fluxo. Deus está dentro da história e do tempo e não acima dele. Como se vê, acabaram adotando uma perspectiva panenteísta, onde Deus se confunde com a natureza, ainda que seja maior do que ela, afastando-se da teologia cristã histórica. Portanto, a ideia sugerida é que Deus é um ser mutável e que está numa espécie de processo evolutivo. Na busca de uma refutação de uma metafísica estática, a teologia do processo define como categoria absoluta o fluxo do tempo. Deus está subordinado a este, e deixa de ser o Deus, no sentido bíblico do termo, onisciente e onipotente.

O movimento do teísmo aberto surgiu como filho da teologia do processo, como um reflexo deste no meio protestante norte-americano. Começou no meio adventista, com Richard Rice, e tem como principais defensores teólogos como John Sanders e Clark

---

12 Harold S. Kushner, *Quando coisas ruins acontecem com as pessoas boas* (São Paulo: Nobel, 1991).

Pinnock, que foram muito questionados e quase excluídos da tolerante *Evangelical Theological Society*.

Vale ressaltar que, do ponto de vista da história da teologia, o teísmo aberto representa uma reação exagerada contra a teologia calvinista. A ideia básica dos novos teólogos americanos é que Deus decidiu abrir mão de sua soberania e da sua onisciência e resolveu não saber e controlar o futuro. Num processo de auto-limitação, Deus passa a ter seus atributos inoperantes. Em resumo, Deus "abriu mão de ser Deus". Na verdade, eles rejeitam a teologia cristã histórica e passam por cima de centenas de textos bíblicos que afirmam atributos essenciais de Deus, como vemos na literatura poética bíblica, ignorando a dialética hebraica bíblica e desconhecendo a realidade do mistério.[13]

Ainda que o intuito original da teologia do processo e do teísmo aberto fosse apologético, na medida em que a ideia original era defender Deus de ser responsabilizado pelo sofrimento que há no mundo, o resultado foi a negação do teísmo cristão clássico, negando a onipotência e onisciência divinas.[14]

O PROBLEMA DO MAL NO LIVRO DE HABACUQUE

Introdução ao livro

Infelizmente, nada temos de concreto a respeito do profeta, além de seu próprio livro. Com um nome que provavelmente significa *abraço*, o profeta Habacuque deve ter presenciado o declínio do império assírio e decadência moral do reino de Judá após a morte do rei Josias, em 609 a.C. Conforme observa Schultz,[15] quando cita Pfeiffer e Young, o período de 609 a 605 a.C traz um apropriado pano de fundo para a mensagem de Habacuque. Há conjecturas sobre a possibilidade de o profeta ter pertencido a uma família sacerdotal, o que lhe possibilitaria exercer algum papel religioso no Templo. Contudo, nada pode provar de modo definitivo tal afirmação.

O texto de três capítulos da profecia tem sido considerado por muitos uma unidade. O problema principal é o terceiro capítulo, que difere muito dos dois primeiros e está

---

13 Cf., por exemplo: "Conheces as nossas iniquidades; não escapam os nossos pecados secretos à luz da tua presença" (Sl 92.8); "Antes mesmo que a palavra me chegue à língua, tu já a conheces inteiramente, SENHOR" (Sl 139.4); "Para onde poderia eu escapar do teu Espírito? Para onde poderia fugir da tua presença?" (Sl 139.7); "Sei que podes fazer todas as coisas; nenhum dos teus planos pode ser frustrado" (Jó 42.2).

14 Veja os seguintes livros sobre o tema: John Piper, Justin Taylor e Paul Helseth, *Teísmo aberto;* uma teologia além dos limites bíblicos (São Paulo, Vida, 2006); Douglas Wilson (org.), *Eu (não) sei (mais) em quem tenho crido;* a falácia do teísmo relacional (São Paulo, Cultura Cristã, 2006); John Frame, *Não há outro Deus;* uma resposta ao teísmo aberto (São Paulo, Cultura Cristã, 2006); Bruce A. Ware, *Teísmo aberto*: a teologia de um Deus limitado (São Paulo: Vida Nova, 2010); R. K. McGregor Wright, *A soberania banida;* redenção para a cultura pós-moderna (São Paulo: Cultura Cristã, 1998); Franklin Ferreira & Alan Myatt, *Teologia Sistemática*: Uma análise histórica, bíblica e apologética para o contexto atual (São Paulo: Vida Nova, 2007), p. 308-310, 337-339.

15 Samuel Schultz, *A História de Israel* (São Paulo: Vida Nova, 1977), p. 388. Um bom resumo sobre a questão de data, composição e identificação é encontrado em Aage Bentzen, *Introdução ao Antigo Testamento*. vol. 2 (São Paulo: ASTE, 1968), p. 170-172.

ausente no comentário dos manuscritos do Mar Morto. No entanto, dentre os eruditos que defendem a unidade do livro, destacam-se alguns nomes como Sellin-Fohrer e Eissfeldt, conforme discutem Schökel e Diaz.[16]

O conteúdo do livro pode ser basicamente assim dividido:

1. Título Introdutório (1.1)
2. Primeira pergunta: Por que Deus permite a injustiça? (1.1-4)
3. Primeira resposta: Os caldeus serão o instrumento de castigo de Deus (1.5-11)
4. Segunda pergunta: Como pode um Deus santo e justo usar ímpios ao seu serviço? (1.12-1.17)
5. Segunda resposta: Deus também punirá os caldeus. O justo vive pela fidelidade (2.1-4)
6. Cinco ais contra a injustiça (2.5-20)
7. Salmo de glorificação a Deus (3.1-19)

Conteúdo do Livro

1. Título introdutório da profecia (1.1). O livro começa com a expressão הַמַּשָּׂא (*hammaśśā'*), o oráculo. O sentido literal do vocábulo hebraico é "um peso a ser suportado". O termo introduz uma mensagem de julgamento, embora nem sempre isso aconteça conforme nos informa Theo Laetsch.[17] Já aqui existe uma introdução ao problema da percepção do mal. Há um peso, um julgamento, o que pressupõe a presença do mal e aponta para um sofrimento em função da mesma. O profeta viu este peso. Isto é sobremodo interessante, visto que o verbo חָזָה (*ḥāzâ*) e seus correlatos são particularmente importantes para a literatura apocalíptica; na maior parte das vezes, a introdução a um livro bem característico da literatura profética apresenta a expressão וַיְהִי־דְבַר יְהוָה (*wayəhî dəbar-yəhôwâ*), "e veio a Palavra de YHWH". Neste ponto, Habacuque já mostra sua peculiaridade e particularidade em relação aos outros livros proféticos. Seu conteúdo, ênfase, época e terminologia apontam para o início de transição de uma ênfase profética propriamente dita para uma ênfase apocalíptica em Judá.

2. Por que Deus permite a injustiça? (1.1-4). Habacuque dá início a seu primeiro questionamento a Deus por meio de uma expressão tremendamente séria: até quando, עַד־אָנָה (*'ad-'ānâ*)? Lembremos que quem costuma usar esta expressão é o próprio Deus quando repreende o povo de Israel (Nm 14.11); aqui, porém, encontramos o profeta dirigindo-se

---

16 L. A. Schökel, e J. L. Sicre, Dias, *Profetas II* (São Paulo: Paulinas, 1991), p. 1125. Dentre os eruditos que rejeitam o terceiro capítulo como parte da obra original, vale citar William Hayes Ward, "Habakkuk", em *The International Critical Commentary* (Edimburgo: T. & T. Clark, impressão de 1985).

17 Theodore Laetsch, *The Minor Prophets* (St. Louis: Concordia, 1956), p. 293-294. Conforme a discussão de Laetsch apresentada no início de seu comentário sobre Naum.

ao próprio Deus desta maneira inusitada. Habacuque prossegue em sua queixa, perguntando a YHWH até quando clamará a Deus contra a violência (ações cruéis), e Deus não só não o ouvirá como também o faz ver a iniquidade, a opressão. Toda espécie de perversidade social está diante de Habacuque.

Este livro mostra-se inicialmente muito peculiar. Sendo um livro profético espera-se que o autor comece com uma palavra do Senhor. Todavia, o נָבִיא (*nābî*)[18] não começa com nenhuma palavra vinda de Deus, nem com uma visão celestial. Pelo contrário, enquanto os livros proféticos sempre têm em sua introdução a mensagem do SENHOR, Habacuque inicia um diálogo com Deus, no qual ele começa a questionar a Deus, de modo a responsabilizar o SENHOR Deus pela problemática moral encontrada na sociedade judaica de sua época. A presença de um fato tão inusitado, isto é, aquilo que quanto à estrutura deveria ser a Palavra do SENHOR, aqui é trocada por uma queixa veemente que nos leva a propor a possibilidade de que a própria queixa à permissão divina do mal que faz sofrer o profeta é algo vindo da parte de Deus. Através da própria dor proveniente da presença do mal, há um discurso silencioso vindo de Deus, diante do qual o profeta reage. A grande maioria dos que encontraram a Deus em suas vidas testificam que uma experiência de sofrimento teve forte participação em tal encontro. Portanto, ainda que não haja discurso explícito, há um salutar voltar-se da parte do profeta para Deus, um voltar-se vivo, demonstrado por um discurso intenso.

A reação do profeta é o resultado de sua percepção do que ocorre à sua volta. Seu pano de fundo é de alguém que conhece a revelação dada na lei, onde a santidade e vontade divinas são expostas. Possuindo este conhecimento em face de uma sociedade que se corrompe e nega os preceitos divinos, Habacuque entra numa tensão forte, percebendo a realidade do mal. É por demais importante reconhecer que aqui a presença do mal não é percebida apenas como um problema filosófico. Em oposição a uma mentalidade mais helênica, a percepção hebraico-semítica da realidade concreta do mal se dá mediante uma reação de perplexidade, cheia de emotividade e aborrecimento, sem fazer uma separação entre a percepção racional e a emotiva, o que parece indicação forte de certa unidade psicológica do homem bíblico. Tal atitude atinge o homem por inteiro, de modo que sua racionalidade em plena ação conjunta com todo seu ser argumenta com o SENHOR. Habacuque parte de um referencial monoteísta, onde Deus é o fundamento da realidade. Sua unidade resgata parte da problemática de toda complexa fragmentação e a multiplicidade da realidade fenomenológica. Se há tal relação entre toda a realidade e seu Criador, a razão de tudo só pode estar em Deus. Assim, Habacuque manifesta sua indignação e incompreensão diante de Deus, questionando: "Por que isso acontece? E por que tu me fazes

---

18 Uma leitura rápida e útil para a compreensão dos profetas encontra-se em Ballarini, T. e G. Bressan, *O profetismo bíblico* (Petrópolis: Vozes, 1978).

perceber tudo isso?" Cabe aqui notar que Deus não tem um papel de providência impessoal e inflexível em relação ao profeta; ao contrário, como pode ser notado em vários salmos, aqui também o profeta relaciona-se com o Criador mediante palavras que manifestam em plena sinceridade sua percepção da realidade revelada e da realidade cotidiana. A reclamação da ausência de harmonia entre as duas realidades é levada perante Deus. Deus não o repreende por isso nem o censura. Talvez isso mostre o tipo de relação de Deus com o profeta pouco levada em consideração: YHWH permite a plena expressão pessoal do profeta, o que já é parte da percepção do mal permitida pelo SENHOR. Daí o sentido da ausência da censura. Trata-se de uma relação pessoal, eu-tu,[19] e não de uma relação com uma ideia abstrata, uma divindade aristotélica. Ele é YHWH, o Deus de Israel.

O profeta termina sua queixa, mostrando os resultados caóticos da presença do mal social. A lei não é levada a sério, é quebrada, pois o perverso faz tudo o que deseja contra o justo, o qual não possui respaldo da justiça. Todo verdadeiro ser humano, pela própria *imago Dei* que nele está, deve conservar a excelente qualidade de indignar-se diante do erro e da injustiça. Habacuque demonstra isso claramente. Ele não está morto. Sente a realidade do mal, volta-se a Deus em sinceridade clamando por solução e, de modo mais impressionante ainda, dentro da tensão que o mal lhe causa, ele não propõe uma ruptura com Deus. Na trajetória da filosofia ocidental, percebe-se como esta ruptura se dá. Pode ser verificada no ateísmo que nega a Deus, afirmando, por outro lado, a realidade do mal. Já uma perspectiva ilusionista falha por um processo de alienação, afirmando apenas a divindade, mas negando o mal. O profeta permanece na tensão, reconhece os dois lados do problema e recorre ao SENHOR.

3. Deus responde: os caldeus serão meu instrumento de justiça (1.5-11). A resposta divina não tarda e chega a Habacuque, convidando-o a olhar para o futuro, quando Deus iria agir para resolver a questão proposta pelo profeta. A obra seria tão eficiente que dificilmente seria possível crer que viesse a se realizar. Deus aponta para o futuro, o desenrolar da história, quando levará a efeito seus propósitos. YHWH confirma que não está ignorando o que ocorre e que logo irá agir. A grande dificuldade é que a resposta divina não cabe nas expectativas do profeta. Os termos hebraicos apontam para uma obra de fato divina que está para ocorrer.[20] Deus afirma que os injustos dentre o povo sofrerão de modo terrível nas mãos dos caldeus.[21] O castigo cairá sobre Judá, que tem diante de si o quadro descritivo terrível dos caldeus.[22] O texto aparentemente coloca, de propósito, alguns elementos

---

19 Vale citar a obra clássica de Buber sobre esta questão. Martin, Buber, *Eu e Tu* (São Paulo: Cortez & Moraes, 1977).
20 Cf. Laestsch, *Minor Prophets*, p. 319, "Grammatical Notes".
21 Os caldeus têm sido considerados os inimigos mais prováveis pela maioria dos eruditos. A questão é suficientemente discutida em Schökel e Dias, *Profetas II*, p. 1124. As demais opções para identificar o inimigo são: os assírios, os egípcios, as tribos árabes do norte, os persas, os gregos, os selêucidas e até um inimigo mítico.
22 Uma descrição razoável em língua portuguesa sobre os caldeus, explicitando melhor o pano de fundo do inimigo, encontra-se em W. G. Kunstmann, *Os Profetas Menores* (Porto Alegre; Concórdia, 1983), p. 129-130.

evidentemente chocantes. Os caldeus, instrumentos de justiça de YHWH, "apoderam-se do que não é seu" (v. 6), "criam o seu direito e dignidade" (v. 7), "fazem violência" (v. 8), o que é condenado no versículo 2, "amontoam terras, tomando-as" (v. 10) e "são culpados, tendo a si mesmos (sua força) como deus". Que resposta impressionante! A descrição ressalta diversos aspectos da perversidade caldaica, culminando em um elemento de idolatria de si mesmo. Devemos perceber o quão difícil é para o profeta receber uma resposta como essa. Vale ainda aqui lembrarmo-nos da análise de Kaufmann, quando afirma que o problema do profeta é mais profundo, pois "o que o angustia não é tanto a existência do império pagão, mas, sim, o motivo que seu êxito apresenta para a fé nos ídolos".[23] Como pode o povo de Deus ser derrotado por um exército de idólatras?

Assim, podemos perceber que, do ponto de vista da obra, não há nenhum imediatismo divino para dar resposta ao problema do mal. O método usado no livro é o da complicação do problema. Por que razão? É difícil responder. Poderíamos arriscar-nos a dizer que Deus responde como quem diz: "O que você vê é problema? Você ainda não viu nada! Agora você vai ver problema de verdade!" Deus não se defende. O problema do mal parece não abalá-lo de modo que seja necessário defender-se rapidamente. Pelo contrário, ele faz com que a realidade histórica subsequente se torne ainda mais difícil de ser compreendida pelo profeta. A metodologia apologética divina é um pouco diferente e nada imediatista. Além disso, abre-se espaço para a possibilidade da importância da demora. Talvez essa demora tenha um papel importante para a própria estrutura psicológico-espiritual do profeta; isso pode significar que ela tem um papel a ser cumprido na "digestão" da lição divina por parte do profeta. Muitas vezes tem-se dado crédito a soluções claras, "evidentes" e rápidas. Pode ser que a verdadeira dúvida procedente de um conflito profundo precise de um pouco de tempo para o devido amadurecimento e solução até que chegue o tempo de YHWH.

4. *Como um Deus santo pode utilizar os ímpios ao seu serviço? (1.12-2.1)*. Habacuque fica em situação difícil. Em vez de receber uma boa defesa, Deus o fez ver (veja 1.3) mais mal. Por causa disso, o profeta acredita que chegou a hora de defender a Deus com seu bom conhecimento sobre YHWH. Assim, ele começa a dar uma "boa aula de teologia" para Deus. Nos versículos 12 e 13, ele mostra a YHWH seu conhecimento sobre a santidade divina e apresenta a incoerência que está diante de seu bom senso humano comum. Se Deus é tão santo, por que se omite diante de uma injustiça maior? A expressão "não morreremos" (v. 12) tem sido muito discutida.[24] Apesar dos argumentos

---

23 Yehezkel, Kaufmann, *A Religião de Israel* (São Paulo: Edusp/Perspectiva/Associação Universitária de Cultura Judaica, 1989), p. 402.
24 Há um bom comentário de Habacuque sobre a questão textual em Ralph L. Smith, *Word Biblical Commentary 32* (Waco: Word, 1984), p. 103. Aqui, Smith prefere לֹא תָמוּת (*lō' tāmût*) em lugar de לֹא נָמוּת (*lō' nāmût*), considerando o texto um *tiqqune soferin*, i. e. corrigido pelos massoretas. Contudo, outros autores preferem seguir o Texto Massorético, entre eles Laetsch, *Minor Prophets*, p. 323-324. Veja também A. J. O. van der Wal, "*Lo' Namut*", em *Habakkuk I.12: A Suggestion*, VT XXXVIII, 4 (1988).

em contrário, o Texto Massorético tem sido considerado como uma opção legítima. A ideia é que, sendo YHWH o Deus eterno e do profeta, não é possível que Judá venha a perecer. Há aqui um pequeno grito antecipado de fé, que se baseia no conhecimento do profeta sobre Deus. Por que ele insiste em questionar a Deus e não desiste diante da tragédia? Porque, no íntimo, sua fé em YHWH é suficientemente firme para que ele tenha esperança e prossiga. Contudo, a crise do profeta acentua-se ao ponto de ampliar seu questionamento: a natureza já tem um elemento de crueldade. Vários animais, como os peixes e répteis ficam a mercê de um predador, sem defesa. Se já há algo de estranho no mundo animal (a presença do sofrimento e da morte), estaríamos nós, seres humanos, em condição semelhante? Por que Deus faz isso? Por que permite que as frágeis nações sejam engolidas por outra ímpia e poderosa (v. 17)? É interessante perceber como a dor do profeta leva-o em direção à ênfase nos possíveis aspectos de semelhança entre o homem e o animal. Ele se encontra dentro de uma perspectiva que está por um momento enfatizando a realidade do mal. Há um nivelamento "por baixo", um afastar-se da transcendência. A concentração sobre o sofrimento estabelece uma ênfase nas possíveis semelhanças do homem com aquilo que é menos nobre do que ele; os outros elementos que o distinguem, mostrando sua singularidade transcendental, parecem escapar da percepção daquele que sofre.

O profeta prossegue, descrevendo a impiedade dos caldeus e a idolatria dos mesmos. Será que isso vai continuar? A esperança de Habacuque, bem como sua perplexidade e indignação, impedem-no de desistir. Ele espera a resposta de YHWH à sua queixa como uma sentinela persistente.

5. *Deus responde: Deus também punirá os caldeus. O justo vive pela fidelidade (2.2-4).* Aqui ocorre a segunda resposta divina à queixa do profeta. A resposta vem em tom sério. A ordem é que a visão seja escrita em pedras. Escrever em pedras é de suma importância, em primeiro lugar porque se estabelece uma ligação com as tábuas da lei dadas a Moisés; além disso, denota um escrito que deve permanecer e atravessar os anos. A resposta de Deus é dada em uma visão. O que é uma visão? Parece que a maioria dos comentaristas entende que o termo חָזוֹן (*ḥāzôn*) é simplesmente um sinônimo de דָּבָר (*dābar*), podendo ser até mesmo traduzido por mensagem ou revelação. Contudo, vale a pena lembrar que há um uso predominante de חָזָה (*ḥāzâ*) e חָזוֹן (*ḥāzôn*) na literatura apocalíptica (especialmente Ezequiel e Daniel),[25] enquanto na literatura profética o uso de דָּבָר (*dābar*) e correlatos semânticos predomina. Devemos observar que a visão, aparecendo enquanto imagem, tem um caráter determinado, tal como uma imagem, um quadro final; já a palavra tem um aspecto dinâmico e transformador.[26] Sem dúvida, tal

---

25 Cf. Ernst Jenni e Claus Werstermann, *Dicionário Teologico Manual del Antigo Testamento*. vol. 1 (Madrid: Cristianidad), p. 745.
26 Vale a pena ver uma excelente obra que discute pormenores da relação palavra/imagem em Jaques Ellul, *A palavra humilhada* (São Paulo: Paulinas, 1984).

observação é importante, ainda que não conclusiva. No entanto, o fato de a visão apontar para um tempo determinado, מוֹעֵד (*moēd*), e apressar-se para o fim, קֵץ (*qēts*), sugere a possibilidade de חָזוֹן (*ḥāzôn*) ter um sentido mais determinado, isto é, ligado à ideia mais apocalíptica. Assim, parece razoável afirmar que o livro de Habacuque já poderia ser visto como um livro profético, com elementos apocalípticos mesclados com elementos característicos da literatura profética. Devemos perceber que a resposta divina aponta para este referencial apocalíptico do fim, um elemento de ordem histórica.

Habacuque recebe uma resposta objetiva em relação ao seu grande problema: Deus controla a história e tem sob seu domínio seu desenrolar. Por conseguinte, o profeta recebe a convicção de que a visão se cumprirá com toda certeza. Por isso, a ordem dada ao profeta é simplesmente: espera. Vale a pena entender a importância desse elemento. Não se pode viver sem esperança ou expectativas. A condição do procedimento de qualquer ser humano está relacionado com sua esperança em relação ao que ocorrerá em relação a ele. O fundamento transcendental do desenrolar da história garante uma expectativa positiva ao profeta, que reconhece um desfecho justo por parte de Deus. Esta esperança parece funcionar também como um dos elementos que move o fiel em direção à prática da justiça, permitindo uma ação humana transformadora em função de expectativas tão positivas.

O versículo 4 mostra um paralelismo antitético entre o ímpio e o justo. O ímpio é apenas descrito com sua alma[27] (garganta) orgulhosa e arrogante. Ele é visto estaticamente em sua perversidade, cuja descrição parece, por si só, pesar sobre ele. Dispensam-se acréscimos descritivos aqui. Já o justo é descrito de modo mais dinâmico, ele viverá (imperfeito) pela fé/fidelidade. O elemento dinâmico está relacionado com o referencial histórico. O justo prossegue adiante, permanece. Como isto ocorre? Pela fé ou fidelidade. É importante notar que o Texto Massorético diz "pela sua fé", enquanto a LXX diz "pela minha fidelidade (fé)".[28] Tanto Paulo (Rm 1.17; Gl 3.11) como o autor de Hebreus (Hb 10.38) citam o texto no Novo Testamento omitindo o pronome. Esta indefinição parece se perpetuar até o momento. Qualquer que seja a melhor opção, ou o justo viverá por sua fidelidade a Deus ou pela fidelidade de Deus. O termo אֱמוּנָה (*'ĕmûnâ*) tem a ideia de se estar vivendo de modo fiel, firmado na Rocha, YHWH. O termo tem a ver com a ordem justa do mundo que depende de Deus para manter-se em equilíbrio; assim é necessário viver de forma a manter este equilíbrio.[29] Viver pela אֱמוּנָה (*'ĕmûnâ*) é viver desse modo. Portanto, percebe-se aqui a outra faceta da resposta divina ao profeta: o justo que age com fidelidade. O texto mostra a esperança na ação

---

27 נֶפֶשׁ (*nephesh*) tem o sentido de garganta ou goela neste versículo. Cf. Hans Walter Wolff, *Antropologia do Antigo Testamento* (São Paulo: Loyola, 1977), p. 22.
28 O texto Massorético traz בֶּאֱמוּנָתוֹ (*be'ĕmûnātō*), enquanto LXX traz em ἐκ πίστεώς μου (*ek pisteôs mou*). É fácil perceber que a dúvida estaria entre um *yod* (sufixo de primeira pessoa) e um *vav/hôlen* (sufixo de terceira pessoa).
29 Tércio Machado Siqueira, "Habacuque 2.4b e a doutrina da justificação pela fé", em *Caminhando; Revista Teológica da Igreja Metodista* 2:2 (1984), p. 14.

de Deus na história. Esta esperança provê uma condição que dá razão ao esforço do justo. Apesar disso, o outro lado da realidade, nada fatalista, apresenta como resposta ao mal o próprio justo no exercer de sua justiça. Uma resposta mui pouco filosófica, mas bastante realista. A vitória contra o mal depende, em parte, do justo. Sua vida é uma afronta ao mal, é uma "solução" para o problema do mal. Trata-se de um indicador claro da realidade divina em atuação, que provoca transformação no sentido contrário ao mal. À medida que a justiça é vivida, o mal perde espaço na realidade imediata. Portanto, a conclusão é que o problema do mal recebe mais "resposta" por meio da prática da justiça do que por meio de uma compreensão exaustiva e final da razão de sua existência.

Assim, a tensão do profeta recebe uma resposta que mantém uma tensão entre o referencial profético e o apocalíptico, entre o agir humano e a esperança no agir divino. Espera-se na ação divina na história e vive-se pela prática da justiça.

6. *Cinco ais contra a injustiça (2.5-20)*. Estes próximos versículos apresentam os ais que cairão sobre os ímpios, os caldeus, no contexto. A impiedade, voracidade, injustiça e violência são ressaltadas. Eles, porém, não escaparão ao juízo. Aqui está uma aplicação da visão. Chegará o tempo de o juízo divino acontecer. A injustiça suscita a ira. Por isso, a queda do injusto é repentina (v. 7). Toda a realidade é testemunha do mal que está gravado na memória da história (v. 11). Quando YHWH levar a efeito sua glória na terra, os povos injustos – como os caldeus – não serão mais nada. A injustiça tem vida curta. Mais cedo ou mais tarde, toda glória ímpia receberá seu fim. Só a justiça permanece, pois tem origem no Eterno. O reino da injustiça é o reino do desprezo ao semelhante, visto como objeto útil aos prazeres e interesses perversos. Este caminho conduz necessariamente ao afastamento do Eterno e à idolatria. É necessário criar-se deuses que corroborem a injustiça e o pecado. A justiça de YHWH não permite a exploração do outro como objeto de seu interesse. Deve-se observar que a idolatria funciona como espelho, onde dissimuladamente o ego é entronizado para receber adoração. Desde que os ídolos são meras criações humanas, não passam de deuses que apóiam a prática pagã, sem levá-los a questionar-se e mudar para melhor. O SENHOR, porém, é Deus verdadeiro. Todos devem reconhecer isto em silêncio reverente.

7. *Salmo de glorificação a Deus (3.1-19)*. Aquilo que começou com um peso termina finalmente como oração, um poema litúrgico, possivelmente bem musical. Alguns creem que o sentido do termo שִׁגְיֹנוֹת (*sigionote*) seja o de uma confissão de delitos inadvertidos.[30]

O conteúdo do capítulo apresenta o resultado da modificação das perspectivas do profeta em função da resposta divina. Há uma pequena introdução que relaciona o segundo capítulo com o terceiro, nos dois primeiros versículos. Aqui, Habacuque pede que

---

30 Cf. Schökel e Diaz, *Profeta II*, p. 1138.

a obra do SENHOR seja vivificada e conhecida, e que a misericórdia se ponha ao lado da ira divina. Agora, o profeta irá enfatizar a realidade de Deus, reconhecendo a necessidade e importância da mesma, o que era incapaz de perceber antes. Além disso, apresenta uma perspectiva de YHWH em tensão: Deus é aquele que se ira e que usa de misericórdia.

A partir do versículo 3, prosseguindo até o 15, vemos a descrição de uma teofania. Se Kaufmann está certo ao perceber o pano de fundo de YHWH contra os ídolos na mente do profeta, esta teofania adquire muito sentido na relação entre os dois primeiros capítulos e o terceiro. Aqui YHWH é apresentado como um poderoso guerreiro cósmico que não pode ser detido. Lembremos que o final do capítulo 2 termina com a condenação da idolatria caldaica. Não é muito difícil seguir a relação entre o fim do capítulo 2 e a teofania que surge no capítulo 3. A descrição de YHWH é tremenda e revela um estado psicológico exultante e de emoções fortes. Deus é o grande vitorioso que sai para trazer sua ira contra a injustiça com um poder tremendo. Reflexos da história corroboram tal perspectiva. YHWH já mostrou seu poder no passado, de modo que até mesmo a criação ficou abalada com tal manifestação. Agora, o profeta volta-se inteiramente para YHWH, enfatizando sua realidade e reconhecendo seus atributos. Sua mente, concentrada no problema e na dor procedentes das circunstâncias imediatas, está agora totalmente voltada para a realidade antes ocultada ao profeta por sua própria percepção parcial de tudo. O profeta prossegue até estabelecer a conexão entre Deus e sua própria pessoa, o que foi iniciado no começo do livro. Deus sai para salvar seu ungido (v. 13), o que já é uma perspectiva individualizada. No versículo 16, ele manifesta o resultado de toda esta percepção de Deus em sua pessoa. Todo seu corpo reage como algo que vai desmoronar, diante da nova percepção de YHWH. Aqui vemos igualmente um perceber integral e fortemente emotivo, tal como na queixa do profeta. As emoções fortes do profeta fazem juz ao que ele acaba de cantar.

Finalizando, os versículos 17-20 mostram a confissão do profeta, a qual conclui o livro. Habacuque aprende que a percepção do mal e o reconhecimento da intensidade deste não fazem parte da possível solução ao problema. Não se encontra uma resposta filosófica para o problema no livro. Contudo, ele entende que reconhecer a Deus e manter-se fiel a ele é a maneira de reagir contra o mal que se propaga. Assim, sua confiança persiste corajosamente, a ponto de dizer que ainda que tudo falhe, as coisas mais importantes das quais dependia a vida, como uva, azeitonas, vinho, azeite, gado, Habacuque iria alegrar-se e exultar no Deus que salva. Sua fé está firmada em um Deus que age na história e que sustenta a ordem do universo. Sua responsabilidade como justo é que ele venha espelhar este Deus de tal forma que se ofereça resistência ao mal. Ainda que haja dor e sofrimento a justiça triunfará. O espírito exultante de Habacuque é algo que se propaga e influencia.

CONCLUSÃO

Já o filósofo Descartes afirmou ironicamente que o bom senso era a coisa mais bem repartida no mundo, pois pouquíssimas pessoas se sentem carentes do mesmo.[31] Parece que este espírito tem acompanhado nossa história em muitas ocasiões. É possível que o mundo de hoje se ache sábio demais e com bom senso em excesso para escutar a voz de um profeta hebreu empoeirado por tantos séculos. Contudo, creio que vale a pena insistir em que muitos são os problemas que atravessam a história e precisam ser enfrentados constantemente pelo homem. Aqui temos o mal e o sofrimento que sempre se apresentam implacáveis na realidade concreta. Parece que a experiência de Habacuque tem muito as nos ensinar. Dentre as várias possibilidades, pretendo destacar as seguintes:

1. A concepção antropológica de unidade do ser humano deve nos ajudar a perceber que os problemas humanos não são objetos distantes e abstratos. Habacuque não fala do homem como algo distante de si. A dor é percebida como um todo em seu ser, que reage racional e emocionalmente. A percepção não é esquizofrênica.

2. As respostas imediatistas nem sempre são melhores. Ocultar o problema dificilmente ajuda. O livro mostra que Deus permite a intensificação do problema para Habacuque. Além disso, Deus ainda demora um pouco para dar a resposta. Isso deve nos ajudar a entender a profundidade e complexidade de certas questões que não podem ser solucionadas com simples fórmulas objetivas e finais.

3. A esperança de justiça real e da preservação da ordem do mundo são fundamentais para o ser humano. A esperança é o motor da vida. A resposta judaico-cristã alicerça esta esperança no monoteísmo ético. Deus precisa ser conhecido para que se tenha a fé que teve o profeta.

4. A vida do justo é uma das respostas concretas ao problema do mal. Seu proceder é um constante minimizador do mal neste mundo. Em vez de entender os detalhes do problema, é preciso, em primeiro lugar, viver com justiça e equidade.

5. Nos momentos mais terríveis e duros da vida, só poderá prosseguir adiante aquele cujo espírito puder contemplar a realidade de Deus, como o fez o profeta. A recuperação da crise se dá mediante a percepção da realidade divina. O mundo de hoje é um mundo que se esquece de Deus.

6. Tal fé verdadeira mostra-se em um espírito fortemente motivado, desde seu íntimo, e não apenas em um assentimento mental de leis e crenças destituídas de realidade concreta.

---

31 "Discurso do método" em *Descartes*. Coleção Os Pensadores. vol. 15 (São Paulo: Abril, 1973), p. 37.

CAPÍTULO 12

A COMPREENSÃO PURITANA DA INTERCESSÃO DE CRISTO

João Serafini

Como herdeiros diretos da Reforma, os puritanos viam a Palavra de Deus com o maior respeito e devoção. Por conseguinte, as doutrinas que ela contém eram altamente consideradas e estudadas com profusão. Tomemos o assunto da *intercessão de Cristo* como um exemplo de como eles lidavam com todas as preciosas doutrinas contidas nas Escrituras. Esse exemplo se torna uma lição quanto ao estilo e ao conteúdo, ensinando-nos como devemos considerar as verdades contidas na Palavra de Deus com grande solenidade, com muito cuidado, precisão e amor.

Os puritanos não se contentaram apenas em abordar superficialmente esta doutrina preciosa. Como era característico dos teólogos puritanos, eles estudaram esta doutrina amplamente, explicando com palavras vívidas e profundas a dimensão e a grandeza da realidade de que Cristo está, neste exato momento, aplicando a cruz em nosso benefício diante do Pai. John Owen chamava esta doutrina de "um artigo fundamental de nossa fé e um dos principais alicerces da consolação da igreja".[1] Por meio da intercessão de Cristo, recebemos do Pai toda graça e misericórdia de que carecemos (Hb 4.16). Em Cristo, o crente pode estar certo de que possui um "amigo na corte",[2] como disse

---
1   John Owen, *The Works of John Owen*, vol. 21 (Edinburgh: Banner of Truth, 1991), p. 538.
2   Thomas Manton, *The Complete Works of Thomas Manton*, vol. 10 (London: James Nisbet & Co., 1874), p. 248.

Thomas Manton, um amigo que ora em nosso favor.³ Foi Thomas Boston quem declarou: "Oh! que doce amigo temos na corte, por cuja intercessão aquilo que seu sangue comprou é aplicado ao crente!"⁴ Essa breve citação expressa a essência da intercessão de Cristo. É a aplicação de seu sangue à alma dos filhos de Deus. Ocorre na corte celestial. É a obra de um amigo, e não o pagamento de um advogado. É verdadeiramente amável.

Que verdade bendita! Temos o Cristo vitorioso, imaculado, exaltado diante do Pai, fazendo intercessão contínua em nosso favor, orando ao nosso querido Pai em benefício de seus próprios filhos.⁵ Podemos apenas ser agradecidos e adorá-Lo à luz desta verdade. Isso nos estimula à santidade, nos encoraja à oração e nos dá ousadia na vida cristã.

Esperamos focalizar os escritos de alguns puritanos, analisando o que eles pensavam em relação (1) à definição da intercessão de Cristo, (2) à necessidade da intercessão, (3) em que consiste (a natureza) a intercessão e, por fim, usando o vocabulário dos puritanos, (4) os vários *usos* ou aplicações desta doutrina preciosa. Em todas essas considerações, observaremos a amplitude, a seriedade e o amor dos puritanos por tudo que é revelado nas Escrituras Sagradas.

A DEFINIÇÃO DA INTERCESSÃO: EXPIAÇÃO CONTINUADA

Como uma definição básica da intercessão de Cristo, John Flavel disse: "É nada mais do que a continuação real de sua oferta realizada uma única vez na terra".⁶ Os puritanos articularam a realidade de que a morte de Cristo, embora tenha acontecido há muito tempo, possui uma realidade presente, que se torna clara para nós mediante o entendimento da doutrina da intercessão de Cristo. David Clarkson disse que Jesus "apresenta a sua morte como se as feridas ainda estivessem abertas... ela clama por misericórdia assim como o sangue de Abel clamava por vingança". E disse também que, aparecendo desse modo, Cristo apresenta sua vontade e desejo de "que seu povo tenha tudo o que seu sangue comprou".⁷

Stephen Charnock fez uma descrição básica do ofício de Cristo no céu como uma advocacia. Ele descreveu a Jesus como o "oficiante", o céu e o Pai como a "corte", nós como as pessoas em favor das quais Ele intercede, a "propiciação" como seu apelo e o mundo todo como a "eficácia de seu apelo".⁸ Flavel falou sobre a intercessão de Cristo como um "ato público de ofício", enquanto comparou a nossa intercessão pelos outros

---
3   *Ibid.*
4   Thomas Boston, *The Complete Works if the Late Rev. Thomas Boston*, vol. 4 (Stoke-on-Tent, UK: Tentmaker Publications, 2005), p. 501-2.
5   Veja Manton, vol. 10, p. 248.
6   John Flavel, *The Works of John Flavel*, vol. 1 (Edinburgh: Banner of Truth, 1997), *p.* 165. Veja também Manton, vol. 10, p. 246 e Thomas Goodwin, *The Works of Thomas Goodwin, D.D.*, vol. 4 (London: James Nisbet and Co., 1863), p. 64.
7   David Clarkson, *The Works of David Clarkson*, vol. 3 (Edinburgh: Banner of Truth, 1988), p. 145.
8   Stephen Charnock, *The Complete Works of Stephen Charnock,B.D.*, vol. 5 (Edinburgh: Banner of Truth, 1997), p. 95.

como um "ato privado de amor".⁹ Nós intercedemos por outros em nome de outrem, mas Cristo intercede por nós em seu próprio nome. Ele é o nosso "amigo na corte", enquanto Satanás é nosso "adversário na corte".¹⁰

Portanto, a intercessão de Cristo, como a segunda parte de seu dever sacerdotal, é a apresentação que Ele faz de si mesmo, pela qual a eficácia de seu sacrifício expiatório é apresentada continuamente ao Pai em favor de seus filhos.

A NECESSIDADE DA INTERCESSÃO: A PROPICIAÇÃO DE CRISTO, O PODER DE SEU APELO

Os puritanos falavam sobre o fundamento ou a razão para a intercessão de Cristo como sua *necessidade*. Havendo cumprido a primeira parte de sua obra sacerdotal (expiação), Cristo tencionou que a segunda (a intercessão) a seguisse por força de necessidade. Owen disse que "o fundamento da intercessão de Cristo é o fato de que Ele é um sacrifício propiciatório por nossos pecados". E acrescentou: "É, também, o solo da intercessão".¹¹ "Esta advocacia está alicerçada em sua oblação", disse Charnock. E explicou: "Ele é o nosso advogado porque era a nossa propiciação".¹² A obra de expiação e a de intercessão realizadas por Cristo são indivisíveis, embora não sejam idênticas. "Não são os mesmos atos, mas o primeiro ato é o fundamento do segundo, e o segundo tem conexão com o primeiro".¹³

A intercessão é necessária para que a obra sacerdotal seja completa. Flavel acrescenta força a esse conceito por dizer sobre a intercessão de Cristo no céu:

> Se Ele não tivesse feito isso, toda a sua obra na terra não teria significado nada; e tampouco Ele teria sido um sacerdote... se houvesse permanecido na terra... porque o próprio desígnio e objetivo do derramamento de seu sangue na terra teria sido frustrado, que consistia em apresentá-lo diante do Senhor no céu. Portanto, esta é a principal parte aperfeiçoadora do sacerdócio: Ele cumpriu a primeira parte na terra, em um estado de profunda humilhação, na forma de servo; mas Ele faz isso no céu para que cumpra seu objetivo em morrer e dê à obra de nossa salvação o seu último ato complementar.¹⁴

Portanto, Flavel enaltece a intercessão de Cristo como a "principal parte aperfeiçoadora do [seu] sacerdócio" e seu "último ato complementar". Assim como o sacrifício

---
9 Flavel, p. 167.
10 *Ibid.*
11 Owen, vol. 10, p. 177.
12 Charnock, p. 102.
13 *Ibid.*
14 Flavel, p. 166.

oferecido pelo sacerdote não era completo enquanto o sangue não fosse apresentado diante do altar de incenso e, uma vez por ano, diante da Arca da Aliança, assim também o sacerdócio de Cristo não se completou enquanto Ele não entrou no Santo dos Santos celestial e apresentou seu sangue ao Pai. Esse aspecto "contínuo" da obra sacerdotal é o que faz da intercessão uma *necessidade*.

Nesse sentido, Thomas Boston disse: "Porque Cristo pagou a dívida como nosso fiador, Ele é apto para argumentar o pagamento como nosso Advogado".[15] E acrescentou mais seis itens relacionados ao conceito da *necessidade* da intercessão de Cristo: (1) a comissão de Cristo – Ele foi chamado a interceder (Hb 5.5). (2) O dom de Cristo – o povo por quem Ele intercede foi um dom que o Pai Lhe deu (Jo 17.6). (3) O ofício de Cristo – a intercessão completa o seu ofício sacerdotal (Hb 7.24-25). (4) A ascensão de Cristo – a sua intercessão é um dos grandes objetivos de sua ascensão.[16] (5) O prazer de Cristo – Ele se deleita em interceder por aqueles que redimiu. Como disse Boston: "Essa parte de seu serviço é o que Lhe causa grande deleite e prazer", citando Provérbios 8.31: "*Achando* as minhas delícias com os filhos dos homens". (6) O amor de Cristo – Ele morreu em amor pelos seus. Isso sozinho deveria nos levar à conclusão de que, em amor, Ele intercede pelos seus. Boston afirmou convincentemente:

> O amor de Cristo por eles o trouxe do céu e o tornou disposto a passar por todas as tristezas e sofrimentos que, como torrentes impetuosas, se derramaram sobre Ele. E, certamente, visto que em seu amor e compaixão Ele comprou eterna redenção para eles, Ele nunca cessará de rogar que essa redenção lhes seja aplicada.

E, logo após, concluiu: "Uma vez que Ele derramou em profusão seu sangue para salvá-los, não devemos imaginar que poupará suas orações em favor deles".[17]

Portanto, a morte de Cristo fez da necessidade de intercessão uma realidade. Sem a cruz não poderia haver intercessão; tampouco a cruz poderia ser efetiva sem a intercessão. A intercessão "necessita" da cruz, mas também a cruz "necessita" da intercessão, pois seu objetivo era a redenção completa, e o comparecimento diante de Deus é uma parte de toda a obra expiatória de Cristo.

A NATUREZA DA INTERCESSÃO: AS ORAÇÕES CELESTIAIS DE CRISTO

O interesse puritano quanto à "natureza" da intercessão de Cristo se concentrava

---

15 Boston, p. 472.
16 Charnock menciona a advocacia de Cristo como "o objetivo de sua ascensão e sessão", citando Hebreus 9.24; 8.1-2; Sl 2.7-8, p. 101.
17 Boston, vol. 1, p. 474.

no que estava envolvido na intercessão e seu modo ou maneira. Eles procuravam responder a pergunta: "De que consiste a intercessão de Cristo e o que a caracteriza?" A intercessão de Cristo consiste de três coisas principais: (1) a apresentação de seu próprio sangue ao Pai, em favor dos seus; (2) a apresentação das orações dos crentes ao Pai; (3) a apresentação de suas próprias orações ao Pai em favor de seu povo.[18] O resumo de Manton é apropriado: "Cristo é, por assim dizer, uma lembrança contínua no céu para Deus, o Pai; Ele está orando para que você possa crer; Ele é, por assim dizer, o solicitante de nossa alma que comparece por nós e defende a nossa causa no céu".[19]

No que consiste a intercessão de Cristo?

Cristo apresenta seu próprio sangue ao Pai. O aparecimento de Cristo diante do Pai, "na natureza de seu povo", apresentando "os memoriais de sua morte e paixão", forma a substância da intercessão de Cristo.[20] Para ilustrar a simplicidade, mas também a eficácia, deste ato de Cristo, Boston apresenta, como o faz John Flavel, a história clássica de Amintas, que intercedeu em favor de seu irmão, Ésquilo. Amintas apenas "apareceu" na corte e, levantando seu braço, revelou a perda de sua mão por conta do serviço prestado ao seu país no campo de batalha. Isso comoveu tanto a corte a ponto de inocentar seu irmão, que estava no processo de ser condenado à morte.[21] De modo semelhante, a mera aparição de Cristo diante do Pai é suficiente para todas estas coisas: o apaziguamento do Pai, a nossa justificação, as nossas orações serem recebidas, o estabelecimento da comunhão, etc. Clarkson afirma que essa aparição acontece em nossa natureza, como nosso advogado e levando o nosso nome,[22] como o sacerdote levava o nome das doze tribos no seu peito e nos seus ombros.

Os puritanos se preocuparam em explicar que Cristo não precisa e não apela de maneira humilde e desanimada. Ele não aparece diante do Pai como um "suplicante, de joelhos", diz William Bridge.[23] Bridge nos recorda que o "forte clamor e lágrimas" de Cristo pertenciam aos "dias da sua carne".[24] "Nem por voz, nem por piedade", diz Thomas Manton.[25] E Boston concorda: "Essa orações e súplicas humildes eram adequadas apenas aos dias da sua carne, quando Ele apareceu na forma de servo e foi achado na semelhança de homem".[26] Owen afirma que o aparecimento de Cristo é "um apresentar-se com au-

---

18　Ibid. p. 469-471. Charnock tem divisões semelhantes, p. 110-115. William Bridge apresenta as mesmas divisões, p. 26.
19　Manton, vol. 3, p. 358.
20　Boston, p. 469-70.
21　Ibid., p. 470; Flavel, p. 169.
22　Clarkson, p. 145.
23　William Bridge, *The Works of the Rev. William Bridge, M.A.*, vol. 1 (Beaver Falls, PA: Soli Deo Gloria Publications, 1989), p. 372.
24　Ibid.
25　Manton, vol. 19, p. 25.
26　Boston, vol. 1, p. 469.

toridade diante do trono de seu Pai", e não com "uma súplica humilde e desanimada".[27]

Cristo apresenta nossas orações ao Pai. Baseado em Apocalipse 8.3, Manton afirma que a obra de Cristo em "apresentar nossas orações e súplicas" ao Pai é outro aspecto da natureza da intercessão de Cristo.[28] Como Boston nos recorda, nossas orações são "impuras e imperfeitas, mas o precioso mérito de Cristo, aplicado por sua intercessão poderosa, purifica-as e as aperfeiçoa".[29] E continua: "Este Advogado habilidoso coloca-as na forma e na linguagem adequada aos métodos da corte celestial e, por seu grande interesse, garante-lhes um ouvir imediato".[30] Charnock aborda esse aspecto da intercessão de Cristo dizendo que ela significa o "ato de Cristo apresentar-nos a Deus... de maneira amorosa".[31]

Portanto, mediante a intercessão de Cristo, nossas orações imperfeitas são tornadas dignas do céu. Cristo as aperfeiçoa, assim como nos aperfeiçoa, por meio de sua obra expiatória.

Cristo ora pelos seus ao Pai. Boston fala sobre as próprias orações de Cristo em favor de seu povo como o "apresentar de sua vontade e desejo ao Pai".[32] Depois de afirmar que as orações de Jesus não são semelhantes às que Ele fazia quando esteve nos dias de sua humilhação, Charnock diz: "Pode ser um tipo de petição, uma expressão de seus desejos na forma de súplicas".[33] Ele explica que essa é a natureza inevitável da oração. Em seguida, demonstra isso por acrescentar que a petição de Jesus "possui a natureza de uma reivindicação ou demanda".[34] Cristo roga por aquilo a que Ele tem "direito por aquisição, e a pessoa a quem a petição é dirigida não pode negar com justiça".[35] Pois, como Charnock ressalta, "esta demanda ou petição intercessora é acompanhada de uma apresentação dos memoriais de sua morte".[36] E a força do argumento de Cristo em suas orações é "a eficácia de sua morte, a virtude de seu sangue".[37]

Considerando mais amplamente o âmbito ou as orações de Cristo em favor dos seus, John Bunyan falou sobre a intercessão de Cristo como se Ele rogasse que (1) os eleitos sejam salvos, (2) seus pecados cometidos depois da conversão sejam perdoados, (3) as graças recebidas na conversão sejam mantidas e (4) os eleitos sejam preservados e levados em segurança ao céu.[38] Se "a oração fervorosa e eficaz de um justo pode muito"

---

27 Owen, vol. 10, p. 177.
28 Manton, vol. 19, p. 26.
29 Boston, p. 471.
30 Boston, p. 471.
31 Charnock, p. 113.
32 Boston, p. 470.
33 Charnock, p. 111.
34 *Ibid.* p. 112.
35 *Ibid.*
36 *Ibid.* p. 112-113.
37 *Ibid.* p. 113.
38 John Bunyan, *The Intercession of Christ* (Swengel, PA: Reiner Publications, s.d.), p. 9-12.

(Tg 5.16), as orações de Cristo, as orações do Servo Justo (Is 53.11), devem ser, realmente, anelada por todos!

O que caracteriza a intercessão de Cristo?
Considerar a natureza da intercessão de Cristo significa, também, descrever as suas características gerais: ela é poderosa e eterna.[39]
O poder da intercessão de Cristo. Há basicamente três maneiras pelas quais a intercessão de Cristo é expressa por autores puritanos. Uma é mediante a natureza do *relacionamento* de Cristo com o Pai. O Pai e o Filho não são estranhos um ao outro. Estão relacionados por laços íntimos de amor. O amor recíproco entre Eles é manifestado a nós por meio da paternidade do Pai e da filiação de Cristo. Essa verdade é demonstrada por Bridge, ao mostrar que Cristo tem interesse no Pai.[40] Cristo não apela como um inimigo, e sim como Filho. Bridge diz: "Grande é a retórica de uma criança, se ela tão-somente clamar: Pai; e, em especial, se for uma criança sábia, ela pode prevalecer muito diante de um pai amoroso".[41] Isso também é mostrado por Flavel, que se refere a Cristo como o Filho querido (Cl 1.13) e amado do Pai (Ef 1.6), recordando-nos a união perfeita que Ele tem com o Pai, união de vontade e de natureza (Jo 11.42). "Nesse caso, você deve lembrar", diz Flavel, "que o Pai está sob um vínculo de aliança e obrigado a fazer o que o Filho pede".[42]

Charnock fala sobre a "relação íntima de Cristo com o Pai".[43] Ele argumenta: "Assim como devia haver respeito para com Ele em relação à grandeza de sua pessoa, assim também devia haver uma afeição devida a Ele por conta da proximidade de seu relacionamento". A obediência de Cristo e a aliança com o Pai tornam "contrário às regras de justiça o negar-Lhe seus pedidos".[44] Charnock acrescenta às razões da eficácia da intercessão de Cristo o interesse que Deus tem no Filho, devido ao seu relacionamento íntimo e ao grande amor de Deus pelo Filho". Ele explica:

> Embora o relacionamento de Filho seja afetuoso, quando a qualidade da obediência é acrescentada à afetividade do relacionamento, ela amplia e intensifica a afeição paternal, tornando o Pai mais inclinável a conceder qualquer pedido que Lhe seja feito.[45]

Para Charnock, o fato de que Deus confiou ao Filho o governo de todo o mundo é

---

39 Bridge, p. 28-32, p. 376; Flavel, p. 170-1; Charnock, p. 115-124.
40 Bridge, p. 28-9.
41 *Ibid.*
42 Flavel, p. 171.
43 Charnock, p. 120.
44 *Ibid.*
45 *Ibid.* p. 121.

prova suficiente da grande afeição do Pai por seu Filho.[46]

Uma segunda maneira pela qual Cristo é poderoso em sua intercessão diz respeito à *concordância*. As intercessões de Cristo prevalecem diante do Pai porque o Pai está em plena concordância com tudo pelo que Cristo intercede. Jesus nunca tem de convencer o Pai. Aquilo que Jesus pede é exatamente aquilo que o Pai deseja dar. William Bridge afirma: "O Pai tem uma grande inclinação e disposição para com a obra pela qual Cristo intercede, como Cristo mesmo tem".[47]

Além disso, há também concordância quanto àqueles por quem Cristo intercede. Charnock diz que a intercessão de Cristo é eficaz com base nas próprias pessoas em favor das quais Ele intercede – "aqueles que são o dom especial do Pai ao Filho, tão queridos ao Pai como a Cristo".[48] "Há uma semelhança", explica Charnock, "no amor que o Pai tem por seu povo e o amor que Ele tem por Cristo".[49] E conclui: "Quando o amor do Pai pelo Advogado e o seu amor por seus clientes se unem, que sucesso glorioso pode ser esperado dessa intercessão!"[50] De fato, quão glorioso é o lugar em que estamos – amados pelo pai e amados pelo Filho, ambos com um interesse por nosso bem-estar, para a glória dEles. Somos os grandes beneficiários dessa realidade maravilhosa.

Em terceiro, Cristo é poderoso para interceder devido à sua *qualificação*. A intercessão de Cristo é poderosa simplesmente por causa de quem Ele é. A primeira razão que Charnock apresenta quanto à eficácia da intercessão de Cristo é a grandeza de sua pessoa. Ele é:

> Uma pessoa na forma de Deus, infinitamente mais sublime do que todos os grupos de anjos, uma pessoa com a qual todas as criaturas, no céu, e na terra, e milhões de mundo não podem igualar-se, sendo estes em relação a Ele menores do que um grão de areia em relação ao sol glorioso.[51]

Charnock diz mais:

> A infinita dignidade das orações de Cristo resultam de sua natureza divina, bem como do infinito valor de sua paixão; e, sendo as intercessões de uma pessoa divina, são tão poderosas como seus sofrimentos foram meritórios.[52]

De modo semelhante, a primeira razão que Flavel apresenta quanto ao "poder e

---

46 *Ibid*.
47 Bridge, p. 30.
48 Charnock, p. 124.
49 *Ibid*.
50 Charnock, p. 125.
51 *Ibid*. p. 119.
52 *Ibid*.

prevalência"⁵³ da intercessão de Cristo é a verdade de que Ele é, "em todas as maneiras, adequado e capaz de fazer a obra... O que quer que seja desejável em um advogado, Ele o possui eminentemente".⁵⁴ Seu poder como intercessor está, portanto, baseado em sua divindade.

Bridge expõe o poder da intercessão de Cristo, mostrando que Ele transcende as qualidades dos sumos sacerdotes do passado. Havendo sido tentado como o foi, Ele era "mais experimentalmente capaz... de socorrer aqueles que são tentados".⁵⁵ No que concerne à compaixão, Bridge mostra que Jesus "simpatiza plenamente conosco e, por isso, vai além de todos os sumos sacerdotes que existiram antes dEle".⁵⁶ Em comparação semelhante, Bridge mostra como Jesus é mais fiel do que qualquer sacerdote o foi.⁵⁷ Moisés era "fiel... em toda a casa de Deus" (Hb 3.2), mas Cristo era muito mais fiel do que Moisés. Os sacerdotes morriam; Jesus vive para sempre. Os sacerdotes não intercediam sempre; entravam somente uma vez por ano na presença de Deus, no Santo dos Santos. Cristo intercede continuamente. Os sacerdotes não podiam oferecer sacrifícios por todos os pecados (como os pecados insolentes, Nm 15.30), mas o sacrifício de Cristo é suficiente para perdoar os pecados de todo pecador. Portanto, Bridge conclui: "Ele é um Sumo Sacerdote que transcende todos os sumos sacerdotes que existiram antes dEle".⁵⁸ Essa transcendência torna-o um poderoso intercessor.

Entre as razões que alguns puritanos apresentavam para justificar o poder da intercessão de Cristo está o fato de que (1) Ele é divino, (2) é qualificado, pois em todas as maneiras é mais elevado do que qualquer outro sacerdote e (3) roga pelo nosso bem com base em seu sacrifício eficaz. Tal Mediador só pode ser poderoso!

A eternidade da intercessão de Cristo. Podemos argumentar que a eternidade da intercessão de Cristo é mais um fator que O torna um poderoso intercessor, como Bridge menciona ao comparar Cristo com os sacerdotes que morriam.⁵⁹ Entretanto, Charnock apresenta essa natureza fundamental da intercessão de Cristo ao lado de sua eficácia.⁶⁰ Primeiramente, ele expõe o valor da morte de Cristo: "Assim como a sua oblação possui eficácia eterna, assim também a sua advocacia tem poder eterno".⁶¹ Como Hebreus 9.12 diz, é uma "eterna redenção"; por conseguinte, diz Charnock, "uma intercessão eterna".⁶²

Em segundo, Charnock ressalta que o "exercício deste ofício tem de ser tão durável

---

53 Flavel, p. 167.
54 *Ibid.* p. 170.
55 Bridge, p. 32.
56 *Ibid.* p. 33.
57 *Ibid.* p. 34.
58 *Ibid.* p. 35.
59 Bridge, p. 34.
60 Charnock, p. 114-5.
61 *Ibid..* p. 114.
62 *Ibid.*

como o ofício em si mesmo".⁶³ O seu terceiro argumento quanto à intercessão perpétua de Cristo é a realidade de que a intercessão é parte da recompensa por seu sacrifício expiatório.⁶⁴ "Um ato que foi tão agradável a Deus, a ponto de tornar-se o motivo por que Ele deu a Cristo o despojo dos poderosos, só pode ser perpétuo". Charnock prossegue:

> Cristo, que sempre fez na terra o que era agradável a Deus, descontinuará aquilo que é tão prazeroso às profundas misericórdias de Deus? Ele não pode contemplar sua própria glória, as vestes que usa, o trono em que se assenta, os inimigos prostrados aos seus pés, sem refletir a razão de seu estado presente e ser estimulado a redobrar suas solicitações em favor de seu povo.⁶⁵

Charnock resume bem essas considerações ao dizer: "Uma ação perpétua será o resultado dessas qualidades perpétuas".⁶⁶

AS APLICAÇÕES DA INTERCESSÃO

Com base na doutrina da intercessão de Cristo, os puritanos afirmaram inúmeras verdades preciosas. Em geral, as suas muitas observações se encaixam nas categorias de (1) exortações, (2) conclusões teológicas e (3) encorajamentos. O fato de que temos a Cristo como nosso intercessor, nas qualidades e virtudes mencionadas antes, deve confortar o coração do crente, enquanto apresenta avisos solenes tanto ao crente que usa mal essa doutrina como ao incrédulo, que não tem a Cristo como seu intercessor.

Exortações

Exortações àqueles que desprezam esse Intercessor misericordioso. Em termos da advocacia de Cristo, há tristes consequências para aqueles que desprezam sua morte sacrificial. Flavel adverte sobre o perigo de desprezar o sangue de Cristo, pois, assim como esse sangue roga em favor dos que pertencem a Cristo, ele acusa aqueles que desprezam a Cristo. Flavel diz: "Ser culpado do sangue de um homem é algo infeliz, mas ter o sangue de Cristo acusando e clamando a Deus contra uma alma é indizivelmente terrível".⁶⁷ E, falando diretamente ao não-convertido, Flavel acrescenta: "Pecador, Cristo não sorri para você no evangelho? E você, por sua infidelidade, Lhe ferirá o coração? Ai do homem contra o qual o sangue de Cristo clama no céu!"⁶⁸ De modo semelhante, Charnock adverte: "Se Cristo é

---

63 Charnock, p. 115.
64 *Ibid*, p. 115-116.
65 *Ibid.*. p. 115.
66 *Ibid.*. p. 116.
67 Flavel, p. 172.
68 *Ibid.*. p. 172-173.

nosso advogado, quão infelizes são aqueles que não têm nenhum interesse nEle!... Eles têm os atributos de Deus ofendidos e o sangue de Cristo desprezado apelando contra eles, e não a favor deles".[69] De fato, os incrédulos têm de ser bem alertados quanto ao grande perigo em que estão, por não terem a Cristo como seu intercessor.

Expondo o perigo daqueles que não podem contar com a bendita intercessão de Cristo, Manton os relaciona com estas palavras da oração de Jesus: "Não rogo pelo mundo" (Jo 17.9), acrescentando solenemente: "O que pode ser mais terrível do que ser excluído das orações de Cristo? Ele amaldiçoa aqueles em favor dos quais não ora; e essa é a razão por que os homens intoxicados com o mundo pioram cada vez mais".[70] E acrescenta: "Ser lembrado nas orações de Cristo não é uma misericórdia que pertence a todas as pessoas; milhões são ignorados, tantos que podem ser chamados de um mundo".[71]

Charnock argumenta a respeito dessa realidade terrível expressa em Salmos 2.8-9. Ali, o Filho é ordenado a "pedir" ao Pai, "e eu te darei as nações por herança", e Charnock conclui:

> ...destruindo os seus inimigos como fruto dessa petição. Os homens impenitentes não se interessam pela intercessão de Cristo, para obterem misericórdia, e assim têm uma parte horrível nos apelos de Cristo por ira... Se carecer das orações de homens como Noé, Daniel, Jó ou Jeremias (Jr 11.14) era uma infelicidade, que infelicidade apavorante é não contar com as orações do Salvador do mundo e ter os seus apelos dirigidos contra eles!... Não desfrutar de tão poderoso amparo é uma miséria imensa.[72]

Essas verdades devem tornar os verdadeiros cristãos interessados em advertir urgentemente aqueles que não pertencem a Cristo quanto ao seu grande perigo. A fé no Senhor Jesus é crucial e imprescindível.

Exortação a defender a causa de Cristo. A intercessão de Cristo em nosso favor, no céu, deve estimular-nos a advogar a causa de Cristo na terra. "Encorajem-se", diz Flavel, "a apelar por Cristo na terra, que roga continuamente por vocês no céu".[73] Bridge concorda, dizendo: "O Senhor Jesus Cristo me confessa no céu, eu não O confessarei na terra? O Senhor Jesus Cristo, como o grande Sumo Sacerdote, toma meu nome e o leva em seu peito à presença de Deus, o Pai; e eu não tomarei o nome de Cristo e não o apresentarei ao mundo?"[74]

---

69 Charnock, p. 139.
70 Manton, vol. 10, p. 250.
71 *Ibid.*, vol. 10, p. 250-251.
72 Charnock, p. 140.
73 Flavel, p. 176.
74 Bridge, p. 45.

A implementação prática da evangelização, entendida corretamente, está alicerçada no âmbito da intercessão de Cristo. É Ele quem roga por seu povo que ainda precisa ser alcançado. Ele dá, por meio de sua mediação, a graça que necessitamos para compartilhar o evangelho. E, quando o fazemos, estamos apenas sendo semelhantes a Cristo, apresentando o seu nome ao mundo, como Ele apresenta o nosso nome ao Pai. De fato, não poderíamos expor seu nome ao mundo, se Ele não apresentasse continuamente o nosso.

Exortação a corresponder com gratidão. Em vista da intercessão de Cristo, os cristãos têm de agir com grande mostra de afeição e desejo de glorificar nosso bendito Intercessor. Charnock demonstra como as pessoas de Israel, embora não lhes fosse permitido entrar no Santo dos Santos, assistiam com seu coração e desejavam que tudo corresse bem no retorno de seu sacerdote.

> Se Ele leva os nossos nomes em seu peito, próximo ao seu coração, como um sinal de afeição por nós, devemos levar o seu nome em nosso coração como uma retribuição sincera. Devemos esvaziar-nos de todas as afeições indignas, ser inflamados por um amor ardente por Ele e nos comportarmos para com Ele como o objeto mais afável.[75]

A obediência é o segredo neste ponto, não como uma exigência para a sua intercessão, e sim como um fruto, pois "Cristo não se ofereceu como sacrifício, nem permanece como nosso advogado para aprovar os nossos pecados e nos livrar de uma dívida de obediência, e sim para nos estimular e nos encorajar a mais".[76] E, embora a gratidão seja a reação correta à sua intercessão amorosa, nossa gratidão só é possível *por causa de* sua intercessão por nós.

Exortações a fazermos uso da intercessão de Cristo. Para muitos puritanos, o aspecto conclusivo da obra intercessora de Cristo é que os crentes devem usá-la. As últimas palavras de Thomas Boston em seu tratado sobre o ofício sacerdotal de Cristo foram estas:

> Empregue o Senhor Jesus Cristo como seu Sumo Sacerdote, a fim de levar você a Deus, dependente dos méritos dEle como o fundamento da expiação de sua culpa e como Aquele que lhe deu o direito à vida eterna. E faça uso dEle como seu Advogado junto ao Pai, a fim de garantir-lhe todas as bênçãos de que você precisa neste tempo e na eternidade.[77]

---

75 *Ibid.*, p. 144.
76 *Ibid.*, p. 143.
77 Boston, vol. 1, p. 475.

Os crentes devem fazer uso diário de Cristo como seu advogado. Charnock apresenta esta razão simples: "O ter é nada sem o utilizar". Ele argumenta que nossas fraquezas diárias, nossos serviços imperfeitos, nossas orações deficientes e as constantes acusações contra nós tornam necessário que "corramos Àquele que está sempre presente na corte, para interceder por nós".[78] Procuramos naturalmente aqueles que nos ouvem e parecem ter a capacidade de ajudar-nos. Por que não procuraríamos Àquele que pode, certamente, tanto ouvir como ajudar? E, o que é mais importante, Jesus tem o "interesse do juiz em seu lado";[79] portanto, o sucesso de sua advocacia é garantido.

Flavel demonstra como Cristo, havendo entrado em um estado mais exaltado, não esqueceu os seus. Mas, para nossa tristeza, como diz Flavel, "quão frequentemente o progresso nos faz esquecê-Lo".[80] A verdade de que Ele vive "sempre para interceder por eles" (Hb 7.25) deve incitar nosso coração a viver sempre confiando em sua fiel e amorosa intercessão por nós. Fazemos uso da intercessão de Cristo por confiar nela, meditar nela e orar com fé em sua mediação em nosso favor.

Observações teológicas

Não há necessidade de outros mediadores. Alguns puritanos mencionam como a doutrina da intercessão de Cristo exclui a necessidade de qualquer outro mediador. Eles expõem a pecaminosidade e a audácia de homens que propuseram tal ideia. Charnock argumenta baseado na obra do sacerdote do Antigo Testamento: somente Aquele que oferecia sacrifícios podia oferecer, legitimamente, intercessão. De modo semelhante, "somente Cristo, que é nosso Redentor, pode ser nosso Advogado". Ele prossegue seu argumento, dizendo:

> O direito de intercessão pertence somente àquele que fez propiciação; mas isso foi realizado apenas por Cristo, sem quaisquer santos a pisar o lagar juntamente com Ele. Por isso, a advocacia é efetuada somente por Cristo, sem quaisquer santos a assisti-lO no trono da graça. Visto que eles não derramaram sangue algum para pacificar a ira de Deus, não têm nenhum direito de apresentar as nossas orações para serem aceitas no trono de Deus.[81]

Quanto aos santos, Charnock diz: "Eles são co-herdeiros com Cristo em sua herança, e não co-oficiais com Ele em suas funções".[82]

---

78 Charnock, p. 143
79 *Ibid.*
80 Flavel, p. 175.
81 Charnock, p. 139.
82 *Ibid.*

William Bates também entendeu o fato de que Cristo é o único Redentor como a razão por que Ele é o único Intercessor. "O direito de intercessão, visto ser um ato de autoridade, fundamenta-se na redenção," Bates disse, "e não podem ser separados".[83] Em outras palavras, o intercessor precisa ser um redentor, e o redentor, um intercessor. Se alguém não tem autoridade para um dos ofícios, ele não tem autoridade para o outro ofício".

Os puritanos percebiam claramente o grande mal que existe em atribuir virtudes de intercessão a meros homens. Joseph Hall chamou isso de "uma emulação de blasfêmia".[84] Reconhecer meros homens como co-intercessores com Cristo significa, de fato, "despir Cristo de suas vestes sacerdotais e vesti-las em seus inferiores; e roubar-Lhe a honra de sua advocacia e negar-Lhe a glória de sua morte é um grande sacrilégio",[85] disse Charnock. Hall disse também:

> Esperar deles poder divino, quer de cura, quer de santificação, assim como respeitar o capuz de Francisco, o pente de Ana, os calções de José, a sandália de Tomé, como queixa Erasmo, juntamente com o Filho de Deus, parece-nos nada melhor do que uma horrível impiedade.[86]

E Bate acusou a "doutrina papista que estabelece tantos advogados, anjos, santos e quem quer que seja canonizado" de culpada de "impiedade e tolice". Ele explicou: "De impiedade por tomarem a soberana coroa de Cristo e adornarem outros com ela, como se eles tivessem mais crédito com Deus ou mais compaixão pelos homens; e de tolice por esperarem benefícios da intercessão deles, que não têm nenhum mérito satisfatório para obter tais benefícios".[87]

Portanto, sendo a intercessão de Cristo o que ela é, e uma vez exposta a tolice da intercessão de outros, Sibbes pergunta corretamente: "Que necessidade temos de bater em qualquer outra porta?"[88] Se o ofício sacerdotal de Cristo é entendido apropriadamente, ele se torna uma proteção contra o grande mal de atribuir poder de intercessão a qualquer outra pessoa, senão o próprio Cristo, e traz maior discernimento sobre a profundidade desse erro.

A morte da expiação universal. Na obra *The Death of Death in the Death of Christ* (*A Morte da Morte na Morte de Cristo*), John Owen fala sobre a intercessão de Cristo como uma

---

83 Bates, p. 377.
84 Joseph Hall, *The Works of Joseph Hall* (Oxford: D.A. Talboys, 1839), p. 364.
85 Charnock, p. 139.
86 Hall, p. 370.
87 Bates, p. 377.
88 Sibbes, p. 75.

doutrina que contesta a expiação universal. Nas palavras de Owen, a intercessão de Cristo "destrói a redenção geral, pois, de acordo com esta, Ele morreu por milhões de pessoas que não têm nenhum interesse em sua intercessão, serão responsabilizadas por seus pecados e perecerão sob a culpa deles".[89] Essa analogia não é apenas lógica; ela resulta dos princípios bíblicos conectados à totalidade do ofício sacerdotal. Owen explica: "Aqueles por quem Ele morreu, em favor desses Ele comparece no céu com sua satisfação e mérito".[90] Portanto, é impossível que a morte de Cristo tenha escopo ilimitado, visto que sua intercessão deveria ter essa mesma natureza, mas as Escrituras testificam claramente que a intercessão de Cristo se dá tão-somente por aqueles "que por Ele se chegam a Deus" (Hb 7.25).

Charnock argumenta em sentido retrógrado, da intercessão à morte de Cristo, e mostra como a perfeição de sua intercessão prova a eficácia de sua morte. "Se a morte de Cristo não tivesse mérito", disse Owen, "não haveria lugar para seu comparecimento como justificador de nossa causa diante do trono da graça. Ele não poderia ser um intercessor prevalecente, se não tivesse sido primeiramente um propiciador conciliante".[91] A intercessão específica e perfeita de Cristo confirma a sua expiação específica e perfeita. Sibbes chega à mesma conclusão com base na premissa dos altares no tabernáculo: "Na vigência da lei, havia um altar de bronze para sacrifícios e um altar de ouro para incenso. E o altar de ouro para incenso não era mais eficaz do que o era o altar de bronze para sacrifício". Sibbes conclui: "Cristo se ofereceu a Si mesmo como sacrifício por todos aqueles pelos quais Ele intercede".[92]

O amor de Deus é magnificado nesta doutrina. "Quão maravilhoso é o amor de Deus", diz Boston, "em designar como Intercessor por nós não um anjo, e sim o seu Filho amado!"[93] E Bunyan, por conta da intercessão de Cristo, chama o amor de Cristo de "amor incansável" e "intrépido".[94] Pensamos frequentemente na cruz como *a marca* do amor de Deus por nós. Contudo, Ele deu seu único Filho para ser não somente nosso Redentor, mas também nosso Intercessor. Charnock se mostra igualmente comovido pelo amor do Pai nesta doutrina. "Este amor", diz ele, "é ainda mais acentuado ao designar não um anjo, ou um dos querubins mais elevados e mais queridos por Ele, e sim o seu próprio Filho, a melhor e mais nobre pessoa que Ele tinha em todo o mundo, para este ofício de advocacia em favor de uma companhia de vermes".[95]

Ao falar sobre o amor de Cristo, Charnock diz:

---

89 Owen, vol. 10, p. 177.
90 *Ibid.*
91 Charnock, p. 137.
92 Sibbes, vol. 5, 388-389.
93 Boston, vol. 1, p. 474.
94 Bunyan, p. 105.
95 Charnock, p. 137.

> Quão grande é também o amor de Cristo, que, embora fosse nosso juiz, aceitou ser nosso advogado. Ainda que Ele tenha voz para nos condenar e ira para nos consumir, ata os braços de sua ira e emprega seus lábios para apelar por nós e obter nossa misericórdia![96]

Boston também fala do amor de Cristo demonstrado em ser nosso intercessor, apesar de "nossa indignidade e nossas sórdidas ofensas contra Ele!" E conclui: "Oh! como o nosso coração deveria encher-se de admiração ante o fato de que Aquele que é nosso Juiz tomou para Si a advocacia de nossa causa na corte do céu!"[97]

Nosso Intercessor tem de ser divino. Charnock vê a intercessão de Cristo como um argumento em favor de sua divindade. Faz uma lista de várias razões práticas que somente Deus poderia satisfazer.

> Ele precisa ser necessariamente Deus, que conhece todas as pessoas entre as multidões daqueles que sinceramente crêem nEle, que ouve as súplicas deles e entende todas as suas inúmeras tristezas e provações, pecados interiores e exteriores, aquelas agonias de espírito, as orações mentais, bem como orais; que conhece todos aqueles lugares distantes onde cada uma dessas pessoas reside e sabe se as suas súplicas são sinceras ou hipócritas. Aquele que sabe tudo isso tem de ser necessariamente Deus.[98]

Portanto, Charnock argumenta baseado na onisciência imprescindível à obra de intercessão. Do contrário, como Cristo poderia "cuidar de todos os seus clientes?", pergunta Charnock, respondendo imediatamente: "Se Ele fosse apenas homem, jamais poderíamos imaginar como essa obra Lhe seria possível; mas quão fácil é tudo isso para Aquele que possui divindade!"[99]

Nenhuma perfeição nesta vida. A doutrina da intercessão de Cristo também esclarece o erro de que a perfeição pode ser atingida nesta vida. Charnock expôs essa falácia dizendo apenas: "A intercessão supõe a imperfeição".[100] E quem reivindica perfeição tem de confessar também que não precisa mais de um intercessor. E, ressaltando essa verdade, temos o fato de que Cristo não será mais um mediador na consumação de todas as coisas,[101] quando a perfeição *será* recebida.

---

96 *Ibid*.
97 Boston, vol. 1, p. 474-5.
98 Charnock, p. 137.
99 *Ibid*.
100 *Ibid*.
101 *Ibid*.

Encorajamentos

Encorajamentos contra os males do pecado. Saber que Cristo, o Filho de Deus, está à direita do Pai, intercedendo continuamente em favor dos seus, deve trazer consolo, gratidão e grande alegria ao coração de cada crente. Os puritanos se utilizaram muito dessa realidade. Flavel alistou cinco problemas dos quais um crente pode ter alívio por crer e "usar" a doutrina da intercessão de Cristo. Isso nos encoraja contra nossas (1) "fraquezas pecaminosas",[102] (2) frieza de coração,[103] (3) "medos abundantes da justiça de Deus",[104] (4) medos de apostasia e (5) imperfeições em nossa santificação.[105] Saber que Jesus aplica continuamente os seus méritos em nosso favor deve, realmente, encorajar-nos contra as nossas disposições pecaminosas diárias.

Esses encorajamentos ressaltam o alívio dos efeitos do pecado em nossa vida, visto que temos Alguém que expiou os nossos pecados e aplica incessantemente a obra de redenção em nosso benefício. William Whitaker expressou essa verdade dizendo: "O ofício sacerdotal de Cristo é o grande e o único alívio que temos contra a culpa do pecado".[106]

O encorajamento em sua eternidade. Grande encorajamento pode ser obtido de saber que Cristo é um intercessor eterno. Charnock disse que Cristo é "tanto um advogado perpétuo como uma propiciação perpétua".[107] Cristo não é somente o tipo de intercessor que as Escrituras revelam; Ele é tudo isso *eternamente*. O fato de que Cristo vive sempre "para interceder por eles" (Hb 7.25) é bastante encorajador, pois proclama em grau infinito todas as qualidades de Cristo como intercessor. Ele é um intercessor zeloso e compassivo e o será para sempre. Ele é categórico em sua intercessão e o será para sempre, etc.

Falando sobre a "intercessão permanente" de Cristo por nós, Bunyan exorta-nos a considerar sua aplicação ao "infinito número de vezes que, por pecado, nós O provocamos a lançar-nos fora de sua presença, e não a interceder por nós; e às muitas vezes que a sua intercessão é repetida por causa da repetição de nossas faltas".[108] A realidade de nossa infindável necessidade de perdão nos torna necessitados de um intercessor que sempre exerce esse ofício.

Encorajamento a viver em santidade. Expondo a intercessão eterna de Cristo, Bridge declara: "Creio que temos diante de nós o maior argumento que nos faz andar mais perto

---

102 *Ibid.*, p. 173.
103 "O sangue de Cristo fala quando você não pode falar; ele pode apelar por você, de modo poderoso, quando você não é capaz de falar uma palavra em favor de si mesmo". *Ibid,*. p. 174.
104 "Nenhuma outra coisa é mais eficaz para suprimir os desalentos de incredulidade e destruir o espírito de servidão". *Ibid.*
105 *Ibid.*, p. 174-175. Ver também Thomas Goodwin, *The Works of Thomas Goodwin*, vol. 4 (Edinburgh: James Nichol, 1862), p. 65.
106 William Whitaker, *The Mediator of the Covenant, Described in His Person, Nature, and Offices*, Sermon XIII, vol. 5, *Puritan Sermons 1659-1689* (Wheaton: Richard Owen Roberts, Publishers, 1981), p. 210.
107 Charnock, p. 140.
108 Bunyan, p. 106.

de Deus, em Cristo; pois, se o Senhor Jesus Cristo gasta a sua eternidade por mim, não deveria eu gastar todo o meu tempo por Ele?"[109] Ele prossegue convincentemente:

> Oh! O Senhor Jesus não me dá a eternidade, gastando sua eternidade em favor de minha alma? Eu não Lhe darei um pouco de tempo, gastando um pouco de tempo por Ele? Certamente, as pessoas não pensam no que Cristo está fazendo por elas no céu... se você pensasse, talvez não cambalearia tanto no mundo. O Senhor Jesus comparece no céu por mim, enquanto estou me escondendo no mundo? Ele menciona meu nome a Deus, o Pai, e intercede por mim; e eu pecarei contra Ele?[110]

De fato, a eterna dedicação de Cristo por nós deve fazer que nos humilhemos reverentemente em obediência santa para com Ele. E nossa vida neste mundo é, de fato, apenas "pouco tempo".[111] Por que não vivemos esse tempo de um modo que glorifique nosso bendito Intercessor cada vez mais?

Flavel mostra como a intercessão de Cristo estimula o crente à "constância nos bons caminhos de Deus". Ele vê um duplo encorajamento para perseverarmos na obediência:

> Um encorajamento é que Jesus, nossa Cabeça, já está no céu. Se a cabeça está acima da água, o corpo não pode afogar-se. O outro encorajamento procede do que Ele está realizando no céu, ou seja, o seu sacerdócio. Ele adentrou os céus, como nosso grande Sumo Sacerdote, para interceder, e, portanto, não podemos fracassar.[112]

Não somente somos encorajados a andar em santidade, quando consideramos e confiamos na intercessão de Cristo por nós, mas também a intercessão de Cristo *obtém* santidade em nós. A intercessão de Cristo por nós garante que "não podemos fracassar".[113] Owen demonstra isso por destacar a súplica intercessora de Jesus, em João 17.17, chamando-a de "a bendita fonte de nossa santidade".[114] Ele afirma: "Desta graça, nada existe operado em nós, outorgado a nós, comunicado a nós, preservado em nós, senão aquilo que temos como resposta e aquiescência à intercessão de Cristo. De sua oração por nós, inicia-se a santidade em nós".[115] Assim, vemos na oração de Cristo em favor de nossa santificação a certeza de que seremos santos, pois Cristo terá a sua

---

109 Bridge, p. 45.
110 *Ibid.*, p. 45-46.
111 *Ibid.*, p. 45.
112 Flavel, p. 175-176.
113 *Ibid.*, p. 176.
114 Owen, vol. 3, p. 506.
115 *Ibid.*, p. 507.

oração respondida em nossa vida. De modo semelhante, Manton fala sobre a segurança de justificação e de perdão como um fruto da intercessão de Cristo. "Ele nos justifica das acusações de nossos inimigos", diz Manton, "cobre os nossos pecados dos olhos de Deus... Quando turvamos o córrego, Cristo torna-o límpido novamente".[116]

Por fim, Charnock alerta sobre aqueles que usam essa doutrina como uma licença para pecar. "Há um abuso dessa doutrina quando homens ousam, com base nela, pecar voluntariamente contra o conhecimento e, em seguida, recorrem a Cristo para que se interponha em favor do perdão deles. Isso é uma profanação da santidade deste advogado, como se Ele estivesse em seu ofício a fim de rogar por licença para nossos pecados". Charnock explica: "Os pecados pelos quais Ele se interpõe são pecados de fraqueza, e não de desprezo, sem arrependimento. E sua interposição visa a confortar-nos quando estamos em nossas tribulações, e não encorajar-nos em nossas iniquidades".[117]

Portanto, somos encorajados em santidade pela meditação e pela confiança em que a aparição de Cristo por nós diante do Pai, assim como somos tornados santos por sua própria intercessão em favor de nossa santificação. E o pensamento de abusar dessa doutrina revela uma falta de interesse e de fé no Cristo que intercede pelos pecadores. Deduzimos que essa bendita verdade não deve ser recebida levianamente ou usada como uma licença para pecar.

Encorajamento em sua eficiência. Charnock associa a intimidade de Cristo com o Pai e conosco à eficácia de sua intercessão. Ele pergunta: "Porventura, há de perder a sua casa aquele que tem um advogado tão poderoso como um Filho meritório diante de um Pai gracioso, um advogado que tem afeição por nós, a ponto de apresentar seu apelo, e bastante interesse no Pai, a ponto de prevalecer em favor de nosso bem?"[118] Há encorajamento ilimitado nessa realidade. O interesse e o amor nesses relacionamentos nunca desvanecem. Nosso amor por Ele é instável e deficiente, mas, felizmente, a intercessão dEle não se baseia em nosso amor imperfeito, e sim no amor perfeito de um para com o outro (Pai e Filho) e para conosco.

Encorajamento à nossa própria vida de oração. Uma vez que Cristo está no céu "para perfumar e apresentar" as orações dos crentes, como diz Flavel, devemos nos sentir estimulados à constância na oração.[119] Cessaríamos de fazer aquilo que o próprio Cristo faz constantemente em nosso favor? Se Ele está apresentando nossas orações, com perfeição e constância, por que pensaríamos em não perseverar neste mui bendito dever? Embora falhemos em nossas orações, a realidade de que as orações de Cristo em nosso favor nunca falham é suficiente para fazer com que não cessemos de orar. "Ficamos

---

116 Manton, vol. 10, p. 247.
117 Charnock, p. 138.
118 *Ibid.*, p. 141.
119 Flavel, p. 176.

muitas vezes desanimados ante a lembrança de nossas orações", diz Charnock, "mas o interesse de Cristo por elas é um motivo que nos estimula".[120] Saber que toda imperfeição em nossas orações é corrigido perfeitamente por Cristo em sua intercessão por nós deve encorajar-nos. "Ele sabe como retificar e purificar nossos pedidos e apresentá-los de modo diferente do que o fazemos".[121]

Somos também encorajados quando comparamos as intercessões de Cristo com as nossas. Podemos ter muitos males ou fraquezas que agem contra as nossas intercessões por outras pessoas, mas Cristo não tem nenhuma dessas coisas. Ele é não somente sem pecado, mas também destituído de qualquer das distrações que geralmente nos assaltam, como a fome, o sono, a sede. Essas coisas, como nos recorda Charnock, "causam alguma interrupção à constância na oração", Cristo, porém, não tem nenhuma delas.[122] Visto que Ele santifica nossas orações por meio de sua intercessão por nós, somos encorajados apesar da realidade de nossas imperfeições.

A intercessão de Cristo explica por que a oração do crente é feita "em nome de Jesus". Essa realidade fundamenta a aceitação de nossas orações. Nosso pecado e culpa são suficientes para lançar-nos em desespero profundo. Não devemos pensar que qualquer palavra de nossa parte poderia jamais penetrar a santidade do céu. Boston fala sobre a timidez natural que deveríamos ter se orássemos em nosso próprio nome, mas também fala sobre a ousadia bendita que podemos ter, pois Cristo toma as nossas orações e, por nós, apresenta-as ao Pai. "E o Pai as ouve", acrescenta Boston, "procedentes dos lábios de Cristo; por isso, elas recebem atenção imediata, quando Ele as oferece com o incenso de sua intercessão, com base nos méritos de seu sangue".[123] Nossas orações alcançam o trono da graça de Deus porque chegam mediante a intercessão de Cristo por nós. Isso deve encorajar-nos a orar sem cessar.

Encorajamento na espontaneidade de Cristo. A intercessão não é, de modo algum, uma obra que Cristo realiza por obrigação. Bridge desenvolveu o argumento de que Cristo é "infinitamente disposto" a interceder pelos seus, visto que isso é parte de seu ofício.[124] Bridge expressou a seguinte analogia:

> Suponha que uma criança que possui boas qualidades se coloca diante de três homens, de profissões diferentes: um advogado, um ministro e um comerciante... o comerciante diz: ele será um ótimo comerciante; o advogado diz: ele será um excelente advogado; o ministro diz: ele será um grande erudito. A interpretação deles se

---

120 Charnock, p. 142.
121 *Ibid.*
122 *Ibid.*, p. 141.
123 Boston, vol. 4, p. 502.
124 Bridge, p. 40-43.

manifesta de acordo com as suas três relações, ou lugares, ou ofícios, ou trabalhos... Ora, quando uma pobre alma se achega a Deus, Moisés (a lei) olha para ela; o Diabo olha para ela; e Jesus Cristo também olha para ela. A obra da lei é condenar; a obra do Diabo é acusar; e a obra de Jesus Cristo é interceder – esse é o seu ofício. Portanto, logo que o Diabo vê essa alma, ele diz: Oh! Eis aqui um excelente instrumento para mim! Eis uma pessoa apropriada para eu desfrutar! Logo que Moisés vê esse homem, diz: Eis aqui uma ótima pessoa para eu condenar por toda a eternidade. Mas, quando Jesus Cristo olha para essa alma, Ele diz: Eis uma excelente alma para eu salvar por toda eternidade e interceder por ela!¹²⁵

Quando alguém se considera um pecador, em vez de ficar pensando se é um eleito ou não, seu dever é simplesmente aceitar e resolver esta sua condição; e a realidade da intercessão de Cristo é o que deve trazer-lhe encorajamento. Quando ele reconhecer suas próprias transgressões e iniquidades, é neste ponto que ele pode olhar para Jesus em busca de salvação e ser encorajado a achar nEle um Salvador e um Intercessor disposto.

CONCLUSÃO

A intercessão de Cristo é uma realidade preciosa em cada momento da vida do crente. Ela aplica a preciosa cruz de Cristo a cada momento de nosso viver. Nosso coração indiferente vê a morte de Cristo como algo bem distante, mas a intercessão de Cristo torna a sua morte uma realidade presente, pois neste exato momento Ele está diante do Pai na qualidade de "Cordeiro como tendo sido morto" (Ap 5.6). O Calvário não está distante do crente, pois os méritos obtidos ali são continuamente aplicados em nosso favor diante do Pai. O cristianismo é antigo e novo. As promessas e o seu cumprimento na vinda e na morte de Cristo aconteceram, de fato, há milhares de anos, mas a sua intercessão está acontecendo agora, neste exato momento. Essa é a razão por que a igreja existe hoje.

E que regozijo achamos em saber que há certeza na intercessão de Cristo por todo pecador arrependido! Cristo não precisa convencer o Pai a olhar para as suas feridas, ouvir suas orações por nós e receber dEle as nossas orações. Os mediadores humanos recorrem usualmente a táticas persuasivas para obterem sucesso. O Filho de Deus não faz isso. Se o Pai vê as feridas de Cristo, sente prazer nEle (Is 53.10). Se o Pai ouve as orações do Filho por nós, Ele ouve o seu único Filho amado. Se o Pai ouve as nossas orações, Ele ouve aqueles que Ele mesmo escolheu e deu ao Filho; de fato, Ele ouve aqueles que *são* seus – "Eram teus, tu mos confiaste" (Jo 17.6). E, mais uma vez, se o Pai ouve as nossas

---

125 *Ibid.*, p. 42.

orações, Ele as ouve por meio de Cristo, a quem Deus aceita, pois Ele é seu Filho mui amado. Deus está ouvindo aqueles que Ele agora chama de seus filhos amados, cujas orações são tornadas perfeitas pelos méritos de Cristo. Como os puritanos concordavam, não existe aventura mais segura do que ter a Cristo como intercessor.

O que foi dito por Eifion Evans, 46 anos atrás, quando falou sobre o conceito puritano quanto à intercessão divina, chamando-o, na época, de "sobremodo oportuno e benéfico" é muito mais inquestionável hoje devido à ampla ignorância desta doutrina em nossos dias. Este foi o seu comentário:

> Entre os cristãos, parece haver uma ignorância ampla e predominante acerca dessas doutrinas valiosas. As tristes consequências dessa falta de conhecimento devem ser sentidas em muitos aspectos da experiência espiritual dos cristãos, mas, em especial, no âmbito da oração. Nessas doutrinas estão os motivos que nos impelem ao fervor, à ousadia e à confiança, os quais, por sua vez, são sinais de bênção e garantia do sucesso na oração.[126]

Vemos, portanto, que as verdades relacionadas à intercessão de Cristo têm de ser ensinadas, expostas e pregadas mais abertamente. De sua veracidade e aplicação derivamos grande encorajamento e genuíno benefício espiritual: (1) os crentes obteriam dela grande proveito espiritual, uma vez que aconteceria inevitavelmente grande crescimento na graça; (2) os crentes orariam mais por estarem certos da prontidão do Pai em receber as orações deles, bem como por saberem que as orações de Cristo estão sempre presentes a nosso favor; (3) a santidade de vida seria mais aparente, pois a certeza da obra de Deus em Cristo na vida de uma pessoa tende naturalmente a esse bendito resultado (2Pe 1.10); (4) os crentes intercederiam mais uns pelos outros, porque a crença de que Cristo está intercedendo fielmente em nosso favor nos estimularia a fazer isso em benefício dos outros.

Que o Senhor abençoe sua igreja com um entendimento mais elevado da bendita e contínua obra da intercessão de Cristo, sem a qual a igreja deixaria de existir. Precisamos muito da ênfase e do interesse puritanos nesta verdade preciosa da intercessão de Cristo, na pregação, no ensino e na literatura de hoje.

CAPÍTULO 13

OS BENEFÍCIOS DEVOCIONAIS DOS CINCO PONTOS DO CALVINISMO

CLODOALDO ANANIAS MACHADO

Os conhecidos "cinco pontos do calvinismo" foram o grande legado deixado pelo Sínodo de Dort às gerações posteriores. Os debates recorrentes naqueles dias que motivaram a composição do Sínodo terminaram por fortalecer um ponto de vista doutrinário que trouxe benefícios à igreja cristã. Sem dúvida foi um movimento usado por Deus na preservação da sã doutrina.

Não convém aqui entrar em detalhes sobre o Sínodo de Dort, visto ser algo redundante em face ao vasto material já escrito sobre os aspectos teológicos e históricos do sínodo, sendo bastante para nós apenas um resumo histórico.[1]

O sínodo aconteceu motivado por uma controvérsia. Estavam acontecendo questionamentos às doutrinas da Reforma. A razão destes questionamentos se deu por uma série de pregações na carta do apóstolo Paulo aos Romanos, feita por Jacobus Arminius. Arminius nasceu em Oudewater, sul da Holanda, em 1560. Estudou em Genebra com

---

[1] Cf. especialmente John R. de Witt, "O Sínodo de Dort", em *Jornal Os Puritanos*, Ano III – Nº 2 (Março-Abril 1995), p. 27-30.

Theodore de Beza, que era sucessor de João Calvino. Mais tarde, em 1588, ele se tornaria um ministro em Amsterdam, quando começaram a se tornar públicas suas ideias. Pregando nos capítulos 8 a 11 da epístola aos Romanos, Arminius asseverou possuir o homem o livre-arbítrio, o que contrariava as doutrinas da Reforma, as quais o próprio Arminius afirmava subscrever.

Com tais pensamentos, Arminius influenciou pessoas reunindo adeptos ao seu ensino. Em aulas públicas ele demonstrava fidelidade à doutrina reformada, porém em aulas particulares para alunos selecionados ele apresentava suas dúvidas e questionamentos. Através destes alunos seus pensamentos foram propagados, criando um desconforto nas igrejas da Holanda. No ano de 1610, os adeptos do pensamento de Jacobus Arminius, que morrera um ano antes de tuberculose, apresentaram à liderança da igreja na Holanda uma representação ("*remonstrance*", por isso ficaram conhecidos como os "*Remonstrantes*"). Nesta representação, os arminianos, como ficaram também conhecidos, apresentaram sua contrariedade às doutrinas calvinistas. Na *Remonstrance*, os arminianos ofereceram cinco posições (os cinco artigos do arminianismo):

- Eleição condicional à presciência da fé;
- Expiação universal (que Cristo "morreu por todos e por cada um, de forma que Ele concedeu reconciliação e perdão de pecados a todos através da morte na cruz, mas só os que exercem fé podem gozar este benefício");
- A necessidade de regeneração para que o homem seja salvo (mas, como apareceu mais tarde, entendido de tal maneira que subestimava seriamente a depravação da natureza humana);
- A possibilidade de resistir à graça ("quanto ao modo desta graça, ela não é irresistível");
- E a incerteza quanto à perseverança dos crentes.

O desconforto que esta representação causou nas igrejas holandesas cresceu a ponto de se tornar também uma preocupação política, fazendo com que o príncipe Maurício de Nassau, apoiado e estimulado pelo rei James I da Inglaterra, decidisse pela convocação de um sínodo, a fim de que a questão fosse resolvida.

O Sínodo de Dort, nome dado por ter sido realizado na cidade de Dordrecht, na Holanda, teve seu estabelecimento em 13 de novembro de 1618, e foi composto por 84 membros, sendo 58 holandeses e 26 de outros países. Em 23 de abril de 1619, todos os delegados assinaram o documento final, "Os Cânones de Dort". O documento foi promulgado em 6 de maio daquele ano. Depois de 154 sessões e seis meses de trabalho teve fim o sínodo de Dort.

Dort respondeu então aos questionamentos dos *Remonstrantes*, dando a cada um de seus artigos um parecer e refutação. Tal resposta acabou por reafirmar as doutrinas da Reforma e formular o que ficaria conhecido como os cinco pontos do calvinismo:

- Incapacidade total ou depravação total do homem. A Queda afetou de tal forma o homem que ele nada pode fazer para salvar a si mesmo.
- Eleição incondicional; baseada somente na graça de Deus e não em qualquer mérito do homem.
- Expiação limitada. A morte de Jesus expiou os pecados dos eleitos.
- Graça irresistível. O pecador alcançado pela graça salvadora não pode oferecer resistência e nem mesmo rejeitar a salvação.
- Perseverança dos santos. Os salvos são preservados por Deus de forma que nunca se perderão.

Os cinco pontos do calvinismo terminam por ser uma parede de proteção à sã doutrina. Crer neles faz com que a igreja contemporânea se mantenha fiel a Deus e às Escrituras. Quando se está fora desta proteção, a vida e a prática cristãs ficam enfraquecidas e expostas às tentações e a qualquer sugestão que se possa oferecer. A igreja tem a responsabilidade de manter-se separada dos padrões mundanos, para que sua adoração a Deus seja verdadeira e seu testemunho seja eficaz. As doutrinas da Reforma e, em consequência, os cinco pontos do calvinismo, por defenderem as Escrituras, protegem a igreja para que esta não falhe no cumprimento dos propósitos de Deus para ela.[2]

OS BENEFÍCIOS DE SE CRER NOS CINCO PONTOS DO CALVINISMO

Ao contrário do que muitos possam pensar, as afirmações do Sínodo de Dort não foram somente questões de interesse erudito para debates teológicos e que nada têm a ver com o povo de Deus. A beleza das resoluções afirmadas pelo sínodo de Dort é que elas servem de base para que os servos de Deus possam compreender suas vidas à luz das Escrituras. Não tenho prazer em pensar que estas questões servem apenas para debates teológicos, prefiro enxergá-las como algo que podem trazer maturidade, consolo, paz e fidelidade aos servos de Deus. Se cremos que estamos tratando de questões bíblicas, precisamos aplicar estas questões às vidas das pessoas. Aquilo que vem da suficiente Palavra de Deus tem que ser útil para que seus servos vivam para sua glória. John MacArthur escreveu a respeito dos cinco pontos do calvinismo: "Eu creio neles não por causa de sua

---

2   O texto integral dos "cinco pontos do calvinismo" contra o arminianismo se encontra em *Os Cânones de Dort* (São Paulo: Cultura Cristã, 1998).

linhagem histórica, porém porque eles são o que a Escritura ensina".[3] Esta é uma verdade, se são o que a Bíblia ensina, estas doutrinas não podem ficar circunscritas apenas aos debates teológicos; elas são úteis para que o servo de Deus possa compreender seus propósitos de forma convicta e sábia.

Creio que muitos repudiam os ensinos doutrinários porque não conseguem observar como isso pode ajudá-los a lidar com os problemas vividos cotidianamente. Há grandes benefícios em se crer nas doutrinas que o Sínodo de Dort afirmou, e exploraremos estas doutrinas, observando alguns destes benefícios. Ao compreendê-los e experimentá-los, os servos de Deus podem viver a Palavra de Deus, e assim a igreja pode manter um padrão de testemunho impactante. Paulo escreveu aos filipenses: "Para que vos torneis irrepreensíveis e sinceros, filhos de Deus inculpáveis no meio de uma geração pervertida e corrupta, na qual resplandeceis como luzeiros no mundo, *preservando a palavra da vida*, para que, no Dia de Cristo, eu me glorie de que não corri em vão, nem me esforcei inutilmente (Fp 2.15-16, ênfase acrescentada). O desejo do apóstolo era que a igreja tivesse um vívido testemunho e preservasse a palavra da vida. Dort deu sua contribuição para isso.

A INCAPACIDADE TOTAL DO HOMEM

Em resposta aos arminianos, que afirmavam uma incapacidade somente parcial do homem, restando-lhe ainda algum bem espiritual capaz de conduzi-lo a Deus, o Sínodo de Dort afirmou a incapacidade e corrupção total do homem. Ao desobedecer a Deus ainda no Éden, o homem foi corrompido de tal forma que não lhe restou nada de bom que o capacitasse a alcançar qualquer favor diante de Deus. Ele se tornou um ser caído, totalmente caído.

A doutrina da incapacidade total coloca o homem no seu devido lugar
Aqui está um grande benefício da doutrina da corrupção total: ela coloca o homem no seu devido lugar. Sabemos que o orgulho é um mal contra o qual devemos constantemente lutar. Tiago escreveu: "Deus resiste aos soberbos, mas dá graça aos humildes" (Tg 4.6).

Se o homem é apenas parcialmente corrompido, ainda lhe resta algo do que possa se orgulhar. Isto traz um sério problema quando nos deparamos com o que a Escritura diz. Jesus, por exemplo, diz que o reino dos céus pertence aos que são humildes de espírito (Mt 5.3). Em uma única palavra Jesus afirmou a incapacidade do homem. A palavra

---

[3] David N. Steele, Curtis C. Thomas and S. Lance Quinn, afterword by John MacArthur Jr., *The Five Points of Calvinism: Defined, Defended, and Documented* (Phillipsburg, NJ: Presbyterian and Reformed, 2004), em http://www.monergism.com/the-threshold/articles/onsite/MacArthur_5pts.html, acessado em 13de julho de 2009.

humilde aqui é tradução de uma palavra grega (πτωχοὶ) que significa uma pessoa que não tem absolutamente nada. Ela é tão pobre que só lhe resta estender a mão e esperar que alguém lhe exerça misericórdia. Esta simples palavra usada por Jesus não permite afirmar que o homem tenha algo de bom em si mesmo, ela afirma que o homem não possui nada, e não há do que ele possa se orgulhar.

Jesus afirmou que o reino dos céus não pertence a alguém que pensa que tem algo a oferecer para entrar nele; pelo contrário, o reino pertence àqueles que reconheceram sua total incapacidade, sua completa impotência, sua miserável indignidade. Estes de fato não têm do que se orgulhar e sabem que não há nada neles que lhes torne dignos de entrar no reino de Deus. É como o apóstolo Paulo escreveu: "Eu sei que em mim, isto é, na minha carne, não habita bem nenhum" (Rm 7.18). Portanto, quando cremos na doutrina da corrupção total, nos colocamos numa posição correta diante de Deus: Ele tem tudo e nós não temos nada.

A doutrina da incapacidade total reconhece Deus como a única fonte de graça
Outro problema da corrupção parcial é que ela comunica poder ao homem, faz com que ele tenha condições de exercer graça por si mesmo. Se isso for verdade, isto implica o fato de que Deus não é a única fonte de graça, há graça também nos homens. Quando este pensamento está presente na igreja, faz com que ela apele aos ouvintes, pedindo que exerçam graça por si mesmos. Se o homem não está totalmente corrompido, pode exercer por si próprio este benefício. A própria evangelização deixaria de ser uma busca pela graça de Deus e passaria à procura de pessoas que desejassem exercer graça por si mesmas.

Isto contraria o que a Bíblia afirma a respeito do homem caído. Deus mesmo viu que o homem se tornou um ser mau e que todos os desígnios do seu coração são continuamente maus (Gn 6.5). Não há qualquer condição no homem de exercer graça por si mesmo, só lhe resta reconhecer sua grande maldade diante de Deus e esperar que Ele exerça sua maravilhosa graça.

A Bíblia sempre mostra que Deus é a fonte de toda graça. Deus é gracioso e, sempre que este tema é tratado na Bíblia, esta verdade fica explícita. Davi, por exemplo, escreveu: "Volta-te Senhor, e livra a minha alma; salva-me por *tua graça*" (Sl 6.4, ênfase acrescentada). Se o homem fosse de fato parcialmente corrompido, isto afetaria aquilo que a Bíblia claramente afirma a respeito de seu caráter; e não somente isso, mas também tornaria em mentira o que ela afirma a respeito do caráter do próprio Deus.

Quando o jovem rico se aproximou de Jesus, perguntando-lhe o que deveria fazer para herdar a vida eterna, ele o fez chamando Jesus de bom mestre. A isto Jesus lhe respondeu: "Por que me chamas bom? Ninguém é bom senão um só que é Deus" (Mc

10.18). Nosso Senhor estava dizendo ao jovem rico que, se quisesse continuar com o entendimento de que Jesus é bom, isto implicaria no reconhecimento de que Ele é Deus, o que seria suficiente para herdar a vida eterna. Só Deus é bom, não há bondade salvadora no homem. Em sua resposta ao jovem rico, Jesus não permitiu que esta verdade fosse confundida. A salvação é pela graça, e esta somente Deus possui. Dort trouxe-nos o benefício de afirmar que o homem é totalmente incapaz, e isto exalta a verdade bíblica de que somente Deus é a fonte de toda graça.

A doutrina da incapacidade total preserva a pregação da genuína Palavra de Deus
Muitos problemas com o evangelho em nossos dias advêm do fato de não se crer na incapacidade do homem. O fato de se pensar que o homem tem capacidade por si só de crer no evangelho exerce direta influência na pregação da Palavra de Deus. Sem que se note, termina-se por abandonar o que Deus ordenou que fosse dito e começa-se a apelar à capacidade do homem de responder ao evangelho. Não é sem motivo que temos variadas pregações em nossos dias. Há mensagens capazes de atender os mais diversos gostos.

Por pensarem que o homem não está totalmente corrompido, pregadores têm estudado estratégias de como atraí-lo e mantê-lo nas igrejas. Nunca as estratégias de marketing estiveram tão presentes na pregação do evangelho. O que é dito deixou de ser importante; basta que o homem seja convencido a usar de sua capacidade e venha a Cristo. Se ele está na igreja, não importa o que ele ouviu e ouve para que isso aconteça. Isso resultou em uma pluralidade de visões ministeriais que procuram atender o que as pessoas desejam ouvir e não o que elas precisam ouvir. John MacArthur combateu abertamente este pensamento em seu livro *Nossa suficiência em Cristo*. Tratando deste problema, ele afirmou que o aliado desta visão, que não se preocupa com os meios, mas leva em consideração somente os fins, "é o arminianismo, a teologia que nega a soberana eleição de Deus e afirma que o homem, por si mesmo, tem de decidir se confiará em Cristo ou O rejeitará".[4]

Quando se prega a Palavra de Deus, confiando no fato de que o homem é totalmente incapaz de efetuar qualquer obra de salvação por si mesmo, a preocupação se põe sobre o que é dito, não no resultado a ser atingido. Se o homem está morto em seus delitos e pecados, não haverá estratégia de marketing que o fará se levantar deste terrível estado de morte. O que o levantará de fato é o poder de Deus, não nossas presunçosas estratégias. Por isso podemos e devemos anunciar somente a genuína Palavra de Deus, sem nos preocuparmos com o resultado. O resultado não cabe a nós, isso é obra de Deus. O que nos cabe é sermos fiéis a Deus, pregando somente Sua Palavra. Paulo admoestou

---
4   John MacArthur Jr., *Nossa suficiência em Cristo* (São José dos Campos, SP: Fiel, 2007), p. 142.

Timóteo a que pregasse a Palavra de Deus em todo o tempo, com correção, repreensão, exortação com toda a longanimidade e doutrina (2Tm 4.2).

Há uma vívida ilustração a respeito disso na Palavra de Deus no livro de Ezequiel. O profeta escreveu que certa vez a mão do Senhor o levou sobre um vale que estava cheio de ossos e o fez andar sobre eles, que estavam sequíssimos. Deus deu uma ordem a Ezequiel – ele deveria profetizar aos ossos secos. A ordem consistia em falar com os ossos a que ouvissem a palavra do Senhor (Ez 37.1-14).

Posso imaginar o profeta falando para um monte de ossos, totalmente desprovidos de vida, a que dessem ouvidos à palavra do Senhor. Certamente a última coisa que passaria pela mente do profeta seria fazer algum espetáculo, apresentar algum show pirotécnico, colocar-se de cabeça para baixo num enorme esforço de fazer com que aqueles ossos ganhassem vida. Não, Ezequiel nunca faria isso. Ele sabia que sua única função era falar exatamente o que Deus lhe mandou. Ezequiel escreve que profetizou segundo o que lhe foi ordenado (v.7). Ele não ousou fazer uso de suas próprias estratégias, tentando facilitar aos ossos o ganharem vida. O profeta deveria somente falar, sem alterar nada do que lhe foi ordenado e esperar que o Senhor manifestasse seu poder e transmitisse vida àqueles ossos. Foi o que aconteceu, o profeta obedeceu à ordem do Senhor, que usou de seu poder e os ossos ganharam vida.

Assim é também nos dias de hoje. Temos recebido do Senhor a ordem de pregarmos sua Palavra, tal como ela é. Não temos o direito de fazer adaptações, tentando com isso facilitar que as pessoas venham e permaneçam nas igrejas. Quando tentamos moldar a mensagem ao gosto do pecador, estamos sutilmente e, muitas vezes, imperceptivelmente nos envergonhando de Cristo e de sua Palavra (ver Mc 8.38). Quando alguém age assim, no fundo esta pessoa não crê que Deus tem o poder para transformar o homem de seu vil estado, então ela tende a "tornar o evangelho atrativo", crendo que com isso o caminho será facilitado para que este homem tenha vida. Temo que muitos dos que estão baseando sua fé em mensagens como estas estejam enganados, recebendo a informação de que são salvos, quando continuam perdidos, mortos em seus pecados.

Não precisamos adornar a mensagem do evangelho, ela deve ser pregada com exatidão. Não há necessidade de se fazer adaptações. Jesus e João Batista, quando pregaram, afirmaram categoricamente a necessidade de arrependimento (Mt 3.7-8; 4.17). Isto significa que partiam do ponto de que o homem é um pecador totalmente caído e que deve se arrepender. Quando não cremos na total incapacidade do homem, tendemos a eliminar o pecado e a necessidade de arrependimento de nossa mensagem. Certamente crer na depravação total preserva a pregação do genuíno evangelho.

A doutrina da incapacidade total consola os verdadeiros servos de Deus

Quando reconhecemos que estávamos mortos em nossos delitos e pecados, que não havia forças em nós para que pudéssemos nos achegar a Deus, e concluímos que se somos salvos foi porque o Senhor graciosamente transformou-nos com seu poder, isto consola-nos o coração. Na verdade, um entendimento claro sobre a depravação total fará com que Deus e nós sejamos vistos como realmente somos. Deus é totalmente santo, e nós totalmente pecadores.

Quando compreendemos que não temos direito a nada, mas que tudo é recebido pela graça e misericórdia de Deus, começamos a viver uma vida com contentamento. Paulo escreveu que grande fonte de lucro é a piedade com contentamento (1Tm 6.6). Este padrão de vida se torna tangível quando se crê na incapacidade total. Se estamos conscientes de que nosso pecado nos torna indignos diante de Deus e que merecemos o inferno como consequência disso, então concluiremos que tudo o que temos é obra da misericórdia de Deus. Isto faz com que nossos problemas sejam vistos de forma diferente.

Podemos estar passando por difíceis situações, mas, sabendo que somos indignos pecadores e que não temos qualquer merecimento, chegaremos à conclusão de que estamos em vantagem. Quando não cremos na total incapacidade tendemos a murmurar, porque concluímos que é injusto que algo tão ruim esteja acontecendo conosco. Achamos que temos direitos e que não estamos sendo atendidos em nossas necessidades. Isto advém do fato de não crermos no que a Bíblia diz com respeito à nossa pecaminosidade. Podemos achar que somos pecadores, mas não a tal ponto de passarmos por uma situação difícil.

A doutrina da incapacidade total comunica-nos que somos tão pecadores que merecíamos a eternidade do inferno, portanto, qualquer situação de sofrimento pela qual tenhamos que passar não poderá ser pior do que a eternidade sem Deus. Isto por si só consola o coração do verdadeiro servo de Deus.

O servo fiel a Deus que tem consciência do pecado nunca dirá ao Senhor que não merece passar por determinada situação. Davi reconheceu isso quando escreveu o Salmo 51.4: "Pequei contra ti, contra ti somente, e fiz o que é mau perante os teus olhos, de maneira que serás tido por justo no teu falar e puro no teu julgar". Davi reconhece que ele é pecador e Deus justo, assim, nada lhe poderia acontecer que não fizesse parte dos planos do seu Justo Juiz.

Isto não significa que não devamos lutar e pedir a Deus que nos livre dos problemas, pois aquele que não nos negou seu próprio filho certamente dará com Ele graciosamente todas as outras coisas (ver Rm 8.32). Porém, conscientes de nossa pecaminosidade e de que não merecemos nada, faremos isso em submissão e reverência ao Senhor nosso

Deus. Nunca faremos qualquer exigência a Deus, como se fôssemos filhos mimados e que exigem ser atendidos imediatamente.

Deus muitas vezes é apresentado como um servo e não como senhor; isto acontece por um entendimento superficial da pecaminosidade humana. Por não se crer na incapacidade total do homem, o evangelho é apresentado como se fora um privilégio para Deus ter pessoas junto dEle, assim é melhor que Ele atenda todos seus desejos, caso contrário elas o abandonarão. Isto termina mudando Deus de posição. Ele, que é santo, majestoso, perfeito, é colocado na posição de servo, e o homem totalmente perdido em seu pecado é colocado na posição de senhor. Esta triste inversão acontece quando a doutrina da incapacidade total é negada.

A doutrina da incapacidade total consola o coração do servo de Deus, na medida em que ele reconhece que não é merecedor de nada e que tudo o que possui é resultado da graça divina.

A ELEIÇÃO INCONDICIONAL

Os *Remonstrantes* haviam afirmado que a eleição de Deus baseia-se em sua presciência. Segundo eles, Deus sabia quem no futuro haveria de crer, e com base nisso os elegeu. O Sínodo de Dort, em contrapartida, reafirmou que a eleição é incondicional. Deus elegeu aos quais quis salvar com base em sua graça, e não em qualquer mérito do homem.

Novamente temos um benefício. A doutrina da eleição incondicional dá sua contribuição na construção da parede de proteção para a igreja do Senhor Jesus. Crer na eleição incondicional exerce um papel preponderante na manutenção da fidelidade a Deus. A consciência de que a salvação foi executada totalmente por Deus sobre as vidas de seus eleitos, ajuda a manter o servo de Deus no estreito caminho que conduz à vida.

A doutrina da eleição incondicional preserva o testemunho

Temos a forte tendência de apresentarmos aquilo que Deus fez como se fosse algo que nós o tivéssemos feito. Infelizmente esta é uma realidade. A Palavra de Deus apresenta esta triste verdade a nosso respeito. O apóstolo Paulo, quando escreveu sua primeira carta aos coríntios, os advertiu: "Pois quem é que te faz sobressair? E que tens tu que não tenhas recebido? E, se o recebeste, *por que te vanglorias, como se o não tiveras recebido?*" (1Co 4.7, ênfase acrescentada). Sofremos deste mal, apresentamos o que Deus fez como se nós o fizéramos.

A doutrina da eleição nos oferece grande auxílio na luta contra esta tendência. O entendimento a respeito dela mantém em nossas mentes que foi Deus quem nos escolheu e não nós que O escolhemos (Jo 15.16). Isto faz com que nosso testemunho repouse sobre bases reais e verdadeiras.

Muitas vezes o incrédulo se ofende, não porque estamos lhe apresentando a verdade do evangelho, dizendo que ele é um pecador e que sua vida é uma ofensa a Deus; ou, porque ele precisa se arrepender, em reconhecimento de sua realidade diante de Deus, e clamar por salvação. Ele se ofende porque lhe apresentamos nosso testemunho como se nossa salvação fosse resultado de nossa escolha; difundimos que somos salvos porque fomos mais inteligentes do que ele, ou mais espertos. Escolhemos a Cristo e dizemos que ele deveria ser igual a nós e fazer o mesmo. Isto faz com que a diferença entre o salvo e o não salvo seja a capacidade de fazer uma boa escolha. Com esta atitude, a graça de Deus é eliminada do processo e faz com que o homem tenha motivo de se orgulhar, visto que o fator determinante de sua salvação tem sido sua capacidade de escolha.

A Palavra de Deus não dá tal permissão. Ela afirma que todos os homens, em todos os lugares, em todas as épocas, do ponto de vista espiritual, são exatamente iguais (ver Rm 3.23). A diferença entre o salvo e o não salvo não está no exercício que cada um faz de seu poder de escolha. A diferença está no poder da soberana escolha de Deus. Romanos 9.11 diz a respeito de Jacó e Esaú: "E ainda não eram os gêmeos nascidos, nem tinham praticado o bem ou o mal (para que o propósito de Deus, quanto à eleição, prevalecesse, não por obras, mas por aquele que chama)". Se existem salvos e não-salvos, isto ocorre porque naqueles Deus operou seu poder transformador e nestes não.

A crucificação de Jesus em meio a dois ladrões fornece uma bela ilustração desta verdade. Sabemos que um dos ladrões manifestou fé em Jesus e o outro manifestou sua rebeldia através de palavras irônicas. Como comumente acontece, tendemos a pensar que um ladrão era melhor do que o outro. A frase "ladrão bom e ladrão ruim" certamente já foi dita algumas vezes. Isto acontece porque somos tentados a pensar que a diferença está no poder de escolha de cada um. A palavra de Deus, no entanto, não nos permite este pensamento a respeito dos dois ladrões da crucificação. A Bíblia afirma que os dois eram exatamente iguais, não havia qualquer diferença prévia entre eles. Em suma, os dois eram maus. É certo que um ladrão demonstrou simpatia e se tornou agradável aos nossos olhos e o outro demonstrou sua vileza, fazendo com que nossos sentimentos fossem negativos a seu respeito.

Quando estava na cruz, nosso Senhor recebeu muitas palavras maldosas, repletas de sarcasmo e ironia. Mateus registra que os que iam passando blasfemavam contra Ele através de gestos e palavras (Mt 27.39). Todo o ódio do homem ao Senhor foi exemplificado na crucificação, entretanto, vejamos o que está escrito em Mateus 27.44: "E os mesmos impropérios lhe diziam também *os ladrões* que haviam sido crucificados com ele" (ênfase acrescentada). Não havia um melhor do que o outro, os dois eram iguais.

O que então teria tornado um diferente do outro? Será que um foi mais capaz a ponto de reconhecer Jesus como seu Senhor? Não, ambos eram exatamente iguais. O que os tornou diferentes foi a graça salvadora de Deus. O Senhor agiu em um, e no outro não.

A doutrina da eleição não nos deixa pensar que aquele ladrão que há alguns instantes ofendia a Jesus, como faziam o outro ladrão e as pessoas que por ali passavam, repentinamente parou e por seu próprio poder efetuou uma mudança em si mesmo. Não, isto não nos é permitido pensar. Aquele ladrão só mudou radicalmente porque a graça do Senhor se manifestou sobre ele.

A doutrina da eleição faz com que mantenhamos em nossas mentes que a obra de salvação foi feita em nós pela soberana escolha de Deus e não por nossa escolha. Isto faz com que nosso testemunho seja humilde. Demonstraremos às pessoas que somos exatamente iguais a elas, e que se há alguma diferença é porque Deus efetuou a obra de salvação em nós, e também pode fazer o mesmo por elas. A doutrina da eleição preserva o testemunho da igreja.

A doutrina da eleição incondicional mantém a humildade

Um dos obstáculos que o homem encontra para crer na doutrina da eleição é seu orgulho. Como a eleição de Deus nos humilha, visto que ela ensina que Deus escolheu salvar a quem quer, sem qualquer obra meritória do homem, há em nosso coração uma forte resistência a essa ideia. A compreensão correta desta doutrina faz com que o servo de Deus reconheça a grandeza do que seu Senhor fez por ele. Ao contrário de se ufanar por ter sido escolhido, o entendimento correto sobre a doutrina da eleição leva o homem a se humilhar. Saber que a preciosa salvação que lhe foi dada não o foi por sua escolha, mas sim pela soberana escolha de Deus, produz humildade. Esta é uma verdade que deveria ser lembrada sempre.

Quando trago em minha mente que o bem mais precioso que possuo me foi dado por graça, sem qualquer mérito, isto direciona minha vida no caminho da humildade. A humildade é uma virtude essencialmente cristã. Deus não despreza o coração compungido e contrito (Sl 51.17). A doutrina da eleição produz quebrantamento do coração. Davi escreveu: "Que é o homem que dele te lembres? E o filho do homem que o visites" (Sl 8.4)? Saber que um vil pecador, tal qual sou, foi eleito antes da fundação do mundo, deve produzir em meu coração um quebrantamento que me leve a uma humilhação diária diante de Deus.

A doutrina da eleição não é motivo de orgulho para o eleito, ao contrário, o reduz a nada. Robert Selph escreveu sobre isso: "O homem gosta de pensar de si mesmo mais alto do que deveria pensar, e a doutrina da eleição divina o traz de volta para baixo, para o nada; nada de que vangloriar-se, nada a alcançar, nada a que apegar-se, nada para oferecer, nada a reivindicar, nada a contribuir. A eleição incondicional destrói os últimos vestígios do orgulho humano, porque encosta o machado à raiz do 'eu'".⁵

Se a humildade é um mandamento de Deus para nós, a compreensão sobre a doutrina da eleição contribuirá na obediência a este mandamento. O prejuízo de não se crer nesta doutrina é a preservação do orgulho humano, fazendo o homem pensar que sua salvação é uma associação entre ele e Deus. A Bíblia não abre espaço para a participação do homem no processo de salvação. Quando Jesus ressuscitou a Lázaro, não houve qualquer participação deste no processo. Lázaro estava morto e não podia ajudar Jesus a ressuscitá-lo. Jesus soberanamente ordenou que o morto se levantasse e viesse andando para fora do túmulo (Jo 11.44). O mesmo se deu com os eleitos de Deus, eles estavam mortos em seus delitos e pecados e o Senhor soberanamente os chamou para fora da morte, a fim de que viessem para a vida. Não houve ajuda deles no processo, eles somente atenderam ao chamado do Senhor.

A doutrina da eleição não permite que esta verdade seja esquecida, ela mantém a lembrança de que fomos salvos porque o Senhor soberanamente nos escolheu. Esta escolha foi baseada em sua graça exclusivamente, eliminando qualquer ideia de mérito por parte do homem.

Louvamos a Deus por aqueles dias de Dort, nos quais foi reafirmada tão importante doutrina. Onde quer que seja ensinada, certamente aqueles que a abraçam têm a oportunidade de exercer um testemunho fiel a Deus e viverem em humildade.

A EXPIAÇÃO LIMITADA

O Sínodo de Dort afirmou que Cristo morreu somente pelos eleitos, de forma que a efetividade de seu sacrifício se fará sentir de forma salvadora somente nas vidas deles. Quando compreendemos esta doutrina, adquirimos benefícios inestimáveis para nosso entendimento espiritual.

Esta é mais uma doutrina que atinge o orgulho humano. O homem analisa sua situação partindo de seu próprio senso de justiça e a expiação limitada aponta diretamente contra este senso. Quando confrontado com a doutrina da eleição. o homem rapidamente acusa Deus de ser injusto. O apóstolo Paulo já havia previsto isso: "Que diremos, pois? Há injustiça da parte de Deus? De modo nenhum" (Rm 9.14). O senso de justiça do homem, entretanto, não serve para julgar sua situação diante de Deus, menos ainda as ações do próprio Deus. Isaías falou com respeito à justiça humana: "Mas todos nós somos como o imundo, *e todas as nossas justiças, como trapo da imundícia*; todos nós murchamos

---

5 Robert B. Selph, *Os batistas e a doutrina da eleição* (São José dos Campos, São Paulo: Fiel, 1995), p. 134.

como a folha, e as nossas iniquidades, como um vento, nos arrebatam" (Is 64.6, ênfase acrescentada). Para Deus, nossa justiça não tem qualquer utilidade. Isto significa que o pecado corrompeu de tal forma nossa justiça que ela se tornou inútil diante de Deus.

A doutrina da expiação limitada está baseada na justiça de Deus, que em nada se parece com a justiça caída do homem. Deus propôs salvar os eleitos e enviou seu Filho Jesus para morrer na cruz por eles, esta é a justiça perfeita de nosso Senhor.

A doutrina da expiação limitada confere valor à obra de Cristo na cruz

Quando nossos primeiros pais desobedeceram a Deus, ainda no jardim, toda a humanidade foi lançada no pecado. Tudo foi corrompido, a vontade, o intelecto e os sentimentos foram afetados drasticamente pelo pecado. Deus, porém, em seu infinito amor, imediatamente prometeu que as coisas não permaneceriam para sempre assim. Ainda lá, na recente entrada do pecado, nosso Senhor prometeu enviar o Salvador. Ele falou à serpente que da semente da mulher surgiria Aquele que resolveria o problema do pecado para sempre (Gn 3.15). Desde então houve esperança, e Deus sempre anunciou através de seus profetas que o Salvador deveria vir.

Quando Jesus veio a este mundo o grande evento solene estava para acontecer. Aquilo que Deus havia planejado para salvar o homem de seu estado miserável finalmente aconteceria. A morte de Jesus na cruz foi o cumprimento da promessa de Deus de que haveria um Salvador. Não é sem motivo que quando Ele nasceu os anjos cantaram e os magos do oriente vieram adorá-Lo (Mt 2:1; Lc 2:13-14). Era um momento solene.

A doutrina da expiação limitada ressalta o valor da obra de Jesus na cruz. Quando se rejeita esta doutrina, como fizeram os *Remonstrantes*, há um inevitável desvaler da obra da cruz. Esta rejeição coloca a crucificação numa incerteza e implica a possibilidade de não haver uma só alma que fosse salva pela obra da cruz. A negação da expiação limitada faz com que a crucificação de Jesus seja incapaz de salvar alguém efetivamente, dependendo então da aceitação que porventura alguém tivesse deste sacrifício. Jesus poderia morrer e ninguém aceitar tal sacrifício. Isto é um grave problema, porque faz com que o homem, e não Deus, que é quem foi ofendido pelo pecado, tenha que aceitar o sacrifício de Jesus. Mais uma vez o poder estaria nas mãos do homem.

A Bíblia não coloca a obra da cruz como uma possibilidade de salvação para o homem. Sempre que se refere a ela, as Escrituras falam de sua eficácia. Nunca a cruz é referida como apenas uma possibilidade de salvação. Jesus disse que veio buscar e salvar o que se havia perdido (Lc 19.10). Mateus registra também a afirmação de que Ele não veio para ser servido, mas para servir e dar a sua vida em resgate de muitos (Mt 20.28). Notemos que há certeza nas palavras de nosso Senhor. Ele afirmou que veio salvar, e não criar a possibilidade de salvação. A doutrina da expiação limitada confere valor à obra da cruz, ao afirmar que Jesus morreu pelos eleitos e que estes serão efetivamente salvos.

Isaías, profetizando a respeito do sacrifício expiatório de nosso Senhor, escreveu: "Ele verá o fruto do penoso trabalho de sua alma e *ficará satisfeito*; o meu Servo, o Justo, com o seu conhecimento, *justificará a muitos*, porque as iniquidades deles levará sobre si" (Is 53.11, ênfase acrescentada). O que deixaria nosso Senhor satisfeito senão ver os seus eleitos recebendo a salvação que Ele veio conquistar na cruz? Ele ficou satisfeito ao ver os muitos que seriam justificados em sua morte.

O grande valor da obra da cruz é que ela foi planejada, executada e todos os resultados atingidos de forma total e eficaz. Nada ficou em aberto ou sujeito a possibilidades. A doutrina da expiação limitada confere grande valor à solene obra da cruz.

A doutrina da expiação limitada confere esperança aos eleitos de Deus
Desde a Queda o homem tem sofrido com grandes problemas. Os relacionamentos foram afetados drasticamente. As famílias sofrem, maridos e esposas tornaram-se divididos, filhos e pais não conseguem se entender, o divórcio tornou-se uma opção fácil na tentativa de solucionar os problemas conjugais. Fora da família, a sociedade caminha em busca de soluções, sem no entanto conseguir progresso, ainda que haja o enganoso pensamento de que as coisas estão melhores.

Nas famílias cristãs a situação não é muito diferente. Enfrentamos problemas, temos muitas dificuldades também nos nossos relacionamentos. Casais cristãos sofrem das dificuldades de conseguirem conviver e manter um relacionamento conjugal saudável. Pais cristãos sofrem ao verem seus filhos sendo tentados a trilharem caminhos que não são os de Deus. Não podemos negar que nossas famílias têm enfrentado sérios problemas em seus relacionamentos.

Todos estes problemas advêm do fato de que o homem desobedeceu a Deus. Todos os problemas de relacionamento resultam do fato da quebra de um único relacionamento, o do homem com o seu Criador.

A grande notícia da vinda do Senhor Jesus para morrer na cruz é: o homem pode ser salvo de seu estado de perdição e estabelecer um relacionamento saudável com o seu Criador e com o próximo. O anjo anunciou aos pastores que estavam ao redor de Belém: "Não temais; eis aqui vos trago boa-nova de grande alegria, que o será para todo o povo, é que hoje vos nasceu, na cidade de Davi, o Salvador, que é Cristo, o Senhor" (Lc 2.10-11).

A salvação conquistada pelo Senhor na cruz inclui não somente a mudança futura do salvo em Cristo Jesus. Ela implica em mudanças imediatas para serem desfrutadas ainda nesta vida e não somente no futuro. Um dos versículos mais conhecidos da Bíblia afirma esta verdade: "Porque Deus amou ao mundo de tal maneira que deu o seu Filho unigênito, para que todo o que nele crê não pereça, mas *tenha* a vida eterna. (Jo 3.16, ênfase acrescentada). Jesus afirmou neste versículo que a vida eterna é algo para se desfrutar a partir de agora. O verbo "ter" está no presente, mostrando que a vida eterna é uma qualidade de vida para ser desfrutada no presente. Esta é uma grande notícia que advém da obra da cruz, pois confere esperança aos eleitos de Deus.

Quando o Senhor morreu na cruz, Ele *não abriu possibilidades* de salvação, Ele *garantiu* a salvação dos eleitos. Como vimos, esta salvação não é somente futura, ela implica transformação imediata. Isto significa que há uma grande esperança para os salvos em Cristo Jesus. Se os problemas pelos quais passamos são resultado do pecado, na cruz Jesus carregou os pecados dos eleitos de Deus; logo, eles têm a esperança de que os relacionamentos podem mudar e os problemas podem ser resolvidos. A doutrina da expiação limitada comunica que Jesus morreu para que os eleitos andem de fato em novidade de vida (Rm 6.4). Por isso os salvos em Cristo não precisam coexistir com os problemas, pois estes têm solução, visto que Jesus morreu na cruz por eles.

Crentes aprendem a conviver com os problemas e a se acomodarem a eles, muitas vezes sem a esperança de mudança. Infelizmente isso é resultado de um entendimento bíblico superficial da obra de Cristo. Se compreendermos as implicações da morte expiatória de Jesus, veremos que Ele deseja que os eleitos de Deus tenham seus relacionamentos transformados. Paulo escreveu aos efésios: "Rogo-vos, pois, eu, o prisioneiro no Senhor, *que andeis de modo digno da vocação a que fostes chamados*, com toda a humildade e mansidão, com longanimidade, *suportando-vos uns aos outros em amor*,... há somente um corpo e um Espírito, como também fostes chamados numa só *esperança da vossa vocação* (Ef 4:1-2, 4, ênfase acrescentada). Notemos que Paulo roga aos seus leitores que vivam de forma imediata os resultados da salvação, e isto implica relacionamentos transformados. Ele afirma que uma das maneiras de andar de modo digno da vocação é *suportando uns aos os outros* e que esta é a *esperança da vocação*.

Isto significa que os salvos podem desfrutar de um relacionamento saudável com Deus, bem como com os familiares. Se os problemas são causados pelo pecado, Jesus morreu por ele. Isaías escreveu a respeito da expiação: "Mas ele foi traspassado pelas nossas transgressões e moído pelas nossas iniquidades; *o castigo que nos traz a paz estava sobre ele*, e pelas suas pisaduras *fomos sarados*" (Is 53.5, ênfase acrescentada). Pedro também escreveu: "Carregando ele mesmo em seu corpo, sobre o madeiro, *os nossos pecados*, para que nós, mortos para os pecados, *vivamos para a justiça*; por suas chagas, *fostes sarados* (1Pe 2.24, ênfase acrescentada). Estes textos demonstram que a obra da cruz transforma o presente, há esperança para os eleitos de Deus.

Quando cremos na doutrina da expiação limitada podemos ter a esperança de que o problema do pecado foi resolvido integralmente na cruz. Nisto há um grande consolo para os eleitos de Deus. Temos problemas, mas não temos falta de esperança. Há sempre meios de desfazer nossas dificuldades, pois Jesus carregou nossos pecados na cruz.

A GRAÇA IRRESISTÍVEL

Os *Remonstrantes* afirmaram que o homem pode resistir à graça de Deus. Seu pensamento era que o ser humano pode receber os efeitos da graça e resistir a ela. Em outras palavras, o homem tem livre poder de decisão entre escolher ou não a Deus. O Sínodo de Dort respondeu que o homem não pode resistir à graça de Deus; quando esta chega sobre ele, transforma-o de tal maneira que ele reconhece seus pecados, seu estado de perdição, arrepende-se e clama a Deus por perdão, recebendo assim a salvação.

Aqui está outra afirmação do Sínodo de Dort, que traz benefícios imensuráveis para a igreja. Se pudesse resistir à graça de Deus, o homem teria em si mesmo poder para deliberar sobre tal questão. As Escrituras não permitem que cheguemos a tal conclusão. Elas sempre mostram o estado miserável do homem e sua incapacidade de efetuar qualquer mudança por si mesmo. Certamente é vantajoso crermos que a graça de Deus é irresistível ao homem.

A doutrina da graça irresistível preserva a evangelização
O Senhor Jesus ordenou que se pregasse o evangelho a toda criatura (Mc 16.15). É uma responsabilidade da igreja anunciar o evangelho ao homem perdido. No entanto, teria a igreja autonomia para decidir como anunciar o evangelho? Será que podemos fazer o que quisermos para que o homem perdido venha fazer parte da igreja?

Se olharmos ao nosso redor, perceberemos que há variados tipos de mensagens ditas como evangélicas sendo pregadas. Mesmo afirmando ser evangelho, há mensagens muito diferentes umas das outras. Será que todos estão de fato apresentando o evangelho do Senhor Jesus? Será que estes caminhos que estão sendo apontados ao homem realmente são o caminho que Jesus afirmou ser (Jo 14.6)? Será que muitos destes que ouviram estas mensagens e receberam a afirmação de que são salvos foram realmente alcançados com a graça de Deus? O que diria o apóstolo Paulo se vivesse em nossos dias?

Quando escreveu aos gálatas o apóstolo Paulo não permitiu que fossem feitas adaptações à mensagem do evangelho. Contrariamente a isso, afirmou: "Admira-me que estejais passando tão depressa daquele que vos chamou na graça de Cristo para outro evangelho, o qual não é outro, senão que há alguns que vos perturbam e querem perverter o evangelho de Cristo. Mas, ainda que nós ou mesmo um anjo vindo do céu vos pregue evangelho que vá além do que vos temos pregado, seja anátema" (Gl 1.6-8). Paulo não permitiu que houvesse liberdade para se pregar o que bem entendesse a respeito do evangelho. Ele chamou de *outro evangelho* a mensagem que se diferenciava da que ele mesmo pregara. Aqui está uma séria advertência quanto à pregação do evangelho. Não temos a liberdade de fazer o que quisermos na tentativa de fazer com que as pessoas venham para a igreja.

A falta de precisão doutrinária e de crer na doutrina da graça irresistível têm afetado diretamente a evangelização. O fato de crer na liberdade de escolha do homem faz com que a igreja pense que pode fazer tudo o que quiser para que ele seja convencido a aceitar a Cristo. Como resultado, temos muitas pessoas frequentando igrejas sem qualquer demonstração de que foram de fato transformadas pela graça de Deus e, no entanto, estão sendo informadas de que são salvas e estão a caminho do céu.

A doutrina da graça irresistível transmite tranquilidade à igreja no que se refere à evangelização. Saber que Deus salva a quem quer e que para fazê-lo age graciosa e irresistivelmente por meio da pregação, restringe a tarefa da igreja a uma coisa só, anunciar fielmente o evangelho. Não há necessidade de se fazer coisas mirabolantes na tentativa de atrair o homem para Cristo. Pode-se pregar com simplicidade o evangelho, esperando que o Senhor aja com sua graça e Ele mesmo atraia o pecador a Cristo. Paulo escreveu aos coríntios, falando sobre isso: "Eu, irmãos, quando fui ter convosco, anunciando-vos o testemunho de Deus, não o fiz com *ostentação de linguagem ou de sabedoria*. Porque decidi nada saber entre vós, senão a Jesus Cristo e este crucificado... A minha palavra e a minha pregação não consistiram em *linguagem persuasiva de sabedoria*, mas em demonstração do *Espírito e de poder*" (1Co 2.1-2, ênfase acrescentada). Paulo diz que sua pregação entre os coríntios não esteve baseada em estratégias que comprometessem a verdade do evangelho e que ele dependeu do poder de Deus, o qual traria os seus próprios resultados.

A tentativa de usar suas próprias estratégias, a fim de atrair as pessoas, tem feito com que a igreja contemporânea faça alterações na mensagem do evangelho. A graça de Deus está sendo excluída e tem se valido do poder de persuasão do próprio homem. Isso faz com que verdades bíblicas sejam omitidas na evangelização. Expressões como: pecado, necessidade de arrependimento, necessidade de ter uma vida santa e separada do mundo, tornam-se expressões retrógradas e fora de moda para serem usadas pela igreja moderna. Tudo o que for dito que cause qualquer desconforto aos ouvintes deve ser omitido. A igreja contemporânea está empenhada em fazer com que as pessoas sintam-se bem, mesmo que isso comprometa os mandamentos da Palavra do Senhor.

Que grande diferença há entre este pensamento e o pensamento dos profetas enviados por Deus, no Antigo Testamento. Podemos pensar no profeta Micaías e o que ele diria se vivesse em nossos dias. Micaías foi pressionado a falar somente o que fosse agradável ao infiel rei Acabe. Quando foi chamado a vir falar a este rei, o mensageiro sugeriu a Micaías que falasse o mesmo que estavam falando todos os cerca de quatrocentos profetas de Acabe. O mensageiro disse a Micaías que todos os profetas estavam dizendo coisas que estavam deixando o rei Acabe muito confortável e que ele deveria fazer o mesmo. O mensageiro estava sugerindo a Micaías que não incomodasse o rei, mas que dissesse o que ele queria ouvir. A isso respondeu Micaías: "Tão certo como vive o SENHOR, o que o SENHOR me disser, isso falarei" (1Rs 22.14). Micaías não estava interessado em deixar seu ouvinte confortável, seu interesse era ser fiel a Deus e falar o que Ele havia ordenado. Este é o papel da igreja, falar o que as pessoas precisam e não o que elas desejam ouvir.

Quando não se crê na graça irresistível a evangelização é comprometida, deixa-se de falar o que Deus ordena e se começa a falar o que as pessoas desejam ouvir, e isto na tentativa de entretê-las e mantê-las na igreja. Paulo afirmou: "Eu plantei, Apolo regou; mas o *crescimento veio de Deus*" (1Co 3.6, ênfase acrescentada). Paulo sabia que sua função era somente pregar, e Deus daria o resultado com base em sua irresistível graça. A evangelização fiel confia na graça irresistível de nosso Senhor Deus.

A doutrina da graça irresistível consola as famílias

Qualquer crente no Senhor Jesus possui uma preocupação que recai sobre a salvação dos seus entes queridos. Todos nos preocupamos com a salvação das pessoas as quais amamos. Lembremos que, quando André encontrou o Senhor Jesus, a primeira pessoa que ele procurou foi exatamente seu irmão Pedro (Jo 2.40-41). A Palavra do Senhor reconhece este interesse que temos na conversão de nossos queridos. Pais, principalmente, preocupam-se com a salvação de seus filhos. Tememos que nossos filhos partam para a eternidade sem a salvação do Senhor.

A doutrina bíblica da graça irresistível oferece grande conforto às famílias cristãs a respeito deste assunto. Sabemos que Deus é bom e que todas as coisas boas vêm dEle (Tg 1.17), e no âmbito desta verdade está o fato de que Deus não fará nada que nos seja prejudicial. A preocupação que temos quanto à salvação de nossos queridos tem que ser subjugada por esta verdade. Aquilo que for o melhor para nós, em termos eternos, será feito por nosso Deus.

Saber que a graça de Deus é irresistível confere-nos grande conforto. Seria um sério problema para nós se a salvação de nossos filhos dependesse da decisão deles. Teríamos um grande desconforto sabendo que tudo neste mundo contribui para que nossos filhos andem longe de Deus. Não somente isso, a Bíblia também afirma que seus corações pendem para o mal e que não há neles o desejo natural de seguir ao Senhor (Pv 22.15). Mesmo sendo salvos, geramos filhos que são escravos do pecado e que nada podem fazer para mudar esta situação. Que infelicidade seria para os pais crentes se a salvação de seus filhos dependesse deles. Que infelicidade para os servos de Deus se salvação de qualquer pessoa que amam dependesse de suas próprias decisões.

A graça irresistível traz paz e consolo ao coração do servo de Deus. Como pais, cabe-nos somente oferecer nosso testemunho aos nossos filhos e entes queridos. Somos os primeiros evangelistas que nossos filhos encontrarão, e devemos fazer tudo o que estiver ao nosso alcance para apresentar-lhes e beleza do evangelho. Devemos mostrar a eles o que Deus fez por nós e a alegria que temos em sermos servos do Senhor Jesus. Nossa responsabilidade inclui não sermos pedras de tropeço para que nossos filhos e as pessoas com quem convivemos sejam impedidas de ter uma correta visão a respeito de Deus. Nosso campo de ação se limita a testemunhar, orar e anunciar com sabedoria o evangelho.

É maravilhoso saber que, no dia em que o Senhor Deus manifestar sua graça salvadora a nossos filhos, eles não poderão resistir. No dia em que Deus chamá-los para fora do ambiente da morte, como Jesus fez com Lázaro, eles não resistirão e sairão de lá, vindo para a nova vida concedida pelo Senhor Jesus. Quando Deus deseja salvar, Ele o faz de forma definitiva e não há quem possa resistir. Os pais crentes devem falar a seus filhos insistentemente que o Senhor é Deus e que fora dEle não há salvação. Deus ordenou ao povo de Israel que assim o fizesse (Dt 6.6-7). Temos esta responsabilidade de anunciar a salvação aos nossos queridos. O restante será feito pelo próprio Deus, é dEle a obra de trazer nossos filhos para a salvação. Que conforto isto deve trazer para as famílias cristãs!

A graça de Deus é irresistível, e ainda que conheçamos muito bem as pessoas que amamos e saibamos de suas dificuldades, seus temperamentos e suas fraquezas, elas não oferecerão qualquer resistência ao nosso Deus, quando Ele quiser salvá-las. Que bom é saber que a salvação daqueles aos quais amamos está baseada na graça irresistível do nosso bom Deus! Que consolo, que conforto, que segurança a doutrina da graça irresistível nos traz.

Crer na graça irresistível faz com que evangelizemos nossos entes queridos e oremos ao nosso bom Deus, para que lhes manifeste sua irresistível graça. Nossas ações ficam limitadas a um campo de ação onde toda a glória, todo poder e toda a honra são dados ao nosso Deus. Nem nós nem aqueles a quem amamos terão qualquer mérito na salvação, toda honra será dada ao nosso Deus. Louvamos a Deus por este ensino que sua Palavra nos traz; é imensa a alegria que experimentamos ao saber que a graça de Deus é irresistível.

A PERSEVERANÇA DOS SANTOS

O apóstolo Paulo, escrevendo aos filipenses, afirmou que aquele que havia começado boa obra neles haveria de completá-la até ao dia de Cristo Jesus (Fp 1.6). Os filipenses deveriam saber que Deus havia iniciado a salvação deles e que o mesmo Deus faria a manutenção dela, de forma a que permanecessem seguros, até o dia de Cristo Jesus. Os *Remonstrantes* negaram este ensino das Escrituras, afirmando que o homem poderia perder sua salvação. Segundo eles, se o homem pecasse e se desviasse dos caminhos do Senhor, perderia a condição de salvo e se colocaria outra vez a caminho do inferno. Eles defenderam a necessidade de se perseverar, quem não perseverasse na fé até o fim não poderia manter-se salvo.

O Sínodo de Dort afirmou a necessidade de perseverança, no entanto exaltando a Deus, dizendo que os verdadeiramente salvos hão de perseverar, visto que o próprio Deus os guarda. Mais uma vez fomos beneficiados pela afirmação do Sínodo de Dort do que as Escrituras ensinam. O apóstolo Pedro afirmou que há "uma herança incorruptível, sem mácula, imarcescível, reservada nos céus para aqueles que são *guardados pelo poder de Deus*, mediante a fé, para a salvação preparada para revelar-se no último tempo" (1Pe 1.4-5). O verdadeiro salvo nunca perderá sua salvação, pois quem a guarda não é ele mesmo, mas sim nosso Deus, com seu grande poder.

A doutrina da perseverança dos santos preserva o ensino na igreja

Ao estabelecer sua igreja, Deus deu a ela sua Palavra e dotou alguns com o dom de ensino, a fim de que a Palavra pudesse ser aplicada fielmente à vida de seus servos (Rm 12.7). Este foi o expediente estabelecido por Deus para a instrução, a condução e a nutrição de seu povo. A Palavra de Deus é o alimento dado por Ele mesmo para a manutenção da vida espiritual de seus filhos.

A responsabilidade da igreja é ensinar com fidelidade a Escritura aos seus membros. Deus não deseja que os princípios de sua infinita Palavra sejam negociados ou adaptados ao gosto dos pecadores. Ele requer que a igreja seja fiel no ensino, falando exatamente aquilo que Ele revelou. A igreja não deve alterar ou omitir qualquer verdade da Palavra de Deus. Paulo, quando se despediu dos presbíteros de Éfeso, disse-lhes que jamais deixou de "*anunciar coisa alguma proveitosa*" e de "ensinar publicamente e também de casa em casa". Ele disse também que jamais havia deixado de anunciar "*todo o desígnio de Deus*" (At 20.20, 27, ênfase acrescentada). Paulo afirmou que não omitiu nada daquilo que Deus pediu que ele ensinasse; ele estava com sua consciência tranquila, pois se manteve fiel à Palavra de Deus.

A igreja não tem o direito de escolher o que vai ensinar aos seus membros; todo o desígnio de Deus deve ser ensinado. A pregação expositiva é uma excelente ferramenta para que pastores possam cumprir bem esta tarefa. Por ser um método que busca interpretar o texto bíblico e expor o que ele ensina, diminui a possibilidade de erros, mantendo a fidelidade àquilo que realmente a Bíblia ensina. A pregação expositiva em sequência, expondo livros inteiros da Bíblia, faz ainda melhor, não permitindo que o pregador escolha o que vai ensinar ao seu povo. Ele terá que extrair aquilo que realmente o texto está dizendo. Em seu livro *A arte expositiva de João Calvino*, Steven Lawson escreve a respeito do reformador: "O estilo verso-a-verso – *lectio continua*, ou seja, o das 'exposições consecutivas' – garantia que Calvino pregasse todo o conselho de Deus. Assuntos difíceis e controversos não podiam ser evitados. Palavras duras não podiam ser omitidas, doutrinas complicadas não podiam ser negligenciadas. Todo o conselho de Deus pôde ser ouvido".[6] Calvino fez uso da pregação expositiva, e os pastores de nossa época fazem bem em seguir seu exemplo. Outro exemplo de seu empenho neste tipo de pregação foi quando voltou para Genebra após ter passado três anos banido. Calvino retomou a pregação exatamente no ponto em que a deixara três anos antes.[7] Ele realmente creu que este é o melhor método de, como o apóstolo Paulo, ensinar todo o conselho de Deus.

Como a doutrina da perseverança dos santos preserva o ensino na igreja? Vivemos uma época em que o número de membros da igreja passou a ser assunto de extrema importância para os líderes. Há uma preocupação em ter igrejas repletas de pessoas. Pastores e líderes são tentados a mensurar o sucesso de seus ministérios pelo número de pessoas que frequentam suas igrejas. Isto coloca a igreja em sério risco de se tornar infiel no ensino da Palavra de Deus. O medo de falar sobre assuntos desconfortáveis acaba fazendo com que pastores omitam verdades da Palavra de Deus. Este temor determina que não se deve falar sobre determinados assuntos e fazer com que as pessoas não venham mais à igreja. O objetivo primeiro acaba sendo o de falar o que as pessoas querem ouvir, fazendo com que se sintam bem. As igrejas parecem mais interessadas em entreter as pessoas do que em lhes falar sobre os desejos e mandamentos de Deus.

A doutrina da perseverança dos santos assume grande importância nesta hora. Sabendo que quem é salvo não pode perder a salvação, tudo o que a Palavra de Deus ensina pode ser dito no púlpito. Não há a preocupação de que as pessoas deixem a igreja. Quem for salvo será alimentado, quem não for, ou será transformado pelo poder de Deus ou entenderá que está no lugar errado. Crer nesta doutrina faz com que os pastores possam pregar fielmente a Escritura sem temor. Quando a Palavra de Deus é pregada com fidelidade, ela serve como um divisor. Os salvos são atraídos e os não salvos são afastados.

João mostra em seu evangelho como Jesus fez isso. Jesus pregou um duro sermão sobre o tipo de compromisso que deseja que seus servos tenham com Ele. Ao ouvirem sua mensagem, muitos dos que O seguiam disseram: "Duro é este discurso, quem o pode ouvir?" Mais adiante João escreveu: "À vista disso, muitos dos seus discípulos o abandonaram e já não andavam com ele" (Jo 6.60, 66). A mensagem de Jesus foi um divisor,

---

6   J. Steven Lawson, *A arte expositiva de João Calvino* (São José dos Campos, SP: Fiel, 2008), p. 41.
7   Thea B. Van Halsema, *João Calvino era assim* (São Paulo: Vida Evangélica, 1968), p.130

separando quem estava de fato comprometido com Ele daqueles que O estavam seguindo por motivos injustos. Este é o efeito do ensino sólido da Escritura.

Quando se crê na perseverança dos santos, o número de membros ganha importância secundária, a fidelidade a Deus passa ser a primeira preocupação do ministério da igreja. Pode-se então ensinar todo o desígnio de Deus sem o receio de que pessoas abandonem a igreja por causa disso. Se forem embora é porque não desejam se comprometer de fato com o Senhor. Os verdadeiros salvos permanecerão. Os santos não estranham o alimento sólido da Palavra de Deus e sempre perseveram.

A doutrina da perseverança dos santos exalta o cuidado de Jesus pela igreja

Quando o apóstolo Paulo instruiu os maridos a amarem suas esposas, usou como exemplo o cuidado de Jesus pela igreja (Ef 5.25-32). Os maridos devem amar suas esposas seguindo o modelo do Senhor Jesus. Paulo afirma que o cuidado de Jesus pela igreja fará com que ela seja santa, pura, gloriosa, sem mácula, sem ruga e sem defeito. O exemplo mencionado por Paulo mostra que Jesus assumiu a responsabilidade de cuidar de sua igreja e que a santificação dela é uma obra que Ele mesmo decidiu fazer. Um dia o Senhor vai apresentar a igreja para si mesmo e naquele dia ela será uma mostra vívida, esplendorosa e perfeita de como o Senhor cuida daqueles a quem ama.

João, em seu evangelho, também mostra como na noite em que foi aprisionado Jesus cuidou dos seus:

> Sabendo, pois, Jesus todas as coisas que sobre ele haviam de vir, adiantou-se e perguntou-lhes: A quem buscais? Responderam-lhe: A Jesus, o Nazareno. Então, Jesus lhes disse: Sou eu. Ora, Judas, o traidor, estava também com eles. Quando, pois, Jesus lhes disse: Sou eu, recuaram e caíram por terra. Jesus, de novo, lhes perguntou: A quem buscais? Responderam: A Jesus, o Nazareno. Então, lhes disse Jesus: Já vos declarei que sou eu; se é a mim, pois, que buscais, *deixai ir estes*; para se cumprir a palavra que dissera: *Não perdi nenhum dos que me deste* (Jo 18.4-9 ênfase acrescentada).

Este texto expressa o cuidado do Senhor pelos seus, não permitindo que nenhum dos que o Pai Lhe deu se perca. A responsabilidade de cuidar da igreja é de Jesus e este cuidado não falhará. A doutrina da perseverança dos santos está baseada nesta verdade da Palavra de Deus.

Por quem é composta a igreja? Paulo afirma que a igreja é composta pelos santos (Ef 1.1; 4.12). Os santos são a igreja. O cuidado de Jesus por ela refere-se ao cuidado que Ele tem de cada um de seus membros, fazendo com que perseverem de forma que possam ser apresentados a Ele sem qualquer defeito.

Haverá uma igreja sendo apresentada ao Senhor um dia, e esta igreja será composta pelos santos que estão perseverando. A doutrina da perseverança dos santos exalta o Senhor Jesus, pois afirma que eles não se perderão e isto porque quem está cuidando deles é o próprio Senhor. Se a perseverança dos santos não é garantida, isto significa que o Senhor não pode cuidar da igreja como Paulo afirmou. Se os santos podem se perder, então Jesus não disse a verdade quando afirmou que não lançará fora nenhum dos que o Pai Lhe deu (Jo 6.37). Negar a doutrina da perseverança dos santos é não crer que Jesus pode cuidar da igreja. Crer que a perseverança do crente depende de si mesmo, implica crer que quem está cuidando da noiva não é o noivo, mas ela mesma. É uma ofensa a Jesus afirmar que a perseverança dos santos não é obra dEle.

Um dia o Senhor receberá a igreja perfeita, e a certeza deste fato é que Ele mesmo é o responsável por isso. O Senhor não ficará sem a noiva, porque Ele não falha em seu cuidado. Quando cremos na doutrina da perseverança dos santos, exaltamos o cuidado de Jesus por sua igreja.

O livro de Apocalipse afirma que haverá uma multidão de salvos procedentes de toda tribo, língua, povo e nação, e afirma também que estes estarão lá porque Jesus os comprou com seu sangue e os constituiu reino e sacerdotes (Ap 5.9-10). Não foi nenhuma obra feita pelos santos que garantiu a presença deles no céu, ao contrário disso, Apocalipse afirma que Jesus é quem o fez. Os santos hão de perseverar, isto porque Jesus está cuidando, preservando e guardando-os com seu poder.

Louvamos a Deus pelas afirmações do Sínodo de Dort, não porque aqueles homens que compuseram o Sínodo descobriram qualquer doutrina nova. Não, louvamos a Deus porque Dort reafirmou aquilo que a Palavra de Deus há tanto tempo ensina.

O Sínodo de Dort não aconteceu para ficar contido entre os muros dos debates teológicos. Se cremos que aquele foi um movimento dirigido por Deus para preservar a sã doutrina, então devemos concluir que aquelas afirmações precisam estar ao alcance de todo o povo de Deus. Há muitos benefícios nas afirmações de Dort e estes não se referem ao gosto pela vitória nos debates teológicos. Seus grandes benefícios são porque tais afirmações são afirmações bíblicas e, sendo assim, contribuem para que todo servo de Deus, em todo lugar, possa viver em seu dia a dia os benefícios da sã doutrina da Palavra de Deus.

Lembremos o que Paulo ordenou a Tito: "Tu, porém, fala o que convém à sã doutrina" (Tt 2.1). No pensamento do apóstolo, a sã doutrina precisa ser ensinada de forma a moldar o caráter de todo o servo de Deus, assim a igreja do Senhor Jesus viverá para a inteira honra e glória dEle.

CAPÍTULO 14

O LUGAR DA FÉ E DA OBEDIÊNCIA NA JUSTIFICAÇÃO:

Um histórico das discussões reformadas do século XVII

Heber Carlos de Campos Júnior

Os reformadores foram sólidos no seu ensino do conceito de "justificação pela fé *somente*". Quando Martinho Lutero traduziu a Bíblia para o alemão, sua tradução de Romanos 3.28 ficou assim: "Portanto, nós sustentamos que um homem é justificado, não pelas obras da lei, mas pela fé somente".[1] A crítica dos católico-romanos era a de que a palavra "somente" (*allein*) não estava no texto grego, e de que o único lugar em que a Bíblia empregava a frase "fé somente" era em Tiago 2.24, onde a ideia era rejeitada. A resposta dos reformadores foi que a tradução visava a esclarecer a força do texto grego diante da má teologia papista[2] quanto à justificação. João Calvino, em seu

---

1 "So halten wir nun dafür dass der Mensch gerecht werde ohne des Gesetzes Werke, allein durch den Glauben", citado em W. Robert Godfrey, "Faith Formed by Love or Faith Alone? The Instrument of Justification", em R. Scott Clark (Org.). *Covenant Justification, and Pastoral Ministry:* Essays by the Faculty of Westminster Seminary California (Phillipsburg, NJ: P&R Publishing, 2007), p. 267.
2 "Papista": Termo comum no século XVI para se referir aos católico-romanos. Durante o período da Reforma protestante, o termo católico-romano ainda não havia sido cunhado.

comentário de Romanos 3.28, escreve que os "nossos adversários, no presente, se esforçam mais do que tudo para fundir fé com o mérito de obras. Eles aceitam que o homem seja justificado pela fé, mas não pela fé somente; assim, colocam a eficácia da justificação no amor, embora em palavras eles a atribuam à fé".[3] Devido à ênfase na prática do amor entre os papistas é que Calvino, ao comentar Romanos 3.21, refuta os sofismas

> daqueles que falsamente nos acusam de afirmar que de acordo com a Escritura somos justificados pela fé somente, quando a palavra *somente* não se encontra em qualquer lugar da Escritura. Mas se a justificação não depende da lei, ou de nós mesmos, porque não podemos atribuí-la à misericórdia somente? E se é somente pela misericórdia, então é pela fé somente.[4]

A ênfase dos reformadores estava na necessidade de afirmar que a fé é o único instrumento pelo qual somos justificados por Deus em Cristo.[5] Por outro lado, os reformadores também se defendiam do ataque de Roma de que fé sozinha era morta.[6] Leonardus Rijssenius (1636-1700), um ministro reformado holandês educado em Utrecht, explica o que significa "justificação pela fé *somente*" exatamente no espírito da Reforma:

> A questão não é se a fé solitária justifica – isto é, fé separada das outras virtudes – que nós concordamos não poder ser o caso, sendo que isto não é sequer verdadeiro de uma fé viva; mas a questão é se somente a fé concorre no ato de justificação – a nossa única alegação! – assim como somente o olho vê, mas não se for retirado do corpo. Portanto, a partícula 'somente' não determina o sujeito, mas o predicado. Assim, fé *somente* não justifica, mas somente a fé *justifica*. A co-existência do amor com a fé naquele que é justificado não é negada, mas sim a co-eficácia ou cooperação na justificação.[7]

Ao enfatizar a instrumentalidade da fé, os reformadores estavam focando no objeto da fé, antes do que no ato de fé. Joel Beeke confirma a precisão exegética dos reformadores, quando demonstra que as preposições usadas em ligação à fé sempre enfatizam

---

3 João Calvino, *Romanos* (São Paulo: Paracletos, 1997), p. 137, tradução adaptada.
4 *Ibid.*, p. 127, tradução adaptada.
5 Ver *Confissão Belga* (1561), art. 22; *Catecismo de Heidelberg* (1563), pergunta 61; *Segunda Confissão Helvética* (1566), cap. XV.
6 John Gerstner critica Roma por não escutar "quando o protestantismo explica que 'à parte de obras' significa 'à parte do *mérito de obras*', e não 'à parte da presença de obras'." John H. Gerstner, "Justificação Pela Fé Somente (A Natureza da Fé Justificadora)", em John MacArthur Jr., *et. al. Justificação Pela Fé Somente*: a marca da vitalidade espiritual da Igreja (São Paulo: Cultura Cristã, s.d.), p. 90.
7 Citado em Heinrich Heppe, *Reformed Dogmatics* (London: Wakeman Great Reprints, s.d.), p. 561, minha tradução. John Owen esclarece a mesma questão: "Nós somos justificados pela fé somente. Mas nós não somos justificados por aquela fé que pode estar só. *Somente* diz respeito à sua influência em nossa justificação, não à sua natureza e existência." John Owen, *The Doctrine of Justification by Faith* (Grand Rapids, MI: Reformation Heritage Books, s.d.), p. 83-84.

a sua instrumentalidade à medida que se apropria da justiça de Cristo, nunca trazendo enfoque sobre o ato de crer.[8] Por isso, Beeke julga que fé é melhor entendida como *instrumento* antes do que *condição*, a qual geralmente denota mérito. "Somos justificados não meramente pela fé, mas pela fé em Cristo; não por causa daquilo que a fé *é*, mas por causa daquilo a que a fé se *apega* e *recebe*".[9] Além do mais, se Deus exige perfeita obediência às suas leis, nossa fé teria que ser perfeita, o que não é.

No século XVII, aquilo que era relativamente uniforme entre os reformadores começou a ser ameaçado dentro dos círculos protestantes por grupos diferentes. Este foi um século em que várias doutrinas se desenvolveram devido a controvérsias internas, antes do que no combate a Roma. A doutrina da justificação foi assolada por "duas grandes tendências, — apontando aparentemente em direções opostas", afirmou James Buchanan; ele se referia ao legalismo e ao antinomismo.[10] A resposta da ortodoxia reformada a ambos os extremos foi bastante elucidadora, pois não só preservou o que os reformadores haviam alcançado, mas criou distinções teológicas que esclareceram ainda mais o que a Reforma compreendeu acerca da doutrina paulina da justificação.

Os propósitos deste capítulo são três. Primeiramente, introduzir o público de língua portuguesa a um período da história pouco conhecido. Em segundo lugar, fazer uma refutação parcial da opinião comum em livros de história de que o puritanismo ou o escolasticismo protestante distanciou-se da teologia de Calvino.[11] Por último, refletir sobre possíveis lições para os debates hodiernos concernentes à doutrina da justificação.

OS DIFERENTES MOMENTOS HISTÓRICOS

Para facilitar o nosso entendimento de um assunto que volta à tona várias vezes no decorrer do século XVII – embora com ligeiras modificações –, vou me referir a três grandes períodos de controvérsia acerca do papel da fé e obediência entre os puritanos e escolásticos protestantes. O primeiro tem Jacobus Arminius (1559-1609) e os remonstrantes como articuladores iniciais de uma visão diferente de fé. Embora a doutrina da justificação não estivesse no centro dos debates como estavam os 'cinco pontos' tratados no Sínodo de Dort (1618-1619), enquanto ainda em vida Arminius se defendeu de críticas dos seus oponentes quanto à justiça de Cristo não ser imputada. Até mesmo Dort

---

8 Joel R. Beeke, "Justificação *pela* Fé Somente (A Relação da Fé com a Justificação)", em *Justificação Pela Fé Somente*, p. 49-52.
9 *Ibid.*, p. 53.
10 James Buchanan, *The Doctrine of Justification: An Outline of Its History in the Church and of Its Exposition from Scripture* (Birmingham: Solid Ground Christian Books, 2006), p. 153.
11 Ver o capítulo 10 de Justo L. González, *Uma História do Pensamento Cristão*. vol. 3: Da Reforma Protestante ao século 20 (São Paulo: Cultura Cristã, 2004); R. T. Kendall, "A modificação puritana da teologia de Calvino", em W. Stanford Reid (org.). *Calvino e sua influência no mundo ocidental* (São Paulo: CEP, 1990), p. 245-264. Para uma refutação mais detalhada da tese 'Calvino versus os calvinistas', veja o artigo do presente autor, "Calvino e os calvinistas da Pós-Reforma" em *Fides Reformata* 14/2 (Julho-Dezembro 2009), p. 11-31.

mencionou os desvios arminianos quanto ao papel da fé na justificação. Na Inglaterra, tais ideias foram expressas por arminianos como John Goodwin (c. 1594-1665).[12] A Assembléia de Westminster se pronunciou em relação a tais ideias.

O segundo período se inicia logo após a Assembléia de Westminster com as reações contra o livro de Richard Baxter(1615-1691), *Aphorismes of Justification* (*Aforismas sobre justificação*), de 1649. Parte da motivação por detrás do seu ensino sobre a justificação era combater as tendências antinomistas que lhe pareciam tão contrárias à linguagem da Escritura. Porém ele levantou uma série de inimigos teológicos que o viam como perigoso em seus ensinos.[13] A inovação de Baxter passou a ser denominada "neonomismo" – por apresentar uma nova lei – ou baxterianismo.

Baxter esteve envolvido em controvérsias por boa parte de sua vida literária, inclusive envolvendo-se no início do terceiro período de controvérsias, que foi um ressurgimento da controvérsia antinomista (ou neonomista, dependendo da perspectiva) com a republicação do livro de Tobias Crisp (1600-1643), *Christ Alone Exalted* (*Somente Cristo exaltado*) em 1690. Esse período durou toda a última década do século 17, mas não acrescentou tantas ideias novas em relação ao que Baxter já havia apresentado. Portanto, o terceiro período será tratado em conjunção com o segundo.

A TRADIÇÃO ARMINIANA E AS CONFISSÕES REFORMADAS

James Buchanan afirma que Arminius era mais ortodoxo na doutrina da justificação do que os seus sucessores – Simon Episcopius (1583-1644), Hugo Grotius (1583-1645), Etienne de Courcelles (1586-1659) e Phillip van Limborch (1633-1712). Ele explicou suas afirmações com mais cuidado, mas parece ter aberto a porta para a asseveração aberta entre os Remonstrantes quanto ao ato de fé ser tido por justiça (baseada em Romanos 4) ao invés da expressão bíblica ser vista como uma metonímia, isto é, fazendo uma referência simplificada à fé mas referindo-se ao objeto da fé.[14]

Que Arminius tinha diferenças com a doutrina reformada da justificação, nos parece evidente.[15] Quanto à expressão "a fé é imputada por justiça" de Romanos 4, Arminius coloca as diferentes posições:

> A questão era - (1.) Se aquelas expressões devem ser entendidas *propriamente* [i.e. de acordo com as suas propriedades], 'de tal forma

---

12 Este não deve ser confundido com o puritano reformado Thomas Goodwin.
13 Entre os que se opuseram ao livro *Aphorisms of Justification*, estavam Anthony Burgess, John Wallis, Christopher Cartwright, George Lawson, John Crandon, John Warner, Thomas Tully, John Tombes e William Eyre. No total foram pelos menos dezesseis teólogos e pastores diferentes que em algum ponto criticaram a sua soteriologia. Baxter respondeu à crítica de vários desses em livros posteriores. C. F. Allison, *The Rise of Moralism: The Proclamation of the Gospel from Hooker to Baxter* (New York: The Seabury Press, [1966]), p. 154, 162.
14 Buchanan, *The Doctrine of Justification*, p. 170-172.
15 Em oposição a Carl Bangs, *Arminius and Reformed Theology* (Ph. diss., The University of Chicago, 1958).

que a fé em si mesma, como um ato realizado de acordo com o mandamento do evangelho, é imputada perante Deus *por* ou *para* justiça - e isto provindo de graça, sendo que não é justiça de lei'. — (2.) Se elas devem ser compreendidas figurada e impropriamente, 'de que a justiça de Cristo, sendo apreendida pela fé é imputada a nós por justiça'. Ou (3.) Se ela deve ser compreendida como 'a justiça, pela qual ou para qual fé é imputada, é a operação instrumental da fé'; que é defendida por algumas pessoas.[16]

Embora a segunda e terceira sejam parecidas, creio ser seguro dizer que a segunda é a posição tradicionalmente reformada. Wilhelmus à Brakel (1635-1711), representante ortodoxo e piedoso dos reformados holandeses, explica que quando é dito que a fé foi reputada por justiça isto não se refere ao ato de fé, mas à justiça de Cristo da qual alguém se torna participante pela fé.[17] Arminius, por outro lado, diz ter adotado a primeira opinião e cita Calvino como seu aliado.[18]

Na verdade, Arminius não cria ser correto crer ou na obediência de Cristo imputada a nós para ser nossa justiça perante Deus ou na fé imputada por justiça – as duas possíveis posições apresentadas pelos seus opositores – mas em ambas. Se ele afirmasse que cria na segunda posição, o acusariam de negar que a justiça de Cristo é imputada a nós, contrário ao que ele havia dito explicitamente. Se, porém, ele se posicionasse com a primeira, ele cairia num raciocínio absurdo de que a justiça de Cristo não é de fato justiça, pois Paulo fala que a fé nos é imputada *por* justiça, isto é, como se fosse – não de fato como sendo – justiça.[19] Eis a explicação mais clara da sua posição:

> Mas algumas pessoas me acusam com isto como se fosse um crime – o fato de eu dizer que o próprio ato da fé, isto é, o próprio crer, é imputado por justiça, e isto propriamente dito, e não como uma metonímia. Eu aceito esta acusação, já que eu tenho o apóstolo Paulo, em Romanos 4 e em outras passagens, como meu precursor no uso desta frase. Mas a conclusão a que eles chegam com esta afirmação, a saber, 'de que Cristo e sua justiça são excluídos da nossa justificação, e que nossa justificação é assim atribuída à dignidade da nossa fé', isto eu julgo não ser possível deduzir das minhas afirmações. Pois

---
16 James Arminius, *The Works of James Arminius*. vol. 1 (Grand Rapids, MI: Baker Books, 1999), p. 697-700.
17 Wilhelmus à Brakel, *The Christian's Reasonable Service*. vol. 2 (Grand Rapids, MI: Reformation Heritage Books, 1993), p. 354.
18 Embora a alegação de Arminius de que a visão de Calvino não era muito diferente da dele não seja convincente, vale ressaltar que o comentário de Calvino em Romanos 4 não se preocupa tanto em distinguir o ato de crer em relação à apropriação da justiça de Cristo por intermédio da fé. A única coisa que Calvino diz a respeito, ao comentar o verso 5, é que "a fé nos traz justiça, não porque ela é um ato meritório, mas porque ela obtém para nós o favor de Deus". John Calvin, *Commentaries on the Epistle of Paul the Apostle to the Romans*, p. 158. Acontece que essa frase não responde diretamente à questão levantada por Arminius. Este também concordaria que a fé não é um ato meritório, e o que o crer conquista o favor de Deus. Isto leva à conclusão de que, no século XVII, certas distinções foram levantadas que ainda não haviam sido bem trabalhadas na primeira metade do século XVI.
19 James Arminius, *The Works of James Arminius* vol. 2, p. 44-45.

a palavra 'imputar' significa que fé não é justiça em si mesma, mas é graciosamente contada por justiça, cuja circunstância retira toda dignidade da fé, exceto aquilo que vem por intermédio da graciosa e condescendente estima de Deus. Mas esta graciosa condescendência e estima não vem sem Cristo, mas em referência à Cristo, em Cristo, e por causa de Cristo, a quem Deus apontou como propiciação através da fé no seu sangue. Eu afirmo, portanto, que fé é imputada a nós por justiça por causa de Cristo e sua justiça. Neste enunciado, fé é o objeto da imputação; mas Cristo e sua obediência são a causa impetratória ou meritória da justificação. Cristo e sua obediência são o objeto de nossa fé, mas não o objeto da justificação ou imputação divina, como se Deus imputasse Cristo e sua justiça a nós por justiça. Isto não pode ser, já que a obediência de Cristo é justiça propriamente dita, de acordo com o mais severo rigor da lei. Mas eu não nego que a obediência de Cristo seja imputada a nós, isto é, de que ela é contada ou reputada por nós ou para o nosso benefício, pois isto – o fato de Deus olhar a justiça de Cristo como tendo sido realizada por nós e para o nosso benefício –, é a causa de Deus nos imputar a fé como justiça...[20]

A obediência de Cristo é imputada no sentido de ser considerada como feita em nosso lugar, para o nosso benefício, mas no sentido estrito da palavra, só fé é imputada por justiça; só fé é o objeto da imputação.

A razão pela qual ele consegue asseverar que ambas são imputadas, no sentido amplo, é que Arminius crê na existência de dois tipos de justificação, uma "da lei" e outra "da fé". Ele analisa três elementos de cada tribunal: o homem como réu, Deus como juiz, e a lei como o parâmetro de julgamento. De acordo com a primeira justificação o homem só é justificado se realizar todos os atos de justiça sem pecar, na segunda ele é justificado como pecador. Na primeira justificação, Deus está assentado num trono de justiça rígida e severa; na justificação da fé, Deus está num trono de graça e misericórdia. Por último, na primeira justificação, a lei é aquela de obras, enquanto na segunda é de fé.[21] Nota-se que Arminius está contrariando o princípio da estabilidade da lei por criar uma nova lei; a fé deixou de ser mero instrumento de apropriação para se tornar a nossa obediência a uma nova lei divina. Embora ele não seja explícito, Arminius parecia crer que Jesus Cristo teve que ser justificado pela primeira justificação, para que nós tivéssemos que ser justificados pela segunda. O que Arminius deixou implícito, Baxter tornou explícito, como veremos adiante.

Enquanto Arminius ainda confirmava crer que a justiça de Cristo era imputada a

---

20 *Ibid.*, p. 701-702.
21 *Ibid.*, p. 254.

nós, ainda que não da mesma forma que a fé, Packer diz que os arminianos negavam que a base da justificação era a justiça imputada de Cristo. "A alternativa arminiana era de que a própria fé é a base da justificação, sendo ela mesma justiça (obediência à nova lei) e aceita por Deus como tal. Eles recorriam às referências em Romanos 4.3, 5, 9 (cf. 11, 13) à fé sendo reputada por justiça".[22] Um exemplo desse ensino arminiano se encontra nos livros de John Goodwin.[23]

As confissões reformadas não deixaram de rebater tais conceitos arminianos. Louis Praamsma nos informa que alguns precursores do arminianismo levantaram questionamentos quanto à doutrina da imputação da justiça de Cristo e que, no "conflito arminiano posterior, essa doutrina da justificação pela fé sempre foi levantada para discussão".[24] É por isso que, no Sínodo de Dort, por justificação ser uma doutrina correlata às doutrinas soteriológicas em debate, os reformados citaram a justificação dentre os erros anexados aos cânones do concílio. Primeiramente, é rejeitada a ideia de que Deus "escolheu como condição de salvação, o ato de fé, que é sem méritos de si mesmo, e a obediência imperfeita da fé. Na sua graça Ele a considera como obediência perfeita e digna da recompensa da vida eterna" (capítulo 1, erro 3). No capítulo 2 dos cânones de Dort, esse erro é aliado à doutrina do pacto da graça, onde a morte de Cristo não tinha como propósito confirmar a nova aliança no seu sangue, mas apenas conquistar "para o Pai o mero direito de estabelecer de novo uma aliança com o homem", o direito de "prescrever novas condições conforme a sua vontade". Sendo assim, a nova aliança da graça "consiste no fato de que Deus revogou a exigência de perfeita obediência à lei e considera agora a própria fé e a obediência de fé, ainda que imperfeitas, como a perfeita obediência à lei" (capítulo 2, erros 2-4). Esse conceito errôneo de pacto acaba por considerar também a própria perseverança como uma condição da nova aliança (capítulo 5, erro 1). As repetidas menções à fé no contexto de justificação e pacto mostram que essa era uma doutrina recorrente e preocupante em Dort, ainda que não fosse um dos cinco pontos afirmados ali.

A Assembléia de Westminster também demonstrou uma preocupação com o conceito arminiano de justificação pela fé. Embora o *Catecismo Maior* tenha se referido à fé como uma "condição" (pergunta 32), o sentido não é de uma condição legal que conquista direitos, mas de instrumento sem o qual não se pode receber as benesses divinas (perguntas 72 e 73). A fé é como o ato de respirar, algo necessário para sustentar a vida,

---

22 J. I. Packer, "The Doctrine of Justification in Development and Decline among the Puritans", em *By Schisms Rent Asunder: Papers read at the Puritan and Reformed Studies Conference, 1969* (S.p., 1969), p. 25.

23 *Impedit ira animum* (1641) e *Imputatio Fidei* (1642). Um exemplo de resposta reformada à posição de Goodwin é a de George Walker, *A defence of the true sence and meaning of the words of the Holy Apostle, Rom. chap. 4, ver. 3, 5, 9 in an answer to sundry arguments gathered from the forenamed Scriptures by Mr. Iohn Goodwin* (1641).

24 Louis Praamsma, "The Background of the Arminian Controversy (1586-1618)", em Peter Y. De Jong, *Crisis in the Reformed Churches: Essays in commemoration of the great Synod of Dort, 1618-1619* (Grand Rapids, MI: Reformed Fellowship Inc., 1968), p. 25-26.

ainda que seja o ar que realmente a sustente;[25] é como a boca que se alimenta do pão, ainda que seja o pão que sustente o corpo. De nada vale respirar se não houver ar, ou a boca sem pão. Ambas as analogias destacam apenas o caráter instrumental da fé como condição. O ato da fé ou qualquer ação dela decorrente não podem ser imputados como justiça, como ensina a pergunta 73 do *Catecismo Maior* e a *Confissão de Fé de Westminster* no seu capítulo XI.1:

> Pergunta 73. *Como é que a fé justifica o pecador diante de Deus?*
> Resposta. A fé justifica o pecador diante de Deus não por causa das demais graças que sempre a acompanham, nem por causa das boas obras que dela resultam, nem como se a graça da fé, ou qualquer ação dela decorrente, lhe fosse imputada para a justificação, mas apenas como o instrumento pelo qual ele recebe e aplica Cristo e Sua justiça a si mesmo.
>
> XI.1. Os que Deus chama eficazmente, também livremente justifica. Esta justificação não consiste em Deus infundir neles a justiça, mas em perdoar os seus pecados e em considerar e aceitar as suas pessoas como justas. Deus não os justifica em razão de qualquer coisa neles operada ou por eles feita, mas somente em consideração da obra de Cristo; *não lhes imputando como justiça a própria fé, o ato de crer ou qualquer outro ato de obediência evangélica*, mas imputando-lhes a obediência e a satisfação de Cristo, quando eles o recebem e se firmam nEle pela fé, que não têm de si mesmos, mas que é dom de Deus.

NEONOMISMO *VERSUS* ANTINOMISMO

Como o neonomismo é, em parte, uma reação ao antinomismo, é preciso começar com o movimento cronologicamente anterior. O antinomismo estava presente desde os dias de Lutero, mas naquele contexto Lutero cunhou o termo em referência à ojeriza quanto ao que posteriormente veio a ser chamado o terceiro uso da lei; está relacionado à vida de santificação. No século XVII, além do aspecto da santificação, o antinomismo trouxe polêmica quanto à doutrina da justificação. Vale destacar que muito da polêmica se deve à imprudência de termos ou a ênfases exageradas usadas em sermões e tratados, antes do que o desejo de corrigir a tradição protestante. Pelo contrário, os antinomistas se achavam árduos defensores da tradição reformada contra os arminianos. O principal nome antinomista, Tobias Crisp, era respeitado por eruditos como William Twisse e John Owen como um homem muitíssimo usado por Deus em suas pregações.

---

25 Buchanan, *The Doctrine of Justification*, p. 380.

Packer resume as crenças antinomistas que despertaram a resposta de Baxter em três: (1) uma imputação real que torna Cristo pecador e o homem sem pecado; (2) a justificação na eternidade; (3) a incondicionalidade do pacto na qual o pecado do crente não lhe afeta – nem mesmo com disciplina – pois Deus nem sequer o vê.[26] Quanto à primeira ênfase, James Buchanan afirma que os antinomistas

> tinham o hábito de falar como se a imputação dos nossos pecados a Cristo o fizesse pessoalmente um pecador, e até o maior pecador que já houve; e como se a imputação da sua justiça a nós nos fizesse pessoalmente justos, – tão perfeitamente justos que Deus não consegue sequer ver pecado nos crentes ou visitá-los com amostras do seu desprazer paternal [i.e. disciplina].[27]

De fato, a linguagem de Crisp deixa transparecer essa noção, como mostra um dos seus sermões em Isaías 53.6:

> Deus não simplesmente infligiu o castigo do pecado sobre Cristo ao feri-lo por causa do mesmo, mas Deus até colocou (*a própria iniquidade*) sobre Ele, digo a iniquidade dos eleitos.[28]

> Mas muitos homens são prontos em pensar que a culpa (aquilo que chamam de culpa) e a punição do pecado de fato jazem sobre Cristo; mas simplesmente que as próprias falhas que os homens cometem, isto é, que a transgressão em si mesma se torna a transgressão de Cristo, é uma conclusão muito dura. Mas quando o texto diz, *O Senhor colocou sobre ele a iniquidade de nós todos*, o sentido é que o próprio Cristo se torna o transgressor em lugar da pessoa que havia transgredido; de tal forma que em respeito à realidade de ser um transgressor, Cristo é realmente pecador como a pessoa que o cometeu era transgressora antes de Cristo tomar esta transgressão sobre si. Amados, não me entendam erroneamente, eu não digo que Cristo já foi ou um dia será o autor ou o cometedor de qualquer transgressão, pois Ele nunca cometeu qualquer pecado em si mesmo. Mas *o Senhor colocou a iniquidade sobre Cristo*, e esse ato de Deus *colocá-los* sobre Ele, torna Cristo tão realmente um transgressor quanto se Ele próprio tivesse de fato cometido transgressão.[29]

Cristo não só recebe a penalidade do nosso pecado, mas recebe o nosso próprio pecado; caso contrário, Deus seria injusto em puni-lo.[30] Crisp continua dizendo que pelo

---

26 Cf. J. I. Packer, *The Redemption & Restoration of Man in the thought of Richard Baxter: A Study in Puritan Theology* (Vancouver: Regent College, 2003), p. 248-251.
27 Buchanan, *The Doctrine of Justification*, p. 159.
28 Tobias Crisp. *Christ Alone Exalted* vol. 2. (S.p., 1643), p. 78.
29 *Ibid.*, p. 81-82.
30 *Ibid.*, p. 79, 94.

fato de todos nossos pecados irem a Cristo assim "vocês são tudo o que Cristo foi, e Cristo é tudo que vocês foram... Cristo assume nossas pessoas e condição e se coloca em nosso lugar; nós tomamos a pessoa e condição de Cristo, e somos colocados em seu lugar".[31]

A fim de que se entenda melhor a posição antinomista, é preciso destacar o pressuposto teológico e a intenção pastoral desses pregadores. Primeiramente, um dos pressupostos era um conceito "real" de imputação, onde esta não podia ser uma ficção legal. Se Cristo sofreu "como se Ele tivesse pecado", a imputação do nosso pecado seria mera ficção legal de acordo com os antinomistas, e Cristo estaria sendo punido injustamente; só pode ser punido aquele que carrega pecados. Em segundo lugar, a intenção antinomista era de confortar os pecadores que carregavam o medo de serem castigados por seus pecados. Essa intenção pastoral também estava por detrás da ênfase na justificação realizada na eternidade e consumada na cruz, de tal forma que nada que nós fizéssemos poderia afetá-la; assim, nossos pecados não afetam o relacionamento entre Deus Pai e seus filhos. No interesse de exaltar a obra divina – como mostra o título da obra de Crisp – os antinomistas anularam a participação humana e tornaram a fé mera manifestação da justificação.[32]

Allison diz que a doutrina da imputação da justiça de Cristo era, aos olhos de Baxter, a doutrina que mais perniciosamente manifestava as tendências "libertinas" dos antinomistas.[33] Para Baxter, essa blasfêmia de tornar Cristo um pecador de fato é uma consequência lógica e consistente do conceito tradicional de imputação.[34] Baxter concorda com Crisp que imputação não pode ser uma ficção; é por isso que ele fala de nós recebermos os benefícios da obediência de Cristo e não literalmente o que Cristo sofreu e fez.[35] No sentido estrito da palavra "imputação", nem a obediência ativa nem a passiva é imputada a nós.[36] Baxter redefiniu o conceito de imputação nos moldes da teoria governamental de expiação de Hugo Grotius (1583-1645).[37] O seu universalismo amyraldista o fez asseverar que Cristo sofreu por toda humanidade, mas condicionado à fé. Cristo só se torna nosso cabeça, nós só somos unidos a Ele após a fé; trata-se de uma união política, não mística.[38] Baxter tem receio de enfatizar uma união de pessoas, entre Cristo e os

---

31 Ibid., p. 89.
32 A *Confissão de Fé de Westminster* XI.4-5, combate essas tendências antinomistas.
33 Allison, *The Rise of Moralism*, p. 163.
34 Packer, *The Redemption & Restoration of Man in the thought of Richard Baxter*, p. 249.
35 Ibid., p. 252.
36 Hans Boersma, *A Hot Pepper Corn: Richard Baxter's Doctrine of Justification in Its Seventeenth-Century Context of Controversy* (Zoetermeer: Uitgeverij Boekencentrum, 1993), p. 225.
37 Em seu livro *De satisfactione Christi* Grotius defende que na doutrina da expiação Deus deve ser visto como um Regente, antes do que um Juiz; é o Rei que tem o poder de transferir punição do culpado para o inocente, já que o juiz está preso pela lei. Garry Williams, "Grotius, Hugo (1583-1645)", em Trevor A. Hart (org.). *The Dictionary of Historical Theology* (Grand Rapids, MI: Eerdmans, & Carlisle: Paternoster, 2000), p. 235-237.
38 Boersma, *A Hot Pepper Corn*, p. 234.

crentes, que chegue à beira de deificar os homens e tornar Cristo pecador; porém, Baxter está entendendo imputação como um aspecto natural antes que legal.[39] Por isso, ele entende que a justiça de Cristo é apenas indiretamente imputada a nós – trata-se de um "acidente" (linguagem aristotélica) intransferível a outra pessoa. Estritamente falando, só os efeitos da justiça de Cristo é que nos são imputados.[40] Uma vez que nós recebemos os benefícios da obra de Cristo, então cabe a nós responder com obediência evangélica.

O livro *Aphorismes of Justification*, embora seja apenas o primeiro livro em que Baxter apresenta suas reflexões inovadoras, contém o cerne da sua posição e esta não sofre mudanças significativas durante toda a sua vida.[41] Uma vez que o homem quebrou o primeiro pacto (um pacto de obras) no jardim, aprouve a Deus estabelecer um novo pacto com uma nova lei cujas condições seriam mais fáceis de ser cumpridas por um pecador.[42] O primeiro pacto não foi aniquilado, pois muitos pecados continuam sendo quebras da lei deste pacto.[43]

> Portanto, assim como existem dois pactos com suas condições distintas, assim também existe uma dupla justiça e ambas são absolutamente necessárias para a salvação... Nossa Justiça Legal, ou justiça do primeiro pacto, não é pessoal nem consiste em quaisquer qualificações de nós mesmos, ou ações realizadas por nós (pois nós nunca cumprimos nem pessoalmente satisfizemos a lei), mas está completamente fora de nós em Cristo... Nossa Justiça Evangélica não está fora de nós em Cristo, como nossa Justiça Legal, mas consiste em nossas ações de Fé e Obediência ao Evangelho. Assim, embora Cristo cumpriu as condições da lei e satisfez pelo nosso não-cumprimento, somos nós mesmos que devemos cumprir as condições do Evangelho.[44]

Dizer que a nossa retidão evangélica, ou da nova aliança, está em Cristo e não em nós mesmos seria uma monstruosa doutrina antinomista, aos olhos de Baxter.[45] Não que tal retidão seja realizada sem a operação da graça, mas somos nós mesmos que nos arrependemos, cremos, amamos a Cristo, etc., e é essa retidão pessoal que agrada a Deus, como muitos textos da Escritura testificam.[46] Todas essas atividades exigidas no

---
39 *Ibid.*, p. 239-240.
40 Talvez possamos dizer que os neonomistas criam que Cristo recebeu apenas a pena do pecado; que os ortodoxos criam que Cristo recebeu a culpa e a pena do pecado; e que os antinomistas iam além, ao dizer que Cristo tomou não só a pena e a culpa, mas o próprio pecado.
41 Allison, *The Rise of Moralism*, p. 155-156.
42 Richard Baxter, *Aphorismes of Justification* (Hague: Abraham Brown, 1655), p. 47-49.
43 *Ibid.*, p. 50.
44 *Ibid.*, p. 66-67, 70.
45 *Ibid.*, p. 73-74.
46 Baxter lançava mão dos textos que falam de esforço e busca pelas coisas espirituais como demonstração da forma como se obedece a nova lei. Baxter, *Aphorismes of Justification*, p. 271-274.

evangelho estão relacionadas e, de certa forma, se resumem na principal (ou única) condição deste novo pacto, que é a fé. Portanto fé, que inclui obediência, é a condição exigida pelo novo pacto até a justificação final no dia do juízo.[47] Na verdade, a fé e as virtudes a ela relacionadas se mostram muitíssimo importantes, quando Baxter afirma que Cristo morreu pelos pecados contra o primeiro pacto, mas não pelos pecados contra o segundo pacto.[48] Diferente dos puritanos, Baxter achava que a expressão "faze isto e viverás" (Lv 18.5; Lc 10.28; Rm 10.5; Gl 3.12) era uma linguagem tanto da lei quanto do evangelho; isto é, depende da lei em vigor.[49] Já que Cristo cumpriu a lei do primeiro pacto, cabe a nós cumprir a lei do segundo, a fim de que obtenhamos vida. Para Baxter, fé passa a ser uma nova justiça, antes do que um instrumento na justificação.

Baxter despertou a fúria de um de seus opositores, John Crandon, quando usou a analogia do grão de pimenta para responder como a fé nos é imputada por justiça.[50] A analogia é a seguinte. Um inquilino quebra o seu contrato com o dono por não pagar o seu aluguel; ao se endividar mais e mais ele é retirado da casa e lançado na prisão até pagar a dívida. O filho do dono resolve pagar a dívida, retirá-lo da prisão e colocá-lo na casa novamente, sob um novo contrato. O inquilino precisa pagar anualmente apenas uma semente de pimenta – algo pequeno, insignificante – que garantirá sua liberdade de qualquer dívida passada e de qualquer aluguel futuro. Neste caso, o grão de pimenta lhe é imputado como se ele houvesse pago o aluguel do velho contrato.

Embora Baxter não quisesse exaltar o valor do grão de pimenta, razão pela qual ele escolheu algo tão pequeno, tal analogia criou em seus opositores a impressão de uma doutrina papista da justificação. Baxter procurou distinguir-se claramente da posição romana, mas não evitou que analistas posteriores vissem a semelhança de sua doutrina com a posição arminiana ou com a escola de Saumur.[51] De fato, Baxter apresentara ideias bastante estranhas ao pensamento reformado tradicional: (1) fé não é a causa instrumental da justificação, mas uma condição para a sua aplicação; (2) manter o pacto através da nossa obediência é uma condição para se manter no pacto; (3) no Dia do Juízo nós seremos julgados com base no pacto das obras e precisaremos de uma justiça da lei, onde necessitamos de Cristo, mas também seremos julgados com base no pacto da graça e precisaremos apresentar nossa justiça evangélica pessoal como realizando as condições do evangelho.[52] Além dessas três, seu conceito de pacto é muito diferente do

---

47 *Ibid.*, p. 149.
48 *Ibid.*, p. 217. Esta posição de Baxter lembra a conclusão do pensamento arminiano de que alguém pode ser condenado pela sua incredulidade, mesmo Cristo tendo morrido por ele ou ela. A diferença é que Baxter tornava os efeitos da morte de Cristo condicionados à fé da pessoa. Esse era o pensamento amyraldista, defendido pelo professor da escola de Saumur, Moyse Amyraut (1596-1664).
49 *Ibid.*, p. 262.
50 *Ibid.*, p. 83-84.
51 Buchanan, *The Doctrine of Justification*, p. 176; Packer, "The Doctrine of Justification in Development and Decline among the Puritans", p. 26.
52 Richard Baxter, *Confesssion of his Faith* (London: R.W., 1654), p. 56-57.

pensamento reformado do século XVII[53] e seu conceito de lei também não tem o caráter eterno que lhe davam os puritanos e o escolasticismo protestante.[54] Como bem disse Packer, não há estabilidade da lei em Baxter.

> O 'método político' de Baxter o levou a uma ideia diferente da lei de Deus. Para ele, a justiça de Deus é precisamente um atributo da realeza, uma característica do Seu governo, e Suas leis não são mais do que meios para fins. Como todas as leis, sob certas circunstâncias elas podem ser mudadas, se o fim desejável pode ser atingido por outros meios. Quando o homem caíra, e Deus intentou glorificar a Si mesmo retaurando-o, Ele conduziu o seu plano, não *satisfazendo* sua lei, mas *mudando-a*... Onde o calvinismo ortodoxo ensinava que Cristo satisfez a lei no lugar do pecador, Baxter sustentou que Cristo satisfez o Legislador e assim arranjou uma mudança na lei. Aqui Baxter se alinha com o pensamento arminiano e não com o calvinismo ortodoxo.[55]

A oposição neonomista ao antinomismo é ressuscitada no final do século XVII. Embora a ocasião da "controvérsia neonomista" seja a republicação do livro de Tobias Crisp, *Christ Alone Exalted* (1690), é mais correto enxergar a influência da Academia de Saumur e a influência de Baxter como preparando o terreno para as controvérsias. Essa disputa teológica barrou os esforços de união entre presbiterianos e congregacionais na cidade de Londres. O livro de Robert Traill, *Justification Vindicated* (1692), escrito inicialmente como uma carta, é uma defesa de um congregacional à acusação de presbiterianos influenciados por Baxter de que havia antinomismo dentre os congregacionais da cidade de Londres; Traill posicionou-se entre os extremos, antinomismo de um lado e arminianismo (ou neonomismo) do outro. Um dos neonomistas que causou bastante alarde, Daniel Williams – que foi respondido por Isaac Chauncy –, trazia ensinos semelhantes ao de Baxter como a noção de evangelho como a nova lei sob a qual somos justificados, e

---

53 McGrath define Baxter em termos federais: "De acordo com Baxter, Cristo cumpriu o velho pacto e assim tornou possível que humanos sejam justificados com base em termos mais fáceis do novo pacto. A justiça de Cristo em cumprir o velho pacto é, portanto, a causa meritória da justificação no sentido de ser com base neste cumprimento que a fé do crente pode ser a causa formal da justificação sob o novo pacto". Alister E. McGrath, *Iustitia Dei: A History of the Christian Doctrine of Justification* (Cambridge: Cambridge University Press, 2005), p. 287. Packer mostra que Baxter tinha uma visão diferente quanto à imputação: "O homem não é justificado, Baxter insistiu, através de um cumprimento fictício, imputado da lei das obras, mas em virtude de um cumprimento real e pessoal dos termos da nova lei da graça". A linguagem política de Baxter é resumida por Packer assim: "O *idem* era a penalidade estatutária, cujo pagamento é *solutio*; o *tantundem* era um equivalente aceitável, cujo pagamento é *satisfactio*. Essa distinção, emprestada por Baxter de Grotius, causou controvérsia entre ele e Owen, pois este, no interesse em manter uma doutrina rígida de substituição penal, argumentou que Cristo pagou o *idem* em lugar do homem". Packer, *The Redemption & Restoration of Man in the thought of Richard Baxter*, p. 245, 247.
54 Cf. Ernest F. Kevan, *The Grace of Law: A Study in Puritan Theology* (Ligonier: Soli Deo Gloria, 1993), p. 66-69; Richard A. Muller, "The Covenant of Works and the Stability of Divine Law in Seventeenth-Century Reformed Orthodoxy: A Study in the Theology of Herman Witsius and Wilhelmus à Brakel", em *Calvin Theological Journal* vol. 29, no. 1 (1994), p. 75-100.
55 Packer, *The Redemption & Restoration of Man in the thought of Richard Baxter*, p. 262.

que somente os efeitos da justiça de Cristo nos são justificados.[56] Tragicamente, alguns dos presbiterianos influenciados por Baxter acabaram abrindo mão de outras doutrinas e se tornaram socinianos, ou unitaristas.[57]

Note que durante essas controvérsias os dois partidos, movidos por interesses justos, manifestaram exageros. Os antinomistas enxergavam até a retidão do regenerado como imperfeita e indigna de ser nossa justiça; na intenção de exaltar a pessoa de Cristo e de retirar a certeza da salvação de sobre o fundamento subjetivo (nossos frutos), eles minimizaram o papel da fé na apropriação da justiça de Cristo, e tornaram a justificação uma transação legal na eternidade, o que não retrata fielmente a linguagem bíblica. Os neonomistas, por outro lado, quiseram se livrar do quietismo antinomista e destacar a importância de uma vida de fé e obediência por parte do crente; no intuito de mostrarem a participação humana, eles concederam valor exagerado à fé (e obediência) por torná-la não só a condição para usufruirmos da obra de Cristo, mas também uma segunda justiça necessária para a vida eterna. Vejamos como a ortodoxia reformada respondeu a esses exageros.

FÉ E OBEDIÊNCIA EVANGÉLICA: CONDIÇÕES NO PACTO DA GRAÇA

Embora os reformados tratassem de estipulações no contexto de pacto, estas não estavam relacionadas a algum tipo de lei. Francis Roberts, no seu livro *God's Covenants* (1657), nega que no pacto da graça haja condições que antecedem os benefícios do pacto propriamente dito. Fé é uma condição concomitante e obediência evangélica é uma condição consequente, mas crer em condições antecedentes é esposar ou o pensamento católico-romano ou o arminiano.[58] Há de se observar que Roberts assevera haver condições, no sentido próprio da teologia reformada, porque está argumentando contra o antinomismo de Tobias Crisp e a ideia de que o novo pacto é absolutamente incondicional.

Por outro lado, como Herman Witsius provavelmente tem a teologia neonomista em mente, ele julga que não é preciso dizer

> que fé é a condição que o evangelho exige de nós a fim de sermos tidos por justos e sem culpa perante Deus. A condição da justificação, propriamente dita, é somente obediência perfeita, e isto é a lei que exige; o evangelho não a substitui com nenhuma outra [lei], mas declara que satisfação à lei foi realizada por Cristo nosso Penhor... muito diferente de dizer (como fazem os socinianos e remonstrantes)... que

---

56 Peter Toon, "Calvinists in Dispute", em *Puritans and Calvinism* (Swengel: Reiner, 1973), p. 92.
57 *Ibid.*, p. 101.
58 Cf. Francis Roberts, *God's Covenants* (London: R. W., 1657), p. 111-132.

em lugar da obediência perfeita, que a lei prescreve como a condição da justificação, o evangelho agora exige fé como a condição da mesma justificação.[59]

Roberts e Witsius estão dentro dos limites da ortodoxia reformada, mas concluem de forma um pouco diferente quanto à fé como condição, porque eles têm perigos diferentes a enfrentar.

John Owen, com Richard Baxter e os socinianos em vista, apresenta uma visão bastante equilibrada sobre a função e o lugar da fé e da obediência evangélica. Primeiramente, Owen não distingue a justificação nessa vida da justificação sentencial no dia do juízo – o último apenas declara o que foi feito nesta vida;[60] quando alguém crê, essa pessoa é totalmente justificada ainda nesta vida. Owen afirma que as Escrituras não dizem em lugar algum que seremos julgados no último dia pelas nossas obras (*ex operibus*), mas de que Deus há de nos recompensar conforme nossas obras (*secundum opera*); por outro lado, é sempre dito que somos justificados nesta vida pela fé (*ex fide, per fidem*), mas nunca por causa da fé (*propter fidem*) ou conforme nossa fé (*secundum fidem*).[61] Em nossa justificação, nesta vida, Cristo é nossa propiciação e advogado, no último dia ele é apenas juiz.[62] Em resumo, Owen nega haver dois tipos de justificação, uma legal, em que a obediência ativa e passiva de Cristo nos é aplicada, e outra evangélica, em que a fé acompanhada de outras virtudes é que nos justifica da acusação de incredulidade, hipocrisia, etc.[63] Em segundo lugar, por haver muita confusão sobre o significado da palavra "condição", Owen preferia restringi-la àquilo que tem alguma influência causal, ainda que seja mera causa instrumental; isto pertence somente à fé.[64] Mas ele compreendia a questão semântica e procurava ser pacificador e não divisivo. Se alguém considera fé e obediência como condições do novo pacto, no sentido de serem exigidas por parte de Deus como reestipulação (*restipulatio*, terminologia escolástica de pacto) à iniciativa divina, então Owen estava disposto a chamá-las de condição. Mas se a intenção é de estipular deveres a serem realizados antecedentemente à participação em qualquer graça, tornando assim tanto a fé como a obediência causas procuradoras de recompensa, então Owen rejeitava esse conceito de 'condição' por ser destrutivo à própria natureza graciosa do pacto.[65] Vale ressaltar que Baxter não diria que a fé é antecedente à participação em "qualquer" graça. Mas Owen prossegue, em terceiro lugar, atacando a ideia de Baxter de que o evangelho

---

59 Herman Witsius, *The Economy of the Covenants Between God and Man*. vol. 1 (Kingsburg, CA: den Dulk Christian Foundation, 1990), III.viii.52.
60 O julgamento final "não pode ser mais do que declaratório para a glória de Deus". Owen, *The Doctrine of Justification by Faith*, p. 181.
61 *Ibid.*, p. 181.
62 *Ibid.*, p. 182.
63 *Ibid.*, p. 172-173.
64 *Ibid.*, p. 119-120.
65 *Ibid.*, p. 127-130.

pode condenar alguém por não cumprir a lei do novo pacto, o que era bastante estranho ao pensamento reformado. Um evangelho que condena o faz por acusações falsas, pois o mesmo anuncia as boas novas de que é Deus quem justifica os eleitos e não há quem possa acusá-los.[66] Em quarto lugar, Owen mostrou que a justiça evangélica é nossa justiça inerente, e esta não pode ser a causa de nossa justificação perante Deus, de acordo com as Escrituras; se em comparação com outras pessoas nós fazemos algo a mais – como obediência evangélica –, temos razão de nos gloriar, ainda que isso não seja chamado de meritório.[67] Por último, Owen mostra a inconsistência do pensamento baxteriano de Cristo ser somente nossa justiça legal, pois, ao dizer que não recebemos a justiça de Cristo por imputação propriamente dita, mas apenas os frutos do que Ele fez por nós, Cristo acaba sendo nossa justiça evangélica também, porque a santificação é um efeito do que Ele fez por nós.[68]

O escocês John Brown de Wamphray (1610-1679) acrescenta algumas críticas ao pensamento de Baxter que complementam a avaliação de Owen.[69] Ele diz que Baxter confunde aquilo que é exigido de alguém que já está em aliança com Deus, com aquilo que capacita alguém a entrar em aliança com Deus; seria como se todos os deveres do casamento comumente exigidos daquele que está casado fossem condições para se entrar no estado de casado.[70] Em outro lugar, John Brown faz uma analogia em que ele distingue o pensamento de Baxter em relação ao seu. Dizer que a fé é um instrumento significa entendê-la como a mão que recebe o pão, ou a boca que o come, mas dizer que a fé é imputada por justiça, como fazem os arminianos e os baxterianos, é tornar a mão e a boca o próprio alimento. Enquanto nós concedemos toda a glória de nutrição ao pão, eles o roubam de seu poder e sua virtude.[71]

APLICAÇÃO AOS DEBATES CONTEMPORÂNEOS SOBRE JUSTIFICAÇÃO

Além de observar como a teologia reformada do século XVII esclareceu e aprimorou o pensamento dos reformadores quanto à justificação pela fé somente, é possível traçar alguns paralelos com as discussões modernas sobre a doutrina da justificação. Tais paralelos precisam ser feitos com cautela, pois não há paralelo histórico perfeito. Porém, é possível ressaltar certas preocupações genéricas da ortodoxia reformada do século XVII que se aplicam a algumas tendências próprias das últimas décadas.

---

66 Ibid., p. 176-177.
67 Ibid., p. 178, 179-180.
68 Ibid., p. 179.
69 Cf. Bruce R. Backensto, "John Brown of Wamphray, Richard Baxter, and the Justification Controversy", em *The Confessional Presbyterian* vol. 3 (2007), p. 118-146.
70 John Brown, *The Life of Justification Opened* (S.p., 1695), p. 329.
71 Ibid., p. 353-354.

Primeiramente, note a relevância das discussões reformadas sobre o papel da fé em relação aos esforços ecumênicos quanto à doutrina da justificação. A *Declaração Conjunta sobre a Doutrina da Justificação* (1999),[72] elaborada pela Igreja Católica Romana e a Federação Luterana Mundial, visa destacar as semelhanças entre a tradição romana e a tradição luterana quanto à justificação. Portanto, ela contém muitas frases que estão em consonância com a posição dos reformadores, o que é bastante encorajador. No entanto, o documento anuvia as diferenças pela omissão de certos assuntos (como a imputação da justiça de Cristo) e pela ambiguidade de termos e ideias (justificação e santificação, o papel da fé).[73] Quanto ao papel da fé, por exemplo, a *Declaração*, na maioria das vezes, afirma que somos justificados "na fé" (par. 5, 9, 16, 17, 26, 31, etc.), ao invés de "pela fé" ou "mediante a fé", que são expressões mais fiéis ao ensino bíblico da instrumentalidade da fé.[74] Tendo em vista que o documento abre espaço para a ideia romana tradicional de justificação como um processo que envolve renovação (par. 26, 27) e que não sustenta a ideia forense de justificação, ser justificado "na fé" ou "em fé" pode simplesmente significar que ao final dos tempos somos considerados justos por estarmos na fé, por termos uma vida que reflete as virtudes cardeais (fé, esperança e amor). Isto não combina com o ensino da Reforma ou Pós-Reforma e acaba por desmentir a alegação da *Declaração* de que "as formas distintas pelas quais luteranos e católicos articulam a fé na justificação estão abertas uma para a outra e não anulam o consenso nas verdades básicas." (par. 40). O ensino reformado do século XVII nos confirma que, no momento em que a fé perde a exclusiva função de instrumento, ela se torna um diferencial (portanto, um mérito) na vida de quem a pratica.

Em segundo lugar, a defesa da ortodoxia reformada se aplica aos ensinos de N. T. Wright, um dos principais proponentes da Nova Perspectiva sobre Paulo.[75] Wright minimiza o aspecto forense da justificação e, semelhantemente a Baxter, nega que justiça possa ser imputada, ou atribuída a alguém num tribunal – como se fosse uma substância passível de ser comunicada. Ele entende que a "justiça de Deus" não se refere ao caráter moral com o qual Ele pune o injusto e recompensa o justo, mas sim à fidelidade pactual de Deus; portanto, no tribunal, não importa se o réu possui retidão, mas apenas o veredito do juiz.[76] Wright aceita a perspectiva de E. P. Sanders de que justificação está mais

---

72 O documento em português pode ser encontrado em: http://www.vatican.va/roman_curia/pontifical_councils/chrstuni/documents/rc_pc_chrstuni_doc_31101999_cath-luth-joint-declaration_po.html, acessado em 2 de julho de 2010.
73 David Vandrunen, "Where We Are: Justification under Fire in the Contemporary Scene", em *Covenant Justification, and Pastoral Ministry*, p. 30.
74 The Lutheran Church – Missouri Synod. *The Joint Declaration on the Doctrine of Justification in Confessional Lutheran Perspective*, p. 8, 44. Disponível em www.lcms.org/graphics/assets/media/CTCR/justclp.pdf, acessado em 16 de abril de 2008.
75 Para um panorama deste movimento, ver Augustus Nicodemus Lopes, "A Nova Perspectiva sobre Paulo: Um Estudo sobre as 'Obras da Lei' em Gálatas", em *Fides Reformata* 11/1 (Janeiro-Junho 2006), p. 83-94.
76 N. T. Wright, *What Saint Paul Really Said: Was Paul of Tarsus the Real Founder of Christianity?* (Grand Rapids, MI: Eerdmans & Cincinnati, OH: Forward Movement, 1997), p. 97-99.

relacionada a como saber quem está dentro do pacto (eclesiologia) do que como adentrar o pacto (soteriologia).[77] A fé se torna um "distintivo" (inglês, *badge*) de membresia no pacto, de que você faz parte da família de Deus. Wright entende que a fé é uma evidência presente de que na justificação futura baseada em obras (Wright tira esse ensino de Romanos 2.13), os membros do pacto serão declarados justos.[78] Destaco dois grandes problemas na interpretação de N. T. Wright. Primeiramente, assim como Baxter, ele separa a exigência divina por obediência perfeita do veredito do juiz; isso minimiza a importância da vida e morte de Cristo em relação à justiça de Deus.[79] Consequentemente, a fé como instrumento para apropriação de uma justiça alheia perde o sentido, e a fé novamente passa a ser um diferencial entre os que estão dentro do pacto e os que estão fora.

Em segundo lugar, sendo que a ênfase de Wright está na justificação futura com base nas obras, a fé passa a envolver a performance de cada um em relação à lei. Consequentemente, esta visão ameaça o ponto central do evangelho apresentado por Paulo, de que somos aceitos por Deus com base na obra de Cristo somente.[80] Essa era a preocupação dos ortodoxos em relação a Baxter.

As discussões do século XVII em relação à fé ainda poderiam ser aplicadas ao conceito arminiano de justificação, ressuscitado pelo erudito do Novo Testamento, Robert H. Gundry,[81] cujos ensinos foram rebatidos por vários eruditos conservadores.[82] Mas o que foi dito basta para asseverar a relevância desse período histórico não só para o conhecimento da herança reformada, mas para utilizá-la sabiamente em debates contemporâneos.

---

77 *Ibid.*, p. 119.
78 "A justificação presente declara, com base na fé, o que a justificação futura afirmará publicamente (de acordo com [Romanos] 2:14-16 e 8:9-11) com base na vida inteira." *Ibid.*, p. 129.
79 Venema mostra que Wright tem pouca simpatia pela visão histórica de que a cruz de Cristo envolvia o sofrer a pena e a maldição da lei em lugar de pecadores. Cf. Cornelis P. Venema, "What Did Saint Paul Really Say? N. T. Wright and the New Perspective(s) on Paul", em Gary L. W. Johnson and Guy Prentiss Waters (org.), *By Faith Alone:* Answering the Challenges to the Doctrine of Justification (Wheaton: Crossway, 2007), p. 49-50.
80 *Ibid.*, p. 57-58.
81 Robert H. Gundry, "Why I Didn't Endorse 'The Gospel of Jesus Christ: An Evangelical Celebration'", em *Books & Culture* vol. 7, n° 1 (Jan/Feb 2001), p. 6-9; Robert H. Gundry, "The Nonimputation of Christ's Righteousness", em Mark Husbands and Daniel J. Treier (org.), *Justification: What's at Stake in the Current Debates* (Downers Grove: InterVarsity & Leicester: Apollos, 2004), p. 17-45.
82 Cf. John Piper, *Counted Righteous in Christ: Should We Abandon the Imputation of Christ's Righteousness?* (Wheaton: Crossway Books, 2002); D. A. Carson, "The Vindication of Imputation: On Fields of Discourse and Semantic Fields", em *Justification*, p. 46-78; Brian Vickers, *Jesus' Blood and Righteousness: Paul's Theology of Imputation* (Wheaton: Crossway, 2006), p. 88-97.

Igreja

CAPÍTULO 15

O PRINCÍPIO REGULADOR NO CULTO

Paulo R. B. Anglada

Este capítulo investiga o conceito reformado acerca do culto público, focalizando, especialmente o modo como Deus deve ser adorado. Não se trata de um estudo exegético, mas de um ensaio sobre teologia prática histórica. O objetivo deste ensaio não é interpretar e sistematizar a revelação bíblica referente ao assunto, mas simplesmente descrever a concepção reformada do culto público a Deus e do princípio que deve regulá-lo. Também não se discutirá aqui a aplicação do princípio regulador do culto às diversas práticas litúrgicas envolvidas na adoração pública reformada. Entretanto, a descaracterização litúrgica de considerável parcela do evangelicalismo moderno, inclusive no Brasil, exige que a questão do culto cristão seja considerada e justifica uma exposição da posição reformada histórica quanto ao tema.

A RELEVÂNCIA DA FORMA BÍBLICA DE CULTO NA TRADIÇÃO REFORMADA

Duas questões foram de suma importância na Reforma protestante do século XVI: o culto e a doutrina da salvação – e nessa ordem. É nessa ordem que Calvino apresenta os dois principais males da época, como ele mesmo afirma no seu tratado sobre a necessidade de reforma na Igreja,[1] escrito em 1543: "Primeiro, o modo como Deus é cultuado devidamente; e, segundo, a fonte da qual a salvação pode ser obtida. Quando se perde de vista estas coisas, embora possamos nos gloriar no nome de cristãos, nossa profissão de fé é vazia e vã".

Tem-se reconhecido que, durante os primeiros anos da reforma protestante em Genebra, "o foco de atenção não foi a questão da justificação, mas sim a questão da missa e das imagens, e todos os abusos relacionados a ela".[2] De fato, o foco principal dos reformadores, tais como Zwinglio, Bullinger, Bucer, Farel e Calvino foi a purificação do culto das superstições e idolatria medievais.[3] Ilustrando a importância do culto na concepção reformada, Iain Murray reconhece que:

> A questão do culto esteve no centro da revolução espiritual e nacional que marcou a Reforma do século XVI. Mártires escoceses foram para a estaca por se recusarem a obedecer à forma de culto imposta pela Igreja de Roma. Pela mesma razão, cerca de 288 homens e mulheres foram queimados vivos na Inglaterra entre os anos de 1555 e 1558. Depois, quando a doutrina protestante tornou-se oficialmente estabelecida na Inglaterra e na Escócia, em 1560, um conflito continuou nos dois países para purificar o culto público das práticas e cerimônias pré-reformadas. Ministros evangélicos foram silenciados, banidos e mesmo executados por protestarem contra corrupções no culto. A emigração dos Pais Peregrinos e dos Puritanos para a Nova Inglaterra estava essencialmente ligada à mesma questão. 'O principal propósito desta nova plantação', escreveu Cotton Mather, 'era estabelecer e desfrutar das ordenanças do evangelho e cultuar o Senhor Jesus Cristo de acordo com suas próprias instituições'.[4]

Mathew Henry resumiu bem a importância do culto na tradição reformado-puritana, ao escrever: "a religião é toda a razão da nossa vida, e o culto a Deus a razão da nossa religião".[5]

A importância do nosso tema se evidencia mais claramente quando consideramos a história das religiões, a diversidade litúrgica nos cultos evangélicos contemporâneos, e o contraste do culto contemporâneo com a forma de culto reformado.

História das religiões

A história das religiões demonstra que, quando o próprio homem se atribui o

---

1 *The Necessity of Reforming the Church* (Protestant Heritage Press, 1995).
2 Carlos M. N. Eire, *War Against the Idols*, citado por Terry Johnson, "Introduction to Worship", em *Premise* 3/1 (1996).
3 Johnson, *Ibid.*
4 Iain Murray, "The Directory for Public Worship", em *Premise* 3/1 (1996).
5 Citado por Murray, "The Directory for Public Worship".

direito de conceber formas de adoração a Deus, grandes absurdos podem acontecer, como, por exemplo: prostituição cultual, luxúria, sacrifícios humanos, autoflagelação, idolatria, culto a demônios, etc.

A história da igreja católica, em particular, ilustra o perigo da imaginação litúrgica humana. Um número enorme de crenças e inovações litúrgicas foi incorporado ao culto católico-romano no decurso dos séculos. A Reforma protestante ocorreu em uma igreja repleta de adições espúrias ao culto, como missas pelos mortos, a própria missa (um sacrifício não cruento), confessionários, sete sacramentos, celibato, indulgências, penitências, rezas de terços, sinal da cruz, uso do latim na missa, imagens, rosários, crucifixos, representações, relíquias, peregrinações, procissões, vestes sacras, músicas sacras, livros de oração, dias santos, etc.

Diversidade litúrgica nos cultos evangélicos contemporâneos

Um número considerável de inovações litúrgicas também tem sido introduzido no culto evangélico contemporâneo, tais como: orações em conjunto (em voz alta), orações em pequenos grupos durante o culto, emprego de todo tipo de instrumento, ritmo e linguagem, corais, conjuntos, bandas, solos, duetos, quartetos, cânticos responsivos, dirigentes, regentes e ministros de música, palmas etc. Testemunhos pessoais, recitações de poemas e versos por adultos e crianças, palmas para Jesus, cumprimentos às pessoas ao lado, apelos, danças, línguas, cântico em línguas, curas, emprego de luzes coloridas, cultos jovens, cultos musicados, representações teatrais, coreografias, gargalhadas sagradas, quedas, urros, etc.

John MacArthur faz referência a uma igreja no sudoeste dos Estados Unidos que "instalou um sistema de efeitos especiais de um milhão de dólares que pode produzir fumaça, fogos, faíscas e feixes de raio lazer no auditório..." Nesta igreja "o pastor terminou um culto sendo erguido ao 'céu' por meio de fios invisíveis, enquanto um coral e uma orquestra faziam o acompanhamento à fumaça, fogo e neve".[6]

Contraste com o culto simples reformado e puritano

Os reformadores aboliram a parafernália litúrgica do culto católico romano, e os puritanos fizeram o mesmo com relação ao culto anglicano. Ambos instituíram uma forma de culto simples, colocando de lado toda a pompa, esplendor, vestes, adereços, procissões, cerimônias, livros de oração, representações, símbolos, gestos, etc.[7] O culto

---

6 John MacArthur, "Verdade vs. técnica", *Os Puritanos*, 4/5 (1996), p. 12-16.
7 Packer observa que os puritanos "insistiam que a adoração deve ser simples e bíblica. Para eles, a simplicidade fazia parte essencial da beleza da adoração cristã". J. I. Packer, *Entre os gigantes de Deus: uma visão puritana da vida cristã* (São José dos Campos, SP: Fiel, 1991), p. 270. Com relação à simplicidade do culto reformado-puritano, ver também Leland Ryken, *Santos no mundo: os puritanos como realmente eram* (São José dos Campos, SP: Fiel, 1992), p. 121-45.

reformado-puritano consistia simplesmente de leitura bíblica, pregação, oração, cântico de louvores a Deus, ministração dos sacramentos do batismo e da ceia do Senhor e a bênção apostólica. A primazia, no entanto, cabia à pregação. O púlpito foi colocado no centro do templo e da liturgia reformada.

O que explica a surpreendente uniformidade e simplicidade do culto reformado-puritano? O que os levou a rejeitar as invenções litúrgicas romana e anglicana? O que norteou a profunda reforma litúrgica que empreenderam? *O princípio regulador do culto reformado*.

O PRINCÍPIO REGULADOR DO CULTO REFORMADO

A terminologia geralmente empregada na designação desse princípio de culto (*princípio regulador puritano*) não expressa adequadamente o seu escopo. Não porque os puritanos não defendessem o princípio que estamos considerando, mas porque ele não indica o assunto, e porque a defesa e a aplicação desse princípio não estavam restritas ao movimento puritano do século XVII.

Do ponto de vista do assunto, é melhor denominar o princípio em questão de *princípio regulador do culto*. O princípio que estaremos considerando é a norma fundamental que norteou a reforma litúrgica que resultou na simplicidade do culto público reformado-puritano.

Do ponto de vista daqueles que formularam e defenderam o princípio de culto em questão, é melhor denominá-lo *princípio regulador reformado*. Afinal, esse foi o princípio que norteou não apenas os puritanos na luta que travaram contra imposições litúrgicas, por parte da igreja anglicana. Foi também o princípio que norteou os reformadores na profunda reforma litúrgica que empreenderam contra a idolatria, a superstição e as tradições litúrgicas da igreja de Roma.[8]

No que consiste, afinal, o princípio regulador do culto reformado? Ele é, simplesmente, o princípio que sustenta que o culto público deve ser bíblico. Em oposição ao princípio romano e anglicano (denominado *princípio normativo*), segundo o qual "o que não for diretamente proibido nas Escrituras é permitido no culto", os reformadores e puritanos sustentavam que *o que não for diretamente ensinado nas Escrituras ou necessariamente inferido do seu ensino não deve ser incorporado ao culto*. Expressando positivamente, o princípio regulador reformado sustenta que só é permitido no culto aquilo que tiver real fundamentação bíblica.

---

8 Uma extensa bibliografia relacionada à questão das cerimônias católicas e anglicanas pode ser encontrada em Christopher Coldwell, "Bibliographical Index for Dispute Against the English Popish Ceremonies", em *Premise* 2/5 (1995), p. 6.

EVIDÊNCIAS HISTÓRICAS

As evidências históricas do caráter reformado do princípio regulador do culto são abundantes. Mencionarei, entretanto, apenas alguns reformadores e símbolos de fé reformados mais representativos.

A posição de Calvino com relação ao culto encontra-se registrada em muitos dos seus escritos. No tratado *The Necessity of Reforming the Church* (A necessidade de reformar a igreja), por exemplo, escrito em 1543, ele adverte:

> A regra que distingue entre o culto puro e o culto corrompido é de aplicação universal, a fim de que não adotemos nenhum artifício que nos pareça apropriado, mas atentemos para as instruções do único que está autorizado a legislar quanto ao assunto. Portanto, se quisermos que Ele (Deus) aprove o nosso culto, esta regra, que Ele impõe nas Escrituras com o máximo rigor, deve ser cuidadosamente observada. Pois há duas razões pelas quais o Senhor, ao condenar e proibir todo culto fictício, requer que obedeçamos apenas a sua voz: Primeiro, porque não seguir o nosso próprio prazer, mas depender inteiramente da sua soberania, promove grandemente a sua autoridade. Segundo, porque a nossa corrupção é de tal ordem que, quando somos deixados em liberdade, tudo o que estamos habilitados a fazer é nos extraviar. E, então, uma vez desviados do reto caminho, a nossa viagem não termina, enquanto não nos soterremos em uma infinidade de superstições...

John Knox, o grande reformador escocês, lutou tenazmente para reformar o culto de todas as superstições católicas. O Primeiro Livro de Disciplina da Igreja da Escócia, escrito por John Knox e outros reformadores escoceses, em 1560, condena como "doutrinas contrárias":

> Qualquer coisa que homens, por leis, concílios ou constituições têm imposto sobre as consciências dos homens, sem mandamento expresso da palavra de Deus: tais como votos de castidade... imposição a homens e mulheres do uso de diversas vestes especiais, observância supersticiosa de dias de jejuns, abstinência de alimentos por motivo de consciência, oração pelos mortos, e a guarda de dias santos instituídos por homens, tais como todos aqueles que os papistas têm inventado, como as festas aos Apóstolos, Mártires, Virgens, Natal, Circuncisão, Epifania, Purificação e outras festas... Coisas estas que, não tendo nem mandamento nem garantia nas Escrituras de Deus, julgamos devam ser completamente abolidas do nosso Reino.[9]

---

9 Em William Dickinnson (ed.), *John Knox's History of the Reformation in Scotland*. vol. 2 (New York: Philosophical Library, 1950), p. 281.

Esses exemplos são apenas ilustrativos da posição reformada calvinista quanto ao assunto. Em muitos outros escritos, Calvino, John Knox e demais reformadores, tais como Bucer e Bullinger, e mesmo os principais símbolos de fé reformados demonstram o caráter reformado do princípio de culto que estamos considerando. A Confissão Belga, por exemplo, ao professar a suficiência das Escrituras, declara:

> Cremos que a Escritura Sagrada contém de modo completo a vontade de Deus, e que tudo o que o homem está obrigado a crer para ser salvo é nela suficientemente ensinado. Portanto, já que toda forma de culto que Deus requer de nós se encontra nela amplamente descrita, não é permitido ao homem... ensinar nenhuma outra maneira [de culto] que não aquela que agora é ensinada na Escritura Sagrada.[10]

No século XVII, dezenas de teólogos e pastores puritanos escoceses e ingleses dos mais expressivos — tais como Thomas Cartwright (1535-1603), ministro não conformista inglês;[11] William Ames (1576-1633), professor de teologia não conformista exilado para a Holanda;[12] David Calderwood (1575-1650?), ministro e teólogo da Igreja da Escócia,[13] e outros[14] — escreveram tratados e outros tipos de escritos defendendo e aplicando o princípio regulador do culto, condenando a imposição de cerimônias, festividades religiosas, gestos e símbolos não fundamentados nas Escrituras. As seguintes citações são representativas da posição puritana quanto ao assunto:

George Gillespie (1613-1649), um dos ministros representante da Escócia na Assembléia de Westminster,[15] escreveu em 1637 um tratado contra a imposição de cerimônias religiosas. Em um trecho da sua obra, ele afirma:

> A igreja é proibida de acrescentar qualquer coisa aos mandamentos que Deus nos deu, concernentes ao seu culto e serviço, Dt 4.3; 12.32; Pv 30.6. Por conseguinte, ela não pode prescrever qualquer

---

10 Guido De Brès, *Creemos y Confesamos: Confisión de los Países Bajos* (Rijswijk, Países Baixos: Asociación Cultural de Estudios de la Literatura Reformada, 1976), § 7.
11 Ver *A Confutation of the Rhemists Translation*, 1618 (Amsterdam: Theatrum Orbis Terrarum; New York: Da Capo Press, 1971). Observação: *A Tradução de Rhems* das Escrituras, contendo uma série de notas marginais, foi publicada (o Novo Testamento) em 1582 pelos jesuítas ingleses, com o propósito de subverter a Reforma na Inglaterra. O livro de Cartwright refuta essas notas, e, em diversos lugares, expõe também o caráter não bíblico das cerimônias do culto anglicano. Por essa razão, a obra só foi publicada após a sua morte. Ver Alan C. Clifford, "Thomas Cartwright", em *The Banner of Truth* 302 (November 1988), p.12-15.
12 Ver *The Marrow of Theology*, 1623 (Durham, NC: Labyrinth Press, 1983, c1968); e *A Fresh Suit Against Human Ceremonnies in God's Worship* (Rotterdam: n.ed., 1633).
13 Em *The Pastor and the Prelate*, 1628 (Edmonton, Canada: Still Waters Revival, bound photocopies); e *Against Festival Days*, 1618 (Dallas: Naphtali Press, 1996).
14 Algumas citações de outros puritanos (tais como William Perkins e William Bradshaw) e de confissões de fé reformadas, em defesa do princípio regulador puritano podem se encontradas em William Young, *The Puritan Principle of Worship* (Viena, VA: The Publications Committee Presbyterian Reformed Church, n.d.), p. 30-36.
15 Quanto à participação de Gillespie e dos demais representantes escoceses na Assembléia de Westminster, ver Iain H. Murray, "The Scots at the Westminster Assembly: With Special Reference to the Dispute on Church Government and its Aftermath", em *The Banner of Truth*, 371-372 (August-September, 1994), p. 6-40.

coisa relacionada à prática do culto divino, que não se trate de mera circunstância: incluídas entre aquele tipo de coisas que não são tratadas nas Escrituras... a igreja cristã não tem maior liberdade para acrescentar ao mandamento de Deus do que tiveram os judeus; pois o segundo mandamento é moral e perpétuo, e nos proibiu, bem como a eles, as adições e invenções humanas no culto a Deus.[16]

John Owen (1616-1683), um dos puritanos mais capazes, respeitados e conhecidos, também escreveu um tratado contra a imposição de liturgias.[17] Nesse livro, ele sustenta o que segue:

> A invenção arbitrária de qualquer coisa imposta como necessária e indispensável no culto público a Deus, como parte deste culto, e o uso de qualquer coisa assim inventada e ordenada no culto é ilegal e contrária à regra da palavra...[18] Portanto, todo o dever da Igreja, com relação ao culto a Deus, parece consistir na precisa observação daquilo que é prescrito e ordenado por Ele.[19]

Jeremiah Burroughs (1599-1646), puritano independente e membro da Assembléia de Westminster, escreveu, em 1648, um tratado com cerca de 400 páginas sobre o culto evangélico. Burroughs começa essa obra argumentando, com base no relato bíblico sobre o fogo estranho oferecido por Nadab e Abiú, "que, no culto a Deus, não pode haver nada apresentado a Deus que Ele não tenha ordenado; o que quer pratiquemos no culto a Deus deve ter fundamentação proveniente da Palavra de Deus".[20]

Refletindo o pensamento litúrgico reformado-puritano, a Confissão de Fé de Westminster, símbolo de fé presbiteriano, sustenta o princípio regulador do culto, logo no início do capítulo XXI, declarando que:

> O modo aceitável de adorar o verdadeiro Deus é instituído por Ele mesmo, e é tão limitado pela sua própria vontade revelada que ele não pode ser adorado segundo as imaginações e invenções dos homens, ou sugestões de Satanás, nem sob qualquer representação visível, ou de qualquer outro modo não prescrito nas Santas Escrituras.[21]

---

16 George Gillespie, *Dispute Against the English Popish Ceremonies Obtruded on the Church of Scotland* (Edinburgh: Robert Ogle and Oliver & Boyd, 1844), p.133.
17 John Owen, "A Discourse Concerning Liturgies and Their Impositions", em *The Works of John Owen*. vol. 15 (Edinburgh: Banner of Truth Trust, 1965).
18 *Ibid.*, p. 33-34.
19 *Ibid.*, p. 42.
20 Jeremiah Burroughs, *Gospel Worship* (Pittsburgh, Pennsylvania: Soli Deo Gloria, 1990), p. 3, 8.
21 Capítulo XXI.1.

A Confissão de Fé Batista de 1689, de modo muito semelhante, professa:

> Mas a maneira aceitável de se cultuar o Deus verdadeiro é aquela instituída por Ele mesmo e que está bem delimitada por sua própria vontade revelada, para que Deus não seja adorado de acordo com as imaginações e invenções humanas, nem com as sugestões de Satanás, nem por meio de qualquer representação visível ou qualquer outro modo não descrito nas Sagradas Escrituras.[22]

BASES E CONCEPÇÃO DO PRINCÍPIO REGULADOR

Princípio calvinista
O princípio regulador do culto reformado está em harmonia com as doutrinas reformadas da autoridade e da suficiência das Escrituras. Na realidade, esse princípio não é nada mais do que a aplicação dessas doutrinas bibliológicas ao culto. A fé reformada sustenta que as Escrituras são plenamente suficientes em matéria de fé e prática. Isso significa que tudo o que o homem precisa conhecer, crer e fazer para ser salvo e viver de modo agradável a Deus é revelado na sua Palavra: "Toda Escritura é inspirada por Deus e útil para o ensino, para a repreensão, para a correção, para a educação na justiça, a fim de que o homem de Deus seja perfeito e perfeitamente habilitado para toda boa obra" (2Tm 3.16-17).

Trata-se também de um princípio coerente com a concepção calvinista a respeito da natureza pervertida do homem, inclinada para o erro e para o pecado, e acerca de um Deus soberano que faz todas as coisas conforme o conselho da sua vontade para o louvor da sua glória. Por causa da natureza pecaminosa do homem, sempre inclinada para o erro e para o pecado, não lhe compete inventar e instituir como prática de culto nada que não seja ensinado nas Escrituras. Essa é uma prerrogativa divina, e a atitude e o modo pelos quais Deus quer ser adorado são suficientemente prescritos por Ele mesmo nas Escrituras. O culto, portanto, na concepção reformada, não tem como propósito agradar aos adoradores, e sim a Deus.

Charles Spurgeon, o conhecido pregador batista calvinista do século XIX, alertou seus leitores contra o perigo incipiente, na época, de buscar agradar os ouvintes no culto público, desviando-o do seu propósito. Em um pequeno artigo, intitulado *Feeding Sheep or Amusing Goats* (Alimentando Ovelhas ou Entretendo Bodes),[23] Spurgeon adverte:

> O diabo tem raramente feito alguma coisa mais sagaz do que sugerir à Igreja que parte da sua missão consiste em proporcionar

---
22 *Fé para Hoje: Confissão de Fé Batista de 1689* (São José dos Campos, SP: Fiel, 1991), 22.1.
23 Em *The Banner of Truth*, 302 (November, 1988), p.5-6. Também em *Reformation & Revival* 2/1 (1993), p. 109-110.

entretenimento ao povo, com vistas a ganhá-lo... Em nenhum lugar nas Escrituras é dito que prover divertimento para as pessoas é função da Igreja. Se isso fosse função da Igreja, por que Cristo não falou sobre isso?... 'Ele concedeu uns para apóstolos, outros para profetas, outros para evangelistas, e outros para pastores e mestres' para a obra do ministério. Onde se incluem os que entretêm pessoas?... Se Cristo houvesse introduzido mais elementos festivos e agradáveis à sua missão, Ele teria sido mais popular, quando as pessoas se afastavam dEle por causa da natureza perscrutadora e penetrante do seu ensino. Mas eu não o ouço dizendo: 'Corre atrás destas pessoas, Pedro, e diz a elas que teremos um estilo de culto diferente amanhã, algo mais breve e atrativo, com pouca pregação...' Jesus se compadecia dos pecadores, preocupava-se e chorava por eles, mas nunca procurou diverti-los.

Princípio bíblico

Embora em perfeita harmonia com as doutrinas reformadas fundamentais a respeito das Escrituras, do homem e dos atributos de Deus, a tradição reformada sustenta o princípio regulador do culto por uma razão maior: porque entende que o próprio Deus revela esse princípio na sua Palavra. Para os reformados, as próprias Escrituras, tanto no Antigo como no Novo Testamento, condenam invenções humanas relacionadas ao culto, proíbem adições ou diminuições ao culto divinamente prescrito, e consideram vãs quaisquer formas de adoração provenientes de mera tradição humana.

Uma das passagens bíblicas frequentemente citadas pelos reformados em defesa do princípio regulador do culto é Deuteronômio 4.1-2: "agora pois, ó Israel, ouve os estatutos e os juízos que eu vos ensino, para os cumprirdes, para que vivais, e entreis e possuais a terra que o Senhor, Deus de vossos pais, vos deu. Nada acrescentareis à palavra que vos mando, nem diminuireis dela, para que guardeis os mandamentos do Senhor vosso Deus, que eu vos mando". Não se trata de uma referência especificamente relacionada ao culto, mas, evidentemente, ela também inclui o culto público. A passagem bíblica clássica na defesa reformada do princípio regulador se encontra um pouco adiante, em Deuteronômio 12.32, "tudo o que eu te ordeno, observarás; nada lhe acrescentarás nem diminuirás". Esse texto diz respeito exatamente ao culto. É a conclusão de um capítulo que trata especificamente do culto público, e proíbe claramente quaisquer invenções humanas na adoração a Deus.

Entre as passagens do Novo Testamento mais citadas em defesa do princípio regulador estão Marcos 7.6-13 e Colossenses 2.16-23. Na primeira passagem, Jesus considera *vã* (μάτην, *desproposital, inútil*) a adoração fundamentada no ensino e nas tradições humanas:

> Bem profetizou Isaías, a respeito de vós, hipócritas, como está escrito: Este povo honra-me com os lábios, mas o seu coração está longe de mim. E *em vão me adoram, ensinando doutrinas que são preceitos de homens*. Negligenciando o mandamento de Deus, guardais a tradição dos homens. E disse-lhes ainda: Jeitosamente rejeitais o preceito de Deus para guardardes a vossa própria tradição (Mc 7.6-9).

Na segunda passagem, o apóstolo Paulo, após alertar a igreja de Colossos a não se deixar julgar pela não observância de práticas litúrgicas típicas da antiga dispensação, *sombras* (σκιὰ) do culto neotestamentário, condena, entre outras coisas, o *culto de si mesmo* (ἐν ἐθελοθρησκίᾳ), isto é, o culto proveniente da vontade, as formas de culto inventadas pelo homem, para agradar a sua própria vontade,[24] como segue:

> Ninguém, pois, vos julgue por causa de comida e bebida, ou dia de festa, ou lua nova, ou sábados, porque tudo isso tem sido sombra das coisas que haviam de vir... Se morrestes com Cristo para os rudimentos do mundo, por que, como se vivêsseis no mundo, vos sujeitais a ordenanças: Não manuseies isto, não proves aquilo, não toques aquilo outro, segundo os preceitos e doutrinas dos homens? Pois todas estas cousas, com o uso, se destroem. Tais coisas, com efeito, têm aparência de sabedoria, como *culto de si mesmo* (ἐθελοθρησκίᾳ), e falsa humildade, e rigor ascético; todavia, não têm valor algum contra a sensualidade (Cl 2.16-17, 20-23).

Outras passagens bíblicas importantes do Antigo e do Novo Testamento geralmente mencionadas com relação ao princípio regulador do culto reformado serão consideradas adiante.

O culto da vontade
Os reformadores reconheciam que as adições humanas ao culto têm aparência de sabedoria e tendem a ser mais agradáveis à natureza humana pervertida do que o culto divinamente prescrito nas Escrituras. Calvino escreveu:

> Eu não ignoro o quão difícil é persuadir o mundo de que Deus rejeita e mesmo abomina toda invenção da razão humana relacionada ao culto. A ilusão, com relação a esta questão tem diversas causas: 'Cada um acha que está certo', como expressa o antigo provérbio.

---

24 O termo ἐθελοθρησκεία é composto do verbo θέλω (*quero, desejo, gosto, tenho prazer*) e do substantivo θρησκεία (*culto*). Designa, portanto, segundo Joseph Herny Thayer, *A Greek-English Lexicon of the New Testament* (Grand Rapids: Zondervan, 1979), um "culto arbitrário", um "culto que alguém imagina e prescreve para si mesmo." Segundo William F. Arndt and F. Wilbur Gingrich, *A Greek-English Lexicon of the New Testament and Other Early Christian Literature* (Chicago and London: The University of Chicago Press, 1979), um culto ou "religião autofabricada".

Assim, os filhos da nossa própria mente nos deleitam; e além disso, como Paulo admite, o culto fictício frequentemente apresenta alguma aparência de sabedoria [Cl 2.23]. Como na maioria dos casos, o culto fictício tem um esplendor externo que agrada aos olhos, ele é mais agradável à nossa natureza carnal, do que apenas aquilo que Deus requer e aprova, e que tem menos ostentação...[25]

Contudo, eles consideravam qualquer invenção humana no culto como *will-worship* (culto da vontade), "o culto de si mesmo", condenado em Colossenses 2.23. Calvino argumenta como segue:

Eu sei o quão difícil é persuadir o mundo de que Deus desaprova todas as práticas de culto não sancionadas expressamente na sua Palavra. A opinião contrária, à qual se apegam, e que está arraigada até aos ossos e medula, é que, qualquer prática para a qual encontrem alguma razão em si mesma é legítima, desde que exiba algum tipo de aparência de zelo pela honra de Deus. Entretanto, visto que Deus não apenas considera frívola, mas também claramente abomina o que quer que pratiquemos por zelo ao seu culto, se não estiver de acordo com o seu mandamento, o que pode nos aproveitar tomar atitude oposta? As palavras de Deus são claras e distintas: 'obedecer é melhor do que sacrificar'. 'Em vão me adoram, ensinando doutrinas e mandamentos de homens' (1Sm 15.22; Mt 15.9). Toda adição à sua palavra, especialmente neste assunto, é uma mentira. Mero 'culto da vontade' (ἐθελοθρησκεία) é vaidade [Cl 2.23].[26]

Como exemplos bíblicos da reação divina ao culto da vontade (*will-worship*), os reformadores frequentemente mencionam o culto de Caim, o fogo estranho de Nadab e Abiú, o culto de Saul em Gilgal[27] e o transporte da arca da aliança para Jerusalém. Por que Deus não se agradou da oferta não cruenta de Caim, e agradou-se da oferta cruenta de Abel (Gn 4.1-6; cf. Hb 11.4)? Por que Nadab e Abiú foram mortos por colocarem fogo estranho no oferecimento de incenso (Lv 4.17-20)? Por que o sacrifício de Saul foi condenado por Deus? Por que deu tudo errado quando Davi tentou levar a arca para Jerusalém num carro e não pelas argolas (1Cr 13)? Por que Uzá foi morto ao segurar a arca da aliança quando os bois tropeçaram em Quidom? Resposta reformada: porque todos contrariaram a lei do culto, o princípio bíblico regulador do culto, que reserva a Deus o direito de prescrever a maneira pela qual Ele deseja ser adorado.

---

25 Calvino, *The Necessity of Reforming the Church*.
26 Ibid.
27 "Tem porventura o Senhor tanto prazer em holocaustos e sacrifícios quanto em que se obedeça à sua palavra? Eis que o obedecer é melhor do que o sacrificar, e o atender melhor do que a gordura de carneiros. Porque a rebelião é como o pecado da feitiçaria, e a obstinação é como a idolatria e culto a ídolos do lar" (1Sm 15.22-23).

Em resposta à alegação de boa intenção, os reformadores retrucavam como John Knox:[28]

> Desobediência à voz de Deus não ocorre apenas quando o homem age impiamente, contrariando os preceitos de Deus, mas também quando por zelo genuíno ou boa intenção (como normalmente falamos), o homem faz qualquer coisa a título de honra ou serviço a Deus não ordenado expressamente pela Palavra de Deus...[29]

> Nem a preeminência da pessoa que concebe ou estabelece qualquer prática religiosa, sem mandamento expresso de Deus, nem a intenção que o induziu a tais práticas são aceitáveis diante de Deus. Porque Ele (Deus) não admitirá nada em sua religião, sem que se fundamente na sua própria palavra; mas tudo o que lhe for acrescentado Ele abomina, e pune os inventores e praticantes destas coisas, como aconteceu com Nadab e Abiú (Lv 10.1-3).[30]

Idolatria e superstição

A desobediência ao princípio regulador do culto era considerada pelos reformadores como idolatria e superstição. Eles não entendiam *idolatria* no sentido restrito de adoração a outros deuses (proibida no primeiro mandamento), mas também na adoração ao Deus verdadeiro da forma errada (proibida no segundo mandamento).

Melanchton,[31] por exemplo, considerava inadmissíveis as tradições católicas adicionadas ao culto. Segundo ele, os que assim procedem demonstram preferir a sua própria sabedoria à de Deus. E, pior ainda, no seu entendimento: "isto tem sido, e é a fonte de culto a ídolos". Daí o seu alerta: "nós, na igreja, deveríamos considerar estas coisas, a fim de que, tendo sido advertidos, possamos nos submeter à Palavra de Deus, e não estar dispostos a sermos regidos pelas nossas próprias opiniões..."

Em 1550, John Knox escreveu um pequeno tratado condenando a missa católica como idolatria. Seu principal argumento, em forma de silogismo, tem o princípio regulador do culto como premissa: "A missa é idolatria. Todo culto, honra ou serviço inventado pelo cérebro humano no que diz respeito à religião de Deus, que não se fundamente em seu próprio expresso mandamento, é idolatria. A missa é invenção do cérebro humano, que não se fundamenta em nenhum mandamento de Deus; portanto é idolatria".[32]

---

28 No tratado *True & False Worship: A Vindication of the Doctrine that the Sacrifice of the Mass is Idolatry* (Dallas: Presbyterian Heritage Publications, 1994).
29 *Ibid.*, p. 26.
30 *Ibid.*, p. 27.
31 Citado por John Flavel, *Antipharmacum Saluberrimum; A Serious and Seasonable Caveat to all the Saints in this Hour of Temptation*, vol. 4, em *The Works of John Flavel* (London, Banner of Truth Trust, 1968), p.526.
32 John Knox, *True & False Worship: A Vindication of the Doctrine that the Sacrifice of the Mass is Idolatry*, p. 23.

John Flavel (1630?-1691), um dos mais conhecidos reformadores ingleses, em um dos seus escritos, definiu idolatria como:

> Um culto religioso prestado a outro que não o verdadeiro Deus, ou [prestado] ao verdadeiro Deus, mas de maneira que Ele não prescreveu em sua palavra. Disso vemos com clareza que um culto pode ser idólatra de duas maneiras: (1) com relação ao objeto... ou, (2) Com relação à maneira, quando cultuamos o verdadeiro Deus, mas de um modo e maneira que Ele não prescreveu em sua palavra, mas houver sido inventado ou concebido por nós mesmos; e isto é condenado como idolatria no segundo mandamento; *Não farás para ti*, isto é, da tua própria mente ou da tua própria cabeça, *nenhuma imagem de escultura*; linguagem que proíbe todas as invenções humanas, corrupções do culto puro e simples a Deus, como idólatras...[33]

O mesmo sustentam alguns dos principais símbolos de fé reformados. O Catecismo de Heidelberg, por exemplo, oferece a seguinte resposta à pergunta de número 96: "O que é que Deus requer no segundo mandamento?" "Que não o representemos ou adoremos de nenhuma outra maneira que Ele não tenha ordenado em sua Palavra."[34] O Catecismo Maior, em resposta à pergunta 109: "Quais são os pecados proibidos no segundo mandamento?", declara:

> Os pecados proibidos no segundo mandamento são: o estabelecer, aconselhar, mandar, usar e aprovar de qualquer maneira qualquer culto religioso não instituído por Deus mesmo; o fazer qualquer representação de Deus...; todas as invenções supersticiosas, corrompendo o culto de Deus, acrescentando ou tirando desse culto, quer sejam inventadas e adotadas por nós, quer recebidas por tradição de outros, embora sob título de antiguidade, de costume, de devoção, de boa intenção, ou de qualquer outro pretexto; a simonia,[35] o sacrilégio, toda negligência, desprezo, impedimento e oposição ao culto e ordenanças que Deus instituiu.

Acréscimos litúrgicos envolvendo cerimônias, ritos, gestos, etc. eram considerados *superstições* pelos reformadores. Todas as práticas litúrgicas inventadas pelo homem eram vistas por eles da mesma forma como vemos as práticas supersticiosas dos amuletos (pés de coelho, ferraduras e trevos), a distinção de dias especiais (sexta-feira 13), e

---

33 Flavel, "*Antipharmacum Saluberrimum*", p. 522.
34 "O Catecismo de Heidelberg," em *O Livro de Confissões* (São Paulo: Missão Presbiteriana do Brasil Central, 1969), 4.096.
35 O comércio dos dons de Deus. Atitude de Simão, o mágico, que tencionou comprar de Pedro o dom de conferir o Espírito Santo (At 8.18-20).

evitar passar por baixo de escadas, perto de gatos pretos, etc.

Algumas das citações mencionadas já fizeram referências a essas práticas litúrgicas como supersticiosas. Por essa razão, menciono apenas mais uma. Comentando Jeremias 7.31, "o que nunca ordenei, nem me passou pela mente", Calvino argumenta:

> Deus, aqui, elimina qualquer oportunidade de evasivas humanas, visto que Ele condena, pela sua própria frase, 'o que nunca ordenei', o que quer que os judeus imaginassem. Não, há, portanto, nenhum outro argumento necessário para condenar superstições do que o fato de não terem sido ordenadas por Deus: porque, quando os homens se permitem cultuar a Deus de acordo com suas próprias fantasias e não observam os seus mandamentos, pervertem a verdadeira religião. E se este princípio fosse adotado pelos papistas, todos esses modos fictícios de culto, nos quais eles absurdamente se exercitam, cairiam por terra.[36]

Princípio libertador

Na concepção reformado-puritana, o princípio regulador puritano não tolhe, limita ou restringe a liberdade cristã. Pelo contrário, ele a preserva da imposição do cerimonialismo do qual Cristo nos libertou e de imposições litúrgicas indevidas à nossa liberdade de consciência.

> Com relação às cerimônias [escreveu Calvino], as quais pretendem ser um sério atestado de culto a Deus, não passam de zombaria a Deus. Um novo judaísmo, em substituição àquele que Deus claramente ab-rogou, foi novamente instituído através de numerosas e pueris extravagâncias, coletadas de diversos lugares, às quais foram misturados ritos ímpios, parcialmente emprestados dos pagãos, e mais adaptados a alguns *shows* teatrais do que à dignidade da nossa religião.[37]

No capítulo que trata de questões de ordem e disciplina eclesiásticas, a Confissão Belga rejeita "todas as invenções humanas, e todas as leis que os homens queiram introduzir no culto a Deus, pelas quais obriguem e constranjam a consciência humana de qualquer forma possível".[38] No capítulo que trata da liberdade cristã e da liberdade de consciência, a Confissão de Fé de Westminster afirma:

> Só Deus é Senhor da consciência, e a deixou livre das doutrinas

---

36 João Calvino, *Commentary on Jeremiah*, 7.31.
37 Calvino, *The Necessity of Reforming the Church*.
38 § 32.

e mandamentos humanos que, em qualquer coisa, sejam contrários à sua Palavra, *ou que, em matéria de fé ou de culto, estejam fora dela*. Assim, crer em tais doutrinas ou obedecer a tais mandamentos, por motivo de consciência, é trair a verdadeira liberdade de consciência; e, requerer para eles fé implícita e obediência cega e absoluta, é destruir a liberdade de consciência e a própria razão.[39]

Essa concepção reformada do princípio regulador como um princípio libertador se fundamenta em passagens bíblicas do Novo Testamento, tais como Colossenses 2.16-17: "Ninguém, pois, vos julgue por causa de comida e bebida, ou dia de festa, ou lua nova, ou sábados, porque tudo isso tem sido sombra das coisas que haviam de vir..."; e Gálatas 4.9-11, onde o apóstolo argumenta que a insistência em observar dias e festas significava uma escravidão voluntária a formas rudimentares e fracas (em comparação com a nova dispensação), e poderia até indicar coisa muito séria: "Mas agora que conheceis a Deus... como estais voltando outra vez aos rudimentos fracos e pobres, aos quais quereis ainda escravizar-vos? Guardais dias, e meses, e tempos, e anos. Receio de vós tenha eu trabalhado em vão para conosco". A seriedade do assunto é demonstrada pelo apóstolo Paulo no verso primeiro do capítulo cinco desta mesma carta, onde ele adverte: "Para a liberdade foi que Cristo nos libertou. Permanecei, pois firmes e não vos submetais de novo a jugo de escravidão. Eu, Paulo, vos digo que, se vos deixardes circuncidar, Cristo de nada vos aproveitará".

É com base em passagens bíblicas como as citadas acima que a fé reformada não admite, na nova dispensação, a observância de dias, meses, tempos e anos especiais prescritos na lei cerimonial judaica. Muito menos admite a instituição humana de novos dias, festas e cerimônias religiosas.[40] Quando, portanto, a tradição reformada enfatiza a necessidade de base bíblica para qualquer elemento de culto, na realidade não está enfatizando o caráter formal do culto da nova dispensação, e, sim, a sua natureza espiritual, essencialmente livre das formas litúrgicas típicas do culto na antiga dispensação ou de novas formas litúrgicas inventadas pelo homem.

Elementos e circunstâncias de culto
Uma última, mas importante consideração que precisa ser feita com relação à

---

39 Capítulo XX.2. Ver também *Fé para Hoje: Confissão de Fé Batista de 1689* (São José dos Campos, SP: Fiel, 1991), 21.2.

40 Uma passagem interessante com relação à observância de dias e a abstinência de comidas é encontrada em Romanos 14.5-6. A passagem pode parecer indicar que comer ou observar dias é algo completamente indiferente. Entretanto, os textos já mencionados não permitem essa conclusão. O contexto indica que se trata de concessões, por amor, aos débeis na fé. Estes (certamente judeus), ainda não haviam absorvido as características peculiares da nova dispensação (não foi fácil nem para Pedro), e ainda julgavam relevante alguma observância de dias e abstinência de alimentos (quais especificamente, não sabemos). Deve-se ter em mente, aqui, as circunstâncias históricas especiais (de transição) entre o judaísmo e o cristianismo. De qualquer modo, trata-se de escrúpulos pessoais (o que não provém de fé é pecado), e não para ser imposto na igreja.

tradição reformada e o culto cristão diz respeito à distinção entre *elementos* ou *ordenanças* de culto e *circunstâncias* de culto.[41]

Elementos de culto são práticas específicas, prescritas diretamente ou necessariamente inferidas das Escrituras e válidas para toda a nova dispensação, em qualquer lugar ou circunstância. Alguns desses elementos são ordinários, isto é, fazem parte regularmente do culto. A Confissão de Fé reflete a posição reformada, admitindo apenas os seguintes *elementos ordinários de culto*: a leitura bíblica, a pregação da Palavra, a reverente atenção a ela, a oração, o louvor, e a ministração e recepção dos sacramentos do batismo e da ceia do Senhor. Outros elementos ocasionais (não regulares) de culto são: os "juramentos religiosos, votos, jejuns solenes e ações de graças em ocasiões especiais".[42]

Circunstâncias de culto são todas as demais coisas, de caráter não religioso, mas necessárias à realização do culto. Estas coisas não são fixas, não fazem parte do culto em si, não sendo, portanto, especificamente prescritas nas Escrituras. Ainda assim, elas devem ser ordenadas à luz da revelação geral, do bom senso cristão, de conformidade com os princípios gerais das Escrituras. A Confissão de Fé de Westminster trata do assunto nos seguintes termos:

> Há algumas circunstâncias, quanto ao culto de Deus e o governo da Igreja, comuns às ações e sociedades humanas, as quais têm de ser ordenadas pela luz da natureza e pela prudência cristã, segundo as regras da Palavra, que sempre devem ser observadas.[43]

Como exemplo de circunstâncias de culto na dispensação do evangelho pode-se mencionar o lugar (casa, templo, ao ar livre), horário (dias da semana, horário), duração e ordem do culto, móveis (púlpito, bancos ou cadeiras, mesa para a comunhão), iluminação (velas, lamparinas, candeeiros ou luz elétrica), aquecimento ou ventilação, som, etc. Estas questões todas são circunstanciais na dispensação do Evangelho; o que significa que não se pode atribuir a elas conotação religiosa, tornando-as obrigatórias, e devem ser decididas com a prudência cristã e à luz dos princípios gerais das Escrituras, tais como simplicidade, ordem e decência, reverência, etc.

Há alguns cuidados gerais necessários com relação a essas questões circunstanciais:
Primeiro: não atribuir a essas coisas, que em si mesmas são indiferentes, conotação religiosa, atrelando-as ao evangelho, confundindo-as com elementos de culto, tornando-as obrigatórias. Não se pode sacralizar um lugar (um templo), um horário (sete ou oito

---

41 Ver Burroughs, *Gospel Worship*, p. 9.
42 Capítulo XX.3-4
43 Capítulo I.6.

horas da noite), um dia da semana (quarta-feira), um móvel (bancada de madeira), uma roupa (o paletó ou batina), um sistema de ventilação, uma ordem de culto, etc. Tem sido grande o perigo de superstição com relação a essas coisas.

Segundo: fazer tudo à luz da prudência cristã. Deve-se- perguntar: é este o melhor horário, o melhor dia, o lugar mais apropriado (com relação à tranquilidade, residência e poder aquisitivo dos membros) para a realização do culto? Os móveis são apropriados, a roupa, a iluminação, a ventilação, etc.?

Terceiro: deixar que os princípios gerais das Escrituras regulem as nossas decisões com relação a todas essas coisas, de modo que não venham a contrariá-la. Nós não somos naturalmente prudentes. É à luz das Escrituras que devemos determinar o que é ou não prudente, mesmo com relação às coisas ordinárias da vida. "Vede prudentemente como andais, não como néscios, e, sim, como sábios, remindo o tempo, porque os dias são maus..." (Ef 5.15-16).

CONCLUSÃO

Reconheço que o princípio regulador reformado não dirime todas as questões relacionadas ao culto. Mesmo a tradição reformada não é unânime, por exemplo, em algumas questões concernentes ao cântico de hinos ou somente de salmos no culto público e ao uso de orações litúrgicas (previamente compostas).[44]

A convicção da legitimidade do princípio regulador do culto reformado também não implica necessariamente em um rompimento imediato e abrupto com toda e qualquer prática que, na nossa interpretação, não tenha fundamentação bíblica. A prudência nos recomenda que em questões tão disputadas como estas, tenhamos o cuidado de avaliar extensamente as nossas interpretações – e a teologia e a prática reformadas são excelentes referenciais para essa avaliação.

Além disso, mesmo que plenamente convencidos da ilegitimidade de práticas litúrgicas menos relevantes ou geralmente estabelecidas, convém uma palavra de prudência e paciência, para não virmos a comprometer questões maiores. Calvino, por exemplo, não concordava com a comemoração litúrgica do dia santo do natal. Entretanto, preferiu tolerar essa prática em Genebra, para não impedir o curso da Reforma.[45] John Knox rejeitava a imposição anglicana do ato de ajoelhar-se para receber a comunhão, mas aconselhou sua congregação em Berwick a tolerar a prática.[46] E o puritano Thomas

---

44 Christopher J. L. Bennett, "Worship among the Puritans: the Regulative Principle", em *Spiritual Worship* (London: The Westminster Conference, 1985), p. 17-32.
45 Ver carta endereçada a John Haller, pastor de Berna, em *Letters of John Calvin*. vol. 2 (New York: Burt Franklin, 1972), p. 288-289.
46 Cf. Bennett, "Worship among the Puritans", p. 30. Ver também excelente artigo de Martin Lloyd-Jones, já traduzido para o português, sobre as características pessoais de John Knox, que fizeram dele, na opinião do autor, o fundador do puritanismo: "John Knox: O Fundador do Puritanismo", em *Os Puritanos: Suas Origens e Seus Sucessores* (São Paulo: PES, 1993), p. 268-88.

Cartwright, embora se opusesse ao uso de vestes clericais, considerou melhor usá-las do que ser obrigado a abandonar a sua vocação.[47]

Contudo, se rejeitarmos o princípio regulador do culto reformado, que estabelece as Escrituras como regra suficiente e autoritativa de culto, que outro princípio adotaremos? Como definir o que é ou não permitido no culto? Como preservaremos o culto das tradições, invenções e superstições humanas? A história da igreja demonstra que o princípio normativo anglicano, segundo o qual tudo o que não for proibido ou contrário às Escrituras é permitido no culto, é insuficiente para regular o culto genuíno. Afinal, as Escrituras não proíbem o sinal da cruz, a queima de incenso ou a cerimônia do lava-pés! Elas também não proíbem a abstinência de carne na semana santa e outras práticas litúrgicas católico-anglicanas!

Desejo, portanto, concluir sugerindo que, à luz da história da revelação bíblica, ênfases na pompa, em ritos, símbolos, gestos, e demais práticas litúrgicas inventadas pelo homem não constituem um avanço, mas um retrocesso litúrgico. Elas significam um retorno a formas de culto mais rudimentares, apropriadas apenas à antiga dispensação. A glória e a beleza do culto na nova dispensação não estão no templo, na sua decoração, nos ritos, nos símbolos, nos gestos, nas luzes, nos corais, na pompa, nas cerimônias, nos instrumentos musicais ou em outras coisas do gênero.[48] Estão, sim, na sua simplicidade, na sua natureza espiritual, na santidade do adorador, na conformação do culto à verdade revelada nas Escrituras, na realidade do acesso do crente à presença de Deus pela intermediação de Cristo e pela operação do Espírito.

---

47 Cf. Bennett, "Worship among the Puritans", p. 30.
48 Sobre a beleza do culto na nova dispensação, ver John Owen, "The Nature and Beauty of Gospel Worship", em *The Works of John Owen*, vol. 9 (Edinburgh: Banner of Truth Trust, 1966), p. 53-84.

CAPÍTULO 16

Uma perspectiva teológica do ministério pastoral

Paulo César Campos Lopes do Valle

Empreender uma reflexão sobre a prática pastoral sob a ótica da tradição reformada é um desafio bastante significativo, principalmente pela ausência de precisão conceitual destes termos nestes tempos pós-modernos. Cada vez mais, independentemente do contexto em que isso se analisa, percebe-se que o espírito desta época ecoa em sonoridades mais e mais amplificadas, solidificando o relativismo vigente que pluraliza conceitos que durante séculos foram tidos como absolutos.

Nem o relativismo nem o pluralismo são conceitos novos. Entretanto, as roupagens com que eles se revelaram nas últimas décadas demonstram que há diferenças significativas comparadas à modernidade, por exemplo. Se na modernidade as pessoas eram altamente individualistas, centradas em si mesmas, como fruto imediato do pressuposto iluminista do homem como centro de todas as coisas, na pós-modernidade, valoriza-se o grupo, cuja identidade cultural é monolítica,[1] isto é, as antíteses e seus absolutos pulverizam-se, provocando um relativismo amplamente pragmático e místico. Tudo se torna inconsistente em termos filosóficos e práticos.

Outro aspecto é que a verdade sob a ótica pós-moderna está circunscrita ao meio

---
1 Cf. Francis A. Schaeffer, *O Deus que intervém* (São Paulo: Cultura Cristã, 2002), p. 30.

que a defende. A verdade é local e subsidiada pelas estruturas locais. O falecido Stanley Grenz fez a seguinte afirmação:

> A consciência pós-moderna (...) enfatiza o grupo. Os pós-modernos vivem em grupos sociais independentes, cada um dos quais possui sua própria linguagem, suas crenças e seus valores. Consequentemente, o pluralismo relativista pós-moderno procura dar espaço à natureza 'local' da verdade. As crenças são consideradas verdadeiras no contexto das comunidades que as defendem. (...) A compreensão pós-moderna da verdade leva os pós-modernos a se preocuparem menos do que os seus antepassados com o pensamento lógico ou sistemático.[2]

Este sistema pós-moderno tem afetado toda a existência humana, desde a vida na sua simplicidade até as áreas científicas. Por isso, não tem sido diferente no que respeita à religião. Isto não significa que a mentalidade pós-moderna oponha-se ao elemento religioso, mas que mesmo a religião na pós-modernidade deve ser compreendida sob os parâmetros do relativismo e do pluralismo. Isto quer dizer que os aspectos religiosos também passaram a ser analisados a partir da "natureza local da verdade", fragmentando todo e qualquer movimento. Grenz resumiu bem como a mentalidade pós-moderna se impõe nos traços religiosos da humanidade:

> Os pós-modernos não estão também, necessariamente, preocupados em provar que estão 'certos' e os outros 'errados'. Para eles, as crenças são, em última análise, uma questão de contexto social e, portanto, é bem provável que cheguem à conclusão de que 'o que é certo para nós talvez não o seja para você' e 'o que está errado em nosso contexto talvez seja aceitável ou até mesmo preferível no seu'.[3]

Supondo que as palavras de Grenz precisam a natureza da religião nestes tempos, devemos admitir que esta é a razão por que o cristianismo histórico, tal como o conhecemos, encontra-se tão fragmentado, conquanto isso se aplique a qualquer outro movimento religioso. Esta fragmentação também se revela distinta daquela encontrada na modernidade. Naquele período, a identidade denominacional evangélica, por exemplo, ainda se impunha diante das diferenças. Hoje, em uma dada denominação, seja ela qual for, as distinções são gigantescas, havendo pouca ênfase na identidade denominacional. Os nomes batista, presbiteriano ou congregacional, para fins de exemplo apenas, não evocam os mesmos valores doutrinários e sequer a mesma identidade encontrados

---

2 Stanley J. Grenz, *Pós-modernismo: um guia para entender a filosofia do nosso* tempo (São Paulo: Vida Nova, 1997), p. 33-34.
3 *Ibid.*, p. 34.

anteriormente. McGregor Wright afirmou:

> Em dias passados, os evangélicos olhavam para o evangelho e sua explicação teológica na busca de respostas para os problemas da humanidade. Em nossos dias, muitas publicações evangélicas simplesmente refletem a vacuidade doutrinária que as rodeia, mostrando pouca ou nenhuma preocupação pelas bases teológicas.[4]

Durante muito tempo, o pensamento cristão foi sistematizado a partir de pressupostos antitéticos. Há algum tempo você poderia dizer: "isto é verdade" ou "aquilo é mentira". Todos eram capazes de compreender as oposições. Falava-se em termos da verdade absoluta, e nisso estava o fundamento do cristianismo.

Posteriormente, não mais. A pós-modernidade provocou uma mudança de paradigmas significativa na maneira de se pensar a fé cristã. A vida não mais seria refletida a partir dos absolutos da fé, conforme o princípio antitético, mas em termos dialéticos, onde a verdade deveria ser buscada em termos de síntese, abandonando a metodologia clássica da contradição. Com isso, o cristianismo e todas as suas estruturas iniciaram um processo de perda de sentido, uma vez que absolutos implicam em antíteses, e a verdade relativizou-se. Não por acaso, alguns chamam este nosso tempo de "pós-cristão".

Assim, o relativismo e o pluralismo pós-modernos provocaram na igreja uma miopia que a impossibilita de ver com nitidez as coisas de Deus, como naqueles dias em que as trevas descem sobre a terra em plena manhã e a luz do sol não mais se torna evidente aos homens, uma vez que não mais se pensa em termos de absolutos, como no passado. E quando os absolutos são deixados para trás, estabelece-se um relativismo, como já dito, impregnado de pragmatismo e misticismo.

Eis porque acima disse que *empreender uma reflexão sobre a prática pastoral sob a ótica reformada é um desafio bastante significativo, principalmente pela ausência de precisão conceitual destes termos nestes tempos pós-modernos*. Parece ser possível não haver concordância sobre o que é *tradição reformada* e nem quais são os pressupostos que devem emoldurar a *prática pastoral*. Nem mesmo entre igrejas e pastores de tradição reformada!

Tanto em círculos cristãos confessionais quanto em não confessionais, nota-se que a prática pastoral tem sido "regulamentada" muito mais pelas personalidades que se propõem ao exercício do ministério ou ao grupo a que pertence. Suas práticas se revelam totalmente impregnadas de tantas esquisitices quantos são os que exercem o ministério. Elementos unidos por Deus, como a prática cristã fundamentada exclusivamente nas Escrituras Sagradas e a vital relação entre doutrina e vida, foram violentamente separados sob o argumento de que o que importa é guardar a verdade no coração, mesmo que

---
[4] R. K. McGregor Wright, *A soberania banida; redenção para a cultura pós-moderna* (São Paulo: Cultura Cristã, 1998). p. 13.

na prática tudo seja diferente. Nas palavras de J. I. Packer, "a credibilidade do cristianismo exige que a verdade não seja meramente defendida, mas também praticada; não só discutida, mas também vivida".⁵ Contudo, não são muitos os capazes de perceber a dimensão disso.

Algo mais cabe aqui: o princípio regulador das Escrituras como única regra de fé e prática deixou de ser o pressuposto da prática pastoral e, consequentemente, das igrejas que recebem os cuidados desses ministérios, predominando um ecumenismo superficial e volátil, que desobriga muitos cristãos de seus compromissos eclesiásticos e confessionais. Contudo, nem sempre a igreja sofreu dessa miopia evidente em nossos dias. Para demonstrar isto, apelo para o repertório histórico cuja tradição enquadra-se naquilo que é chamado *tradição reformada*. Entretanto, por tudo aquilo que já foi dito, bem como pelas suas complexidades, faz-se necessário estabelecer os limites conceituais daquilo que denomino *tradição reformada*.

De uma forma mais abrangente, e servindo-me de parâmetros antitéticos, tomo a expressão "tradição reformada" para aquele sistema de pensamento capaz de estabelecer uma cosmovisão que englobe todos os aspectos da vida e do conhecimento, e promova a glória do Criador; que demonstre a distinção quantitativa e qualitativa infinita entre o Criador e sua criação; onde o evangelho da graça, e nada mais que o evangelho da graça, seja capaz de trazer ao pecador, nas palavras de Schaeffer, "verdade, beleza e significado para a vida".⁶

De forma mais específica, tomo a mesma expressão, sob os mesmos parâmetros, para referir-me àquele enquadre teológico encontrado nas obras dos reformadores do século XVI e seus sucessores, bem como nas confissões reformadas adotadas posteriormente, principalmente por presbiterianos, congregacionais e batistas, com destaques para a Segunda Confissão Helvética (1546), o Catecismo de Heildelberg (1563), os Cânones de Dort (1619), a Confissão e os Catecismos de Westminster (1648), a Segunda Confissão Batista Londrina (1677), cujas doutrinas podem ser devidamente compreendidas a partir dos princípios de *sola Scriptura, sola gratia, sola fide, solus Christus, soli Deo gloria*, bem como nas doutrinas da *depravação total, eleição incondicional, expiação limitada, graça irresistível e perseverança dos santos*.

Considerando a forma abrangente e específica do conceito de "tradição reformada" estabelecido nos parágrafos anteriores, avancemos na tarefa de considerar alguns traços distintivos do perfil do ministro e do ministério pastoral encontrados no terreno comum da tradição reformada e que podem ser comprovadas pelos ministros reformados que antecederam a atual geração de pastores.

---

5   J. I. Packer, "Prefácio à trilogia", em Francis A. Schaeffer, *O Deus que intervém*, p. 15.
6   Francis A. Schaeffer, *O Deus que intervém*, p. 9.

O PASTOR E A SANTIDADE

Há muito verniz religioso na tela que retrata o perfil do pastor. Muitas igrejas, nas suas expressões locais, não mais se contentam com os traços estabelecidos na Palavra de Deus para aquele que, no dizer do apóstolo Paulo, "aspira ao episcopado" (1Tm 3.1). Por esta razão, os seus contornos não são mais tão bem definidos como antes, uma vez que nas diversas expressões locais da igreja a verdade possui variações consideráveis.

A função pastoral tem sido acrescida de muitos novos conceitos. Muitos deles, contudo, jamais foram, são ou serão legitimados pelas Escrituras Sagradas. Porque a igreja tem se tornado um megaevento promotor do sucesso pessoal, muitos pastores vêm assumindo diante de suas respectivas congregações a responsabilidade de alimentar esse megaevento e a megaestrutura que há por detrás, e isso se pagando não baixo preço. Quem ainda não ouviu sobre os cursos de planejamento ou propaganda e marketing voltado para pastores e líderes? Quem ainda não tomou conhecimento de um ou outro método de crescimento que, dizem eles, aplicado devidamente, fará a igreja crescer? Cada vez mais, percebe-se que a igreja vem sofrendo todas as espécies de manipulações com o propósito de impressionar os homens e não glorificar a Deus.

Lembremo-nos, entretanto, que a igreja não é uma sequência de promoções de sucesso. Ela "não é uma sequência de eventos organizados em prédios religiosos, mas uma forma sobrenatural de vida comunitária. (...) A igreja não é nenhuma máquina, mas uma forma de vida; não é uma organização, mas um organismo".[7] Eugene Peterson, demonstrando a crise atual, escreveu:

> Existem em nossa cultura forças poderosas, determinadas a transformar Jesus em um sábio camponês, simpático, errante, que ensinou como viver bem, com uma sabedoria simples e despertou nosso desejo de conhecer Deus, estimulando, assim, nosso apetite por verdades maiores. (...) Essas mesmas forças, de modo semelhante, estão determinadas a transformar-nos, os pastores e líderes da igreja, em figuras religiosas simpáticas (...) que distribuem inspiração e bom ânimo semanalmente, que asseguram, sorridentes, que Deus está no céu, e mantêm as congregações ocupadas em tarefas que sustentam sua autoestima. (...) Às vezes, reduzem-nos a profissionais simpáticos, transformam-nos em réplicas de nossos líderes culturais, aqueles que procuram o poder, a influência e o prestígio.[8]

A tudo isso, a santidade divina se opõe. Ao mesmo tempo em que ela é um atributo

---

7 Wolfgang Simson, *Casas que transformam o mundo* (Curitiba: Esperança, 2001), p. 115.
8 Eugene Peterson & Marva Dawn, *O pastor desnecessário: reavaliando a chamada para o ministério* (Rio de Janeiro: Textus, 2001), p. 1.

divino, também é concedida àqueles que foram chamados e regenerados por Deus. Estes são propriedades de Deus, pois lhe pertencem por preço de sangue, o do Senhor Jesus Cristo, Cordeiro de Deus. Por este atributo, os crentes são preservados e estão seguros nas mãos do Pai e do Filho, numa relação pactual e monergística.[9]

Nas Escrituras, encontramos diversas orientações acerca do tipo de relacionamento que Deus exige daqueles que desejam gozar de sua companhia. A santidade é uma daquelas bem evidentes e recorrentes no Novo Testamento. As Sagradas Escrituras dizem:

> Santifica-os na verdade; a tua palavra é a verdade. (...) E a favor deles eu me santifico, para que eles também sejam santificados na verdade (Jo 17.17-19);

> Tais fostes alguns de vós; mas vós vos lavastes, mas fostes santificados, mas fostes justificados em nome do Senhor Jesus Cristo e no Espírito do nosso Deus (1Co 6.11);

Pois esta é a vontade de Deus: a vossa santificação (1Tss 4.3);

> Nessa vontade é que temos sido santificados, mediante a oferta do corpo de Jesus, uma vez por todas (Hb 10.10);

> Segui a paz com todos e a santificação, sem a qual ninguém verá o Senhor (Hb 12.14);

> Pelo contrário, segundo é santo aquele que vos chamou, tornai-vos santos também vós mesmos em todo o vosso procedimento, por que escrito está: 'Sede santos, porque eu sou santo' (1Pe 1.15);

> Antes, santificai a Cristo, como Senhor, em vosso coração, estando sempre preparados para responder a todo aquele que vos pedir razão da esperança que há em vós (1Pe 3.15).

Estas e outras tantas passagens demonstram que todo aquele que se aproxima de Deus deve fazê-lo segundo as condições estabelecidas pelo próprio Deus. Não cabe ao homem estabelecer as regras dessa relação, e, para Deus, autor e mantenedor do pacto, apenas um viver santo o satisfará. Sendo santo, Ele exige santidade dos seus servos. A Confissão Batista de 1689 (13.1) afirma:

> Os que estão unidos a Cristo, tendo sido chamados eficazmente e regenerados, possuem agora um novo coração e um novo espírito,

---

9 Para uma melhor compreensão destes termos, recomendo O. Palmer Robertson, *O Cristo dos pactos* (São Paulo: Cultura Cristã, 2002), p. 9-20.

criados neles por mérito da morte e da ressurreição de Cristo; e, por esse mesmo mérito, são mais e mais santificados individualmente, pela atuação da Palavra e do Espírito de Cristo. (...) A santificação abrange o homem todo.[10]

Mas jamais entenderemos as exigências bíblicas da santidade a não ser que compreendamos a que ela se opõe. De um lado, encontramos a santidade exigida por Deus a todos os que são chamados a uma relação filial com Ele. De outro, encontramos o pecado, que afronta a Deus e sua natureza santa. Trilhar as veredas da santidade significa, portanto, opor-se ao pecado. J. C. Ryle afirmou:

> Um homem santo se esforçará por evitar todo o pecado conhecido, observando cada mandamento revelado. Terá uma decidida inclinação mental para Deus; o desejo no íntimo de cumprir a sua vontade; um maior temor de desagradar o Senhor do que de desagradar o mundo e um amor a todos os caminhos de Deus.[11]

Quanto mais Deus exige daqueles que desembainham a espada da Palavra! Quanto mais Deus exige daqueles que a anunciam em Seu nome! Pastores devem ser santos, pois o seu Senhor e o ofício pastoral são santos.

A tradição reformada revela-nos um senso bastante definido acerca do ministro do evangelho. Escrevendo ao pastor Timóteo, o apóstolo Paulo lembrou-lhe do dever da santidade. Lemos: "Assim, pois, se alguém a si mesmo se purificar destes erros, será utensílio para honra, santificado e útil ao seu possuidor, estando preparado para toda boa obra" (2Tm 2.21) – santo e útil ao seu possuidor! Eis o que deve ser o pastor para Deus. O ministro anglicano do século XVII, Richard Baxter, reportando-se àqueles seus contemporâneos que exerciam o ofício pastoral, afirmou:

> São muitos os que se engajam na sagrada obra do ministério obstinadamente, caracterizados pelo interesse próprio, pela negligência, pelo orgulho, pelo divisionismo e outros pecados. Temos que admoestá-los. Se pudéssemos ver que eles se reformariam sem necessidade de repreensão, alegremente deixaríamos de publicar as suas faltas. Mas, que outra coisa podemos fazer? Desistir dos nossos irmãos e colegas é um mal sem remédio; é um erro. E tolerar os maus hábitos dos ministros é promover a ruína da Igreja.[12]

---

10   *Confissão de Fé Batista de 1689* (São José dos Campos, SP: Fiel, 1991), p. 30.
11   J. C. Ryle, *Santidade* (São José dos Campos, SP: Fiel, 2009), p. 67.
12   Richard Baxter, *O pastor aprovado* (São Paulo: PES, 1996), p. 26.

Apesar de tão antiga, a citação de Baxter é bastante relevante e atual. Não é demais dizer que "os maus hábitos dos ministros", por força da função que ocupam, são muito mais evidentes. E, "quando o pecado (...) está aberto aos olhos do mundo, é inútil querer ocultá-lo".[13]

Há pastores que se acomodam à convencional respeitabilidade social, em detrimento daquela suspeita que o mundo possui acerca dos servos de Deus. São homens capazes de confiar em outras pessoas e líderes para alcançarem seus ideais e tornarem-se cada vez mais proeminentes. E isto, muitas vezes, a todo custo! Contudo, quando os corações dos ministros da Palavra não estão em ordem – mesmo que não se dêem conta disso –, os corações das ovelhas também não estarão, e todo o rebanho estará comprometido. Dessa forma, para Deus, sinceridade não basta. Tais pastores não podem, assim, ser santos; se não são santos, não podem ser úteis, pelo menos naquele sentido que lhes trará a aprovação divina. O apóstolo Pedro escreveu:

> Rogo, pois, aos presbíteros que há entre vós, eu, presbítero como eles, e testemunha dos sofrimentos de Cristo, e ainda co-participantes da glória que há de ser revelada: pastoreai o rebanho de Deus que há entre vós, não por constrangimento, mas espontaneamente, como Deus quer; nem por sórdida ganância, mas de boa vontade; nem como dominadores dos que vos foram confiados, antes, tornando-vos modelos do rebanho (1Pe 5.1-3).

No puritanismo do século XVII, cuja prática pastoral era cumprida sob a autoridade de um caráter santo, os ministros revelaram-se homens que se empenhavam para serem achados santos pelo seu Senhor em uma sociedade hostil ao evangelho. Suas vidas disciplinadas almejavam aquela pureza característica do Deus eterno e produzia aquela maturidade necessária ao ministério. Suas vidas eram empolgantes e completamente integradas. Seu viver era abrangente, não havendo disjunções entre o sagrado e o secular. Tudo era tornado "santidade ao Senhor": trabalho, sexo, casamento, dinheiro, família, igreja, educação, ação social. Viam a vida como um todo, pois consideravam seu Criador como Senhor de cada área da vida.

Da mesma maneira, os pastores devem exercitar a santidade a qualquer preço, pois não é possível agradar a Deus sem que o nosso coração seja mantido puro. O primeiro alvo de todo o pastor é o cuidado de seu próprio coração. Os pastores precisam primeiro pastorear os seus corações. Em Provérbios 4.23 lemos: "Sobre tudo o que se deve guardar, guarda o coração, porque dele procedem as fontes da vida". Ryle escreveu:

---

13 Richard Baxter, *O pastor aprovado*, p. 26.

A santificação não consiste na casual realização de ações corretas. Antes, é a operação habitual de um novo princípio celestial que atua no íntimo, influenciando toda a conduta diária de uma pessoa, tanto nas grandes quanto nas pequenas coisas. A sua sede é o coração, e, tal como o coração físico, exerce influência regular sobre cada aspecto do caráter de uma pessoa.[14]

A posição de todo pastor deve ser de autossuspeita, seguida de exame, confissão e abandono de todas as coisas que se opõem ao padrão de santidade estabelecido por Deus. Sob os princípios da santidade, não deveríamos agir como se já tivéssemos atingido o mais alto nível na escala da perfeição, cabendo aos demais sentarem-se aos nossos pés. Se assim pensamos ou vivemos, pecamos, maculando nossa santidade.

Comentando o capítulo XIII, "da santificação", da Confissão de Fé de Westminster, Alexander Hodge informa que os meios de santificação são de duas ordens distintas: a ordem interna e a ordem externa. O meio interno da santificação é a fé no Senhor Jesus Cristo, evidência do coração regenerado, cujas "experiências íntimas do coração e as ações externas da vida são produtos da obediência à verdade".[15] Quanto à ordem externa, destaca-se o apego à verdade, a oração e a graciosa disciplina da providência de Deus. Sobre isso, as Santas Escrituras também nos instruem:

> Santifica-os na verdade; a tua palavra é a verdade (Jo 17.17);

> Tendo purificado a vossa alma, pela vossa obediência à verdade, tendo em vista o amor fraternal não fingido, amai-vos, de coração, uns aos outros ardentemente (1Pe 1.22);

> Todo ramo que, estando em mim, não der fruto, ele o corta; e todo o que dá fruto limpa, para que produza mais fruto ainda (Jo 15.2);

> E não somente isto, mas também nos gloriamos nas próprias tribulações, sabendo que a tribulação produz perseverança; e a perseverança, experiência; e a experiência, esperança (Rm 5.3-4).

J. I. Packer, ainda acerca da santidade, sintetiza:

> Um impressionante senso da presença de Deus e da verdade do evangelho; um profundo senso de pecado, que leva a um profundo arrependimento com a aceitação, de todo coração, do Cristo glorificado,

---

14 J. C. Ryle, *Santidade*, p. 95.
15 Alexander A. Hodge, *Confissão de Fé de Westminster comentada* (São Paulo: Os Puritanos, 1999), p. 266.

amoroso e perdoador; um testemunho desimpedido quanto ao poder e a glória de Cristo, com uma poderosa liberdade de expressão, demonstrando uma poderosa liberdade de espírito; a alegria no Senhor, o amor por seu povo e o temor de pecar.[16]

O PASTOR E A ORAÇÃO

Relacionado à santidade, temos a oração. John Bunyan conceituou oração como "um derramar sincero, sensível e afetuoso do coração ou alma para Deus, através de Cristo, na força e assistência do Espírito Santo (...) de acordo com sua Palavra, para o bem da igreja, com submissão pela fé à vontade de Deus".[17] Na oração, a Trindade Santa revela-se de modo extraordinário, pois há comunhão entre nós e o Deus Triúno. Oramos ao Pai, em nome do Filho, na força do Espírito Santo. Pela oração, somos partícipes da santa comunhão. Em sua sabedoria, Deus designou a oração como um meio de graça e, portanto, um benefício para os seus servos. Ora, o que dizer daqueles que se ocupam com a obra do ministério, que continuamente comparecem ante um povo para lhes pregar a Santa Palavra de Deus? Muito mais por causa do ofício pastoral, o pastor deve relacionar-se com o seu Senhor.

Muitos olhares estão fixados sobre os pastores. Por esta razão, ao lado da Palavra, a oração é um meio eficaz para a realização da tarefa pastoral. Quem não ora por si e pelo rebanho não cumprirá eficazmente o seu chamado e não será capaz de lhes pregar poderosamente. Se falharmos em depender de Deus em todas as coisas, falharemos em tudo o mais.

Quando contemplamos o estado do cristianismo ocidental, percebemos quão assustador ele o é. Há uma consciência cada vez mais decadente e apóstata, pois os homens não são dados à oração. Nem mesmo os pastores! E os pecados dos líderes são salientados mais enfaticamente. John Owen afirmou:

> O meio principal de mortificar o pecado é crescer, florescer e aprimorar-se quanto à santidade plena. Quanto mais vigoroso for em nós o princípio da santidade, tanto mais fraco, enfermo e moribundo será o princípio do pecado... É isso que arruinará o pecado, mas, sem isso, coisa alguma contribuirá para essa meta.[18]

Para os reformadores, a oração é meio pelo qual garantimos diretamente a

---

16 J. I. Packer, "A abordagem puritana à adoração", em *Entre os gigantes de Deus: uma visão puritana da vida cristã* (São José dos Campos, SP: Fiel, 1996), p. 34.
17 John Bunyan, *Prayer* (Carlisle: Banner of Truth, 1999), p. 13.
18 John Owen, "A discourse concerning the Holy Spirit", em *Works*. vol. 3: The Holy Spirit (Carlisle: Banner of Truth, 1965), p. 552-553.

mortificação dos pecados. Isso inclui lamentação pelos nossos pecados e os do povo e petição baseada no amor que Deus tem pelos seus. Por ela, a graça se nos é revigorada e a força do pecado é mais e mais debilitada. Por isso, o pastor deve mortificar seus pecados que o afasta do caminho da piedade.

O ensino cristão deve ser tão claro que os mais simples sejam capazes de compreender o conteúdo do evangelho. Sem oração, contudo, falharemos. Assim, precisamos nos exercitar na piedade e confiar na boa mão de Deus a nosso favor, fazendo germinar as muitas sementes espalhadas para a glória do Senhor. Baxter, citando Agostinho, disse:

> O pregador deve esforçar-se para ser ouvido com entendimento, com boa vontade e com obediência. Não tenha ele dúvidas de que fará isso, mais com fervorosas orações do que com todo o vigor de sua oratória. Orando por si e por seus ouvintes, ele se disporá a ser um suplicante, antes de ser um mestre. Portanto, ao chegar e ao sair, trate de elevar sua voz a Deus, e faça a sua alma subir em fervorosa aspiração.[19]

A pregação da Palavra de Deus e a oração pública formam as duas partes da tarefa ministerial, partes estas capazes de nortear toda a prática pastoral. Realizemos a nossa tarefa inflamados pelo poder do Espírito Santo, com dedicação e dependentes da operação da mão graciosa e poderosa do Senhor em nossas vidas e nas vidas daqueles que estão sob os nossos cuidados. Como A. W. Tozer afirmou:

> Esses homens jamais tomarão decisões motivados pelo medo, não seguirão nenhum caminho impulsionados pelo desejo de agradar, não ministrarão por causa de condições financeiras, jamais realizarão qualquer ato religioso por simples costume; nem permitirão a si mesmos serem influenciados pelo amor à publicidade ou pelo desejo por boa reputação.[20]

Que, pela graça, sejamos achados entre os tais, para a glória do Senhor.

O PASTOR E A PALAVRA DE DEUS

Muitos que, em nossos dias, se dedicam a compreender o fenômeno do ministério pastoral vêm percebendo as mudanças significativas ocorridas nas últimas décadas. Percebe-se que os ministros têm tido suas mentes moldadas muito mais pelas tendências

---

19 Richard Baxter, *O pastor aprovado*, p. 40.
20 A. W. Tozer, "Precisamos novamente de homens de Deus", em *Revista Fé Para Hoje* (São José dos Campos, SP: Fiel, 2000), p. 20.

mutáveis da cultura pós-moderna do que pela Santa Escritura. Percebe-se, aqui e ali, que a razão do exercício pastoral deixou de ser o Soberano Deus que, por sua livre escolha, colocou as ovelhas do Senhor Jesus Cristo aos cuidados temporais de homens por Ele separados. A perda desta moldura permitiu a muitos fazer do ministério um fim em si mesmo, ministério pelo ministério, e nada mais.

Uma das principais ênfases dadas ao ministério pastoral tem sido aquela de caráter psicológico. Em muitos círculos cristãos, o pastor transformou-se em um mero psicólogo a serviço dos membros da igreja e seus familiares. Contudo, muitos desses pastores são apenas fruto de um sistema comprometido e que perdeu o referencial bíblico do ministério. Muitos candidatos ao ministério são preparados para aconselhar e não para ensinar ou pregar! Martin Lloyd-Jones, tratando da relação da pregação com a congregação que a escuta, afirmou certa vez:

> Meu comentário final é que a real dificuldade em torno dessa perspectiva moderna é que ela omite o Espírito Santo e o Seu poder. Conforme pensamos, tornamo-nos tão peritos na compreensão de assuntos psicológicos e na capacidade de dividir as pessoas em grupos (...) que concluímos, em resultado disso, que aquilo que está certo para uma pessoa, não está certo para outra; e assim, eventualmente, acabamos tornando-nos culpados de negar o evangelho. 'Onde não pode haver grego nem judeu, circuncisão, bárbaro, cita, escravo, livre; porém Cristo é tudo e em todos'. Existe um só evangelho – o único evangelho. (...) Temos caído no erro crasso de adotar modernas teorias psicológicas a tal ponto de nos desviarmos da verdade, algumas vezes a fim de nos protegermos da mensagem.[21]

Este estado de coisas devidamente diagnosticado por Lloyd-Jones deve-se à perda de um referencial que caracteriza a vida e a obra de grandes servos de Deus que se dedicaram ao ministério: no cerne de seu árduo trabalho estava a santa tarefa de pregar. Para eles, zelo pastoral implicava em alimento para o rebanho.

Charles Spurgeon, hábil pregador do século XIX, afirmou que "as Escrituras não afirmam em nenhuma de suas passagens que prover entretenimento para as pessoas é uma função da igreja".[22] Ora, se isto não é tarefa da igreja, não há licenças para ser do pastor. Não há autonomia nem direito de se incluir na agenda da igreja aquilo que não é ordenado a ela nas Sagradas Escrituras. Cabe-nos, como servos fiéis, obedecer em tudo ao nosso Senhor. John Owen afirmou:

---

21 D. M. Lloyd-Jones, *Pregação e pregadores* (São José dos Campos, SP: Fiel, 2001), p. 102.
22 C. H. Spurgeon, "Alimentando as ovelhas ou divertindo os bodes", em *Revista Fé Para Hoje*, p. 175.

O primeiro e principal dever de um pastor é apascentar o rebanho mediante a diligente pregação da Palavra. É uma promessa relacionada ao Novo Testamento que Deus daria à sua igreja pastores segundo o seu coração, e que eles haveriam de apascentá-los com conhecimento e com inteligência (Jr 3.15). Isso ocorre por meio da pregação ou do ensino da Palavra, e não de outro modo qualquer. Esse apascentar é a essência do ofício de um pastor. (...) O trabalho deles consiste em afadigar-se 'na palavra e no ensino' (1Tm 5.17). (...) Esse trabalho e dever, como já foi dito, é essencial ao ofício de um pastor. (...) Sem isso, nenhum homem poderá prestar contas, de forma satisfatória, do seu ofício pastoral no último dia.[23]

Este elemento pode ser evidenciado pelos escritos apostólicos do Novo Testamento, principalmente. Nas pastorais de Paulo, lemos:

É necessário, portanto, que o bispo seja irrepreensível, esposo de uma só mulher, temperante, sóbrio, modesto, hospitaleiro, apto para ensinar (1Tm 3.2);

Prega a palavra, insta, quer seja oportuno, quer não, corrige, repreende, exorta com toda a longanimidade e doutrina (2Tm 4.2).

A tradição reformada contribuiu com muitos exemplos de homens que se dedicaram ao ensino e pregação da Palavra de Deus. Homens que, como nós, viviam em fraquezas e lutas constantes, mas, com os corações descansados em Deus, eram capazes, pelo poder do Espírito Santo, de inflamar tantos outros corações e demovê-los de suas vidas ímpias.

Patrick Collinson, em sua obra sobre o movimento puritano durante a Era Elisabetana, informa que uma pesquisa realizada pelo Parlamento Inglês nos anos de 1584 e 1585 apontou o uso de algumas designações para elogiar pastores a quem os puritanos aprovavam. Dentre essas designações, saltam-nos que eram homens de "conversações honestas, conhecedores de idiomas, cultos, zelosos e santos, e aptos para o ministério".[24]

As tendências pragmáticas de nossos dias têm provocado a substituição da pregação da Palavra de Deus por um número cada vez mais considerável de atividades. Uma vez que a Palavra de Deus está sendo substituída, perde-se aquele referencial necessário à fidelidade exigida pelo nosso Redentor. A igreja e sua liderança não mais refletem em termos do valor central da Palavra em seu contexto. Esquecemo-nos de que, de acordo com a *Segunda Confissão Helvética* (Capítulo 1):

---

23 John Owen, "A discourse concerning the Holy Spirit", p. 74-75.
24 Patrick Collinson, *The Elizabethan Puritan Movement* (Berkeley: University of California Press, 1967), p. 280.

A pregação da Palavra de Deus é a Palavra de Deus. Portanto, quando esta Palavra de Deus é agora anunciada na Igreja por pregadores legitimamente chamados, cremos que a própria Palavra de Deus é anunciada e recebida pelos fiéis; e que nenhuma outra Palavra de Deus pode ser inventada, ou esperada do céu: e que a própria Palavra anunciada é que deve ser levada em conta e não o ministro que a anuncia.

A crise por que passa a igreja é uma crise da pregação, demonstrando que quando o púlpito fracassa na tarefa de expor todo o conselho de Deus, a igreja fracassa. Deve-se atribuir, portanto, àqueles que se colocam diante de congregações para pregar e não o fazem devidamente, boa parte da culpa pela crise instalada. A falta da Palavra de Deus faz o povo perecer. Baxter afirmou:

> De todas as formas de pregação que muito me desagradam, tenho ojeriza pela pregação que alegra os ouvintes com muitas pilhérias e os entretêm com diversão superficial. É como se estivessem fazendo uma representação teatral, em vez de serem temidos pela santa reverência ao caráter de Deus.[25]

Descrevendo algumas características da pregação puritana, J. I. Packer demonstrou que ela era (1) expositiva em seu método, (2) doutrinária em seu conteúdo, (3) organizada em seu arranjo, (4) popular em seu estilo, (5) cristocêntrica em sua orientação, (6) experimental em seus interesses e (7) intensa em suas aplicações.[26]

Necessita-se, também, considerar que a Palavra tem o poder para purificar a igreja, e o pastor – aquele que abre, lê e expõe as Santas Escrituras – deve interessar-se e lutar pela pureza da igreja.

Diante da igreja há um mundo completamente confuso, que se opõe a tudo o que é santo ou exibe o princípio da pureza. Entretanto, não devemos supor que podemos nivelar por baixo, baixar a guarda ou coisa parecida, como se não tivéssemos que dar conta de nossos ministérios a Deus. Ao estabelecer a sua igreja, o Senhor Jesus Cristo orou também pela sua santidade. Na mente divina, o corpo do Senhor Jesus Cristo seria um corpo santo, agradando-o em tudo, e isto não apenas na sua expressão universal, mas também local. Para isso, Deus incumbiu seus servos da responsabilidade de manterem a igreja pura e sem mácula neste mundo ímpio, por meio de uma disciplina de padrões bíblicos.

O Senhor Jesus Cristo orou: "Santifica-os na verdade; a tua palavra é a verdade" (Jo

---

25 Richard Baxter, *O pastor aprovado*, p. 43.
26 J. I. Packer, "A pregação dos puritanos", em *Entre os gigantes de Deus: uma visão puritana da vida cristã*, p. 305-308.

17.17). É extremamente significativo considerarmos que o Pai jamais deixará de ouvir e atender a súplica do seu eterno Filho, o Senhor Jesus Cristo. É significativo saber que o Pai age poderosamente para manter a sua igreja na trilha da santidade, e o faz com amor gracioso. De fato, Deus tem uma igreja santa, um povo que lhe é peculiar, cuja santidade evidencia-se pelo temor a Deus e pela vida justificada.

Há, contudo, muitos que maculam a expressão visível desse corpo. Para isso, Deus estabeleceu uma igreja cuja disciplina deve ser um instrumento para preservá-la nas veredas que honram a Deus. Como se aprende na Confissão de Fé Batista de 1689 (26.3):

> Mesmo as igrejas mais puras sobre a face da terra estão sujeitas a erros doutrinários e a comprometimentos. Algumas se degeneraram tanto, que deixaram de ser Igrejas de Cristo, e passaram a ser sinagogas de Satanás. A despeito disso, porém, Cristo sempre teve e sempre terá um reino neste mundo, até o fim dos tempos.[27]

Jim Ellif e Daryl Wingerd afirmam:

> A disciplina na igreja é um dos principais meios que Deus usa para corrigir e restaurar seus filhos quando caem em pecado. É também um modo pelo qual Ele mantém a unidade, pureza, integridade e boa reputação da igreja. Através de instrução, admoestação, conselho e repreensão, tanto em público como em particular e, em alguns casos, até por meio de exclusão social ou remoção do rol de membros, Deus corrige seus filhos desobedientes ou, então, remove da igreja aqueles que não são realmente seus. O próprio Senhor Jesus declarou ser a igreja o instrumento que o céu emprega para executar essa difícil, porém necessária, função (Mt 18.18-20).[28]

Uma breve comparação das épocas aqui tratadas com as nossas nos permitirá concluir que a pregação precisa se tornar, novamente, *a priori*dade dos ministros do evangelho. Precisamos novamente de homens ousados e dependentes do Espírito Santo, capazes de anunciar todo o conselho de Deus. Homens prontos e hábeis na arte de, pelo poder de Deus, "destruir fortalezas, anulando sofismas e toda a altivez que se levante contra o conhecimento de Deus, e levando cativo todo o pensamento à obediência de Cristo" (2Co 10.4-5), lembrando-nos de que "não há um sermão que, sendo ouvido, não nos ponha mais perto do céu ou do inferno".[29]

---

27 *Confissão de Fé Batista de 1689*, p. 52.
28 Jim Ellif & Daryl Wingerd, *Disciplina na igreja; um manual de disciplina para a igreja de hoje* (São José dos Campos, SP: Fiel, 2006), p. 6.
29 Citado em Leland Ryken, *Santos no mundo; os puritanos como realmente eram* (São José dos Campos, SP: Fiel, 1992), p. 103.

O PASTOR E AS ORDENANÇAS

Em dois momentos distintos, já no final de seu ministério terreno, o Senhor Jesus Cristo estabeleceu dois sinais visíveis e significativos a serem observados por sua igreja até o fim do mundo. Enquanto celebrava a festa da Páscoa com os seus discípulos em Jerusalém, o Senhor estabeleceu o primeiro deles, a saber, a ceia (cf. Mt 26.26-30; Mc 14.22-26; Lc 22.14-20; 1Co 11.22-25). Cerca de quarenta dias depois, antes de sua ascensão ao céu, em suas palavras de despedida, ordenou aos seus discípulos batizar aqueles que ouviriam e creriam na mensagem deles (cf. Mt 28.19-20).

Estes sinais foram estabelecidos com o propósito de manter a igreja, corpo vivo de Jesus Cristo, em uma mesma fé e confissão, demonstrando por um lado a realidade vital da união do corpo com a cabeça, Cristo, e por outro a unidade dos membros do corpo.

Escrevendo à igreja na cidade de Corinto, o apóstolo Paulo afirmou: "Pois, em um só Espírito, todos nós fomos batizados em um corpo, quer judeus, quer gregos, quer escravos, quer livres. E a todos nós foi dado beber de um só Espírito" (1Co 12.13). Nota-se pelas palavras do apóstolo que as doutrinas da união do crente com Cristo e da unidade do corpo estão inseridas no contexto da obra do Espírito Santo na aplicação da redenção. Elas devem ser sempre consideradas em conjunto com a doutrina da regeneração. Os redimidos são trazidos pelo Espírito à comunhão com o Pai e com o Filho, bem como com os demais membros do corpo (cf. 1Jo 1.3; 4.20-21).

Ser um cristão, portanto, significa estar unido a Cristo e aos demais membros do corpo. Assim, o homem sem Cristo não pode desfrutar dos benefícios da obra redentora de Cristo, a não ser que esteja unido a Ele na sua morte e ressurreição. Uma vez unido a Cristo, o crente é trazido à comunhão dos santos.

Dessa maneira, tanto o batismo quanto a ceia inserem-se no contexto da igreja reunida, em adoração, para testemunhar, respectivamente, o lavar regenerador do Espírito e anunciar a morte do Senhor Jesus Cristo até que Ele venha, conforme ensinou o apóstolo: "Porque, todas as vezes que comerdes este pão e beberdes o cálice, anunciais a morte do Senhor, até que ele venha" (1Co 11.26). Ainda sobre as ordenanças estabelecidas, a Confissão Batista de 1689 (28.1) dá o seguinte testemunho:

> O batismo e a ceia do Senhor são ordenanças que foram instituídas de maneira explícita e soberana, pelo próprio Senhor Jesus – o único que é legislador. Ele determinou que fossem continuadas em sua igreja estas ordenanças, até o fim do mundo.[30]

Os reformadores Martinho Lutero e João Calvino, bem como seus sucessores,

---

30 *Confissão de Fé Batista de 1689*, p. 57.

concordaram que tanto o batismo quanto a ceia do Senhor deveriam estar subordinados ao exercício da pregação e ensino da Palavra de Deus na igreja.[31] Em seus escritos, ambos demonstraram que a Palavra de Deus é o elemento regulador para a observância de ambos e alertaram para o fato de que a ausência da Palavra reguladora poderia transformar ambas as cerimônias em algo fútil e repletas de misticismo pagão. Calvino, por exemplo, afirmou:

> Como um bom Pai, [Deus] ordenou desde o princípio a seus servos certos exercícios de piedade, os quais depois Satanás, aplicando-os a cultos ímpios e supersticiosos, depravou e corrompeu de múltiplas formas. Daí o surgimento de todas as formas de culto que usam os pagãos em sua idolatria (...). Como todos estes sinais não se fundamentam na Palavra de Deus, nem se referem àquela verdade (...) não merecem ser levados em conta.[32]

Considerando que o ministério da Palavra tem sido delegado por Deus a certos homens, os tais devem administrar tanto o batismo quanto a ceia sob os parâmetros definidos por Deus em sua Palavra, vigiando continuamente para não os transformarem, através da verbalização de conceitos estranhos às Escrituras, em superstições pagãs e cerimônias fúteis.

Outro aspecto não menos importante, é que tanto o batismo quanto a ceia devem ser analisados e celebrados sob a ótica da disciplina cristã. Estes sinais visíveis devem conduzir seus participantes àquela reflexão que promova a glória de Deus por meio de uma vida digna do evangelho. A ordenança do batismo será tratada no capítulo 18. Sobre a ceia, o apóstolo Paulo fez severas considerações aos cristãos de Corinto:

> Por isso, aquele que comer o pão ou beber o cálice do Senhor, indignamente, será réu do corpo e do sangue do Senhor. Examine-se, pois, o homem a si mesmo, e, assim, coma do pão e beba do cálice; pois quem come e bebe sem discernir o corpo, come e bebe juízo para si. Eis a razão por que há entre vós muitos fracos e doentes e não poucos que dormem. Porque, se nos julgássemos a nós mesmos, não seríamos julgados. Mas, quando julgados, somos disciplinados pelo Senhor, para não sermos condenados com o mundo (1Co 11.27-32).

Muitos ministros da Palavra, sem se darem conta dos benefícios que estes sinais trazem ao ministério, não apelam para as Escrituras a fim de preservarem a pureza da

---

31 Cf. Martinho Lutero, "Um sermão sobre a preparação para a morte", em *Obras Selecionadas*. vol. 1 (São Leopoldo: Sinodal, 1986), p. 393, 395; Juan Calvino, *Institución de La Religión Cristiana*. Tomo II (Rijswijk: FELiRe, 1999), p. 1040-1043, 1113.
32 Juan Calvino, *Institución de La Religión Cristiana*. Tomo II, p. 1021.

igreja, por intermédio da mesma Palavra e operação do Espírito Santo. Apenas a título de demonstração, pode-se destacar o versículo 28 do texto acima: "Examine-se, pois, o homem a si mesmo, e, *assim*, coma do pão e beba do cálice; pois quem come e bebe sem discernir o corpo, come e bebe juízo para si". Tem sido uma prática comum entre muitos cristãos absterem-se da ceia do Senhor quando estão enfrentando problemas ou lutando contra pecados pessoais. Muitos, até sinceramente, não se julgam dignos de participar da mesa do Senhor, e que o fato de não participar ameniza as consequências advindas do tipo de vida que vivem. Contudo, alguns deles repetem este ato mês após mês, anos a fio, e isso sem mudarem seus comportamentos. E, para alguns, como sinal de verdadeira espiritualidade.

Contudo, podemos demonstrar que no versículo acima Paulo estabelece um princípio que necessita ser repensado pela igreja e pelos seus guias instituídos. O vocábulo "assim" traduz o termo grego οὕτως (*houtōs*) na Versão Revista e Atualizada, enquanto a Nova Versão Internacional optou por "então", cabendo, ainda, possibilidades como "desta maneira", "portanto", "dessa forma". Não importando tanto a opção que fazemos, fato é que o termo ocupa uma função que pretende demonstrar que a participação na ceia do Senhor, isto é, comer o pão e beber do cálice, não é algo que esteja nas mãos do cristão decidir. Pelo contrário, é a conclusão do processo de exame pessoal a que o cristão se submete. Implica dizer que, pelas Escrituras, ele deve tomar parte na celebração com o coração arrependido e disposto a mudar os rumos da vida, como que em uma relação pactual.

Este vocábulo, então, deve ser compreendido como uma orientação apostólica à participação da ceia do Senhor – mesmo por aqueles que momentaneamente não se julgam dignos – com a consciência de que, comendo do pão e bebendo do cálice, assume-se diante de Cristo a responsabilidade de abandonar aquilo que na ocasião é um motivo para o senso de indignidade, e buscar em Deus a graça necessária para lutar contra todos os outros pecados que eventualmente surgirem na sua caminha cristã.

Sob hipótese alguma, deseja-se aqui banalizar o ceia do Senhor. O que se almeja, na verdade, é demonstrar que a não participação na ceia do Senhor não isentará o culpado das penas previstas na Palavra de Deus. Não bastará toda a sinceridade do mundo se não houver arrependimento e confissão de pecados. Mas cabe também demonstrar que ao comer o pão e beber do cálice do Senhor assumem-se as responsabilidades de mudança e santificação. O apóstolo diz: "Examine-se e, então, coma".

Portanto, os ministros da Palavra devem fazer uso da Escritura na aplicação destes sinais visíveis da igreja do Senhor Jesus Cristo, contribuindo através de ministérios dignos e, por isso, fiéis, para a pureza e manutenção da igreja neste mundo hostil.

UMA PALAVRA SOBRE O MINISTÉRIO FEMININO

A igreja ao longo dos séculos sempre esteve consciente de que as mulheres poderiam conhecer as Escrituras tão bem quanto os homens, algumas vezes até melhor do que eles, e que poderiam ser tão santas quanto eles, e algumas vezes bem mais do que eles. Mas a igreja sempre insistiu que a mulher, por mais erudita e santa, não deveria desempenhar uma função presbiteral na igreja. Este princípio foi posteriormente reafirmado pelos protestantes, especialmente na tradição reformada.

Contudo, em anos recentes, voltou-se a discutir o papel da mulher no âmbito da igreja e duas vertentes logo se estabeleceram como pressupostos do debate: a do condicionamento cultural, portanto variável e descritivo, e a teológica, portanto, supracultural e normativo.

Apesar de seu início tímido, o movimento engajado nessa discussão foi ganhando mais e mais força até que, a partir da década de 1970 e, especialmente na de 1990, as primeiras mulheres foram ordenadas ao ministério pastoral entre os metodistas, luteranos, anglicanos, presbiterianos unidos, presbiterianos independentes e batistas ligados à Convenção Batista Brasileira.

Aqueles que têm recorrido às mudanças nos padrões culturais como elemento regulador, para que as mulheres ocupem a função de direção e pregação na igreja, pressupõem que as mudanças sociais que elevaram as mulheres a posições jamais ocupadas seriam suficientes para legitimá-las em funções pastorais. Em 1987, o Conselho Mundial de Igrejas iniciou a *Década Ecumênica de Solidariedade das Igrejas com as Mulheres*. Com isso, ficou evidente que o movimento ecumênico estava consciente da importância do papel das mulheres no seio das comunidades cristãs. Assim, para o decênio 1988-1998, foram previstos os seguintes objetivos de uma nova caminhada: em primeiro lugar, capacitar as mulheres para que se opusessem às estruturas opressoras que existiam na comunidade mundial, em seus países e em suas igrejas;

em segundo lugar, afirmar as contribuições decisivas das mulheres em suas igrejas e comunidades, compartilhando o trabalho de direção e a tomada de decisões, a reflexão teológica e a espiritualidade; em terceiro lugar, tornar conhecidas as perspectivas e ações das mulheres em esforços e luta pela justiça, a paz e a integridade da criação; em seguida, capacitar as igrejas para que se libertassem do racismo, do sexismo e do classismo e para que abandonassem as práticas discriminatórias para com as mulheres; por fim, estimular as igrejas para que empreendessem atividades de solidariedade com outras mulheres.

Aquilo que numa primeira leitura poderia parecer apenas mais um capítulo da luta feminista, adquiriu outro caráter, quando se sabe que esses objetivos deveriam ser alcançados ao reunir os conhecimentos e as experiências de mulheres e homens de origens e atividades diversas. O apelo mais forte, todavia, seria para as pessoas ligadas à igreja, sobretudo às mulheres. Para o grupo, devia-se considerar que Deus fez homem e mulher em igual condição e ambos foram convidados a zelar eficazmente pela obra da criação. Dessa forma, não se poderia conceber a submissão da mulher ao homem, o que poderia ser explicado apenas por causa da influência grega a respeito do dualismo entre corpo e espírito, que tanto influenciou a cristandade primitiva. Tal concepção privilegiava a alma, em detrimento do corpo e das atividades a ele relacionadas; assim, a mulher, que pertencia ao mundo físico, era inferior ao homem, que se ligava ao plano espiritual.

Mesmo hoje, com o passar dos anos, a fundamentação teórica para o ministério pastoral feminino continua sendo de caráter cultural, uma vez que as alegações são: "hoje, a mulher sai para trabalhar"; "hoje, a mulher obteve seu espaço"; "hoje, a mulher sustenta famílias inteiras"; "hoje, a mulher é CEO em multinacionais".

Não podemos nos esquecer, entretanto, que o princípio regulador da igreja não é a cultura, mas as Escrituras. Devemos apelar para elas. Em 1Timóteo 2.11-14, o apóstolo Paulo afirmou aquilo que vem sendo considerado um texto-chave para a compreensão do debate, tanto para os favoráveis quanto aos que se opõem ao ministério feminino:

> A mulher aprenda em silêncio, com toda a submissão. E não permito que a mulher ensine, nem exerça autoridade de homem; esteja, porém, em silêncio. Porque, primeiro, foi formado Adão, depois, Eva. E Adão não foi iludido, mas a mulher, sendo enganada, caiu em transgressão.

Pelo contexto imediato da passagem, os falsos mestres semeavam dissensão e estavam preocupados com trivialidades (1Tm 1.4-6), enfatizando um certo ceticismo como um meio de adquirir espiritualidade (1Tm 4.1-3). Consciente disso, Paulo aconselhou às jovens viúvas a que se "casem, criem filhos, sejam boas donas de casa" (1Tm 5.14), funções estas que os falsos mestres tentavam dissuadi-las de praticar.[33]

Quando Paulo diz que "a mulher aprenda em silêncio, com toda a submissão", devemos considerar que o contexto era de ensino com a força e autoridade que vem da função presbiteral. O vocábulo grego para "silêncio" é o termo ἡσυχία (ēsuchia), o mesmo que foi traduzido por "tranquila" no versículo 2 deste mesmo capítulo. Assim, a preocupação de Paulo não era que elas devessem aprender, mas a maneira como deveriam aprender: "*em silêncio*" e "*com toda a submissão*".

Entretanto, quando o apóstolo diz: "e não permito que a mulher ensine, nem exerça

---

33 Os versículos de 8 a 11 sugerem que os falsos mestres estavam incentivando as mulheres a se destacarem do que poderíamos chamar de tradicionais papéis femininos, em favor de uma abordagem mais igualitária – vestido ostensivo e cabeleira frisada, no mundo antigo, às vezes podia indicar uma mulher de moral fraca e independente do marido.

autoridade de homem; esteja, porém, em silêncio", o contexto da proibição é aquele que se refere ao ensino público relacionado ao governo da igreja. De fato, "não permito" significa "é proibido", e não "não é aconselhável". Mas alguém poderia indagar: quem Paulo pensava que era para permitir ou não permitir alguma coisa na igreja de Deus? Entretanto, não podemos esquecer que o que Paulo disse à igreja, disse-o na presença de Deus, sob a inspiração do Espírito Santo, e usando um argumento doutrinal, como veremos abaixo. É notável que as duas coisas que fazem diferença entre um presbítero e um diácono é o papel de *presidir* e *ensinar*. Exatamente o que foi proibido à mulher em 1Timóteo 2.12.

Havia espaço para o ensino feminino no cristianismo primitivo, e as Escrituras o demonstram: (1) mulheres mais velhas ensinando mulheres recém-casadas (Tt 2.3-4); (2) mulheres ensinando crianças (2Tm 3.14); (3) mulher, junto ao seu marido, numa situação informal, ensinando a um outro homem (At 18.26); (4) profetizando, como as filhas de Felipe (At 21.9; 1Co 11.5), mas não no ofício presbiteral. Notem, portanto, que as Escrituras não vetam a mulher de ocupar alguma função de ensino.

Seguindo com os argumentos, nos versículos 13 e 14, Paulo disse: "Porque, primeiro, foi formado Adão, depois, Eva. E Adão não foi iludido, mas a mulher, sendo enganada, caiu em transgressão". Eis o fundamento teológico de Paulo: assim como o homem veio primeiro na ordem da criação, então deveria dar-se ao homem uma responsabilidade primária no seu relacionamento com a mulher. O seu argumento não veio do aspecto cultural – não dizia respeito apenas àquele contexto –, nem do pecado – que sofreria mudanças decorrentes da obra da redenção. Veio da ordem da criação em Gênesis:

> Mas a serpente, mais sagaz que todos os animais selváticos que o SENHOR Deus tinha feito, disse à mulher: É assim que Deus disse: Não comereis de toda árvore do jardim? (...) Vendo a mulher que a árvore era boa para se comer, agradável aos olhos e árvore desejável para dar entendimento, tomou-lhe do fruto e comeu e deu também ao marido, e ele comeu (Gn 3.1, 6).

No Éden, Satanás procurou inverter os papéis estabelecidos pelo Criador junto ao primeiro casal. Ele estava empurrando-a para o lugar de porta-voz do casal. Com isso, Paulo estava dizendo que se as mulheres em Éfeso (cidade onde Timóteo exercia seu ministério) proclamassem sua independência dos homens, tanto na família quanto na igreja, recusando-se a aprender "em silêncio, com toda a submissão", buscando papéis dados aos homens, cairiam no mesmo erro que Eva cometera e trariam desastre semelhante sobre si mesmas e sobre a igreja.

Outro texto que é relevante nesta discussão sobre o ministério feminino é 1Timóteo 3.4-5: "E que governe bem a própria casa, criando os filhos sob disciplina, com todo o respeito (pois, se alguém não sabe governar a própria casa, como cuidará da igreja de Deus?)". Se o que Paulo escreveu a Timóteo era normativo no caso daquele que aspirasse ao episcopado, como relacionar essa norma com uma mulher no ministério, já que ela não poderia satisfazer o requisito de governar a sua casa? Se é, portanto, um teste para demonstrar a capacidade de liderar, como saber se uma mulher seria capaz de liderar a igreja de Deus se o texto não poderia ser aplicado a ela, uma vez que ela não é o cabeça do lar? Será que os valores familiares também deveriam ser alterados, isto é, o princípio da submissão requerida por Deus era também transitório para aquela cultura? Certamente que não.

O problema não era, como querem alguns, cultural, mas a questão é teológica, portanto permanente, e não transitório. O apóstolo apelou para um princípio estabelecido na criação e violado na queda: o princípio da liderança masculina. Ele não estava dizendo que a mulher jamais pudesse ensinar qualquer coisa ou exercer qualquer tipo de autoridade. Antes, o apóstolo está argumentando que assumir o ofício presbiteral implicaria que a mulher poderia ensinar aos homens com a autoridade que o ofício empresta, e participar do governo da igreja, exercendo autoridade sobre os homens crentes, o que contraria o princípio aqui afirmado.

Algumas mulheres supõem que a manutenção do ministério pastoral masculino pretende demonstrar a superioridade masculina estabelecida pelos traços culturais. Mas isso nada tem a ver com a superioridade existencial do homem. Por isso, a doutrina trinitariana pode nos oferecer grande contribuição para esta abordagem, pois podemos considerá-la sob duas óticas possíveis e perfeitamente aplicáveis à relação homem-mulher: a da ontologia divina e a da economia divina.

O termo *Trindade ontológica* refere-se ao ser de Deus na sua essência. Ela ensina que, nos termos de essência, natureza e ser, Deus, o Pai, não é superior a Deus, o Filho, que não é superior a Deus, o Espírito. São iguais em essência, natureza e ser. Ontologicamente, não há hierarquia entre as pessoas da Trindade (cf. Ef 1.6, 12, 14).

Por outro lado, há o conceito da *Trindade econômica*, que se refere aos ofícios de cada uma das pessoas da Trindade, por exemplo, na obra da salvação: Deus, o Pai, elegendo (Ef 1.3-6a); Deus, o Filho, redimindo os eleitos (Ef 1.3b-12); Deus, o Espírito, selando os eleitos redimidos (Ef 1.13-14). Assim, embora existencialmente o Filho não seja inferior ao Pai, ainda assim, voluntariamente, Ele se submete ao Pai (Jo 6.38; 14.28, 31); da mesma maneira, embora o Espírito não seja inferior ao Filho, voluntariamente Ele se submete ao Filho (Jo 14.26; 15.26; 16.14), para o cumprimento dos propósitos da Trindade.

Para o contexto do relacionamento entre um homem e uma mulher, estes conceitos são extremamente importantes, pois, à semelhança da Trindade, nesse relacionamento encontramos também questões ontológicas e econômicas. Paulo ressaltou os aspectos ontológicos e econômicos entre homem e mulher, afirmando: "Não pode haver judeu nem grego; nem escravo nem liberto; nem homem nem mulher; porque todos vós sois um em Cristo Jesus" (Gl 3.28). E, ainda: "Quero, entretanto, que saibais ser Cristo o cabeça de todo o homem, e o homem o cabeça da mulher, e Deus, o cabeça de Cristo" (1Co 11.3). Assim, pode-se afirmar que, ontologicamente, como Deus, o Pai, não é superior a Deus, o Filho, o homem não é, ontologicamente, superior à mulher; entretanto, como Deus, o Filho, submeteu-se voluntariamente a Deus, o Pai, *"assim também as mulheres sejam em tudo submissas ao seu marido"* (Ef 5.24).

CONCLUSÃO

Como palavra final, cabe afirmar que o exercício fiel do ministério da Palavra na presença do Senhor não é uma tarefa fácil. Tristemente, não são muitos os dispostos a exercê-lo com temor e fervor. Mas se o cristianismo evangélico pretende manter-se relevante diante do estado atual das coisas, faz-se necessário certo tipo de homem corajoso, cheio do Espírito, cativo às Escrituras, capaz não apenas de diagnosticar o estado do mundo e da igreja, mas também pronto a prover o medicamento eficaz, pelo Espírito e pela Palavra, à igreja e ao mundo.

A tradição reformada impõe-se nestes dias pelas provas cabais de sua consistência e aprovação durante séculos. Por esta razão, apelo àqueles que são cooperadores do Evangelho que lutem, "diligentemente, pela fé que uma vez por todas foi entregue aos santos" (Jd 3). Que haja de nossa parte todo o esforço necessário para que vejamos a igreja de Cristo a seus pés, amando-o e honrando-o de coração, até que chegue o glorioso dia, quando seremos tomados daqui e estaremos para sempre com Senhor. Como A. W. Tozer escreveu há quase meio século atrás:

> A verdadeira igreja jamais sondou as expectativas públicas, antes de se atirar em suas iniciativas. Seus líderes ouviram da parte de Deus e avançaram totalmente independentes do apoio popular ou da falta deste apoio. Eles sabiam que era vontade de Deus e o fizeram, e o povo os seguiu (às vezes em triunfo, porém mais frequentemente com insultos e perseguição pública); e a recompensa de tais líderes foi a satisfação de estarem certos em um mundo errado.[34]

Deus nos dê, novamente, homens capazes!

---

34 A. W. Tozer, "Precisamos novamente de homens de Deus", p. 21.

CAPÍTULO 17

A CENTRALIDADE DA PREGAÇÃO EXPOSITIVA

DANIEL DEEDS

Quatro vezes por semana, havia reuniões de capela no seminário onde estudei. Pregadores da região metropolitana eram convidados a pregar para os seminaristas, tanto para sua edificação como também para lhes dar oportunidade de conhecer as igrejas onde poderiam congregar e servir durante o curso. Logo no início de um ano letivo, um dos pastores locais, visando a assegurar para sua igreja o maior contingente de alunos possível, encerrou sua curta fala declarando: "Vocês irão amar a minha igreja. Meus sermões nunca passam de 10 minutos". Nada poderia tornar uma igreja mais atraente para um bando de jovens do que uma proposta como essa, não é mesmo? Pelo menos parece ser o que acreditava aquele pregador.

Não são poucas as igrejas e ministérios que minimizam a pregação em nossos dias. Por mais de um século, igrejas evangélicas, em número cada vez maior, têm se afastado de suas raízes a respeito dessa questão. Nessas igrejas, a pregação, que desde a Reforma ocupara um lugar de primazia nos cultos, tem sido desbancada, cedendo seu espaço para outros programas e novas formas de culto consideradas mais apropriadas para os dias atuais. Esse fato é motivo de preocupação.

D. Martin Lloyd-Jones dedicou-se à pregação expositiva durante seu pastorado. Era sua convicção que "a obra da pregação é a mais elevada, a maior e a mais gloriosa vocação para a qual alguém pode ser convocado".[1] Mas o generalizado declínio da pregação

---
1 D. Martin Lloyd-Jones, *Pregação e Pregadores* (São José dos Campos, SP, Fiel, 1986), p. 7.

o levou a protestar. Em 1971, ele escreveu: "Eu diria, sem qualquer hesitação, que a mais urgente necessidade da Igreja cristã da atualidade é a pregação autêntica".[2]

Outros elementos, como um crescente cerimonialismo, estavam usurpando o lugar da pregação no culto; então denunciou:

> Pior ainda tem sido a incrementação do elemento de entretenimento no culto público – o emprego de filmes e o uso de mais e mais cânticos, a leitura da Palavra e a oração foram drasticamente abreviadas, porém, mais e mais tempo foi sendo consagrado aos cânticos. Já existe um 'especialista de música' como se fora uma nova espécie de oficial eclesiástico, e ele conduz os cânticos, e supostamente compete-lhe produzir o ambiente próprio. Porém, ele gasta tanto tempo para produzir o ambiente próprio que não resta tempo para a pregação nesse ambiente! Tudo isso faz parte da depreciação da mensagem.[3]

Apesar dos alarmes soados, o pouco caso pela pregação avança, atingindo uma proporção cada vez maior de igrejas. Hoje temos nada menos que uma crise no meio evangélico. Nas palavras de John MacArthur:

> Pregação em si está em declínio de uma forma séria. Numerosas igrejas, inclusive algumas das maiores e mais bem conhecidas, têm relegado o ministério de púlpito a um status secundário. O ápice do culto em muitas igrejas evangélicas hoje é a música, uma dramatização, uma apresentação em multimídia ou uma série de outras formas de entretenimento. Onde a pregação ainda aparece, raramente trata-se de pregação *bíblica*. A moda hoje é o sermão tópico, que foca assuntos do dia, relacionamentos humanos, sucesso e autoajuda, a recuperação do vício, ou temas parecidos. O pregador contemporâneo típico aspira a ser um palestrante motivador ao invés de um exegeta.[4]

Para alguns, a motivação pode ser alcançar pessoas para a igreja. É evidente que há outras coisas capazes de atrair um público maior do que a pregação bíblica. Pode ser que haja pouco interesse em ouvir e obedecer à Palavra de Deus, mas há muito interesse em obter sucesso na vida. Há mais preocupação com o aqui e agora do que com a eternidade, e a possibilidade de colocar Deus para fazer as nossas vontades é muito mais atraente do que nos consagrar a entender e cumprir sua vontade revelada. Nesse ambiente, a ânsia

---

2   D. Martin Lloyd-Jones, *Pregação e Pregadores*, p. 7.
3   D. Martin Lloyd-Jones, *Pregação e Pregadores*, p. 12.
4   John MacArthur, na apresentação de Steven J. Lawson, *Famine in the Land* (Chicago, IL: Moody, 2003), p. 11-12.

de crescer numericamente e atingir elevadas metas financeiras têm levado muitos a se curvar perante as preferências das massas. A igreja passou a ser administrada como uma empresa onde as pessoas são tratadas como clientes. E quando é assim, o cliente tem sempre razão.

Há, porém, uma pergunta que precisa ser feita. Nós temos o direito de proceder assim? A primazia da pregação bíblica no culto foi estipulada por Deus ou ela pode ser assim subvertida? A resposta é inequívoca, como veremos. E não devemos subestimar a importância dessa questão. Afinal, não é verdade que Arão e Saul foram censurados por atenderem a voz do povo, desobedecendo ao mandamento de Deus?

De um modo geral, nossa geração tem se afastado do dogmatismo. "Proclamação autoritativa, no presente clima intelectual, é algo com a qual pessoas não se sentem à vontade ('Minha opinião é tão boa quanto a dele'). Os sentimentos relativistas e subjetivistas em nosso pensamento moderno fazem com que diálogo pareça uma abordagem mais humilde e democrática. Porém, nunca devemos nos esquecer de que *exousia* [autoridade] é um conceito neotestamentário, alicerçado no fato de que a autoridade final pertence a Deus e que Ele media essa autoridade através de sua Palavra. Portanto, o quadro real no Novo Testamento não é de uma congregação debaixo da autoridade de um pregador e, sim, de ambos, pregador e congregação, debaixo da autoridade da Palavra escrita de Deus".[5]

Em seu trabalho missionário, o apóstolo Paulo se defrontou com diferentes povos e culturas. Particularmente na Grécia, sua mensagem e metodologia foram escarnecidas. Mas Paulo estava convicto de que "a loucura de Deus é mais sábia do que os homens; e a fraqueza de Deus é mais forte do que os homens" (1Co 1.25). Ele não fez uso de ostentação de linguagem ou de sabedoria (1Co 2.1), coisas que poderiam impressionar e atrair aqueles que se julgavam sábios e sofisticados. Pelo contrário, ele se ateve à "loucura" da pregação. Em sua mente, não havia dúvida de que nada poderia resultar em um bem maior e mais duradouro do que seguir fielmente aquilo que foi ordenado por Deus (1Co 2.5).

Por isso mesmo, uma análise da história revela: "Onde Deus age, ali a pregação floresce. Em todos os lugares em que a pregação é menosprezada ou está ausente, ali a causa de Deus passa por um tempo de improdutividade".[6] Igrejas que se afastam da pregação bíblica não sobrevivem por muito tempo. Ou elas se acabam de todo ou então vão se deformando até que se tornam apóstatas. A história atesta o fato de que é possível lotar igrejas e ao mesmo tempo matá-las.

Voltando nossa atenção para os nossos dias, pode ser que haja muitos fatores contribuindo para o quadro atual. Mas, qualquer que seja o raciocínio, as dúvidas em relação

---

5   Eric Alexander, *What is Biblical Preaching?* (Phillipsburg, NJ: Presbyterian and Reformed, 2008), p. 7.
6   Stuart Olyott, *Pregação Pura e Simples* (São José dos Campos, SP: Fiel, 2008), p. 13.

à eficácia e à necessidade prioritária da pregação bíblica expositiva brotam de uma única raiz. Trata-se de uma falta de confiança na autoridade e suficiência das Escrituras. "Eis a questão: a Escritura é ou não suficiente para todas as nossas necessidades na vida e testemunho na igreja de Jesus Cristo? Um 'sim' redundante a esta pergunta é a convicção que está por trás da pregação expositiva. Verdadeira pregação expositiva deveria, em si mesma, ser um testemunho à autoridade e suficiência das Escrituras para a igreja hoje".[7]

A PREGAÇÃO BÍBLICA EXPOSITIVA NA REFORMA PROTESTANTE

Acima de qualquer outra coisa, a Reforma Protestante foi um retorno à Bíblia. A valorização das Escrituras é a própria identidade do cristianismo reformado. Sob o lema *Sola Scriptura*, sua autoridade absoluta e exclusiva foi afirmada. Em toda parte, a Bíblia passou a ser traduzida, distribuída, lida e pregada. Nas igrejas que abraçaram a Reforma, a pregação da Palavra foi imediatamente restaurada ao lugar de primazia nos cultos. Até a arquitetura refletiu a ênfase. Altares foram tirados para que um púlpito com uma Bíblia fosse colocado no centro de igrejas protestantes. De fato, os reformadores sustentavam que a igreja verdadeira, por definição, é aquela em que ocorre a pregação correta da Palavra de Deus e a administração correta das ordenanças.

Lutero
Desde o início da Reforma, Martinho Lutero entendeu que a falta de pregação bíblica era responsável pelo estado decadente da igreja. Ele se devotou pessoalmente à exposição das Escrituras. Em sua pregação, ele cobriu os evangelhos e as epístolas, além de produzir comentários de Gênesis, Salmos, Romanos, Gálatas, Hebreus, 2Pedro e Judas. Sustentava que a maior necessidade da igreja era por pregadores. Em sua visão, o principal requisito para o ministério era a aptidão para o ensino, já que a pregação bíblica é a atribuição principal do ministro.

Lutero e os demais reformadores fizeram todo esforço para colocar a Bíblia nas mãos do povo em seu próprio idioma. Eles ansiavam por ver cada pessoa lendo a Bíblia por si. Mas nem por um momento eles aprovaram leituras particulares independentemente da instrução pública. Lutero expressou forte oposição à ideia que a pregação fosse desnecessária, desde que pessoas lessem a Bíblia. "Mesmo que a leiam," insistiu, "isso não será tão frutífero ou poderoso quanto o será por meio de um pregador público que Deus ordenou e mandou pregar".[8]

---

7   Eric Alexander, *What is Biblical Preaching?*, p. 8.
8   Jaroslav Pelikan and Helmut Lehmann (eds.), *Luther's Works: American Edition* (St. Louis: Concordia, 1955), Companion Volume, p. 64.

Zwínglio

Ulrich Zwínglio levou as Escrituras tão a sério que chegou a memorizar as cartas de Paulo em grego. Convicto de que deveria pregar a Bíblia para sua congregação, começou a pregar expositivamente no Evangelho de Mateus. Em sua aplicação, não poupava ninguém. Denunciava ousadamente os pecados de todos, ricos ou pobres. O efeito sobre a congregação foi imenso. O poder da Bíblia pregada mudou todo o pensamento da congregação e assegurou o triunfo da reforma em Zurique. Em 29 de janeiro de 1523 houve um debate público seguido por uma votação sobre aceitar ou não a Reforma naquela cidade. A conclusão foi uma vitória da Reforma. Os governantes da cidade decretaram: "Doravante os ministros não devem pregar nada senão o que pode ser provado pelas Escrituras Sagradas".[9] Isso em um tempo quando alguns padres nunca haviam lido uma página sequer da Bíblia.

Calvino

O ministério de João Calvino foi marcado por pregação expositiva. Quando ele chegou a Genebra em 1536, as autoridades o designaram como pastor, com o título de "palestrante sobre as Sagradas Escrituras". Do púlpito da igreja de Saint Pierre, Calvino passou a pregar a Bíblia, livro por livro sequencialmente.

> Ele acreditava que a pregação deve ter primazia na vida da igreja porque a Palavra de Deus é soberana na vida das pessoas. Além disso, o compromisso com a incontestável autoridade da Bíblia o compeliu a pregar em livros inteiros da Bíblia, verso por verso. ... Calvino cria que, quando a Bíblia era aberta e explicada de forma correta, a soberania de Deus era manifestada para a congregação imediatamente. Por isso, ele defendia que o principal encargo do ministro era pregar a Palavra de Deus. Ele escreveu: 'Todo o seu serviço [dos ministros] é limitado ao ministério da Palavra de Deus; toda a sua sabedoria, ao conhecimento da Palavra; toda a sua eloquência, à proclamação da mesma'.[10]

A pregação das Escrituras provocou uma profunda transformação na cidade de Genebra, que até então fora uma capital de imoralidade, desonestidade e pecado. Devido à influência da pregação bíblica, Genebra criou leis inéditas que puniam maridos por violência contra suas esposas, e a cidade veio a ser conhecida como um paraíso para as mulheres. Também neste tempo, a população de Genebra dobrou em tamanho por causa de alunos procedentes de muitos países que se agregaram para

---

9 *Glimpses of People, Events, Life and Faith from the Church Across the Ages*, number 16 (Christian History Institute, 1991).
10 Steven J. Lawson, *A Arte Expositiva de João Calvino* (São José dos Campos, SP: Fiel, 2008), p. 34.

estudar sob seu ensino. Muitos refugiados também buscaram a cidade para escapar da perseguição nos países católicos. Em toda a Europa, Genebra foi apelidada de "Cidade da Liberdade". O bispo inglês John Bale fugiu para lá para escapar da rainha Mary Tudor, "a Sanguinária", e disse: "Genebra me parece o maior milagre em todo o mundo! Tantos, de tantos países se reuniram aqui, como em um santuário. Convivem com muito amor e grande amizade, unidos pelo jugo de Cristo". John Knox, líder da reforma na Escócia, veio até Genebra e a avaliou como "a mais perfeita escola de Cristo desde os apóstolos".

O modelo de pregação expositiva de Calvino influenciou muitos de seus contemporâneos, inclusive Heinrich Bullinger e John Knox. Como professor de teologia, treinou milhares de pastores. Teve 900 alunos já no primeiro ano de fundação da Academia de Genebra, em 1559, e continuou a ter alunos até sua morte em 1564. Seus alunos saíam como missionários levando a pregação bíblica e a mensagem da Reforma por todos os países da Europa e até no Novo Mundo. Os primeiros missionários evangélicos ao Brasil saíram de Genebra sob orientação de Calvino. Os missionários de Genebra tiveram sucesso em levar a Holanda, a Escócia e, em certa medida, a Inglaterra a aceitar a reforma. Vários pregadores anglicanos, inclusive Hugh Latimer, John Jewel e Thomas Cartwright, também praticaram pregação expositiva. Embora a perseguição estatal eventualmente sufocaria o movimento de Reforma na França, ali também muitas almas foram alcançadas. Em 1555 só havia uma igreja evangélica na França. Em sete anos, os alunos de Genebra elevaram este número a 2150 igrejas, apesar da tremenda perseguição. Em uma geração, os hugenotes chegaram a somar 10% da população, mesmo enquanto muitos eram massacrados pela igreja católica.

O legado que perdura

A pregação bíblica expositiva nunca deixou de ser como que uma marca registrada do cristianismo reformado. A própria literatura produzida entre os sucessores dos reformadores inclui volumes de sermões expositivos e manuais instruindo em como fazê-lo. Um exemplo notável é o livro *The Art of Prophesying* (A Arte de Profetizar), de Willam Perkins, publicado em 1592, no qual lemos: "Tão somente a Palavra de Deus, em sua perfeição e coerência, é que deve ser pregada. A Escritura com exclusividade é matéria para ser pregada, é o único campo no qual o pregador deve labutar. 'Eles têm Moisés e os profetas, ouçam-nos' (Lc 16.29)".[11]

John Owen escreveu que "o primeiro e o principal dever de um pastor é alimentar o rebanho por meio da pregação diligente da Palavra. É uma promessa relacionada ao Novo Testamento que Deus daria à sua igreja pastores segundo o seu próprio coração, que a

---

11 William Perkins, *The Art of Prophesying* (Edinburgh: Banner of Truth, 2002), p. 9.

alimentaria com 'conhecimento e inteligência' (Jr 3.15). ... Esse alimentar é a essência do ofício e da prática pastoral, de modo que não é pastor aquele que não o faz, ou não pode fazê-lo, ou que não estiver disposto a fazê-lo, não importa que chamado externo ele tenha ou que obra ele venha a realizar na igreja".[12]

Conforme fica evidente, esses homens eram da convicção que a pregação bíblica nunca poderia faltar na igreja. A pregação expositiva praticada pelos reformadores não foi fruto de tentativas criativas para alcançar a sua geração. Fiel ao espírito da Reforma, também essa prática nada mais foi do que uma tentativa genuína de retornar ao modelo bíblico de igreja.

A IMPORTÂNCIA DA BÍBLIA NA VIDA DO CRISTÃO.

A Bíblia ocupa um lugar de importância extrema na vida da igreja. Primeiramente, notamos que a Palavra de Deus é instrumental na salvação. Tiago nos lembra que "segundo o seu querer, ele nos gerou pela palavra da verdade" (Tg 1.18) e Pedro afirma que Deus regenera, "não de semente corruptível, mas de incorruptível, mediante a palavra de Deus, a qual vive e é permanente" (1Pe 1.23). Paulo estabeleceu a ligação entre a pregação da Palavra e a salvação, quando exortou a Timóteo a não ser negligente para com o dom que ele tinha nessa área, lembrando-lhe de que seria cumprindo seu dever nessa área que seus ouvintes seriam salvos (1Tm 4.14-16). Conforme Paulo mesmo ensina, "a fé vem pela pregação, e a pregação, pela palavra de Cristo" (Rm 10.1).

Em segundo lugar, o crescimento espiritual e a santidade do cristão são inseparáveis à Bíblia. Por ser o meio para o nosso crescimento, somos instruídos a desejar ardentemente, como crianças recém-nascidas, o genuíno leite espiritual (1Pe 2.2). O salmista, de forma tão bela, declara: "De que maneira poderá o jovem guardar puro o seu caminho? Observando-o segundo a tua palavra... Guardo no coração as tuas palavras, para não pecar contra ti" (Sl 119:9, 11). Está claro que a nutrição espiritual que nos vem através da Palavra de Deus é fundamental para a vida cristã. Nós, cristãos, precisamos de nada menos do que um banquete constante na Palavra de Deus, algo como um curso de imersão que nunca chega ao fim por toda a vida. É por meio de sua Palavra que Deus conduz seu povo.

Mas tendo dito isso, devemos indagar pelo método que Deus estabeleceu para que a Bíblia desempenhe esse papel condutor na vida da igreja. Quando examinamos a própria Bíblia, notamos que, juntamente com o estudo bíblico individual, Deus coloca seu povo sob o ensino de homens chamados e capacitados. Efésios 4.11-14 diz:

---

12 John Owen, citado por Eric Alexander, *What is Biblical Preaching?*, p. 23-24.

E ele mesmo concedeu uns para apóstolos, outros para profetas, outros para evangelistas e outros para pastores e mestres, com vistas ao aperfeiçoamento dos santos para o desempenho do seu serviço, para a edificação do corpo de Cristo, até que todos cheguemos à unidade da fé e do pleno conhecimento do Filho de Deus, à perfeita varonilidade, à medida da estatura da plenitude de Cristo, para que não mais sejamos como meninos, agitados de um lado para outro e levados ao redor por todo vento de doutrina, pela artimanha dos homens, pela astúcia com que induzem ao erro.

Claramente, um cristão que faz fielmente suas leituras bíblicas particulares, mas não recebe a instrução regular na Palavra no contexto de uma igreja local, não está participando do regime que Deus ordenou para o seu bem estar espiritual. Mais que não ser saudável, uma carência de ensino bíblico devido pode ser realmente perigosa. Muitos há que, recusando dar ouvidos àqueles que Deus mesmo concedeu para a instrução da igreja, optaram por estudar a Bíblia isoladamente e enveredaram pela heresia. Mas o que acontece se alguém vai a uma igreja onde não encontra o alimento espiritual de que necessita? Nesse caso, ele continua igualmente exposto a sérios perigos e deficiências.

A PRIORIDADE DA PREGAÇÃO NO MINISTÉRIO

As palavras de Paulo aos efésios tornam clara a finalidade pela qual Deus dá ministros à sua igreja. Em resumo, Ele o faz "com vistas ao aperfeiçoamento dos santos", para que todos cheguem "à unidade da fé" e não sejam "levados ao redor por todo vento de doutrina". A própria razão de ser do ministro encontra-se no ministério da Palavra. A pregação da Palavra é sua missão, por excelência. É *a priori*dade a qual ele deve consagrar o melhor de seu tempo e energia. Importa que esse fato seja compreendido por todos que são ordenados ao ministério.

> A primeira responsabilidade do pastor é alimentar o rebanho com a Palavra de Deus (Jo 21.15-17; 2Tm 4.2). Um pastor não pode ser fiel à sua tarefa, se não alimenta bem o seu rebanho (Ez 34.2-3, 13-14; 1Tm 3.2; Tt 1.9). Ele tem de prover às ovelhas os verdes pastos nos quais elas se deitarão e se alimentarão (Sl 23.1-2). ... Um homem pode ter uma personalidade carismática, pode ser um administrador excelente e um orador habilidoso; pode ter um programa impressionante; pode até possuir os talentos de um político e a capacidade de ouvir de um conselheiro, mas ele matará de fome as ovelhas, se não as alimentar com a Palavra de Deus.[13]

---

13 Mark Dever e Paul Alexander, *Deliberadamente Igreja* (São José dos Campos, SP: Fiel, 2008), p. 112.

A CENTRALIDADE DA PREGAÇÃO NA VIDA DA IGREJA

O Senhor Jesus incumbiu aos seus apóstolos a responsabilidade de ensinar seus seguidores. Jesus expressou sua expectativa a Pedro quando ordenou: "Apascenta os meus cordeiros... Pastoreia as minhas ovelhas... Apascenta as minhas ovelhas" (Jo 21.15-17). Os apóstolos se entregaram de corpo e alma a esse mandato divino. Foi, acima de qualquer outra coisa, a sua ocupação. A pregação ocupa um lugar tão central no livro dos Atos dos Apóstolos que corresponde a um quarto do seu conteúdo. Eles levaram a pregação tão a sério que, quando circunstâncias ameaçaram sua dedicação exclusiva, eles imediatamente promoveram ajustes na igreja a fim de assegurar sua primazia. "Então, os doze convocaram a comunidade dos discípulos e disseram: Não é razoável que nós abandonemos a palavra de Deus para servir às mesas. Mas, irmãos, escolhei dentre vós sete homens de boa reputação, cheios do Espírito e de sabedoria, aos quais encarregaremos deste serviço; e, quanto a nós, nos consagraremos à oração e ao ministério da palavra" (At 6.2-4). Nenhuma eventualidade poderia demovê-los dessa missão prioritária.

Esse procedimento apostólico seguia tanto o mandamento como o exemplo de Cristo. Por mais de três anos, os apóstolos acompanharam o seu ministério público. A *priori*dade dada ao ensino foi tão marcante que chamavam a Jesus de mestre, o qual, por sua vez, os chamava de discípulos, "um termo usado para um aluno que senta aos pés de um professor e absorve o seu ensino. Tais termos indicam claramente a posição de primazia do ensino no ministério de Cristo".[14]

Mais importante ainda, Jesus explicitamente mandou que os apóstolos agissem da mesma forma. A grande comissão é fazer "discípulos", "ensinando-os a guardar todas as coisas" que Jesus havia ordenado (Mt 28.19-20). Ou seja, obediência a Jesus requer um intenso ministério de ensino, que começa com os apóstolos e se perpetua à medida que cada nova geração é ensinada a também guardar todas as coisas que Jesus lhes havia ordenado.

O ministério do apóstolo Paulo, sobre o qual o Novo Testamento nos fornece maior riqueza de detalhe, ilustra o conceito com perfeição. À medida que pessoas eram convertidas à fé, Paulo investia quanto podia em instruí-las. Por onde passou, ele podia dizer aos cristãos que jamais deixara de anunciar coisa alguma proveitosa, ensinando publicamente e também de casa em casa (At 20.20). Tão intenso foi seu esforço que, mesmo tendo ficado apenas três sábados em Tessalônica, foi capaz de lhes escrever acerca de assuntos complexos e cobrar: "Não vos recordais de que, ainda convosco, eu costumava dizer-vos estas coisas" (2Ts 2.5; cf. 1Ts 5.1-2)? Tal era a abrangência de seu ensino que podia afirmar: "Jamais deixei de vos anunciar todo o desígnio de Deus" (At 20.27).

---

14   Steven J. Lawson, *Famine in the Land*, p. 29.

Da mesma forma, Paulo cuidava que os novos ministros aderissem a esse mesmo modelo. Suas instruções a Timóteo são reveladoras: "Expondo estas coisas aos irmãos, serás bom ministro de Cristo Jesus, alimentado com as palavras da fé e da boa doutrina que tens seguido" (1Tm 4.6). "Até à minha chegada, aplica-te à leitura, à exortação, ao ensino" (4.13). "Tem cuidado de ti mesmo e da doutrina. Continua nestes deveres; porque, fazendo assim, salvarás tanto a ti mesmo como aos teus ouvintes" (4.16). A responsabilidade de pregar é imposta nos termos mais solenes (2Tm 4.1-5):

> Conjuro-te, perante Deus e Cristo Jesus, que há de julgar vivos e mortos, pela sua manifestação e pelo seu reino: prega a palavra, insta, quer seja oportuno, quer não, corrige, repreende, exorta com toda a longanimidade e doutrina. Pois haverá tempo em que não suportarão a sã doutrina; pelo contrário, cercar-se-ão de mestres segundo as suas próprias cobiças, como que sentindo coceira nos ouvidos; e se recusarão a dar ouvidos à verdade, entregando-se às fábulas. Tu, porém, sê sóbrio em todas as coisas, suporta as aflições, faze o trabalho de um evangelista, cumpre cabalmente o teu ministério.

Para que os novos líderes adotassem esse mesmo modelo de ministério, Paulo orienta: "E o que de minha parte ouviste através de muitas testemunhas, isso mesmo transmite a homens fiéis e também idôneos para instruir a outros" (2Tm 2.2). Dessa forma, Paulo procurava assegurar o mesmo benefício para as gerações futuras. Ninguém poderia assumir o ministério a menos que fosse idôneo para instruir a outros. É indispensável, Paulo impõe como regra, que todo homem contemplado para a ordenação ministerial seja "apegado à palavra fiel, que é segundo a doutrina, de modo que tenha poder tanto para exortar pelo reto ensino como para convencer os que o contradizem" (Tt 1.9). Candidatos ao ministério devem reconhecer que, para tal obra, é necessário ser "apto para ensinar" (1Tm 3.2; cf. 2Tm 2.24), pois nisto consiste sua obra.

A CENTRALIDADE DA PREGAÇÃO BÍBLICA NO CULTO

Analisando os versos acima, podemos discernir o que Deus exige dos pastores. Quando o apóstolo Paulo conjura Timóteo a pregar a Palavra, está claro, pelo contexto, que o culto público está em vista. Suas cartas para Timóteo têm o objetivo declarado de estabelecer parâmetros para conformar o culto à vontade de Deus. Ele diz: "Escrevo-te estas coisas, esperando ir ver-te em breve; para que, se eu tardar, fiques ciente de como se deve proceder na casa de Deus, que é a igreja do Deus vivo, coluna e baluarte da verdade" (1Tm 3.14-15). Há um procedimento correto para ser seguido no culto público da igreja. É aquele que Paulo, sob inspiração divina, estipula.

Uma das principais ênfases da Reforma foi a pureza do culto. Durante um longo processo de deformação, a pregação bíblica fora perdendo seu lugar, enquanto um número cada vez maior de inovações aparecia, descaracterizando o culto. Com o passar do tempo, as reuniões se tornaram irreconhecíveis, incluindo o culto a santos, as imagens, as relíquias, procissões, rezas repetitivas, queima de incenso, uso de água benta, a multiplicação dos sacramentos, o culto à hóstia, a remoção do cálice aos leigos, o repúdio do vernáculo em favor do Latim, missas pelos mortos e até a venda de indulgências. Os reformadores entenderam que "a maneira aceitável de se cultuar o Deus verdadeiro é aquela instituída por Ele mesmo, e que está bem delimitada por sua própria vontade revelada, para que Deus não seja adorado de acordo com as imaginações e invenções humanas, nem com as sugestões de Satanás, nem por meio de qualquer representação visível ou qualquer outro modo não descrito nas Sagradas Escrituras".[15] Não pode haver Reforma sem um retorno ao modelo neotestamentário de culto.

O Novo Testamento, por preceito e exemplo, dá à pregação bíblica um lugar de destaque no culto público. Aos coríntios, Paulo determinou que tudo que transcorre no culto da igreja reunida deve ter o objetivo de edificar os santos (1Co 14.26). Esse alvo, segundo ele argumenta, é alcançado pela profecia (1Co 14.3, 6, 12, 19, 31). Como John Gill observou: "Nesse capítulo [1 Coríntios 14] o apóstolo aborda o uso dos dons espirituais, preferindo o de profecia, ou seja, pregação, sobre todo outro dom; e orienta sobre a ordem e maneira em usá-lo, além de mostrar as pessoas que o devem usar".[16]

Calvino comenta a natureza da profecia que Paulo tanto recomenda:

> Profetas... são aqueles que receberam um dom peculiar, não somente para interpretar a Escritura, mas também para aplicá-la com sabedoria para uso presente. Minha razão para entender assim é que ele prefere profecia sobre todos os outros dons, visto que traz mais edificação – uma qualidade que não se aplicaria à predição de eventos futuros. Além do mais, quando ele descreve o trabalho do Profeta, ou pelo menos trata do que um Profeta deve principalmente fazer, diz que ele necessariamente deve se dedicar a consolação, exortação, e à doutrina. Estas coisas são distintas do fazer predições. Portanto, devemos, antes de mais nada, entender nessa passagem o termo 'Profetas' como eminentes intérpretes das Escrituras...[17]

Harmoniza-se com essas instruções aquilo que o Novo Testamento descreve a

---

15 *Confissão de Fé Batista de 1689*, 22.1.
16 John Gill, *Exposition of the Old and New Testaments, 1 Corinthians* (Rio, WI: Ultimate Christian Library, Ages Software, 2000), p. 312.
17 João Calvino, *Commentary on the First Epistle to the Corinthians* (Rio, WI: Ultimate Christian Library, Ages Software, 2000), p. 349-350.

respeito dos cultos realizados sob supervisão apostólica. Por exemplo, em Atos 2.42 lemos: "E perseveravam na doutrina dos apóstolos e na comunhão, no partir do pão e nas orações". Conforme esse registro, aqueles que receberam a fé cristã, uma vez batizados e integrados à igreja, passaram a se reunir regularmente para, em primeiro lugar, receber o ensino dos apóstolos. "Essas primeiras reuniões da igreja eram projetadas principalmente para edificar crentes, não para evangelizar incrédulos. ... Quando essa *prior*idade é invertida, e a igreja se congrega principalmente a fim de salvar os perdidos, a doutrina dos apóstolos logo se torna comprometida e diluída".[18] Outrossim, em Atos 20.7 encontramos a igreja reunida no primeiro dia da semana com o fim de partir o pão e ouvir a pregação do Apóstolo Paulo.

Podemos concluir que a pregação desempenha um papel fundamental no culto público. Chamamos nossas reuniões de "cultos" justamente porque nos reunimos para cultuar a Deus. Algumas pessoas parecem pensar que somente adoramos ou cultuamos a Deus quando cantamos ou fazemos oração. Na realidade, a pregação pública da Palavra de Deus é adoração da mais sublime ordem. Deus é exaltado quando sua verdade é proclamada. No ato de pregar a Bíblia, o mensageiro anuncia as grandezas de Deus. Deus é louvado por seus atributos, suas obras e todas as suas perfeições. A Palavra de Deus é enaltecida. Sua autoridade e inerrância são afirmadas. Sua mensagem é esclarecida e aplicada para que seja devidamente obedecida. O ouvir a pregação é um ato de culto a Deus. Quando as pessoas ouvem a pregação devidamente, elas honram a Deus por crerem nas palavras do texto inspirado. Seus corações são movidos a reverenciá-lo, conhecê-lo, amá-lo e admirá-lo cada vez mais. Elas se dispõem a obedecer a sua vontade revelada. Tudo isto é adoração. O esforço sincero para compreender e praticar os mandamentos de Deus é um ato de devoção.

Lutero entendeu que, quando a Palavra é fielmente pregada, ela deve ser recebida como a própria *Vox Dei* (voz de Deus):

> Alguém poderá dizer: 'Eu certamente creria com alegria se um anjo vindo do céu pregasse a mim'. Isso não tem a menor relação com o assunto. Quem quer que receba a Palavra por sua própria autoridade, jamais a receberá por conta do pregador, nem mesmo que todos os anjos lha proclamem. Alguém que a recebe por conta do pregador não tem fé na Palavra, nem em Deus por meio da Palavra, mas deposita sua fé no pregador. Logo, a fé de tais pessoas não dura. Entretanto, aquele que crê na Palavra não faz questão de quem seja o mensageiro, nem honrará a Palavra por conta de quem seja o mensageiro. Pelo contrário, ele honrará o mensageiro por conta da Palavra.[19]

---

18 Steven J. Lawson, *Famine in the Land*, p. 44.
19 Martinho Lutero, *The Sermons of Martin Luther*. vol 1 (Rio, WI: Ultimate Christian Library, Ages Software, 2000), p. 157.

Há, portanto, uma responsabilidade por parte do pregador e outra por parte da congregação. O que Deus tem a nos dizer é infinitamente mais importante do que aquilo que temos a dizer para Ele. É imperativo que a Palavra de Deus seja proclamada e ouvida com reverência. Esse ato de adoração não pode faltar em nossos cultos. Após o culto, podemos dizer que realmente adoramos quando a Palavra de Deus foi pregada e nós O entronizamos em nossos corações, comprometendo-nos a pôr em prática aquilo que Ele ordena.

Por outro lado, quando uma igreja não preza a pregação bíblica, ela se omite em prestar a Deus o culto que lhe é aceitável. Quando a pregação divinamente ordenada é substituída por atividades que os homens desejam, mas que Deus não ordenou, então já não é Deus e, sim, a vontade humana que está sendo servida. Tragicamente, as pessoas que não querem ouvir a Palavra de Deus acabam recebendo líderes que não a pregarão. Foi prevendo isso que Paulo conjurou Timóteo a pregar: "Pois haverá tempo", ele disse, "em que não suportarão a sã doutrina; pelo contrário, cercar-se-ão de mestres segundo as suas próprias cobiças, como que sentindo coceira nos ouvidos" (2Tm 4.3).

Há algo gravemente errado em um grupo de pessoas que se denominam cristãs, mas que não estão interessadas em pregação expositiva da Bíblia. A Bíblia foi escrita para os cristãos. O cristão normal apega-se a ela como uma mensagem pessoal de Deus para ele. Quer seja um novo convertido ou um veterano na fé, encontrar-se-á sedento por ouvi-la. Mais doce ela lhe será cada vez que é repetida. Nada aquém disso pode ser considerada uma vida espiritual saudável. A orientação dada a Josué serve para todos: "Não cesses de falar deste Livro da Lei; antes, medita nele dia e noite, para que tenhas cuidado de fazer segundo tudo quanto nele está escrito" (Js 1.8). Jesus nos lembra que cabe ao homem viver "de toda palavra que procede da boca de Deus" (Mt 4.4).

É necessário que a Bíblia se torne nossa paixão como cristãos. Lamentavelmente, muitas pessoas são tão carnais a ponto de estarem totalmente indiferentes ao que está na Bíblia. Essas pessoas aparecem na igreja embora sequer estejam interessadas naquilo que a Bíblia ensina. Em alguns casos, o desinteresse chega a ser assumido. Algumas chegam a dizer coisas como: "Esse assunto não é o que importa para mim. Para mim o que importa é..." e prosseguem, citando seus assuntos prediletos. Essas pessoas gostariam que a igreja se organizasse em torno dos seus interesses. É como se estivessem dizendo: "Meus interesses são outros. Se me quiser na sua igreja você precisa falar a minha língua. A igreja que assim fizer poderá ter minha cooperação como prêmio".

É claro que na ânsia de ajudar tais pessoas, muitos líderes cristãos acreditam que precisam acomodá-las para que frequentem suas igrejas. Esses pastores abandonam a direção bíblica de culto, acreditando que assim poderão ajudar o maior número de pessoas. A ironia é que, tencionando ajudar a essas pessoas, eles põem de lado a única coisa que realmente poderia ajudá-las. Foi justamente por entender isso que Paulo conjura a Timóteo a fazer exatamente o contrário. Ele ordena a Timóteo que pregue a palavra, que inste, quer seja oportuno, quer não. Ou seja, a pregação da Palavra deve ser o programa da igreja, quer seja isso desejado ou não.

O caso é que tais pessoas não sabem do que elas precisam. Elas não sabem o que é o melhor para elas mesmas, e de forma alguma convém que elas, conforme seus caprichos, venham a ditar para a igreja o modelo que ela deve adotar. O rumo da igreja não pode ser determinado pelas preferências de pessoas superficiais e mundanas. O correto é que a igreja seja coluna e baluarte da verdade. A igreja deve ser fiel em sua missão, quer seja ela popular ou não. O líder deve pregar a Palavra, quer seja oportuno, quer não. E pessoas que se chegam à igreja, ainda indiferentes aos ensinos bíblicos, devem ser expostas a exposição bíblica até que venham a amar a Palavra inspirada.

Todo cristão precisa ser tomado por uma paixão pela Bíblia e seus ensinos. Cada cristão deve vir a ter tanto interesse e entusiasmo pelas doutrinas da Bíblia que se deleitará em refletir sobre elas, domingo após domingo, nos cultos. Uma marca do cristão verdadeiro é um amor pela Palavra, um prazer em ouvir e guardar as palavras da profecia, um anseio por conhecer e se aprofundar cada vez mais nos seus tesouros insondáveis. Paulo o expressou quando disse: "Porque, no tocante ao homem interior, tenho prazer na lei de Deus" (Rm 7.22).

Nos Salmos lemos que é bem-aventurado o homem cujo "prazer está na lei do Senhor, e na sua lei medita de dia e de noite" (Sl 1.2). As palavras dos salmistas revelam o pulsar do seu coração (Sl 119.16, 24, 47, 77, 92, 97, 111, 113, 127, 143, 167, 174):

> Terei prazer nos teus decretos; não me esquecerei da tua palavra. (...) Com efeito, os teus testemunhos são o meu prazer, são os meus conselheiros. (...) Terei prazer nos teus mandamentos, os quais eu amo. (...) Baixem sobre mim as tuas misericórdias, para que eu viva; pois na tua lei está o meu prazer. (...) Não fosse a tua lei ter sido o meu prazer, há muito já teria eu perecido na minha angústia. (...) Quanto amo a tua lei! É a minha meditação, todo o dia! (...) Os teus testemunhos, recebi-os por legado perpétuo, porque me constituem o prazer do coração. (...) Aborreço a duplicidade, porém amo a tua lei. (...) Amo os teus mandamentos mais do que o ouro, mais do que o ouro refinado. (...) Sobre mim vieram tribulação e angústia; todavia, os teus mandamentos são o meu prazer. (...) A minha alma tem observado os teus testemunhos; eu os amo ardentemente. (...) Suspiro, Senhor, por tua salvação; a tua lei é todo o meu prazer.

A experiência do salmista fala por si. Esse, sim, é modelo a ser seguido. Deus não há de censurar a ninguém por esse tipo de entusiasmo em relação a sua Palavra.

Assim sendo, ao invés de estarem tomados por outros interesses, os cristãos congregados devem estar sedentos por exposição bíblica. A igreja sadia é aquela que compartilha dos mesmos enfoques que os autores inspirados pelo Espírito Santo. Devemos ter as mesmas doutrinas, é claro, mas não somente isso, devemos ter até as mesmas ênfases que eles. Aquilo que se provou importante o bastante, para que eles escrevessem a respeito, deve ser igualmente valorizado por nós. A compreensão correta das mesmas verdades contidas nas Escrituras deve ser uma *priori*dade em nosso meio, tanto quanto foi para eles quando, movidos pelo Espírito Santo, julgaram necessário tratar dos mesmos assuntos para nossa instrução. Assim seremos, de fato, uma igreja apostólica.

Devemos ter tanto apreço pela doutrina da justificação pela fé quanto o apóstolo Paulo exibe em sua carta aos Romanos. Convém que venhamos a nos emocionar contemplando a glória de Cristo nas páginas dos evangelhos, juntamente com o apóstolo João, que tão emotivamente escreveu: "e vimos a sua glória, glória como do unigênito do Pai" (Jo 1.14). É próprio que todo cristão demonstre o mesmo fervor pela obediência aos mandamentos divinos que arde no coração de Moisés ao exortar o povo à obediência em Deuteronômio. Cada cristão, sem exceção, deve manifestar o mesmo zelo pela fé que uma vez por todas foi entregue aos santos quanto Judas externa em sua epístola.

A pregação da Bíblia é fundamental para que isso aconteça. Se o interesse do povo em uma determinada localidade encontra-se voltado a outra coisa que não seja a mensagem contida na Bíblia, isso não é motivo de abandonar a pregação bíblica. Pelo contrário, é mais motivo ainda para que a Bíblia lhes seja pregada. Tais pessoas evidenciam uma necessidade extrema! Não podemos admitir que, dentro da igreja, a Bíblia seja considerada um livro antigo e chato. Cabe à liderança educar a congregação para que desenvolvam uma atitude saudável em relação à Palavra de Deus, tal como a do profeta Jeremias que disse: "Achadas as tuas palavras, logo as comi; as tuas palavras me foram gozo e alegria para o coração" (Jr 15.16). A explicação das Escrituras levou os discípulos a caminho de Emaús a transbordar: "Porventura, não nos ardia o coração, quando ele, pelo caminho, nos falava, quando nos expunha as Escrituras" (Lc 24.32)?

Onde não há essa alegria em relação à Palavra de Deus, a fidelidade dos ministros pode ser testada. O verdadeiro sucesso de um ministro não é medido pela sua popularidade nem pelos números, mas, sim, pela sua fidelidade. Triunfará o líder cristão que cumprir cabalmente seu ministério, suportando aflições, se preciso for (2Tm 4.5). Quando outras coisas estiverem em demanda, ao invés de ceder às pressões, o pregador fiel, por meio de exposição bíblica, confrontará seus ouvintes com suas verdadeiras necessidades espirituais. Paulo diz que expondo as Palavras divinamente inspiradas é que Timóteo seria um "bom ministro de Cristo Jesus" (1Tm 4.6).

Se quisermos trabalhar em benefício de vida, saúde e santidade renovadas em nossa igreja, então, devemos trabalhar de acordo com a maneira de agir de Deus, revelada por Ele mesmo. Do contrário, arriscamo-nos a correr em vão. A Palavra de Deus é o seu poder sobrenatural para realizar sua obra sobrenatural. Essa é a razão por que eloquência, inovações e programas são muito menos importantes do que pensamos. Essa é a razão por que nós, pastores, temos de nos dedicar à pregação e não a programas.[20]

A FORMA E O CONTEÚDO DA PREGAÇÃO GENUINAMENTE BÍBLICA

A fim de obedecer à diretriz apostólica, precisamos nos perguntar: o que é pregar a Palavra de Deus? Não é apenas ler textos bíblicos como parte de uma palestra. Conforme já foi referido, pregação genuína é aquela que realmente faz uma exposição do que o texto ensina. Vejamos algumas explicações úteis:

> A verdadeira ideia da pregação é que o pregador deve tornar-se a boca para o seu texto, abrindo-o e aplicando-o como uma palavra vinda de Deus aos seus ouvintes, falando tão somente a fim de que o próprio texto possa falar e ser ouvido. O pregador deve extrair cada elemento de seu ensino do texto de tal modo que os ouvintes possam discernir como aquilo é ali ensinado por Deus.[21]

A pregação bíblica expositiva visa a transmitir o recado que Deus tem para nós em sua Palavra. Merrill Unger declara: "Enfaticamente, não é pregar a respeito da Bíblia. É pregar a Bíblia. 'O que diz o Senhor' é o alfa e o ômega da pregação expositiva. Ela começa na Bíblia e termina na Bíblia e, ao longo do seu decorrer, tudo jorra da Bíblia. Em outras palavras, pregação expositiva é pregação centrada na Bíblia."[22]

> Meu argumento é que toda pregação genuína é pregação expositiva. ... Fazer exposição das Escrituras é aproveitar aquilo que já está no texto e expô-lo à vista de todos. O expositor destampa o que parece estar fechado, torna claro o que é obscuro, desembaraça o que parece estar cheio de nós e desdobra aquilo que está muito compactado. O inverso da exposição é a 'imposição', que é impor ao texto aquilo que não está ali. ... O tamanho do texto não importa, conquanto seja bíblico. O que importa é o que fazemos com ele. Quer o texto seja longo, quer breve, nossa responsabilidade como expositores é desvendá-lo de tal maneira que sua mensagem seja falada de modo

---

20 Mark Dever e Paul Alexander, *Deliberadamente Igreja*, p. 43.
21 J. I. Packer, citado por Steven J. Lawson, *Famine in the Land*, p. 18.
22 Merrill Unger, citado por Richard L. Mayhue, *Preaching, How to Preach Biblically* (Nashville, TN: Thomas Nelson, 2005), p. 9.

claro, compreensível, exato, relevante, sem acréscimos, sem omissões e sem falsificações. Na pregação expositiva, o texto bíblico não é nem uma introdução convencional a um sermão sobre um tema que, de modo geral, é diferente, nem é uma cavilha onde se pendure um saco de retalhos de pensamentos miscelâneos, mas, sim, o mestre que determina e controla o que é dito.[23]

Somente pregação de conformidade com essas definições cumpre a ordem: "Prega a Palavra" (2Tm 4.2). A mesma diretriz apostólica é expressa de outra forma em 1Timóteo 4.13: "Até à minha chegada, aplica-te à leitura, à exortação, ao ensino". O que é que Timóteo entenderia por essa instrução? Qual era seu dever, exatamente? Não precisamos especular a esse respeito. A "leitura", de que Paulo fala, é um termo técnico que seria imediatamente compreendido por Timóteo. "Referia à leitura pública das Escrituras em um ajuntamento corporativo da igreja para culto, prática essa que datava desde os tempos de Esdras, quando ele leu as Escrituras no avivamento diante da Porta das Águas em Jerusalém (Ne 8.1-8). Essa prática foi eventualmente incorporada no culto realizado nas antigas sinagogas judaicas (Lc 4.16-17; 2Co 3.14). Com o nascimento da igreja, essa prática veterotestamentária de ler as Escrituras publicamente foi incorporada pelos primeiros cristãos em seu culto neotestamentário".[24]

Os termos "exortação" e "ensino" em 1Timóteo 4.13 vem acompanhados do artigo definido e são igualmente específicos. "Assim como nos cultos nas sinagogas tanto na Palestina como na diáspora, a leitura... era seguida por uma homilia (exortação e ensino) a respeito do texto lido".[25]

O precedente histórico para tal prática é assim descrita: "Leram no livro, na Lei de Deus, claramente, dando explicações, de maneira que entendessem o que se lia" (Ne 8.8). Tudo que foi dito em conjunto com a leitura do texto bíblico tinha como objetivo esclarecer seu significado aos ouvintes "de maneira que entendessem o que se lia" (v. 8). Essa meta de transmitir a compreensão correta do texto é mencionada seis vezes no contexto (v. 2, 3, 7, 8, 12, 13). "Comunicar o entendimento correto da Palavra de Deus está sempre no cerne de exposição bíblica verdadeira, nunca é algo periférico. Acima de tudo, pregação bíblica deve transmitir o significado verdadeiro da passagem... fazendo aplicação pessoal que clama por mudança de vida".[26] O sermão expositivo deve incluir explicações, ilustrações, esclarecimento sobre o contexto histórico e outras informações que forem úteis para que o texto sagrado seja bem entendido e posto em prática. Seu alvo é levar os ouvintes a serem transformados pela verdade de Deus.

---

23 John Stott, *Eu Creio na Pregação* (São Paulo: Vida, 2003), p. 133.
24 Steven J. Lawson, *Famine in the Land*, p. 112-113.
25 Craig Keener, citado por Steven J. Lawson, *Famine in the Land*, p. 115.
26 Steven J. Lawson, *Famine in the Land*, p. 96.

O sermão deve ser elaborado em torno de um texto bíblico, para que a mensagem daquela passagem seja extraída, esclarecida e aplicada. Assim procedeu o apóstolo Paulo ao pregar. Lucas narra que "Paulo, segundo o seu costume... arrazoou com eles acerca das Escrituras, expondo e demonstrando ter sido necessário que o Cristo padecesse e ressurgisse dentre os mortos" (At 17.2-3). Em um elogio poderoso à natureza bíblica da pregação apostólica, Lucas relata como todo o seu conteúdo era comprovado nas Escrituras por aqueles que as examinavam para ver se as coisas eram, de fato, assim (At 17.11).

Lutero observou que "toda a pregação dos apóstolos não era outra coisa senão uma apresentação das Escrituras sob a qual construíram".[27] Determinado a seguir esse mesmo padrão, Lutero compartilhou a colegas: "Em minha pregação, eu me dedico a abordar um verso das Escrituras, manter-me preso a ele e instruir as pessoas de tal modo que possam dizer, 'O sermão foi a respeito disso'".[28]

Eric Alexander confirma:

> Buscamos cristalizar a verdade que a passagem bíblica apresenta e focar sua mensagem principal. Pessoas devem sair dizendo, 'Ah, então é isso que significa essa passagem da Bíblia; é isso que Deus está dizendo'. Um dos grandes testes da pregação expositiva é que o povo deveria poder voltar ao texto bíblico em casa e extrair por si precisamente aquilo que o pregador dali extraiu. Essa foi a abordagem bereiana, descrita em Atos 17.11. Uma das coisas que devemos estar fazendo por meio da pregação expositiva é capacitar os ouvintes a estudar as Escrituras por si mesmos. Devemos estar lhes mostrando como se alimentar.[29]

A pregação precisa ser sempre assim. Não temos autorização de pregar outra coisa senão o conteúdo das Escrituras. "Os profetas do Antigo Testamento e os apóstolos do Novo Testamento não receberam uma comissão pessoal de ir e falar, mas uma mensagem particular que deveriam proclamar. De modo semelhante, os pregadores cristãos de nossos dias têm autoridade para falar da parte de Deus somente quando falam a mensagem dEle e expõem sua Palavra".[30]

Isso está subentendido na definição da palavra grega para pregar (κηρύσσω), que significa proclamar uma mensagem, como faz um arauto. "Refere-se à mensagem de um rei. Quando um soberano tinha uma mensagem para seus súditos, ele a entregava aos

---

27 Martinho Lutero, *The Sermons of Martin Luther*. vol. 1, p. 357.
28 Jarislav Pelikan and Helmut Lehmann (eds.), *Luther's Works: American Edition* (St. Louis: Concordia, 1955), Companion Volume, p. 64, volume 54, p. 160.
29 Eric Alexander, *What is Biblical Preaching?*, p.19.
30 Mark Dever, *Nove Marcas de uma Igreja Saudável* (São José dos Campos, SP: Fiel, 2007), p. 42.

arautos. Estes a transmitiam às pessoas sem mudá-la ou corrigi-la. Simplesmente transmitiam a mensagem que lhes havia sido entregue".[31]

Lutero, em um sermão, insta com veemência ainda maior:

> Os pregadores devem ser anjos, isto é, mensageiros de Deus, que vivem vidas celestiais e estão constantemente engajados com a Palavra de Deus a fim de que jamais preguem doutrinas de homens. ... Não há, sob a face da terra, mais terrível praga, infortúnio ou motivo para pânico do que um pregador que não prega a Palavra de Deus, mas dos quais, infelizmente, o mundo está hoje repleto. No entanto, eles se julgam piedosos e bons quando, na realidade, sua obra toda nada é senão o assassinato de almas, a blasfêmia de Deus e a promoção de idolatria. Assim sendo, ser-lhes-ia muito melhor que fossem ladrões, assassinos e pilantras da pior qualidade, pois nesse caso saberiam que procedem impiamente. Mas, como são as coisas, eles prosseguem sob títulos espirituais como padre, bispo ou papa, ao mesmo tempo em que são lobos devoradores disfarçados em ovelhas. Melhor seria se ninguém jamais ouvisse sua pregação.[32]

Por esta causa, o pregador fiel terá necessariamente que se empenhar em estudar a Bíblia de modo responsável e diligente, para que possa ensinar de forma precisa e consciente. Trata-se de um trabalho árduo. Essa é uma área em que preguiça é inadmissível. A aprovação de Deus é para aqueles que se esforçam até a exaustão. Paulo escreveu que "devem ser considerados merecedores de dobrados honorários os presbíteros que presidem bem, *com especialidade os que se afadigam na palavra e no ensino*" (1Tm 5.17). E, novamente, "o que ensina esmere-se no fazê-lo" (Rm 12.7). Não podemos tolerar que pessoas abram a Bíblia e prossigam pregando sua própria opinião. Não é permitido ao pregador atribuir ao texto o sentido que quiser.

> Tudo o que Deus tem a dizer aos homens e mulher foi escrito nas palavras e sentenças que constituem a Bíblia. Essas palavras e sentenças possuem um significado intencional. Portanto, nada – nada mesmo – pode ser mais importante do que conhecer o significado correto. O estudo que revela o significado intencional das palavras e sentenças da Bíblia chama-se exegese. Não haverá um pregador verdadeiro, se tudo o que este disser não estiver fundamentado em *exatidão exegética*.[33]

---

31 Stuart Olyott, *Pregação Pura e Simples*, p. 14.
32 Martinho Lutero, *The Sermons of Martin Luther*. vol. 1, p. 148.
33 Stuart Olyott, *Pregação Pura e Simples*, p. 30, ênfase no original.

A esse respeito, Paulo exorta repetidamente. Ele escreve: "Procura apresentar-te a Deus aprovado, como obreiro que não tem de que se envergonhar, que maneja bem a palavra da verdade" (2Tm 2.15). Importa que o pregador seja "alimentado com as palavras da fé e da boa doutrina" (1Tm 4.6). Sabendo que Satanás usaria suas artimanhas para desencorajar o pregador no exercício do seu dom, Paulo insiste: "Até a minha chegada, aplica-te à leitura, à exortação, ao ensino. Não te faças negligente para com o dom que há em ti..." (1Tm 4.13-14).

"Aplica-te" diz Paulo. Isso é um chamado a ser aplicado na realização da tarefa prescrita. O verbo é um imperativo no presente, o que aponta uma dedicação contínua, um estilo de vida. "A elevada e sagrada comissão de pregar requer nada menos do que devoção integral da parte daqueles que aceitam essa santa vocação. Somente uma consagração absoluta à obra de Deus cumprirá as exigências rigorosas de pregação bíblica de forma adequada. Intelecto focado, estudo exaustivo, um coração fervoroso, concentração desgastante e longas horas são todos requerimentos para dar luz a um sermão expositivo".[34]

A pregação, com todo o preparo que ela envolve, não pode ficar com o que sobrar depois que o pregador tenha gasto o melhor de seu tempo e energia com outros afazeres. Ela deve ser encarada como sua mais importante missão.

A FUNÇÃO DA PREGAÇÃO EXPOSITIVA

A pregação expositiva que a Reforma resgatou e legou ao movimento evangélico prova ser de grande valor prático. Em primeiro lugar, ela causa uma transformação incomparável na vida do pregador. Sua compreensão da Bíblia é ampliada como resultado de seu esforço para analisar o texto bíblico em seu contexto, dando devida atenção aos aspectos gramaticais e históricos. Enquanto ele labuta, preparando-se para anunciar a Palavra à congregação, ele aplica sua mensagem primeiramente à sua própria vida. Enfim, ele chega ao púlpito com o coração ardente por comunicar a mensagem recebida de Deus. Seu alvo não será agradar e impressionar a homens. Perceberá que tamanha tarefa é pregar nada menos que a Palavra de Deus. A responsabilidade pode levá-lo a tremer, ciente de suas limitações. Reconhecerá sua dependência de Deus. Suplicará a Deus que lhe conceda a graça de cumprir sua missão. Intercederá também por seus ouvintes, para que recebam a Palavra como convém.

Além disso, à medida que ele prega expositivamente, o pastor se verá intimado a anunciar todo o conselho de Deus. Com seu conteúdo definido, seus sermões não serão um mero reflexo de seus assuntos prediletos ou dos últimos acontecimentos na vida

---

34 Steven J. Lawson, *Famine in the Land*, p. 106.

da igreja. Pregar livros da Bíblia sequencialmente o levará a abordar todas as grandes doutrinas bíblicas. O que Deus tem a dizer será ouvido, mesmo em relação a assuntos complexos ou controversos. O pregador cresce nesse processo e a congregação também. A congregação passa a ter um entendimento mais rico de textos bíblicos dentro de seu contexto. Cada membro é treinado em como interpretar e aplicar as Escrituras à sua própria vida. Quando a Bíblia é assim pregada, Deus é conhecido, sua vontade é articulada e a igreja é conduzida por sua voz.

CAPÍTULO 18

O BATISMO NA *DIDAQUÊ*

Wilson Porte Jr.

A descoberta da *Didaquê*, no ano de 1873, tem um valor muito grande na história da igreja. Por se tratar de um livro escrito numa era bem próxima à dos apóstolos de Cristo, traz sobre si muita atenção e estudos.

Dentre os assuntos que o escritor da *Didaquê* aborda, encontram-se temas eclesiásticos, dentre os quais, os litúrgicos (batismo e ceia). Este capítulo se concentra nos versículos devotados ao batismo na *Didaquê*. Após um breve panorama situacional, percebendo como a estrutura da *Didaquê* gira, em grande medida, sobre o tema do batismo, será aqui analisado o batismo em si.

O escopo se fecha mais ainda na tentativa de mostrar que não havia uma forma batismal adotada pela igreja primitiva que fosse inflexível. Isso será constatado na preparação dos batizandos, bem como na própria orientação que a *Didaquê* oferece sobre as formas de se batizar. Com o mesmo fim, olharemos brevemente para escritos dos séculos próximos à *Didaquê*, tanto anteriores quanto posteriores.

O tema do batismo na *Didaquê* remeteu muitos escritores, ao longo de toda a história da igreja, a entenderem que não havia razão para divisão na igreja por causa da forma como se batizava. Essa atitude taxativa e inflexível, por parte de certos grupos no decorrer da história do protestantismo, parece não se harmonizar com a atitude quase sempre adotada e seguida na história da igreja.

Por fim, à semelhança do capítulo que trata do batismo na *Didaquê*, será analisada a relação entre a prática do jejum e o batismo.

BREVE PANO DE FUNDO SOBRE A *DIDAQUÊ*

A *Didaquê* e sua divisão

Antes de analisar o assunto específico deste capítulo, vejamos como se divide este livro. Como Charles Wesley Clay escreveu no prefácio do livro *O Didaquê*, de José Gonçalves Salvador, podemos considerar a *Didaquê* "a mais fina jóia da primitiva literatura cristã apócrifa".[1] E essa jóia foi escrita objetivando dois propósitos simples: preparar os catecúmenos ao batismo e dar às pequenas comunidades, a quem o didaquista se dirige, orientações acerca da prática dos ritos e das instituições da Igreja.

A *Didaquê* se divide em dezesseis capítulos. Os primeiros seis servem como um manual de instrução moral ao candidato ao batismo. Contêm o texto dos "dois caminhos". Segundo Salvador, o instrutor dos batizandos possuía liberdade para explicar os dois caminhos com suas próprias palavras. Expunha o caminho da vida e da morte como preparação àquele que, um tempo depois, seria batizado.[2]

Os próximos quatro capítulos, do sétimo ao décimo, trazem prescrições litúrgicas. O conteúdo das informações contidas nessa porção é valiosíssimo, por nos transmitir um belo quadro acerca de como eram ministrados o batismo, a ceia do Senhor, os jejuns e a prática da oração. Kurt Niederwimmer, autor de um grande comentário da *Didaquê*, assim afirma:

> O catecismo moral é, portanto, sucedido por uma agenda. Nela, o didaquista aparentemente utiliza-se de tradições litúrgicas e, provavelmente, tem um conjunto de instruções estabelecido, escrito, como sua fonte. (...) Esta agenda continha duas ações rituais, o batismo e a eucaristia.3

Os últimos capítulos, que vão do décimo primeiro ao décimo sexto, falam da disciplina na igreja, dos ofícios eclesiásticos e, por fim, o décimo sexto traz uma exortação acerca dos últimos tempos, dos dias da vinda de Cristo.

A *Didaquê* panoramicamente

Após vermos como a *Didaquê* se divide, nos pomos agora a olhá-la panoramicamente:

---

1 José Gonçalves Salvador, *O Didaquê ou "o ensino do Senhor através dos doze apóstolos"* (São Paulo: Junta Geral de Educação Cristã da Igreja Metodista do Brasil, 1957), p. 3.
2 *Ibid.*, p. 23.
3 Kurt Niederwimmer, *The Didache: a commentary* (Minneapolis: Fortress Press, 1998), p. 125.

como foi sua escrita e qual o objetivo dela, o autor e seus destinatários.

A escrita e suas fontes. Niederwimmer defende que a *Didaquê* foi escrita em grego. Embora Adam, nas palavras de Niederwimmer, veja possibilidade de detectar traços de um texto siríaco na compilação original, Niederwimmer entende que uma versão siríaca seria apenas uma tradução subsequente ao original texto grego.[4] Segundo Niederwimmer, as fontes usadas pelo didaquista foram: um documento chamado *De duabus viis* (os dois caminhos), originalmente judeu que foi superficialmente cristianizado, uma tradição litúrgica arcaica (escrita ou oral) acerca do batismo e da eucaristia, uma tradição, também arcaica (provavelmente escrita), acerca da recepção de carismáticos itinerantes e, finalmente, uma descrição apocalíptica resumida de eventos do fim dos tempos.[5] Este material teria sido compilado para formar um todo, expandido, por meio de inserções. O didaquista teria sido o compilador. Além disso, Niederwimmer entende que o compilador não apenas juntou todo o texto e inseriu palavras suas, mas também o interpretou, tornando-se seu redator também.[6]

O autor, o local da escrita e destinatários. O autor silencia a respeito de si mesmo. Observa-se que ele não possuía pretensões de que o texto fosse considerado de sua própria composição.[7] Na opinião de Niederwimmer, "no início do segundo século, um autor cristão, vivendo num ambiente judaico-cristão, criou por compilação um tipo de livro de regras, que é a nossa *Didaquê*".[8] Já Roque Frangiotti crê ser o autor um ministro formado na escola de Tiago, o Menor, que teria imigrado para a Síria por ocasião da guerra civil.[9]

Da mesma forma, a busca pelo local da escrita e dos destinatários originais é tão difícil quanto a busca pelo compilador. Salvador apenas afirma ignorar os destinatários, dizendo que "só Deus o sabe".[10] Niederwimmer comenta os apontamentos de Adam de ser Pella o local original da escrita. E que, de lá, foi enviado às pequenas comunidades em Adiabene, um reino assírio semi-independente na Mesopotâmia.[11] Após apresentar as afirmações desse autor, identificado apenas como Adam, Niederwimmer afirma que, "na realidade... o local preciso dos destinatários em Adiabene é inteiramente arbitrário. O mesmo é verdade da hipótese de que o documento foi escrito na cidade de Pella.[12]

O objetivo. Segundo José Gonçalves Salvador, "o objetivo da Didaquê foi o de auxiliar os que tinham sôbre [sic] seus ombros a responsabilidade da direção de certas

---

4   Ibid., p. 42.
5   Ibid., p. 44.
6   Ibid., p. 44.
7   José Gonçalves Salvador, *O Didaquê ou "o ensino do Senhor através dos doze apóstolos"*, p. 23.
8   Kurt Niederwimmer, *The Didache: a commentary*, p. 43.
9   Roque Frangiotti (ed.), *Padres Apostólicos*. Coleção Patrística. vol. 1 (São Paulo: Paulus, 1995).
10 José Gonçalves Salvador, *op. cit.*, p. 23.
11 Kurt Niederwimmer, *op. cit.*, p. 42.
12 Ibid., p. 42.

igrejas".¹³ Segundo Salvador, o didaquista apenas deu forma àquilo que já era adotado pelas igrejas. O compilador nada teria feito de original. Não há imposições, discussões.

E, como já foi posto acima, a *Didaquê* foi escrita objetivando dois propósitos simples: preparar os catecúmenos ao batismo e dar às pequenas comunidades, a quem o didaquista se dirige, orientações práticas acerca dos ritos e das instituições da Igreja.

Tendo, como boa parte de seu propósito, o batismo em foco, passamos a analisar o batismo na *Didaquê*.

O BATISMO NA *DIDAQUÊ*

A preparação dos batizandos

O capítulo sete, verso primeiro, da *Didaquê* começa assim: "Quanto ao batismo, faça assim: depois de ditas todas essas coisas, batize em água corrente, em nome do Pai e do Filho e do Espírito Santo".¹⁴ O didaquista deixa claro neste versículo que, antes do batismo, havia uma preparação. Após apresentar aos seus destinatários uma série de preceitos morais-espirituais, ele diz: "Depois de ditas todas essas coisas, batize". Niederwimmer observa que o tratado dos *Dois Caminhos* tem sua importância na *Didaquê*, no contexto da catequese batismal e, especificamente, como uma instrução pré-batismo.¹⁵

Esse documento chamado de *Dois Caminhos* também pode ser encontrado na *Epístola de Barnabé*. Enquanto na *Didaquê* tal documento encontra-se no início, na *Epístola de Barnabé* ele vem ao final. Encontra-se na parte II, dos capítulos dezenove ao vinte.¹⁶ Justo González acredita que *Dois Caminhos* tenha existido independentemente, tanto da *Didaquê* quanto da *Epístola de Barnabé*.¹⁷ González afirma parecer que o documento *Dois Caminhos* tenha sido usado e modificado, tanto pela *Didaquê* quanto pela *Epístola de Barnabé*. Crê também que "o pano de fundo do 'Documento dos Dois Caminhos' deve ser encontrado no judaísmo, provavelmente em sua variedade essênia".¹⁸

Portanto, os seis primeiros capítulos da *Didaquê* destinavam-se ao ensino dos candidatos ao batismo. Todos que desejassem tornar-se membros da Igreja deveriam passar por esse período de ensino que durava "alguns dias ou semanas; o suficiente para fazer compreender ao candidato as bênçãos da vida cristã e seus deveres, e conhecer-lhe o caráter".¹⁹

---

13 José Gonçalves Salvador, *O Didaquê ou "o ensino do Senhor através dos doze apóstolos"*, p. 22.
14 *Didaquê: a instrução dos doze apóstolos*, VII.1, disponível em: http://www.monergismo.com/textos/credos/didaque.htm, acessado em 17 de julho de 2009.
15 Kurt Niederwimmer, *The Didache: a commentary*, p. 126.
16 *Epístola de Barnabé*, disponível em http://www.mucheroni.hpg.com.br/religiao/96/barnabe.htm, acessado em 17 de julho de 2009.
17 Justo L. González, *Uma história do pensamento cristão*. vol. 1 (São Paulo: Cultura Cristã, 2004), p. 68.
18 *Ibid.*, p. 68.
19 José Gonçalves Salvador, *op. cit.*, p. 28-29.

A *Didaquê* não diz quem devesse ser o que batiza, se algum bispo, presbítero, profeta, etc., ou alguém apenas membro daquela igreja local. Não afirma se a pessoa responsável pela catequização do batizando devia ser um oficial da igreja. Apenas o trata como "aquele que batiza".[20]

Todavia, Latourette afirma que, naquela época, a primeira parte do século II, a presença do bispo no batismo era indispensável.[21] Embora não houvesse uma forma estrutural prevalecente na igreja da época, por volta do período da compilação e escrita da *Didaquê* começou a ser aceito pelas igrejas o padrão de um bispo governando uma igreja específica. Latourette cita o exemplo do bispo de Antioquia, Inácio, que agia dessa forma nesse período.[22] E Inácio "sustentava que não era correto batizar ou celebrar uma festa de amor sem o bispo".[23] Embora se saiba dessa preocupação em que o bispo batizasse, não há nenhum texto que nos dê base para dizer que o catequista de batizandos devesse ser um bispo.

Quanto aos batizandos, pessoas que abraçavam a fé cristã, depois de ensinados sobre os *Dois Caminhos* (dentre outras coisas), estabelecia-se o dia do batismo. E, após um dia ou mais de jejum pelo batizando, por aquele que batizaria, e por alguns da igreja local, o batismo acontecia.[24] A *Didaquê* não nos dá a entender que crianças eram batizadas, considerando-se todo ensino, profissão de fé e jejum que deviam ser rigorosamente seguidos pelos batizandos. Latourette reforça isso, ao afirmar que somente por volta do século X o pedobatismo por imersão e efusão "torna-se universal para a progênie de pais cristãos"[25] – embora existam opiniões divergentes à de Kenneth Scott Latourette, importante professor de história da igreja na Universidade de Yale.

Por fim, é interessante ressaltar que, após alguns poucos anos, a preparação dos batizandos já não era mais a mesma. Com Tertuliano de Cartago (155-222) isso começa a mudar. A partir de então, há mais cuidado na instrução dos batizandos e não mais, apenas, as instruções morais-espirituais da *Didaquê*. Salvador afirma que se observava o candidato ao batismo por cerca de três anos. Somente ao fim dos quais, se aprovado, o batismo acontecia.[26]

As formas de se batizar
O texto da *Didaquê* é de grande importância na história da liturgia. Isso por trazer a primeira referência quanto ao batismo por derramamento, e não por imersão. Justo

---

20 *Didaquê: a instrução dos doze apóstolos*, VII.4.
21 Kenneth Scott Latourette, *Uma história do cristianismo: volume 1: até 1500 a.D.* (São Paulo: Hagnos, 2006), p. 155.
22 *Ibid.*, p. 154-155.
23 *Ibid.*, p. 155.
24 José Gonçalves Salvador, *O Didaquê ou "o ensino do Senhor através dos doze apóstolos"*, p. 29.
25 Kenneth Scott Latourette, *op. cit.*, p. 710.
26 José Gonçalves Salvador, *op. cit.*, p. 29.

González ressalta a importância da *Didaquê* para a história da liturgia, tanto pela eucaristia, quanto, principalmente, pelo batismo. González dá por certo que o rito do batismo devia ser, via de regra, administrado por imersão. Contudo, a *Didaquê*, permite o batismo por derramamento, sendo a mais antiga menção a essa forma de batismo.[27]

Embora a *Didaquê* mencione a aspersão, Gilmore, em *Christian Baptism: a fresh attempt to understand the rite in terms of Scripture, History, and Theology*, afirma que a "doutrina patrística permaneceu fiel ao ensino paulino de que o batismo cristão retrata a morte, o sepultamento, e a ressurreição do Senhor",[28] insinuando com isso a precedência do batismo por imersão.

O que se percebe é que não havia nenhuma rigidez quanto à forma de se batizar. Havia, sim, um modo de se operar universalmente aceito desde o início - a imersão. Todavia, o que se percebe, tanto na *Didaquê* quanto em outros escritos cristãos de então, é que a essência do batismo cristão não estava na experiência externa, ainda que essa seja importante. O elemento interno sobrepuja em importância e atenção as mentes dos cristãos primitivos. O elemento externo, a água, sendo possível deveria ilustrar a purificação e a morte do batizando. Mas não que tais elementos (externos) devessem ser administrados com alguma inflexibilidade ritual. Na *Didaquê* nós lemos assim:

> Se você não tiver água corrente, batize em outra água. Se não puder batizar com água fria, faça com água quente. Na falta de uma ou outra, derrame água três vezes sobre a cabeça, em nome do Pai e do Filho e do Espírito Santo.29

Havia flexibilidade quanto à água ser corrente (viva) ou parada. A água corrente era considerada a água em seu mais puro estado. Tal água, que também poderia ser traduzida como "água viva", é usada para ilustrar a ausência de impureza. E era nela que o batizando deveria ser imergido. Isso se daria "às margens de algum rio [corrente] ou fonte".[30] Todavia, como percebemos pelo texto, não podendo o batizando ser imerso em água viva, que o fosse em água parada. Deveria ser fria, ou seja, mais parecida com seu estado de quando foi colhida no rio ou no mar. Mas, não havendo condições de que assim se sucedesse, que se batizasse em água quente. E, mais, uma vez que nada disso fosse possível, que se derramasse água "três vezes sobre a cabeça", enquanto se invocava a Trindade.[31]

---

27 Justo L. González, *Uma história do pensamento cristão*. vol. 1, p. 70.
28 A. Gilmore, *Christian Baptism: A Fresh Attempt to Understand the Rite in Terms of Scripture, History, and Theology* (London: Lutterworth Press, 1960), p. 190.
29 *Didaquê: a instrução dos doze apóstolos*, VII.2-3.
30 José Gonçalves Salvador, *O Didaquê ou "o ensino do Senhor através dos doze apóstolos"*, p. 56.
31 *Ibid.*, p. 56.

Ou seja, por fim, não havendo como imergir, legitima-se que se batize por afusão. É o texto mais antigo que legitima tal ato. O que desejo enfatizar aqui é que não era exigido por parte da liderança eclesiástica do período patrístico que, taxativamente, o batismo fosse realizado por imersão, bem como em água viva.

Niederwimmer, comentarista da *Didaquê*, afirma que esses vários tipos de água que são mencionados, o são em forma descendente de aceitabilidade.[32] Ele entende que há uma evolução da melhor água àquela que é menos própria ou pior. Todavia, após discorrer sobre isso, Niederwimmer diz que o ponto na *Didaquê* VII.2-3 é que aquele que batiza deve se preocupar em usar a água mais apropriada disponível para o batismo.[33] Há flexibilidade na administração do elemento externo, a água, visto que o elemento mais importante já houve, e foi interno, na alma. Niederwimmer diz:

> O efeito do batismo não é questionado, mesmo se a água é menos apropriada e mesmo se o batismo consiste unicamente de entornar água sobre a cabeça. Isto presume que o batismo normalmente era realizado ao ar livre; além do mais, a discussão pode ser melhor localizada em uma região que, notoriamente, sofre de falta, escassez de água.[34]

Niederwimmer cita Hipólito de Roma (170-235), em sua *Tradição Apostólica*, que escreve, aparentemente, na mesma direção do que apresenta a *Didaquê*, escrita algumas décadas antes. Assim diz Hipólito, na parte II, capítulo *O Batismo*: "Deve ser em água corrente, na fonte ou caindo do alto, exceto em caso de necessidade; se a dificuldade persistir ou se tratar de caso de urgência, deve-se usar a água que encontrar".[35] Segundo Niederwimmer, "a mentalidade aqui é, até certo grau, a mesma que está na *Didaquê*".[36]

Tertuliano reforça a opinião de que não havia inflexibilidade quanto à forma batismal na era pós-apostólica. Em seu livro *De Baptismo Liber*, Tertuliano diz no capítulo 4.3: "*Ideoque nulla distinctio est mari quis an stagno, flumine an fonte, lacu an alveo diluatur* (Portanto, não há diferença se alguém usa para a purificação a água do oceano ou água parada, um rio ou uma fonte, um lago ou uma nascente)".[37] A forma não é taxativa. Há flexibilidade de acordo com as circunstâncias.

---

32 Kurt Niederwimmer, *The Didache: a commentary*, p. 127.
33 *Ibid.*, p. 128.
34 *Ibid.*, p. 128-129.
35 São Hipólito de Roma, *Tradição apostólica*, disponível em http://www.veritatis.com.br/article/1096, acessado em 17 de julho de 2009.
36 Kurt Niederwimmer, *The Didache: a commentary*, p. 129.
37 Tertullian, *De baptismo liber*, disponível em http://www.tertullian.org/articles/evans_bapt/evans_bapt_text_trans.htm, acessado em 17 de julho de 2009.

As formas de batismo presentes nos séculos próximos à Didaquê.

A título de contextualização, vejamos como o batismo era praticado nos séculos próximos à *Didaquê*. J. G. Davies, em seu livro *The early Christian church: a history of its first five centuries*, fala de forma sumarizada de como era praticado o batismo entre os judeus anteriores à *Didaquê*. Em suas palavras, "haviam as purificações praticadas pelos judeus, os banhos rituais da comunidade Qumran, o batismo dos prosélitos, o batismo de João e, acima de tudo, o próprio exemplo de Jesus em submeter-se ao último".[38]

Como afirma Davies, infelizmente nenhuma descrição completa de um batismo na era apostólica ficou preservada: "Claramente havia o uso da água, mas quer o método adotado foi a aspersão, como em muitas das abluções em Qumran, ou imersão, como foi, aparentemente, o caso com o batismo de prosélitos, ou afusão (...) é difícil de determinar".[39] Até aqui temos uma percepção de como o batismo acontecia antes da *Didaquê*. Vejamos no período da *Didaquê*, bem como nos séculos subsequentes.

Gilmore, em *Christian baptism*, nos dá uma rica lista sobre o desenvolvimento histórico da Igreja e, é claro, de como as suas unidades locais administravam o batismo nos cinco primeiros séculos após Cristo.

Começando por Clemente de Roma, no livro conhecido como *Segunda Epístola de Clemente aos Coríntios*, vemos um conceito da mesma época da *Didaquê*. Nesse livro o autor, supostamente Clemente, ensina que o Espírito é recebido no batismo, pois ele se refere ao batismo como "um selo".[40]

Já na *Epístola de Barnabé*, do começo do século II, Gilmore afirma que "o efeito do batismo é exorcizar os demônios que haviam morado no coração".[41] Segundo Gilmore, o conceito de batismo na *Epístola de Barnabé* é completamente espiritual. Tal conceito está relacionado com uma regeneração moral interior, resultante da remissão dos pecados e do dom do Espírito.

Indo um pouco mais à frente no tempo, chegamos ao *Pastor de Hermas*, escrito em cerca de 140 d.C. O conceito que se encontra aqui é um pouco parecido com o da *Segunda Epístola de Clemente aos Coríntios*. A água do batismo é o selo do Espírito, e o batizado recebe deste selo o fruto do Espírito.[42] É no batismo que a pessoa passa da morte para a vida. Assim diz o *Pastor de Hermas*, no capítulo 93, versículos 3 e 4a:

> Tais mortos receberam o selo do Filho de Deus e entraram no Reino de Deus. De fato, antes de levar o nome do Filho de Deus o homem está morto. Quando recebe o selo, deixa a morte e retoma a vida. O

---

38 J. G. Davies, *The early Christian church: a history of its first five centuries* (Grand Rapids: Baker Book, 1989), p. 59.
39 *Ibid.*, p. 59.
40 A. Gilmore, *Christian baptism*, p. 192.
41 *Ibid.*, p. 193.
42 *Ibid.*, p. 195.

selo é a água: eles descem à água e daí saem vivos. Também a eles foi anunciado esse selo, e eles o usaram para entrar no Reino de Deus.[43]

Desse texto, Gilmore afirma que o batismo só era administrado às pessoas que haviam alcançado anos de entendimento, para quem "foi anunciado esse selo". A forma suposta é a imersão, por toda a ênfase dada à morte, sepultamento e ressurreição para novidade de vida.

Justino (cerca de 150 d.C.), contemporâneo do *Pastor de Hermas*, diz que o batismo deveria ser administrado somente para os crentes, em nome da Trindade. Aquele que recebe o batismo é somente quem "está persuadido e crê" que o ensino cristão é verdadeiro e promete viver de acordo com ele. Justino chama os batizandos de iluminados. Somente aqueles que foram iluminados em seus entendimentos podem ser batizados.[44]

Voltando ao já citado Tertuliano (155-222), avançamos um pouco mais no tempo. Com sua obra *De baptismo líber*, Tertuliano se torna o primeiro pai da Igreja a devotar todo um tratado ao batismo. Gilmore nos lembra que Tertuliano escreveu essa obra antes de professar adesão ao Montanismo.[45] Nesse tratado, Tertuliano dá muita ênfase à instrução que o candidato ao batismo deve receber. Tertuliano indica, como modo de batismo, a imersão: "Um homem é imergido na água, é lavado ao acompanhamento de pouquíssimas palavras".[46] A ordem litúrgica por ocasião do batismo é assim orientada: primeiramente o candidato é batizado, após o que, segue a unção com óleo, finalizando com a imposição das mãos sobre o batizado. Segundo Gilmore, essa prática era comum na igreja de então.[47] Gilmore também faz referência a Clemente de Alexandria, contemporâneo de Tertuliano, que na maioria de seus escritos, sobretudo em *Paedagogus*, trata os batizandos como cristãos que já passaram pelo treinamento catequético.[48]

Avançando um pouco mais, percebemos o quanto todos esses escritos influenciaram as gerações de escritores futuros. No século III, Cipriano de Cartago afirmou que o modo normal de batizar era por imersão. Mas ele permitiu afusão para aqueles que iriam ser batizados doentes, e afirmava que aqueles que foram batizados por afusão tinham recebido o dom do Espírito de modo não inferior aos seus irmãos cristãos que foram batizados por imersão.[49] No século IV, Basílio de Cesaréia (329-379) "dava ênfase à importância da imersão como um símbolo da morte, sepultamento e ressurreição de Cristo, e lamentava a tendência prevalecente dos cristãos nas igrejas do oriente de

---

43　*O Pastor de Hermas*, disponível em http://www.veritatis.com.br/article/629, acessado em 17 de julho de 2009.
44　A. Gilmore, *Christian baptism*, p. 196.
45　Ibid., p. 198.
46　Tertullian, *De baptismo liber*.
47　A. Gilmore, *op. cit.*, p. 199-200.
48　Ibid., p. 202.
49　Ibid., p. 205.

retardar o batismo até a uma idade mais velha".[50]

Para concluir essa parte, damos um salto para o século XIII, e encontramos Tomás de Aquino falando em sua *Summa Theologica* sobre o batismo. Aquino, na questão sessenta e seis, artigo sétimo, na parte III, afirma que o modo de batismo mais antigo é a imersão, e que, apenas após o século IV, o cenário começa a mudar. Cita também que, mesmo após o começo da afusão, a imersão continuou a ser amplamente usada e defendida.[51]

Termino com João Calvino que, segundo Franklin Ferreira,[52] sendo profundo conhecedor de toda a literatura patrística, reconhece em suas *Institutas* a forma da imersão como a forma originalmente praticada pela igreja. Todavia, como temos observado neste capítulo, não vê inflexibilidade nem atitude rígida por parte dos cristãos quanto a uma ou outra forma de se batizar. Calvino diz:

> Quer a pessoa que está sendo batizada seja totalmente imersa, e que seja uma só vez ou três, ou se ela é apenas aspergida com água, isso é de bem pouca importância; antes, as igrejas devem ter a liberdade de adotar um ou outro modo, em conformidade com a diversidade climática, ainda que seja evidente que o termo batizar signifique imergir, e que esta forma foi observada na igreja primitiva.[53]

O batismo e a prática do jejum

O texto da *Didaquê* que trata do batismo termina dizendo: "Antes de batizar, tanto aquele que batiza como o batizando, bem como aqueles que puderem, devem observar o jejum. Você deve ordenar ao batizando um jejum de um ou dois dias".[54] O versículo quatro do capítulo VII da *Didaquê* oferece regras quanto ao jejum. No fim de sua instrução ao que batiza, bem como ao batizando, o didaquista os orienta quanto ao jejum que deveria ser observado.

Aquele que seria batizado deveria jejuar um ou dois dias. Justino nos diz em sua obra *Apologia* 61.2[55] que isso permitia que o batizando pudesse estar a sós com Deus e, desse modo, sentir o peso de seus pecados e, por fim, rogar-lhe perdão de tudo quanto de mal houvesse feito.[56]

Tertuliano, em *De Baptismo Liber* 20.1 diz que "é conveniente àqueles que passarão pelo batismo orar com frequentes orações, jejuns, genuflexões e vigílias".[57]

---

50 *Ibid.*, p. 211.
51 Thomas Aquinas, *Summa Theologica*. v. 3 (Notre Dame: Christian Classics, 1948), p. 2380.
52 Franklin Ferreira e Alan Myatt, *Teologia Sistemática* (São Paulo: Vida Nova, 2007), p. 983.
53 João Calvino, *As Institutas da religião cristã* (São Paulo: Cultura Cristã, 2006), IV.15.19.
54 *Didaquê: a instrução dos doze apóstolos*, VII.4.
55 Kurt Niederwimmer, *The Didache: a commentary*, p. 129.
56 José Gonçalves Salvador, *O Didaquê ou "o ensino do Senhor através dos doze apóstolos"*, p. 55.
57 Tertullian. *De baptismo liber.*

Aquele que batizaria deveria jejuar também, por participar de ato tão solene. Mas não somente ele, todos quantos na igreja pudessem. Segundo Niederwimmer, esta prática de se unirem para jejuar com outros parece ter declinado "muito recentemente" na história da igreja.[58]

CONCLUSÃO

Concluindo, desejo enfatizar o ponto do início deste capítulo. Todo o assunto acerca do batismo gira em torno de um ambiente bastante solene. Pelo fato deste rito ser a porta de entrada à membresia de uma igreja local, o assunto sempre foi tratado com especial cuidado. Todavia, as instruções que eram dadas aos batizandos objetivavam sondar a real conversão ao cristianismo e analisar se, interiormente, aquelas pessoas já haviam abraçado a fé cristã e estavam prontas a viver e morrer por ela. O elemento interno atraia maior atenção.

Quanto ao elemento externo, a água, que era e é essencial no ato do batismo, podemos observar que havia certa flexibilidade. Embora todos reconhecessem que a imersão fosse a forma mais antiga e normal desde os primórdios da Igreja, não havia inflexibilidade quanto à forma de se batizar, especialmente em alguns casos, quando a imersão não era possível. Embora a forma melhor de se batizar, segundo Niederwimmer, fosse por imersão em água corrente e pura, não havia dificuldade em que se batizasse em outro tipo de água. Apenas deveria haver a água e a invocação da Trindade.

Tudo isso tem sido muito natural aos historiadores ao longo da história da igreja e, especialmente, da história da liturgia. De Clemente de Roma, Tertuliano e Hipólito a Tomás de Aquino e João Calvino, sempre se entendeu que não havia razão para divisão na igreja por causa da forma como se batizava. Não havia essa atitude taxativa e inflexível que hoje há em certas denominações evangélicas que não aceitam o batismo umas das outras.

Que houve desvios da forma inicial, não há dúvidas. Que houve momentos em que as práticas primitivas deixaram de ser observadas, mesmo havendo condições para que o fossem, também não restam dúvidas. Todavia, vê-se que a inflexibilidade por parte das igrejas de hoje, bem como a tentativa de expor que uma ou outra forma de se batizar seja a única correta e, sobretudo, bíblica, demonstra o abandono de todo um legado de orientações que a Igreja de Deus, como a chamavam primitivamente, tem recebido desde o século II.

---

58 Kurt Niederwimmer, *The Didache: a commentary*, p. 130.

CAPÍTULO 19

O MINISTÉRIO PASTORAL E A CATEQUESE NAS IGREJAS CONFESSIONAIS

Juan de Paula Santos Siqueira

Vivemos em um tempo que os pensadores chamam de pós-modernidade, "caracterizada por irracionalidade, relativismo, individualismo e consumismo".[1] Já não se trabalha mais com conceito de verdade absoluta e com a objetividade, gerando uma busca pelo bem estar interior através de uma realização subjetiva.[2] A Igreja de Jesus Cristo é assaltada por essas ideias, gerando uma busca pela glorificação do homem e a secularização, em detrimento da busca pela glória, grandeza e majestade de Deus.[3]

Os pastores e líderes são desafiados a resgatarem os verdadeiros ensinos da fé cristã, tais como pecado, graça, justificação, cruz, expiação e ressurreição, pregando a verdade da Palavra de Deus. A catequese tem um papel muito importante na formação espiritual dos membros de uma igreja local, pois historicamente este foi "o processo em que a igreja treinou seus membros para que conhecessem e compreendessem a doutrina cristã".[4]

Em toda a história da cristandade, nunca houve igreja sem catequese. Na igreja

---

1 Franklin Ferreira, *Gigantes da Fé: espiritualidade e teologia na igreja cristã* (São Paulo: Vida, 2006), p. 336.
2 Gene Edwards Veith, "Catequese, pregação e vocação", em James Montgomery Boice (ed.), *Reforma Hoje: Uma convocação feita pelos evangélicos confessionais* (São Paulo: Cultura Cristã, 1999), p. 78.
3 Jadiel Martins Sousa, *Charles Finney e a secularização da igreja* (São Paulo: Parakletos, 2002), p. 15-16.
4 Gene Edwards Veith, "Catequese, pregação e vocação", p. 88.

primitiva a catequese era usada para instruir os novos convertidos à fé cristã antes do batismo. Na catequese eram abordados temas básicos como fé, Deus, Cristo, sacramentos, além de questões éticas. Os pais da igreja fizeram uso do catecismo para os fiéis até o batismo, porém ele não foi usado com esse nome e formatado em perguntas e respostas até o século XVI, embora Agostinho e outros pais da igreja tenham feito uso da instrução catequética.

Os reformadores não deixaram de lado essa prática e muitos destes elaboraram catecismos para atender as suas necessidades doutrinárias.[5] O primeiro trabalho a receber o título de "catecismo" foi o texto escrito por Andreas Althamer, em 1528.[6] Porém, os mais influentes foram o Catecismo Menor de Lutero, que será abordado nesse trabalho, e o catecismo escrito por João Calvino, não no modelo de perguntas e respostas, mas escrito de modo acessível para toda a igreja com o objetivo claramente didático. Essa obra se chamava *Instrução e Confissão de fé, Segundo o uso da Igreja de Genebra*.[7] Os puritanos do século XVII também fizeram uso dos catecismos, porém no modelo de perguntas e respostas.

BREVE HISTÓRIA DA CATEQUESE PROTESTANTE

Definição e filosofia educacional da catequese

Pode-se definir um catecismo como "um manual de instrução popular nas crenças cristãs, normalmente na forma de perguntas e respostas".[8] Os termos "catequese", "catecumenato", "catequista" e correlatos são derivados etimologicamente do verbo grego *katechein*, que significa "soar de cima". Referia-se originalmente à voz do ator no teatro. Assumiu depois o significado de "dar notícia", "informar", "instruir". Por exemplo, Lucas dedica sua obra a Teófilo, para que este tenha plena certeza da verdade em que foi instruído, ou seja, "catequizado" (Lc 1.4).[9]

Portanto, catecismo significa "livro de aprender", e numa perspectiva luterana pode ser chamado de "Bíblia para os leigos".[10] O catequista é aquele que instrui os outros na fé cristã.[11] A função não é limitada ao vocabulário; então, o catequista é o professor

---

5 Hermisten Maia Pereira da Costa, "Os símbolos de fé na história: sua relevância e limitações", em *Fides Reformata* N° 9, vol. 1 (Janeiro-Junho 2004), p. 60-61.
6 D. F. Wright, "Catecismos", em Walter A. Elwell (ed.), *Enciclopédia histórico-teológica da igreja cristã*. vol. 1 (São Paulo: Vida Nova: 1993), p. 250.
7 Hermisten Maia Pereira da Costa, "Os símbolos de fé na história: sua relevância e limitações", p. 61.
8 D. F. Wright, "Catecismos", p. 251.
9 Gottfried Brakemeier, "'Pregação pura e correta ministração dos sacramentos': significando e implicações", em *Estudos Teológicos* n° 43, v.1 (2003), p. 126.
10 Albérico Baeske, "Introdução ao catecismo", em Nelson Kilpp (org.), *Proclamar libertação: catecismo menor* (São Leopoldo, RS: Sinodal, 1987), p. 8, 10.
11 Peter Toon, "Catequista", em Walter Elwell (ed.), *op. cit.*, p. 253.

- *didaskalos*, e o aluno é o discípulo - *matetes*, estando, para o apóstolo Paulo, entre os dons do Espírito (1Co 12.28 e Ef 4.11).[12]

Na atividade catequética, as crianças e os novos membros aprendiam os Dez Mandamentos, a oração do Pai Nosso e o Credo Apostólico. Depois, o professor ou o pastor faziam perguntas acerca do que foi ensinado e, assim prontos, professavam sua fé publicamente. Essa instrução era baseada no *trivium*.[13] Veith define o *trivium*, moldura filosófico-educacional da catequese, da seguinte forma:

> A educação clássica se constrói sobre o *trivium*, a base tríplice de três caminhos: gramática, lógica e retórica. (...) Gramática se refere ao conhecimento fundamental dos fatos; lógica, também conhecida como dialética, refere-se à capacidade de pensar, processar ideias, analisar conceitos, levantar dúvidas e tirar conclusões; retórica refere-se à pessoa criar sua própria fala, à capacidade de colocar suas próprias ideias de modo persuasivo.[14]

E este autor conclui: "O *trivium*, portanto, pode ser considerado como sendo conhecimento, pensamento e expressão, ou a combinação de fatos, raciocínio e criatividade".[15] Nos inícios da igreja cristã, a catequese antecedia o batismo, como preparação. Distinguiam-se os catecúmenos dos batizados. Somente estes eram considerados membros plenos da comunidade. O catecumenato, portanto, representava um estágio na vida do crente que se encerrava com o batismo. Mesmo assim, observam-se muito cedo indícios de um catecumenato para batizados.[16] Seus objetivos eram divididos em: "(1) educação na fé, (2) na inserção na vida comunitária e (3) no comprometimento com a conduta cristã".[17] A catequese visa à formação teológica das pessoas e da comunidade. Da mesma forma, ela procura familiarizar as pessoas com os costumes da comunidade e a prática da fé. Introduz a compreensão doutrinaria na espiritualidade da igreja, aguçando, enfim, as consciências, e habilitando as pessoas para a opção em favor de um estilo de vida condizente com a vontade de Deus. Embora o Novo Testamento não ofereça um modelo elaborado de "ministério catequético", ele incumbe a igreja cristã do atendimento dos imperativos resultantes do catecumenato.[18]

---

12 Gottfried Brakemeier, "'Pregação pura e correta ministração dos sacramentos': significando e implicações", p. 128.
13 Gene Edwards Veith, "Catequese, pregação e vocação", p. 88.
14 Gene Edwards Veith, *op. cit.*, p. 85-86.
15 *Ibid.*
16 Gottfried Brakemeier, "'Pregação pura e correta ministração dos sacramentos': significando e implicações", p. 128.
17 *Ibid.* p. 129.
18 *Ibid.* p. 130.

Os Catecismos Maior e Menor de Lutero

Martinho Lutero nasceu em 10 de novembro de 1483, em Eisleben, filho de um minerador de prata. Destinado para o estudo do direito, tornou-se monge em 1505, após uma tempestade violenta que desabou perto dele, quando ia para a universidade, no qual, após muitas lutas, desenvolveu uma nova compreensão de Deus, da salvação e da fé e da igreja. Isso o envolveu num conflito com o papado, seguido de sua excomunhão e da fundação da igreja evangélica, a qual serviu até morrer, em 1546.[19]

Lutero escreveu seu Catecismo Menor depois de experimentar uma grande decepção em seu ministério. Ao visitar algumas igrejas da Saxônia, com alguns colegas para uma inspeção eclesiástica, a pedido do príncipe, entre 1527 e 1528, ficou profundamente decepcionado com o estado que essas igrejas se encontravam.[20] Portanto, "para satisfazer a necessidade de instrução popular, Lutero imediatamente preparou cartazes de paredes, contendo explicações dos Dez Mandamentos em linguagem simples, bem como a Oração do Senhor e do Credo dos Apóstolos".[21]

Por causa da negligência dos colegas, Lutero resumiu e publicou este catecismo menor como uma exposição curta e simples da fé, um ano depois, em 1529, doze anos após a reforma. "O catecismo menor foi mais o resultado de um gradual desenvolvimento do que o produto de um súbito impulso".[22] Assim sendo, o Catecismo Menor de Lutero visava a ensinar os fundamentos da fé cristã, num contexto de ignorância espiritual por parte dos pastores, que nada sabiam de doutrina cristã e, consequentemente, de paroquianos mal instruídos na fé. Seu alvo era que o catecismo fosse usado nas igrejas, nas escolas e nos lares.

Já o Catecismo Maior de Lutero é relativamente desconhecido, mas foi o primeiro a ser elaborado, escrito em forma de explanação, e não de perguntas e respostas. O catecismo menor insiste no método de ouvir e aprender; o maior, na exposição da Palavra de Deus, pois Lutero "se importava com um jeito de conservar para o dia útil da semana aquilo que havia dito no sermão".[23] Por isso, Brakemeier salienta que há uma interação entre catequese, educação cristã e pregação em Lutero, sendo estas inseparáveis, pois "os catecismos nasceram das prédicas de Lutero. Por isto querem servir não só para instrução. Querem ser usados também como texto de homilias".[24]

Catecismo de Heidelberg

Uma das principais características da Reforma Protestante do século XVI foi a

---

19 Timothy George, *Teologia dos reformadores* (São Paulo: Vida Nova, 1993), p. 53.
20 Mark Noll, "Breve Catecismo de Lutero", em Walter Elwell, *op. cit.*, p. 209.
21 *Ibid.*, p. 210.
22 J. Th. Mueller e Mário L. Rehfeldt, *As confissões luteranas: história e atualidade* (Porto Alegre: Concórdia, 1980), p. 17.
23 Albérico Baeske, "Introdução ao catecismo", p. 9.
24 Gottfried Brakemeier, "'Pregação pura e correta ministração dos sacramentos': significando e implicações", p. 131.

produção de um grande número de declarações doutrinárias na forma de confissões e catecismos. Estas declarações resultaram tanto de necessidades teológicas quanto pastorais, à medida que os novos grupos definiam a sua identidade em um complexo ambiente religioso, cultural, social e político.[25] Neste contexto, "uma das mais extraordinárias declarações de fé escritas naquele período foi o famoso Catecismo de Heidelberg, também conhecido como o *Heidelberger* – o mais importante documento confessional da Igreja Reformada Alemã".[26]

A história deste documento confessional começa quando "o Palatinado [*Kurpfalz*], a sudoeste do Mainz, tornou-se luterano em 1546, sob o Eleitor Frederico",[27] mas em pouco tempo ideias calvinistas chegaram à área, e surgiu uma série de amargas disputas teológicas no tocante a questão da "presença real" na Ceia do Senhor.

Quando o Eleitor Frederico III herdou a área, tinha consciência das disputas, e estudou os dois lados da questão da "presença real". Chegou à conclusão de que o décimo segundo artigo da *Confissão de Augsburgo* era papista, e optou pela posição reformada. Para reforçar sua posição, embora sofresse oposição de outros príncipes luteranos que lhe faziam pressões para apoiar a Paz de Augusburgo, que não reconheciam a posição dos reformadores, Frederico colocou no corpo docente da faculdade de teologia do *Collegium Sapientiae*, em Heildeberg, a capital, homens que adotavam a posição reformada, e começou a reformar o culto nas igrejas do Palatinado.

Num esforço para harmonizar os partidos teológicos, para realizar a reforma e defender-se dos príncipes luteranos, Frederico pediu que o corpo docente da faculdade de teologia redigisse um novo catecismo que pudesse ser usado nas escolas como manual de instrução, orientação para a pregação e a confissão de fé. Embora muitos professores de teologia estivessem envolvidos na escrita deste texto, bem como o próprio Frederico, os dois mais conhecidos planejadores do Catecismo foram Caspar Oleviano e Zacarias Ursino.[28]

O *"Heidelberger"* é importante por ser uma declaração da fé reformada escrita de forma pessoal, escrita num estilo pacífico, moderado, devocional e prático e seguir a divisão presente na epístola de Paulo aos Romanos, enfatizando nossa miséria diante de Deus, nossa salvação em Cristo e a vida no Espírito.[29]

Os Catecismos Maior e Menor de Westminster

A partir do primeiro dia de julho de 1643 reuniu-se na Abadia de Westminster, pelo período de cinco anos e meio, um sínodo de teólogos puritanos que é considerada

---
25 Alderi de Sousa Matos, "O Catecismo de Heidelberg: sua história e influência", em *Fides Reformata* Nº 1, vol. 1 (Janeiro-Junho 1996), p. 26-27.
26 *Ibid.*, p. 25.
27 R. V. Schnucker, "Catecismo de Heidelberg", em Walter Elwell, *op. cit.*, p. 247.
28 *Ibid.*, p. 248.
29 *Ibid.*

a mais notável assembléia protestante de todos os tempos, não só pelos membros dela participantes, como também pelo trabalho por ela produzido – a Confissão de Fé, os Catecismos, Maior e o Breve, o Diretório de Culto Público a Deus, a Forma de Governo de Igreja e Ordenação e um Saltério. Os dois catecismos foram preparados após a Confissão de Fé de Westminster ter sido escrita. Houve consenso entre os delegados presentes na Assembléia de Westminster de se produzir dois catecismos, um mais denso, mais abrangente e que deveria ser usado para exposição no púlpito, sendo esse o Catecismo Maior, efetivamente produzido em 1648, que, infelizmente, caiu em desuso nas igrejas reformadas. Um ano antes, em 1647, foi produzido o Breve Catecismo, algumas vezes chamado de Catecismo Menor, que é mais fácil, breve e escrito principalmente para crianças, embora se diga que tem sido difícil usá-lo para esta faixa etária.[30] Richard Baxter afirmou: este "é o melhor catecismo que eu conheço, o mais excelente resumo da fé cristão, e apto para testar a ortodoxia dos professores".[31]

OS PRINCIPAIS TÓPICOS TEOLÓGICOS DA CATEQUESE

Os Dez Mandamentos

A igreja luterana numerou os Dez Mandamentos da mesma maneira que a igreja cristã ocidental, colocando três mandamentos na primeira tábua e sete na segunda, assim como fez Agostinho, ao contrário da igreja cristã oriental, que atribuiu quatro mandamentos à primeira tábua e seis à segunda, como fizeram Calvino e os demais reformadores.[32]

Para Lutero, o amor é o princípio bíblico que vinha à sua mente, quando explicava a lei divina como em Romanos 13.10 e resumido em Mateus 22.37-40: "Amarás o Senhor teu Deus de todo o teu coração, de toda a tua alma e de todo o teu entendimento... Amarás o teu próximo como a ti mesmo. Destes dois mandamentos dependem toda a lei e os profetas",[33] embora a visão do reformador alemão quanto à lei fosse mais negativa no que tange a graça divina, ao enfatizar a miséria do gênero humano neste contexto. O Catecismo de Heildelberg coloca os Dez Mandamentos em sua última parte, e sugestivamente interpreta o mandamento do descanso diferente do Breve Catecismo de Lutero. Para este, "no Novo Testamento não há mais um sábado especial, como havia antes de Cristo vir ao mundo para redimir-nos do pecado e anular as leis cerimoniais do Antigo Testamento. Para os que crêem em Cristo, cada dia é um dia santo..."[34]

---

30 J. M Frame, "Catecismos de Westminster", em Walter Elwell (ed.), *op. cit.*, p. 252.
31 D. F. Wright, "Catecismos", p. 251.
32 J. Th. Mueller e Mário L. Rehfeldt, *As confissões luteranas: história e atualidade*, p. 22-23.
33 *Ibid.*, p. 22.
34 *Ibid.*, p. 21.

Os Catecismos Menor e Maior preparados pela Assembléia de Westminster seguem a mesma estrutura do Catecismo de Heidelberg, no que tange a divisão dos mandamentos e da posição acerca do Dia do Senhor. Porém acrescenta mais elementos negativos e proibitivos, pois antes da exposição do Decálogo fazem uma explanação do uso da lei cerimonial ainda válida para os crentes na nova aliança, em detrimento da lei cerimonial e lei civil,[35] segundo os teólogos de Westminster. Genthner descreve a posição luterana do Dia do Senhor numa perspectiva diferente dos catecismos reformados, alegando que para os crentes os mandamentos não significam mais o mesmo que significavam para Israel.[36] O Dia do Senhor sinaliza que "a cruz de Cristo nos diz: um forte que confessou que finalmente conseguiu um novo dia, um novo amanhecer, a conquista da libertação",[37] ou seja, libertação do jugo da lei, libertação do pecado.

O Pai Nosso, oração do Senhor
Lutero, preocupado com a objetividade, e com a instrução dos pastores e paroquianos, estruturou o Pai Nosso em forma de pergunta e resposta para catequese. Brunken, enfatizando o lugar do Pai Nosso, escreve que este

> faz parte do Catecismo Menor e Maior de Martim Lutero. Este quis, nas seis Partes que compõe o Catecismo, descrever os pontos mais importantes contidos na Sagrada Escritura. E um desses pontos é a oração do Pai Nosso. A oração foi, em todos os tempos, o elo entre as criaturas e Deus. Orar é falar com Deus. Como temos necessidade de falar uns com os outros, assim precisamos sentir que temos a necessidade de falar com Deus.[38]

Os catecismos reformados e puritanos citados aqui concordam com a exposição da Oração do Senhor como explicada no Catecismo Menor de Lutero, apenas acrescentando perguntas e respostas, ao tratar do assunto da oração.

O Credo Apostólico
Também chamado de *Symbolum Apostolicum*, é uma das confissões mais antigas da cristandade, datada dos primeiros séculos da igreja cristã.[39] "A Palavra de Deus e a confissão de fé estão numa sequência (...): A confissão nasce do ouvir da Palavra. Esta Palavra divina contida na Bíblia Sagrada sempre precede à confissão".[40] O Credo dos Apóstolos

---

35 Cf. as perguntas 39 a 43 do Breve Catecismo de Westminster e as perguntas 91 a 101 do Catecismo Maior de Westminster.
36 Friedrich Genthner, "O Terceiro Mandamento", em Nelson Kilpp (org.), *Proclamar libertação: catecismo menor*, p. 31.
37 *Ibid.*, p. 34.
38 Werner Bruken, "O Pai Nosso – Introdução", em Nelson Kilpp (org.), *Proclamar libertação: catecismo menor*, p. 136.
39 A. J. Moggre, *Los doce artículos de la fé* (Barcelona, Espanha: Felire, 2001), p. 3.
40 Martin Weingaertner, "O Credo Apostólico – Primeiro Artigo", em Nelson Kilpp (org.), *Proclamar libertação: catecismo menor*, p. 73.

tem sua origem no segundo século, recebendo alguns acréscimos no decorrer dos primeiros séculos, chegando à sua forma final em torno do sétimo século.[41] Esse credo era usado na preparação dos catecúmenos, preparando-se para professar a fé no batismo, e servindo de guia para a fé e a devoção dos cristãos[42]. Schaff resume em duas boas definições o lugar e importância do credo apostólico: "A Bíblia é a Palavra de Deus ao homem; o credo é a resposta do homem a Deus. A Bíblia revela a verdade em forma popular de vida e fato; o Credo declara a verdade em forma lógica de doutrina. A Bíblia é para ser crida e obedecida; o Credo é para ser professado e ensinado".[43] E que assim como "a Oração do Senhor é a Oração das orações, o Decálogo, a Lei das leis, também o Credo dos Apóstolos é o Credo" entre os credos.[44] Esse Credo foi muito valorizado e muito utilizado na Reforma Protestante do século XVI, não só no trabalho catequético, mas recebendo lugar de destaque na liturgia.

Lutero expõe o Credo de maneira bem simples, dividindo-o em três artigos, sendo que o primeiro trata de Deus o Pai, todo-poderoso, criador dos céus e da terra; o segundo disserta sobre Jesus Cristo, o filho unigênito, sua pessoa, sua obra redentora e sua ressurreição; e o terceiro trata do Espírito Santo, da santa igreja cristã, o perdão dos pecados e as realidades últimas, como a ressurreição da carne e a vida eterna. O Catecismo de Heidelberg também é estruturado seguindo a divisão do Credo, de maneira tríplice e trinitária, versando sobre Deus Pai, Filho e Espírito Santo.

RESGATANDO A PASTORAL CATEQUÉTICA

Estudos com famílias

Escrevendo para a capacitação de presbíteros, Sittema diz que "o diabo está promovendo um ataque frontal contra o casamento e as famílias de nosso povo".[45] Portanto, precisa-se resgatar com urgência a concepção bíblica e pactual da família. A formação de uma família é um mandato social de Deus, estabelecida na criação (Gn 1.27; 2.21-24). A família foi ordenada por Deus, como "a fundação da sociedade".[46] A família é o principal campo para o ministério catequético. Beeke escreve sobre a catequese e o aperfeiçoamento do culto doméstico entre os puritanos:

---

41 Hermisten Maia Pereira da Costa, *Eu Creio no Pai, no Filho e no Espírito Santo* (São Paulo: Parakletos, 2002), p. 29.
42 *Ibid.*
43 Phillp Schaff, *The Creed of Christendom*. vol. 2 (Grand Rapids, MI: Baker Book, 1977), p. 3, citado em Hermisten Maia Pereira da Costa, *Eu Creio no Pai, no Filho e no Espírito Santo*, p. 13.
44 Phillp Schaff, *The Creed of Christendom*, p. 14, citado em Hermisten Maia Pereira da Costa, *Eu Creio no Pai, no Filho e no Espírito Santo*, p. 30.
45 John Sittema, *Coração de Pastor; resgatando a responsabilidade pastoral do presbítero* (São Paulo: Cultura Cristã, 2004), p. 93.
46 Alan Myatt, *Filosofia de ministério* (Rio de Janeiro: manuscrito não-publicado, 1998).

Quanto mais os seus esforços públicos para purificar a igreja eram subjugados, mais os puritanos se voltavam para o lar como a fortaleza para a instrução e influência religiosa. Eles escreviam livros sobre o culto doméstico e a ordem divina da autoridade familiar. Robert Openshawe iniciou o seu catecismo com um apelo àqueles que estavam habituados a perguntar como se deveriam passar as noites de inverno: 'Voltem-se a cântico de Salmos e ao ensino de sua família e à oração com ela'. Na época da realização da Assembléia de Westminster, por volta de 1640, os puritanos consideraram a falta do culto doméstico e da catequização como evidência de uma vida sem conversão.[47]

O puritano Richard Baxter foi um mestre do ministério pastoral e catequético, tendo servido como ministro anglicano no interior da Inglaterra, em Kidderminster e também como capelão de Oliver Crowell. A prática pastoral de Baxter consistia em visitar família a família, sistematicamente, com o objetivo de ministrar espiritualmente a cada uma delas, chegando a visitar sete a oito famílias por dia, a cada duas vezes por semana, catequizando assim as oitocentos famílias que faziam parte de sua congregação.[48] A filosofia pastoral e ministerial de Baxter era a catequese como elemento fundamental do ministério pastoral reformado, levando-o a escrever a obra *O pastor aprovado*, que originalmente tinha o título *The Reformed Pastor*. Para Baxter, o pastor deveria ser "reformado" no que tange a prática pastoral moldada pelas Escrituras Sagradas.

White escreve que "a maior contribuição de Baxter foi seu sistema de discipulado de modo detalhado e individual, *família por família*, membro por membro".[49] E prossegue: "Por catequizar ele queria dizer ensinar, pelo método de perguntas, respostas e discussão em conferências particulares, os pontos essenciais da fé contidos em um catecismo público".[50] White descreve a experiência de ser catequizado por Baxter como "formidável".[51]

Acerca de conselhos práticos para catequizar os filhos, Beeke escreve: "Catequizai vossos filhos pelo menos uma vez por semana. Trinta minutos são suficientes no caso de crianças novas; um tempo de 45-60 minutos será mais apropriado para adolescentes interessados. Se eles não estiverem sendo catequizados na igreja ou na escola, deveis catequizá-los com mais frequência".[52] E comentando sobre o ministério de Baxter em Kidderminster, este autor diz que "era possível que uma família em cada rua honrasse a Deus com o culto doméstico; no fim de seu ministério naquele local, havia ruas nas quais todas

---

47 Joel Beeke, "Aprendendo com os puritanos (II)", em Tom Ascol (org.). *Amado Timóteo* (São José dos Campos, SP: Fiel: 2005), p. 224.
48 Franklin Ferreira, *op. cit.*, p. 182. Cf. também Franklin Ferreira, "Servo da Palavra de Deus; O ofício pastoral de Richard Baxter", em *Fides Reformata* 9/1 (Janeiro-Junho 2004), p. 136.
49 Peter White, *O pastor mestre* (São Paulo: Cultura Cristã, 2003), p. 153.
50 *Ibid.*
51 *Ibid.*
52 Joel Beeke, "Trazendo o Evangelho aos Filhos da Aliança", em *Jornal Os Puritanos*, ano 13, n° 4 (2005), p. 17.

as famílias realizavam o culto doméstico".[53] E conclui, mostrando que "poderia dizer que, dos seiscentos convertidos que foram trazidos a fé sob sua pregação, nenhum havia apostatado aos caminhos do mundo", ao fim do ministério de Baxter naquela cidade.[54]

Visitação de membros da igreja no trabalho
Outra pista para o resgate de uma pastoral reformada seguindo a proposta do ministério catequético é a visitação dos membros e catecúmenos da igreja em seus respectivos trabalhos.

Kiddminster, em Worcestershire, era uma aldeia com aproximadamente dois mil habitantes adultos[55] e, numa região rural do interior da Inglaterra. Richard Baxter catequizava alguns membros de sua congregação no próprio trabalho. Muitos deles eram artesões manuais, que trabalhavam em suas próprias casas, e paravam para receber administração através da catequese de Baxter.

Amorese narra a história da cidade fictícia de Cabo Verde, que transitou de uma dinâmica rural e pacata para a transformação em centro urbano mediado pela chegada das indústrias, que geraram empregos e aumentou a possibilidade dos meios de comunicação, globalizando aquela cidade que, de cidadela rural, virou um centro urbano com uma cosmovisão pós-moderna. Ele escreve que "uma das regras básicas da vida urbana (...) é o respeito para com a privacidade emocional e social de outras pessoas, talvez por ser a privacidade física tão difícil de conseguir".[56] Brakemeier, sensível a estas mudanças culturais, históricas e sociais escreve que a catequese "tem ainda outros ambientes, a exemplo daqueles do lazer e do trabalho. Não pretendemos ser exaustivos. Queríamos tão-somente chamar a atenção ao fato de que a catequese de modo algum se limita à esfera escolar ou então à educação formal. Tem horizontes abrangentes".[57]

Ênfase em catequese com jovens e adolescentes
O bispo anglicano J. C. Ryle escreveu no século XIX um texto para exortar os jovens, propondo quatro razões para isso: primeiro, o fato de serem poucos os moços que demonstram espiritualidade genuína; segundo, que a morte e o julgamento estão diante dos moços, embora eles pareçam se esquecer disso; terceiro, o que eles virão a ser depende daquilo que são no momento; e, por fim, o Diabo faz um esforço especial para destruir as almas dos jovens.[58]

Por esse motivo, os catequistas precisam atentar para a realidade e necessidade da

---
53 Joel Beeke, "Aprendendo com os puritanos (II)", p. 225.
54 *Ibid.*
55 Franklin Ferreira, "Servo da Palavra de Deus: O ofício pastoral de Richard Baxter", p. 133.
56 Rubem Amorese, *Icabode: da mente de Cristo à consciência moderna* (Viçosa, MG: Ultimato, 1999), p. 96-97.
57 Gottfried Brakemeier, "'Pregação pura e correta ministração dos sacramentos': significando e implicações", p. 135.
58 J. C. Ryle, *Uma palavra aos moços* (São José dos Campos, SP: Fiel. 2002).

catequese entre os jovens e adolescentes. Dietrich Bonhoeffer, conhecido teólogo luterano e mártir alemão, foi destacado pelo consistório que o ordenou, no começo de 1932, para servir na paróquia Zion, no distrito pobre de Wedding, em Berlim. Ele aceitou o desafio de catequizar os confirmados,[59] obtendo resultados positivos que outros pastores não obtiveram.[60]

Quer por classe de escola dominical, discipulado, visita em lares, os jovens e adolescentes são outro grupo importante para ser alcançado pelo ministério catequético, tratando de problemas específicos desta faixa etária. Sittema, por exemplo, oferece em seu livro um catecismo sobre sexo para auxiliar pais e familiares a educarem jovens e adolescentes nessa área, na qual são bastante atacados: "Pergunta 1: Por que se preocupar?"; "pergunta 2: Por que os presbíteros devem se envolver e por que devem preparar os pais?"; além de outras três perguntas, contendo no final uma instrução exortativa para o padrão sexual bíblico.[61]

CONCLUSÃO

A catequese pastoral em tempos de mudança tem um papel relevante e fundamental para a evangelização, assim como instrumento de mentoria e discipulado, podendo e devendo ser verdadeira e poderosamente usados por Deus para reformar e reavivar a igreja de Cristo no Brasil.

Temos em Richard Baxter um grande modelo de visitação pastoral e catequese. Deus o usou poderosamente através de seus labores, e seu legado marcou a história da igreja inglesa. Estudiosos dizem que seu pastorado foi o mais influente e mais bem sucedido na história da igreja, apesar da igreja moderna achar que esse método da catequese não é mais relevante para hoje.

Mas, por outro lado, a catequese e o ministério pastoral reformado resgatam a essência bíblica da vocação pastoral, que é o cuidado pessoal daqueles sob o cuidado dos pastores.[62] Que o soberano Deus não deixe sua igreja no Brasil perecer, mas a reavive e levante homens que sejam modelos do ministério pastoral reformado, especialmente na área da catequese, pois, como ensinou o reformador alemão há muito tempo atrás, "quando se aprende o catecismo, faz-se o necessário".[63]

---

59 Confirmados significa, na tradição luterana, aqueles que se batizaram na infância, mas que aos doze ou treze anos de idade são preparados para confirmarem sua fé publicamente.
60 Eberhard Bethge & Victoria J. Barnett, *Dietrich Bonhoeffer: a biography* (Minneapolis: Augsburg Fortress, 2000), p. 226-231.
61 John Sittema, *Coração de Pastor*, p. 183.
62 Cf. especialmente Eugene Peterson, *A sombra da planta imprevisível; uma investigação da santidade vocacional* (São Paulo: United Press, 1999).
63 Albérico Baeske, "Introdução ao catecismo", p. 6.

CAPÍTULO 20

ACONSELHAMENTO BÍBLICO:

UM MINISTÉRIO ESSENCIAL NA IGREJA

FLÁVIO EZALEDO

O meu propósito neste capítulo é desafiar meus irmãos pastores a verem que o ministério em aconselhamento bíblico na igreja local é essencial ao ministério pastoral.

A fim de alcançar este propósito quero, num primeiro momento, contar uma experiência que me auxiliou a compreender a necessidade de um pastor ser pastor e, em seguida, encorajar os pastores a estarem envolvidos neste ministério, ao compartilhar alguns temas que podem contribuir para o entendimento do valor de se desenvolver o ministério de aconselhamento bíblico em uma igreja local:

1. O que é o aconselhamento bíblico?
2. Por que aconselhar?
3. Por que o aconselhamento bíblico é necessário?

Vamos começar com a experiência que tive como pastor e reconheço que foi de alguma forma um meio da graça de Deus para me fazer entender lições importantes nesta área.

O CASO DA OVELHA BARNABÉ, OU UM PASTOR QUERENDO SER PASTOR

Eu morava na cidade de São Paulo, casado com minha linda esposa, trabalhando num grande grupo empresarial, com uma excelente colocação e um bom salário, além de exercer um ministério como pastor assistente em uma igreja local, pois tinha feito o seminário antes de ir para uma faculdade.

Eu almejava, quando Deus me abrisse uma porta, ser pastor de uma igreja local em tempo integral, pois tinha convicção do chamado pastoral e, por esse motivo, tanto eu como minha esposa orávamos por este pedido, bem como, mesmo antes de nossos filhos nascerem, também pedíamos a Deus para que pudéssemos dar-lhes uma educação numa escola que fosse dirigida por princípios cristãos.

Embora morando na cidade de São Paulo, onde as oportunidades pareciam ser mais amplas, jamais iríamos imaginar que Deus tivesse um plano para nós no interior do estado de São Paulo, em São José dos Campos, numa igreja que estava começando um ministério com uma escola, cujos princípios básicos do ensino eram cristãos. Nossa transferência para São José dos Campos ocorreu no ano de 1987, quando passei a servir como pastor de uma igreja batista em tempo integral.

Como fora um pastor assistente aprendendo aos pés de um pastor experiente por treze anos, já tinha boa experiência pastoral e não experimentei muitas dificuldades em administrar certos problemas, pois havia aprendido com as lutas do meu pastor. Porém, me deparei com uma grande realidade que sempre me levou a questionar: o que era realmente ser um pastor?

Um dos pensamentos que sempre passou por minha mente era que Deus, em Sua soberania, se utilizou do exemplo da vida pastoril para mostrar a relação entre o líder e os liderados, então seria certo ter uma experiência pastoril para saber como era o trabalho de um pastor.

Certo dia, compartilhando a ideia aos membros da igreja, um dos irmãos levou bem a sério o que eu tinha dito e, guardando este anseio em seu coração, procurou uma ovelha e, num certo dia, apareceu com o animal e disse: "Pronto pastor, aí está a sua ovelha, e agora o senhor pode ter uma experiência com uma ovelha de verdade".

Descarregamos o animal e, ainda meio sem jeito com o animal, e coçando minha cabeça, pensava comigo mesmo onde deixaria aquele bicho. Como o terreno da casa pastoral era grande, eu logo pensei que não teria nenhum problema em deixar a ovelha num espaço que ficava entre o templo e a casa, pois ali havia uma pequena área gramada que eu cria serviria de pasto para ela.

No dia seguinte acordei e fui logo cuidar de minha linda ovelha, então a vi se apascentando na grama que lhe servia de pasto no pequeno espaço que eu a havia confinado;

e fiquei muito contente, pois, ela estava se alimentando, e logo pensei: "Pronto, é só ter grama e a ovelha se cuida". Tentei chegar perto dela, mas, ela não queria nada comigo. Fiquei um pouco frustrado porque ela não queria nem receber um cafunezinho, isto porque eu havia aprendido que ovelhas gostam de carinhos e afagos. Embora, eu achasse que ovelha nunca fugiria, pois fui ensinado que a ovelha sempre quer ficar ao lado do seu pastor, fiz um cercado para que nos dias de culto ela não ficasse solta.

Apelidei a ovelha de Barnabé e a origem deste nome se deu porque, num certo dia, acordei com a ovelha berrando sem parar. Levantei para ver o que estava acontecendo, então reparei que a ovelha olhava para o pasto que estava do outro lado das grades de proteção da casa, balindo: "Béééééeh! Béééééeh"! Mesmo estando perto dela, a ovelha não parava de balir, por isso foi que passei a chamá-la de Barnabééééeeh!

O lugar onde eu havia confinado a ovelha era um lugar alto e de lá se podia ver uma colina gramada que ficava nos fundos da área da igreja. A conclusão a que eu cheguei para tanto balido foi que a pobre ovelha, confinada num quadrado impróprio para ela, ao ver aqueles grandes e lindos campos com gramas verdinhas do outro lado, balia como querendo dizer, "é lá que eu gostaria de estar, pois esta graminha aqui não está com nada"! A minha falta de conhecimento de como cuidar da ovelha fez com que eu ignorasse os seus apelos.

Não bastasse a minha pequena visão sobre como alimentar uma ovelha, um dia, quando consegui chegar perto dela, notei que o pelo dela estava todo pegajoso e sebento; eu não tive dúvida, estiquei uma mangueira e peguei um pouco de xampu e passei a dar um banho no animal que, nada contente com a minha ação, se pôs a correr para todos os lados do cercado para não ser molhado. Com muito custo consegui dar banho na ovelha, mas a minha boa intenção de fazê-la ficar limpa e cheirosa levou-a quase à morte, pois a coitada ficou gripada e aquele banho quase a matou.

Passado alguns dias, por causa da comida imprópria e insuficiente com que ela se alimentava, ficou com diarréia. A minha oração naquele momento era para que a coitada da ovelha não morresse. Pode imaginar a minha reputação de pastor como ficaria? O pastor que matou sua ovelha!

A partir daquela data, embora a ovelha não fosse muito amistosa comigo, bastava me ver para ficar tremendo e se afastar de mim. Pensei comigo mesmo: "que belo pastor você é, se depender da sua experiência, como pastor de ovelhas, todas suas ovelhas vão morrer".

A coisa piorou quando, num dos dias de cultos de oração, fui abrir o portão para dar entrada aos carros e percebi que ela estava olhando muito atenta para ver o que eu fazia. Após eu abrir o portão notei que ela foi para o canto extremo do cercado e numa carreira pegou impulso e pulou a cerca; mesmo eu tentando impedi-la que saísse, fugiu para fora do portão.

Agora o pastor de ovelhas não sabia se ficava para cuidar das ovelhas que estavam chegando para o culto ou se corria atrás da "cabrita" que pulou a cerca; não tive dúvida, corri atrás da fujona. Os irmãos me vendo correr pela rua a fora, não entendendo nada, acharam que o pastor também estava dando o fora e vieram correndo atrás de mim, para saber o que estava acontecendo.

Quando chegaram onde eu estava é que se deram conta de que eu tentava pegar a minha ovelha fujona. Agora já não era somente o pastor, eram pastor e diáconos correndo rua abaixo atrás do animal. Quanto mais corríamos atrás dela, mais ela disparava até chegar numa avenida movimentada.

Aí a coisa piorou! A ovelha passou pelo farol vermelho e um bando de homem correndo atrás dela, carros freando, pessoas tentando cercar o animal, outros descendo dos carros e todo mundo querendo pegar a ovelha, mas sem sucesso, pois quanto mais pessoas se aproximavam dela mais a amedrontavam e a faziam disparar para mais longe.

Como eu tinha que começar o culto, os diáconos da igreja me disseram para que eu voltasse, pois eles iam tentar pegá-la.

Voltei para a igreja e lá estava eu realizando o culto e olhando atento para saber quando os meus queridos diáconos chegariam com a notícia de que haviam capturado a ovelha ou ela tinha sido atropelada. Quando estávamos por terminar o culto, eles chegaram todos cansados e suados de tanto correr atrás da ovelha errante, trazendo-a de volta, e que não parava de balir. Fiquei sabendo que eles conseguiram agarrá-la a uns dez quilômetros dali.

Arrumei o cercado e coloquei a ovelha de volta no lugar. No dia seguinte, porém, mandei-a de volta de onde veio. Tempos depois fiquei sabendo que ela havia virado churrasco na mesa do seu antigo dono.

O ACONSELHAMENTO BÍBLICO É UM MINISTÉRIO DE DISCIPULADO EM PROFUNDIDADE[1]

Porque estou contando esta história? Alguns fatos desta experiência me ajudaram a tirar lições importantes: Em primeiro lugar, uma ovelha somente não faz um rebanho. Ovelhas não gostam de viver sozinhas; meu erro foi querer pastorear uma só ovelha. Ovelhas vivem em rebanho, por isso deveria ter pelo menos um casal. Isto nos faz lembrar que quando Deus criou o homem, vendo que estava só, criou a mulher para que ele tivesse uma companheira que lhe fosse idônea. A igreja é uma grande família! Em segundo lugar, deve haver um conhecimento profundo entre o pastor e a ovelha. Eu

---

1 *Autoconfrontação: Guia do Instrutor*, material disponível exclusivamente pela Associação Brasileira de Conselheiros Bíblicos (ABCB), em www.abcb.org.br.

não a conhecia e ela não me conhecia, e o meu contato com ela era muito pequeno, e eu também não fiz muita questão de mostrar para ela que eu era seu pastor, pois não era mesmo! Não cuidava dela como um verdadeiro pastor de ovelhas. Em terceiro lugar, o alimento deve ser adequado para a ovelha – quanto a isto não preciso falar nada depois de quase matá-la! E, por último, a lição mais importante: O *cuidado* pastoral com as ovelhas é essencial para um conhecimento íntimo do rebanho. Embora eu quisesse cuidar da aparência da ovelha, o fato é que ela precisava de outros cuidados pastorais e não do que eu estava pensando. Deus fez as ovelhas daquele jeito e eu precisava aprender como cuidar delas como ovelhas e não como gente.

Com base nessas lições eu pude perceber que cuidar, por estar junto, percebendo as necessidades das ovelhas, era muito necessário. Toda esta experiência me fez buscar na Palavra de Deus as instruções necessárias de como cuidar do rebanho de Deus. Embora tendo experiência como pastor assistente, descobri que a Bíblia é suficiente para responder a todos os problemas do homem.

O apóstolo Pedro, ao encorajar os presbíteros destinatários da sua primeira epístola, ordena-lhes o seguinte: "Pastoreai o rebanho de Deus que está entre vós..." (1Pe 5.2). O verbo pastorear neste versículo, em princípio, significa que o trabalho a ser exercido pelo pastor é suprir a necessidade do rebanho. O que precisa ser destacado é que, embora a ordem pareça única, há duas funções básicas envolvidas na ação pastoral de prover a necessidade do rebanho: *alimentar* e *cuidar*.

Muitos pastores acham que, se estão pregando, visitando, cuidando das áreas administrativas da igreja, criando estratégias de crescimento, estão fazendo bem o trabalho pastoral. Esta foi a maneira que eu tinha sido treinado no ministério, junto com o pastor da igreja na qual eu servia como pastor assistente.

O pensamento de que a função da ovelha é se reproduzir, se ela está alimentada, é correto, porém, não é tudo, o rebanho precisa de cuidado contínuo. É neste cuidar constante que o aconselhamento bíblico se torna um ministério essencial na igreja local.

Para exemplificar o que normalmente acontece, é útil perguntar: Qual é o procedimento de muitos pastores na atualidade, quando se deparam com problemas em suas igrejas como depressão, drogas, homossexualismo, problemas conjugais, medo, ansiedade, relacionamento entre pais e filhos, patrões e empregados, entre outros?

Lidar com estes problemas parece não ter muitos atrativos para alguns ministros, pois isto aparenta se constituir num desvio do trabalho pastoral de ganhar almas para problemas que eles consideram como não sendo da área deles, mas de "profissionais" que sabem como tratar com pessoas que estão envolvidas com estas questões. Mas as pessoas com estes problemas não são suas ovelhas? No momento em que um pastor envia suas ovelhas para os profissionais das áreas que eles pensam não saber cuidar, está entregando suas ovelhas para serem discipuladas por pessoas que muitas vezes não são crentes em Jesus e utilizam os procedimentos não bíblicos para tentarem ajudar estas ovelhas.

O texto de Pedro, referido acima, pela importância das instruções acerca das funções pastorais deveria conter alguma informação quanto ao crescimento do rebanho, mas não tem – por quê? Porque em nenhum momento encontramos Jesus Cristo, ao treinar os seus discípulos, enfatizando o crescimento do rebanho; e Pedro, como foi bem discipulado, também não enfatizou uma metodologia de crescimento, mas, como alimentar e cuidar do rebanho.

Jesus, durante o seu ministério terreno, não buscou números que expressassem o sucesso do seu trabalho, pelo contrário, discipulou, capacitou, encorajou e restaurou seus discípulos, e quando eles estavam treinados, enviou-os para cumprir a Grande Comissão. Obedientes à ordem de Cristo, eles cumpriram com a obra de proclamação do evangelho até aos confins da terra.

Jesus escolheu doze discípulos e durante três anos treinou-os como encararem, lidarem e suportarem os problemas da vida vitoriosamente. Fazia parte do plano de Jesus Cristo treinar seus discípulos como encararem, lidarem e suportarem todas as circunstâncias da vida com atitudes que agradassem a Deus a cada instante da vida, à semelhança dEle mesmo, que viveu agradando ao Pai em tudo.

Jesus não estava o tempo todo evangelizando, pregando e curando; fazia parte do seu ministério, em particular, ensinar seus discípulos a lidarem com situações em que egoísmo e orgulho afloravam.

Vemos que, ao perceber que seus discípulos disputavam entre si mesmos quem seria o maior no reino de Deus, Jesus os chamou em particular e os aconselhou como deviam proceder. Jesus também encorajou Pedro sobre sua confissão de que Ele era o Cristo, o Filho do Deus vivo, para logo em seguida repreendê-lo sobre sua insensatez em querer interferir no plano soberano de Deus em salvar o mundo.

Jesus, como grande conselheiro, também advertiu a Pedro sobre quando ele o negaria diante dos judeus. Após a morte de Cristo, Pedro, desmotivado, desencorajado, deprimido, frustrado por ter negado a Jesus, decide deixar o seu ministério e voltar à antiga profissão de pescador de peixes, achando que jamais o mestre iria aceitá-lo. Mas quem foi atrás de um homem sem nenhuma esperança de encarar o mestre e ainda continuar a ser seu discípulo? É neste momento que os aconselhados precisam de ajuda e conforto de um verdadeiro pastor que se ocupa em cuidar das suas ovelhas.

O livro de Hebreus revela que Cristo é empático a todas as nossas fraquezas, e como verdadeiro pastor Ele nos ensina como devemos proceder quando percebemos que uma ovelha do nosso rebanho não está bem. Ele está atento, vai atrás da sua ovelha abatida, desanimada, para não somente confrontá-la,² mas encorajá-la. Jesus por três vezes confronta Pedro e, nas três vezes, Ele lhe diz: "Apascenta os meus cordeiros", "Pastoreia as minhas ovelhas" (João 21.15-17). Oh! Que doces palavras ecoaram nos ouvidos de Pedro! Tornaram-se mais doces ainda quando Jesus, com a mesma voz suave, meiga e gentil, convida Pedro novamente para segui-Lo. Aquele convite fez com que Pedro se lembrasse de três anos antes, quando Jesus, andando na praia, havia lhe feito o mesmo convite (Jo 21.22).

Deus quer que desenvolvamos uma mentalidade de semear bem e de colher, e não apenas a atitude de colher. Alguns dão relatórios de "quantas almas ganharam para Cristo", como peixes que eles pescaram, mas o Novo Testamento apresenta uma mentalidade de semear e de ceifar: "Um é o semeador, e outro é o ceifeiro" (Jo 4.37). Paulo, em 1Coríntios 3.6-7, diz: "Eu plantei, Apolo regou; mas o crescimento veio de Deus. De modo que nem o que planta é alguma coisa, nem o que rega, mas Deus, que dá o crescimento". Note como Paulo aplica o princípio de semear em sua obra de fundar a igreja de Corinto, mas atribui a Deus o crescimento, e não a si mesmo. Assim, devemos prestar atenção em semear a semente, aguá-la, orar, e olhar o que um Deus soberano vai fazer com a mensagem.³

Jesus Cristo distribuiu o rebanho que pertence a Deus a sub-pastores que devem alimentar e cuidar prestimosamente da parte do rebanho que lhes foi confiada, porque um dia prestarão contas ao Supremo Pastor, e aqueles que fizerem bem o serviço pastoral receberão a "imarcescível coroa de glória" (1Pe 5.4).

A tendência do evangelicalismo atual é enfatizar o crescimento da igreja, e não o discipulado. O objetivo primário de Cristo foi treinar discípulos de maneira que eles pudessem continuar o processo de fazer discípulos. Jesus se concentrou em ajudá-los a enfrentar situações da vida de maneira que eles pudessem crescer espiritualmente e permanecessem vitoriosos, e assim estivessem disponíveis ao Espírito Santo para continuarem o processo de multiplicação.

O treinamento para os discípulos é feito com o aconselhamento bíblico, pois este ministério lida com todos os aspectos da vida de uma pessoa. A primeira necessidade no aconselhamento bíblico que precisa ser sondada na vida de uma pessoa é saber se ela já foi alcançada pela graça de Deus, confessando seus pecados a Deus e depositando toda sua confiança na certeza da vida eterna, que só Jesus pode dar.

É impossível dar conselhos para uma pessoa que não conheça o padrão que Deus tem para ela. Em aconselhamento bíblico isto é conhecido como pré-aconselhamento,

---

2 O termo *noutético*, cuja definição será dada abaixo, tem muito a ver com confrontação. Um aconselhamento que não ousa confrontar o pecador com sua transgressão não deveria ser chamado de aconselhamento. Na Bíblia, todas as vezes que Deus lidou com pessoas que se tornaram objetos de seu cuidado, elas foram confrontadas. Quando uma pessoa é confrontada à luz da Palavra de Deus ela ganha esperança, pois a Bíblia oferece o caminho seguro para mudanças permanentes.
3 William W. Goode, *Usando aconselhamento bíblico para edificar discípulos na igreja local* (Apostila não-publicada, 1988), p. 37.

pois antes de começar qualquer trabalho de edificação na vida de uma pessoa precisamos saber se ela já tem o alicerce, que é Cristo (1Co 3.15), pois o aconselhamento bíblico vai edificar sobre este fundamento. O que se conclui é que todo aconselhamento bíblico começa com a evangelização.

Depois de certificarmos a respeito da salvação de uma pessoa, o processo a seguir é edificar sobre o fundamento, por meio de um ministério que vise à restauração, instrução, treinamento, admoestação, correção, estímulo, conforto, ajuda, levando o aconselhado a estabelecer um padrão de vida bíblico que demonstre mudança permanente.

Quando o conselheiro se preocupa em ajudar o seu aconselhado, nas áreas em que ele precisa mudar pensamentos e comportamentos por meio dos princípios da palavra de Deus, ele está discipulando e está cumprindo o que Cristo enfatizou em sua ordem, antes de deixar o mundo e voltar para o Pai: "ensinando-os a guardar *todas* as coisas que vos tenho ordenado" (Mt 28.20). E "todas as coisas" significa que temos que ensinar nossas ovelhas a encararem, lidarem e vencerem problemas que envolvam depressão, drogas, homossexualismo, problemas conjugais, medo, ansiedade, entre outros.

Muitos destes problemas são encarados como doenças, quando na verdade são sintomas pecaminosos e que precisam ser lidados à luz do aconselhamento bíblico, o qual ensinará à pessoa que, mesmo a despeito das lutas, ela pode viver testemunhando da graça de Deus com uma atitude que agrade ao Senhor, e não centrada em si mesma.

O aconselhamento bíblico lida com todas as situações da vida, reais e imediatas, presentes na vida do aconselhado e que ele precisa vencê-las. Quando o aconselhado passa a ser vitorioso nas situações em que antes fracassava, ele se torna um discipulador em potencial, para ajudar outros a vencerem as mesmas iniquidades que ele estava habituado a cometer. Por isso, quando você aconselha, não está apenas ajudando o aconselhado a resolver os seus problemas, está fazendo um discípulo.

Um bom exemplo bíblico de como isto acontece está no salmo 32. Este belíssimo salmo narra o episódio de quando Davi testemunha diante dos seus convidados a bênção de ter sido perdoado. Este salmo, junto com os salmos 38 e 51, retratam o caso do envolvimento pecaminoso de Davi com Bate Seba. O salmo 38 relata o tempo em que Davi escondeu o seu pecado, e como a consequência de não confessá-lo levou-o a um estado de profunda depressão. O salmo 51 mostra quando Davi, reconhecendo seu pecado, buscou por misericórdia divina, confessando-o a Deus. E o salmo 32 retrata quando ele enaltece a bênção de ter sido perdoado.

Pelo sistema do Antigo Testamento, o ofertante que tivesse sido abençoado pelo Senhor, desejando expressar a gratidão a Deus por alguma bênção recebida, convidava seus amigos íntimos e compartilhava com eles essas bênçãos, oferecendo a Deus um sacrifício de louvor declarativo ou descritivo. O sacrifício de louvor declarativo implicava que uma parte do animal seria oferecida sobre o altar, enquanto outra parte, depois de assada, seria servida como uma refeição comunal entre os convidados. Neste ambiente festivo e de gratidão, o ofertante abençoado fazia sua declaração ou testemunho de louvor, contando aos seus amigos participantes como Deus, na sua infinita misericórdia, o abençoara.

Nos versículos 1 a 5 Davi declara a garantia da sua integridade emocional. Embora tivesse escondido o seu pecado, ele testemunha que fora curado integralmente, quando confessou e foi perdoado. Nos versículos 6 e 7, ele declara que tem a garantia de integridade pessoal, pois no versículo 6 ele afirma que buscou Deus em tempo de poder encontrá-lO, com certeza uma alusão ao seu antecessor, Saul, que quando quis buscar a Deus não o encontrou por nenhum meio que ele pudesse dispor (1Sm 28.6).

No versículo 8 encontramos a parte didática do salmo, quando ele aconselha e ensina aos seus ouvintes a não irem para o mesmo caminho que ele foi, ao dizer: "Instruir-te-ei e te ensinarei o caminho que deves seguir; e, sob as minhas vistas, te darei conselho". Dá para perceber como uma pessoa que soube superar um pecado tão terrível se torna um instrutor ou um conselheiro? O fato fica mais contundente ainda com a comparação que Davi faz a respeito de si mesmo no versículo 9, quando diz: "Não sejas como o cavalo ou mula, sem entendimento, os quais com freios e cabrestos são dominados; de outra sorte não te obedecem". Davi reconhece que ele procedeu como esses animais, quando desenfreadamente invadiu a propriedade que pertencia a Urias, agindo tão estupidamente como agem os cavalos e as mulas quando estão sem freios e cabrestos.

Davi, por ter passado por aquela situação, reconheceu seu pecado, confessou, alcançou misericórdia divina e por isso ofereceu um testemunho didático aos seus ouvintes, aconselhando-os a não irem pelo caminho do seu terrível pecado, o adultério. Ele cometeu um pecado terrível, mas foi plenamente restaurado.

O aconselhamento bíblico é o ministério que treina pessoas a reconhecerem seus pecados, lidarem com eles a fim de crescerem na justiça, ao equipá-los com princípios que os capacitarão a ajudar outros a crescerem na justiça.

O QUE É ACONSELHAMENTO BÍBLICO?

Quando falamos de "aconselhamento" estamos falando de uma palavra que, embora sendo uma, na língua Grega, é formada por duas palavras: νουθεσία (pronuncia-se *nutecía*), que é formada pelo substantivo grego νοῦς (pronuncia-se *nus*) significando mente, e pelo verbo θετέω (pronuncia-se *thetéo*), significando *pôr, colocar*. Juntando-se os dois sentidos, temos *colocar na mente*. Assim, quando falamos de aconselhamento bíblico, estamos falando de *colocar as Escrituras, ou seja, a toda suficiente Palavra de Deus dentro da mente de uma pessoa*.

O trabalho do conselheiro bíblico, então, é discernir pensamentos e/ou comportamentos que Deus quer mudar, fazendo uso *exclusivamente* da Palavra de Deus, para mudar os pensamentos e comportamentos que desagradam a Deus, para o benefício da pessoa que está sendo aconselhada e para a glória de Deus. O fruto deste trabalho chama-se aconselhamento bíblico.

Muito se tem falado a respeito de aconselhamento cristão, todavia, em muitos desses aconselhamentos o que está sendo passado para o aconselhado é ensino baseado em filosofias opostas à Palavra de Deus, em que o conselheiro usa a Bíblia como parte do processo do aconselhamento e não como a autoridade única em lidar com a causa do problema dos aconselhados.

O que estou querendo dizer é que, embora as abordagens de aconselhamento seculares façam uso de verdades bíblicas, grande parte dos conceitos seculares não estão fundados somente na Bíblia, mas nos conceitos de pessoas cuja fonte da verdade que utilizam não está alicerçada na Palavra de Deus.

Deus criou o homem, por que não dizer, Deus fabricou o homem; e, todos os produtos que os fabricantes produzem têm um manual. Assim também, quando Deus fabricou o homem, produziu um manual, a toda suficiente Palavra de Deus, para ensinar como o homem pode resolver todos os seus problemas.

Deus é o único que pode perfeitamente compreender o que o homem pensa e o que ele faz, por isso somente a Bíblia fornece todas as soluções para o problema do homem. Antes de aceitar os conselhos que muitas abordagens de aconselhamentos estão fornecendo, dever-se-ia se perguntar: "Qual sua epistemologia?" Ou seja, "onde está baseada a sua fonte da verdade?"

As abordagens seculares ensinam que os problemas que as pessoas têm, muitas vezes, dependem da sociedade, educação e família. Ensinam ainda que meio ambiente tem muito a ver com o comportamento que elas têm. Os conselhos para a cura estimulam a pessoa a recondicionar seu comportamento, buscar no passado por respostas, investigar o subconsciente para buscar pensamentos irracionais, traumas, estímulos para liberar o potencial interior, apaziguar o espírito e a seguirem seus próprios instintos. Todos esses conselhos têm a ver com o desenvolver o eu da pessoa, no sentido de estimular a auto-estima, mostrando com isto que a solução está em lidar com os sentimentos, numa direção contrária àquela que Palavra de Deus ensina, que é baseada no agir da pessoa.

Embora essas abordagens tenham pontos de contato com as verdades bíblicas, o que podemos afirmar é que ninguém poria sua confiança em algo que apenas tem parte da verdade, mas não é totalmente verdade.

Um relógio quebrado, mesmo estando certo duas vezes por dia, não é digno de confiança, não é mesmo? E por que não? Porque nas outras horas do dia não saberíamos em que situação estaria com respeito ao tempo. Da mesma forma, não é só porque essas abordagens fornecem elementos de verdade que podemos garantir que estão certas, pois somente nessas poucas situações em que elas utilizam a Palavra de Deus para fazerem valer seus argumentos é que elas oferecerem alguma luz à necessidade daqueles que precisam, mas, no todo, continuam erradas.[4]

O aconselhamento bíblico se utiliza exclusivamente das Escrituras para dar conselhos aos que precisam ser levados a serem perfeitos em Cristo Jesus (Cl 1.28).

POR QUE ACONSELHAR?

Muitos pastores perguntam: Por que é necessário praticar o ministério de aconselhamento bíblico? Por que eu não posso somente pregar e ensinar? Não é isto que se requer de um ministério pastoral? Estas perguntas são comumente feitas por pastores que se justificam, alegando que o ministério em aconselhamento bíblico lhes trará uma carga ainda mais pesada dentro do seu trabalho pastoral.

Normalmente, os que fazem esta pergunta querem argumentar que o pregar, evangelizar e o ensinar são ministérios que já requerem muito tempo na vida de um pastor, então, por *que dedicar mais tempo ainda aconselhando*?

A mesma Bíblia que ensina que devemos pregar, ensinar, praticar as ordenanças, o estudo pessoal da Bíblia, exercer a comunhão e disciplina na igreja local, também ensina que devemos aconselhar. Para um entendimento adicional vejamos algumas passagens bíblicas.

Paulo, em Atos 20, principalmente nos versículos de 17 a 38, falando aos líderes da igreja de Éfeso, diz que passou tempo ensinando tanto publicamente quanto de casa em casa (v. 20). Ele esteve em todo lugar de Éfeso, evangelizando tanto a judeus como a gregos (v. 21).

No verso 31, lemos: "Portanto, vigiai, lembrando-vos de que por três anos, noite e dia, não cessei de admoestar [νουθετῶν] com lágrimas, a cada um". Isto significa que Paulo esteve advertindo, confrontando, pondo na mente as Escrituras na vida de cada um dos crentes de Éfeso.

Paulo não estava só pregando publicamente e ensinando somente quando os crentes estavam reunidos, mas ele estava procurando pelas pessoas para saber sobre suas necessidades e procurando ajudá-las, a fim de que se tornassem homens e mulheres que agradassem a Deus.

Pastorear uma igreja envolve colocar a preciosa Palavra de Deus na mente de cada

---

4 John C. Broger, *Autoconfrontação; um manual de discipulado em profundidade* (Palm Desert, CA: Biblical Counseling Foundation, 1995).

crente durante cada dia da semana, vendo as necessidades de cada um e levando os crentes a satisfazerem suas necessidades através da toda suficiente Palavra de Deus, e não somente aos domingos. Note que o verso 28 diz que o Espírito Santo havia constituído bispos em Éfeso para *pastorearem* a igreja de Deus, a qual Ele comprou com seu próprio sangue.

A Palavra de Deus nos mostra, então, que pastorear implica também estar envolvido no aconselhar. Colossenses 3.16 diz: "Habite ricamente em vós a palavra de Cristo, instruí-vos e aconselhai-vos [νουθετοῦντες] mutuamente em toda a sabedoria, louvando a Deus com salmos e hinos e cânticos espirituais, com gratidão em vossos corações".

Observe que este verso é um *mandamento recíproco*, e podemos aprender pelo menos duas verdades com ele: Primeira, que é um mandamento, portanto, deve ser obedecido sem ser questionado. Segunda, é recíproco, significa que deve ser praticado por todos os crentes e não apenas pelos pastores. Na Bíblia há mais de cem versículos que se referem ao ministério recíproco, e, destes, vinte e cinco são mandamentos.

Os seus membros estão aconselhando mutuamente? A resposta a esta pergunta reflete no seu próprio ministério, pois, se você é um pastor conselheiro, que está praticando todo o conselho de Deus, você deve estar treinando seus membros a serem conselheiros.

A implicação de Colossenses 3.16 dentro do ministério pastoral é muito importante para que os pastores possam avaliar como eles estão levando a sério o seu ministério dentro da igreja local.

POR QUE O ACONSELHAMENTO BÍBLICO É NECESSÁRIO?

A Bíblia é o único livro que lida com a antropologia completa e corretamente, porque fala do homem de maneira completa, pois conta a história desde antes da queda. A sociologia e a psicologia apresentam um conhecimento fragmentado do homem, porque não abordam o assunto sobre a criação do homem.

Estas disciplinas não lidam com o propósito que Deus tinha para o homem quando ele foi criado. Por isto, elas não podem dar esperança ao ser humano, porque não existe um referencial que dê base para uma comparação de como o homem seria se não tivesse pecado. Estas ciências partem do princípio que o homem é produto da evolução e não do poder criador de Deus.

A criação do homem foi diferente de todos os outros seres viventes. Gênesis 2.7 diz: "Então formou o Senhor Deus ao homem do pó da terra, e lhe soprou nas narinas o fôlego de vida, e o homem passou a ser alma vivente".

O homem foi formado do pó da terra, do termo hebraico אֲדָמָה (*adamah*), raiz de onde vem o nome *Adão*, que significa "barro". Como um ser material o homem faz parte deste mundo porque é constituído dele.

O homem não é somente matéria, o texto bíblico fala que Deus soprou nas suas narinas "*o fôlego de vida*", do hebraico נִשְׁמַת (*nishemat*). Só depois que Deus lhe deu o fôlego de vida é que ele se tornou "*alma vivente*". Os versículos de Gênesis 1.20-21, 24, 30 mostram que ter o fôlego de vida não foi exclusividade do homem, pois nestes versículos encontramos que outras criaturas também são chamadas de seres viventes, pois também têm o "*fôlego da vida*". A diferença está em que nas outras criaturas Deus não soprou o fôlego da vida, elas já foram criadas com esse fôlego.

A maneira exclusiva como o homem foi criado mostra como, essencialmente, o homem foi criado. Por um lado, ele é um ser material, porque foi formado da terra, por outro, ele é também um ser espiritual, porque Deus soprou nele o fôlego de vida. Assim, o homem pertence tanto ao mundo *material* quanto ao mundo *espiritual*.[5]

Na morte, cada parte constituinte do homem volta de onde veio. Eclesiastes 12.7 diz: "E o *pó volte à terra*, como o era, e o *espírito volte a Deus*, que o deu". O autor de Eclesiastes também diz: "Todos vão para o mesmo lugar; todos procedem do pó, e ao pó tornarão. Quem sabe que o *fôlego de vida dos homens* se dirige para *cima* e o dos animais *para baixo, para a terra*" (Ec 2.20-21). Na morte do homem, o corpo volta para a terra e o seu espírito volta para Deus. Então o homem é uma unidade chamada "alma vivente", constituída de duas partes, corpo e espírito (Gn 2.7), de tal forma que, quando o homem morre, o seu corpo vai para a sepultura e o seu espírito volta para Deus que o deu (Ec 12.7).

O conhecimento da doutrina do homem, como a Bíblia ensina, evita que separemos o homem em partes, corpo, alma e espírito, e partamos do pressuposto que cada uma dessas partes deve ser tratada por um especialista que seja experiente naquela área para qual ele estudou. É muito comum ouvirmos estas explicações dos pastores - o médico cuida do corpo, o psicólogo cuida da alma e o pastor cuida do espírito.

Por este argumento permear o meio cristão é que muitos pastores se acham incapazes de lidar com problemas como depressão, ansiedade profunda, drogas, homossexualismo, tabagismo, alcoolismo, pecados escravizantes, crendo que problemas como estes estão fora da sua área de domínio. A solução que vêem para isto é encaminhar suas ovelhas para os profissionais seculares da área.

Muitos seminários também estão ensinando aos estudantes que, quando eles se tornarem pastores, devem esperar ser procurados por pessoas com problemas nas áreas física, mental e espiritual, e que devem encaminhar aqueles com problemas físicos e mentais para os especialistas, porque no seminário eles estão sendo preparados para tratar somente dos problemas espirituais.

Paulo é um exemplo de não se deixar abater por causa de um problema físico. Na

---

5 Baseado em Jay E. Adams, *More than redemption; a theology of Christian counseling* (Grand Rapids, MI: Zondervan, 1986), p. 109.

segunda epístola aos Coríntios somos informados que, por três vezes, ele pediu a Deus que o curasse de uma enfermidade, mas a resposta consoladora de Deus fez com que ele continuasse a viver responsavelmente, cumprindo cabalmente com o ministério que havia recebido do Senhor Jesus Cristo (2Co 12.4-10).

O aconselhamento bíblico vê o homem como uma unidade que precisa ser cuidada no seu coração, como um todo, ao fornecer-lhe princípios bíblicos que o ajudarão a enfrentar os problemas da vida e que o levarão a colocar sua ênfase na alegria em agradar a Deus e não em si mesmo, ainda que a despeito da maior dor que ele esteja passando.

Jesus Cristo é o nosso maior exemplo, pois, por mais que Ele sofreu, suportou toda a dor, porque a alegria de estar sentado à direita do Pai fez com que Ele suportasse a cruz e a ignomínia sem esmorecer (Hb 12.2).

A necessidade do aconselhamento bíblico iniciou quando Adão optou por abandonar o conselho de Deus para aceitar o conselho de Satanás para ser independente de Deus. Ele aceitou o falso conselho de autonomia que lhe foi dado, para ser conhecedor do bem e do mal, e comeu do fruto que Deus lhe proibira. Quando Adão optou por seguir o conselho de Satanás, ele perdeu a liberdade e a capacidade de fazer o bem e de seguir o bom conselho de Deus.[6]

O propósito de Deus para o homem era que, ao viver debaixo do Seu conselho, ele alcançasse a mesma perfeição que Cristo alcançou. O homem foi criado perfeito, mas isto não significava que ele pudesse, por si mesmo, viver esta perfeição de maneira independente. Sua perfeição significava que ele reconhecia sua total dependência da revelação de Deus. Tudo o que ele fez no jardim do Éden, ele o fez debaixo da autoridade de Deus. A dependência a Deus, vivendo em completa obediência, levaria o homem a mudanças permanentes, até alcançar o potencial de perfeição para o que ele fora criado. Como Jay Adams escreveu: "Se o homem tivesse obedecido fielmente o conselho de Deus, Ele teria sido transformado em um ser que possuiria a vida eterna, que de alguma forma tinha sido herdada (ou era simbolizada pela) da árvore da vida".[7]

A consequência imediata do pecado foi a morte espiritual, que resultou na morte física e eterna. Ganharam o conhecimento do bem e do mal, mas perderam o poder de efetuar mudança, para desenvolverem a perfeição com que foram criados. Ganharam culpa e ficaram cegos espiritualmente, como resultado imediato da desobediência. O relacionamento do homem para com Deus lhe proporcionaria um relacionamento cada vez maior com o seu Criador, ganharia cada vez mais conhecimento e experiência, por meio da obediência à Palavra de Deus, alcançando a perfeita perfeição.

Com o pecado o homem imediatamente experimentou uma ruptura em seu

---

6   *Ibid.*, p. 4.
7   *Ibid.*, p. 3.

relacionamento com Deus, consigo mesmo e com os outros. Adão e Eva ficaram com medo e se esconderam. Adão culpou a mulher que Deus lhe dera e a mulher culpou a serpente. Tiveram problemas com Deus, problemas interpessoais e problemas com os outros. Toda pessoa que chega a você para aconselhamento tem problema pelo menos numa dessas áreas.

Expulsos do jardim, os problemas se tornaram cada vez maiores. O primeiro homem nasceu (Gn 4) e, por fazer escolhas erradas, as consequências do pecado aumentaram cada vez mais. Caim ignorou o duplo conselho de Deus e entrou numa espiral descendente, até chegar ao assassinato do seu irmão Abel (Gn 4.6-8). O mundo pré-diluviano demonstrou ingratidão ao adorarem outros deuses, deixando de glorificar a Deus, resultando numa conduta imoral e contrária à natureza, chegando à perversão moral ao ponto de Deus destruir o mundo com o dilúvio. Podemos perceber este declínio espiritual em todo o Antigo Testamento.

Hoje não estamos em situação melhor, pois 2Timóteo 3.1-4 revela que nos últimos tempos haveria iniquidade ilimitada, caracterizada por homens que amariam a si mesmos, cobiçosos, amantes do dinheiro, jactanciosos, profanos, sem amor, lascivos, sem domínio próprio. Hipocrisia seria ilimitada (5-7), a apostasia seria ilimitada (8-9) e que haveria perseguição ilimitada (12-13).

Então, quais são as alternativas? Podemos desistir, e muitos têm feito isto - ao procurarem culpados em suas próprias vidas, na vida dos outros e no próprio Satanás. Porém, Paulo, na sequência do trecho acima, declara que a resposta está na toda suficiente palavra de Deus: "Toda a Escritura é inspirada por Deus e *útil* para o ensino, para a repreensão, para a correção, para a educação na justiça, a fim de que o homem de Deus seja perfeito e perfeitamente habilitado para toda boa obra".

Como já dissemos acima, embora o homem pecasse contra Deus e sofresse todas as consequências do pecado, Deus, na sua infinita misericórdia e graça, ofereceu ao homem a solução para todos os seus problemas, ao revelar um prontuário onde ele pudesse saber como encarar, lidar e suportar os problemas da vida vitoriosamente. A Bíblia é o único meio eficaz para que o homem resolva todos os seus problemas, que começaram quando ele pecou e tornou necessário o aconselhamento bíblico.

O alvo do aconselhamento bíblico não é primeiramente aliviar as pessoas da tribulação e dos sofrimentos, mas levar todo crente a ser o tipo de pessoa que tem prazer em Deus e produz frutos de justiça, mesmo em tempos de provações.[8]

---

8 Para uma bibliografia básica, recomendamos, além das obras já citadas neste ensaio, Jay Adams, *A vida cristã no lar* (São José dos Campos: Fiel, 1996), *Conselheiro capaz* (São José dos Campos: Fiel, 1987), *Manual do conselheiro cristão* (São José dos Campos: Fiel, 2000), *Auto-estima: Uma perspectiva bíblica* (São Paulo: ABCB & Nutra, 2007), Paul Tripp, *Instrumentos nas mãos do Redentor* (São Paulo: Nutra, 2010), Tedd Tripp, *Pastoreando o coração da criança* (São José dos Campos: Fiel, 1998), Wayne Mack, *Tarefas práticas para uso no aconselhamento bíblico: problemas familiares e conjugais*. vol. 1 (São José dos Campos: Fiel, 1986), John MacArthur Jr., *Nossa suficiência em Cristo* (São José dos Campos: Fiel, 1995), John Piper & Wayne Grudem (ed.), *Homem e mulher;*

CONCLUSÃO

O meu alvo com este artigo foi levar o leitor a perceber que o aconselhamento bíblico lida com a área pastoral que supre a necessidade e os anseios imediatos das ovelhas. A ovelha precisa ser alimentada e cuidada, e para isto os pastores têm a melhor ferramenta para lidar com as necessidades das ovelhas, a toda suficiente Palavra de Deus. É a ela que eles devem recorrer confiantes, pois a Escritura tem todas as soluções de que as ovelhas precisam.

Embora as abordagens humanistas focalizem na habilidade dos seus especialistas em lidar com os problemas dos seus aconselhados, Deus encoraja todos os seus filhos redimidos pelo precioso sangue de Jesus a praticarem o aconselhamento, quando em Colossenses 3.16 são exortados a "aconselhar uns aos outros". Pense nisto: *tudo o que Deus nos ordena, podemos cumprir*; logo, se somos ordenados a aconselhar uns aos outros é porque podemos fazê-lo, basta saber se queremos obedecer.

Deus atribuiu a igreja como fórum legítimo para que todos os problemas sejam resolvidos (1Co 6), por isso os pastores devem entender que Deus sempre capacitará aqueles que estiverem dispostos a obedecê-Lo. Assim, o tipo de igreja em que o aconselhamento bíblico funciona é uma igreja:[9] (1) onde o pastor conselheiro está crescendo, (2) onde a Escritura determina o exercício pastoral; (3) onde a Escritura é suficiente; (4) onde a suficiência da Escritura afeta a pregação e (5) onde a Escritura suficiente prescreve/exige discipulado em profundidade. Que Deus levante obreiros para servir neste importante ministério de aconselhamento. A Deus seja toda glória!

---

seu papel bíblico no lar, na igreja e na sociedade (São José dos Campos: Fiel, 1996), David Powlison, *Confrontos de poder* (São Paulo: Cultura Cristã, 1999) e *Ídolos do coração e feira das vaidades* (Brasília, refúgio, 1996), assim como as *Coletâneas de aconselhamento bíblico*, vol. 1-6 (Atibaia: SBPV, 1999-2007).

[9] *Material de treinamento em aconselhamento bíblico*, apostila não-publicada (Associação Brasileira de Conselheiros Bíblicos, 2010), passim.

CAPÍTULO 21

CRESCIMENTO DA IGREJA:

COM REFORMA OU COM REAVIVAMENTO?

HEBER CARLOS DE CAMPOS

De uns poucos anos para cá, quase da noite para o dia, se compararmos à idade do cristianismo, alguns setores da igreja evangélica têm sido tomados de um desejo incontido de crescimento a qualquer custo. O Movimento de Crescimento de Igreja[1] tem surgido em toda a sua força, e o crescimento tem sido exigido a qualquer preço. Por essa razão, uma coletânea enorme de metodologias e técnicas tem sido empregada para que o sucesso da igreja apareça.

O mais lamentável é que o crescimento de algumas igrejas locais tem sido conseguido à custa do sacrifício da verdadeira doutrina e do abandono de uma liturgia sadia. Com isso, os templos e os salões têm ficado lotados em suas reuniões. Como a evangelização moderna tem sido antropocêntrica, dizendo ao ouvinte aquilo que se pensa que o incrédulo quer ouvir, também a forma do culto tem sido elaborada de modo a atrair pessoas para adorar a Deus. A adoração moderna é planejada para atrair pessoas (os

---

[1] Esse movimento teve início nos Estados Unidos com o missionário Donald A. McGavran. Coube a C. Peter Wagner, que o substituiu como diretor e professor da Escola de Missões Mundiais e do Instituto de Crescimento de Igreja, ambos ligados ao Seminário Teológico Fuller, sistematizar e popularizar os conceitos de crescimento de igreja. Seus livros têm sido traduzidos e distribuídos no Brasil. Para uma avaliação crítica do atual movimento ver ainda Harvey Conn (ed.), *Theological Perspectives on Church Growth* (Philadelphia: Presbyterian and Reformed, 1977).

consumidores de música contemporânea) ao invés de ser promovida para que as pessoas levantem os olhos para o céu para cultuar corretamente o verdadeiro Deus. Ao invés de prepararmos pessoas para serem membros do sacerdócio real, da nação santa, povo de propriedade exclusiva de Deus, para aprenderem sobre o verdadeiro Deus e a vida eterna em Cristo Jesus, estamos estimulando essas pessoas a apurarem o paladar por aquilo que o entretenimento moderno já lhes apresentou. Antes que verdadeiros adoradores, estamos vendo pessoas preocupadas com o consumo musical e litúrgico, querendo ouvir o que lhes agrada, e não o que agrada a Deus.

Se perguntarmos aos proponentes do Movimento de Crescimento de Igreja, "por que muitas pessoas hoje não frequentam aos cultos?", a resposta pronta será: "porque a mensagem e as músicas não são apresentadas ao gosto do público. Nada é feito para que o público seja atraído aos cultos". A culpa toda recai sobre a falta de atualização ou contextualização da adoração cristã. Então, no afã de se ter a igreja lotada, tudo é formulado para agradar aos frequentadores em potencial. Esse é o método que os ministros ansiosos por sucesso logo buscam. Mas eles se esquecem de que as pessoas não adoram a Deus porque não o amam verdadeiramente, nem têm qualquer disposição para com o verdadeiro Deus, por causa da sua natureza pecaminosa, que é oposta a Deus. Elas amam a si mesmas e querem ser agradadas naquilo de que participam, quando Deus é quem deveria ser amado e agradado no culto que Lhe prestamos.

Atualmente, muitas pessoas, inclusive membros de igreja, não estão dispostas a usar a mente, o corpo, a alma, enfim todo o seu ser, numa congregação onde existe um sólido ensino da sã doutrina, uma pregação expositiva fiel da Santa Escritura e uma adoração racional e reverente. Elas preferem uma reunião em que a Palavra é deixada de lado, mas o "louvor" é a tônica, num encontro de fato movimentado, ao paladar do tempo presente. Não há o verdadeiro compromisso com o reino de Deus, mas, ainda assim, o crescimento da igreja é a maior preocupação do movimento que utiliza esse nome, mesmo que seja com o prejuízo de elementos fundamentais da verdadeira adoração e da sã doutrina.

O Movimento de Crescimento de Igreja tem se concentrado numa forma de culto ao gosto do espírito de nosso tempo e de uma evangelização barata, ao invés de ser o produto da obra soberana do Espírito de Deus no meio do seu povo, e dum posicionamento correto do seu povo para com a Palavra de Deus.

Contudo, todos os cristãos sensatos entendem que a igreja deve crescer qualitativa e quantitativamente. Qual é, então, o modo pelo qual uma igreja deve crescer? Precisamos de uma reforma ou de um reavivamento?

Esta pergunta não é a forma correta de levantar a questão. É absolutamente certo que precisamos de ambos em nossa igreja contemporânea. Estas duas coisas têm que andar necessariamente juntas. Do contrário, o reavivamento será um fracasso em termos de correção da verdade e a reforma poderá ser um fracasso porque a verdade poderá ser apresentada com aridez doutrinária. Portanto, há que se ter em mente as duas coisas para o bom andamento da igreja de Deus no final deste segundo milênio.

Estudemos a necessidade tanto da reforma quanto do reavivamento para o crescimento de nossas igrejas:

A NECESSIDADE DE REFORMA PARA O CRESCIMENTO DA IGREJA

Aqueles de nós que valorizam os acontecimentos espirituais extraordinários ocorridos durante a Reforma no século XVI, anseiam tê-los repetidos na igreja do tempo presente. Juntamo-nos a J. I. Packer, que disse:

> A palavra *Reforma* é mágica para o meu coração, assim como estou certo que é para o de vocês. Quando vocês falam em *Reforma*, imediatamente pensam naquele heróico tempo do século XVI, quando muitos eventos momentâneos aconteceram e que ainda brilham ardentemente em nossa imaginação.[2]

A Reforma foi um movimento histórico do século XVI, mas ela precisa acontecer de novo, sempre que necessária, na vida da igreja. Precisamos desesperadamente dela outra vez em nossas igrejas, porque estamos em tempo de confusão doutrinária, tempos de vacilação teológica, tempos de incerteza cúltica. Alguns ministros, porém, nem sequer sonham com uma reforma novamente. Provavelmente, eles acreditam possuir razões teológicas para essa posição.

Para tristeza nossa, o nome "Reforma" levanta suspeitas na mente de alguns ministros que querem o crescimento de igreja a qualquer custo, porque o nome "Reforma" relembra um estudo sério da Palavra, compromisso inequívoco com o reino de Deus, rompimento com o erro e com a falsa adoração. A ideia de reforma não é bem-vinda porque vai exigir dos ministros um estudo sério das suas posições, uma reavaliação da sua conduta litúrgica e teológica. Foi isto que a Reforma protestante exigiu dos ministros de Deus no século XVI. E nós estamos longe daquilo que foi proposto no passado. Não obstante a opinião deles, temos que dar uma grande ênfase à necessidade de verdadeira reforma na vida da igreja contemporânea. Muitas coisas da Reforma histórica já foram esquecidas e deixadas de lado. Temos que resgatar a nossa herança reformada e trazer de volta as belas coisas perdidas.

---

2   J. I. Packer, *Laid Back Religion?* (Leicester, England: Intervarsity Press, 1993), p. 145.

Definição de Reforma
Reforma é a descoberta da verdade bíblica que conduz à purificação da teologia. Ela envolve a redescoberta da Bíblia como o juiz e o guia de todo pensamento e ação; ela corrige os erros de interpretação; ela dá precisão, coerência e coragem para a confissão doutrinária; ela dá forma e energia à adoração corporativa do Deus triúno.[3]

É disto exatamente que precisamos para que a verdade de Deus seja honrada e o povo de Deus devidamente instruído. Quando Lutero foi confrontado com a verdade de Deus, ele nunca mais a abandonou. Mesmo quando ameaçado pelas autoridades religiosas do seu tempo, apegado ao paradigma da verdade de Deus, Lutero dizia:

> A menos que vocês provem para mim pela Escritura e pela razão que eu estou enganado, eu não posso e não me retratarei. Minha consciência é cativa à Palavra de Deus. Ir contra a minha consciência não é nem correto nem seguro. Aqui permaneço eu. Não há nada mais que eu possa fazer. Que Deus me ajude. Amém.[4]

O norte de uma reforma dentro da igreja de Deus está, inquestionavelmente, relacionado à volta aos princípios sadios de fé e prática, propostos pela Santa Escritura. A fé tem que ser fundamentada numa consciência cativa à Palavra, para que a verdadeira reforma aconteça em nosso meio.

Ao invés de analisarmos o evento da Reforma do século XVI, que alguns tomam como sendo simplesmente um evento humano, analisaremos uma reforma descrita na história inspirada da redenção, que teve exatamente as mesmas características da Reforma do século XVI, porque ambas foram causadas pelo mesmo Deus, o Espírito.

O exemplo bem claro do que acabamos de dizer está registrado na Escritura em eventos ocorridos no tempo do rei Josias (2Rs 22), que passo a analisar:

A redescoberta da verdade de Deus conduz à reforma da teologia.
Há períodos na vida da igreja em que a verdade de Deus fica escondida, ocasionando aridez, sequidão e distância de Deus. Um exemplo bem típico disto está na história da igreja do Antigo Testamento, nos tempos do rei Josias. Naqueles dias, os homens andavam às apalpadelas, sem o conhecimento da lei do Senhor, que lhes estava encoberta.

Ela estava escondida porque os homens ignoravam a verdade da Escritura. As pessoas comuns do povo nem sabiam da existência do Livro da Lei. E essa ausência da Palavra causa a distância de Deus.

---

3 Tom Nettles, "A Better Way: Church Growth Through Revival and Reformation", em Michael Horton (ed.), *Power Religion* (Chicago: Moody Press, 1992), p. 162.
4 Citado por Packer, *Laid Back Religion?*, p. 145.

Ela estava escondida por falta de interesse na Palavra. O povo ignorava a Lei de Deus porque a liderança não estava interessada nela. Se estivesse, ela procuraria uma cópia da Lei para dar ao povo, mas não havia qualquer interesse, da parte da classe dominante, em que as coisas fossem mudadas. A Lei de Deus, porém, quando levada em conta seriamente, causa mudanças nos paradigmas de um povo. Imaginem como os sacerdotes da época poderiam conduzir o povo de Israel sem o código de fé e prática. A que ponto pode chegar um povo sem a bússola que lhes aponta o norte! Por essa razão havia uma enorme impiedade no meio do povo.

Para que haja verdadeira reforma a Palavra tem que ser redescoberta. Mas o Livro da Lei foi descoberto "casualmente" pelo sacerdote Hilquias. Esta foi a missão do sacerdote Hilquias: "Então disse o sumo sacerdote Hilquias ao escrivão Safã: *Achei o Livro da Lei na casa do* SENHOR. Hilquias entregou o livro a Safã, e este o leu" (2Rs 22.8).

O Livro da Lei estava perdido dentro do próprio templo. Isso me faz lembrar a velha senhora que não lia a Bíblia porque havia perdido os óculos, quando estes haviam sido deixados dentro da própria Bíblia. Muitos ignoram a Escritura, quando ela está bem próxima deles, à disposição deles nos lugares onde vivem e adoram.

Os chamados "crentes", se é que são de Deus, têm que redescobrir o valor da Palavra de Deus. Para haver uma reforma genuína, é condição indispensável que haja uma redescoberta do valor da Santa Escritura.

Para que haja verdadeira reforma a Palavra tem que ser devidamente interpretada. Esta foi a missão da profetiza Hulda: "Ide, *consultai o* SENHOR *por mim, pelo povo e por todo o Judá, acerca das palavras deste livro que se achou*; porque grande é o furor do SENHOR, que se acendeu contra nós, porquanto nossos pais não deram ouvidos às palavras deste livro, para fazerem segundo tudo quanto de nós está escrito" (2 Rs 22.13).

Percebam que o rei Josias queria saber o significado correto daquilo que o Senhor havia escrito no Livro da Lei. Por essa razão, os homens do rei foram enviados à profetiza, para que ela lhes dissesse o *significado* das palavras do Livro da Lei. A palavra da profetiza ali era considerada cheia de autoridade, e ela sabia o sentido que o Senhor queria dar às palavras. Não é importante somente ler a Escritura, mas também entender o seu significado.

A situação da igreja hoje não é muito diferente da situação dos tempos do rei Josias. É verdade que a Bíblia não está escondida literalmente do mesmo modo como ficou no tempo de Josias, mas o seu real sentido e sua real mensagem estão escondidos de muitos crentes hoje. As pessoas têm a Bíblia à sua disposição, mas não conhecem o conteúdo real, nem possuem a hermenêutica correta para a sua devida interpretação. A reforma de uma igreja implica na redescoberta da Palavra de Deus. A *conditio sine qua non* para que a igreja cresça é o conhecimento correto da verdade de Deus. Os crentes, em geral, precisam redescobrir a verdade de Deus. Este é um desafio que todos nós precisamos aceitar.

Todos hoje usam a Escritura para defender os seus pressupostos. O grande problema, contudo, não é a citação da Escritura, mas o modo como a abordamos. A tarefa hermenêutica da igreja é algo supremamente determinante para o correto entendimento da verdade de Deus.

Para que haja verdadeira Reforma a Palavra tem que ser urgentemente proclamada. Esta era também a tarefa da Profetisa Hulda: "Ela lhes disse: *Assim diz o* SENHOR, o Deus de Israel: Dizei ao homem que vos enviou a mim: *Assim diz o* SENHOR: Eis que trarei males sobre este lugar, e sobre os seus moradores, a saber, todas as palavras do livro que leu o rei de Judá. Visto que me deixaram, e queimaram incenso a outros deuses, para me provocarem à ira com todas as obras das suas mãos, o meu furor se acendeu contra este lugar, e não se apagará" (2Rs 22.15-17).

A distância da Palavra de Deus faz com que um povo se afaste de Deus. Não é possível ter uma ética sadia sem que se conheça a Palavra do Senhor, que dita as normas de comportamento. Por essa ausência da Palavra o povo estava prestes a receber o castigo de Deus. A mensageira de Deus não teve nenhum constrangimento em trazer a verdade da Palavra aos seus contemporâneos. Era uma mensagem dura, mas eles precisavam ouvir o que Deus lhes tinha a dizer. A reforma proposta pela Palavra de Deus tem que ser urgentemente proclamada por aqueles a quem Deus chama para serem ministros da sua Palavra.

A missão de trazer de volta a Palavra de Deus ao povo está na responsabilidade dos verdadeiros ministros da Palavra, aqueles que lidam hoje com o ensino e com a pregação, que são os profetas de Deus. Se os ministros negligenciarem o ensino e a pregação fiel daquilo que o Senhor diz, jamais a igreja será Reformada.

Para que haja verdadeira Reforma tem que haver arrependimento de pecados. Esta foi a tarefa de Josias: "*Porquanto o teu coração se enterneceu, e te humilhaste perante o* SENHOR, quando ouviste o que falei contra este lugar, e contra os seus moradores, que seriam para assolação e para maldição, *e rasgaste as tuas vestes, e choraste perante mim*, também eu te ouvi, diz o SENHOR (2 Rs 22.19).

Josias foi o primeiro a arrepender-se de seu pecado de ignorância da verdade de Deus. O versículo 19 foi dito ao rei Josias, e o que aconteceu a ele, veio a acontecer ao seu povo. Foi um arrependimento produto da obra do Espírito de Deus no rei e nos seus súditos.

Essas coisas não devem ser diferentes hoje. A igreja de Deus tem que se voltar para Ele, tem que chorar o seu pecado de ignorância da Santa Escritura. Somente quando houver verdadeiro arrependimento é que a Reforma terá sido eficazmente processada.

Não há crescimento quantitativo nem qualitativo da igreja sem que haja a *redescoberta* da verdade de Deus, sem que haja a *interpretação correta* da Palavra de Deus, sem que haja a *proclamação fiel* dela e o consequente *genuíno arrependimento* de pecados, como produto das três primeiras proposições.

O crescimento genuíno da igreja está vinculado a estas reformas que a Palavra de Deus traz. É tolice pensar em crescimento da igreja sem que a base ou o fundamento estabelecido pelos apóstolos e profetas seja devidamente *redescoberto, interpretado, proclamado e crido*. Sem estas coisas há o inchaço, não o genuíno crescimento da igreja.

O segundo grande acontecimento da vida do povo de Deus adveio da reforma da teologia:

A reforma da teologia conduz à reforma da verdadeira adoração
Uma teologia sadia leva à prática sadia. Nos tempos de Josias o culto estava deturpado por causa de uma teologia destituída da verdade da Palavra de Deus. Este é o resultado natural mesmo nos dias de hoje. Quando se abandona o ensino da Escritura, quebram-se os padrões de comportamento de um povo, inclusive os elementos constituintes da verdadeira adoração.

Depois da descoberta, da interpretação correta e da proclamação da Palavra de Deus, e o consequente arrependimento da liderança do povo, houve algumas alterações muito preciosas no culto que o povo passou a prestar a Deus:

A primeira atitude tomada pelo rei Josias foi convocar todo o povo para que subisse à casa de Deus, para ouvir a leitura do livro da Palavra de Deus que fora encontrado por Hilquias (2Rs 23.2). Após ouvirem a leitura, o rei e todo povo se dispuseram a seguir a Palavra do Senhor de todo o coração e de toda a alma. A beleza dessa atitude é que o povo se dispôs a obedecer a *todas as palavras*, e não somente aos textos que combinavam com o que eles pensavam (2Rs 23.4).

O resultado principal dessa disposição de obediência, após ouvirem a leitura e a interpretação correta da Palavra, foi a reforma do culto. O culto é essencial para a vida da igreja. Não pensem os caros leitores que o culto é de somenos importância. É no culto que ensinamos e aprendemos. Nos hinos e nos coros é que somos mais indelevelmente marcados doutrinariamente. Portanto, o culto tem uma importância fundamental para a nossa fé. Nesse caso, podemos afirmar categoricamente que, em razão de muitas coisas que estamos percebendo nas reuniões de nossas igrejas, a reforma do culto é extremamente necessária para a vida sadia da igreja cristã.

Para que haja a restauração da verdadeira adoração à luz da verdade bíblica, algumas providências têm que ser tomadas:

A eliminação do que é errado do culto.

Estas atitudes do rei foram muito duras, mas extremamente necessárias. Provera a Deus que as autoridades eclesiásticas tivessem a mesma santa energia para tomar as providências necessárias para sanar os males existentes na presente adoração cristã, para o benefício do povo de Deus, e para a honra dEle.

(1) *A eliminação dos sacerdotes que ministravam no culto pagão* (2Rs 23.5). Está evidente no texto sagrado que a atitude extrema do rei Josias com relação aos sacerdotes idólatras, isto é, a sua eliminação do meio do povo de Deus (2Rs 23.20), não está em consonância com o espírito do tempo presente, mas ao menos podemos dizer que temos que reagir fortemente aos homens que tentam implantar algo que não combina com o que Deus prescreve na Sua Palavra com respeito ao culto. Não se pode ficar passivo quando está em jogo o verdadeiro culto a Deus.

O que Josias fez com relação aos sacerdotes que não cultuavam verdadeiramente a Deus é algo que as autoridades eclesiásticas deveriam fazer. Os ministros infiéis no serviço do culto deveriam ser destituídos de sua função, por não obedecerem aos padrões gerais devidamente estabelecidos pela Escritura. Há muitos ministros que fazem o que bem entendem e ninguém lhes põe a mão. Andam à vontade, gesticulam como lhes agrada e agem como agrada ao povo. A falta não é somente dos que erroneamente inovam no serviço divino, mas também daqueles que fazem vista grossa ou que não possuem a devida coerência e noção da disciplina cristã para destituírem esses ministros de suas funções.

(2) *A eliminação dos objetos e utensílios usados no culto pagão* (2Rs 23.4, 6-7). Tudo o que é estranho ao culto do Senhor deve ser eliminado dos lugares de verdadeira adoração. Deus deveria ser adorado com os instrumentos prescritos por Ele próprio. Era assim a regra para os cultos prescritos na Escritura do Antigo Testamento. Todos os objetos que eram estranhos ao culto divino, por pertencerem aos cultos de deuses estranhos, deviam ser terminantemente abolidos do templo e das atividades cúlticas.

Hoje, nos tempos da adoração cristã, devemos ter o mesmo cuidado e o mesmo zelo. Não existe a idolatria nos mesmos moldes daquela época, mas há coisas que se evidenciam bastante estranhas ao culto de nosso Deus e do Salvador Jesus Cristo. Não me refiro simplesmente a objetos como os mencionados no texto analisado, embora os leitores já tenham ouvido de lenços ou copos de água serem ungidos, ou ainda óleo trazido de Israel servindo de amuleto para a cura de muita gente, ou ainda vinho de Israel, e coisas que tais. Com relação ao culto, então, há a introdução de elementos estranhos que são uma imitação clara daquilo que é usado para as mais loucas manifestações musicais de que se têm notícia em todas as épocas, músicas essas que servem não só para o entretenimento, mas também para manifestações cúlticas ligadas ao maligno. Certamente há algumas coisas que precisam ser revistas em nossa adoração hoje. O problema não é de simples inovação, mas também é de desprezo ao que é antigo, um desprezo à história, ao que nossos ancestrais na fé nos legaram, que podem perfeitamente ser preservados. Da mesma forma que no tempo de Josias os sacerdotes se esqueceram das prescrições antigas, assim os de hoje se esquecem, também.

(3) *A eliminação dos altares que eram usados para o culto pagão* (2Rs 23.8-15). Josias também aboliu as cerimônias pagãs que campeavam em todo o seu reino. Num tempo assim, as reformas tinham que ser drásticas. Não havia meio de se suportar elementos dos cultos pagãos misturados com o santo culto divino.

As reformas propostas por Josias foram radicais e, consequentemente, benéficas para todo o povo. Antes de reimplantar o que era santo, Josias teve que eliminar o que era impuro. Esta era uma atitude óbvia. Não há modo de se implantar o certo sem retirar o errado.

É assim que a igreja de Cristo tem que proceder. Não podemos mais tolerar aqueles que querem permanecer no nosso meio alterando aquilo que é certo pelo errado, e ainda colocando-nos na posição de errados, como se estivéssemos na qualidade de "coisas antigas", coisas ultrapassadas. Antiguidade não é sinônimo de obsolescência. Se assim fosse, o que haveríamos de fazer com o evangelho? Se o problema é a importação de cultura estrangeira, a americanização ou a europeização em nosso culto, temos de abandonar a cultura judaico-cristã, que tanto influenciou a nossa maneira de pensar e de cultuar a Deus. O que é estranho ao culto cristão tem que ser tirado, não as influências benéficas que recebemos de outros povos que nos trouxeram o santo evangelho.

A restauração do que é certo no culto divino.

Na reforma do culto, não houve a necessidade de inovação, mas da restauração daquilo que era antigo e verdadeiro. Essas coisas precisavam ser trazidas de volta. Eles haviam se esquecido das santas prescrições, das ordenanças antigas da Palavra de Deus. Josias ordenou a volta da celebração cerimoniosa da Páscoa, o ritual que lhes lembrava a redenção (2Rs 23.21-22)! Aquele momento de culto foi o mais significativo de todas as celebrações desde os dias dos juízes de Israel. Eles celebraram a páscoa do Senhor conforme estava prescrito no livro do Pacto, que provavelmente era o Pentateuco. As celebrações cúlticas devem sempre ser de acordo com as regras de Deus: há preceitos gerais estabelecidos, há regras a serem obedecidas. E elas são bem antigas. Tudo deveria ser feito com ordem e decência, para que o Senhor fosse honrado pela maneira dos homens Lhe cultuarem. Será que hoje tem que ser diferente?

Uma reforma, contudo, tem que ser acompanhada de um verdadeiro espírito de amor a Deus e de serviço cristão. A Reforma do século XVI não foi uma mera purificação teológica ou litúrgica, mas foi acompanhada e seguida de um doce espírito de amor a

Jesus Cristo, o Salvador, e um grande amor pelos pecadores ignorantes. Milhares de milhares foram trazidos a Cristo naquela época. O Espírito Santo varreu aquelas regiões onde a Reforma chegou. Sem dúvida, foi um tempo de grande reavivamento espiritual.

Um período de reavivamento costumeiramente é precedido de um período de reforma. Um reavivamento sem reforma pode trazer distúrbios teológicos muito grandes, assim como uma reforma sem reavivamento pode ser comparado ao que aconteceu à igreja de Éfeso, que possuía solidez doutrinária, mas sem o primeiro amor (Ap 2.2-4).

A Escritura inspirada tem exemplos dessa natureza. Um deles é o acontecido nos tempos do rei Asa. A reforma que veio ao povo de Israel nos tempos do rei Asa durou algum tempo antes do reavivamento começar. Primeiro, Asa fez as reformas religiosas instando o povo a buscar a Palavra do Senhor (2Cr 14.4), fazendo também a reforma do culto (como no tempo de Josias), que constou da derrubada dos altares (2Cr 14.3, 5). Após essa reforma que trouxe prosperidade ao povo (2Cr 14.6-7) e vitória sobre as outras nações inimigas (2Cr 14.9-15), começou o despertamento espiritual do povo, a começar do rei.

Este orou humildemente ao Senhor, confessando a impotência deles e o poder ilimitado de Deus (2Cr 14.11). A reforma pode começar com o apego à Lei de Deus, que leva aos atos de retidão, mas o reavivamento começa no coração das pessoas com o senso de sua própria impotência e o consequente reconhecimento do poder de Deus. Por isso é dito que Asa "clamou ao SENHOR". Estas não são palavras jogadas ao vento. Elas expressam o grito inquieto de um coração anelante de Deus e reconhecimento que de Deus vêm todas as coisas, e que a Ele deve ser dada a glória de todas as coisas. O reavivamento do tempo de Asa também foi vinculado à Palavra de Deus que veio ao povo. Isto aconteceu através do profeta Azarias (2Cr 15.1). Após a palavra profética de Deus, houve grande alegria no meio do povo, porque eles aprenderam que Deus manda reavivamento não somente quando o povo está abatido, mas também quando o povo está cheio de vitórias e de coragem (2Cr 15.1-19).

A NECESSIDADE DE REAVIVAMENTO PARA O CRESCIMENTO DA IGREJA

A palavra "reavivamento" soa mais docemente aos ouvidos dos crentes hoje por causa dos santos anelos de vigor espiritual que muitos crentes realmente possuem, mas infelizmente, esse termo tem sido usado impropriamente por alguns advogados aficionados ao movimento do crescimento da igreja. Precisamos desesperadamente de um reavivamento genuíno, e é por isto que verdadeiramente oramos. Sem ele, a igreja do tempo presente, sob muitas pressões teológicas e litúrgicas estranhas de todos os lados, está destinada ao amargamento ou ao conservadorismo árido, do qual todos nós queremos ficar longe.

Definição de reavivamento
Uma definição de reavivamento pode ter várias conotações, dependendo do ângulo abordado. Um reavivamento tem tantas facetas maravilhosas, que poucos podem defini-lo exaustivamente.

O historiador da igreja James Buchanan disse que "reavivamento é a comunicação da vida àqueles que estão mortos, e a comunicação da saúde àqueles que estão moribundos".[5] Esta é uma ideia absolutamente correta, mas reavivamento vai muito mais além disso.

Alguns têm confundido reavivamento com campanhas evangelísticas ou com conferências missionárias. Essas coisas são organizadas pelos homens e Deus pode abençoá-las ou não. Um reavivamento também não é um movimento onde muitas pessoas se encontram para um entretenimento religioso, para que multidões fiquem delirantes com as músicas cantadas e loucamente executadas pela parafernália instrumental muito comum hodiernamente, levantando as mãos, como sinônimo de adoração verdadeira. Estas coisas atingem somente um grupo de interessados e amantes das coisas que são apresentadas. Diferentemente de tudo isso, reavivamento é algo provocado pelo Espírito Santo, não o produto daquilo que os homens fazem. Reavivamento é uma onda do Espírito que varre sem que alguém tenha domínio sobre o que Ele faz.

O sentido estrito de reavivamento
Estritamente falando, reavivamento é algo que acontece unicamente no meio da igreja, pois a própria palavra trata de tornar vivo aquilo que já vivera antes. Reavivamento é uma palavra da igreja; ela tem a ver com o povo de Deus. Você não pode reavivar o mundo; ele está morto em delitos e pecados; você não pode reavivar um cadáver. Mas você pode revitalizar onde há vida.[6]

Neste sentido, a igreja amortecida e tristemente doente é a beneficiária direta do reavivamento.

O sentido lato de reavivamento
Contudo, falando de um modo mais lato, o reavivamento é o movimento de Deus no meio do Seu povo, mas que tem um impacto extremamente positivo na comunidade onde o povo de Deus vive. As pessoas em geral, nunca dantes interessadas em coisas espirituais, voltam-se para Deus num ato-resposta de fé à Sua maravilhosa atuação.

Reavivamento é a restauração graciosa daquele primeiro amor, do entusiasmo do crente pela expansão do reino, do desejo de viver santamente por amor a Deus, coisas essas

---

5 Citado por Brian H. Edwards, *Revival! A People Saturated with God* (England: Evangelical Press, 1990), p. 26.
6 *Ibid.*, p. 27.

que têm sido perdidas na igreja de Deus no correr dos anos, e também consiste no doar divino de uma disposição espiritual intensa e extensa àqueles que nunca tiveram qualquer interesse nas coisas de Deus. Em outras palavras, o reavivamento começa na igreja e termina na comunidade maior onde ela vive. Os efeitos do reavivamento são muito mais perceptíveis nas mudanças morais que acontecem na região ou num país onde ele acontece. Ele não se limita simplesmente aos membros das igrejas atingidas pela obra de Deus. Ele causa impacto em toda a comunidade onde a igreja de Deus está inserida.

Características de um verdadeiro reavivamento

Ênfase na Palavra de Deus. Um reavivamento que é produto da obra do Espírito Santo na igreja, certamente, tem sua ênfase naquilo que tem sido esquecido por muito tempo: a Palavra de Deus. A autoridade da Palavra de Deus passa a ser algo extremamente forte num movimento genuíno de reavivamento. A Bíblia passa novamente a ser honrada como a única Palavra inspirada de Deus.

A reforma religiosa e o despertamento espiritual estão intimamente ligados à busca que o povo tem da Palavra do Senhor. O rei Asa "ordenou a Judá que buscasse o Senhor Deus de seus pais, e que se observasse a lei e o mandamento" (2Cr 14.4). Um reavivamento sem a palavra fica sem norte, sem um rumo a seguir. Por isso, os grandes homens de Deus em tempos de reavivamento sempre conduziram o povo dentro das prescrições das Santas Escrituras.

Experiência aplicada da Palavra de Deus. Os ensinos da Bíblia não são verdades que atingem meramente o intelecto, mas que descem ao coração, fazendo com que se evidenciem em matéria prática de vida. Nas palavras de Nettles, "reavivamento é a aplicação da verdade da Reforma à experiência humana".[7] Via de regra, um reavivamento genuíno vem com a internalização das doutrinas apreendidas pela Reforma. Uma igreja e uma comunidade atingidas pelo Espírito de Deus possuem a verdade descoberta na Reforma experiencialmente crida e vivida pelos seus membros.

O reavivamento é a descida ao coração humano da verdade de Deus que está clara na Escritura, por obra do Espírito Santo. É a teoria tornada experiência. A maioria dos grandes despertamentos espirituais mencionados na Escritura é uma preciosa combinação de verdadeira reforma e reavivamento.

Desejo pelas realidades eternas prometidas na Palavra de Deus. As pessoas atingidas pela obra do Espírito passam a viver santamente, tendo seriedade com as verdades das Escrituras como um todo e levam a sério o destino eterno delas. Um senso de profundo arrependimento pelos pecados e anelos de santidade enchem o coração dos atingidos pelo reavivamento. Isso diz respeito à vida dos crentes que até então estavam amortecidos.

---

7 Nettles, "A Better Way", p. 166.

Com respeito à comunidade maior, aos alienados da igreja, surge uma preocupação pelas coisas espirituais nunca outrora vista. O espírito de seriedade para com o destino eterno dessas pessoas é produto direto de uma ação de Deus nelas. Então, elas passam a buscar a verdade e a ter um real desejo da salvação em Cristo. O evangelho lhes é pregado, e muitos são trazidos a Cristo Jesus.

As pessoas são impactadas por uma obra repentina de Deus. O Antigo Testamento está cheio de exemplos da atuação especial de Deus na vida do povo. O texto de 2Crônicas 29.36 nos dá uma descrição típica de um reavivamento, porque nos diz que Deus fez algo *subitamente* no meio do povo. Um reavivamento não é provocado por nada neste mundo e, frequentemente, nem é esperado. Ele vem de repente, numa manifestação graciosa do Todo-Poderoso. Ele simplesmente acontece! A igreja não pode criar reavivamento. Ele é obra exclusiva de Deus, o Senhor.

Quando há esse impacto da obra do Espírito de Deus na vida da igreja e da comunidade maior, os resultados imediatos do reavivamento na vida da igreja e da comunidade são sentidos: senso inequívoco da presença de Deus; oração fervente e louvor sincero; convicção de pecado na vida das pessoas; desejo profundo de santidade de vida; aumento perceptível no desejo de pregação do evangelho.

A NECESSIDADE DE REFORMA E REAVIVAMENTO JUNTOS

Não há meio de se separar reforma de reavivamento. São irmãos gêmeos nas grandes obras de Deus. Esta talvez seja a ênfase que mais nos interessa neste momento, porque as muitas coisas que estão acontecendo no meio da igreja brasileira necessitam de uma definição como esta, que lhes faça plena justiça.

Quando falamos de crescimento de igreja, temos que olhá-lo como uma moeda com dois lados. De um lado é a reforma; do outro o reavivamento. A primeira traz a solidez e a pureza doutrinárias, elementos essenciais para que a igreja cresça *qualitativamente*; a segunda traz a verdade doutrinária extrema viva e ardente em nossos corações, impulsionando o povo de Deus a uma vida limpa e de testemunho sincero e voluntário da experiência vivida com Deus e a pujante proclamação da verdade da Escritura, elementos absolutamente vitais para o crescimento da igreja. Isto faz com que a igreja também cresça *quantitativamente*. Perceba que os dois elementos, reforma e reavivamento, são entrelaçados e inseparáveis, porque são causados pelo mesmo Deus. Não há volta à verdade sem Deus e muito menos amor à verdade sem Ele. O curioso é que esses dois elementos estavam presentes em todos os grandes movimentos da história do povo de Deus no Antigo Testamento, no Novo Testamento, na Reforma protestante do século XVI, no período dos puritanos, do pietismo e do metodismo, além dos reavivamentos posteriores na Grã-Bretanha e nos Estados Unidos.

Reforma e reavivamento dizem respeito à volta às antigas e sãs doutrinas e zelo ardente e cheio de amor por elas e pelo povo de Deus. Não é disso que precisamos novamente? Ainda pairam dúvidas na mente dos leitores sobre a necessidade dessa "dobradinha" de Deus, reforma e reavivamento, para que haja o crescimento genuíno da igreja no Brasil? Por que, então, continuar na ênfase de movimentos que não trazem crescimento qualitativo? Isso não é justo para com o povo de Deus e, muito menos, com o Deus desse povo, de quem tanto precisamos!

CONCLUSÃO

A tônica tanto de reforma como de reavivamento é vinculada à Palavra de Deus. A Palavra de Deus é referencial tanto para uma coisa quanto para outra. A Escritura é a norma de conduta para toda a igreja, e, quando o Espírito a usa como a espada, ela causa tanto a purificação da doutrina na reforma como a descida dessas verdades à experiência cristã no reavivamento.

Portanto, embora reforma e reavivamento sejam absolutamente necessários para a vida do povo de Deus, logicamente aquela precede este. Cada um desses movimentos de *per se* não basta. É necessário que um venha acompanhado do outro. Esse foi o caso de Asa, mas sempre deverá ser a regra em todos os casos para que haja equilíbrio, sensatez, e a verdade seja manifesta de uma forma experiencial.

Numa reforma sem reavivamento pode haver uma exatidão dos conceitos, mas certamente haverá aridez no pensamento; num reavivamento sem reforma, poderá haver o desequilíbrio emocional e o perigo da distorção da verdade. Na verdade, estas coisas vêm juntas, inseparáveis, como dois dons gêmeos de Deus para o enriquecimento do Seu povo. O poder de Deus num reavivamento tem que ser experimentado à luz das próprias diretrizes doutrinárias que têm origem numa reforma teológica e litúrgica sadias, baseadas na Santa Escritura.

Essas duas coisas absolutamente necessárias para a vida sadia da igreja são causadas pelo Espírito Santo, mediante o uso de Sua Palavra. Perceba que é difícil estabelecer uma linha divisória absoluta entre reavivamento e reforma. Por isso, ambos devem andar juntos e inseparáveis.

O que você pode fazer para que essa dobradinha de Deus venha em sua igreja? Comece a estudar a Escritura muito seriamente. Leve em conta tudo o que Deus diz em Sua Palavra. De resto, continue em compasso de esperança, mas fazendo o que fez Habacuque, dizendo incansavelmente: "Aviva Senhor a tua obra, ó Senhor, no decorrer dos anos, e no decurso dos anos, faze-a conhecida; na tua ira, lembra-te da misericórdia" (Hc 3.2).

CAPÍTULO 22

A REVITALIZAÇÃO DA IGREJA

LEONARDO SAHIUM

O assunto é novo e altamente relevante. Não existe aqui a menor pretensão de se exaurir todo o conteúdo de uma área tão vasta da eclesiologia. Aqui está apenas um pouco daquilo que pretendemos propor como um caminho para discutir passo a passo aquilo que é vital para todos nós, como igreja, o povo de Deus.

Não são poucas as igrejas que estão passando por momentos de crise no Brasil. Nossas lideranças abrem o caderno de queixas e expõem com muita transparência toda sua dificuldade em manter a igreja no rumo certo. Alguns estão enfrentando crise com seus pastores, outros com os presbíteros, diáconos, professores de escola dominical, líderes de louvor, jovens e outros grupos. A lista é grande e variada. Encontramos igrejas com dúvidas doutrinárias, pendências disciplinares e polêmicas litúrgicas.

O resultado de todo este universo em conflito é o desencanto pela própria igreja. A "instituição" sofre ataques dentro e fora de seus muros. A luta é quase desigual, se não fosse um pequeno detalhe: "Maior é aquele que está em vós do que aquele está no mundo" (1Jo 4.4)

A maior denominação brasileira hoje é a igreja do *"já fui"*. Milhares de pessoas que viveram a vida comunitária deixaram de seguir o caminho da comunhão porque se decepcionaram com suas igrejas. Na maioria das vezes as queixas parecem legítimas, e, por inúmeros fatores diferentes, tantos acabam abandonando sua caminhada como membros de uma igreja cristã. Quando são perguntados sobre sua condição e confissão, respondem com sorriso amarelo, *"já fui crente, mas hoje..."*

Podemos ouvir isso no táxi, nos aeroportos, no metrô, em um jantar ou almoço com pessoas conhecidas e desconhecidas. Esta eclesiologia da fuga sinaliza o grave problema de muitas igrejas. Um grande número de pessoas que entram e saem pelas portas do local de culto geram um fluxo constante que inviabiliza uma comunhão mais profunda com Deus.

Diante deste fato existem três tipos de liderança. A primeira é a liderança que não percebe que algo está errado. Para estes a igreja está bem, e é muito comum ver igrejas enfrentarem problemas que estavam claros aos olhos de muitos membros, mas totalmente encobertos para sua liderança. O segundo é um grupo de líderes que reconhece as dificuldades, mas não querem se envolver para solucioná-los. Resolver problemas dá muito trabalho; então, na visão destes, o ideal é ignorá-los e esperar que o tempo resolva a situação pendente. Neste caso, o melhor é chamar o pastor e passar a bola para ele. Já o útimo grupo reconhece que não existe uma igreja perfeita. Mesmo felizes com o seu estado atual, desejam servir melhor ao Senhor da Igreja. Estes encaram os problemas, determinam as prioridades e se comprometem com a preservação do que é essencial. Sabem que devem trabalhar pela manutenção do que já está bom, mas ao mesmo tempo se empenham para mudar o que precisa ser mudado. São pessoas que amam a Deus e querem serví-lo com muita disposição, oferecendo-lhe o melhor de suas vidas.

A igreja brasileira precisa de uma liderança com visão e valores sólidos, construídos sobre a rocha, que é Cristo. Viver no centro da vontade de Deus é viver com integridade. John MacArthur Jr. comenta: "Em nenhum outro lugar a integridade é mais necessária que na liderança da igreja, porque o líder espiritual tem de manter a integridade para firmar um exemplo confiável a ser seguido. Mesmo assim, há muitos líderes a quem falta integridade e que são, por definição, hipócritas".[1]

O ministério de revitalização de igrejas é um desafio de se reconciliar a igreja com o projeto original de Deus para ela. Deus tem grandes planos para seu povo. Ele capacitou homens e mulheres para viver esta missão. Este capítulo parte do pressuposto de uma liderança que não tem problemas com a falta de integridade, mas apenas deseja revitalizar sua igreja.

O QUE É REVITALIZAÇÃO?

Entendendo a diferença entre revitalizar e ressuscitar
Revitalizar não é ressuscitar. A igreja é o corpo de Cristo (Ef 1.23; Cl 1.18). A igreja

---

1 John MacArthur Jr., *O poder da integridade* (São Paulo: Cultura Cristã, 2001), p. 9.

de Cristo é o Seu povo reunido por Sua graça para viver a realidade do Reino de Deus (1Co 3.16; Ef 2.21-22; 1Pe 2.5). Em 1Timóteo 3.15 a igreja é chamada de coluna e baluarte da verdade. Berkhof define esta vida na igreja quando diz: "A igreja forma uma unidade espiritual da qual Cristo é o Chefe divino. É animada por um Espírito, o Espírito de Cristo; professa uma fé, comparte uma esperança e serve a um só Rei. É a cidadela da verdade e a agência de Deus para comunicar aos crentes todas as bênçãos espirituais. Como corpo de Cristo, está destinada a refletir a glória de Deus como esta se vê manifestada na obra de redenção".[2]

Como corpo de Cristo a igreja não pode morrer, portanto, não podemos ressuscitar a igreja. Mas como corpo de Cristo a igreja pode desafalecer, perder sua força, adoecer e ficar quase inoperante. Quando observamos as cartas às igrejas do Apocalipse, percebemos que nenhuma delas está morta, apesar de seus inúmeros problemas. A igreja em Éfeso, mesmo tendo abandonado o primeiro amor (Ap 2.4), ainda estava viva. A igreja em Esmirna enfrentava tribulação e pobreza (Ap 2.9). A igreja em Pérgamo estava doutrinariamante doente (Ap 2.14-16). A igreja em Tiatira era idólatra e materialista (Ap 2.20). A igreja em Sardes tinha deixado seu nome morrer, mas ainda estava viva e é convocada por Deus para vigiar e consolidar o resto que estava para morrer (Ap 3.1-2). Ou seja, a mensagem é de revitalização. A igreja em Filadélfia, mesmo com pouca força, ainda estava viva (Ap 3.8). Finalmente, a igreja em Laodicéia vivia uma enfermidade muito comum, a soberba, sendo repreendida por isso (Ap 3.17).

Mesmo com tantos problemas, com características tão distintas, a igreja de Cristo não está morta. Quando uma igreja em um bairro fecha suas portas e declara seu fim naquele lugar, isso não significa que a igreja de Cristo está morta. O fim de um trabalho em uma cidade ou bairro é apenas um sintoma de uma enfermidade localizada, que precisa ser tratada. A igreja de Jesus Cristo não precisa de ressurreição, pois ela está viva e ativa por todo este vasto mundo que Ele criou e sustenta.

Revitalizar uma igreja local é trazer vida de novo! Uma igreja local, quando nasce em uma cidade, é fruto de um sonho compartilhado. Homens, mulheres e crianças que experimentaram um encontro transformador com Deus, pela Sua imensa graça e misericórida, desejam agora congregar, compartilhar as maravilhas da Palavra de Deus e da comunhão do Espírito Santo. Querem servir ao Deus trino com inteireza de coração e alma. Deus capacita estes membros com dons espirituais e faz deles um testemunho vivo daquilo que Jesus Cristo chamou de vida abundante (Jo 10.10). A verdade que liberta (Jo 8.32) invadiu todo o ser destes que agora desejam viver a vida como igreja de Jesus Cristo naquela cidade.

Os sonhos são construídos nas conversas da caminhada cristã, no partir do pão,

---

2   Louis Berkhof, *Teologia Sistemática* (Campinas: LPC, 1990), p. 568.

nas orações e na adoração. A igreja canta e se encanta. Logo a porta aberta do local de culto se torna pequena. Os bancos estão cheios e a igreja cresce. O púlpito transmite a Palavra de Deus com entusiasmo e o povo aguarda o alimento que vem de Deus. Uma igreja nova é cheia de vida, entusiasmo!

Aos poucos algo acontece. Com o crescimento que vem de Deus (1Co 3.6) alguns problemas surgem. A igreja mostra sua diversidade e pluralidade: crianças, pré-adolescentes, adolescentes, jovens, adultos, casais jovens, casais com filhos, casais sem filhos, viúvos, solteiros, divorciados, terceira idade, enfermos, novos na fé, pessoas com problemas financeiros, existenciais, emocionais e por fim os que se dizem crentes e não são. Pronto! Coloque tudo isso junto e você terá um pouco do que é a igreja. Com uma demanda desta ordem é óbvio que os problemas irão surgir. Todos desejam legitimamente contribuir para o crescimento e a saúde da igreja. Nesta busca as propostas se multiplicam. Alguns querem uma igreja com forte ênfase na evangelização, mas outros desejam uma ênfase no ensino. Alguns querem uma igreja que realize boas obras e outros desejam uma igreja que seja mais voltada para a adoração, com um culto cheio de músicas e apresentações. Como um rio que corre entre montanhas e que se torna cada vez mais estreito e apertado por elas, a igreja exige uma resposta, um caminho, um projeto. O tempo passa e esta igreja local perde sua vitalidade, sua força e seu ânimo.

Pelos corredores, reuniões de oração, encontros de liderança, retiros e acampamentos, o que se ouve é a necessidade de uma ação rápida e eficaz, mas a pergunta é sempre a mesma: O que fazer?

As propostas mais comuns
Vamos trocar de pastor. Nada é mais frágil que o púlpito. Na verdade existem dois púlpitos nas igrejas. Existe o púlpito real, de madeira, acrílico ou qualquer outro material. Este é visível, palpável, passivo de contemplação. Mas existe outro púlpito nas igrejas: o púlpito invisível, frágil, tímido, passível de quedas e contradições. Este ninguém pode identificar quando entra na igreja. Este demora anos para se conhecer e, assim mesmo, só é possível conhecê-lo se você estiver intimamente próximo ao seu condutor, o pastor. Nos momentos mais complicados da vida de uma igreja, as palavras que saem do púlpito real saíram primeiro do coração do púlpito invisível. Este último é conhecido nas reuniões entre a liderança e seu pastor. Ali se delimitam as normas, os assuntos e os rumos da igreja. Ao contrário do que se possa imaginar, não existe dolo, engano e maldade neste púlpito invisível. O que existe é preocupação com o rebanho. Mas nem sempre a liderança está coesa, concorda com os projetos elaborados e aí está o risco. Quando não existem comunhão e unidade nos projetos deste púlpito invisível, o púlpito real se abala, trinca, racha e se despedaça na presença de todos. Como é triste ver um púlpito ser destruído

na presença de seus membros.

Por outro lado, é fundamental resgatar a figura autoritativa do pastor. Na busca de uma democratização nas igrejas em todas as áreas da administração eclesiástica, a figura do pastor acabou sendo reduzida a uma liderança meramente representativa. Em muitos casos, o pastor tem pouca influência na administração da igreja. Imagine o seguinte quadro: o membro da igreja reclama ao pastor que um determinado setor da igreja está precisando de uma intervenção rápida. Para o membro a questão já está caminhando para a solução; afinal, ele falou com a autoridade maior da igreja. Acontece que o pastor não tem autonomia para resolver aquele assunto tão simples. Resultado: inicia-se uma peregrinação que dura vários dias, com várias visitas e tempo desprendido para chegar a um consenso sobre o pedido do membro. Os dias passam, nada acontece, experimenta-se uma aparente procrastinação e o membro acaba por estabelecer em seu coração a ideia de que o pastor é o problema daquela igreja doente e ineficiente.

Outro caso comum é aquele que o pastor é de fato o problema na igreja. Fazer um ministério ineficiente é muito mais fácil do que torná-lo produtivo na seara de Deus. Como? Basta o pastor esquecer-se de seu chamado e criar um falso perfil de trabalho ministerial. Este perfil falso é aquele que busca a glorificação do servo no lugar do Senhor Jesus Cristo. Alguns acreditam, erroneamente, que promover seu nome e ministério é a mesma coisa que alcançar pessoas para Cristo. Esta armadilha tem conduzido alguns pastores a um ministério personalista, egocêntrico e altamente vaidoso. Nesta busca de uma falsa projeção ministerial, a igreja local é relegada a segundo plano, o cuidado das ovelhas é esquecido e o púlpito revelará passo a passo o distanciamento do pastor com a vida diária de suas ovelhas. Neste caso, a crise se instala. Ovelhas não ficam sem pastor. Seja o titular da função na igreja local ou o pregador da televisão, alguém irá guiar as ovelhas.

Vamos sair da denominação. Outra solução proposta e muito comum para os problemas de uma igreja local é o desejo de abandonar a denominação. É muito fácil culpar a denominação pelos problemas de uma igreja local. Afinal de contas, uma denominação não pode se defender. Qualquer ataque, crítica ou culpa que lhe for atribuída ficará sem resposta. Poderão surgir alguns defensores da denominação, mas eles não estão autorizados a responder por ela como uma instituição, logo, sua força de argumentação será perdida. Culpar uma denominação pela inoperância de uma igreja local é como oferecer um paliativo para uma enfermidade muito séria. O pastor e médico Martin Lloyd Jones escreveu sobre a importância de se tratar de um assunto de maneira definitiva e não com subterfúgios. Ele diz:

É pesquisando os sintomas e seguindo as indicações que eles dão é que chegamos à enfermidade que deu origem aos sintomas. Por conseguinte, se você tão somente remover os sintomas, antes de haver descoberto a sua causa de origem, na realidade você estará prejudicando o paciente, porque lhe está conferindo um alívio temporário que o faz imaginar que tudo vai bem. Mas nem tudo vai bem, porquanto se trata apenas de uma alívio temporário, e a enfermidade continua presente, ainda está ali. Se porventura se tratar de uma apendicite aguda, ou algo semelhante a isso, quanto mais cedo o apêndice for retirado, melhor; mas, se tão somente tivermos aliviado o paciente, fazendo-o sentir-se melhor, sem cuidar da apendicite, estaremos abrindo caminho para um abcesso ou coisa ainda pior.[3]

Uma igreja local não sofre problemas de falta de vitalidade por causa de sua denominação. Uma denominação muito lenta em sua administração pode trazer prejuízos para a dinâmica de qualquer igreja, mas eles não serão tão expressivos a ponto de tirar a vitalidade de uma igreja local. Uma maneira de avaliar o impacto da denominação em uma igreja local é ver se outras igrejas da mesma denominação estão crescendo. Se alguma delas estiver crescendo e cheia de vitalidade, logo podemos concluir que a denominação, sozinha, não é responsável pela crise em uma igreja local. É óbvio que, em casos especiais, pode acontecer que uma interferência denominacional de grande porte prejudique o bom andamento de uma igreja local. Mas esta não é uma regra geral. Em resumo, não é saindo de sua denominação que a igreja local solucionará os problemas de falta de vitalidade naquela comunidade. Isto poderá ser apenas um paliativo com sérias consequências no futuro daquela igreja.

POR QUE AS IGREJAS SOFREM?

Quando pensamos na igreja de Jesus Cristo como um organismo vivo, percebemos que a dor incomoda, mas ao mesmo tempo auxilia na proteção do corpo. Quando alguma coisa machuca uma parte do corpo, uma reação em cadeia inicia o processo de proteção de todo o corpo – e isso é saudável. Concluímos então que perceber o lugar da dor é não apenas um diagnóstico preciso, mas também o caminho da cura. Se pensarmos em uma igreja que está perdendo sua vitalidade, então devemos procurar uma análise de cada parte deste corpo que está enfermo. Descobrir porque as igrejas sofrem é o primeiro caminho para a solução do problema.

---

3 D. Martin Lloyd-Jones, *Pregação e Pregadores* (São José dos Campos: FIEL, 1986), p. 22.

Crise na liderança

A liderança de uma igreja é maior que o seu pastor. O pastor é o líder com maior responsabilidade na igreja, mas ele não é o único. Quando pensamos em liderança na igreja, devemos abrir nossa visão e ver que existem líderes no departamento infantil, nos adolescentes, nos jovens, adultos, departamento das senhoras, dos homens, ministério de música e assim por diante. Quando a liderança trabalha sem um sentido de direção e coesão, ela se perde. Imagine um barco com quatro remadores a bordo. Agora responda: O que seria deste barco se cada um remasse para um lado diferente? Aconteceria o óbvio! Eles remariam até ver suas forças se esvaírem e não conduziriam a embarcação a nenhum lugar. Este exemplo simples acontece diariamente em muitas igrejas. Pessoas que desejam servir a Deus se empenham, buscam o melhor para sua área de atuação na igreja, fazem cursos de liderança, mas sua igreja continua estacionada ou girando em torno de si mesma.

Com o passar do tempo, uma liderança que não vê crescimento se desmotiva. No processo de revitalização de uma igreja é fundamental perceber se a liderança está trabalhando em uma só direção. Percebemos que esta liderança desmotivada muitas vezes é o resultado de muito trabalho sem objetivos alcançados. Cabe ao pastor a responsabilidade primeira de analisar cada ministério e cada departamento, e perceber se existe um alvo comum dentro da liderança de sua igreja.

Crise de significado

Uma igreja que não tem um alvo em comum é uma igreja sem projeto. Muitas são as igrejas que desejam apenas o que já fazem. São comunidades que se acham saudáveis como estão, mas a falta de motivação e realização é evidente a qualquer olhar mais acurado. O culto é uma repetição sem alegria, sem vida, sem amor e comunhão. As pessoas não se falam e, em muitos casos, nem se conhecem. A igreja parece um teatro onde as pessoas entram, "assistem" ao culto e voltam para suas casas. São "assistentes" ou "espectadores", mas não adoradores. Eles ainda não perceberam a diferença entre "assistir" ao culto e "adorar" ao Senhor em espírito e em verdade (Jo 4.23,24). Como saber se uma igreja está nesta condição de conforto mórbido? Converse com os membros e pergunte qual é a missão daquela igreja local, quais são os projetos que ela está engajada e como eles têm participado destes projetos? Se não houver resposta, existe uma crise de significado.

A crise do crescimento

Uma igreja saudável vai crescer! Não existe a menor possibilidade de uma igreja saudável não crescer! Quando um líder tentar justificar a falta de crescimento de sua igreja porque eles têm buscado qualidade e não quantidade, saiba que este líder está perdido. Um líder perdido não sabe onde está, de onde veio e para onde vai. Imagine seguir um líder assim! Uma igreja com sentido e direção, missão e comunhão, pregação fiel da Palavra de Deus e correta administração dos sacramentos vai crescer. Bancos vazios são um sinal claro de que a crise já chegou à uma comunidade! É óbvio que nem todo crescimento quantitativo significa qualidade na liderança. As pessoas podem ser conduzidas em grande número para o erro. A história da humanidade mostra isso e muitos movimentos supostamente cristãos também. Logo, nem toda igreja que cresce é saudável, mas toda igreja saudável cresce! O crescimento numérico de uma igreja não é, por si só, um fator determinante para dizer que uma igreja é saudável, mas a falta de crescimento de uma igreja já é um sinal evidente de falta de vitalidade.

ALGUMAS DIREÇÕES PARA REVITALIZAR UMA IGREJA

Imaginemos uma igreja que está sem vitalidade. Os bancos estão vazios, os recursos são escassos, a liderança está cansada e sem motivação para continuar. Se você for um pastor e receber o convite para pastorear esta igreja sem vitalidade, o que você irá responder? Se você for um pastor, presbítero, diácono, líder de um departamento ou ministério nesta igreja, o que fazer? Se você for membro desta igreja e muitos de seus amigos já abandonaram sua comunidade e foram para outra igreja, o que fazer? Esta resposta deve ser buscada em oração na presença de Deus, no silêncio do seu quarto, na quietude de sua alma. Quando você sentir a vontade de Deus aquecendo seu coração para revitalizar aquela igreja, então não resista ao maravilhoso chamado de Deus. Deus procura adoradores comprometidos com sua igreja.

Você quer isso mesmo?

O processo de revitalização começa com líderes motivados pelo Espírito Santo de Deus. Homens e mulheres que desejam ardentemente servir ao Senhor da Igreja, Jesus Cristo. Pessoas que sabem que irão errar, mas têm uma profunda vontade de trilhar o caminho certo. John Maxwell escreveu: "Deus usa pessoas que erram, especialmente porque não existe outro tipo de gente por perto".[4] Não existem pessoas perfeitas, líderes que não erram ou pastores infalíveis. Na verdade, existem pessoas que desejam servir a Jesus Cristo através da igreja, com fé, empenho, amor, fidelidade e esperança para a glória de Deus.

---

4   John C. Maxwell, *Dando a volta por cima* (São Paulo: Mundo Cristão, 2001), p. 43.

Entendendo o processo

Com um líder decidido a realizar a revitalização, uma liderança capaz e membros fiéis, o resultado desta missão será bem sucedido. Seja honesto! Identifique as carências, o que está errado, busque cada detalhe, não deixe nada de lado, não seja simplista. Perceba que cada parte completa o todo. Por exemplo: uma igreja que está suja e com a pintura velha, manchas nas paredes, infiltração e letreiro com poucas luzes não irá atrair pessoas para dentro dela. O raciocínio de alguém que passar em frente a esta igreja poderá ser o seguinte: "Se a liderança daqui não sabe cuidar da pintura da igreja, saberá cuidar da minha alma?"

Agora, vamos para outro quadro. A igreja está bem cuidada, o jardim é bonito e agradável, a pintura é nova, mas o diácono ou recepcionista à porta está mal humorado. Resultado de uma noite mal dormida, brigas em casa, problemas financeiros ou trânsito engarrafado até a igreja. Afinal, motivos para alguém chegar à igreja com mau humor não faltam. Então o diácono pega os boletins e se coloca à frente da porta para receber os visitantes e membros. Se ele não entender que naquele momento seu rosto é o primeiro contato de alguém com a igreja, imagine o que pode acontecer?

Mas nosso diácono ou recepcionista orou antes de começar o culto e abriu seu coração para a alegria que vem do Senhor. Com suas emoções em ordem, com a alma leve e um sorriso no rosto, ele se dirige à porta e recebe com alegria os membros e visitantes. Agora temos uma igreja bem cuidada, com uma recepção calorosa. O único detalhe é que o som não está bom, a condução da liturgia é um desastre, os cânticos e hinos estão altos e desafinados e o pastor não preparou bem o seu sermão. Não é difícil encontrar este quadro bagunçado em muitas comunidades cristãs. Portanto, para revitalizar uma igreja é preciso entender que cada parte do culto, da escola bíblica dominical, das reuniões e encontros, dos retiros e acampamentos fazem parte de um todo, de uma obra maior.

Os membros de uma igreja, em especial a liderança, devem ter sempre em suas mentes que estão ali, naquele lugar, para servir a Deus com excelência. O padrão de qualidade da igreja deve superar o padrão de qualidade de qualquer coisa no mundo, afinal, a igreja é o corpo de Cristo. Qualquer pessoa que queira servir a Deus com "o resto" de seu tempo ou dinheiro está caindo no mesmo erro que Caim cometeu ao oferecer sua adoração a Deus (Gn 4.3). Deus não quer nossas "sobras", Ele deseja nossas primícias – e nada menos (Gn 4.4)!

O processo de revitalização de uma igreja começa com a compreensão exata daquilo que Deus deseja de seus filhos e filhas. Quando uma igreja preza pela excelência no serviço ao Senhor, Deus se agrada. Mesmo com recursos financeiros escassos uma igreja que entende o quanto tem recebido de Deus pode experimentar verdadeiros milagres na administração dela.

Desafie sua igreja para oferecer o melhor para Deus!

Discernindo entre modelos e princípios

Alguns líderes, quando enfrentam momentos difíceis em suas igrejas, fazem inscrição no Congresso mais próximo e buscam um modelo para revitalizar sua igreja. É muito comum encontrar igrejas que em poucos anos passaram por vários modelos ministeriais e experimentaram algum crescimento e declínio em cada um destes modelos.

O melhor modelo para sua igreja é aquele que a sua igreja construiu. Para se chegar ao modelo ideal para uma igreja local é preciso saber discernir entre modelos e princípios. Modelos são blocos fechados com passos bem definidos, que devem ser seguidos à risca, senão, segundo seus defensores, não dará certo. Acontece que cada igreja tem uma realidade. Cada cidade tem uma cultura própria e cada igreja possui suas características peculiares. O que é verdade estratégica em um lugar, provavelmente será um desastre em outro. É inconcebível copiar o modelo de um país com uma cultura, economia e herança histórica totalmente diferente do Brasil. Por outro lado, é possível encontrar em modelos de outros países os princípios que serão extremamente úteis para nossa realidade brasileira. Um exemplo: Os modelos de grupos familiares e células podem ser contatos às dezenas. Qual modelo adotar? Nenhum! O que eles estão sugerindo é na verdade um princípio; grupos familiares reunidos em casas são uma boa estratégia de crescimento e comunhão para uma igreja local. Isto é verdade no Brasil, nos Estados Unidos, na Alemanha ou em qualquer outro país do mundo. É um princípio bíblico!

Cada igreja deve buscar dentro deste princípio adequação à sua realidade e cultura. Não adianta tentar copiar os modelos que funcionaram em outros lugares, pois eles vieram de um contexto diferente do seu. Para revitalizar uma igreja, descubra os princípios por detrás dos modelos e nunca se esqueça de verificar, prioritariamente, se eles são doutrinariamente saudáveis e aprovados pela Bíblia.

Vamos juntos – a visão compartilhada

Quando uma pessoa se sente parte de um projeto que ela construiu, ela se envolve com mais amor e dedicação. O amor a Deus e ao próximo deve ser visível em uma igreja local. Observe que cada passo da revitalização de uma igreja é repleto de amor e cuidado. Não se revitaliza uma igreja quebrando corações, machucando pessoas para se alcançar um objetivo. Tudo deve fluir naturalmente, no poder do Espírito Santo de Deus, que convence os corações. A vida de oração e leitura da Palavra de Deus dará aos líderes a perspectiva correta para, com sabedoria, mudar o que precisa ser mudado e trazer sentido, direção e missão para a igreja local.

Por isso, comunique-se! Reúna sua liderança, ouça a igreja, avalie, analise, crie um espaço confortável para ouvir críticas e sugestões. Se você é pastor, fale particularmente com seus líderes, ouça mais, fale menos, anote tudo. Depois de ouvir individualmente, reúna pequenos grupos de líderes, compartilhe o resultado de suas avaliações e percepções. Não fique preso aos problemas e suas origens, caminhe para as soluções. Construa com sua liderança um projeto de igreja, estabeleça seus alvos de maneira clara e objetiva. Não fique preso ao crescimento numérico, ele vem de Deus. Preocupe-se em fazer com que cada programação da igreja faça parte da visão global que ela possui. Busque em Deus ânimo, alegria, motivação e paz! Um líder motivado gera motivação em sua igreja! Pregue a Palavra de Deus com toda autoridade e fidelidade doutrinária. Mark Dever diz que a pregação expositiva é a primeira marca de uma igreja saudável, mas "não é somente a primeira marca; é a mais importante de todas as marcas, porque, se você desenvolvê-la corretamente, todas as outras a seguirão".[5]

Lembre-se de que o objetivo maior já está ordenado: "Ide, portanto, fazei discípulos de todas as nações, batizando-os em nome do Pai, e do Filho, e do Espírito Santo; ensinando-os a guardar todas as coisas que vos tenho ordenado. E eis que estou convosco todos os dias até a consumação do século" (Mt 28.19-20). Esta é a missão da igreja!

CONCLUSÃO

Por causa do espaço, não temos como desenvolver mais este assunto. Mas nossa recomendação é muito simples: continue desejando a revitalização da igreja – lute por ela! Não existe alegria maior do que ver uma igreja que estava quase sem vida voltar a pulsar com a alegria do Senhor. Ver uma igreja revitalizada é sentir que, mesmo imperfeito, ainda somos as pedras vivas da casa espiritual, para a glória de Deus (1Pe 2.5).

---

5   Mark Dever, *Nove marcas de uma igreja saudável* (São José dos Campos: Fiel, 2007), p. 40.

A PIEDADE E A ESPIRITUALIDADE NOS COMENTÁRIOS E SERMÕES DE JOÃO CALVINO SOBRE OS SALMOS

Jorge Issao Noda

Há uma suspeita comum de que a espiritualidade[1] reformada não pode contribuir significativamente para a busca por uma espiritualidade contemporânea. Para muitos, ela evoca a ideia de uma versão árida, fria e severa de cristianismo, mais preocupada com a ortodoxia intelectual do que com uma comunhão profunda e experiencial com Deus. Louis Bouyer, no seu estudo sobre a história da espiritualidade, acusa os reformadores de excluírem qualquer obra autêntica interior e experiencial

---

1 "Espiritualidade" é um termo difícil de ser definido. Os pais da igreja do Norte da África "usavam a palavra latina *spiritualitas* para descrever a totalidade da vida cristã originada a partir da obra do Espírito Santo" Cf. G. A. Cole, "At the Heart of a Christian Spirituality" em *Reformed Theological Review* vol. 52, nº 2 (Maio-Agosto, 1993), p. 60-61. Os reformadores usavam o termo *pietas* e os puritanos *godliness*. Para os metodistas, a santidade parece ser a expressão central da vida cristã. Ainda que "espiritualidade" seja um termo frequentemente associado ao catolicismo, por causa do seu uso amplo, cremos ser apropriado usá-lo. Ainda que os reformadores não tenham usado essa expressão, ela comunica bem o sentido de *pietas*, quando entendida como o relacionamento do crente com Deus e as implicações desse relacionamento com todas as áreas da vida.

do Espírito Santo. Para ele, Lutero, Calvino e Zwinglio reduzem a operação do Espírito Santo ao uso da razão e do intelecto. Em sua opinião, os reformadores ensinam que Deus é conhecido "pela atuação completamente natural de nossa inteligência".[2] Como um estudioso católico, Bouyer encontra uma fonte aparentemente mais rica e profunda para a espiritualidade no misticismo medieval e na teologia sacramental do que no biblicismo característico dos reformadores. Mesmo um escritor de perspectiva reformada como Schwanda observa que cristãos reformados "frequentemente exibem uma forte preocupação pelas dimensões analítica, intelectual e cognitiva da fé. Ainda que esta preocupação seja absolutamente essencial, existe o perigo de que esse interesse pelos aspectos cerebrais do cristianismo possam nos fazer perder suas dimensões mais afetivas".[3] Rice, em sua obra sobre a espiritualidade reformada, faz um diagnóstico de que "os intelectuais estão preocupados com os perigos do emocionalismo irracional e as pessoas mais inclinadas à emoção com a sequidão e esterilidade intelectual".[4] Ainda que essas considerações não façam completa justiça à espiritualidade reformada, elas nos fazem refletir sobre a possibilidade de que, em diversos aspectos, há a necessidade de buscarmos uma dinâmica de vida espiritual mais equilibrada. Se, por um lado, não entendamos que o pentecostalismo e o neopentecostalismo sejam alternativas integralmente bíblicas e, portanto, viáveis, por outro lado é um exercício de humildade reconhecer o quanto precisamos de uma alternativa saudável para o cultivo da vida espiritual.

Harman argumenta corretamente que a "vitalidade da fé reformada, agora e no futuro, depende da adesão a padrões bíblicos de fé e experiência".[5] Na busca por uma espiritualidade reformada, não precisamos escolher entre ortodoxia e experiência. "Nos seus períodos mais fortes a fé reformada tem conservado o equilíbrio entre a doutrina bíblica e a apropriação experiencial dessa doutrina nas vidas dos indivíduos".[6] Por temor de capitularmos ao misticismo irresponsável ou fanatismo crasso, podemos estar rejeitando genuínas e poderosas experiências da graça de Deus mediadas pela revelação de sua Palavra. A Reforma protestante, geralmente vista na perspectiva de uma transformação teológica e política, também foi "uma impressionante reorientação da espiritualidade, dirigindo [a Reforma] para onde o povo vivia e trabalhava. O centro moveu-se do monastério para o mercado, da cela para a cidade".[7] Concordamos com a proposta de McGrath, ao dizer que o "mundo em sua pior situação precisa de cristãos

---

2   Louis Bouyer, *A History of Christian Spirituality. vol. 3: Orthodox Spirituality & Protestant & Anglican Spirituality* (Nova Yorque: Hyperion Books, 1994), p. 88.
3   Tom Schwanda, "Closing the Gap: Recovering the Experimental Nature of Reformed Spirituality" em *Reformed Review* vol. 49, nº 2 (Winter 1995-96), p.110.
4   Howard L. Rice, *Reformed Spirituality: An Introduction for Believers* (Louisville, Kentucky: Westminster/John Knox Press, 1991), p. 28.
5   Allan M. Harman, "The Psalms and Reformed Spirituality" em *The Reformed Theological Review* vol. 53 nº 2 (April-July 1994), p. 53.
6   *Ibid*, p. 62.
7   *Ibid.*, p. 55.

dando o seu melhor – e estudar a espiritualidade da reforma coloca nas mãos dos crentes recursos que têm sido provados e testados em algumas das trilhas mais difíceis da vida".[8] Isso deixa evidente a relevância da reforma para a espiritualidade contemporânea, especialmente no que tange o equilíbrio entre ortodoxia e experiência espiritual.

NOS PASSOS DE CALVINO POR UMA ESPIRITUALIDADE REFORMADA

Neste capítulo, sugerimos que, nessa busca por esse equilíbrio, o próprio reformador João Calvino pode nos ajudar de forma significativa.[9] Calvino tem sido visto como "principalmente... um teólogo dogmático"[10] e, talvez por isso, suas perspectivas sobre espiritualidade têm recebido pouca atenção por parte dos estudiosos.[11] Esta negligência é impressionante, já que para Calvino a "teologia era uma tarefa intensamente prática, pois estava preocupada com as grandes questões do sentido e destino humanos. Calvino nunca concebeu nem escreveu teologia como uma disciplina meramente acadêmica".[12] Na verdade, Mueller está correto em afirmar que o pensamento de Calvino tem um caráter experimental e prático, e sugere a "necessidade de modificar, de alguma forma, a frequente declaração de que Calvino equivale fé ao conhecimento e adota uma abordagem essencialmente cognitiva à doutrina".[13]

Talvez as melhores fontes para pesquisarmos a espiritualidade de Calvino se encontrem no seu comentário aos Salmos[14] e nos seus sermões no Salmo 119.[15] Para o reformador, em nenhum lugar da Escritura encontra-se uma mais completa "anatomia da alma humana"[16] que contemple a vasta gama de emoções e experiências do coração. Concordamos com Selderhuis, ao dizer que "o comentário de Calvino nos Salmos é uma elaboração prática das suas *Institutas*".[17] Nos Salmos, "Calvino descobriu ajuda específica

---

[8] Alistar McGrath, *Roots that Refresh: A Celebration of Reformation Spirituality* (London, Hodder and Stoughton, 1991) p. 48, citado em Harman, op. cit., p. 56.
[9] Veja o excelente texto de Joel Beeke, *Calvin on Piety*, em www.hnrc.org/files/CalvinonPiety, acessado em 16 de junho de 2010. Sobre o mesmo assunto, veja também Ford Lewis Battle, *The Piety of John Calvin*, em www.the-highway.com/piety1_Battles.html, acessado em 16 de junho de 2010.
[10] William J. Bouwsma, "The Spirituality of John Calvin" em Jill Raitt (ed.), *Christian Spirituality: High Ages and Reformation* (London: SCM Press, 1988) p. 333.
[11] McGrath lamenta: "Há surpreendentemente poucas obras em inglês tratando especificamente da espiritualidade da Reforma". Cf. McGrath, op. cit., p. 195.
[12] Anthony G. Baxter, *John Calvin's Use and Hermeneutics of the Old Testament* (University of Sheffield, PhD dissertation, 1987), p. 12.
[13] Richard A. Muller, "Fides and Cognition in Relation to the Problem of Intellect and Will in the Theology of John Calvin", em *Calvin Theological Journal* vol. 25 (1990), p. 224.
[14] João Calvino, *Salmos*. vols. 1 e 4 (São José dos Campos: Fiel, 2009) e *Salmos*. vols. 3 e 4 (São Paulo: Parakletos,1999).
[15] João Calvino, *Sermons on Psalm 119* (Auduburn, New Jersey: Old Paths Publications, 1996). A publicação original desses sermões em inglês ocorreu em 1580.
[16] João Calvino, *Salmos*. vol. 1 (São Paulo: Parakletos, 2002), p. 27.
[17] Herman J. Selderhuis, *Calvin`s Theology of the Psalms* (Grand Rapids, MI: Baker Academics, 2007), p. 78. O autor observa que "seu comentário nos Salmos, entretanto, não tem recebido a sua parcela de atenção acadêmica – apesar do fato de ser uma das obras bíblicas de Calvino mais traduzidas e amplamente publicadas" (p. 22).

e direção para sua própria vida e lutas de sua própria fé. Por isso, seu interesse não era simplesmente pastoral, era profundamente pessoal".[18] Para o reformador, os salmos eram "um rico tesouro de espiritualidade e devoção cristã".[19] De fato, em sua visão esses cânticos de Israel "refletiam sua espiritualidade e da igreja, particularmente em relação à prática e conteúdo da oração, como nenhum outro material na Escritura".[20] Em sua aplicação dos salmos para a vida dos cristãos de Genebra, nenhum tema recebeu maior ênfase no seu comentário e nos seus sermões no Salmo 119 do que o poder das promessas de Deus, experimentado através da oração confiante. Calvino ensinava constantemente que a totalidade das bênçãos de Deus chegava através de uma ousada confiança nas promessas pactuais entregues ao povo de Deus. Para analisarmos esse assunto com mais profundidade, vejamos o que Calvino nos ensina sobre o Deus das promessas e como essas promessas são experimentadas de forma concreta pelos filhos de Deus. Aqui encontramos um exemplo claro do equilíbrio do reformador entre fé e experiência.

CONHECENDO O DEUS DAS PROMESSAS

Para Calvino o conhecimento de Deus é fonte de confiança [21] e piedade.[22] Ele admite que a essência de Deus nos é incompreensível,[23] mas também ensina que não estamos no escuro, pois quando confiamos no seu nome, isto é, na revelação que Ele nos dá se si mesmo, conhecemos mais de sua graça e poder.[24] Conhecer a Deus é conhecê-lO pessoalmente através de sua auto-revelação na Escritura. Este conhecimento é a base para um relacionamento íntimo com Ele, através da oração confiante:

> Como é o verdadeiro conhecimento de Deus que gera confiança nEle e nos leva a invocá-lO; e como ninguém pode buscá-lO sinceramente senão aqueles que têm apreendido as promessas e dão a devida honra a seu nome, o salmista, com grande propriedade e veracidade, representa este conhecimento com sendo a origem e fonte da confiança.[25]

---

18 Baxter, *op. cit.*, p. 49.
19 *Ibid.*, p. 52.
20 James A. De Jong, "An Anatomy of All Parts of the Soul: Insights into Calvin`s Spirituality from his Psalms Commentary" em Wilhelm H. Neuser (ed.), *Calvinus Sacrae Scripturae Professor: Calvin as Confessor of the Holy Scriptures* (Grand Rapids, MI: Eerdmans, 1994), p. 2.
21 Sl 36.10. De agora em diante, as referências ao comentário de Calvino nos quatro volumes serão feitas a partir do texto bíblico dos salmos.
22 *Ibid.*
23 Sl 20.1
24 *Ibid.*
25 Sl 91.14.

A busca por Deus começa na convicção de que seria "impróprio para o caráter de Deus" deixar de cumprir suas promessas.[26] Calvino encoraja os crentes a confiar nelas, afirmando que a glória de Deus, por assim dizer, está em jogo. Deus glorifica o seu nome realizando o que prometeu em sua palavra,[27] porque Ele jamais "frustra o seu próprio povo".[28] Fica evidente que Calvino não considera meras noções teóricas a respeito de Deus um verdadeiro conhecimento dEle. Observe estas palavras: "Lembrarmo-nos de Deus e enchermos nossos corações com sua alegria, ou, antes, deixarmo-nos arrebatar por seu amor, depois de levar-nos a fazer prova de sua munificência, deve ser-nos algo de extremo lenitivo".[29] A relação que Calvino faz entre o conhecimento de Deus e suas promessas são imensas no seu comentário nos salmos. Selecionamos aqui somente alguns aspectos dessa relação.

A veracidade de Deus

Como existe uma relação mútua entre as promessas de Deus e nossa fé, a verdade é, por assim dizer, o meio pelo qual Deus publicamente revela que Ele não nos faz simples e verbalmente promessas liberais de alimentar-nos com vazias esperanças para logo a seguir desapontar-nos.[30] No contexto da aliança, não repousamos somente sobre a verbalização das promessas, mas também no seu real cumprimento. Para ele, as promessas seriam vazias e vãs, se Deus não as realizasse. Para nos encorajar à fé, Calvino simplesmente afirma que a promessa de Deus é "verazmente definida e infalível".[31] Não importa o que possa acontecer ou mudar nas circunstâncias da vida, Deus, não obstante, "continua invariavelmente verdadeiro".[32] Deus "prometeu nada mais que aquilo que Ele determinou fazer".[33] Ele é "tão constante em cumprir suas promessas quanto está pronto e disposto a formulá-las".[34] Em suas promessas, Deus jamais "fomenta em seu povo expectativas ilusórias".[35] Para que não tenhamos dúvidas sobre a ênfase de Calvino na absoluta veracidade de Deus, observemos o que ele declara: "Desde o tempo em que Deus começou a falar, Ele tem sido sempre fiel às suas promessas e nunca frustrou a esperança do seu povo; e o curso desta fidelidade tem sido tão invariável que, desde o princípio até ao fim, sua palavra é veraz e fiel".[36]

---

26 Sl 30.9.
27 Sl 71.10-11.
28 Sl 93, introdução.
29 Sl 5.11.
30 Sl 30.9.
31 Sl 18.30.
32 Sl 89.8.
33 Sl 33.11.
34 Sl 57.10.
35 Sl 119.123.
36 Sl 119.160.

A veracidade de Deus torna-se mais impressionante quando Ele confirma sua promessa com um juramento, no qual Ele interpõe "seu santo nome". Por que Deus usa um juramento para se relacionar com seus filhos? Não seria suficiente pronunciar simplesmente sua palavra? Para Calvino, Deus assim o faz como "um emblema de singular benignidade ao ver-nos propensos à desconfiança". As promessas de Deus seriam suficientes para nossa confiança, mas Deus faz um juramento como um irrevocável penhor de sua promessa e, portanto, "não temos a mínima razão para ficar apreensivos de haver nEle alguma inconstância".[37] Deus é verdadeiro e, portanto, não pode enganar seu povo. Seu povo abraça suas promessas e esperam com mentes tranquilas por sua salvação, em meio a todas as tempestades e agitações do mundo.[38] Calvino afirma que "a promessa divina não é menos estável que o inabalável curso dos céus".[39]

A veracidade de Deus é fundamental para a compreensão de Calvino sobre o papel das promessas divinas na vida cristã.

A "obrigação de Deus"

A espiritualidade de João Calvino é essencialmente pactual. Ele ensina que o Senhor, a fim de fortalecer a fé dos seus filhos, apresenta-se como o Deus da aliança. De fato, "todas as promessas de Deus estão edificadas sobre o fundamento da aliança".[40] Nesta aliança Ele promete seu amor como Salvador, sua proteção,[41] seu governo, e convida os homens a aceitarem-nO como seu Deus, prometendo-Lhe confiança, amor e obediência filial. Os artigos da aliança incluem remissão de pecados[42] e proteção dos inimigos.[43] Calvino, de forma surpreendente, afirma que "Deus, em todas as suas promessas, é apresentado diante de nós como se fosse nosso devedor espontâneo",[44] e está sob obrigação de cumprir sua palavra. Ele explica: "Deus se acha obrigado, por aliança sagrada, a seu povo eleito".[45] Calvino reconhece que "a soberana bondade de Deus" é "a única causa que O induz a tratar-nos de modo tão generoso, mas, ao mesmo tempo, enfatiza que "não podermos esperar nada de suas mãos, se, primeiramente, Ele não se obrigar para conosco por meio de sua palavra".[46] Ainda que essa linguagem possa soar estranha, Calvino explica que Deus a usa por causa do seu amor, misericórdia e graça por

---

37 Sl 89.35.
38 Sl 93, introdução. Veja também Sl 54.5.
39 Sl 89.2. Veja também *Sermon on Psalm 119* (119.152).
40 Peter Alan Lillback, *The Binding of God: Calvin's Role in the Development of Covenant Theology* (Westminster Theological Seminary, PhD. Dissertation, 1985), p. 354. Esta obra também foi publicada no formato de livro, com o mesmo título pela Baker, em 2001.
41 Sl 5.8.
42 Sl 80.33.
43 Sl 83.2.
44 Sl 119.58.
45 Sl 146.10.
46 Sl 119.65.

seus filhos. De fato, Deus humilha-se a si mesmo a fim de nos atrair para Ele, e rebaixa-se para nos alcançar em nossa miséria.[47]

A causa da obrigação de Deus não repousa em nós, mas no seu caráter. Afinal, "é impossível para os homens, por quaisquer méritos propriamente seus, fazer Deus obrigar-se em relação a eles, de modo a torná-lO seu devedor".[48] De fato, "as promessas, por meio das quais Deus se pusera sob a obrigação em relação a nós, de modo algum obscurece sua graça".[49] Sua graça é exaltada na aliança, pois "aprendemos que o único e sólido fundamento sobre o qual nossas orações podem descansar está no fato de que Deus nos adotou para sermos seu povo procedente de sua soberana eleição".[50] Assim, podemos concluir que Deus não é devedor a alguma justiça inerente a nós, mas ao seu próprio caráter, especialmente em sua graça.

Ainda que Calvino claramente afirme que as palavras "devedor" e "obrigação" não devam ser entendidas como alguma influência da vontade ou mérito humano sobre Deus, ele é igualmente claro em afirmar que essas expressões são legítimas para descrever nosso relacionamento com nosso Pai celestial. A semântica de Calvino é intencional. O reformador usa esta forte linguagem para encorajar os cristãos a uma vida de oração movida pela aliança. Através de suas promessas, Deus se coloca sob obrigação de cumpri-las.[51] O conceito de Calvino sobre as promessas da aliança tem uma especial importância para o seu ensino sobre a oração. Porque Deus está obrigado a nós por sua aliança, nós temos o "direito de reivindicar as promessas de Deus.[52] Ele não hesita em dizer que "Deus tem se obrigado a nós por sua própria boa vontade, e tem a nós testemunhado que Ele estará próximo de nós. Assim, quando viermos a Ele dessa forma, não duvidemos que Ele nos ouvirá e nos concederá o que for que desejarmos de acordo com sua vontade".[53]

Resumindo, a espiritualidade de Calvino fundamenta-se num Deus pactual, através do qual Ele nos convida a confiar em suas promessas e deseja que o vejamos como se estivesse sob a obrigação de cumprir o que prometeu. Deus não o faz por algum mérito inerente em nós, mas por sua misericórdia e graça. Deus usa a linguagem pactual para encorajar o seu povo, ainda mais, a confiar nEle, esperando a concretização da palavra de Deus na forma de orações respondidas.

---

47 Sl 119.58.
48 Sl 16.2, veja também Sl 109.21.
49 Sl 102.13.
50 Sl 74.20.
51 Sl 119.65.
52 Sl 11.1.
53 *Sermon on Psalms 119* (119.77).

A paternidade de Deus

Para Calvino, as promessas de Deus são promessas de um Pai que, em amor,[54] adota-nos no contexto da aliança.[55] Ainda que pais humanos possam falhar no seu amor por seus filhos, Deus nunca falhará, pois seu amor excede infinitamente o amor humano.[56] Deus usa a analogia de pais terrenos, "não porque Ele seja em todos os aspectos como eles, mas porque não há linguagem terrena que forme paralelo com seu amor para conosco, e o qual seja melhor expresso".[57] A providência de Deus não é somente a de um rei soberano, mas de um pai "suficiente para suprir todas as nossas necessidades".[58] Somos capazes de confiar em Deus, porque cremos que nossa salvação é preciosa aos seus olhos e que Ele nos dará tudo que nos for necessário,[59] "pois Deus, ao acalentar-nos amorosamente, não tem menos prazer em nós do que um pai tem em seus próprios filhos".[60] Mesmo quando está irado conosco, "nunca desiste do seu afeto paternal".[61] "A descoberta que mais aprouve a Deus nos fazer em sua Palavra, de seu paternal amor, é um tesouro incomparável da perfeita felicidade".[62] O maior incentivo para a obediência é o conhecimento do cuidado paternal de Deus.[63]

As promessas de Deus são as promessas do nosso Pai. A consciência de Deus como nosso Pai procede da convicção de que Ele nos ama como nos revelou sem sua palavra.[64] Sendo nosso Pai, Ele não recusará a nos dar o que nos prometeu.[65] De fato, Calvino afirma que "Deus jamais frustra as orações dos seus filhos".[66] A vida de oração do cristão fundamenta-se na paternidade de Deus.

> Esse perdão que diariamente recebemos flui de nossa adoção, e nela se acham também fundadas nossas orações. Como poderia o pecador aventurar-se a comparecer na presença de Deus, obter sua

---

54 Erich Fromm escreve sobre o conceito de paternidade de Deus em Calvino: "O Deus de Calvino, apesar de todas as tentativas de preservar a ideia de um Deus de justiça e amor, tem todas as características de um tirano sem qualquer qualidade de amor ou mesmo de justiça". Cf. Erich Fromm, *Escape from Freedom* (New York: Holt, Rinehart, and Winston, 1941), p. 87-88. Citado por Wilterdink, *op. cit.*, p. 9. Provavelmente ele está reagindo à doutrina de Calvino sobre a absoluta soberania de Deus, mas o que encontramos nos escritos do reformador é uma descrição de um Pai realmente amoroso e misericordioso. Garret A. Wilterkink, no seu artigo "The Fatherhood of God in Calvin's Thought", em *Reformed Review* vol. 30, nº 1 (Outuno de 1976), p. 9-22, corretamente afirma que a paternidade de Deus é proeminente na teologia de Calvino. É estranho, contudo, notar que ele não menciona a relação entre a paternidade de Deus e a oração que é tão clara nos escritos de Calvino, especialmente no comentário dos salmos.
55 Sl 74.20.
56 Sl 27.10.
57 Sl 103.13.
58 Sl 78.21. Veja também Sl 107.42.
59 *Ibid.*
60 Sl 90.13.
61 Sl 89.2.
62 Sl 103.7.
63 Sl 99.4.
64 *Sermon on Psalms 119* (119.92).
65 *Sermon on Psalms 119* (119.64).
66 Sl 56.9.

reconciliação, porventura não estivesse ele persuadido de ser Ele um Pai?⁶⁷

De fato, "o único e sólido fundamento sobre o qual nossas orações podem descansar está no fato de que Deus nos adotou para sermos seu povo procedente de sua soberana eleição".⁶⁸

No livro dos Salmos, mais do que em qualquer outro dos seus escritos, podemos verificar quão profunda e ternamente Calvino entendia a paternidade de Deus. As promessas de Deus não procedem de uma divindade distante e fria, mas do nosso Pai celestial. A aliança não é feita em termos impessoais ou puramente legais, mas de um Pai que adota filhos para si. Quando o cristão se aproxima da presença de Deus consciente de sua paternidade, a comunhão com Ele ganha um novo e mais profundo significado. Sem essa compreensão, não confiaremos nas promessas de Deus nem seremos ousados em nossas orações.

Calvino aborda diversos outros aspectos do caráter de Deus, mas nos restringimos a estes, como exemplos da relação que ele faz entre o conhecimento do Deus da promessa e como isso nos encoraja a cultivar um íntimo relacionamento com Ele.

EXPERIMENTANDO AS PROMESSAS DE DEUS

Diante do conhecimento que Deus revela sobre si em sua Palavra, como podemos cultivar a uma espiritualidade centrada em suas promessas? Para Calvino, as promessas de Deus não se cumprem exclusivamente de forma escatológica. Em seu comentário nos salmos discerne-se uma forte ênfase pastoral sobre a confiança nas promessas de Deus, como base para um relacionamento pessoal com Ele e para experiências concretas do cumprimento dessas promessas no presente, nas diversas situações da vida.

Meditando nas promessas

O primeiro passo para o cristão experimentar as promessas de Deus é a meditação. A meditação é componente essencial da espiritualidade reformada. Para Schwanda, a meditação, mais do que qualquer outra disciplina espiritual, tem o potencial de fazer a ponte entre o conteúdo e a experiência da fé.⁶⁹ Esta arte perdida na espiritualidade contemporânea é intensamente enfatizada no ensino de Calvino, especialmente nos seus comentários nos Salmos.

---

67 Sl 65.4.
68 Sl 74.20.
69 Schwanda, *op. cit.*, p. 112.

Somos cônscios de que a maior parte da humanidade se acha tão envolvida nas preocupações do mundo, que não tem tempo para meditar na doutrina de Deus. Para confrontar essa indiferença empedernida, ele recomenda, muito oportunamente, diligência e atenção. E, ainda que não fôssemos tão emaranhados pelo mundo, sabemos quão prontamente perdemos de vista a lei de Deus nas tentações diárias que subitamente se assenhoreiam de nós. Portanto, não é sem razão que o profeta nos exorta ao constante exercício e nos ordena a dirigirmos todas as nossas energias à meditação dos preceitos de Deus.[70]

No pensamento de Calvino, a mente ocupa um papel importantíssimo no desenvolvimento de uma vida piedosa. É a mente que recebe a palavra de Deus e também é a mente que utiliza toda sua capacidade para compreender as profundezas da lei de Deus. Por isso, a assimilação da palavra de Deus não pode consistir de mera memorização mecânica, mas de profunda assimilação nos recessos mais íntimos da alma. O conhecimento superficial não será suficiente para vencer o pecado interior, é necessário ter a Palavra de Deus profundamente escondida no coração. "Pois todos os nossos sentidos são ímpios e corruptos, todas as nossas vontades e desejos são inimigos de Deus, a não ser que a palavra de Deus esteja bem escondida em nossos corações".[71]

Ainda que a compreensão da Palavra de Deus só seja possível pela iluminação do Espírito Santo, isso não exclui a necessidade de dirigir "todas as nossas energias à meditação nos preceitos de Deus ... Pois a nossa proficiência na lei de Deus será pequena, enquanto não alegre e sinceramente focalizarmos nossa mente nessa lei".[72] Quando negligenciamos o dever de estudar a Palavra de Deus revelamos hipocrisia, pois o amor pela lei do Senhor "produz sempre meditação contínua sobre ela".[73] Quando as promessas de Deus estão profundamente gravadas em nossas mentes, somos capazes de reconhecer o momento em que Deus efetivamente as cumpre, permitindo-nos experimentar seus imenso poder e identificar claramente o resultado e a bênçãos de sua fidelidade.[74] Através da meditação nas promessas divinas, ainda que estejamos no meio da aridez e da provação, obteremos forças renovadas para prosseguir.[75] Para Calvino, uma das principais razões pelas quais muitos cristãos experimentam fraqueza espiritual e inclinação para o pecado é a negligência em meditar nas promessas de Deus. A mera leitura das Escrituras não é suficiente para enfrentarmos os desafios da vida espiritual. Quando as promessas de Deus

---

70 Sl 119.15.
71 *Sermon on Psalms 119* (119.11).
72 Sl 119.15.
73 Sl 119.97.
74 *Sermon on Psalms 119* (119.43).
75 *Sermon on Psalms 119* (119.83).

permeiam e impregnam o coração e a mente, o cristão encontra forças para superar as aflições e aprender com os problemas.

Calvino mostra que a mera familiaridade intelectual com as Escrituras não pode produzir homens e mulheres piedosos. Para Calvino, a prática da meditação é essencial para a verdadeira piedade. Considerando que a oração é o mais importante exercício da alma e que só podemos nos aproximar de Deus por meio de suas promessas,[76] concluímos que a meditação nas promessas é indispensável para a verdadeira espiritualidade. Sabendo que a principal estratégia do diabo para roubar a vitalidade da vida espiritual é remover dos seus corações as promessas de Deus, Calvino insiste na prática da meditação como meio de preservar o poder das promessas.

Orando as promessas

A oração como doutrina e prática não é incidental na teologia de Calvino. Pelo contrário, as principais doutrinas cristãs estão profundamente ligadas a ela: a pessoa e a obra de Cristo, a fé, a graça, a ação do Espírito, a eleição soberana, a providência divina, etc. Na verdade, num certo sentido, todas as verdades bíblicas, de acordo com o reformador, estão vinculadas à oração.[77] "É evidente", diz Ware, "que Calvino não vê o tópico da oração como supérfluo para a teologia ou para a vida cristã, mas, ao invés disso, de suprema importância para ambos".[78]

Para Calvino, a oração é essencialmente um exercício de fé nas promessas de Deus. Elas são as chaves que abrem as portas para a presença de Deus,[79] são convites sem os quais ninguém ousaria comparecer diante do trono de Deus,[80] são garantias pactuais de um Deus fiel.[81] Apesar da ênfase de Calvino sobre oração e as promessas de Deus, essa relação ainda não tem sido devidamente explorada.[82] Para Calvino, "a genuína e fervorosa oração provém, antes de tudo, de um real senso de nossa necessidade, e, em seguida, da fé nas promessas de Deus".[83]

A percepção de nossa necessidade. Enquanto cultivamos o orgulho e a vaidade no coração, não estamos em condições de confiar em Deus.[84] Somente quando estamos profundamente conscientes de nossa condição diante da santidade de Deus, estamos

---

76 Sl 42.6.
77 Veja R. D. Loggie, "Chief Exercise of Faith – An Exposition of Calvin's Doctrine of Prayer" em *The Harford Quarterly*, vol. 5 (1965), p 65-81.
78 Ware, *op. cit.*, p. 74.
79 *Sermon on Psalms 119* (119.41).
80 Sl 27.8. Veja também 34.6.
81 Sl 78.10.
82 Veja Bruce Ware, "The Role of Prayer and the Word in the Christian Life According to John Calvin" em *Studia Bíblica et Theologica*, vol. 12 (April 1982), p. 73-91. Veja também De Jong, "An Anatomy of All Parts of the Soul".
83 *Salmos*, vol. 1, p. 27.
84 Sl 40.4. Veja também 115.3.

em condições de receber a graça de Deus e experimentar a felicidade que não pode ser descrita em palavras. Em outras palavras, Calvino não nos convida a permanecer num permanente estado de miserabilidade, mas ele o vê como condição necessária para se desfrutar da graça de Deus.[85] De fato, a confissão de pecados é o primeiro passo para o cultivo de uma verdadeira comunhão com Deus.

Fé nas promessas de Deus. Ainda que Deus tenha prometido ouvir nossas orações, devemos lembrar que Ele não nos deixa livres para pedir qualquer coisa, conforme nossos desejos egoístas e corruptos. Cristo nos ensinou a orar "faça-se a tua vontade", "pondo limites em nós, para não preferirmos nossos desejos aos de Deus, nem pedirmos, sem deliberação, o que primeiro nos ocorre aos lábios".[86] Para Calvino, orar de acordo com a vontade de Deus é orar de acordo com sua vontade revelada nas suas promessas. Seria ilegítimo e perigoso nos aproximarmos de Deus sem a certeza das suas promessas.[87] A fé é condição essencial para que Deus nos ouça. Calvino explica que, "se a ajuda de Deus é retirada de nós, é porque nós desconfiamos de suas promessas, e, por causa de nossa impaciência, impedimos a sua graça... de fluir sobre nós".[88] De fato, a incredulidade "é odiosa aos olhos de Deus",[89] e constitui-se no "único empecilho que o impede de satisfazer-nos ampla e ricamente com a abundância de todas as boas coisas".[90] Para Calvino, é possível "limitar as operações de Deus" e, "por assim dizer", encerrá-lO "com vigas de madeira ou barras de ferro, e seu poder infinito" pode ficar "circunscrito dentro de tacanhas fronteiras em que a incredulidade o confinou".[91]

Por isso, na oração "estejamos seguros de que não iremos embora de mãos vazias, se cremos em sua palavra; pelo contrário, Ele fará tudo o que prometeu".[92] "A fé não é um princípio inativo, visto que ela é o meio de impelir-nos a buscar a Deus".[93]

> O crente faz mais do que simplesmente resolver tomar Deus como sua fortaleza; ele se chega para mais perto na confiança das promessas divinas, e fala com Deus de forma familiar. Essa confiança em oração fornece uma prova adicional de quão seguramente o povo de Deus pode habitar sob sua sombra. Esta santa espécie de ostentação constitui o mais elevado triunfo da fé, quando recorremos a Deus sem medo em nossas piores provações, e somos plenamente persuadidos de que Ele responderá todas as nossas orações; aliás, temos

---

85 Sl 32.2.
86 Sl 145.21.
87 *Sermon on Psalms 119* (119.38), veja também Sl 91.11.
88 Sl 48.9.
89 Sl 78.21.
90 Sl 34.8.
91 Sl 78.41.
92 *Sermon on Psalms 119* (119.49), veja também *Sermon on Psalms 119* (119.28).
93 Sl 69.6.

nEle uma suficiência e superabundância de auxílio.[94]

Por que algumas promessas parecem não se cumprir? Esta é uma das mais significativas indagações dos cristãos. Podemos afirmar com segurança que Calvino diria: "Submeta-se diante da vontade secreta de Deus". Mas esta não é a única resposta que encontramos no seu ensino. Calvino explica aos seus leitores que a desobediência, além da incredulidade, impede Deus de cumprir suas promessas.[95]

Talvez a linguagem de Calvino seja surpreendente para alguns, pois não estamos acostumados a pensar no reformador como alguém que cultivasse esse tipo de fé ativa através da confiança nas promessas de Deus. Isso parece, de alguma forma, comprometer seu ensino sobre a absoluta soberania de Deus. Calvino, contudo, não estava preocupado em compor um sistema teológico perfeitamente harmônico. Seu método teológico consiste em receber toda a revelação de Deus, sem conscientemente adicionar ou remover componentes por conveniência de adequação a um sistema simétrico. Ele afirma, por exemplo, que a confiança em orações respondidas procede tanto da livre eleição quanto das promessas de Deus.[96] A visão de Calvino em relação à confiança nas promessas de Deus não corresponde ao conceito comum de que devemos nos resignar passivamente à soberania de Deus qual seja a situação. A implicação desta visão para a vida de oração é clara e desafiadora: a oração não é um mero exercício de resignação espiritual, mas um meio estabelecido por Deus para que as bênçãos da aliança cheguem até nós.[97] Deus não se agrada da passividade na oração. Por causa de suas promessas, Deus deseja que confiemos nEle com inabalável confiança.

Aplicando as promessas

Para Calvino, Deus não nos deu as promessas como mero conforto psicológico. As suas promessas são armas poderosas para serem usadas em situações concretas da vida. Na exposição dos Salmos de Calvino encontramos uma rica fonte de sabedoria e motivação para o cultivo de uma verdadeira espiritualidade, através da aplicação das promessas divinas para enfrentarmos a aflição, a depressão espiritual e a oposição espiritual entre outras coisas.

---

94 Sl 91.2.
95 Sl 27.11, Sl 81.15.
96 Sl 74.2.
97 Selderhuis, eu seu profundo estudo sobre a teologia dos salmos em Calvino, parece não fazer justiça ao que temos visto até aqui. Ele diz: "Calvino descreve a oração como a comunicação que ocorre entre os parceiros da aliança, mas a visão de Calvino sobre Deus parece impedir qualquer comunicação real. O reformador aparentemente provê a lógica ao material bíblico que parece sugerir a influência das orações sobre as ações de Deus" (Selderhuis, *op. cit.*, p. 245). É difícil chegar a essa conclusão ao verificarmos a ênfase que Calvino coloca sobre a oração como o meio de Deus fazer chegar até nós todas as suas bênçãos.

Aflição.[98] Deus sabe que sofremos e se importa conosco.[99] Calvino podia falar de sua própria experiência, pois padecia de diversas enfermidades e, durante uma parte significativa do seu ministério, experimentou acirrada perseguição e difamação.[100] A aflição não deve ser medida pela dor que produz, mas por seu poder de cumprir propósitos mais elevados.[101] As aflições nos fazem mais humildes[102] e nos levam a cultivar um desapego maior pelas coisas deste mundo.[103] Deus usa as aflições para nos disciplinar, nos treinar na paciência, nos fazer subjugar desejos pecaminosos, nos humilhar e nos fazer mais hábeis no exercício da autonegação.[104] As promessas de Deus nos confortam em todas as nossas aflições.[105] Deus é glorificado quando, no meio do sofrimento, mantemos a plena convicção de que Ele cumprirá o que prometeu.[106] Quando as adversidades parecem durar mais do que esperamos, lembrar das promessas e tê-las gravadas no coração nos faz constantes e pacientes.[107] Encontramos verdadeiro conforto no sofrimento, quando Deus nos lembra que Ele se obriga a nós em não nos abandonar, mesmo em situações extremas.[108] De fato, jamais devemos pensar que Deus nos deixou de amar porque permite o sofrimento.[109] Pelo contrário, precisamos lembrar que a luz de suas promessas é suficiente para nos guiar no meio da mais densa escuridão de aflição.[110] Quando Deus parece silencioso diante do nosso sofrimento, devemos lembrar que Ele o faz para que o busquemos em oração.[111]

Depressão espiritual. O ensino pastoral de Calvino reconhece a realidade da noite escura da alma na vida do cristão. Podemos chegar ao ponto de "ver nada senão a morte diante e ao redor de nós",[112] ficando perplexos porque tudo parece ir contra a promessa de Deus.[113] Mais do que isso, de alguma maneira Deus parece retirar de nós suas promessas e nos vemos lançados num fosso de desespero.[114] Por causa da extrema tristeza, não conseguimos ver qualquer aplicação da palavra de Deus para nossa situação específica. Calvino reconhece que isso "é uma coisa angustiante e dolorosa; mas

---

98 Sob o termo "aflição", Calvino descreve todas as lutas da vida cristã. Aqui focalizaremos o problema do sofrimento.
99 Sl 142.3.
100 Veja Charles L. Cooke, "Calvin's Illnesses and Their Relation to Christian Vocation", em Timothy George (ed.), *John Calvin and the Church: A Prism of Reform* (Westminster/Knox Press, 1990).
101 Sl 38.2.
102 Sl 6.2.
103 Sl 9.12.
104 Sl 44.12.
105 *Sermon on Psalms 119* (119.4).
106 *Sermon on Psalms 119* (119.88).
107 *Sermon on Psalms 119* (119.79).
108 *Sermon on Psalms 119* (119.49).
109 *Sermon on Psalms 119* (119.61).
110 Sl 71.14.
111 Sl 9.18.
112 *Sermon on Psalms 119* (119.123).
113 Sl 89.36.
114 Sl 77.7-8.

que não deve impedir que nos engajemos no exercício da oração".[115] Pelo contrário, precisamos reconhecer que "Deus é fiel e jamais desaponta seus próprios filhos, nem os abandona".[116] Na verdade, é a promessa de Deus que não nos permite afundar no desespero nem sermos vencidos pela angústia. Deus nos capacita a esperar pela vida, mesmo na morte![117] Para Calvino, cristãos não estão imunes à depressão. Por causa de nossa própria fragilidade como seres humanos e pecadores, somos suscetíveis às experiências de profunda tristeza, desânimo e até desespero. Mas Deus, em terno amor, nos concede as suas promessas que, pelo poder do Espírito Santo, nos erguem do poço e nos deixam novamente confiantes.[118]

Oposição espiritual. A partir do que conhecemos sobre a teologia de Calvino em relação à soberania de Deus sobre tudo, poderíamos supor que ele não enfatizaria alguma participação mais ativa do cristão na oposição contra o diabo. Para Calvino, entretanto, aflições, perseguição e tentação estão também vinculadas à ação destrutiva de Satanás. Para ele, a guerra espiritual é uma realidade inevitável. Para Calvino, bem como para Lutero, Satanás é um uma pessoa real e extremamente ativa na história, intensamente envolvida na luta contra Deus e seu propósito redentivo.[119] Ele buscará todos os meios possíveis para nos atingir,[120] sugerindo que Deus removeu de nós a ajuda do Espírito Santo, tentando nos levar ao desespero.[121] Ele usa pessoas para falar mentiras contra nós[122] e nos impede de ver a seriedade de nossos pecados.[123] Mas a principal estratégia do diabo é ridicularizar as promessas de Deus, argumentando que orações baseadas nelas são vãs.[124] A melhor maneira de vencer o diabo não é entrar em conflito direto com ele, mas vencer a luta que ocorre dentro do nosso coração,[125] amando a palavra de Deus.[126]

> Pois eis como devemos colocar a palavra de Deus em prática, quando a tivermos aprendido. Quando nos achegamos à luta e Satanás nos ataca de todos os lados, de tal maneira que parece o mundo todo ter conspirado contra nós, e que não conseguimos ver nada senão destruição ao nosso redor, mesmo então, eu digo, nós devemos correr para as promessas que Deus nos fez, valorizando-as e assim

---

115 *Ibid*.
116 Sl 87.17.
117 Sl 3, introdução.
118 Sl 112.7.
119 Veja Marc Lienhard, "Luther and the Beginnings of the Reformation", em Jill Raitt (ed.), *Christian Spirituality: High Middle Ages and Reformation* (New York: The Crossroad Publishing, 1988), p. 293.
120 Sl 119.61.
121 Sl 55.5.
122 Sl 42.3; 109.3.
123 Sl 19.13.
124 Sl 22.8. Veja também *Sermon on Psalms 119* (119.86).
125 Sl 42.5.
126 Sl 119.13.

aplicando-as para nós mesmos, para que então possamos sentir o poder e a força que procede delas.[127]

O ensino de Calvino sobre guerra espiritual difere significativamente das versões contemporâneas, mas nos parece que sua abordagem se aproxima mais do ensino que encontramos nas Escrituras.

Colhendo as promessas

Calvino afirma que "o único fim e uso legítimo da oração" é "colher os frutos das promessas de Deus".[128] Deus não somente fala, mas demonstra pela nossa experiência "que sua palavra não é vã, mas que sua execução já está às portas".[129] Não são somente as promessas que encorajam os crentes a buscar mais a Deus, mas também a real experiência de sua bondade.[130] "Por mais numerosas e extraordinárias venham a ser as demonstrações que recebemos do favor divino, jamais podemos reconhecê-las, exceto em conexão com sua promessa previamente revelada".[131] Calvino afirma enfaticamente que a "verdadeira sabedoria da fé consiste em considerar todos os benefícios de Deus como resultado ou fruto de suas promessas".[132] A experiência das promessas, de acordo com Calvino, é essencial para uma verdadeira espiritualidade.

Através das promessas de Deus colhemos os mais diversos frutos. Nas promessas encontramos a certeza de nossa salvação,[133] vencemos o medo da morte,[134] somos fortalecidos,[135] experimentamos alegria,[136] proteção dos inimigos,[137] paz interior,[138] conforto nas tribulações,[139] perdão dos pecados,[140] bênçãos terrenas,[141] e sabedoria, como a principal das promessas de Deus.[142] Ao elencarmos estes benefícios das promessas de Deus não pretendemos ser exaustivos, pois, de acordo com Calvino, como vimos, todas as bênçãos de Deus procedem da mesma fonte.

---

127 Sl 119.42.
128 Sl 119.38.
129 *Sermon on Psalms 119* (119.52).
130 *Sermon on Psalms 119* (119.2).
131 Sl 60.6.
132 Sl 119.117.
133 Sl 89.34.
134 Sl 16.10.
135 Sl 119.29.
136 *Sermon on Psalms 119* (119.163).
137 Sl 3.8, 5.11.
138 Sl 3.5.
139 *Sermon on Psalms 119* (119.49).
140 Sl 130.8.
141 Sl 105.13. Para Hall, Calvino demonstra "uma clara atitude de depreciação pela vida presente". Cf. Thor Hall, "The Christian's Life; Wesley's Alternative to Luther and Calvin" em *The Duke Divinity School Bulletin*, vol. 28 (1963), p. 115. Hall parece ignorar totalmente o ensino de Calvino sobre a presença do reino de Deus na vida presente.
142 Sl 119.169.

CONCLUSÃO

Sugerimos que o entendimento de João Calvino sobre o papel das promessas de Deus na vida espiritual continua sendo relevante para nós hoje. Por um lado, sua visão nos ajuda a evitar a esterilidade da fé escolástica e, por outro, nos previne contra os exageros de uma espiritualidade centrada no misticismo. No seu ensino descobrimos que é possível equacionar uma profunda lealdade às verdades reveladas e uma poderosa experiência delas em situações concretas da vida. A verdadeira espiritualidade reformada pode ser mais profunda e mais ousada na aplicação das promessas de Deus, sem comprometer a absoluta soberania de Deus. Se, por um lado, seu propósito é inexorável, seu relacionamento conosco é autêntico e dinâmico. Indubitavelmente, há tensões nesses aspectos da vida cristã, mas aprendemos com o reformador que devemos ir até onde a Palavra de Deus nos leva, sem nos deixar conformar com reducionismos exegéticos ou condicionamentos dogmáticos. Devemos encorajar o povo de Deus a conhecer, meditar e crer nas promessas reveladas por Deus. Isto propiciará um significativo enriquecimento de nossa vida cristã, um novo impulso para o cumprimento da nossa missão e uma visão mais profunda de nossa adoração a Deus.

Sociedade

CAPÍTULO 24

A FILOSOFIA REFORMADA:

SUAS ORIGENS E SEU LUGAR NA HISTÓRIA DO PENSAMENTO PROTESTANTE

GUILHERME VILELA RIBEIRO DE CARVALHO

"É possível uma filosofia calvinística?" – Com essa pergunta Hendrik G. Stoker abriu um artigo sobre o tema escrito em 1935, mas setenta e seis anos depois parece não haver um consenso claro sobre essa questão. Da parte de não cristãos, as reações vão da curiosidade à suspeita; da parte de cristãos não calvinistas, costuma haver reação quase alérgica; e, em boa parte das vezes, até mesmo alguns calvinistas opõem-se a semelhante projeto, supondo que uma boa teologia reformada seria suficiente para fazer um bom calvinista.

Seja-me permitido dizer aos meus correligionários calvinistas que isso simplesmente não é possível, nem é coerente com o espírito do calvinismo. Uma boa teologia não é suficiente para fazer um bom calvinista, porque o bom calvinista não é, essencialmente, um teólogo, mas um homem inteiramente diante de Deus, inteiramente *coram Deo*. O calvinista confessa, por causa de sua teologia, que Cristo é soberano sobre o todo da vida. E exatamente por isso ele almeja que o governo de Cristo se manifeste em sua prática política e econômica, em seu culto, em sua relação com as artes, na ciência e na técnica e, é claro, em sua vida intelectual como um todo. Indo além, uma boa teologia reformada *informa* o bom calvinista de que ele precisa fazer ciência, arte, política, e, também, *filosofia*.[1]

É claro que isso não responde à pergunta sobre a possibilidade em si de uma filosofia calvinista ou reformada. Seria preciso considerar o assunto do ponto de vista de sua viabilidade *de facto* e também *de jure*: existe, efetivamente, uma filosofia reformada? E se existe, quais são suas razões e seus direitos de existência? No presente capítulo vamos examinar a questão *de facto*: o que é, como surgiu, e quais são os princípios fundantes da filosofia calvinística. Quanto à questão *de jure*, que dependeria de uma defesa ampla de sua integridade filosófica e de suas razões suficientes, deixá-la-emos para outra ocasião, por razões de espaço. Nosso problema é, pois, as origens, princípios, e o lugar ocupado pela filosofia reformada na história no contexto do pensamento protestante, começando de seus antecedentes históricos, a partir da Reforma, até a situação contemporânea.

OS REFORMADORES

Os reformadores de primeira geração, como se sabe, manifestaram pouco interesse sobre questões filosóficas, a não ser quando essas interferiam na leitura das Escrituras e em formulações teológicas centrais. Nesses casos, tendo em vista a sua preocupação com a pureza da teologia e o contexto filosófico contra o qual eles trabalhavam, sua reação era costumeiramente negativa. Assim Martinho Lutero (1483-1546) expressou-se negativamente em relação à filosofia, atacando especialmente o aristotelismo, e em certos momentos criticando duramente a "razão" como a "prostituta do diabo". Mas o motivo é claro: Lutero não desaprovava a racionalidade em si, mas o aprisionamento da razão às categorias da filosofia escolástica, que bloqueavam o entendimento do evangelho.

Para João Calvino (1509-1564) a razão não fora inteiramente destruída, mas estava em ruínas, não havendo a menor possibilidade de atingir o conhecimento de Deus disponível na revelação natural. Daí a consistente rejeição calvinista a uma teologia natural que viesse a fornecer bases conceituais e evidenciais para a teologia cristã. Essa ênfase muito clara na Queda não impediu Calvino, no entanto, de afirmar a bondade da criação e o alcance da soberania de Deus *extra ecclesiam*. Quanto a isso, Calvino trouxe duas contribuições fundamentais, distinguindo-se nelas de Lutero. Em primeiro lugar, ele procurava preservar com maior cuidado a diferença entre Criador e criatura, o que se

---

[1] O que é, a propósito, uma das carências do movimento evangélico contemporâneo. Cf. Greg Laughery, "Evangelicalism and Philosophy", em C. Bartholomew, Robin Parry e Andrew West, *The Futures of Evangelicalism: Issues and Prospects* (Leicester: IVP, 2003), p. 248ss.

vê em sua cristologia, em sua doutrina dos sacramentos e na sua crítica à teologia natural. Em segundo lugar, ele reconheceu a relação interna entre a lei divina e sua soberania criacional. Assim a lei, para Calvino, não era meramente uma restrição ao pecado, mas uma bênção criacional, confirmada e cumprida por meio da graça em Jesus Cristo. Esses dois *insights* viriam a constituir os próprios fundamentos da filosofia calvinística.[2]

No tocante à filosofia, os dois reformadores são responsáveis por uma realização importantíssima para o futuro: a crítica da teologia filosófica católica da época e a separação entre teologia e filosofia escolástica. Essa separação, necessária para a reforma da teologia e da igreja, procedia de uma nítida distinção entre o Criador e a criatura, da afirmação da natureza caída da razão e da centralidade das Escrituras para a teologia. No caso de Calvino, devemos ainda acrescentar sua ênfase na alteridade de Deus, na soberania de Deus sobre o todo da vida, e na unidade de lei e graça, natureza e graça, criação e redenção.

O ESCOLASTICISMO PROTESTANTE

Os reformadores de segunda geração assumiram imediatamente a tarefa de articular intelectualmente a teologia da reforma e inseri-la no contexto acadêmico da época, de uma forma mais sofisticada. Sua solução para esse problema foi, no entanto, um esforço de re-acomodação. Assim, Philipp Melanchthon (1497-1560) encarregou-se de ressintetizar teologia e filosofia escolástica, mas, dessa vez, substituindo a teologia católica pela teologia de Lutero, seu mestre. Algo semelhante aconteceu nos círculos calvinistas, de modo que já no final do século XVI emerge o que veio a ser chamado de "escolasticismo protestante".

Figuras importantes como Petrus Vermigli (1500-1562) em Oxford, Jeronimus Zancchi (1516-1590) em Estrasburgo, e Theodorus Beza (1519-1605), o sucessor de Calvino em Genebra, foram responsáveis não apenas pela preservação e aprofundamento da teologia reformada, mas também pela sua reinterpretação a partir da filosofia aristotélica. Essa nova síntese teológico-filosófica duraria até o começo do século XVII.

No campo calvinista o principal escolástico depois de Beza foi Francis Turrretin (1623-1687), professor da academia teológica de Genebra e autor das *Institutio Theologiae Elencticae*, rapidamente tornada um clássico e o livro-texto de formação de pastores e teólogos calvinistas. Como os outros escolásticos protestantes, Turretin era claro sobre *a priori*dade da teologia sobre a filosofia, que fazia o papel de serviçal e auxiliadora. Mas a posição de Turretin era de uma compatibilidade de graça e natureza – e razão e

---

2   William Young, *Toward a Reformed Philosophy: The Development of a Protestant Philosophy in Dutch Calvinistic Thought since the Time of Abraham Kuyper* (Grand Rapids, MI: Piet Hein & Franeker: T. Wever, 1952), p. 26.

revelação, nesse caso. Ele assumia, assim, que a natureza do revelador e sua relação com a criação poderiam ser compreendidas essencialmente pela razão natural, por meio da especulação metafísica aristotélica, e tal conhecimento poderia ser compatibilizado com a teologia reformada.

Um movimento interessante que tentou introduzir uma nova filosofia em bases calvinistas foi o Ramismo, fundado por Petrus Ramus, ou Pierre de la Ramée (1515-1572),[3] morto na noite de São Bartolomeu. Ramus era um huguenote francês que tentou substituir o escolasticismo aristotélico por uma nova lógica e uma nova epistemologia na qual a soberania de Deus tivesse um papel mais explícito, unificando e dando coerência a todas as ciências. Boa parte do sistema lógico e conceitual de Ramus, no entanto, era uma substituição do aristotelismo pelo platonismo humanista de sua época.

Em um sentido, portanto, o escolasticismo protestante não era diferente do escolasticismo medieval: a articulação entre natureza e graça era concebida como uma relação de complementaridade: a filosofia aristotélica, baseada na razão natural, é basicamente boa; deve-se buscar uma acomodação entre a filosofia e a teologia reformada, sem dissolver nenhuma delas no processo.

PROTESTANTISMO E FILOSOFIA NA GRÃ-BRETANHA E NA AMÉRICA

Paralelamente ao escolasticismo reformado, marcadamente aristotélico, surgiu um movimento de filósofos protestantes na Universidade de Cambridge, na segunda metade do século XVII, cujo projeto era construir uma síntese de teologia protestante com a metafísica platônica. Os "platonistas de Cambridge" enfatizavam o papel central da razão humana, como a "lâmpada do Senhor", e opunham-se aos calvinistas afirmando o livre-arbítrio e o poder da razão e da filosofia para explicar a realidade; a despeito disso, reconheciam a falibilidade da razão e dos argumentos metafísicos em favor de Deus. Sua proposta, portanto, era de manter a estrutura natureza e graça substituindo o aristotelismo por uma forma de platonismo.

O desenvolvimento do empirismo na filosofia inglesa trouxe um sabor muito diferente do escolasticismo tradicional ou do platonismo de Cambridge à filosofia da religião. O mais importante deles, depois de Francis Bacon, foi John Locke (1632-1704). Escrevendo no final do século XVII, Locke assumiu uma posição também empirista quanto à racionalidade da crença religiosa: a revelação não poderia jamais se opor à razão, nem sustentar-se independentemente dela; mas essa "razão" seria dada por meio de *evidências suficientes*. Em suas discussões sobre a racionalidade do cristianismo, ele argumentou que só poderíamos crer nas Escrituras, em Jesus e nos milagres se tivéssemos

---

3 Young, *Toward a Reformed Philosophy*, p. 31-32.

evidências suficientes para tanto. Após examinar as questões, ele enfim argumenta que há evidência para todas essas coisas. Sua abordagem era, assim, bastante evidencialista e probabilística.

A abordagem lockeana é uma das fontes da forma de "teologia natural" que caracteriza a teologia na Inglaterra[4], e que até hoje produz ilustres pensadores cristãos como Richard Swinburne e Alister McGrath. O projeto da teologia natural pretendia estabelecer uma base racional e evidencial para a fé cristã, que fosse válida tanto para incrédulos como para crentes, com base unicamente dos recursos da razão natural e da revelação geral de Deus na criação, sem recurso à revelação especial (a Bíblia).

O primeiro teólogo natural protestante a empregar essa abordagem foi o bispo anglicano e professor do Oriel College em Oxford, Joseph Butler (1692-1752), em sua obra *The Analogy of Religion, Natural and Revealed* (1736). A abordagem de Butler não era a de apresentar provas "irrefutáveis", e muito menos o tipo de demonstração racional baseada em argumentos metafísicos, como os escolásticos costumavam fazer. Seu caminho era antes probabilístico, com argumentos indutivos, de pesos diferentes, que reunidos pudessem elevar a probabilidade da conclusão, por meio de um efeito cumulativo.

William Paley (1743-1805) adotaria a mesma abordagem em sua *Natural Theology* (1802), introduzindo o famoso "argumento do relojoeiro" para demonstrar a existência de Deus: assim como a complexidade do relógio nos faz reconhecer que ele é obra de um relojoeiro, a complexidade da criação mostra a existência de alguém grande, sábio e poderoso o suficiente para fazê-la.

A teologia natural inglesa sofreu um sério golpe com Charles Darwin. Darwin estudou as ideias de Paley com interesse[5] e construiu sua teoria da evolução como uma resposta consciente à teologia natural, refutando diversos argumentos de Paley.

O fracasso histórico da teologia natural estava certamente ligado às suas raízes baconianas e lockeanas, e à falta de uma visão suficientemente forte da Queda e de seus efeitos. Os pensadores cristãos que desenvolveram essa abordagem acreditavam que demonstrações racionais baseadas na evidência disponível a todos seriam igualmente acessíveis a crentes e a incrédulos, e atribuíam à revelação natural uma força preparatória para a revelação especial e *independente* desta. Nesse sentido, apesar da abordagem mais empirista e probabilística, a teologia natural clássica compartilhava do dualismo escolástico de natureza e graça.

Depois de Darwin, o projeto da teologia natural inglesa perdeu grande parte do

---

[4] Daniel Von Wachter, "Philosophy of Religion in Protestant Theology", em H. P. Copan & C. Meister, *The Routledge Companion to Philosophy of Religion* (London, Routledge, 2007), p. 6.
[5] Quando em Cambridge, tive a oportunidade de ver algumas de suas anotações críticas nas margens de sua cópia pessoal da *Natural Theology*. Darwin realmente conhecia bem as ideias que pretendeu refutar com sua teoria.

seu crédito, mas continuou desenvolvendo-se com trabalhos de filósofos e cientistas; as famosas Gifford Lectures, dedicadas à promoção da teologia natural, foram fundadas a partir de uma doação de Adam Lord Gifford para as universidades escocesas, e continuaram sendo realizadas desde o século XIX até hoje. Mas apenas nos últimos quinze anos a teologia natural inglesa conseguiu de fato recuperar sua robustez.

O empirismo tornou-se muito influente na Inglaterra, na Escócia e na América do Norte, mas sua radicalização com David Hume (1711-1776) tornou inviável a defesa e fundamentação da teologia cristã apenas com bases empiristas. O dia foi "salvo" com o trabalho da escola escocesa do assim-chamado "Realismo do Senso Comum", desenvolvido principalmente pelo calvinista Thomas Reid (1710-1796). Como Immanuel Kant (1724-1804), Reid preocupava-se com o abismo entre racionalismo e empirismo, mas desenvolveu uma solução muito diferente da solução de Kant para o problema; segundo ele, a mente produz crenças verdadeiras sobre a criação por um processo natural e automático, de forma que sobre o fundamento dessas crenças podemos construir indutivamente o nosso conhecimento da natureza e de Deus. O pensamento de Reid reintroduz na filosofia moderna uma corrente subterrânea da epistemologia denominada "externalismo epistemológico" – a visão de que nem sempre o indivíduo que conhece tem condições de justificar as razões porque conhece, mas isso não desqualifica o seu conhecimento.

O realismo escocês influenciou profundamente a "Old Princeton School" ("Antiga" Princeton)[6] no final do século XIX, especialmente James MacCosh, presidente da Universidade, e o teólogo presbiteriano Charles Hodge (1787-1878), que empregou essa filosofia como base epistemológica da sua própria teologia sistemática.

Além de receber influências do pensamento de Petrus Ramus, trazido pelos puritanos fundadores, do escolasticismo calvinista, do empirismo inglês e mais tarde do realismo escocês, os Norte Americanos também deram sua contribuição. A principal delas veio do pregador, teólogo e filósofo Jonathan Edwards (1703-1758), cujo sistema era marcadamente metafísico e idealista, guardando semelhanças com o idealismo de Berkeley e com o empirismo de Locke. A característica marcante do sistema de Edwards, segundo William Young, seria a sua identificação da doutrina calvinista da predestinação com uma forma de determinismo metafísico (possivelmente uma das causas da reação pelagiana associada a Charles Finney). Edwards teria entre os seus maiores defensores atuais o calvinista John Gerstner (1914-1996), este, por sua vez, professor do calvinista neoescolástico R. C. Sproul (1939 -), fundador dos *Ligonier Ministries*.

---

6 As expressões "Antiga" e "Nova" Princeton são uma referência ao estado do Seminário Teológico de Princeton, em New Jersey, nos Estados Unidos, antes e depois do domínio do liberalismo teológico.

PROTESTANTISMO E FILOSOFIA NA ALEMANHA

O escolasticismo protestante tardio, na Alemanha, teve como figuras centrais Christian Thomasius (1655-1724) e Christian Von Wolff (1679-1754). O primeiro foi importante para o direito, em sua defesa da teoria da lei natural. O segundo foi influenciado pelo pietismo de Philipp Jacob Spener, reconhecidamente uma das fontes espirituais da filosofia alemã posterior; mas a fonte principal de seu sistema filosófico foi o pensamento de Gottfried Wilhelm von Leibniz (1646-1716).

Leibniz, que fora aluno de Thomasius em Leipzig, era conhecedor da filosofia e da ciência de seu tempo, desenvolveu um sistema metafísico original, distinto do aristotelismo dominante até aquele ponto, apresentado na obra *Monadologia* (1714). Esse sistema enfatizava a racionalidade e coerência do mundo e realidade das substâncias particulares (contra o monismo de Espinosa); era idealista e fortemente determinista. Sua característica mais curiosa, no entanto, era a relação com a matemática e com o cálculo. Leibiniz não apenas introduziu notáveis avanços na matemática, mas procurou fundamentar nela a sua metafísica (a teoria das mônadas baseia-se no cálculo infinitesimal). Leibniz também fez importantes contribuições para a filosofia da religião, argumentando em sua *Teodicéia* (1710) que o mundo criado seria o melhor dos mundos possíveis, sendo o mal que conhecemos o mínimo necessário ao bem máximo.

Christian Wolff, ensinando matemática e filosofia natural no reduto pietista de Halle, afirmava a queda do homem, a necessidade da religião revelada e da conversão a Cristo, e convivia em um ambiente crítico do dogmatismo luterano tradicional (ao qual os pietistas se opunham). Nesse contexto conheceu as ideias de Leibniz. Através de modificações e algumas simplificações, Wolff procurou estender essas ideias a todos os campos do conhecimento, incluindo a teologia – um de seus objetivos era basear as verdades teológicas na razão, explicando-as em termos de concepções matemáticas. Wolff foi finalmente expulso da universidade pietista de Halle, acusado de determinismo e por exaltar o poder da razão independentemente da revelação, mas tornou-se uma celebridade em Marburgo, e anos depois foi recebido de novo em Halle.

E assim surgiu o famoso sistema metafísico comumente denominado "sistema Leibniz-Woff", que dominou a filosofia alemã até a revolução Kantiana. Wolff está, de certo modo, entre o escolasticismo e o Iluminismo (*Aufklärung*) ou, colocando de outra forma, está onde os dois movimentos se sobrepõem.

O cansaço político e moral causado pelas guerras da religião e a ascensão da burguesia europeia, com suas aspirações libertárias, não foram as únicas causas do Iluminismo. Houve também causas espirituais e intelectuais: as novas ideias dos deístas ingleses, a crise da filosofia escolástica, enfraquecida tanto pela revolução científica quanto pelo surgimento de sistemas metafísicos competidores, e a aproximação do giro antropocêntrico, prenunciado desde o Renascimento.

Immanuel Kant (1724-1804) foi a figura central dessa transformação. De origem religiosa luterana e pietista, foi a princípio adepto do sistema idealista de Leibniz-Wolff, mas logo desperto de seu "sono dogmático" pela leitura do filósofo empirista David Hume, introduziu uma "revolução copernicana" na filosofia. Essa revolução tirou o conhecimento do âmbito do objeto e localizou-a no âmbito do sujeito conhecedor, fundando nele a filosofia, que se transformou em epistemologia.

Segundo Kant, não temos como conhecer ou especular validamente sobre Deus ou sobre o "Ser", como o faz a metafísica tradicional. Porque só conhecemos o que é produto de síntese entre as categorias da razão e a experiência empírica, síntese essa efetuada pelo sujeito cognoscente. Com essa solução, que intentava superar o conflito de racionalismo e empirismo, Kant abalou a legitimidade da metafísica, negando que as especulações filosóficas sobre Deus e a doutrina cristã constituíssem qualquer forma de conhecimento verdadeiro. Quanto à religião, Kant reafirmou o seu valor; mas sua essência seria tão-somente a moralidade. Segundo ele, podemos falar sobre Deus, sobre o mal, sobre a alma humana, mas apenas como postulados da razão prática, isto é, como suposições implicadas na lei moral.

A filosofia do Romantismo Alemão, já no século XIX, era bastante crítica do Iluminismo, embora fosse ela mesma herdeira da crítica Iluminista à religião tradicional. Um dos mais importantes teólogos da época foi o prussiano Friedrich Schleiermacher (1768-1834), que rejeitou a redução kantiana da religião à moralidade. Nascido em berço reformado, mas educado em uma escola pietista da Morávia, Schleiermacher introduziu a definição da religião como o sentimento do infinito, do eterno dentro do temporal, pela contemplação do universo; ou o "sentimento de dependência do absoluto". As doutrinas cristãs clássicas seriam reinterpretadas em termos desse sentimento, não tendo qualquer valor literal.

Uma contribuição inestimável de Schleiermacher foi a fundação do pensamento hermenêutico moderno, que a partir dele deixa de ser apenas um sistema de técnicas de leitura e interpretação na exegese bíblica e no direito, para assumir traços claramente filosóficos. Esse "veio subterrâneo" de pensamento, cujas fontes não eram tanto o universo grego (obcecado com a "visão" e com a "razão), mas antes o universo judaico-cristão (do "ouvir" e da "tradição"), ganha influência com Wilhelm Dilthey (1833-1911), e é depois apropriado por Martin Heidegger, Hans Georg Gadamer e, mais recentemente, Paul Ricoeur (1913-2005).

Outro filósofo central no contato entre protestantismo e filosofia na Alemanha foi Georg Friedrich Hegel (1770-1831). Hegel se considerava um luterano ortodoxo, mas compartilhava com todos os principais filósofos alemães desde Kant da crença de que os dogmas teológicos clássicos seriam falsos, se considerados literalmente. Hegel introduziu uma forma modificada da visão escatológica cristã do tempo e do mal (como a contradição ou negatividade inerente à realidade) no interior de uma metafísica racionalista, criando a ideia de dialética na história – de uma evolução do espírito (no sentido de razão) por um processo de tese, antítese e síntese. O clímax dessa evolução teria sido a ideia, em relação a Cristo, como a união do divino e do humano.

O principal filósofo cristão a desafiar as ideias de Hegel sobre a história e a religião foi o luterano dinamarquês Søren Kierkegaard (1813-1855). No contexto de seu país, o hegelianismo já havia se tornado uma espécie de consenso filosófico, político e religioso, e Kierkegaard desafiou aquele sistema negando abertamente que o absoluto divino pudesse ser identificado com um estágio na evolução histórica do espírito; pois isso equivaleria na prática a validar a cristandade e o sistema cultural da época como o clímax da revelação divina. Kierkegaard opôs à dialética hegeliana o paradoxo da revelação e a diferença qualitativa infinita Criador/criatura.

Francis Schaeffer (1912-1984), pastor presbiteriano e fundador da comunidade L'Abri, criticou duramente as ideias kierkegaardianas de "paradoxo" e de "salto de fé" como se fossem expressões do cruzamento da "linha do desespero", quando o homem não vê mais sentido na vida, do ponto de vista da razão autônoma, e tenta encontrar um sentido por meio de uma afirmação mística ou existencialista da vida. Considerando o contexto histórico, no entanto, aparentemente o ponto de Kierkegaard não era a negação de que a fé tivesse bases racionais ou históricas, mas a negação de que fosse possível chegar às verdades da revelação por meio da razão natural, independentemente da revelação.[7] Por uma infelicidade histórica, no entanto, suas ideias teriam sido apropriadas e reinterpretadas por teólogos existencialistas liberais e por filósofos existencialistas ateus, criando a imagem de um Kierkegaard heterodoxo. Se essa leitura estiver correta, é possível que Kierkegaard tenha sido um dos poucos esforços válidos de filosofia radicalmente cristã, embora com enfoque mais psicológico e existencial, a partir do contexto luterano.

Como Kant, Hegel via a moral como a essência da religião. Esse foi o caminho seguido por parte do liberalismo ou modernismo teológico na Alemanha: assim pensava Albrecht Ritschl (1822-1889), que influenciou profundamente o liberalismo teológico na América do Norte, e Adolf Von Harnack (1851-1930). Outros teólogos alemães seguiriam outras correntes filosóficas, como Rudolf Bultmann (1884-1976), profundamente

---

7   Aqueles que acreditam que o teólogo Karl Barth nunca pretendeu separar o "significado" teológico dos fatos históricos e bíblicos da revelação costumam ler Kierkegaard da mesma forma: não como um defensor do existencialismo irracionalista, mas como um crítico da promiscuidade entre razão natural e revelação que se encontra no Escolasticismo, na teologia natural clássica e no liberalismo teológico.

influenciado pelo existencialismo de Martin Heidegger, ou Paul Tillich (1886-1965), que combinou elementos heideggerianos e schleiermachianos com um fundamento derivado da filosofia de Friedrich Schelling (1775-1854).

Já a essa altura vamos arriscar uma interpretação do experimento filosófico protestante na Alemanha. A síntese escolástica do luteranismo entrou em crise com a crítica pietista ao dogmatismo luterano, mas os pietistas não desenvolveram nenhuma alternativa cristã para a metafísica ou para as ciências naturais. Como resultado, os próprios pensadores pietistas introduzem sistemas filosóficos baseados na razão autônoma, reinterpretando a teologia clássica (enfraquecida pelo próprio pietismo) em termos dessas novas filosofias. Christian Wolff, Immanuel Kant, Schleiermacher, Schelling e Hegel eram luteranos ou reformados, com origens ou influências pietistas. Paradoxalmente, portanto, um movimento destinado a preservar o verdadeiro cristianismo levou involuntariamente ao colapso da fé. Não tanto pelo que ele fez (afirmar a graça), quanto pelo que *não fez*: reunir graça e natureza de um modo consistente. E assim a natureza "devorou" a graça.

Apenas um homem, entre os grandes teólogos de língua alemã, ousou desafiar as sínteses e ressínteses teológico-filosóficas germânicas: Karl Barth (1886-1968), o expoente da assim-chamada neo-ortodoxia. Operando a partir da tradição calvinista e influenciado por Søren Kierkegaard, Barth revoltou-se contra a síntese de racionalidade moderna e teologia protestante, e rejeitou completamente a própria ideia de teologia natural. Para Barth a fé seria o princípio cognitivo da ciência teológica, a partir da revelação divina em Cristo e nas Escrituras, e não haveria ponto de contato entre a revelação/graça e a razão/natureza. Essa ruptura capacitou Barth a reconstruir a teologia reformada de forma cristocêntrica e independente das categorias filosóficas da modernidade.

Francis Schaeffer acusou Barth de ser mais um irracionalista teológico e seguidor de Kierkegaard (o Kierkegaard "irracionalista"), por negar que a revelação fosse coerente com a razão. Uma evidência disso seria a ambiguidade de Barth em reconhecer a ligação entre as "verdades teológicas" (que seriam verdades "existenciais", apenas) e "verdades *de facto*", que seriam os fatos objetivos da natureza e da história. Isso geraria o "misticismo semântico", a linguagem teológica tradicional esvaziada de conteúdos genuínos.

Com certeza os argumentos de Schaeffer se aplicam perfeitamente às teologias existencialistas em geral, como a de Richard Niebhur e especialmente a de Paul Tillich (cuja teoria do símbolo religioso é a própria epítome do misticismo semântico); não está claro, no entanto, que a teologia de Barth seja dessa mesma natureza. Teólogos reformados como o escocês Thomas Torrance (1913-2007) e o irlandês Alister McGrath (n. 1953) sustentam que Barth foi incompreendido pelo mundo evangélico nessa questão, e procuram reformar a teologia natural inglesa a partir das contribuições de Barth.

Seja como for, uma dificuldade pesa sobre o sistema de Barth: embora tenha conseguido até certo ponto livrar a teologia da escravidão às filosofias humanistas, sua visão neoluterana de natureza e graça o impediu de reconhecer a necessidade de uma reforma da razão filosófica. Ele isola razão natural e revelação, mantendo a revelação preservada apenas em razão desse isolamento. O perigo de um retorno da filosofia secular sobre a teologia é, assim, mantido.[8]

PROTESTANTISMO E FILOSOFIA NA HOLANDA ATÉ KUYPER

Um experimento singular é o que se desenvolverá no contexto holandês. No princípio, como seria de se esperar, a filosofia ali foi dominada pelo escolasticismo calvinista. A síntese de Theodorus Beza foi profundamente influente – por sinal, Jacobus Arminius fora aluno de Beza – e o clímax do escolasticismo calvinista foi atingido na obra de Gisbertus Voetius (1589-1676), professor na Universidade de Utrecht na mesma época em que Renée Descartes (1596-1650) ali vivia e redigia seu "Discurso" e suas "Meditações". Descartes encontrou forte resistência em Voetius e seus discípulos, chegando até mesmo a publicar cartas contra ele. O ponto principal de Voetius na controvérsia era a defesa da doutrina escolástica tradicional de corpo e alma como duas substâncias incompletas, sendo a alma a "forma" do corpo.

Depois da era de ouro do escolasticismo calvinista na Holanda, viu-se no século XIX uma sucessão de movimentos intelectuais: a teologia de Groningen, com características platônicas, místicas e anti-intelectualistas; a escola empirista de Opzoomer, que rejeitava a especulação metafísica, a unidade de fé cristã e conhecimento e, como um bom empirista, os milagres; escola de Leiden, baseada no sistema de J. H. Scholten (1811-1885), que negava toda a base para distinções éticas válidas; e os oponentes de Scholten, que defendiam a validade e a veracidade das distinções éticas.

Scholten é especialmente relevante por ter sido um dos professores de Abraham Kuyper na Universidade de Leiden. Ele negava a distinção entre religião natural e revelada, bem como a necessidade de uma fundamentação histórica factual para as doutrinas centrais do cristianismo. Negava ainda a distinção entre Deus, homem, natureza, bem e mal, sustentando uma forma de monismo naturalista semelhante ao pensamento de Espinosa, embora sob a roupagem da linguagem teológica reformada.

Um movimento muito diferente de todos acima foi o *Réveil*, um reavivamento iniciado pela obra evangelística de Robert Haldane em Genebra, e que atingiu diversas figuras importantes na Holanda, entre os quais o estadista Gillaume Groen van Prinsterer

---

8   Para uma discussão mais completa, recomendamos o artigo de Franklin Ferreira, "Karl Barth: uma introdução à sua carreira e aos principais temas de sua teologia". *Fides Reformata* nº 8, vol. 1 (Janeiro-Junho 2003), p. 29-62.

(1801-1876). Van Prinsterer opunha-se aos ideais liberais e revolucionários oriundos da França e foi o responsável pela redescoberta da importância histórica do calvinismo para a formação da Holanda. Van Prinsterer, que iniciou o movimento "anti-revolucionário", era um platonista na filosofia, e não tinha as habilidades teológicas necessárias para uma restauração do calvinismo no país.

Quando Abraham Kuyper (1837-1920) entra em cena, no entanto, os anti-revolucionários ganham não apenas o teólogo que lhes faltava; eles ganham um educador, jornalista, político e líder eclesiástico que introduziria uma segunda reforma religiosa na Holanda; desta vez uma refundação do calvinismo em um contexto já pós-iluminista. Esse calvinismo pós-iluminista recebeu o nome de "neocalvinismo", distinguindo-se marcadamente das versões pietistas e escolásticas de calvinismo que dominavam e ainda dominam não apenas na Holanda, mas também a França protestante e o mundo anglo-saxônico.

Abraham Kuyper estudou em Leiden e adotou para si as ideias de Scholten, tornando-se um teólogo liberal. Mas em seu primeiro pastorado, na vila de Besed em 1863, ele se viu surpreendido pela força da fé calvinista praticada pelo povo simples, e finalmente se converteu a Cristo – e ao calvinismo histórico. A partir de então ele se moveu para o centro da vida religiosa e política do país, associando-se a Van Prinsterer, levando o partido anti-revolucionário ao poder, reformando a educação, trabalhando como jornalista e editor, iniciando uma nova denominação e fundando a Universidade Livre de Amsterdã.

Nas *Stone Lectures on Calvinism* ("Calvinismo", publicado no Brasil pela Cultura Cristã), apresentadas em Princeton no ano de 1898, Kuyper expõe sua descoberta do cristianismo reformado como um sistema total de vida e pensamento, baseado no senhorio de Cristo sobre todos os campos da vida. Kuyper foi muito consistente em sua prática missional e reformatória, e entendia claramente a necessidade de uma compreensão unificada de criação e redenção. Com Kuyper, pela primeira vez, desde os reformadores, a ruptura entre natureza e graça foi superada novamente, não apenas no campo intelectual, mas antes, e acima de tudo, no campo da vida prática.

Além de Kuyper e do teólogo Herman Bavinck (1854-1921), os mais importantes pensadores neocalvinistas de primeira geração foram Jan Woltjer (1849-1917) e W. Geesink (1854-1929), este último professor de D. H. Th. Vollenhoven (1892-1978) em Amsterdã. Mas a despeito das realizações obtidas na integração de fé, teologia e vida prática, nenhum dos quatro era filósofo, seja por treinamento, seja por prática. Assim suas contribuições eram muito dependentes do neoplatonismo: Deus seria o *summum ens*, o *Logos* se identificaria com as ideias na mente de Deus, a criação seria a imposição de forma sobre a matéria, o mal a privação do bem, a imagem de Deus a racionalidade, e o homem uma composição de alma racional e corpo. O mesmo vale para os neocalvinistas de segunda geração, como Valentine Hepp, sucessor de Bavinck e o último elo entre estes e Dooyeweerd e Vollenhoven. Tal como seus antecessores, ele mostrou grande interesse em questões epistemológicas, mas manteve os pressupostos e a abordagem tradicional na relação entre teologia e filosofia.

Se o pensamento neocalvinista holandês continuasse nessas condições, sem uma reconstrução radical baseada na unidade de natureza e graça e sem um reconhecimento corajoso da natureza apóstata da tradição filosófica, o movimento neocalvinista poderia ter perdido completamente o seu impulso e se corrompido por meio de uma síntese espúria, a exemplo dos outros experimentos filosóficos do protestantismo. Mas a providência de Deus reservava um novo e feliz desdobramento.

O NASCIMENTO DA FILOSOFIA CALVINÍSTICA NA HOLANDA E SUA INTERNACIONALIZAÇÃO

A história das relações entre protestantismo e filosofia até Kuyper não oferece muitas perspectivas animadoras; há sem dúvida um grande número de filósofos calvinistas relevantes, mas há pouca coisa digna do nome de "filosofia reformada". É difícil não concordar, portanto, com a observação do filósofo sul-africano Hendrik G. Stoker (1899-1993):

> Sem desconsiderar os altos méritos filosóficos de calvinistas como o professor H. Bavinck, eu estou convencido de que devemos dar ao professor Vollenhoven e ao professor Dooyeweerd, ambos da Universidade Livre de Amsterdã, a honra de ter mostrado convincentemente pela primeira vez na história da filosofia que uma genuína filosofia calvinística é possível – e de ter tentado construir tal sistema. Com suas realizações, e o digo com segurança, uma filosofia calvinística veio à existência e pode iniciar sua vida relativamente independente de sua parente, a teologia. Isso não significa necessariamente que seria preciso aceitar o seu sistema em sua inteireza (...) mas que eles lançaram o fundamento sobre o qual o edifício da filosofia calvinística poderá ser construído.[9]

O que seriam esses fundamentos é o que vamos discutir mais adiante, na próxima seção. No momento vamos nos contentar com uma apresentação mais histórica e biográfica da gênese da filosofia reformacional.

Herman Dooyeweerd nasceu em 7 de outubro de 1894 em Amsterdã, filho do contador Hermen Dooijeweerd e de Maria C. Spaling, por sua vez filha de missionários.

---

9   H. G. Stoker, "The Possibility of a Calvinistic Philosophy", em *The Evangelical Quaterly* 7 (1935), p. 17-18.

Dooyeweerd foi o único filho homem da família – ele teve cinco irmãs, que eram bastante devotas. O sr. Dooijeweerd era um adepto fervoroso das ideias do reformador neocalvinista Abraham Kuyper, e fez questão de transmitir essa herança à sua família. Educado em um ambiente de fé autêntica, Dooyeweerd veio a se tornar um cristão genuíno e de fé simples, segundo o testemunho de seus alunos e associados; mas, além disso, tornou-se o protótipo do acadêmico neocalvinista.

Entre 1900 e 1912 Dooyeweerd estudou em escolas cristãs de Amsterdã, recentemente fundadas seguindo os valores do movimento, e realizou seus estudos universitários (1912-1917) na *Vrije Universiteit Amsterdam* (Universidade Livre de Amsterdã), fundada por Abraham Kuyper em 1880. O futuro filósofo foi considerado um bom estudante desde cedo, especialmente em ciências e história; ao mesmo tempo, dominava bem as línguas clássicas, era um amante da literatura e das artes e um excelente pianista. Mas sua escolha profissional foi o direito, por parecer uma carreira mais promissora à época.

Os estudos universitários confirmaram sua fé e adesão pessoal à visão neocalvinista, mas deram-lhe a nítida impressão de que o movimento, embora assentado em excelente fundamento teológico-dogmático (cujo sistemata expoente fora ninguém menos que Herman Bavinck), era ainda extremamente pobre e fragmentado nos campos da jurisprudência, da economia e da política. Isso o levou à decisão de dedicar a sua vida ao progresso do neocalvinismo no campo acadêmico. Após seu doutorado, na área de direito constitucional, Dooyeweerd trabalhou em instituições públicas até assumir no final de 1921 a posição de diretor assistente da Fundação Dr. Abraham Kuyper, em Haia. A fundação era um órgão de pesquisas do partido político anti-revolucionário, fundado por Kuyper, destinado a prover orientações legais e político-econômicas para o partido. Nessa posição até 1926, Dooyeweerd teve a oportunidade de desenvolver seus *insights* anteriores e lançar as bases de seu futuro sistema, tendo como objetivo claro o desenvolvimento de uma teoria filosófica a serviço do movimento. Mais tarde ele atribuiria a esses anos de estudo livre em Haia a criação das bases de sua filosofia reformacional.

Em 1926 Dooyeweerd deu início à sua longa e frutífera carreira acadêmica, tornando-se professor de filosofia, história e enciclopédia do direito na Universidade Livre de Amsterdã (onde seria professor até se aposentar em 1965). Alguns anos mais expandindo e aprofundando suas reflexões sobre calvinismo e filosofia, publicando artigos e redigindo manuscritos, e Dooyeweerd veria chegar o momento de lançar seu projeto intelectual nos mares ocidentais da filosofia.

Assim, nos anos de 1935-1936, o mundo recebeu, sem alarde, o que pode com segurança ser considerado o mais importante escrito filosófico por um cristão evangélico nos últimos duzentos anos:[10] *De Wijsbegeerte der Wetsidee*, ou *A Filosofia da Ideia de Lei*. A

---

10 Na medida em que Dooyeweerd foi capaz de recuperar o espírito do calvinismo e aplicá-lo no campo acadêmico, em um contexto

magnum opus de Dooyeweerd deu à filosofia *reformacional*[11] o seu nome de batismo: *Filosofia da Ideia Cosmonômica*. Na obra massiva o coração do seu pensamento foi exposto de forma sistemática e detalhada, em intenso diálogo com toda a tradição filosófica, com a teologia católica e protestante e com os mais diversos campos da ciência.

O que o pensamento de Dooyeweerd trazia de novo? Em termos muitíssimo gerais, poderíamos dizer que tanto Dooyeweerd como Vollenhoven romperam efetivamente com as ideias escolásticas de que o "Ser" seria a categoria última de compreensão, supostamente aplicável tanto a Deus como à Criação (*analogia entis*), e que o "Ser" seria inteligível (*esse est intelligibile*) através da metafísica. Para Dooyeweerd, a analogia filosófica poderia descrever tão somente o significado das modalidades criadas, e o "ser" das criaturas seria precisamente o *significado*.[12] Com isso a diferença radical entre o Criador e a criação foi redescoberta, tornando possível uma filosofia genuinamente criacional, sem resquícios de idolatria metafísica.

Além disso, em Dooyeweerd a lei de Deus passa a ser vista como elo de ligação entre Deus e o cosmo (no lugar da analogia do Ser, que confunde Criador e criatura); a razão humana perde o seu lugar de centralidade, tornando-se uma das funções do coração, totalmente dependente das pressuposições religiosas do indivíduo; e os dualismos que dominaram o pensamento ocidental (matéria/forma, natureza/graça, natureza/liberdade) são substituídos pelo motivo básico bíblico Criação-Queda-Redenção, como fundamento para a mente cristã.

A obra foi traduzida para o inglês com a assistência do próprio Dooyeweerd, e publicada de 1953 a 1958 em quatro volumes e quase duas mil páginas sob o título *A New Critique of Theoretical Thought* (Uma nova crítica do pensamento teórico), em direta alusão à filosofia crítica de Kant. No mesmo ano de 1935 Dooyeweerd fundou, juntamente com o Dr. Dirk H. Theodoor Vollenhoven – seu cunhado, cooperador e o primeiro professor de filosofia da Universidade Livre – a *Vereniging Voor Calvinistische Wijsbegeerte* (Associação para a Filosofia Calvinística),[13] e no ano seguinte (1936) a revista *Philosophia Reformata*, o periódico científico da associação, publicado semestralmente até hoje.[14]

Nos trinta anos seguintes Dooyeweerd publicou mais de duzentos artigos,

---

completamente moderno e pós-iluminista, antecipando a pós-modernidade, seria justo considerá-lo de fato como o filósofo do calvinismo num sentido especial, e, para os simpatizantes da tradição reformada, como o maior filósofo já produzido pelo cristianismo evangélico.

11 O título foi aplicado à filosofia desenvolvida por Dooyeweerd e Vollenhoven para ressaltar a sua fundamentação em princípios reformados calvinistas.

12 "Significado é o *ser* de tudo o que foi *criado*, e a natureza de nossa própria egoidade (*selfhood*). Ele tem uma *raiz religiosa* e uma Origem *divina*". Herman Dooyeweerd, *A New Critique of Theoretical Thought*. vol. 1. (Amsterdam: Uitgeverij H. J. Paris & Philadelphia: Presbyterian and Reformed, 1953), p. 4.

13 O nome da associação foi alterado. Atualmente é "Associação para a Filosofia Reformacional" (*Vereniging voor Reformatorische Wijsbegeerte*, VRW).

14 Vollenhoven presidiu a associação até se aposentar, em 1963, e Dooyeweerd foi o editor da revista de 1936 até sua morte, em 1976.

apresentou centenas de comunicações e seminários, e lançou diversos livros, incluindo duas outras obras de grande fôlego: a sua *Encyclopaedie der Rechtswetenschap* (Enciclopédia da ciência do direito), na qual ele aplicou o seu sistema na reforma de todo o pensamento jurídico, e *Reformatie en Scholastiek in de Wijsbegeerte* (Reforma e escolasticismo na filosofia), obra em três volumes que permaneceu incompleta, na qual ele apresenta uma extensa crítica da teologia escolástica tradicional. Sua obra monumental dialoga com diversas escolas e os mais diversos campos do conhecimento – não apenas filosofia em geral e teologia, mas direito, sociologia, história, filosofia da matemática, filosofia da ciência, física e biologia, psicologia, teoria da arte, história da religião, ética e linguagem.

Por seu escopo abrangente e evidente poder intelectual, o projeto de Dooyeweerd atraiu estudiosos de muitas especialidades, criando um movimento trans-disciplinar antes mesmo da Segunda Guerra Mundial. Em um primeiro momento, os *reformacionais* ganharam apoio e parceiros de diálogo em homens como S. G. de Graaf, A. Janse, C. Veenhof e do grande Klaas Schilder de Kampen; de Hendrik Stoker na África do Sul, e de Cornelius Van Til do Seminário Teológico Westminster, nos Estados Unidos. Depois da Segunda Guerra Mundial a Associação para a Filosofia Calvinística recebeu a autorização para apontar professores de sua escolha para cadeiras especiais nas universidades públicas. E assim quatro outros luminares surgiram no âmbito da filosofia reformacional: J.P.A. Mekkes (Leiden e Rotterdam), S.U. Zuidema (Utrecht), Karl Popma (Groningen) e H. van Riessen (Delft e Eindhoven). Os quatro fizeram muito para divulgar o pensamento reformacional, consolidando a presença pública dessa filosofia no país.

Os frutos maduros da filosofia da ideia cosmonômica apareciam já nas obras desses homens, mas começaram a se revelar completamente na terceira geração de estudiosos neocalvinistas, trabalhando em campos mais especializados. Eles poderiam ser nomeados às dezenas, mas vamos nos limitar a alguns nomes proeminentes: Hans Rookmaaker, o companheiro de lutas de Francis Schaeffer, fundador da cadeira de história da arte na Universidade Livre e do L'Abri da Holanda (Eck en Wiel), no campo das artes em geral; Bob Goudzwaard, no campo de economia e sociedade, ex-senador e consultor do Banco Mundial; Egbert Schuurman, hoje senador da Holanda e um dos fundadores, com van Riessen, da filosofia da tecnologia em seu país; Pieter Verburg (Groningen), em linguística; M. C. Smit, em teoria da história; Marinus Dirk Stafleu, na filosofia da física; Henk Geertsema e J. Klapwijk, no diálogo com o pensamento hermenêutico e com a filosofia judaica; H. J. Eikema Hommes, no campo da teoria jurídica; Johan van der Hoeven, na fenomenologia e na filosofia crítica; Sander Griffioen, no campo da teoria social; Calvin Seerveld, na estética filosófica; Hendrik Hart, em filosofia sistemática e ontologia, J. Duyvené de Wit, na filosofia da biologia; Roy Clouser, em filosofia da religião e epistemologia; Daniel F. M. Strauss, em filosofia da ciência e da sociologia e James Skillen, em ciência política.

Ao mesmo tempo, na América, Robert Knudsen introduzia as ideias de Dooyeweerd no Seminário Teológico Westminster e Evan Runner popularizava essas ideias no Calvin College, em Grand Rapids, sendo também instrumental para a fundação de uma faculdade canadense baseada no pensamento reformacional, o *Institute for Christian Studies*, em Toronto. Outros centros de estudo foram também estruturados segundo linhas reformacionais, como o Dordt College e o Redeemer College, nos Estados Unidos. Na África do Sul, as universidades de Potchefstroom e Bloemfontein se tornaram importantes centros de produção científica nessa tradição. Na França, o dogmata Auguste Le Cerf aderiu ao movimento e, mais tarde, Pierre Charles Marcel, presidente da Sociedade Reformada Francesa e editor de *La Revue Réformée*, adotou e se esforçou para divulgar a nova filosofia.

A alguns desses pensadores ainda em atividade hoje, como Schuurman, Geertsema, Clouser e Strauss, soma-se uma quarta geração contemporânea, atuando criativamente em um sem-número de especialidades. Novamente, vamos citar uns poucos representantes atuais de áreas distintas: Andrew Basden (Salford University, Inglaterra), no campo da tecnologia da informação; Jonathan Chaplin (Kirby Laing Center, Cambridge), ciência política; James K. A. Smith (Calvin College), fenomenologia, hermenêutica e pós-estruturalismo francês; John Hare (Yale University), ética filosófica; Richard Mouw (Presidente do Fuller Theological Seminary, Pasadena), filosofia social; John Witte Jr. (Emory Law School, Atlanta), direito; Max Stackhouse (Princeton University), ética social; James Olthuis (Institute for Christian Studies, Toronto), teologia e psicologia; Albert Wolters (Redeemer College), filosofia antiga e exegese bíblica; Gerrit Glas (Leiden Universiteit e Hospital Acadêmico de Utrecht), psiquiatria e psicologia; Jitse M. van der Meer (Pascal Centre for Science and Religion), filosofia da ciência; Adolfo Garcia de la Sienra (Universidad Veracruzana, Mexico), filosofia analítica e teoria econômica; Doug Blomberg (Institute for Christian Studies, Toronto), educação; Ronald Wells (Calvin College, Grand Rapids), história; Henk Aay (Calvin College), geografia; e há ainda muitos pensadores cristãos que, embora não se identifiquem como reformacionais, foram profundamente influenciados por essa tradição, como Francis Schaeffer (L'Abri), Alvin Plantinga (Notre Dame University), Nicholas Wolterstorff (Yale University) e Jeremy Begbie (Cambridge University). No Brasil o pensamento de Dooyeweerd foi introduzido por Ricardo Quadros Gouveia, um ex-aluno de Robert Knudsen e especialista em Kierkegaard, e conta hoje com representantes na Universidade Presbiteriana Mackenzie, na Associação Kuyper em Belo Horizonte (Aket) e no L'Abri Brasil.

A existência de uma comunidade intelectual internacional e trans-disciplinar é uma evidência do fôlego e da fertilidade da filosofia dooyeweerdiana. A *Associação Internacional para a Filosofia Reformacional* reúne hoje em torno de seiscentos acadêmicos e estudantes. Vários deles iniciaram ou participam ativamente de outras associações acadêmicas especializadas, como a *Society of Christian Philosophers*, *The Society of Christian Economists*, ou *The Conference on Faith and History*, desenvolvendo nesses contextos o pensamento reformacional. Dezenas de teses e livros são publicados todos os anos discutindo aspectos desse pensamento; e nos últimos anos as obras de Dooyeweerd vêm sendo reunidas e traduzidas para o inglês sob a direção editorial de Danie Strauss, publicadas pela Mellen Press sob o título geral *The Collected Works of Herman Dooyeweerd* (Obras reunidas de Herman Dooyeweerd), compreendendo três séries em vários volumes. E apesar de Dooyeweerd ser um autor denso e difícil – toda a sua obra foi escrita para a academia – a procura por seus livros tem aumentado consistentemente, assim como o número de *websites* dedicados à popularização de suas ideias.[15] Assim, não faltam evidências de crescimento qualitativo e quantitativo da erudição dooyeweerdiana enquanto entramos no século XXI.

Dooyeweerd foi presidente por vários anos da Sociedade Holandesa de Filosofia do Direito, por duas vezes foi reitor da Universidade Livre de Amsterdam e foi eleito membro da Academia Real Holandesa de Ciências em 1948, entrando para a história como um dos mais influentes pensadores de seu país. A esse respeito vale a pena citar o testemunho de G. E. Langemeijer, professor de filosofia do direito na Universidade de Leiden, procurador-geral da Suprema Corte Holandesa e presidente por muitos anos da Academia Real Holandesa de Ciências. Langemeijer foi convidado a publicar uma avaliação da contribuição de Dooyeweerd, por ocasião de seu septuagésimo aniversário. E a despeito de confessar-se adepto de uma cosmovisão e de uma persuasão política completamente divergente do homenageado, afirmou que "sem nenhum exagero Dooyeweerd pode ser considerado o filósofo mais original que a Holanda jamais produziu, sem excetuar nem mesmo Espinosa".[16]

OS PRINCÍPIOS FUNDANTES DA FILOSOFIA CALVINÍSTICA

O projeto intelectual de Herman Dooyeweerd foi constituído no diálogo com dois grandes movimentos sem muita relação óbvia: o neocalvinismo holandês e a filosofia alemã. Segundo a observação pertinente de Al Wolters, o primeiro foi a força intelectual dominante no nível da cosmovisão cristã, e o segundo no nível

---

15 Os mais importantes são: *All of Life Redeemed*, em http://www.allofliferedeemed.co.uk/, mantido por Steve Bishop; *The Dooyeweerd Pages*, em http://www.dooy.salford.ac.uk/, de Andrew Basden; o site pessoal de Glenn Friesen, em http://members.shaw.ca/jgfriesen/Mainheadings/Dooyeweerd.html; e, naturalmente, o site da *Associação para a Filosofia Reformacional*, em http://www.aspecten.org/.

16 G. E. Langemeijer, "An Assessment of Herman Dooyeweerd" em L. Kalsbeek (ed.), *Contours of a Christian Philosophy* (Toronto: Wedge, 1975), p. 10. Langemeijer refere-se ao famoso filósofo racionalista judeu Baruch Spinoza (1632-1677).

estritamente técnico filosófico.[17]

Dooyeweerd foi educado e trabalhou por toda a sua vida imerso no neocalvinismo de Abraham Kuyper.[18] Kuyper e seus associados trabalharam arduamente no sentido de recuperar o sentido integral da fé reformada, aplicando-a em todos os departamentos da vida, em formas relevantes e inovadoras. Embora somente muito mais tarde Kuyper tenha se apropriado da noção Diltheyana de *Weltanschaaung*, ou "cosmovisão", para descrever o seu projeto,[19] a verdade é que sua intenção verdadeira, elaborada em toda a história do movimento, foi a de promover uma forma integrada de vivência cristã, relacionando organicamente todos os aspectos da vida: política, artes, igreja, família, pensamento. Kuyper viu claramente que o cristianismo precisava se expressar como uma bio-cosmovisão completa, como *um sistema total de vida e pensamento*, se quisesse se manter de pé diante do sistema humanista moderno. E o calvinismo seria isso: muito mais do que uma teologia, uma visão de mundo com implicações abrangentes.

Como já observamos antes, o senhorio de Cristo sobre todas as áreas da vida poderia ser indicado como o tema central do neocalvinismo. Em uma de suas palestras mais importantes, Kuyper o enunciou naquela forma famosa e inesquecível:

> Oh, nem um único espaço de nosso mundo mental pode ser hermeticamente selado em relação ao restante, e não há um único centímetro quadrado em todos os domínios da existência humana sobre o qual Cristo, que é o Soberano sobre tudo, não clame: é Meu![20]

Dizer isso seria pouco, no entanto, para entender a singularidade do neocalvinismo nesse respeito. Al Wolters defende que o tema fundamental da cosmovisão calvinista seria a unidade de criação e redenção, natureza e graça.[21] A compreensão do escopo universal da graça é que habilitou os neocalvinistas a desenvolverem a sua visão prática sobre como o senhorio de Cristo poderia ser obedecido em cada área da vida. E essa percepção aparece em Dooyeweerd, em sua ênfase na tríade criação-queda-redenção como a chave das Escrituras e a raiz do cristianismo, e também em sua resistência incansável a toda e qualquer tentativa de criar uma esfera intelectual "neutra", sem influência da religião.

---

17 Albert Wolters, "The Intellectual Milieu of Herman Dooyeweerd", em C.T. McIntire (ed.), *The Legacy of Herman Dooyeweerd* (Toronto: UPA, 1985), p. 1-2.

18 A melhor introdução a Kuyper é a sua obra sintética, *Lectures on Calvinism*, que contém suas palestras "Stone", apresentadas na Universidade de Princeton em 1898. O livro foi publicado em português sob o título *Calvinismo* (São Paulo: Cultura Cristã, 2002).

19 O termo foi primeiramente aplicado ao cristianismo pelo calvinista escocês James Orr. Cf. Rodolfo Amorim Carlos, "Cosmovisão cristã: evolução do conceito e aplicação cristã", em Cláudio A. C. Leite, Guilherme V. R. Carvalho e Maurício J. S. Cunha, *Cosmovisão cristã e transformação: espiritualidade, razão e ordem social* (Viçosa, MG: Ultimato, 2006), p. 50.

20 Em 20 de outubro de 1880, na *Niewkerk* em Amsterdã. Abraham Kuyper, "Sphere Sovereignty", em James D. Bratt (ed.), *Abraham Kuyper: A Centennial Reader* (Grand Rapids, MI: Eerdmans, 1998), p. 488.

21 Wolters, "The Intellectual Milieu of Herman Dooyeweerd", p. 4.

O outro tema básico apontado por Wolters é a visão reformada da Lei. O neocalvinismo rejeita a visão escolástica de que o elo entre Deus e a criação seria o "Ser" (*analogia entis*), a qual dissolve a diferença Criador/criatura. Essa percepção, associada à visão reformada da Soberania de Deus, levou à identificação da lei criacional como o verdadeiro elo Criador/criatura. Os atos criativos de Deus foram comandos ou *decretos*, e sua palavra criacional se tornou a lei para as suas criaturas. "Existir" e "estar sob a lei divina" seriam coisas idênticas. A lei dá a cada criatura a sua identidade e natureza particular. A vinda da graça salvadora e a regeneração da criação só podem significar, portanto, que as criaturas voltam a se sujeitar à lei de Deus, reencontrando-se com Deus e consigo mesmas.

Como é óbvio, o que Kuyper fez foi estender de forma mais explícita a noção calvinista da relação entre lei e graça para uma aplicação quase cosmológica. Assim, por exemplo, ele propôs a existência de diversas "esferas de soberania" – campos da vida social, como a família, a igreja, a academia, as artes, o Estado, etc. – cada uma governada e legitimada por leis particulares que o próprio Deus estabeleceu.[22] Restaurar, por exemplo, a esfera da academia, seria conduzir o pensamento acadêmico a estabelecer as leis de Deus que criam e regulam esta esfera de soberania divina, e protegê-la na esfera da interferência ilegítima de agentes de outras esferas da vida. Kuyper uniu assim, sob uma ideia mestra, as noções de lei criacional e de diversidade criacional. Respeitar as leis de Deus implicaria respeitar a diversidade de suas criações.

Dooyeweerd aprofundou ainda mais essas percepções, interpretando a visão calvinista da lei de um modo cosmológico e ontológico.[23] Por volta de 1924 ele já havia descoberto a importância da *ideia de norma heteronômica* para o pensamento cristão.[24] Ao passo que a salvação pela graça estaria no centro da visão luterana, que é mais psicológica e antropocêntrica nesse sentido, a ênfase calvinista estaria na soberania de Deus sobre a criação, por meio de sua lei. Na visão calvinista a lei não é estranha a nós, seres humanos, posto que é o fundamento de nossa estrutura e propósito, mas tampouco pode ser encontrada dentro de nós, em nossa vontade finita. A lei é externa tanto ao homem como ao mundo, mas regula as relações de ambos, e se funda em Deus, o único ser autônomo.

A partir da ideia de norma heteronômica, Dooyeweerd seria levado a criticar profundamente o dogma da autonomia da razão, como algo inconsistente com a nossa experiência de uma realidade governada por leis e normas. A vontade das criaturas

---

22 Abraham Kuyper, *Calvinismo*, p. 98.
23 Dooyeweerd construiu toda uma ontologia para descrever a natureza e a relação entre os diversos aspectos da experiência, por meio de um procedimento fenomenológico-transcendental. Para uma exposição detalhada de sua escala modal, e de seus argumentos para a sua ordem específica, cf. H. Dooyeweerd, "The General Theory of the Modal Spheres", em *A New Critique of Theoretical Thought*, vol. 2, Part I (Amsterdam: Uitgeverij H. J. Paris & Philadelphia: Presbyterian and Reformed, 1953), p. 3-426.
24 R. D. Henderson, *Illuminating Law: The Construction of Herman Dooyeweerd's Philosophy, 1918-1928*, (Vrije Universiteit: Amsterdam, 1994), p. 120-124.

finitas jamais poderia ser identificada com a norma divina. Além disso, ele propôs uma escala de modalidades de experiência, ou aspectos da experiência, cada um deles instaurado e regulado por leis criacionais, esclarecendo melhor a natureza da diversidade criada. Finalmente, reconhecendo a centralidade da visão sobre a relação e o limite, ou sobre o *elo* entre o Criador e a criatura (a "ideia de lei") para a constituição de qualquer cosmovisão ou sistema filosófico, Dooyeweerd deu ao seu pensamento o nome, inventado por ele mesmo, de *wetsidee* (*wet*, ou "lei" e *idee*, "ideia"), traduzido como *ideia cosmonômica*. A filosofia da ideia cosmonômica tem como pilar central, portanto, uma interpretação calvinista da soberania de Cristo sobre todas as coisas, caracterizada pela unidade de lei e graça.

Wolters aponta dois outros temas de Kuyper que foram particularmente importantes para Dooyeweerd: as ideias de "desenvolvimento cultural da criação"[25] e de "antítese".[26] Como Kuyper, Dooyeweerd via o avanço humano na cultura, na ciência e na sociedade de forma positiva, como uma resposta ao mandato cultural. Dooyeweerd desenvolveu uma filosofia da história, cujos traços gerais são apresentados em *No crepúsculo do pensamento ocidental*,[27] para explanar o processo histórico como parte da ordem criacional, descrever seus desvios e clarificar o papel da fé. Dooyeweerd também reconheceu a existência de uma antítese insolúvel entre o Espírito de Deus e o espírito do mundo, e interpretou a sua presença histórica em termos de um conflito entre forças e processos pessoais e culturais a favor do avanço da fé cristã e forças e processos a favor do paganismo ou da secularização. Sua ideia de antítese não será simplista, no entanto; tal conflito se estenderia a todas as atividades dos cristãos e dividiria até seus corações. O pensamento e a ação cristã consciente jamais poderiam baixar a guarda e aceitar a acomodação acrítica aos padrões de pensamento, valores e estruturas da cultura moderna. Assim Dooyeweerd transformou a ideia de antítese em uma espécie sofisticada e metódica de crítica filosófica cristã.

Embora seja, portanto, absolutamente exato dizer que o neocalvinismo foi o contexto primário de constituição da mentalidade do nosso filósofo, é fundamental termos o próprio neocalvinismo em contexto. O movimento de Kuyper tinha raízes firmes no pensamento de Calvino, e muitas ideias de Dooyeweerd envolveram uma crítica ao calvinismo escolástico e um retorno ao próprio Calvino, especialmente em suas ideias sobre a natureza do homem e sobre a relação entre o conhecimento de Deus e o autoconhecimento humano. E retrocedendo ainda mais, poderíamos classificar Dooyeweerd como um pensador agostiniano – como Kuyper e Calvino o foram antes dele. Dooyeweerd se refere explicitamente a

---

25 Wolters, "The Intellectual Milieu of Herman Dooyeweerd", p. 7.
26 Wolters, "The Intellectual Milieu of Herman Dooyeweerd", p. 8.
27 O título original desta obra é *In The Twilight of Western Thought*. Cf. Herman Dooyeweerd, *No crepúsculo do pensamento ocidental; estudos sobre a pretensa autonomia do pensamento filosofico* (São Paulo: Hagnos, 2010).

Agostinho quando define a tríade bíblica criação-queda-redenção e nomeia os pensadores cristãos que a sustentaram com mais clareza, quando descreve a natureza fundamentalmente religiosa do homem, e quando estabelece as relações entre fé e racionalidade.

De fato, a influência de Agostinho e de Calvino se revela, acima de tudo isso, no brilho de um tema absolutamente central para Dooyeweerd, que precisa ser mencionado em destaque, e que ele enuncia em *No Crepúsculo* com a expressão agostiniana *Deum et animam scire*, "o conhecimento de Deus e da alma". Trata-se do princípio da unidade do conhecimento de Deus e do autoconhecimento humano, o princípio fundamental de toda a sua crítica do pensamento teórico. Assim, desde que não nos esqueçamos da originalidade e dos avanços impressionantes do pensamento de Dooyeweerd, não seria injusto descrevê-lo como um agostiniano-calvinista-kuyperiano.

A outra influência determinante no pensamento de Dooyeweerd foi a filosofia alemã – mais precisamente, o neokantismo e a fenomenologia. Por uma proximidade geográfica e por afinidade cultural, a academia holandesa era muito influenciada pelos pensadores alemães. No final do século XIX e início do século XX ocorreu uma espécie de reavivamento das ideias de Immanuel Kant no movimento neokantiano. O neokantismo era bastante influente na Universidade Livre, e Dooyeweerd o estudou com interesse. Do pensamento neokantiano ele se apropriou de uma diversidade de temas, dentre os quais se destaca a noção de "crítica transcendental". A ideia kantiana de filosofia *transcendental* era a de que o pensamento deveria examinar criticamente as suas próprias estruturas, compreender seus limites e descrever as condições de possibilidade do conhecimento humano. Essa forma de pensamento era também chamada de *criticismo*, pela ênfase na capacidade e no direito da razão de examinar e compreender por si mesma as suas estruturas internas, sem ser impedida por qualquer tipo de dogma ou limitação artificial do pensamento. O ponto de partida do criticismo e o critério final para julgar o conjunto do conhecimento humano seria, portanto, a razão autônoma.

Dooyeweerd adotou o método transcendental para explicar a experiência humana e compreender a relação entre a razão, a moral, o direito e a fé. E atribuiu ao sujeito conhecedor, o *ego* ou *self*, um papel central, como era o caso na filosofia alemã. Mas acabou submetendo a própria ideia da autonomia da razão a uma crítica filosófica, e concluiu que o verdadeiro criticismo precisaria abandoná-la! Isso ocorreu provavelmente por volta de 1922, quando ele ainda trabalhava na Fundação Kuyper em Haia. Por sua importância, vamos citar a sua descrição da experiência, registrada no primeiro volume da *New Critique*:

> Originalmente eu estive sobre forte influência, primeiramente da filosofia neokantiana, e depois da fenomenologia de Husserl. A grande virada em meu pensamento foi marcada pela descoberta da raiz religiosa do próprio pensamento, quando também uma nova luz foi

lançada sobre a derrocada de todas as tentativas, incluindo a minha própria, de estabelecer uma síntese interna entre a fé Cristã e uma filosofia que é radicada na fé na auto-suficiência da razão humana.

Eu vim a compreender o significado central do 'coração', repetidamente proclamado nas Santas Escrituras como sendo a raiz religiosa da existência humana.

Na base deste ponto de vista cristão central, eu vi a necessidade de uma revolução no pensamento filosófico, pensada em um caráter profundamente radical. Em confronto com a raiz religiosa da criação, nada menos está em questão do que como relacionar todo o cosmo temporal, tanto nos seus assim chamados aspectos 'naturais' como nos 'espirituais', a este ponto de referência. Em contraste com essa concepção Bíblica fundamental, de que significância é uma assim chamada 'revolução copernicana', que meramente faz os 'aspectos naturais' da realidade temporal relativos a uma abstração teórica, tal como o 'sujeito transcendental' de Kant?[28]

A descoberta de Dooyeweerd, ao mesmo tempo em que o alinhou com as antropologias e epistemologias de Agostinho, de Calvino e de Pascal, estabeleceu um poderoso ponto de contato/fricção com o pensamento moderno. Contra Kant e o neokantismo, Dooyeweerd localizou o *coração humano* como o verdadeiro ponto de partida do pensamento – e não a razão humana – e mostrou a necessidade de autoconhecimento, por meio do conhecimento de Deus, para que o homem possa desenvolver um pensamento autenticamente crítico. A ideia calvinista de norma heteronômica também teve papel importante na rejeição do *autonomismo* kantiano, este alinhado com a visão luterana de lei.

Em sua citação algo autobiográfica, Dooyeweerd também reconheceu a influência da *fenomenologia* em seu pensamento. O pensamento fenomenológico foi fundado por Edmund Husserl (1859-1938), e se assemelha ao de Dooyeweerd em uma série de pontos. Em Dooyeweerd, como em Husserl, as características das coisas, que abstraímos por meio do pensamento teórico, são reais, "objetivas", e não meramente "subjetivas" – como em Kant; não haveria a distinção entre "aparência" e "coisa-em-si". Dooyeweerd também compartilha com Husserl de uma rejeição sistemática a todo tipo de reducionismo. Husserl propunha o uso de um isolamento mental dos fenômenos para captar sua essência irredutível; Dooyeweerd se esforçou por distinguir e descrever os diversos aspectos da experiência, destacando a sua diferença e irredutibilidade. Por essas e outras, Robert Knudsen descreveu o método de Dooyeweerd como sendo genuinamente fenomenológico.[29]

---

28 Herman Dooyeweerd, *A New Critique of Theoretical Thought*, vol. 1, "Foreword".
29 Muito embora ele não possa ser classificado como um representante do movimento fenomenológico. Cf. Robert Knudsen, *Dooyeweerd's Philosophical Method*. Texto Mimeografado (Philadelphia: Westminster Theological Seminary, 1962).

Em razão de seu intenso diálogo com a tradição filosófica, é possível identificar pontos de contato com outros pensadores. Em sua excelente exposição do contexto intelectual de Dooyeweerd, Al Wolters discute ainda as semelhanças de Dooyeweerd com Nicolai Hartmann (1882-1959), cuja teoria dos níveis da realidade é bastante semelhante à de Dooyeweerd, com Martin Heidegger (1889-1976), em suas ideias sobre o tempo e sobre a posição ontológica do homem, como ente capaz de compreender o Ser a partir de sua existência; e acima de tudo com D. H. Th. Vollenhoven (1892-1978), o cunhado de Dooyeweerd, que o ajudou a desenvolver a filosofia cosmonômica, embora discordasse de Dooyeweerd em muitos pontos.

Concluindo o nosso esboço genealógico, faço apenas duas recomendações para uma primeira leitura de Dooyeweerd: primeiro, que se tenha em mente o impacto em seu sistema das duas grandes tradições, o calvinismo e a filosofia alemã, a primeira com sua ideia heteronômica de lei e o *Deum et animam scire*, e a segunda com a sua ênfase na crítica e no sujeito cognoscitivo; e compreender como as duas são refundidas, a partir da descoberta da visão bíblica do ser humano, em uma nova filosofia cristã, capaz ao mesmo tempo de afirmar a pessoa humana com sua liberdade de ser, e de mostrar a inquebrantável conexão dessa liberdade com a lei criadora de Deus.[30]

Em segundo lugar, que se tenha e mente a novidade da sua estratégia. Diferentemente dos esforços anteriores de reflexão filosófica protestante, Dooyeweerd não opera meramente uma nova síntese entre filosofia moderna e teologia reformada; ele toma a filosofia de seu tempo e efetua nela uma *reforma interna* de caráter radical (ou seja, a partir de sua *radix*), dando origem a uma forma calvinística de pensamento filosófico.

TRÊS TIPOS DE FILOSOFIA REFORMADA

Como observamos há pouco, a filosofia da ideia cosmonômica tornou-se um movimento internacional e ganhou terreno fértil para o seu desenvolvimento na América do Norte. Mas ao lado da escola de Amsterdã, apareceram outras propostas filosóficas de origem kuyperiana ou neocalvinista, todas caracterizadas pelo reconhecimento da *priori*dade da cosmovisão sobre a filosofia.[31]

A mais antiga dessas propostas foi o *"transcendentalismo reformado"*,[32] também

---

30 Para uma apresentação mais completa e sistemática das ideias de Dooyeweerd recomendo o excelente artigo de Fabiano de Almeida Oliveira, *"Philosophando Coram Deo*: Uma Apresentação Panorâmica da Vida, Pensamento e Antecedentes Intelectuais de Herman Dooyeweerd", em *Fides Reformata* 11/2 (Julho-Dezembro 2006), p. 73-100. Para uma introdução a Dooyeweerd com ênfase em sua filosofia social, recomendo o meu artigo "Sociedade, Justiça e Política na Filosofia de Cosmovisão Cristã: Uma Introdução ao Pensamento Social de Herman Dooyeweerd", em: *"Cosmovisão cristã e transformação"*, p. 189-217.

31 Albert Wolters, "Dutch Neo-Calvinism: Worldview, Philosophy and Rationality", em H. Hart, J. Van Der Hoeven & Nicholas Wolterstorff, *Rationality in the Calvinian Tradition* (Toronto: UPA, 1983), p. 114.

32 Thomas K. Johnson, "Dutch Reformed Philosophy in North America", em *MBS Texte* 81, 4 Jahrgang, 2007 (Prague: Martin Bucer Seminar, 2007), p. 12.

chamado de *"pressuposicionalismo reformado"*, de Cornelius Van Til (1895-1987) e seus discípulos mais conhecidos, Greg Bahnsen e John Frame. Van Til era um imigrante holandês na América, e sua visão do calvinismo era uma combinação da versão princetoniana, ligada à Confissão de Fé de Westminster e ao realismo escocês, e o pensamento de Dooyeweerd. Van Til acompanhou J. Gresham Machen em sua saída do Seminário Teológico de Princeton e tornou-se professor no Seminário Teológico Westminster, onde trabalhou por toda a sua vida e a partir de onde popularizou o seu sistema.

Para Van Til, a existência de Deus seria a condição transcendental de todo e qualquer conhecimento e de toda e qualquer comunicação. Em sua crítica da tradição filosófica, Van Til procura mostrar o fracasso das epistemologias racionalistas, empiristas e da síntese kantiana em fundamentar o conhecimento. Todas elas levam ao ceticismo epistemológico, se seguidas consistentemente. Seguindo as propostas de Herman Bavinck, Van Til sustentava que haveria correlações estruturais entre o entendimento humano e a realidade, sendo que nossas experiências cognitivas reproduzem analogicamente o conhecimento que Deus tem da realidade. Uma epistemologia coerente e livre de ceticismo seria um dos frutos da doutrina da Criação e, particularmente, da doutrina da *imago Dei*. A solução do problema do conhecimento dependeria, portanto, da crença em Deus.

O que ocorre, então, com o incrédulo, é que ele sabe "transcendentalmente" que foi feito à imagem de Deus, e que depende dele para suas experiências cognitivas, mas sua explicação filosófica sempre chega a um beco sem saída, porque ele deseja explicar a realidade de forma autônoma, excluindo Deus de sua equação. Com isso, ele distorce completamente a sua interpretação da realidade. A tarefa do apologista cristão seria mostrar ao pensador incrédulo a sua contradição e a dependência inconsciente do seu pensamento em relação a Deus.

A partir de seu ponto de partida calvinista, Van Til era claro em mostrar que a depravação total do coração humano, devido à Queda, tornava impossível ao incrédulo retornar à verdade apenas com base na revelação natural. Pelo contrário, esta se tornara meramente a ocasião para a sua repressão pecaminosa do conhecimento de Deus. Assim, Van Til não via significado no projeto da teologia natural. A experiência da graça seria necessária para que o incrédulo reconhecesse a revelação natural de Deus.

Van Til era crítico de Dooyeweerd, principalmente por sua separação entre filosofia e teologia; Dooyeweerd, por outro lado, criticava a presença de um dualismo metafísico na antropologia de Van Til, e a sua absolutização da teologia como fonte privilegiada de conhecimento, às expensas de outros aspectos da experiência e outros campos do conhecimento. Por outro lado, Van Til opunha-se ao pensamento do filósofo calvinista e racionalista Gordon Clark (1902-1985) e ao calvinismo neoescolástico americano, representado pelos já citados R. C. Sproul e John Gerstner.

No cômputo geral, o sistema de Van Til ofereceu um forte fundamento para a preservação da teologia reformada na América, mas não promoveu os desdobramentos multi e trans-disciplinares da escola cosmonômica. Mesmo assim, as ideias de Van Til foram cruciais para o pensamento de um de seus alunos em Westminster, o qual veio a se tornar um dos maiores líderes cristãos do século XX: Francis Schaeffer, o fundador de L'Abri. Schaeffer desenvolveu uma forma original de pressuposicionalismo, criticada pelo próprio Van Til por tentar se colocar a meio caminho entre o evidencialismo apologético e o pressuposicionalismo vantiliano, mas extremamente popular e influente em todo o mundo.

Uma corrente filosófica reformada que se tornou muitíssimo mais relevante no mundo da filosofia profissional foi o movimento da *"epistemologia reformada"*, ligado aos nomes de Alvin Plantinga (n. 1932), o legendário "teísta analítico", e Nicholas P. Wolterstorff (n. 1932). Ambos os filósofos foram estudantes no Calvin College, onde testemunharam os debates entre o dooyeweerdiano Evan Runner e o kuyperiano William Harry Jellema, e ambos vieram a presidir a *American Philosophical Society*, tornando-se celebridades no mundo acadêmico contemporâneo.

Plantinga e Wolterstorff, assim como outros menos influentes, como James Kelly Clark, são críticos tanto do tradicional escolasticismo calvinista como do transcendentalismo reformado de Van Til e da escola cosmonômica ou reformacional, muito embora seja verdade que Plantinga tenha conexões mais fortes com a metafísica tradicional e Wolterstorff tenha uma aproximação maior com os reformacionais holandeses. Ambos são herdeiros do neocalvinismo kuyperiano, mas ao invés de desenvolver sistemas filosóficos totalmente calvinistas, da raiz à copa, procuram tratar cada assunto de forma mais pontual, e admitem um contato muito maior entre teologia e filosofia em certas ocasiões.

O principal fruto conjunto do trabalho desses filósofos foi a Nova Epistemologia Reformada – doravante, NER. Suas origens se encontram em um trabalho do filósofo analítico Alvin Plantinga, intitulado *God and Other Minds* ("Deus e outras mentes"), publicado em 1967. Nessa obra Plantinga procurou mostrar que os principais argumentos contra e a favor da existência de Deus não funcionavam, assim como os argumentos contra e a favor da existência de outras mentes conscientes não funcionam. Entretanto, sabemos que existem outras mentes além da nossa própria. Como Deus é algo mais semelhante a uma mente do que a um objeto físico, é provavelmente melhor tratar a questão da existência de Deus como tratamos a questão da existência de outras mentes – nós a experimentamos e aceitamos, mesmo sem provas definitivas. Desde então, Plantinga e seus associados aprofundaram essas ideias até chegar à NER, propriamente dita.

Nas bases desse projeto estava a crítica reformada à teologia natural, que pretendia apresentar provas universalmente válidas de Deus e do cristianismo. A partir da pressuposição calvinista de que a Queda do homem teve "efeitos noéticos" (ou seja, que corrompeu o entendimento), e do ensino de Bavinck (este baseado tanto em Calvino como no realismo escocês do senso comum) de que a crença em Deus tipicamente não depende de argumentos para se formar, a NER propôs que a crença em Deus seria uma crença perfeitamente racional, com genuíno valor cognitivo, sem a necessidade de qualquer fundamentação ou demonstração posterior.

Para substanciar essa alegação, a NER apontou a existência de uma fortíssima tradição epistemológica denominada "fundacionalismo", dominando a filosofia ocidental. Segundo o fundacionalismo, há umas poucas crenças básicas, relacionadas à lógica pura, à matemática e aos sentidos, e uma multiplicidade de crenças secundárias, que devem ser fundadas, através de argumentos, nas crenças básicas. Além disso, para os fundacionalistas é imoral aceitar uma crença que não seja básica sem ter os argumentos apropriados. Finalmente, a crença em Deus precisaria ser demonstrada por evidências ou provas filosóficas para ser encaixada nesse sistema. Na falta de uma prova adequada, deveria ser abandonada. Não é preciso lembrar que essa abordagem foi a corrente dominante na história das relações entre protestantismo e filosofia, ao menos até Reid na Escócia e Kuyper na Holanda.

Em resposta a isso, a NER mostrou que todo o critério fundacionalista exposto no parágrafo acima não era uma crença básica, nem jamais foi adequadamente fundamentado através de argumentos. Pelo próprio critério fundacionalista, portanto, seria irracional dar crédito ao fundacionalismo! Mas isso não é tudo. A NER mostrou também que, se o fundacionalismo fosse levado a sério, teríamos que rejeitar boa parte das crenças que a nossa mente forma de um modo muito natural sobre a existência do passado, de outras mentes conscientes, da confiabilidade do testemunho, da existência do mundo exterior, etc.

Em resposta ao fundacionalismo clássico, a NER propôs uma forma de "fundacionalismo fraco", também chamada fundacionalismo reidiano, por suas raízes no pensamento de Thomas Reid.[33] Segundo essa abordagem, é preciso rejeitar a dúvida cartesiana (de que as crenças são "culpadas" até prova em contrário), e assumir que o aparelho cognitivo humano funciona apropriadamente na maior parte do tempo (o que se fundamenta na visão de que a criação é boa e continua sendo mantida pela graça comum, a despeito da Queda). Nesse caso, devemos considerar as crenças como "inocentes" até prova em contrário.

Assim, as crenças sobre o mundo externo, as outras mentes, o passado, o

---

33 James Kelly Clark, *Return to Reason: a critique of Enlightenment evidentialism and a defense of reason and belief in God* (Grand Rapids, MI: Eerdmans, 1990), p. 142-151.

testemunho histórico, as sensações, bem como a crença em Deus, devem ser todas consideradas crenças básicas, já que se formam por processos naturais e independem da vontade do indivíduo. Nesse caso, seria racional crer em Deus, mesmo sem provas. Para a NER, essa seria a demonstração filosófica da doutrina calvinista do *sensus divinitatis*, o conhecimento inato de Deus, que independe de provas e demonstrações.[34]

Os filósofos da NER têm oferecido outros tratamentos extensivos em outras áreas, além da epistemologia. Wolterstorff é notoriamente produtivo nesse sentido; já escreveu sobre arte, linguagem, política, ciência, educação e teologia filosófica. Ele também é o que tem maior trânsito entre os defensores da *Wetsidee* – os filósofos reformacionais. Há também um diálogo significativo entre os pressuposicionalistas e os filósofos da NER, mas as três abordagens se mantêm significativamente separadas.

Do ponto de vista dos interesses, a diferença entre os três grupos é visível. O transcendentalismo reformado caracteriza-se por uma forte concentração apologética. Seu interesse central é a defesa da teologia reformada, conforme representada pela Confissão de Fé de Westminster, e a destruição de qualquer autonomia humana em relação à cruz, o que é certamente louvável. Os kuyperianos da NER têm também certo interesse apologético, mas são mais construtivos em sua abordagem, procurando assumir os pressupostos reformados e empregando ferramentas filosóficas contemporâneas, como a filosofia analítica, para mostrar a racionalidade da crença cristã. A despeito da abordagem de Wolterstorff, seu trabalho é muito mais localizado na teologia filosófica e na filosofia da religião.

A abordagem cosmonômica é, de todas, a mais antropológica. Seu foco não é a justificação da crença em Deus, nem a elaboração filosófica das doutrinas cristãs, mas o desenvolvimento de abordagens cristãs positivas para a cultura, as artes, a política, a medicina, a ciência e, é claro, para a filosofia. No entanto, muitas vezes falta à tradição cosmonômica um tratamento mais consistente das questões teológicas. Um exemplo curioso dessa tensão aconteceu em L'Abri. Francis Schaeffer era mais transcendentalista, e Hans Rookmaaker, mais cosmonômico. A despeito das discordâncias, ambos aprenderam um com o outro. E no L'Abri aconteceu uma interessante confluência: um discurso evangélico e reformado claro, sobre Deus e a teologia, associado a uma forte ênfase na *mannishness*, a hominalidade do homem. Entretanto, muito há que fazer para elaborar essa integração em termos conceituais.

---

34 Para uma exposição mais detalhada da epistemologia reformada de Plantinga, cf., meu artigo: Guilherme de Carvalho, "A basicalidade da crença em Deus segundo Alvin Plantinga: uma apresentacão", *Revista Horizonte PUCminas* (Belo Horizonte), 8/4 (2006), p. 97-113.

A FILOSOFIA REFORMADA E O RENASCIMENTO DA TEOLOGIA FILOSÓFICA

Um interessantíssimo desdobramento nas relações entre cristianismo e filosofia, nos últimos anos, foi o reaparecimento da filosofia da religião como teologia filosófica, a partir do final da década de 1960. Depois de décadas de domínio positivista na filosofia anglo-saxônica, e do domínio histórico de filosofias seculares sobre a teologia no universo germânico (e Europeu, em geral), os anos 1970 viram uma geração de filósofos rejeitar as diversas formas de síntese moderna e retomar as doutrinas cristãs clássicas. Um marco desse novo movimento foi a fundação da *Society of Christian Philosophers*, em 1977, pela iniciativa do episcopal William Alston, e dos calvinistas Alvin Plantinga, Nicholas Wolterstorff e George Mavrodes, entre outros. A revista científica da associação, intitulada *Faith and Philosophy*, tornou-se a principal referência em filosofia da religião, e o grupo dos filósofos cristãos logo se tornou o mais importante grupo de interesse dentro da *American Philosophical Society*. Além da SCP, outras associações foram organizadas, como a *Evangelical Philosophical Society* (1974), ou cresceram em importância, como a *British Society for Philosophy of Religion*.

Os participantes desse novo movimento não pertencem a uma única corrente denominacional. Há entre eles luteranos, ortodoxos orientais, católicos romanos, pentecostais, alguns liberais e, é claro, muitos calvinistas de diversos matizes. De fato, alguns dos principais fundadores da SCP eram calvinistas kuyperianos.

Um dos mais importantes no movimento é Richard Swinburne (1934 –), considerado o maior filósofo da religião vivo na Inglaterra. Swinburne, originalmente anglicano e agora católico ortodoxo, foi o *Nolloth Professor* de filosofia da religião cristã no Oriel College, em Oxford, adotando uma abordagem similar à do Bispo Butler, um dos fundadores da teologia natural inglesa e professor no mesmo College. Os trabalhos de Swinburne mostram altíssima qualidade e tem ajudado a reconstruir a teologia natural no mundo, ao lado de nomes como Alister McGrath (com seu projeto da *Scientific Theology*) e do movimento de reintegração de cristianismo e ciência na Inglaterra, cujo centro é o Faraday Institute, em Cambridge.

Todo esse movimento representa certo mistério aos olhos das mais antigas sínteses humanistas de teologia e filosofia, e especialmente das correntes schleiermacherianas. Um exemplo disso é a erudição tillichiana, que permanece quase completamente alheia a todas as novas movimentações na teologia filosófica. Da parte dos filósofos analíticos da religião em geral, e dos líderes da nova teologia filosófica, não há qualquer significado em meramente "reinterpretar" os símbolos religiosos; ou eles são simplesmente falsos, ou são verdadeiros e sua verdade pode ser filosoficamente demonstrada.

Como os filósofos reformados devem encarar esse novo movimento? É verdade que vários calvinistas estão envolvidos, mas sabemos que a mera adesão confessional não protegeu os calvinistas do passado de promoverem sínteses espúrias de teologia e filosofia. Muitos dos novos filósofos evangélicos, como o celebrado William Lane Craig, não apresentam nenhum interesse por uma reforma interna da razão filosófica. Pelo contrário, seu interesse é justificar a crença religiosa a partir de fundamentos filosóficos "neutros", exatamente como o fez o escolasticismo protestante pré-iluminista.

Creio que aqui cabe uma nota autobiográfica. Em 2007 eu estava no L'Abri em Greatham, na Inglaterra, onde o contato com a abordagem schaefferiana ao cristianismo permanece viva – há uma ênfase na integração entre vida, pensamento e fé, de um modo intra-mundano e humanizado. Pouco antes de nos mudarmos para o L'Abri da Holanda, participei de um encontro da Sociedade Britânica de Filosofia da Religião em Oxford. Nesse encontro o homenageado era ninguém menos que Paul Helm, um filósofo calvinista firmemente plantado na tradição escolástica, e um dos palestrantes era Richard Swinburne. Toda a abordagem do evento era claramente fixada na teologia filosófica: a questão era sempre a racionalidade da religião, com um foco totalmente "vertical", por assim dizer – sem o elemento horizontal de L'Abri. Em seguida, na Holanda de Kuyper e Dooyeweerd, pude ver novamente como a ênfase neocalvinista é muito mais "pé-no-chão"...

Não se pode negar o valor da filosofia da religião e as soluções que a nova teologia filosófica tem introduzido, no debate com o "novo ateísmo" em todo o mundo. Uma geração inteira de filósofos e acadêmicos tem sido convertida por esse movimento. Mas, para obter um cristianismo integral, que se sustente como um sistema total de vida e pensamento, é preciso mais do que isso; o próprio estilo de filosofia precisa ser modificado, com uma abordagem clara e integralmente reformada e intra-mundana. Nesse sentido, a filosofia neocalvinista permanece tendo valor incalculável para o futuro do protestantismo e do cristianismo.

A filosofia calvinística e o momento atual

Sem excluir as contribuições de qualquer uma das três formas principais de filosofia reformada, eu recomendaria especialmente a tradição reformacional, ou cosmonômica. E não apenas por sua coerência e amplitude; ela é extremamente relevante para o momento atual.

No último parágrafo de sua introdução à edição inglesa de *No Crepúsculo do Pensamento Ocidental*, James Smith declara a sua sensação de que, "talvez apenas agora tenha chegado o momento de começar a ler Dooyeweerd". Smith tem um olho aguçado para novas tendências. Ele mesmo é hoje um dos principais representantes do pensamento pós-moderno entre filósofos cristãos, estabelecendo diálogo com diferentes movimentos pós-modernos ou de algum modo influenciados por esse pensamento, como a "ortodoxia radical", associada às figuras de John Milbank e Catherine Pickstock; ou a "igreja emergente" de Brian McLaren; ou John Caputo, um filósofo pós-moderno bem conhecido; ou Jean Luc-Marion, líder intelectual do assim-chamado "giro teológico" na fenomenologia francesa.

Modernidade versus pós-modernidade

O próprio Smith é um filósofo dooyeweerdiano bastante sofisticado, e juntamente com outros colegas observou que o pensamento cosmonômico de fato antecipou muitas observações de Gadamer, Derrida ou Foucault.[35] Chama atenção especialmente a constatação, por Dooyeweerd, da relatividade do pensamento teórico em relação aos compromissos pessoais e sociais dos homens que pensam – a relatividade da razão, enfim.

O que não significa que seja possível classificar Dooyeweerd como um pós-moderno. Na verdade, como já foi sugerido mais de uma vez, o movimento neocalvinista, como um todo, jamais foi coerentemente moderno. Seria um paroxismo descrevê-lo agora como pós-moderno, quando se aprofundou e ganhou maturidade para seguir o seu próprio caminho. De fato, a melhor forma de descrever a filosofia reformacional seria a de classificá-la como um projeto *para-moderno*. Um projeto que ouve e leva a sério as questões modernas (que em seguida se tornaram "pós" ou "hiper" modernas), mas que tem a sua própria raiz, a sua própria agenda, e suas próprias respostas.

A verdade é que o pós-moder*nismo* é muito mais um movimento que *deseja* a pós-modernidade do que uma verdadeira pós-modernidade. A sua forma de responder às questões modernas por sentido, unidade, universalidade, comunidade, etc. – é um tanto medrosa e às vezes cínica, negando como que por uma reação traumática a unidade da razão e a possibilidade de conhecimento, mas forçando a universalidade e a comunidade por meio de novas políticas do poder, políticas da pluralidade e da tolerância a qualquer custo (custo para alguns, diga-se). No seu diálogo com o cristão "emergente" Brian McLaren, por exemplo, o pós-moderno dooyeweerdiano Smith aponta a inutilidade de reinventar a roda e a necessidade de recorrer à tradição com maior seriedade. Afinal, começar tudo de novo, criar novos produtos, revolucionar a religião, chegar ao *Aufklärung*, romper com a instituição religiosa – tudo isso é, enfim, profundamente *moderno*.[36]

---

35 "De certo modo, Derrida levou a cultura mais ampla a apreciar o que pensadores cristãos como Abraham Kuyper, Herman Dooyeweerd, Cornelius Van Til e Francis Schaeffer já estavam dizendo há muito tempo: que nossas pressuposições ultimamente religiosas governam nossa compreensão do mundo." James K. A. Smith, *Who's Afraid of Post Modernism? Taking Derrida, Lyotard and Foucault to Church* (Grand Rapids, MI: Baker Books, 2006), p. 55.

36 "Um pós-modernismo mais persistente – que realmente siga as implicações das reivindicações feitas por *Derrida, Lyotard* e *Foucault* (ou melhor, a mistura de suas reivindicações centrais com insights da tradição teológica cristã) – não seguirá uma versão diluída e santificada de ceticismo religioso (uma 'religião sem religião') oferecida em nome da humildade e da compaixão (...)

Dooyeweerd é relevante para o atual debate entre modernistas e pós-modernistas; talvez, mais do que por qualquer outra razão, porque rejeita o absolutismo da razão, mas *nem por isso* mergulha no irracionalismo. Dooyeweerd recusa-se a admitir que a razão seja a fonte última da verdade, como o quiseram os modernos; mas recusa-se igualmente a negar a existência e o valor da verdade, como o querem os pós-modernos. Ele mostra que a verdade é encontrada pessoalmente, existencialmente, quando nos encontramos com Deus e conosco mesmos em Jesus Cristo.

Fé versus racionalidade
E se alguém perguntar: "Esse debate acadêmico tem mesmo algum valor prático?", a resposta será: "Sim!" Nos círculos acadêmicos brasileiros, o dogma da autonomia religiosa da razão, que Dooyeweerd refutava nos anos 1930, reina ainda quase absoluto. Em que setor universitário, hoje, é possível assumir explicitamente um ponto de partida religioso como referência para a explicação, seja nas *hard sciences*, seja nas humanidades?

Muita gente saudou a chegada do pós-modernismo como o princípio de uma libertação nesse sentido. Mas a verdade se tem mostrado muito outra. Nos departamentos de ciências naturais, ao lado de um interessante diálogo entre ciência e religião, cresce um estranho dogmatismo cientificista anti-religioso, cujo profeta mais barulhento hoje é o inglês Richard Dawkins. No campo das humanidades, a resistência aos "preconceitos" religiosos na interpretação sociológica, psicológica, antropológica ou filosófica segue dura como sempre. Quando a fé não é vista como fonte de distorções para o pensamento acadêmico, é considerada cognitivamente irrelevante.

Sem dúvida nenhuma, a ausência de responsabilidade intelectual e senso crítico entre muitos cristãos aventureiros, que se aproveitam da ciência apenas para ganhar debates apologéticos, e apresentam leituras paupérrimas do conhecimento acadêmico, ajudou a construir uma atitude preconceituosa contra a presença da fé na explicação científica. Mas enterrar a cabeça na areia não resolverá o problema. Some-se a isso a elevação gradual no nível educacional dos cidadãos evangélicos, registrada nos últimos anos: não é urgente a necessidade de instrumentos precisos e resistentes para auxiliar os cristãos na difícil tarefa de correlacionar fé e racionalidade, religião e educação superior?

Nesse contexto, o projeto de Dooyeweerd ganha valor incalculável. Seu trabalho demonstrou a natureza fundamentalmente religiosa do homem, e como o impulso religioso do coração humano determina todos os seus empreendimentos. Seu tratamento a respeito das modalidades da experiência, como remédio contra o reducionismo científico, antecipou soluções contemporâneas para o diálogo de religião e ciência, como a

---

Muito do que nós encontramos com o nome de espiritualidade pós-moderna, ou mesmo em nome de um cristianismo 'emergente', é uma timidez com respeito às particularidades da tradição confessional cristã (...) ainda permanece uma versão latente de um projeto muito moderno". Smith, *Who`s Afraid of Postmodernism?*, p. 116-117.

teoria de níveis de realidade de Alister McGrath.³⁷ E indo muito além de autores de interesses mais apologéticos e específicos, como G. K. Chesterton, C. S. Lewis, ou Francis Schaeffer, Dooyeweerd conscientemente desenvolveu um "sistema de ciências", uma abordagem cristã integral para a academia, corajosamente dependente da visão bíblica do homem e de Deus:

> O legado mais substancial deixado por seu sistema filosófico foi a afirmação destemida de que o conhecimento do mundo não faz sentido algum, nem tampouco o conhecimento do 'eu' em si mesmo, à parte do verdadeiro conhecimento de Deus. Tal declaração o coloca no mesmo patamar ocupado por grandes pensadores cristãos do passado que não se envergonharam do testemunho de Cristo, como Agostinho e Calvino. ³⁸

Igreja versus ser humano

A ênfase antropológica do pensamento de Dooyeweerd tem uma relevância particular, também, para o evangelicalismo. A passagem do mundo medieval ao moderno é às vezes descrita como uma substituição do teocentrismo para o antropocentrismo. O Iluminismo constituiria o clímax dessa mudança de centro. Profundamente conscientes da mudança, os cristãos em geral se recusaram a acompanhar este movimento, que desembocaria de fato no niilismo nietzschiano: "Deus está morto, nós o matamos!" – assumido, suavizado ou aprofundado, mas enfim incorporado às bases da pós-modernidade. O resultado do antropocentrismo secular é a desintegração do humano, o seu esvaziamento. E isso não aconteceu apenas no campo da interpretação acadêmica: a sociedade *hiperconsumista* e *hipertécnica* de fato dissolve a comunidade e a personalidade humana.

Mas é claro que a redescoberta do humano na Renascença não foi uma experiência meramente pagã. Sua ênfase na dignidade do homem baseava-se no cristianismo. E devemos nos lembrar de que a Reforma ofereceu uma alternativa ao sistema medieval que era, a um só tempo, humanista em vários sentidos e também teocêntrica. Não é sem razão que nos países da Reforma experimentou-se um florescimento excepcional não apenas nas artes, mas também nas ciências, na economia, no pensamento político e na educação.

O antropocentrismo radical do Iluminismo, no entanto, lançou um desafio particularmente difícil ao mundo cristão. E as respostas imediatas a ele foram a sua adoção irrestrita, como a que dominou boa parte do luteranismo do século XIX e desembocou

---

37 Alister E. McGrath, *The Order of Things: Explorations in Scientific Theology* (Oxford: Blackwell, 2006), p. 97-116.
38 Fabiano de Almeida Oliveira, *"Philosophando Coram Deo"*, p. 98.

no liberalismo teológico, ou a sua rejeição incondicional, que determinou a resposta evangélica e levou ao fundamentalismo no século XX. Uma exceção feliz no mundo evangélico foi o neocalvinismo, um dos poucos movimentos reformatórios *pós-iluministas* que conseguiram reinterpretar o cristianismo em termos antropológicos e permanecer simultaneamente ortodoxo.

Dooyeweerd não foi apenas um herdeiro do neocalvinismo; ele promoveu a sua articulação filosófica madura, tornando-se de certo modo o filósofo do calvinismo, muito mais genuinamente do que Kant o seria do protestantismo. A sua descoberta do coração do homem como o *ponto arquimediano* do pensamento, e da identidade entre a imagem de Deus no homem e sua *hominalidade* total, legitimaram e estimularam uma forma de cristianismo radicalmente *intra-mundana* e aberta a tudo o que é humano. A humanidade do homem não estaria apenas em sua racionalidade, ou em sua moralidade, ou em sua fé. A humanidade do homem estaria em tudo o que ele é: em sua biologia, em sua psicologia, em sua moralidade e em sua inteligência; em sua ciência, em sua arte e em sua política. Pois cada aspecto da realidade criada – matéria, energia, vida, sensibilidade, racionalidade, cultura, sociedade, estética, moralidade, fé – existe a partir da lei divina, e todos estão concentrados e unificados na personalidade humana.

Mais do que isso: Dooyeweerd demonstrou com muita clareza que o futuro da própria civilização ocidental estaria na recuperação da integralidade da pessoa humana, contra as forças de achatamento, empobrecimento e despersonalização do homem.

Desde Dooyeweerd, a expressão "pensamento cristão" deixa de significar "teologia" e passa a nomear iniciativas de pensamento cristão nas mais diversas especialidades, num movimento intelectual sem precedentes no contexto evangélico. Grande parte do despertamento acadêmico evangélico nos Estados Unidos e em outros países de fala inglesa, nos últimos vinte anos, é devedor do movimento iniciado pelos reformacionais holandeses.

A visão antropológica de cristianismo estimulada pela filosofia calvinística não foi relevante apenas para academia. Como já observamos de passagem, a comunidade L'Abri, fundada por Francis e Edith Schaeffer nos anos 1950, foi profundamente influenciada pela ênfase reformacional na humanidade do homem, por meio de Hans Rookmaker. Rookmaker estudou com Dooyeweerd, vindo depois a ser professor de história da arte na *Vrije*, em Amsterdam. Ainda estudante, antes do surgimento de L'Abri, iniciou uma profunda amizade com Schaeffer e descobriu nele um companheiro em sua busca por um cristianismo real e, ao mesmo tempo, humano. Mais tarde Rookmaker, que ajudou a fundar o L'Abri da Holanda, testemunharia sobre a profunda influência dos valores reformacionais na história de L'Abri.[39] Os pontos e contato são claros, especialmente

---

39 Hans Rookmaker, *A Dutch-Christian View of Philosophy*, palestra gravada em áudio. Greatham: L'Abri Tape Ministry.

no tocante à hominalidade (*mannishness*, em Schaeffer) e à personalidade do homem.⁴⁰

Um cristianismo human*izado*, mas não-human*ista*, era (e ainda é) uma grande necessidade para o cristianismo evangélico mundial, quando L'Abri começou. E seria isso menos verdadeiro para a igreja evangélica brasileira? Seríamos nós mais humanos, ou mais conscientes do significado do evangelho para a redenção de todas as áreas da vida humana, do que o são os americanos e os europeus? No mundo evangélico brasileiro há pouca compreensão sobre a legitimidade dos setores "não-sacros" da vida, como a arte, ou o pensamento científico; e há pouca sensibilidade crítica para com a influência de fatores despersonalizadores sobre a igreja, como as forças do consumismo e da burocratização que destroem a experiência comunitário-pessoal.

Naturalmente, nenhuma filosofia pode curar essas enfermidades, nem mesmo a filosofia calvinística. Só Deus tem a cura. Mas fará uma grande diferença se soubermos distinguir entre a enfermidade e a saúde, e a filosofia reformacional é excepcionalmente eficiente nesse sentido. Entre os seus maiores méritos está o de prover o pensamento de categorias adequadas não apenas para compreender o universo, como criação de Deus e como objeto de sua ação redentiva, mas também para reconhecer os efeitos da Queda em cada campo da vida com maior clareza. Nesse sentido, a filosofia reformacional é um enorme auxílio para os que desejam anunciar e viver o senhorio de Cristo em todos os campos da vida, e especialmente no campo do pensamento.

---

40 A influência de Dooyeweerd sobre Schaeffer e L'Abri foi sempre indireta. Na opinião de Colin Duriez, o biógrafo de Schaeffer, ele "foi influenciado por esta família de pensadores, por exemplo, por meio de Van Til e Rookmaker, e não pelo épico sistema de pensamento de Dooyeweerd". *Francis Schaeffer: an Authentic Life* (Nottingham: Intervarsity Press, 2008), p. 175.

CAPÍTULO 25

A CENTRALIDADE DA ÉTICA NA VIDA CRISTÃ

JORGE MAX DA SILVA

"Se Deus não existisse, tudo seria permitido". Essa frase tornou-se célebre, pois, de fato, o homem sem Deus e sem salvação, caído e escravizado pelo pecado, considera Deus um grande estraga prazeres e o maior obstáculo para dar vazão às paixões e desejos pecaminosos do seu coração irregenerado e inconverso. Portanto, a única saída lógica é acabar com a crença em Sua existência e livrar-se dEle a qualquer preço, pois, todo e qualquer remanescente, mesmo que conceitual, de Sua realidade, será um impedimento para o ser humano concretizar definitivamente seu subversivo projeto de plena autonomia. Mas, com Deus isso é impossível.

Fica, portanto, evidente que Deus atrapalha ao homem expressar, a seu bel prazer e sem culpa, sua pecaminosidade, sentindo-se bem e confortável, sem qualquer ameaça ou castigo, produto de um juízo último. De fato, somente quando o homem descarta definitivamente a Deus ou o desconsidera, vivendo como se Ele não existisse, logo, marginalizando-o, porém, sem negar Sua real existência, é que ele se sentirá à vontade para ser e fazer tudo quanto, em nome de uma pseudo-liberdade, seu coração escravizado pelo pecado lhe dita e obriga a ser e fazer.

Um exemplo bem recente demonstra que esta linha de pensamento e conduta contemporânea foi o projeto executado nos quatro primeiros meses de 2009, na cidade de Londres, pela Associação Humanista Britânica. Duzentos ônibus urbanos e outros seiscentos no resto da Inglaterra, de forma prepotente e arrogante, trafegaram exibindo a seguinte frase em letras garrafais: "There's probably no God. Now stop worrying and enjoy your life" (Provavelmente Deus não existe. Agora, pare de se preocupar e curta a vida). Não há a menor dúvida de que o ser humano só conseguirá parar de se preocupar, fazendo-se de surdo para com a sua própria consciência e deliberadamente suprimindo toda verdade divina que conhece pela revelação natural (Rm 1.18) se Deus for descartado. A curtição da vida, obviamente entendida como fazer o que quiser e bem entender, sem restrições inibidoras e prestações de contas derradeiras, depende da inexistência divina.

Mas, se Deus existe, como a Bíblia afirma e o povo de Deus crê, o ser humano de fato tem com que se preocupar, pois toda a sua existência está sendo registrada no livro da vida e ele será julgado de acordo com todas as suas obras que estiverem ali escritas pelo dedo divino (Ap 20.21). A tradição teológica reformada crê que a salvação é pela graça por meio da fé, mas, com a mesma convicção, também afirma que o juízo final será baseado nas obras, portanto, preocupar-se com a incredulidade e as obras deve ser considerado algo imprescindível para todos. Por isso, a maioria esmagadora não consegue endossar a frase ostentadora e seguir sossegadamente seu duplo conselho: "Parar de se preocupar e curtir a vida!" Por que não? Porque, simplesmente, com Deus, não dá! Com os deuses criados à imagem e semelhança dos homens, produto da sua imaginação, projeção e criatividade, até daria, mas, com o Deus vivo e verdadeiro, segundo Sua própria revelação, é absolutamente impossível, pois Ele existe e estabeleceu limites que de fato impedem, aos que o temem, fazer tudo o que gostariam de fazer. Logo, há limites e eles existem porque há o verdadeiro Deus que é absoluto e cuja vontade não difere do Seu ser. Isso significa que o homem é um ser moral, vive em um universo que é criação de um Ser cuja excelência moral é elevada, ilibada e perfeita, logo, a vida e todas as decisões que a constituem e expressam são de natureza moral, portanto, passíveis de averiguação e prestação de contas. Em suma, o ser humano tem com quem e com o que se preocupar!

No entanto, o paradoxo é insofismável, pois existem ateus íntegros, morais e éticos, vivendo de forma exemplar, dando gosto e prazer àqueles com quem eles convivem, apesar de sua obstinada negação divina. Mas, infelizmente existem religiosos e igrejeiros imorais e antiéticos, valendo-se do nome divino e Seu prestígio para enganar, defraudar e ludibriar, produzindo profundos desgostos e decepções amargas em suas vítimas, com quem convivem diariamente.

Esse fato tem levado muitos a concluir que Deus não é necessariamente o pressuposto fundamental da moral, pois boa parte daqueles que o negam seguem a boa moral e os bons costumes, e muitos que o confessam não o fazem. Logo, a humanidade tem buscado outras bases para apoiar a necessidade imperiosa da eticidade e moralidade, por acreditar que podem prescindir de Deus como determinante de uma vida pessoal e social caracterizadas por liberdade, justiça e paz. O que de fato ignoram é que o homem, em virtude da imagem e semelhança divina que traz, mesmo que danificada pela queda, é um ser moral, portanto, tem excelentes razões para acreditar que nem tudo é válido e permitido, mesmo sem reconhecer, temer e tremer diante daquele que negam.

Há em nosso país um verdadeiro clamor pela ética, e as mais diversas campanhas lideradas por inúmeras instituições revelam o ponto de saturação a qual a sociedade chegou, principalmente em relação à corrupção em todas as áreas e esferas dos três poderes que dirigem o Estado e a nação brasileira. No entanto, é notório que os mesmos cidadãos e a mesma sociedade que reivindicam valores morais dignos para o uso do poder, em suas vidas particulares também não abrem mão da convicção de que os fins justificam os meios. Isso significa que o dia a dia da vida revela que a mentira, a trapaça, a traição, a ganância e etc. estão incrustadas no caráter e conduta dos homens, desmoralizando assim muitos dos que levantam a bandeira da moral e da ética nas instâncias superiores, onde não podem locupletar-se, pois, se pudessem, fariam exatamente o mesmo.

Diante do caos moral no qual nossa sociedade e instituições estão mergulhadas, a igreja de Jesus Cristo deveria ser vista como a única moral e eticamente capaz de cumprir o papel profético de denúncia do pecado e de evangelização da nação. Mas, para espanto e desapontamento geral, a moral da igreja diante dos imorais e amorais anda por baixo, pois muitas igrejas se deixaram cooptar pela moral do vale tudo, desde que os resultados sejam os almejados ambiciosamente. Não é a toa que muitos comerciantes em várias metrópoles se negam a vender a prazo para igrejas e pastores, pois, para alargar suas tendas constroem e consagram novas instalações em cultos de vitória a custo de calotes, defraudando e prejudicando seus semelhantes.

Todos sabem, pela experiência prática, que enquanto o barco está no rio ou no mar tudo está bem, mas, quando o rio ou o mar começam a entrar no barco, em breve ele naufragará. A igreja tem sucumbido porque não tem conseguido manter as águas do mundanismo fora dela mesma; por isso, urgentemente uma nova reforma precisa ser desencadeada, de mãos dadas com um avivamento divino, pois, se a igreja não voltar para os trilhos das Escrituras, de onde nunca deveria ter saído, não terá autoridade alguma para fazer a diferença que a luz faz em relação às trevas. Assim sendo, somente uma volta às sãs doutrinas reveladas na Palavra de Deus produzirá uma moralidade compatível com a santidade divina, pois as doutrinas desembocam necessariamente na moral e esta, por sua vez, tem nas doutrinas seu sólido alicerce. Sem boa doutrina não há boa moral. Uma boa moral é derivada da boa doutrina. Logo, só haverá moral verdadeiramente cristã se a doutrina for de fato e genuinamente cristã. Mas, quando se constata na lide pastoral que as relações sexuais pré-nupciais são comuns entre jovens cristãos; que o aborto é praticado por ordem e incentivo de pais cristãos que preferem o aborto à suposta vergonha que passarão no seio da igreja; que a maledicência de pastores invejosos e fuxiqueiros é comum para aqueles que deveriam ser o exemplo do rebanho; que a propina faz parte dos meios usados por cristãos para fechar negócios e obter lucros desonestos; enfim, quando se constata tudo isso e muito mais, conclui-se que a Palavra de Deus tem sido posta de lado e, principalmente, as lideranças têm sido infiéis em relação à pregação fiel e ungida do santo evangelho de Jesus Cristo.

Dessa forma, com a maior urgência, a igreja precisa, em nossos dias, não apenas de uma reforma moral, como era necessário nos dias de Lutero, mas, também e principalmente, de uma volta às doutrinas oriundas da Reforma Protestante, nas quais encontrará alimento sólido e saudável para produzir renovação moral na vida do povo de Deus. Portanto, assim como os reformadores voltaram para as Escrituras e sobre elas produziram um corpo doutrinário saudável, apesar de serem falíveis e passíveis de equívocos como todos são, a tradição teológica derivada da Reforma é o que de melhor há como parâmetro de uma interpretação bíblica fiel às Escrituras Sagradas. Assim sendo, somente de posse da sã doutrina é que as questões, os dilemas e desafios éticos contemporâneos, que não são poucos nem simples, serão devidamente encarados, pois alicerçados na Palavra a igreja será capaz, sob direção do Espírito divino, de produzir uma moral cristã e também de aplicá-la às mais diversas situações e circunstâncias que exigem postura firme e resoluta, de modo que a luz resplandeça nas trevas.

É por essa razão que neste capítulo trataremos a respeito da relação entre a doutrina e a ética; averiguaremos que o Ser divino é a fonte de onde brota toda orientação moral para a vida cristã; mostraremos a relação estreita entre o Ser divino e sua lei; e averiguaremos duas atitudes equivocadas para com a lei moral divina que tem produzido muitos transtornos na história da nossa fé, de modo que ao concluir fique bem nítido o extremo valor que a lei moral ou os dez mandamentos têm para a vida cristã.

TEOLOGIA E ÉTICA

Um dos grandes e graves problemas do cristianismo dos nossos dias é a clara ignorância das grandes e profundas verdades que constituem o evangelho de nosso Senhor Jesus Cristo, encontradas no registro inspirado, infalível, inerrante e suficiente da Palavra de Deus, a Bíblia Sagrada. A desinformação é generalizada e a aversão à doutrina é notória, pois o pensamento dominante é que doutrina divide e desune o povo de Deus, consequentemente o enfraquece e provoca escândalos, cujos grandes perdedores são aqueles que estão sem Deus e sem salvação. Logo, não deveria causar desconforto o analfabetismo bíblico e doutrinário que impera vergonhosamente na igreja do Senhor, bem como o franco declínio do lugar, valor e tempo dedicados à pregação da Palavra de Deus nos cultos.

A pregação por sua vez, ao invés de ser caracterizada pela exposição do nutritivo e fortificante ensino divino, contido em todo e em cada texto da Palavra de Deus, tem sido marcada por testemunhos acerca de experiências e ilustrações cômicas, para entreter a congregação e, por último, totalmente focada na aplicação, sem que a fundamentação doutrinária seja apresentada como alicerce sólido para a vida espiritual e moral do cristão. É notório que nem mesmo as crianças, como seus "inoportunos" e insistentes porquês aceitam orientações ou proibições destituídas de razões, pois com certeza deve haver e há explicações que justifiquem as normas de conduta e caráter, pois o cristão precisa saber por que deve ou não agir, comportar-se e viver desse ou daquele jeito, com esse ou aquele padrão de moralidade.

Assim sendo, é preciso resgatar o padrão bíblico que une teologia e ética, doutrina e moral, fé e conduta, pois o que Deus uniu o homem jamais deveria separar. As verdades doutrinárias não podem e não devem ser vistas como meras teorias complicadas, que não têm qualquer vínculo e relevância com a realidade, completamente destituídas de desdobramentos práticos para a vida diária dos filhos de Deus. Pelo contrário, é mais do que urgente mostrar que somente a sã doutrina, aquela que é de fato salutar, pode produzir uma vida cristã moralmente sadia e digna do Senhor. Logo, enfatizar a doutrina e suas implicações morais é dever de todos aqueles que ministram a Palavra de Deus ao Seu povo.

Um exemplo clássico do padrão bíblico desta dobradinha, doutrina e vida cristã, encontra-se no precioso e mais teológico de todos os livros da Bíblia, a carta de Paulo aos Romanos, onde visível e deliberadamente o apóstolo empenhou-se para mostrar que tudo quanto o cristão, em sua vida pessoal familiar e social, deve ser e fazer está fundamentado em quem Deus é e no que Ele fez. Nos onze primeiros capítulos desse profundo e abrangente tratado teológico, Paulo expôs o evangelho de Jesus Cristo, denominado por ele mesmo como as "misericórdias de Deus" (Rm 12.1). Então, e somente então, ele sai do indicativo para o imperativo, do que Deus fez para o que o seu povo deve fazer. Por isso, um estudo minucioso e acurado da ética paulina revelará que "uma das características marcantes do ensino de Paulo é que ele sempre relaciona doutrina e dever, fé e conduta".[1]

Segundo a análise realizada por John Stott, existem duas características básicas contidas nos ensinamentos éticos do apóstolo Paulo encontrados em Romanos 12-15. A

---

1   John R. W. Stott, *Romanos* (São Paulo: ABU, 2000), p. 383.

primeira é que "ele integra credo e conduta, enfatizando tanto as implicações práticas de sua teologia como o fundamento teológico de sua ética".[2] A segunda "tem a ver com o número de vezes em que ele se refere, seja direta ou indiretamente, aos ensinos de Jesus". O mesmo citou quinze versículos bíblicos extraídos dos capítulos 12-15 de Romanos e mostrou a sintonia das exortações morais de Paulo com os ensinamentos éticos de Jesus, contido nos evangelhos, provando dessa forma o quanto ele ecoava seu Salvador no que diz respeito à vida cristã e seus fundamentos.[3]

> Além disso, é digno de nota que as admoestações éticas desta e doutras epístolas do Novo Testamento, quer sejam ou não de Paulo, têm forte semelhança como ensino ético de Cristo registrado nos evangelhos... De maneira particular, pode-se traçar uma impressionante lista de paralelos entre 12.3-13.14 e o Sermão do Monte. Embora não existisse nesse tempo nenhum dos nossos evangelhos canônicos, o ensino de Cristo registrado neles era corrente nas igrejas – certamente em forma oral, e talvez também na forma de sumários escritos.[4]

Morris, em sua introdução aos capítulos 12-15 da Carta aos Romanos, enfatiza que o apóstolo Paulo segue um padrão bem evidente em suas cartas, com apenas duas exceções, Coríntios e Filipenses, pois ele sempre começava com uma forte seção doutrinária, seguida por exortações para que a fé cristã fosse aplicada em todas as áreas da vida, tanto pessoal, quanto familiar e social. Dessa forma, considera o comentarista, "quando Paulo usa esse padrão, ele está dizendo que a vida cristã é dependente das grandes doutrinas cristãs".[5]

Fica, portanto, evidente que o Ser de Deus, Sua natureza e atributos, revelados pela Sua Palavra e pelo seu agir na criação e redenção humana, são o fundamento da moralidade e eticidade cristãs. Por conseguinte, só haverá cristianismo prático se houver também, e prioritariamente, um cristianismo saturado de doutrina. Em suma, a doutrina cristã é fundamental para a ética cristã, pois ela cumpre o papel de molde que reproduz a vida moral desejada por Deus para o Seu povo. Seguindo essa linha de raciocínio, Bruce afirma que "a Bíblia nunca ensina uma doutrina para torná-la simplesmente conhecida. Mas ela é ensinada para que seja transferida para a prática".[6] Grenz, citando Hughes, afirma que "o fim da teologia é a prática. A doutrina é para a ação, e não simplesmente para os ouvidos e a aprendizagem; por isso, nas Escrituras ela sempre é

---

2   John R. W. Stott, *Romanos*, p. 383.
3   John R. W. Stott, *Romanos*, p. 384-386.
4   F. F. Bruce, *Romanos; introdução e comentário* (São Paulo: Vida Nova & Mundo Cristão, 1983), p. 182.
5   Leon Morris, *The Epistle to the Romans* (Grand Rapids, MI/Cambridge, UK: Apollos, 1988), p. 432.
6   F. F. Bruce, *Romanos; introdução e comentário*, p. 182.

apresentada como tendo consequências éticas".[7] Não é à toa que Frame define a teologia como "a aplicação da Palavra de Deus pelas pessoas a todas as áreas da vida".[8] Em sua monumental obra a respeito da Vida Cristã ele vai além e declara que "toda teologia é endereçada às pessoas para ajudá-las a pensar e a viver para a glória de Deus. Assim, toda teologia envolve a ética".[9] A ética, por sua vez, segundo sua perspectiva é compreendida como "teologia, vista como um meio que determina quais pessoas, ações e atitudes recebem as bênçãos de Deus e quais não".[10]

Diante de tudo isso não há a menor dúvida de que a genuína ética cristã é bíblica, total e profundamente teológica. Portanto, é impossível compreender a ética cristã sem que primeiro se conheça muito bem a fé cristã, pois, "a ética cristã se baseia na teologia cristã e deriva seu conteúdo distintivo desta fonte. Afinal de contas, o ensino moral do cristianismo permanece ou cai com a fé cristã".[11] Corroborando essa compreensão da unidade e vínculo estreito entre a teologia e a ética, em nossos dias estudadas separadamente, causando assim a impressão de que são disciplinas autônomas para grande prejuízo da fé cristã, Kloosterman observa com muita propriedade que no passado esse divórcio inexistia nos grandes clássicos teológicos oriundo dos ilustres reformadores:

> Os primeiros reformadores não separavam a 'ética' da 'dogmática'. Doutrina e vida eram um: a doutrina bíblica era corretamente entendida como sendo a fundamentação necessária e fonte da vida cristã, e o viver santo era a implicação necessária da sã doutrina. Assim, inicialmente, a disciplina da ética era embutida em todo ensino doutrinário, incluindo confissões e catecismos, sermões, e tratados. Dentro do contexto do ensino, os reformadores explicaram a conduta moral humana em termos da revelação divina e aplicaram as grandes verdades associadas com *Sola Scriptura, sola gratia, sola fide, solus Christus* e *soli Deo Gloria*.[12]

Dessa forma é possível perceber e concluir que, em virtude do fato de que a ética cristã tem na teologia sua fonte e fundamentação, ela será totalmente direcionada e determinada pela linha teológica que lhe der configuração. A teologia cria, produz e desdobra-se em ética cristã, logo, ela é feita à imagem e semelhança da teologia; assim sendo, é impossível que uma teologia liberal produza uma ética reformada e vice-versa. Logo, a teologia é a matriz onde a ética cristã é gerada; consequentemente, toda a

---

7 Stanley J. Grenz, *A busca da moral; fundamentos da ética cristã* (São Paulo: Vida, 2006), p. 297.
8 John M. Frame, *The Doctrine of The Knowledge of God* (Phillipsburg, NJ: P&R Publishing, 1987), p. 81.
9 John M. Frame, *The Doctrine of the Christian Life* (Phillipsburg, NJ: P&R Publishing, 2008), p. 5.
10 John M. Frame, *The Doctrine of the Christian Life*, p. 10.
11 E. Clinton Gardner, *Fé bíblica e ética social* (São Paulo: ASTE, 1965), p. 34.
12 Joel R. Beeke, *Living for God's Glory; an introduction to Calvinism* (Lake Mary, FL: Reformation Trust, 2008), p. 374.

gestação da ética cristã se dará no útero da teologia que lhe dará a luz. Assim sendo, a ética reformada é produto tão somente e exclusivamente da teologia reformada. Todas as características da primeira serão inevitavelmente encontradas na segunda.

Exatamente por essa razão, via de regra, a ética reformada tem sido majoritariamente, não exclusivamente, considerada uma ética normativa e heterônoma, pois a teologia reformada defende firmemente o princípio da *Sola Scriptura;* portanto, as normas de conduta que devem pautar o caráter, regular a conduta, enfim, orientar o viver ético cristão, serão aquelas que estão contidas no depósito sagrado, a Bíblia. O cristão reformado, no afã de saber o que é certo e errado, correto ou incorreto, permitido ou proibido, não buscará em si ou em outras fontes externas, isto é, autonomamente, seja nas circunstâncias, nos padrões morais culturais, nas tradições humanas, nas experiências espirituais e conveniências pessoais, o que adotará como parâmetro para reger sua conduta moral, visando ser ético aos olhos de Deus. Não! Para aquele que foi justificado pela graça por meio da fé, com base na justiça de Cristo que lhe foi bondosamente imputada, somente nas Escrituras encontrará as diretrizes reveladoras do querer divino, através dos mandamentos, preceitos e estatutos do Senhor, magistralmente codificados nos dez mandamentos. Murray clareia e estabelece muito bem essa característica da ética reformada ao afirmar que:

> A ética bíblica é aquele modo de vida que está em consonância com as demandas feitas pela revelação bíblica. Nossa atenção deve estar focada sobre as exigências divinas, não sobre as realizações humanas, sobre a revelação da vontade de Deus para o homem, não sobre o comportamento humano. Na ética bíblica nós estamos preocupados com as normas, os cânones, ou padrões de condutas que estão enunciados na Bíblia para a criação, direção, e regulamentação do pensamento, vida, e comportamento de acordo com a vontade de Deus.[13]

Fica, portanto, bem evidente que, assim como a teologia reformada fundamenta toda a sua doutrina exclusivamente na Bíblia Sagrada, assim também a ética reformada fundamenta a vida moral cristã nas leis de Deus encontradas nas Escrituras. No Catecismo Maior de Westminster encontramos algumas perguntas, cujas respectivas respostas ilustram com exatidão a ética cristã segundo a teologia reformada.

'Pergunta 91. Qual é o dever que Deus requer do homem? O dever que Deus requer do homem é obediência à sua vontade revelada'.
'Pergunta 92. O que revelou Deus primeiramente ao homem como

---

13 John Murray, *Principles of Conduct; aspects of biblical ethics* (Grand Rapids, MI: Eerdmans, 1994), p. 14.

regra de sua obediência? Resposta: A regra de obediência revelada a Adão, no estado de inocência, e a todo o gênero humano nele, além do mandamento especial de não comer do fruto da árvore do conhecimento do bem e do mal, foi a lei moral'.[14]

Segundo o Catecismo Maior, Deus demanda dos homens obediência e não lhes deixou entregues a si mesmos à procura, tanto em si quanto fora de si mesmos, do que é o certo e do que é errado; antes, revelou-lhes sua vontade através da sua lei moral, portanto o dever cristão prioritário é recorrer às Escrituras, onde conhecerá e aprenderá com acuidade as normas divinas para ordenar o viver ético que redundará em glória para Deus. Essa compreensão é imprescindível, pois existem duas propostas éticas muito aclamadas, sutilmente presentes até mesmo nos círculos reformados, que precisam ser refutadas e rejeitadas; para tanto é preciso ressaltar que a ética reformada é solidamente fundamentada na revelação divina, pois, como vimos, nela encontra-se a lei moral. A primeira delas está baseada em

> uma visão pietista que depende da direção ou de instruções diretas do Espírito Santo. As diretrizes das Escrituras são vistas como sendo insuficientes ou até mesmo como inaplicáveis 'numa era da graça'. Assim sendo, a pessoa precisa receber uma resposta de oração para saber se determinado ato é certo ou errado.[15]

Essa perspectiva ética, totalmente subjetivista, tem prevalecido em virtude de ser extremamente conveniente. Não é à toa que existem crentes orando para saber se é ou não da vontade de Deus seu divórcio pessoal, sem que o motivo seja o adultério. Nesses casos o que ocorre é uma verdadeira marginalização da Palavra de Deus. Embora dificilmente um genuíno cristão negue que a Bíblia é a Palavra de Deus, contudo, por não considerá-la suficiente, principalmente em matéria de conduta, relegam-na, por considerá-la obsoleta, portanto, imprópria para fornecer critérios objetivos para ajudar a solucionar os dilemas éticos da atualidade.

A segunda proposta ética sutil que precisa ser desmascarada "é a nova definição de legalismo oferecido pelo liberalismo".[16] O legalismo combatido por Paulo, como também pelos reformadores, sempre esteve intimamente relacionado à doutrina da justificação somente pela fé, pois a convicção bíblica e reformada é a de que o homem decaído, irregenerado, e até mesmo o regenerado, é incapaz de cumprir com perfeição a lei divina; logo, pela obediência às obras da lei ninguém será justificado por Deus e diante dEle. Em

---

14   *O Catecismo Maior* (São Paulo: Cultura Cristã, 1999), p. 79
15   Gordon H. Clark, "Ética calvinista", em Carl F. H. Henry (org.), *Dicionário de Ética Cristã* (São Paulo: Cultura Cristã, 2007), p. 232.
16   Gordon H. Clark, "Ética calvinista", p. 232.

síntese, a teologia reformada nega veementemente que a justificação seja produto do mérito humano e uma recompensa para aqueles que fizeram por merecer por sua perfeita sujeição e conformação à lei moral divina.

> Mas o liberalismo contemporâneo define o legalismo como qualquer tentativa de distinguir o certo do errado por meio de regras, preceitos ou mandamentos. O argumento é que nenhuma regra cabe em todos os casos, pois sempre há exceções; ou, até mesmo, que toda situação é totalmente singular, tornando sempre impossível o uso de regras.[17]

A ética reformada discorda em gênero, número e grau dessas duas propostas éticas, pois, em virtude do elevadíssimo e fiel conceito que tem das Escrituras Sagradas, crê piamente que se a lei divina for devidamente compreendida e interpretada, principalmente em sua espiritualidade e extensão, os cristãos encontrarão a base para suas orações e direções do Espírito divino, bem como também todos os princípios supraculturais que lhes municiarão para encarar todos os dilemas e desafios éticos da atualidade. Assim sendo, as Escrituras são todo o tempo e o tempo todo atuais e relevantes; logo, elas são absolutamente suficientes em matéria de conduta, sem que jamais se tornem ultrapassadas e antiquadas.

Para finalizar esta seção, é extremamente importante enfatizar que a ética reformada é nítida e totalmente teológica, pois o fim último ou o bem maior de onde se extrai e se deduz tudo o que é certo e errado para a vida moral, eticamente ilibada e elevada, encontra-se nas verdades teológicas oriundas da revelação divina. Logo, a única dedução lógica e compatível que se pode tirar é que:

> a ética cristã não deve ser totalmente separada da teologia sistemática, como também não pode ser completamente absorvida pela teologia sistemática. Ela busca as normas e diretrizes divinas como reveladas nas Sagradas Escrituras e, por isso, deve continuar sendo uma disciplina verdadeiramente teológica. Só podemos fazer ética cristã na medida em que conhecemos a Deus.[18]

A NATUREZA E OS ATRIBUTOS MORAIS DE DEUS

Por que só podemos fazer ética cristã na medida em que conhecemos a Deus? Porque a natureza e os atributos de Deus são o único e legítimo fundamento e fonte de toda

---

17 Gordon H. Clark, "Ética calvinista", p. 232.
18 Hans Ulrich Reifler, *A Ética dos Dez Mandamentos* (São Paulo: Vida Nova, 1997), p. 19.

moralidade e eticidade. Portanto, conhecer a Deus deve ser o alvo supremo de quem quer ser ético aos olhos do Senhor. Assim sendo, mais do que nunca, é preciso resgatar o ensino bíblico de que as normas, regras, mandamentos, preceitos e estatutos, contidos nas Escrituras Sagradas são uma genuína expressão e revelação do próprio Ser divino. Isso significa que conhecer a lei moral de Deus equivale a conhecê-lO, pois, a lei revela o Legislador. Por conseguinte, para os salvos a lei moral divina não é constituída de regras e normas impessoais, cujo propósito é cercear a vida humana de gozar em plenitude seus prazeres. De modo algum! Antes, a lei moral de Deus é uma preciosa graça dos céus que permite ao seu povo conhecê-lo para fazer Sua vontade, que é na verdade o sentido e a razão da vida.

No entanto, o que se percebe com nitidez, a partir da observação dos conteúdos veiculados pela mídia é que quem vive de acordo com regras morais é considerado legalista, consequentemente frio e calculista, preocupado apenas com a mera observação externa das mesmas, destituído de qualquer relacionamento pessoal. De fato, há uma campanha deliberada que se empenha em tentar mostrar que Deus é um grande estraga prazer. A prova disso, segundo os críticos, são os seus mandamentos, pois Ele criou o homem e lhe deu desejos, no entanto, supostamente de forma irônica e sarcástica Deus se diverte observando os dramas sofridos por aqueles que tentam em vão obedecê-lO, pois sempre fracassam.

Os novelistas curtem à beça criar personagens moralistas, que são invariavelmente grandes hipócritas, pois às escondidas fazem tudo quanto criticam nos outros. Logo, a visão estabelecida é a de que as pessoas que adotam regras morais de conduta são recalcadas e empenhadas em tolher os outros de viver seguindo a direção dos seus corações. De acordo com o *status quo*, seguir os desejos do coração, sem contrariá-lo, tendo-o como guia ético, é a única maneira de se realizar. Quanto às consequências inevitáveis, a postura é a de que o que importa é o momento, portanto, se o coração pedir e naquele momento for extremamente agradável, mesmo que tudo e todos sejam atropelados, produzindo consequências desagradáveis para todos, o que vale e conta é toda gratificação que aquele momento pode proporcionar. Logo, a máxima ética vigente é: "Siga seu coração!" Essa visão, que engenhosamente distorce o sentido e o propósito das regras morais de condutas, tem sido uma das principais razões para que se adote uma postura ética que abre mão da lei moral, relegando-a, por considerá-la incapaz de ajudar aqueles que enfrentam os sérios e desafiadores dilemas éticos da atualidade.

No entanto, para os salvos a lei de Deus é o próprio Deus, pois, ela revela Sua vontade, que por sua vez expressa e também revela quem Ele é. Assim sendo, desprezar a lei divina iguala-se a desprezá-lO. Por conseguinte, quem abre mão da lei moral divina inevitável e consequentemente também abre mão do Seu Legislador. Quando o apóstolo

Paulo, dirigindo-se aos judeus, perguntou: "tu, que te glorias na lei, desonras a Deus pela transgressão da lei?" (Rm 2.23), deixou claro que pecar não se reduz meramente à quebra de uma rega, sem desdobramentos para o relacionamento pessoal com o Legislador. Quando o ser humano peca, transgredindo a lei moral divina, Deus é desonrado, ofendido e insultado com essa violação. Fica evidente que Deus e a Sua lei estão tão íntima e vitalmente vinculados que transgredir a lei moral, isto é, os dez mandamentos, equivale a denegrir a honra divina, bem como deixar de dar a glória que somente Ele é digno.

Diante desse esclarecimento é possível compreender que o conhecimento de Deus gera o conhecimento ético, portanto, sem o primeiro não haverá o segundo. Pelo fato de Deus se revelar através da Sua lei, conhecê-la implica inevitavelmente em conhecê-lO. Dessa forma, quando o homem, pela revelação, conhece Aquele que se Auto-revelou, aprende a respeito de tudo o que moral e eticamente o agrada e desagrada. Logo, o próprio Deus uno e triúno é a norma e o padrão de tudo o que é ético e moral para toda criatura humana, principalmente para Sua igreja. Essa percepção superlativa a lei divina, colocando-a onde sempre deveria estar, na posição de elevada consideração e respeito, pois, trata-se da lei do criador e redentor, ou seja, dEle mesmo. Esse entendimento impossibilita todas as distorções que querem reduzir a ética e a moral cristã a normas preceituadas pela igreja para inibir e cercear a conduta dos fiéis, que são muitas vezes comparados pejorativamente a cordeirinhos manipulados e direcionados ao bel prazer da cúpula eclesial.

Assim sendo, conhecer os atributos morais de Deus é muito importante para quem quer saber o que é certo e o que é errado; lícito e ilícito; moralmente aprovado e reprovado. Esses atributos morais só podem ser conhecidos pelo estudo da lei moral, pois ela expressa e revela o Santo Ser divino. Diante deste fato cabe perguntar: Onde encontrar a lei moral divina? Ela só pode ser encontrada de forma especial no registro inspirado, inerrante, infalível e suficiente da Palavra de Deus, por isso:

> No caso do cristianismo, sua constituição, a Bíblia, não foi criada nem formulada pelos seres humanos que formam a igreja cristã. Pelo contrário, ela se originou no próprio Deus. Portanto, só Deus possui autoridade para mudar os padrões de fé e prática. A Bíblia é a linha mestra que deve ser seguida, já que ela detém o direito de definir a fé e a prática correta.[19]

Antes de considerar alguns atributos morais de Deus é imprescindível entender o que eles são. A seguinte definição é bem esclarecedora: "Quando falamos dos atributos de Deus, estamos nos referindo àquelas qualidades de Deus que constituem o que Ele é.

---

19 Millard J. Erickson, *Introdução à Teologia Sistemática* (São Paulo: Vida Nova, 1997), p. 20.

São as próprias características de Sua natureza".[20] É comum nas obras de teologia sistemática classificar de maneiras distintas os atributos de Deus. Erickson, por exemplo, adotou em sua obra a classificação de "atributos naturais e morais".[21] Segundo esse teólogo, os atributos naturais de Deus, que ele denominou de atributos de grandeza, "são os superlativos amorais de Deus, tais como seu conhecimento e poder".[22] Já os atributos morais de Deus, que ele também denominou de atributos de bondade "são os que, no contexto humano, estariam relacionados com o conceito de correção (no sentido de ser correto). Santidade, amor, misericórdia e fidelidade são exemplos".[23] Para o propósito deste capítulo consideraremos brevemente apenas alguns atributos morais, pois, se Deus somente possuísse os atributos de grandeza "Ele poderia ser considerado um ser imoral ou amoral, utilizando seu poder e conhecimento de uma forma caprichosa ou até cruel".[24]

Antes, porém, consideremos três atributos de grandeza que são importantíssimos para a ética e que influenciam diretamente a moralidade cristã. O primeiro deles é a Pessoalidade de Deus, pois, "Ele não é um ser abstrato, incognoscível, ou uma força sem nome".[25] Assim sendo, para a teologia e a ética reformada o relacionamento entre Deus e o seu povo é baseado no fato de que Deus não é um objeto que pode ser manobrado, mas, antes, um Ser excelso que conhece as pessoas, se relaciona e tem comunhão com elas. Logo, o compromisso derradeiro do salvo não é com um código, mas, com Alguém. Em termos últimos, o que se pretende com a obediência à lei moral é obedecer ao próprio Deus e assim manter a comunhão com Ele.

O segundo atributo de grandeza, relevante para nosso tema, tem a ver com a imutabilidade de Deus. Por ser, assim, imutável, a natureza e os atributos do Senhor Deus não sofrem alterações ou modificações, portanto, por ser a lei divina expressão e revelação de Sua natureza e atributos é possível e necessário enfatizar que a lei moral de Deus também é imutável, logo, válida para todos os tempos e épocas, jamais conhecendo ocaso e perda de relevância. Admitir a hipótese de que a lei moral, isto é, os dez mandamentos, podem tornar-se antiquados, ultrapassados e arcaicos, equivale também a admitir que o eterno e imutável Deus também pode tornar-se idêntico. Impossível!

O terceiro atributo natural de Deus que precisa ser ressaltado, tendo em vista o alvo de nosso capítulo, é que Deus é Espírito, logo, sua lei também é espiritual. Assim sendo, pensar que Deus, com sua lei moral, objetivava tão somente a conformação externa aos seus mandamentos é prova inequívoca da incompreensão tanto da espiritualidade de

---

20 Millard J. Erickson, *Introdução à Teologia Sistemática*, p. 104.
21 Millard J. Erickson, *Introdução à Teologia Sistemática*, p. 105.
22 Millard J. Erickson, *Introdução à Teologia Sistemática*, p. 106.
23 Millard J. Erickson, *Introdução à Teologia Sistemática*, p. 105.
24 Millard J. Erickson, *Introdução à Teologia Sistemática*, p. 117.
25 Millard J. Erickson, *Introdução à Teologia Sistemática*, p. 110.

Deus quanto da sua lei, cujo alcance, em virtude da sua extensão, penetra nos recônditos e recessos do ser humano; logo, a lei divina também prescreve para o coração, a motivação, as intenções e os propósitos das atitudes morais humanas.

Consideremos agora os atributos morais do Ser divino. O primeiro deles é a santidade de Deus. "Este é o grande atributo moral de Deus".[26] A santidade de Deus denota "a sua perfeita pureza e retidão, que fica em marcante contraste com a iniqüidade e impureza da humanidade pecaminosa, e que evoca, da parte do Senhor, a sua inflexível reação retributiva contra o pecado".[27] Em virtude da sua santidade, Deus que é o supremo Legislador, estabelece leis que são exatamente como Ele é, igualmente santas. Logo:

> A natureza de Deus é padrão de santidade. A única regra para a santidade divina é a Sua própria natureza moral. Ele é padrão para si mesmo. Não há nenhum meio de se aferir a santidade, senão aceitando o que ele próprio diz de si. As Escrituras Sagradas são o único registro da revelação de Deus que nos revela algo de Sua natureza moral, pois as suas leis revelam quem Ele moralmente é. As Escrituras refletem a mente de Deus, isto é, o que Ele pensa e como Ele quer que os seres humanos pensem e ajam.[28]

Ora, se as leis morais divinas revelam quem Ele é, mais especificamente, sua santidade, o povo de Deus deve amar a lei divina e ter para com ela o mesmo apreço demonstrado principalmente pelo salmista no Salmo 119, pois, a lei de Deus é santa porque Ele é santo. Assim sendo, "A perfeição de Deus é o modelo para nosso caráter moral e a motivação para a prática religiosa. Todo o código moral procede de sua santidade".[29] Portanto o desafio de ser como Deus, não em relação aos seus atributos incomunicáveis, como por exemplo, onipotência, onisciência e onipresença, mas, em relação aos seus atributos morais, é o desafio ético que todo cristão sincero tem o dever moral e espiritual de aceitar, pois, Deus é moral e nós também devemos ser tão morais quanto Ele é. Como? Atentando para seus mandamentos e obedecendo-os, segundo a graça que Ele concede.

O segundo atributo moral de Deus que nos ajudará em nosso estudo é a Sua retidão. "A retidão de Deus significa, acima de tudo, que a lei de Deus, sendo expressão fiel de sua natureza, é tão perfeita quanto Ele".[30] Isso traz grande estímulo ao povo de Deus, pois diante dos seus mandamentos o crente sabe que Ele somente prescreve o que é moralmente correto. Em segundo lugar, enquanto que as leis humanas são invariavelmente injustas, pois refletem seus legisladores imperfeitos, por isso elas caducam e precisam

---

26 Heber Carlos Campos, *O ser de Deus e os seus atributos* (São Paulo: Cultura Cristã, 2002), p. 234.
27 J. I. Packer, *Vocábulos de Deus* (São José dos Campos, SP: Fiel, 1994), p. 157.
28 Heber Carlos Campos, *O ser de Deus e os seus atributos*, p. 236.
29 Millard J. Erickson, *Introdução à Teologia Sistemática*, p. 118.
30 Millard J. Erickson, *Introdução à Teologia Sistemática*, p. 119.

constantemente de revisões, a lei de Deus é justa e perfeita; se obedecida produz paz e liberdade, tão caras aos seres humanos. Isso significa que, se a sociedade adotasse os dez mandamentos e todas as suas leis fossem desdobramentos e aplicações deles, teríamos um mundo moral e socialmente justo, como todas as ideologias e utopias humanas projetaram com insucesso.

A retidão divina nos remete imediatamente ao terceiro atributo moral que consideraremos - Sua justiça. "Sua justiça é sua retidão oficial, sua exigência de que outros agentes morais obedeçam igualmente aos mesmos padrões. Em outras palavras, Deus é como um juiz que segue pessoalmente a lei da sociedade e, em sua função oficial, promove a mesma lei, aplicando-a aos outros".[31] O grande teólogo de Princeton, magistral e eruditamente, como lhe era peculiar, nos forneceu um verdadeiro banquete ao considerar o atributo da justiça divina. Ele afirma que:

> Quando consideramos Deus como o autor de nossa natureza moral, o conhecemos como santo; quando o consideramos em seus tratos com suas criaturas racionais, o concebemos como justo. Ele é um governante reto; todas as suas leis são santas, justas e boas. Em seu governo moral, ele adere fielmente a essas leis. Ele é imparcial e invariável quando as executa. Como juiz, Ele recompensa a cada um segundo suas obras. Ele não condena o inocente nem inocenta o culpado; e nem sempre castiga com inexorável severidade.[32]

Hodge, para facilitar a compreensão desse excepcional atributo tão relevante para a ética cristã, fez distinção entre a justiça de Deus como reitoral e distributiva. A primeira é "aquela que se preocupa com a imposição de leis justas e com sua execução imparcial". A segunda é "aquela que se manifesta na justa distribuição de recompensas e castigos".

Desta breve consideração sobre os atributos morais de Deus é possível perceber o quanto eles estão entrelaçados e são inseparáveis, sem obviamente descaracterizar-se. Por isso, a seguinte conclusão é absolutamente lógica: "Assim como no caso da santidade, Deus espera que seus seguidores procurem igualar-se a Ele em retidão e justiça".[33] Para tanto, os salvos dependem totalmente da lei moral para que essa expectativa divina se realize, portanto, refletir sobre os dez mandamentos e seu papel na vida dos irregenerados e regenerados é crucial para compreender a ética reformada, pois:

> Os dez mandamentos se postam como um padrão eternamente válido para a conduta cristã, não anulado, mas requerido pela graça

---

31 Millard J. Erickson, *Introdução à Teologia Sistemática*, p. 120.
32 Charles Hodge, *Teologia Sistemática* (São Paulo, Hagnos, 2001), p. 314.
33 Millard J. Erickson, *Introdução à Teologia Sistemática*, p. 120.

de Deus em Cristo. Eles representam, também, a exigência fundamental de Deus a todo homem, conhecidos 'por natureza' por todos os homens, mesmo por aqueles que não têm conhecimento da lei escrita.[34]

A LEI DE DEUS

A lei divina é perfeita e revela a Deus (Sl 19.7). A primeira e maior evidência incontestável da perfeição da lei divina é que ela, como temos até aqui considerado, revela e expressa os atributos de Deus, que são as características da sua natureza, logo, do seu Ser. Isso significa que a própria natureza divina é a fonte de onde brotam os mandamentos de Deus, portanto, quem determina o que é moralmente bom, correto, justo e eticamente aprovado, em última instância é a natureza de Deus. Sabendo, através da revelação do Senhor, que Ele é absolutamente perfeito e que seus mandamentos procedem de Si mesmo, então, eles são exatamente como Deus é, perfeitos. Assim sendo, os dez mandamentos não são éditos arbitrários, autoritários e caprichosos de algum tirano despótico, mas são preceitos morais do Deus três vezes santo, sábio, justo, reto, amável e soberano, que zela por Sua própria glória e pelo bem do seu povo.

Par a par com a teologia reformada, a ética da mesma linhagem acentua uma das suas mais importantes características, o reconhecimento da soberania de Deus. Partindo do pressuposto inquestionável do Senhorio absoluto de Deus, a ética cristã oriunda da Reforma crê que Ele "prescreve, segundo sua própria vontade, o que suas criaturas devem fazer ou abster-se de fazer",[35] pois Ele é a autoridade máxima do universo, portanto, tem o direito e poder de preceituar seus mandamentos que determinam as normas que constituem a moral cristã, que devem ser obedecidas para que haja aprovação ética da Sua própria parte.

Tem sido comum, nas obras teológicas e nas reflexões éticas, questionar: "As coisas são certas ou erradas simplesmente porque Deus as ordena ou as proíbe? Ou Ele as ordena ou as proíbe porque são certas ou erradas por alguma outra razão além de sua vontade?"[36] Do ponto de vista reformado tem sido unânime a convicção de que "não se pode determinar nenhuma outra razão mais elevada para que algo seja certo do que aquilo que Deus ordena". Portanto, "a doutrina comum dos cristãos sobre este tema consiste em que a vontade de Deus é a base última da obrigação moral de todas as criaturas racionais". Ora, se a vontade de Deus é a base última da obrigação moral; se ela expressa e revela a natureza divina; se a vontade de Deus é determinada por sua natureza, então,

---

34 John M. Frame, *The Doctrine of the Christian Life*, p. 279.
35 Charles Hodge, *Teologia Sistemática*, p. 304.
36 Charles Hodge, *Teologia Sistemática*, p. 306.

em última análise o fundamento último da obrigação moral é a natureza de Deus. Logo, conhecer a lei divina significa conhecer a vontade de Deus, que por sua vez significa conhecê-lO. Depreende-se de tudo isso que a lei moral divina, os dez mandamentos, é a própria natureza e vontade de Deus. Por isso:

> Fica claro, à luz da própria constituição de nossa natureza, que estamos sujeitos à autoridade de um ser racional e moral, um Espírito que sabemos ser infinito, eterno e imutável em seu ser e perfeições. Todos os homens, em todas as eras e partes do mundo, sob todas as formas de religião e de todos os graus de cultura, têm sentido e reconhecido estar sujeitos a um ser pessoal superior a eles próprios.[37]

A segunda evidência de que a lei do Senhor é perfeita encontra-se na própria pessoa de Deus o Filho, pois o único ser humano que nasceu, viveu e morreu sem pecado foi Ele, logo, o único homem perfeito foi Jesus de Nazaré. Como sabemos disso? "Todo aquele que pratica o pecado também transgride a lei, porque o pecado é a transgressão da lei" (1Jo 3.4). Pelo fato de que Ele nunca pecou, ou seja, jamais transgrediu a lei de Deus, conclui-se que Ele a cumpriu, obedecendo-a plena e perfeitamente. Ora, o pressuposto do conceito de perfeição é a existência de algum padrão que seja considerado perfeito, através do qual se possa aferir; assim sendo, esse padrão moral de perfeição é a lei de Deus, seus dez mandamentos.

Considerando que Deus é justo, sua lei exige dos homens nada mais nada menos do que a perfeição, isto é, o cumprimento total da mesma.

> A lei de Deus reflete a Sua santidade. Quando a lei é infringida, a santidade de Deus o obriga a manifestar-se justamente em ira. O pecador está em dívida com a lei e, portanto, deve receber a punição dela. A ideia fundamental de justiça é a da estrita adesão à lei. Os homens têm que viver de conformidade com a lei, que é a expressão da santidade de Deus, de seu caráter. Do contrário, eles recebem a devida retribuição da parte de Deus.[38]

Um estudo acurado da justiça divina deixa bem nítido que Deus espera que ela seja satisfeita e isso somente se dá quando a Sua lei é obedecida. Portanto, somente a plena e perfeita obediência aos dez mandamentos satisfazem a justiça de Deus. Seguindo esse raciocínio percebe-se que Deus, por sua vez, sendo absolutamente justo, somente aceita aquele que está quite com sua justiça, pois quem a satisfaz plenamente é moral e

---

37 Charles Hodge, *Teologia Sistemática*, p. 620.
38 Heber Carlos Campos, *O ser de Deus e os seus atributos*, p. 340.

legalmente justo, simultaneamente. Porém, todos nós sabemos que nenhum homem sobre a face da terra, com exceção de Jesus, conseguiu agradar a Deus através de uma vida impoluta e isenta de pecado pelo cumprimento da lei. No entanto, as Escrituras afirmam peremptoriamente que Jesus, nosso Emanuel, satisfez todas as exigências da lei divina, por isso Ele e somente Ele foi chamado e considerado o Justo, portanto, qualificado para satisfazer as exigências da justiça divina em relação à humanidade caída, culpada, indesculpável e sob sua ira.

Na teologia é comum falar da obediência ativa e passiva de Cristo em relação à lei e suas penalidades. Sua obediência ativa é uma descrição de toda a sua vida moral sobre a face da terra, vivida todo o tempo e o tempo todo para agradar ao Pai, fazendo sempre sua vontade e realizando sua obra. Sabemos que a lei "exige a absoluta perfeição moral da criança, do adulto ou do anjo. E essa perfeição inclui a total ausência de pecado, e a total conformidade da natureza à imagem e vontade de Deus".[39] Por essa razão, somente Jesus qualificou-se para ser nosso representante e substituto na cruz do calvário, suportando em nosso lugar a maldição da lei divina, isto é, sua justa penalidade, a morte. Logo, sua própria encarnação e submissão à lei foram atos voluntários e graciosos que implicaram em grande humilhação para nosso Senhor:

> A humilhação de Cristo incluiu também estar Ele sujeito à lei. A lei à qual Cristo se sujeito foi: (1.) A lei dada a Adão como pacto das obras; ou seja, como prescrevendo perfeita obediência como condição da vida. (2.) A lei mosaica que obrigava o povo eleito. (3.) A lei moral como norma do dever. Cristo ficou sujeito à lei nesses três aspectos porque Ele assumiu a obrigação de cumprir toda a justiça, ou seja, de fazer tudo o que a lei exigia em todas as suas formas.[40]

Portanto, a lei de Deus é perfeita, pois ela é produto da perfeição moral do criador e redentor. Ela também permite ao homem conhecer a natureza de Deus e seus atributos, pois ela cumpre um papel importantíssimo na revelação que Deus fez de si mesmo aos homens. Pelo fato de Jesus ter obedecido e cumprido toda a lei divina, Ele se tornou nosso exemplo moral concreto, assim sendo Ele é a própria perfeição, o Justo, a encarnação pessoal da lei de Deus.

A lei divina também revela a pecaminosidade humana. Além de revelar a natureza, os atributos e a vontade de Deus para os homens, a lei divina também revela ao homem quem ele realmente é, ou seja, um ser caído, pecaminoso, culpado, indesculpável e sob a justa condenação divina. Por isso, sempre que a lei divina for apresentada ao ser humano

---

39 Charles Hodge, *Teologia Sistemática*, p. 621.
40 Charles Hodge, *Teologia Sistemática*, p. 941.

ele inevitavelmente concluirá que, diante de um padrão moral tão elevado, que demanda obediência total, ele não passa de um transgressor, pois, se for honesto, admitirá sua incapacidade para guardar os dez mandamentos e se renderá à evidência de que a razão do seu fracasso em obedecer não está fora de si, mas em si mesmo.

Segundo as Escrituras, a convicção de pecado, produto do poder do Espírito Santo, será consequência do entendimento de que pecar significa transgredir a lei divina. Portanto, se não há lei, não há o que transgredir, logo, também não há pecado. Assim sendo, a lei moral cumpre papel imprescindível na evangelização, pois, se ela for corretamente apresentada ao homem, em sua espiritualidade e como revelação da perfeição moral do Criador, inevitavelmente, se os céus aprovarem, ele será convencido de seu estado pecaminoso; e, ao ouvir a boa nova de que o eterno Filho de Deus, Jesus, encarnou-se, cumpriu toda a lei divina e satisfez as demandas da justiça divina em relação à humanidade, que exige a punição do pecado, então se curvará diante dEle e compungido suplicará misericórdia e clamará pelo dom da justiça de Cristo como base para sua justificação.

Essa compreensão da lei divina é de uma importância indizível, pois o entendimento da cruz será produto do conhecimento da natureza santa e justa de Deus, que expõe e opõe ao pecado. Como os homens compreenderão a necessidade do sacrifício substitutivo de Jesus, se não entenderem quem Deus é? Uma das grandes incompreensões da cruz, como única base para o perdão, é pensar que Deus deveria perdoar os homens exatamente como Ele mesmo lhes ordena para que se perdoem mutuamente quando se ofendem e lesam. Pensar que o perdão divino iguala-se ao perdão humano é prova da ignorância acerca de quem o Deus vivo e verdadeiro é. Da mesma forma, a consciência de que o pecado não é mero deslize inocente e inofensivo, mas ofensa ao criador e redentor, pois todo pecado, seja de que tipo for, é contra Deus em virtude da rebelião e rejeição humana, só será instalada se os dez mandamentos forem apresentados como expressão da natureza e do Ser de Deus. Logo, enquanto a lei e suas penalidades não forem expostas ao mundo não haverá percepção da gravidade do pecado, que se pode deduzir também da justa penalidade que o Justo Juiz decretou contra ele, ou seja, a morte. Se pecado não fosse coisa séria, Deus teria estabelecido a pena de morte como o castigo? Com certeza, não!

Dessa forma a lei divina tem também a missão de ser instrumento do Senhor para produzir, pelo poder do Santo Espírito, convicção de pecado, pois à medida que revela a Deus, também revela os homens a si mesmos, mostrando-lhes quem realmente são. Sabemos, lendo e estudando as mais diversas filosofias e ideologias humanas, o quanto o ser humano é iludido consigo e não tem uma interpretação reta de si mesmo, pois enquanto ele se mede e afere por outros seres humanos, julgando-se um ser excepcional e deus de si e para si mesmo, jamais confessará sua necessidade do Salvador. As Escrituras deixam claro que o homem, em virtude de sua cegueira espiritual, não se enxerga como realmente é, logo, precisa de luz e essa luz emana do Ser divino revelado por sua perfeita lei moral.

Um exemplo clássico desse fato foi a vocação de Isaías para o ofício profético, pois no templo recebeu de Deus a revelação dos Seus atributos de soberania, santidade e glória. Diante de Deus, ele, quem sabe pela primeira vez, se viu diante de si e confessou ser um homem de lábios impuros, pois contaminado pela pecaminosidade do seu coração não passava de mero pecador. Com certeza, em nossos dias, Deus não dará aos homens uma revelação tão sublime quanto deu a Isaías, mas, Ele nos deu sua sublime lei moral que revela seus atributos de soberania, santidade e glória que, se apresentados aos homens, no poder do Espírito Santo, segundo Seu eterno querer, produzirão nos ouvintes o mesmo resultado que provocou em Isaías, isto é, consciência, convicção e confissão de pecado.

Além de cumprir esse papel tão essencial em relação aos irregenerados, os dez mandamentos ou a lei moral divina, também cumpre outro papel, de acordo com a providência divina, pois, sabemos pelas Escrituras que Deus escreveu duas vezes sua lei moral. Quando Deus criou o homem à sua imagem e semelhança, Ele imprimiu na própria constituição do ser humano a sua lei moral, pois, criou seres morais semelhantes a Ele. No entanto, sabemos que a queda danificou a imagem divina no homem, mas, mas não a exterminou por completo. Uma prova disso é que apesar de todas as desigualdades, barbaridades e injustiças pessoais e sociais existentes no mundo, em todas as culturas existem leis que refletem a lei moral divina gravada no coração humano e que restringem o mal de tomar proporções insuportáveis, tornando impossível a vida no mundo. Assim sendo, se não fosse a lei moral divina escrita no coração humano, esse mundo seria muito mais degenerado, ímpio, injusto, opressor, violento e imoral do que é.

Isso significa que a humanidade, embora não reconheça, aprecie e glorifique a Deus por seus dons inefáveis, tem sido alvo da bondade de Deus, que tem feito seu sol nascer sobre todos, bons e maus, justos e injustos (Mt 5.45). No que diz respeito ao nosso tema tem sido comum na teologia reformada fazer a distinção entre a "graça comum" e a "graça salvífica", pois, segundo as Escrituras, o Senhor Deus tem manifestado de múltiplos e diferentes modos sua graça sobre todos os homens, assim sendo, a "graça comum" tem sido definida como "a graça de Deus pela qual ele dá às pessoas inumeráveis bênçãos que não fazem parte da salvação".[41] Fica, portanto, evidente que, todos os seres humanos que já viveram, estão vivendo e ainda viverão, estão recebendo de Deus sua maravilhosa graça chamada de comum, pois, todas as pessoas, sem restrição qualquer, têm usufruído dela, mesmo sem ter a menor consciência disso e sem lhe dar graças.

---

41 Wayne Grudem, *Teologia Sistemática* (São Paulo: Vida Nova, 1999), p. 549.

Uma das bênçãos da graça comum que vale a pena destacar, tendo em vista o objetivo deste capítulo é a bênção do domínio moral:

> Deus também, por meio da graça comum, limita as pessoas para que não sejam tão más quanto poderiam ser. Mais uma vez o domínio demoníaco, totalmente devotado ao mal e à destruição, proporciona um claro contraste com a sociedade humana, na qual o mal é claramente controlado.[42]

Isso significa que, em virtude da lei moral divina escrita na própria constituição moral do ser humano e também com o auxílio da consciência, mais uma bênção ética divina ao homem, o mal pode ser freado e impedido de chegar às consequências últimas, ou seja, a destruição da natureza e da própria vida humana sobre a face da terra.

Os homens, de algum modo inerente a eles mesmos, sabem o que produz liberdade e justiça social; não é à toa que muitas teorias políticas vislumbram uma sociedade ideal até agora inalcançável.

> Essa percepção interna do certo e do errado, que Deus dá a todas as pessoas, significa que elas frequentemente aprovarão os padrões morais que refletem muitos dos padrões morais das Escrituras. (...) Em muitos outros casos essa percepção interior da consciência conduz as pessoas a estabelecer leis e costumes na sociedade em que estão, em termos de procedimento externo que aprovam ou proíbem, totalmente de acordo com as leis morais das Escrituras: as pessoas frequentemente estabelecem leis ou têm costumes que respeitam a santidade do matrimônio e da família, protegem a vida humana e proíbem o roubo e a falsidade no falar. Por causa disso, as pessoas com frequência vivem de maneira correta e estão exteriormente de acordo com os padrões morais encontrados nas Escrituras.[43]

Portanto, Deus escreveu sua lei moral no coração de Adão e essa lei sobreviveu apesar da queda. É por essa razão que os povos que não receberam o registro dessa mesma lei, como Israel recebeu, praticam as coisas que a lei divina exige; e, procedendo assim, provam e comprovam que todas as demandas morais da lei divina estão de fato ainda presentes e residentes em seus corações (Rm 2.13-14). Assim sendo, é dever cristão não só pregar a lei moral divina, mas também eleger políticos que creiam nelas de modo que legislem e executem leis que sejam desdobramentos práticos e concretos dos dez mandamentos, pois o mundo certamente será muito melhor se todas as autoridades, em todas

---

42 Wayne Grudem, *Teologia Sistemática*, p. 551.
43 Wayne Grudem, *Teologia Sistemática*, p. 552.

as esferas dos poderes, tiverem os dez mandamentos como a carta magna de todas as constituições morais e códigos legais.

Logo, valorizar a lei divina e torná-la presente em toda pregação e ensino é fundamental para que se possa dizer, com sossego de consciência na presença divina, que Seu evangelho foi de fato pregado como Ele mesmo ordenou à sua igreja. Portanto, é preciso resgatar a verdade bíblica de que a lei moral, mais especificamente os dez mandamentos, fazem parte constitutiva do evangelho e por extensão da pregação.

No entanto, a teologia e a ética reformadas reconhecem que a necessidade de reintroduzir a lei moral na pregação, por se ela parte do evangelho bíblico, traz consigo um perigo grande e grave que precisa ser visto com muita atenção, pois compreender a incapacidade humana de salvar-se através da lei, bem como o imprescindível papel que a lei moral cumpre na vida dos salvos é de importância crucial para livrar a igreja de dois grandes males que fazem parte da história da teologia e da ética, isto é, o legalismo e o antinomismo.

O LEGALISMO

Um estudo criterioso da doutrina bíblica da justificação revelará que ela é um ato legal ou judicial de Deus como Juiz que declara e pronuncia alguém como justo, pois as exigências da justiça foram total e perfeitamente satisfeitas; assim sendo, por estar quite com a justiça e não lhe dever absolutamente nada, o justo não pode ser justamente condenado, pelo contrário, merecidamente deve ser reconhecido como justo e declarado com tal, isto é, inocente, sem culpa e isento da obrigação de ser castigado. Isso significa que há uma base meritória da justificação e essa base é a justiça, ou seja, a plena e perfeita obediência à lei. Logo, a justificação é produto do mérito obtido pela justiça perfeita e inerente que há naquele que jamais infringiu ou transgrediu a lei de Deus. Portanto, é dever de todo e qualquer juiz reconhecer e declarar como justo quem é reto e está correto com a justiça. Dessa forma, se a justiça estiver plenamente satisfeita com alguém, pois a lei foi perfeitamente obedecida, só resta o reconhecimento de que a pessoa é justa.

Fica, portanto, bem evidente que a justiça exige retidão e ela é conquistada através da obediência perfeita à lei moral. A justiça também exige que todo transgressor da lei seja declarado injusto, logo, legalmente condenado e digno de punição. Deduz-se por todas essas evidências que a justiça é a base judicial da justificação. Por conseguinte, não há justificação justa, sem justiça, e ela somente pode ser obtida através da plena obediência à lei moral de Deus. Isso significa que aquele que obedece perfeitamente à lei moral de Deus é moralmente justo, logo precisa justamente ser declarado legalmente justo, pois não há nada contra ele.

Assim sendo, justo é aquele que satisfaz as exigências da justiça, observando sem falhar toda a lei divina. Por isso, Jesus afirmou: "Eu não vim chamar os justos ao arrependimento, mas os pecadores" (Lc 5.32). Por que será que Jesus não chamou os justos ao arrependimento? Por que não se importava com eles e não queria abençoá-los com o perdão? Não! A razão óbvia é que os justos não precisam se arrepender, pois, não transgrediram a lei moral divina, portanto, não são pecadores, nem infratores dos mandamentos de Deus, logo, não têm culpa, não podem ser justamente condenados, não precisam de perdão e devem ser reconhecidos simultaneamente como moral e legalmente justos, portanto, inocentes e retos. Mas, quando o Senhor fez a seguinte declaração, "digo-vos que no céu haverá mais alegria por um pecador que se arrepende do que por noventa e nove justos que não precisam de arrependimento" (Lc 15.7), com certeza, Ele não estava admitindo a hipótese de que existissem justos, mas, sim aqueles que assim se consideravam.

Não foi à toa que Jesus contou uma parábola "a alguns que confiavam em si mesmos, achando-se justos, e desprezavam os outros" (Lc 18.9). Após contar a parábola do fariseu, que se achava justo, e do publicano, que se achava injusto, Jesus encerra com a seguinte lição: "Digo-vos que este desceu justificado para casa, e não o outro; pois todo o que se exaltar será humilhado; mas o que se humilhar será exaltado" (Lc 18.14). Jesus, ao afirmar que o publicano desceu justificado e o fariseu não, sem dúvida alguma evidenciou a impossibilidade de existirem pessoas que fossem tão boas moralmente e cumpridoras integrais da lei divina, a ponto de serem justificadas ou declaradas legalmente justas aos olhos de Deus, com base em suas próprias justiças pessoais.

Quando Jesus, ao dar testemunho de João Batista, disse que "todo o povo que o ouviu, até mesmo os publicanos, reconheceram a justiça de Deus e receberam o batismo de João, mas os fariseus e os doutores da lei rejeitaram o plano de Deus para si mesmos, pois não foram batizados por João" (Lc 7.29-30), com certeza, Ele mais uma vez reforçou a verdade de que o povo e os publicanos, ao ouvirem de João a respeito da ira divina, reconheceram que Deus é Justo e seus juízos também, por isso, admitiram seus pecados e culpas, confessando-os em arrependimento, base do batismo de João. Aqueles que se deixavam batizar por João estavam admitindo tacitamente o pressuposto de que eram pecadores, estavam arrependidos e precisavam da misericórdia divina para escapar da sua justa ira. Mas, segundo o Senhor, uma outra classe de homens, os fariseus e doutores da lei, não se batizaram, porque se consideravam justos e não admitiam que Deus pudesse estar irado contra eles, pois não estavam em pecado, portanto, não tinham do que se arrepender. De fato, da parte deles houve coerência em não se submeter ao batismo de João, já que seu pressuposto e condição era o arrependimento. Mas essa convicção deles era irreal, presunçosa e acima de tudo uma grande rejeição do plano de Deus para eles mesmos, conforme Jesus mesmo afirmou.

Fica, portanto, bem claro e indisputável o fato de que nunca, com exceção de Jesus de Nazaré, alguém conseguiu obedecer perfeitamente à lei moral divina, sendo dessa forma moralmente justo e digno de ser reconhecido e declarado como legalmente justo por um justo tribunal. O apóstolo Tiago nos ensina em sua carta às doze tribos da dispersão, uma preciosa e esclarecedora verdade a respeito dos dez mandamentos ou da lei moral divina que nos ajuda a entender a inexistência de justos, conforme afirmam as Escrituras em Romanos 3.10: "Pois qualquer um que guarda toda a lei, mas tropeça em um só ponto, torna-se culpado de todos. Porque o mesmo que disse: Não adulterarás, também disse: Não matarás. Se não cometes adultério, mas és homicida, tornas a ti mesmo transgressor da lei" (Tg 2.10-11). Fica bem evidente que justo, no sentido moral e legal, é aquele que observa e guarda, sem jamais tropeçar em um só ponto, toda a lei moral divina. Ora, essa exigência da justiça de Deus, de que sua lei seja perfeitamente obedecida como condição para justificar, ou seja, declarar legalmente justo, isto é, cumpridor da lei com absoluta perfeição, elimina e exclui completamente toda e qualquer esperança humana de aceitação da parte de Deus baseada em justiça própria. Assim sendo, quem honestamente se atreveria a dizer que jamais transgrediu os dez mandamentos, guardando-os durante toda sua existência e vida sobre a face da terra? Sinceramente, ninguém!

Tanto a história humana quanto a da fé cristã evidenciam que sempre houve muitos que creram, e ainda creem, que poderiam obter essa façanha, isto é, conquistar justiça por conta própria, a partir da sua obediência à lei e da prática das boas obras. É claro que essa falsa conclusão é produto de uma interpretação reducionista da lei divina, que restringe a obediência apenas à conformação externa aos mandamentos de Deus. Essa conclusão absurda também é produto do divórcio entre a lei moral e Seu Legislador. Ambos os erros foram cometidos pelo judaísmo contemporâneo de Jesus e ainda continuam sendo cometidos em nossos dias.

Vejamos algumas evidências disso. Quando certo doutor da lei perguntou a Jesus: "Mestre, que devo fazer para ter a vida eterna?" (Lc 10.25); quando o jovem rico também perguntou ao Senhor: "Bom Mestre, que devo fazer para herdar a vida eterna?" (Lc 18.18); quando o carcereiro perguntou a Paulo e Silas: "Senhores, que preciso fazer para ser salvo?" (At 16.30); cada um deles deixou claro um pressuposto. Qual? O homem precisa e deve fazer algo para ter ou herdar a vida eterna, isto é, ser salvo.

Mas, a grande questão, que mais uma vez se impõe, é: Quem consegue guardar todos os mandamentos de Deus, todo o tempo e o tempo todo, sem jamais transgredir um único mandamento? Quem? Absolutamente ninguém. Uma evidência disso é que o mesmo apóstolo que havia dito que antes da sua conversão se considerava irrepreensível em relação à justiça que há lei (Fp 3.6), no mesmo capítulo declara que, por causa do amor e do pleno conhecimento de Jesus, considerou sua "justiça" como lixo, como trapo de imundícia, para ganhar a Cristo: "E ser achado nele não tendo por minha a justiça que procede da lei, mas sim a que procede da fé em Cristo, a saber, a justiça que vem de Deus pela fé" (Fp 3.9). Paulo, o fariseu, não reconhecia, quando ainda irregenerado, a justiça de Deus; antes, procurava estabelecer a sua própria, pois acreditava de forma equivocada, mesmo que sinceramente, que estava em dia com Deus e quite com sua lei, bem como também ele piamente confiava no fato de que a justiça divina estava satisfeita com sua obediência; logo, ele, todos os demais fariseus e aqueles que compartilhavam a mesma opinião, "não se sujeitavam à justiça de Deus" (Rm 10.3). Por todas essas razões, Jesus pronunciou vários "ais" contra aqueles que pensavam que podiam ser os autores e protagonistas de sua própria justificação.

Os legalistas, portanto, são todos aqueles homens e mulheres, quer do passado quer do presente, que consciente e deliberadamente pensam que podem se justificar através da lei e suas obras. Por não entenderem de forma alguma a extensão da lei moral divina, em virtude de sua suposta espiritualidade, acreditam que conseguem guardar os dez mandamentos, tirando assim de Deus todo e qualquer direito de rejeitá-los e condená-los. Fica evidente que eles usam a lei divina, mas, impropriamente:

> É possível usar a lei de forma errada e Paulo chamou a atenção sobre isso quando completou sua sentença sobre a bondade da Lei adicionando, 'se alguém dela se utiliza de modo legítimo' (1Tm 1.8). A bondade da Lei é experimentada somente quanto ela é usada de modo adequado e quando é vista em relação ao fim para o qual foi dada, uma vez que ela se torna tudo, menos boa, quando usada de forma errada. Ela se torna um fardo muito pesado de carregar e finalmente uma maldição, por exemplo, para o homem que busca justificação no esforço em cumpri-la. Por causa das concepções erradas do propósito da Lei, algumas vezes pensa-se que ela é um mal do qual o homem precisa libertar-se, ao passo que Cristo redime o crente não da Lei, mas da 'maldição da Lei'. Cristo liberta o pecador não das obrigações espirituais da Lei santa de Deus, mas do mal que ele trouxe sobre si mesmo por tê-la usado de forma errada.[44]

O ensino claro das Escrituras é que a justificação do homem é pela graça por meio da fé. A graça divina exclui totalmente as obras e o mérito, pois, ela é a fonte de onde brota a justificação, pois, aqueles que creem recebem pela fé a justiça de Deus; e sobre essa justiça de Cristo, outorgada graciosamente e recebida imerecidamente pelo crente, é que Deus justifica o injusto sem ser injusto. De fato, a única chance de ser justificado é abrir mão da inexistente justiça própria e confiar na justiça de Cristo, pois, em virtude dela, e

---
44 Ernest Kevan, *A lei moral* (São Paulo: Os Puritanos, 2000), p. 23.

somente dela, ou seja, a obediência passiva e ativa do Filho de Deus, Jesus Cristo, é que Deus declara o crente legalmente, não moralmente, justo, isto é, absolvido, sem culpa e livre da punição eterna. Vale a pena considerar o que Hodge disse sobre essa matéria:

> Sobre que base pode Deus declarar justo o pecador neste sentido legal ou judicial? (...) A Bíblia e o povo de Deus respondem unanimemente: 'A justiça de Cristo'. (...) Pela justiça de Cristo, entende-se tudo o que Ele veio a ser, fez e sofreu para satisfazer os requerimentos da justiça divina, conquistando para seu povo o perdão dos pecados e o dom da vida eterna. A justiça de Cristo é comumente descrita como incluindo sua obediência ativa e passiva. (...) A Bíblia ensina que Cristo obedeceu à lei em todos os seus preceitos, e sofreu sua penalidade. (...) A justiça de Cristo, sobre cuja base o crente é justificado, é a justiça de Deus. É assim designada na Escritura não só porque foi provida e aceita por Ele; não é só a justiça que vale diante de Deus, mas que é a justiça de uma pessoa divina, de Deus manifesto na carne.[45]

Para finalizar, é sempre bom lembrar que o papel especial que a lei divina cumpre no que diz respeito à justificação é o seguinte: "...pois pela lei vem o pleno conhecimento do pecado" (Rm 3.20). Apesar de admitir hipoteticamente que aqueles que praticam a justiça proveniente da lei viverão por meio dela; e aqueles que obedecerem à lei divina serão justificados (cf. Rm 2.13; 10.5), de fato e realmente o apóstolo Paulo sabia muito bem, pois, deixou isso absolutamente explícito - que jamais alguém, com exceção de Jesus de Nazaré, conseguiu praticar a justiça que procede da perfeita e plena obediência à lei moral. Uma prova disso é que ele, após enunciar a justificação pela fé em Romanos 1.17, investe pesado a partir de Romanos 1.18 até 3.20 para demonstrar que todos, gentios e judeus, logo, toda a humanidade está "debaixo do pecado" (Rm 3.9), de modo tal que "todo o mundo fique sujeito ao julgamento de Deus" (Rm 3.19). Na primeira parte de Romanos 3.20, Paulo apresenta a razão que explica a total impossibilidade do homem, que está irremediavelmente subjugado pelo escravizador poder do pecado e justamente condenado, de reverter o quadro: "Porque ninguém será justificado diante dele pelas obras da lei" (Rm 3.20). A perfeita obediência à lei divina seria a única saída, mas ninguém em virtude do pecado consegue guardá-la assim, logo, a lei não pode justificar, não por sua causa, mas por causa daqueles que são incapazes e impotentes para guardá-la com perfeição. O problema nunca esteve na lei, mas no homem irregenerado e inconverso, que em virtude de sua natureza pecaminosa peca, quando transgride e viola as leis morais do Senhor. Então, a lei, pela graça divina, cumpre o papel de provar para o homem sua pecaminosidade, pois o confronta com seu fracasso constante em guardá-la.

---

45 Charles Hodge, *Teologia Sistemática*, p. 1132

Portanto, conscientizado pela lei a respeito de seu pecado e sua justa condenação, os homens só têm uma única chance, receber de Deus, pela graça por meio da fé, a justiça de Seu Filho, pois somente com base nela é que Deus será Justo ao justificar o injusto.

O ANTINOMISMO

Na teologia e ética reformadas a lei de Deus é considerada de valor imensurável, por isso, há uma preocupação muito grande em compreendê-la corretamente, pois se ela for entendida de modo errado gerará muitas deformações na fé e na vida cristã. Já consideramos anteriormente a estreita ligação e o vínculo íntimo que há entre crença e conduta, doutrina e ética, pois, aquilo que cremos determina nossas ações. O erro crasso do legalismo em relação à lei moral divina foi, como vimos, a irreal convicção de que o homem poderia justificar-se e salvar-se através da obediência a todos os requirementos da lei. Portanto, essa tentativa de usar a lei para se salvar, além de inócua, foi considerada herética e rejeitada.

Essa aversão e oposição da teologia reformada em relação à justificação pela ética e pela moral, ou seja, através da obediência à lei divina, gerou uma postura extremista e tão perigosa quanto o legalismo. Essa posição foi denominada de antinomismo, pois, em síntese, ela denota uma perspectiva teológica que "opõe à lei e ao evangelho a ponto de afirmar que o cristão, justificado mediante a fé, não tem obrigação alguma para com a lei moral".[46] A tese central defendida pelos antinomistas é que a lei moral foi abolida por Cristo e revogada pelo evangelho, pois quem está debaixo da graça não está mais debaixo da lei, logo, da obrigação de guardá-la.

Essa negação e recusa em aceitar normas objetivas que regulam, regem e determinam o certo e o errado, para produzir o viver ético cristão esperado é produto de uma reação que é tão forte quanto a força com a qual o apóstolo Paulo e os reformadores usaram para defender a justificação somente pela fé. Na verdade, tem sido unânime o reconhecimento, por parte da teologia reformada, que sempre que a justificação somente pela graça e somente pela fé for pregada e ensinada, conforme a sã doutrina exige, essa incompreensão sempre também se levantará com força idêntica. Aliás, existem pregadores, como, por exemplo, Martin Lloyd-Jones, que chegam a afirmar que o teste da fidelidade à pregação bíblica genuína da doutrina da justificação é o surgimento imediato de acusações de antinomismo, que atribuem à doutrina da justificação somente pela fé a responsabilidade de incentivar a leviandade e a vida no pecado. Segundo os críticos, o antinomismo é uma consequência lógica e natural da abolição da lei como meio de salvação. Logo, a doutrina da justificação pela graça e por meio da fé sempre redundará

---

46 Everett F. Harrison, "Antinomianismo", em Carl F. Henry (org.), *Dicionário de Ética Cristã*, p. 47.

em antinomismo, concluem os opositores. Os críticos, portanto, acusam os apóstolos bíblicos e os reformadores de promoverem o caos moral, a bagunça ética e a rejeição dos dez mandamentos.

No entanto, tal conclusão não é somente falsa, mas também injusta e caluniosa, produto de uma recusa em admitir que, tanto os apóstolos quanto os reformadores, com veemência afirmaram o imprescindível papel que a lei moral divina, isto é, os dez mandamentos cumprem na vida dos salvos. Segundo os evangelhos, o Senhor Jesus diversas vezes afirmou a suprema importância da obediência à vontade de Deus. E onde o salvo encontrará a revelação e expressão dessa vontade santa e soberana se não nos mandamentos do Senhor? Segundo as Escrituras, os santos, isto é, salvos pela graça por meio da fé, não se tornaram santos porque guardaram os mandamentos, mas porque foram santificados em Cristo Jesus, assim sendo, por serem santos devem viver vidas santas. Logo, a vivência da santidade depende do conhecer e fazer a vontade divina. O salvo, agora habitado e capacitado pelo Espírito Santo, foi liberto de toda aversão que seu coração irregenerado tinha para com os mandamentos de Deus. Por conseguinte, em virtude do novo coração que tem e da nova criatura que é, ele ama a lei divina e deseja ardentemente obedecê-la, não para sua salvação, mas por causa e como consequência da mesma. Isso deixa claro que a obediência aos mandamentos não pode justificar, mas os justificados devem obedecer aos mandamentos para santificação pela graça. Logo, enquanto que os mandamentos de Deus são inúteis para a justificação do homem, pois ninguém consegue guardá-los com perfeição, eles são extremamente úteis e valiosos para a santificação pela graça, pois eles revelam a vontade de Deus para os salvos, que buscam uma vida submissa e obediente ao Senhor.

O texto principal utilizado por aqueles que defendem a abolição da lei moral divina para o viver do cristão é: "Pois o pecado não terá domínio sobre vós, pois não estais debaixo da lei, mas debaixo da graça" (Rm 6.14). De forma torcida e equivocada os antinomistas afirmam que os cristãos não estão mais "debaixo da lei", logo, esse jugo foi removido, por conseguinte, eles não têm nada mais a ver com o código legal, objetivo e normativo, pois foram libertos. Assim sendo, doravante, os cristãos por serem novas criaturas habitadas pelo Espírito andarão sob Sua influência e serão guiados tão somente pela virtude suprema do amor. Dessa forma, o certo e o errado deixam de ser pré-estabelecidos normativamente pelos dez mandamentos e estes conceitos são construídos de acordo com as situações e circunstâncias que determinarão, segundo o amor, o que será considerado ético e moral, portanto, a coisa certa a se fazer ou não.

No entanto, uma simples leitura de todo o capítulo 6 de Romanos revelará quão imprópria e fora de contexto se encaixa essa compreensão antinomista da frase "pois não estais debaixo da lei". Segundo o ensino bem evidente do apóstolo Paulo, quem está "debaixo da lei" é escravo do pecado e por essa razão está sob seu domínio, portanto, lhe deve obediência. De acordo com o apóstolo dos gentios, ele envidara todos os seus melhores esforços para provar que "tanto judeus como gregos estão todos debaixo do pecado" (Rm 3.9). Em sua Carta aos Gálatas ele deixou claro sua sintonia com as Escrituras em relação à condição de toda raça humana: "Mas a Escritura colocou tudo debaixo do pecado" (Gl 3.22). Nestes textos o apóstolo Paulo fala do pecado como um tirano despótico que oprime e escraviza aqueles que estão sob seu poder: "É quase como se Paulo personificasse o pecado, apresentando-o como um tirano cruel que mantém a raça humana cativa na culpa e debaixo de julgamento. O pecado está em cima de nós, pesa sobre nós e é um fardo esmagador".[47]

Assim sendo, todos estão sob o poder escravizador do pecado, pois, ele é o senhor de todos aqueles que estão mortos em seus delitos e pecados. No entanto, Paulo começou sua Carta aos Romanos apresentando-se como "servo" de Jesus Cristo e Ele como seu "Senhor" (Rm 1.1, 4). Mais ainda, Paulo afirma que ele e todos os cristãos foram "chamados para ser de Jesus Cristo" (Rm 1.6). Logo, antes da conversão o homem pertence ao pecado, pois ele é seu senhor, dessa forma, todo homem irregenerado é servo do pecado e lhe pertence. Mas, graças à "redenção que há em Cristo Jesus" (Rm 3.24), ele fora comprado pelo sangue de Cristo, logo, liberto do pecado para pertencer Àquele que pagou o preço do resgate da sua libertação, Jesus Cristo. Por isso, ele afirma que os cristãos são os que foram chamados pela graça divina para serem e pertencerem a Jesus Cristo, o novo Senhor. Isso significa que a salvação também pode ser descrita como uma troca de senhorio. Outrora, escravo do seu ex-possuidor e senhor, o pecado, agora, escravo do seu novo possuidor e Senhor, Jesus Cristo. Essa conversão maravilhosa, que produziu essa transferência do império das trevas para o reino de Cristo (Cl 1.13), é produto da graça divina que, além de libertar o homem da penalidade do pecado, justificando-o, também passa a reinar pela justiça, por meio de Jesus Cristo, nosso Senhor, para a santificação (Rm 5.21). Portanto, o pecado não poderá, afirma contundentemente o apóstolo Paulo, assenhorear-se dos salvos, justamente porque eles não estão mais debaixo do pecado nem debaixo da lei, mas da graça. Se ainda estivessem debaixo do pecado e da lei, o pecado não só se assenhorearia deles, mas eles teriam que obedecê-lo. Fica evidente, portanto, à luz de Romanos 6, que estar "debaixo do pecado" e "debaixo da lei" se equivalem.

No entanto, e graças a Deus, os salvos não estão mais debaixo de um nem de outro, pois Jesus Cristo morreu para o pecado (Rm 6.10), e em virtude do fato de que fomos, pela graça divina, unidos a ele na semelhança da sua morte (Rm 6.5), nós também morremos para o pecado (Rm 6.2), portanto, os salvos já morreram com Cristo (Rm 6.8) e

---

47 John R. W. Stott, *Romanos*, p. 112.

não estão mais debaixo do senhorio e domínio do pecado, por isso, o dever moral do cristão não é mais o de apresentar-se ao pecado, pois ele deixou de ser seu senhor, mas a Deus, seu novo Senhor e Rei. Não é à toa que Paulo ordena aos cristãos que não permitam mais que o pecado reine, domine e impere em seus corpos mortais, para usá-los como seus instrumentos (Rm 6.12). Seguindo esse raciocínio, o apóstolo evidencia que o homem é escravo daquele a quem se oferece para obedecer. Se ele obedecer ao pecado estará reconhecendo-o como seu senhor, mas, os salvos se apresentam a Deus, pois, são escravos da obediência, da justiça e do próprio Senhor Deus (Rm 6.16, 18, 22). Logo, os salvos foram escravos do pecado (Rm 6.17), mas pela graça foram libertos (Rm 6.18), portanto, os salvos eram, não são mais, escravos do pecado (Rm 6.20). Quando outrora estavam "debaixo do pecado" e "debaixo da lei" o pecado se assenhoreava deles, por isso, eles apresentavam seus corpos como escravos da impureza e do mal, sem qualquer compromisso com a justiça, isto é, a retidão moral divina expressa e revelada nos dez mandamentos (Rm 6.19-20). Mas agora, os salvos, em virtude de sua libertação do pecado e do império da graça divina sobre suas vidas, se apresentam como escravos da justiça para santificação (Rm 6.19).

Fica portanto claro que, afirmar não terem mais os cristãos qualquer obrigação para com a lei moral divina, podendo e devendo prescindir dela, baseando-se em Romanos 6.14, é um absurdo, pois a graça de Deus não incentiva uma vida no pecado, desenfreada, imoral ou amoral. "De modo nenhum", como sempre afirmava o apóstolo, pelo contrário, a justificação pela graça por meio da fé não anula a lei, antes, a confirma (Rm 3.31). Portanto, os genuinamente convertidos, capacitados pela graça e pelo Espírito Santo, além de amar a lei de Deus e ter prazer nela, empregarão todos os recursos da graça divina para viver de acordo com os dez mandamentos, através de uma obediência que inclui o coração, buscando uma justiça que excede a dos escribas e fariseus. Para aqueles que outrora eram inimigos de Deus, mas são agora seus amigos, a lei divina é tida como digna de todo respeito e consideração, pois, sabem que por detrás da lei há o Legislador, portanto, toda aversão e desprezo pela lei implica na mesma atitude para com Aquele que a promulgou. Dessa forma os salvos sabem que a lei não lhes salva, mas também sabem que pelos frutos se conhece a árvore, logo, o caráter, a conduta, enfim, a vida dos salvos será sempre uma expressão e revelação da obra divina e da nova vida em Cristo Jesus. Assim sendo, os cristãos buscarão de todo coração fazer a vontade de Deus, pois, constrangidos pelo amor sacrificial de Jesus, darão o melhor de si, com o auxílio da graça e do Espírito, sem o qual nada conseguiriam, para viver vidas santas que honram e glorificam ao Senhor. Para conseguirem alcançar esse alvo, os salvos terão nos mandamentos morais do Senhor todo o referencial necessário para conhecer e fazer Sua vontade.

CONCLUSÃO

Para finalizar esse capítulo, é de suma importância lembrar que: (1) a ética cristã é produto da teologia cristã, portanto, se a doutrina for sã a ética também será, pois toda genuína doutrina mira a vida do cristão como um todo, inclusive, e principalmente, sua vida moral; (2) a lei de Deus revela e expressa tanto a natureza quanto os atributos de Deus, logo, quem ama a Deus ama também sua lei e busca honrá-lO através da submissão e obediência à sua vontade revelada na e através da lei moral, os dez mandamentos; (3) a lei divina é perfeita, pois seu Legislador é perfeito e, por meio dos seus preceitos morais, Deus revelou-se aos homens, que, por sua vez, são revelados pela lei divina como transgressores, culpados e dignos da condenação, logo, extrema e absolutamente carentes da graça para sua justificação; (4) os pecadores são justificados por Deus não porque observaram a lei e obtiveram justiça própria por meio da mesma, mas porque Jesus Cristo guardou a lei divina em sua própria vida e satisfez todas as exigências da justiça divina em relação a humanidade caída e condenada, pagando substitutivamente sua pena na cruz do calvário. Dessa forma, com base na justiça de Cristo graciosamente outorgada àquele que crê, Deus justifica o injusto, permanecendo absolutamente Justo, logo, a tentativa de querer usar a lei moral para a salvação é vã e produto da vaidade e orgulho humano; (5) os salvos não estão mais debaixo do pecado e da lei, pois, se estivessem, o pecado teria domínio sobre suas vidas, mas, graças à graça divina que justifica pela fé, os salvos consideram os dez mandamentos grande bênção para conhecer e fazer a vontade divina. Por isso, os que creem dependem da graça divina, que também os santifica pela observação alegre e prazerosa da lei moral, justamente porque não embarcam na canoa furada dos antinomistas, os quais sustentam que a lei foi abolida e os cristãos somente têm um único absoluto, o mandamento do amor.

O apóstolo Paulo evidencia em todos os seus escritos seu grande respeito e amor pela Palavra de Deus ou à Lei do Senhor. Deus lhe revelara em Cristo todo o valor e papel que a mesma cumpre na vida cristã, por isso, várias vezes ele afirma que a lei divina é boa, santa, justa e espiritual (Rm 7.12, 14), logo, digna de ser obedecida, pois, embora Cristo tenha libertado os salvos de querer se justificar e santificar pela lei, eles encontrarão na graça e no Espírito Santo toda ajuda e socorro para obedecerem à lei, para uma vida que agrada e glorifica a Deus. Não é à toa que ele mesmo afirma que estava "debaixo da lei de Cristo" (1Co 9.21). Portanto, as Escrituras ensinam que os salvos foram libertos dos usos errados e equivocados da lei divina, mas, não do seu uso bíblico recomendado de Gênesis ao Apocalipse:

Agora podemos resumir três atitudes que podemos adotar com relação à lei, sendo que Paulo rejeita as duas primeiras e recomenda a terceira. Poderíamos chamá-las de 'legalismo', 'antinomismo' e 'liberdade para cumprir a lei'. Os legalistas encontram-se 'debaixo da lei' e estão sujeitos a ela. Eles acham que o seu relacionamento com Deus depende de obedecerem à lei, e assim buscam ser justificados e santificados por ela. Mas sentem-se arrasados pelo fato de que a lei não pode salvá-los. Os antinomistas (ou libertinos) vão para o outro extremo. Culpando a lei por seus problemas, eles a rejeitam completamente, declarando-se livres de qualquer obrigação para com suas exigências. Eles transformam a liberdade em libertinagem. O terceiro grupo – os que estão livres para cumprir a lei – consegue manter o equilíbrio. Eles se regozijam tanto em sua libertação da lei, que lhes traz justificação e santificação, como na sua liberdade para cumpri-la. Deleitam-se na lei por ser a revelação da vontade de Deus (Rm 7.22), mas reconhecem que a força para cumpri-la não provém da lei, mas do Espírito. Assim os legalistas temem a lei e estão sujeitos a ela. Os antinomistas detestam a lei e a repudiam. E os 'livres para cumprir a lei' amam a lei e a cumprem.[48]

---

48 John R. W. Stott, *Romanos*, p. 228.

CAPÍTULO 26

ESTADO E POLÍTICA

EM JOÃO CALVINO, NA CONFISSÃO DE FÉ DE WESTMINSTER E EM ABRAHAM KUYPER

F. SOLANO PORTELA NETO

Considerações sobre a política e o envolvimento ou o papel político dos cristãos devem sempre começar com um entendimento da estrutura do governo, suas origens e propósitos, de acordo com os ensinamentos da Escritura. É nesse sentido que a tradição reformada nos auxilia. Ela constrói a sua visão na convicção de que o governo, ou *o estado*, não é uma instituição meramente projetada pela humanidade, para organização de suas interações sociais, mas uma dádiva legítima e benevolente de Deus a pecadores. Ao mesmo tempo em que reconhece que o seu estabelecimento é posterior à queda em pecado, o considera uma dádiva legítima de Deus aos homens, com esfera e limitações próprias. Em um mundo submerso em pecado, em uma criação que "geme" aguardando a redenção, Deus aponta uma estrutura que abriga o princípio divino da autoridade. Essa autoridade tem a fonte na própria pessoa de Deus e serve para a contenção do pecado, da violência, do arbítrio; para deixar aclarado o caminho dos justos e pacíficos; para promoção do bem e repressão do mal.

Hebden Taylor (1925-2006) foi um importante jurista e filósofo reformado que durante anos ensinou no Dordt College, nos Estados Unidos. Ele escreveu o seguinte sobre este assunto:

O *estado* existe em função da pecaminosidade humana, de tal forma que, com o seu poder de coação, é uma instituição característica da graça comum, temporal e preservativa, de Deus. A visão católico-romana, que fundamenta o estado da esfera do natural, não faz justiça ao fato do pecado. Tanto no Antigo como no Novo Testamento, o poder organizado da espada é relacionado, com ênfase, à queda do homem (Rm 13.1-5; 1Pe 2.13; Ap 13.10; 1Sm 12.17-25; 24.7, 11; 26.9-11; 2Sm 1.14-16).[1]

Uma vez estabelecida a legitimidade bíblica da estrutura do *governo*, ou do *estado*, temos, por extensão, a legitimidade do envolvimento do cristão nela. É exatamente essa atuação no governo que é chamado de *política*. A palavra é classicamente definida como sendo *a arte ou ciência*: (a) de governo; (b) relacionada com o direcionamento e o exercício de influência no governo; ou (c) relacionada com o ganho de controle sobre o governo. A palavra grega, *politikos*, significa "coisas dos cidadãos", ou "da cidade/estado". Apesar dos conceitos englobados na palavra estarem presentes desde o início da história da humanidade e em evidência em trabalhos clássicos, como *A República*,[2] de Platão (428-348 a.C.), o seu uso presente remonta ao livro de Aristóteles (384-322 a.C.) *Ta Politika*,[3] sobre governo e governados.

O envolvimento político do cristão ocorrerá, portanto, de três maneiras: (a) como autoridade governamental, nela inserido de acordo com as peculiaridades de um sistema; (b) como participante da escolha dos governantes, situação existente em grande parte dos sistemas contemporâneos designados como "democráticos"; (c) como cidadão respeitador dessa estrutura, que procura influenciar ou fazer valer as suas convicções pelos meios legítimos.

A história da igreja neotestamentária retrata o povo de Deus saindo de uma situação inicial de intensa dificuldade, caracterizada por perseguições, prisões e martírios, onde a participação política, no sentido de participar ou influenciar o governo, era praticamente nula. Apesar disso, é nesse meio que são registradas na Escritura, ainda no período de formação do cânon, instruções preciosas sobre o governo, o reconhecimento e limite do estado, bem como sobre as obrigações dos cidadãos cristãos para com o governo e os governantes.

Na medida em que o cristianismo se expandia, expandia-se também a sua influência na sociedade. Não somente a voz de cristãos passou a ser ouvida, mas tornou-se proveitoso "agradar aos cristãos". Mais adiante, governantes e pessoas influentes foram convertidas e posições eclesiásticas começaram a se confundir com o poder temporal do estado. Quando chegamos à época da Reforma do Século XVI, a igreja institucional

---

1 Hebden Taylor, *The Christian Philosophy of Law, Politics and the State* (Nutley, NJ: The Craig Press, 1966), p. 429, 653.
2 Platão, *A República* (São Paulo: Best Seller, 2002).
3 Aristóteles, *A Política* (São Paulo: Hemus, 2005).

estava marcada pela promiscuidade do poder e as questões eclesiásticas definidas e sobrepostas às atividades políticas dos governantes.

A ênfase à Palavra de Deus, como fonte básica de instrução e autoridade; a quebra com a tradição e o *modus vivendi* tanto do clero como dos governantes, ocorrida na Reforma, faz com que os reformadores passem a ter uma visão muito mais bíblica e cristalizada do *estado* e da *política*. Temos, então, o início daquilo que poderíamos chamar de construção da *tradição reformada*, na qual a Escritura é examinada à exaustão, na busca por princípios de inter-relacionamento social e ético que possam nortear o povo de Deus em suas atividades do dia a dia, inclusive na política e na aceitação da autoridade e legitimidade do estado. No rastro da Reforma, vários escritos e trabalhos didáticos ao povo de Deus foram produzidos, destacando-se, entre esses, os de João Calvino (1509-1564).

CALVINISMO, POLÍTICA E O GOVERNO CIVIL

João Calvino, francês de nascimento, viveu, pastoreou e trabalhou em solo suíço. Ele é um dos teólogos que mais escreveu sobre o governo civil e em suas ideias se firma a tradição reformada sobre política. Sua atuação, na cidade de Genebra, não foi somente teológica e eclesiástica, mas, seguindo o entrelaçamento com o estado que ainda prevalecia naqueles tempos, teve intensa atuação na estruturação da sociedade civil daquela cidade, participando, igualmente, da administração e dos detalhes operacionais do seu dia a dia.

Os escritos de João Calvino revelam uma percepção incomum à época, traçando claramente os limites de atuação do estado e especificando com clareza a esfera da igreja. Vamos verificar o pensamento de Calvino apresentado nas *Institutas da Religião Cristã*,[4] seu mais famoso trabalho, no livro quatro, capítulo 20 (o último capítulo de seu livro), que tem o título *Do Governo Civil*. Na terminologia de Calvino, os governantes são chamados de "magistrado civil", seguindo a própria terminologia paulina de Romanos 13.1-7.

---

4   O texto das *Institutas*, disponível em inglês, pode ser acessado em http://www.ccel.org/ccel/calvin/institutes.html. Em português, há anos, temos a conhecida tradução *As institutas ou tratado da religião cristã*, por Waldyr Carvalho Luz (São Paulo: CEP, 1985-1989). Apesar de precisa, esta tradução foi muito contestada, em função do seu preciosismo linguístico-editorial, com base no latim, e seu português rebuscado – alguns têm dito que "é necessário um dicionário de português para se entender o trabalho do tradutor"! Recentemente, em 2006, a editora Cultura Cristã republicou esta edição, com a designação de "edição clássica" ou "edição de 1559"; em paralelo apresentou outra versão, mais simplificada e inteligível, *As Institutas da Religião Cristã: edição especial com notas para estudo e pesquisa*, com úteis anotações por Hermisten Maia Pereira da Costa e tradução de Odayr Olivetti. A editora PES tem um resumo e adaptação, feita por J. P. Willes, cobrindo apenas os livros 1 a 3, com o título *Ensino sobre o cristianismo* (1984). A editora SOCEP (Santa Bárbara do Oeste, SP) começou a publicar (1991) a obra em alguns fascículos, *As Institutas em linguagem simplificada*, mas o projeto parece ter sido suspenso no fascículo 6 (ou seja, no capítulo 13 do primeiro livro). O esforço mais recente, de trazer *As Institutas* ao português e ao conhecimento do povo brasileiro, vem do campo acadêmico, curiosamente sem nenhuma conotação evangélica. Trata-se da versão publicada pela Universidade Estadual Paulista, *A instituição da religião cristã* (São Paulo: UNESP, 2008-2009). O projeto foi financiado por solicitação do ex-governador de São Paulo, Cláudio Lembo, ao já falecido dono do Banco Itaú, Olavo Setúbal (1923-2008), ambos católico-romanos.

Governo civil: esfera específica e legítima ao cristão

O capítulo 20, do quarto livro das *Institutas*, contém 32 seções que tratam sobre o governo civil.[5] Grande parte do que Calvino escreveu foi dirigida aos anabatistas,[6] contradizendo os argumentos destes que diziam ser o governo civil uma área de atuação *ilegítima* ao cristão. Calvino exalta o ofício do magistrado civil e extrai da Palavra de Deus definições e parâmetros que, mais tarde, iriam fazer parte da tradição reformada, especialmente de documentos importantes como a Confissão de Fé de Westminster.

Logo na seção primeira, Calvino indica que o governo civil é algo diferente e separado do Reino de Cristo, uma questão, como ele diz, não compreendida pelos judeus. Assim, ele já toca na separação entre igreja e estado, dizendo: "Aquele que sabe distinguir entre o corpo e a alma, entre a vida presente efêmera e aquela que é eterna e futura, não terá dificuldade em entender que o reino espiritual de Cristo e o governo civil são coisas completamente separadas".

Na segunda seção, entrando na terceira, ele afirma que, mesmo restrito à esfera temporal, o governo civil é área legítima ao cristão. Calvino chama de "fanáticos" os que se colocam contra a instituição do governo. Entre as funções primordiais do governo, ele relaciona "que paz pública não seja perturbada; que as propriedades de cada pessoa sejam preservadas em segurança; que os homens possam tranquilamente exercitar o comércio uns com os outros; que seja incentivada a honestidade e a modéstia".

Nas seções quarta à sétima, ele fala sobre a aprovação divina do governante, ou seja, do ofício do magistrado civil, ancorando suas observações em Provérbios 8.15-16 e em Romanos 13.1-7, respondendo também a objeções. Entretanto, ele insiste que a primeira consequência dessa aprovação é a grande responsabilidade que os próprios governantes têm consigo mesmo perante Deus. Existe, pois, a necessidade de um autoexame constante, para aferirem se estão sendo justos e se estão se enquadrando com toda propriedade na categoria de ministros de Deus. Calvino escreve, sobre os governantes: "Se eles cometem qualquer pecado isso não é apenas um mal realizado contra pessoas que estão sendo perversamente atormentadas por eles, mas representa, igualmente, um insulto contra o próprio Deus, de quem profanam o sagrado tribunal. Por outro lado, possuem uma admirável fonte de conforto quando eles refletem que não estão meramente envolvidos em ocupações profanas, indignas de um servo de Deus, mas ocupam um ofício por demais sagrado, até porque são embaixadores de Deus".

---

5 Nossas referências aos *números das seções* (colocados, por vezes, entre parênteses) serão sempre daquelas contidas *dentro* deste vigésimo capítulo do quarto livro das *Institutas*.

6 Os anabatistas foram contemporâneos de Lutero e, de certa forma, também filhos da reforma. O nome significa "re-batismo". Além de não aceitarem o entendimento sobe o batismo dos luteranos, "os anabatistas, de uma forma geral, rejeitavam a doutrina forense da justificação somente pela fé, de Lutero, porque viam nela uma barreira à verdadeira doutrina de uma fé 'viva', que resulta em uma vida santa" (Timothy George, *Theology of the Reformers* [Nashville: Broadman, 1988], p. 269). A visão deles, de separação entre igreja e estado, era tão radical que proibia o envolvimento de qualquer cristão com o governo ou com os governantes.

Exame de formas de governo
Na seção oitava, Calvino examina três formas de governo: monarquia, aristocracia e democracia. Ao fazer isso ele está adentrando *política* em toda a sua extensão. Ele classifica as discussões que pretendem provar conclusivamente ser uma forma melhor do que a outra, de futilidade. Para Calvino, as três formas são passíveis de críticas: a monarquia tende à tirania; na aristocracia, a tendência é a regência de uma facção de poucos; na democracia, ele vê uma forte tendência à quebra da ordem. Tendo dito isto, ele se revela um defensor da aristocracia como sendo a forma menos danosa de governo. O raciocínio de Calvino é que a história não favorece a monarquia, pois reis e imperadores despóticos marcam esta forma de governo. No entanto, Calvino não se sente confortável em uma democracia, sob o temor de que as massas não saibam conter seus "vícios e defeitos".[7] No governo de alguns sobre muitos, a aristocracia, ele vê a possibilidade de controle de uns sobre os outros; de aconselhamento mútuo; e de preservação desses "vícios e defeitos". A essência de qualquer forma de governo, para Calvino, é a liberdade. Ele escreve: "Os governantes [magistrados] devem fazer o máximo para impedir que a liberdade, à qual foram indicados como guardiões, seja suprimida ou violada. Se eles desempenham essa tarefa de forma relaxada ou descuidada, não passam de pérfidos traidores ao ofício que ocupam e ao seu país".

Deveres dos governantes para com a religião
Calvino reflete ainda a *visão da época*, de que um dos deveres dos governantes era a promoção da religião verdadeira. Essa compreensão viria a fazer parte, inclusive, do texto original da Confissão de Fé de Westminster, quase 100 anos depois, em 1648, tendo sido, posteriormente, significativamente modificado, em 1788, nos Estados Unidos. A seção nove desenvolve, exatamente, esta linha de pensamento. Calvino, de fato, faz referência a várias passagens bíblicas que conclamam os governantes a exercer os princípios divinos de justiça, como Jeremias 23.2 e Salmos 82.3-4. Mas não é somente nessa abrangência que ele enxerga a atuação do governo. Ele afirma que a esfera de autoridade se "estende a ambas as tábuas da lei". Ou seja, se os primeiros quatro mandamentos (a primeira tábua) falam dos deveres dos homens para com Deus, o governo estaria legitimado não somente em promover o exercício da religião verdadeira, como também em punir os que não a seguissem. Esse pensamento seria posteriormente refinado por vários outros pensadores e documentos reformados, que, diferentemente de Calvino, viriam a considerar a esfera legítima de atuação no governo como situada na segunda tábua da lei (os mandamentos que regulam as atividades e relacionamentos com o nosso próximo, 6

---

7   É importante notar que "democracia", na forma como a entendemos nos dias de hoje, não era um conceito praticado, ou até discutido amplamente, a não ser alguns séculos depois de Calvino.

a 10). Na seção dez Calvino ainda trata deste assunto, respondendo a objeções colocadas contra este ponto de vista, especialmente as que surgiam do campo anabatista.

Prerrogativas dos governos

Da seção 11 até a 13 Calvino fala de várias prerrogativas dos governos, começando com a de se envolver em guerras. Ele não é um incentivador do estado beligerante, mas vê como uma realidade o fato de que os governos terão que pegar em armas para a defesa de seus governados e de seus territórios. Nessa linha, o governo deve ser forte e deve se armar para garantir a vida pacífica interna de seus governados, reprimindo pela força os criminosos. Em todas essas seções, Calvino faz várias referências à restrição necessária aos governantes, para que não abusem da prerrogativa da força, citando, inclusive, a Agostinho para fundamentar sua posição. A segunda prerrogativa, tratada agora na seção 13, é a de cobrar impostos. Nesse sentido, Calvino aponta para a legitimidade dos governantes de cobrarem impostos e taxas até para o seu próprio sustento e isso não deveria espantar nem confundir os cristãos.

Os governos e as leis

Calvino apresenta um extenso tratamento da lei de Deus nas seções 14 a 16. Ele introduz a distinção entre a lei religiosa, a lei civil e a lei moral encontrada nas Escrituras. Reconhecendo os dois primeiros aspectos como temporários, pertinentes apenas ao Antigo Testamento, ele reafirma a permanência da Lei Moral. Diz Calvino: "É evidente que aquela lei de Deus, a qual chamamos de moral, nada mais é do que o testemunho da lei natural e da consciência que Deus fez gravar na mentes dos homens... Assim [esta lei] deve ser o objeto, a regra, e o propósito de todas as leis. Em qualquer lugar que as leis venham a se conformar com esta regra, direcionada a este propósito, e restrita a esta finalidade, não existe qualquer razão porque deveriam ser reprovadas por nós..." Calvino cita de Agostinho (*A Cidade de Deus*, livro 19, c.17) como apoio à sua exposição e termina examinando as leis de Moisés – quais podem ser aplicadas e quais foram ab-rogadas.

Os governados e a lei – relacionamentos de uns para com os outros

Cinco seções são agora utilizadas (17 a 21) para tratar um tema que é sempre controvertido: qual o uso que os governados podem fazer das leis para ajustarem os seus comportamentos uns para com outros? Calvino trata da questão explorando até onde é legítima uma demanda judicial entre governados. Uma de suas preocupações era a de refutar os anabatistas, que condenavam qualquer forma de procedimentos judiciais. Em seu tratamento ele responde especificamente a duas objeções. A primeira, a indicação de que Cristo nos proíbe resistir ao mal (Mt 5.39-40); a segunda, a de que Paulo condena toda e qualquer ação judicial (1Co 6.6). Na visão de Calvino, os crentes são pessoas que devem suportar "afrontas e injúrias". Isto contribui para a formação do caráter e produz uma geração que não tem a fixação em retaliação, o que caracteriza os descrentes. No entanto, ele não chega a dizer que o cristão nunca deveria levar um caso à justiça. Paulo, em 1Coríntios 6, trata de uma situação em uma igreja que tinha o litígio como característica de vida, e com o envolvimento de estranhos à comunidade. Tudo isso causava grande escândalo ao evangelho. Assim, afirma Calvino, devemos estar até predispostos a sofrer perdas, mas ele complementa: "Quando alguém vê que a sua propriedade imprescindível está sendo defraudada, ele pode, sem nenhuma carência de amor [caridade], defendê-la. Se ele assim o fizer, não estará ofendendo, de nenhuma maneira, esta passagem de Paulo" (21).

Os governados e a lei – respeito e submissão aos governantes
As dez últimas seções (22 a 32) são ocupadas com o tratamento da questão da submissão dos governados. Calvino trata do respeito e obediência devidos aos governantes (22 e 23), passando a examinar a questão da submissão aos tiranos (24 e 25). Ele demonstra que as Escrituras consideram o ofício do regente civil na mais alta conta e, portanto, não resta ao cristão senão ter a mesma visão que a Palavra de Deus tem. Baseando-se em Romanos 13, Calvino reforça que a desobediência civil é desobediência a Deus. Calvino não dá abrigo aos pensamentos de revolta contra as autoridades, até mesmo contra os tiranos. Ele diz: "Insisto intensamente em provar isto, que nem sempre é perceptível aos homens, que mesmo um indivíduo do pior caráter, aquele que não é merecedor de qualquer honra, se estiver investido de autoridade pública, recebe aquele poder divino ilustre de sua justiça e julgamento que o Senhor, pela sua palavra, derramou sobre os governantes; assim, no que diz respeito à obediência pública, ele deve ser objeto da mesma honra e reverência que recebe o melhor dos reis".

Nesse sentido, Calvino passa a fazer referência a vários textos da Palavra de Deus (26 e 27), alguns dos quais demonstrando que os reis ímpios não estão ausentes do plano soberano de Deus, mas servem de braço vingador do próprio Deus, cumprindo os seus propósitos. Faz referência a passagens como Daniel 2.21, 37; 4.17; 20; 5.18-19 e Jeremias 27.5-8; 12, que ele classifica como sendo um dos trechos mais impressionantes.

Calvino responde às objeções mais comuns a esta postura de obediência (28) e passa a traçar algumas considerações para que consigamos exercitar paciência, quando submetidos à tirania (29 e 30). Ele ensina três posturas: (1) que devemos nos concentrar não na pessoa do que oprime, mas no ofício que aquela autoridade recebeu de Deus; (2) que, quando estivermos sendo alvo de opressão, devemos nos lembrar de nossos próprios pecados e, isto posto, (3) devemos confiar que Deus é o justo juiz e executará justiça no seu devido tempo, vingando o oprimido. No entanto, Calvino admite que, às vezes, Deus levanta corporativamente uma nação para controlar a tirania e mal exercitada por outra (30 e 31). Ele insiste que há uma diferença entre a postura individual (o dever de submissão e obediência) e a corporativa (que pode ser contestatória, sempre baseada nos princípios divinos de justiça).

Calvino encerra a sua exposição (32), traçando os limites de obediência e submissão: os governantes não podem comandar ações que contradigam a Palavra de Deus. Resistência a esses comandos não podem ser classificados de insubmissão, mas de demonstração de lealdade a Deus. Ele mostra a resistência de Daniel (6.22) e como a submissão do povo, sob Jeroboão, que os levou à adoração de bezerros de ouro (1Rs 12.28) é condenada em Oséias 5.11. Além de tratar de Atos 5.29 (a palavra de Pedro indicando a importância de obedecer a Deus acima dos homens), Calvino comenta sobre 1Coríntios 7.23, mostrando que não devemos subjugar a liberdade recebida em Cristo às impiedades e desejos depravados dos homens.

Síntese do pensamento de Calvino

O pensamento de Calvino tem uma elevada visão da importância dos governantes (chamados de "magistrados civis"). Ele não "abre brechas" para focos de insubmissão ou de insurreição. Apresenta um aspecto muito ligado ao seu tempo, que é colocar o estado como "protetor" da igreja (essa posição seria depois melhor examinada pelos teólogos e as áreas de atuação melhor identificadas, no desenvolvimento da tradição reformada), mas ele não deixa de classificar as esferas de cada um, estado e igreja, agindo em regiões e situações diferentes. Acima de tudo, ele coloca tanto governantes como governados responsáveis perante Deus, por suas ações ou omissões.

A CONFISSÃO DE FÉ DE WESTMINSTER, FIRMANDO A TRADIÇÃO REFORMADA

Na trilha da Reforma, adensando a tradição reformada, temos a *Confissão de Fé de Westminster* (CFW), o famoso documento reformado, fruto de uma grande assembléia de teólogos que se reuniu de 1643 a 1647, na Inglaterra.[8] A *Confissão* não é um documento inovador, mas representa uma visão sistemática das doutrinas bíblicas, resultante de um trabalho intenso de dedicados homens de Deus. A questão de obediência às autoridades e a instituição do governo toca em todos os aspectos de nossas vidas e não poderia

---

8   Obviamente várias outras confissões reformadas como, por exemplo, a *Confissão Belga*, de 1561, contêm referências e declarações sobre o estado, governo e governados, refletindo de perto o ensinamento de Calvino. Escolhemos nos concentrar na *Confissão de Fé de Westminster*, que resume bem a tradição reformada até aquele ponto, marcando sua influência dali para frente em várias denominações e nações do mundo ocidental.

ficar de fora da confissão de fé. Assim, o capítulo 23 trata exatamente disso. Utilizando a terminologia calvinista o seu título é "do magistrado civil".

Visão geral do capítulo XXIII
Este capítulo da CFW é constituído de quatro seções, que cobrem pontos encontrados em vários outros escritos da tradição reformada. Por que será que esses teólogos acharam essas questões importantes o suficiente para incorporá-las ao corpo de doutrina que deveria ser aceito e praticado nas igrejas reformadas que viriam a subscrever esta confissão? Esse é o caso das várias igrejas presbiterianas ao redor do mundo, mas é importante lembrar que a *Confissão de Fé de Londres* (batista, que data de 1689) também apresenta esta mesma visão do magistrado civil.[9]

As seções do capítulo XXIII
A *primeira* seção deste capítulo XXIII estabelece que os magistrados, ou governantes, foram constituídos por Deus e estabelece o seu propósito. A *segunda* estabelece a legitimidade, ao cristão, de envolvimento nessas atividades. A *terceira* registra as limitações e deveres do ofício. A *quarta*, por último, estabelece a responsabilidade dos governados. O texto dessas seções está colocado abaixo, seguido de alguns comentários.

> I. [Deus ordenou a autoridade governamental] Deus, o Senhor Supremo e Rei de todo o mundo, para a sua glória e para o bem público, constituiu sobre o povo magistrados civis que lhe são sujeitos e, a este fim, os armou com o poder da espada para defesa e incentivo dos bons e castigo dos malfeitores (Rm 13.1-4; 1Pe 2.13-14).

O conceito de autoridade é tratado em uma escala bem mais ampla do que a do governo. Especialmente no Catecismo Maior, a Confissão enraíza a questão da autoridade, e o exercício responsável dessa autoridade, na exposição do quinto mandamento, que se refere à honra aos pais. Mas, o foco aqui é a autoridade governamental. Deus é a autoridade original sobre todas as demais autoridades. Ele é Rei sobre sua criação e ele, somente, tem o poder e direito de designar outros a posições de autoridade. A Bíblia fala da autoridade na *família*, que deve ser exercitada pelo esposo e, conjuntamente com a esposa, sobre os filhos, como pais (Cl 3.19-21; Ef 5.22-6.4). Nos *locais de trabalho* os empregadores, donos de empresas ou mestres recebem o direito de serem líderes responsáveis sobre os seus empregados (Cl 3.22-4.1; Ef 6.5-9). Na *igreja*, a autoridade é confiada

---

9 Sou devedor a algum material de Bob Burrige, contido em aula de nomologia, de 2001, neste desenvolvimento sobre a Confissão de Fé de Westminster, disponível em: http://www.girs.com/library/theology/syllabus/nom5.html, e acessado em 27 de setembro de 2008.

aos anciãos ordenados, que devem supervisionar a administração da igreja e o cuidado espiritual com cada um dos seus membros (At 20.28-32; 1Tm 3.1-7; Tt 1.5-9). Na *sociedade*, a autoridade recebida de Deus é exercida pelo governo civil. Os governantes têm a obrigação de zelar pela ordem civil (Rm 13.1-7). O ofício dos governantes (chamados de magistrados, na CFW) é que deve ser respeitado. Não é uma questão de mérito pessoal, ou de poder para subjugar outros, que deve merecer o respeito, mas o ofício e o fato de que Deus administra a sua regência sobre as questões humanas por seus servos governantes civis.

A autoridade dos "magistrados civis" é secundária à autoridade maior de Deus. Quando existe um conflito entre essas autoridades, temos que obedecer a Deus, em vez de aos homens. Os que possuem qualquer autoridade ou jurisdição sobre a sociedade civil exercem essa regência como agentes de Deus e são responsáveis perante ele para prestação de contas dessa autoridade. Em paralelo, deveriam se submeter às leis de Deus e seguir os seus princípios de justiça no desempenho de seus deveres. Nenhum governo deveria ter a autoridade para interferir nas outras esferas de autoridade que mencionamos – a família, o trabalho e a igreja – exceto quando essas geram abusos, interferência e perturbação da ordem civil. Esses ensinamentos, incluindo os limites de atuação dos governantes, estão registrados e bem ensinados em Romanos 13.1-7.

Considerando que toda autoridade humana é delegada por Deus, desobedecer a ela é desobediência ao próprio Deus. Deus espera que seus servos obedeçam aos governos. A exceção da desobediência não foi concedida aos judeus, que se consideravam especiais. Eles achavam que se Roma não honrava a Deus, eles não deviam honrar a Roma, mas não foi esse o ensinamento de Cristo e de Paulo. Nos dias de hoje, muitos acham que porque os líderes civis são corruptos não temos de honrá-los. Mas isso não é o que a Palavra de Deus ensina. 1Pedro 2.17-18 diz: "Honrai a todos. Amai aos irmãos. Temei a Deus. Honrai ao rei. Vós, servos, sujeitai-vos com todo o temor aos vossos senhores, não somente aos bons e moderados, mas também aos maus". Quer seja através de uma monarquia, de um império, de uma república, de uma democracia social, de chefes tribais ou de uma ditadura, Deus utiliza as autoridades civis para cumprimento de seus propósitos, mesmo que eles não reconheçam que o que fazem se encaixa nos planos de Deus. Deus utiliza mesmo o nosso sempre imperfeito governo, ainda que submerso em corrupção, para manter limites no comportamento social de seus cidadãos, objetivando a paz comum e a segurança.

Toda autoridade, portanto, procede de Deus. Charles Hodge escreveu que "todo poder humano é recebido por delegação e tem um caráter ministerial". A autoridade humana, assim, não advém do consentimento dos governados, da formalização de contratos sociais, de tradições, do poder militar, ou da demagogia política. Advém de Deus, que, soberanamente, aponta cada pessoa designada à sua ocupação do poder. Mesmo o rei ímpio Jeroboão foi descrito como tendo recebido a regência sobre as dez tribos diretamente das mãos de Deus. Quando Paulo escreveu Romanos 13, o império pagão romano tinha a regência sobre o mundo civilizado. Alguns imperadores assumiram o trono pela violência, por golpes, outros pelo voto do senado. Nenhum César romano honrou a Cristo nem as Escrituras, como lei de Deus. Mas Paulo insistiu que todas as autoridades foram estabelecidas por Deus.

Os governantes são estabelecidos por Deus com diferentes propósitos. Eles podem ser uma bênção ou uma maldição, podem trazer honra ou desonra, mas sempre recebem o poder de reger pela divina providência de Deus. Algumas vezes governantes ímpios são estabelecidos para que o poder e a glória de Deus sejam demonstrados, como Faraó, em Êxodo 9.16. Robert Haldane escreveu: "Nenhum tirano conseguiu usurpar o poder sem que Deus o tivesse dado a ele". Esse é o pensamento, também, do Salmo 75.7, Daniel 4.17 e Jeremias 27.5.

O limite estabelecido pela Bíblia, a essa obediência, é encontrado em Atos 5.29, "importa antes obedecer a Deus que aos homens". Se as autoridades governamentais ultrapassam seus limites e nos forçam a desafiar a Deus, impondo leis que infringem os seus mandamentos, temos o dever de, respeitosamente, desobedecê-las. Fora disso, desobediência traz consigo a ira de Deus. Os que obedecem não têm razão para temer o governo.

Entretanto, os governantes foram estabelecidos com o propósito de reprimir os que fazem o mal. Deus utiliza governos, governantes e estados imperfeitos para restringir o mal. Deus os usa para impedir o caos generalizado, os assassinatos em massa e os "arrastões" em todas as situações, apesar de testemunharmos situações pontuais de todas essas ocorrências, revelando a natureza humana caída em pecado. Ainda assim, Deus restringe a escalada da brutalidade contra a igreja e contra as pessoas. Mesmo a justiça imperfeita e tribunais imperfeitos servem como limites ao fluxo de opressão generalizada, ainda que funcionem alimentadas pela sede do poder pessoal e por ganância.

Os governos recebem de Deus o poder de utilizar "a espada", ou seja, de utilizar a força física contra criminosos. Deus é pela dignidade da vida humana e, por isso, delega ao estado a preservação das vidas dos cidadãos, dando a ele poder sobre a dos criminosos. Assim, cabe aos governos, através de suas cortes, se constituírem nos vingadores legais da sociedade contra o crime. Ninguém tem a aprovação, pela Palavra, em nossa sociedade, de fazer justiça pelas próprias mãos.

II. [O envolvimento com o governo é legítimo; a esfera de atuação do governo e a legitimidade da guerra] Aos cristãos é licito aceitar e exercer o ofício de magistrado, sendo para ele chamados; e em sua administração, como devem especialmente manter a piedade, a justiça e a paz segundo as leis salutares de cada Estado, eles, sob a dispensação do Novo Testamento e para conseguir esse fim, podem licitamente fazer guerra, havendo ocasiões justas e necessárias (Pv 8.15-16; Sl 82.3-4; 2Sm 23.3; Lc 3.14; Mt 8.9-10; Rm 13.4).

A legitimidade do ofício ao cristão

Fomos colocados neste mundo, como cristãos, para servir a Deus em cada área de nossas vidas e para proclamar que Ele é Senhor em todas as esferas. Os crentes que têm o talento e as qualificações necessárias deveriam se envolver na vida pública. Os motivos devem ser os mais justos: engajamento em uma atividade legítima, realizar o melhor possível, dentro das limitações do cargo e do poder, objetivar uma remuneração justa pelo tempo e trabalho empregado (e só essa!). Precisamos de estadistas de integridade e princípio, em vez de meros políticos profissionais.

A CFW registra que "é lícito" ao cristão aceitar e exercer o ofício de magistrado, ou seja, em nosso sistema, colocar o seu nome em uma eleição pública ao governo (cargos legislativos e executivos) ou procurar fazer carreira e aceitar indicação para a magistratura (judiciário). Ela enfoca a questão do "chamado". Nem todos o são. Nem todos os motivos são nobres. Muitos dão ampla evidência de que a vocação que os levou ali foi o egoísmo de suas próprias intenções e que o "reino deles é o ventre". Em tese, quem seria mais qualificado do que o cristão, para manter as condições do governo especificadas neste capítulo? Os que amam a Palavra de Deus e que foram regenerados para uma vida espiritual em santificação, pelo poder do Espírito Santo, têm um alicerce sobre o qual poderiam construir governos que muito beneficiariam a sociedade.

A CFW reconhece, além disso, nesta seção, que existem ocasiões onde a guerra é uma necessidade (especialmente na defesa do país). Cristãos, apanhados em tal situação, não devem sofrer conflitos de consciência em áreas que não foram restringidas pela Palavra de Deus, mas cumprir seus deveres, como governantes, portanto "a espada", ou seja, utilizando a força delegada ao governo, para punir os malfeitores e proteger os cidadãos de bem. Nunca deve ser esquecida a qualificação para tal envolvimento, "ocasiões justas e necessárias". Particularizando a situação em nosso país, onde observamos uma verdadeira "guerra não declarada" contra o crime, não devemos negar ao estado o direito da força e da repressão, pois é o recurso divino que recebemos de Deus para vivermos como pacatos cidadãos, tendo quem nos proteja e "guerreie" em nosso favor, em favor da promoção da justiça.

III. [O governo e a Igreja] Os magistrados civis não podem tomar sobre si a administração da palavra e dos sacramentos ou o poder das chaves do Reino do Céu, nem de modo algum intervir em matéria de fé; contudo, como pais solícitos, devem proteger a Igreja do nosso comum Senhor, sem dar preferência a qualquer denominação cristã sobre as outras, para que todos os eclesiásticos sem distinção gozem plena, livre e indisputada liberdade de cumprir todas as partes das suas sagradas funções, sem violência ou perigo.

Como Jesus Cristo constituiu em sua Igreja um governo regular e uma disciplina, nenhuma lei de qualquer Estado deve proibir, impedir ou embaraçar o seu devido exercício entre os membros voluntários de qualquer denominação cristã, segundo a profissão e crença de cada uma. E é dever dos magistrados civis proteger a pessoa e o bom nome de cada um dos seus jurisdicionados, de modo que a ninguém seja permitido, sob pretexto de religião ou de incredulidade, ofender, perseguir, maltratar ou injuriar qualquer outra pessoa; e bem assim providenciar para que todas as assembléias religiosas e eclesiásticas possam reunir-se sem ser perturbadas ou molestadas (Hb 5.4; 2Cr 26.18; Mt 16.19; 1Co 4.1-2; Jo 18.36; At 5.29; Ef 4.11-12; Is 49.23; Sl 105.15; 2Sm 23.3).

Os limites de atuação dos governantes e o relacionamento entre Igreja e Estado
A versão da Confissão de Fé de Westminster que é utilizado no Brasil segue o texto recebido da igreja presbiteriana norte-americana, de onde vieram os primeiros missionários para nosso país. Esse texto difere em alguns pontos do texto original aprovado pela Assembléia dos teólogos ingleses, em 1647. Uma das diferenças ocorre nesta terceira seção do capítulo 23.

Quando os primeiro presbiterianos, nos Estados Unidos, organizaram os seus próprios presbitérios, sínodos e Assembléia Geral, muitos dos presbíteros e pastores não podiam, em sã consciência, subscrever a algumas das afirmações do texto original. Esses textos se referiam, mais especificamente, aos poderes do rei. Ocorre que, na Inglaterra, o rei possuía várias atividades administrativas as quais, na visão dos norte-americanos, haviam sido delegadas por Deus *especificamente* à igreja. Assim, nos Estados Unidos foram feitas algumas modificações, que hoje fazem parte da tradição reformada, em sua visão do governo e de política. O quadro abaixo traz um comparativo entre as duas versões. O texto da direita é o que é aceito e utilizado pela Igreja Presbiteriana do Brasil e é igualmente utilizado pela Presbyterian Church of América (PCA), Orthodox Presbyterian Church (OPC), e outras denominações norte-americanas.

Versão original inglesa do capítulo XXIII (1648)	Versão norte-americana do capítulo XXIII (1788)
O magistrado civil não pode tomar sobre si a administração da palavra e dos sacramentos ou o poder das chaves do Reino do Céu:	Os magistrados civis não podem tomar sobre si a administração da palavra e dos sacramentos ou o poder das chaves do Reino do Céu, nem de modo algum intervir em matéria de fé.
contudo ele tem autoridade, e é o seu dever, se certificar de que a unidade e a paz sejam preservadas na igreja; que a verdade de Deus seja conservada pura em sua totalidade; que todas as blasfêmias e heresias sejam suprimidas;que todas as corrupções e abusos na adoração e disciplina sejam impedidas ou reformadas; e que todas as ordenanças de Deus sejam devidamente estabelecidas, administradas e observadas. Para o melhor cumprimento desses deveres, ele tem o poder de convocar sínodos e de se fazer presente neles, e de prover que todas as coisas deliberadas neles estejam de acordo com a mente de Deus.	contudo, como pais solícitos, devem proteger a Igreja do nosso comum Senhor, sem dar preferência a qualquer denominação cristã sobre as outras, para que todos os eclesiásticos sem distinção gozem plena, livre e indisputada liberdade de cumprir todas as partes das suas sagradas funções, sem violência ou perigo. Como Jesus Cristo constituiu em sua Igreja um governo regular e uma disciplina, nenhuma lei de qualquer Estado deve proibir, impedir ou embaraçar o seu devido exercício entre os membros voluntários de qualquer denominação cristã, segundo a profissão e crença de cada uma. E é dever dos magistrados civis proteger a pessoa e o bom nome de cada um dos seus jurisdicionados, de modo que a ninguém seja permitido, sob pretexto de religião ou de incredulidade, ofender, perseguir, maltratar ou injuriar qualquer outra pessoa; e bem assim providenciar para que todas as assembléias religiosas e eclesiásticas possam reunir-se sem ser perturbadas ou molestadas.

Dá para notar que o novo texto suprimiu várias áreas de atuação, ao mesmo tempo em que expandiu a descrição dos limites de ação do magistrado civil, ou seja, tinha a intenção de conservar a igreja fora dos tentáculos do governo e da interferência governamental. No texto antigo, o governante recebia *uma limitação* (preservada no texto ampliado): não podia pregar a palavra nem reger a igreja, mas sua interferência com a estrutura eclesiástica era considerável, pois tinha a prerrogativa de: (1) supervisionar o relacionamento na igreja, a paz e unidade (certamente isso incluía a possibilidade de prender um *dissidente* em uma torre, de vez em quando); (2) supervisionar teologicamente a igreja, preservando a verdade, contra blasfêmias e heresias; (3) supervisionar a liturgia da igreja, corrupções e abusos na adoração; (4) supervisionar a convocação de concílios e se fazer presente neles.

Parece-nos que as modificações foram extremamente sábias, principalmente visualizando a existência da igreja fora do contexto de uma monarquia absoluta. Como elas ocorreram? O primeiro sínodo organizado no continente americano foi o de Filadélfia, em 1715. A esse concílio se fizeram presentes dezessete ministros, marcando o início da primeira denominação presbiteriana no novo continente. Em 1729 o sínodo votou um "Ato de Adoção", reconhecendo a Confissão de Fé de Westminster e os catecismos como o documento confessional (símbolos de fé) das igrejas. No entanto, foi permitido aos pastores e presbíteros colocarem por escrito suas objeções à questão dos poderes do magistrado civil. As principais objeções foram feitas no que diz respeito a esta terceira seção do capítulo XXIII e à segunda seção do capítulo XXXI, referente aos sínodos e concílios. Esta modificação do capítulo XXIII foi recebida como uma emenda e a nova versão, com a emenda, foi apresentada em 1788. Tornou-se, então, documento oficial em maio de 1789 quando, já com quatro sínodos, a denominação reuniu-se em Assembléia Geral pela primeira vez, como Igreja Presbiteriana nos Estados Unidos da América (*Presbyterian Church in the USA*).[10]

No novo texto, subsiste, portanto, a *independência* da igreja, como esfera própria, responsável perante Deus por sua administração, missão e ações, sem sujeição aos poderes temporais. O governo, em matérias de fé, nada tem a legislar ou a intervir. Ele tem que garantir a imparcialidade e não privilegiar uma denominação sobre outras e deve garantir a liberdade religiosa, de tal forma que não haja coação física ou material, em função da profissão de fé individual. Apesar do texto, no início, falar de "denominação cristã", dando a impressão de que os autores estavam interessados apenas em garantir liberdade às diferentes manifestações e nuances da fé cristã, o término da seção, que garante liberdade religiosa, especifica que ninguém pode ser ofendido, perseguido, maltratado ou injuriado, sob o pretexto de religião ou incredulidade. Essa é uma expressão ampla de tolerância religiosa (não só circunscrita à fé cristã), pois fala até de tolerância à "incredulidade". Garante, igualmente, que as reuniões e concílios, devem ter prerrogativa de reunirem-se sem ser molestados.

> IV. [Submissão às autoridades governamentais] É dever do povo orar pelos magistrados, honrar as suas pessoas, pagar-lhes tributos e outros impostos, obedecer às suas ordens legais e sujeitar-se à sua autoridade e tudo isto por amor da consciência. Incredulidade ou indiferença de religião não anula a justa e legal autoridade do magistrado, nem absolve o povo da obediência que lhe deve, obediência de que não estão isentos os eclesiásticos. O papa não tem nenhum poder ou jurisdição sobre os magistrados dentro dos domínios deles ou sobre qualquer um do seu povo; e muito menos tem o poder de

---

10 Para leitura adicional: William Hetherington, *History of the Westminster Assembly of Divines*; Morton H. Smith, *Studies in Southern Presbyterian Theology*; George Gillespie, *Aaron's Rod Blossoming*.

privá-los dos seus domínios ou vidas, por julgá-los hereges ou sob qualquer outro pretexto (1Tm 2.1-3; 2Pe 2.17; Mt 22.21; Rm 13.6-7; Rm 13.5; Tt 3.1; 1Pe 2.13-14.16; Rm 13.1; At 25.10-11; 2Tm 2.24; 1Pe 5.3).

O dever dos governados

O primeiro dever é o de orar e interceder. Depois o de pagar "tributos e outros impostos". Obediência é esperada dos servos de Deus e isso deve ocorrer também na vida dos indiferentes ou incrédulos, bem como não há isenção para os líderes eclesiásticos.

Um ponto interessante é que, se por um lado há uma preocupação de conservar o estado fora da igreja (seção 3), nesta seção há uma menção específica a que a igreja se conserve fora do estado. Mais claramente, há uma referência ao Papa, certamente pelo testemunho dos incríveis abusos e interferências ocorridas na Europa, onde o entrelaçamento dos governos com o catolicismo era notório e nefasto à verdadeira igreja de Cristo.

Aqui, no Brasil, também vivemos um relacionamento anômalo da igreja católica com o estado, cujos efeitos se fazem presente até os dias de hoje. Por exemplo, o dia 12 de outubro é um feriado nacional, no reconhecimento oficial de devoção idólatra – Nossa Senhora Aparecida. As escolas públicas, via de regra, ostentam crucifixos em suas salas de aula; isso é comum, também, em prédios públicos e governamentais, fruto de uma herança na qual já tivemos a chamada "religião oficial do estado". Um *site* da igreja católica registra:

> Do descobrimento à Proclamação da República, o catolicismo foi a religião oficial do Brasil, devido a um acordo de Direito de Padroado firmado entre o Papa e a Coroa Portuguesa. Neste tipo de acordo, todas as terras que os portugueses conquistassem deveriam ser catequizadas, mas tanto as Igrejas quanto os religiosos se submeteriam à Coroa Portuguesa em termos de autoridade, administração e gerência financeira. Com a Proclamação da República, foi declarada a independência do Estado em relação à Igreja, e foi instituída a liberdade de culto, sendo o Brasil declarado um Estado laico, isto é, isento de vínculos religiosos.[11]

O legado da Confissão de Fé de Westminster

A tradição reformada sobre governo e política é solidificada com a Confissão de Fé de Westminster e viria a influenciar não somente inúmeras denominações, mas também o estabelecimento e a política de países que foram formados com a influência de puritanos perseguidos, e de reformados que seguiram nas pisadas de Calvino, na busca de um

---

11 http://www.brazilsite.com.br/religiao/catolica/cat01.htm, acessado em 17 de maio de 2010.

estado mais responsável perante Deus, a serviço dos homens.

A VISÃO DE KUYPER SOBRE CALVINISMO E POLÍTICA

Na tradição reformada sobre a política, ninguém se destaca mais do que Abraham Kuyper.[12] Ele proferiu uma série de palestras, em 1898, nos Estados Unidos, sobre "calvinismo e política", e foi um exemplo vivo de como o cristão e a política se inserem na teologia da Reforma.[13] Destacamos alguns pontos de sua visão:

O calvinismo se estende além do aspecto religioso

Kuyper iniciou suas palestras mostrando a abrangência do calvinismo. Esta expressão da fé reformada não é apenas uma forma de variação teológica, mas uma maneira de ver o mundo e a criação sob o prisma da realidade de um Deus soberano, que rege todos os detalhes da vida. O entrelaçamento com a política sobressai, porque ele inicia sua exposição exatamente com o *conceito do estado*.

Kuyper diz que o calvinismo "não apenas podou os ramos e limpou o tronco, mas alcançou a própria raiz de nossa vida humana". Ou seja, ele não vai ficar hermeticamente fechado na área da teologia ou da igreja. Adentrando a área política, do estado, Kuyper indica que sistemas poderosos têm ocorrido, na história da humanidade, quando se desenvolvem a partir de conceitos religiosos ou abertamente anti-religiosos. Ele vê o calvinismo como a mola motivadora de conceitos muito progressistas, no campo político, como fomentador da liberdade, e apresenta o exemplo de três países que o tem em suas raízes. Chama, então, a atenção para as "mudanças políticas que produziu nas três terras de liberdade política histórica - a Holanda, a Inglaterra e a América". Aprofundando o ponto, ele cita Groen van Prinsterer: "No calvinismo encontra-se a origem e a garantia de nossas liberdades constitucionais".

As implicações do conceito da soberania de Deus

Apesar de o calvinismo ser mais conhecido por sua soteriologia, Kuyper mantém que o ponto principal, e aquele que pode explicar "a influência do Calvinismo em nosso desenvolvimento político", é:

---

[12] Abraham Kuyper (1837-1920), teólogo e estadista holandês, foi um dos maiores expositores de Calvino. À semelhança de Calvino, teve atuação marcante na vida eclesiástica, mas esteve igualmente envolvido com a sociedade civil e o estado, chegando ao cargo de primeiro ministro de seu país.

[13] Essas palestras, pronunciadas no Seminário Teológico de Princeton, em New Jersey, foram compiladas e impressas, e denominadas de *Lectures in Calvinism*. No ano de 2002 a editora Cultura Cristã publicou a obra em português com o título *Calvinismo* (São Paulo: Cultura Cristã, 2002). Todas as citações de Kuyper que estamos utilizando são extraídas, sequencialmente, do capítulo 3 deste livro (p. 85-115).

... a Soberania do Deus Triuno sobre todo o Cosmos, em todas as suas esferas e reinos, visíveis e invisíveis. Uma soberania primordial que se irradia na humanidade numa tríplice supremacia derivada, a saber, (1) a soberania no Estado; (2) a soberania na sociedade; e (3) a soberania na Igreja.

No desenvolvimento de seu pensamento, Kuyper procura demonstrar que Deus exerce a sua soberania através de suas criaturas e providência, nessas esferas.

A soberania no Estado
Tratando da soberania no estado, ele vai até Aristóteles, pegando o gancho da classificação que o filósofo faz do homem, chamando-o de "ser político". Diz Kuyper:

> Deus poderia ter criado os homens como indivíduos separados, estando lado a lado e sem conexão genealógica. Assim como Adão foi criado separadamente, o segundo e terceiro e assim por diante, cada homem poderia ter sido chamado à existência individualmente; mas este não foi o caso.

O ponto de Kuyper é que Deus criou o homem unindo organicamente a toda a raça, mas o conceito do estado, subdividindo a terra, vai contra essa unidade. Ele diz:

> ... a unidade orgânica de nossa raça somente seria realizada politicamente se um Estado pudesse abraçar todo o mundo, e se toda a humanidade estivesse associada em um império. Se o pecado não tivesse ocorrido, sem dúvida este mundo realmente teria sido assim. Se o pecado, como uma força desintegradora, não tivesse dividido a humanidade em diferentes seções, nada teria estragado ou quebrado a unidade orgânica de nossa raça... o erro dos Alexandres, dos Augustos e dos Napoleões não foi que eles foram seduzidos com o pensamento do Império Mundial Único, mas sim que eles se esforçaram para concretizar esta ideia, embora a força do pecado tivesse dissolvido nossa unidade.

Substanciando que o natural é a unidade orgânica e o "estado" é algo que vai contra esta unidade, Kuyper enfatiza o grande fator que não pode ser ignorado, "o pecado", e as implicações dessa realidade: o "estado", como estrutura formada por Deus pós-queda. Isso está em harmonia com o que temos afirmado desde o início, e se constitui no pensamento da grande maioria dos teólogos reformados. Kuyper diz:

> ... sem pecado não teria havido magistrado, nem ordem do estado;

mas a vida política em sua inteireza teria se desenvolvido segundo um modelo patriarcal da vida de família. Nem tribunal de justiça, nem polícia, nem exército, nem marinha é concebível num mundo sem pecado; e se fosse para a vida desenvolver a si mesma, normalmente e sem obstáculo de seu próprio impulso orgânico, consequentemente toda regra, ordenança e lei caducaria, bem como todo controle e afirmação do poder do magistrado desapareceria. Quem une onde nada está quebrado? Quem usa muletas quando as pernas estão sadias?

Esse conflito entre unidade e ordem está, para Kuyper, na raiz da "batalha dos séculos": autoridade *versus* liberdade. "Nesta batalha estava a própria sede inata pela liberdade, a qual revelou-se o meio ordenado por Deus para refrear a autoridade onde quer que ela tenha se degenerado em despotismo". Para Kuyper, "Deus tem instituído os magistrados por causa do pecado", e o calvinismo, "através de sua profunda concepção do pecado... tem ensinado duas coisas: primeira – que devemos agradecidamente receber da mão de Deus a instituição do Estado com seus magistrados, como meio de preservação agora, de fato, indispensável. E por outro lado também que, em virtude de nosso impulso natural, devemos sempre vigiar contra o perigo que está escondido no poder do Estado para nossa liberdade pessoal".

Assim, no conceito de Kuyper, o povo não era a coisa principal, mas a conscientização de Deus e a busca de sua glória, mesmo na esfera política, entre todas as nações. O pecado desintegra a humanidade; e o estado, restabelecendo ordem e lei, torna-se necessário. Mas nenhum homem tem o direito inerente de governar sobre outro, este é um poder que pertence a Deus. Consequentemente, os governos existem por delegação divina. Assim, a força e poder do governo não vêm de um mero "contrato social", que não teria força sobre os descendentes, os quais não haviam originalmente firmado tal contrato, mas do próprio Deus. Por isso falamos da soberania de Deus no estado:

> Deus ordena os poderes que existem, a fim de que através de sua instrumentalidade possa manter sua justiça contra os esforços do pecado e assim ... tem dado ao magistrado o terrível direito da vida e da morte. Portanto, todos os poderes que existem, quer em impérios ou em repúblicas, em cidades ou em estados, governam pela graça de Deus.

Formas de governo
Kuyper aponta que Calvino "preferia uma república,[14] e que não nutria predileção pela monarquia, como se esta fosse a forma divina e ideal de governo". Calvino

---

14 Calvino, como apontamos anteriormente, chama a sua forma de governo predileta de "aristocracia". Kuyper, aqui, interpreta a descrição que Calvino faz (mais adiante) como "república" distinguindo esta de uma "democracia". Essa distinção, um pouco obscura para nós, latinos, é muito prezada na América do Norte (onde Kuyper proferia suas palestras).

aponta uma forma de governo de "cooperação de muitas pessoas sob controle mútuo", e Kuyper identifica essa descrição como "uma república". No entanto, Kuyper chama a democracia de "uma graça de Deus" e faz referência a que ele disse que "o povo deveria agradecidamente reconhecer nisto um favor de Deus". No entanto, prossegue Kuyper, no comentário de Jeremias, Calvino escreveu um alerta: "E vós, Ó povos, a quem Deus deu a liberdade de escolher seus próprios magistrados, cuidem-se de não se privarem deste favor, elegendo para a posição de mais alta honra, patifes e inimigos de Deus". Este alerta soa bem contemporâneo aos nossos ouvidos!

Kuyper alerta que o pensamento reformado não defende uma teocracia. "Uma teocracia somente foi encontrada em Israel, porque em Israel Deus intervia imediatamente". No entanto, ele reafirma que a soberania de Deus vale para todo o mundo e está "forçosamente em toda autoridade que o homem exerce sobre o homem; até mesmo na autoridade que os pais possuem sobre seus filhos".

A soberania popular e a soberania do Estado
Duas teorias se opõem à visão calvinista do estado: a da *soberania popular*, e a da *soberania do Estado*. A primeira é a visão da Revolução Francesa, de 1789, a qual Kuyper chama de "anti-teísta". A segunda, "desenvolvida pela escola histórico-panteísta da Alemanha". Na visão de Kuyper, entretanto, "ambas estas teorias são idênticas na essência". Kuyper aponta que a Revolução Francesa tem apenas como razão secundária "as defesas da liberdade de um povo", mas a sua força propulsora não foi uma reação contra os abusos, mas a oposição a Deus e a rejeição à sua soberania.

Assim, ele faz grande distinção entre a Revolução Francesa, de um lado, e de outro, a Holandesa (contra a Espanha) e a Americana, ambas contra tirania e dominação, mas realizadas sob o temor de Deus – expressando que o poder do governo procede de Deus.

Quanto à Alemanha, ele aponta que ela se livrou da "fictícia soberania do povo", mas o que recomendaram, em substituição, não trouxe impressão melhor: a soberania do estado, que Kuyper classifica como sendo: "um produto do panteísmo filosófico alemão". Nesse conceito, o Estado é apresentado como sendo "a mais perfeita ideia da relação entre os homens", uma concepção mística, um ser misterioso com uma poderosa *vontade* própria. Essa ideia do estado potente e soberano tem assumido diversas formas, ao longo da história. Kuyper diz que ela pode "revelar-se numa república, numa monarquia, num César, num déspota asiático, num tirano como Filipe da Espanha, ou num ditador como Napoleão. Todas estas eram apenas formas nas quais a ideia única do Estado incorporou-se". O conceito calvinista restaura a visão de Deus como fonte de todo o poder e soberania.

A soberania na sociedade
Este é o conceito que apresenta a família, os negócios, a ciência, a arte e assim por diante, como esferas sociais que

> ... não devem sua existência ao Estado, e que não derivam a lei de sua vida da superioridade do Estado, mas obedecem a uma alta autoridade dentro de seu próprio seio; uma autoridade que governa pela graça de Deus, do mesmo modo como faz a soberania do Estado.

Kuyper apresenta, então, essas esferas, que são independentes, mas sob Deus. Sempre há o conceito divino da autoridade superior. Ele afirma que está "decididamente expresso que estes diferentes desenvolvimentos da vida social nada têm acima deles, exceto Deus, e que o Estado não pode intrometer-se aqui, e nada tem a ordenar em seu campo". Com isso ele limita o poder do estado e fundamenta a questão das liberdades civis. Expressa, igualmente, que a soberania de Deus nessas esferas será evidenciada como um cumprimento do mandato que temos de "dominar a natureza".

O poder de repressão do governo
Voltando ao estado, Kuyper diz que

> ... a principal característica do governo é o direito sobre a vida e a morte. Segundo o testemunho apostólico o magistrado traz a espada, e esta espada tem um triplo significado. É a espada da justiça para distribuir a punição corpórea ao criminoso. É a espada da guerra para defender a honra, os direitos e os interesses do Estado contra seus inimigos. E é a espada da ordem para frustrar em seu próprio país toda rebelião violenta.

Este é o principal objetivo do governo. Sem essa característica básica, a sociedade estará prejudicada no restante do seu desenvolvimento, inclusive como esferas autônomas, porque a insegurança gera falta de estabilidade em todas as esferas. Certamente, somos testemunhas das negligências nessa área, em nosso país.

Kuyper passa a discorrer sobre a autoridade orgânica nas ciências, nas artes, no reconhecimento da individualidade das pessoas. Ele enumera quatro esferas, nas quais deve haver o exercício da soberania, sempre relacionando essa com o poder de Deus: (1) a esfera social: (2) a esfera corporativa de universidades, associações, etc.; (3) a esfera doméstica da família; (4) a da autonomia pública. Ele diz:

Em todas estas quatro esferas o governo do Estado não pode impor suas leis, mas deve reverenciar a lei inata da vida. Deus governa nessas esferas suprema e soberanamente através de seus eleitos, do mesmo modo como ele exerce domínio na esfera do próprio Estado através de seus magistrados escolhidos.

No entanto, o estado tem o dever de intervir quando há conflito, nessas esferas; para defesa dos fracos, ou para proteger minorias de maiorias; para reforçar obrigações financeiras que visam a manutenção natural do estado. Para Kuyper, o calvinismo foi o responsável pela modernização do estado e colocou vigorosa oposição à sua onipotência.

A soberania na igreja
A igreja é uma esfera soberana. Como ela exercita essa soberania, inserida no estado? O moto de Kuyper, que aparecia diariamente em seu jornal, era "uma igreja livre num estado livre". A grande dificuldade, para Kuyper, nessa área, era a ideia unânime e uniforme de Calvino e seus sucessores "que exigia a intervenção do governo em questões de religião". Mas ele aponta que os calvinistas quebraram a visão monolítica da igreja e foram, na realidade, "mais mártires do que executores", e nunca procurou ser a "igreja do estado". Assim, a história comprova que o calvinismo sempre enfatizou a liberdade de consciência, e o próprio Calvino foi contra a perseguição por causa da fé, a qual ele classificou, em 1549, de "um homicídio espiritual, um assassinato da alma, uma violência contra o próprio Deus, o mais horrível dos pecados".

Os três deveres das autoridades nas coisas espirituais
Respeitadas as autonomias nas esferas, para Kuyper os governantes possuem, portanto, deveres específicos "1. Para com *Deus*, 2. Para com a *Igreja*, e 3. Para com os *indivíduos*". São ministros de Deus, devem encorajar a autodeterminação, respeitar a multiforme representação, proteger o indivíduo e deixar que cada pessoa venha a reger sua consciência.

A CRISTALIZAÇÃO DA TRADIÇÃO REFORMADA, SOBRE O ESTADO E A POLÍTICA, EM KUYPER E DOOYEWEERD

Podemos notar não somente a harmonia do pensamento de Kuyper com o pensamento básico da teologia reformada sobre o estado e a política, mas uma apuração e depuração de conceitos que tornam a aplicabilidade menos utópica e mais precisa e viável. O grande valor de Kuyper subsiste não somente em seus escritos,[15] mas principalmente na abrangência de sua vida prática, na qual ele se destaca não somente como líder eclesiástico e pensador filosófico-teológico, mas como alguém que conseguiu colocar em prática os seus princípios e conclusões na esfera cognitiva. Sua vida política, de líder de um partido que chega ao posto de primeiro-ministro, o qualifica para postular muitas conclusões nesta área.

Teologicamente, Kuyper acreditava completamente na doutrina da depravação total dos homens, ou seja, na pecaminosidade da raça humana, em toda a sua amplitude. Entretanto, ele foi um dos maiores expositores da doutrina da graça comum. Ele acreditava que Deus, em sua misericórdia, possibilitava até aos descrentes o envolvimento em governos que chegavam bem próximos dos objetivos originais projetados por Deus. Nesse sentido, vemos nele até certo otimismo, como se pudesse convencer os descrentes da superioridade do sistema calvinista de pensamento, em todas essas áreas tratadas em seu livro *Calvinismo*, até por simples razões práticas e empíricas, ou pelo excelente histórico dos países calvinistas.

A história mostrou que o véu de obscuridade do pecado suplanta a lógica mais elementar; não somente os descrentes se tornaram extremamente críticos do calvinismo, como o próprio mundo evangélico passou a adotar um conceito das verdades divinas que difere da visão de um Deus soberano, que rege o universo e os destinos dos homens, apresentada nas Escrituras. Se não tomarmos cuidado, até os chamados "calvinistas" começarão a absorver ideias contrárias à compreensão da fé reformada sobre o estado e suas limitações, procurando uma acomodação mais "politicamente correta" aos modismos contemporâneos.

Um exemplo disso é um livro recente, escrito por um pastor presbiteriano que obteve seu doutorado na Universidade Metodista, que apresenta Calvino como um paladino da resistência civil e do confronto contra o estado.[16] Essa releitura da história contraria até as próprias evidências registradas no trabalho desse autor, mas é representativa da necessidade desta era de apresentar os reformadores como *contestadores políticos*, em vez de pesquisadores e expositores das Escrituras.

Já nos referimos, anteriormente, ao trabalho de Hebden Taylor no início deste ensaio.[17] O seu livro representa, na realidade, a apresentação simplificada das ideias

---

15 Entre os vários livros escritos por Kuyper, alguns estão disponíveis em inglês, mas a maioria existe somente em holandês. Somente *Calvinismo* está disponível em português. Temos um tratado extenso sobre *O Espírito Santo*, escrito numa era onde as controvérsias contemporâneas inexistiam, mas cheio de doutrina pertinente aos nossos dias; dois livros sobre a doutrina da *Graça Comum*; um livro sobre *O Problema da pobreza*; outro sobre *Cristianismo e a questão social*; e um livro sobre *Princípios de teologia sagrada*.
16 Armando Araújo Silvestre, *Calvino e a resistência ao Estado* (São Paulo: Mackenzie, 2003).
17 Hebden Taylor, *The Christian Philosophy of Law, Politics and the State* (Nutley, NJ: The Craig Press, 1966).

do filósofo holandês Herman Dooyeweerd (1894-1977) sobre a "soberania das esferas". Doyeweerd tem um tratado extenso e muito técnico, chamado *Uma nova crítica do pensamento teórico* (em quatro volumes),[18] mas suas convicções específicas quanto ao pensamento cristão sobre o estado foram igualmente expressas em palestras (*De Christelijke Staatsidee*) realizadas na cidade de Apeldoorn, na Holanda, em 1936. Esses ensaios foram publicados, posteriormente, como um livreto que depois recebeu tradução para o inglês.[19]

Dooyeweerd constrói sua ideia sobre o estado na tradição e trabalho de Agostinho, Calvino e Abraham Kuyper. Todos estes entendem a estrutura do estado como uma consequência da queda do homem. Mesmo assim, o estado é uma instituição com uma esfera específica de autoridade, devendo responder a Deus, o doador desta autoridade, e sem interferência na autoridade ou vida da igreja, ou da família; cada uma dessas, uma esfera de autoridade em si, responsáveis por suas missões e ações, na providência divina. No desenvolvimento do seu pensamento, Dooyeweerd está constantemente apontando como a visão bíblica difere do conceito católico romano, no qual o estado é uma instituição natural, que existe para o bem comum.[20]

Outra análise de proveito, providenciada por Dooyeweerd, é a exposição feita do pensamento de Emil Brunner. Em função da visão neo-ortodoxa do cristianismo, que enfatiza o caráter subjetivo e supra-natural, divorciado dos fatos concretos da história, para Brunner (e Karl Barth) o estado cristão é uma impossibilidade, "como o são a cultura cristã, o aprendizado cristão, a economia, a arte ou a ação social cristã".[21] Rejeitando esse conceito, Dooyeweerd vê o estado como a ferramenta principal da graça comum de Deus. Ele mostra, igualmente, que a visão pagã do estado soberano sobre todas as coisas provoca confusão das esferas de autoridade, o surgimento de governos e sistemas totalitários, a interferência do estado na família e na igreja e a legislação desvairada em áreas de moralidade, às quais nunca recebeu responsabilidade divina de legislar. Uma aplicação contemporânea dessa interferência do estado pagão secular é vista nas legislações que se multiplicam procurando legitimar as uniões homossexuais (interferência com a esfera da família), ou que pretendem enquadrar disciplinas eclesiásticas contra homossexualismo, como sendo atitudes discriminatórias passíveis de punição legal (interferência com a esfera da igreja). Essa ideia pagã do estado procede de Aristóteles, para quem o estado é a forma mais elevada de união, na sociedade humana, da qual todos os demais relacionamentos sociais são apenas partes dependentes deste.[22]

---

18 *A New Critique of Theoretical Thought*. vol. 1-4 (Ontario, CA: Paideia Press, 1975; New York, NY: Edwin Mellen, 1977).
19 Herman Dooyeweerd, *The Christian Idea of the State* (Nutley, NJ: The Craig Press, 1966).
20 Rousas John Rushdoony ressalta também este fato no prefácio da *op. cit.*, p. xiii.
21 Dooyeweerd, p. 2.
22 *Ibid*, p. 8.

Dooyeweerd insiste que a visão bíblica do princípio estrutural do estado o revela como sendo uma instituição de relacionamento social, que difere dos laços de sangue presentes na instituição da família. A função do estado, desde a fundação, é vista no aspecto histórico da realidade – um mundo submerso em pecado e uma instituição que recebe o direito monopólico da espada, sobre um dado território. Se existir deficiência nessa fundamentação (o direito de uso do poder coercitivo, a espada) não se pode falar verdadeiramente da existência de um *estado*.[23] Ele lembra que:

> Tomás de Aquino e a teoria política católico-romana, disseminada após ele, ensinou que o estado, como tal, não foi instituído em função do pecado... o poder da espada, na visão católico-romana, não é parte da estrutura do estado. Isso é um desvio da visão das Escrituras, apresentada com convicção e vigor pelos pais da igreja, especialmente por Agostinho.[24]

CONCLUSÃO

Apesar de encontrarmos no campo reformado algumas divergências de opinião, a tradição reformada sobre o estado, ou governo, e a política, parece solidamente estabelecida e um dos pontos que mais mereceram tratamento detalhado, tanto por parte dos seus expoentes principais, como nos documentos históricos.

O estado é legítima instituição divina; a autoridade flui de Deus; os governantes são ministros de Deus e agem em uma esfera própria, autônoma quanto à submissão a outras estruturas da sociedade, mas operando debaixo do poder divino, como ministros do Deus que nem sempre reconhecem; limitados no escopo de suas atividades. Em tudo isso, o cidadão cristão não somente deve obediência à instituição do governo, mas tem o direito de se envolver nele, em atividades políticas, procurando glorificar a Deus em todas as suas ações.

O povo de Deus precisa ler mais, conhecer mais, se envolver mais, reformar mais, glorificar mais a Deus em todas as esferas da vida. Aquelas pessoas que promovem exatamente isso, a leitura, o estudo, o ajuntamento pacífico dos cristãos, a piedade e devoção genuína, a aderência à sã doutrina que tem como fonte de autoridade exclusiva a Palavra de Deus, como aqueles a quem homenageamos com este ensaio, são cidadãos especiais do Reino de Deus, que merecem nossa admiração, apoio e respeito.

---

23 *Ibid*, p. 40.
24 *Ibid*.

CAPÍTULO 27

O ENSINO DA GRAÇA COMUM NA TRADIÇÃO REFORMADA

FERNANDO DE ALMEIDA

"Como podemos resolver o problema do mal que a Bíblia relaciona ao homem não regenerado com as 'excelentes proezas' feitas por estes mesmos homens não regenerados e pagãos?"[1] Essa pergunta formulada por Meeter não tem uma resposta simples nem tampouco unânime.

Um forte ramo da teologia reformada relaciona essas virtudes do homem natural à doutrina da "graça comum", atribuindo ao Espírito Santo não somente o papel de refrear aquilo de negativo que existe no ser humano e no meio em que vive, mas também de produzir em seu coração algumas possibilidades de realizações positivas, como o desenvolvimento cultural saudável, as artes de maneira geral e, porque não dizer também, até a magistratura.

Outros reformados têm contestado, no decorrer da história, esta operação da graça de Deus sobre toda a raça humana. Segundo eles, a graça de Deus é exclusivamente reservada aos seus eleitos e, por conta disso, afirmar a existência de graça comum seria colocar em xeque a realidade da queda do gênero humano no pecado. Em outras palavras, para estes, graça comum não combina com depravação total.

---
1   H. Henry. Meeter, *The Basics Ideas of Calvinism* (Grand Rapids, MI: Baker Books, 1990), p. 51.

No cerne da questão está o fato de que os cristãos têm encontrado dificuldade de lidar com o mundo que o cerca. De um lado, alguns querem levar ao pé da letra o fato de "não serem desse mundo", criando assim uma espécie de versão evangélica das ordens monásticas, isolando-se completamente do resto da civilização. Na outra ponta estão aqueles que se deixam absorver completamente pela cultura[2] e até mesmo moldam sua fé a ela.

Entender a doutrina da graça comum pode ser a chave hermenêutica ideal para acomodar, na mente do cristão, tanto seu compromisso com a santidade quanto a responsabilidade dada por Deus de interagir com este mundo como um exercício de glorificação ao Criador.

DEFININDO "GRAÇA COMUM"

Os conceitos embutidos na doutrina da graça comum são tão antigos quanto o próprio cristianismo; no entanto, o termo só foi cunhado em tempos recentes. Muitos crêem que tenha sido o holandês Herman Bavinck (1854-1921) o primeiro a adotar essa expressão, mas sem dúvida quem a tornou popular foi o também holandês Abraham Kuyper (1837-1920).

Do começo do século XX até nossos dias, muitos teólogos reformados tentaram formular uma definição dessa doutrina como, por exemplo, Louis Berkhof,[3] que chegou a dedicar uma sessão inteira de sua dogmática para tratar do assunto. Outros renomados teólogos igualmente propuseram suas definições; é o caso de Charles Hodge,[4] Martyn

---

2   Existem muitas definições do que venha a ser cultura; centenas delas já foram sugeridas por antropólogos e sociólogos no decorrer dos últimos anos. Etimologicamente, a palavra cultura é derivada do latim *colere* e significa literalmente "cultivar". Inicialmente o vocábulo tinha seu uso restrito às atividades agrícolas (José Luiz dos Santos, *O que é Cultura?* Coleção Primeiros Passos [São Paulo: Brasiliense, 1994], p.27). À parte da conceituação da palavra, observamos uma grande dificuldade de definir "cultura" por causa dos seus muitos usos, como descreveu Van Til: "Em geral, concebe-se a cultura de forma muito limitada. Na definição que resulta dessa concepção percebe-se uma lacuna tanto de extensão quanto de *insight*, amplitude e profundidade. Há pessoas, por exemplo, que identificam a cultura com o refinamento dos modos, a cortesia social e a urbanidade, com o verniz da sociedade polida. Para outros, ela é sinônimo de bom gosto na decoração interior, na pintura, na música e na literatura. Mas essa cultura individual não é concebível sem a cultura da sociedade como um todo, pois a pessoa integralmente culta é um fantasma..." (Henry Van Til, *O conceito calvinista de cultura* [São Paulo: Cultura Cristã, 2010], p. 27). Diante de tantas implicações que o termo pode ter, tanto no campo da religião quanto da antropologia, as palavras do antropólogo Paul Hiebert parece-nos suficiente: "Uma vez que os antropólogos utilizam a palavra em um sentido diferente e mais técnico, há um considerável debate entre eles a respeito de como o termo cultura deva ser definido. No entanto, para os nossos objetivos, começaremos por uma definição simples que podemos modificar posteriormente à medida que a nossa compreensão sobre o conceito se desenvolva. Definiremos cultura como 'os sistemas mais ou menos integrados de ideias, sentimentos, valores e seus padrões associados de comportamento e produtos, compartilhados por um grupo de pessoas que organiza e regulamenta o que pensa, sente e faz'" (Paul G. Hiebert *O evangelho e a diversidade das culturas* [São Paulo: Vida Nova, 1999], p. 30).
3   Louis Berkhof, *Teologia Sistemática* (Campinas, LPC, 1990), *passim*.
4   Charles Hodge, *Teologia Sistemática* (São Paulo: Hagnos, 2001), p. 972.

Lloyd-Jones[5] e Wayne Grudem.[6] John Murray[7] prefere a definição de A. A. Hodge por ser bastante abrangente:

> A graça comum é a influência restritiva e persuasiva do Espírito Santo, operando somente por meio das verdades reveladas no evangelho, ou por meio da luz natural da razão e da consciência, aumentando o natural efeito moral dessas verdades sobre o coração, a inteligência e a consciência. Não envolve mudança do coração, e, sim, unicamente um aumento do poder natural da verdade, uma ação restritiva das más paixões e um aumento das emoções naturais em face do pecado, do dever e do interesse próprio.[8]

PRESSUPOSTOS DOUTRINÁRIOS AO ENSINO DA GRAÇA COMUM

Antes de falarmos sobre o que é, na prática, a graça comum, convém destacarmos que essa é uma doutrina que se encontra insulada dentro de um escopo doutrinário maior. Ela não é avulsa, mas está construída sobre sólidos pressupostos que convém destacarmos aqui. Se esses pressupostos forem "vestidos" como se veste um óculos, a consequência natural será enxergar a doutrina das graça comum com muita clareza.

Richard Nieburhr[9], em sua clássica obra *Cristo e Cultura* – livro este que se tornou um referencial no que tange às abordagens do cristianismo à cultura – confirma que o calvinismo tem uma visão "positiva e esperançosa" da cultura.[10] Para ele isso somente é possível pelo fato de existirem convicções teológicas basilares como pressupostos.

O homem criado à imagem e semelhança de Deus

O primeiro pressuposto se baseia na designação de Gênesis 1.26-27, de que o homem foi criado à imagem e semelhança de Deus. Isso não se explica por causa das características físicas do ser humano, mas tem a ver com atributos comunicados pelo Criador, como santidade, imortalidade, inteligência, razão, afeição e o governo sobre a criação, fruto da outorga divina.[11]

---

5   D. Martyn Lloyd-Jones, *Deus o Espírito Santo* (São Paulo: PES, 1998), p. 36.
6   Wayne Grudem, *Teologia Sistemática* (São Paulo: Vida Nova, 1999), p. 549.
7   John Murray, "Common grace", em *Westminster Theological Journal* v.1 (Novembro 1942), p. 1.
8   A. A. Hodge, *Esboços de teologia* (São Paulo: PES, 2001), p. 625-626.
9   Helmut Richard Niebuhr (1894–1962). Irmão mais novo do também teólogo Reinhold Niebuhr. Foi ordenado em 1916, como ministro da Igreja Evangélica e Reformada, e por um curto tempo foi pastor em Saint Louis. Lecionou em Yale e Elmhurst College, do qual foi também presidente. Niebuhr desde cedo foi influenciado por Kierkegaard e Barth, embora mais tarde tornasse sua atenção para a natureza pessoal do relacionamento humano com Deus. Principais obras: *Social Sources of Denominationalism* (1929), *The Kingdom of God in America* (1937), *The Meaning of Revelation* (1941), *Christ and Culture* (1951), *The Purpose of the Church and Its Ministry* (1956) e *Radical Monotheism and Western Culture* (1960).
10 H. Richard Niebuhr, *Cristo e cultura* (Rio de Janeiro: Paz e Terra, 1967), p. 224.
11 Para mais detalhes: Hermisten M. P. Costa, *A imagem de Deus no homem segundo Calvino*, p. 7, em http://www.monergismo.com/

Conforme descreveu Anthony Hoekema, a Queda, resultado da desobediência do primeiro casal, "perverteu a imagem de Deus, segundo a qual o homem havia sido criado e que, em consequência disso, a pessoa humana agora age pecaminosamente em relação com Deus, com os outros e com a natureza".[12]

Pela geração, o pecado passa a ser um fenômeno universal,[13] e impregna a natureza humana condenando o homem a um estado de "depravação generalizada e de incapacidade espiritual".[14]

Tratando-se de pressupostos reformados que irão nortear uma abordagem à cultura, o conceito de depravação total não seria um entrave, ao ponto de localizar os reformados no mesmo grupo dos cristãos radicais que pretendem negar qualquer relação da fé com o mundo?

Há, de fato, alguns que pensam que sim, que a depravação total impede que haja qualquer manifestação da graça de Deus na vida daqueles ditos réprobos e consequentemente nada do que produzam possa ser aproveitado.[15] Por outro lado, a maioria dos reformados entende que a imagem do ser humano, embora afetada pelo pecado, dá margem à manifestação da graça de Deus: "Quantas vezes, pois, entramos em contato com escritores profanos e somos advertidos por essa luz da verdade, que neles esplende admirável, de que a mente do homem, quanto possível decaída e pervertida de sua integridade, no entanto é ainda agora vestida e adornada de excelentes dons divinos".[16]

Alguns consideram que a expressão "depravação total" não condiz realmente com o conceito reformado dos efeitos do pecado sobre a *imago Dei*, e preferem o uso de "incapacidade espiritual",[17] pois "a pessoa irregenerada ainda pode fazer determinado tipo de bem e pode exercitar certos tipos de virtude".[18]

Por causa da *imago Dei*, o ser humano, mesmo tendo sua natureza contaminada pelo pecado deve ser "respeitado, amado e ajudado", afirma Hermisten Costa, fazendo uso das palavras de Calvino sobre o Salmo 8:

Eis a suma de tudo: Deus, ao criar o homem, deu uma demonstração de sua graça

---

textos/jcalvino/A_Imagem_Deus_Homem_Calvino.pdf, acessado em 15 de junho de 2007.
12 Anthony Hoekema, *Criados a imagem de Deus* (São Paulo: Cultura Cristã, 1999), p. 208. Um estudo mais apurado sobre isso encontra-se nessa mesma obra, p. 99-101.
13 Para mais informações, ver Hoekema, *op. cit.*, p.159-161.
14 Anthony Hoekema, *op. cit.*, p. 208. Para mais informações, ver também p. 168-173.
15 Teólogos como Herman Hoeksema, Ronald Hanko, David J. Engelsma, Barry Gritters, dentre outros. Estes são oriundos de uma denominação reformada chamada *Protestant Reformed Church*, que tem sua origem fundamentada em uma controvérsia sobre o assunto. Para uma visão panorâmica sobre os argumentos de que a depravação total anula qualquer possibilidade de graça em relação aos réprobos, ver: Herman Hoeksema, *A teoria da graça comum*; Ronald Hanko, *Providência e "graça comum"*; Barry Gritters, *Graça incomum – uma consideração protestante reformada da doutrina da graça comum*. Todos os textos encontram-se disponíveis em www.monergismo.com.
16 João Calvino, *As Institutas*, II.2.15.
17 Anthony Hoekema, *op. cit.*, p.171
18 *Ibid.*

infinita e mais que amor paternal para com ele, o que deve oportunamente extasiar-nos com real espanto; e embora, mediante a queda do homem, essa feliz condição tenha ficado quase que totalmente em ruína, não obstante ainda há nele alguns vestígios da liberalidade divina então demonstrada para com ele, o que é suficiente para encher-nos de pasmo.[19]

> Respeitar o ser humano como imagem do Criador significa não desprezar suas obras, conquanto que não firam a glória de Deus. Negligenciar as excelentes virtudes humanas é menosprezar o próprio Espírito de Deus, lembra João Calvino.[20]

A providência de Deus
Deus, como Criador de todas as coisas tem um cuidado especial com toda a sua obra. Como disse o apóstolo Paulo aos cidadãos de Atenas, "Ele mesmo [Deus] é quem a todos dá vida, respiração e tudo mais" (At 17.25). Não há nada que fuja ao escopo da providência e por isso ela é chamada de universal. Calvino assevera:

> Não há homem de mente tão embotada e estúpida que não consiga ver, bastando dar-se ao trabalho de abrir seus olhos para o fato de que é pela espantosa providência de Deus que os cavalos e bois prestam seus serviços aos homens – que as ovelhas produzem lã para vesti-los –, e que todas as sortes de animais os suprem de alimento para sua nutrição e sustento, mesmo de sua própria carne.[21]

Baseando-se em seus símbolos de fé, os reformados traduziram a doutrina da providência como sendo a maneira como a criação é sustentada e governada por Deus. Respondendo sobre as obras da providência de Deus, o Catecismo Maior de Westminster afirma: "As obras da providência de Deus são a sua mui santa, sábia e poderosa maneira de preservar e governar todas as suas criaturas e todas as suas ações, para a sua própria glória".[22] O exercício da providência divina, porém, nem sempre é tangível à compreensão humana, como lembra João Calvino: "Deus, em sua inescrutável sabedoria, governa as atividades humanas de tal forma que suas obras, que ocupam muito pouco o pensamento humano em virtude de sua constante familiaridade com elas, excedem muitíssimo a compreensão da mente humana".[23] E ainda: "Não há nada mais absurdo do que simular, propositadamente, uma grosseira ignorância da providência de Deus, uma vez que não

---
19 João Calvino, *Salmos*. vol. 1 (São Paulo: Paracletos, 1999), p. 173-174.
20 João Calvino, *As Institutas*, II.2.15.
21 João Calvino, *Salmos*. vol. 1, p. 173.
22 *Catecismo Maior de Westminster*, resposta à pergunta 18.
23 João Calvino, *Salmos*. vol. 2, p. 220.

podemos compreendê-la perfeitamente, a não ser discerni-la só em parte".[24]

Sendo então o governo de Deus universal, por se estender sobre toda a Criação, sobre todos os seres e sobre todos os atos desses seres, Deus é a causa primária de tudo o que acontece: "Deus está por detrás do bem e do mal, mas de um modo diferente em cada um deles. Deus não está por detrás do mal do mesmo modo que está por detrás do bem".[25] Heber Campos continua a explanação sobre a responsabilidade última de Deus, lembrando dos atos bons praticados por pessoas más:

> Por atos 'bons' dos homens maus eu quero dizer os atos que são considerados aceitáveis por todos nós e qualificados como que trazendo consequências boas para os nossos semelhantes, embora nem sempre esses atos sejam nascidos de motivos puros. Por 'homens maus' refiro-me aos não-regenerados, os que ainda não experimentaram a graça renovadora de Deus e que, no entanto, são capacitados a fazer coisas que, aos nossos olhos, são aceitáveis e justas, embora nunca meritórias, para cumprir os desígnios de Deus nesse mundo.[26]

Quando um reformado contempla a beleza de uma manifestação cultural através das mãos daquele que não professa uma fé parecida, ele entende que a mão providencial de Deus está permeando e atuando a despeito de uma possível incredulidade. Calvino escreveu: "Quem quer que não confie na providência divina, bem como não encomende sua vida à fiel diretriz dela, ainda não aprendeu corretamente o que significa viver. Em contrapartida, aquele que confiar a guarda de sua vida ao cuidado divino não duvidará de sua segurança mesmo em face da morte".[27]

Para Calvino, então, a crença na doutrina da providência é sumária para o exercício da religião cristã.

O mandato cultural

A apreensão de que Deus sustenta e governa sua criação naturalmente nos leva a crer que esse Deus preferiu compartilhar seu governo através do comissionamento do ser humano. O próximo pressuposto, então, a ser analisado e que vai ajudar a balizar o conceito reformado de cultura é o que pode ser chamado de "mandato cultural".

Deus, ao criar o ser humano, o incumbiu de tarefas ou missões. Esses mandatos estavam relacionados com os deveres do ser humano para com Deus (mandato espiritual), que incluía também nessa categoria os deveres para com seus semelhantes (mandato

---

24 Ibid., p. 223.
25 Heber Carlos de Campos, *O ser de Deus e suas obras; a providência e a sua realização histórica* (São Paulo: Cultura Cristã, 2001), p. 289.
26 Heber Carlos de Campos, *op. cit.*, p. 294.
27 João Calvino, *Salmos*. vol. 2, p. 16.

social) e também para com o mundo que o cercava.[28] Essa última classe de deveres é chamada de "mandato cultural".[29]

Deus, como Criador, sujeitou a sua criação ao ser humano:

> Também disse Deus: Façamos o homem à nossa imagem, conforme a nossa semelhança; tenha ele domínio sobre os peixes do mar, sobre as aves dos céus, sobre os animais domésticos, sobre toda a terra e sobre todos os répteis que rastejam pela terra. (...) E Deus os abençoou e lhes disse: Sede fecundos, multiplicai-vos, enchei a terra e sujeitai-a; dominai sobre os peixes do mar, sobre as aves dos céus e sobre todo animal que rasteja pela terra (Gn 1.26, 28).

Deus instituiu o ser humano como uma espécie de mordomo particular a fim de que este governasse e reinasse sobre sua criação. Nas palavras de Timóteo Carriker, portanto, "o mandato cultural chama toda a humanidade a participar na ordenança e na administração da criação, isto é, na obra da civilização e da cultura".[30] Na mesma linha afirma o salmista: "Fizeste-o, no entanto, por um pouco, menor do que Deus e de glória e de honra o coroaste. Deste-lhe domínio sobre as obras da tua mão e sob seus pés tudo lhe puseste: ovelhas e bois, todos, e também os animais do campo; as aves do céu, e os peixes do mar, e tudo o que percorre as sendas dos mares" (Sl 8.5-8).

O cumprimento do mandato cultural não é tão somente por causa do dever da obediência a Deus, mas também para a própria satisfação e alegria da humanidade. "Está implícito, na sujeição da terra, desenvolver a Criação para que o ser humano encontre nela prazer e contentamento. "Eles [Adão e Eva] deveriam cultivar, usar, desenvolver e extrair toda a beleza e potencial do mundo criado".[31] Como escreveu Calvino, "o mundo foi originalmente criado para este propósito, que todas as partes dele se destinem à felicidade do homem como seu grande objeto".[32]

Por outro lado, esse mandato não teria sido anulado uma vez que a raça humana se distanciou do mandatário por causa do pecado original? Calvino assegura que a Queda

---

28 Os três mandatos não podem ser dissociados, como afirma Van Groningen: "Deus deu a Adão e Eva e a todos os seus descendentes o mandato cultural (Gn 1.26-28). Ser obediente ao mandato cultural não significa necessariamente que alguém tem de ser menos espiritual. Um ponto principal que precisa ser entendido é que a obediência ao mandato cultural está inseparavelmente relacionada com os mandatos social e espiritual. Deus, o Criador do mundo, foi quem nos deu todos estes aspectos culturais na criação. Deus é um Deus digno; ele deve ser honrado, servido e adorado em todas as esferas da vida". Harriet e Gerard van Groningen, *A família da aliança* (São Paulo: Cultura Cristã, 1997), p. 175.

29 Sobre esse assunto, diz Van Groningen: "A Bíblia fala bastante sobre os aspectos culturais e naturais da vida. Nós não podemos nos imaginar vivendo espiritual e socialmente sem viver no mundo cultural e natural. Não podemos nos imaginar vivendo sem estar comprometidos com as interações e envolvimentos da vida diária. A nós foi dado o mandato cultural, que significa ter domínio sobre, cultivar, desenvolver, participar e de gozar cada aspecto da vida". Harriet e Gerard van Groningeh, *op. cit.*, p. 175.

30 Timóteo Carriker, *Missão integral; uma teologia bíblica* (São Paulo: SEPAL, 1992), p. 24.

31 Harriet e Gerard van Groningen, *op. cit.*, p. 175.

32 João Calvino, *Salmos*. vol. 1, p. 172.

foi um golpe desferido na imagem de Deus no ser humano, mas não suficientemente letal para apagá-la totalmente:

> Sabemos, porém, que, pela queda de Adão, toda a humanidade caiu de seu primitivo estado de integridade; porque, pela queda, a imagem divina ficou quase que inteiramente extinta de nós, e fomos igualmente despojados de todos os dons distintivos pelos quais teríamos sido, por assim dizer, elevados à condição de semideuses. Em suma, de um estado da mais sublime excelência fomos reduzidos a uma condição de miserável e humilhante destituição. (...) É verdade que ela não foi totalmente extinta; mas, infelizmente, quão ínfima é a porção dela que ainda permanece em meio à miserável subversão e ruínas da queda.[33]

Se o pecado original e a consequente Queda da santidade fossem suficientes para invalidar o mandato cultural, ordens parecidas àquelas do Éden não teriam sido pronunciadas também a Noé, depois da saída da Arca, logo após o Dilúvio. Em Gênesis 9, Deus ordena à família sobrevivente que deveriam encher a terra novamente (9.1). Não somente a ordem, mas foram dadas também condições para que essa ordem fosse obedecida. A povoação da terra pós-diluviana seria possível pelo domínio da criação pelo ser humano. Ele deveria (1) aproveitar-se de todo animal para alimento e (2) entender a sujeição natural que existe da parte dos animais em relação ao ser humano.

Para incrementar o pensamento de que a Queda não anulou o dever de cumprir o mandato cultural, vemos que a primeira menção às artes e ciências que aparece nos registros bíblicos não se dá na linhagem escolhida, mas sim na descendência de Caim (Gn 4.20-22).

O pecado afetou, mas não destruiu o mandato cultural, como lembra Bruce Waltke:

> Esta linhagem familiar é uma trágica imagem da distorção e destruição que o pecado causa. As artes e as ciências, extensões apropriadas do mandato cultural divino, são aqui expressas numa cultura depravada como meio de autoafirmação e violência, que culmina com o cântico de Lameque que expressa tirania.[34]

Todos os aspectos da lei (cerimonial, civil e moral) dada por Deus ao seu povo por intermédio de Moisés apontam para a validade do mandato cultural, como afirma Van Groningen:

---

33 João Calvino, *Salmos*. vol. 1, p. 169.
34 Bruce K. Waltke, *Gênesis* (São Paulo: Cultura Cristã, 2010), p. 120.

O mandato cultural incluía áreas da vida que frequentemente tinham ramificações espirituais profundas e implicações sociais: comer comida limpa e rejeitar a imunda (Dt 14.1-21); cancelamento de débito (Dt 15.1-11); libertação de escravos (Dt 15.12-18); todo o sistema de corte e o trabalho dos juízes (Dt 16.18-20; 17.8-13; 19.1-21; 21.1-9); guerra (Dt 20.1-20); purificação no acampamento (Dt 23.9-14); invasão de propriedade (Dt 23.24-25); procedimento com os amalequitas (Dt 25.17-19); e práticas de barganha (Dt 25.13-16).[35]

Sendo assim, parece ser irrefutável a validade do mandato cultural mesmo em face da Queda.

A escatologia reformada
Grande parte das igrejas reformadas interpreta o Reino de Deus como sendo algo presente, embora aponte sua plena instauração na Segunda Vinda de Cristo. Enquanto alguns nomeiam essa corrente de Amilenismo, preferencialmente deveria ser alcunhada de "escatologia inaugurada", pois, como foi dito, o Reino de Deus já está presente entre nós que vivemos na era Cristã. O discurso de João Batista aponta para essa realidade ao pregar o arrependimento, "pois o Reino está próximo" (Mt 3.2; cf. Mc 1.15); o próprio Jesus usou do mesmo conteúdo em seus discursos: "Daí por diante, passou Jesus a pregar e a dizer: Arrependei-vos, porque está próximo o reino dos céus" (Mt 4.17).

A presença imediata do Reino de Deus em meio aos homens não permite o pensamento radical da total descontinuidade do tempo presente com a vida eterna, antes, permeia o entendimento de que essa terra não será aniquilada, e sim transformada. Nas palavras de Hoekema:

> Em sua atividade redentora, Deus não destrói as obras de suas mãos, mas as limpa do pecado e as aperfeiçoa, a fim de que possam finalmente alcançar o alvo para o qual Ele as criou. Aplicado a este problema, esse princípio significa que a nova terra que aguardamos não será totalmente diferente da terra atual, mas será uma renovação e glorificação da terra na qual vivemos agora.[36]

Embora haja de fato uma tensão entre o reino do mundo e o reino de Deus inaugurado no Novo Testamento, os reformados tendem a evitar a descontinuidade entre ambos, ao contrário, identificam até a existência de uma "admirável luz da verdade",[37] que é comum a todos os seres humanos. Esse assunto será devidamente tratado em sessão apropriada.

---

35 Gerard van Groningen, *Criação e consumação*. vol. 1 (São Paulo: Cultura Cristã, 2002), p. 458.
36 Anthony Hoekema, *A Bíblia e o futuro* (São Paulo: Cultura Cristã, 1989), p. 100.
37 João Calvino, *As Institutas*, II.2.15.

O senhorio de Cristo

A visão escatológica calvinista desemboca em um ponto ainda mais fulcral na determinação da relação do indivíduo com a cultura, que é o senhorio de cristo. A cosmovisão reformada entende o reinado de Cristo como inaugurado. "O maior triunfo que Deus já granjeou foi aquele em que Cristo, depois de subjugar o pecado, vencendo a morte e pondo Satanás em fuga, subiu majestosamente ao céu para exercer seu glorioso reinado sobre a Igreja".[38]

Completando essa ideia, Calvino fala do Reino de Cristo como sendo eterno e já estabelecido por Deus,[39] portanto, o Juízo Final é o cumprimento definitivo desse reinado: "As coisas neste mundo não são governadas de uma maneira uniforme. (...) Deus reserva uma grande parte dos juízos que se propõe executar para o dia final, para que estejamos sempre em suspense, esperando a vinda de nosso Senhor Jesus Cristo".

Calvino, então, reconhece que o senhorio de Cristo sobre a Criação é uma verdade, embora admita que certos aspectos somente se cumprirão na segunda vinda de Cristo.

O mundo não deve ser rejeitado por completo, porquanto é Criação de Deus e escopo do reinado de Jesus, mesmo decaído de seu estado original, e aguarda a volta de Cristo para ser transformado e santificado.

ENTENDENDO A GRAÇA COMUM

Há aqueles que afirmam que qualquer manifestação de graça da parte de Deus pressupõe uma operação especial do Espírito Santo. Segundo eles,[40] (1) não existe graça comum, pois toda graça de Deus é especial e particular porque tem relação somente com os eleitos de Deus; (2) o Espírito Santo não opera restrição de pecado no coração do réprobo; e (3) até mesmo aquilo que é chamado de virtude nas práticas dos ímpios é pecado porque tais práticas têm motivações erradas.

Em refutação a isso,[41] podemos observar a ação do Espírito Santo no Antigo Testamento a partir da própria Criação. Quer na criação da natureza de maneira geral, quer na criação do próprio ser humano, a presença do Espírito já revelava sua "função de

---

38 João Calvino, *Efésios* (São Paulo: Paracletos, 1998), p. 114.
39 Sobre isso, escreveu Calvino que: "A doutrina da eterna duração do reino de Cristo é, portanto, aqui estabelecida, visto que ele não fora posto no trono pelo favor ou pelos sufrágios humanos, mas por Deus que, do céu, pôs a coroa real em sua cabeça, com suas próprias mãos". Cf. João Calvino, *O livro dos Salmos*. vol. 1, p. 457-458.
40 David J. Engelsma, *The Reformed Worldview: The Failure of Common Grace*, disponível em http://members.aol.com/twarren28/worldview.html, acessado em 14 de dezembro de 2007.
41 Stephen K. Moroney registra em sua introdução que muita ênfase tem sido dada ao estudo da graça comum em Calvino, em detrimento ao estudo dos efeitos do pecado a partir também de suas obras: "Há muito mais literatura voltadas às posições de Calvino concernentes ao conhecimento natural de Deus, teologia natural, lei natural, graça comum e outros tópicos relacionados". Stephen K. Moroney, *The Noetic Effects of Sin: A Historical and Contemporary Exploration of How Sin Affects Ours Thinking* (Lanham: Lexington Books, 2000), p. 1.

comunicar vida",[42] conforme lemos nos relatos de Gênesis: "A terra, porém, estava sem forma e vazia; havia trevas sobre a face do abismo, e o Espírito de Deus pairava por sobre as águas" (Gn 1.2) – e também: "Então, formou o SENHOR Deus ao homem do pó da terra e lhe soprou nas narinas o fôlego de vida, e o homem passou a ser alma vivente" (Gn 2.7).

A manifestação do Espírito Santo em toda a Criação já demonstra que desde o princípio sua atuação não estava limitada ao campo dos eleitos. Charles Hodge, ao tratar dessa operação geral, distingue em quais aspectos ela se dá.

Segundo C. Hodge, "há uma influência do Espírito Santo distinta da verdade".[43] O evangelho é a verdade de Deus; e, como ele deve ser pregado a todas as pessoas, todos os ouvintes têm contato com a verdade divina, embora somente os eleitos tenham uma ação efetiva e regeneradora em seus corações. A base dessa afirmação se encontra na própria depravação total da humanidade, pois o coração do ser humano, por causa do pecado, não está naturalmente preparado para ouvir a verdade se esta não vier acompanhada de uma ação especial da parte de Deus: "Desvenda os meus olhos, para que eu contemple as maravilhas da tua lei" (Sl 119.18). Portanto, se a proclamação da verdade pode não estar acompanhada por uma ação do Espírito Santo, ambos têm que ser distintos.

Ainda segundo este autor, "a influência do Espírito pode ser sem a Palavra".[44] Embora a Palavra seja o instrumento habitual através do qual há a atuação do Espírito Santo, não há virtude própria nela. Uma amostra desse fato é a regeneração de infantes que ainda não atingiram a idade da razão. Há uma atuação do Espírito em suas vidas, dando-lhes a regeneração, mas não há a intermediação da Palavra.

Outra afirmação de C. Hodge é de que "a obra do Espírito é distinta da eficiência providencial".[45] Para isso, ele expõe quatro argumentos:

(1) Que Deus está presente em toda a parte presente no mundo, edificando todas as criaturas em existência e atividade. (2) Que Ele constantemente coopera com as causas secundárias na produção de seus efeitos. Ele formou nosso corpo. Ele dá a cada semente o seu próprio corpo. (3) Além dessa eficiência ordenada (*potentia ordinata*), que opera uniformemente segundo leis fixas, ou a eficácia das causas secundárias, para determinar a ação delas segundo a própria vontade dEle. Ele faz chover em um tempo e em outro, não. Ele envia estações frutíferas, ou as faz secar. "Elias... orou, com instância, para que não chovesse sobre a terra, e, por três anos e seis meses, não choveu. E orou, de novo, e o céu deu chuva, e a terra fez germinar seus frutos" (Tg 5.17-18). (4) Controle semelhante é exercido sobre o gênero humano. O coração dos reis está nas mãos do Senhor, Ele os faz volver como ocorre com as águas dos rios. Ele faz os pobres e faz os

---
42 Louis Berkhof, *op. cit.*, p. 426.
43 Charles Hodge, *op. cit.*, p. 976.
44 Charles Hodge, *op. cit.*, p. 979.
45 *Ibid.*.

ricos. Eleva um e abate outro. O coração do homem engendra seu próprio caminho; mas o Senhor dirige seus passos. Por Ele os reis governam e os príncipes fazem justiça. Tal, segundo as Escrituras, é o governo providente de Deus que opera todas as coisas segundo o conselho de sua vontade.

Há, portanto, uma forma de graça da parte de Deus que atinge todos os seres humanos sem exceção. Na linguagem de Charles Hodge essa graça é chamada de "influência do Espírito", mas não deixa de ter o mesmo sentido. Alguns exemplos bíblicos:

"Então, disse o SENHOR: O meu Espírito não agirá para sempre no homem, pois este é carnal; e os seus dias serão cento e vinte anos" (Gn 6.3). Keil e Delitzsch interpretam este texto como *Meu espírito não governará sempre no homem*.[46] Sendo o Espírito Santo o doador da vida no que tange tanto à matéria quanto ao espírito, a advertência divina foi no sentido de destruir a humanidade por causa de seus pecados. Nesta ameaça não há distinção. Todos, sem exceção, são ameaçados porque todos sem exceção são influenciados ou agraciados com o governo do Espírito.

"Homens de dura cerviz e incircuncisos de coração e de ouvidos, vós sempre resistis ao Espírito Santo; assim como fizeram vossos pais, também vós o fazeis" (At 7.51). E também: "Mas eles foram rebeldes e contristaram o seu Espírito Santo, pelo que se lhes tornou em inimigo e ele mesmo pelejou contra eles" (Is 63.10). Em ambos os textos, Deus responsabiliza o seu povo por ter contendido com o Espírito Santo. Eram pessoas que nem mesmo seriam salvas, mas de alguma forma tiveram sobre suas mentes a influência do Espírito. C. Hogde interpreta este fato como sendo uma extensão da onipresença de Deus: assim como Deus está em toda a parte da criação, assim também está na mente de todo ser humano "como o Espírito da verdade e da bondade".[47]

> Por isso, Deus *entregou* tais homens à imundícia, pelas concupiscências de seu próprio coração, para desonrarem o seu corpo entre si; (...) Por causa disso, os *entregou* Deus a paixões infames; porque até as mulheres mudaram o modo natural de suas relações íntimas por outro, contrário à natureza; (...) E, por haverem desprezado o conhecimento de Deus, o próprio Deus os *entregou* a uma disposição mental reprovável, para praticarem coisas inconvenientes (Rm 1.24, 26, 28).

Três vezes aparece a palavra "entregou", que em si é uma forma aorística que dá a ideia de que "houve épocas específicas na vida dessas pessoas quando este 'abandonar' aconteceu".[48] Ora, se foram questões pontuais, isso quer dizer que até isso acontecer

---

46 Charles Hodge, *op. cit.*, p. 981.
47 Charles Hodge, *op. cit.*, p. 982.
48 Anthony Hoekema, *op. cit.*, p. 216.

Deus restringia o pecado em suas vidas. Charles Hodge afirma em relação a Deus, no seu comentário à epístola aos Romanos: "Ele retira do ímpio a restrição de sua providência e graça, e o entrega ao domínio do pecado".[49]

"É impossível, pois, que aqueles que uma vez foram iluminados, e provaram o dom celestial, e se tornaram participantes do Espírito Santo..." (Hb 6.4). A Bíblia é muito clara ao afirmar que pode existir participação no Espírito Santo, sem, contudo, haver regeneração.[50]

Ação negativa do Espírito Santo na graça comum

Podemos entender a atuação do Espírito Santo na vida do não regenerado de duas maneiras: a ação negativa e a ação positiva. Esta diferenciação foi introduzida por Abraham Kuyper em sua obra intitulada *De Gemeene Gratie*. Van Til resume muito bem o pensamento de Kuyper:

> No primeiro dos três volumes intitulados *De Gemeene Gratie*, ele formula a definição de modo mais negativo enquanto no segundo ele desenvolve a definição de modo mais positivo. No primeiro volume ele fala da essência da graça comum como sendo certa restrição de Deus sobre o processo de pecaminosidade desenvolvido na história. No segundo volume ele fala da essência da graça comum como sendo certa realização positiva na história, que o pecador é habilitado a fazer por um dom de Deus a ele.[51]

Pode-se definir por operação negativa do Espírito Santo não porque traz algum efeito maléfico sobre o ímpio, mas porque sua função é de impedir que os pecadores chafurdem em todo o mal que desejam. John Murray divide este ponto em três tópicos: restrição sobre o pecado, sobre a ira divina e sobre o Mal.[52]

Para impedir que o ser humano chegue ao absoluto do seu potencial pecador, *Deus, através de seu Espírito, restringe no seu coração, em maior ou menor intensidade o pecado*, o desejo de praticar o mal, bem como adiando a manifestação da ira divina. Sobre esta obra retentora diz Jonathan Edwards:

> Há na alma do não justificado aqueles princípios satânicos reinando, que estariam presentemente acesos e queimando se não fosse pela restrição de Deus. Está posta em toda natureza corrupta dos homens carnais o fundamento para os tormentos do inferno. Há

---

49 Charles Hodge, *Commentary on the Epistle to the Romans* (Grand Rapids, MI: Eerdmans, 1994), p. 40.
50 Charles Hodge, *Teologia Sistemática*, p. 982.
51 Cornelius van Til, *Common Grace and the Gospel* (Nutley: Presbyterian and Reformed, 1977), p. 15.
52 John Murray, op. cit., p. 6.

> aqueles princípios corruptos que os reina e os possui e que mostra o começo do fogo do inferno. Esses princípios são ativos e poderosos, tremendamente violentos em sua natureza, e se não fosse pela mão restringente de Deus sobre eles, logo se irromperiam. (...) A corrupção do coração do homem é imoderada e incontida em sua fúria; enquanto os ímpios vivem aqui, sua corrupção é igual fogo encurralado pela ação restringente de Deus... Se o pecado não fosse refreado, isto tornaria imediatamente a alma num fogo ardente, em uma fornalha de fogo e enxofre.[53]

Já no momento da Queda, Deus tomou providências para que o ser humano não pecasse sem que porventura tivesse algum freio. Deus expulsou Adão e Eva do paraíso com um propósito gracioso muito claro: não permitir que vivessem eternamente no estado de pecado.[54] Há certo consenso de que isso fatalmente aconteceria caso o primeiro casal viesse a comer da Árvore da Vida sob a condição de pecado.

Na história de Caim o fato se repete. Após ter matado seu irmão Abel, Caim temeu por sua vida: "O SENHOR, porém, lhe disse: Assim, qualquer que matar a Caim será vingado sete vezes. E pôs o SENHOR um sinal em Caim para que o não ferisse de morte quem quer que o encontrasse" (Gn 4.15). "Deus proveu meios para restringir em outros o impulso assassino através do sinal posto sobre Caim".[55]

O caso de Abimeleque é ainda mais claro: Ao entrar em Gerar, Abraão mentiu a respeito de Sara, dizendo que esta era sua irmã. O rei da terra, Abimeleque, a tomou para possuí-la. Antes que isso se consumasse, Deus avisou que o rei seria destruído. Ele argumentou que desconhecia o fato e então Deus respondeu: "Bem sei que com sinceridade de coração fizeste isso; daí o ter impedido eu de pecares contra mim e não te permiti que a tocasses" (Gn 20.6). O que Deus fez foi não permitir que houvesse a consumação do pecado.[56]

Algo parecido aconteceu com Senaqueribe. Deus pôs freios em sua mente, de modo que seus intentos seriam mudados: "Mas eu conheço o teu assentar, e o teu sair, e o teu entrar, e o teu furor contra mim. Por causa do teu furor contra mim e porque a tua arrogância subiu até aos meus ouvidos, eis que porei o meu anzol no teu nariz e o meu freio na tua boca e te farei voltar pelo caminho por onde vieste" (2Re 19.27-28).

A ação restringente do Espírito Santo também se dá em relação à ira divina. Com isso não queremos dizer que Deus deixa de se irar com o pecado ou que a sua santidade não mais é incomodada pela natureza humana pecaminosa. Queremos, no entanto, enfatizar que

---

53 Jonathan Edwards, *The Works of Jonathan Edwards* (Albany, AGES Software, vol 4, 1997), p. 571.
54 John Murray, *op. cit.*, p. 7.
55 John Murray, *op. cit.*, p. 8.
56 John Murray, *op. cit.*, p. 8.

esta ira não é plenamente e imediatamente descarregada sobre o ser humano. Já no Éden vemos esta graça. Deus prometeu que "no dia em que dela comeres, certamente morrerás" (Gn 2.17). Mas mesmo após o pecado, a ira divina foi designada para tempo oportuno. Em última análise o objeto da restrição não é a ira de Deus e sim o tempo da sua execução.[57]

No pacto que Deus fez com Abraão, Ele lhe promete a terra somente para a quarta geração de seus descendentes, pois os atuais moradores da terra ainda podiam ser suportados por Deus em seus pecados: "Na quarta geração, tornarão para aqui; porque não se encheu ainda a medida da iniquidade dos amorreus" (Gn 15.16). É desse mesmo tipo de paciência que Paulo escreve aos romanos: "Ou desprezas a riqueza da sua bondade, e tolerância, e longanimidade, ignorando que a bondade de Deus é que te conduz ao arrependimento?" (Rm 2.4). Embora haja um aspecto redentor no texto, também pode ser vista a supressão da ira divina por determinado tempo.[58] Isso é obra do Espírito através da graça comum. O mesmo é ensinado por Pedro: "Não retarda o Senhor a sua promessa, como alguns a julgam demorada; pelo contrário, ele é longânimo para convosco, não querendo que nenhum pereça, senão que todos cheguem ao arrependimento" (2Pe 3.9).

Em último lugar, sobre as ações negativas do Espírito Santo, verificamos que *Ele também é o responsável pela restrição do mal*. John Murray apresenta um argumento bastante convincente. O mal é a consequência da degeneração trazida pela entrada do pecado na criação.[59] Isto é, toda a criação sofre pela Queda. Por isso, houve um elemento diferente na sentença pronunciada por Deus a Adão que não é encontrado na declaração a Eva ou à serpente: "Maldita é a terra por tua causa;..." (Gn 3.17).

A natureza vive em uma ordem disfuncional em relação à sua condição primeira. A ferocidade dos animais é um elemento dessa queda. Por isso vemos a graça (comum) de Deus no pacto estabelecido com a humanidade através de Noé: "Pavor e medo de vós virão sobre todos os animais da terra e sobre todas as aves dos céus; tudo o que se move sobre a terra e todos os peixes do mar nas vossas mãos serão entregues" (Gn 9.2).

Através do Espírito Santo na graça comum, Deus não permite que o mal[60] produzido no mundo chegue a ponto de levar a Criação à própria destruição.

Ações Positivas do Espírito Santo

A ação do Espírito Santo no coração humano vai além de algo negativo ou restritivo. O ser humano, mesmo em estado de miséria espiritual, é capaz até mesmo de "obras

---

57 John Murray, *op. cit.*, p. 9.
58 John Murray, *op. cit.*, p. 9.
59 John Murray, *op. cit.*, p. 10.
60 Muito importante a observação de Campos no que se refere ao mal: "Por mal aqui não queremos dizer o pecado, pois nem toda a classe de mal é pecado. São males dos homens sobre a natureza, pois o pecado, que tem nascedouro no coração do homem, se espalha e se multiplica de várias formas, tomando várias nuanças. O pecado do homem traz pecado sobre a natureza e sobre tudo o que o cerca". Héber Carlos de Campos, *Soteriologia; anotações de aula* (Manuscrito não-publicado), p.12.

heroicas", como comenta Calvino: "Estes exemplos parecem que nos dirigem a pensar que a natureza humana não é de todo viciada, pois vemos que alguns, por inclinação natural, não somente fizeram obras heroicas, mas também se conduziram de maneira honesta por toda a sua vida".[61]

Essa ação positiva do Espírito é distinta por Murray da seguinte forma: o ser humano é recipiente da generosidade de Deus, de seu favor e bondade e de virtudes, ou seja, o ser humano é capaz de fazer alguma coisa boa que não considerada pela soteriologia.[62] Também, segundo ele, o próprio governo instituído é fruto desta operação positiva do Espírito, a qual promove o mínimo de justiça comum, elemento crucial para a manutenção da vida comunitária.

Há, portanto, *uma ação bondosa de Deus para com toda a sua criação*. Ainda que ela tenha sofrido transformações terríveis por causa da queda de Adão, mesmo assim Deus continua, através de sua graça, fazendo com que haja os elementos necessários para a preservação da vida. Os Salmos 65 e 104 poeticamente destacam esse tipo de bondade da parte de Deus. Ele é aquele que "dá alimento a toda carne, porque a sua misericórdia dura para sempre" (Sl 136.25).

Outra verdade a respeito da bondade de Deus é que ela é muitas vezes revelada tendo como objeto toda a raça humana. "O SENHOR abençoou a casa do egípcio por amor de José; a bênção do SENHOR estava sobre tudo o que tinha, tanto em casa como no campo" (Gn 39.5).

Murray, no entanto, destaca[63] que, em sua opinião, o texto bíblico mais incisivo é o testemunho de Paulo e Barnabé no livro de Atos: "O qual, nas gerações passadas, permitiu que todos os povos andassem nos seus próprios caminhos; contudo, não se deixou ficar sem testemunho de si mesmo, fazendo o bem, dando-vos do céu chuvas e estações frutíferas, enchendo o vosso coração de fartura e de alegria" (At 14.16-17). Neste texto, Paulo mostra que Deus dá testemunho de si mesmo através da bondade expressa a toda a raça humana. A mesma verdade é dita por Jesus de uma maneira incontestável: "Amai, porém, os vossos inimigos, fazei o bem e emprestai, sem esperar nenhuma paga; será grande o vosso galardão, e sereis filhos do Altíssimo. *Pois ele é benigno até para com os ingratos e maus.* Sede misericordiosos, como também é misericordioso vosso Pai" (Lc 6.35-36).

O ser humano é capaz de realizar o bem através da própria lei que está escrita em seu coração e consciência (Rm 2.14-15). Murray interpreta: "A norma divinamente estabelecida tem relevância para, e efeito sob, aqueles, os débeis, os que estão alheios não apenas à graça redentiva, mas também à revelação especial que é o meio da sua aplicação nos

---

61 João Calvino, *As Institutas*, II.3.3.
62 John Murray, *op. cit*, p. 11-18.
63 John Murray, *op. cit.*, p. 13.

corações e vidas do ser humano".[64]

O ser humano caído, portanto, só é capaz de fazer o bem pela constante aplicação da graça comum de Deus em seu coração, conforme definiu Murray, que quanto a isso se expressa através do senso comum. Kuyper destaca o exercício desse bem, dando como exemplo os avanços científicos da humanidade:

> Mas apesar de tudo isso, afirmo e sustento que um único Aristóteles conhecia mais do cosmos do que todos os pais da igreja juntos; que melhor ciência cósmica prosperou sob o domínio do islamismo do que nas catedrais e escolas monásticas da Europa; que a recuperação dos escritos de Aristóteles foi o primeiro incentivo para a renovação do estudo antes deficiente; e que somente o calvinismo, por meio deste princípio dominante que constantemente impele-nos a voltar da cruz para a criação, e não menos por meio de sua doutrina da graça comum, novamente abriu para a ciência o vasto campo do cosmos, agora iluminado pelo Sol da Justiça, de quem as Escrituras testificam que nele estão escondidos todos os tesouros de sabedoria e conhecimento. Vamos, então, fazer uma pausa para considerar primeiro o princípio geral do calvinismo e posteriormente o dogma da 'graça comum'.[65]

É por conta também da operação positiva do Espírito Santo a possibilidade do exercício da magistratura. Diz o apóstolo Pedro: "Quer às autoridades, como enviadas por ele, tanto para castigo dos malfeitores como para louvor dos que praticam o bem" (1Pe 2.14). Toda a autoridade é instituída por Deus (Rm 13.1-7). Jesus ratifica essa premissa no seu próprio julgamento, do qual foi réu: "Nenhuma autoridade terias sobre mim, se de cima não te fosse dada" (Jo 19.11). Kuyper complementa:

> Assim sustenta a palavra da Escritura: 'Por mim reis reinam', ou como o apóstolo noutra parte tem declarado: 'E as autoridades que existem foram por Ele instituídas. De modo que aquele que se opõe à autoridade resiste à ordenação de Deus'. O magistrado é um instrumento da 'graça comum', para frustrar toda desordem e violência e para proteger o bem contra o mal. Mas ele é mais. Além de tudo isso, ele é instituído por Deus como seu servo, a fim de que ele possa preservar a gloriosa obra de Deus, na criação da humanidade, da destruição total. O pecado ataca o trabalho manual de Deus, o plano de Deus, a justiça de Deus, a honra de Deus como o supremo Artífice e Construtor. Assim, Deus ordena os poderes que existem, a fim de que através de sua instrumentalidade possa manter sua justiça contra os

---

64 John Murray, *op. cit.*, p. 18.
65 Abraham Kuyper, *op. cit.*, p. 125.

esforços do pecado; tem dado ao magistrado o terrível direito da vida e da morte. Portanto, todos os poderes que existem, quer em impérios ou em repúblicas, em cidades ou em estados, governam 'pela graça de Deus'.[66]

A GRAÇA COMUM NA TRADIÇÃO REFORMADA

Mesmo tendo a Reforma protestante do século XVI sido um divisor de águas no que tange a fé cristã, ela esteve em grande parte apoiada sobre uma teologia mais antiga. No caso de Calvino, por exemplo, houve uma grande influência de Agostinho sobre seus escritos, conforme veremos adiante.

Nenhum dos reformadores chegou a utilizar a expressão "graça comum" – pois se trata de uma concepção do século XX, como já vimos – mas o germe da doutrina pode ser claramente inferido até mesmo muito antes da Reforma, nas obras de Agostinho.

Agostinho e a graça comum

Dentre os reformados que aceitam a doutrina da graça comum, é unânime o fato de localizar como seu primeiro idealizador João Calvino (1509-1564). Berkhof é taxativo: "Calvino desenvolveu a ideia da graça comum".[67]

Embora Calvino tenha sido o primeiro grande expoente na explanação da doutrina, vemos nos escritos de Agostinho (354-430) muitas centelhas, evidência de que foi a fonte da qual, em muitos aspectos, Calvino sorveu.

Agostinho, bispo de Hipona, cidade situada no norte da África (atual Argélia) foi um dos principais líderes cristãos do primeiro milênio de vida da igreja cristã. De sua vida, é importante ressaltar sua conversão ao cristianismo já na maturidade[68] pois, como consequência disso, em suas obras procurou dialogar a tensão existente na história de sua própria vida – mundo e religião.[69]

Por outro lado, durante a parte final de sua vida Agostinho de Hipona se ocupou em combater as ideias de Pelágio (360-425), o qual defendia a premissa da neutralidade moral do homem em detrimento da imputação do pecado original, conforme cria Agostinho. Mesmo tendo motivos para condenar qualquer ênfase que pudesse ser interpretada como atribuição de mérito ou boa obra por parte do ser humano, Agostinho admite alguma virtude humana desassociada da regeneração; um exemplo disso se encontra em sua obra A Trindade: "Com efeito, ainda que seja grande a dignidade de sua natureza,

---

66 Abraham Kuyper, op. cit., p. 90.
67 Louis Berkhof, op. cit., p. 431.
68 Detalhes de sua conversão podem ser obtidos em sua obra Confissões, principalmente VIII.12.
69 Irving Hexham, "Calvinism and Culture: A Historical Perspective", em Crux, vol. XV, No. 4 (December, 1979), p. 15.

contudo pode-se ele viciar, porque não é a suprema natureza. E ainda que possa ter sido viciada, por não ser a suprema natureza, contudo essa natureza é grande por ser capaz de participar da natureza suprema".[70]

Agostinho admite que o ser humano é capaz de praticar algum bem. Ele procura entender esse "bem", classificando-o como sendo "grandes bens", "bens médios e outros inferiores".[71] Por todos eles, porém, "Deus deve ser glorificado",[72] porque "todo bem procede de Deus. Não há, de fato, realidade alguma que não proceda de Deus".[73]

Em contraste com Agostinho, Tertuliano (155-222), outro pai latino, afirmou que o conhecimento à parte da igreja e do evangelho é totalmente descartável:

> Que tem a ver Atenas com Jerusalém? Ou a Academia com a Igreja? Ou os hereges com os cristãos? A nossa doutrina vem do pórtico de Salomão, que nos ensina a buscar o Senhor na simplicidade do coração. Que inventem, pois, se o quiserem, um cristianismo de tipo estoico e dialético! Quanto a nós, não temos necessidade de indagações depois da vinda de Cristo Jesus, nem de pesquisas depois do Evangelho. Nós possuímos a fé e nada mais desejamos crer. Pois começamos por crer que para além da fé nada existe que devamos crer.[74]

Contrariando Tertuliano, Agostinho entende que "todo bom e verdadeiro cristão há de saber que a Verdade, em qualquer parte onde se encontre, é propriedade do Senhor".[75] Frase esta célebre e citada por Calvino também, como veremos em lugar oportuno.

Por conta de perceber a verdade como tendo sua origem em Deus, Agostinho procura não descartar totalmente a cultura de sua época, antes, ela deve ser peneirada, a fim de que nela seja encontrada a verdade:

> Os que são chamados filósofos, especialmente os platônicos, quando puderam, por vezes, enunciar teses verdadeiras e compatíveis com a nossa fé, é preciso não somente não serem eles temidos nem evitados, mas antes que reivindiquemos essas verdades para nosso uso, como alguém que retoma seus bens a possuidores injustos. De fato, verificamos que os egípcios não apenas possuíam ídolos e impunham pesados cargos a que o povo hebreu devia abominar e fugir, mas tinham também vasos e ornamentos de ouro e prata, assim como quantidade de vestes. Ora, o povo hebreu, ao deixar o

---

70 Santo Agostinho, *A Trindade* (São Paulo, Paulus, 1995), XIV.6.
71 Santo Agostinho, *O Livre-Arbítrio*, II.19.50.
72 Ibid.
73 Santo Agostinho, *A Doutrina Cristã*, prólogo 7.
74 Tertuliano, *De Praescriptione Haereticorum*. c. 7, citado em Philotheus Boehner e Etienne Gilson, *História da Filosofia Cristã; Desde as origens até Nicolau de Cusa* (Rio de Janeiro: Vozes, 2000), p. 138.
75 Santo Agostinho, *A Doutrina Cristã*, II.19.28.

Egito, apropriou-se, sem alarde, dessas riquezas (Êx 3.22), na intenção de dar a elas melhor emprego. E não tratou de fazê-lo por própria autoridade, mas sob a ordem de Deus (Êx 12.35,36). E os egípcios lhe passaram sem contestação esses bens, dos quais faziam mau uso. Ora, dá-se o mesmo em relação a todas as doutrinas pagãs. Elas possuem, por certo, ficções mentirosas e supersticiosas, pesada carga de trabalhos supérfluos, que cada um de nós, sob a conduta de Cristo, ao deixar a sociedade dos pagãos, deve rejeitar e evitar com horror. Mas eles possuem, igualmente, artes liberais bastante apropriadas ao uso da verdade e ainda alguns preceitos morais muito úteis. E quanto ao culto do único Deus, encontramos nos pagãos algumas coisas verdadeiras, que são como o ouro e a prata deles. Não foram os pagãos que os fabricaram, mas os extraíram, por assim dizer, de certas minas fornecidas pela Providência divina, as quais se espalham por toda parte e das quais usaram, por vezes, a serviço do demônio. Quando, porém, alguém se separa, pela inteligência, dessa miserável sociedade pagã, tendo-se tornado cristão, deve aproveitar-se dessas verdades, em justo uso, para a pregação do evangelho. Quanto às vestes dos egípcios, isto é, às formas tradicionais estabelecidas pelos homens, mas adaptadas às necessidades de uma sociedade humana, da qual não podemos ser privados nesta vida, será permitido ao cristão tomá-las e guardá-las a fim de convertê-las em uso comum.[76]

Através da metáfora da veste dos egípcios, Agostinho confirma a necessidade de uma conversão para um uso comum por parte dos cristãos.

Em sua obra *Cidade de Deus* Agostinho ratifica a ideia anterior: "O lampejo da razão, de certo modo, em virtude da qual ele foi feito à semelhança de Deus, não se extinguiu completamente".[77] Mesmo crendo que existam duas cidades, a dos homens, a Babilônia, e a de Deus, Jerusalém, as quais eram fruto de dois amores distintos, o amor egoísta humano e o amor a Deus, Agostinho buscava fugir do dualismo procurando observar que a cidade dos homens se tornaria a cidade de Deus à medida que os valores de Deus fossem nela vividos, como afirma Antônio Henrique Martins: "Ora, Agostinho é aqui, na *Cidade de Deus*, o crítico contundente deste dilema dualista; ensina-nos que a ação de Deus se encontra no mundo, na medida em que os homens se humanizam. Quando reinam a justiça e o amor verdadeiro entre os homens, a alma de toda civilização e o fundamento da paz, a Cidade de Deus acontece".[78]

Outros conceitos observados em Agostinho são de que as operações do Espírito

---

76 Santo Agostinho, *A Doutrina Cristã*, II.41.60.
77 Santo Agostinho, *The City of God*, em *The Nicene and Post-Nicene Fathers* (Albany, AGES Software, vol 2, 1997), p. 1061.
78 Antônio Henrique Campolina Martins, "A Cidade de Deus", em *Revista Ética & Filosofia Política*. Vol. 6, Nº 2, (Novembro/2003), *passim*.

Santo não estão limitadas aos eleitos,[79] e também de que Deus governa o coração e a vontade do ímpio,[80] ambos os conceitos intrinsecamente ligados à doutrina da graça comum.

É importante, no entanto, a observação de Kelly,[81] de que em nenhum momento Agostinho nega a depravação total do ser humano, mas sim, em todas as páginas de suas obras, ele enfatiza a impossibilidade de o ser humano, quer por natureza, quer por esforço, atingir a graça salvadora.

Agostinho não atribuía essas "virtudes naturais" diretamente a uma atuação do Espírito Santo e sim a um resquício da imagem de Deus ainda presente no ser humano.[82] Mesmo assim, ele chamava essas virtudes de "vícios esplêndidos", porque o ímpio as realizava não para a glória de Deus, e sim para benefício próprio e ufanização.[83]

Calvino e a graça comum

Como fruto de uma mente humanista, Calvino procurou se aproximar de Agostinho em detrimento da tradição tomista da igreja católica. O próprio João Calvino admitiu a dependência de seus escritos e pensamentos para os de Agostinho de Hipona, como afirma Alister MacGrath:

> Embora a principal preocupação de Calvino fosse a interpretação das Escrituras, sua leitura desse texto era informada e enriquecida pela tradição cristã. Ele não hesitava em desenvolver a tese que havia, originalmente, defendido na Disputa de Lausanne – a tese de que a Reforma representava a restauração dos autênticos ensinamentos da Igreja primitiva, com a eliminação das distorções e das adições ilegítimas do período medieval. Sobretudo, Calvino considerava seu pensamento como uma exposição fiel das principais ideias de Agostinho de Hipona: 'Agostinho é totalmente nosso!'.[84]

O entusiasmo de Calvino por Agostinho não era irrefletido, muito pelo contrário. Um exemplo, como destaca Hoekema, apesar de Calvino concordar com os argumentos de Agostinho na relação do cristão com a cultura, ele não estava plenamente satisfeito com a resposta sobre as virtudes inatas.

Através de alguns posicionamentos adotados por Calvino, principalmente sobre a natureza humana e as formas de atuação do Espírito Santo, podemos constatar o

---

79 Santo Agostinho, *A Graça* (1) (São Paulo: Paulus, 1998), 3.5, 20.
80 Santo Agostinho, *A Graça* (2) (São Paulo: Paulus, 1999), 19.41, 67.
81 J. N. D. Kelly, *Doutrinas centrais da fé cristã* (São Paulo: Vida Nova, 1994), p. 276.
82 Santo Agostinho, *A Trindade*, 14.6.
83 Santo Agostinho, *The City of God*, p. 232-233.
84 Alister McGrath, *A Vida de João Calvino* (São Paulo: Cultura Cristã, 2004), p.177-178. "Agostinho é totalmente nosso!", citação de OC 8.266. McGrath indica também como fonte bibliográfica a análise de Smits em *Saint Augustin dans l'oeuvre de Jean Calvin*.

ensinamento sobre o que viria a ser chamado pela teologia reformada posterior de doutrina da "graça comum". Principalmente nas páginas de sua obra *Institutas da Religião Cristã*, Calvino expressa esses conceitos, como veremos a seguir.

Calvino entende que pode existir uma manifestação da graça de Deus de uma maneira não salvadora. "Temos então que admitir que a corrupção universal da qual falamos dá algum lugar para a graça de Deus; não para consertar a perversão natural, mas para reprimi-la e restringi-la interiormente".[85] Ou seja, o conceito de "graça" não é meramente soteriológico, mas pode e deve ser usado para outras ações de Deus na humanidade como um todo, tendo como exemplo a restrição de pecados. A depravação total – ou inabilidade total – afetou o ser humano como um todo, mas não ao ponto de impedir que Deus ainda demonstre sua graça.

Calvino admite também um "conhecimento universal", fruto da graça de Deus que capacita todo ser humano a utilizar seu entendimento e razão para, por exemplo, o exercício das artes:

> Seguem-se as artes tanto as mecânicas como as liberais. Como em nós reside alguma aptidão para aprendê-las, vê-se então que o entendimento humano possui alguma virtude. (...) Estes exemplos claramente demonstram que existe certo conhecimento universal do entendimento e da razão, naturalmente impresso em todos os homens; conhecimento tão universal, que cada um em particular deve reconhecê-lo como uma graça especial de Deus.[86]

Toda a verdade procede de Deus, afirmou Calvino, em consonância com Agostinho. No caso dos réprobos a demonstração da verdade através de suas obras é resultado da manifestação exterior do Espírito Santo em suas vidas. Negar este fato é injúria ao Espírito:

> Quando lemos escritores pagãos, vemos neles aquela admirável luz da verdade que resplandece em seus escritos, eles nos devem servir como testemunho de que o entendimento humano, por mais que seja caído e degenerado de sua integridade e perfeição, sem dúvida não deixa de estar ainda adornado e enriquecido com excelentes dons de Deus. Se reconhecemos no Espírito Santo a única fonte de manancial da verdade, não menosprezaremos a verdade donde quer que saia, a não ser que queiramos fazer uma injúria ao Espírito de Deus. Porque os dons do Espírito não podem ser menosprezados sem que Ele mesmo seja menosprezado.[87]

---

85 João Calvino, *As Institutas*, II.3.3.
86 João Calvino, *As Institutas*, II.2.14.
87 João Calvino, *As Institutas*, II.2.15.

O Espírito Santo é que promove a revelação de certas verdades na consciência do ser humano, a despeito de seu estado de depravação.

> O Espírito Santo somente habita os eleitos, entretanto, capacita os ímpios de virtudes:
>
> > Se alguém perguntar: o que o Espírito Santo tem a ver com os ímpios que estão tão longe de Deus? Respondo que ao dizer que o Espírito de Deus reside unicamente nos fiéis, temos que entender tratarmos de santificação pela qual somos consagrados a Deus como seus templos. Mas, entretanto, Deus não cessa de encher, vivificar e mover com a virtude desse mesmo Espírito todas as criaturas.[88]

Essa atuação de Deus é fruto de sua bondade, admite Calvino. Todos os seres humanos experimentam da benevolência de Deus: "A benevolência divina se estende a todos os homens. E se não há um sequer sem a experiência de participar da benevolência divina, quanto mais aquela benevolência que os piedosos experimentarão e que esperam nela!"[89]

Calvino chama os feitos proveitosos do homem natural de "imagens de virtudes". Tanto estas como a própria providência, Deus derrama sobre todos os homens indistintamente:

> Em primeiro lugar, não nego que sejam dons de Deus todas as virtudes e excelentes qualidades que são vistas nos infiéis. (...) Pois existe tamanha diferença entre o justo e o injusto que ela aparece mesmo em seus retratos. Porque, se confundirmos essas coisas, que ordem restará no mundo? Por isso não só o Senhor gravou a distinção entre atos honrados e ímpios na mente dos próprios homens, mas também a confirma muitas vezes pelo dispensar de sua providência. Pois vemos que concede muitas bênçãos da vida presente sobre aqueles que cultivam virtudes entre os homens. (...) Todas essas virtudes – ou melhor, imagens de virtudes – são dons de Deus, visto que nada é de algum modo louvável que não venha dEle.[90]

Tudo o que pode ser considerado como bom procede de Deus, conforme escreveu Calvino, mesmo que o exercício dessas virtudes seja por parte de infiéis.

Na opinião de John MacArthur, Calvino teria aprendido a relação do cristianismo com a cultura a partir da apreciação que o apóstolo Paulo tinha dos escritores pagãos:

---
88 João Calvino, *As Institutas*, II.2.16.
89 João Calvino, *As Pastorais* (São Paulo: Paracletos, 1998), p. 120-121.
90 João Calvino, *As Institutas*, III.14.2.

O que deve ser observado em relação à citação de Paulo [At 17.28] – e à citação de Calvino da citação de Paulo – é que ele havia lido amplamente os poetas pagãos e não tinha objeções em citá-los. Além disso, Calvino havia lido sobre o uso do apóstolo Paulo dos autores pagãos e considerava isto como um texto importante referente à teologia em geral e ao conhecimento cultural em particular (...). Que característica Paulo, Lutero e Calvino compartilhavam? *O desejo de ler e pensar com discernimento.* Eles concordavam com tudo o que liam e ouviam? Claro que não, mas chegaram a uma concordância ou discordância por intermédio de cuidadosa análise e de raciocínio crítico baseado nos textos bíblicos. (...) É muito fácil enxergar esse processo nas obras de Calvino. Praticamente todas as páginas de suas *Institutas* e da maioria de seus outros trabalhos estão repletas de citações e alusões a obras pagãs. E elas são inevitavelmente comparadas às Escrituras. A maioria dos pagãos a interpreta equivocadamente na maior parte do tempo, mas alguns deles de vez em quando fazem observações corretas a respeito dela. Esse princípio conhecido como a doutrina da *graça comum*, tem como principal fonte escrita o trecho de Romanos 1.19-20.[91]

MacArthur traz uma importante contribuição quando verifica que a fonte original da verdade é a revelação de Deus, e quando pagãos escreveram acerca da verdade, eles vieram ao encontro da verdade divina e não o contrário.

A riqueza da bondade de Deus também atinge toda a natureza. Por causa disso foi que Calvino disse que Deus "dá fertilidade e desenvolvimento à terra".[92] Por detrás desse cuidado de Deus está, contudo, um cuidado com o próprio ser humano para com o qual zela, a fim de que ele tenha a "subsistência diária".[93] Por isso, segundo ele, "não existe parte alguma da terra negligenciada por Deus, e que as riquezas de sua liberalidade se estendem por todo o mundo".[94]

O entendimento de Calvino sobre o tema da providência de Deus pode ser apreendido principalmente em sua obra *Contra os Libertinos* (1545), na qual desmembra a providência de Deus em três categorias diferentes. A primeira delas é chamada de providência universal (*providence universelle* ou *operation universelle*) e é por ela que "[Deus] guia todas as criaturas de acordo com as condições e propriedades que Ele mesmo deu a cada uma delas quando as fez".[95] A segunda categoria é chamada por Calvino de providência especial,[96] e trata do cuidado e envolvimento de Deus com toda a humanidade, e

---

91 John MacArthur Jr., *Pense Biblicamente* (São Paulo: Hagnos, 2005), p. 508-509.
92 João Calvino, *Salmos.* vol. 2, p. 618.
93 João Calvino, *Salmos.* vol. 2, p. 618.
94 João Calvino, *Salmos.* vol. 2, p. 620.
95 John Calvin, *Treatises Against the Anabaptists and Against the Libertines* (Grand Rapids, MI: Baker Academic, 1982), p. 242-243.
96 É importante que se seja feita a distinção entre providência especial e graça especial. Enquanto a primeira está ligada a um senso

compõe os "atos de Deus pelos quais ajuda seus servos, pune os ímpios e testa a paciência de seus fiéis ou os castiga paternalmente".[97] A terceira categoria é a providência sobre os crentes, a qual leva em conta os efeitos noéticos do pecado e a incapacidade humana de praticar qualquer bem. Então, por essa providência Deus "trabalha em nós tanto o querer quanto o realizar (Fp 2.13); nos ilumina com seu conhecimento, nos atrai para si, cria em nós um novo coração, quebra-nos a dureza, nos inspira a orar, nos dá graça e força para resistir a todas as tentações de Satanás e nos faz andar em seus mandamentos".[98]

Pelas considerações feitas por Calvino, o cristão deve entender o mundo criado, mesmo destituído de seu estado de santidade original, como sendo lugar da manifestação da providência e governo de Deus. Deus, de uma forma indistinta, continua a atuar nos seres humanos concedendo a eles graças universais como a capacidade de exercitar excelentes virtudes. Por causa disso, o cristão não deve rejeitar *a priori* todos os frutos provenientes da cultura humana.

Calvino e a graça comum: refutando objeções

Embora Calvino tenha sido o primeiro grande expoente da idealização da doutrina da graça comum, o termo "graça comum" propriamente dito não teve origem em seus escritos.[99] Por conta disso, alguns entendem que não é possível encontrar elementos para defender o axioma de que foi em Calvino que de fato se originou a sistematização da doutrina da graça comum.

John Leith entende que a discussão da graça comum em Calvino é uma preocupação moderna e, portanto, tentar entendê-la a partir dos escritos de Calvino é um tanto quanto anacrônica: "Calvino não estava interessado nisso", escreveu.[100] Leith parece estar equivocado quanto à sua afirmação. Além do que já foi exposto anteriormente, sobre Calvino ver nos escritores pagãos uma "admirável luz da verdade", ele mostrou seu interesse sobre a necessidade de um estudo sobre a relação do cristão com a cultura ao confrontar, por exemplo, os anabatistas. Criam estes que não poderiam aproveitar coisa alguma desse mundo por ser ele mau e, então, o rejeitavam por completo, inclusive toda a forma de governo ímpio. Calvino os chama de sectários e escreve um capítulo exclusivo de sua obra *Tratado Contra os Anabatistas* para ensinar a respeito de como o cristão deveria se sujeitar às autoridades.[101] Por outro lado, Calvino ensinou também

---

comum de cuidado, a segunda tem a ver com a atuação de Deus somente em seus eleitos.
97 John Calvin, *Treatises Against the Anabaptists and Against the Libertines*, p. 243-244.
98 John Calvin, *Treatises Against the Anabaptists and Against the Libertines*, p. 247-248.
99 Herman Kuiper, *Calvin on Common Grace* (Goes, Netherlands: Oosterbaan & Le Cointre; Grand Rapids, MI: Smitter Book, 1928), p. 178.
100 John H. Leith, "Doctrine of the Proclamation of the Word", em Timothy George (ed.), *John Calvin & the Church: A Prism of Reform* (Louisville: Westminster/John Knox Press, 1990), p. 211.
101 Cf. John Calvin, *Treatises Against the Anabaptists and Against the Libertines*, p. 76-91.

que o aproveitamento da cultura não deveria ser sem escrúpulos, conforme defendiam os libertinos de Genebra.[102]

O artigo escrito por Leith faz parte de uma obra maior chamada *John Calvin & the Church: A Prism of Reform*. Nessa mesma obra, Alexander McKelway escreve outro artigo intitulado *The Importance of Calvin Studies for Church and College* no qual não somente localiza a doutrina da graça comum em Calvino, mas também atribui a isso certo valor: "A partir da doutrina de graça comum em Calvino podemos descobrir um respeito teológico pelo conhecimento científico",[103] escreveu.

É bastante atual, portanto, para Calvino, o diálogo sobre o relacionamento que os cristãos deveriam ter com a cultura, quer para aceitá-la, quer para rejeitá-la. A percepção de Calvino é sempre guiada pelo seu senso de graça comum.

CONCLUSÃO

Concluindo, o estudo da doutrina da graça comum deve apontar ao cristão o caminho do relacionamento entre sua fé e a cultura na qual está inserido. Alguns teólogos resumiram de maneira muito própria a proposta calvinista dessa relação, como Machen e Nieburh.

John Gresham Machen (1881-1937) foi um teólogo presbiteriano, professor da Universidade de Princeton e fundador da Orthodox Presbyterian Church (OPC) dos Estados Unidos e considerado um dos maiores teólogos do século XX.[104] Dentre as suas produções, Machen escreveu um interessante opúsculo intitulado "Cristianismo e cultura",[105] no qual aborda outra forma de classificar as reações do cristianismo à cultura. Esse artigo foi publicado em 1913 na revista teológica do Seminário Teológico de Princeton, dezesseis anos antes desse seminário se voltar à teologia liberal.

Por viver em uma época em que o liberalismo teológico procurava tomar de assalto as igrejas protestantes e universidades, Machen se preocupou em provar como esse viés teológico era fruto da secularização da religião.

Machen reconheceu que a igreja cristã tem apresentado tendências na maneira de relacionar o cristianismo e a cultura, e procura resumir essas tendências em três tipos diferentes de abordagem: cristianismo subordinado à cultura, a destruição da cultura e a consagração da cultura.

A primeira postura, a da subordinação do cristianismo à cultura, segundo Machen,

---

102 Cf., John Calvin, *Treatises Against the Anabaptists and Against the Libertines*, p. 190-191.
103 Alexander McKelway, "The Importance of Calvin Studies for Church and College", em Timothy George (ed.), *John Calvin & the Church: A Prism of Reform*, p.144.
104 Paul Helseth, "Machen", em Patrick W. Carey & Joseph T. Lienhard (org.), *Biographical Dictionary of Christian Theologians* (Westport: Greenwood Press, 2000), p. 344.
105 J. Gresham Machen, "Christianity & Culture" em *The Princeton Theological Review*, vol. 11 (1913).

seria adotada como resultado das influências teológicas liberais que negam a existência do sobrenatural e limitam o cristianismo a "uma mera parte da cultura humana".[106] Outra característica dessa posição é a negação de qualquer revelação especial da parte de Deus; e, como escreveu Machen, se o cristianismo for privado de sua fonte de autoridade, ele será fatalmente destruído.

Uma segunda maneira de lidar com a cultura seria anulando-a por completo. Embora reconheça que essa solução seja melhor do que a anterior, Machen vê algumas dificuldades em adotá-la como a ideal. Nenhum cristão poderia viver negando completamente a cultura, pois, por exemplo, ninguém objetaria em usar os meios de comunicação, que foram criados pelo intelecto humano, como ferramentas para a propagação do evangelho.[107]

Outros na história do cristianismo procuraram viver essa premissa em sua essência, admitindo a cultura como um "mal necessário",[108] "uma tarefa perigosa e pouco digna que tem que ser tolerada (...) com o objetivo de que por ela se alcancem os fins superiores do evangelho".[109] Em relação a qualquer tentativa de desprezar a cultura, Machen nos lembra que as faculdades mentais aplicadas (como através das artes e das ciências) foram dadas por Deus para que fossem exercitadas e, por isso, essas tentativas são ilógicas e antibíblicas.[110]

"Estão o cristianismo e a cultura em um conflito que somente poderá ser resolvido pela destruição de uma ou de outra força contenciosa?"[111] Para responder negativamente essa pergunta, Machen propõe uma reação diferente. Nem destruição, nem indiferença. As artes, as ciências e toda a manifestação cultural precisam ser consagradas para servir a Deus:

> Em lugar de sufocar os prazeres derivados da aquisição do saber ou da apreciação do que é belo, aceitemos esses prazeres como dons de um Pai celestial. Em lugar de obliterar a distinção entre o Reino e o mundo, ou por outro lado nos retirarmos do mundo como uma espécie de monasticismo intelectual modernizado, avancemos prazerosamente, entusiasticamente a fim de sujeitarmos o mundo a Deus.[112]

Partindo da premissa de que a cosmovisão cristã – que irá nortear as percepções

---

106 J. Gresham Machen, *op. cit.*, p.3.
107 J. Gresham Machen, *op. cit.*, p.4.
108 *Ibid.*
109 *Ibid.*
110 *Ibid.*, p.5.
111 *Ibid.*
112 J. Gresham Machen, *op. cit.*, p.5.

a respeito das obras humanas – está amparada pela verdade absoluta da revelação de Deus, o cristão deve, então, se aproveitar da razoabilidade da sua fé. Ainda que os incrédulos não compartilhem dos mesmos pressupostos, os argumentos da verdade, de onde quer que provenham, não podem ser contestados. Quando o mundo está em oposição a essa verdade, o cristão, no mínimo, precisa "mostrar aos outros homens que suas razões podem ser inconclusivas".[113] Dessa forma, então, Machen propõe a conversão e cristianização da cultura, uma vez que existe uma conexão clara entre ambos:

> O cristianismo tem que saturar não somente todas as nações, mas também todo o pensamento humano. O cristianismo, portanto, não pode fazer-se indiferente ante qualquer ramo de esforço humano que seja de importância. Tudo é necessário que seja colocado em relação ao evangelho. É preciso estudar, seja para demonstrar que é falso, seja para fazer útil no avanço do Reino de Deus. O Reino precisa avançar não somente extensivamente, mas intensivamente. A Igreja precisa ganhar não meramente cada homem para Cristo, mas também o todo do homem.[114]

Niebuhr, caminhando em uma posição similar a de Machen, resume o calvinismo como transformador da cultura, com as seguintes palavras:[115]

> Os que a propõem entendem (...) que a natureza humana é decaída e pervertida, e que esta perversão não apenas aparece na cultura, mas é transmitida por ela. Daí a oposição entre Cristo e todas as instituições e costumes humanos, que deve ser reconhecida. Todavia, a antítese não leva nem às separações do cristão em relação ao mundo, como no caso do primeiro grupo, nem a uma mera constância na expectativa de uma salvação trans-histórica, como no caso do quarto. Cristo é visto como o convertedor do homem na sua cultura e sociedade, e não à parte destas, pois não existe nenhuma natureza sem cultura e nenhum ponto de conversão dos homens, do eu e dos ídolos, a Deus, exceto na sociedade.[116]

Fazemos, então, nossas palavras aquilo que foi escrito por Joe Holland:

> Há muitas outras facetas da graça comum de Deus que nós poderíamos e deveríamos explorar. É suficiente, contudo, simplesmente provar que a glória de Deus é manifesta no mundo, do lado de fora da

---

113 *Ibid.*, p.6.
114 J. Gresham Machen, *op. cit.*, p.6.
115 H. Richard Niebuhr, *op. cit.*, p. 223.
116 *Ibid.*, p. 65.

igreja e fora de suas obras salvíficas de redenção. Deus tem abençoado homens e mulheres não cristãos com talentos que trazem glória a Deus. Se rejeitarmos ver e apreciar esses dons, vamos nos encontrar em uma posição precária de rejeição às boas obras de Deus e desprezo de nossos olfatos por suas boas graças. Está incumbido, então, ao cristão, apreciar os dons graciosos de Deus onde quer que eles forem achados. Dê glória a Deus por Van Gogh, Robert Plant e George Lucas![117]

O mundo que nos cerca ainda é a criação de Deus, a despeito de ter sido contaminado com o pecado. Cabe aos filhos de Deus a tarefa de transformar o mundo caído. Esse é um dos maiores legados deixados pela tradição reformada para nossos dias.

---

117 Joe Holland, *Mining Grace*, disponível em http://mininggrace.com/2007/10/17/mining-common-grace/, acessado em 14 de dezembro de 2007.

CAPÍTULO 28

A CRIAÇÃO NO CONTEXTO DA FÉ REFORMADA

Adauto J. B. Lourenço

Todas as culturas, desde as mais antigas até as modernas, possuem algum tipo de narrativa da criação, algo que possa explicar como tudo começou. Essas narrativas aparecem geralmente em forma de lendas e mitos. A maioria delas possui algum tipo de divindade que teria trazido à existência tudo o que se encontra ao nosso redor.

A ciência naturalista e evolucionista moderna também tem a sua narrativa da criação. Nela, o universo e a vida teriam vindo à existência por meio de processos puramente naturais, que não poderiam possuir nenhuma objetividade ou propósito. A "grande divindade" que teria vencido todas as improbabilidades de tais eventos terem ocorrido é o tempo. Segundo a ciência moderna, dado um período de tempo extremamente longo, tudo pode acontecer. Assim, o agente criador é o tempo. Sem ele, segundo esse posicionamento científico, nada do que existe, teria vindo à existência.

Na sociedade atual, a ciência desfruta de uma posição de grande relevância, sendo concedida a ela a posição de elemento fundamental de formação da cosmovisão vigente. Praticamente todas as áreas de atividade, relacionamento, percepção e pensamento humano são diretamente influenciados por ela.

Dentro desse contexto, a ciência teria a capacidade de oferecer respostas a todas as indagações pertinentes ao questionamento humano, tendo o potencial de se tornar um tipo de salvação de todos os conflitos, desventuras e desconfortos da raça humana.

Impulsionada pela separação aceita entre a razão e a fé – relevância da ciência em detrimento da religião – ela oferece a base do pensamento atual.

Quase isolada e ignorada dentro da sociedade de hoje, encontra-se a narrativa bíblica de Gênesis. Considerada por alguns como irrelevante e por outros como mitológica, ela ocupa uma posição de pequeno valor e relevância.

Por séculos a narrativa bíblica da criação desfrutou da aceitação uniforme da sociedade ocidental, constituindo a base de toda a estrutura judaico-cristã do pensamento da igreja e da sociedade.

Mas nos dias atuais, a narrativa da criação apresentada em Gênesis está longe de ser aceita como um fato histórico ocorrido num passado recente. Para os teólogos católico-romanos, os primeiros capítulos de Gênesis são mitológicos. Para muitos teólogos evangélicos eles representam uma versão simplificada daquilo que seria quase uma teoria evolucionista. Poucos acreditam, aceitam e defendem a sua literalidade.

Essa mudança de paradigma é real e também preocupante.

Todas as doutrinas bíblicas estão diretamente relacionadas à criação e aos propósitos de Deus para a sua criação, sendo que os onze primeiros capítulos de Gênesis formam o referencial através do qual se torna possível compreender o propósito da existência humana e o papel do ser humano em relação à natureza.

A Reforma protestante

A Reforma protestante do século XVI trouxe novamente a centralidade das Escrituras a todas as áreas da sociedade. Não uma centralidade abstrata, mas prática e funcional.

A sociedade foi desafiada a repensar seus valores e suas convicções no contexto do plano de referência das Escrituras Sagradas. Não se tratava apenas de uma mudança de pensamento, mas uma mudança de pensamento com profundas implicações no comportamento do ser humano com respeito a Deus, a si mesmo, aos seus semelhantes, à criação ao seu redor e a todas as atividades relacionadas com cada uma dessas áreas.

A aceitação da existência de Deus e de seus atributos de Criador e Senhor providenciou novamente o plano de referência para que houvesse um retorno do pensamento judaico-cristão, perdido por anos de obscurantismo. As implicações dessa aceitação são refletidas até os dias atuais nas artes e nas ciências. A sociedade ocidental mudou.

Não foi a adoção de uma nova cosmovisão que produziu tal resultado, mas a adoção da cosmovisão bíblica que produziu esse resultado.

A centralidade do pensamento baseado nas Escrituras colocou o ser humano na posição correta de criatura, submisso às ordenanças do Criador, desfrutando da sua bondade, criatividade e provisão em todas as áreas da vida.

O criacionismo bíblico

O criacionismo bíblico é considerado por muitos como uma posição pré-moderna ultrapassada. Acredita-se que ninguém culto ou intelectualmente sofisticado poderia aceitá-lo. Por ser essa a visão predominante, pouco tem sido dito sobre o criacionismo bíblico.

Embora a Bíblia não tenha sido escrita com o propósito de ensinar ciência, ela não é contra a ciência devidamente estabelecida. É verdade que algumas das suas propostas não são compatíveis com algumas propostas científicas (hipóteses e teorias), o que não deveria causar nenhuma preocupação a todos que estudam as Sagradas Escrituras, pois hipóteses e teorias científicas são propostas ainda não confirmadas.

O próprio relato bíblico da criação não é anticientífico, pois seus elementos básicos podem ser encontrados também no conhecimento e nas propostas científicas, como os exemplos a seguir.

Segundo o relato bíblico da criação, luz foi criada no primeiro dia e os corpos celestes no quarto dia. Todas as cosmogonias e cosmologias atuais apresentam primeiramente o aparecimento da energia, depois o aparecimento das partículas subatômicas, então os átomos, e finalmente as estrelas, planetas e galáxias. Portanto, segundo a ciência a ordem seria: primeiro energia e depois matéria. No relato bíblico, primeiro luz (energia) e depois sol, lua e as estrelas (matéria). A ordem de eventos descrita no relato bíblico não contradiz o que a ciência atual tem verificado.

Nem mesmo o fator tempo – criação em poucos dias – pode ser considerado uma discrepância entre o relato bíblico e a ciência. George F. R. Ellis, professor emérito da universidade de Cape Town, na África do Sul, considerado um dos mais renomados cosmólogos mundiais, disse: "Um Deus benevolente poderia, com facilidade, organizar a criação do universo... de tal maneira que radiação suficiente pudesse viajar em nossa direção, das extremidades do universo, para nos dar a ilusão de um universo imenso, muito antigo e em expansão. Seria impossível para qualquer outro cientista na Terra refutar esta visão do universo de forma experimental ou mesmo observacional. Tudo o que ele poderia fazer é discordar da premissa cosmológica do autor".[1]

Também no relato bíblico da criação, é afirmado que no terceiro dia houve o aparecimento da porção seca em meio ao ajuntamento das águas.

A deriva continental – movimentação dos continentes – proposta por Alfred Wegner em 1912 é aceita como um fato pela ciência, devido ao grande número de evidências. Essa proposta está inteiramente baseada na existência de um continente primordial

---

1   George F. R. Ellis, "Cosmology and Verifiability", *Quarterly Journal of the Royal Astronomical Society*, 16 (1975), p. 246.

denominado Pangeia. Assim, a ciência atual em nada difere do relato bíblico quando esta afirma que o planeta Terra, nos seus primórdios, possuía um único continente conhecido por Pangeia (o relato bíblico diz que Deus chamou a porção seca "terra") e um único oceano conhecido por Pantalassa (o relato bíblico diz que Deus chamou o ajuntamento das águas "mares").

O relato da criação da mulher encontrado em Gênesis capítulo dois oferece ainda detalhes altamente relevantes e perfeitamente científicos. Segundo o relato, o Senhor Deus fez cair pesado sono sobre Adão e este adormeceu. Essa é a descrição de anestesia geral conhecida pela medicina atual. A seguir o Senhor Deus retira uma das costelas de Adão, preenche o lugar com carne e a transforma numa mulher. A escolha da costela por parte do Senhor Deus é muito relevante.

A ciência descobriu as células-tronco e demonstrou a existência das mesmas na década de 1960. Elas são encontradas em todos os organismos multicelulares, como o ser humano. As células-tronco são caracterizadas pela capacidade de se auto-renovarem por meio de duplicação celular e também de se diferenciarem formando uma grande variedade de tipos de células especializadas. Todos os demais tipos de células são provenientes delas. Elas são, portanto, os elementos básicos para a produção dos órgãos e dos tecidos humanos.

Hoje a ciência estuda a possibilidade do desenvolvimento de toda a estrutura orgânica humana a partir de células-tronco. Em 2008 foi realizado o primeiro transplante de uma cartilagem, desenvolvida a partir de células-tronco, pelo Dr. Paolo Macchiarini, no Hospital Clínico de Barcelona, na Espanha.

A medula óssea vermelha encontrada nas costelas é uma fonte de células-tronco em seres humanos adultos. Portanto, o elemento básico para o desenvolvimento de órgãos e até mesmo da clonagem humana é encontrado também na medula óssea vermelha que é encontrada nas costelas humanas.

O relato bíblico é preciso cientificamente em citar o local de onde o material genético básico foi colhido para a clonagem de outro ser vivo a partir de Adão. O texto ainda sugere engenharia genética, quando o Senhor Deus ao formar a mulher altera, entre muitos outros, os cromossomos X-Y (sexo masculino) de Adão transformando-os em X-X (sexo feminino) de Eva.

Muitos outros exemplos poderiam ser dados do relato bíblico de Gênesis para demonstrar que as suas propostas não são anticientíficas.

Uma questão de fé

Hebreus 11.3 declara que, "pela fé, entendemos que foi o universo formado pela palavra de Deus, de maneira que o visível veio a existir das coisas que não aparecem". A interpretação comum desse versículo pressupõe que somente pela fé alguém poderia aceitar que o universo teria sido criado. Mas não é isso o que o texto diz.

Existem duas perguntas possíveis, mas uma única resposta que satisfaz a premissa do versículo. As duas possibilidades derivam de uma única pergunta. Pela fé entendemos o quê? A primeira possibilidade seria que pela fé entendemos que o universo teria sido *formado* (criado). A segunda que o universo teria sido formado *pela palavra de Deus*.

Diante dessas duas possibilidades, necessita-se saber se existe uma maneira científica de provar que o universo teria sido criado.

A resposta é sim!

A natureza (o universo e tudo o que se encontra dentro dele) é formada por matéria (átomos e partículas subatômicas) e energia. Isso é um fato científico. Matéria e energia são regidas pelas leis da natureza. Isso também é um fato científico. Mas a ciência afirma que matéria e energia não criam as leis da natureza, apenas às obedecem. Assim, a ciência sabe que as leis da natureza não foram trazidas à existência pela natureza. Em outras palavras, a origem das leis da natureza é sobrenatural, não natural.

A existência do universo depende integralmente das leis da natureza. Sem elas o universo não existiria. Pode-se concluir cientificamente, portanto, que o universo não teria vindo à existência por meio de processos puramente naturais, pois estes dependem de leis e essas leis não são provenientes daquilo que se espera criar, por não ter sido ainda criado. Logo, o universo foi criado!

Portanto, a fé não é necessária para aceitar "se" o universo foi criado. Isso é demonstrado pela ciência. Ela é necessária para entendermos "como" o universo foi criado: "Pela palavra de Deus". Essa segunda não é testável pela ciência. Só pode ser aceita pela fé.

Mas a fé também predomina a ciência que propõe uma origem naturalista para o universo e a vida.

A origem do universo através do *big-bang* é um exemplo disso.

Stephen Hawking, no seu livro *O universo numa casca de noz*, refere-se à Era de Planck como o evento fundamental da origem do universo. É interessante notar a frase: "Leis da física estranhas e desconhecidas".[2] Exatamente, o que os cosmólogos da teoria do *big-bang* querem dizer com isso?

Uma analogia simples é a passagem do povo de Israel pelo mar vermelho. Como o mar teria se aberto para que o seu fundo ficasse exposto e as suas águas formassem duas paredes, uma oposta a outra, a fim de que o povo pudesse atravessá-lo a seco? Obviamente, não existem leis da física conhecidas que pudessem produzir tal fenômeno. Foi um milagre!

Assim, quando leis físicas conhecidas não podem explicar um fenômeno, esse tal fenômeno é chamado de milagre.

É exatamente isso o que ocorre com o *big-bang*. Não existem leis da física conhecidas

---

2 Stephen Hawking, *O Universo Numa Casca de Noz* (São Paulo: Mandarim, 2001), p. 78.

que possam explicá-lo. Portanto, o *big-bang* é um milagre. Diga-se de passagem, que teorias científicas não deveriam basear-se em milagres e sim em fatos.

Uma diferença fundamental entre o milagre do *big-bang* e o milagre do relato bíblico da abertura do mar vermelho é que no caso do *big-bang* não existe uma única testemunha desse suposto evento, ao passo que no caso bíblico, centenas de milhares de pessoas testemunharam o evento.

Essa questão da fé também permeia a proposta da geração espontânea da vida. Dr. George Wald, laureado do prêmio Nobel em medicina em 1967, disse: "Basta contemplar a magnitude dessa tarefa para admitir que a geração de um organismo vivo é impossível. Todavia, aqui estamos nós – como resultado, creio eu da geração espontânea... A ideia razoável era crer na geração espontânea; a única outra alternativa seria crer no ato único, primário da criação sobrenatural. Não há uma terceira posição".[3]

Francis Crick, um dos descobridores da helicoidal do DNA, também laureado do prêmio Nobel, disse: "Um homem sincero, armado com todo o conhecimento de que dispomos agora, só poderia afirmar que, num certo sentido, a origem da vida parece no momento ser quase um milagre, tantas são as condições que teriam de ser satisfeitas para fazê-la existir".[4]

O antropólogo, educador e filósofo Loren Eiseley, que recebeu mais de 36 diplomas honorários, em seu livro *Immense Journey*, disse: "Depois de repreender o teólogo por sua confiança no mito e no milagre, a ciência se encontrou na pouco invejável condição de ter de criar uma mitologia própria: a saber, a suposição de que aquilo que, depois de longo esforço, não pode ser provado como tendo lugar hoje, havia, na verdade, tido lugar no passado primevo".[5]

Vidya Jothi Nalin Chandra Wickramasinghe, diretor do Centro Cardiff de Astrobiologia, no País de Gales, disse: "Ao contrário da noção popular de que só o criacionismo se apóia no sobrenatural, o evolucionismo deve também apoiar-se, desde que as probabilidades da formação da vida ao acaso são tão pequenas que exigem um 'milagre' de geração espontânea equivalente ao argumento teológico".[6] O que se patenteia é que as propostas naturalistas das origens vão muito além dos limites da ciência. Elas se tornam posicionamentos antagônicos e ferrenhos contra as Sagradas Escrituras.

Sendo que todos os esforços para produzir um esclarecimento sobre as origens têm suas bases na fé, qual deveria ser o padrão para a escolha de uma proposta em relação às demais? Por que aceitar a explicação científica naturalista e rejeitar o relato bíblico?

---

3   George Wald, "The Origin of Life", *Scientific American: The Physics and Chemestry of Life* (New York: Simon & Schuster, 1959), p. 9.
4   Francis Crick, *Life Itself: Its Origin and Nature* (New York: Simon & Schuster, 1981), p. 88.
5   Loren Eiseley, *The Immense Journey* (New York: Time, Inc. 1962), p. 144.
6   Normam L. Geisler, *Creator in the Classroom – "Scopes 2": The 1981 Arkansas Creation/Evolution Trial* (Mieford, MI: Mott Media, 1982), p. 151.

As palavras do conhecido ateu americano, G. Richard Bozarth, talvez expliquem o porquê dessa opção: "O cristianismo lutou, ainda luta e continuará lutando desesperadamente com a ciência para o fim da evolução, porque a evolução destrói absoluta e completamente a própria razão pela qual a vida terrena de Jesus foi supostamente necessária. Destrói Adão e Eva e o pecado original, e nos escombros encontraremos os restos lamentáveis do filho de Deus. Ela remove o significado da sua morte. Se Jesus não foi o redentor que morreu pelos nossos pecados, e isto é o que evolução significa, então o cristianismo não é nada".[7]

ADAPTANDO-SE À REALIDADE CIENTÍFICA NATURALISTA

A teologia cristã do século XX procurou adaptar-se à proposta naturalista da geração espontânea da vida e do universo, aceitando os frágeis postulados *a priori* do naturalismo.

A própria religião passou a ser "vista, em si mesma, como uma fase de um processo evolutivo que começa com o mito e tem como ponto de chegada um estado de emancipação e maturidade racional".[8]

A teologia do Século XX procurou acomodar as Escrituras às hipóteses e teorias naturalistas, para evitar uma dicotomia existente na mentalidade da sociedade. Segundo essa mentalidade, a Bíblia está relacionada com a subjetividade, fé e moralidade; enquanto que a ciência está relacionada com a realidade objetiva.

Encontra-se à base dessa dicotomia o aspecto da interpretação da Palavra de Deus. Essa interpretação é considerada essencialmente desprovida de valor, por ser subjetiva e limitada à cosmovisão do intérprete. Contudo, esse mesmo aspecto é encontrado no Darwinismo. O processo de evolução não é observável empiricamente, necessitando apoiar-se fundamentalmente em interpretação.

Sendo assim, qual critério deveria ser adotado para que a interpretação naturalista fosse aceita em detrimento da interpretação literal da narrativa bíblica da criação?

Uma tentativa de harmonização destruiria uma delas ou as duas simultaneamente.

O evolucionismo teísta é um exemplo dessa tentativa de harmonização. Esta é a posição atual e oficial da Igreja Católica Romana. Ele começa posicionando a narrativa da criação de Gênesis como um conto mitológico, removendo toda e qualquer possibilidade de literalidade. Em segundo, ele assume como verdadeira a explicação da teoria evolucionista. Em terceiro passo, ele substitui o relato de Gênesis pela proposta evolucionista. Aqui, toda a teologia bíblica desmorona.

---
7   G. Richard Bozarth, "The Meaning of Evolution", *American Atheist*, 20 (Setembro 1979), p. 30.
8   Jónatas E. M. Machado, "Criacionismo Bíblico", *Estudos – Revista do Centro Acadêmico de Democracia Cristã* (Coimbra, Portugal: Gráfica de Coimbra, 2004), Nova Série n° 2, Junho 2004, p. 109.

Para que a evolução ocorresse, longos períodos de tempo seriam necessários. Formas de vida menos adaptadas teriam dado lugar às formas mais adaptadas no decorrer de longos períodos de tempo. Seres unicelulares teriam evoluído em seres pluricelulares, até que se atingisse a biodiversidade atual.

Portanto, a evolução deve ser considerada como um processo de aprimoramento da vida por meio da morte dos menos adaptados. Esses menos favorecidos deixariam de ser concorrentes dos mais adaptados, os quais passariam então a ter mais recursos naturais disponíveis. Assim, um processo cíclico de vida e morte estabeleceria o desenvolvimento e evolução das formas de vida.

Mas como adaptar tal proposta com a doutrina bíblica da morte e da redenção?

Se a evolução ocorreu, muitas formas de vida teriam perecido antes que o ser humano tivesse evoluído. Morte teria entrado no mundo muito antes do pecado de Adão (o primeiro *Homo sapiens*). Mas se a morte já havia entrado no mundo antes do pecado de Adão, como poderia ser ela o salário do pecado (Rm 6.23)? E se ela não for o salário do pecado, qual o significado da obra redentora de Cristo na cruz (1Co 15.26)?

Uma adaptação da narrativa bíblica com a posição evolucionista naturalista, sem dúvida, criaria outra mensagem totalmente desprovida do caráter salvífico que o verdadeiro evangelho possui.

DE VOLTA ÀS ORIGENS

O credo apostólico é uma das confissões de fé mais antigas da história da igreja. Assim como os Dez Mandamentos e a Oração Dominical, ele foi anexado, pela Assembléia de Westminster, ao Breve Catecismo. "Não como se houvesse sido composto pelos apóstolos, ou porque deva ser considerado Escritura canônica, mas por ser um breve resumo da fé cristã, por estar de acordo com a palavra de Deus, e por ser aceito desde a antiguidade pelas igrejas de Cristo".[9]

> Creio em Deus Pai, todo-poderoso, criador do céu e da terra.
>
> Creio em Jesus Cristo, seu único Filho, nosso Senhor, o qual foi concebido por obra do Espírito Santo; nasceu da virgem Maria; padeceu sob o poder de Pôncio Pilatos, foi crucificado, morto e sepultado; ressurgiu dos mortos ao terceiro dia; subiu ao céu; está sentado à direita de Deus Pai todo-poderoso, donde há de vir para julgar os vivos e os mortos.
>
> Creio no Espírito Santo; a santa igreja universal; a comunhão dos santos; a remissão dos pecados; a ressurreição do corpo; a vida eterna. Amém.

---

9 Archibald Alexander Hodge, *Outlines of Theology* (New York: Robert Carter & Brothers, 1879), p. 115.

Sua primeira afirmação é: "Creio em Deus Pai, todo-poderoso, criador do céu e da terra". A Igreja do Senhor Jesus sempre aceitou desde seus primórdios a veracidade da narrativa bíblica da criação.

No Catecismo de Heidelberg, encontra-se a pergunta de número 26: "Em que você crê quando diz: 'Creio em Deus Pai, todo-poderoso, criador do céu e da terra?" A resposta a essa pergunta, dada no mesmo Catecismo, é: "Creio que o eterno Pai de nosso Senhor Jesus Cristo criou do nada o céu, a terra e tudo o que neles há e ainda os sustenta e governa por seu eterno conselho e providência. Ele é também meu Deus e meu Pai, por causa de seu Filho, Cristo".

O mesmo ocorre com a Confissão de Fé de Westminster, capítulo IV.1, onde se lê: "No princípio, aprouve a Deus o Pai, o Filho e o Espírito Santo, para a manifestação da glória de seu eterno poder, sabedoria e bondade, criar ou fazer do nada, no espaço de seis dias, e tudo muito bom, o mundo e tudo o que nele há, visível ou invisível".

Palavras idênticas a essas fizeram parte das declarações não apenas de importantes teólogos, mas também de muitos cientistas do passado, como James Prescott Joule: "O próximo passo, após o conhecimento e a obediência à vontade de Deus, deve ser conhecer algo sobre os seus atributos de sabedoria, poder e bondade manifestos nas obras das suas mãos".

AS IMPLICAÇÕES DA CRIAÇÃO PARA A FÉ REFORMADA

As doutrinas cristãs estão estabelecidas no ensino das Escrituras Sagradas. A aplicação dessas doutrinas na vida dos que crêem os capacita a viver de modo digno da vocação de Deus para as suas vidas. Elas estabelecem parâmetros pelos quais o ser humano pode viver de maneira a agradar a Deus.

Encontra-se na Confissão de Fé de Westminster, capítulo IV.2 um plano de referência que estabelece as bases necessárias para a compreensão do ser humano, quem somos e o que somos.

> Depois de haver feito as outras criaturas, Deus criou o homem, macho e fêmea, com alma racional e imortal, e dotou-os de inteligência, retidão e perfeita santidade, segundo a sua própria imagem, tendo a Lei de Deus escrita no seu coração e o poder de cumpri-la, mas com a possibilidade de transgredi-la, sendo deixados à liberdade de sua própria vontade, que era mutável. Além dessa lei escrita no coração, receberam o preceito de não comerem da árvore do conhecimento da ciência do bem e do mal; enquanto obedeceram a este preceito, foram felizes em sua comunhão com Deus e tiveram domínio sobre as criaturas.

Dentro da fé reformada, o ser humano não é fruto do acaso, mas uma criação de Deus, distinta das demais criaturas. Nesse aspecto, todos os seres humanos são iguais, não havendo a possibilidade para qualquer forma de racismo, pois não existe uma forma de ser humano superior às demais. Todos são iguais. Na teoria da evolução, contrastando com esse posicionamento, segue o ensino de que sobrevive o que estiver mais bem capacitado.

Os seres humanos foram dotados por Ele com uma alma racional e imortal, capaz de refletir sobre a existência após a vida terrena. Tal capacidade racional auxilia o ser humano a manter uma conduta com o referencial da eternidade. O resultado de suas ações tem implicações que vão além da sua existência terrena. Se os seres humanos são meros frutos do acaso, nada mais lhes resta a não ser essa vida. O que realmente importa é "o agora" e "o aqui".

Inteligência, retidão e perfeita santidade foram doados ao ser humano como marcas da imagem do Criador, e proporcionam o referencial de relacionamento social perfeito para uma sociedade justa e íntegra, onde cada indivíduo pode usufruir das características intrínsecas dos demais para o bem de todos. Tais características permitiriam não somente um relacionamento construtivo entre os seres humanos como também um relacionamento de conservação do meio-ambiente onde estes estivessem inseridos.

A racionalidade sem padrões de santidade oferece razões justificáveis para que, no avanço da evolução, os seres humanos menos capacitados sejam ignorados e alienados, sendo deixados à morte, para que os mais capacitados prevaleçam e deem continuidade à espécie.

Para que não houvesse a desigualdade, leis que revelam o caráter de Deus foram estabelecidas no coração de cada ser humano. Essas leis estabelecem limites que norteiam todas as atividades humanas.

Mas se a raça humana é apenas fruto de uma evolução, leis são relevantes apenas dentro dos parâmetros daqueles que as estabelecem, pois eles sempre serão os mais favorecidos, tornando-os também nos mais capacitados.

Os seres humanos receberam por meio do ato criador de Deus a capacidade de cumprir os mandamentos estabelecidos nos seus corações, mas tendo a liberdade de escolha de obedecê-los ou não. Tal liberdade de escolha estabelece padrões de responsabilidade pessoal, que resulta em padrões de conduta.

Se os seres humanos apenas evoluíram, então tal liberdade de escolha deve ser usada apenas para que a espécie continue. A responsabilidade das escolhas pessoais fica então atribuída ao agrupamento de indivíduos. Nenhum indivíduo pode ser considerado responsável por suas ações, pois elas foram influenciadas também pelos demais.

Observa-se nesses contrastes o plano de referência divino com a realidade atual da humanidade. E nada poderia ser mais verdadeiro do que as palavras do apóstolo Paulo em Romanos 1.18-25:

> A ira de Deus se revela do céu contra toda impiedade e perversão dos homens que detêm a verdade pela injustiça; porquanto o que de Deus se pode conhecer é manifesto entre eles, porque Deus lhes manifestou. Porque os atributos invisíveis de Deus, assim o seu eterno poder, como também a sua própria divindade, claramente se reconhecem, desde o princípio do mundo, sendo percebidos por meio das coisas que foram criadas. Tais homens são, por isso, indesculpáveis; porquanto, tendo conhecimento de Deus, não o glorificaram como Deus, nem lhe deram graças; antes se tornaram nulos em seus próprios raciocínios, obscurecendo-lhes o coração insensato. Inculcando-se por sábios, tornaram-se loucos e mudaram a glória do Deus incorruptível em semelhança da imagem de homem corruptível, bem como de aves, quadrúpedes e répteis. Por isso, Deus entregou tais homens à imundícia, pelas concupiscências de seu próprio coração, para desonrarem o seu corpo entre si; pois eles mudaram a verdade de Deus em mentira, adorando e servindo a criatura em lugar do Criador, o qual é bendito eternamente. Amém!

TRANSFORMANDO VINHO EM ÁGUA

Toda a criatividade humana, com os seus avanços tecnológicos, ainda não conseguiu criar a mais simples célula viva. Toda a sabedoria humana acumulada ainda não é suficiente para revelar os mistérios da criação. Não sabemos exatamente o que é aquilo que chamamos de matéria. Desconhecemos os mecanismos relacionados às mais básicas atividades dos seres humanos: capacidade de comunicação, raciocínio abstrato, intuição e tantos outros. Por que tantas vezes fazemos o que não queremos e outras tantas não fazemos o que queremos?

A ciência naturalista procura atribuir a enorme complexidade e o alto grau de interatividade existentes na natureza aos processos puramente naturais, totalmente desprovidos de vontade e propósito.

Contudo, todas as coisas criadas, embora não possuam linguagem nem palavras, por toda a terra fazem ouvir a sua voz. Toda a natureza revela a essência do Deus Criador. Seus atributos de glória, poder e sabedoria são manifestos nas complexas e maravilhosas obras das suas mãos. O Seu caráter igualmente se expressa de forma sempre precisa, oportuna e amorosa no cuidado e provisão para com todas as coisas por Ele criadas.

O conhecimento adquirido por meio dos avanços científicos do universo ao nosso redor nos deixa perplexos a respeito dessa realidade. Nossos estudos nos levam a entender que o universo possui mais estrelas que o número de grãos de areia de todos os desertos e praias do nosso planeta. As Escrituras dizem que o Senhor Deus conta cada uma das estrelas e as chama pelo nome (Is 40.25-26). Uma única estrela de quinta grandeza, como o Sol, transforma quatro milhões de toneladas de matéria em energia por segundo!

O limite de observação imposto pelos nossos telescópios já nos levaram a dez bilhões de trilhões de quilômetros de distância. E sabemos que ainda estamos longe de ver os limites do universo, o qual o Senhor Deus mediu a palmos (Is 40.12).

Nos pequenos filamentos de DNA dentro de nossas células encontram-se bilhões de letras genéticas perfeitamente organizadas, formando um pequeno livro, invisível ao olho humano, com toda a informação capaz de produzir todas as complexas estruturas de um olho, coração, cérebro ou qualquer órgão ou tecido humano. Dentro do contexto do pensamento moderno, todas essas coisas assombrosamente maravilhosas teriam sido apenas fruto do acaso.

Como o óbvio – a criação – deixou de ser aceito? Como o inacreditável – a evolução – passou a ser aceito? Onde nos perdemos?

Mesmo que tivéssemos essas respostas, elas não nos apontariam o caminho a seguir. Elas apenas nos mostrariam onde erramos.

Não é a primeira vez que isso acontece na história. A humanidade já se perdeu outras vezes no passado. Mas homens foram levantados pelo Senhor Deus para apontar a ela o caminho a ser trilhado. Os reformadores fizeram isso. Eles nos conduziram à centralidade das Escrituras, permitindo que uma vez mais pudéssemos ter os nossos olhos abertos para ver com clareza o óbvio, removendo o obscurantismo produzido pela sabedoria e conhecimento humanos.

E agora, baseados nos mesmos ensinos, voltados novamente para a centralidade e veracidade das Escrituras, podemos perceber que não somos frutos do acaso, mas de uma sabedoria infinita. Podemos compreender que as nossas vidas não são parte de um processo, mas parte de um plano. Podemos ver que o nosso destino final não é a evolução, mas a restauração como filhos de Deus, recebendo novamente a imagem dAquele que fez todas as coisas para o louvor da sua glória.

E diante de todas essas realidades podemos dizer (Ap 4.11):

> Tu és digno, Senhor e Deus nosso,
> de receber a glória, a honra e o poder,
> porque todas as coisas tu criaste,
> sim, por causa da tua vontade
> vieram a existir e foram criadas.

CAPÍTULO 29

OS FUNDAMENTOS TEOLÓGICOS DA FAMÍLIA CRISTÃ

SILLAS LARGHI CAMPOS

É maravilhoso como Deus usou os reformadores para resgatar a família das noções medievais e antibíblicas. Através deles o Senhor restaurou a beleza, a importância, a força e a alegria da família. Eles combateram o conceito de que o celibato (até hoje praticado pelo clero romano) era um estado mais agradável a Deus do que o casamento, a procriação e a vida em família. Eles também rejeitaram o desprezo às mulheres e a visão negativa acerca das relações sexuais no casamento, falácias estabelecidas por Aristóteles e desenvolvidas por muitos teólogos ortodoxos, tais como Tertuliano, Ambrósio e Crisóstomo. Orígenes, por exemplo, tomou Mateus 19.12 tão literalmente que castrou a si mesmo antes de ser ordenado.[1] O próprio Tomás de Aquino errou neste ponto. Como J. I. Packer mesmo escreve:

> Ele chegara ao extremo de dizer que o nascimento de uma menina resulta de alguma degeneração no embrião masculino; e que, se a esposa é uma conveniência para o homem, porquanto capacita-o a procriar e a evitar a concupiscência, em tudo o mais o homem sempre será melhor companheiro e ajudante do que jamais poderia ser

---

1 Leland Ryken, *Santos no mundo: os puritanos como realmente eram* (São José dos Campos, SP: Fiel, 1992), p. 54.

uma esposa, ou qualquer outra mulher. Ademais, afirmava Aquino, as mulheres são mental e fisicamente mais fracas do que os homens, mais tendentes ao pecado.[2]

Mas a aplicação dos princípios *somente a graça, somente a fé, somente Cristo e somente as Escrituras* levou os reformadores a romper com a ignorância e tradições dos homens, para redescobrir a verdade pura de Deus acerca dos vários aspectos da vida cristã, inclusive acerca do relacionamento conjugal e vida em família. O resultado disto tudo foi um despertamento devocional durante o século que se seguiu à Reforma, sendo o puritanismo a principal expressão desse reavivamento espiritual.[3] Por isso, quando tratamos da ligação entre a fé reformada e a família, obrigatoriamente lidamos com a teologia reformada e com a história, sermões e testemunhos dos puritanos, que em contrapartida nos conduzem de volta à própria Bíblia. À luz deste contexto, convido-o a considerar alguns princípios preciosos que o movimento da reforma resgatou e deixou para a família e povo de Deus hoje.

UMA DEFINIÇÃO BÍBLICA DO QUE É CASAMENTO

Esta é uma questão muito importante. O problema de muitos casamentos "evangélicos" começa exatamente aqui; pessoas adentram na experiência matrimonial sem saber direito no que estão se envolvendo. Ninguém em sã consciência ousaria entrar numa embarcação sem antes considerar: o que é isto? Qual o propósito disto? Para onde isto irá me levar? Estou preparado para esta experiência? Mas a teologia reformada, ao resgatar o exame e submissão à sabedoria das Escrituras, responde acertadamente a todas estas questões relacionadas ao casamento e vida em família.

Uma instituição divina

A fé reformada define família como sendo, em primeiro lugar, *uma instituição divina*, pois foi Deus quem a idealizou, criou, ordenou e santificou. Foi Deus quem disse: "Não é bom que o homem esteja só; far-lhe-ei *uma auxiliadora* que lhe seja idônea" (Gn 2.18). E tendo criado a mulher, a Bíblia diz que o Senhor "a levou até ele", Adão, que então disse: "Esta, sim, é osso dos meus ossos e carne da minha carne!" (Gn 2.22-23) Sobre isto, João Calvino, o grande reformador disse: "Aqui Moisés relata que o casamento foi divinamente instituído,... pois não foi de iniciativa própria que Adão tomou uma esposa para si mesmo, antes, a recebeu como uma oferta apropriada de Deus para ele..."[4] Além

---

2 J. I. Packer, *Entre os gigantes de Deus: uma visão puritana da vida cristã* (São José dos Campos, SP: Fiel, 1991), p. 280.
3 *Ibid.*, p. 8
4 John Calvin, *The Geneva Series of Commentaries: Genesis* (Carlisle, PA: Banner of Truth Trust), p. 134.

disto, sabemos que foi Deus quem ordenou: "Por essa razão, o homem deixará pai e mãe e se unirá à sua mulher, e eles se tornarão uma só carne" (Gn 2.24). Sabemos também que "Deus os abençoou, e lhes disse: 'Sejam férteis e multipliquem-se!'" (Gn 1.28).

Desta forma, a fé reformada ensina o cristão a não edificar seu casamento sobre sua tradição familiar, sabedoria própria, intuição pessoal, ou opinião de amigos, parentes, e psicólogos, mas sobre a autoridade da Palavra de Deus! Além do mais, ela também ensina o cristão a reconhecer, respeitar, admirar e tratar a família como instituição sagrada e território santo, estabelecido por Deus antes mesmo do pecado, de Israel, da Lei e da própria igreja. Por isso, ela não zomba nem trata a família e o matrimônio com leviandade, antes, os protege, admira, valoriza, nutre e neles investe.

Uma instituição divina estabelecida para um homem e uma mulher

Em segundo lugar, a fé reformada ensina que *a família é uma instituição divina, feita para um homem e uma mulher*. Deus disse: "Não é bom que o homem esteja só: far-lhe-ei *uma auxiliadora* que lhe seja idônea (2.18). Deus não disse "far-lhe-ei duas ou três auxiliadoras...", nem disse "far-lhe-ei um coleguinha ou rapazinho..." Este ponto fica mais claro à luz de 1Coríntios 7.2: "Mas, por causa da prostituição, *cada um tenha a sua própria mulher*, e *cada uma tenha o seu próprio marido*". E, à luz de Levítico 18.22, que diz: "Com homem não te deitarás, como se fosse mulher; abominação é!" Calvino comentando o principio bíblico, "um homem para uma mulher", enfatiza a importância da monogamia e fidelidade conjugal, dizendo que a vontade de Deus é que "cada homem aprenda a estar satisfeito com sua própria mulher".[5]

Esta herança bíblica nos alerta contra duas tendências pecaminosas e altamente destrutivas: a poligamia e o homossexualismo. Vivemos em tempos difíceis. Quando líderes religiosos, com aparência de piedade, negam o poder transformador do evangelho; quando denominações inteiras proclamam para os que vivem na prática do adultério, poligamia e homossexualidade: "Deus te ama! Deus te aceita como você é!", mas omitem e negam o poder de Deus de regenerá-los. Por isso as igrejas vão atraindo multidões, que até se tornam membros, mas não experimentam a maravilhosa libertação e mudança que só o evangelho é capaz de operar. Sim, Deus ama e aceita os imorais, idólatras, adúlteros e homossexuais do jeito que estão, a fim de lavá-los, santificá-los, e justificá-los no nome do Senhor Jesus Cristo e no Espírito Santo (1Co 6.9-11).

Uma instituição divina vitalícia

Em terceiro lugar, *a família é uma instituição divina vitalícia*. Deus disse: "Por isso, deixa o homem pai e mãe e se une à sua mulher, tornando-se os dois uma só carne"

---

5   *Ibid.*, p. 97.

(Gn 2.24). E Jesus, referindo-se a este ato e palavra de Deus, completou: "Portanto, o que Deus uniu, ninguém separe" (Mt 19.6). Por isso a fé reformada, em primeiro lugar, ensina que, ao entrar num casamento, deve-se fazê-lo com grande seriedade e oração fervorosa.⁶ Depois, ela ordena e promove virtudes e práticas cristãs que fortalecem e protegem o relacionamento conjugal. Foram os pastores puritanos que iniciaram a prática de aconselhamento pré-nupcial. A história registra que eles produziam sermões impressos a respeito da vida conjugal, e até mesmo publicavam manuais que os cônjuges poderiam usar para orientação futura.⁷

Infelizmente os reformadores também tiveram que enfrentar a questão do divórcio. É impressionante como Deus lhes deu grande discernimento bíblico para tratar deste assunto. Lutero, Calvino e muitos outros teólogos entendiam que o adultério e o abandono deliberado dariam à parte inocente o direito de se divorciar e se casar de novo. Mas os pastores puritanos faziam de tudo para não permitir que a nociva ideia do "divórcio fácil" invadisse a igreja de Cristo. Mesmo diante de casos de abandono e adultério eles se esforçavam ao máximo para tentar reconciliar o casal.⁸ Certamente eles sabiam que Deus não mudou, que Ele continua declarando: "Eu odeio o divórcio" (Ml 2.16).

OS PROPÓSITOS DE DEUS PARA O CASAMENTO

A glória de Deus

O princípio básico da fé reformada é *soli Deo gloria*, do latim, "glória somente a Deus". Pois ela reconhece que em tudo o cristão precisa ser motivado pela glória de Deus, e que tudo que fazemos devemos fazer para Sua glória (1Co 10.31; Cl 3.17, 23). Logo, o propósito primordial de Deus para o casamento não poderia ser outro senão *a própria glória de Deus*! De acordo com Isaac Ambrose, pastor puritano inglês, marido e mulher têm a tarefa de "erigir e estabelecer o reino glorioso de Cristo em sua casa".⁹ Outro pastor puritano, Robert Cleaver, também definiu a família como "se fosse uma pequena comunidade, por cujo bom governo a glória de Deus pode ser promovida; a comunidade, que é constituída por várias famílias, beneficiada; e todos que vivem nessa família podem receber muito conforto e comodidade".

Resolver o problema da solidão

Em segundo lugar, os reformadores entenderam que outro propósito de Deus para o casamento é *resolver o problema da solidão*. Antes mesmo de o pecado entrar no mundo,

---

6 Matthew Henry, *Matthew Henry's Commentary on the Whole Bible*. vol. 4.
7 J. I. Packer, *Entre os gigantes de Deus*, p. 289.
8 Ibid., p. 290.
9 Leland Ryken, *Santos no mundo*, p. 88.

Deus disse: "Não é bom que o homem esteja só; far-lhe-ei uma auxiliadora que lhe seja idônea" (Gn 2.18). Por trás desta afirmativa, Calvino entendeu que Deus estava declarando que o homem é um ser social. Ele foi criado para viver em família, em comunidade, na companhia de outros seres humanos, exceto aqueles a quem Deus concede um chamado especial.[10] Mas o homem normal, se for colocado sozinho, entristece, sofre, adoece e até morre de solidão! Sabe-se que prisioneiros de guerra que se recusam a cooperar com o inimigo, mesmo mediante tortura física, após algumas semanas na *solitária* têm sua resistência quebrada. Pois a solidão é um estado triste, especialmente na velhice. Por isso Deus instituiu o casamento, criou a família. E os reformadores resgataram e promoveram essa bênção. Como um deles escreveu: "Não há sociedade mais próxima, mais inteira, mais necessária, mais gentil, mais agradável, mais confortável, mais constante, mais contínua do que a sociedade homem e mulher, a principal raiz, fonte e padrão de todas as outras sociedades".[11]

Propagação ordenada da humanidade
Em terceiro lugar, eles sabiam que Deus estabeleceu o casamento visando *à propagação ordenada da humanidade*. Falando sobre o primeiro casal, a Bíblia diz: "E Deus os abençoou; e Deus lhes disse: Frutificai e multiplicai-vos, e enchei a terra, e sujeitai-a..." (Gn 1.28). Isto significa que, de acordo com a Bíblia, não existe melhor babá, pedagogo, mentor, psicólogo, pastor e companheiro para os filhos do que seus próprios pais. A responsabilidade principal de criar os filhos é de seus pais, e não da igreja, nem do governo. Isto também significa que não existe melhor ambiente para criar uma criança do que num lar onde pai e mãe, pela graça divina, vivem seu compromisso de amor diante de Deus. Muitos anos atrás a revista *Banner of Truth* trouxe um artigo escrito por A.W. Pink, que dizia:

> Não importa quão excelentes a Constituição e Leis de um país possam ser, ou quais são seus recursos materiais; a menos que uma sólida fundação de ordem social e virtude pública seja estabelecida através de famílias saudáveis, tudo mais é insuficiente e ineficaz. Uma nação é formada por indivíduos. Logo, a menos que haja bons pais e boas mães, bons filhos e boas filhas, bons irmãos e boas irmãs, não haverá bons cidadãos.[12]

Um antídoto contra a imoralidade sexual
Em quarto lugar, Deus estabeleceu o casamento como *um antídoto contra a*

---

10 John Calvin, *The Geneva Series of Commentaries: Genesis*, p. 128.
11 Leland Ryken, *Santos no mundo*, p. 56-57.
12 Extraído das anotações de um antigo sermão do Dr. Wayne Mack quando pastoreava a Igreja Batista da Fé Reformada em Norton, Pennsylvania, Estados Unidos.

imoralidade sexual. Em 1Coríntios 6.18 o Senhor ordena: "Fugi da imoralidade sexual!" E o texto explica a seriedade desse tipo de pecado que envolve o templo do Espírito Santo, que é o nosso corpo. Mas sabemos também que a imoralidade é altamente destrutiva, pois geralmente atrai más companhias, vícios, culpas, doenças, brigas, má reputação, desrespeito e desperdícios diversos.

O sexo livre é a marca registrada das civilizações decadentes. Por isso, com amor, em 1Coríntios 7.1-4, o Senhor ordena o casamento como um antídoto para os homens: "Ora, quanto às coisas que me escrevestes, bom seria que o homem não tocasse em mulher; mas, por causa da prostituição, cada um tenha a sua própria mulher, e cada uma o seu próprio marido. O marido pague à mulher a devida benevolência, e da mesma sorte a mulher ao marido". Por isso os pastores puritanos viam a necessidade pela satisfação sexual como uma condição humana. William Perkins chamou o casamento de "um meio soberano de evitar a fornicação". William Whately disse que nem o marido nem a mulher podem "sem sério pecado, negar" relação sexual ao outro. E W. Gouge completou dizendo: "É negar um débito devido e dar a Satanás grande vantagem".[13]

Mas isto não significa que o sexo, proibido fora do casamento, torna-se uma obrigação pesada e triste dentro dos laços matrimoniais. Pelo contrário, a Palavra o apresenta como fonte de alegria e prazeres. Em Provérbios os homens são exortados a ficar longe da mulher imoral e direcionar seus anseios por carícias e sexo para sua esposa. Ali o texto diz: "Seja bendito o teu manancial, e alegra-te com a mulher da tua mocidade. Como cerva amorosa, e gazela graciosa, os seus seios te saciem todo o tempo; e pelo seu amor sejas atraído perpetuamente" (Pv 5.18-20). Os primeiros representantes da fé reformada entenderam este principio. Ryken cita o conselho de Whately como exemplo típico; ele encorajava os casais a amarem um ao outro "com amor ardente", e os exortava a não "ceder a si mesmos com malevolência e indocilidade, mas prontamente e com toda demonstração de afeição abundante".[14]

Além disto, através da influência da fé reformada, algo maravilhoso aconteceu. O conceito do amor romântico dentro do casamento foi resgatado. Antes da reforma, durante a Idade Média, só existiam histórias de adultérios românticos. O professor Richardson, que já trabalhou com mais de 5.000 autores e mestres na preparação de livros e artigos, diz algo muito importante: "O surgimento do casamento romântico e sua validação pelos puritanos... representa uma relevante inovação dentro da tradição cristã".[15] Esta inovação relevante simplesmente resgatou aquilo que Deus já havia nos dado através da mensagem de Cântico dos Cânticos, onde vemos uma perfeita harmonia entre o amor, romance, sexo e casamento. Até hoje a tendência de muitos, dentro e fora

---

13 Leland Ryken, *Santos no mundo*, p. 60.
14 *Ibid.*, p. 60.
15 Herbert W. Richardson, *Nun, Witch, Playmate: The Americanization of Sex* (Nova York: Harper and Row, 1971), p. 69.

da igreja, é não falar de amor quando se fala de sexo, nem falar de sexo quando se fala sobre o amor. Mas Deus, na sua pureza e sabedoria, registrou através deste livro poético a beleza e prazer que existem nestes quatro elementos; juntos eles geram um casamento romântico que expressa o amor de diversas formas, inclusive através do ato sexual. Este princípio está confirmado e resumido no Novo Testamento através da seguinte declaração: "Digno de honra entre todos seja o matrimônio, bem como o leito sem mácula" (Hb 13.4).

Uma mensagem viva e poderosa
Em quinto lugar, Deus deseja que cada casamento seja *uma mensagem viva e poderosa*. Infelizmente muitos casais evangélicos se esquecem deste princípio e privilégio. Mas esta verdade está revelada em Efésios 5.22-33, onde a esposa é desafiada a viver de tal modo, diante de seu marido, que o mundo veja em sua vida "uma igreja amorosa e submissa à Cristo"; enquanto o marido é desafiado a viver de tal modo com sua esposa que o mundo veja nele "o grande amor e liderança de Cristo por sua igreja". Hendriksen, comentando este texto, argumentou que, aqui na terra, o grande mistério do maravilhoso amor e relacionamento de Cristo e sua igreja é refletido através da união de um esposo e sua mulher, que, através da união Cristo-Igreja, são capacitados a conviver de forma gloriosa, promovendo alegria mútua, bênçãos para a humanidade e glória a Deus![16]

Quando o diretor de uma produção cinematográfica escolhe e convoca os atores com quem vai trabalhar, ele os informa sobre o tema do filme e lhes confere o papel e *script* que cada um deve seguir. Da mesma forma, em Efésios 5, Deus, o grande produtor, além de dar ao casal o tema da mensagem que devem viver, também lhes confia o papel específico de cada um. Para a mulher Ele dá o papel da igreja, o corpo de Cristo. Qual sua responsabilidade principal? Submeter-se à liderança de seu próprio marido. Como? Da mesma forma como a igreja submete-se ao senhorio de Cristo. Qual a abrangência dessa submissão? Em tudo! Depois, ao homem Ele passa o papel de Cristo, o cabeça e líder da igreja. Qual sua responsabilidade principal? Amar passionalmente sua esposa. Como? Como Cristo amou a igreja, liderando-a através do exemplo e do amor, protegendo-a e salvando-a com sua própria vida! É este conceito que a fé reformada resgatou.

Este padrão bíblico é mal interpretado por muitos cristãos. Conta-se que um marido, tendo ouvido um sermão sobre a liderança do marido, voltou para casa e disse para sua mulher: "A partir de hoje, eu sou o chefe! E você não é nada! Eu mando e você obedece!" Então a estória diz que ele ficou sem vê-la por uma semana. Mas lá pelo sétimo dia ele conseguiu enxergá-la, pelo cantinho do seu olho direito que já estava desinchando!

---

16 William Hendriksen, *New Testament Commentary: Exposition of Galatians and Ephesians* (Grand Rapids, MI: Baker Book, 1985), p. 257.

Ao contrário deste homem, a fé reformada tem interpretado e aplicado os princípios de Efésios 5 com muito bom senso e equilíbrio. Por exemplo, quanto a essa questão da autoridade do marido sobre a mulher, Benjamin Wadsworth ensinava que um marido temente a Deus fará "seu governo sobre ela tão fácil e suave quanto possível, e lutará mais para ser amado que temido".[17] Outro pastor disse que um bom marido governará de tal forma "que sua mulher possa deleitar-se na sua liderança, e não tê-la como escravidão, mas como liberdade e privilégio".[18]

Através dos sermões e escritos puritanos a questão da submissão da esposa é abordada de forma digna e positiva. Primeiro, porque eles entenderam que homem e mulher são iguais em valor e dignidade. São iguais na criação, ambos foram criados à imagem e semelhança de Deus (Gn 1.27). São iguais na queda, ambos pecaram e foram destituídos da glória de Deus (Rm 3.10-23). E são iguais no plano de redenção (Rm 3.24; Gl 3.28). Em segundo lugar, eles também entenderam que a hierarquia bíblica é uma questão de função e não de valor, é o padrão de Deus para gerir a família, não uma avaliação do valor pessoal. Por isso, ao mesmo tempo em que ensinavam a esposa a obedecer ao seu marido, também ensinavam o marido a não considerar sua esposa uma serva, mas sua ajudadora, conselheira e consoladora. Ao mesmo tempo em que ensinavam o marido que ele, em última análise, era o responsável principal pela família, também o ensinavam a compartilhar a autoridade com sua esposa. Defendiam a liberdade da mulher em opinar e argumentar lógica e biblicamente com seu marido, e até ensinavam os casais a "escolherem ocasiões apropriadas para reprovarem um ao outro, por coisas que seu amor e dever exigem".[19]

O SEGREDO DE DEUS PARA A FAMÍLIA BEM-AVENTURADA

A fé reformada também resgatou e nos legou o segredo para uma família bem-aventurada. Tal segredo encontrava-se esquecido e desprezado pela igreja medieval, mas, conforme os reformadores voltaram-se para a Palavra de Deus, eles o redescobriram e experimentaram. O melhor resumo deste segredo encontra-se no Salmo 128, que Spurgeon classificou como "o hino da família, uma canção para o matrimônio".[20] A verdade é que neste salmo Deus nos ensina (1) quais são os membros que formam uma família; (2) quais são suas prioridades; (3) como eles se relacionam uns com os outros, e o que os capacita e motiva a ser a família que são.

Os membros que formam uma família bem-aventurada

---

17 Leland Ryken, *Santos no mundo*, p. 90.
18 *Ibid.*, p. 91.
19 *Ibid.*, p. 92.
20 Charles Haddon Spurgeon, *The Treasure of David*. vol. 7 (New York: Funk & Wagnalls, 1886), p. 43.

Em primeiro lugar o Salmo fala sobre um homem, um marido e pai. O primeiro verso diz: "Bem-aventurado aquele que teme ao Senhor e anda nos seus caminhos!"; depois, o quarto verso diz: "Eis como será abençoado o homem que teme ao Senhor!" Em segundo lugar o Salmo destaca a presença da mulher, esposa e mãe; o terceiro versículo a apresenta dizendo: "Tua esposa, no interior de tua casa, será como a videira frutífera". Em terceiro lugar, no fim do terceiro versículo os filhos são mencionados, "... teus filhos, como rebentos da oliveira, à roda da tua mesa". Logo, concluímos que o lar bem-aventurado é formado por um marido, uma esposa e filhos.

Na verdade, não é bem assim. Quando consideramos o texto com mais cuidado percebemos que o primeiro e mais importante membro da família é o próprio Deus! Antes dos filhos, esposa e do marido bem-aventurado, está o Deus da bem-aventurança, que a todos criou, que instituiu o casamento (Gn 1.28), que revela seus caminhos àqueles que O temem (Sl 128.1), que provê esposas abençoadoras (Pv 18.22), que concede os filhos (Sl 127.3) e que sustenta "todas as coisas pela palavra do seu poder" (Hb 1.3). Há grande conforto e esperança nesta verdade, pois isto significa que numa família "até pode" faltar o esposo, mas com a presença de Deus ainda será uma família bem-aventurada! Isto significa que numa família "até pode" faltar a esposa, mas com a presença de Deus ainda será uma família bem-aventurada. Até podem faltar os filhos, mas com a doce presença do Senhor, esse casal é bem-aventurado por Deus.

O segredo do marido e pai da família bem-aventurada

O segredo do esposo da família bem-aventurada não é sua saúde, força física, dinheiro, poder ou posição social; nem mesmo sua inteligência, conhecimento, discernimento espiritual, dons ou ministério. Seu segredo é o temor do Senhor e obediência: "Bem-aventurado é aquele que teme ao Senhor e anda nos seus caminhos" (Sl 128.1). Interessante que esse temor a Deus gera e atrai uma série de bênçãos secundárias. Isto porque ele é um meio de graça, escolhido por Deus para conceder ao homem sabedoria (Pv 1.7; 9.10), saúde e trabalho (Sl 128.1-2), prosperidade, honra e vida (Sl 25.13; 112.3; Pv 22.4), direcionamento divino (Sl 25.12), bondade (Sl 31.19), proteção (Sl 31.20), filhos e netos abençoados (Sl 103.11-18), orações respondidas (Sl 145.19) e, melhor de tudo, o sorriso de Deus, a certeza de que Deus está contente conosco, como o Salmista diz: "O Senhor se agrada dos que o temem, dos que colocam sua esperança no seu amor leal" (Sl 147.11).

Sendo o temor do Senhor algo tão valioso assim, precisamos defini-lo e entendê-lo biblicamente. Infelizmente a tendência humana é o desequilíbrio, errar 'para mais' ou 'para menos'. Parece que a maioria das pessoas não teme a Deus o suficiente; Jesus, porém, contou a história de um servo que errou "para mais", que desenvolveu um temor pesado, opressivo e aterrorizante acerca de Deus. Seu temor exagerado por Deus o levou ao medo, negligência, omissão, pecado e condenação (Mt 25.24-30). Mas, biblicamente falando, o temor do Senhor é o fruto inevitável de um relacionamento e conhecimento crescente do Deus vivo e verdadeiro, que se revela em Cristo Jesus.[21] Um exemplo clássico deste princípio é Moisés, o qual, tendo andado com Deus e visto seu tremendo poder, glória, santidade, fidelidade, amor, paciência, e compromisso com seu povo, cresceu em adoração, amor, e obediência a Ele.

Outra ilustração contemporânea desta definição do temor do Senhor é a história do jovem soldado e o general. Logo no início de sua carreira militar, este soldado aprendeu a ter medo do general, pois percebia que toda vez que ele visitava o quartel tudo mudava, um clima de seriedade e respeito tomava conta do ambiente, alguns soldados relaxados eram disciplinados e até aprisionados. Mas, para sua surpresa, depois de um tempo, ele foi comissionado para ser o motorista particular do general. Agora, durante as viagens pode conhecer a conversa, opiniões e atitudes desse seu superior, que por sinal muito lhe impressionaram. Assim, além de temê-lo, o soldado passou a admirá-lo cada vez mais. Mas a história conta que um dia aconteceu um acidente sério, que quase matou esse jovem e o general. Juntos, foram levados para o mesmo hospital militar. Em poucos dias o general recebeu alta, e antes mesmo de sair do hospital fez questão de visitar seu motorista, oferecendo-lhe todo conforto e apoio necessário. Além disto, continuou visitando-o até que este também estivesse totalmente recuperado, de volta à ativa como seu motorista. Bem, diante destas demonstrações de cuidado e carinho, o soldado, que já o temia e admirava, passou a amá-lo, a servi-lo com muito prazer e alegria.[22]

O temor do Senhor é algo que a fé reformada resgatou e promoveu de forma bíblica e equilibrada. Ao comentar sobre esse temor mencionado no Salmo 128.1, Spurgeon cita Robert Nisbet, que diz:

> Este temor é o produto da fé nas revelações de Deus em sua Palavra. É o temor que o filho sente em relação ao pai honrado; medo de ofendê-lo. É o temor que o resgatado da morte sente para com o nobre benfeitor que arriscou sua vida a fim de salvá-lo; medo de agir de forma indigna diante de tamanha bondade. É o temor que um rebelde perdoado e agradecido sente diante do trono de um venerado soberano, aonde, com honra lhe está sendo permitido estar e permanecer; medo de esquecer da sua bondade e lhe dar motivo de lamentar seu ato de misericórdia.[23]

---

21 Wayne A. Mack, *Your Family God´s Way: Developing and Sustaining Relationships in the Home* (Phillipsburg, New Jersey: Presbyterian & Reformed, 1991), p. 7.
22 Ilustração usada por Jerry Bridges em sermão pregado nos anos 80 na Igreja Batista da Graça em Greenville, SC, Estados Unidos.
23 Charles Haddon Spurgeon, *The Treasure of David*. vol. 7, p. 47-48.

O homem que assim teme a Deus será trabalhador, responsável, honesto, ponderado, amável, humilde, alegre, firme em sua fé e sábio em suas escolhas. Sim, ele não irá escolher sua esposa pensando apenas em sua beleza física, mas especialmente na beleza da sua fé em Deus e caráter cristão. Packer sintetiza o pensamento puritano nesta questão, dizendo: "Quando um homem escolhe uma esposa... ele precisa orar muito, refletir com cuidado e verificar que seu sistema de valores esteja claro e correto. É axiomático que um crente deve casar-se somente com outro crente; e outras qualidades, acima e além da fé compartilhada, são necessárias para um casamento bem-sucedido. A beleza da mente e do caráter vale mais do que a beleza do rosto e do corpo".[24]

O segredo da esposa e mãe da família bem-aventurada

O segredo da esposa e mãe bem-aventurada não está em seu charme, aparência, graça social, formação acadêmica, carreira profissional, talentos naturais ou dons espirituais. Todos estes itens têm o seu valor e lugar, mas nenhum deles é crucial. No "hino da família" o segredo está revelado nestas palavras: "Tua esposa, no interior de tua casa, será como uma videira frutífera" (Sl 128.3). Veja que o texto não diz: "Tua esposa, no interior das lojas... ou, na casa dos vizinhos..., ou, no interior da igreja..., ou, no interior de uma empresa..." Em outras palavras, a esposa bem-aventurada entende que sua responsabilidade principal envolve sua casa, marido e filhos. Obviamente, tendo oportunidade ou necessidade ela estuda, desenvolve seus talentos, negocia, trabalha fora do lar, mas nunca perde de vista s*ua priori*dade, que é o seu lar, sua família. Seu grande prazer é ouvir seus filhos chamando-a de "ditosa", e seu próprio marido dizendo: "Muitas mulheres procedem virtuosamente, mas tu a todas sobrepujas" (Pv 31.28-29).

Sua família não a vê como uma urtiga, espinheiro ou mandioca venenosa, mas como uma bela videira; por um lado, frágil e delicada (1Pe 3.7), mas por outro, linda e frondosa. Além disto, ela é vista também como "videira frutífera", que abençoa sua família com filhos; e, mesmo quando não geram filhos, ainda não são infrutíferas quando proporcionam ao seu marido bondade, carinho, economia, conforto, e encorajamento.[25]

Através do retorno à Palavra de Deus os puritanos, herdeiros da fé reformada, entenderam, experimentaram e promoveram estas verdades acerca da esposa bem-aventurada. Combateram o desprezo à mulher, ensinado e praticado pelo cristianismo medieval, e através de seus púlpitos proclamaram afirmativas como esta:

> Uma boa esposa é ...
> A melhor companhia na riqueza;
> A mais apta e pronta ajudante no trabalho;

---

24 J. I. Packer, *Entre os gigantes de Deus*, p. 288.
25 Charles Haddon Spurgeon, *The Treasure of David*. vol. 7, p. 44.

> O maior consolo nas cruzes e tristezas;...
> E a maior graça e honra que pode haver,
> Para aquele que a possui.²⁶

É sinal de misericórdia termos uma amiga fiel que nos ame inteiramente... diante de quem podemos abrir nossa mente e comunicar-lhe nossos problemas... É uma misericórdia ter uma amiga tão próxima que nos ajude em nossa alma... para despertar em nós a graça de Deus.²⁷

O segredo dos filhos da família bem-aventurada

Em primeiro lugar, no Salmo 128, os filhos são comparados a brotos da oliveira, frágeis e pequenos, mas objetos de promessas e muita esperança. Seu crescimento é lento e demorado, mas, com a devida nutrição, paciência e cuidado paternal desenvolvem e se tornam árvores resistentes e produtivas. Nos tempos bíblicos os olivais eram símbolo de força, beleza, refúgio e provisão (Lc 21.37). Assim tendem a ser os filhos criados no temor e na admoestação do Senhor (Pv 22.6; Sl 127.3-4). Por isso os puritanos, apesar de terem plena consciência da natureza pecaminosa das crianças, mantinham viva a esperança destes se tornarem jovens fiéis a Deus. Um deles escreveu: "Vamos trazer nossos filhos tão próximo do céu quanto pudermos... Está em nosso poder restringi-los e reformá-los, e isso devemos fazer".²⁸

Em segundo lugar, o cântico da família diz: "...teus filhos, como rebentos da oliveira, à roda da tua mesa" (3b). Isto significa que *a priori*dade desses "brotos da oliveira" não é de natureza acadêmica, esportiva, física ou social. É bom quando os filhos se esforçam nos estudos, vão bem nos esportes, cuidam da sua saúde física e desenvolvem boas amizades. Mas, de acordo com a Palavra, o essencial é "respeito e intimidade" com os pais. Primeiro, veja o princípio do respeito à autoridade, pois o verso não descreve os filhos ao redor de "suas próprias mesas", mas ao redor da mesa de seu pai! Dele dependem, a ele respeitam e se submetem. Depois, veja o princípio de intimidade, pois o verso apresenta esses filhos ao redor "da tua mesa", e não "da mesa dos amigos, parentes, vizinhos ou bares". Filhos que vêem em seus pais amigos íntimos, e autoridades dignas de respeito e obediência, são filhos bem-aventurados (Ef 6.1-3)...

Este princípio constitui-se num desafio para os filhos, mas especialmente para os pais. Estes, com a ajuda de Deus, devem esforçar-se para serem dignos da autoridade que Deus lhes conferiu diante dos filhos, e encontrar tempo e energia para desenvolver amizade com os filhos. Josh MacDowell costuma dizer aos pais que regras sem relacionamento

---

26 Thomas Gataker, *A Good Wife God's Gift* (1637), citado por J. I. Packer, *Entre os gigantes de Deus*, p. 166.
27 Richard Baxter, *A Christian Directory*, citado por J. I. Packer, *Entre os gigantes de Deus*, p. 282.
28 Leland Ryken, *Santos no mundo*, p. 98.

ou intimidade geram rebeldia, mas regras com relacionamento geram obediência. Por isso o puritano Eleazar Matheus escreveu:

> Preceitos sem padrões farão pouco bem; deve-se levá-los a Cristo tanto pelo exemplo como pelo conselho; deve-se corrigir a si mesmo primeiro, e falar pela vida assim como pelas palavras; deve-se viver a religião tanto quanto falar em religião.[29]

Nesta questão, Deus é o melhor modelo para todos os pais, pois ao mesmo tempo em que nos exorta e ensina sua vontade também nos chama à oração, comunhão, adoração e nos visita frequentemente com sua presença, promessas e providências generosas.

CONCLUSÃO

Enquanto escrevia este capítulo tive a tristeza de aconselhar três casais passando por crise matrimonial, todos considerando seriamente o divórcio como solução. É impressionante como Satanás tem atacado a família! Ele sabe que a destruição de uma família produz estragos incalculáveis. Exemplos? Homens covardes e inconsequentes, mulheres mal-amadas e desprotegidas, filhos carentes, inseguros e vulneráveis. Sabemos que desde a queda no jardim Satanás tem atacado a família, mas em 2Timóteo 3 Paulo afirma que nos últimos dias as coisas piorariam – que dentro das igrejas teríamos líderes aparentemente piedosos, porém negando o poder de Deus. Homens que pregam uma mensagem bonita, mas impotente, que revela o amor de Deus sem revelar o seu poder regenerador. Homens que pregam o amor de Deus pela família, mas não acreditam em seu poder para preservá-la ou restaurá-la!

Há dois anos participei de um encontro de reflexão teológica, onde centenas de pastores sérios concordaram que o movimento evangélico brasileiro carece passar por uma nova reforma. Perdemos a identidade e estamos perdendo o poder de influência e a credibilidade; crescemos em número, mas não em qualidade. E a causa desta tragédia não é necessariamente o abandono das Escrituras, mas a ausência de uma hermenêutica sensata e honesta, como redescoberta na Reforma. Sem a mesma, as igrejas e pregadores fazem o que querem da Palavra de Deus, afirmando absurdos e promovendo heresias. Um exemplo recente disto vê-se em Edir Macedo, líder da seita Igreja Universal do Reino de Deus, defendendo o aborto com base em Eclesiastes 6:3.[30] Obviamente, invenção

---

29 Leland Ryken, *Santos no mundo*, p. 97.
30 Douglas Tavolaro, com reportagem de Cristina Lemos, *O bispo: a história revelada de Edir Macedo* (São Paulo: Larousse do Brasil, 2007), p. 223-224. Cf. também "Para ler, ver e ouvir com um crucifixo na mão!", em *Reinaldo Azevedo – Blog*, http://veja.abril. com.br/blog/reinaldo/geral/para-ler-ver-e-ouvir-com-um-crucifixo-da-mao/, acessado em 27 de setembro de 2010. Para uma crítica evangélica à Igreja Universal do Reino de Deus, cf. especialmente *Igreja Universal do Reino de Deus: relatório da comissão*

e disseminação de falácias, como essas, rouba, destrói e mata a sociedade, a igreja e a própria família.

Iniciei este capítulo afirmando que Deus usou os reformadores para resgatar a família das noções medievais e antibíblicas. Agora encerro o mesmo dizendo que no tempo presente Deus pode usá-los, outra vez, para resgatar a família das garras de nossa sociedade secularizada, hedonista, relativista e pluralista. Até acredito que Ele já está usando-os neste sentido, pois vejo muitos pastores e igrejas dando as costas para o evangelicalismo pragmático e antropocêntrico de nossos dias, voltando-se para o rico legado bíblico e teocêntrico dos reformadores. Em várias partes do mundo, Deus tem levantado pastores, igrejas, e conferências para promover essa volta às Escrituras. No Brasil, certamente Deus tem usado o ministério do missionário Ricardo Denham neste sentido; lembro-me da primeira conferência promovida pela Editora Fiel na cidade de Atibaia, com apenas oitenta participantes. Hoje, vinte e cinco anos mais tarde, este evento atrai mais de mil e quinhentos pastores e líderes de todo o Brasil, chamando-os de volta ao ensino e prática das cinco grande ênfases da Reforma, *somente a graça, somente a fé, somente Cristo, somente as Escrituras* e *glória somente a Deus*, que levaram os reformadores a romper com a ignorância e tradições dos homens, e que também podem nos levar a redescobrir a verdade pura de Deus cerca dos vários aspectos da vida cristã, inclusive acerca do relacionamento conjugal e vida em família. *Soli Deo Gloria!*

---

permanente de doutrina da Igreja Presbiteriana do Brasil (São Paulo: Cultura Cristã, 1997). Também disponível em http://www.executivaipb.com.br/arquivos/IURD-2007.pdf, acessado em 28 de setembro de 2010.

CAPÍTULO 30

UMA EDUCAÇÃO INTEGRAL E TRANSFORMADORA

Paulo César Moraes de Oliveira

Nenhum outro movimento na história teve maior impacto no processo educacional do que a Reforma Protestante. Mais especificamente, João Calvino (1509-1564) estruturou o arcabouço educacional do prisma exato que faltava à educação: a perspectiva divina.

Educar, do latim *educare*, significa nutrir com um foco em crescimento, consequentemente criando um fator de desenvolvimento contínuo e exponencial. Tal crescimento implica no avanço para patamares de maior entendimento e amadurecimento, libertando o homem de sua ignorância inicial. Neste processo de crescimento, passamos pelos estágios de simples conhecimento, para nos aprofundarmos na compreensão e então na aplicação do que aprendemos, a fim de que possamos consolidar este aprendizado, avaliá-lo e reproduzi-lo ao seu fator de impacto. Assim como crescemos, auxiliamos outros a crescerem.

Em meio a este processo, o homem recebe conhecimento de duas únicas fontes, do próprio homem e de Deus. Podemos declarar que o conhecimento difundido em toda a história pode ser traçado em sua origem humana ou divina. Portanto, para chegarmos ao amadurecimento, discernimento e sabedoria que todo o processo educacional deve trazer precisamos estabelecer, como princípio de ensino, as palavras do homem mais sábio da história bíblica, Salomão: "O temor do Senhor é o princípio da Sabedoria" (Pv 9.10a).

Pode então algum homem ser verdadeiramente educado sem a fonte divina da verdade? Podemos chegar ao conhecimento da verdade sem a revelação de Deus? Podemos estruturar um movimento educacional com resultados eternos sem a referência máxima, Deus? Sem dúvida, não. Conseguiríamos, no máximo, estabelecer instituições primorosas em suas pesquisas e departamentos, talvez até promissoras na ciência, mas vazias e sem valor eterno em sua filosofia e impacto no homem. A realidade da qual somos lembrados no movimento da Reforma é que o homem não pode ser legitimamente educado sem a revelação divina: "Quando vier, porém, o Espírito da verdade, Ele vos guiará a toda a verdade; porque não falará por si mesmo, mas dirá tudo o que tiver ouvido, e vos anunciará as coisas que hão de vir" (Jo 16.13).

Durante a história da humanidade, dois grandes focos de conhecimento avançaram para tentar descobrir a origem e o destino do homem. *Atenas* produziu pensadores impressionantes com indagações legítimas em busca da verdade, mas foi através de *Jerusalém* que chegamos à verdade na pessoa de Jesus Cristo. Podemos então concluir que qualquer processo, instrução ou instituição educacional, por mais renomado que seja, torna-se insuficiente sem a revelação de Deus, levando o homem a aproximar-se da verdade, mas mantendo-o suficientemente distante dela e impedindo-o, assim, de usufruir da transformação e lapidação divinas oriundas da própria verdade, efeitos que um processo educacional completo deve produzir.[1]

Por mais impressionantes que possam ser as entidades humanas, formadoras de doutores e mestres nos mais diversos e interessantes assuntos trazidos pela realidade do nosso século, qualquer tema ficará aquém de seu real entendimento, se não for avaliado à luz da revelação divina, na qual deve se fundamentar todo conhecimento e processo educacional: "Pois em Ti está o manancial da vida; na Tua luz vemos a luz" (Sl 36.9).

A INTERVENÇÃO DIVINA NO PROCESSO EDUCACIONAL

Com exemplos profundos e amplamente conhecidos, podemos afirmar que a intervenção de Deus se faz necessária para redimensionar todo o processo educacional de um indivíduo a uma linha que tenha como referência máxima o próprio Deus e sua Palavra revelada a nós, a Bíblia. Somente assim podemos buscar compreender o plano soberano de Deus na vida de seus filhos e da humanidade.

Abraão, de acordo com o relato histórico, não era um homem ignorante. Era originário de Ur dos Caldeus, cidade localizada ao sul da Mesopotâmia, uma parte da

---

1 Pontos de vista considerados nas discussões sobre educação e sua natureza, buscando estabelecer a referência para a verdade, discussões estas que ocorreram durante a classe de *Philosophy of Education*, que cursei na Bob Jones University, no primeiro semestre de 1988, sob orientação do professor Guenter Salter.

Babilônia onde se desenvolveu um povo de grande conhecimento e importantes conquistas, como nos confirma a arqueologia moderna. Várias referências usadas no Código de Hamurabi nos remetem ao tempo de Abraão, quando a economia e a sociedade já eram assuntos profundamente explorados por aquele povo.[2] De acordo com Flávio Josefo (38-100), historiador judeu, Abraão era um homem educado, articulado e grande conhecedor da ciência e astronomia. Em sua viagem ao Egito, ele foi admirado por seu amplo conhecimento, ensinando aritmética e astronomia, assuntos até então desconhecidos por aquele povo.[3] Não por causa desta preparação, mas apesar dela, todo o conhecimento de Abraão é então redimensionado em sua experiência com Deus, desde o seu chamado em Gênesis 12.1 até as suas experiências mais claras com o Senhor, como as narradas em Gênesis 18.33 e 24.40. Estes acontecimentos, dentre tantos outros que ocorreram em sua trajetória, fazem com que Abraão se despoje de todos os seus recursos intelectuais e treinamento para dar continuidade ao plano de Deus, tornando-se aquele que seria chamado "o amigo de Deus" (Tg 2.23).

Moisés, citado em Atos 7.22 como "poderoso em suas palavras e obras", fora instruído em toda a ciência do Egito, tendo recebido também a herança do conhecimento de Deus e de seus caminhos através de sua família. Hebreus 11.24-28 relata que Moisés escolheu ficar e sofrer com seu povo, confirmando o impacto do Deus de Abraão em sua vida. Em seu encontro com Deus no Monte Horebe, ele é comissionado como o libertador de Israel. Moisés emprega toda a sua preparação obtida em prol da vontade de Deus e, colocando-se sob a orientação e discernimento divino, transforma-se em um dos principais líderes religiosos do mundo, ímpar em essência, feitos e mensagem, tornando-se um grande legislador e o escritor do Pentateuco. Através de Moisés veio a lei que instruiu, impactou e tem influenciado toda a humanidade, onde Deus é o centro de toda a atividade humana, incluindo sua educação.

Podemos obter outro grande exemplo observando a vida do apóstolo Paulo. Ele nasceu em Tarso, uma cidade universitária e centro comercial, que reunia diversas culturas como a romana, a grega, a egípcia e a africana, nas quais se dava o treinamento de menores em artes liberais e preparação para a universidade. Por textos no Novo Testamento, como o de Atos 17, Paulo demonstra ter sido instruído em diversas culturas, além da estética e filosofia greco-romana. Em Jerusalém, Paulo começou seu treinamento formal na escola rabínica Beit Hillel sob a orientação de Gamaliel, o renomado rabino da época. Temos evidências históricas de como devia ser esta escola ao analisarmos o treinamento proposto por Gamaliel II, ainda no século II, em que o sistema educacional era composto de estudos sistemáticos das tradições hebraicas e dos escritos gregos.

---

2 C. B. Eavey, *History of Christian Education* (Chicago: Moody Press, 1964), p. 45.
3 F. Josephus, *The Complete Works of Flavius Josephus* (Paternoster Row: T. Nelson and Sons, 1860), p. 39.

Embora antagônico à cultura helenística, o judaísmo daquela escola não era avesso às ideias e formas que servissem a um maior entendimento dele mesmo. Evidências em seus escritos mostram que Paulo provavelmente recebera o melhor treinamento judaico existente, sendo versado na filosofia formal, retórica e matemática. Seu treinamento intelectual demonstra domínio da filosofia estóica e reflete em seus escritos uma grande semelhança literária, detectada em suas ilustrações, referindo-se a coroas, jogos atléticos e lutas, termos igualmente utilizados por filósofos da época para ilustrar ética e conduta. Paulo também demonstrava um bom conhecimento em línguas: além do hebraico (aramaico), e provavelmente latim, o grego empregado por ele, de excelente variedade, fora estudado e não apenas adquirido no dia a dia.[4]

Paulo usou de todo o seu arsenal de conhecimento para consolidar a causa de Cristo. Seus anos de desenvolvimento em Tarso, exposto à formação ortodoxa judaica, à filosofia grega, à arte de fazer tendas (profissão passada a ele por sua bem-sucedida família), às práticas romanas e à educação rabínica de excelência lhe proporcionaram uma formação clássica literária, filosófica e ética que o capacitou com uma linguagem, raciocínio, estilo e uso de metáforas claras, ajudando-o a elucidar os gentios convertidos a entenderem a Palavra de Deus revelada. Do seu encontro transformador com Jesus, relatado em Atos 9.1-20, Paulo subjuga toda sua preparação ao discernimento divino; para a causa do cristianismo, desenvolveu temas principais como adoção, salvação, pecado, batismo e eleição.

O impacto trazido por estes homens transcende todo o seu tempo e ainda traz resultados que só veremos totalmente na eternidade, pelo fato de Deus ser o âmago do desenvolvimento, feitos e realizações destes líderes. O crescimento e a educação centrados em Deus certamente chegarão até o final dos tempos, pois foi Ele quem começou e quem completará a história da humanidade. Deus falou e tem falado a seu povo e conduz aqueles que são seus pelo plano divino. Em uma breve comparação com a cultura hindu, persa, egípcia ou chinesa, cujos ensinamentos não foram ou não são centrados em Deus, pode-se concluir que tais sistemas carecem de recursos transformadores e civilizadores para o ser humano, ocorrentes no cristianismo em seu Agente transformador, o Espírito Santo: "Mas, quando vier aquele Espírito da Verdade, ele vos guiará em toda a verdade; porque não falará de si mesmo, mas dirá tudo o que tiver ouvido, e vos anunciará o que há de vir" (Jo 16.13).

O CONTEXTO HISTÓRICO DA REFORMA

A dinâmica que antecede o movimento da Reforma Protestante não é menos

---
4   R. N. Champlin, *Enciclopédia de Bíblia, Teologia e Filosofia*. vol. 4 (São Paulo: Candeia, 1997), *passim*.

complexa e carente de uma direção divina daquela que vemos nos tempos de Abraão, Moisés e Paulo. Duas forças motrizes preparam o cenário para a Reforma: o declínio da Idade Média e o surgimento do Renascimento.

Durante a Idade Média, período histórico que tradicionalmente se situa entre 476 e 1453, as áreas de religião, educação, política e economia eram totalmente controladas e vigiadas pela Igreja Católica, a grande força estruturadora do período. O Papa, declarando-se o representante de Deus na terra, envolvia-se em todos os aspectos da vida secular, assuntos estes que, normalmente, tomavam-lhe mais tempo do que os de cunho espiritual.

Portanto, a educação estava inicialmente limitada ao treinamento do clero e, embora os professores que não pertencessem à igreja fossem às vezes tolerados, eram os que faziam parte da igreja que compunham essencialmente o corpo docente daquela época. Durante este período, os monastérios tiveram um importante papel na educação e deram ímpeto ao pensamento filosófico grego, ao cristianismo e ao neoplatonismo, especialmente entre os séculos VI e XI. Foi neste contexto que surgiram também as escolas episcopais, que operavam nas catedrais e enfatizavam o estudo, tanto dos ensinos de Platão (428-348 a.C.) como de Roma, sempre centradas nas sete artes liberais. Nas escolas paroquiais, os estudos iniciais formavam a tríade gramática, retórica e lógica, passando a desenvolver, nos estágios mais avançados, aritmética, geometria, música e astronomia.[5]

A partir do ano 815, desenvolveu-se um maior interesse em áreas que iam além das artes liberais, como por exemplo o estudo da ética, da metafísica, do cânon, da lei civil, das Escrituras e da teologia, com o intuito de unir o pensamento filosófico aristotélico à religião, em um desejo de aplicá-lo à vida comum. De 1100 em diante, a teologia se tornou um dos assuntos mais estudados.[6] Daquelas escolas anteriormente alocadas nas catedrais, começaram a surgir as universidades: a Universidade de Bolonha, fundada em 1088 e famosa por suas escolas de Direito Civil e de Humanidades, é a mais antiga universidade da Europa. A Universidade de Salerno, fundada como Escola Médica Salernitana, é aproximadamente da mesma época. A Universidade de Salamanca, fundada em 1218 na categoria de *Estudo Geral*, é a mais antiga da Espanha e foi a primeira a adquirir o título de universidade na Europa. Outras universidades próximas em precedência incluem Oxford, Cambridge e a Sorbonne, de Paris.[7] Tais universidades tinham como objetivo suprir a necessidade de um questionamento maior que surgia dentre os homens

---

5 C. B. Eavey, *op. cit.*, p. 103-107.
6 C. B. Eavey, *op. cit.*, p. 108-112.
7 Franklin Verzelius Newton Painter, *A History of Education* (Bibliolife, LLC, 2009), disponível em http://books.google.com.br/books?id=Kb_akhgB1JkC&printsec=frontcover&dq=Franklin+Verzelius+Newton+PAINTER&cd=1#v=onepage&q&f=false, acessado em 26 de abril de 2010.

comuns, os quais buscavam se desprender do pensamento dedutivo, limitado e ditado pela época, quando estas ousadas pressuposições e questionamentos ainda não tinham vazão. As universidades desta época, entretanto, eram patrocinadas e protegidas pelo Papa e pela igreja, que ainda tentava conter o pensamento livre, perseguindo qualquer ameaça maior a ela. Príncipes, reis e princesas também patrocinavam tais instituições, o que limitava consideravelmente o ensino superior a pessoas da nobreza, enquanto a maioria do povo não tinha acesso ao desenvolvimento educacional.[8]

Embora ainda sob o considerável controle da Igreja Católica, estas universidades produziram pensadores que não tiveram receio de desvendar a verdade, como Roger Bacon (1214-1294), Copérnico (1473-1543), Anselmo (1033-1109) e Tomás de Aquino (1225-1274).

Assim, um alto questionamento da filosofia, dos dogmas da Igreja Católica, da teologia e do processo educacional para a formação do indivíduo de todas as classes começou a enfraquecer os poderes da Igreja Católica e a anunciar o fim da Idade Média.

A verdade que não mais calava a razão foi questionada e várias premissas impostas pela Igreja Católica começaram a ser derrubadas. Uma verdade de enorme impacto, de fato provavelmente a mais impactante de todas, foi pregada veementemente mais tarde pelo protestantismo: a possibilidade de se chegar a Deus diretamente. Tal realidade prenunciou uma nova fase que mudaria definitivamente a face da sociedade e minaria o controle católico.

Inúmeras descobertas científicas também impuseram fim ao suposto conhecimento soberano católico: a invenção da bússola permitiu a descoberta da América e concedeu a Fernão de Magalhães (1480-1521) a primeira volta ao mundo. A descoberta de Copérnico de que a Terra não é o centro do Universo, e que gira em torno do Sol, trouxe grande comoção para o seu tempo e caracterizou a ruptura dos pensamentos de sua época. Newton (1643-1727), Descartes (1596-1650) e Galileu (1564-1642) reforçaram as leis da natureza, leis estas que colocam o homem em maior contato com outras forças, diferentes daquelas que lhes controlavam a vida anteriormente. Talvez uma das maiores criações da época tenha sido a pólvora, que, quando usada em revólveres e canhões, conseguia destruir os fortes castelos e os feudos, antes considerados indestrutíveis, perante os quais os homens começaram a ruir em seu sentido literal e dogmático.[9]

Política e economicamente, a tirania da igreja se tornou evidente não somente com a venda de indulgências e compra da absolvição dos pecados, mas também através de sua incapacidade de libertar os homens de seus próprios temores e de suprir seus anseios. Antecedendo à Reforma, os Irmãos da Vida Comum, do qual Gerhard Groote

---

8   C. B. Eavey, op. cit., p. 115-117.
9   C. B. Eavey, op. cit., p. 125-129.

(1340-1384) foi o fundador no século XIV, enfatizaram pioneiramente o estudar e o pregar das Escrituras na língua popular e fizeram circular grandes porções da Bíblia e de livros didáticos entre os pobres e necessitados, quebrando, pela primeira vez, o estigma do limite da educação, levando a todo e qualquer indivíduo a oportunidade de desenvolvimento intelectual, social e espiritual. Deste movimento surgiu o célebre notado professor John Cele († 1417), que disseminou a convicção de que a Bíblia deveria ser estudada por todos, para que todos pudessem resgatar a imagem de Deus a qual fomos criados.[10]

Em uma inigualável necessidade de aperfeiçoamento do ser humano, começa na Itália, no século XIV, o movimento Renascentista, que tipifica a busca do homem pelo conhecimento e por padrões de aprimoramento. Inspirada pelo desenvolvimento da antiga Grécia e dos romanos, a proposta Renascentista usa tais referências para reavaliar o seu mundo presente e preparar o homem para os anos de desenvolvimento que se vislumbra a seguir. Mais precisamente no norte da Itália, esta busca incessante volta-se para o estudo detalhado das Escrituras, que culmina no protestantismo reformador. Um dos mais notáveis pensadores desta época, Erasmo de Rotterdam (1466-1536), tem um papel principal no aprimoramento da educação cristã, atuando nas diferentes camadas sociais e liderando um trabalho de libertação dos homens de sua ignorância, elevando-os a patamares mais altos de desenvolvimento. Ele declara a educação como vital desde a infância, enfatizando o papel da família no crescimento do homem e localizando na Bíblia princípios para governar este desenvolvimento, lançando mão de escritores clássicos e treinamento para chegar a uma primorosa formação que o capacite a assumir posições de liderança na igreja e no Estado.[11]

Portanto, o movimento Renascentista progride para um ápice que viabiliza a realização do potencial do homem, em sua contínua busca de seu propósito neste mundo. Todos esses acontecimentos tecem o pano de fundo para a Reforma e seu impacto direto na educação.

A REFORMA E A EDUCAÇÃO

Assim como o movimento Renascentista extravasa o crescimento do homem e culmina na Revolução Industrial no século XVIII – revolução esta que afetou profundamente o mundo nas áreas da agricultura, manufatura, mineração e transporte, também mudando sua face socioeconômica e cultural – impactos muito maiores podem ser percebidos na religião, que encontra na Reforma a expressão máxima da busca do homem pelo

---

10 C. B. Eavey, *op. cit.*, p. 129-132.
11 C. B. Eavey, *op. cit.*, p. 132-137.

seu propósito na terra. Aqui, estabelecemos um paralelo: enquanto a insatisfação com a condição humana faz com que o movimento Renascentista busque o melhor desenvolvimento do homem, a insatisfação com a Igreja Católica se revela na convicção de que Deus ensina diretamente os indivíduos através da sua Palavra e de seu Espírito Santo.

Em seu histórico rompimento com a Igreja Católica, Martinho Lutero (1483-1546) exemplifica, através de sua liberdade pela procura da verdade a despeito do conflito com a autoridade dogmática e repressiva da Igreja Católica, a suprema busca e encontro de respostas às mais críticas indagações humanas que já vieram à tona. A ruptura com a Igreja Católica resultaria na mais dramática mudança experimentada pelos cristãos desde o advento de Cristo até nossos dias. A força e imperialismo da Igreja Católica, que prevaleceu durante toda a Idade Média, foram quebrados para sempre.

Em sua profunda preparação intelectual e teológica, Lutero se apegou aos grandes escritores clássicos para o desenvolvimento da razão e ao cuidadoso estudo teológico para discernir, nestes estudos, quais eram os caminhos de Deus. O seu lema, "o justo viverá pela fé" (Gl 3.11), tinha sido espiritualmente travado e intelectualmente trabalhado para sua separação com a igreja, preparando-o para uma libertação primeiramente espiritual, mas também intelectual, servindo como exemplo clássico para outros líderes.

Lutero conhecia o poder reformador da educação. Ele traduziu a Bíblia para que o povo pudesse lê-la e desenvolveu lições de catequese para crianças e adultos. Seu objetivo era treinar cidadãos que pudessem ocupar o seu respectivo papel na sociedade em geral, na Igreja e no Estado; homens e mulheres cujos pensamentos fossem livres da tirania outrora dominante, e fossem governados pelos princípios de Deus revelados na Palavra.

Algumas distintivas de sua abordagem educacional eram: (1) a centralidade das Escrituras no processo educacional – a Bíblia deveria ser estudada em sua totalidade, tornando-se o foco através do qual todos os assuntos seriam compreendidos; (2) o professor como veículo imprescindível da verdade e da vontade de Deus – somente abaixo daqueles chamados para a pregação da Palavra de Deus, o professor era considerado por Lutero um elemento chave no desenvolvimento dos alunos, capaz de transmitir a verdade e ser usado pelo Espírito Santo para fazê-lo; (3) o mandamento "honra teu pai e tua mãe" como chave para o estabelecimento de qualquer ordem hierárquica na vida da sociedade; (4) a educação completa do ser humano, incluindo o estudo da Bíblia, línguas, história, música, canto e matemática – o objetivo era resgatar o homem espiritualmente e intelectualmente.[12]

Durante a época conhecida como a Segunda Reforma, encontramos em João Calvino (1509-1564) uma das maiores expressões do desenvolvimento da verdadeira educação, em um compromisso ímpar pela estruturação do processo de ensino e aprendizagem. Ele escreveu lições de catequeses para que os pais pudessem ensinar as crianças

---

12 C. B. Eavey, *op. cit.*, *passim*.

na Palavra em suas próprias casas. Promoveu uma reforma na instrução primária nas escolas de Genebra, onde todos os alunos estudariam a Bíblia em sua língua cotidiana, além de aprender a ler, a escrever e a aritmética. A Universidade de Genebra, fundada por ele em 1559, tem um dos papéis mais importantes no desenvolvimento literário e teológico para os protestantes da Europa, formando líderes que levaram por todo o mundo os princípios evangélicos, sendo a força motriz da Reforma. Ele influenciou as Universidades de Oxford e Cambridge através dos puritanos, que levaram a centralidade da Bíblia como base para o desenvolvimento educacional e da vida social por partes da Europa e, por fim, às colônias da Inglaterra no Novo Mundo.

O objetivo de Calvino era treinar cidadãos com uma relevante e transformadora formação bíblica e cristã, viabilizando-lhes o avanço do desenvolvimento intelectual dentro do prisma divino e o desempenho de suas obrigações de maneira excelente na sociedade. Para Calvino, o avanço intelectual não era antagônico ao desenvolvimento espiritual, mas ambos aconteciam concomitantemente para o aperfeiçoamento do ser humano, libertando-o de sua ignorância e dando-lhe a oportunidade de encontrar a sua função, profissão e papel no plano de Deus, cumprindo, assim, a vontade dEle em sua vida.

Os tremendos avanços espirituais e intelectuais da Universidade de Genebra, somados à produção de vários comentários e estudos bíblicos, bem como suas *Institutas* renderam a João Calvino uma influência imensurável no âmbito teológico, espiritual e educacional.

As distintivas de sua abordagem educacional, se interpondo com as de Lutero, eram: (1) A autoridade e suficiência da Bíblia para tratar de todos os assuntos relacionados à fé, à moral e à vida; (2) O Espírito Santo como intérprete da verdade para o cristão; (3) O estudo da doutrina bíblica como fator essencial para centrar o homem no entendimento correto do mundo, da soberania de Deus, e das entidades família, igreja e Estado; (4) a pregação da Palavra como meio de salvação e santificação para resgatar o homem, um povo ou uma nação; (5) o estudo da Bíblia, primeiramente em família e depois em todas as instituições de ensino, para a propagação da educação cristã universal.[13]

As vertentes educacionais oriundas da Reforma possuem infinda abrangência e não foram limitadas por indivíduos, povos, culturas ou países, certamente devido à sua centralidade bíblica e ao Espírito Santo. Para todos os lugares onde o protestantismo se estendeu, houve o avanço da educação cristã formal ou informal, que unia todas as facetas do ser humano, pois para o crente sob a orientação divina do Espírito Santo não há distinção entre o ensino sagrado e secular, antes, tudo é espiritual e usado em prol da lapidação do homem, com o intuito de melhor cumprir o seu papel no plano de Deus.

Grandemente influenciado pelo calvinismo, Johann Amos Comenius (1592-1670)

---

13 C. B. Eavey, *op. cit.*, *passim*.

sistematizou a educação formal numa estrutura jamais vista, e que viria a influenciar toda a educação daí por diante até os tempos atuais. Em sua famosa obra *A Didática Magna*, Comenius delineou um plano educacional ainda usado por muitas escolas atualmente e é, por isso, considerado o pai da educação moderna. Muito antes de considerarmos sua didática excelente, devemos atentar para o fato de que Deus ocupava o centro de suas atividades educacionais. Para Comenius, a educação não é um meio de conversão, mas prepara o homem, que através do Espírito Santo um dia recebeu a Cristo e é então capaz de cumprir o plano divino em sua trajetória na terra. O treinamento da razão fundamentada em princípios bíblicos estabelece virtudes cristãs, que podem crescer corretamente no conhecimento da verdade e no correto entendimento da humanidade. Para ele, treinar a razão biblicamente é levar o aluno para mais perto de Deus, capacitando-o a melhor compreender o seu Criador e a sua revelação.

Comenius acreditava veementemente que o Espírito Santo fora enviado para levar o homem a Deus, para habitá-lo e instruí-lo diretamente e através de outros agentes cristãos, como pais, professores e pastores. O seu sistema educacional é desenhado com esta realidade em mente: Deus provê a verdade e o homem deve conhecê-la e vivê-la, para ensiná-la corretamente.

Entre suas distintivas educacionais se encontram as seguintes: (1) educação pré-primária realizada no lar, sob a tutela dos pais – para Comenius, assim que as crianças pudessem se firmar no colo dos pais, estes já deveriam começar a ler a Palavra de Deus a elas e instruí-las nos seus preceitos; (2) provisão do sistema educacional para todas as crianças, assim como a obrigatoriedade de frequência à escola; (3) a adaptação do material didático e estudo dos diferentes níveis de aquisição de conhecimento às diferentes faixas etárias, para um correto e eficaz ensino; (4) o treinamento da disciplina no e do processo educacional; (5) a necessidade de gerar um aprendizado prazeroso para a continuidade do mesmo; (6) a correlação direta e indireta de todas as matérias ensinadas no desenvolvimento da criança, criando-se um ensino e aprendizado multifacetado, interligado e único; (7) a preparação do indivíduo para a vida e para sua contribuição à sociedade e não apenas para exercer sua profissão; (8) o treinamento completo do indivíduo no âmbito intelectual, social e espiritual, elementos inseparáveis para o correto e equilibrado crescimento do homem.[14]

Todas estas premissas estão envoltas em seu objetivo maior de educar e preparar o indivíduo para a melhor comunhão com Deus, sendo o seu maior propósito o de obter felicidade eterna em e com Deus, como declarado por Comenius no capítulo II de seu livro *A Didática Magna*.[15]

---

14 C. B. Eavey, *op. cit.*, *passim*.
15 Jan Amos Comenius, *The Great Didactic* (New York: Russell & Russell, 1967), p. 27-31. Para uma edição crítica em português, cf. *Didática magna* (São Paulo: Martins Fontes, 1997).

O impacto da Reforma no processo educacional é imensurável em seu escopo, eterno em seus resultados e referência maior em sua abordagem. Este impacto nos mostra que só Deus e seus princípios podem embasar um sistema educacional eficaz para lidar com o pecado e as necessidades do homem. A começar pela restauração de sua alma, a educação cristã busca resgatar o seu intelecto da ignorância mundana, para que a maximização dos recursos de um indivíduo possa ser usada para o avanço do evangelho e da transformação do próprio indivíduo na pessoa dAquele que o resgatou, Cristo Jesus.

Em contrapartida à Reforma e na busca incessante da Igreja Católica em reagir ao desenvolvimento da educação do prisma reformado, é criada por Ignatious de Loyola (1491-1556) uma das maiores e mais significantes organizações, a Sociedade de Jesus, também conhecida como a Ordem dos Jesuítas, em 1534. Este preparado cavaleiro espanhol, de nobre família, após uma sensível experiência de conversão religiosa, compõe sua obra *Os Exercícios Espirituais* e desenvolve esta ordem religiosa, que combina um distinto desenvolvimento intelectual com as novas propostas da Igreja Católica da contra-reforma, ganhando adeptos nos âmbitos políticos e econômicos para avanço do crescimento do catolicismo, prospecção de fiéis e a união dos católicos.[16]

O trabalho dos jesuítas se expande desde o continente europeu até as Américas do Norte e Sul, Ásia, Austrália e África, onde foi feito um trabalho impressionante por vários educadores renomados, que estudaram as culturas e as línguas dos países alvos, traduzindo a Palavra de Deus em vários idiomas e trabalhando na pregação do evangelho para a conquista de almas e discipulado. Um sistema educacional sofisticado, robusto e rico em material didático foi desenvolvido para o trabalho dos jesuítas, e a Ordem cresceu consideravelmente, assim como sua influência no mundo.

Neste trabalho missionário ímpar da Igreja Católica, notamos o contraste de um sistema educacional em que a revelação da verdade não é transmitida pelo Espírito Santo ao homem e, consequentemente, não gera uma transformação duradoura. É possível afirmar, portanto, que o desenvolvimento intelectual não liderado pelos princípios bíblicos e não oriundo do Espírito Santo pode até ser socialmente admirável, mas é vazio de sentido, ineficaz para a real mudança necessária ao homem e está aquém de satisfazê-lo plenamente.

A INFLUÊNCIA DA EDUCAÇÃO REFORMADA NA AMÉRICA

A liberdade religiosa buscada pelos puritanos e calvinistas na América do Norte encontrou na educação a mais eficaz maneira de se perpetuar e viabilizar a construção de uma sociedade com princípios bíblicos. Logo que chegaram à colônia de Massachusetts, estes grupos estruturam o ensino para crianças e para a vida civil, com ensinamentos

---

16 C. B. Eavey, *op. cit.*, p. 152-153.

e estruturas similares àquelas aprendidas na Universidade de Genebra. Todo e qualquer feito desta época tem o objetivo cristão embasando cada projeto, cada propósito e toda a educação. A educação formal começava em casa, assim que as crianças pudessem compreender ou assimilar preceitos, muito em linha com aqueles observados em Deuteronômio 6, em que a Bíblia era ensinada a cada momento e em todo o lugar. A educação no lar também não era limitada ao crescimento espiritual, mas visava também à formação do indivíduo para a sociedade.

Com o intuito de propagar o evangelho, a cultura, a educação cristã e as leis civis e morais nas novas colônias, os puritanos começaram a estabelecer escolas de maior porte para a formação de pastores que pudessem não só eficazmente pregar a palavra, mas também ocupar cargos civis e de ensino. A colônia da Virgínia foi a primeira a estabelecer uma instituição com este propósito: Henricus College foi estabelecida em 1619. Posteriormente, em 1636, Harvard College foi fundada com o objetivo de continuar a tradição cristã trazida da Inglaterra com a missão inicial de treinar homens para o ministério da pregação do evangelho. Em 1701, Yale foi fundada em Connecticut e várias outras escolas foram estabelecidas para preparar jovens para esta faculdade. Tanto o Estado de Connecticut como o estatuto de Yale tinham por objetivo que cada cidadão e aluno se comprometesse a conhecer a Deus através de Jesus Cristo e a viver uma vida de santificação. O objetivo de Yale era treinar, através de um currículo acadêmico rigoroso – principalmente na área da religião – cidadãos que exemplificassem, vivessem e pregassem os princípios de Deus. Os professores destas instituições eram cristãos maduros, muitas vezes pastores com comprovada espiritualidade para liderar os seus alunos primeiramente no crescimento espiritual e, posteriormente, no crescimento intelectual de sua preparação para servir a Deus e a sociedade. Estas instituições formaram homens de grande devoção espiritual, que cresciam em íntimo conhecimento de Deus e de suas Escrituras, afinal, doutrinar biblicamente os cidadãos das novas colônias era a melhor estratégia para se perseverar na liberdade religiosa e política. O currículo destas instituições tinha como ponto central o desenvolvimento espiritual e a visão do treinamento de líderes para dirigirem a nação. Yale também se destacou na formação de vários homens que serviram ao Estado, que foram pastores, renomados teólogos e missionários que influenciaram os Estados Unidos como um todo. De sua primorosa educação e formação foram fundadas a Brown, pelos batistas em 1765, e a Dartmouth, pelos congregacionais em 1769.[17]

Dentre as instituições desta época, também se destacam William and Mary, fundada pelos anglicanos em 1693 na colônia da Virginia; Princeton, fundada pelos presbiterianos em 1746 em New Jersey; King's College, mais tarde transformada em

---

17 C. B. Eavey, *op. cit.*, *passim*.

Columbia University, fundada pelos anglicanos em 1754, e Rutgers College, fundada em 1766 na colônia de New Jersey pelos holandeses reformados.[18]

Estas instituições geraram pregadores do evangelho, políticos e professores que lapidaram o caráter das novas colônias dos Estados Unidos de uma forma essencialmente cristã. O avanço do evangelho de Cristo foi a força que impulsionou a busca pelo estabelecimento de um país que reconhecia em Deus e em seus princípios a única fonte e base para se construir uma nação que perdurasse e avançasse socialmente, politicamente, economicamente e espiritualmente. Seus exemplos ecoam até os dias de hoje, embora agora a maioria destas instituições esteja secularizada e considere a religião somente campo de estudo teórico e não mais a fonte de discernimento para se compreender todas as outras matérias.

Na realidade, depois de 1650, sob a influência do deísmo, que acreditava que o homem, através do desenvolvimento de suas capacidades humanas, introspecção avaliativa e práticas humanitárias, tinha plenas condições de tornar o mundo um melhor lugar, a fé cristã começou a ser questionada como fonte de melhor desenvolvimento para o ser humano. As diversas descobertas científicas, o desenvolvimento econômico e a necessidade de maior avanço na área educacional, que começava a ser financiada por grandes empresários, tais como Johns Hopkins, um banqueiro com grande envolvimento em ferrovias, Cornelius Vanderbilt, também magnata das ferrovias e barcos a vapor, e James D. Rockefeller, da indústria petrolífera, levaram a uma separação entre o Estado e a religião, e, consequentemente, a um processo de secularização do sistema educacional, que ganhou, então, um cunho não-religioso nos Estados Unidos. Grandes educadores europeus, tais como Johann Pestalozzi (1746-1827), Johann Herbart (1776-1841), e americanos como Horace Mann (1796-1858) e John Dewey (1859-1952) contribuíram igualmente à descaracterização da educação no seu âmago religioso, crendo que a educação centrada no homem e no seu desenvolvimento era o melhor caminho para o progresso dos sistemas sociais e políticos. Essa nova ideologia mudou o enfoque educacional dos Estados Unidos para sempre, deixando de ser biblicamente centrado e tornando-se completamente humanista.[19]

Com o intuito de combater a decadência moral obviamente resultante da secularização da educação, no final dos anos 1940 e início dos 1950 várias instituições foram fundadas nos Estados Unidos para o estabelecimento de escolas cristãs particulares de educação básica. Este movimento ganhou maior força depois que, em 1962, por decisão do tribunal, estabeleceu-se a proibição da oração nas escolas, prática normalmente realizada no início das aulas. Tal proibição consolidou a rejeição à natureza religiosa do

---

18 G. Demar, *America's Christian Heritage* (Nashville: Broadman & Holman, 2003), p. 42-43.
19 C. B. Eavey, *op. cit.*, *passim*.

ensino. Nas décadas de 1960, 1970 e 1980 houve um fortalecimento das escolas cristãs nos Estados Unidos, as quais foram muito buscadas por famílias que queriam educar seus filhos tanto na Palavra de Deus quanto nos demais assuntos, numa perspectiva cristã. Várias faculdades, universidades e seminários genuinamente cristãos foram estabelecidos no país todo. Estas instituições têm lutado pela liberdade religiosa, sofrendo grande pressão social e política devido aos princípios bíblicos nos quais estão embasadas.

A EDUCAÇÃO NO BRASIL

Com objetivos bem menos nobres do que os puritanos, que foram para a América em busca de liberdade religiosa e com o intuito de estabelecer uma nova nação, os portugueses inicialmente exploraram o Brasil – aqui se entende por Brasil apenas a faixa de terra que se estendia do litoral até o Tratado de Tordesilhas – através do sistema de capitanias hereditárias, em 1534. Após o fracasso dessa estruturação, Portugal tentou unir o território brasileiro sob um governo único, conhecido como Governo Geral. Tomé de Sousa, o primeiro governador-geral outorgado pelos portugueses, constituiu Salvador como a primeira capital do país, em 1549. A partir deste período, chegaram a terras brasileiras os primeiros jesuítas, que através da Companhia de Jesus começaram um trabalho estruturado de educação, tanto com os índios como com os filhos dos colonos. Manuel da Nóbrega, um sacerdote jesuíta português, e José de Anchieta, padre jesuíta espanhol, foram os seus expoentes iniciais e inspiraram outros educadores no trabalho da Igreja Católica. Em 1759, o Marquês de Pombal, dando ímpeto às oposições que surgiram com o Iluminismo frente à influência católica e diante de acusações de tentativa de regicídio, expulsou a Ordem dos Jesuítas do território brasileiro. No momento de sua expulsão, a Companhia contava com 36 missões e 17 colégios e seminários, além de incontáveis escolas primárias instaladas em várias cidades brasileiras. É necessário, porém, salientar que embora os jesuítas tenham sido expulsos como organização, a influência católica na educação continuou a existir. Seu objetivo para o discipulado e para a formação do indivíduo proveu a maior contribuição educacional vivenciada pelo Brasil. Seus trabalhos educacionais geraram tanto colégios e universidades de renome, a maioria de cunho não-religioso, espalhados por todo o país, como também seminários que difundiram o apostolado católico e a religião, podendo ser vistos ainda hoje.[20]

Por sua vez, os protestantes franceses chegaram ao Brasil em 1555, liderados por Villegaignon, que, favorável à Reforma, escreveu a Calvino, seu antigo colega da

---

20 Alderi Souza de Matos, "Breve História do Protestantismo no Brasil", disponível em http://www.mackenzie.com.br/6994.html, acessado em 26 de abril de 2010.

Universidade de Paris,[21] para pedir o envio de pastores e colonos evangélicos ao novo país. Estes novos colonos chegaram à Baía da Guanabara no início de março de 1557, e data-se de 10 de março daquele ano o primeiro culto protestante em território brasileiro. Contudo, devido a divergências entre Villegaignon e os calvinistas que chegaram à chamada França Antártica, divergências estas relacionadas aos sacramentos, Ceia do Senhor, entre outras questões, os pastores calvinistas Pierre Richier e Guillaum Chartier tiveram de retornar à França e os colonos protestantes foram expulsos.[22]

Mais tarde, em 1621, os holandeses calvinistas criaram a Companhia das Índias Ocidentais e tomaram Salvador em 1624, sendo expulsos no ano seguinte. Em 1630 eles retornaram ao Brasil e, após tomarem Recife e Olinda, acabaram dominando grande parte do Nordeste brasileiro e, por mais de 20 anos, formaram uma consolidada estrutura eclesiástica e de ensino, sendo este período o primeiro a vivenciar a aplicação da educação religiosa propriamente dita, isto é, visando à transformação do homem pelo Espírito Santo. Mesmo assim, os holandeses não resistiram aos portugueses e foram expulsos do Brasil definitivamente em 1654.[23]

Somente mais tarde, com a vinda da Família Real Portuguesa, em 1808, e a abertura dos portos aos estrangeiros trazida por esta nova fase do Brasil, chegaram em terras brasileiras novamente cristãos evangélicos e, dentre estes, os primeiros anglicanos. Além destes, missionários de diversas nacionalidades adentraram o território nacional e, entre eles, os escoceses Robert Kalley e sua esposa Sarah, congregacionais, que começaram o movimento de escolas dominicais em 19 de agosto de 1855, na cidade de Petrópolis, Rio de Janeiro.[24] Este marco histórico para a educação cristã no Brasil alcançou o município do Rio de Janeiro através do estabelecimento de escolas paroquiais. Em 1868, os presbiterianos também iniciaram a primeira escola cristã sob a orientação de Ashbel Green Simonton, pastor e missionário americano. Logo em seguida, vários outros educadores se destacaram com iniciativas para a educação cristã, entre eles o madeirense João Fernandes Dagama, que estabeleceu pequenas escolas, próximas às igrejas estabelecidas por sua impactante campanha evangelística, para que adultos e crianças pudessem aprender a ler e obter acesso às Escrituras.[25]

A constituição de 1890 consagrou definitivamente a separação entre a igreja e o Estado, dando liberdade aos protestantes para seguirem com seus intuitos eclesiásticos educacionais, protegendo-os das inúmeras perseguições e preconceitos. A partir daí,

---

21 "Nicolau Durand de Villegagnon; um homem universal", disponível em http://www.marcillio.com/rio/hivilleg.html, acessado em 27 de abril de 2010.
22 Alderi Souza de Matos, *op. cit.*, *passim*.
23 Alderi Souza de Matos, *op. cit.*, *passim*. Cf. também Frans Leonard Schalkwijk, *Igreja e Estado no Brasil Holandês* (São Paulo: Cultura Cristã, 2004).
24 Cf. William B. Forsyth, *Jornada no Império; vida e obra do Dr. Kalley no Brasil* (São José dos Campos, SP: Fiel, 2006).
25 Alderi Souza de Matos, *op. cit.*, *passim*.

diversas escolas foram estabelecidas: missionários da Igreja Presbiteriana dos Estados Unidos fundaram em 1870 a Escola Americana de São Paulo, que ficaria conhecida mais tarde como Mackenzie College; o Colégio Internacional de Campinas em 1873; a Escola Evangélica de Botucatu em 1885; a Escola Americana de Laranjeiras em 1886; a Escola Americana de Florianópolis em 1903; o Instituto José Manoel da Conceição em Jandira, em 1928, entre outras, com foco estritamente cristão. Com o intuito de avançar o ensino e elevá-lo a níveis competitivos, buscando um quadro de professores qualificado e um corpo estudantil preparado, as grandes escolas que permaneceram foram se secularizando gradualmente, fugindo do idealismo inicial.[26]

Neste cenário, a instrução educacional bíblica tornou-se robusta nas igrejas evangélicas e em diversas denominações, através da escola dominical, movimento esse que tem sido o principal instrutor do povo brasileiro na Palavra.

No início do século XX foi criada a União das Escolas Dominicais do Brasil e, a partir de 1921, a instituição publicou uma série estruturada de lições de escola dominical que influenciou grandemente as igrejas. A XI Convenção Mundial de Escolas Dominicais foi realizada no Rio de Janeiro em julho de 1932, contando com mais de 1.300 delegados de 33 países. O evento foi considerado o maior encontro protestante realizado até aquela data na América do Sul. A heterogeneidade cultural brasileira, o inoperante papel da Igreja Católica no Brasil e a proliferação de catedráticos no ensino nas universidades de renome no país marcaram a educação brasileira como essencialmente secular e humanista na sua abordagem filosófica, ficando a formação de líderes religiosos apenas a cargo de distintos seminários teológicos de denominações específicas ou interdenominacionais estabelecidos no Brasil.[27]

A história da educação cristã nos mostra que Aquele que resgata o homem do pecado e salva a sua alma é o Único capaz de restaurar e engajá-lo em um crescimento espiritual, intelectual e social, a fim de capacitá-lo ao avanço do evangelho e à realização dos planos divinos na terra. Por mais elaboradas que sejam as teorias tradicionais ou novas de ensino, por mais que elas possam tentar explicar como o indivíduo deve ser ensinado e como ele aprende, elas são incapazes de promover a verdadeira transformação que só pode ser efetuada pelo Senhor, através de sua Palavra e de seu Espírito Santo. Como tão bem elaborado por Tomás de Aquino, com o intuito de unirmos fé e razão,[28] para o completo desenvolvimento do homem, necessitamos do Agente Divino que nos capacita a discernimentos verdadeiros e a avanços dentro dos prismas corretos

---

26 Alderi Souza de Matos, "O Colégio Protestante de São Paulo", disponível em http://www.mackenzie.com.br/10283.html, acessado em 26 de abril de 2010.
27 Alderi Souza de Matos, "Breve História da Educação Cristã: Dos Primórdios ao Século 20" em *Fides Reformata* Nº 13, vol. 2 (Julho-Dezembro 2008), p. 9-24.
28 C. B. Eavey, *op. cit.*, p. 112.

estabelecidos por Deus. Então, considerando toda a trajetória da educação humana, podemos afirmar que o indivíduo só é verdadeiramente educado se o for aos moldes de Deus e não somente nos moldes dos homens.

A verdadeira educação só terá sentido dentro dos padrões divinos, pois Ele é a origem de tudo, é soberano sobre tudo, e tudo convergirá nEle: "Porque dele, e por meio dele, e para ele são todas as coisas. A ele, pois, a glória eternamente. Amém!" (Rm 11.36).

DOXOLOGIA

Paixão pela glória de Deus

Franklin Ferreira

O *Catecismo de Genebra* afirma que "Deus nos criou e nos colocou na terra para ser glorificado em nós. E, certamente, é correto que dediquemos nossa vida à sua glória, já que Ele é o princípio dela". O *Breve Catecismo de Westminster* ensina que "o fim principal do homem é glorificar a Deus, e gozá-lo para sempre". O anseio pela glória de Deus é um dos temas centrais da tradição reformada e um importante motivador da piedade cristã.

> Levantai, ó portas, as vossas cabeças; levantai-vos, ó portais eternos, para que entre o Rei da Glória. Quem é o Rei da Glória? O Senhor, forte e poderoso, o Senhor, poderoso nas batalhas. Levantai, ó portas, as vossas cabeças; levantai-vos, ó portais eternos, para que entre o Rei da Glória. Quem é esse Rei da Glória? O Senhor dos Exércitos, ele é o Rei da Glória. (Sl 24.7-10)

> Não a nós, Senhor, não a nós, mas ao teu nome dá glória, por amor da tua misericórdia e da tua fidelidade. Por que diriam as nações: Onde está o Deus deles? No céu está o nosso Deus e tudo faz como lhe agrada. (Sl 115.1-3)

Correndo o risco de repetir um lugar-comum, a igreja está em crise. Não apenas no que diz respeito à sua forma externa. Esta crise é evidente também na vida interna da igreja. Muito se debate hoje sobre o culto, mas, tomando bastante cuidado, não parece que nossos cultos perderam muito de seu significado? Não só os cultos, aparentemente, se esvaíram de significado. Nossas vidas também estão vazias de significado; vidas medíocres, vidas pobres, simplesmente levadas pelas circunstâncias. Mas, por que isto está acontecendo? Provavelmente porque o vocábulo "Deus" se tornou uma palavra sem conteúdo para nossa geração. E, por conseguinte, buscamos o culto somente como o lugar onde nossas "energias" serão reabastecidas. Mas o culto é para a glória de Deus, que deve ser a paixão maior do cristão.

Em primeiro lugar, precisamos pensar sobre o Deus que se revela nas Escrituras. Por meio da Bíblia aprendemos que Ele é o Deus trino, que se revela como Pai, Filho e Espírito Santo. Ele é cheio de graça, majestade, santidade e soberania. Ele é o Senhor criador de todas as coisas, o todo-poderoso, que sustenta e governa toda a criação. O Pai perdoa pecadores por meio do sacrifício de seu único Filho na cruz para ajuntar a igreja dos quatro cantos da terra. E Ele envia seu Espírito para confortar e santificar a igreja.

E o Deus que se revela nas Escrituras faz com que toda a criação o glorifique. O que significa a glória de Deus? John Piper define a glória assim: "Na Bíblia, o termo 'glória de Deus' geralmente se refere ao esplendor visível ou à beleza moral da perfeição multiforme de Deus. É uma tentativa de expressar com palavras o que não pode ser contido por palavras – como Deus é em sua magnificência e excelência revelada".[1] De forma bem simples, a glória de Deus refere-se à majestade e brilho que acompanham a revelação da palavra e do poder de Deus. Em outras palavras, a glória de Deus refere-se à suprema beleza do Deus trino.

Mas – por que Deus busca glória? Porque somente Ele é Deus. Se Ele buscasse a glória fora de si mesmo, então existiria outra divindade no universo, digno de louvor. Só existe um único Deus, o Senhor, o "Eu Sou" (Êx 3.14), que se revela nas Escrituras. E, porque somente o Senhor é Deus, Ele é digno de toda a glória. Por outro lado, quando a igreja glorifica a Deus, a igreja imita a Trindade. Pois as santas pessoas da Trindade vivem para a glória da unidade divina.

> Tendo Jesus falado estas coisas, levantou os olhos ao céu e disse: Pai, é chegada a hora; glorifica a teu Filho, para que o Filho te glorifique a ti, assim como lhe conferiste autoridade sobre toda a carne, a fim de que ele conceda a vida eterna a todos os que lhe deste. E a vida eterna é esta: que te conheçam a ti, o único Deus verdadeiro, e a Jesus Cristo, a quem enviaste. Eu te glorifiquei na terra, consumando a obra que me confiaste para fazer; e, agora, glorifica-me, ó Pai, contigo mesmo, com a glória que eu tive junto de ti, antes que houvesse

---

1 John Piper, *Em busca de Deus: a plenitude da alegria cristã* (São Paulo: Shedd, 2008), p. 260.

> mundo. (...) Ora, todas as minhas coisas são tuas, e as tuas coisas são minhas; e, neles, eu sou glorificado. (...) Eu lhes tenho transmitido a glória que me tens dado, para que sejam um, como nós o somos; eu neles, e tu em mim, a fim de que sejam aperfeiçoados na unidade, para que o mundo conheça que tu me enviaste e os amaste, como também amaste a mim. Pai, a minha vontade é que, onde eu estou, estejam também comigo os que me deste, para que vejam a minha glória que me conferiste, porque me amaste antes da fundação do mundo. (Jo 17.1-5, 10, 22-24)

O Espírito Santo busca a glória do Filho, o Filho busca a glória do Pai, e o Pai tem prazer em glorificar o Filho e o Espírito na igreja e no mundo. Então, porque Deus é Deus, Ele é o único digno de toda a glória.

E Deus, de fato, faz com que todas as coisas redundem em glória para ele. A criação é obra para sua glória. A Escritura diz que Deus viu que tudo era muito bom. Ou, numa outra tradução, que tudo era muito belo. Bondade e beleza, presentes na criação sem pecado, refletiam e demonstravam a glória de Deus na criação. E, para nosso escândalo, a queda ocorre para a glória de Deus – a queda é a ocasião em que a vinda do Filho é prometida, quando Deus mesmo diz: "Porei inimizade entre ti e a mulher, entre a tua descendência e o seu descendente. Este te ferirá a cabeça, e tu lhe ferirás o calcanhar." (Gn 3.15). A humanidade que se espalhou pela terra e o dilúvio ocorreram para glória de Deus. E o Senhor Deus bagunça as pretensões idolátricas e religiosas na Torre de Babel para Sua glória. E Deus entra em aliança com Abraão, Isaque e Jacó para Sua glória. E ele se mantém fiel à aliança – mesmo em meio ao pecado e miséria – para Sua glória. O povo da aliança é sustentado durante a escravidão no Egito durante 400 anos – para Sua glória. Com braço forte, com sinais e prodígios, o povo é retirado do Egito – para Sua glória. O povo chega à terra da promessa, depois de 40 anos de peregrinação, onde a paciência de Deus é revelada – para Sua glória. O povo padece debaixo do pecado e em meio às invasões de outras nações durante quase 400 anos – para Sua glória. Reis são levantados – para Sua glória. Reis caem – para Sua glória. O reino é dividido – para Sua glória. A nação de Israel é levada cativa – para Sua glória. Judá é conquistada – para Sua glória. Jerusalém é destruída – para Sua glória. O povo é levado para o cativeiro – para Sua glória. Para que se saiba que:

> Eu sou o Senhor, e não há outro; além de mim não há Deus. (...) Eu sou o Senhor, e não há outro. Eu formo a luz e crio as trevas; faço a paz e crio o mal; eu, o Senhor, faço todas estas coisas. (...) Eu fiz a terra e criei nela o homem; as minhas mãos estenderam os céus, e a todos os seus exércitos dei as minhas ordens. (...) Verdadeiramente, tu és Deus misterioso, ó Deus de Israel, ó Salvador. Envergonhar-se-ão

e serão confundidos todos eles; cairão, à uma, em ignomínia os que fabricam ídolos. Israel, porém, será salvo pelo SENHOR com salvação eterna; não sereis envergonhados, nem confundidos em toda a eternidade. Porque assim diz o SENHOR, que criou os céus, o Deus que formou a terra, que a fez e a estabeleceu; que não a criou para ser um caos, mas para ser habitada: Eu sou o SENHOR, e não há outro. (...) Por mim mesmo tenho jurado; da minha boca saiu o que é justo, e a minha palavra não tornará atrás. Diante de mim se dobrará todo joelho, e jurará toda língua. De mim se dirá: Tão-somente no SENHOR há justiça e força; até ele virão e serão envergonhados todos os que se irritarem contra ele. Mas no SENHOR será justificada toda a descendência de Israel e nele se gloriará. (Is 45.5-7, 12, 15-18; 23-25)

O povo passou 70 anos no exílio – para Sua glória. E o povo retornou para a terra – para Sua glória. Durante 400 anos Deus esteve em silêncio – para Sua glória. E o Filho assumiu a forma humana – para Sua glória. Este Filho foi tentado, mas em tudo permaneceu sem pecado – para Sua glória. O Filho, sem pecado, caminhou para a cruz – para Sua glória. O Filho foi morto e padeceu a morte de cruz, morte de um criminoso – para Sua glória. O Filho morreu por nossos pecados – para Sua glória. O Filho matou a morte em sua ressurreição – para Sua glória. O Filho ascendeu aos céus – para Sua glória. O Espírito foi derramado sobre a igreja – para Sua glória. Nós somos salvos – para a Sua glória e por causa da Sua glória. O Filho voltará dos céus como o rei dos reis, senhor dos senhores – para Sua glória.[2]

> Depois destas coisas, ouvi no céu uma como grande voz de numerosa multidão, dizendo: Aleluia! A salvação, e a glória, e o poder são do nosso Deus, porquanto verdadeiros e justos são os seus juízos (...). Segunda vez disseram: Aleluia! (...) Os vinte e quatro anciãos e os quatro seres viventes prostraram-se e adoraram a Deus, que se acha sentado no trono, dizendo: Amém! Aleluia! Saiu uma voz do trono, exclamando: Dai louvores ao nosso Deus, todos os seus servos, os que o temeis, os pequenos e os grandes. Então, ouvi uma como voz de numerosa multidão, como de muitas águas e como de fortes trovões, dizendo: Aleluia! Pois reina o Senhor, nosso Deus, o Todo-Poderoso. Alegremo-nos, exultemos e demos-lhe a glória, porque são chegadas as bodas do Cordeiro, cuja esposa a si mesma já se ataviou, pois lhe foi dado vestir-se de linho finíssimo, resplandecente e puro. Porque o linho finíssimo são os atos de justiça dos santos. Então, me falou o anjo: Escreve: Bem-aventurados aqueles que são chamados à ceia das bodas do Cordeiro. E acrescentou: São estas as verdadeiras palavras

---

2   Para um desenvolvimento desta seção, cf. o apêndice "O propósito de Deus na história da redenção", em John Piper, *Em busca de Deus: a plenitude da alegria cristã*, p. 261-271.

de Deus. (...) Vi o céu aberto, e eis um cavalo branco. O seu cavaleiro se chama Fiel e Verdadeiro e julga e peleja com justiça. Os seus olhos são chama de fogo; na sua cabeça, há muitos diademas; tem um nome escrito que ninguém conhece, senão ele mesmo. Está vestido com um manto tinto de sangue, e o seu nome se chama o Verbo de Deus; e seguiam-no os exércitos que há no céu, montando cavalos brancos, com vestiduras de linho finíssimo, branco e puro. Sai da sua boca uma espada afiada, para com ela ferir as nações; e ele mesmo as regerá com cetro de ferro e, pessoalmente, pisa o lagar do vinho do furor da ira do Deus Todo-Poderoso. Tem no seu manto e na sua coxa um nome inscrito: REI DOS REIS E SENHOR DOS SENHORES. (Ap 19.1-9, 11-16)

Por que Deus existe? Para Sua própria glória! E esta é a paixão última de Deus! Todo o propósito da história – e, mesmo, todo o propósito de nossa existência – é a glória de Deus. Deus não criou o universo para obter amor e adoração. Sendo um Deus trino, Ele já tem essas coisas em si mesmo. Mas, como escreveu Tim Keller, "Ele criou um universo para espalhar a glória e a alegria que Ele já tinha [em si mesmo. Ele] criou outros seres, para transmitir o seu amor e a sua glória para eles, e para que estes o transmitissem de volta para Ele, de modo que eles (e nós!) pudessem entrar nesse grande processo, no círculo de amor e de glória e de alegria que Ele já possuía".[3] Então, em resposta à palavra evangélica, precisamos nos unir ao Deus todo-poderoso, oferecendo glória somente a Ele!

Em segundo lugar, nossa paixão deve ser glorificar a Deus, viver para Sua glória, em tudo o que fazemos. Somos chamados e convertidos, somente por Sua graça livre, soberana e irresistível, para Sua glória. Somos alimentados pela Sagrada Escritura para Sua glória. Assim como somos chamados à oração e devoção para Sua glória.

E todos nós, com o rosto desvendado, contemplando, como por espelho, a glória do Senhor, somos transformados, de glória em glória, na sua própria imagem, como pelo Senhor, o Espírito. (2Co 3.18)

No fim, todas as graças que fluem da cruz – regeneração, justificação, união com Cristo, adoção, santificação, perseverança – são aplicadas em nós pelo Santo Espírito, para a glória do Deus trino. Devemos imitar nosso pai Abraão que:

Não duvidou, por incredulidade, da promessa de Deus; mas, pela fé, se fortaleceu, dando glória a Deus (Rm 4.20).

---

3   Tim Keller, "O evangelho e a supremacia de Cristo em um mundo pós-moderno", em John Piper & Justin Taylor (ed.), *A supremacia de Cristo em um mundo pos-moderno* (Rio de Janeiro: CPAD, 2007), p. 117-118. Cf. especialmente Jonathan Edwards, "Dissertation Concerning the End for Which God Created the World" em Edward Hickman (ed.), *The Works of Jonathan Edwards*. vol. 1 (Edinburgh: Banner of Truth, 1998), p. 94-121.

Nossas amizades, estudos, descanso, casamento, família, tudo deve ser buscado e feito para a glória de Deus. Toda a vida deve ser o teatro da glória de Deus.

> Portanto, quer comais, quer bebais ou façais outra coisa qualquer, fazei tudo para a glória de Deus. (1Co 10.31)

Especialmente nosso ministério na igreja deve ser para a glória de Deus:

> Se alguém fala, fale de acordo com os oráculos de Deus; se alguém serve, faça-o na força que Deus supre, para que, em todas as coisas, seja Deus glorificado, por meio de Jesus Cristo, a quem pertence a glória e o domínio pelos séculos dos séculos. Amém! (1Pe 4.11)

Assim como a glória de Deus é a paixão última de Deus, assim também, a glória de Deus deve ser a paixão maior em tudo o que fazemos ou pensamos.

Em terceiro lugar, precisamos lembrar que fomos criados para experimentar alegria, contentamento e prazer. Quando glorificamos a Deus, aprendemos o que é a verdadeira alegria e prazer. Já que nossos afetos e desejos serão dirigidos para a glória de Deus, provaremos alegria e contentamento que não podem ser descritos, em Deus. E nada poderá roubar esta alegria e contentamento que teremos em Deus.

> Sabemos que todas as coisas cooperam para o bem daqueles que amam a Deus, daqueles que são chamados segundo o seu propósito. (...) Em todas estas coisas, porém, somos mais que vencedores, por meio daquele que nos amou. Porque eu estou bem certo de que nem a morte, nem a vida, nem os anjos, nem os principados, nem as coisas do presente, nem do porvir, nem os poderes, nem a altura, nem a profundidade, nem qualquer outra criatura poderá separar-nos do amor de Deus, que está em Cristo Jesus, nosso Senhor. (Rm 8.28, 37-39)

Quando descobrirmos em Deus nossa verdadeira alegria, nossa única fonte de contentamento, aprenderemos a nos alegrar com os pequenos detalhes da vida. Os amigos, família, boa música, um filme tocante, o som do vento, o nascer do sol e mesmo o sofrimento se torna lugar para a revelação da glória de Deus.

> Todavia, estou sempre contigo, tu me seguras pela minha mão direita. (...) Quem mais tenho eu no céu? Não há outro em quem eu me compraza na terra. Ainda que a minha carne e o meu coração desfaleçam, Deus é a fortaleza do meu coração e a minha herança para

sempre. Os que se afastam de ti, eis que perecem. (...) Quanto a mim, bom é estar junto a Deus; no Senhor Deus ponho o meu refúgio, para proclamar todos os seus feitos. (Sl 73.23-28)

Se Deus nos ama, o que ele deve nos dar? O melhor que há nele, aquilo de mais belo e precioso. E o que Ele tem de melhor para nos dar senão a Ele mesmo, na pessoa de seu amado Filho? Deus nos ama, para Sua glória, e nos dá a si mesmo. Um Deus que me ama e se deu a si mesmo por mim, me leva a louvá-lo. E esta é a forma que Deus consegue minha alegria mais completa: Deus é por nós, mas, para que isto aconteça, Ele precisa se exaltar, buscando nosso louvor, para que a alegria de Jesus "esteja em vocês e a alegria de vocês seja completa" (Jo 15.11, NVI).

Como conclusão: quando vivermos para a glória de Deus, o louvor não será algo acrescentado à alegria, mas será a própria alegria completa. Então, quanto mais glorificarmos a Deus, mais teremos alegria e prazer – não nas criaturas, o que seria idolatria, mas no Deus totalmente suficiente, amoroso, bondoso, poderoso, glorioso, santo e digno de todo o nosso louvor.

> Bendito és tu, Senhor, Deus de Israel, nosso pai, de eternidade em eternidade. Teu, Senhor, é o poder, a grandeza, a honra, a vitória e a majestade; porque teu é tudo quanto há nos céus e na terra; teu, Senhor, é o reino, e tu te exaltaste por chefe sobre todos. Riquezas e glória vêm de ti, tu dominas sobre tudo, na tua mão há força e poder; contigo está o engrandecer e a tudo dar força. Agora, pois, ó nosso Deus, graças te damos e louvamos o teu glorioso nome. Porque quem sou eu, e quem é o meu povo para que pudéssemos dar voluntariamente estas coisas? Porque tudo vem de ti, e das tuas mãos to damos. (1Cr 29.10-14)

> Tributai ao Senhor, filhos de Deus, tributai ao Senhor glória e força. Tributai ao Senhor a glória devida ao seu nome, adorai o Senhor na beleza da santidade. (Sl 29.1-2)

> Ó profundidade da riqueza, tanto da sabedoria como do conhecimento de Deus! Quão insondáveis são os seus juízos, e quão inescrutáveis, os seus caminhos! Quem, pois, conheceu a mente do Senhor? Ou quem foi o seu conselheiro? Ou quem primeiro deu a ele para que lhe venha a ser restituído? Porque dele, e por meio dele, e para ele são todas as coisas. A ele, pois, a glória eternamente. Amém! (Rm 11.33-36)

APÊNDICE

Uma proposta de Declaração de Fé

SUBMETIDA PELA COMISSÃO DE TEOLOGIA DA FRATERNIDADE MUNDIAL DE IGREJAS REFORMADAS À TERCEIRA ASSEMBLÉIA GERAL DA COMUNHÃO REFORMADA MUNDIAL EM 12 A 15 ABRIL DE 2010, EM EDINBURGH, ESCÓCIA.

Na Segunda Assembléia Geral da Comunhão Reformada Mundial, realizada em Johanesburgo, na África do Sul, em março de 2006, pediu-se à Comissão de Teologia da CRM que trabalhasse na elaboração de uma Declaração de Fé que preservaria todas as doutrinas históricas reformadas e aplicaria essas doutrinas a questões com as quais a igreja global de Cristo se depara neste século XXI.

A Comissão de Teologia fez várias reuniões de seus membros e inúmeras consultas online para cumprir seu mandato, impresso nesta forma.

Esta declaração foi apresentada formalmente à Terceira Assembléia Geral na terça-feira, 13 de abril, à tarde. No que diz respeito à Declaração, a Comissão de Teologia apresentou à Assembléia a seguinte proposta:

> A Declaração de Fé é trazida à Assembléia Geral da CRM pela Comissão de Teologia, que apresenta a seguinte proposta a respeito da Declaração: que a Terceira Assembléia Geral da Comunhão Reformada Mundial receba a Declaração de Fé e submeta-a aos membros da CRM, às organizações e igrejas filiadas para seu estudo e comentário.

Quaisquer comentários a respeito da Declaração devem ser encaminhadas ao presidente da Comissão de Teologia até outubro de 2010. A Comissão de Teologia se reunirá, então, para refletir sobre esses comentários e, em seguida, produzir uma versão final da Declaração.

Essa proposta foi aprovada pela maioria da Assembleia Geral.

O presidente da Comissão de Teologia é o Dr. Andrew McGowan, e seu endereço eletrônico é ATBMcGowan@gmail.com. Todos os membros da CRM são convidados a examinar atentamente a Declaração e enviar quaisquer perguntas ou comentários ao Dr. McGowan em seu endereço eletrônico. E quaisquer perguntas ou comentários devem ser recebidos por ele até 31 de outubro de 2010.

Deve ser observado que o Artigo XII dos Estatutos da Comunhão Reformada Mundial diz o seguinte:

> A Declaração de propósitos da organização e as bases doutrinárias da organização só podem ser mudadas por dois terços dos votos em uma reunião da Assembléia Geral.

Nem o Conselho de Diretores, nem o Comitê Executivo do Conselho, nem a Comissão de Teologia da CRM pode fazer qualquer coisa para alterar este fundamento doutrinário da CRM. Isso só pode ser feito por uma Assembléia Geral. Isso significa que, se a proposta apresentada for aprovada, a CRM não pode fazer nada "oficial" em relação à Declaração de Fé, antes da Quarta Assembléia Geral, que está agendada para 2014.

Em seguida, apresentamos os membros da Comissão de Teologia da CRM, os países em que residem e suas filiações denominacionais. Todos os membros da Comissão de Teologia são membros individuais da CRM e têm, portanto, expressado seu compromisso pessoal com uma das confissões históricas que a CRM reconhece e com a declaração da CRM sobre a Escritura.

1. Andrew McGowan, presidente, Escócia, Igreja da Escócia.
2. Pierre Berthoud, França, Igreja Reformada da França.
3. Gerald Bray, Inglaterra, Igreja Anglicana.
4. Flip Buys, África do Sul, Igrejas Reformadas na África do Sul.
5. Wilson Chow, Hong Kong, Aliança Cristã e Missionária
6. Victor Cole, Quênia, Igreja Evangélica Africana.
7. Leonardo de Chirico, Itália, Igrejas Evangélicas Batistas Reformadas na Itália.
8. Allan Harman, Austrália, Igreja Presbiteriana da Austrália.
9. Peter Jones, Estados Unidos, Igreja Presbiteriana na América.

10. In Whan Kim, Coréia do Sul, Assembléia Geral da Igreja Presbiteriana na Coréia.
11. Julius Kim, Estados Unidos, Igreja Presbiteriana na América.
12. Sam Logan, Estados Unidos, Igreja Presbiteriana Ortodoxa.
13. Augustus Nicodemus Lopes, Brasil, Igreja Presbiteriana do Brasil.
14. David McKay, Irlanda do Norte, Igreja Presbiteriana Reformada.
15. Stephen Tong, Indonésia, Igreja Evangélica Reformada da Indonésia.

PROPOSTA DE DECLARAÇÃO DE FÉ

I. A DOUTRINA DE DEUS

1. A identidade do Criador
Cremos em um único Deus, que é o criador, sustentador e governador de tudo que existe (Gn 1). Por seus decretos eternos, Ele estabeleceu o universo e governa-o de acordo com sua vontade soberana. Não existe nenhum ser maior do que Ele, e nenhum ser tem o poder de afetar, modificar e diminuir a sua soberania sobre a sua criação. Deus comunica sua presença e seu poder a todas as suas criaturas, mas em particular à raça humana, que Ele criou à sua imagem, tanto homem como mulher (Gn 1.26-27). Embora não haja distinção de sexo em Deus, Ele se revela a nós em termos masculinos, e seu Filho se encarnou como um homem.

Deus é um ser pessoal e se revela em termos pessoais. Nos tempos antigos, Ele falou a muitas pessoas em muitas maneiras diferentes (Hb 1.1). Suas palavras foram acompanhadas e suas promessas se cumpriram por ações que eram sinais de seu poder (Gn 26.3; Is 9.7; Fp 1.6). Ao falar com os homens, Deus revelou tanto a si mesmo como os seus propósitos para eles, na expectativa de que corresponderiam obedecendo ao que Ele lhes ordenara (Jo 15.14).

2. A auto-revelação do Criador a todos os seres humanos
A ordem natural dá testemunho da existência, do poder e da majestade de seu Criador divino, de modo que ninguém possui qualquer desculpa para não crer nEle, ainda que o conhecimento obtido dessa maneira não seja suficiente para a salvação do pecado e da morte. Revelação geral é a expressão usada para descrever aqueles meios pelos quais Deus se revela a todos os seres humanos, sem exceção, na natureza, na história e na consciência. A revelação geral é suficiente para nos tornar cônscios da existência e do

poder de Deus e, até, de nossas responsabilidades para com Ele, mas não é suficiente para trazer-nos à salvação. A revelação especial é exigida porque, como criaturas caídas, somos espiritualmente cegos e mortos. Obtemos o verdadeiro conhecimento de Deus, quando somos capacitados por Deus a ver e a entender a verdade de sua auto-revelação.

Pelo fato de que o homem foi criado à imagem do Deus pessoal, tanto Deus como os seres humanos são seres pessoais. Pensam, comunicam-se uns com os outros em maneiras que podem ser expressas em linguagem humana. Por causa dessa conexão, os seres humanos podem chegar a um conhecimento tanto da realidade visível como da invisível e usar conceitos derivados desta para desenvolver e transformar aquela. Como parte da criação visível, os seres humanos vivem em interdependência de todas as outras criaturas materiais, mas, porque são também criados à imagem de Deus, são conscientes de seu estado e capazes de buscar significado em, e exercer domínio sobre o resto da ordem criada.

O conhecimento humano é essencialmente pessoal e se estende de uma habilidade de adquirir e catalogar detalhes factuais à capacidade de analisá-los para chegar a um entendimento de seu significado e propósito mais profundo. Em virtude disso, os seres humanos têm uma responsabilidade para com a criação que lhes foi confiada e têm de prestar contas a Deus pela maneira como se relacionam com ela. O conhecimento humano é limitado objetivamente pela finitude da criatura e subjetivamente pela rejeição de Deus, uma rejeição que tem conduzido a um estado de pecaminosidade radical. A capacidade objetiva de obter conhecimento e entendimento permanece nos seres humanos, apesar de sua queda no pecado, mas o efeito disso é agora tão grande que é impossível a qualquer ser ou sociedade humana satisfazer o mandato da criação na maneira tencionada originalmente por Deus.

3. A auto-revelação do Criador ao seu povo da aliança

Deus se torna mais plena e completamente conhecido ao seu povo da aliança, com quem Ele estabeleceu um relacionamento especial. Deus se revela a eles pelo seu Espírito, mediante a sua Palavra, que é falada (pregação), escrita (Escritura Sagrada) e viva (em Jesus Cristo).

A revelação que Deus fez de si mesmo no Antigo e no Novo Testamento é exata e suficiente ao conhecimento humano. No entanto, esse conhecimento não pode ser completo porque há muito sobre Deus que não podemos conhecer, e há algumas coisas que podem ser conhecidas por experiência, mas não expressas plenamente em linguagem humana (Sl 50.12; Is 55.8). Em si mesmo, Deus é tão diferente de qualquer de suas criaturas, que só podemos falar dEle em termos do que Ele não é: Ele não é visível, nem mortal, nem compreensível, física ou mentalmente. Contudo, Deus possui características que os seres humanos podem reconhecer e expressar; e Ele as possui em grau absoluto, de modo que é onisciente, todo-sábio e todo-poderoso. Essas características são identificáveis, mas não podem ser totalmente definidas nos limites da razão e da lógica humanas. Podem ser conhecidas apenas por meio de um relacionamento pessoal com Deus, estabelecido pela fé no Senhor Jesus Cristo.

Deus falou de modo especial a Abraão, a quem fez a promessa de que se tornaria "o pai de uma grande nação", que receberia uma terra e traria bênção a todo o mundo. Essas promessas foram repetidas ao seu filho Isaque e ao seu neto Jacó, que recebeu o nome de Israel depois de um profundo encontro espiritual com Deus (Gn 32.22-32). Por meio dos descendentes de Jacó, Israel se tornou um povo especial cujo destino histórico era receber e transmitir a Palavra de Deus ao mundo e preparar a vinda de um Salvador divino. Essa Palavra foi dada por meio de servos escolhidos e codificada em textos escritos que agora chamamos de Bíblia Hebraica, ou seja, o Antigo Testamento. O que foi prometido e prefigurado nas Escrituras do Antigo Testamento se cumpriu em Cristo. Embora muitas das prescrições do Antigo Testamento, incluindo a adoração no templo e o sacrifício de animais, não sejam mais necessárias, seus princípios espirituais não foram abolidos. Eles permanecem válidos para os cristãos, que foram unidos ao povo de Israel com base na fé que compartilhamos com Abraão. Os cristãos crentes formam uma grande família, o reino de Deus se estende até aos limites extremos do mundo, e a pregação do evangelho cristão traz bênçãos a todos os que o ouvem e creem nele. Aqueles que pertencem à etnia judaica, mas não aceitaram a Cristo, não recebem as bênçãos prometidas aos seus ancestrais, mas, apesar disso, retêm um lugar especial no plano e propósitos de Deus que será plenamente revelado no final dos tempos. A incorporação deles à igreja cristã acontece na mesma base da incorporação dos não judeus.

4. O Pai, o Filho e o Espírito Santo formam uma Trindade de pessoas iguais

Em Jesus Cristo, Deus se revela como uma Trindade de pessoas, tornando o cristianismo singular entre as religiões monoteístas do mundo. Deus não é uma imaterialidade solitária, e sim uma Trindade, constituída de Pai, Filho e Espírito Santo, que vivem em comunhão pessoal eterna. É por causa disso que os seres humanos, criados à imagem e semelhança de Deus, têm senso de sua própria identidade pessoal e relacionamento com Deus e com as outras pessoas. A distinção individual inerente à identidade pessoal, quer humana, quer divina, está fundamentada nas distinções das três pessoas divinas, que subsistem eternamente em um único Deus.

O Pai, o Filho e o Espírito Santo são completa e igualmente Deus em si mesmos, não por derivação, transferência ou herança do Pai ou de qualquer outro. Eles compartilham de uma natureza divina comum; e, porque existe apenas um único Deus, é inadequado alguém afirmar que conhece uma das pessoas sem conhecer todas as três. As pessoas divinas se relacionam mutuamente em maneiras que são distintas a cada uma delas, mas são caracterizadas pelo denominador comum do amor. É por amar o Filho que o Pai lhe deu toda a autoridade no céu e na terra. É por amar o Pai que o Filho se deu voluntariamente em sacrifício por nós, para que vivamos com Ele no céu, como o Pai deseja. É por amar tanto o Pai como o Filho que o Espírito Santo vem ao mundo, não primariamente para falar de si mesmo, e sim para dar testemunho dEles e trazer-nos à vida comum dEles. Finalmente, pelo fato de que somos pessoas, criados à imagem de Deus, podemos receber esse amor, relacionar-nos com Deus nesse amor e manifestar esse amor em todos os nossos relacionamentos pessoais.

5. No Antigo Testamento, Deus fala na pessoa do Pai

No Antigo Testamento, Deus fala como uma única pessoa, a quem o Novo Testamento iguala com o Pai de Jesus Cristo, embora o termo "Pai" não fosse normalmente usado para falar sobre Deus em Israel (Jo 5.18). Entretanto, é claro que o Deus do Antigo Testamento é tanto soberano como invisível em uma maneira que está em pleno acordo com a pessoa do Pai revelada a nós por Jesus. O Pai é Aquele cuja vontade Jesus (como Filho) veio cumprir e obedecer; é também a pessoa da Divindade que se mantém permanentemente invisível e transcendente em todo o tempo, como também o fez na época do Antigo Testamento. O Filho e o Espírito Santo não são revelados explicitamente no Antigo Testamento, mas se encontram eternamente presentes em Deus e participam plenamente de todos os seus atos, em especial da grande obra de criação.

6. Deus se revela plena e finalmente em Jesus

Deus falou plena e finalmente em Jesus Cristo, que cumpriu a antiga aliança feita com Israel e com todos os eleitos de Deus. Ele é tanto o profeta como a Palavra, tanto o sacerdote como o sacrifício, tanto o rei como o reino. Nenhuma revelação adicional de Deus é necessária porque Jesus é, Ele mesmo, Deus em carne humana. Em Jesus Cristo, Deus se revelou como o Filho, que identificou a primeira pessoa como seu Pai e prometeu que, depois de sua partida, enviaria a terceira pessoa, o "outro Consolador", que as Escrituras chamam de o Espírito Santo. Portanto, o fato de que há três pessoas no único Deus é intrínseco ao ensino de Cristo.

7. Deus se revela a nós em linguagem que podemos compreender

Visto que Deus condescendeu em usar linguagem humana e que a pessoa do Filho se tornou um homem, é possível falarmos sobre Ele em termos humanos. Os primeiros discípulos podiam ter descrito a aparência física de Jesus, mas não o fizeram. O Novo

Testamento não nos dá qualquer incentivo específico a fazermos retratos ou estátuas de Jesus, quer como auxílios à adoração, quer como recordações de sua presença na terra. Nenhuma figura ou retrato dramático de Jesus possui qualquer autoridade em si mesmo; e tais coisas nunca devem se tornar objetos de veneração ou adoração, mas podem ser úteis na evangelização.

II. O PECADO E O MAL

1. A origem do mal

Deus fez todo o universo muito bom (Gn 1.31). Deus não é o autor do mal, e sua santidade não é comprometida pela existência do mal. O mal se originou na rebelião de Satanás e de alguns anjos. Parece que o orgulho foi a raiz da queda deles (1 Tm 3.6). Os anjos caídos são chamados demônios e liderados por Satanás. Eles se opõem à obra de Deus e procuram frustrar seus propósitos. No entanto, Deus permanece soberano sobre os poderes do mal e usa as ações deles para levar adiante seu plano de salvação. Os demônios não devem ser adorados nem servidos de maneira alguma. A atividade deles está por trás das falsas religiões (1 Co 10.20-22), e Satanás cega as mentes humanas em relação à verdade (2 Co 4.4).

2. O mal e a humanidade

O mal se introduziu na vida humana por meio do pecado dos primeiros seres humanos no Jardim do Éden. Adão é o progenitor de toda a raça humana, e, por isso, todo ser humano tem de sofrer as consequências do pecado dele, que incluem um mundo em desordem e a morte física. Adão e Eva estabeleceram-se a si mesmos no lugar de Deus e ofereceram sua lealdade a Satanás. Sucumbir à tentação de ser como Deus tem consequências de alcance amplo. Roubar de Deus a glória que Lhe é devida leva à eliminação das distinções estabelecidas por Ele. Envolve a transgressão do domínio das coisas divinas, a ab-rogação da distinção macho-fêmea ordenada por Deus e a confusão entre seres humanos e animais. Por usar aquilo que é bom por razões erradas, apareceram na sociedade humana caos, tensão e sofrimento.

3. Os efeitos do pecado na vida humana

Os seres humanos unem forças com agentes sobrenaturais que têm produzido males horríveis como genocídios, abuso do poder, guerras mundiais, vários tipos de terrorismo, psicopatas assassinos, inquietação civil e todos os tipos de violência. Sem subestimar e desprezar a importância da criatura humana, essas ultrajantes formas de mal são propagadas e orquestradas por forças demoníacas, resultando em que os seres humanos são divididos, destruídos e trazidos ao nível de animais em seus pensamentos e comportamento. O mal é dirigido não somente à destruição da criação e da imagem de Deus nos descendentes de Adão, mas também à supressão da igreja e da verdade de Deus. Embora os demônios não se multipliquem, nem possam ser destruídos pelos humanos, somos chamados a resistir ao mal, à injustiça, à opressão e à violência que os demônios usam para cumprir seus propósitos, enquanto aguardamos e oramos pela volta de Jesus Cristo, que trará um fim a todas essas coisas.

4. A universalidade do pecado e suas consequências

Em Adão todos morrem (1Co 15.22), e a morte se propagou a todos os homens porque todos pecaram (Rm 5.20). Toda a raça humana está implicada na queda e em suas consequências: pecado, alienação, violência, guerra, doença, sofrimento e morte. Todos os seres humanos são espiritualmente mortos, porque estão em rebelião contra Deus e destituídos de suas bênçãos. Embora os seres humanos caídos possam descobrir muitas verdades, falta-lhes a estrutura necessária para entenderem-nas como aspectos da verdade de Deus. Como pecadores, eles se recusam a aceitar as consequências da verdade que já têm e, em vez disso, suprimem-na por sua impiedade (Rm 1.18). A morte física está em operação neles até que retornem ao pó, do qual foram criados. Se Deus não intervier graciosamente, a morte espiritual se tornará morte eterna (Ap 20.14).

III. A PESSOA E A OBRA DE CRISTO

1. O Filho de Deus encarnado tem uma pessoa divina e duas naturezas

A pessoa divina do Filho de Deus, a segunda pessoa da Trindade Santa, assumiu uma natureza completamente humana no ventre da virgem Maria e nasceu como o homem Jesus de Nazaré. Ele agora tem duas naturezas, uma divina e uma humana, que permanecem inteiras e distintas em si mesmas, mas são ao mesmo tempo unidas em e por sua pessoa divina. Visto que sua natureza divina, que Ele compartilha com o Pai e com o Espírito Santo, não pode sofrer ou morrer, o Filho adquiriu a natureza humana a fim de pagar o preço do pecado humano e reconciliar-nos com Deus. Na cruz, foi a pessoa divina do Filho que sofreu e morreu em sua natureza humana.

2. O Filho de Deus encarnado é um verdadeiro ser humano.

Encarnado como Jesus de Nazaré, o Filho de Deus se tornou um verdadeiro ser humano. Possuía uma mente e uma vontade humanas e teve uma constituição psicológica normal, enquanto retinha sua natureza divina. Ele foi tentado da mesma maneira como qualquer outro ser humano, mas não caiu em pecado. Ao mesmo tempo, Ele podia usar (e oportunamente fez isso) sua divindade para realizar milagres em e por meio de sua natureza humana.

3. O Filho de Deus encarnado foi perfeitamente capaz de reconciliar-nos com o seu Pai

O homem Jesus Cristo foi capaz de levar o nosso pecado na cruz e pagar o preço de nosso pecado, não por causa de qualquer superioridade natural ou objetiva a nós, e sim porque foi perfeitamente obediente ao seu Pai e, portanto, completamente sem pecado. Ao tornar-se pecado por nós, Ele pôde cancelar o nosso débito para com Deus, sem incorrer em qualquer culpa que o teria separado de seu Pai. A obra redentora de Cristo garantiu a salvação de todos que foram escolhidos nEle antes da fundação do mundo.

4. A natureza do corpo ressurreto de Cristo

Depois de três dias no sepulcro, Jesus de Nazaré ressurgiu dos mortos com uma natureza humana transformada, mas ainda reconhecível. Seu corpo ressuscitado era capaz de transcender leis físicas naturais, mas ainda retinha suas propriedades físicas. Em sua ascensão, aquele corpo foi transformado para o estado celestial que Ele ainda possui. Ele ascendeu à presença de Deus, mas não perdeu sua identidade por tornar-se parte da natureza divina. Os seres humanos serão ressuscitados, não como Jesus o foi na manhã do domingo da Páscoa, mas como Ele é agora, em seu estado de ascensão.

IV. A PESSOA E A OBRA DO ESPÍRITO SANTO

1. O Espírito Santo como pessoa da Trindade

O Espírito Santo está envolvido na obra de criação e redenção, juntamente com o Pai e o Filho. Em particular, o Filho encarnado foi concebido pelo Espírito Santo, ungido com o Espírito Santo e recebeu poder do Espírito Santo para realizar seu ministério público na terra.

2. A obra do Espírito Santo na redenção

O Espírito Santo aplica a obra de redenção do Filho a crentes individuais, unindo-os a Cristo, o seu cabeça, e uns aos outros. Ele é o grande agente da adoção de crentes na família de Deus, dando-lhes a segurança interior de que foram escolhidos pelo soberano poder de Deus. O Espírito Santo auxilia, ensina, guia e dirige os crentes de acordo com a vontade e o caráter revelados de Deus. Ele santifica os crentes por produzir seu fruto neles e intercede constantemente por eles em oração ao Pai.

3. O envio do Espírito no Pentecostes

A vinda do Espírito no Pentecostes foi o começo de uma nova obra de Deus na vida dos crentes e levou à fundação da igreja cristã. Os dons extraordinários de revelação dados naquele tempo foram sinais únicos do começo da era messiânica, mas não podem ser reivindicados automaticamente ou exigidos como prova decisiva do poder de Deus em operação hoje. Os dons permanentes e diversos do Espírito Santo devem ser buscados em humildade, de acordo com sua vontade, para glorificar a Deus no serviço que visa ao bem comum da igreja.

4. O Espírito Santo e o avivamento espiritual

O poder do Espírito Santo continua a ser manifestado de maneiras especiais durante os tempos de avivamento espiritual que ocorrem periodicamente na vida da igreja. Esses tempos de despertamento e refrigério espiritual promovem a expansão do reino de Deus, por tornar as pessoas mais conscientes de sua pecaminosidade e trazê-las a Cristo de maneira nova e mais profunda. Nesses tempos, os crentes são recordados da presença do Espírito Santo, tornando-se mais cônscios da obra dEle em suas vidas e dos dons do Espírito que lhes são outorgados. O avivamento espiritual é, em especial, eficaz em trazer o povo de Deus de volta a Ele, por reformar a igreja, que está em perigo constante de afastar-se dEle. No entanto, a obra do Espírito Santo evidente em tempos de avivamento espiritual está sempre presente na igreja, e os crentes devem orar fervorosamente por esses frutos e dons em todos os tempos.

5. O Espírito Santo e a guerra espiritual

O Espírito Santo combate ativamente Satanás e seus demônios, protegendo deles os crentes. O Espírito Santo livra homens e mulheres da opressão e possessão demoníaca, equipando-os com as armas espirituais de que necessitam para resistir ao poder do Diabo. A Bíblia proíbe o crente de demonstrar interesse pelas forças das trevas e suas obras.

V. A OBRA DE DEUS NA SALVAÇÃO

1. Graça comum

Deus exerce graça comum para toda a humanidade, bem como a graça especial pela qual as pessoas chegam à salvação. Por meio dessa graça comum, o pecado é restringido, os seres humanos pecadores recebem bênçãos de Deus e são capacitados a fazer coisas boas. Essa graça comum provê um fundamento para a sociedade humana e capacita o trabalho nas artes e nas ciências. É o Espírito Santo que capacita esse trabalho nas artes e nas ciências; por conseguinte, o progresso cultural e a civilização humana são dons de Deus, que se tornam possíveis apesar da queda da humanidade no pecado.

2. A chamada e a eleição de Deus

Deus chama os homens a que se arrependam e creiam. Ninguém pode responder a essa chamada sem a obra do Espírito Santo. Ainda que muitos possam receber oralmente a mensagem ou lê-la diretamente na Bíblia ou indiretamente na literatura cristã, nem todos são escolhidos (Mt 22.14). Em vez de abandonar a raça humana em sua condição humana, Deus elegeu soberana e graciosamente alguns para a vida eterna. Somente aqueles cuja mente e coração são iluminados pelo Espírito Santo são capacitados a aceitar os dons prometidos de perdão dos pecados e aceitação com Deus.

3. A natureza da regeneração

Por meio da obra do Espírito Santo, alguém que antes era um pecador morto recebe vida de Deus; e a implantação dessa vida resulta em uma nova orientação para com Deus e sua justiça. O ensino da Escritura é que, sem essa mudança que produz santidade, ninguém verá a Deus (Hb 12.14). Ainda que essa obra regeneradora produza mudanças no caráter, os cristãos são pessoas singulares, pois, embora todos possuam o Espírito Santo, eles são todos diferentes. O que eles compartilham em comum é a implantação da nova vida; e isso significa que agora estão em união espiritual indissolúvel com Cristo. O Novo Testamento expressa isso dizendo que os cristãos estão "em Cristo", ou seja, eles se tornam "herdeiros de Deus e co-herdeiros com Cristo" (Rm 8.17). Porque estão unidos assim com Cristo, em quem estão ocultos todos os tesouros da sabedoria e do conhecimento, os cristãos são completos nEle. Todos os cristãos crentes têm o Espírito de Cristo; e a união com Cristo também significa que eles estão em um relacionamento vital uns como os outros. Compartilham da salvação comum, têm alvos e aspirações comuns.

4. Os efeitos da regeneração

A obra de Deus na regeneração não precisa de repetição. Havendo sido justificado com Deus, o novo cristão demonstra essa mudança de status por uma mudança em sua condição espiritual. A conversão marca o começo consciente de uma nova vida, de modo que os novos crentes começam a viver de acordo com sua nova natureza (Cl 2.9-12), com as afeições fixadas nas coisas espirituais e eternas. No âmago da nova vida estão o arrependimento e a fé, os quais estão unidos como a expressão da conversão.

5. A fé

A graça de crer é um dom de Deus (Ef 2.8). Então, a fé é um ato de receber as bênçãos da salvação por meio da crença pessoal em, e compromisso com, Cristo, o Salvador. A fé é o instrumento pelo qual a revelação divina e todas as bênçãos prometidas são assimiladas, recebidas e desfrutadas. É uma convicção de que a mensagem da Bíblia é verdadeira e de que a apropriação pessoal dos méritos e da obra de Cristo é essencial. A verdadeira fé descansa em seu objeto, Jesus Cristo, que é recebido como Salvador; e, por um ato de entrega, a alma descansa somente nEle para a salvação.

6. A justificação

A justificação é o ato de Deus posterior à chamada eficaz realizada pelo Espírito Santo e a resposta consequente de arrependimento e fé da parte dos pecadores: "Aos que chamou, a esses também justificou" (Rm 8.30). Na justificação, Deus declara os pecadores justos perante Ele, considerando os seus pecados perdoados e reputando a justiça de Cristo como pertencente a eles. A justificação não é uma simulação da parte de Deus, afirmando que os pecadores são justos quando, de fato, eles são culpados. Para que a justificação seja real e consistente com a santidade de Deus, ele precisa ter uma base meritória. Tem de haver uma justiça real, que Deus reconhece em sua declaração de justificação. Os pecadores são justificados com base em uma justiça suprida por outrem, a justiça do Senhor Jesus Cristo, que é contada como pertencente a eles. Essa imputação da justiça de Cristo é fundamental à fé cristã.

7. A justiça de Cristo é a base de nossa justificação

A justiça de Cristo envolve sua vida de perfeita obediência a cada mandamento da lei de Deus e sua morte na cruz, pela qual Ele suportou a penalidade da ira de Deus devida aos pecados de todo o seu povo, uma obra selada por sua ressurreição triunfante. Os crentes compartilham agora do status de justos como Cristo, que satisfez todas as exigências da lei de Deus, em lugar e em favor deles. A base da justificação dos pecadores é unicamente a perfeita justiça de Cristo.

8. A harmonia entre Paulo e Tiago em seus ensinos sobre a justificação

Não há nenhum conflito entre o ensino de Paulo e o de Tiago no que concerne à justificação. Paulo escreve sobre a justificação como perdão e aceitação diante de Deus. Tiago insiste que a justificação é real e se mostrará em uma vida de obediência.

9. A adoção dos crentes em Cristo

A posição de Cristo como eterno Filho de Deus não-criado é única. No entanto, Ele não se envergonha de chamar seus irmãos àqueles que salvou (Hb 2.11-12). Esses filhos de Deus adotados são herdeiros da herança que Cristo obteve para eles, a plena medida das bênçãos da redenção. Por isso, eles são descritos como "herdeiros de Deus e co-herdeiros com Cristo" (Rm 8.17).

Como filhos de Deus, os crentes compartilham de todas as bênçãos providas por Deus para a sua família. Como resultado do testemunho interno do Espírito Santo, eles reconhecem e se dirigem a Deus como Pai. Eles são objetos do amor de Deus, de sua compaixão, de seu cuidado pelas necessidades deles. Os filhos de Deus têm o privilégio de compartilhar dos sofrimentos de Cristo e de sua glorificação subsequente. Os filhos de Deus têm outro privilégio, que confirma a sua adoção: a experiência da disciplina paternal de Deus. Eles são assegurados de que Deus os "trata como filhos; pois que filho há que o pai não corrige?" (Hb 12.7). A unidade dos filhos de Deus em um corpo é também um privilégio a ser desfrutado e uma responsabilidade que exige amor e ministério mútuos.

As bênçãos plenas da adoção não serão experimentadas enquanto não houver o glorioso retorno do Senhor Jesus Cristo. A adoção tem uma dimensão presente, mas também uma dimensão escatológica, que é um elemento da esperança cristã. Portanto, "também nós, que temos as primícias do Espírito, igualmente gememos em nosso íntimo, aguardando a adoção de filhos, a redenção do nosso corpo" (Rm 8.23). A adoção não será completa enquanto Cristo não der a seu povo novos corpos, na ressurreição, quando os crentes desfrutarão "a liberdade da glória dos filhos de Deus" juntamente com a criação renovada.

10. A obra do Espírito Santo em santificar

O Espírito Santo opera na vida daqueles que foram justificados e adotados para torná-los santos e transformá-los na semelhança de Cristo. A obra de Deus no crente inclui tanto o querer como o realizar o que Ele exige. Obediência ativa aos mandamentos do Senhor é essencial. A santificação exige mortificar tudo que é pecaminoso na vida humana. Também exige que sejam desenvolvidos novos hábitos e padrões de pensamento e viver piedosos.

11. A obtenção da perfeição cristã

Durante esta vida, nenhum crente está completamente livre do pecado, e a santificação progride em níveis variáveis. A obra de Deus em disciplinar seus filhos também contribui à santificação deles. A obra de santificação será completada pelo poder e a graça de Deus. O espírito é plenamente santificado por ocasião da morte, unindo-se "aos espíritos dos justos aperfeiçoados" (Hb 12.23). Na ressurreição, o corpo do crente compartilhará dessa perfeição e será tornado semelhante ao corpo glorioso de Cristo. Por fim, cada crente portará a imagem do homem "celestial" (1Co 15.49).

VI. A VIDA CRISTÃ

1. A espiritualidade autêntica

A espiritualidade cristã é um processo que dura toda a vida, caracterizada por reverência e amor profundos a Deus; e isso se expressa em um relacionamento correto com os nossos semelhantes humanos. A piedade cristã é prática e leva à transformação na semelhança com Cristo. Não se direciona ao ego nem à busca de uma força impessoal; não visa atingir um estado de existência nebuloso ou estados alterados de consciência. Ela cresce em união pactual com o Deus trino e em comunhão de progresso contínuo com o povo de Deus no mundo. É o resultado da genuína regeneração espiritual mantida e governada pelo Espírito Santo.

2. Os meios de piedade

O Espírito Santo produz piedade em nós ao supervisionar a nossa convergência à Palavra de Deus, ensinar-nos obediência e unir-nos na comunhão coletiva de todos os crentes, na verdadeira adoração a Deus, em nosso testemunho ao mundo, em provações, sofrimentos e na confrontação com o mal.

3. Os resultados da piedade

Os resultados da piedade incluem mente, coração, palavras e ações transformadas, desejo de orar e uma vida que cresce continuamente à imagem de Cristo. A piedade produz um crescimento vitalício na auto-renúncia, um tomar diariamente a cruz e seguir a Cristo, praticando o amor, a paciência, o perdão, a gentileza, a compaixão e a bondade para com todos, especialmente para com aqueles que pertencem à família cristã. Envolve a entrega contínua de nós mesmos em devoção total a Deus, experimentando alegria indizível, temor filial, profunda reverência altruísta, amor intenso, compaixão e ousadia comedida, equilibrados com humildade, respeito, contentamento, confiança sincera, obediência, esperança crescente e a paz de Deus em meio às provas, tristezas e sofrimentos.

4. Experiências espirituais

Uma vida espiritual centrada em Deus recebe as experiências espirituais como um dom do Espírito Santo. À medida que procuramos nos achegar ao Deus trino, somos recordados de que estamos sempre vivendo em sua presença, onde quer que estejamos. Por isso, somos motivados a cumprir nossa chamada para sermos instrumentos de sua graça transformadora onde quer que sua providência nos tenha colocado. A experiência de nossa união pactual com Deus nesta vida é um antegozo da glória da comunhão com Deus na era por vir.

VII. A ESCRITURA SAGRADA

1. As Escrituras foram trazidas à existência por Deus, o Espírito Santo
As Escrituras são inspiradas por Deus, havendo sido escritas quando homens falaram da parte de Deus, sendo guiados pelo Espírito Santo. As Escrituras são a Palavra de Deus e completamente dignas de confiança. Na forma em que foram dadas originalmente, elas não contêm erros em tudo que afirmam – essa doutrina tem sido chamada de "inerrância bíblica" por muitos teólogos reformados. Deus supervisionou a obra de escrita delas, de modo que elas são precisamente o que Ele tencionou que fossem. Havendo resolvido usar meios humanos, Deus não anulou a humanidade deles nem ditou as Escrituras para eles. Por isso, as Escrituras revelam a história pessoal e o estilo literário de cada autor e as características do período em que foram escritas, enquanto permanecem, em cada aspecto, a Palavra de Deus mesmo.

2. As Escrituras são reconhecidas pela obra de Deus, o Espírito Santo
As Escrituras manifestam muitas qualidades excelentes que as recomendam a nós, mas, em última análise, nossa completa persuasão e certeza de sua autoridade e verdade infalível procede do Espírito Santo, que testemunha por e com a Palavra em nosso coração. É ao crente habitado pelo Espírito Santo que as Escrituras manifestam sua autenticidade como a Palavra de Deus. A igreja cristã recebeu o cânon hebraico desta maneira e foi capacitada a reconhecê-lo como seu cânon de autoridade. As Escrituras não obtêm sua autoridade da igreja nem de qualquer outra fonte, exceto de Deus mesmo.

3. As Escrituras são entendidas por meio da obra de Deus, o Espírito Santo
As Escrituras possuem uma clareza fundamental, mas somente os cristãos crentes podem receber e entender seu significado e importância espiritual, tendo acesso à mente de Cristo. A queda da humanidade no pecado afetou a mente, bem como a vontade e as emoções. A cegueira espiritual resultante deixou os seres humanos incapazes de entender as coisas de Deus sem a obra do Espírito Santo (1Co 2.14). Quando seres humanos são chamados eficazmente e regenerados, o Espírito Santo começa a abrir as Escrituras ao entendimento deles. Em sua sabedoria, o Espírito Santo lhes revela o verdadeiro significado da revelação de Deus.

4. As Escrituras são aplicadas por Deus, o Espírito Santo
Deus traz homens e mulheres a si mesmo por meio da pregação de sua Palavra. O Espírito Santo usa a pregação, o ensino e o estudo das Escrituras para nos tornar sábios para a salvação pela fé em Cristo Jesus e dar-nos sua mente. Sendo pregadas ou lidas, as

Escrituras são proveitosas para o ensino, a repreensão, a correção, a educação na justiça, a fim de que sejamos habilitados para toda boa obra e mostremos um estilo de vida que honra a Deus. Assim, as Escrituras fornecem o alicerce, a confirmação e a regulação de nossa fé.

5. As pressuposições que governam a interpretação da Escritura

A Escritura Sagrada é a Palavra de Deus e, por isso, não pode contradizer a si mesma. Nossa leitura, interpretação, entendimento e aplicação da Escritura são influenciados, em vários níveis e graus, pelas convicções prévias ou pressuposições a respeito de Deus e da Bíblia. A fim de entendê-la corretamente, é necessário que sejamos cônscios de nossas pressuposições e as examinemos à luz do texto bíblico, para que as corrijamos e as coloquemos em maior harmonia com o sentido do próprio texto. Visto que as Escrituras reivindicam origem e inspiração divinas, somente os métodos interpretativos que adotam com seriedade essas reivindicações podem chegar ao verdadeiro significado das Escrituras.

6. A clareza da Escritura

A necessidade do estudo erudito das línguas originais da Bíblia não anula a clareza ou a autoridade divina e a confiabilidade da Escritura. As verdades necessárias à salvação são expressas tão claramente na Escritura que tantos os leitores bem instruídos como os leitores comuns podem e devem entendê-las. A mensagem da Escritura tem de ser exposta em face das filosofias e opiniões que desafiam suas pressuposições e a estas se opõem. Ao defender a cosmovisão bíblica contra esses oponentes, a clareza do significado da Escritura é obtida não somente por uma comparação diligente de um texto bíblico com outro, mas também por examinar o sentido do seu oposto.

7. Os métodos apropriados de interpretação

A Bíblia é a Palavra de Deus e tem de ser lida com submissão humilde e oração por iluminação do Espírito Santo. Visto que ela foi escrita dentro de contextos temporais, culturais e sociais específicos, seu significado deve ser buscado pelo uso de regras gerais de interpretação e pela ajuda de campos de conhecimento relacionados, como arqueologia, história, crítica textual e pelo estudo das línguas originais. Todos esses métodos têm de levar em conta a origem divina, a infalibilidade e o caráter humano da Escritura.

8. O significado de um texto bíblico

Um texto bíblico pode ter muitas aplicações e implicações práticas diferentes, mas seu significado primário é geralmente determinado pelo uso cuidadoso dos princípios históricos, gramaticais e histórico-redentores já descritos no parágrafo anterior. Interpretações alegóricas, espirituais e simbólicas não têm qualquer autoridade, a menos que sejam aprovadas especificamente pelo próprio texto bíblico.

9. A universalidade da verdade e sua aplicação

A verdade de Deus revelada na Escritura é universal, eterna e relevante para todas as culturas, idades e pessoas. Entretanto, pode haver várias e diferentes aplicações dessa verdade. Ao contextualizar a Palavra de Deus, a igreja deve fazer distinção entre os princípios bíblicos que são as manifestações eternas e universais da verdade de Deus e as implicações práticas desses princípios; e isso pode variar em contextos diferentes. Ela deve sempre assegurar-se de que suas aplicações são legítimas e extensões corretas dos princípios fundamentais e imutáveis.

10. O padrão normativo da auto-revelação de Deus nos tempos pós-bíblicos

Desde a conclusão do cânon do Novo Testamento, o padrão normativo de Deus tem sido que Ele fala conosco em e por meio das Escrituras Sagradas, com a iluminação do Espírito Santo, que habita em nosso coração e nos revela tanto o Pai como o Filho. Aqueles que ouvem a voz do Espírito recebem a herança prometida a nós no Filho e, com a ajuda do Espírito Santo, fazem a vontade de Deus em sua vida. Para nos ensinar o que isso significa e guiar-nos enquanto procuramos colocar em prática a vontade de Deus, o Espírito Santo nos deu textos escritos que nos instruem, desafiam e encorajam ao longo de nossa jornada. Em adição aos textos do Antigo Testamento, esses textos são as revelações dadas aos seguidores de Cristo por e com a aprovação dos doze discípulos que viram a Jesus após a sua ressurreição dos mortos e que Ele designou para liderarem e instruírem a igreja. Os textos foram coletados pelos primeiros cristãos, que os reconheceram como portadores de plena autoridade do próprio Deus, e foram unidos como o Novo Testamento. Nenhum mestre ou nenhuma igreja cristã tem o direito de insistir em crenças que não estejam contidas nesses textos ou de interpretar qualquer desses textos de um modo que contradigam o que Deus revelou de si mesmo nos outros textos.

VIII. A IGREJA

1. Sua natureza

A igreja é tanto a companhia invisível de todos os cristãos (conhecidos somente por Deus), como a igreja visível na terra, em suas muitas comunidades. A igreja é o espiritual e sobrenatural corpo de Cristo, que é o Cabeça da igreja. Todo cristão está unido a Cristo e ligado a cada outro cristão por Deus, constituindo assim a igreja. Na vida da única igreja católica, apostólica e santa, a adoração a Deus, a comunhão, as Escrituras Sagradas, as ordenanças e missões são centrais.

2. Os ministros da igreja

A Escritura indica certo número de ministros que Deus outorga à igreja em diferentes épocas: apóstolos, profetas, presbíteros, diáconos e evangelistas. Hoje, em cada igreja local, tem de haver presbíteros e diáconos. Os presbíteros devem ser os pastores, supervisores e exemplos; e alguns deles devem dedicar-se à pregação e ao ensino. O ofício de presbítero deve ser realizado somente por homens, porque, assim como na família, há igualdade no ser, mas subordinação na função. Os diáconos devem cuidar dos pobres e necessitados e atender às necessidades práticas, financeiras e materiais da igreja. Assim como no caso do presbiterato, o diaconato é um ofício espiritual que exige qualidades espirituais.

3. Culto a Deus

A responsabilidade primária da igreja é o culto a Deus. A natureza e o conteúdo desse culto são determinados pelo próprio Deus e revelados para nós nas Escrituras. Deve incluir o cantar louvores a Deus, a leitura e a pregação das Escrituras e as orações.

4. A autonomia da congregação local

Cada congregação de crentes possui certo grau de autonomia sob a liderança dos presbíteros, mas há também uma unidade mais ampla com todas as outras congregações. Essa inter-relação tem sido expressa em maneiras diferentes, em épocas diferentes, em partes diferentes da igreja.

5. Os sacramentos

Um sacramento é um sinal visível de uma graça invisível. É instituída por Cristo e representa a obra de Cristo. As igrejas protestantes reconhecem somente dois sacramentos: o batismo e a Ceia do Senhor (ou Eucaristia ou Santa Comunhão). Esses sacramentos são frequentemente identificados com os dois sacramentos da igreja do Antigo Testamento: a circuncisão e a Páscoa. O batismo é um rito de introdução na igreja cristã. Deve ser ministrado com o uso de água. A Ceia do Senhor aponta para a morte de Cristo na cruz, usando o pão e o vinho como símbolos do corpo e do sangue de Cristo.

IX. A TRADIÇÃO

1. A existência e a validade das tradições apostólicas

Toda igreja cristã vive de acordo com a regra de fé herdada da era apostólica. As Escrituras Sagradas são a única forma singularmente autêntica e normativa dessa regra, pela qual todas as outras crenças e práticas têm de ser medidas. As igrejas apostólicas tinham, sem dúvida, costumes que não são relatados na Escritura ou recomendados por ela, mas essas tradições não estão impostas aos cristãos de gerações posteriores. De modo semelhante, embora seja possível que os escritos perdidos dos apóstolos sejam achados algum dia, eles não serão considerados como Escritura Sagrada porque não foram legados do tempo dos apóstolos como parte da regra normativa.

2. A autoridade de credos e confissões
Durante o curso de sua história, a igreja tem adotado credos e confissões de fé para esclarecer o ensino das Escrituras. Esses documentos e outras decisões semelhantes de vários grupos eclesiásticos gozam da autoridade possuída por aqueles que os adotaram e têm de ser considerados e respeitados pelas gerações posteriores. No entanto, eles não são infalíveis e, nos pontos que puderem ser mostrados como discordes do ensino da Escritura e nos quais o ensino pode ser mais claramente expresso de maneira diferente, a igreja é livre para alterá-los.

3. A resposta dos reformadores às tradições herdadas
Os reformadores do século XVI empreenderam uma revisão completa das tradições da igreja e abandonaram aquelas crenças e práticas que eram claramente contrárias ao ensino da Escritura. Alguns foram mais além, descartando tradições que não eram apoiadas pela Escritura, embora não fossem necessariamente contrárias a ela. Um exemplo disso foi a celebração do Natal em 25 de dezembro, que não tem base bíblica, mas testemunha claramente quanto à doutrina neotestamentária da encarnação de Cristo. Tradições desse tipo podem ser retidas, modificadas ou descartadas à discrição da igreja local, contanto que com isso não comprometa nenhuma doutrina bíblica.

4. Padrões de culto e de governo da igreja
Toda igreja desenvolve padrões de culto e de governo que, com o passar do tempo, se tornam suas próprias tradições. Enquanto essas práticas não forem contrárias ao ensino da Escritura e continuarem a cumprir a tarefa para a qual foram inicialmente planejadas, não há razão para que não sejam mantidas. Entretanto, cada igreja local é livre para modificar essas tradições, como achar conveniente. Em específico, igrejas que surgiram da atividade de missionários estrangeiros podem ter herdado deles práticas que não são facilmente nacionalizadas. Igrejas desse tipo têm uma responsabilidade especial de examinar a relevância e a aplicabilidade desses costumes transplantados e devem ser

encorajadas a modificá-los, se, por fazerem isso, podem tornar o testemunho do evangelho mais eficaz em suas circunstâncias. Contudo, nenhuma igreja deve abolir, modificar ou adotar qualquer tradição ou prática sem considerar os efeitos que tal mudança pode causar no testemunho da comunidade cristã como um todo.

5. A retenção conveniente de certas tradições

Algumas tradições se tornaram tão profundamente arraigadas e universais no mundo cristão, que mudá-las não resultaria em nada proveitoso e levaria a uma divisão desnecessária na igreja. Um bom exemplo disso é o costume do culto a Deus no domingo, que, embora claramente praticado na igreja primitiva, não é ordenado especificamente no Novo Testamento. Há circunstâncias em que grupos específicos de cristãos, por exemplo, em países islâmicos, podem achar mais conveniente cultuar em outro dia da semana, mas nenhuma igreja deveria impor sobre si o abandono do culto no domingo apenas porque ele não é especificamente requerido pela Escritura. Em casos desse tipo, a unidade visível do mundo cristão deve ser mantida, se isso não compromete nenhum princípio teológico.

X. MISSÕES E EVANGELIZAÇÃO

1. Nossa chamada para sermos testemunhas de Deus por atos e palavras

Nossa missão no mundo flui de nossa paixão pela glória de Deus e de nossa certeza da vinda do seu reino. A igreja, como comunidade de Cristo, é o instrumento de Deus para evangelização, que é a pregação e o compartilhar do evangelho de Jesus Cristo, tanto por atos como por palavras – a mensagem de que Cristo morreu por nossos pecados e ressuscitou dos mortos, conforme as Escrituras, e de que Ele, como o Senhor que reina, oferece agora perdão do pecado, vida eterna e os dons do Espírito a todos que se arrependem e creem. Em obediência à comissão de nosso Deus, temos de apresentar duas mãos às pessoas: (1) a mão que as chama ao arrependimento, à fé e à reconciliação eterna com Deus, por meio de Cristo; e (2) a mão que manifesta obras de misericórdia e compaixão, estendendo a bondade do reino de Deus na terra, em nome de Cristo. Esse é o exemplo que Cristo mesmo nos deu e manifesta que somos conformados à imagem de Cristo e recebemos o Espírito Santo como as primícias e garantia da nova criação de Deus.

2. A extensão da chamada a realizarmos missões

Nossa proclamação do evangelho tem consequências sociais, quando chamamos as pessoas a amar a Deus e ao arrependimento em todas as áreas da vida. De modo semelhante, nosso envolvimento social tem consequências evangelísticas, quando damos testemunho da graça transformadora de Jesus Cristo. Se ignoramos o mundo, traímos a

Grande Comissão pela qual Deus nos envia a servir ao mundo. Se ignoramos essa comissão, nada temos a oferecer ao mundo. Nossa obediência a Deus estimula nosso zelo por missões, por fazer-nos confiar totalmente nEle. Isso torna o nosso testemunho tanto ousado como amável, atraindo a atenção dos incrédulos.

3. A compaixão dos cristãos para com o mundo

Afirmamos a grande necessidade de que, em nome de Cristo, os cristãos sejam vestidos de compaixão em meio à pobreza, doenças, injustiça e todas as formas de infelicidade humana. Estamos preocupados com o fato de que há milhões de pessoas neste mundo que vivem em pobreza extrema. A chamada para vestir-nos de compaixão implica que somos chamados a andar com o pobre e transmitir a graça transformadora de Deus, com uma qualidade de vida espiritual que nos permite entrar numa comunidade sofredora, não como salvadores, e sim como servos de Cristo, o Salvador.

4. A transformação da comunidade humana

Entendemos que a transformação da comunidade é a reversão abrangente dos efeitos do pecado em toda a vida e em toda a terra – os efeitos que alienaram homens e mulheres de Deus, de si mesmos, dos outros, do ambiente e da restauração da ordem de Deus na criação. Deus intenta que todos os seres humanos sejam portadores plenos de sua imagem. Essa obra começa nesta vida, mas se completará somente quando Cristo retornar em glória, no fim do tempo. Seu alvo é transformar a cultura e a sociedade pecaminosa em que vivemos e construir uma nova cultura e uma nova sociedade em conformidade com a natureza do reino de Deus, que foi inaugurado por Cristo.

XI. LEIS E ÉTICA

1. A lei natural

A lei de Deus é a expressão de seu amor e revela suas exigências justas para a raça humana. Foi escrita no coração do homem na criação, e, apesar da queda no pecado, o homem ainda tem conhecimento das exigências dessa lei por meio de sua consciência (Rm 2.14-25). No Éden, Deus também revelou sua vontade para o homem em forma verbal, na ordem de não comer da árvore do conhecimento do bem e do mal.

2. A lei de Moisés

A lei de Moisés continha elementos cerimoniais que prefiguravam a pessoa e a obra de Cristo e a vida de sua igreja, os quais já se cumpriram. A lei também continha elementos judiciais que formavam a vida cívica e proveem princípios de justiça que devem refletir-se na vida e nas leis de todas as nações. Os elementos morais da lei continuam a prover o padrão do viver piedoso. A lei de Deus mostra ao pecador o seu pecado e lhe indica Cristo como o único Salvador. Além disso, a lei proporciona um padrão de restrição quanto à expressão do pecado na sociedade. É também o guia do cristão para a vida, pois ele é renovado à imagem de Cristo, revelando tanto o pecado a ser odiado como a justiça a ser seguida.

3. Cristo como o cumprimento da lei

Cristo cumpriu as exigências da lei transgredida, tornando-se maldição por seu povo eleito (Gl 3.13). Aqueles que foram trazidos à fé em Cristo expressam seu amor por obedecerem aos mandamentos de Cristo, mediante a capacitação do Espírito Santo.

4. Ética sexual e matrimonial

O casamento como uma monogamia heterossexual foi instituído por Deus, no qual homem e mulher deixam suas famílias e unem-se um ao outro em um relacionamento que dura por toda a vida. Os desejos sexuais são satisfeitos dentro dessa união, e os filhos nascidos devem ser criados e educados no conhecimento e prática cristãos. Desvios desse padrão acontecem por causa da pecaminosidade humana. A Bíblia proíbe relacionamentos sexuais fora do casamento, bem como a união entre pessoas do mesmo sexo. A dissolução de um casamento pelo divórcio é permissível se há adultério ou um dos cônjuges abandona irremediavelmente o outro.

5. Planejamento familiar

O planejamento familiar é aceitável, mas a contracepção por meios como tomar uma pílula depois da concepção ou pelo aborto de um feto é, realmente, a destruição de uma nova vida. Para casais que têm dificuldades de concepção, a fertilização *in vitro* (IVF) é aceitável, embora o uso de doador de esperma e de barrigas de aluguel não o sejam, porque essas práticas, mesmo sendo clinicamente possíveis, interferem no relacionamento conjugal. Experimentação com embriões humanos é destrutiva à vida humana, assim como experiências com seres humanos adultos que podem resultar em doenças, impotência e morte. Embora a clonagem ("transferência nuclear de célula somática") de humanos seja tecnologicamente possível, nem a "clonagem reprodutiva" nem a "clonagem terapêutica" satisfazem o modelo bíblico em que sexo e procriação são partes do relacionamento de aliança do casamento. As descobertas científicas humanas, ainda que sejam intrinsecamente boas em si mesmas, podem ser usadas em desafio à ordem moral de Deus para o seu mundo. A vida e a capacidade de gerar filhos têm de ser vistas como dons de Deus, e são dados soberanamente.

6. O prolongamento da vida

O corpo humano está sujeito a várias doenças, e a medicina moderna é capaz de socorrer com tratamentos, drogas e operações apropriadas. Os transplantes de órgãos são uma extensão legítima dessas intervenções médicas para curar enfermidades e prolongar a vida.

7. O término da vida

Assim como a criação de uma nova pessoa é uma ação de Deus, assim também é Ele quem determina o fim da vida de uma pessoa. Tanto a origem como o término da vida estão em seu controle soberano. Ainda que drogas possam ser usadas para aliviar a dor, elas não devem ser usadas para interromper a vida humana; tampouco são idealizadas para o uso como fonte de prazer individual ou para induzir estados extra-sensoriais. Embora a tecnologia moderna possa capacitar uma pessoa a se manter artificialmente viva, quando não existe mais nenhuma evidência de atividade cerebral, desligar tais equipamentos não é errado.

XII. ESCATOLOGIA

1. O plano eterno de Deus

Bem no princípio do tempo, houve uma promessa a cumprir-se no fim da provação de Adão, o descanso sabático de Deus e a promessa da vida eterna procedente da árvore da vida. Tudo isso antecipava a intenção de Deus no sentido de aperfeiçoar o que Ele fizera muito bom. Paulo viu a ressurreição (a recriação) do último Adão como o cumprimento da criação do primeiro Adão antes da Queda (1Co 15.45). A história da redenção é o desenvolvimento dos propósitos salvíficos de Deus, culminando na vida e na morte do Salvador, no levar a salvação às nações e na recriação escatológica do céu e da terra. No tempo presente, aqueles que estão unidos a Cristo já experimentam o poder do mundo vindouro pelo Espírito que vive neles. Ainda que eles experimentarão a morte, já sentem um gosto da ressurreição futura.

2. O estado da morte

Imediatamente após a morte, as almas dos homens retornam a Deus, enquanto seus corpos são destruídos. Eles não entram em um estado de sono. As almas dos salvos entram em um estado de perfeita santidade e alegria, na presença de Deus, e reinam com Cristo, enquanto aguardam a ressurreição. Essa felicidade não é frustrada pela recordação de suas vidas na terra, visto que agora consideram tudo à luz da vontade e do plano perfeitos de Deus. A felicidade e a salvação deles acontecem tão somente pela graça de

Deus. Eles não têm qualquer poder de interceder pelos vivos ou de se tornarem mediadores entre eles e Deus. As almas dos perdidos não são destruídas após a morte, mas entram em um estado de sofrimento e trevas, banidas da presença de Deus, enquanto aguardam o dia do juízo. Não há outros estados além desses dois, após a morte. Nem as almas dos salvos, nem as dos perdidos podem retornar à terra dos vivos depois da morte. Todas as experiências atribuídas à ação de almas desencarnadas têm de ser atribuídas ou à imaginação dos homens ou à ação dos demônios.

3. A segunda vinda de Cristo

A ressurreição de Cristo, seguida pelo envio do Espírito Santo, inaugurou a nova era, chamada de últimos dias nas Escrituras. No presente, o cristão vive na realidade "semi-escatológica" da "já" consumada obra de Cristo e no "ainda não" da consumação futura. Um dia Cristo retornará a este mundo de maneira visível, com o corpo glorioso de sua ressurreição, de modo que todo o mundo o verá. Ele virá em poder, com os santos e os seus anjos, para julgar todos os homens e trazer o reino de Deus à consumação. As Escrituras nos exortam fortemente a estarmos prontos para a vinda de Cristo. No entanto, elas não nos dão um programa de tempo ou sinais de quando isso acontecerá. O retorno de Cristo é a mais sublime esperança do cristão. A igreja é encorajada a orar por esse retorno e apressá-lo por meio da pregação do evangelho a todo o mundo.

4. A ressurreição dos mortos

Os mortos que pertencem a Cristo serão ressuscitados por seu poder, em um corpo semelhante ao dEle, e serão adequados ao estado eterno de comunhão com Deus e alegria eterna. Quanto aos perdidos, eles também serão ressuscitados, mas para julgamento e punição eterna. Esse destino deve fazer-nos temer e tremer, impelindo-nos a pregar o evangelho da graça salvadora de Deus a todas as nações. A identidade pessoal tanto dos salvos como dos perdidos será a mesma que tiveram na terra, mas seus corpos serão transformados em sua substância e propriedades.

5. O último julgamento

Cristo retornará a este mundo como seu juiz, porque é o Filho do Homem e o rei que o governa eternamente. Ele julgará os vivos e os mortos com justiça e não mostrará favoritismo ou parcialidade. Os eleitos serão declarados justos por causa da morte e da ressurreição de Cristo por eles; e serão convidados a entrar em seu reino eterno. Os ímpios e réprobos serão convencidos, com justiça, de seus pecados e iniquidades e banidos da presença de Cristo, juntamente com Satanás e os demônios. Nesse ínterim, os cristãos devem apoiar todos os esforços legítimos para trazer justiça a este mundo, sabendo que julgamento pleno e perfeito será feito no final do tempo. Quanto às recompensas que Cristo prometeu ao seu povo, a Escritura diz muito pouco, mas o suficiente para nos dar motivação adicional à obediência e fidelidade.

6. O milênio

O ínterim entre a exaltação de Cristo e a sua segunda vinda, ou seja, o tempo presente em que as boas-novas do evangelho e suas bênçãos estão sendo anunciadas às nações, tem sido reconhecido por muitos da igreja como o milênio referido nas Escrituras. Alguns, porém, defendem um período literal de mil anos de governo de Cristo sobre a terra, depois do retorno de Cristo. O tempo presente ainda sofre os efeitos do pecado e rebelião do homem e do poder de Satanás. Manifestações do mal ocorrerão no mundo, juntamente com expressões do reino de Cristo, até que Ele retorne em glória.

7. A nova criação

Depois do retorno de Cristo, Deus recriará o universo físico, e seu povo ressuscitado, vestido de imortalidade e perfeição, viverá sob o governo de Cristo nesse novo céu e nova terra, para sempre.

8. Diferentes interpretações dos assuntos escatológicos

Os cristãos concordam em muitos dos principais acontecimentos que constituem as últimas coisas, mas nem sempre concordam no que diz respeito à sua sequência e à sua natureza. As últimas coisas devem ser discutidas com humildade, lembrando que, muitas vezes, somente depois de cumprirem-se é que as profecias foram plenamente entendidas pelo povo de Deus.

Agradecimentos

Agradecemos a permissão para utilização e edição dos seguintes textos que compõem capítulos desta obra:

Augustus Nicodemus Lopes, "Lutero ainda fala: um ensaio em história da interpretação bíblica", revisão de artigo publicado em *Fides Reformata* Nº 1, vol. 2 (Julho-Dezembro 1996), p. 109-128.

Davi Charles Gomes, "*Fides et scientia*: indo além da discussão de 'fatos'", publicado em *Fides Reformata* Nº 2, vol. 2 (Julho-Dezembro 1997), p. 129-146.

Franklin Ferreira, "A presença dos reformados franceses no Brasil colonial", uma ampliação de artigo publicado em *Vox Scripturae* Nº 10, vol. 1 (Dezembro 2000), p. 51-86.

Guilherme Vilela Ribeiro de Carvalho, "A filosofia reformada: suas origens e seu lugar na história do pensamento protestante", que inclui partes extraídas da "Introdução editorial" a Herman Dooyeweerd, *No crepúsculo do pensamento ocidental*; estudos sobre a pretensa autonomia do pensamento filosófico. *Copyright* © 2010, Editora Hagnos Ltda, São Paulo, SP, aqui publicadas com permissão da editora.

Heber Carlos de Campos, "Crescimento da igreja: com reforma ou com reavivamento?", publicado em *Fides Reformata* Nº 1, vol. 1 (Janeiro-Junho 1996), p. 34-47.

Heber Carlos de Campos Júnior, "O lugar da fé e da obediência na justificação", ampliação de artigo publicado em *Fides Reformata* Nº 13, vol. 1 (Janeiro-Junho 2008), p. 53-69.

Luiz A. T. Sayão, "A soberania de Deus e o problema do mal em Habacuque", ampliação de artigo publicado em *Vox Scripturae* Nº 3, vol. 1 (Março 1993), p. 3-18.

Mauro F. Meister, "Uma introdução à teologia do pacto", revisão de artigos publicados em *Fides Reformata* Nº 3, vol. 1 (Janeiro-Junho 1998), p. 110-123 e *Fides Reformata* Nº 4, vol. 1 (Janeiro-Junho 1999), p. 89-102.

Paulo R. B. Anglada, "O princípio regulador no culto", adaptação resumida de *O princípio regulador do culto reformado*. *Copyright* © 1998, Publicações Evangélicas Selecionadas (PES), São Paulo, SP, aqui publicadas com permissão da editora.

Valdeci da Silva Santos, "Quem é realmente reformado? Relembrando conceitos básicos da fé reformada", publicado em *Fides Reformata* Nº 9, vol. 2 (Julho-Dezembro 2006), p. 121-148.

Esta obra foi composta em Cheltenham (12/15-85%) e impressa
por Imprensa da Fé sobre o papel OffSet 70g/m² e o caderno colorido em Couché 115g/m²,
para Editora Fiel, em outubro de 2012.